Gerhard Mertens/Ursula Frost/Winfried Böhm/
Lutz Koch/ Volker Ladenthin (Hg.)

Allgemeine Erziehungswissenschaft I

Handbuch der Erziehungswissenschaft 1

Studienausgabe

Ferdinand Schöningh

Paderborn · München · Wien · Zürich

Bibliografische Information Der Deutschen Nationalbibliothek

Die Deutsche Nationalbibliothek verzeichnet diese Publikation in der Deutschen Nationalbibliografie;
detaillierte bibliografische Daten sind im Internet über http: //dnb.d-nb.de abrufbar.

© 2011 Ferdinand Schöningh, Paderborn
(Verlag Ferdinand Schöningh GmbH & Co. KG, Jühenplatz 1, D-33098 Paderborn)
ISBN 978-3-506-77115-5

Internet: www.schoeningh.de

Alle Rechte vorbehalten. Dieses Werk sowie einzelne Teile sind urheberrechtlich geschützt. Jede Verwertung in anderen als den gesetzlich zugelassenen Fällen ist ohne vorherige schriftliche Zustimmung des Verlages nicht zulässig.

Printed in Germany.
Einbandgestaltung: Atelier Reichert, Stuttgart
Herstellung: Ferdinand Schöningh, Paderborn

UTB-Bestellnummer: ISBN 978-3-8252-8455-8

Inhaltsverzeichnis

Vorwort 1

Einführung zu Band 1 und 2:
Grundlagendiskurs ‚Allgemeine Erziehungswissenschaft'................ 5
(Gerhard Mertens)

TEIL I: METATHEORIE

Einführung *(Gerhard Mertens)*... 9
Kap. 1: Disziplingeschichte *(Klaus Peter Horn)*........................ 11
Kap. 2: Empirische Orientierung *(Rudolf Tippelt)* 39
Kap. 3: Philosophische Orientierung *(Winfried Böhm)* 59
Kap. 4: Praktische Orientierung *(Georg Cleppien)* 77
Kap. 5: Orientierung an Diversität/Heterogenität........................ 93
A: Orientierung an Differenz *(Hans-Christoph Koller)*................. 93
B: Handlungsbezug und Diversität in Pragmatismus und
    Konstruktivismus *(Kersten Reich)*.............................. 103
Kap. 6: Orientierung an Zuordnung 115
A: Forschung und Entwicklung in der Erziehungswissenschaft
    Josef Keuffer) 115
B: Verknüpfungslinien *(Gerhard Mertens)* 129
Kap. 7: Methoden erziehungswissenschaftlicher Forschung
    (Katja Luchte/Eckard König)..................................... 143

TEIL II: ERZIEHUNGS- UND BILDUNGSPROZESSE IN IHRER GESELLSCHAFTLICHEN VERANKERUNG

1. Abschnitt: Begriffe

Einführung *(Ursula Frost)* 169
Kap. 1: Erziehung.. 173
A: Erziehung als *Generationenverhältnis (Ursula Frost)*............... 173
B: Erziehung als Dialog *(Wolfgang Krone)* 181
C: Erziehung als Beratung *(Matthias Burchardt)* 187
D: Erziehung und Gesellschaft *(Markus Rieger-Ladich)*................. 193
E: Erziehung als pädagogischer Grundbegriff *(Klaus Prange)* 199

Kap. 2: Bildung 215
A: Bildung – Theorie der Menschenbildung
   (Dietrich Benner/Friedhelm Brüggen) 215
B: Bildung und Geschichtlichkeit *(Winfried Böhm/Sabine Seichter)* 233
C: Bildung und Vernunft *(Jörg Ruhloff)* 249
D: Bildung und Entfremdung *(Lutz Koch)* 271
E: Bildung und Alterität *(Wilfried Lippitz)* 279
F: Bildung und Leiblichkeit. Körper und Leib *(Rita Molzberger)* 295
G: Bildung als pädagogischer Grundbegriff *(Ursula Frost)* 303

Kap. 3: Sozialisation... 319
A: Sozialisation *(Klaus Hurrelmann)*................................. 319
B: Probleme der sozialen Identität *(Michael Winkler)*..................... 331
C: Geschlechterrollen und Genderforschung *(Johanna Hopfner)* 341
D: Sozialisation als pädagogischer Grundbegriff *(Hans-Christoph Koller)* 349

Kap. 4: Lernen 365
A: Lernen und Erkenntnis *(Lutz Koch)*................................ 365
B: Lernen und Erfahrung *(Lutz Koch)* 371
C: Lernen und Persönlichkeitsentwicklung *(Karl Steffens)*.................. 379
D: Lernstörungen – Lernbehinderungen *(Karl Steffens)* 385
E: Lernen und Begabung *(Karl Steffens)*.............................. 391
F: Lernen als pädagogischer Grundbegriff *(Käte Meyer-Drawe)*.............. 397

2. Abschnitt: Grundverhältnisse und soziale Wirklichkeit

Einführung *(Thomas Fuhr)*... 409

Kap. 1: Pädagogischer Bezug. Erzieherisches Verhältnis
   (Wilfried Lippitz/Jeong-Gil Woo) 411

Kap. 2: Gruppenpädagogik *(Ulrich Kirchgäßner)*........................... 427

Kap. 3: Institution und Organisation *(Harm Kuper)* 443

Kap. 4: Gesellschaft *(Johannes Bellmann)*............................... 459

TEIL III: ANTHROPOLOGISCHER BEDINGUNGSKONTEXT

Einführung *(Gerhard Mertens)*.. 485

1. Abschnitt: Naturanthropologie

Kap. 1: Naturanthropologische Perspektiven *(Gerhard Mertens)* 489
Kap. 2: Neurophysiologische Dimension 499
A: Bildung im Lichte der Gehirnforschung *(Margret Arnold)* 499
B: Die pädagogisch-anthropologische Relevanz der Neurowissenschaften
   (Ulrich Mußhoff)... 505

Kap. 3: Gene und menschliche Natur *(Dirk Lanzerath)* 515

2. ABSCHNITT: KULTURANTHROPOLOGISCHE PERSPEKTIVEN

Kap. 1: Phänomenologische Betrachtungsweise/Aisthesis. 523
A: Relationale Anthropologie *(Matthias Burchardt)* 523
B: Aisthesis *(Käte Meyer-Drawe)* 543
Kap. 2: Historisch-pädagogische Anthropologie *(Christoph Wulf)* 553
Kap. 3: Humanökologie der Erziehung und Bildung *(Gerhard Mertens)* 573

Personenregister... 601

Vorwort

I.

Im letzten Jahrzehnt des vorigen Jahrhunderts verzeichnete die Görres-Gesellschaft zur Pflege der Wissenschaften den erfolgreichen Abschluss von drei großen wissenschaftlichen Unternehmungen: 1993 lag in 7 Bänden die 7. Auflage des „Staatslexikons" vor, 1998 erschien das dreibändige „Lexikon der Bioethik" und 1999 das vierbändige „Handbuch der Wirtschaftsethik". Schon 2001 stellte der Präsident der Görres-Gesellschaft Paul Mikat dann seinen Plan, auf dem Felde der Erziehungswissenschaft einen weiteren Schwerpunkt durch ein größeres Sammelwerk zu bilden, der Görres-Gesellschaft vor. In seiner Eröffnungsansprache auf der Generalversammlung in Paderborn führte Paul Mikat am 30. September 2001 aus: „Konnte ich 1976 auf der Hundertjahrfeier in Koblenz den Beschluss bekanntgeben, die Neuauflage des Staatslexikons in Angriff zu nehmen, so kann ich heute mitteilen, dass wir die Reihe unserer großen Sammelwerke um ein mehrbändiges „Handbuch der Pädagogik" bereichern wollen. Eine Arbeitsgruppe hat inzwischen mit den Vorarbeiten begonnen und ich hoffe, dass ich die Konzeption des geplanten Werkes bald vorstellen kann. Der Erfolg eines solchen Werkes wird uns beschieden sein, wenn wir auch hier auf so eifrige Mitarbeit in unserer Gesellschaft zählen können, wie wir sie bei den anderen Gemeinschaftswerken erfuhren." Nachdem der Vorstand der Görres-Gesellschaft das Herausgebergremium und eine Gruppe von Fachvertretern und Fachbereichsberatern bestellt hatte, wurde 2005 in Köln eine Redaktionsstelle errichtet, deren Leitung Gerhard Mertens übernahm.

II.

Ein Handbuch, das den Erziehungs- und Bildungsgedanken thematisiert, befindet sich mit seiner humanitär-gesellschaftlichen Ausrichtung nicht nur ganz in der Tradition der Görres-Gesellschaft. Es greift zugleich auch ein drängendes Desiderat innerhalb der derzeitigen wissenschaftlichen Pädagogik auf. Denn parallel zur fortschreitenden Komplexität unserer gesellschaftlichen Verhältnisse hat sich die Pädagogik seit Beginn der 70er Jahre als akademische Disziplin in erheblichem Maße ausdifferenziert. So entstanden inzwischen zahlreiche Teildisziplinen wie Schulpädagogik, Sozialpädagogik oder auch Erwachsenenbildung, Betriebliche Pädagogik, Weiterbildung; ferner Fachrichtungen wie z. B. Freizeit- und Medienpädagogik, Interkulturelles Lernen, Frauen- und Genderforschung, sowie Praxisfelder wie z. B. Gesundheits-, Verkehrs-, Konsumerziehung u. a. So begrüßenswert dies aus der Sicht der Erziehungswissenschaft auch sein mag, die explosive Entwicklung der letzten Jahre hat zweifellos andererseits zu erheblicher Verunsicherung beigetragen. Nicht nur, dass die Fülle an neuen Forschungsergebnissen aus unterschiedlichen, sich gerade formierenden erziehungswissenschaftlichen Teildisziplinen vom Einzelnen kaum noch überblickt werden kann. Es stellt sich auch die Frage, ob die vorhandene Pluralität bis Heterogenität überhaupt noch bezähmbar ist; ob die Einheit des Pädagogischen noch zu wahren sei.

Vor diesem Hintergrund erschien es uns in der Tat in hohem Maße angeraten, ein breit angelegtes Handbuch der Erziehungswissenschaft zu entwickeln, das im Rahmen disziplinbezogener Teilbände jeweils Übersichten über Einzelgebiete verschafft, und zwar in einer Weise, dass dabei auch die übergreifenden Zusammenhänge sichtbar bleiben. Entsprechend soll das Handbuch eine erste Information über den aktuellen Stand erziehungswissenschaftlicher Forschung in ihrer Pluralität und Breite erbringen, ohne sich jedoch auf jede Modeerscheinung einzulassen. Hingegen soll das Handbuch eine Plattform für Diskurse darstellen, die in der Tiefe des jüdisch-christlich geprägten abendländischen Denkens verwurzelt sind und die sich durch eine breite wissenschaftliche Fundierung ‚auf der Höhe der Zeit' auszeichnen.

Hierbei halten wir es für sinnvoll, für das Gesamtwerk die Bezeichnung „Handbuch der Erziehungswissenschaft" zu bevorzugen. Zum einen deshalb, weil sich der Terminus ‚Erziehungswissenschaft' als oberster Theoriebegriff in der Fachsprache zunehmend durchsetzt. Zum andern aber auch, weil die Rede vom ‚pädagogischen Denken und Handeln' einen eigenen Begriff erfordert, der wie ‚Erziehungswissenschaft' allein auf die wissenschaftliche Reflexion abhebt.

Das Gesamtwerk umfasst in der Studienausgabe die folgenden sechs Bände:

Band 1 u. 2:	Allgemeine Erziehungswissenschaft I und II
Band 3:	Schule
Band 4:	Erwachsenenbildung – Weiterbildung
Band 5:	Familie
Band 6:	Erziehungswissenschaft und Gesellschaft

III.

Der Konzeption des Handbuches sind folgende Leitgesichtspunkte zugrunde gelegt:

(1) **Umfang des Forschungsgegenstandes:**
Unter den gesellschaftlichen Bedingungen unserer hochgradig differenzierten *Moderne im Umbruch* endet der *Prozess produktiver Auseinandersetzung* mit dieser komplexen Welt wie auch die Notwendigkeit, ggf. tiefgreifend hinzuzulernen, nicht mehr im frühen Erwachsenenalter, sondern währt ein Leben lang. Dies aber bedeutet, Erziehungswissenschaft wird die ihr inzwischen zugewachsene *Breite und Vielfalt* produktiv aufgreifen, sie wird den *Prozess der Entgrenzung* des ursprünglich primär kindbezogen Pädagogischen auf alle Altersstufen und den der *Ausweitung* auf die unterschiedlichen pädagogischen Handlungsfelder zum Anlass nehmen für eine Ausdifferenzierung und Weitung ihrer künftigen Forschungsarbeit.

Gegenstand sind sonach Erziehungs- und Bildungsprozesse von Kindern, Jugendlichen und Erwachsenen – im sozio-kulturellen Bedingungskontext unserer modernen Welt – mit ihren erhöhten Anforderungen an Lernprozesse – ein Leben lang.

(2) **Mit der Thematisierung von Erziehungs- und Bildungsprozessen** jedoch sieht sich die Erziehungswissenschaft auf eine spezifische Form menschlicher Praxis verwiesen, ist sie, der Medizin, der Jurisprudenz, der Ethik oder den Politikwissenschaften vergleichbar, **praxisbezogene Disziplin** und somit unabweisbar in die präskriptive Dimension mit einbezogen. Als solche geht sie, positiv gewendet, davon aus, dass einem jeden (potentiellen) Adressaten als Person unbedingt Wertschätzung entgegen zu bringen ist. In negativer Fassung bedeutet dies: Vorgänge der Verzweckung (Instrumentalisierung, Abrichtung, Manipulation, etc.) von Personen haben mit Erziehungs- und Bildungsprozessen nichts gemein.

(3) Als umfassende praktische Disziplin bedarf Erziehungswissenschaft methodisch einer **interdisziplinär** angelegten wissenschaftlichen Fundierung, nämlich der Verankerung in *Philosophie* und *historisch-systematischem Denken* wie auch der breiten Abstützung durch die *Human- und Sozialwissenschaften*.

(4) **Intradisziplinär** ist eine Öffnung sowie ein wechselseitiger Austausch zwischen Grundlagendiskurs und Spezialdisziplinen unverzichtbar.

(5) **Pluralität/diverstheoretischer Argumentationsrahmen:** Gegenüber einer in der Pädagogik häufig anzutreffenden ideologischen Verfestigung sollen **metatheoretisch** der *Modellcharakter* und *die Perspektivität* einer jeden Theorie aufgewiesen werden. Im Einzelnen bedeutet dies: Offenheit für *Pluralität* und *diverstheoretische* Positionen.

Das Handbuch der Erziehungswissenschaft soll mithin einen diverstheoretisch angelegten, weiten Theorierahmen begründen, innerhalb dessen unverzichtbare Systemteile wissenschaftlich reflektierter konkreter Handlungsfelder eine flexible Zuordnung finden.

Dabei läge eine Bestätigung der Brauchbarkeit unserer Konzeption sicher gerade darin, dass es gelingt, von pädagogischen Grundfragen ausgehend, bis in die pädagogischen Teilbereiche hinein relevante Problemstellungen, Standpunkte und Tendenzen in integrativer Sicht auf Lösungsansätze und zukunftsweisende Perspektiven hin zu befragen. Die Herausgeber gehen davon aus, dass mit dem vorliegenden Werk eine breite Plattform und eine solide Basis für den weiteren erziehungswissenschaftlichen Diskurs geschaffen worden ist.

IV.

Der Dank der Görres-Gesellschaft gilt den Autoren, welche die schwierige Aufgabe der Abfassung der Artikel übernommen haben. Die Herausgeber danken dem Präsidenten der Görres-Gesellschaft, Herrn Prof. Dr. jur. Dr. h. c. mult. Paul Mikat, der das Werden dieses Werkes in entscheidender Weise mit klugem Rat unterstützt hat. Besonderer Dank gilt ferner den einzelnen Fachvertretern sowie den Fachbereichsberatern, deren Mitwirkung bei der Vorbereitung und Realisierung entscheidende Bedeutung hatte. Und schließlich gilt unser Dank der wissenschaftlichen Redaktionsleitung, die neben der Zusammenführung der Beiträge vor allem durch die digitale Verarbeitung einer besonderen Herausforderung gegenüberstand.

Die Herausgeber

GERHARD MERTENS

Einführung zu Band 1 und 2: Grundlagendiskurs ‚Allgemeine Erziehungswissenschaft'

Zu den irritierenden Kennzeichen der Erziehungswissenschaft gehört es, dass sie eine Vielzahl von unterschiedlichen Forschungsrichtungen, theoretischen Konzepten und methodischen Zugängen aufweist. Infolge dessen kommt selbst auf der Ebene ihres Grundlagendiskurses bei der Erörterung der Grundbegriffe und kategorialen Gefüge stets eine Vielfalt an Denkansätzen und Denkmitteln zum Tragen. Angesichts der Komplexität und Geschichtlichkeit des erziehungswissenschaftlichen Gegenstandes kann man dies aber auch für durchaus angemessen halten. Stellen sich pädagogische Theorien doch keineswegs als logisch geordnete Größen in einem *System*ganzen dar. Eher noch lassen sie sich als partielle Entwürfe kreativer Setzung verstehen, die auf einem disziplingeschichtlich gewachsenen Erfahrungsfeld jeweils *spezifische Akzentuierungen* des Pädagogischen vornehmen: begründet in der Unterschiedlichkeit erzieherischer Aktivitäten bzw. Desiderate und deren geschichtlich-perspektivischer Fassung. Bedenkt man in diesem Kontext noch die *paradigmatische Standortgebundenheit* einer jeden theoretischen Position, wie sie sich im Verlauf der erziehungswissenschaftlichen Disziplingeschichte jeweils heraus kristallisierte und dabei tiefgreifende Spuren hinterließ, so ist es mittlerweile schlechterdings nicht mehr vorstellbar, *positionsübergreifend* **eine** *systematische* allgemeinpädagogische Einheitskonstruktion zu verfassen.

Andererseits wird gerade in jüngster Zeit der Ruf laut nach einem ‚*grundlagentheoretischen Diskurs*' Allgemeiner Erziehungswissenschaft mit einer *disziplinübergreifenden ‚allgemeinen Bedeutung*'. Angesichts verschärfter Pluralität, drohender Zersplitterung und ‚Entgrenzung' des Pädagogischen könne allein er die Einheit des Faches gewährleisten. Dem ist auf jeden Fall beizupflichten, freilich nun auch mit der Konsequenz, dass man, wie in diesem Handbuch vorgesehen, den Grundlagendiskurs im Ansatz bereits *unter Berücksichtigung differenztheoretischer Positionen* anlegt: als einen dynamisch-offenen Gesamtrahmen, in dem sich in produktiver gegenseitiger Ergänzung die unterschiedlichen Akzentuierungen und Sichtweisen zu Wort bringen, stets mit Blick auf das *Allgemeine* des Pädagogischen.

Wie aber lässt sich verhindern, dass infolge theoretischer Pluralität die Einheit zerfällt oder, wie teilweise geargwöhnt, nur mehr ein pädagogischer ‚Supermarkt' übrig bleibt?

Inhaltlich ist der Zusammenhalt im Sinne einer dynamischen Einheit nur zu gewährleisten mit Hilfe einer straffen Strukturierung des Grundlagendiskurses selbst. Hier sollen in strikter Aufgliederung eine **Gegenstandsbestimmung** der Disziplin, ferner die **Voraussetzungen**, die **Zweck-** und **Zieldimension** und schließlich die **Formen** pädagogischen Handelns erörtert werden.

Metatheoretisch (= wissenschaftstheoretisch) gesehen erfordert die dynamische Einheit in der Vielfalt eine Distanz zu Deduktion und universalistischen Strategien ebenso wie, positiv betrachtet, ein multiperspektivisches Aufeinander-Zudenken und kritisches In-Beziehung-Setzen.

Entsprechend sollen in Teil I die einschlägigen Theoriekandidaten, sei es empirischer, kritisch-analytischer, historisch-systematischer, bildungsphilosophischer, konstruktivistischer oder sei es kritisch- hermeneutischer etc. Provenienz in einer Weise angegangen werden, dass die unterschiedlichen Theorieansätze und -modelle im produktiven Zusammenspiel die ‚pädagogische Sache' durchlässig zu machen vermögen.

Insgesamt ergibt sich hieraus folgendes ***Aufgliederungsschema*** für den **Grundlagendiskurs ‚Allgemeine Erziehungswissenschaft'**:

Themenbereiche: **Band 1**		

(1) Diskurse über (Teil I)	**Metatheorie:**
	 1. Disziplingeschichte und ihre theoretische Ausdifferenzierung bis in die Gegenwart hinein.
	 2. Reflexion pädagogischer Theorien bezüglich ihres Verhältnisses:
	     – zur Empirie (im weiteren Sinne)
	     – zur Philosophie
	     – zur Praxis
	     – zu Diversität/ Heterogenität bzw.
	     – zu möglicher Perspektivenverknüpfung
	 3. Forschungsmethoden	

(2) Was? Wer? (Teil II)	**Gegenstand:** Erziehungs- und Bildungsprozesse, pädagogische Grundverhältnisse, verankert in Institutionen (Politik/ Bildungsökonomie)	**Gesellschaftliches Teilsystem Erziehung/Bildung**
(3) Unter welchen Voraussetzungen? (Teil III)	**Bedingungskontext:** Pädagogisch-anthropologische Verschränkung von Natur und Kultur. Naturanthropologisch: Erziehungsfähigkeit und -bedürftigkeit; Dimensionen von Bildsamkeit; Kulturanthropologisch: Bildungsanforderungen in unserer modernen Welt	
Band 2		
(4) Wozu? (Teil I)	**Zweck-/ Zielbereich:** theoretische ethisch-politische ästhetische religiös-kontemplative technisch-ökonomische	**Aufgabendimensionen**
(5) Wie? (Teil II)	**Formen pädagogischen Handelns:** Formgeschichte der Erziehung; Topik pädagogischer Handlungsformen, Künste und ‚Techniken'	

Teil I

Metatheorie

GERHARD MERTENS

Einführung

Was den *wissenschaftstheoretischen* Teil betrifft, so böte es sich an, die einschlägigen Theorieansätze und Forschungsrichtungen in der Erziehungswissenschaft wie sonst üblich im Einzelnen vorzustellen und zu erörtern (vgl. hierzu etwa Krüger 2002). Mit Blick auf die differenztheoretische Positionierung des Handbuches jedoch, der zufolge die pädagogische Sache gerade multiperspektivisch, d. h. im produktiven Zusammenspiel der theoretischen Modelle zum Vorschein gebracht werden soll, wird im Folgenden ein anderer Weg beschritten. Die paradigmatischen Zugänge werden gleichsam quer gelesen und gebündelt, indem vor dem Hintergrund der *Disziplingeschichte* (1. Kap.) danach gefragt wird: Welche relevanten paradigmatischen Zugänge in der Erziehungswissenschaft generieren unverzichtbares
- *empirisches* (2. Kap.),
- *philosophisches* (3. Kap.),
- *praktisches* (4. Kap.) und
- *Diversitäts-Wissen* (5. Kap.): A. neostrukturalistisch, B. pragmatisch/konstruktivistisch?
   Welche legen *Zuordnungsperspektiven* nahe (6. Kap.): eine Kombinatorik von Forschungstypen (A) bzw. Verknüpfungslinien (B)?
   Ein Aufriss der beiden relevanten Gruppen von *Forschungsmethoden* innerhalb der Erziehungswissenschaft, Hermeneutische sowie Empirische Methoden (7. Kap.), schließt dann den wissenschaftstheoretischen Teil ab.

Literatur

Krüger, Heinz-Hermann (2002[3]). In: Einführung in Theorien und Methoden der Erziehungswissenschaft. Opladen.

KLAUS-PETER HORN

Kapitel 1: Disziplingeschichte

Vorbemerkung

Die Selbstvergewisserung der Erziehungswissenschaft und die historische Forschung haben sich lange Zeit auf die großen Denker und die Hauptströmungen konzentriert, also Personen- und Theoriegeschichte betrieben. Strukturelle Aspekte wie z.B. Kommunikationsstrukturen oder die institutionelle Seite blieben dabei unterbelichtet. Dies hat sich erst in den letzten zwei Jahrzehnten verändert, allerdings dann mit einem Schwergewicht auf der Zeit nach 1945. Im folgenden Abriss wird eher die strukturelle Seite der Disziplingeschichte betont, da die inhaltliche Seite in den Folgebeiträgen ausführlich zur Sprache kommt. Dabei bezieht sich die Darstellung wiederholt auf einschlägige Literatur, ohne dass diese jeweils im Einzelnen genannt wird (vgl. Berg u.a. 1987ff.; Harney/Krüger 2005³; Horn 2002, 2003a; Lochner 1963; Menze 1976; Oelkers 1989; Roeßler 1978; Scheuerl 1991²; Tenorth 2000³, 2003, 2004; Thiersch/Ruprecht/Herrmann 1978). Auch auf die Nennung von Literatur zu einzelnen Personen wird weitgehend verzichtet, um den Apparat nicht zugunsten des Textteils aufzublähen.

I. Disziplin

Der deutsche Typ der Organisation der Erziehungswissenschaft hebt sich von anderen nationalen Mustern (USA: pragmatisch feld- und professionsbezogene Spezialisierung; Frankreich: fächerübergreifende sozialwissenschaftlich-psychologische sciences de l'éducation; vgl. Keiner/Schriewer 2000) durch seine disziplinäre Engführung ab, was schon früh zu der Frage nach Erziehungswissenschaft als einem „deutschen Syndrom" führte (Schriewer 1983). Dieses Syndrom lässt sich anhand der folgenden Merkmale charakterisieren: Die Erziehungswissenschaft in Deutschland beansprucht(e) disziplinäre Eigenständigkeit in Abgrenzung von anderen Wissenschaften bzw. Disziplinen und war lange Zeit geprägt von der philosophischen, geisteswissenschaftlich-hermeneutischen Tradition pädagogischer Reflexion.

Die genannten Merkmale korrespondieren mit Indikatoren der Disziplinbildung und -entwicklung, wie sie in der Wissenschaftsforschung, erweitert um Indikatoren zu sozialen und strukturellen Aspekten, diskutiert werden. Eine Disziplin ist demnach eine „Forschungsgemeinschaft und ein Kommunikationszusammenhang von Wissenschaftlern und Gelehrten, der durch gemeinsame Problemstellungen und Forschungsmethoden und nicht zuletzt durch die Entstehung effektiver Mechanismen disziplinärer Kommunikation zusammengehalten wird" (Stichweh 1993, S. 241). Die Forschungsgemeinschaft wird gebildet durch alle im jeweiligen Feld forschend Tätigen, wobei die universitären Fachvertreter eine zentrale Rolle spielen. Der Kommunikationszusammenhang wird nicht primär durch direkte Kommunikation, sondern v.a. durch thematisch gebundene („gemeinsame Problemstellungen")

Veröffentlichungen in öffentlich zugänglichen Medien hergestellt und auf Dauer gesetzt, in denen Autoren sich in vielfältiger Weise auf Veröffentlichungen anderer Autoren beziehen und damit in einen Diskurs eintreten und ihn weiterführen.

Als Disziplinen werden also im Folgenden Wissenschaften verstanden, die

(1) im Wissenschaftssystem verankert sind durch die dauerhafte und irreversible Institutionalisierung an Universitäten,

(2) spezifische Theoriebestände und Methoden der Forschung aufweisen, die sowohl innerhalb der jeweiligen Wissenschaft als auch von anderen Wissenschaften anerkannt sind, sowie

(3) über eigene Medien der Kommunikation verfügen.

Die Verankerung im Wissenschaftssystem wird operationalisiert an den Fachprofessuren, die an wissenschaftlichen Hochschulen eingerichtet und nach dem Ausscheiden der Amtsinhaber wieder mit einem Fachvertreter besetzt wurden. Darüber hinaus ist zu fragen nach der Präsenz des Faches in eigenen Studiengängen und Abschlussprüfungen, wodurch die Möglichkeit einer eigenfachlichen Reproduktion gegeben ist. Für die Forschungsseite werden außerdem außeruniversitäre Forschungsinstitute als Indikatoren für eigenständige Forschungsschwerpunkte in die Betrachtung einbezogen.

Im Zeitverlauf lassen sich mit Blick auf die Problemstellungen und spezifischen Theoriebestände verschiedene „Strömungen" und „Schulen" in der Erziehungswissenschaft ausmachen, die mehr oder weniger stark den Anspruch auf Hegemonie stellten und diesen Anspruch zuweilen auch durchsetzen konnten. Diese Strömungen und Schulen unterscheiden sich zwar hinsichtlich der zentralen Begrifflichkeit und des Selbst- und Wissenschaftsverständnisses zum Teil deutlich, beziehen sich aber auf alle gemeinsame Probleme. Hinsichtlich spezifischer Forschungsmethoden ist festzustellen, dass die Erziehungswissenschaft diese in der Regel mit anderen Geistes-, Kultur- und Sozialwissenschaften teilt und die Spezifik in der Anwendung auf geteilte Probleme und Fragestellungen besteht.

Die zentralen Medien der Kommunikation sind auch in der Erziehungswissenschaft die Fachzeitschriften, in denen die aktuellen Debatten ausgetragen werden. Hinzurechnen kann man auch die Fachlexika und Lehrbücher, in denen das Wissen der Erziehungswissenschaft festgehalten ist. Für die disziplinäre Kommunikation sind zudem fach(wissenschaft)liche Zusammenschlüsse von Bedeutung, die hier ebenfalls berücksichtigt werden.

Anhand dieser Indikatoren wird in den folgenden Abschnitten die Disziplingeschichte in vier Abschnitten dargestellt. Dabei ist zwar zu bedenken, dass es Ungleichzeitigkeiten in den Entwicklungsverläufen gibt. Dennoch kann man eine prädisziplinäre Phase der Entwicklung der Pädagogik bzw. Erziehungswissenschaft (Abschnitt II) von einer disziplinären Phase (Abschnitt IV) unterscheiden, wobei die Institutionalisierung der Erziehungswissenschaft an den deutschen Universitäten zu Beginn des 20. Jahrhunderts (Abschnitt III) den Übergang markiert. Die Frage, ob wir uns inzwischen im Übergang zu einer nachdisziplinären Phase befinden, wird im letzten Abschnitt (V) angerissen.

II. Prädisziplinäre Phase

II.1. Professuren und Ausbildungsgänge

Die erste Professur für Pädagogik hatte von 1779 an der Philanthrop E. Ch. Trapp an der Universität Halle inne, allerdings nur für kurze Zeit, denn angesichts des Scheiterns seiner Ideen für eine grundlegende pädagogische Ausbildung künftiger höherer Lehrer zog er sich bereits 1782 wieder zurück (vgl. Olbertz 1997). Der Lehrstuhl wurde daraufhin 1783 mit dem Philologen F. A. Wolf besetzt, in dessen Konzept einer philologischen Ausbildung der Lehrer die Pädagogik keine Rolle spielte. In den Jahrzehnten um 1800 sind dann zwar an verschiedenen Universitäten Professoren tätig, die auch Pädagogik lehren, dies aber eher im Nebenamt tun, denn ihre eigentliche Aufgabe ist die Philosophie oder die Theologie: J. F. Herbart in Göttingen (vgl. Hoffmann 1987) bzw. Königsberg, A. H. Niemeyer in Halle (vgl. Olbertz 1997), F. H. Ch. Schwarz in Heidelberg (vgl. Lenhart 1968), F. D. E. Schleiermacher in Berlin (vgl. Horn/Kemnitz 2002). Eine dauerhafte Institutionalisierung der Pädagogik an den Universitäten war damit nicht verbunden. Eine nennenswerte Repräsentanz der Erziehungswissenschaft an Universitäten gab es in der Folge nur an wenigen Standorten: in Jena die Herbartianer K. V. Stoy, der zeitweise auch in Heidelberg tätig war, und W. Rein (vgl. Coriand/Winkler 1998; Prondczynsky 1999), in Leipzig der Herbartianer T. Ziller sowie dessen Nachfolger H. Masius (vgl. Schulz 1995), in Kiel G. F. Thaulow (vgl. Herrlitz 1966), in Berlin F. E. Beneke, A. Trendelenburg, W. Dilthey, der Gründervater der geisteswissenschaftlichen Pädagogik, sowie F. Paulsen (vgl. Horn/Kemnitz 2002). Zumeist Professoren für Philosophie, zuweilen für Philosophie und Pädagogik und nur selten allein für Pädagogik, vertraten sie das Fach neben ihrer Hauptaufgabe in mehr oder weniger großer Intensität in Vorlesungen. Dies gilt insgesamt auch für die Universitäten in den anderen deutschsprachigen Ländern Österreich und Schweiz (vgl. Brezinka 2003; Späni 2002).

Diese nur sekundäre Existenz des Faches an den Universitäten war u.a. Folge der Orientierung der universitären Lehrerausbildung an dem Muster des philologischen Seminars in Halle, wenn auch vereinzelt pädagogische Seminare gegründet wurden (z.B. in Heidelberg, Königsberg, München oder Göttingen), die aber oft nur kurze Zeit bestanden. In Preußen war denn auch Pädagogik seit 1831 zwar Prüfungsbestandteil der universitären Prüfung für angehende höhere Lehrer, allerdings immer im Rahmen der Prüfung in Philosophie, nicht als selbständiges Fach (vgl. Mandel 1989). Nur unwesentlich stärker war die Pädagogik zunächst in der nicht-universitären Lehrerbildung für die Elementar- bzw. Volksschullehrer vertreten, die ab der zweiten Hälfte des 19. Jahrhunderts in Deutschland relativ einheitlich geregelt war, wenngleich sich die Bezeichnungen unterschieden (Lehrerseminare, Lehrerbildungsinstitute); 1901 waren an den preußischen Lehrerseminaren neun Wochenstunden der Pädagogik vorbehalten. In der nicht-universitären Lehrerbildung wirkten einige der Repräsentanten der Schulmännerpädagogik, u.a. F. A. W. Diesterweg, F. W. Dörpfeld und F. Dittes.

Eine pädagogische Ausbildung wurde ab Mitte des 19. Jahrhunderts auch in privaten Ausbildungsstätten für Kindergärtnerinnen und Heimerzieher (F. Fröbel, J. H.

Wichern), gegen Ende des 19. Jahrhunderts in ebenfalls noch privaten Kursen für soziale Hilfsarbeit bzw. Wohlfahrtspflege (A. Salomon) angeboten, die später in staatliche Verantwortung übernommen wurden.

II.2. Theorien und Methoden

Anhand der schon genannten Personen lässt sich eine grobe Einteilung des pädagogischen Diskurses des 19. Jahrhunderts vornehmen in eine philosophische, eine empirische, eine christlich-konfessionelle Richtung sowie in den Sektor des Lehrerdiskurses über pädagogische Fragen (vgl. Oelkers 1989). Diese Richtungen waren in sich nicht homogen und zwischen ihnen gab es zuweilen personelle Überschneidungen, z.B. zwischen der empirischen Richtung und dem Lehrerdiskurs, oder bei den christlich-konfessionellen Theoretikern, die dem Herbartianismus zugerechnet werden können.

Innerhalb der philosophischen Richtung lassen sich verschiedene Stränge unterscheiden: prinzipientheoretische pädagogische Denker im Anschluss an I. Kant (neben Schwarz u.a. der Pädagoge J. H. G. Heusinger oder der außerordentliche Professor der Theologie und Direktor der Franckeschen Anstalten in Halle, A. H. Niemeyer; vgl. Ruberg 2002), an J. G. Fichte (z.B. R. Johannsen; vgl. Benner/Schmied-Kowarzik 1969) oder an G. W. F. Hegel (z.B. Thaulow, A. Kapp und K. Rosenkranz; vgl. Wigger 2003), und eine sich als Wissenschaft begreifende philosophische Pädagogik bei Herbart und Schleiermacher und ihren „Schulen". Während die prinzipientheoretische Pädagogik diese als der Erziehungskunst dienend auffasste und das Nachdenken über Erziehung als Sache der Philosophie betrachtete, wurde bei Herbart und Schleiermacher eine eigenständige Pädagogik als Wissenschaft in Ansätzen sichtbar, wenngleich die philosophische Herkunft und die Bezugnahme auf die Erziehungskunst nicht in Frage gestellt wurden.

Für Herbart war denn auch die „Pädagogik [...] die Wissenschaft, deren der Erzieher für sich bedarf" (Herbart 1806/1982, S. 22), die sich „so genau als möglich auf ihre einheimischen Begriffe besinnen und ein selbständiges Denken kultivieren möchte (= soll, KPH), wodurch sie zum Mittelpunkte eines Forschungskreises würde und nicht mehr Gefahr liefe, als entfernte, eroberte Provinz von einem Fremden aus regiert zu werden" (ebd., S. 21). Andererseits sah er aber die Pädagogik als Wissenschaft in Abhängigkeit von der praktischen Philosophie und der Psychologie: „Jene zeigt das Ziel der Bildung, diese den Weg, die Mittel und die Hindernisse" (Herbart 1841/1982, § 2), wobei für Herbart die Psychologie die „erste, wiewohl bei weitem nicht die vollständige Wissenschaft" des Erziehers war (Herbart 1806/1982, S. 22). Da eine entsprechend ausgearbeitete Psychologie aber noch nicht vorliege, sei es desto wichtiger, zu wissen, was man wolle. „Woran dem Erzieher gelegen sein soll, das muß ihm wie eine Landkarte vorliegen oder womöglich wie der Grundriß einer wohlgebauten Stadt [...]." Eine solche Landkarte wollte er den Lesern bieten, damit sie wüssten, „welcherlei Erfahrung sie aufsuchen und bereiten" sollten. „Mit welcher Absicht der Erzieher sein Werk angreifen soll, diese praktische Überlegung [...] ist mir die erste Hälfte der Pädagogik." (ebd.) Die theoretische Pädagogik, die sich mit der Frage befasse, wie Erziehung möglich sei, sowie die Psychologie seien hingegen noch Zukunft und Wunsch.

Die Schüler Herbarts, unter der Bezeichnung Herbartianer zusammengefasst, haben die Idee von der Pädagogik als eigenständiger Wissenschaft, die an den Universitäten durch eigene Professuren vertreten sein solle, weiter getragen und zum Teil selbst als Professoren gewirkt (Stoy, Ziller, Rein, G. A. Lindner). Mit zahlreichen Veröffentlichungen, auch von Zeitschriften und Enzyklopädien bzw. Handbüchern, trugen sie zur Entwicklung der Pädagogik als Wissenschaft bei. Durch die Konzentration auf die herbartischen Formalstufen des Unterrichts waren sie für die entstehende Schulpädagogik von Bedeutung, erfuhren allerdings auch heftige Kritik.

Schleiermacher sah die Pädagogik als eine „rein mit der Ethik zusammenhängende, aus ihr abgeleitete angewandte Wissenschaft, der Politik koordiniert" (Schleiermacher 1826/2000, S. 13) an; sie sei eingebunden in die gesellschaftliche Wirklichkeit, von der Sittlichkeit der Gesellschaft abhängig, also eine aus einem ethischen System abgeleitete Pädagogik und somit historisch zu verstehen sowie durch Philosophie und Religion beeinflusst. Die Fragen: „Was will denn eigentlich die ältere Generation mit der jüngeren? Wie wird die Tätigkeit dem Zweck, wie das Resultat der Tätigkeit entsprechen?" (ebd., S. 9), standen am Ausgangspunkt. Erziehung wurde von Schleiermacher als Generationenverhältnis gefasst: „Auf diese Grundlage des Verhältnisses der älteren zur jüngeren Generation, was der einen in Beziehung auf die andere obliegt, bauen wir alles, was in das Gebiet der Theorie fällt." (ebd.) Die so gebildete Theorie mache die Praxis bewusster, aber die „Dignität der Praxis ist unabhängig von der Theorie" (ebd., S. 11). Die zentralen Fragen lauten: „Wie soll die Einwirkung der älteren Generation auf die jüngere beschaffen sein? ... Was soll durch die Erziehung bewirkt werden? ... Was kann durch dieselbige bewirkt werden?" (ebd., S. 14)

Die bei Schleiermacher angelegte Historisierung wurde von Dilthey aufgenommen und weiter geführt. Er kritisierte den Allgemeinheitsanspruch von Systemen der Pädagogik und hob die historische Bedingtheit von Erziehung als einer „Funktion der Gesellschaft" hervor (Dilthey 1884-1894, S. 192). Damit sprach er die Frage nach der Möglichkeit einer wissenschaftlichen Pädagogik angesichts der wissenschaftlichen Rückständigkeit der bis dato vorliegenden pädagogischen Systeme an (ebd., S. 9). Im Zentrum seiner Ausführungen stand im systematischen Teil die „Deskription des Erziehers in seinem Verhältnis zum Zögling" sowie insbesondere die Teleologie des Seelenlebens, von der aus Dilthey die „engumgrenzte Zahl von Sätzen, welche allgemeingültig sind" (ebd.) entwickelte. Es ging ihm schließlich um die Weckung des „Bewußtsein[s] der Geschichtlichkeit jedes Erziehungsideals" und darum, „aus der Natur unseres Volkes und unserer Zeit das konkrete und volle Ideal des heutigen Erziehers und heutigen Unterrichtswesens in Deutschland" abzuleiten (ebd., S. 10).

Die christlich-konfessionelle Pädagogik ist auszumachen einerseits bei protestantischen Theologen und Pädagogen, z.B. bei G. Baur (Theologieprofessor in Gießen bzw. Leipzig) und Ch. v. Palmer (Theologieprofessor in Tübingen), andererseits bei katholischen Pädagogen, z.B. L. Kellner (Volkschul- und Seminarlehrer), A. Stöckl (Professor für Philosophie an der philosophisch-theologischen Hochschule Eichstätt), G. M. Dursch (Priester und Lehrer, Stadtpfarrer von Rottweil) oder O. Willmann (Professor für Philosophie und Pädagogik an der Universität Prag). Insgesamt stand diese Pädagogik, obzwar als Wissenschaft bezeichnet, unter dem Primat der christlichen Heilslehre, derzufolge das Ziel der Erziehung durch die Gnade Gottes und nicht durch die Erziehung des Menschen erreicht werden könne (vgl. Goy 1996; Horn 2003b).

Die philosophische und die christlich-konfessionelle „wissenschaftliche" Pädagogik waren im Wesentlichen spekulativ und nicht empirisch angelegt, mithin „faktisch ein Gemisch aus Philosophie, Psychologie und Ethik, aber auch Anthropologie und Theologie, ohne hier klare Grenzen ziehen zu können" (Oelkers 1989, S. 8).

Eine Empirisierung des pädagogischen Denkens in Orientierung an Psychologie und Anthropologie als Erfahrungswissenschaften wurde zwar bereits von Trapp (1780/1977) gefordert, wobei die Beobachtung des Kindes im Mittelpunkt stand im Sinne einer systematischen Erforschung mit dem Ziel der Erarbeitung einer Entwicklungslehre. Trapp erkannte aber auch die Begrenzungen dieses Unterfangens: Einzelbeobachtungen sind endlich, nicht umfassend („So lange die Welt steht, wird immer für den Arzt und den Pädagogen etwas zu beobachten, zu bemerken übrig bleiben und der Schatz der Erfahrungen in diesen beiden Wissenschaften [...] ist eines Wachsthums ins Unendliche fähig"; ebd., § 26), d.h. es ist nicht möglich, allgemeine Regeln zu finden, sondern immer nur solche in Anpassung an die jeweiligen Bedingungen. Diese empirische Richtung wurde fortgeführt von Beneke und anderen, ebenfalls in enger Bezugnahme auf die Psychologie, freilich auf eine empirische Psychologie. Von der philosophischen Richtung heftigst kritisiert, erlangte sie insbesondere im Lehrerdiskurs eine gewisse Bedeutung, da sie sich auf Fragen der Methode einließ, die dort im Zentrum standen.

Der Lehrerdiskurs wurde getragen vor allem von Elementar- bzw. Volksschullehrern bzw. von Seminarlehrern, aus denen Diesterweg, Dörpfeld oder Dittes herausragten; auch Vertreter anderer Schularten, wie z.B. C. Mager (Herausgeber der „Pädagogischen Revue" und Protagonist einer Realschulpädagogik), die Gymnasialpädagogen A. F. Bernhardi (zu Beginn des 19. Jahrhunderts) oder W. Münch (am Ende des 19. Jahrhunderts), bildeten eigene Diskurse aus, die jedoch nicht so prominent hervortraten. Im Diskurs der „Schulmänner" wurden die Probleme der Lehrprofession in pragmatischer Absicht reflektiert und bearbeitet, in relativer Abkopplung von den philosophischen Entwürfen und orientiert an der Lösung praktischer Probleme und der Ausbildung von Lehrern.

II.3. Medien und Gesellschaften

Die Philanthropen, zu denen mit Trapp ja auch der erste Pädagogik-Professor an einer deutschen Universität zählte, hatten nicht nur innerhalb Deutschlands, sondern auch in anderen europäischen Ländern Netzwerke gebildet und die pädagogischen Entwicklungen diskutiert. Eine vergleichbare Netzwerkbildung gab es im Lehrerstand mit vielen regionalen und lokalen Zusammenschlüssen und schließlich dem „Deutschen Lehrerverein". Hierzu muss auch die Gesellschaft für deutsche Erziehungs- und Schulgeschichte gerechnet werden, die 1890 gegründet wurde und bis 1938 Bestand hatte. Hier waren sowohl historisch interessierte Lehrer als auch Wissenschaftler Mitglieder. Ebenfalls im Schnittbereich von Lehrerschaft und wissenschaftlicher Pädagogik bildeten die Herbartianer ab 1868 im „Verein für wissenschaftliche Pädagogik" ein Netzwerk aus, das weit ausstrahlte (vgl. Maier 1940).

Auch in eigenen Zeitschriften wurde der Diskurs gepflegt (vgl. Marx 1929; Buchheit 1939; Brachmann 2007). Bis ca. 1900 können mehrere hundert im weiteren Sinne pädagogische Zeitschriften ausfindig gemacht werden, viele davon – v.a. in den ersten Jahrzehnten – nur sehr kurzlebig, von ihrer Autorenschaft her fachlich recht heterogen und inhaltlich in der Regel auf Probleme des Schulwesens konzentriert. 1741 erschien die erste pädagogische Zeitschrift, die „Acta scholastica" (als „Nova acta scholastica" bis 1751), die Philanthropen hatten mit dem „Braunschweigischen Journal" von 1788 bis 1791 ein ebenfalls nur kurze Zeit erscheinendes Organ, und auch die Herbartianer gaben verschiedene Publikationsorgane heraus, z.B. von 1869 bis 1927 die „Zeitschrift für philosophische Pädagogik". Der Deutsche Lehrerverein gründete 1897 die Zeitschrift „Die Deutsche Schule", die mit einer Unterbrechung zwischen 1943 und 1956 bis heute erscheint (Herrlitz 1987). Und die Gesellschaft für deutsche Erziehungs- und Schulgeschichte gab nicht nur die Monumenta Germaniae Paedagogica, sondern mit den Mitteilungen der Gesellschaft für deutsche Erziehungs- und Schulgeschichte (ab 1891) bzw. mit der Zeitschrift für Geschichte der Erziehung und des Unterrichts (1911-1938) auch eine vereinseigene Zeitschrift heraus.

Daneben wurde ebenfalls seit Ausgang des 18. Jahrhunderts das pädagogische Wissen in Fachlexika und Enzyklopädien, in Handbüchern und Lehrbüchern zusammengefasst. So wurde 1774 von C. D. Küster ein Werk mit dem Titel „Sittliches Erziehungs-Lexikon, oder Erfahrungen und geprüfte Anweisungen wie Kinder von hohen und mittlern Stande, zu guten Gesinnungen und zu wohlanständigen Sitten können angeführet werden. Ein Handbuch für edelempfindsame Eltern, Lehrer und Kinder-Freunde, denen die sittliche Bildung ihrer Jugend am Herzen liegt" veröffentlicht. Zwischen 1785 und 1792 erschien die ebenfalls als Handbuch zu verstehende 16 Bände umfassende „Allgemeine Revision des gesammten Schul- und Erziehungswesens", herausgegeben von J. H. Campe unter Mitwirkung einer „Gesellschaft praktischer Erzieher" – zwar nicht das erste, aber das berühmteste Exempel für die Kommunikationsstruktur der sich herausbildenden Erziehungswissenschaft (vgl. Kersting 1992).

In der zweiten Hälfte des 19. Jahrhunderts mehrten sich dann die Werke, die sich selbst näher an der Wissenschaft sahen, darunter z.B. eine „Encyklopädie der Pädagogik vom gegenwärtigen Standpunkte der Wissenschaft und nach den Erfahrungen der gefeiertsten Pädagogen aller Zeiten, bearbeitet von einem Vereine praktischer Lehrer und Erzieher" (2 Bde., Leipzig 1860), die „Encyklopädie des gesammten Erziehungs- und Unterrichtswesens, bearbeitet von einer Anzahl Schulmänner und Gelehrten" und herausgegeben vom Gymnasialrektor in Ulm bzw. Stuttgart K. A. Schmid (11 Bde., Gotha 1857-1878, 2. Aufl. 10 Bde., Leipzig 1876-1887), die „Real-Encyclopädie des Erziehungs- und Unterrichtswesens nach katholischen Principien. Unter Mitwirkung von geistlichen Schulmännern für Geistliche, Volksschullehrer, Eltern und Erzieher bearbeitet und herausgegeben" von den katholischen Priestern H. Rolfus und A. Pfister (4 Bde., Mainz 1863-1866), ein „Encyklopädisches Handbuch der Erziehungskunde mit besonderer Berücksichtigung des Volksschulwesens" von G. A. Lindner (Wien [u.a.] 1884) und – wohl am bekanntesten – das „Encyklopädische Handbuch der Pädagogik", herausgegeben von W. Rein (1. Aufl. in 7 Bänden, 1895-1899; 2. Aufl. in 10 Bänden 1903-1910). Die meisten dieser Werke wurden von Lehrern und/oder Kirchenleuten herausgegeben, wodurch auch die christlich-konfessionelle Bindung der Pädagogik der Zeit deutlich wird; lediglich Lindner und Rein vertraten die (herbartianische) Pädagogik als Professoren an einer Unversität.

III. Erstinstitutionalisierung, Ausbau und Krise – Erziehungswissenschaft im späten Kaiserreich, in der Weimarer Republik und im Nationalsozialismus

III.1. Professuren und Ausbildungsgänge

Im Jahr 1900 gab es an fünf, 1920 an 14 der insgesamt 21 bzw. 23 deutschen Universitäten Professuren bzw. Honorarprofessuren für Pädagogik (Berlin, Halle, Jena, Leipzig, München, dann auch Erlangen, Frankfurt a.M., Freiburg, Gießen, Göttingen, Köln, Königsberg, Rostock und Würzburg) – z.T. in Kombination mit Philosophie, Psychologie oder auch Klassischer Philologie. Außerdem bestanden 1920 an der Handelshochschule Mannheim und an der Technischen Hochschule Dresden Professuren für Pädagogik. An 15 Universitäten existierten auch bereits Abteilungen/Seminare/Institute für Pädagogik, in 11 Fällen ohne Verbindung mit anderen Fächern, sonst in Verbindung mit der Philosophie oder der Psychologie – interessanterweise zum Teil ohne eigenständige Professuren für Pädagogik, z.B. in Tübingen.

Die Zunahme an Professuren im Bereich der Pädagogik ging zu Lasten der Philosophie, in deren Ausdifferenzierungsprozess auch die Psychologie weiter expandierte. Insofern verläuft die Etablierung der Pädagogik an den Universitäten zunächst parallel zu der der (experimentellen) Psychologie. Eine Analyse der pädagogischen Lehrveranstaltungen an den deutschen Universitäten zwischen 1911 und 1918 zeigt, dass bei insgesamt etwa der Hälfte aller Veranstaltungen psychologisch-medizinische, bei der andern Hälfte philosophisch-historische, theologische und an Klassikern orientierte Themen im Vordergrund standen (vgl. Drewek 1996, S. 308ff.). Dies und die Kriegsereignisse bildeten den Hintergrund für die Konferenz im Preußischen Ministerium der geistlichen und Unterrichts-Angelegenheiten im Mai 1917 zur Frage von Lehrstühlen für Pädagogik an den Universitäten, an der u.a. F. J. Schmidt (Berlin), J. Ziehen (Frankfurt a.M.), R. Hönigswald (Breslau), M. Frischeisen-Köhler (Halle), M. Ettlinger (Münster), E. Spranger (Leipzig) sowie Th. Litt (damals noch Oberlehrer in Köln) teilnahmen (vgl. Schwenk 1977/78; Tenorth 2002). Im Ergebnis ist die Konferenz ein Meilenstein in der Etablierung der Pädagogik an den Universitäten, allerdings in der Gestalt einer (kultur-)philosophischen Pädagogik zur Pflege des Ethos und der nationalen Ideale, nicht mit Blick auf die Berufsprobleme der Lehrer.

War Pädagogik in Preußen seit 1898 Teil der Prüfung am Ende des Studiums für das höhere Lehramt, in der die Kandidaten „die philosophischen Grundlagen der Pädagogik sowie die wichtigsten Erscheinungen in ihrer Entwicklung seit dem 16. Jahrhundert" kennen und „bereits einiges Verständnis für die Aufgaben des künftigen Berufes gewonnen" haben sollten (Mandel 1989, S. 59), so wurde sie 1917 kurz nach und in Konsequenz der o.g. Konferenz von einem obligatorischen Prüfungsbestandteil zu einem wählbaren Zusatzfach degradiert; die eigentliche pädagogische Prüfung sollte am Ende der zweijährigen Seminarzeit stattfinden.

Als mit der Weimarer Reichsverfassung (Art. 143,2) die Angleichung der Volksschullehrerausbildung an die Grundsätze für die höhere Bildung gefordert wurde, wurde im ganzen Reich in der Folge zwar das Abitur zur Voraussetzung für die Ausbildung zum Volksschullehrer, doch lediglich in den Ländern Braunschweig, Hamburg, Hessen, Mecklenburg-Schwerin, Sachsen und Thüringen wurde die Volksschullehrerausbildung an Universitäten bzw. Technische Hochschulen angelagert. In den anderen Ländern wurden die Lehrerseminare bzw. Lehrerbildungsanstalten beibehalten, während in Preußen die Lehrerseminare abgeschafft und eigenständige Pädagogische Akademien eingerichtet wurden. In den Ländern mit einer Anlagerung der Volksschullehrerausbildung an die Universitäten wurde in der Folge die Pädagogik stärker ausgebaut.

1932/33 schließlich existierten an allen Universitäten und an fast allen Technischen Hochschulen bzw. Handels-/Wirtschaftshochschulen Professuren für Pädagogik – insgesamt 79 –, die meisten allerdings immer noch in Kombination mit Philosophie und/oder Psychologie. In den Jahren des Nationalsozialismus veränderte sich das Bild. Bereits 1931/1932 wurden in Thüringen und in Braunschweig von Regierungen unter Beteiligung der NSDAP Hochschullehrer ihres Amtes enthoben, die dann 1933 auf Grund des Gesetzes zur Wiederherstellung des Berufsbeamtentums endgültig entlassen wurden. 1933 und in den Folgejahren wurden weitere 26 Kolleginnen und Kollegen anderer Universitäten beurlaubt, entlassen, vorzeitig emeritiert bzw. in andere Ämter versetzt, darunter u.a.: C. Bondy, J. Cohn, A. Fischer, E. Hoffmann, P. Honigsheim, Th. Litt, P. Luchtenberg, C. Mennicke, A. Messer, H. Nohl, F. Siegmund-Schultze, E. Stern, R. Ulich, M. Vaerting und E. Weniger. Unter diesen waren Vertreter fast aller Richtungen – Neukantianer, „geisteswissenschaftliche" und andere philosophisch sowie empirisch-psychologisch orientierte Pädagogen, Pädagogen aus dem sozialistischen Lager; viele waren als „Nichtarier", manche als politisch Unzuverlässige von dem Gesetz zur Wiederherstellung des Berufsbeamtentums betroffen, nicht wenige aber auch entlassen auf Grund der mit dem Gesetz gegebenen Möglichkeit, „zur Vereinfachung der Verwaltung" Personal in den Ruhestand zu versetzen. Einige blieben in Deutschland, z.B. Weniger, in das Amt eines Studienrates versetzt und später in der Wehrmacht tätig, die Hälfte der Entlassenen aber emigrierte (vgl. auch Horn/Tenorth 1991; Tenorth/Horn 1996; Horn 1998a).

Mehr als ein Drittel der im Amt befindlichen Professoren wurde demnach 1931/32/33 und in den Folgejahren entlassen, 35 weitere Amtsinhaber von 1932/33 schieden bis 1945 entweder durch Erreichen der Altersgrenze, durch Fachwechsel oder durch Tod aus dem Amt, zwei wechselten nach dem „Anschluss" an eine österreichische Universität, mithin blieben 14 übrig, die allerdings auch noch zu Beginn des Jahres 1945 im Amt waren. Der zahlenmäßige Rückgang des Jahres 1933 wurde bis 1945 nicht mehr aufgeholt, sondern sogar noch verstärkt, denn nicht wenige der in der Zeit des Nationalsozialismus neu berufenen Professoren waren nur kurze Zeit tätig, so dass im Mai 1945 noch 38 Professoren für Pädagogik an deutschen Universitäten zu finden waren – nur unwesentlich mehr als 1920.

Dieser Einbruch in der Entwicklung hatte neben den Entlassungen eine Ursache in dem veränderten Stellenwert der Pädagogik. Hatte im ausgehenden Kaiserreich und in der jungen Weimarer Republik die Pädagogik in ihrer kulturphilosophischen Variante eine den Staat und die Nation tragende Rolle zugewiesen bekommen, so war es in der Zeit des Nationalsozialismus die Psychologie, die zu Lasten der Pädagogik in den Vordergrund geriet (vgl. Geuter 1984), wurden doch nicht wenige der durch Entlassungen freigewordenen Professuren in solche für Psychologie umgewandelt.

Die Entwicklung der Disziplin Erziehungswissenschaft war dennoch insgesamt relativ stabil, die Ausdifferenzierung aus der Philosophie als dem universitären Herkunftsfach weitgehend vollzogen. Die innere Differenzierung der Disziplin blieb freilich noch rudimentär. Die inhaltlichen Schwerpunkte der Professuren lagen im Bereich der Allgemeinen Erziehungswissenschaft, ergänzt um starke Bezüge auf das Bildungssystem, auch in eigenen, meist außerordentlichen Professuren für „Praktische Pädagogik". Von den heute gängigen Teildisziplinen waren lediglich die Sozialpädagogik sowie die Wirtschaftspädagogik nennenswert vertreten. Dies hat auch damit zu tun, dass außer der Gymnasiallehrer- und der Diplom-Handelslehrerausbildung keine weitere pädagogische Ausbildungsrichtung an den Universitäten vertreten war. Die Ausbildung für eine Tätigkeit im Bereich der Sozialen Arbeit war im Wesentlichen ein Feld außeruniversitärer Einrichtungen (vgl. Gängler 1994).

Auch außerhalb der Universitäten war die Pädagogik in eigenen Instituten präsent, so im 1915 gegründeten preußisch-deutschen Zentralinstitut für Erziehung und Unterricht in Berlin, das bis 1945 Bestand haben sollte und sowohl Sammel- und Auskunftsstelle, als auch Forschungs- und Fortbildungseinrichtung war (vgl. Böhme 1971). Schon ein paar Jahre vorher hatte der Leipziger Lehrerverein 1906 sein Institut für experimentelle Pädagogik und Psychologie gegründet, das nach 1933 als Institut des Nationalsozialistischen Lehrerbundes weitergeführt wurde. Auch das pädagogisch-psychologische Institut in München verdankte seine Gründung den Interessen der Lehrerschaft an einer Aufklärung der pädagogischen Praxis; es wurde 1910 von A. Fischer zusammen mit dem Münchner Bezirkslehrerverein gegründet. Diese Gründungen sind in der Regel mit Personen aus dem Spektrum der empirischen Pädagogik verbunden, wie auch das 1913/14 entstandene Hamburger Institut für Jugendkunde, ebenfalls von Lehrern getragen und von E. Meumann und nach dessen Tod von W. Stern geleitet (vgl. Hopf 2004, S. 86ff.). Von katholischer Seite aus ist schließlich das Deutsche Institut für wissenschaftliche Pädagogik in Münster zu nennen, das 1922 gegründet und von katholischen Lehrerverbänden getragen wurde.

III.2. Theorien und Methoden

Am Anfang des 20. Jahrhunderts stand die Auseinandersetzung zwischen der philosophisch begründeten Pädagogik und der erstarkenden Experimentellen Pädagogik und Psychologie einerseits sowie zwischen dem Herbartianismus und der Reformbewegung andererseits.

Hatte sich im 19. Jahrhundert die philosophisch orientierte Pädagogik weitgehend durchsetzen können, so waren die ersten Jahre des 20. Jahrhunderts von der experimentellen Pädagogik geprägt, die auch von der reformpädagogischen Bewegung als Bündnispartner gegen einen erstarrten Herbartianismus angesehen wurde. Meumann und W. A. Lay, W. Stern und Fischer, P. Petersen und G. Deuchler waren die deutschen Protagonisten der empirischen Erziehungswissenschaft, die sich national und international in einer sehr großen Breite darstellte (vgl. Depaepe 1993; Hopf 2004; Tenorth 1989) und in deren Umfeld auch die Jugendforschung entstand (vgl. Dudek 1990). Ihr Programm einer empirisch-forschenden Disziplin, mit dem Experiment nahe an den „exakten" Methoden der Naturwissenschaften, aber auch mit Beobachtung und Befragung arbeitend (vgl. als einen Text unter vielen Lay 1918^3, S. 7ff.), entsprach den zeitgenössischen Anforderungen an methodische Standards der Forschung und versprach – zumindest zeitweise – exaktes Wissen, um die praktischen Fragen der Erziehung und des Unterrichts angehen zu können.

Die Kritik an einer empirischen Ausrichtung der Pädagogik ließ nicht lange auf sich warten, wobei sich insbesondere die kulturphilosophischen Pädagogen hervortaten. Frischeisen-Köhler und Litt, Nohl und W. Flitner setzten sich kritisch-abwehrend mit der empirischen Pädagogik auseinander, freilich ohne aus der Kritik selbst eine Überlegenheit der eigenen, philosophischen Methode begründen zu können. Stattdessen wird betont, dass die Reichweite des „experimentellen Verfahrens [...] nach verschiedener Richtung begrenzt" sei, weil damit nur die Individualperspektive des lernenden Kindes in den Blick käme. „Ist nämlich die Gestaltung alles höheren persönlichen Lebens die Ausbildung des sittlich-religiösen Charakters, die Hineinbildung des einzelnen in das geschichtliche Gemeinschaftsleben und der Aufbau seiner geistigen Welt in ihrer Wechselbeziehung zu den Systemen der Kultur der unmittelbaren experimentellen Analyse entzogen, dann bleibt sie auch dem Zugriff der experimentellen Pädagogik im engeren Wortsinn entrückt. Unterscheidet man Erziehung als die Lehre von der Bildung des Charakters und der Persönlichkeit von der Unterrichtslehre, dann läßt sich vielleicht allgemein behaupten, daß die eigentlichen Erziehungsprobleme außerhalb des Forschungsbereiches der experimentellen Pädagogik liegen. Die großen, das Erziehungssystem einer Zeit bewegenden Fragen werden von ihr nicht erfaßt." (Frischeisen-Köhler 1922, S. 139)

Mit diesem Ausschnitt aus Frischeisen-Köhlers Kritik an der empirischen Pädagogik ist zugleich eine Beschreibung des Ansatzes der „geisteswissenschaftlichen" oder besser Kulturpädagogik in nuce gegeben. Mit Blick auf die Bildung der Pädagogen konnte später Flitner folgern, dass es als Ergänzung oder – stärker – als Korrektiv der positivistischen wissenschaftlichen Einzelforschung einer pädagogischen Bildung bedürfe, der „Erkenntnis des Zusammenhangs, des Ganzen pädagogischer Besinnung im existenziellen Zusammenhang der Fragen mit dem Leben" (Flitner 1933, S. 19).

Es wäre aber verfehlt, lediglich diese beiden Richtungen zu thematisieren. Innerhalb der philosophischen Pädagogik war u.a. der Neukantianismus (Cohn, Hönigswald, P. Natorp; vgl. Oelkers/Schulz/Tenorth 1989) mit seiner prinzipientheoretischen Pädagogik, prominent vertreten. Außerdem hatte die christlich-konfessionelle Pädagogik in den Jahren der Weimarer Republik noch eine gewisse Blütezeit (auf katholischer Seite etwa mit L. Bopp, F. X. Eggersdorfer, J. Göttler oder J. Schröteler, auf protestantischer Seite außerhalb der Universitäten mit M. v. Tiling und dem „Arbeitsbund für wissenschaftliche Pädagogik auf reformatorischer Grundlage"). Neben der empirischen Pädagogik in Anlehnung an die Psychologie wurde schließlich auch eine empirisch orientierte Pädagogik mit gesellschaftstheoretischen Bezügen betrieben (P. Barth, J. Ziehen, auch Fischer). Auch bei E. Krieck, S. Kawerau, A. Siemsen, H. Weil und schließlich bei S. Bernfeld sind soziologische Ansätze zu erkennen, die sich in ihren Bezügen zwar deutlich unterscheiden, aber doch eine Gemeinsamkeit in der sozialwissenschaftlich inspirierten Diagnose und Analyse zeigen – und in der Tatsache, dass sie allesamt eher Außenseiter waren.

Die Machtübernahme der Nationalsozialisten hatte für die weitere Entwicklung erhebliche Konsequenzen. Ein Großteil der Vertreter z.B. des Neukantianismus emigrierte, wenngleich es auch nach 1933 noch „arische" Vertreter des Neukantianismus an den deutschen Universitäten gab. Ähnliches gilt auch für die sozialwissenschaftlich orientierten Erziehungswissenschaftler, bei denen neben der „Rasse" oft auch noch die politische Einstellung eine Rolle bei Entlassung und Vertreibung spielte. Schließlich wurde auch die katholische Pädagogik recht deutlich von den antikirchlichen Bestrebungen der Nationalsozialisten getroffen. Die an den Universitäten freigewordenen Stellen wurden oft mit dem Nationalsozialismus nahestehenden Personen besetzt und zugleich für eine stärkere Ausrichtung an der Psychologie genutzt.

Hauptvertreter nationalsozialistischen Erziehungsdenkens waren Krieck und A. Baeumler, aber auch Deuchler, O. Kroh, G. Pfahler oder H. Volkelt sind hier zu erwähnen (vgl. Lingelbach 1987). Krieck, dessen funktionale Bestimmung von Erziehung von den Vertretern der Kulturpädagogik heftig abgelehnt wurde, hat seine „Philosophie der Erziehung" (vgl. Krieck 1922) später in den völkischen Diskurs überführt (vgl. Krieck 1933) und in der Zeit des Nationalsozialismus Karriere gemacht: er wurde 1933 nach Frankfurt a.M., 1934 nach Heidelberg berufen, wo er bis 1945 lehrte. Baeumler war ebenfalls bereits vor 1933 als Philosophiehistoriker bekannt, wandte sich aber ab 1933 auf dem neu geschaffenen Lehrstuhl für politische Pädagogik in Berlin intensiv pädagogischen Fragen zu (vgl. z.B. Baeumler 1933). Beide haben den Rassegedanken in ihre theoretische Bestimmungen der Pädagogik aufgenommen, bei Krieck organisch-völkisch, bei Baeumler historisch-gesellschaftlich verstanden, und sie schrieben beide der Politik den Primat zu, auch in Fragen der Erziehung („nationalpolitische Erziehung" bei Krieck, „politische Pädagogik" bei Baeumler).

III.3. Medien und Gesellschaften

Bis zum Ersten Weltkrieg war die Zahl der pädagogischen Fachzeitschriften kontinuierlich angestiegen (vgl. Horn 1995, Kap. 2.). Im Weltkrieg und danach sank die Zahl der Zeitschriften dagegen deutlich, bis 1922 wieder in etwa der Stand der Jahrhundertwende erreicht war. Danach wuchs die Anzahl der pädagogischen Fachzeitschriften bis in die späten Krisenjahre der Weimarer Republik wieder an. Nach 1930 ist ein schneller Rückgang zu verzeichnen, der durch die nationalsozialistischen Pressegesetze und die Kriegsfolgen verschärft wurde. Von den pädagogischen Fachzeitschriften erlebte keine das Jahr 1945, viele hatten bereits 1933/34, andere Ende der 1930er Jahre ihr Erscheinen einstellen müssen, nur wenige wurden nach 1945 wiedergegründet.

Dennoch hatte die Erziehungswissenschaft mit zahlreichen Zeitschriften ihre Kommunikationsmöglichkeiten beträchtlich erweitert und spezifiziert. Neben allgemeinen erziehungswissenschaftlichen Zeitschriften – darunter die oft als die bekannteste Zeitschrift jener Jahre bezeichnete „Die Erziehung" (1925/26-1942/43), gegründet von Fischer, Flitner, Litt, Nohl und Spranger – gab es Zeitschriften, in denen die verschiedenen Richtungen der Erziehungswissenschaft repräsentiert waren: die katholische Pädagogik in den Zeitschriften „Pharus" (1910-1934), Schule und Erziehung (1918-1933) und in der „Vierteljahrsschrift für wissenschaftliche Pädagogik" (1925-1933), die alle in der Zeitschrift „Bildung und Erziehung" (1934-1937) aufgingen, bis diese dann im Zusammenhang mit der Auflösung des Deutschen Instituts für wissenschaftliche Pädagogik in Münster ihr Erscheinen einstellen musste; die empirische, pädagogisch-psychologische Richtung in der „Zeitschrift für pädagogische Psychologie und jugendkundliche Forschung" (mit wechselnden Titeln ab 1899 bzw. 1911 bis 1943), in deren Herausgeberkreis sich zeitweilig u.a. Meumann und Deuchler, Fischer und W. Stern, Kroh und Volkelt fanden (vgl. auch Hopf 2004, S. 99f.); die international ausgerichtete erziehungswissenschaftliche Forschung in der „Internationalen Zeitschrift für Erziehungswissenschaft" (1931/32-1933/34, herausgegeben von F. Schneider), die ab 1935 als „Internationale Zeitschrift für Erziehung" von Baeumler übernommen und zu einem Instrument der Propaganda wurde (bis 1944); und auch für die Schulpädagogik sowie die anderen Teilbereiche der Erziehungswissenschaft gab es nun zentrale Zeitschriften, die den Diskurs am Leben erhielten. In der Zeit des Nationalsozialismus wurden viele der zuvor existierenden Zeitschriften (selbst) gleichgeschaltet, und es wurden neue Zeitschriften gegründet, die der Verbreitung der nationalsozialistischen Erziehungsvorstellungen dienen sollten. Baeumler z.B. gab ab 1936 die Zeitschrift „Weltanschauung und Schule" heraus, die zu einer Art offiziösem Organ der nationalsozialistischen Schulpolitik und Erziehungswissenschaft wurde.

Die zweite Auflage der Rein'schen Enzyklopädie, in der nicht nur die herbartianische Position des pädagogischen Denkens präsentiert wurde, gehört bereits in diese Phase der Etablierung der Erziehungswissenschaft, aber auch die anderen Gruppen schufen die für sie relevanten Nachschlagewerke: die katholische Pädagogik mit dem „Lexikon der Pädagogik", dessen fünf Bände zwischen 1913 und 1917 in erster Auflage erschienen, sowie mit dem „Lexikon der Pädagogik der Gegenwart" (2 Bde.), das unter der Leitung von J. Spieler 1930/32 vom Deutschen Institut für Wissenschaftliche Pädagogik in Münster herausgegeben wurde; die protestantische Pädagogik konnte ein vierbändiges „Pädagogisches Lexikon", in Verbindung mit der Gesellschaft für evangelische Pädagogik 1928-1931 herausgegeben, vorweisen; die „geisteswissenschaftliche" Pädagogik wurde kodifiziert im „Handbuch der Pädagogik", 1929 bis 1933 herausgegeben von Nohl und L. Pallat. Alle diese Lexika aber waren begrenzt offen für Vertreter anderer Denkrichtungen, so schrieb z.B. Krieck im „Handbuch der Pädagogik" einen Beitrag zur Theorie der funktionalen Erziehung. Das einzige Nachschlagewerk, das in der Zeit des Nationalsozialismus eine Neuauflage erlebte, war das „Pädagogische Wörterbuch" von W. Hehlmann (1. Aufl. 1931; 2. Aufl. 1941; 3. Aufl. 1942); in diesem Werk wird die Zeitgebundenheit des Wissens besonders sinnfällig vor Augen geführt. Schließlich ist noch darauf zu verweisen, dass auch für Teildisziplinen Handbücher erschienen, so z.B. 1911 ein „Enzyklopädisches Handbuch der Heilpädagogik" oder 1929 ein „Handbuch für das Berufs- und Fachschulwesen".

Manche der Vereine und Gesellschaften aus dem Kaiserreich existierten bis in die dreißiger Jahre hinein, insbesondere im Umfeld der Lehrerorganisationen. Hinzu kamen neue Gründungen, die die Vielfalt erhöhten und jeweils eigene Publikationsorgane unterhielten und Kongresse durchführten (vgl. für die experimentelle Pädagogik Hopf 2004, S. 97ff.). Herauszuheben ist der „Deutsche Ausschuß für Erziehung und Unterricht" (Vorsitzender u.a. G. Kerschensteiner), der verschiedene Pädagogische Kongresse unter großer Beteiligung durchführte (vgl. Ried 1927, 1929).

IV. Neubeginn und Differenzierung, Politisierung und Stillstand – Pädagogische Wissenschaft in der Sowjetischen Besatzungszone (SBZ) und in der Deutschen Demokratischen Republik (DDR) 1945-1990

IV.1. Professuren und Ausbildungsgänge

An den Universitäten in der SBZ wurden aufgrund des Befehls Nr. 205 der Sowjetischen Militäradministration in Deutschland (SMAD) vom 12. Juli 1946 Pädagogische Fakultäten eingerichtet, in denen die Ausbildung der künftigen Grundschullehrer (Klassen 1-8) stattfinden sollte, während die Oberstufenlehrer (Klassen 9-13) ihr Studium in der Philosophischen bzw. der Naturwissenschaftlichen Fakultät absolvieren sollten (vgl. Kersting 1998; Kemnitz 2004). Institutioneller Kern der Pädagogischen Fakultäten waren die beiden Institute für Systematische (Theoretische, Allgemeine) und Geschichte der Pädagogik sowie für Didaktik (oder auch Unterrichtsmethodik, Praktische Pädagogik); daneben existierten weitere Institute, u.a. für (Pädagogische) Psychologie, Musikerziehung, Körpererziehung, Sonderschulwesen, Berufs(schul)pädagogik sowie Erwachsenenbildung, die nicht an allen Universitäten vorhanden waren, aber eine frühe teildisziplinäre Differenzierung der Erziehungswissenschaft über die Schulpädagogik hinaus anzeigen.

Nach der Auflösung der Pädagogischen Fakultäten Mitte der 1950er Jahre wurden Pädagogische Institute innerhalb der Philosophischen Fakultät gegründet. Die Kernstruktur der Pädagogischen Fakultät wurde in die neuen Pädagogischen Institute innerhalb der Philosophischen Fakultäten übertragen. Ab 1968 wurden schließlich im Zuge der Umsetzung der 3. Hochschulreform an allen DDR-Hochschulen Sektionen eingeführt, z.B. in Berlin die Sektion Pädagogik Friedrich Adolph Wilhelm Diesterweg, die bis 1989/90 Bestand hatten (vgl. am Beispiel Berlins Wiegmann 2002; Horn/Kemnitz/Kos 2002).

In personeller Hinsicht fand in den Jahren 1945 bis 1949 ein nahezu kompletter Austausch statt. Lediglich fünf der 22 im Jahr 1946 feststellbaren Professoren der

Erziehungswissenschaft waren schon vor 1945 im Amt gewesen – ein im Vergleich zu anderen Fächern deutlich niedrigerer Wert (vgl. Jessen 1999, S. 295). Dies spricht für einen im Verhältnis zu den anderen Fakultäten deutlich früheren und wesentlich umfassenderen Austausch der Professorenschaft im Bereich der Pädagogischen Fakultäten. Dieser Austausch ist auch daran abzulesen, dass drei der „Altprofessoren" die SBZ relativ bald verließen. Spranger wechselte schon im Frühsommer 1946 an die Universität Tübingen, Litt ging ein Jahr später nach Bonn und auch den Professor für Wirtschaftspädagogik W. Löbner zog es 1949 in den Westen. Lediglich P. Petersen und H. Johannsen blieben bis zum Ende ihrer Hochschullehrertätigkeit in Jena, wenngleich in beiden Fällen durchaus mit Problemen.

Die neuen Professuren waren fast sämtlich für Erziehungswissenschaft bzw. einen ihrer Teilbereiche denominiert: neben Professuren für Pädagogik/Theoretische Pädagogik/Allgemeine Pädagogik/Allgemeine Erziehungswissenschaft existierten regelmäßig auch solche für Geschichte der Pädagogik/Geschichte der Erziehung/Historische Pädagogik sowie für Praktische Pädagogik/(Allgemeine), Didaktik/Didaktik und Methodik/Systematische Pädagogik (vgl. zu dieser Einteilung Naumann 1975, S. 193ff.). Die Sonderpädagogik war in Berlin und Halle, die Berufspädagogik ebenfalls in Berlin sowie in Dresden (hier zusätzlich mit dem Teilbereich Ingenieurpädagogik), die Erwachsenenbildung in Leipzig, die Landwirtschaftspädagogik sowie die Polytechnische Bildung und Erziehung kurzzeitig in Halle angesiedelt. Die Stärkung der Fachdidaktiken bzw. Unterrichtsmethodiken im Rahmen der Pädagogischen Fakultät ist ebenfalls als Differenzierung der Disziplin zu kennzeichnen.

In der zweiten Phase der Entwicklung in der DDR ab 1956 wurde die Erziehungswissenschaft, wie die anderen Fächer auch, in personeller Hinsicht umstrukturiert. Die Anzahl der Professuren stagnierte bzw. nahm ab, die Zahl der Dozenten nahm zu, so dass am Ende der DDR einer verhältnismäßig kleinen Gruppe von Professoren eine große Gruppe von Dozenten und Assistenten gegenüberstand. Mit der gleichzeitig stattfindenden Verlagerung der Ausbildung der Lehrerinnen und Lehrer für die unteren Klassen der Polytechnischen Oberschule in Institute für Lehrerbildung auf Fachschulniveau wurde zugleich die Akademisierung der Lehrerbildung partiell wieder rückgängig gemacht.

Inneruniversitär zeigt sich die Erziehungswissenschaft in der DDR als eine in sich geschlossene Einheit, die die Merkmale der Wissenschaftsentwicklung in der SBZ/DDR trotz kleiner Abweichungen im Ganzen teilte. An den einzelnen wissenschaftlichen Hochschulen bildeten sich weitgehend geschlossene lokale Milieus („Lokalismus": fast alle nach 1956 ins Amt gekommenen Professoren für Pädagogik wurden an der Hochschule Professoren, an der sie ihre eigene wissenschaftliche Qualifikation erworben hatten) bei geichzeitiger straffer zentralstaatlicher Planung und Lenkung der Forschung und Lehre durch die entsprechenden Ministerien und Staatssekretariate. Darüberhinaus spielte auch die Mitgliedschaft in der SED eine bedeutsame Rolle, Zahlen liegen aber nur für die 1960er Jahre vor (fast 40 % SED-Mitglieder unter den Hochschullehrern der Erziehungswissenschaft).

Außeruniversitär, aber doch sehr eng mit der Erziehungswissenschaft an den Universitäten verbunden, waren das Deutsche Pädagogische Zentralinstitut (DPZI), das 1949 gegründet und 1970 von der Akademie der Pädagogischen Wissenschaften (APW) beerbt wurde. Diese beiden Institutionen dienten der pädagogischen Forschung und der Ausbildung von Nachwuchswissenschaftlern, v.a. aber der Lenkung und Kontrolle der Forschung. Sie waren eng an das Volksbildungsministerium gebunden, erarbeiteten die staatliche Forschungsplanung im pädagogischen Bereich und sollten die Ergebnisse fachlich und politisch kontrollieren (vgl. Geißler/Wiegmann 1996; Malycha 2006). Als weiteres Forschungsinstitut ist das 1968 gegründete Zentralinstitut für Jugendforschung in Leipzig zu nennen, das ebenfalls dem Ministerium für Volksbildung unterstand.

IV.2. Theorien und Methoden

Die Theorieentwicklung in der SBZ/DDR ist geprägt von der Hinwendung zum Marxismus-Leninismus und zur Pädagogik der Sowjetunion (vgl. Lost 2000). In den Anfangsjahren kam es zudem im Rahmen der proklamierten antifaschistisch-demokratischen Reform auch zu einer Wiederaufnahme reformpädagogischer Impulse. Dieser Rückbezug auf die Reformpädagogik wurde allerdings schon bald als Revisionismus gebrandmarkt und unmöglich gemacht (vgl. Uhlig 1994). Die Folgejahre waren geprägt von der Übernahme der Sowjetpädagogik in Form von Übersetzungen klassischer Texte sowie von pädagogischen Lehrbüchern aus der Sowjetunion. Erst in den 1960er Jahren entwickelte sich wieder eine größere Eigenständigkeit der wissenschaftlichen Pädagogik in der DDR, allerdings immer im Kontext der Einbindung in die von der Sowjetunion dominierten politischen und ideologischen Rahmenbedingungen.

Prominente Fachvertreter der ersten Generation waren R. Alt und H. Deiters in Berlin sowie H. Ahrbeck in Halle. Sie prägten die nachfolgende Generation der Fachvertreter an den Universitäten und an der Akademie der Pädagogischen Wissenschaften, darunter W. Dorst, K.-H. Günther, F. Hofmann, K. Tomaschewsky. Anhand von Alt und Deiters kann man dabei in der Anfangszeit beobachten, wie unterschiedlich die neue pädagogische Führungsriege mit der marxistisch-leninistischen Ausrichtung des pädagogischen Denkens umging (vgl. Wiegmann 2002). Die feinen Unterschiede sollten sich im Verlauf der DDR-Geschichte weitgehend verlieren, die späteren Fachvertreter stimmten mit der Funktionsbestimmung ihrer Wissenschaft als eines „Instrument[s] der Arbeiterklasse" (so das Programm der SED von 1976, vgl. Eichler 1994) überein, so dass eine kritische Analyse der eigenen Programmatik nicht mehr in Sicht kam.

Dabei lassen sich innerhalb der DDR-Pädagogik durchaus auch Kontroversen finden, in der ersten Phase noch öffentlich, in den späteren Jahren nur noch jenseits der öffentlichen Sichtbarkeit. Letztere wurden insbesondere seit dem Ende der DDR durch intensive Archivstudien herausgearbeitet (vgl. Hoffmann/Döbert/Geißler 1999, Malycha 2006). Die Theoriebildung verlief insgesamt aber von einer zunächst kritischen Analyse der bürgerlichen Pädagogik zu einer letztlich das politische System der DDR affirmierenden Pädagogik, was z.T. auch daran lag, dass kritische Forschungsergebnisse nicht publiziert werden durften. Die unbefriedigende Bilanz vieler Forschungsprojekte in der Erziehungswissenschaft der DDR kann aber nicht allein damit begründet werden, dass die Erziehungswissenschaft in der DDR zu sehr staatlichen Normierungen ausgesetzt gewesen sei, denn bei nicht wenigen

Projekten lässt sich schon am Ansatz zeigen, dass aus dem spezifisch verstandenen marxistisch-leninistischen Paradigma erwachsene methodologische Schwierigkeiten zum Scheitern führten (vgl. Horn/Kemnitz/Kos 2002).

IV.3. Medien und Gesellschaften

In der SBZ/DDR wurden frühere Zeitschriften nicht wiederbelebt, sondern neue gegründet, die in Verbindung mit der Zentralisierung der Veröffentlichungen in zentral gesteuerten Verlagen die Funktion offiziöser bzw. offizieller Sprachrohre erhielten. Die bedeutendste Fachzeitschrift war die „Pädagogik", die 1946 gegründet und später vom DPZI bzw. ab 1970 von der APW herausgegeben wurde. In der Riege der Personen, die in der Redaktion dieser Zeitschrift wirkten, sind u.a. Alt und Deiters zu nennen, in der Endphase u.a. der Präsident der APW, G. Neuner. Weitere Neugründungen waren die Zeitschriften „Vergleichende Pädagogik" (ab 1959), „Pädagogische Forschung" (ab 1960) und das „Jahrbuch für Erziehungs- und Schulgeschichte" (ab 1961). Gemeinsam war diesen Zeitschriften, dass sie zentral vom DPZI bzw. von der APW herausgegeben wurden. Die „Pädagogische Forschung" war zudem in ihrer Auflage sehr begrenzt und diente eher der internen Verständigung als der öffentlichen Diskussion. Die Publikationsmöglichkeiten für die Erziehungswissenschaftler der DDR waren auf diese Weise eingeschränkt.

Die Kodifizierung des erziehungswissenschaftlichen Wissens geschah v.a. in Lehrbüchern, die in den 1970er und 1980er Jahren oft in Gemeinschaftsarbeit mit Erziehungswissenschaftlern aus der Sowjetunion entstanden. Das lange Zeit einzige Fachlexikon zur Erziehungswissenschaft in der DDR war die „Kleine Pädagogische Enzyklopädie" (1960) bzw. „Pädagogische Enzyklopädie" in zwei Bänden (1963). 1987 erschien dann ein „Pädagogisches Wörterbuch".

Eine eigene Fachgesellschaft für Erziehungswissenschaft war angesichts der Zentralisierung durch die APW und der engen Unterstellung der Erziehungswissenschaft unter das Ministerium für Volksbildung nicht vorgesehen. Erst im Auflösungsprozess der DDR wurde 1990 die Deutsche Gesellschaft für Pädagogik gegründet, die allerdings nur kurz Bestand haben sollte und sich 1992 wieder auflöste.

V. Neubeginn, Expansion und Normalisierung – Von der Pädagogik zur Erziehungswissenschaft in den westlichen Besatzungszonen und in der Bundesrepublik Deutschland 1945-1990

V.1. Professuren und Ausbildungsgänge

Von den vor Kriegsende 1945 im Amt befindlichen Professoren für Erziehungswissenschaft konnten 11 fast bruchlos über das Kriegsende hinaus an einer im Westen Deutschlands gelegenen Universität tätig bleiben. Von den in der Zeit des Nationalsozialismus entlassenen bzw. aus der SBZ überwechselnden Professoren bereicherten Litt, Nohl und Spranger dort bald die Professorenschar. Rechnet man Weniger und W. Flitner hinzu, dann ergibt sich bald eine Dominanz der sog. geisteswissenschaftlichen Pädagogik in Deutschland-West, die noch unterstützt wurde durch die Tatsache, dass viele der zuvor entlassenen Kollegen nicht mehr zurückkamen und die freien Stellen nun an die Schüler der genannten geisteswissenschaftlichen Pädagogen gingen. Insgesamt 16 der in den ersten zwei Jahrzehnten nach Kriegsende neu berufenen Professoren waren von einem Vertreter der geisteswissenschaftlichen Pädagogik promoviert worden. Die irrige Vorstellung, die geisteswissenschaftliche Pädagogik sei bereits in der Weimarer Republik die herrschende erziehungswissenschaftliche Lehre gewesen, hat ihren Ursprung in dieser Nachkriegssituation, als sie es tatsächlich wurde.

Nach 1960 kam es zu einer explosionsartigen Expansion an Professuren, die innerhalb weniger Jahre zu einer Vervielfachung der Stellen führen sollte. Der Bestand an Professuren für Erziehungswissenschaft betrug in den Philosophischen Fakultäten der westdeutschen Universitäten sowie an den äquivalenten Einrichtungen der Technischen Universitäten/Hochschulen 1959/60 insgesamt 41, wobei freilich nicht alle Stellen schon besetzt waren. Der Ausbauvorschlag des Wissenschaftsrates von 1960 (vgl. Horn 2003, S. 154ff.) sah nun die Einrichtung weiterer Professuren vor, u.a. im Bereich der Wirtschaftspädagogik; von Sozialpädagogik-Professuren war noch nicht die Rede, geschweige denn von solchen für Erwachsenenbildung oder Medienpädagogik. Dieser Ausbauvorschlag wurde in der Folgezeit von der Realität schnell überholt. Durch die Integration der Pädagogischen Hochschulen in die Universitäten sowie durch die Einführung des Diplomstudiengangs Erziehungswissenschaft als Hauptfachstudiengang Ende der 1960er Jahre wurde ein Ausbau der Stellen im Bereich der Erziehungswissenschaft weit über das vom Wissenschaftsrat hinaus vorgeschlagene Maß notwendig: gab es 1965 48 Professuren für Pädagogik/Erziehungswissenschaft an den westdeutschen Universitäten, so waren es 1976 bereits über 400 und 1984 fast 1.000 (vgl. Horn 2002, S. 202 ff.). Seitdem ist ein kontinuierlicher Rückgang auf zuletzt unter 900 Professuren eingetreten (vgl. Krüger u.a. 2004). Im Zuge dieser Entwicklung wurden früher unspezifizierte Professuren für „Pädagogik" bzw. solche für „Philosophie und Pädagogik" nun als Professuren für „Allgemeine Pädagogik" oder für „Allgemeine Erziehungswissenschaft" denominiert. Damit wurde darauf reagiert, dass neue, teildisziplinär spezifizierte Professuren (für „Schulpädagogik" oder „Sozialpädagogik" etc.) geschaffen worden waren, neben denen solche für „Pädagogik" kein klares Profil hatten.

Bei der Ausgestaltung der Lehrerbildung wurde in den westlichen Besatzungszonen und der späteren BRD weitgehend auf die Modelle aus der Zeit vor 1933 zurückgegriffen, wobei die Anlagerung der Volksschullehrerausbildung an die Universität lediglich in Hamburg wieder eingeführt wurde. In den anderen Bundesländern wurde die Volksschullehrerausbildung an Pädagogischen Hochschulen, Akademien oder Instituten durchgeführt, die Ausbildung der Gymnasiallehrer fand an den Universitäten statt. An der Gymnasiallehrerausbildung war die Erziehungswissenschaft jedoch oft nur mit einem geringen Stundenumfang beteiligt. Dies wirkte sich auch auf die personelle Ausstattung der Erziehungswissenschaft an den Universitäten aus, benötigte man doch für relativ kleine Studentenkohorten nur wenig Personal. Erst mit der Bildungsreform in den 1960er Jahren sollte sich dies ändern, als die Volksschullehrerausbildung in die Universitäten integriert wurde und die

Zahlen der Lehramtsstudierenden an den Universitäten in die Höhe schnellten (von ca. 40.000 auf über 200.000 in den 1980er Jahren).

Eine weitere Ursache für die Expansion war durch die Ende der 1960er Jahre erfolgte Einführung des Diplomstudienganges Erziehungswissenschaft gegeben, dessen Studierendenzahl bis Ende der 1980er Jahre auf knapp 30.000 anstieg. Zur Differenzierung der Erziehungswissenschaft an den Universitäten trug dieser Studiengang dadurch bei, dass insbesondere die Schwerpunkte Sozialpädagogik und Erwachsenenbildung versorgt werden mussten, wobei die Sozialpädagogik zugleich an den seit Beginn der 1970er anstelle der Höheren Fachschulen eingeführten Fachhochschulen ein Feld vorfand.

Außeruniversitäre Institutionen der erziehungswissenschaftlichen Forschung sind ein weiterer Indikator für die Stabilisierung der Erziehungswissenschaft im System der Wissenschaften. Die Gründung des Deutschen Instituts für Internationale Pädagogische Forschung in Frankfurt a.M. geht auf das Jahr 1950 zurück (zunächst als Hochschule für Internationale Pädagogische Forschung), die des Max-Planck-Instituts für Bildungsforschung in Berlin auf das Jahr 1963 (vgl. Geißler/Wiegmann 1996). Beide Institute haben an der Entwicklung der erziehungswissenschaftlichen Forschungspraxis großen Anteil, sind aber weitaus überwiegend mit dem Bildungssystem befasst. Das Deutsche Jugendinstitut in München, das ebenfalls 1963 seine Tätigkeit aufnahm, war ursprünglich als Dokumentations- und Informationsstelle geplant, hat inzwischen aber eine bedeutende Funktion in der Forschung zu Kindheit und Jugend in Deutschland übernommen.

V.2. Theorien und Methoden

In der Bundesrepublik setzte sich nach 1945 zunächst die geisteswissenschaftliche Pädagogik als dominante Richtung durch. Die seit den 1960er Jahren durch die Expansion hervorgerufene Nachfrage musste mit neuem Personal befriedigt werden, das in der Nachkriegszeit verschiedene neue Anregungen aufgenommen hatte.

Als Startschuss für eine erneute Wendung zur empirischen Forschung wird üblicherweise H. Roths Antrittsvorlesung an der Universität Göttingen im Jahr 1962 zitiert, die durch ihren Titel „Die realistische Wendung in der Pädagogik" diesen Wandel anzeigt, wenngleich die Nähe Roths zur geisteswissenschaftlichen Betrachtungsweise größer ist, als man anhand des Vortragstitels zunächst vermutet. Roth forderte eine Empirisierung der Pädagogik als Wissenschaft, sie solle empirische Forschung zu den handelnden Personen (Edukanden und Erziehern), Sachen und Zielen, Mitteln und Wegen, Barrieren und Kontexten von Erziehung leisten (vgl. Roth 1962/2007). Dazu seien die enge Kooperation mit anderen Wissenschaften und der Einsatz erfahrungswissenschaftlicher Methoden nötig. Im Grundverständnis hält Roth aber an der Vorstellung fest, dass die Pädagogik eine Theorie von und für die Praxis sei und dass sie grundsätzlich philosophisch begründet werden müsse.

Radikaler war dagegen W. Brezinka. Wie Roth vertrat er eine erfahrungswissenschaftliche Perspektive, allerdings schärfer und klarer gegen die überkommene philosophische Pädagogik gerichtet. Auch er hat mit dem Titel einer Aufsatzserie in der „Zeitschrift für Pädagogik", die 1971 als Buch herauskam, einen Slogan formuliert: „Von der Pädagogik zur Erziehungswissenschaft" (Brezinka 1971). Brezinka stellt fest, dass der Pädagogik der Wissenschaftscharakter weitgehend noch abgesprochen werden müsse, dass sie nach ihrem „,Selbstverständnis' […] weniger zur Erforschung der Realität als zur ‚Sollensbestimmung' und zur ‚Mitgestaltung' der Erziehungswirklichkeit berufen [ist]. Deshalb wird für sie eine Sonderstellung unter den Geistes- oder Kulturwissenschaften beansprucht […]" (Brezinka 1971, S. 1).

Sein Vorschlag zur Verbesserung dieses Zustandes besteht in der Unterscheidung zwischen Erziehungswissenschaft, Philosophie der Erziehung und praktischer Pädagogik als verschiedenen Wissensbereichen. Der Erziehungswissenschaft gehe es vorrangig um die Beschreibung und Erklärung von erzieherischen Sachverhalten. Wertungen, Normen, Zielfragen kämen lediglich als Gegenstand bzw. in selbstreflexiver Perspektive auf ihre eigenen Grundlagen in den Blick, nicht als bestimmende Größen der Theorie. Die Philosophie der Erziehung habe es mit der Begründung, Klärung und Kritik von Normen und Zielen der Erziehung zu tun. Hier seien Wertungen nicht zu vermeiden, aber die Ziele und Normen sollten vernünftig begründet werden und klare und eindeutige Zielformulierungen bieten, realisierbar sein und im Hinblick auf ihre Auswirkungen geprüft worden sein. Die Praktische Pädagogik schließlich sei notwendig, um den Erziehern Ziele und Normen, Handlungsanweisungen und Regeln vorzugeben.

Das wissenschaftstheoretische Programm, dem Brezinka folgte, ist das des Kritischen Rationalismus nach K. R. Popper und H. Albert. Die zeitgenössische Auseinandersetzung mit dem Kritischen Rationalismus firmierte unter dem Stichwort „Positivismusstreit" (vgl. Adorno u.a. 1969) und wurde mit Bezug auf Brezinka auch in der Erziehungswissenschaft geführt (vgl. Büttemeyer/Möller 1979). Die Gegenposition zu Brezinka wurde von Vertretern der kritischen Erziehungswissenschaft vertreten, die fast vollständig wiederum Schüler der geisteswissenschaftlichen Pädagogen waren. Zu nennen sind hier insbesondere K. Mollenhauer, W. Klafki oder H. Blankertz.

Beide Positionen lassen sich im Begriff der Kritik zusammenführen – es geht beiden um die kritische Prüfung der Geltungsansprüche von (wissenschaftlichen) Aussagen – und beide betonen, dass es wichtig sei, normative und empirische Sätze zu unterscheiden. Ein zentraler Unterschied besteht aber darin, dass die Vertreter der kritischen Erziehungswissenschaft selbst wiederum normativ argumentieren, wenn sie, wie z.B. Mollenhauer, die Emanzipation oder Mündigkeit des Menschen als die oberste Leitkategorie der Erziehung und der Erziehungswissenschaft betrachten: „Für die Erziehungswissenschaft konstitutiv ist das Prinzip, das besagt, daß Erziehung und Bildung ihren Zweck in der Mündigkeit des Subjektes haben; dem korrespondiert, daß das erkenntnisleitende Interesse der Erziehungswissenschaft das Interesse an Emanzipation ist." (Mollenhauer 1968, S. 10) Die Kritische Erziehungswissenschaft wendet sich dabei sowohl gegen die geisteswissenschaftliche Pädagogik, als auch gegen die als positivistisch bezeichnete kritisch-rationalistische Erziehungswissenschaft nach Brezinka. Letztere unterliege der Gefahr einer Verschleierung von Manipulation als Erziehung, erstere wird dafür kritisiert, dass sie die Realität nicht ausreichend in den Blick nimmt.

Die Kritische Erziehungswissenschaft versteht sich darum zunächst als kritische Instanz der Wirklichkeit. Kritik heißt dabei v.a. Ideologie- und Gesellschaftskritik. Von hier aus erschließt sich, dass die Forschung interessegeleitet ist, mit dem Ziel der Emanzipation als Befreiung zur Mündigkeit und Selbstbestimmung in individueller wie gesellschaftlicher Hinsicht. Kritische Erziehungswissenschaft ist somit selbst eine normative Wissenschaft. Genau dies wiederum konnte Brezinka als Anlass für die Kritik der Kritischen Erziehungswissenschaft nutzen – und so drehte sich die Kritik im Kreis.

Die Gegenüberstellung von Kritischer Erziehungswissenschaft und kritisch-rationalistischer Erziehungswissenschaft hat lange Zeit die Selbstverständnisdebatten der bundesdeutschen Erziehungswissenschaft geprägt, wobei die Position der Kritischen Erziehungswissenschaft in doppeltem Sinne die Nachfolge der geisteswissenschaftlichen Pädagogik angetreten hat: sie wurde das dominante Paradigma und basierte selbst auf der geisteswissenschaftlichen Pädagogik.

Der Blick auf diese Auseinandersetzung sollte freilich nicht die anderen Schulen und Richtungen in der Erziehungswissenschaft vergessen lassen (Praxeologische Pädagogik, Phänomenologische Pädagogik, Transzendentalphilosophische und Skeptische Pädagogik, Kommunikative Pädagogik und viele andere mehr, vgl. Krüger 2002[6]).

Die Forschungspraxis hat sich von dieser Auseinandersetzung freilich nur begrenzt leiten lassen. Die empirische Forschung hat sich seit den 1960er Jahren methodisch enorm weiterentwickelt, wobei die zentralen Befunde darauf hinauslaufen, Wahrscheinlichkeitsaussagen für bestimmte Ergebnisse und Ereignisse und keine Allsätze mehr anzugeben. Die Forschungslandschaft hat sich zudem in Anlehnung an andere Sozialwissenschaften methodisch und mit Bezug auf pädagogische Fragestellungen thematisch breit verzweigt. Die in den 1980er Jahren aufkommende Debatte um qualitative Ansätze auch in der erziehungswissenschaftlichen Forschung zeigt diesen Wandel deutlich an.

V.3. Medien und Gesellschaften

Der Expansions- und Differenzierungsprozess der Erziehungswissenschaft in der Bundesrepublik Deutschland führte bis in die 1980er Jahre zu einem erheblichen Zuwachs an Fachzeitschriften, wobei einige der alten Fachzeitschriften, d.h. die Gründungen der 1940er und 1950er Jahre bis heute den Kern bilden. Dazu gehören u.a. die 1945 von Nohl u.a. gegründete Zeitschrift „Die Sammlung", die nach Nohls Tod als „Neue Sammlung" bis 2005 weitergeführt wurde; die „Pädagogische Rundschau", seit 1947 publiziert, hat v.a. in den Anfangsjahren die Erziehungswissenschaftler aus den Pädagogischen Hochschulen um sich geschart; die 1948 von F. Hilker und E. Hylla ins Leben gerufene Zeitschrift „Bildung und Erziehung" steht bis heute für einen internationalen Bezug; die „Vierteljahrsschrift für wissenschaftliche Pädagogik", die nach der Einstellung 1933 seit 1950 wieder erschien, hat zum einen die katholische pädagogische und zum anderen die transzendentalphilosophische Tradition weitergeführt. Die lange Zeit bedeutendste erziehungswissenschaftliche Fachzeitschrift war die „Zeitschrift für Pädagogik", 1955 von Angehörigen der geisteswissenschaftlichen Tradition gegründet (F. Blättner, O. F. Bollnow, J. Dolch, Flitner und Weniger). Seit 1998 hat sie eine starke Konkurrenz erhalten in der „Zeitschrift für Erziehungswissenschaft", die ebenfalls in sehr umfassender Weise versucht, das Feld der Erziehungswissenschaft zu bearbeiten.

Die erziehungswissenschaftlichen Fachzeitschriften haben dabei im Verlauf der Jahrzehnte einen Wandel durchgemacht, der für die Entwicklung der Erziehungswissenschaft kennzeichnend ist: Der Anteil der Autoren aus der pädagogischen Praxis nimmt kontinuierlich ab, so dass von einer „'Verdrängung' der pädagogischen Praxis aus dem Raum erziehungswissenschaftlicher Kommunikation" gesprochen werden kann (Keiner 1999, S. 162, Anm. 174). Dies kann als deutliches Indiz für die Normalisierung der Erziehungswissenschaft als Wissenschaft gedeutet werden, spricht es doch für eine abgeschlossene Differenzierung von Profession und Praxis, die seit Beginn des 20. Jahrhunderts mit der Institutionalisierung der Erziehungswissenschaft verbunden war.

Ein weiteres Merkmal ist an den Zeitschriften abzulesen: die Milieubezogenheit geht zurück. Dies gilt auch für die fachlichen Nachschlagewerke, von denen nicht wenige in den 1950er und 1960er Jahren noch konfessionell gebunden waren. Die Zahl der Fachlexika und -enzyklopädien, die in den Jahren 1945 bis 1990 in der Bundesrepublik erschienen sind, übersteigt die Zahl sämtlicher zuvor erschienener Nachschlagewerke deutlich. Das umfassendste Werk dieser Art ist die „Enzyklopädie Erziehungswissenschaft", die zwischen 1982 und 1986 in 11 Bänden von D. Lenzen herausgegeben wurde.

Abschließend sei als letzter Indikator für die Verselbständigung und die Normalisierung der Erziehungswissenschaft die 1964 erfolgte Gründung der Deutschen Gesellschaft für Erziehungswissenschaft (DGfE) angesprochen. Nachdem es schon seit 1952 regelmäßige Konferenzen der westdeutschen Universitätspädagogen als einer Standesversammlung der Universitätsprofessoren der Erziehungswissenschaft und seit 1951 die Arbeitsgemeinschaft Pädagogischer Hochschulen als eine Organisation mit institutioneller Mitgliedschaft gegeben hatte, wurde durch die Deutsche Gesellschaft für Erziehungswissenschaft ein neues Organisationsprinzip eingeführt: die Mitgliedschaft über die Zugehörigkeit zur disziplinären Gemeinschaft der Erziehungswissenschaftler, unabhängig vom institutionellen Ort der Tätigkeit und vom Status (vgl. Berg/Herrlitz/Horn 2004).

VI. Erziehungswissenschaft heute – Abschied von der Disziplin?

In den letzten zwei Jahrzehnten hat sich Einiges entwickelt. Der Prozess der Normalisierung hat sich fortgesetzt, auch im Hinblick auf die wissenschaftstheoretischen Auseinandersetzungen, die eine geringere Bedeutung haben als früher und von der Frage nach der Spezifik verschiedener Wissensformen und -bestände abgelöst wurden. Andererseits ist eine Verwischung von Grenzen festzustellen, Pluralisierung und Diversifizierung: Die Einführungen in die Erziehungswissenschaft bieten ein heterogenes und in der Schnittmenge schwaches Bild des Faches (vgl. Horn 1996, 1998b; Wigger 1999; Rothland 2007); Übersichten über die Fachstruktur sind voll von verschiedenen Bindestrichpädagogiken, deren Zusammenhang nur noch in dem Wortbestandteil hinter dem Bindestrich zu bestehen scheint; die neuen Studiengänge, die im Gefolge des Bolognaprozesses entstehen, sind – positiv gesprochen – vielfältig, kritisch betrachtet aber eher als Wildwuchs zu bezeichnen, bei dem ohne die Bindung an eine Rahmenordnung die lokalen Spezialitäten zu Schwerpunkten werden, ohne dass gemeinsame Grundlagen einer als Erziehungswissenschaft zu bezeichnenden Disziplin sichtbar würden, – bis hin zu den Bezeichnungen einzelner Studiengänge, in denen die Erziehungswissenschaft gar nicht mehr auftaucht, sondern im Zusammenhang von „Bildungswissenschaften" verloren geht (vgl. Horn/Wigger/Züchner 2004).

Man muss diese Entwicklung nicht beklagen, man kann sie auch als Profilbildung oder als Angleichung im Prozess der Internationalisierung verstehen. Die Frage nach der Zukunft der Disziplin Erziehungswissenschaft stellt sich jedenfalls seit einigen Jahren erneut und in einer Weise, wie dies bisher nicht der Fall war. Die Entwicklung der deutschen Erziehungswissenschaft zu einer im Wissenschaftssystem etablierten und eigenständigen Disziplin im Prozess der Ausdifferenzierung aus Philosophie und Theologie ist an ihr Ende gekommen. Wie sich die Erodierung der Studiengänge auswirken wird, ist offen. Man kann gespannt sein, wie es weiter geht.

Literatur

Adorno, Th. W. u.a. (1969): Der Positivismusstreit in der deutschen Soziologie. Neuwied, Berlin.
Baeumler, A. (1933): Männerbund und Wissenschaft. Berlin.
Benner, D./Schmied-Kowarzik, W. (1969): Ansätze zu einer Erziehungsphilosophie bei den frühen Fichteanern. In: Schmied-Kowarzik, W./Benner, D.: Prolegomena zur Grundlegung der Pädagogik. Band 2. Wuppertal, S. 11-123; 251-278.
Berg, Ch. u.a. (Hrsg.) (1987ff.): Handbuch der deutschen Bildungsgeschichte. 6 Bände. München.
Berg, Ch./Herrlitz, H.-G./Horn, K.-P. (2004): Kleine Geschichte der Deutschen Gesellschaft für Erziehungswissenschaft. Eine Fachgesellschaft zwischen Wissenschaft und Politik. Wiesbaden.
Böhme, G. (1971): Das Zentralinstitut für Erziehung und Unterricht und seine Leite. Neuburgweier.
Brachmann, J. (2005): Ewige Latenz. Erziehungswissenschaft zwischen 1740 und 1839. Eine empirische Studie zur disziplinären Grundlegung der wissenschaftlichen Pädagogik am Beispiel ihrer Fachkommunikation. Habilitationsschrift Universität Jena. (erscheint 2007 Bad Heilbrunn)
Brezinka, W. (2003): Pädagogik in Österreich. Die Geschichte des Faches an den Universitäten vom 18. bis zum Ende des 20. Jahrhunderts. Band 2: Prag, Graz, Innsbruck. Wien.
Brezinka, W. (1971): Von der Pädagogik zur Erziehungswissenschaft. Eine Einführung in die Metatheorie der Erziehung. Weinheim (4. Auflage unter dem Titel: Metatheorie der Erziehung. München 1978).
Buchheit, O. (1939): Die pädagogische Tagespresse in Deutschland von der Reichsgründung bis zum Weltkrieg 1871-1914. Mit einem Anhang: Gesamtverzeichnis der deutschsprachigen pädagogischen Presse 1871-1914. Würzburg.
Büttemeyer, W./Möller, B. (Hrsg.) (1979): Der Positivismusstreit in der deutschen Pädagogik. München.
Coriand, R./Winkler, M. (Hrsg.) (1998): Der Herbartianismus – Die vergessene Wissenschaftsgeschichte. Weinheim.
Depaepe, M. (1993): Zum Wohl des Kindes? Pädologie, pädagogische Psychologie und experimentelle Pädagogik in Europa und den USA, 1890-1940. Weinheim/Leuven.

Drewek, P. (1996): Die Herausbildung der „geisteswissenschaftlichen Pädagogik" vor 1918 aus sozialgeschichtlicher Perspektive. Zum Strukturwandel und zur Lehrgestalt der Universitätspädagogik im späten Kaiserreich und während des Ersten Weltkriegs. In: Leschinsky, A. (Hrsg.): Die Institutionalisierung von Lehren und Lernen. Beiträge zu einer Theorie der Schule. Zeitschrift für Pädagogik: 34. Beiheft. Weinheim, Basel, S. 299-316.

Dudek, P. (1990): Jugend als Objekt der Wissenschaften. Geschichte der Jugendforschung in Deutschland und Österreich 1890-1933. Opladen.

Dudek, P. (1996): Peter Petersen: Reformpädagogik in der SBZ und der DDR 1945 – 1950. Eine Fallstudie. Weinheim.

Eichler, W. (1994): Zur methodologischen Diskussion in der DDR-Pädagogik während der zweiten Hälfte der 80er Jahre. In: Cloer, E./Wernstedt, R. (Hrsg.): Pädagogik in der DDR. Eröffnung einer notwendigen Bilanzierung. Weinheim, S. 95-109.

Frischeisen-Köhler, M. (1922): Philosophie und Pädagogik. Berlin, Langensalza, Leipzig.

Gängler, H. (1994): Akademisierung auf Raten? Zur Entwicklung wissenschaftlicher Ausbildung zwischen Erziehungswissenschaft und Sozialpädagogik. In: Krüger, H.-H./Rauschenbach, Th. (Hrsg.): Erziehungswissenschaft. Die Disziplin am Beginn einer neuen Epoche. Weinheim, München, S. 229-252.

Geißler, G./Wiegmann, U. (Hrsg.) (1996): Außeruniversitäre Erziehungswissenschaft in Deutschland. Versuch einer historischen Bestandsaufnahme. Köln, Weimar, Wien.

Geuter, U. (1984): Die Professionalisierung der deutschen Psychologie im Nationalsozialismus. Frankfurt a.M.

Goy, R. (1996): „Kirchenlehre oder Pädagogik". Eine Studie zur katholischen Pädagogik G. M. Durschs und zur evangelischen Pädagogik Chr. Palmers. Diss. phil. Universität Gießen.

Harney, K./Krüger, H.-H. (Hrsg.) (2005[3]): Einführung in die Geschichte von Erziehungswissenschaft und Erziehungswirklichkeit. Opladen.

Herbart, J. F. (1806/1982): Allgemeine Pädagogik, aus dem Zwecke der Erziehung abgeleitet. In: Ders.: Pädagogische Schriften. Bd. 2: Pädagogische Grundschriften. Hrsgg. v. W. Asmus. Stuttgart 1982[2], S. 9-155.

Herbart, J. F. (1841/1982): Umriss pädagogischer Vorlesungen. In: Ders.: Pädagogische Schriften. Bd. 3: Pädagogisch-didaktische Schriften. Hrsgg. v. W. Asmus. Stuttgart 1982[3], S. 155-300.

Herrlitz, H.-G. (1966): Zur Geschichte der Erziehungswissenschaft an der Christian-Albrechts-Universität Kiel. In: Zeitschrift für Pädagogik 12, S. 153-167.

Herrlitz, H.-G. (Hrsg.). (1987): Von der wilhelminischen Nationalerziehung zur demokratischen Bildungsreform. Eine Auswahl aus 90 Jahren „Die Deutsche Schule". Frankfurt a.M.

Hoffmann, D. (Hrsg.) (1987): Pädagogik an der Universität Göttingen. Eine Vorlesungsreihe. Göttingen.

Hoffmann, D./Döbert, H./Geißler, G. (Hrsg.) (1999): Die „unterdrückte" Bilanz. Zum Verhältnis von Erziehungswissenschaft und Bildungspolitik am Ende der DDR. Weinheim.

Hopf, C. (2004): Die experimentelle Pädagogik. Empirische Erziehungswissenschaft in Deutschland am Anfang des 20. Jahrhunderts. Bad Heilbrunn.

Horn, K.-P. (1996): Pluralität als System, Schnittmenge statt Kanon. Ein Überblick über neuere Lehrbücher der Pädagogik/Erziehungswissenschaft. In: Sozialwissenschaftliche Literaturrundschau 19, H. 31/32, S. 107-118.

Horn, K.-P. (1998a): Erziehungswissenschaft. In: Krohn, C.-D./Mühlen, P. v. z./Paul, G./Winckler, L. (Hrsg.) unt. Mitw. v. E. Loewy im Auftrag der Gesellschaft für Exilforschung und der Elsbeth und Herbert Weichmann-Stiftung: Handbuch des deutschsprachigen Exils 1933 – 1945. Darmstadt, Sp. 721-736.

Horn, K.-P. (1998b): Neuere Einführungen in die Pädagogik/Erziehungswissenschaft. In: Sozialwissenschaftliche Literaturrundschau 21, H. 37, S. 19-39.

Horn, K.-P. (2002): Die Entstehung einer Disziplin. Zur institutionellen Entwicklung der Erziehungswissenschaft in Deutschland. Eine tabellarische Chronik. In: Otto, H.-U./Rauschenbach, Th./Vogel, P. (Hrsg.): Erziehungswissenschaft in Studium und Beruf. Eine Einführung in vier Bänden. Band 1: Erziehungswissenschaft: Politik und Gesellschaft. Opladen, S. 189-210.

Horn, K.-P. (2003a): Erziehungswissenschaft in Deutschland im 20. Jahrhundert. Zur Entwicklung der sozialen und fachlichen Struktur der Disziplin von der Erstinstitutionalisierung bis zur Expansion. Bad Heilbrunn.

Horn, K.-P. (2003b): Katholische Pädagogik vor der Moderne. Pädagogische Auseinandersetzungen im Umfeld des Kulturkampfs in der zweiten Hälfte des 19. Jahrhunderts. In: Oelkers, J./Osterwalder, F./Tenorth, H.-E. (Hrsg.): Das verdrängte Erbe. Pädagogik im Kontext von Religion und Theologie. Weinheim, Basel, S. 161-185.

Horn, K.-P./Kemnitz, H. (Hrsg) (2002): Pädagogik Unter den Linden. Von der Gründung der Berliner Universität bis zum Ende des 20. Jahrhunderts. Stuttgart.

Horn, K.-P./Kemnitz, H./Kos, O. (2002): Die Sektion Pädagogik „F. A. W. Diesterweg" 1968 bis 1991. In: Horn/Kemnitz, S. 271-290.

Horn, K.-P./Tenorth, H.-E. (1991): Remigration in der Erziehungswissenschaft. In: Exilforschung. Ein internationales Jahrbuch. Band 9, S. 171-195.

Horn, K.-P./Wigger, L./Züchner, I. (2004): Neue Studiengänge – Strukturen und Inhalte. In: Tippelt, R./Rauschenbach, Th./Weishaupt, H. (Hrsg.): Datenreport Erziehungswissenschaft 2004. Wiesbaden, S. 15-38.

Jessen, R. (1999): Akademische Elite und kommunistische Diktatur. Die ostdeutsche Hochschullehrerschaft in der Ulbricht-Ära. Göttingen.

Keiner, E. (1999): Erziehungswissenschaft 1947-1990. Eine empirische und vergleichende Untersuchung zur kommunikativen Praxis einer Disziplin. Weinheim.

Keiner, E./Schriewer, J. (2000): Erneuerung aus dem Geist der Tradition? Über Kontinuität und Wandel nationaler Denkstile in der Erziehungswissenschaft. In: Schweizerische Zeitschrift für Bildungswissenschaften 22, S. 27-50.

Kemnitz, H. (2004): Lehrerbildung in der DDR. In: Blömeke, S./Reinhold, P./Tulodziecki, G./Wildt, J. (Hrsg.): Handbuch Lehrerbildung. Bad Heilbrunn, S. 92-110.

Kersting, Ch. (1992): Die Genese der Pädagogik im 18. Jahrhundert. Campes „Allgemeine Revision" im Kontext der neuzeitlichen Wissenschaft. Weinheim.

Kersting, Ch. (1998): Zwischen Wissenschaft und Politik. Die Pädagogischen Fakultäten in der SBZ und DDR von 1945 bis 1955. In: Drewek, Peter/Lüth, Christoph (eds.) in cooperation with Richard Aldrich, Harald Scholtz, Jürgen Schriewer, Heinz-Elmar Tenorth: History of Educational Studies. Geschichte der Erziehungswissenschaft. Histoire des Sciences de l'Education. Gent, S. 505-535.

Krieck, E. (1922): Philosophie der Erziehung. Jena.

Krieck, E. (1933): Nationalsozialistische Erziehung begründet aus der Philosophie der Erziehung. Osterwieck am Harz.

Krüger, H.-H. (2006[4]): Einführung in Theorien und Methoden der Erziehungswissenschaft. Opladen.

Krüger, H.-H./Schmidt, C./Siebholz, S./Weishaupt, H. (2004): Personal. In: Tippelt, R./Rauschenbach, Th./Weishaupt, H. (Hrsg.): Datenreport Erziehungswissenschaft 2004. Wiesbaden, S. 63-89.

Lay, W.A. (1918[3]): Experimentelle Pädagogik mit besonderer Rücksicht auf die Erziehung durch die Tat. Leipzig, Berlin.

Lenhart, V. (1968): Die Heidelberger Universitätspädagogik im 19. Jahrhundert. Diss. phil. Universität Heidelberg.

Lingelbach, K.-Ch. (1987): Erziehung und Erziehungstheorien im nationalsozialistischen Deutschland. Ursprünge und Wandlungen der 1933-1945 in Deutschland vorherrschenden erziehungstheoretischen Strömungen; ihre politischen Funktionen und ihr Verhältnis zur außerschulischen Erziehungspraxis des „Dritten Reiches". Überarb. Zweitausg. m. drei neueren Studien und einem Diskussionsbericht. Frankfurt a.M.

Lochner, R. (1963): Deutsche Erziehungswissenschaft. Prinzipiengeschichte und Grundlegung. Meisenheim am Glan.

Lost, Ch. (2000): Sowjetpädagogik. Wandlungen, Wirkungen, Wertungen in der Bildungsgeschichte der DDR. Baltmannsweiler.

Maier, H. (1940): Die Geschichte des Vereins für wissenschaftliche Pädagogik. Leipzig.

Malycha, A. (2006): Die Akademie der Pädagogischen Wissenschaften (APW) der DDR: Funktion und Struktur einer Wissenschaftsinstitution unter Bildungsministerin Margot Honecker 1970-1990. In: Jahrbuch für Historische Bildungsforschung 12 (2006), S. 205-236.

Mandel, H. H. (1989): Geschichte der Gymnasiallehrerbildung in Preußen-Deutschland 1787-1987. Berlin.

Marx, H. (1929): Die Entstehung und die Anfänge der pädagogischen Presse im deutschen Sprachgebiet. Diss. phil. Universität Frankfurt a.M.

Menze, C. (1976): Die Wissenschaft von der Erziehung in Deutschland. In: Speck, J. (Hrsg.): Problemgeschichte der neueren Pädagogik. Band 1. Stuttgart, S. 9-107.

Mollenhauer, K. (1968): Erziehung und Emanzipation. Polemische Skizzen. München.

Naumann, W. (1975): Einführung in die Pädagogik. Vorlesungen. Berlin.

Oelkers, J. (1989): Die große Aspiration. Zur Herausbildung der Erziehungswissenschaft im 19. Jahrhundert. Darmstadt.

Oelkers, J./Schulz, W. K./Tenorth, H.-E. (Hrsg.) (1989): Neukantianismus. Kulturtheorie, Pädagogik und Philosophie. Weinheim.

Olbertz, J. H. (1997): Traditionen und Perspektiven der Pädagogik in Halle. In: Ders. (Hrsg.): Erziehungswissenschaft. Traditionen – Themen – Perspektiven. Opladen, S. 51-86.

Prondczynsky, A. v. (1999): Universitätspädagogik und lokale pädagogische Kultur in Jena zwischen 1885 und 1933. In: Langewand, A./Prondczynsky, A. v. (Hrsg.): Lokale Wissenschaftskulturen in der Erziehungswissenschaft. Weinheim, S. 75-187.

Ried, G. (Hrsg.) (1927): Die moderne Kultur und das Bildungsgut der deutschen Schule. Bericht über den Pädagogischen Kongreß des Deutschen Ausschusses für Erziehung und Unterricht, veranstaltet in Weimar vom 7. bis 9. Oktober 1926. Leipzig.

Ried, G. (Hrsg.) (1929): Wesen und Wert der Erziehungswissenschaft. Bericht über den Pädagogischen Kongreß des Deutschen Ausschusses für Erziehung und Unterricht, veranstaltet in Kassel vom 4. bis 6. Oktober 1928. Leipzig.

Roeßler, W. (1978): Pädagogik. In: Brunner, O./Conze, W./Koselleck, R. (Hrsg.): Geschichtliche Grundbegriffe. Historisches Lexikon zur politisch-sozialen Sprache in Deutschland. Band 4. Stuttgart, S. 623-648.

Roth, H. (1962/2007): Die realistische Wendung in der Pädagogik. In: Neue Sammlung 2 (1962), S. 481-490 (jetzt in: Kraul, Margret/Schlömerkemper, Jörg (Hrsg.): Bildungsforschung und Bildungsreform. Heinrich Roth revisited. Die Deutsche Schule, 9. Beiheft, 2007, S. 93-106).

Rothland, M. (2007): Was von der Erziehungswissenschaft übrig bleibt. Eine Sammelbesprechung neuerer Veröffentlichungen. In: Zeitschrift für Pädagogik 53, S. 113-126.

Ruberg, Ch. (2002): Wie ist Erziehung möglich? Moralerziehung bei den pädagogischen Kantianern. Bad Heilbrunn.

Scheuerl, H. (Hrsg) (1991^2): Klassiker der Pädagogik. 2 Bde. München.

Schleiermacher, F. (1826/2000): Grundzüge der Erziehungskunst (Vorlesungen 1826). In: Ders.: Texte zur Pädagogik. Kommentierte Studienausgabe. Hrsgg. v. Winkler, M./Brachmann, J. Bd. 2. Frankfurt a.M., S. 7-404.

Schriewer, J. (1983): Pädagogik – ein deutsches Syndrom? Universitäre Erziehungswissenschaft im deutsch-französischen Vergleich. In: Zeitschrift für Pädagogik 29, S. 359-389.

Schulz, D. (1995): Zur Geschichte der Pädagogik an der Universität Leipzig. In: Universität Leipzig. Mitteilungen und Berichte für die Angehörigen und Freunde der Universität Leipzig H. 7, S. 10-11.
Schwenk, B. (1977/78): Pädagogik in den philosophischen Fakultäten. Zur Entstehungsgeschichte der „geisteswissenschaftlichen" Pädagogik in Deutschland. In: Jahrbuch für Erziehungswissenschaft 2, S. 103-131.
Späni, M. (2002): Zur Disziplingeschichte der Pädagogik in der Schweiz aus der Perspektive der Lehrstuhlentwicklung zwischen 1870 und 1950. In: Hofstetter, R./Schneuwly, B. (ed.): Science(s) de l'éducation 19e-20e siècles. Entre champs professionels et champs disciplinaires / Erziehungswissenschaft(en) 19.-20. Jahrhundert. Zwischen Profession und Disziplin. Bern u.a., S. 77-99.
Stichweh, R. (1993): Wissenschaftliche Disziplinen: Bedingungen ihrer Stabilität im 19. und 20. Jahrhundert. In: Schriewe, J./Keiner, E./Charle, Ch. (Hrsg.): Sozialer Raum und akademische Kulturen. Studien zur europäischen Hochschul- und Wissenschaftsgeschichte im 19. und 20. Jahrhundert. Frankfurt a.M., S. 235-250.
Tenorth, H.-E. (1989): Versäumte Chancen. Zur Rezeption und Gestalt der empirischen Erziehungswissenschaft der Jahrhundertwende. In: Zedler, P./König, E. (Hrsg.): Rekonstruktionen pädagogischer Wissenschaftsgeschichte. Fallstudien, Ansätze, Perspektiven. Weinheim, S. 317-343.
Tenorth, H.-E. (2000³): Geschichte der Erziehung. Einführung in die Grundzüge ihrer neuzeitlichen Entwicklung. Weinheim, München.
Tenorth, H.-E. (2002): Pädagogik für Krieg und Frieden. Eduard Spranger und die Erziehungswissenschaft an der Universität Berlin von 1913-1933. In: Horn/Kemnitz, S. 191-226.
Tenorth, H.-E. (Hrsg.) (2003): Klassiker der Pädagogik. 2 Bde. München.
Tenorth, H.-E. (2004): Erziehungswissenschaft. In: Benner, D./Oelkers, J. (Hrsg.): Historisches Wörterbuch der Pädagogik. Weinheim, S. 342-382.
Tenorth, H.-E./Horn, K.-P. (1996): The Impact of Emigration on German Pedagogy. In: Ash, M. G./Söllner, A. (Eds.): Forced Migration and Scientific Change. Emigré German-speaking Scientists and Scholars after 1933. New York, Cambridge, S. 156-171.
Thiersch, H./Ruprecht, H./Herrmann, U. (1978): Die Entwicklung der Erziehungswissenschaft. München.
Trapp, E. Ch. (1780/1977): Versuch einer Pädagogik. Unveränd. Nachdr. d. 1. Ausg. Berlin 1780. Mit Trapps hallischer Antrittsvorlesung: Von der Nothwendigkeit, Erziehung und Unterrichten als eine eigne Kunst zu studiren. Halle 1779. Besorgt v. U. Herrmann. Paderborn 1977.
Uhlig, Ch. (1994): Zur Rezeption der Reformpädagogik in der DDR in den 70er und 80er Jahren vor dem Hintergrund der Diskussion um Erbe und Tradition. In: Cloer, E./Wernstedt, R. (Hrsg.): Pädagogik in der DDR. Eröffnung einer notwendigen Bilanzierung. Weinheim, S. 134-151.
Wiegmann, U. (2002): Robert Alt und Heinrich Deiters. Die Anfänge universitärer sozialistischer Pädagogik und Lehrerbildung. In: Horn/Kemnitz, S. 253-270.
Wigger, L. (1999): Zur gegenwärtigen Situation des Ausbildungswissens in erziehungswissenschaftlichen Studiengängen. Eine Problemskizze. In: Zeitschrift für Pädagogik 45, S. 741-748.
Wigger, L. (2003): Bildung als Formierung. Über Bildung, Schule und Arbeit in Hegels Philosophie. In: Tenorth, Heinz-Elmar (Hrsg.): Form der Bildung – Bildung der Form. Weinheim, Basel, Berlin, S. 69-88.

RUDOLF TIPPELT

Kapitel 2: Empirische Orientierung (illustriert an Beispielen der empirischen Bildungsforschung)

Die empirische Orientierung der Erziehungswissenschaft/Pädagogik basiert nicht auf einer einheitlichen metatheoretischen Position und steht auch nicht in einem Dualismus zur Bildungsphilosophie, vielmehr sind differenzierende Perspektiven und methodische Herangehensweisen zu berücksichtigen. Der Grund hierfür liegt darin, dass empirische Pädagogik sehr verschiedene Teilbereiche umfasst (wie Bildungs-, Erziehungs-, Lehr- und Lern- sowie Sozialisationsforschung) und dass auch komplementäre methodologische Richtungen (z.B. kritisch-rationalistische, pragmatistisch-konstruktivistische, phänomenologisch-biografische) integriert werden.

I. Wissenschaftstheoretische Basis der empirischen Pädagogik

Entsprechend der Differenzierung wissenschaftstheoretischer Richtungen und Methodologie und der damit implizit gegebenen Pluralität empirischer Methoden (z.B. quantitativ-repräsentativ, quantitativ-experimentell, qualitativ-explorativ, qualitativ-biografisch) lässt sich empirische Pädagogik nicht eindeutig definieren, aber es lassen sich gemeinsame Aufgaben und zentrale Ansprüche benennen: Die Aussagen der empirischen Pädagogik basieren immer auf systematisch erhobener Erfahrung und wissenschaftliche Informationen werden so aufbereitet, dass diese eine rationale Begründung bildungspraktischer und bildungspolitischer Entscheidungen ermöglichen. Ein Kernbereich der empirischen Pädagogik ist die Bildungsforschung, die nach einer Empfehlung des Deutschen Bildungsrates (1974, S. 16) die Untersuchung der Voraussetzungen und Möglichkeiten von Bildungs- und Erziehungsprozessen im institutionellen und gesellschaftlichen Kontext zum Gegenstand hat. Bildungsforschung analysiert also intentionale Lehr- und Lernprozesse in schulischen und außerschulischen Bereichen, thematisiert aber auch informelle Prozesse der Sozialwerdung, also informelles Lernen und Sozialisation.

Unbestritten ist, dass die frühen Ansätze der empirischen Pädagogik, weil sie auf Tatsachenforschung und Tatsachenbeurteilung beruhen, in der experimentellen Pädagogik und der experimentellen Psychologie, beispielsweise vertreten durch Wilhelm August Lay oder durch Ernst Meumann, wurzeln. Es wurde damals in den 20er und 30er Jahren des letzten Jahrhunderts versucht, einen auf empirischen Tatsachen gründenden Unterricht zu entwickeln, indem beispielsweise Material zur rationalen Beurteilung von Unterrichtsmethoden oder zur Schülerauslese erarbeitet wurde (vgl. Tippelt 2002, S. 11). Richtungsweisend war, dass die Erforschung der Erziehungswirklichkeit gegenüber der Begründung von Erziehungszielen in den Vordergrund rückt. Waren die Anfänge der empirischen Pädagogik auf den ersten Blick durch eine Dominanz experimenteller Methoden im Interesse der Schul- und Unterrichtsgestaltung geprägt, zeigt ein zweiter Blick, dass es in der Zeit der Weimarer Republik zahlreiche andere Vertreter gab, die mit anderen empirischen quantitativen und qualitativen Forschungsmethoden in der Erwachsenenbildungsforschung (z.B. Engelhardt, 1926; Radermacher, 1932), der Jugendforschung (z.B. Bühler 1921) oder der Arbeitslosenforschung (z.B. Jahoda u.a. 1933) pädagogische (und sozialwissenschaftliche) Aussagensysteme auf eine erfahrungswissenschaftliche Basis stellten. Ein wichtiger Anstoß erfolgte auch durch Aloys Fischer (1914; 1921), der in den zwanziger Jahren in München eine Deskriptive Pädagogik entwickelte und die empirische Bildungsforschung stark inspirierte, bevor Aloys Fischer dann in den 30er Jahren wegen seiner Ehe mit einer Jüdin und wegen seiner ideologischen Immunität gegenüber dem Faschismus von seinem Lehrstuhl für Allgemeine Pädagogik entfernt wurde. Fischer beschränkt sich in seinen frühen Überlegungen zur pädagogischen Tatsachenforschung nicht nur auf die im engeren Sinne absichtlichen Erziehungshandlungen, sondern er thematisiert auch die unabsichtlichen Erlebnisse und individuellen Erfahrungen, die aber dennoch in der Persönlichkeit der Erlebenden wichtige Prägungen hinterlassen. Die indirekte und „informelle" Beeinflussung, dem heutigen Begriff von Sozialisation sehr nahe, sei in manchen Situationen eine viel bedeutungsvollere Einwirkung zuzuschreiben als dem aktiven, bewussten Handeln. Auch Emile Durkheim entwickelt einen Erziehungsbegriff, der die indirekten Einflüsse der sozialen Umgebung stark gewichtet: Erziehung ist nach Durkheim die durch Eltern und die Lehrer auf das Kind ausgeübte Tätigkeit. Aber es gibt auch Einflüsse, die sich nicht nur in den sehr kurzen Momenten bemerkbar machen, an denen Eltern und Lehrer „bewusst" und zwar durch eigentliche Belehrung Erfahrungen weitergeben und kommunizieren, es gibt auch „unbewusste Erziehung", die niemals aufhöre (vgl. Durkheim 1922).

Die Anfänge empirischer Pädagogik, insbesondere die Pioniere der Bildungsforschung, haben eine pädagogisch-soziologische, eine pädagogisch-psychologische und eine autonom integrierende Pädagogik unterschieden (wie Aloys Fischer in den 20er und frühen 30er Jahren an der LMU München, vgl. Tippelt 2004) und damit früh die Bedeutung interdisziplinärer Zusammenarbeit im Kontext empirisch-pädagogischer Forschung betont. Bereits zu Beginn der empirischen Pädagogik wird auch deutlich, dass pädagogische Tatsachenforschung eine Orientierungs-, manchmal Steuerungs- und jedenfalls Aufklärungsfunktion für pädagogisches, bildungspolitisches und soziales Handeln haben kann.

Nach dem Zweiten Weltkrieg wurden – vorbereitet durch die realistische Wende der Pädagogik (vgl. Roth, 1962) und die Forschungstradition der amerikanischen Pädagogischen Psychologie – zunächst quantitative empirische Methoden rezipiert und für eigene empirische Projekte übernommen (vgl. die Tradition der Arbeitsgruppe Empirische Pädagogische Forschung in der DGfE, Ingenkamp u.a. 1992). Mit einer deutlichen Zeitverzögerung wurde dann auch die Entwicklung qualitativer Forschungsmethoden rezipiert (z.B. Cicourel 1974). Heute ist für die Grundannahmen der empirischen Pädagogik konstitutiv, dass das mikro- und makrosoziale intentionale Handeln an Sicherheit gewinnt, wenn dieses Handeln sich erstens der indirekt wirksamen gesellschaftlichen und organisatorischen Rahmenbedingungen bewusst ist (z.B. Fend 1974; 1980; 1988; 2006), wenn zweitens die Gründe und Faktoren von erzielten Wirkungseffekten bekannt sind und drittens eine angemessene Strategie des Umgangs mit Ungewissheit und Unsicherheit entwickelt wird (vgl.

Tippelt 1990, S. 291). Weder der große normative Bildungsentwurf noch die immer wieder neue, kurzfristige Reaktion auf jeweils auftauchende Probleme sind solche angemessenen Strategien. Vor allem John Dewey (1916) hat in seiner pragmatistischen Erziehungstheorie – in Vorwegnahme der später vom Kritischen Rationalismus (Popper 1972; Albert 1976; 1994) so benannten Stückwerktechnologie – aufgezeigt, dass empirische Bildungs- und Erziehungsforschung, weit davon entfernt sichere Prognosen zu liefern, zumindest den Einfluss einiger Faktoren in einer turbulenten Umwelt genauer darlegen kann. Dabei kann auch die direkte Kooperation von pädagogischen Forschern und Praktikern bei der Bearbeitung von situativen Problemen zu einem charakteristischen Merkmal empirischer Forschung und kontrollierter Planung werden. Empirische Pädagogik gründet heute auf einer breiten Variation quantitativer und qualitativer Forschungsmethoden und der wechselseitige und systematische Bezug verschiedener Forschungsmethoden beispielsweise in Form der Methodentriangulation (vgl. Denzin 1978; Wilson 1982; Lamnek 1988; Flick 1992; Freter et al. 1991) gilt als erkenntnisfördernd.

II. Formen der empirischen Pädagogik und Forschungstypen: Steuern oder Orientieren von Handeln?

Eine Wirkungsgeschichte empirischer Pädagogik, die präzise die Bedeutung von Forschungsresultaten für die Implementierungskontexte pädagogischen Handelns feststellen würde, existiert in systematischer Form nicht. Allerdings können Forschungsstrategien, wie sie im Wissenschaftssystem entwickelt werden, aus Sicht der pädagogischen Praxis bewertet werden. „By research, it is meant the process of knowledge creation that conforms to agreed scholarly standards intended to warrant its validity and trustworthiness.... Basic research is differentiated from applied research. The former is driven by curiosity and an inherent interest in a phenomenon or problem, while the latter is consciously designed to solve a problem in policy or practice. In both cases, the process of knowledge creation is done in the framework of a theory, which may be either validated or challenged by new research." (OECD-CERI 2006, S. 5)

Dabei ist es hilfreich, die empirische pädagogische Forschung in (a) Grundlagen- bzw. anwendungsorientierte Grundlagenforschung, in (b) Implementierungs- und Maßnahmenforschung sowie in (c) Entwicklungsforschung weiter zu differenzieren. Die jeweilige Steuerungs- und Orientierungsfunktion für die pädagogische Praxis ist dabei spezifisch zu bestimmen:

Grundlagenforschung ist einerseits einem besonders hohem Konsistenzniveau von Begriffen und Theorien verpflichtet und damit der Entwicklung von besonderen wissenschaftlichen Sprachen verbunden, andererseits ist ein Anschluss an den domänen- und problemspezifischen Wissens- und Methodenstand zu erwarten. Auch wenn in der Grundlagenforschung die unmittelbare Verwertung von Forschungsergebnissen in der pädagogischen Praxis nicht angestrebt wird, kann Grundlagenforschung zur Erklärung von Tatsachen beitragen und einen zwar schwer nachweisbaren, aber doch hohen Bedeutungswert für pädagogisches Handeln erlangen (vgl. Luhmann/Schorr 1979. In diesen Bereich gehören auch eine begriffsklärende Bildungsphilosophie und die den Forschungsprozess strukturierende Wissenschaftstheorie. Anwendungsorientierte Grundlagenforschung ist der forschungsmethodisch kontrollierten Aufklärung von Ursache-Wirkungs-Zusammenhängen verpflichtet, wird gleichzeitig aber den äußerst komplexen Problem- und Kontextbedingungen pädagogischer Forschung gerecht (vgl. Fend 2006): pädagogische Handlungssituationen sind hochkomplex, monotheoretische Zugänge der Erklärung sind kaum möglich, Variablen lassen sich selten isolieren, Probanden in Untersuchungen sind reflexiv und aktiv, pädagogische Herausforderungen und Probleme sind immer in Kontexte eingebettet, letztlich sind ethische Grenzen wissenschaftlichen Forschens ernst zu nehmen. Anwendungsorientierte Grundlagenforschung reagiert auf praktische Probleme, die theoretische Basis ist vielfältiger und heterogener, die Methodenbasis ist plural und themenorientiert, die interessierenden Variablen sind multipel und Untersuchungen sind nicht immer exakt replizierbar (vgl. Brüggemann/Bromme 2006; Fischer et al. 2005).

Implementierungsforschung thematisiert die Anwendung von pädagogischer Forschung im Praxiskontext. Die Anwendung wissenschaftlichen Wissens ist ein eigenes interessantes Forschungsterrain und kann selbst der Ausgangspunkt für die Diskussion der Qualitätsentwicklung und -sicherung von anwendungsorientierter Forschung sein. Empirische Pädagogik realisiert sich auch als Maßnahmenforschung, die einen zweckgerichteten Transfer von Wissen anstrebt. Die formative oder summative Evaluation von Interventionen, Vernetzungen oder komplexeren Veränderungen (change of organisations) ist Kernbereich der Maßnahmenforschung (z.B. Nuissl u.a. 2006). Pädagogische Praktiker können in Forschergruppen integriert werden, um die praxisnahe Anwendung von Forschungsergebnissen zu steigern.

Entwicklungsforschung ist umstritten, aber in vielen evaluativen Forschungsreviews mittlerweile anerkannt (vgl. OECD 2006). Entwicklungsforschung zeichnet sich durch die Fokussierung von praktischen Kontexten aus: „By development, it is meant any form of knowledge creation designed to improve practise. Thus, its main purpose is to facilitate change in a particular context. A number of educational developments are teacher-led activities and consist of enquiry-based activities within schemes for the professional development of teachers." (OECD-CERI 2006, S. 5) Auch Entwicklungsforschung muss den Standards empirischer Forschung, wie Validität, Objektivität oder Reliabilität entsprechen, obwohl diese Standards in der Praxis zu Gunsten ökologischer Validität relativiert werden.

Diese Formen der empirischen pädagogischen Forschung können mit den Funktionen und Möglichkeiten einer Steuerung von pädagogischen Planungsprozessen konfrontiert werden. Im empirischen Kontext kommt es zu einer Verlagerung von einer normativen zu einer technologischen Steuerung (vgl. Albert 1976, S. 160ff). Steuerungen in „reiner Form", die den Prinzipien zweckrational-technologischen Handelns zuzuordnen wären (vgl. Weber 1973), sind in der Pädagogik allerdings begrenzt und daher zu relativieren. Dies hat mehrere Gründe: Ein Grund begrenzter Steuerungskapazität von empirischem pädagogischen Tatsachenwissen liegt in der hohen Komplexität pädagogischer Handlungssituationen. Es ist nicht die Theorie- oder Empiriefeindlichkeit der Praktiker, sondern es ist das von Luhmann/Schorr (1979) und vielen anderen beschriebene strukturelle Technologiedefizit pädagogischer Handlungssituationen, das dazu führt, dass einerseits keine deterministischen, sondern nur statistisch generalisierende Aussagen verfügbar sind und dass andererseits neben empirisch generalisiertem Tatsachenwissen immer auch zahlreiche und situativ variierende Antezedensbedingungen beim steuernden Planen und Handeln berücksichtigt werden müssen. Außerdem können Lehrer, Sozialpädagogen, Weiterbildner die komplexen und differenzierten Situationen nicht immer schnell genug diagnostizieren, um rationale und forschungskonforme Entscheidungen herbeizuführen. Pädagogen sind daher auf eigene permanent aktuelle Konstruktionen und Reduktionen angewiesen, um dann überschaubare Situationen zu bewältigen. Bildungsplaner und -politiker handeln nicht unter einem vergleichbaren situativen Zeitdruck, aber auch sie verfügen nicht immer über die Mittel, um die durch die empirische Analyse nahegelegten Zwecke rational ansteuern zu können. Allerdings ist sowohl für Praktiker als auch für Planer empirisches pädagogisches Wissen zur Konstruktion von Problemlösungen und zur Korrektur überkommener routinisierter Verhaltensweisen äußerst hilfreich und daher unverzichtbar. In diesem Sinne ist dem empirischen pädagogischen Wissen auch eine Steuerungsfunktion zuzusprechen, die aber nicht als ein „Ableitungszusammenhang" missverstanden werden darf (vgl. Albert 1976). Man wird anerkennen können, dass empirischem Wissen (im idealen Fall) aufgrund seines hohen Informationspotentials eine für Entscheidungen wichtige Orientierungs- und Aufklärungsfunktion zukommt. Wer sozialen und pädagogischen Wandel in seiner ökonomischen, sozialen, politischen und kulturellen Bedeutung analysiert, um die Ist- und Sollsituation von Teilen des Bildungssystems im historischen oder internationalen Vergleich klarer einzuschätzen, wird daher versuchen, das empirische Professions- und Expertenwissen zu erweitern. Das empirische Orientierungs- und Steuerungswissen enthält Ansatzpunkte für Handlungsstrategien und Reformmaßnahmen im pädagogischen Feld. Die Rezeptionswellen empirischen pädagogischen Wissens zeigen, dass Orientierungswissen immer dann stark nachgefragt wird, wenn Probleme und krisenhafte Symptome gesellschaftlicher Realität wahrgenommen werden: Leistungsschwächen, resignativer Rückzug aus Organisationen, Motivationsprobleme, politische Apathie, Gerechtigkeitsprobleme, Finanzierungslücken u.a.

Empirische pädagogische Forschung entsteht also häufig aus einem besonderen Informationsbedürfnis einer interessierten und oft sehr ungeduldigen Öffentlichkeit. Empirische pädagogische Forschung kann Orientierung und Aufklärung leisten, indem stereotypen Urteilen und Vorurteilen sachliche Information entgegengesetzt wird. Bildungs- und Erziehungsdebatten können versachlicht werden, sofern Ergebnisse von empirischer pädagogischer Forschung vorhanden sind und man diese gegebenenfalls auch hören will. Empirisches Wissen ist bei der Konstruktion von Handlungsplänen hilfreich und wirkt in diesem Sinne auch als Steuerungswissen.

III. Normen und Ziele im Kontext von Tatsachenforschung

Empirische Tatsachenforschung schließt selbstverständlich die intensive und wissenschaftliche Auseinandersetzung mit Normen und Zielen der Erziehung und Bildung nicht aus. Es basiert auf einem Missverständnis, zu glauben, dass Ziel- und

Normfragen in der Erziehung und Bildung in der empirischen Pädagogik suspendiert wären. Allerdings ist darauf hinzuweisen – wie dies vor allem Aloys Fischer und in der Sozialwissenschaft Max Weber (1973) nahe legen –, dass in deskriptiven und analytischen Verfahren Tatsachenforschung und normative Erziehungslehren *getrennt* gehalten werden müssen (grundlegend Adorno u.a. 1972).

Empirische Pädagogik und Bildungsforschung verschließen sich keinesfalls der philosophischen Tradition, aber prüft man beispielsweise die Verwendungsweisen des Begriffes Bildung, dann wird zunächst bewusst, dass der Begriff Bildung in der Bildungsforschung wie auch in der Allgemeinen Pädagogik (vgl. Vogel 1998, S.157ff) sehr verschieden gebraucht wird, was sich dann auch in der empirischen Pädagogik widerspiegelt.

Der Entdeckungszusammenhang empirischer pädagogischer Forschung geht davon aus, dass einerseits für Bildung ein Persönlichkeitsideal grundlegend ist, dass andererseits bei Qualifizierung und situiertem Lernen die Vermittlung von Leistungsvoraussetzungen für die Erfüllung bestimmter Funktionen im Arbeitsprozess im Vordergrund steht. Empirische Pädagogik berücksichtigt beides, denn interessanterweise werden in aktuellen Arbeiten empirischer Pädagogik – beispielsweise zum lebenslangen Lernen (vgl. Achtenhagen/Lempert 2000) – sowohl Bildung als auch Lernen und Qualifizierung und bei der aktuellen Diskussion von Bildungsstandards sowohl Modi des Weltverständnisses der Allgemeinbildung als auch basale Prozesse funktionaler Kompetenzentwicklung analysiert (vgl. Baumert u.a. 2000; 2003; Klieme u.a. 2003).

Der Begründungszusammenhang empirischen Forschens muss versuchen, Bildung so zu operationalisieren, dass Bildung beobachtbar und messbar wird. Die Pluralisierung und die Disparität von Bildungsinteressen, -verhalten und Bildungsbegriffen werden so empirisch erst fassbar und kommunizierbar. Der empirische Zugang zeigt beispielsweise, dass in sozialen Gruppen und in gesellschaftlichen Milieus nicht nur der Begriff „Bildung" divers verstanden wird, sondern dass sich der subjektive Bezug zu „Bildung" stark pluralisiert (vgl. Barz/Tippelt, Bd. 1 u. 2, 2004, S.108-114).

Der Wandel von Bildung kann nur in Längsschnitt- und in Replikationsstudien unter Berücksichtigung ausgewählter Indikatoren beschrieben werden (vgl. Bynner u.a. 2003; Walper/Tippelt 2002; BMBF 2005). Der wegweisende Bericht „Bildung in Deutschland" (Konsortium Bildungsberichterstattung 2006) analysiert von der frühkindlichen Bildung über das allgemein bildende Schulwesen, die berufliche Ausbildung und die Hochschulbildung bis zur Erwachsenen- und Weiterbildung das gesamte institutionelle Bildungssystem in Zeitreihen. Indikatorenbasierte Zeitreihen zu Ergebnissen und Erträgen, zu pädagogischen Verlaufsmerkmalen und strukturellen Rahmenbedingungen werden dann nach verschiedenen Differenzierungsaspekten, wie (a) sozioökonomischer Hintergrund, Migration, Geschlecht, Bildungsstatus, (b) Region und Bundesland und (c) im internationalen Vergleich dargestellt. Diese Datenaufbereitung kann dann – insbesondere in zeitreihenanalytischer Kontinuität – wiederum steuerungsrelevante Information für praktisches Handeln implizieren.

Der Interpretationszusammenhang empirischen Forschens geht, trotz gegebener Entgrenzungs- und Pluralisierungstrends des Begriffs Bildung, nicht immer explizit, aber häufig implizit von einer Bedeutung des Begriffes Bildung aus, der sich in der Mitte des 18. Jahrhunderts durch die Pädagogik der Aufklärung und des Neuhumanismus entwickelt hat: So werden Fragen der Bildungsgerechtigkeit empirisch bearbeitet und die Benachteiligung beispielsweise von Migranten dargestellt (vgl. Baumert u.a. 2000; Prenzel u.a. 2006), es werden soziale Disparitäten sichtbar gemacht (vgl. Baumert u.a. 2000; Tippelt/von Hippel 2005). Es werden auch die Bedingungen von Bildungsprozessen empirisch analysiert, die für die Förderung autonomer Persönlichkeiten entscheidend sind: Personen sollen ihre individuelle Regulationsfähigkeit entwickeln können, sollen kognitiv in der Lage sein, schrittweise die Regeln zu erfassen, nach denen die soziale und geschichtliche Wirklichkeit sich konstituiert. Bildung wird dabei nicht normativ überhöht, aber die soziale und ökonomische Integration sind genauso Ziele wie die kulturelle und politische Partizipation. Die Förderung von individuellem Urteils- und Kritikvermögen ist daher vorrangig, dagegen ist die unreflektierte Anpassung an vorgegebene gesellschaftliche Situationen in keiner Weise eine Intention der empirischen Pädagogik.

Der Verwendungs- und Anwendungszusammenhang empirischer Forschungsresultate ist sicher nur begrenzt zu beeinflussen, aber die empirische Pädagogik engagiert sich für einen Bildungsbegriff, der als Idee der Moderne die Selbstentfaltung und -steuerung jedes Einzelnen und die Würde des Menschen gegen die Vereinnahmung fremdgesetzter Zwecke betont (vgl. Ehrenspeck 2002) – und diese universalistischen Prinzipien gelten für Forschungsprojekte in so genannten modernen Gesellschaften wie in so genannten Entwicklungs- und Schwellenländern (vgl. Bos/Postlewaithe 2002; Tippelt 2002). Wenn der Erwerb von Bildung mit sozialen, ethnischen und geschlechtsspezifischen Disparitäten verbunden ist, dann widerspricht dies dem demokratisch und universalistisch verbürgten Grundrecht auf Bildung (vgl. von Friedeburg 1989). Empirische Pädagogik und Bildungsforschung knüpft zwar nicht textexegetisch an einen emphatischen Bildungsbegriff an, formuliert aber doch Perspektiven für das pädagogische Handeln: Entfaltet werden Reflexivität, autonome Innensteuerung, soziale Rollenübernahme zum besseren Verständnis der anderen und die Fähigkeit, Traditionen und Überlieferungen auch empirisch zu befragen. Weiterhin sind die alters- und entwicklungsbezogene Formung der kognitiven, sozialen und emotionalen Fähigkeiten sowie der volitionalen Entscheidungskompetenz entscheidende Fragestellungen der empirischen Pädagogik, aber auch die konkreten Problemstellungen der Bildungspolitik und der Bildungspraxis, die sich international vergleichen müssen, sind Gegenstand empirisch pädagogischer Forschung (vgl. Arbeitsstab Forum Bildung 2002; BMBF 2001; BLK 2005).

Darüber hinaus lässt sich zeigen, dass bestimmte Perspektiven der empirischen Pädagogik mit Anliegen philosophisch-pragmatistischer und interaktionistischer pädagogischer Traditionen eng verbunden sind. Beispielsweise sind für John Dewey (1997) wissenschaftliche Erkenntnis und Wertvorstellungen miteinander verknüpft – seine pragmatistische Philosophie bietet eine kohärente Basis dafür, sowohl wissenschaftliche Erkenntnis und soziales Handeln als auch Wertvorstellungen als Gegenstand von Forschung zu sehen und damit der Reflexion zugänglich zu machen. J. Dewey hatte aber – im Gegensatz zu Kerschensteiner – einen prinzipiellen Widerstand gegenüber einer Konzeption von intrinsischen, situationsunabhängigen Werten. „Nach seinem kontextualistischen Verständnis entstehen Werte im Rahmen von Handlungsproblemen, und zwar durch Reflexion. Der erste Schritt besteht in einer Unterscheidung von gewünschten (desired) und wünschenswerten (desirable) Handlungen, also in ihrer Relation zu situationsangemessenen Zielsetzungen. Werte, Ziele und Mittel sind gleichermaßen Gegenstand von Diskursen. Durch Kreativität und imaginative Projektionen können dann Wirklichkeit und Möglichkeit antizipiert werden, und verantwortungsvolles, moralisches Handeln entsteht." (Gerstenmaier/Mandl 2006, S. 25-26)

Werte können empirisch analysiert werden, man sollte aber unbedingt beachten, dass sie immer in Handlungskontexten entstehen. In der Schrift über „Erfahrung und Natur" hat Dewey aufgezeigt, dass die Kenntnis von Werten allein noch keine Wertbindung schaffen kann, erst deren Anwendung zur Lösung von Handlungsproblemen im Kontext fortdauernder lebensnaher Erfahrung (shared experience) sei hierzu in der Lage. Werte fungieren demnach als Selektionsregeln, die unter Bedingungen hoher Kontingenz (Joas, 2002, S. 69) in Gruppen kommuniziert werden – eine Erkenntnis, die dann von der empirischen sozialkonstruktivistischen Lernforschung beim Lernen in kollaborativen Gruppen fruchtbar aufgegriffen und weiterentwickelt wurde (vgl. Gerstenmaier/Mandl 2005).

Beide Themenbereiche – Lernen im Handlungskontext und Fragen der Wertvorstellungen und Wertbindung – wurden von Kerschensteiner und von Dewey behandelt und waren für die moderne empirische Pädagogik, insbesondere die Lehr- und Lernforschung wegweisend: So wurden Überlegungen der „Klassiker" zur Bedeutung intelligent organisierten und elaborierten Vorwissens sowie zu den Erfahrungen mit vernetzbaren Lerninhalten von der empirischen Lernforschung im Konzept der problemorientierten Lernumgebungen und der kollaborativen Gruppen verarbeitet. Auch der Erwerb anwendbaren Wissens und die Bedeutung von intersubjektiven Erfahrungen waren zunächst Ausgangspunkt von Deweys Analyse der Wertbindungen und des Lernens, sie sind heute aber ebenfalls Grundlage einer empirisch konstruktivistischen Lernforschung mit engen Bezügen zu hochschuldidaktischen und erwachsenenpädagogischen Studien (vgl. Schmidt/Tippelt 2005) und noch weiter zu entwickelnden empirisch gehaltvollen Theorien pädagogischer Organisationsforschung (vgl. Gerstenmeier/Mandl 2006; Göhlich/Hopf/Sausele 2005).

IV. Ebenen und Rahmenbedingungen empirischen pädagogischen Forschens

Bei der Bearbeitung empirischer Fragestellungen werden heute systematisch die institutionengerichtete Meso- und Makroforschung von der eher auf Lehr- und Lernprobleme zielenden Mikroforschung unterschieden (vgl. Ingenkamp u.a. 1992; Fend 2001). Sowohl makro- als auch mikroorientierte Fragestellungen pädagogischer Forschung können stärker mit quantitativen oder qualitativen Ansätzen bearbeitet werden. Bis in die 80er Jahre stand das Interesse an der organisatorischen und ökonomischen Einbettung des Bildungswesens in Staat und Gesellschaft im Zentrum des Interesses empirischer Ansätze, also ein makroorientiertes Institutioneninteresse. Auch heute ist zur Makro- und Mesoplanung länderübergreifendes empirisches Wissen, insbesondere Bildungsstatistik, notwendig, denn es müssen länderübergreifende Entscheidungen der Kultusministerkonferenz zur Bildung getroffen werden, Prognosen für den Lehrerbedarf und für die Planungen im Hochschulbereich erstellt werden, die Meldepflichten an die Europäische Union und die OECD erfüllt werden und es sind die Finanzmittel für den Schulbereich in sektoraler Verteilung abzuschätzen. Daher hat die Ständige Konferenz der Kultusminister der Länder ein starkes Interesse an validen bildungsstatistischen Datengewinnungsstrategien.

In den letzten Jahrzehnten hat sich die empirische pädagogische Forschung weiter ausdifferenziert, dabei werden insbesondere in sozialökologischen Konzepten (vgl. Bronfenbrenner 1994) die Makro- und Mikroebene keinesfalls in einen hierarchisch deterministischen Zusammenhang gestellt – beispielsweise in dem Sinne, dass die ökonomischen und politischen Bedingungen die Realität der Institutionen und die Interaktionsebene des Unterrichts oder Seminars bestimmen (vgl. Reich/Tippelt 2005). Angestrebt werden heute vielmehr Mehrebenenanalysen (vgl. Ditton 1998), die den interdependenten Charakter der verschiedenen Planungs- und Handlungsebenen berücksichtigen – z.B. Unterrichtsebene, Organisationsebene, bildungspolitische Ebene (vgl. Weishaupt/Steinert/Baumert 1991).

Beispielsweise wird Schulqualität auf drei verschiedenen Ebenen analysiert (Fend 2001; 2006): Neben den rechtlich-organisatorischen Rahmenbedingungen (Makroebene) und der konkreten Schulklasse mit dem jeweils unterrichtenden Lehrer (Mikroebene), haben die Erforschung des Schulmanagements und der Konzepte der teilautonomen Schule (Mesoebene) für die innere Schulreform hohe Priorität gewonnen. Liegt das Handeln auf der Makroebene vor allem in der Verantwortung der Politik und der Schuladministration, so wird die Qualität des Handelns auf der Mesoebene und der Mikroebene vor allen Dingen durch die Lehrer, die Schüler und die Eltern verantwortet. Entsprechend differenziert sich im Forschungskontext die Zusammensetzung der jeweils zu analysierenden Stichproben.

V. Wissenspotentiale und Wissenslücken – einige Beispiele

Trotz vorhandener Wissenspotentiale, gibt es große Wissenslücken in der empirischen Pädagogik: Wir haben zwar große Datensätze zu den Strukturen des Bildungssystems, aber wir haben noch zu wenig gefächerte Zeitreihen- und Verlaufsdaten. Wir wissen wenig über die Ausdifferenzierung unseres Berufsbildungssystems in Teilsegmente, wie das duale Berufsausbildungssystem, das Schulberufsbildungssystem und das kompensatorische Parallel- oder Chancenverbesserungssystem. Der Zusammenhang von formalen, non-formalen und informellen Lern- und Handlungsprozessen ist nicht klar und die Übergänge zwischen den einzelnen Bildungsstufen und den Bildungsbereichen sind noch nicht hinreichend transparent. Es fehlt ein nationales Bildungspanel, es fehlen Kohorten-Sequenzanalysen, die u.a. über „wider benefits of learning", also über den unmittelbaren „output" hinaus über den längerfristigen „outcome" von Bildung in ökonomisch nicht reduzierter Form Auskunft geben. Die Prämissen und Ziele der Bildungsplanung und des konkreten pädagogischen Handelns können sicher nicht aus internationalen Defizitdiagnosen abgeleitet werden (vgl. OECD 2006 zur Schule und zur Weiterbildung). Die Organisation pädagogischer Institutionen und die weitere Professionalisierung pädagogischer Berufe müssen sich intensiver auf Evaluation, Qualitätssicherung und evidenzbasierte Forschungsergebnisse beziehen. Besonders die Konzepte des lebenslangen und lebensbegleitenden Lernens sind im Prozess empirisch pädagogischen Forschens auf eine Kultur der Zusammenarbeit und Kooperation von pädagogischen Forschungs- und Praxisinstitutionen angewiesen.

Trotz dieser Lücken, soll im folgenden das pädagogische Wissen, das durch empirisches Forschen generiert, kommuniziert, gespeichert und teilweise auch transferiert werden konnte, in vier exemplarischen Forschungsbereichen der empirischen Pädagogik hervorgehoben werden.

Beispiel: Schulische Bildungsforschung und soziale Disparität

Bereits in den 70er und 80er Jahren hat die Bildungsforschung kritisch darauf hingewiesen, dass die Idee der formal gleichen Bildungschancen in demokratischen Gesellschaften noch unzureichend umgesetzt ist. Bildungsforschung zielte darauf, eine der jeweils individuellen Eignung und Neigung entsprechende Bildung zu erwerben, unabhängig von sozialer Herkunft und wirtschaftlicher Lage der Eltern. Bildungsforschung konnte aufzeigen, dass spätere Weiterbildungsentscheidungen oder Erwerbs- und Berufskarrieren von ökonomischen und politischen Strukturen, von institutionalisierten Übergängen, von gesetzlich fixierten Altersnormen, aber auch individuellen Entscheidungen beeinflusst sind, die ihrerseits wiederum von familialen Sozialisationsprozessen im frühen Lebensalter sowie schulischen und betrieblichen Selektionsmechanismen abhängig sind.

Insbesondere die internationalen large-scale-assessments (TIMSS, PISA, IGLU) haben die sozialen Disparitäten beim Bildungserwerb – und dies ist ein großes und ungewöhnliches Verdienst dieser internationalen Studien im schulischen Bereich (Baumert u.a. 2000; Bos 2003; Prenzel u.a. 2006) – erneut klar in das öffentliche Bewusstsein gehoben. Wenn sich empirische Bildungsforschung in diesem Kontext besonders für fachliche Qualifizierung und Kompetenzstandards interessiert, also für die Vorbereitung auf die Lebenspraxis und auch die Anpassung an arbeitsorganisatorische und technische Voraussetzungen, dann hat dies auch damit zu tun, dass Qualifizierung und Kompetenzerwerb aus Sicht der Bildungsforschung Voraussetzungen für soziale Integration und gesellschaftliche Partizipation sind und von daher wichtiger Gegenstand der Analyse und der praktischen Modellierung von Handeln (vgl. Klieme u.a. 2003).

In der empirischen Bildungsforschung hat sich ein breites Bildungsverständnis durchgesetzt, das die individuelle Regulationsfähigkeit fördern will, das die ökonomische Entfaltung von Humanressourcen als qualifikationsbezogene Sicherstellung des quantitativen und qualitativen Arbeitsvermögens anstrebt und die kulturelle Partizipation sowie soziale Kohäsion als gesellschaftliche und individuelle Zieldimensionen anerkennt (siehe z.B. Konsortium Bildungsberichterstattung 2006).

Vor allem ungleiche Bildungschancen, die soziale Vererbung von Bildung, beruflichen Positionen und gesellschaftlichem Status waren in jüngerer Vergangenheit wichtige Themen (z.B. Becker/Lauterbach 2004; Ditton u.a. 2005;

Allmendinger/Aisenbrey 2002). Von der Bildungsforschung wurden immer wieder Erkenntnisse kritisch aufgezeigt, die der Idee der formal gleichen Bildungs- und Lebenschancen widersprachen. Die allgemeine Möglichkeit der Individuen, entsprechend ihrer Eignung und Neigung Bildung zu erwerben, erweist sich als nicht gesichert. Die aktuelle Bildungsforschung hat herausgearbeitet, dass die Grundlage für die Verarbeitung von Erfahrungen, also der Aufbau solider basaler Lese-, Mathematisierungs- und Lernkompetenzen (Baumert u.a. 1997, 2000; Prenzel u.a. 2006; Bos 2003) in Deutschland nicht für alle sozialen Gruppen gesichert ist, was dann zu den sich anschließenden Debatten um Qualitäts- und Bildungsstandards führte (vgl. Klieme u.a. 2003).

Beispiel: Weiterbildungsforschung und Heterogenität

Die sozialen Disparitäten im Bildungsbereich werden heute in der sozialen Milieuforschung gegenüber der Schichtforschung der 70er und 80er Jahre feiner und genauer bearbeitet. Die Lebensstil- und Milieuforschung interessieren sich im pädagogischen Kontext für soziale Differenz und Ungleichheit, berücksichtigen aber, dass eine am Schicht- oder Klassenmodell orientierte Sozialstrukturanalyse älterer Prägung immer weniger ein ausreichendes Instrument zur Beschreibung gesellschaftlicher Teilgruppen liefern kann (vgl. Vester 2006; Reich/Tippelt 2005). Den neueren Milieukonzepten ist das Anliegen gemeinsam, den sozialen Raum nicht mehr allein durch sozioökonomische Determinanten zu strukturieren, sondern auch soziokulturelle und sozio-ästhetische Gemeinsamkeiten von sozialen Milieus zu berücksichtigen – angeregt durch die Analysen des französischen Kultur- und Bildungssoziologen Pierre Bourdieu (1982), der die vertikale und horizontale Differenzierung der französischen Gesellschaft beschrieben hat. Bourdieu analysiert mit Hilfe von vielfältigem empirischem Material der Bildungs- und der Marktforschung symbolische Konkurrenzkämpfe um stilistische Exklusivität, in denen sich die jeweiligen Gruppen gemäß ihrer Anteile am ökonomischen, kulturellen und sozialen Kapital profilieren können.

In milieuorientierten empirischen Arbeiten zur Sozialstruktur Deutschlands, die sich auf Bourdieus sozialstrukturelle Studien beziehen, werden systematisch Variablen der sozialen Lage wie der alltagsästhetischen Lebensstile herangezogen (Vester 2006; Barz/Tippelt 1999). Grundbegriffe dieser die sozialstrukturelle und soziokulturelle Heterogenität betonenden empirischen Studien sind die Lebensbedingungen (äußere Voraussetzungen alltäglichen Handelns wie Wohn-, Arbeits-, Freizeit-, Umwelt-, Bildungsbedingungen, Status, finanzielle Ressourcen), die Lebensformen (Struktur des unmittelbaren Zusammenlebens mit anderen Menschen in einer Familie, als Single, in nicht ehelichen Lebensgemeinschaften etc.), die Lebensstile (die mehr oder minder frei gewählten, gesellschaftlich typischen Muster des Alltagsverhaltens und der Selbstdarstellung, also Kleidung, Konsumgewohnheiten, kulturelle Partizipation, oft auch in besonderer Absetzung von anderen Stilen) sowie die Formen der Lebensführung (die typische Gestaltung des Alltags nach bestimmten Werten und Normen). In den neueren Milieukonzepten werden diese Aspekte von Heterogenität aufgegriffen und schließlich neben Berufsstatus, Bildungsniveau und Einkommen vor allem die lebensweltlich geprägten Erlebnisziele sozialer Gruppen berücksichtigt. Dabei werden in horizontaler Differenzierung traditionale, moderne mainstream und postmoderne soziale Gruppen unterschieden und in vertikaler Gliederung soziale Eliten, Mittel- und Unterschichtmilieus getrennt gesehen. Aus pädagogischer und sozialwissenschaftlicher Sicht lässt sich sagen, dass die empirisch beschriebenen (zehn) sozialen Milieus Menschen zusammenfassen, die sich im Lebensstil und der Lebensführung zumindest ähneln, also in gewisser Hinsicht Einheiten innerhalb der Gesellschaft bilden (vgl. Barz/Tippelt 2004; Vester 2006). Empirische Milieuforschung profitiert von der empirischen Analyse von Bildungsbiografien und ist geeignet, schulische Erfahrungen, Bildungsinteressen, kulturelle Interessen und Lebensziele, Freizeitwünsche, Bildungs- und Erziehungsziele, aber auch Bewertungen pädagogischer Institutionen wie Schule, Volkshochschule, Einrichtungen der beruflichen Bildung, Universität entsprechend plural und differenzierend aufzuzeigen. Insofern kann ein soziale Differenz und Heterogenität berücksichtigendes pädagogisches Handeln, das variabel an den Interessen sozialer Milieus orientiert bleibt, durch empirisches Wissen vorbereitet werden (vgl. in der Erwachsenen- und Weiterbildung Barz/Tippelt 2004).

Beispiel: Lebenslaufforschung und informelles Lernen

In den 80er Jahren etablierte sich eine pädagogisch äußerst fruchtbare empirische Lebenslaufforschung, die aufzeigen konnte, dass z. B. Bildungswege, Weiterbildungsentscheidungen, Erwerbs- und Berufskarrieren von verschiedenen Einflüssen abhängig sind (vgl. Alheit/Dausien 2002, 565ff): ökonomische und politische Strukturen, kulturelle Wertvorstellungen, institutionalisierte Übergänge und gesetzliche Altersnormen, normativ kritische Lebensereignisse im Erwachsenenalter, individuelle Entscheidungen, aber auch familiale Sozialisationsprozesse im frühen Lebensalter und schulische und betriebliche Selektionsmechanismen (Mayer 1990). Die Ergebnisse und Perspektiven dieser Lebenslaufforschung haben sich für erziehungstheoretische Reflexionen als äußerst fruchtbar erwiesen, weil sie den verengenden Blick auf einen bestimmten Lebensabschnitt überwinden und weil sich der Begriff des Lebenslaufs als Medium des Erziehungs- und Bildungssystems anbietet (vgl. Lenzen/Luhmann 1997). Pädagogisches Handeln wird seither als selbstgesteuertes und selbstorganisiertes Handeln auch in informellen Kontexten verstärkt reflektiert. Die Frage, wie Jugendliche und wie Erwachsene lernen, wie sie in Alters- und Entwicklungsphasen dabei optimal unterstützt werden, wie sie die erworbenen Informationen sinnvoll verknüpfen und in Wissen überführen, steht dabei im Mittelpunkt des Interesses. Ziel ist die Überführung „trägen Wissens" (Renkl 1996) in Wissen, das für die Lösung praktischer Problemstellungen angewendet werden kann. Entscheidend ist hierzu die Fähigkeit zur Nutzung, Vernetzung und Integration von zunehmend externalisierten Wissensbeständen in internalisiertes Wissen. Das Konzept des Wissensmanagements ist dabei eine Fortführung des Konzepts des selbstgesteuerten Lernens. Das selbstgesteuerte Lernen ist wiederum eng verknüpft mit dem Konzept des lebenslangen Lernens (vgl. Dohmen 1997).

Trotz der bekannten Zusammenhänge der Wirkungen von frühen Sozialisationserfahrungen auf das spätere Lernen und trotz des Konzepts des lebenslangen Lernens, hat sich aus der Forschungsperspektive die problem- und altersbezogene Differenzierung der empirischen Forschung entsprechend der großen Lebensabschnitte Kindheit, Jugend, Erwachsenenalter, hohes Alter bewährt. Zu spezifisch sind die in den jeweiligen Lebensabschnitten zu analysierenden Entwicklungs- und Kontextbedingungen (vgl. Krüger/Grunert 2002; Tippelt 2002). Gleichzeitig ist hervorzuheben, dass das heuristische Konzept des lebenslangen Lernens geeignet ist, einer Separierung und dysfunktionalen Segmentierung von pädagogischen Forschungsbereichen vorzubeugen.

Beispiel: Lernforschung und selbstorganisiertes Handeln

Der neueren empirischen Lernforschung liegt eine konstruktivistische Lehr-Lerntheorie zugrunde, die „an die Stelle einer passiven Rezeption isolierter Fakten die aktive Konstruktion komplexer Inhalte setzt" (Reinmann-Rothmeier/Mandl 1997, S. 8). Das selbstorganisierte Handeln geht davon aus, dass das Individuum eigene – Lernbedürfnisse erkennt und diagnostiziert, seine Lernziele bestimmt und den Lernprozess hinsichtlich Zeitmanagement und benötigter Lernmittel eigenständig plant, Ressourcen organisiert und den Lernprozess in Bezug auf Lerndauer, -zeit, -intensität koordiniert und evaluiert. Diese Selbststeuerung setzt auf Seiten des Lernenden ein profiliertes Selbstkonzept, die Fähigkeiten zur analytischen Orientierung und zur sozialen Unabhängigkeit voraus. Die empirische Analyse von motivationalen Komponenten (thematisches Interesse, Ziele), prozessualen emotionalen Komponenten (Selbstwert erhaltende Strategien), inhaltlich kognitiven Komponenten (Inhalts-, Aufgaben-, Strategiewissen) und prozessualen kognitiven Komponenten (Informationsverarbeitungs-, Ressourcen-, Kontrollstrategien) ist notwendig, um pädagogisches Handeln sinnvoll zu orientieren.

Neuere Untersuchungen weisen darauf hin, dass das selbstgesteuerte Lernen dann erfolgreich ist, wenn Lernende erkennen, mit welchen Materialien und mit welchen Formen der Unterstützung sie in unterschiedlichen Situationen am besten lernen können (vgl. Kraft 2002). Besonders zu Beginn eines Lernprozesses wird deshalb die Bedeutung von Beratung für Prozesse des selbstgesteuerten Lernens betont, um zeitliche, personelle, motivationale und finanzielle Fehlinvestitionen und damit verbundene Frustrationen zu vermeiden.

Aus Sicht der Bildungsforschung zwingt das Konzept des selbstgesteuerten Lernens zu einer Umgestaltung der Handlungskompetenzen der Lehrenden/Dozenten und der Lernenden. Die wichtigsten Aspekte sind hierbei auf Seiten der Lehrenden deren Beratungs-, Organisations- und Moderationsfähigkeiten, um die individuellen Planungskonzepte der Lernenden anzuregen. Dabei hat die empirische Bildungsforschung ihre Aufgaben erweitert, weil nun die Gestaltung und Bereitstellung von Lernumgebungen, die das selbstgesteuerte Lernen fördern, wichtiges Untersuchungsfeld wurde.

In den letzten Jahren hat – resümiert man die Forschungserfahrungen – eine Verlagerung des Erkenntnisinteresses der empirischen Pädagogik und insbesondere der Bildungsforschung stattgefunden: Probleme der Qualitätssicherung, der Evaluation und des Qualitätsmanagements von Institutionen und Lernprozessen werden in handlungsorientierter Absicht verstärkt aufgegriffen. Besonders hervorzuheben sind dabei die Konzepte kompetenz- und evidenzbasierter Bildungsforschung, die sich in Folge der internationalen OECD-Studien „Education at a Glance" (z.B. OECD 2006) entwickelten.

VI. Herausforderungen an die empirische Pädagogik: Differenzierung und vernetztes Forschen und Handeln

Eine gravierende Herausforderung empirischer Pädagogik besteht darin, dass innovative pädagogische Gestaltungsprozesse und reformpädagogische Praxis über bürokratische Rationalität hinausgehen und man sich mit zunehmend unsicheren Ausgangsbedingungen auseinander setzen muss: Unsicherheit über die weitere ökonomische und soziale Entwicklung und die ökologischen Ressourcen, über die Nachfrage nach institutioneller Bildung und Erziehung, über die künftigen Prioritäten einer föderalistisch differenzierten Bildungspolitik, über die präzisen künftigen Zukunftsaufgaben. Empirische Pädagogik versucht daher auch Wissen zu generieren, das relativ überschaubare dezentrale lokale Planungen voranbringt, das im Sinne der Popperschen Stückwerktechnologie auch zeitlich begrenzten Maßnahmen ohne feste pädagogische Institutionalisierung zur Problemlösung verhilft. Solche dezentralen oder zeitlich mittelfristigen Planungen haben den Vorteil, dass die konkreten Umweltbedingungen und Erziehungskonzepte pädagogischer Institutionen in der Forschung genauer berücksichtigt werden können.

Allerdings entstehen Vernetzungs- und Koordinierungsprobleme dadurch, dass organisierte Erziehungs- und Bildungsprozesse in modernen Gesellschaften mehrere Funktionen gleichzeitig erfüllen – so die Funktion der (1) Qualifizierung und Selektion von Schülern, Auszubildenden und Erwerbstätigen (2) die Sozialisation von Heranwachsenden im Hinblick auf die Vorbereitung für Berufs- und Staatsbürgerrollen (3) die soziale Integration in ein auf Solidarität und Kooperation angewiesenes Gemeinwesen und (4) die Enkulturation von Individuen (kulturelle Reproduktion) mittels kommunikativer Verständigung, intellektueller Aufklärung und moralischer Bildung. Organisierte Erziehung und Bildung ist in der Moderne zu einem hoch arbeitsteiligen Prozess geworden, was sich auch in der empirischen Forschung in der Ausdifferenzierung von Forschungsdisziplinen und Forschungsinstitutionen zeigt (vgl. Tippelt 1990).

Die vielfältigen und notwendigen interdisziplinären Bezüge, insbesondere zur Soziologie, zur Psychologie oder zur Volks- und Betriebswirtschaftslehre (aber auch mittlerweile weit darüber hinaus) haben sich aufgrund der Ausdehnung der Problemstellungen in den letzten Jahren weiter verstärkt. Dennoch ist auch heute als wichtigste Bezugsdisziplin der empirischen Bildungsforschung die Erziehungswissenschaft bzw. die Pädagogik zu nennen (vgl. Weishaupt/Steinert/Baumert 1991; Tippelt 1998). Dieses Postulat bedarf der Erklärung. Es ist festzustellen, dass die Differenzierung der Erziehungswissenschaft und die Expansion des Faches an den Hochschulen (vgl. Merkens u.a. 2006; Tippelt u.a. 2004) parallel zu einem ebenfalls starken Prozess der expansiven Institutionalisierung von Einrichtungen der empirischen Pädagogik, insbesondere der Bildungsforschung außerhalb des Hochschulbereichs verliefen. So nahm die Zahl der außeruniversitären Einrichtungen in der Bildungsforschung von neun im Jahre 1963 auf über fünfunddreißig im Jahre 1979 zu, um dann allerdings in den 90er Jahren wieder leicht zurückzugehen (vgl. Weißhaupt/Steinert/Baumert 1991). Es lassen sich wissenschaftliche Einrichtungen der Bildungsforschung mit etatisierter Finanzierung nennen, wie die pädagogischen Leibnizinstitute, also das Deutsche Institut für internationale pädagogische Forschung (DIPF – Frankfurt a. Main), das Institut für Pädagogik der Naturwissenschaften (IPN – Kiel), das Institut für Wissensmedien (IWM – Tübingen), sowie das Deutsche Institut für Erwachsenenbildung (DIE – Bonn). Einen besonderen Status hat das Max-Planck-Institut für Bildungsforschung (MPI – Berlin). Das Deutsche Jugendinstitut (DJI – München) ist ein ressortübergreifendes Forschungsinstitut und das UNESCO-Institut für Pädagogik (Hamburg) nimmt eine Mittelstellung zwischen den Forschungseinrichtungen und den wissenschaftlichen Serviceeinrichtungen bzw. verbandsabhängigen Einrichtungen ein. Zu den Serviceeinrichtungen ist beispielsweise das HIS-Hochschulinformationssystem zu rechnen, verbandsabhängige Einrichtungen sind im Bereich der Bildungsforschung das ADOLF GRIMME-Institut (Deutscher Volkshochschul-Verband) und das COMENIUS-Institut (Evangelische Kirche). Zu nennen sind auch Hochschulinstitute mit überwiegenden Forschungsaufgaben im Bereich der Bildungsforschung, z.B. das Institut für Schulentwicklungsforschung (Dortmund) oder das wissenschaftliche Zentrum für Berufs- und Hochschulforschung (Kassel). Außerdem gibt es mehrere Sonderforschungsbereiche und DFG-Forschungsschwerpunkte mit Bezügen zur Bildungsforschung an mehreren Hochschulen und sonstige Forschungseinrichtungen wie beispielsweise das Institut für Arbeitsmarkt- und Berufsforschung (IAB – Nürnberg), das Institut der Deutschen Wirtschaft (Köln), das Institut Frau und Gesellschaft (Hannover), das Institut für Sozialarbeit und Sozialpädagogik (Frankfurt a. Main), das Sozialwissenschaftliche Forschungsinstitut (SOFI – Göttingen) und das sozialwissenschaftlich verankerte Leibniz-Institut ZUMA (Mannheim). In den letzten zwei Jahrzehnten konnten sich die verwaltungsabhängigen Einrichtungen der Bildungsforschung, wie z.B. das Bundesinstitut für Berufsbildung (BIBB – Bonn), das Europäische Zentrum zur Förderung der Berufsbildung (CEDEFOP – früher Berlin, jetzt Thessaloniki), das Institut für Qualitäts- und Bildungsstandards (IQB – Berlin), das Hochschulinformationssystem (HIS – Hannover) und auch verschiedene Landesinstitute für Bildungsplanung, Schulentwicklung, Erziehung und Unterricht in mehreren Bundesländern entwickeln. Nach starken Umstrukturierungen in den letzten Jahren kann von einer kontinuierlich expansiven Entwicklung aber nicht mehr gesprochen werden. Allerdings nehmen die Vernetzungen mit internationalen Forschungseinrichtungen wie z.B. dem CERI (OECD – Paris) und bi- und multilaterale Kooperationen zwischen empirisch orientierten Hochschulen in der empirischen Pädagogik ständig zu.

Diese institutionellen Differenzierungen sind nur ein Indiz dafür, dass in modernen Gesellschaften auch im pädagogischen Forschungsbereich fachinterne Öffentlichkeiten entstehen, die nur durch Kommunikation und durch Projektkonsortien (wie bei der Bildungsberichterstattung) zu koordinieren und in bestimmten Fällen auf begrenzte Zielsetzungen zu verpflichten sind. Die Vernetzung von Kommunikation, die sich den Normen kommunikativer Rationalität verpflichtet, ist besondere Aufgabe von wissenschaftlichen Fachgesellschaften (wie im Bereich der Erziehungswissenschaft und Pädagogik der DGfE). Die Ergebnisse empirischen Forschens können in diesem Kommunikationsprozess dazu beitragen, dass die an pädagogischen Prozessen Beteiligten rational miteinander reden, Probleme koordinieren, um auf diese Weise „organische Solidarität" (Durkheim 1988, S. 25), also Möglichkeiten kooperativen professionellen Arbeitens – auch im internationalen Kontext – zu fördern. Empirische Pädagogik und insbesondere empirische Bildungsforschung sind fortwährend gefordert, unter Berücksichtigung vergleichender und historischer Perspektiven, die jeweils sich neu darstellenden pädagogisch-relevanten Tatsachen zu analysieren und in die pädagogische Reflexion einzubringen. Wenn den Ergebnissen der empirischen Pädagogik eine Orientierungs-, Aufklärungs- und über die Konstruktion von Handeln auch Steuerungsrelevanz zuzusprechen ist, dann ist darunter zu verstehen, dass Vorurteile eliminiert, tatsächliche Zusammenhänge erkannt, ideologische Verschleierungen durchschaut und eben Urteile des lehrenden, organisierenden, erziehenden Personals oder auch der sich Bildenden geklärt werden können.

Empirische Konzeptionen der Pädagogik und des Forschens müssen darüber hinaus die gegebenen Rahmenbedingungen und Kontexte berücksichtigen: Heute sind dies die gravierenden demographischen Veränderungen, die Problematik hoher Abbrecherquoten in Schule, Beruflicher Bildung und Hochschule, insbesondere die Tatsache, dass zu viele junge Menschen ohne Schul- oder ohne Berufsabschluss den Übergang in Beschäftigung bewältigen sollen und die deutlichen sozialen und migrationsbedingten Benachteiligungen beim Bildungserwerb (Avenarius u.a. 2003; Konsortium Bildungsberichterstattung 2006, S. 137ff) sowie die im internationalen Vergleich zu geringen finanziellen Investitionen in den Bildungssektor (vgl. Timmermann u.a. 2004; OECD 2006).

Das von der empirischen Pädagogik vorzubereitende Handeln ist – im Unterschied zu sozialem Verhalten (vgl. Schütz/Parsons 1977) – intentional und daher ziel- und zukunftsorientiert; es ist an die verfügbaren Mittel zur Erreichung von Handlungszielen gebunden, die letztlich normativ reguliert und in demokratischen Gesellschaften der freien Wahl der Handelnden unterliegen.

Empirische Pädagogik zielt keineswegs immer auf die unmittelbare Anwendung und Umsetzung von Forschungsergebnissen, denn empirische Ergebnisse können durch die Rezeption verschiedener Zielgruppen – Lehrer, Sozialpädagogen, Ausbilder, Weiter- und Erwachsenenbildner, Planer und Bildungspolitiker bis hin zur interessierten Öffentlichkeit – direkt und indirekt gesellschaftlich wirksam werden. Die Ergebnisse der empirischen Bildungs-, Erziehungs- und Sozialisationsforschung können die subjektiven Handlungspläne des Einzelnen und seine pädagogische Phantasie anregen und schulen, empirische pädagogische Evaluationsforschung kann darüber informieren, inwieweit angestrebte Ziele mit pädagogischen Konzepten erreicht werden und welche eventuell unerwarteten oder gar nicht intendierten Effekte auftreten. Wenn sich pädagogische Praktiker und Bildungsplaner nicht nur intuitiv oder normativ verhalten wollen, so müssen diese in Aus- und Fortbildung die Strategien und Resultate der stark differenzierten empirischen pädagogischen Forschung kennen lernen und beurteilen. Die Grundstrategien der empirischen pädagogischen Forschung setzen ihrerseits eine heuristische Konzeption der gebildeten Persönlichkeit voraus.

Literatur:

Achtenhagen F./Lempert W. (Hrsg.) (2000): Lebenslanges Lernen im Beruf. Seine Grundlegung im Kindes- und Jugendalter (I-V). Opladen.
Adorno,T.W. u.a. (1972): Der Positivismusstreit in der deutschen Soziologie. Darmstadt u. Neuwied.
Albert, H. (1994): Kritischer Rationalismus. In: Seiffert, H./Radnitzky, G. (Hrsg.): Handlexikon zur Wissenschaftstheorie. München, S. 177-182.
Albert, H. (1976): Aufklärung und Steuerung. Hamburg.
Alheit, P./Dausien, B. (2002): Bildungsprozesse über die Lebensspanne und Lebenslanges Lernen. In: Tippelt, R. (Hrsg.): Handbuch Bildungsforschung. Opladen, S. 565 – 587.
Allmendinger, J./Aisenbrey, S. (2002): Soziologische Bildungsforschung. In: Tippelt, R. (Hrsg.), Handbuch Bildungsforschung, Opladen, S. 41-60.
Arbeitsstab Forum Bildung (Hrsg.) (2002): Empfehlungen und Einzelergebnisse des Forum Bildung. Bonn.
Avenarius H./Ditton, H. u.a. (2003): Bildungsbericht für Deutschland. Erste Befunde. Opladen.
Barz, H./Tippelt, R. (Hrsg.) (2004): Weiterbildung und soziale Milieus in Deutschland. Band 1 und 2, Bielefeld.
Barz, H./ Tippelt, R. (1999²): Lebenswelt, Lebenslage, Lebensstil und Erwachsenenbildung. In: Tippelt, R. (Hrsg.): Handbuch Erwachsenenbildung/Weiterbildung. Opladen, S. 121-144.
Baumert, J. (Hrsg.) (2003): Pisa und die Konsequenzen für die erziehungswissenschaftliche Forschung. In: Zeitschrift für Erziehungswissenschaft: Beiheft; 2003. Opladen.
Baumert, J. u.a. (Hrsg.) (2000): Pisa 2000: Basiskompetenzen von Schülerinnen und Schülern im internationalen Vergleich / Deutsches PISA-Konsortium. Opladen.
Baumert, J./Lehmann, R. u.a. (1997): TIMSS – Mathematisch-naturwissenschaftlicher Unterricht im internationalen Vergleich. Opladen.
Baumert, J./Eigler, G./Ingenkamp, K./Macke, G./Steinert, G./Weishaupt, H. (1992): Zum Status der empirisch-analytischen Pädagogik in der deutschen Erziehungswissenschaft. In: Ingenkamp, K./Jäger, R.S./Petillon, H./Wolf, R. (Hrsg.): Empirische Pädagogik 1970-1990, Bd. I. Weinheim, S. 1-90.
Becker, R./Lauterbach, W. (2004): Bildung als Privileg? Erklärungen und Befunde zu den Ursachen der Bildungsungleichheit. Wiesbaden.
Bos, W. (Hrsg.) (2003): Erste Ergebnisse aus IGLU: Schülerleistungen am Ende der vierten Jahrgangsstufe im internationalen Vergleich. München.
Bos, W./Postlewaithe, T.N. (2002): Möglichkeiten, Grenzen und Perspektiven internationaler Schulleistungsforschung. In: Tippelt, R. (Hrsg.): Handbuch Bildungsforschung. Opladen, S. 241-261.
Bourdieu, P. (1982): Die feinen Unterschiede. Kritik der gesellschaftlichen Urteilkraft. Frankfurt a.M.
Brüggemann, A./Bromme, R. (2006): Anwendungsorientierte Grundlagenforschung in der Psychologie: Sicherung von Qualität und Chancen in den Beurteilungs- und Entscheidungsprozessen der DFG. Psychologische Rundschau, 57 (1), S. 112-116.
Bundesministerium für Bildung und Forschung (BMBF) (2005): Längsschnittstudien für die Bildungsberichterstattung – Beispiele aus Europa und Nordamerika. Bonn.
Bundesministerium für Bildung und Forschung (2001): BMBF-Aktionsprogramm „Lebensbegleitendes Lernen für alle". Bonn.
Bund-Länder-Kommision für Bildungsplanung und Forschungsförderung (2005): Jahresbericht der Bund-Länder-Kommision für Bildungsplanung und Forschungsförderung.

Bronfenbrenner, U. (1994): Ecological models in human development. In: Husen, T./Postlewaithe, T.N. (Ed.): The International Encyclopedia of education, Vol. 3, New York, p. 1643-1647.
Bühler, C. (1921): Das Seelenleben des Jugendlichen. Jena.
Bynner, J./Schuller, T./Feinstein, L. (2003): Wider benefits of education: skills, higher education and civic engagement. In: Zeitschrift für Pädagogik, 49, 3, S. 341-361.
Cicourel, A. (1974): Methode und Messung in der Soziologie. Frankfurt a. M.
Denzin, N.K. (1978): The Research Act: A Theoretical Introduction to Sociological Methods. McGraw-Hill.
Deutscher Bildungsrat (1974): Empfehlungen der Bildungskommission. Zur Neuordnung der Sekundarstufe II. Konzept für eine Verbindung von allgemeinem und beruflichem Lernen. Stuttgart.
Dewey, J. (1955): Theory of valuation. Chicago.
Dewey, J. (1997): Democracy and Education. An Introduction to the Philosphy of Education. [Originally published 1916] New York.
Ditton, H. (1998): Mehrebenenanalyse. Grundlagen und Anwendungen des Hierarchisch Linealen Modells. Weinheim, München.
Ditton, H./Krüsken, H./Schauenberg, M. (2005): Bildungsungleichheit – der Beitrag von Familie und Schule. In: Zeitschrift für Erziehungswissenschaft, Vol. 8, Nr. 2, S. 285-304.
Dohmen, G. (1997): Selbstgesteuertes lebenslanges Lernen. Bonn.
Durkheim, E. (1988): Über soziale Arbeitsteilung. Frankfurt a.M.
Durkheim, E. (1922): Erziehung und Soziologie. (1972). Düsseldorf.
Ehrenspeck, Y. (2002): Philosophische Bildungsforschung: Bildungstheorie. In: Tippelt, R. (Hrsg.): Handbuch Bildungsforschung. Opladen, S. 141-154.
Engelhardt, V. (1926): Die Bildungsinteressen in den einzelnen Berufen. Volkshochschule Groß-Berlin. Frankfurt a.M.
Feinstein, L./Hammond, C./Woods, L./Preston, J./Bynner, J. (2003): The Contribution of Adult Learning to Health and Social Capital. The Centre for Research on the Wider Benefits of Learning, London: Institute of Education.
Fend, H. (2006): Neue Theorie der Schule. Einführung in das Verstehen von Bildungssystemen. Wiesbaden.
Fend, H. (2001): Qualität im Bildungswesen: Schulforschung zu Systembedingungen, Schulprofilen und Lehrerleistung. Weinheim, München.
Fend, H. (1990): Bilanz der empirischen Bildungsforschung. In: Zeitschrift für Pädagogik, 36 (5), S. 687-709.
Fend, H. (1988): Sozialgeschichte des Aufwachsens. Bedingungen des Aufwachsens und Jugendgestalten im zwanzigsten Jahrhundert. Frankfurt a.M.
Fend, H. (1974): Gesellschaftliche Bedingungen schulischer Sozialisation, Weinheim.
Fischer, A. (1914): Deskriptive Pädagogik. In: Oppolzer, S. (Hrsg.): Denkformen und Forschungsmethoden der Erziehungswissenschaft, Bd. 1. München 1966, S. 83-99.
Fischer, A. (1921): Erziehung als Beruf. In: Kreitmair, K. (Hrsg.) (1950): Aloys Fischer. Leben und Werk. Bd. 2. München, S. 31-71.
Fischer, F./Waibel, M./Wecker, C. (2005): Nutzerorientierte Grundlagenforschung im Bildungsbereich. Argumente einer internationalen Diskussion. In: Zeitschrift für Erziehungswissenschaft, 8 (3), S. 428-442.
Flick, U. (1992): Entzauberung der Intuition: Systematische Perspektiven-Triangulation als Strategie der Geltungsbegründung qualitativer Daten und Interpretationen. In: Hoffmeyer-Zlotnik, J.H.P. (Hrsg.): Analyse verbaler Daten. Opladen, S. 11-55.
Freter, H.J./Hollstein, B./Werle, M. (1991): Integration qualitativer und quantitativer Verfahrensweisen – Methodologie und Forschungspraxis. In: ZUMA-Nachrichten, Nr. 29, November 1991, S. 98-114.

Friedeburg, L. v. (1989): Bildungsreform in Deutschland. Geschichte und gesellschaftlicher Widerspruch. Frankfurt a.M.
Gerstenmaier, J./Mandl, H. (2006): Bildung und Lernen in der Tradition von Kerschensteiner und Dewey. In: Tippelt, R. (Hrsg.): Zur Tradition der Pädagogik an der LMU München. Georg Kerschensteiner: Biographische, bildungs-, erziehungs- und lehrtheoretische Aspekte. München, S. 21-27.
Gerstenmaier, J/Mandl, H. (2005): Konstruktivistische Ansätze in der Erwachsenenbildung und Weiterbildung. In: Tippelt, R. (Hrsg.): Handbuch Erwachsenenbildung, Weiterbildung. Wiesbaden, S.184-192.
Gerstenmaier, J./Mandl, H. (1995): Wissenserwerb unter konstruktivistischer Perspektive. In: Zeitschrift für Pädagogik, 41 (6), S. 867-888.
Göhlich, M./Hopf, C./Sausele, I. (2005): Pädagogische Organisationsforschung. Wiesbaden.
Ingenkamp, K./Jäger, R.S./Petillon, H./Wolf, B. (Hrsg.) (1992): Empirische Pädagogik von 1970-1990. Eine Bestandsaufnahme der Forschung in der Bundesrepublik Deutschland. Bd. I u. II. Weinheim.
Jahoda, M./Lazarsfeld, P.F./Zeisel, H. (1933): Die Arbeitslosen von Marienthal. Ein soziographischer Versuch, 1975, Frankfurt a.M.
Joas, Hans (2002): Wertevermittlung in einer fragmentierten Gesellschaft. In: Die politische Meinung, 47, S. 69-78.
Kerschensteiner, G. (1906, 1968): Der pädagogische Begriff der Arbeit. In: Kerschensteiner, G.: Ausgewählte pädagogische Schriften. Texte zum pädagogischen Begriff der Arbeit und zur Arbeitsschule (Bd. II). Paderborn, S. 46-62.
Klieme, E. u.a. (2003): Expertise zur Entwicklung nationaler Bildungsstandards, BMBF. Bonn.
Kraft, S. (Hrsg.) (2002): Selbstgesteuertes Lernen in der Weiterbildung. Hohengehren.
Krüger, H.-H./Grunert, C. (Hrsg.) (2002): Handbuch Kindheits- und Jugendforschung. Opladen.
Konsortium Bildungsberichterstattung (2006): Bildung in Deutschland. Ein indikatorengestützter Bericht mit einer Analyse zu Bildung und Migration. Bielefeld.
Lamnek, S. (1988): Qualitative Sozialforschung (Bd.1: Methodologie). München, Weinheim.
Lenzen, D./Luhmann, N. (Hrsg.) (1997): Bildung und Weiterbildung im Erziehungssystem. Lebenslauf und Humanontogenese als Medium und Form. Frankfurt a.M.
Luhmann, N./Schorr, K.-E. (1979): Reflexionsprobleme im Erziehungssystem. Stuttgart.
Mayer, K.U. (1990): Lebensverläufe und sozialer Wandel. Anmerkungen zu einem Forschungsprogramm. In: Mayer, K.U. (Hrsg): Lebensverläufe und sozialer Wandel. Kölner Zeitschrift für Soziologie und Sozialpsychologie, Sonderheft 31. Opladen, S. 7-21.
Merkens, H/Kraul, M./Tippelt, R. (Hrsg.) (2006): Datenreport Erziehungswissenschaft 2006. Wiesbaden.
Merkens, H. (Hrsg.) (2004): Evaluation in der Erziehungswissenschaft. Wiesbaden.
Nuissl, E. u.a. (2006): Regionale Bildungsnetzwerke. Ergebnisse zur Halbzeit des Programms „Lernende Regionen – Förderung von Netzwerken". Bielefeld.
OECD (2006): Education at a Glance. Paris.
OECD-CERI (2006): Review of Educational Research and Development in Switzerland. Paris.
Popper, K.R. (1972): Logik der Forschung. Tübingen.
Prenzel, M./Heidemeier, H./Walter, O. u.a. (2006): PISA 2003-Kompetenzen von Jungen und Mädchen mit Migrationshintergrund in Deutschland. Ein Problem ungenutzter Potentiale?. In: Unterrichtswissenschaft, 34, 2, S. 146-169.
Radermacher, L. (1932): Zur Sozialpsychologie des Volkshochschulhörers. In: Zeitschrift für angewandte Psychologie, Bd. 43, S. 461-486.

Reich, J./Tippelt, R (2005): Soziale Milieus als Instrument des Zielgruppenmarketings in der Weiterbildung. In: Bildungsforschung, Jahrgang 2, Ausgabe 2, URL: http://www.bildungsforschung.org/Archiv/2005-01/milieus/

Reinmann-Rothmeier, G./Mandl, H. (1997): Ansätze zur Förderung des Wissenserwerbs. In: Klix, F./Spada, H. (Hrsg.): Enzyklopädie der Psychologie. Bd. 6, Wissen. Göttingen. S. 457-500.

Renkl, A. (1996): Träges Wissen: Wenn Erlerntes nicht genutzt wird. In: Psychologische Rundschau, S. 78-92.

Roth, H. (1962): Die realistische Wendung in der pädagogischen Forschung. In: H. Roth: Erziehungswissenschaft, Erziehungsfeld und Lehrerbildung. Gesammelte Abhandlungen 1957-1967. Hannover 1967, S. 113-126.

Schleiermacher, F. (1983): Pädagogische Schriften I. Hrsg. v. E. Weniger. Frankfurt a. M.

Schmidt, B./Tippelt, R. (2005): Besser Lehren – Neues von der Hochschuldidaktik? In: Teichler, U./Tippelt, R. (Hrsg.), Zeitschrift für Pädagogik (ZfPäd), Hochschullandschaft im Wandel, 50. Beiheft, S. 103-115.

Schütz, A./Parsons T. (1977): Zur Theorie sozialen Handelns. Frankfurt a.M.

Timmermann, D. u.a. (2004): Expertengruppe: Finanzierung Lebenslangen Lernens, BMBF. Bonn.

Tippelt, R. (2006): Bildung und Handeln. Möglichkeiten der empirischen Bildungsforschung, Kommission Bildungs- und Erziehungsphilosophie der DGfE (Hrsg.): Bildungsphilosophie und Bildungsforschung. Dortmund.

Tippelt, R. (1998): Zum Verhältnis von Allgemeiner Pädagogik und empirischer Bildungsforschung. In: Zeitschrift für Erziehungswissenschaft. Heft 2, S. 239-260.

Tippelt, R. (1990): Bildung und sozialer Wandel. Eine Untersuchung von Modernisierungsprozessen am Beispiel der Bundesrepublik Deutschland seit 1950. Weinheim.

Tippelt, R./Hippel, A. v. (2005): Weiterbildung: Chancenausgleich und soziale Heterogenität. In: Aus Politik und Zeitgeschichte (APuZ), 37, S. 38-45.

Tippelt, R. (Hrsg.) (2004): Aloys Fischer: Allgemeiner Pädagoge und Pionier der Bildungsforschung (1880 – 1937), Zur Tradition der Pädagogik an der LMU München. München.

Tippelt, R. (Hrsg.) (2002): Handbuch Bildungsforschung. Opladen.

Tippelt, R./Rauschenbach, T./Weishaupt, H. (Hrsg.) (2004): Datenreport Erziehungswissenschaft 2004. DGfE. Wiesbaden.

Vester, M. (2006): Die geteilte Bildungsexpansion – die sozialen Milieus und das segregierende Bildungssystem der Bundesrepublik Deutschland. In: Rehberg, K.-S. (Hrsg.): Soziale Ungleichheit, kulturelle Unterschiede. Verhandlungen des 32. Kongresses der Deutschen Gesellschaft für Soziologie in München. Bd. 1 und 2. Frankfurt a.M., S. 73-89.

Vogel, P. (1998): Stichwort: Allgemeine Pädagogik. In: Zeitschrift für Erziehungswissenschaft. Heft 2, S. 157-180.

Walper, S./Tippelt, R. (2002): Methoden und Ergebnisse der quantitativen Kindheits- und Jugendforschung. In: Krüger, H.-H./Grunert, C. (Hrsg.): Handbuch Kindheits- und Jugendforschung. Opladen. S. 189-224.

Weber, M. (1973): Gesammelte Aufsätze zur Wissenschaftslehre, hrsg. v. J. Winckelmann. Tübingen.

Weishaupt, H./Steinert, B./Baumert, J. (1991): Bildungsforschung in der Bundesrepublik Deutschland. Situationsanalyse und Dokumentation. Hrsg. v. Bundesministerium für Bildung und Wissenschaft. Schriftenreihe Studien zu Bildung und Wissenschaft. Bd. 98. Bonn.

Wigger, L. (2004): Bildungstheorie und Bildungsforschung in der Gegenwart. In: Vierteljahresschrift für Wissenschaftliche Pädagogik, Heft 4, S. 478–493.

Wilson, T.P. (1982): Qualitative "oder" quantitative Methoden in der Sozialforschung. In: Kölner Zeitschrift für Soziologie und Sozialpsychologie, Jg. 34, S. 487-508.

WINFRIED BÖHM

Kapitel 3: Philosophische Orientierung

I. Vorbemerkung

Dass in einem Handbuchartikel nicht die ganze Tiefe des Problems von *Philosophie und Pädagogik* ausgeschöpft werden kann, liegt auf der Hand. Dafür ist die Frage nach der philosophischen Orientierung der Pädagogik, erst recht die Frage nach deren Notwendigkeit und Unerlässlichkeit, sowohl historisch als auch systematisch viel zu aspektreich und komplex. Zudem birgt sie die Gefahr in sich, vorschnell auf eine bestimmte Philosophie zu rekurrieren und den Gedankengang weniger kritisch als dogmatisch und am Ende gar ideologisch werden zu lassen. Was im Folgenden geboten werden kann, ist die Vergegenwärtigung einiger zentraler Gesichtspunkte und der Anstoß zu eigenem Weiterdenken und selbständigem Weiterstudium – musikalisch gesprochen: nicht ein ausgeführter Sonatensatz, sondern eine Suite oder ein *tema con variazioni*. Dass sich das hier Gesagte nur im Umkreis des abendländischen Denkens bewegt und eine interkulturelle Perspektive bewusst auslässt, liegt nicht an der Willkür des Verfassers, sondern an der Ausrichtung des gesamten Handbuches.

II. Die traditionelle Verwobenheit von Philosophie und Pädagogik

Es erscheint trivial, mit der Feststellung zu beginnen, dass sich das pädagogische Denken im Horizont der okzidentalen Philosophie (im Englischen würde man an dieser Stelle von der „Western Philosophy" sprechen) artikuliert hat und dass die Pädagogik aus dem Schoße dieser Philosophie hervorgegangen ist. Das besagt in einer Hinsicht wenig, insofern die Pädagogik dieses Schicksal mit vielen anderen Wissenschaften teilt, und in einer anderen Hinsicht viel, insofern sich die Pädagogik als eine der wenigen Wissenschaften bis heute nicht von der Philosophie emanzipiert hat, auch nicht in der Gestalt der Erziehungswissenschaft (Tenorth 2004). Wer eine seriöse Einführung in die Pädagogik oder ein maßgebliches Lehrbuch der Allgemeinen Pädagogik zur Hand nimmt, wird dort bis heute in aller Regel mehr über Philosophie lesen, als er vermutlich erwartet hatte. (Diesen Eindruck kann allein schon der Blick in das Personenregister solcher Bücher vermitteln.) Es erscheint höchst bemerkenswert, dass selbst Maurice Debesse und Gaston Mialaret – ohne Zweifel die weltweit einflussreichsten Matadoren für eine Auflösung der traditionellen Pädagogik in einen Kranz von Erziehungswissenschaften („sciences de l'éducation") in ihrem *Traité des sciences pédagogiques* (sic!) von 1969 rund ein Drittel der Einführung dem „recourir à la philosophie" widmen (Debesse/Mialaret 1969). Und im angelsächsischen Sprachraum wird das, was hierzulande Allgemeine Pädagogik heißt, ausdrücklich als *Philosophy of Education* bezeichnet, und einschlägige Lehrbücher tragen dort Titel wie *Philosophical Foundations of Education* (Ozmon/Craver 2003[7]) oder einfach *Philosophy of Education* (Noddings 1995).

Vielleicht mag Amélie Oksenberg Rorty's Meinung etwas überhöht klingen, wenn sie gleich in der Kopfthese zu ihrem Buch *Philosophers on Education* schreibt: „Philosophers have always intended to transform the way we see and think, act and interact; they have always taken themselves to be the ultimate educators of mankind. [...] Even »pure« philosophy – metaphysics and logics – is implicitly pedagogical. It is meant to correct myopia of the past and the immediate." (Rorty 1998, S. 1) Aber es kann wohl – historisch wie systematisch gesehen – kein Zweifel an der innigen Verwobenheit von Philosophie und Pädagogik aufkommen, so lange diese nicht in der Weise simplifiziert wird, dass Pädagogik zur „angewandten Philosophie" zusammenschrumpft – eine Gefahr, der alle ideologischen Pädagogiken erliegen müssen und vor der auch andere Positionen – wie z.B. fichteanische oder neukantianische – nicht verschont geblieben sind (Blankertz 1959, Frischeisen-Köhler 1962^2, Schmied-Kowarzik/Benner 1969).

Im Hinblick auf die besondere Situation der Pädagogik als Wissenschaft kommt noch ein anderer Gesichtspunkt ins Spiel. Ihre Etablierung als Wissenschaft verdankt die Pädagogik, wie es übrigens bei vielen anderen Kulturwissenschaften ganz ähnlich der Fall war, in herausragender Weise ihrer eigenen Geschichtsschreibung. Die Pädagogik entstand in dem Augenblick als eigene Wissenschaftsdisziplin, als Theologen und Pädagogen wie August Hermann Niemeyer (1754-1828) und Friedrich Heinrich Christian Schwarz (1766-1837) aus dem verstreuten und bis dahin weitgehend unbekannten historischen Material eine *Geschichte* (wohlgemerkt: im Singular!) konstruierten, die bei Rousseau und Locke begann und über Comenius, Ratke und die Bildungsphilosophen der Renaissance schließlich bis in die griechische Antike zu Aristoteles, Platon, Sokrates und den Sophisten zurückreichte. Zugespitzt lässt sich sagen: Die akademische Disziplin Pädagogik konstituierte sich gegen Ende des 18. und anfangs des 19. Jahrhunderts durch ihre eigene Geschichtsschreibung, und zwar durch den Fortschritt von einer Sammlung beliebiger empirischer Schul-, Erziehungs- und Fallgeschichten (oftmals auch nur Geschichtchen) zu einer *Geschichte der Pädagogik*. Und die genannten Namen lassen unschwer erkennen, dass es sich bei dieser Konstruktion um eine sehr stark an der Philosophiegeschichte orientierte Deutung und Sinngebung handelte. Jedenfalls hat die pädagogische Geschichtsschreibung in hohem Maße dazu beigetragen, dass sich die „Pädagogik" – dieser dem griechischen *paideia* nachgeformte Name hat sich hierzulande um 1770 eingebürgert – bis in die allerjüngste Gegenwart als eine sehr stark mit der Philosophie verbundene Wissenschaft verstanden hat (Böhm 2002). Zu Recht ist oft beklagt worden, dass die pädagogische Geschichtsschreibung – von Außenseitern wie Rudolf Lochner abgesehen (1963) – empirische Wissenschaftspositionen und Ansätze zu einer Erziehungswissenschaft eher stiefmütterlich behandelt oder einfach ausgeklammert hat.

Die gesamte abendländische Denkgeschichte zeugt von diesem Ineinandergreifen von Philosophie und Pädagogik, das seinerseits die Entstehung einer eigenen (Sub-)Disziplin Pädagogik innerhalb der Philosophie bis zum Ende des 18. Jahrhunderts überflüssig gemacht hat (Hügli 1999). Sokrates gilt bis heute als einer der größten Erzieher der Menschheit; Platons Buch über den Staat hat Rousseau mit guten Gründen als das beste Buch bezeichnet, das je über Erziehung geschrieben wurde; Augustinus hat nicht nur das erste Buch über den Lehrer verfasst, sondern – wie mit ihm nahezu alle patristischen Autoren und die großen Theologen des Mittelalters – sich als Interpreten des göttlichen Lehrers gesehen; der Renaissance-Humanismus – sowohl in Italien als auch nördlich der Alpen – hat sich selbst im Wesentlichen als eine Philosophie der Bildung verstanden (Böhm 2007²).

Die epochemachenden Erkenntnistheorien – gewiss jene von Descartes, Vico, Bacon und Locke – schlossen ausdrücklich die Intention ein, Lernen und Unterricht zu verbessern. Die meisten Ethiken – mit Gewissheit jene von Aristoteles, Hume, Rousseau und Kant – hatten auch eine Erneuerung der sittlichen Erziehung im Blick (Koch 2003). Viele Theorien der politischen Philosophie – sicherlich jene von Machiavelli, Hobbes, Mill und Marx – hatten nicht nur eine Veränderung der gesellschaftlichen Institutionen im Sinn, sondern auch die Erziehung eines neuen Menschen. Die großen metaphysischen Systeme – z.B. jene von Leibniz, Spinoza und Hegel – sind mit guten Gründen immer wieder auch als große und umfassende Bildungstheorien gelesen und ausgelegt worden. Bei alledem ist aber an ein Wort des italienischen Erziehungsphilosophen Giuseppe Flores d`Arcais zu erinnern, das er im Hinblick auf den Neoidealismus Giovanni Gentiles in Italien, aber auch in kritischer Absetzung von Paul Natorp gesprochen hat: „Dass alle wahre Philosophie pädagogisch werden will, ist etwas anderes, als wenn die ganze Pädagogik Philosophie werden soll." (Flores d`Arcais/Xodo 1998, S. 104)

Wenn wir uns nicht einem geschichtslosen Denken ausliefern wollen, dann müssen wir uns *nolens volens* als die Erben einer rund 2500jährigen Geschichte sehen, und diese Geschichte hat sich tief und dauerhaft in unsere Überzeugungen und Begriffe eingegraben. Diese Geschichte vergessen oder gar leugnen zu wollen, wäre geradezu töricht; hier wiegt wohl Hegels Wort aus einem Schreiben an Friedrich von Raumer weit schwerer, „dass ein Gedanke nicht anders gelernt werden kann als dadurch, dass er selbst gedacht wird." (Hegel 1949, S. 321) In unseren Tagen hat Theodor Ballauff den nämlichen Zusammenhang ganz ähnlich formuliert: „Denken und Geschichte gehören unaufhebbar zueinander. Nur dort wird gedacht, wo man den geschichtlichen Ausmaßen des Denkens nachkommt, mit anderen Worten: wo man die Gedanken der Denker mitdenkt und so vielleicht eines Tages mit neuer Einsicht bedacht wird." (Ballauff 1966, S. 10)

Nicht überhören darf man dabei den Plural; nur *einem* Denker (oder nur *einer* Denkrichtung) zu folgen und von dort der philosophischen Weisheit letzten Schluss zu erwarten, würde den Horizont nicht weiten, sondern erbärmlich einengen und das eigene Denken jämmerlich abschließen. Und genauso wenig darf man sich diese Geschichte als die chronologische Abfolge von Theorien und Denkgebäuden vorstellen, bei der eine Theorie die andere ablöst (im Sinne des aus der Rennfahrersprache entlehnten „Überholens") und ein Denkgebäude das andere niederreißt, wie es eine erziehungswissenschaftlich verballhornte Version von Thomas S. Kuhns *Structure of Scientific Revolutions* (Kuhn 1976²) nahe legen könnte. Vielmehr ist die abendländische Geistesgeschichte als eine Akkumulation oder – bildhaft gesprochen – als ein großer Schmelztiegel zu betrachten, deren Totalität erst die spannungsreich-gegensätzliche, bisweilen auch widersprüchliche Einheit der europäisch-westlichen Kultur ausmacht. Die verzweigten christlichen Wurzeln Europas ausreißen zu wollen, wäre dabei genauso absurd, wie wenn man die antike Tradition (und ihre diversen Renaissancen) ausräumen oder die Errungenschaften der einzelnen Aufklärungen preisgeben würde.

III. Vereinzelnde Humanwissenschaften vs. globalisierende Philosophie

Dass wir beim Zugang zur philosophischen Orientierung sehr rasch auf das Thema Denken gekommen sind, ist nicht zufällig, denn Philosophie hat es in erster Linie mit Denken zu tun; und nicht nur im Hinblick auf die Pädagogik, sondern auch für die anderen Wissenschaften gilt, dass die Frage nach der spezifischen Eigenart ihres Denkens und damit auch nach dem Wissenschaftscharakter der betreffenden Disziplinen vordringlich eine philosophische Frage darstellt.

Und von daher erschient es wichtig, sich klar zu machen, dass philosophische Orientierung der Pädagogik nicht heißen kann, sich einer bestimmten Philosophie – handle es sich um den Platonismus, den Thomismus, den Herbartianismus, den Marxismus, den Pragmatismus, den Neukantianismus, den Konstruktivismus oder welchen auch immer – bedingungslos anzuschließen, sondern schlichtweg dies: *philosophisch zu denken* (Berlinger 1965; Koch 2002). Hier wird die Unterscheidung zwischen *System* und *systematisch* virulent. Nicht sich einer zum System erstarrten Philosophie zu ergeben, heißt „sich philosophisch zu orientieren", sondern systematisch (und nicht bloß rhapsodisch) zu denken und partikuläre Standpunkte zu überschreiten. Die Pädagogik ebenso wenig wie der individuelle Pädagoge kann sich der Philosophie als eines Leihhauses bedienen, aus dem man sich vermeintliche Sicherheiten und angebliche Letztbegründungen – gemäß dem mittelalterlichen „autor dixit" – nach Belieben erborgt. Gewiss lässt sich die Versuchung nicht leicht in den Wind schlagen, welche Theorien immer dann überkommt, wenn sie praktisch werden wollen. Sie unterliegen dann, wie Jürgen Oelkers geistvoll formuliert hat, einem „Positionszwang" (Oelkers 2002, S. 49). Provisorische und fallible Theorien können nicht ein konkretes Handeln rechtfertigen, sondern taugen nur zur Kritik und als Anregung zu eigenem Nachprüfen und Nachdenken (Suchodolski 1960); andererseits haben How-to-do-Bücher und wohlfeile Praxisratgeber

Hier scheint ein uraltes Kernproblem schon der mittelalterlichen Philosophie auf: die Unterscheidung zwischen der *fides quae creditur* und der *fides qua creditur*. Während die erste einen Glauben meint, der zu einem Korpus dogmatischer Sätze geronnen ist, deren unbezweifelbare Gewissheit von einer Autorität verbürgt wird, hebt die zweite auf den Glauben als einen Akt ab, den der einzelne in eigener Wahl und Entscheidung zu vollziehen hat und der immer ein Wagnis und Risiko einschließt.

Giuseppe Catalfamo hat – gesetzt das unstreitige Grundbedürfnis der Pädagogik nach philosophischer Orientierung – auf sehr anschauliche Weise zwischen der Philosophie als einem zu starrer Form *kristallisierten System* und dem Philosophieren als einem *lebendigen Akt* unterschieden; die erste hat er als Ideologie bezeichnet und nur der zweiten den Titel einer Philosophie zugebilligt. Während es der geschlossenen Ideologie um sichere Antworten geht und sie kritische Fragen scheut wie der Teufel den Belzebub, artikuliert sich offenes Philosophieren in kritischen Fragen und ist sich seiner Historizität und Relativität ebenso bewusst wie seiner Vorläufigkeit und Unbeendbarkeit (Barylko 1997). Die Ideologie entzieht sich der Dialektik von Theorie und Praxis; sie verläuft eindimensional nur in einer Richtung und führt zwangsläufig zu einem entfremdeten und instrumentalisierten Denken.

Es lohnt sich, diese eigenwillige und gleichwohl erhellende Kontraposition von Ideologie (als kristallisierter Philosophie) und Philosophie (als lebendigem Akt) ausführlicher als üblich zu zitieren: „Das Undialektische der Ideologie, d.h. ihre Nichtumkehrbarkeit, zieht ihren statischen Charakter nach sich, der dann in einer *stricto sensu* logischen Weise ihre Abstraktheit ausmacht, d.h. jenen fehlenden Kontakt mit der Bewegung des Denkens und mit seiner Tendenz, sich getreu an die geschichtliche Wirklichkeit zu halten, welche beständig Beugung und Veränderung ist. Daraus folgt unausbleiblich, dass die Ideologie eine große Vorliebe für definitive Endgültigkeit und erschöpfende Umfassendheit hat und sich auf den Dogmatismus desjenigen stützt, der sie behauptet, sei dies ein Individuum oder eine soziale Gruppe. Daher kommt es auch, dass die Ideologie in der Regel in blindem Glauben bekannt und gelebt und somit von einer Art religiösen Gefühls gespeist wird. Als solche aber ist sie der Nährboden von Intoleranz, Aberglauben und Fanatismus.

Die Form echten philosophischen Denkens zeigt dagegen einen völlig anderen Charakter. Dieses Denken qua kritisches Denken erkennt seine Vorläufigkeit und Unabschließbarkeit grundsätzlich an; der Akt, dem es entspringt, ist nicht blinder Glaube, sondern bewusste Anerkennung, belebt und angetrieben von der Liebe zum Wissen, von der Leidenschaft des Forschens, vom Drang nach Erkenntnis, und diese verlangen unablässig nach überzeugendem Beweis, kritischer Überprüfung, kompromissloser Verifizierung, und sie zwingen das Denken, seine Ergebnisse zur Diskussion zu stellen und jede vorschnelle Gewissheit in Zweifel zu ziehen. Darin besteht ja gerade der *kritische* Charakter des philosophischen Denkens, dass es keine endgültigen Wahrheiten gibt, die der Diskussion entfliehen und sich der Konfrontation mit der Wirklichkeit, die sich fortwährend bewegt und verändert, entheben könnten." (Catalfamo 1984, S. 20f.)

Immer wieder ist gerade in Hinsicht auf die Einzelwissenschaften, insonderheit die sog. positiven Tatsachenwissenschaften vom Menschen, aufgezeigt worden, dass diese – und nur diesen Anspruch können sie in der Regel auch erheben – über das komplexe Phänomen von Erziehung und Bildung immer nur aus ihrer je besonderen und eingegrenzten Perspektive etwas aussagen können, dagegen keine von ihnen in der Lage ist, eine umfassende Erziehungs- und Bildungstheorie aufzustellen, die für die gesamte erzieherische Praxis tragfähig wäre. Raffaele Laporta, einer der international prominenten Pioniere einer modernen Erziehungswissenschaft, hat unter dieser Rücksicht von einer doppelten Begrenzung gesprochen: „Wann immer die positiven Humanwissenschaften sich an das Studium der Erziehung begeben, erfahren sie ihre Grenze auf zweifache Weise. Wenn sie ihre Forschungsergebnisse in Form von festgestellten Daten über eine in ihrer Dauer und Regelhaftigkeit beschriebene Wirklichkeit darbieten, können sie es gar nicht anders tun als aus der spezifischen und partiellen Perspektive eben dieser Wissenschaft; ihre Daten reproduzieren also notwendigerweise die Partialität und Spezifizität der jeweiligen Disziplin, und sie können auf keinen Fall eine *globale* Voraussage über die Wahlen und Entscheidungen gewährleisten, welche eine Person in ihrer Ganzheit und Komplexität in der auf sie zukommenden Realität zu treffen hat. Von daher rührt die Waghalsigkeit aller didaktischen Bemühungen, ohne eine umfassende Interpretation der Person einzelne Aspekte und Segmente des erzieherischen Handels lösen und anleiten zu wollen." (Laporta 1975, S. 18) Zum anderen erweisen sich die positiven Humanwissenschaften als inadäquat, wenn sie aufgrund ihrer empirischen Einzeldaten ein vollständiges und umfassendes Bild der menschlichen Person in ihrer Vieldeutigkeit und mit allen ihren Möglichkeiten und Ansprüchen zeichnen und dieses auch noch in den historisch-gesellschaftlichen Kontext stellen wollen. „Diese Aufgabe (oft genug unnötigerweise von der Psychologie und von der Soziologie in Anspruch genommen) käme allenfalls der politischen und der Moralphilosophie zu." (Ebd., S. 19)

So nimmt es nicht wunder, wenn die menschliche Person aus einer streng empirischen Erziehungswissenschaft verschwindet bzw. dort zur numerischen Versuchsperson ausgedünnt wird. (Hopfner 2006, S. 131-142) In einer für diesen Zusammenhang sehr aufschlussreichen Untersuchung wurde kürzlich anhand der mit dem menschlichen Personsein unlösbar verbundenen pädagogischen Liebe auf exemplarische Weise gezeigt, dass dieses pädagogische Deutungsmuster im Zuge der Auslagerung der Erziehung aus der Familie (von Pestalozzi) „erfunden" wird, um der drohenden Anonymität und Entpersönlichung in einem soziogen-öffentlichen Bildungswesen zu wehren. Ihre „Blütezeit" erlebt sie in der Geisteswissenschaftlichen Pädagogik (während der ersten Hälfte des 20. Jahrhunderts) bei deren Bemühen, den Wissenschaftscharakter der Pädagogik diesseits von einer Erziehungstechnologie zu bestimmen und den berufsmäßigen Erziehern und Lehrern einen semi-professionellen Status zuzuweisen. Die pädagogische Liebe „verschwindet" und findet keinen Platz mehr in einer empirischen Erziehungswissenschaft, der es primär um ihren sozialwissenschaftlichen Nimbus geht, die dem Phantom der Vollprofessionalisierung nachhängt und an einem vermeintlichen Technologiedefizit leidet (Seichter 2007).

Angesichts einer verwirrenden Überfülle von einzelwissenschaftlichen Befunden über die Erziehung stellt sich heute ebenso hartnäckig das Problem ihrer Integration zu einem geordneten Ganzen, wie dieses bereits den Gründungsvätern einer wissenschaftlichen Pädagogik – Kant, Herbart, Schleiermacher, Graser und vielen anderen – in Gestalt einer chaotischen und massenhaften Ansammlung von singulären erzieherischen Erfahrungen entgegengetreten war. Diesen, wie Schleiermacher pointiert formulierte, „tumultuarischen Haufen" zu einem sinnvollen Ganzen zu ordnen, welches dann seinerseits eine ordnende Sinngebung zu leisten vermöchte, ist seit eh und je der Philosophie zugedacht worden, genauer ihrer Fähigkeit zu globaler Reflexion im Gegensatz zu der stets punktuellen (und oft genug zufälligen) Erfahrung und der projektbezogenen Einzelforschung. Jürgen Oelkers hat diesen Sachverhalt präzise bezeichnet: „Empirische Forschung bestätigt keine Systeme, wie noch die Reformpädagogik angenommen hat, sondern arbeitet punktuell und projektförmig. Sehr viele Themen werden nie bearbeitet, aber viele Bearbeitungen werden auch vergessen und bleiben ungenutzt; allein aus diesem Grunde ist eine globalisierende normative Reflexion unverzichtbar." Und Oelkers hat, wohl aus aktuellem Anlass, hinzugefügt: „Der Themenstrom der Psychologie ist dafür kein Ersatz; dies um so weniger, als die Popularisierung von Psychologie immer *normativ* verfährt und so pädagogische Reflexion substituiert." (Oelkers 2002, S. 62)

Noch bemerkenswerter als diese Feststellung von Oelkers mag in unserem Zusammenhang erscheinen, dass ausgerechnet Debesse und Mialaret, mit deren Namen – wie gesagt – das Programm einer Atomisierung der Pädagogik zu einer Vielzahl von Erziehungswissenschaften auf das engste verbunden ist, diese synthetische Funktion der Philosophie nachdrücklich (wieder) unterstreichen. In ihrem bereits zitierten *Traité des sciences pédagogiques* heißt es dazu geradezu kategorisch: „La philosophie est apte à donner à l'éducation la caractère de totalité cohérente qui lui manquerait si elle relevait seulement des sciences humaines." (Debesse/Mialaret 1969, S. 87; siehe dazu auch Charbonnel 1988)

Diese seltsame Verbindung von empirischer Einzelforschung und globalisierender normierender Reflexion macht den eigenartigen „Mischcharakter" der Pädagogik aus, den bereits ihre Gründungsväter mit aller Deutlichkeit erkannt und bestimmt haben und den Francis Bacon in seinem *Novum Organum* von 1620 schon vorweggenommen hatte, als er von der empirischen Ameise sprach, die gedankenlos Daten zusammenträgt, von der scholastischen Spinne, die aus sich selbst heraus ein Netz spinnt, und beide der vorbildhaften Biene gegenüberstellte, die „ihren Stoff sammelt, ihn dann aber durch eigene Kraft verarbeitet." (Zit. nach Burke 2000, S. 26)

Als sich am Ende des 18. Jahrhunderts Kant, Herbart, Schleiermacher und andere der Herausforderung einer neuen Wissenschaft gegenüber sahen, war ihnen klar bewusst, dass sich diese gleichermaßen von bloßer Erfahrung wie von purer Spekulation fernhalten und ihr Herzstück gerade in deren Vermittlung finden müsste (Fuchs/Schönherr 2007). Dieser spezifische Mischcharakter der Pädagogik – man denke dabei beispielsweise an das Ineinander von Idee und Experiment (bei Kant), das Oszillieren zwischen Spekulation und Empirie (bei Schleiermacher) und die Vermittlung von Theorie und Praxis im Modell des pädagogischen Takts (bei Herbart) – ist keineswegs, wie Unkundige gelegentlich meinen, erst eine Erfindung der Geisteswissenschaftlichen Pädagogik im 20. Jahrhundert, sondern er charakterisiert die neue Wissenschaft von ihrem Beginn an und von Grund auf. Richtig ist freilich, dass die Geisteswissenschaftliche Pädagogik an diese Ausgangslage ausdrücklich zurückerinnern musste, nachdem sich im 19. Jahrhundert eine verhängnisvolle (und heute sich neu abzeichnende) Spaltung der Pädagogik in eine rein theoretische (sich damals an eine bestimmte Philosophie und heute an sozialwissenschaftliche Doktrinen anbindende) Universitätspädagogik und eine erklärtermaßen theoriefeindliche Lehrerbildungspädagogik (oft als „Seminarpädagogik" bezeichnet) eingestellt hatte. Der Neuanfang der Geisteswissenschaftlichen Pädagogik – im Lichte Schleiermachers und in unmittelbarer Anknüpfung an Wilhelm Dilthey – bedeutete aus dieser Sicht eine Rückkehr zum Ausgangsproblem der Pädagogik als Wissenschaft, und von daher erklären sich auch die bevorzugten Themen dieser in Deutschland lange Zeit prädominierenden und auch heute keineswegs ausgestorbenen Schulrichtung: die zentrale Stellung des Theorie-Praxis-Problems (eine klärende Theorie um einer besonneneren Praxis willen), der Ausgang des pädagogischen Denkens von der Erziehungswirklichkeit, die grundsätzliche Erörterung des erzieherischen Verhältnisses, das Verständnis der Pädagogik als primär einer Allgemeinen Pädagogik (unbeschadet ihrer wachsenden Ausdifferenzierungen) und schließlich die prinzipielle Geschichtlichkeit von Erziehung und Pädagogik (Brinkmann/Harth-Peter 1997).

Liest man aus heutiger Distanz die einschlägigen Schriften (vgl. dazu u.a. Frischeisen-Köhler 1962^2, Spranger 1973, Flitner 1989), sind die Parallelen zur Ausgangslage der Pädagogik vor rund 200 Jahren mit Händen zu greifen. Flitners inzwischen klassisch gewordener Text hat Ende der 1950er Jahre die ungesicherte Stellung der Pädagogik im Kreise der universitären Wissenschaften damit erklärt, dass der (von ihm in Anschlag gebrachte) *hermeneutisch-pragmatische Wissenschaftscharakter* der Pädagogik und damit das den empirischen und spekulativen Ansatzpunkt verbindende „dritte Verfahren noch nicht hinreichend verstanden wird, so dass die pädagogische Forschung immer wieder in die bloße Tatsachenforschung nach der einen, oder in eine normative Pädagogik in Abhängigkeit von Theologie oder Philosophie nach der anderen Seite abgleitet." (Flitner 1989, S. 333f.) Dass Flitner mit seiner Interpretation der Pädagogik als einer „réflexion engagée", d.h. einer Reflexion am Standort der Verantwortung, sehr eng an Schleiermacher anknüpfte, ist m.E. nie richtig zur Kenntnis genommen worden.

IV. Zwei idealtypische Modelle

An dieser Stelle erscheint es angebracht, zwei klassische Begründungsmodelle der Pädagogik zu vergegenwärtigen, die beide das Verhältnis von Pädagogik und Philosophie unterschiedlich, dabei aber auf geradezu idealtypische Weise zu lösen versuchen. Für Johann Friedrich Herbart (1776-1841) wie für Friedrich Daniel Ernst Schleiermacher (1768-1834) entfaltet sich die Pädagogik als eigenständige Wissenschaft aufgrund eines interdisziplinären Gesprächs von zumindest zwei Grundwissenschaften. Für Herbart sind das Ethik und Psychologie, für Schleiermacher Ethik und Politik. Die Wahl dieser beiden Säulen, auf denen das Gebäude errichtet werden soll, zeichnet bereits die Struktur der neuen Wissenschaft vor, und diese erweist sich höchst folgenreich.

Herbart entwickelt seine Ethik in der Auseinandersetzung mit dem ethischen Formalismus Kants und strebt eine dezidiert inhaltliche Ethik an, die er auf absolut gültige und zeitlos anerkannte Geschmacksurteile – seine „praktischen Ideen" – gründet. So wie die Musiktheorie die harmonischen Verhältnisse der Töne zu bestimmen hat, soll nach Herbart die Ethik die Relation der Willensverhältnisse bestimmen. Für unseren Zusammenhang ist allein wichtig, dass diese Geschmacksurteile nicht dem geschichtlichen Wandel unterworfen sind, so dass Herbarts Ethik als eine statische verstanden werden kann: Innere Freiheit, Vollkommenheit, Wohlwollen, Recht, Billigkeit (oder Vergeltung) sind die für Herbart ein für allemal feststehenden praktischen Ideen und damit ein gültiges Maß für die Erziehung.

Schleiermacher entwickelt dagegen jene Ethik, die er für die Grundlegung der Pädagogik heranzieht, unter dem Einfluss des Platonismus und des romantischen (polaren) Denkens, nicht im Sinne einer statisch-inhaltlichen Ethik, sondern als eine dynamische Kulturphilosophie und Geschichtsmetaphysik. In seinen berühmten Pädagogik-Vorlesungen aus dem Jahre 1826 (Schleiermacher 2000) lehnt er eine Bindung der Pädagogik an ein bestimmtes ethisches System ausdrücklich ab, einmal, weil es ein solches allgemein anerkanntes System nicht gibt und wohl auch gar nicht geben kann, und zum anderen, weil sich Pädagogik in einem solchen Falle darauf reduzieren würde, lediglich „Lemmata" aus jenem System zu ziehen, wodurch sie unweigerlich in einem vorkritischen Stadium festgehalten würde.

Noch aufschlussreicher als diese unterschiedliche Auffassung von Ethik ist bei Herbart und Schleiermacher die Wahl der zweiten Grundwissenschaft. Für Herbart, der aufgrund seiner statisch-ungeschichtlichen Ethik von einem in den Aussagen über die notwendigen Zwecke des Menschen fixierten und gesicherten Zielwissen ausgeht, tritt neben diese Ethik folgerichtig eine mechanistische Psychologie als Wissenschaft von den Mitteln und Wegen, die Herbart zu seiner Zeit allerdings noch als die dunkle Seite der Pädagogik bezeichnet, weshalb viele Erzieher ob dieses Dunkels gar nicht merkten, dass sie auf einem Instrument spielen, dem die Saiten fehlen. Während er dem Idealismus und insbesondere Kant „das Verkennen des psychologischen Mechanismus" (sic!) vorwirft, verficht Herbart entschieden das Programm einer streng mechanistischen Psychologie *more mathematico,* welche sich auf die Frage zu konzentrieren hätte, „wie denn wohl diejenigen Vorstellungsmassen, die er [scil.: der Lehrer] durch seinen Unterricht dem Zöglinge beibringt, es anfangen mögen, bis in die Sitten, bis in den Willen, bis in das Ich des Zöglings einzuwirken, unter welchen Bedingungen dieser geforderte Erfolg eintreten oder ausbleiben würde." (Herbart 1962, S. 56)

Schleiermachers Kulturphilosophie, die im Kern eigentlich eine welt- und zeitumspannende Geschichtsmetaphysik darstellt, verzichtet bewusst darauf, Ziele inhaltlich zu bestimmen und bringt statt dessen die Idee des höchsten Gutes als regulatives Prinzip sittlichen Handelns in Anschlag und führt konsequenterweise zur Wahl der Politik als zweiten Bezugspunkt. Erziehung wird vom Generationenverhältnis her gedacht und in den gesellschaftlich-geschichtlichen Zusammenhang gestellt, und Pädagogik wird von Grund auf als die Theorie eines gesellschaftlich-geschichtlichen *Handelns* (Praxis) begriffen.

Die Konsequenzen, sie sich aus diesen unterschiedlichen Ansätzen im Hinblick auf unser Problem ergeben, liegen auf der Hand. Für Herbart besteht die Pädagogik als Wissenschaft aus zwei deutlich voneinander geschiedenen Teilen. Damit ist eine Entwicklung vorgezeichnet, welche die Pädagogik später tatsächlich auch genommen hat: Das Auseinanderdriften einer „normativen Pädagogik" (theologischer, wertphilosophischer, neukantianischer und dann auch ideologischer, politischer und ökonomischer Provenienz) auf der einen Seite und einer rein „empirischen Erziehungswissenschaft" auf der anderen Seite. Je nachdem, wie weit sich beide voneinander entfernen, was bisweilen sogar zum Aufkommen einer unseligen „Zweiweltentheorie" führt, erscheint für die strengen Empiriker am Ende nur noch das als wissenschaftlich, was mit naturwissenschaftlichen Kriterien erfasst werden kann. Die Entscheidung über Sinn- und Zielfragen wird in den Vorhof der Wissenschaft verwiesen, fremden Instanzen überlassen oder gar nur dem Alltagsverstand anheimgegeben.

Für Schleiermacher lässt sich diese dichotomische Struktur der Pädagogik übersteigen durch die Anerkenntnis ihres *grundsätzlich dialektischen Charakters.* (Vgl. dazu Fuchs 1998) Analog dem politischen Handeln stellt jede pädagogische Entscheidung immer nur die Anwendung eines spekulativen Prinzips (der Idee des höchsten Gutes) auf bestimmte gegebene Verhältnisse dar. Pädagogik als Wissenschaft und das erzieherische Handeln haben sich permanent sowohl jenes spekulativen Prinzips als auch jener gegebenen Verhältnisse zu vergewissern, und sie „oszillieren" deshalb immerfort zwischen Spekulation und Empirie. Dieses Pendeln meint dabei etwas völlig anderes als die technologische Anwendung sicherer Mittel zum Erreichen vorgegebener und als solche gar nicht mehr in Frage stehender Zwecke. Die Idee des höchsten Gutes als regulatives Prinzip von Politik und Pädagogik meint auch nicht ein diesen Praxen teleologisch innewohnendes Entwicklungsgesetz. Es geht vielmehr um die weit grundsätzlichere (philosophische) Frage nach der Unterscheidung von Grund, Anlass und Bedingungen des menschlichen Handelns im Allgemeinen und des erzieherischen im Besonderen.

Dass sich menschliches Handeln und Erziehung immer in bestimmten Situationen vollziehen, und dass diese Situationen stets durch (historische, räumliche, politische, kulturelle, gesellschaftliche, psychologische etc.) *Bedingungen* begrenzt sind, gehört zur *conditio humana*. Dass die *Ursache* des menschlichen Handelns nicht in diesen Bedingungen aufgeht, wird einerseits daraus deutlich, dass der Mensch sich gegen diese Beschränkungen zur Wehr setzen und Bedingungen seiner Situation auch ändern und überschreiten kann, und dies wird andererseits auch notwendig, wenn menschlichem Handeln seine eigentümliche Qualität zukommen soll: sittliche Verbindlichkeit. Erziehung kann weder an die Stelle dieser *Selbstursächlichkeit* der menschlichen Freiheit treten, noch kann sie die Gegebenheit limitierender Bedingungen einfach ignorieren. Sie tritt quasi zwischen Grund und Bedingungen, oszilliert zwischen ihnen und setzt sich zum Ziel, *Anlass* zu geben für selbstbestimmtes, verantwortliches, freies und mündiges Handeln unter gegebenen Umständen – trotz ihrer und, wenn nötig, auch gegen sie.

Das Herbartsche Modell ist vielfältiger Kritik unterzogen worden; dennoch ist es bis heute auf irritierende Weise wirksam geblieben und schickt sich an, in der empirischen Bildungsforschung erneut Karriere zu machen (auch wenn deren Protagonisten das möglicherweise gar nicht immer bewusst sein mag). Aus neukantianischer Sicht hat Paul Natorp Herbart vorgeworfen, er habe nicht die ganze Philosophie herangezogen, sondern sich illegitimerweise nur auf die Ethik beschränkt. Dagegen müssten bei der Bestimmung der Ziele auch die anderen Normwissenschaften, insbesondere Logik und Ästhetik, berücksichtigt werden (Natorp 1964, S. 156ff.). Viel radikaler ist die Kritik Giovanni Gentiles ausgefallen, der Herbart dort reine Künstelei unterstellte, wo er es unternahm, Ethik und Psychologie im Begriff der Pädagogik eklektisch zu vereinen. Der Entwurf dieser neuen Wissenschaft konnte nicht gelingen wegen der Unkorrektheit des Begriffs des Praktischen, der ihm zugrunde lag: „die Vereinigung, die wahre Einheit von Psychologie und Ethik kann, wenn man die beiden Wissenschaften wie Herbart konzipiert, die eine nämlich als außerhalb der anderen, die eine als die Wissenschaft der reinen psychischen Kausalität, die andere als jene der Zwecke, aus dem einfachen Grund nicht möglich sein, weil diese Psychologie ihre Ethik in sich hat und mit jener Ethik unvereinbar ist, mit der sie sich pädagogisch vereinen müsste; dasselbe lässt sich analog für die Ethik sagen." (Zit. nach Böhm/Flores d`Arcais 1979, S. 45)

Die Kritik der Geisteswissenschaftlichen Pädagogik hat sich *grosso modo* darauf konzentriert, die bedenklichen Konsequenzen des Herbartschen Modells aufzudecken. Eduard Spranger hat vor allem den technomorphen Charakter dieses Modells angeprangert: „Das Muster für diese Auffassung hat offenbar die auf der Mechanik beruhende Technik geliefert. Eine Maschine gehorcht dem Gesetz des rein mechanisch-kausalen Ablaufs; und doch steht dieser Ablauf zugleich im Dienst bestimmter Zwecke, die ihr anderswoher, gleichsam von außen gesetzt sind. So fasst Herbart die Seele als einen Vorstellungsmechanismus auf, den der Erzieher nach seinen Zwecken zu lenken und zu gestalten weiß." (Spranger 1973, S. 223) Max Frischeisen-Köhler hat besonders auf die bei Herbart implizierte Dichotomie hingewiesen und vor der Gefahr einer Separierung von zwecksetzender Ethik und mittelliefernder Psychologie gewarnt, denn die Eigenentwicklung der einen würde zu einer rein normativen Pädagogik (als bloße Wissenschaft von den Zielen und Zwecken) und die von dieser abgesonderte Weiterentwicklung der technologischen Psychologie (als einer reinen Wissenschaft von den Mitteln) zu einer Kausalwissenschaft nach dem Muster einer schon von John Stuart Mill entworfenen naturwissenschaftlichen „Ethologie" (Verhaltensforschung) führen. Höchst aktuell mögen seine Einwände von 1917 klingen: „Die Erziehungswissenschaft, die sich nicht auf enge Teilgebiete der Forschung beschränken will, weil sie sich nicht darauf beschränken kann, wird die Idee des Zweckes mit aufnehmen müssen und so aus einer vorgeblichen Kausalwissenschaft in eine teleologische Wissenschaft sich wandeln. Ob und wie weit eine solche Erziehungslehre den Anspruch darauf erheben kann, empirische Wissenschaft zu bleiben, wird davon abhängen, ob und wie weit sie Ziele der Erziehung, deren förmliche Anerkennung den methodischen Ausgangspunkt ihrer Forschung bildet auf empirischem Wege festzustellen in der Lage ist." (Frischeisen-Köhler 1962[2], S. 46) Dass in einer dergestaltigen „Kontrollpädagogik" (siehe dazu ausführlich Hügli 1999) an die Stelle einer zwecksetzenden Ethik heute längst andere normgebende Instanzen getreten sind, ist nicht zu verkennen. So kann die begehrte Erziehungstechnologie sowohl von der Politik als auch von der Wirtschaft in Dienst genommen und damit bildungsfremden Kalkülen unterworfen werden (Schmied-Kowarzik 2001).

Dem Schleiermacherschen Modell einer „Autonomiepädagogik" (siehe wiederum Hügli 1999) war weniger Glück als Herbart beschieden. Im 19. Jahrhundert blieb es weitgehend unbekannt, und erst die Geisteswissenschaftliche Pädagogik hat es promulgiert und umzusetzen begonnen. Obwohl es bis heute wissenschaftstheoretisch zu überzeugen vermag, scheint es politisch und erziehungspraktisch die Gunst des breiten Publikums nicht gewinnen zu können. Sowohl den Politikern und Ökonomen, die die Welt planen und alle Kontingenzen ausradieren wollen, als auch den praktischen Erziehern, die nach konkreten Anleitungen und nach wissenschaftlich verbürgter Sicherheit verlangen, kommt das technomorphe Modell Herbarts mehr entgegen. Dagegen wurde im Hinblick auf das Schleiermachersche Modell die Vermutung angedeutet, es appelliere zu stark an die Autonomie der menschlichen Person und überfordere damit Politiker, Planer und Praktiker, denn bei Schleiermacher sei in mindestens dreifacher Hinsicht von Person die Rede, „zum einen von der freitätigen, Empirie und Spekulation, Sein und Denken in eins fassenden, selbstverantwortlich handelnden Person des Erziehers, zum anderen von der durch freies, vernünftiges, weltschöpferisches Handeln ihre individuelle Eigentümlichkeit kreativ ausgestaltenden Person des Zöglings und schließlich vom Akt der Erziehung als eines prinzipiell dialogischen, das heißt durch Beispiele und Argumente überzeugenden interpersonalen Vollzuges." (Fuchs 1997, S. 236)

V. Das Angebot der Person

„Mit Pädagogik haben wir es nur dann zu tun, wenn eine Antwort auf die Frage nach Sinn und Maß der Bildung gegeben wird." (Ballauff 1966, S. 9) Wenn man die Geschichte der abendländischen Erziehung daraufhin befragt, woher sie im Laufe der Jahrhunderte Sinn und Maß der Bildung geschöpft hat, dann wird man nicht leugnen können, dass die *regula mundi et hominis* ganz überwiegend außerhalb des Menschen gesucht wurde, und zwar in einer jeweils als *objektiv gegeben* hingenommenen Ordnung (zuerst dem Kosmos, dann der Schöpfungsordnung und schließlich der Natur- und Vernunftordnung). Stellt man parallel dazu die Frage, worin denn der *Inbegriff unserer abendländischen Kulturtradition* zu sehen sei, dann erscheint der dabei unumgängliche Verweis auf die *Würde der menschlichen Person* der ersten Antwort konträr entgegen zu stehen. In der Tat scheint eine Bildung, die das Maß im Menschen selbst aufsucht, erst die Errungenschaft einer geschichtlich späten Epoche zu sein. In entscheidender Weise hat dazu der moderne Personalismus beigetragen.

Wer es unternimmt, von Personalismus zu sprechen, sollte sich freilich bewusst sein, dass er einen problematischen Begriff gebraucht. Auch wenn Emmanuel Mounier 1936 ein *Manifeste au service du personnalisme* (dt. Das personalistische Manifest) verfasst und 1949 eine konzise Darstellung seines Denkens unter dem Titel *Le personnalisme* veröffentlicht hat, sind sich alle Denker, die seinen Spuren folgen, mehr oder weniger des inneren Widerspruchs bewusst, der in dem Begriff angelegt ist. Kann die Rede von der menschlichen Person zu einem –Ismus erstarren oder gar zu einer Doktrin versteinern? Allen –Ismen haftet der Geruch der Ideologie an. Jean Lacroix hat die als Personalismus bezeichnete Denkbewegung in apologetischer Absicht ausdrücklich als eine „Anti-Ideologie" dargestellt (Lacroix 1972). Und Giuseppe Flores d'Arcais ist nicht müde geworden, immer wieder zu betonen, dass er, statt den Begriff des Personalismus zu verwenden, lieber von einer „Theorie der Person" gesprochen hätte (Flores d'Arcais 1991).

Wir sind hier an jener Fermate unserer Überlegungen angelangt, wo es geraten erscheint, die These dieses Beitrags mit aller gehörigen Klarheit auszusprechen. Sie lautet: In Hinsicht auf die dialektische Struktur pädagogischen Denkens und erzieherischen Handelns bietet sich die Besinnung auf ein Verständnis des Menschen als *Person* als ein geeigneter und plausibler archimedischer Punkt für die Sinn- und Zielorientierung des Pädagogischen an, zumal in einer Zeit, in der – angesichts des Unbehagens an der Moderne und eingedenk der postmodernen Beliebigkeiten – andere und in der Vergangenheit leuchtkräftige Richtpunkte verblasst sind. Mounier selbst hat in einer seiner letzten Ansprachen rückblickend eingeräumt: „Das Wort Personalismus, das wir später oft gebraucht haben, haben wir zu Beginn wenig angewandt. Wir sprachen oft von der Person, aber wir sündigten noch nicht mit –Ismen." (Böhm 1997)

Es ist gewiss das unbestreitbare Verdienst des *modernen Personalismus*, mit aller Deutlichkeit auf den fundamentalen Unterschied zwischen dem menschlichen *Individuum* unter der Rücksicht seiner faktischen (natürlichen und soziokulturellen) Bedingungen und der menschlichen *Person* als dem Prinzip ihrer selbst, mithin auf die Person als den eigentlichen Grund von Bildung und Erziehung hingewiesen zu haben (Siehe dazu Maritain 1966).

Das Adjektiv „modern" deutet unmissverständlich darauf hin, dass es Vorläufer, ja sogar eine lange Vorgeschichte des personalistischen Denkens gibt, und in seiner *Introduction aux existentialismes* (dt. Einführung in die Existenzphilosophien, Mounier 1949) hat Mounier diese Genealogie nicht nur beschrieben, sondern auch in der Zeichnung eines Stammbaums anschaulich gemacht. Als Mounier 1936 eine erste grobe Charakterisierung versuchte, konnte er schreiben: „Unter Personalismus verstehen wir jede Lehre und jede Kultur, die den Vorrang der Person des Menschen vor den materiellen Bedürfnissen und gesellschaftlichen Einrichtungen vertritt, die ihre Entwicklung bestimmen. Wir fassen unter der Idee des Personalismus jene zusammenlaufenden Bestrebungen zusammen, die heute ihren Weg jenseits des Faschismus, des Kommunismus und der verfallenden bürgerlichen Welt suchen." (Mounier 1936, S. 7) Nach Paul Ricoeur gilt dieses Programm auch heute noch: Der Personalismus will in der Zurückweisung aller den Menschen verdinglichenden Tendenzen den unverlierbaren Eigenwert der menschlichen Person hervorheben und diese als fundierende Idee pädagogischen, aber auch politischen, sozialen, wirtschaftlichen und ethischen Denkens und Handelns anbieten (Ricoeur 2002, S.17-35).

Diese Wesensbestimmung des Menschen als Person ist nicht nur ein allgemeiner Begriff, unter den der einzelne Mensch als dessen beliebiger Gattungsfall subsumiert werden könnte. Vielmehr gilt, dass jedem Menschen dieses Personseins ausnahmslos und d.h. jedem einzelnen Menschen diese Wesensbestimmung des Personseins zukommt, mithin jeder einzelne Mensch seinen (endlichen) Grund in sich trägt. Er ist nicht Teil eines Ganzen oder Fall eines Allgemeinen, so dass mit einer Wesensbestimmung des Menschen (Suchodolski 1960) die einzelne konkrete Person aufgehoben und am Ende auf Hegels „Golgatha der Individuen" aufgeopfert und hingerichtet werden müsste. Am Ende seiner Phänomenologie des Geistes spricht Hegel von der Schädelstätte des absoluten Geistes, auf der die einzelnen Individuen aufgeopfert und hingerichtet werden müssen, weil sie im Hinblick auf die Selbstverwirklichung des absoluten Geistes allenfalls in den Rang eines Mittels gehören.

Vielmehr erscheint es als angemessener, davon zu sprechen, dass der einzelne Mensch der Idee gegenüber eine einmalige und unersetzliche, qualitative Verwirklichungsform darstellt. Das Personsein ist sowohl allgemein, weil es jedem *Menschen* zukommt, zugleich aber streng individuell, weil es *jedem* Menschen eignet.

Unter pädagogischer Rücksicht heißt das, dass das Kind nicht erst durch den Erzieher zu einer Person gemacht werden kann; das Kind ist von Anbeginn an als Person zu achten, ihm kommt die gleiche Würde zu, wie jedem anderen Menschen auch. Weder ist also die Person von außen gleichsam einsetzbar, noch kann die personale Würde erst als Ergebnis einer durch Diskurs gewonnenen Konvention begriffen werden. Auch ist die personale Würde nicht abhängig von irgendeiner Funktion, die der einzelne erfüllt. Sie gründet vielmehr im Charakter des Menschen als Person, und „die Unabhängigkeit der Person hängt daran, dass es keinem Menschen zukommt, darüber zu befinden, ob ein anderer Mensch die fundamentalen Merkmale von Personalität besitzt oder nicht. Menschenrechte hängen daran, dass niemand befugt ist, den Kreis derer zu definieren, denen sie zukommen oder nicht zukommen. Das bedeutet, dass sie, obwohl in der Personalität des Menschen begründet, doch jedem Wesen zuerkannt werden müssen, das von Menschen abstammt, und dies vom ersten Augenblick seiner rein naturalen Existenz an, ohne dass irgendwelche zusätzlichen inhaltlichen Kriterien eingeführt werden dürften." (Spaemann 1987, S. 37)

Es ist aber das Personsein des Menschen noch nicht ausreichend beschrieben, wenn wir davon sprechen, dass jeder einzelne Mensch seiner Wesensnatur nach wahrhaftig Person sei. Diese Aussage muss ergänzt werden durch das, was die menschliche Person im eigentlichen Sinne von allen anderen „Substanzen", z.B. Pflanzen oder Tieren, unterscheidet und was wir als die „Subjektivität" der menschlichen Person bezeichnen. Wenn wir von dieser Subjektivität des Menschen sprechen, dann meinen wir nicht jene faule Subjektivität, die sich auf ein bloßes Gefühl, die bloße Meinung oder gar abwertend das Nicht-Objektive und daher Minderwertige verdünnt. Anders als in den Naturwissenschaften bezeichnete das „Subjektive" ursprünglich das in sich selbst stehende Sein, auf welches hin das „Objektive" relativ bezogen war. Das Subjekt steht zunächst in sich selbst, während das Objekt nur ein solches ist, insofern es in Bezug auf dieses als abhängig gedacht wird (siehe Arendt 1994, S. 54ff.). Erst die Naturwissenschaften haben dieses Verhältnis umgepolt, indem sie uns glauben machten, die Objekte seien gleichsam selbständig und müssten dementsprechend subjektunabhängig betrachtet werden. Wenn wir also von der Person als Subjekt reden, dann bedeutet das keinesfalls eine Ab-, sondern gerade eine Aufwertung des Menschen, denn allein der Mensch als Person ist Subjekt.

Diese Subjektivität aber können wir als dialogisch-reflexive Verfasstheit des Menschen begreifen oder, wie Rudolph Berlinger trefflich zu sagen pflegte, als die „triadische Architektur der Person" qua *reflexives Denken*, Fähigkeit zur *sprachlichen Kundgabe* und Möglichkeit *freitätigen Handelns* (Berlinger 1988).

Im Gegensatz zu jedem natürlichen Wachstum und zu einer missverständlichen Auffassung der Selbstverwirklichung als eines biologisch-psychologischen Ausfaltungsprozesses muss die Person als eine *denkende Selbstverwirklichung* begriffen werden, die gerade nicht ihre Bedürfnisse auslebt, sondern diese kritisch zu beurteilen und zu sondieren weiß (vgl. dazu Zdarzil 1982, S. 152-165). Während beim Tier der Trieb selbst schon die eigentliche Verhaltenssteuerungsinstanz ist, hat der Mensch die Möglichkeit, von seinen Trieben und Neigungen einen denkend-reflexiven Abstand zu gewinnen, der ihm allererst eine angemessene Umsicht erlaubt. Denkender Abstand ermöglicht auch Humor, und deshalb ist allein der Mensch als Person ein lachendes Wesen, d.h. ein Wesen, das von sich selbst Abstand zu gewinnen und sich kritisch zu betrachten vermag.

Dieses Abstandgewinnen wäre aber unmöglich, besäße der Mensch nicht die Sprache. Vieles, was sich am Menschen seiner biologischen Ausstattung nach feststellen lässt, kann als eine Fortsetzung und Weiterentwicklung seiner Tierheit angesehen werden. Selbst der vitale Ausdruck, der Schrei des Hungers oder der Schrei der Lust kann natürliche Auslöser haben. Allein die Sprache und das in Sprache sich vollziehende Abstandnehmen und Entscheiden ermöglicht es dem Menschen, sich aus seiner Animalität zu erheben, indem er nämlich nicht nur seine natürlichen Zustände ausdrücken, sondern diese reflexiv in verobjektivierten Satzstrukturen darzustellen vermag. Der Mensch ist das Wesen, welches über sich selbst sprechen, welches sich selbst interpretieren und somit welthafte Verhalte fassen kann. In der Sprache interpretiert sich der Mensch selbst und die ihn umgebende Welt; in der Sprache vollzieht der Mensch deshalb *Weltstiftung* und weist sich selbst seine Stellung im Ganzen zu. Die menschliche Sprache ist nicht nur eine Fortsetzung des tierischen Dranges nach Lebensbewältigung, wie der sprachphilosophische Pragmatismus glauben machen will; sie ist vielmehr zentrales Moment der menschlichen Sinnstiftung, die über jedes unmittelbare Bedürfnis weit hinausreicht.

Weil der Mensch in der sprachlichen Reflexivität von seinen unmittelbaren Neigungen und Trieben Abstand gewinnen kann, deshalb ist er in der Sprache immer schon jeder natürlichen Determiniertheit entzogen, findet er sich vielmehr im Abstand von sich selbst in einem Zustand, in welchem er aus *freier Entscheidung handeln* kann. In der Sphäre der Person gibt es keine äußerliche Kausalität, kein bloßes Reagieren auf äußere Impulse, sondern nur spontanes Setzen eigener Ursächlichkeit. Personales Handeln ist daher *zielstrebig, intentional* und *wertgerichtet.* Im Sinne von Hannah Arendt könnte man sagen, dass sich der Mensch als Handelnder als *initium* erlebt; er ergreift Initiative, richtet sich intentional auf selbst gesetzte Ziele und erscheint, idealiter betrachtet, am Ende als der Autor seiner eigenen Sinn- und Lebensgeschichte (Arendt 1981).

Wann immer Emmanuel Mounier das Wesen der menschlichen Person zu erklären versucht hat, hat er auf den Begriff der Berufung zurückgegriffen und damit jene Berufung gemeint, das, was der Mensch seiner Wesensnatur nach *ist*, auch freitätig zu *werden* – nämlich denkende, sprechende und frei verantwortlich handelnde Person. Dabei meint diese Berufung zu immer mehr Vernunft, sprachlicher Kommunikation und Freiheit nicht etwas inhaltlich Festgelegtes oder Vorgeschriebenes bzw. etwas ein für allemal Ausgemachtes. Sie erschließt sich vielmehr immer nur Schritt für Schritt, indem der Mensch mit seinen vielfältigen Möglichkeiten „spielt", indem er seinen Wahlen und Entscheidungen eine bestimmte Richtung gibt, indem er sich selbst treu bleibt und seine personale Identität über allen Wechsel der Verhältnisse und Zeitläufe hinweg offenbart.

Damit ist gemeint, dass nur der Mensch, insofern er Person *ist*, auch zugleich Person *werden* kann, indem er nämlich das, was er seiner Wesensnatur nach ist, auch im tatsächlichen Hier und Jetzt und d.h. unter den einschränkenden Bedingungen von faktischem Raum und gegebener Zeit zu aktuieren bereit ist. Wenn wir also vom Menschen als Person sprechen, dann richtet sich das auf jene dynamische Spannung, die zwischen dem Ich besteht, das ich bin, und der Verwirklichung meiner Berufung, die ich werden soll.

Der Mensch wird Person, indem er seine Einmaligkeit, die er immer schon ist, auch faktisch so ausgestaltet, dass er sich am Ende als *Verfasser seiner eigenen Identitätserzählung* betätigt und bestätigt. Menschliche Selbsterkenntnis, in welcher sich der Mensch seiner demiurgischen und selbstgestalterischen Kräfte bewusst wird, einerseits und die verantwortete Selbstgestaltung des Menschen vermittels der Gestaltung der Welt andererseits bilden die Grundpolarität des personalen Werdens.

Nicht Kultur, sondern Welt ist daher der Ort, an welchem die Person ihrer Berufung nachzukommen hat. Während sich der Mensch als naturales Wesen *entwickelt*, während er als gesellschaftlicher Rollenspieler *sozialisiert* wird, vollzieht sich die Aktuierung, d.h. die *Bildung der Person* immer im Horizont von Welt. Welt wird durch Bildung zum Ursprung unserer Berufung, und wiederum ist es Schleiermacher, der diesen Gedanken, freilich im Geiste des Neuhumanismus seiner Zeit, auf beinahe klassische Weise gefasst hat: „Und war mein Tun darauf gerichtet, die Menschheit in mir zu bestimmen, in irgendeiner endlichen Gestalt und festen Zügen sie darzustellen und *so selbstwerdend Welt zugleich zu bilden*, indem ich der Gemeinschaft freier Geister ein eigenes und freies Handeln darbot: es bleibt dasselbe dem darauf gewandten Blick, ob nun unmittelbar etwas daraus entstand, das gleich mir selbst als Welt begegnet, ob mein Handeln gleich dem Handeln eines andern sich verband, ob nicht. Mein Tun war doch nicht leer, bin ich nur in mir selbst bestimmter und eigener geworden, so hab` ich durch mein Werden auch Welt gebildet." (Schleiermacher 1911, S. 411)

Wenn wir an dieser Stelle auf die knappste Formel bringen wollen, inwieweit eine an der Person orientierte und damit eine *sit venia verbo* „personalistische" Pädagogik eine auf Prinzipien gegründete, vor- und nachdenkende praktische Theorie genannt werden kann, so lässt sich Folgendes resümieren: Es dürfte außer jedem Zweifel stehen, dass das wesentliche *Prinzip* der Pädagogik die *Person* sein muss, wenn es denn Bildung und Erziehung – in allen ihren speziellen Sonderdisziplinen und in allen besonderen Einzeltätigkeiten – mit frei entscheidenden und selbstverantwortlichen, mündigen bzw. mit zu Vernunft, Freiheit und sprachlicher Kundgabe berufenen Subjekten zu tun haben (im Hinblick auf die Schule vgl. dazu Weigand 2004, passim). Daher hat eine personalistische Pädagogik immer und immer wieder darauf hingewiesen, dass die Person das *primum* und damit das Allgemeine eines jeden pädagogischen Diskurses sein muss. Indem die Pädagogik nach der Person unter der Rücksicht ihrer Bildung und Erziehung fragt, und insofern der wissenschaftliche Pädagoge als Mensch und Person anthropologisch-ethische und wissenschaftstheoretische Positionen auf ihren Wahrheitsgehalt und ihre Beziehung zur menschlichen Person kritisch prüft, kommt es nicht zu einer um ihre philosophische Begründung beraubten und um den teleologischen (d.h. die Ziele betreffenden) Diskurs betrogenen „Erziehungswissenschaft", sondern notwendig zu einem konstruktiven Dialog zwischen Philosophie und Pädagogik, und die Pädagogik entgeht auf diese Weise der immer wiederkehrenden Gefahr, zum Büttel und Handlanger einer vorgegebenen Weltanschauung, einer dogmatisch ausgebreiteten Ideologie oder neuerdings der Ökonomie und des Marktes degradiert zu werden. Die sich als Praxis vollziehende Bildung der Person, die sich an dieser Praxis orientierende Erziehung und die Pädagogik als praktische Wissenschaft haben die Person aber nicht als in sich geschlossenes logisches Konstrukt zum Prinzip, sondern als eine dynamische Wirklichkeit, die in der Spannung von Selbsterkenntnis und Selbstgestaltung ihren eigenen Lebenssinn und Lebensweg frei entwerfen und immer wieder neu realisieren muss und daher niemals endgültig „definiert" werden kann.

Literatur:

Arendt, H. (1981): Vita activa oder Vom tätigen Leben. München.
Arendt, H. (1994): Zwischen Vergangenheit und Zukunft. München.
Barylko, J. (1997): La Filosofía. Una invitación a pensar. Buenos Aires.
Ballauff, Th. (1966): Philosophische Begründungen der Pädagogik. Berlin.
Berlinger, R. (1965): Vom Anfang des Philosophierens. Frankfurt a.M.
Berlinger, R. (1988): Die Weltnatur des Menschen. Amsterdam.
Blankertz, H. (1959): Der Begriff der Pädagogik im Neukantianismus. Weinheim.
Böhm, W. (1997): Entwürfe zu einer Pädagogik der Person. Bad Heilbrunn.
Böhm, W. (Hrsg.) (2002): Pädagogik – wozu und für wen? Stuttgart.
Böhm, W. (2005^{16}): Wörterbuch der Pädagogik. Stuttgart.
Böhm, W. (2007^2): Geschichte der Pädagogik. München.
Böhm, W./Flores d`Arcais, G. (1979): Die italienische Pädagogik im 20. Jahrhundert. Stuttgart.
Brinkmann, W./Harth-Peter, W. (Hrsg.) (1997): Freiheit – Geschichte – Vernunft. Grundlinien geisteswissenschaftlicher Pädagogik. Würzburg.
Burke, P. (2000): Papier und Marktgeschrei. Berlin.
Catalfamo, G. (1984): Ideologie und Erziehung, dt. Würzburg.
Charbonnel, N. (1988): Pour une critique de la Raison éducative. Bern.
Debesse, M./Mialaret, G. (1969): Traité des sciences pédagogiques. Paris.
Eykmann, W./Böhm, W. (Hrsg.) (2006): Die Person als Maß von Politik und Pädagogik. Würzburg.
Flitner, W. (1989): Das Selbstverständnis der Erziehungswissenschaft in der Gegenwart. In: Gesammelte Schriften, Bd. 3, Paderborn, S. 310-349.
Flores d`Arcais, G. (1991): Die Erziehung der Person. Stuttgart.
Flores d`Arcais, G./Xodo, C. (1998): Intervista alla Pedagogia. Brescia.
Frischeisen-Köhler, M. (1962^2): Philosophie und Pädagogik, eingeleitet von H. Nohl. Weinheim.
Fuchs, B. (1997): Von der individuellen Eigentümlichkeit zur Person. In: Vierteljahrsschrift für wissenschaftliche Pädagogik, 73, S. 226-237.
Fuchs, B. (1998): Schleiermachers dialektische Grundlegung der Pädagogik. Bad Heilbrunn.
Fuchs, B./Schönherr, Ch. (Hrsg.) (2007): Urteilskraft und Pädagogik. Würzburg.
Hegel, G. W. F. (1949): Jubiläumsausgabe Bd. III. Stuttgart.
Herbart, J. F. (1962):Über das Verhältnis des Idealismus zur Pädagogik (1831). In: Kleine Schriften zur Pädagogik. Hrsg. v. Th. Dietrich. Bad Heilbrunn.
Hopfner, J. (2006): Versuchsperson oder Versuche der Person. In: Die Person als Maß von Politik und Pädagogik. Hrsg. v. W. Eykmann, W. Böhm. Würzburg.
Hügli, A. (1999): Philosophie und Pädagogik. Darmstadt.
Koch, L. (2002): Pädagogik als angewandte Philosophie. In: Böhm 2002, S. 138-156.
Koch, L. (2003): Kants ethische Didaktik. Würzburg.
Kuhn, T. S. (1976^2): Die Struktur wissenschaftlicher Revolutionen. Frankfurt a.M.
Lacroix, J. (1972): Le personnalisme comme antiidéologie. Paris.
Laporta, R. (1975): La via filosofica alla pedagogia. In: Bolletino della Societá Filosofica Italiana, n. 90/91, S. 17-52.
Lochner, R. (1963): Deutsche Erziehungswissenschaft. Meisenheim.
Maritain, J. (1966): Beiträge zu einer Philosophie der Erziehung. Übers. v. L. Schmidts. Paderborn.
Mounier, E. (1936): Das personalistische Manifest. Genf.
Mounier, E. (1949): Le personnalisme. Paris.
Mounier, E. (1949): Einführung in die Existenzphilosophien. Bad Salzig.

Mounier, E. (1967): Les cinq étapes d'"Esprit". In: Bulletin des Amis d'Emmanuel Mounier. No. 29, mars 1967. S. 9-25.
Natorp, P. (1964): Pädagogik und Philosophie. Hrsg. v. W. Fischer, J. Ruhloff. Paderborn.
Noddings, N. (1995): Philosophy of Education. Boulder (Col.).
Oelkers, J. (2002): Pädagogik wozu? In: Böhm 2002, S. 43-69.
Ozmon, H. A./Craver, S. M. (2003^7): Philosophical Foundations of Education. Columbus (Ohio).
Ricoeur, P. (1996): Das Selbst als ein anderer. München.
Ricoeur, P. (2002): Zugänge zur Person. In: Prinzip Person. Hrsg. v. W. Harth-Peter, U. Wehner, F. Grell. Würzburg.
Rorty, A. O. (Ed.) (1998): Philosophers on Education. London, New York.
Schleiermacher, F. (1911): Werke. Hrsg. v. O. Braun, D. Joh. Bauer, Bd. 4. Leipzig.
Schleiermacher, F. (2000): Texte zur Pädagogik. Hrsg. v. M. Winkler, J. Brachmann, Bd. 2. Frankfurt a.M.
Schmied-Kowarzik, W./Benner, D. (1969): Die Pädagogik der frühen Fichteaner und Hönigswalds. Wuppertal.
Schmied-Kowarzik, W. (2001): Praktische Philosophie und Pädagogik. In: Bildung, Wissenschaft, Kritik. Festschrift für Dietrich Benner. Hrsg. von St. Hellekamps u.a., Weinheim, S. 118-136.
Seichter, S. (2007): Pädagogische Liebe. Entstehung, Blütezeit, Verschwinden eines pädagogischen Deutungsmusters. Paderborn.
Spaemann, R. (1987): Das Natürliche und das Vernünftige. Essays zur Anthropologie. München.
Spranger, E. (1973): Philosophische Pädagogik. Gesammelte Schriften, Bd. II, Heidelberg.
Suchodolski, B. (1960): La Pédagogie et les grands courants philosophiques. Paris.
Tenorth, H.-E. (2004): Erziehungswissenschaft. In: Historisches Wörterbuch der Pädagogik. Hrsg. v. D. Benner, J. Oelkers, Weinheim, S. 341-382.
Weigand, G. (2004): Schule der Person. Würzburg.
Zdarzil, H. (1982): Das Menschenbild der Pädagogik. In: Pädagogik und Anthropologie. Hrsg. v. H. Konrad. Kippenheim.

GEORG CLEPPIEN

Kapitel 4: Praktische Orientierung

In einem erziehungswissenschaftlichen Kontext die Frage nach „praktischer Orientierung" zu stellen, eröffnet zwei Thematisierungsmöglichkeiten. Zum einen wird eine Orientierung von Praxis an wissenschaftlichen Erkenntnissen thematisiert. Zum anderen wird der Bezug umgekehrt: es geht um eine Orientierung der Wissenschaft an Praxis. Die Erziehungspraxis oder allgemeiner formuliert die Erziehungswirklichkeit ist als Gegenstand der Wissenschaft (vor-)gegeben. In beiden Fällen bezieht sich die Thematisierung auf eine „praktische Wissenschaft", einer Wissenschaft von der und für die Erziehungspraxis. In dieser Variante wird das Theorie-Praxis-Verhältnis zentral. Wie ist eine Wissenschaft von der und für die Erziehungspraxis vorzustellen und welche Probleme sind zu bedenken? Im Folgenden werde ich auf einige Probleme dieses Anspruchs der Pädagogik, „praktische Wissenschaft" zu sein, hinweisen. Dazu werde ich in einem ersten Schritt das Problem konkretisieren (1): es geht um einen die Wissenschaft und die Praxis übergreifenden Anspruch einer „guten erzieherischen Praxis". Daran anschließend werde ich eine Position darstellen (2) und in einzelnen Aspekten problematisieren (3), um abschließend einige Unterscheidungen zu thematisieren, die als Konsequenzen für eine Pädagogik als Wissenschaft resultieren (4). Im Zentrum steht die Frage, ob Wissenschaft erziehen hilft.

I. Problembestimmung

Im Folgenden werde ich mich auf die Position von Hans Wenke (1963) beziehen, der die Begegnung mit Wissenschaft ins Zentrum seiner Beschreibungen stellt. In der modernen Gesellschaft spielt die Wissenschaft eine entscheidende Rolle in der Ausbildung, weil wissenschaftliches Wissen in den unterschiedlichen gesellschaftlichen Bereichen eine entscheidende Rolle spielt (z.B. in den Bereichen des Ingenieurswesen, Medizin, Recht, Erziehung) (vgl. ebd., S. 241). Die menschliche Gesamtpraxis lässt sich als ein Spektrum von notwendigen Aufgaben vorstellen, die in einem historischen Lehrzusammenhang eine Kontinuität und mit Blick auf ihr Leistungsniveau ein professionelles Bewusstsein bilden (vgl. Derbolav 1975, S. 91; Benner 1987). Die pädagogische Aufgabe liegt somit quasi quer zu den anderen Praxen, weil diese in spezifischen Ausbildungsgängen vermittelt werden müssen. Dies gilt auch für wissenschaftliche Ausbildungen. In der Pädagogik wird dieser Zusammenhang selbstbezüglich: auch Pädagogen müssen ausgebildet werden. Daraus entsteht die Frage, welchen Charakter die Wissenschaft hat, mit deren Hilfe Pädagogen wissenschaftlich ausgebildet werden und wie diese Wissenschaft Erziehen hilft. Ist sie eine praktische Reflexionswissenschaft, eine empirische Forschungswissenschaft oder ist sie eine theoretisch-kritische Wissenschaft? Wie können wissenschaftliche Erkenntnisse bei der Erziehung helfen? Letzteres lässt sich als das Theorie-Praxis-Problem beschreiben.

Zu erst einmal lässt sich fragen, wo genau dieses Theorie-Praxis-Problem ein Problem ist. So unterstellt Dieter Lenzen (1996), dass sich die Vermittlung von Theorie und Praxis in der Praxis immer bereits vollzieht und hier gerade kein Problem ist. „Die Reflexion auf das Theorie-Praxis-Problem ist eben ‚eine typische Wissenschaftsfrage, die sich unter den Bedingungen der Schule gar nicht stellt'" (Lenzen 1996, S. 76). Die Forderung nach praktischer Wissenschaft ist, so Dieter Lenzen, kein Bedürfnis eines pädagogischen Alltags, sondern Bedarf eines Veranstalters erzieherischer Prozesse, der einen bestimmten Berufsalltag im Blick hat. Die Frage nach einer „guten Praxis" steht im Vordergrund. Insofern ist die Problematik professionstheoretisch anzugehen (vgl. Koring 1989), denn es geht um den „wissenschaftlich ausgebildeten Praktiker" (Lüders 1989) als die Person, die den Bedarf an einer „guten Praxis" mit Hilfe wissenschaftlicher Erkenntnisse erfüllen soll. Es geht um eine spezifische Form des Berufes, der mit hochspezialisiertem und abstraktem Theoriewissen befasst ist und dieses in konkrete lebenspraktische Situationen übersetzt. Das verberuflichte Handeln von Professionellen bearbeitet gesellschaftliche und individuell bedeutsame Probleme und greift dabei auf spezifische Bezugswissenschaften zurück. Professionen sind als eine solche institutionalisierte soziale Struktur ebenfalls als Bindeglied von Theorie und Praxis in der modernen Gesellschaft zu verstehen (vgl. Stichweh 1994, Oevermann 1996, Combe/Helsper 1996), in denen das Verhältnis von Wissenschaft und Praxis immer schon gelöst ist. Es ist der Handelnde, der mit diesen Problemen umgehen, der also abstraktes Theoriewissen in sein Handeln einfließen lassen muss. Wird im Selbstverständnis der pädagogischen Theoriebildung das Verhältnis von Theorie und Praxis dennoch als Dauerthema behandelt, lässt dies auf eine unzureichende Professionalisierung der Pädagogen schließen. Pädagogische Professionen sind, so die Annahme, dadurch gekennzeichnet, dass „ein strukturell und habituell verankertes Verhältnis zu ihrer Bezugswissenschaft und zur Dignität ihres eigenen Tuns fehlt" (Koring 1989, S. 48). Für beides können Praktiker nur bedingt Hilfe von der Wissenschaft erwarten (vgl. Wimmer 1996), denn innerhalb einer wissenschaftlichen Auseinandersetzung kann die „Dignität der Praxis" nicht eingeholt werden.

Damit ist das Theorie-Praxis-Problem erstens ein Problem der Reflexion, welches im zugrunde liegenden Handeln immer schon gelöst ist. Zweitens ist es ein Problem der Profession, welcher in ihrer Reflexion der Bezug auf abstraktes Theoriewissen und die Diginität des eigenen Handelns fehlt. Und drittens ist es ein Problem der professionellen Ausbildung, die den Habitus der „wissenschaftlich ausgebildeten Praktiker" zu allererst formt und zumindest am Fehlen eines strukturell und habituell verankertem Verhältnisses zur Bezugswissenschaft mitverantwortlich ist. Es geht damit um die Frage nach einer „guten Ausbildungspraxis" für Pädagogen, in der das Verhältnis von Erziehungswissenschaft und erzieherischer Praxis thematisch wird. Über die Ausbildung von Professionellen ist die Erziehungswissenschaft an die erzieherische Praxis gebunden und mit den Problemen ihrer eigenen Legitimation als universitäre Disziplin (in Forschung und Lehre) für die Ausbildung von professionellen Pädagogen konfrontiert. Insofern ist neben der Frage, welchen Nutzen wissenschaftliche Forschungen für die Praxis haben, die Frage nach dem professionellen Status der Pädagogik von entscheidender Bedeutung.

Damit ist das Problem verschoben: der Anspruch der Pädagogik, eine Wissenschaft von der und für die Praxis zu sein, korrespondiert mit einem spezifischen Anspruch einer Praxis, durch die Orientierung an Wissenschaft zu einer „besseren Praxis" zu kommen.

II. Hilft Wissenschaft erziehen?

Hans Wenke (1963) zielt mit seiner Frage nach der Hilfe der Wissenschaft beim Erziehen auf den Bildungswert der Erziehungswissenschaft. Unterstellt wird, dass der „wissenschaftlich ausgebildete Praktiker" eine bessere Praxis erzeugt, weil die Praxis selbst schon von Wissenschaft durchzogen ist. In dieser Unterstellung ist die Lösung des Theorie-Praxis-Problems bereits gegeben: Praxis und Wissenschaft sind bereits vermittelt und eine Praxis jenseits von Wissenschaft gar nicht mehr vorzustellen. Damit ist das Theorie-Praxis-Problem als gelöst vorausgesetzt. In die Praxis ist wissenschaftliches Wissen immer bereits eingedrungen. Für Hans Wenke geht es nun darum, in seiner wissenschaftlichen Auseinandersetzung mit der Frage nach dem Zusammenhang von Wissenschaft und Erziehung, die Aufgabe von Wissenschaft für die Erziehung zu konkretisieren. Einerseits muss Wissenschaft für die Ausbildung, andererseits muss sie für Politik und Praxis spezifische Bedingungen erfüllen, damit ihre Erkenntnisse auch Wirkung zeitigen. Worin sieht der Autor aber nun den Bildungswert der Wissenschaft (a) und die praktischen Hilfen durch die Wissenschaft (b)? Es ist die höhere Generalisierung der wissenschaftlichen Erkenntnisse, die im Zentrum seiner Überlegungen steht. Im Folgenden werden kurz die beiden ersten Aspekte angedeutet.

(a) Den Bildungswert der Wissenschaft rekonstruiert Hans Wenke (ebd., S. 244ff) aus der Stellung der Wissenschaft in Kultur und Gesellschaft. In den 1960ern sieht er bereits alle Lebensbereiche durch Wissenschaft bestimmt. Was aber Wissenschaft vom Wesen und Struktur ist, lässt sich nicht mehr so einheitlich bestimmen, wie zu Zeiten zunehmender wissenschaftlicher Berufsausbildung. Vereinfacht gesprochen konnte im 18. Jahrhundert noch davon ausgegangen werden, dass wissenschaftliches Erkennen Ausdruck einer Aktivität des Geistes ist, der die rationale Ordnung der Welt erst stiftet. Die Ordnung des Wissens konnte als Ordnung der Welt verstanden werden. Die einzelnen Wissenschaften waren durch das System der Philosophie zusammengehalten. Der Bildungswert der Wissenschaft lag damit in der Begegnung mit der Ordnung der Philosophie. Der Wissenschaft als Ausdruck einer philosophisch-geistigen Ordnung wurde eine unmittelbar wirkende Kraft auf die innere Gestaltung und Formung des einzelnen Menschen zugeschrieben. Der Bildungswert der Wissenschaft wurde als unmittelbar angenommen, weil der objektive Geist das Medium bildet, „in das wir ‚eingetaucht' sind und aus dem heraus wir fremde Lebensäußerungen wie uns selbst verstehen können" (Brüggen 1980, S. 83). Die unterstellte

Gemeinsamkeit von einzelnem Geist, wissenschaftlicher Ordnung und Weltordnung (objektiver Geist) ermöglicht eine unmittelbare Formung.

(b) Diese historische Annahme sieht der Autor in den 1960ern aus drei Gründen als fraglich an: Erstens wird durch fortschreitende Spezialisierung die durch die Philosophie getragene Einheit problematisch. Damit wird die Einheitlichkeit der wissenschaftlichen Ordnung zerstört. Zweitens wird durch die Etablierung und Spezialisierung der Erfahrungswissenschaften und die Erzeugung neuen Wissens die Geschlossenheit des Ordnungssystems in Frage gestellt. Dies hat Konsequenzen für die Konvergenz von wissenschaftlichem Wissen und Wirklichkeit, weil dem aktuell erzeugten Wissen nur ein relativer Wahrheitswert zugewiesen werden kann. Wenn die Wissenschaft ständig neues Wissen produziert, kann nicht mehr von einer abschließbaren Erkenntnis der Wirklichkeit ausgegangen werden. Die Geschlossenheit des Ordnungssystems wird fraglich (vgl. Vogel 1991). Und drittens ist der Bildungswert nicht mehr als selbsttätige Wirkung der Wissenschaft zu verstehen, da Pluralität und Offenheit eine andere Haltung gegenüber der Wissenschaft notwendig machen. Die Pädagogik beginnt sich als vermittelnde Profession auszubilden (vgl. Stichweh 1991, 1994). Es entsteht die Aufgabe, erstens die wissenschaftlichen Bildungsmöglichkeiten zu verstärken bzw. überhaupt zu sichern, zweitens eine Lehreinheit der Wissenschaft in der allseitigen Verflechtung der Disziplinen zu vermitteln und drittens das Lernen zu lehren, also den Menschen so zu bilden, dass er aus eigenem Antrieb der Offenheit der wissenschaftlichen Erkenntnisse begegnet. „Das ist eine Grundforderung in einer Zeit, in der, wie ich ausführte, die Wissenschaft sich nach allen Seiten öffnet und im schnellen Fortgang der Erkenntnisse uns vor immer neue Aufgaben stellt, auf die wir durch unsere Ausbildung, mag sie noch so gut sein, nicht vorbereitet sind" (Wenke 1963, S. 247).

Folgt man diesen Ausführungen, so lässt sich der Bildungswert der Wissenschaft im Ordnungsgefüge des Wissens festmachen. Zerbricht die philosophisch begründete Einheit der Wissensordnung durch Öffnung für neue Erfahrungen, durch professionelle Spezialisierung und die Problematisierung der Konvergenz von Ordnung des Wissens und der Ordnung der Welt, so wird auch der Bildungswert der Wissenschaft fraglich. Dies gilt auch für eine sich mit erfahrungswissenschaftlichen, handlungstheoretischen und philosophisch-reflexiven Elementen etablierende wissenschaftliche Pädagogik. Die Einheit des disziplinären Wissens muss nach Hans Wenke von der Pädagogik erzeugt und begründet werden. Dies geschieht zumeist über eine, für praktisch-professionelle Zusammenhänge konstatierte Nützlichkeit. Pädagogik als „praktische Wissenschaft" etabliert sich in Abhängigkeit von spezifischen Adressaten, die sie ausbildet und die als Abnehmer wissenschaftlichen Wissens betrachtet werden, nämlich den professionellen Pädagogen. Ins Zentrum treten die Etablierung einer spezifischen Handlungsorientierung (professionelles Ethos), spezifisch ausgebildete Personen (professioneller Habitus) und ein abstraktes Wissen, welches auf konkrete Probleme des Lebens bezogen werden muss (vgl. Koring 1989, S. 80).

Damit ist die allgemeine Frage nach dem Bildungswert von Wissenschaft zur spezielleren Frage überführt, inwiefern wissenschaftlich-pädagogische Erkenntnisse einer Erziehungspraxis dienlich sein können. In Analogie zur Erörterung des Bildungswertes von Wissenschaft wird von Hans Wenke (1963, S. 254) die seelisch-geistige Haltung des Erziehers (Habitus und Ethos) in den Vordergrund gestellt. Wissenschaft ist förderlich für Erziehung, weil erstens wissenschaftliche Erkenntnisse zu einer Ausweitung von individuellen und zufälligen Erfahrungen der Erzieher führen, weil zweitens die Kenntnis der Geschichte der Erziehung davor bewahrt, hinter ein gewonnenes Niveau von Einsichten und Erfahrungen herabzusinken und weil drittens innerhalb einer rechtsstaatlichen Ordnungen alle öffentlichen Entscheidungen und Maßnahmen hinreichend begründet werden müssen (vgl. ebd., S. 248ff). Ziel ist es, Entscheidungen zu ermöglichen, die jenseits eigener Erfahrungen und Routinen eine bessere Praxis ermöglichen. Praxis wird durch theoretische Besinnung nicht irritiert und um Sicherheiten gebracht. Vielmehr wird der Horizont erweitert, was zwar vom Einzelnen als Verunsicherung wahrgenommen werden kann, jedoch einer Haltung der „besonnenen Erwägung" als Grundlage aller pädagogischer Maßnahmen und Entscheidungen dient (vgl. ebd., S. 255).

Für Hans Wenke steht die (Aus-)Bildung einer spezifisch geistig-seelischen Haltung des Subjekts, welches sich orientiert, im Vordergrund der Frage nach der Bedeutung von wissenschaftlichen Erkenntnissen für die Erziehungspraxis. Diese Haltung des Subjektes ist durch zweierlei gekennzeichnet: mit Blick auf die erfahrungswissenschaftliche Produktion neuen Wissens und der Offenheit der Ordnung des Wissens bedarf es eines „lernenden Umgangs" mit wissenschaftlichen Erkenntnissen und mit Blick auf die erziehungspraktischen Anforderungen und Begründungen von Entscheidungen bedarf es eines „besonnenen Umgangs" mit der Vielfalt von Gesichtspunkten und Entscheidungsmöglichkeiten. Methoden des Lernens und die Fähigkeit der Begründung sind für die Praxis unabdingbar, weil die Orientierung an Wissenschaft zu einer „besseren" Praxis führt bzw. die Praxis bereits verwissenschaftlicht ist und der Praktiker deshalb ohne wissenschaftliches Verständnis diese gar nicht verstehen kann. Damit ist ein spezifischer Anspruch an Praxis und Wissenschaft formuliert, der auch auf das oben thematisierte Orientierungsproblem hin beschrieben werden kann: erstens soll sich der Praktiker mit wissenschaftlichen Erkenntnissen auseinandersetzen und so seinen Horizont und seine Fähigkeiten (Wissen und Entscheidungsbegründungen) erweitern und zweitens soll der Wissenschaftler die Offenheit der Wissensordnung ebenso wie deren Einheit als Bildungswert gleichzeitig gewährleisten, die Möglichkeiten und Grenzen von Erziehung und Bildung sowie der eigenen Wirksamkeit einschätzen und die Erkenntnisse so formulieren, begründen und bereitstellen, dass sie politisch oder praktisch auch zur Geltung kommen können (vgl. ebd., S. 252f). In dieser Gegenüberstellung taucht der Anspruch der Pädagogik als praktische Wissenschaft auf. Sie ist Wissenschaft von den Erfahrungen der Pädagogen und zielt mit ihren Ergebnissen auf eben diese

Adressatengruppe. Nicht die Geltungskriterien von Wissenschaft, sondern die Rezipierbarkeit, der Wert des Wissens für die Praxis und die Grenzen der eigenen Wirkung auf die Praxis stehen im Zentrum.

III. Problemstellungen

Mit dieser Beschreibung des Bildungswertes von Wissenschaft lassen sich Rückschlüsse auf die praktischen Orientierungsprobleme ziehen. Wird unter Orientierung verstanden, dass sich eine Person in einem Bereich an bestimmten Instanzen ausrichtet und dafür spezifische Mittel und Fähigkeiten benötigt, können mindestens zwei Orientierungsprobleme unterschieden werden: erstens das Problem der Unerfahrenheit bezüglich der Mittel und Fähigkeiten und zweitens das Problem der Unsicherheit bezüglich der Instanzen, an denen es sich zu orientieren gilt (vgl. Luckner 2005, S. 227). Während das Problem der Unerfahrenheit durch die Vermittlung von Wissen und Fähigkeiten im Sinne einer Horizonterweiterung behoben werden kann („lernender Umgang"), lässt sich das Problem der Unsicherheit als Orientierungskrise verstehen. Hier geht es um die Klärung des Willens, um ein Abwägen von Entscheidungsbedingungen („besonnener Umgang"). Beide Umgangsweisen sind durch eine „Begegnung" mit Wissenschaft zu lernen. Wie bereits gesagt, setzt Hans Wenke den Wert der Wissenschaft für die Praxis voraus, weil die Praxis von Wissenschaft durchzogen ist. Er bestimmt allerdings nicht, welcher Art das wissenschaftlich erzeugte Wissen ist (außer dass es neu ist), sondern verweist auf die notwendige Darstellungsform und den Nutzen für die Begründung praktischer Entscheidungen. Damit erzielt jedes wissenschaftliche Wissen eine Wirkung, wenn es nur angemessen dargestellt ist. In der Diskussion um den Anspruch von Pädagogik als praktische Wissenschaft werden aber besonders die Art des wissenschaftlich erzeugten Wissens und der darin enthaltene Bildungswert problematisiert. Anders formuliert: die Art des Wissens korrespondiert mit der spezifischen Haltung, dem professionellen Habitus und Ethos. Damit steht aber das Subjekt der Orientierung und weniger die Instanzen oder die Mittel und Fähigkeiten zur Orientierung im Zentrum. Für die pädagogische Ausbildung ging es, so jedenfalls in der geisteswissenschaftlichen Pädagogik, um „pädagogische Bildung" (Flitner 1980), und später um einen „Typus des umfassend wissenschaftlich gebildeten, philosophisch-pädagogischen Intellektuellen" (Hörster 1984, S. 197).

Dies hat Konsequenzen für die pädagogische Ausbildung. So impliziert die Ausbildung eines philosophisch-pädagogischen Intellektuellen die Schulung an einem philosophisch-kritischen Literaturtypus, während eine pädagogische Bildung eher auf das reflexiv-kritische Verstehen von Praxis zielt. Oder: während im ersten Falle philosophische Reflexionen gelesen werden, wird im zweiten anhand von Fallbeispielen eine reflektierende Einstellung eingeübt. Beide Varianten sind von einer dritten, der Schulung an empirischer Forschung, zu unterscheiden. Empirische Forschung ist neben skeptisch-kritischen Auseinandersetzungen und reflexiv-kritischer Kasuistik jedoch eine entscheidende Bedingung für Wissenschaft (weniger für Ausbildung). Im Anschluss an die Position von Hans Wenke (1963) lässt sich nun fragen, welcher Art das vermittelte Wissen ist, dass es einen Bildungswert impli-

ziert, also zu einer Verbesserung der Praxis durch wissenschaftlich ausgebildete Praktiker führt. Es ist zu fragen,
(1) wie die Wissenschaft in die Praxis der Erziehung eingelagert ist,
(2) welchen Bildungswert empirisches Wissen besitzt und welches Wissenschaftsverständnis der Analyse zugrunde liegt,
(3) ob „Begegnung" ein Grundbegriff der Pädagogik ist, wie dieser zu bestimmen ist und wie die Wirkung des Pädagogischen sicher- bzw. festgestellt werden kann.

Daran anschließend lässt sich fragen, wie eine Ordnung der Erziehungswissenschaft bzw. die Einheit des Pädagogischen zu denken ist.

(1) Ausgehend von der These, dass in der Begegnung mit der wissenschaftlichen Ordnung des Wissens der Bildungswert der Wissenschaft liegt, eröffnen sich die Fragen, wie die wissenschaftliche Ordnung die Ordnung des einzelnen Geistes formen kann und wie die Ordnung der Wissenschaft sich zur Ordnung der Welt verhält. Nur wenn die Ordnung der Welt in der Ordnung der Wissenschaft aufscheint und diese den einzelnen Geist formt, lässt sich davon ausgehen, dass durch eine Begegnung mit der Ordnung der Wissenschaft dem geformten Geist Möglichkeiten des Umgangs mit Wirklichkeit eröffnet werden. Man kann bezüglich der Erziehungswissenschaft fragen, ob die Ordnung der Erziehungswissenschaft diejenige der Erziehungswirklichkeit abbildet. Hat die Erziehungswirklichkeit eine eigenständige, aus sich heraus verstehbare Ordnung, eine „Dignität", die durch die Erziehungswissenschaft rekonstruiert werden kann? Oder ist die Ordnung der Wirklichkeit durch das philosophische System vorgegeben? Erstere Position findet sich in der sogenannten „geisteswissenschaftlichen Pädagogik" wieder. Im Gegensatz zu einer „Anarchie der Überzeugungen" ist die Möglichkeit einer allgemeingültigen Erkenntnis aus dem „Zusammenhang der Dinge" begründbar (vgl. Dilthey 1957, S. 9). Ist das Leben bereits ein geordneter Zusammenhang, dann ist es Aufgabe der wissenschaftlichen Beschäftigung, diesen Zusammenhang zu verstehen. Der Bedarf an wissenschaftlicher Beschäftigung ist in der Praxis angelegt. Es gilt, Praxis aus sich heraus zu verstehen und auf diese Praxis zurückzuwirken. „Nur in der Rückwirkung auf Leben und Gesellschaft erlangen die Geisteswissenschaften ihre höchste Bedeutung, und diese Bedeutung ist in beständiger Zunahme begriffen" (Dilthey 1958, S. 138). Anders formuliert: das handelnde Leben in Gesellschaft und Geschichte strebt nach allgemeingültigen Erkenntnissen, die um der Praxis willen praktisch werden müssen. Das Bedürfnis, Wissenschaft zu betreiben, entsteht in der Praxis und deshalb entstehen auch die Kategorien zur Beforschung der Praxis in dieser. Es ist der Bedarf, Praxis um ihrer selbst willen zu verstehen, der die wissenschaftlichen Erkenntnisse in die Praxis eindringen lässt. In dieser Form ist die Aufgabe der Pädagogik eine Art „Gesinnungsbildung" für Pädagogen, die mit Theorie und Forschung wenig zu tun hat (vgl. Tenorth 1986, S. 316f). Mit dem Aufkommen von empirischer Forschung ist zumindest die Unterstellung einer geordneten Erziehungswirklichkeit fraglich geworden.

Hat Herman Nohl (1988, S. 150) den Ausgangspunkt einer allgemeingültigen Theorie der Bildung in der Erziehungswirklichkeit als ein sinnvolles Ganzes gesehen, so kann die Ordnung auch als aus einer philosophisch orientierten Theorie systematisch abgeleitet gedacht werden. Die „Ordnung des Geistes", wie sie auch Hans Wenke sieht, wird hier nicht aus der Ordnung der Wirklichkeit heraus verstanden, sondern die Wirklichkeit bzw. die gewonnenen empirischen Daten werden mit Hilfe einer philosophischen Systematik geordnet. Wie aber ist die philosophische Ordnung zu legitimieren? Ist sie vorgegeben oder wird sie in einem Prozess an die empirischen Daten angepasst? Woher gewinnen also Beschreibungen der Erziehungswirklichkeit ihre Ordnung: aus der vorgegebenen (rationalen) Wirklichkeit oder einer vorgegebenen (rationalen) philosophischen Ordnung. Damit ist nach der Art der Begründung der pädagogischen Ordnung gefragt, die weder ausschließlich an der Erziehungswirklichkeit noch ausschließlich an einem vorgegebenen philosophischen System orientiert sein kann (vgl. Vogel 1991).

(2) Daran anschließend wird die Frage nach dem Bildungswert des pädagogischen Wissens erneut zentral. Wie muss dieses Wissen strukturiert sein, um zu bilden? Entscheidend für die geisteswissenschaftliche Position nach Dilthey ist die Unterscheidung zwischen Erklären und Verstehen. Während eine erklärende Haltung gegenüber der Praxis diese determiniert, also die Freiheit der Praxis gegenüber wissenschaftlichen Erkenntnissen nicht anerkennt und eher zu einer „technischen Abrichtung" führt, die der Praxis die Zwecke bloß verordnet, eröffnet ein „praktisches" Verstehen der Praxis die Freiheit, sich an wissenschaftlichen Erkenntnissen zu orientieren, aber praktisches Tun nicht determinierend vorzugeben. Diese Unterscheidung ist auch wesentlich für die Annahme des Bildungswertes des jeweiligen Wissens. Die Funktion einer Theorie innerhalb der Praxis lässt sich in diesem Verständnis, „als Läuterung der in der Praxis angelegten Theorie, als bewusste Vorbesinnung und bewusste nachträgliche Klärung" (Weniger 1952, S. 20) beschreiben. Es geht um die reflexive Bewusstmachung von vorgegebenen Erfahrungen. Diese „Befangenheit an die Sache" (ebd., S. 21) lässt sich als „Primat der Praxis" bezeichnen. Es geht also um eine Theorie, deren „wahrer Ausgangspunkt" in der „Tatsache der Erziehungswirklichkeit als eines sinnvollen Ganzen" liegt (vgl. Nohl 1988, S. 150), also um eine Theorie von der Praxis für die Praxis. Der Bildungswert der Theorie für die Praxis ist deshalb gegeben, weil sich die Theorie an der Praxis orientiert und diese nicht festschreibt. Eine theoretische Ausbildung ermöglicht ein besseres Verstehen der Erziehungswirklichkeit, weil die zu reflektierenden Probleme in der Praxis selbst entworfen wurden. Insofern das pädagogische Wissen in Praxis und Wissenschaft sich ausschließlich durch die Reflexionsstufe unterscheidet, ermöglicht eine Auseinandersetzung mit den reflektieren Erfahrungen und mit andersartigen Möglichkeiten (Wissenschaft) die Entfaltung des Einzelnen und verhindert eine zufällige Beschränkung auf Individualität (vgl. Wenke 1963). Damit ist die gleichzeitige „Angewiesenheit des Erziehers auf eine handlungsorientierende Theorie erzieherischer Praxis wie umgekehrt das Angewiesensein der Theorie auf den Erzieher als Adressaten [angezeigt], da nicht die Theorie, sondern nur die über die Theorie orientierte verantwortliche Praxis des Erziehers erzieht" (Brüggen 1980, S. 100). Im Zentrum dieser geisteswissenschaftlichen Position steht die Reflexion der Dimensionen der Erziehungswirklichkeit, des pädagogischen Wissens und des pädagogischen Ethos sowie der fundamentalen pädagogischen Grundprobleme (vgl. Nohl 1988 Flitner 1980, Weniger 1952). Man kann diese Form der Pädagogik auch als Reflexionswissenschaft einer vorgegebenen Erziehungswirklichkeit

beschreiben. Die „Befangenheit an die Sache" verhindert jedoch eine kritische Distanzierung gegenüber den ideologischen Verblendungen der Professionellen, wie sie besonders in der kritischen Pädagogik hervorgehoben wurden.

Das entscheidende Problem lässt sich nun auf den Punkt bringen, wenn nicht Reflexion sondern Forschung im Zentrum der Wissenschaft steht: Wilhelm Dilthey hatte den Geisteswissenschaften (im Gegensatz zu den Naturwissenschaften) einen handlungsorientierenden Charakter zugeordnet. Insofern sind es auch die Geisteswissenschaftler, die sich in einer gemeinsamen Verantwortung mit der Praxis sehen und auf die gesellschaftlich-geschichtliche Wirklichkeit Einfluss nehmen. Die naturwissenschaftlich beherrschende Grundhaltung der Sachlichkeit gegenüber den Dingen, die Dilthey als „Erklären" (im Gegensatz zum Verstehen) bezeichnet, und die mit Hilfe von Kausalitätsannahmen die Freiheit des menschlichen Willens in der Praxis fraglich erscheinen lässt, kann nicht den bildenden Charakter haben, wie er von Hans Wenke (1963) der Wissenschaft unterstellt wird. Das Problem kann auf das Verhältnis von determinierender Wissenschaft und praktischer Freiheit zurückgeführt werden. Ist die Praxis gegenüber der Wissenschaft frei, dann können wissenschaftliche Erkenntnisse nur der Orientierung dienen. „Technische Abrichtung" ist dann ausgeschlossen (vgl. Brüggen 1980). Mit Blick auf den Zusammenhang von wissenschaftlicher Erfahrung und praktischem Fortschritt sowie auf die Frage, wie Wissenschaft auf Praxis Einfluss nehmen kann bzw. Praxis sich an Wissenschaft orientiert, ist damit die Orientierung von Praxis jenseits technischer Abrichtung fokussiert.

Der geisteswissenschaftlichen Pädagogik wird als Reflexionswissenschaft eine Abstinenz von Forschung sowie eine zu geringe Beachtung von Effizienzgesichtspunkten vorgeworfen. Zwar ging es um ein Verstehen der Praxis aus dem Leben heraus, Erkenntnisse der Traditionen empirisch-pädagogischer Forschung blieben für das Verstehen der Praxis aber randständig. Sie traten mit der „realistischen Wende" in den 1960er Jahren ins Zentrum der Überlegungen. Zentral waren besonders Probleme der Bildungseffizienz und der Legitimationsdefizite der Pädagogik auf Gesellschafts- und Organisationsebene (vgl. Roth 1963). Die Aufgabe der Praxisreflexion trat hinter eine empirische Beforschung von Praxis, deren Wirkungen und Effizienz zurück. Die Fraglichkeit des Bildungswertes empirischen Wissens, der Überformung der Praxis durch wissenschaftliche Erkenntnisse und eine einseitige Ausrichtung der Praxis an Effizienzkriterien und von Vorstellung von „guter" Praxis (vgl. Wohlrapp 1979) lenkte den Blick in den 1970ern auf den pädagogischen Alltag. Die Alltagswende versteht sich dabei als Beforschung des Alltags und in kritischer Distanzierung zur Praxis (Thiersch 1978). Es ging nun um eine Rekonstruktion des pädagogischen Alltags durch Forschung, um die Erfahrungen und die Orientierungen von Praktikern sowie die kritische Auseinandersetzung mit diesen Erfahrungen und Orientierungen.

(3) Betrachtet man die Position von Hans Wenke (1963) genauer, so wird auch das Verständnis von Begegnung fraglich. Das Verständnis von Begegnung und dessen Verhältnis zu Bildung ist bereits in den 1960ern nicht unumstritten (vgl. Bollnow 1959). Für Hans Wenke (1963) erfordert die Entfaltung des Einzelnen die Erfahrung mit andersartigen Möglichkeiten (Wissenschaft), um aus der Wechselwirkung mit ihnen aus der zufälligen Beschränktheit seiner Individualität herauszu-

kommen. Man kann einer solchen „bildenden Begegnung", in der der Einzelne dem Allgemeinen im Anderen begegnet, eine „existentielle Begegnung" entgegensetzen, die durch die Unbedingtheit des anderen Anspruchs zu einem „Anderswerden am Anderen" auffordert. Nicht die Orientierung an einer allgemeinen Ordnung des Geistes, die sich in der Einheit der Wissenschaft ausdrückt, sondern eine Orientierung am Singulären, Zufälligen und Nicht-Planbaren, welches zur Stellungsnahme herausfordert, liegt dem existentiellen Verständnis von Begegnung zugrunde (vgl. Bollnow 1959, S. 98ff; weniger existentialistisch interpretiert Wimmer 1996). Je nach dem, welches Verständnis von Begegnung vorausgesetzt wird, eröffnen sich unterschiedliche Konsequenzen für den Bildungswert der Begegnung. Der Bildungswert der Begegnung und die Frage nach Begegnung als Grundbegriff der Pädagogik stehen so im Zentrum. Es ist also zu klären, inwiefern die Begegnung eine Grundform pädagogischen Handelns und Denkens ist, welche von anderen Disziplinen anders bezeichnet wird (z.B. mit Sozialisation als ein Prozess der Begegnung). Dabei lassen sich wiederum die Probleme der bisherigen Rekonstruktion andeuten: wird die Idee der Begegnung und Bildung vorgegeben oder wird das in der Erziehungswirklichkeit vorhandene Verständnis rekonstruiert? Wie ist der Bildungswert der Begegnung zu messen, um den Einsatz von Pädagogen über die Effektivität ihrer Arbeit nachzuweisen?

Ein weiteres Problem ergibt sich, wenn nach der Wirkung der Begegnung mit Wissenschaft gefragt wird. Wie kann die Wirkungen im Kontext zunehmender Fraglichkeit der unmittelbaren wissenschaftlichen Wirkung pädagogisch geplant werden. Für die „existentielle Begegnung" verneint Otto Friedrich Bollnow (1959, S. 124ff) die Möglichkeit einer pädagogischen Methodisierung, hält aber gleichzeitig die Ermöglichung von existentiellen Begegnungen für eine notwendige pädagogische Aufgabe. Daran lässt sich das entscheidende pädagogische Problem beschreiben: wie ist etwas zu bewirken, was der Pädagoge in seiner Wirkung nicht in der Hand hat? (vgl. Luhmann/Schorr 1982; Oelkers 1982; Prange 1992) Es ist dieses „Technologiedefizit", welches dem Handelnden in der Pädagogik begegnet. Man kann darin den Kern pädagogischer Professionalität sehen, dass der Pädagoge in Situationen nicht wissen kann, wie er zu handeln hat, und man kann den Wert der pädagogischen Methode gerade darin sehen, in diesen Situationen Orientierung zu geben (vgl. Koring 1989; Prange 1992; Wimmer 1996). Hier eröffnet sich dann professionsbezogen die Frage, wie der Professionelle genau diese „Handlungskompetenz" ausbildet und wie durch Wissenschaft situative Orientierung ermöglicht wird, ohne die praktische Freiheit der Handelnden durch technische Vorgaben zu determinieren.

Ebenfalls problematisierbar ist die Begegnung mit den Wissenschaften, wenn diese selbst einen technischen Charakter haben. So hält z.B. Otto Friedrich Bollnow (1959, S. 128) aufgrund des „Technologiedefizits" der Pädagogik eine naturwissenschaftliche Herangehensweise an die Erziehungswirklichkeit für ausgeschlossen, weil diese eine Grundhaltung der Sachlichkeit im Umgang mit den Dingen praktizieren. Menschen sind aber keine Dinge, die man sachlich bzw. instrumentalistisch behandeln sollte. Niklas Luhmann und Karl Eberhard Schorr (1979) sehen dieses Verbot Menschen sachlich bzw. als Objekte zu behandeln als Transformation des Technologiedefizits in ein „Technologieverdikt", welches als moralisches Verbot, mit dem Anderen in instrumentalistischer Weise umzugehen, in der Pädagogik das Problem verdeckt, dass innerhalb der „pädagogischen Methode" Wirkungen angenommen werden. Empirisch wäre hier zu fragen, welche Wirkungen Pädagogen in der erzieherischen Praxis unterstellen, aber auch, woran sich Pädagogen in ihrem Handeln orientieren (vgl. Luhmann/Schorr 1982; Markowitz 1986; Koring 1989). Die Aufklärung über praktische Handlungsorientierungen mag dann wiederum in der Begegnung mit Wissenschaft einen spezifischen Bildungswert haben. Zu fragen ist jedoch nach der Grundhaltung des empirisch Forschenden. Durch die „sachliche Grundhaltung" und die spezifischen Kausalitätsannahmen einer naturwissenschaftlich orientierten Forschung wird durch die Ergebnisse, so die Annahme, auch eine problematische Haltung vermittelt. Der Mensch scheint in seiner historisch-gesellschaftlichen Situation determiniert und determinierbar. Eine pädagogisch-empirische Forschung ist nur unter der Voraussetzung einer unterstellten menschlichen Freiheit als Bildungswert für die Praxis angemessen, weil sonst die für die Praxis geltenden Unterstellungen in der erziehungswissenschaftlich-empirischen Forschung aufgehoben wären. Dass eine solche empirische Forschung möglich ist, das Technologieverdikt also nicht in ein Forschungsverdikt übersetzt werden muss, das hat Peter Vogel (1990) nachgezeichnet.

Deutlich dürfte die unterschiedliche Logik der unterschiedlichen Herangehensweisen geworden sein. Wird dem pädagogischen Wissen ein Bildungswert unterstellt, so sollte dieses Wissen eine spezifische Form haben. Für eine empirische Forschung heißt dies, dass nur in einer spezifischen Weise geforscht werden darf usw. Zu lösen ist dieses Problem nur durch eine systematische Unterscheidung unterschiedlicher Wissensformen und der Herausbildung der je spezifischen Geltungskriterien. Empirisches Wissen, welches in einem methodischen Forschungsprozess hervorgebracht wird, muss anderen Gütekriterien als praktisches oder theoretisches Wissen genügen: „Der Rückbezug der generellen Regeln auf den Einzelfall der pädagogischen Situation unterscheidet das pädagogisch-praktische Interesse an wissenschaftlich gesicherter Erfahrung grundsätzlich vom pädagogisch-theoretischen Interesse an Erfahrungswissen. Die *Regeln der Anwendung* dieses Wissens sind aber ein Problem praktischer Pädagogik und nicht der empirischen Forschung" (ebd., S. 139). Neben der Differenzierung der wissenschaftlichen Ordnung, der Fraglichkeit des Bildungswertes der Begegnung, der Handlungskompetenz und der Systematik der Wissenschaft bzw. der empirischen Forschungsergebnisse lässt sich abschließend noch die Frage nach der Einheit des Pädagogischen stellen.

Praktische Orientierung und die Einheit des Pädagogischen
Die Frage nach der Hilfe von Wissenschaft beim Erziehen kann mit einer wissenschaftlich durchdrungenen Erziehungswirklichkeit begründet werden. Unterstellt ist damit bereits die Wirkung von wissenschaftlichen Erkenntnissen in der Praxis. Eine Aufgabenstellung für die allgemeine Pädagogik, wie sie Wilhelm Flitner (1980) aus der geisteswissenschaftlichen Perspektive vorschwebt, dass es Kategorien zu entwickeln gilt, in denen sich erzieherische Situationen begrifflich aussprechen können, trifft auf eine bereits wissenschaftlich geformte Sprache in der Erziehungswirklichkeit. Dies ist ein Aspekt der „Entgrenzung des Pädagogischen" (Lüders/Kade/Hornstein 2000), der Ausweitung pädagogischen Wissens in den erzieherischen Alltag

und in nicht-pädagogische Bereiche, wie z.B. die Medien. Zwar geht es bei der medienwirksam aufbereiteten Pädagogik auch weiterhin um Einschaltquoten, doch wird gleichzeitig ein pädagogisches Wissen vermittelt, welches die historische Gestalt zumindest der Rede über Erziehungswirklichkeit mit prägt. Insofern ist – spätestens mit der Etablierung einer wissenschaftlichen pädagogischen Ausbildung – eine sich an der Erziehungswirklichkeit orientierte Erziehungswissenschaft mit ihren eigenen Wirkungen auf die historisch-gesellschaftliche Gestalt der Erziehung konfrontiert. Mit Blick auf das Verhältnis von Theorie und Praxis ist darin sowohl eine Problemlösung als auch ein Problem versteckt:

(1) Das Eindringen von erziehungswissenschaftlichem Wissen in die Praxis lässt das Theorie-Praxis-Problem als gelöst erscheinen. Wissenschaftliche Erkenntnisse sind relevant, dringen in die erzieherische Praxis ein und verändern diese. Es wäre nun nur zu fragen, wie dies geschieht. Damit ist das ehemals theoretische Problem in eine empirische Frage umformuliert. Es lässt sich z.B. fragen, was Pädagogen von ihrem Können wissen (vgl. Dewe/Ratke 1991).

(2) Es sind u.a. die Ergebnisse der sozialwissenschaftlichen Verwendungsforschung, die weniger Optimismus hinsichtlich der Lösung des Theorie-Praxis-Problems verbreiten. Wissenschaftliche Erkenntnisse werden nicht systematisch in der Erziehungspraxis rezipiert. Das aber bedeutet, dass sich pädagogisches Wissen in der Erziehungswirklichkeit ausbreitet, dies aber nicht systematisch an den wissenschaftlich-forschenden Diskurs der Erziehungswissenschaft anschließt. Dies habe ich in Anschluss an Bernhard Koring (1989) als ein Problem der Professionalisierung bezeichnet. Hierbei geht es um eine bestimmte Art von erzieherischer Praxis.

Die Lokalisierung des Problems und seiner Lösung wird v.a. in der Ausbildung von professionellen Pädagogen relevant. Es geht, wie u.a. bei Hans Wenke (1963) formuliert, um die Aneignung bzw. Nicht-Aneignung eines spezifischen Habitus, des „lernenden", „besonnenen" und in Anschluss an folgende Überlegungen auch eines „reflektierenden" Umgangs in und mit Erziehungswirklichkeit. Dies, so kann in Anschluss an Benedikt Sturzeneckers (1993) empirische Studie zum Wissenschafts-Praxis-Dilemma von Studenten der Erziehungswissenschaft formuliert werden, beruht auf einer Fiktion der Hochschulsozialisation: der Einübung einer wissenschaftlichen Erkenntnishaltung wird ein Bildungswert unterstellt, der durch die Idee einer wissenschaftlich verbesserten erzieherischen Praxis begründet wird. Mit dem Überstieg über den eigenen individuellen Erfahrungshorizont durch die Aufnahme wissenschaftlichen Wissens ist aber noch keine kompetente Handlungsform entwickelt. „Pädagogisches Handeln im Beruf ist habituelles Handeln, das durch Einübung im Handlungsfeld erworben werden kann. Ein erzieherischer Habitus wird durch Teilhabe an pädagogischen/beruflichen Handlungen erlernt und ist nicht durch Aneignung von Reflexionswissen erreichbar" (ebd., S. 275). Man kann zwischen Können und Wissen unterscheiden, muss dann aber auch unterstellen, dass ein Können ein „Wissen-Wie" ist, welches gewusst werden muss.

Die Lösung und Nicht-Lösung des Theorie-Praxis-Problems scheint sich damit in einem Zirkel zu bewegen. Zwar erscheint das Problem ein theoretisches Problem zu sein, weil es praktisch immer bereits gelöst ist, doch lässt es sich als ein Problem professioneller Praxis lesen, der ein spezifisches Verständnis ihrer Bezugswissenschaft und der Dignität ihres Tuns fehlt (vgl. Koring 1989). Dann aber lässt sich die Frage nach der Ausbildung dieses Verständnisses stellen. Über die wissenschaftliche Ausbildung wird das Problem so doch eines der Wissenschaft, die zumindest begründen können muss, warum durch den „wissenschaftlich ausgebildeten Praktiker" eine „bessere Praxis" zu erwarten ist. In Anschluss an Hans Wenke (1963) habe ich eine mögliche Begründung dargestellt. Die Einheit der Bereiche von Praxis, Ausbildung und Wissenschaft lassen sich mit einem umfassenden Konzept der „pädagogischen Haltung" begründen. Diese Haltung besteht in einer Verantwortung für eine „gute Praxis" im Dienste der Person, die erzogen wird. Dies ist der Kern des „pädagogischen Ethos", der im Habitus verankert, die spezifische Orientierung der pädagogischen Profession ausmacht.

Aber die gesamte Diskussion auf ein Ausbildungsproblem zu beschränken, lässt sich auch als eine einseitige Lesart ausweisen. Abstrakt formuliert geht es jeweils um die Frage nach der Einheit des Pädagogischen. Es geht insofern um eine Form der Unterscheidung von Erziehungswissenschaft und Erziehungswirklichkeit, Theorie und Praxis, empirischen Daten und theoretischer Systematik, technischer Forschung und praktischer Umsetzung, abstraktem Theoriewissen und praktischem Können, Begründung über Singularität und über das Allgemeine und praktischer Freiheit und gesellschaftlicher Determination. Man kann dies auch anders formulieren: es geht um die Frage von Kausalität und Freiheit in unterschiedlichen Ausprägungen, von kausaler Determination von Erziehungswirklichkeit durch eine Wissenschaft und praktischer Freiheit der in der Erziehung Handelnden, von Determination des Zu-Erziehenden und dessen Handlungsfreiheit, von der Determination der empirischen Forschungsergebnisse durch ein philosophisches System usw. (vgl. Brüggen 1980; Vogel 1990). Dabei wird die Notwendigkeit eines Freiraums unterstellt, der die Frage nach dem „wie soll ich erziehen?" zuallererst eröffnet. Erziehung ist nur möglich, weil die Freiheit des Willens jenseits einer kausallogischen Determination unterstellt werden kann. Nimmt man die Freiheit des Willens aller an, scheint dies schnell auf eine, wie von Wilhelm Dilthey prophezeite „Anarchie der Überzeugungen" hinauszulaufen, wenn nicht eine spezifische Ordnung unterstellt wird. Eine daraus resultierende Problematisierung des Verhältnisses von Theorie und Praxis folgt aus einem Konfligieren von wissenschaftlichem und praktisch-pädagogischem Ethos: nähert sich die Wissenschaft den Handlungszwängen an, büßt sie strukturelle Erkenntnispotentiale ein, nähert sich pädagogisches Handeln und sein Ethos zu sehr an das wissenschaftliche an, so verliert es seine „Dignität", gerät in Konflikt mit der eigenen Autonomie und setzt sich Technokratieproblemen aus. „Im Medium des Praxiskontakts wird der Erziehungswissenschaft ihre eigene professionelle Identität als universitäre Disziplin problematisch" (Koring 1989, S. 45). Dies führt nach einer Phase der empirischen und kritischen Sozialforschung in den 1980ern zurück zu einem Bezug auf Klassiker und Traditionen und zu Fragen der Handlungstheorie (vgl. Brüggen 1980; Oelkers 1982; Wigger 1983), den Grundfragen der Pädagogik (vgl. Benner 1987) und dem Systemcharakter der pädagogischen Wissenschaft - „ohne systematische Ordnung keine Wissenschaft" -, so dass „die Frage nach dem ‚System' unlösbar mit der Frage nach der Wissenschaftsförmigkeit der Pädagogik überhaupt verbunden" ist (Vogel 1991, S. 334). Das System der Pädagogik ist gleichzeitig Ausdruck der Einheit und der Geschlossenheit. Die Geschlossenheit des Systems der Pädagogik ist aber aufgrund der historischen Eingebundenheit des Pädagogischen in gesellschaftliche Kontexte nicht zu unterstellen. Die Wissenschaftsförmigkeit der Pädagogik ist ein Problem der Systematik bzw. der Suche nach einer systembildenden Idee als pädagogische Gesamtaufgabe.

Das Problem der Pädagogik besteht, so Peter Vogel (1991, S. 339) v.a. darin, „dass sie als ‚praktische Wissenschaft' in *einem* Theoriezusammenhang Theorieproblem ihres Gegenstandsbereiches zugleich mit Handlungsproblemen *für* ihren Gegenstandsbereich bearbeitet". Akzeptiert man hingegen, dass (1) sich die Identität der Erziehungswissenschaft epistemologisch in Abgrenzung zu anderen Disziplinen entwickelt hat und darin auch zu beschreiben ist, dass (2) die Ordnungsschemata jeweils unterschiedliche Geltungsgründe haben, dass also praktisches Wissen von empirischem und theoretischem Wissen unterschieden und in seinem jeweiligen Geltungsbereich bestimmt werden muss, dann ermöglicht dies (3) eine Vorstellung von situativer Geschlossenheit des pädagogischen Wissens, welche Verweise auf Forschungsdesiderate eröffnet. Es geht letztlich darum, den historisch-gesellschaftlichen Charakter pädagogischen Wissens nicht so festzulegen, dass weder einer empirischen Rekonstruktion der Erziehungswirklichkeit eine Ordnung vorgegeben noch diese ausschließlich aus der Erziehungswirklichkeit rekonstruiert wird. „Einen epistemologischen Sinn hat systematische Pädagogik dann nur noch in der Form der skeptischen Analyse und Kritik pädagogischer Systementwürfe, um die in der Tat unvermeidliche Illusion der pädagogisch-systematischen Theoriebildung aufzudecken. Die Probleme von Identität und Zusammenhang des pädagogischen Wissens werden dadurch allerdings nicht lösbar" (ebd., S. 341).

Damit ist dann neben einem erfahrungswissenschaftlichen empirischen Wissen und einem praktisch-reflexiven Wissen der Geltungsbereich eines skeptischen Wissens bestimmt. Mit Blick auf die Bildung einer spezifischen Haltung lässt sich dieses Wissen als problematisierend-skeptischer Modus pädagogischer Theorie thematisieren, als „die rationale Prüfung von scheinbar absoluten Kriterien, in denen die Legitimationsansprüche von Menschen auch nach dem Zusammenbruch der großen metaphysischen Haltesysteme häufig unbemerkt befangen bleiben oder in die sie sich erneut verfangen" (Ruhloff 1996, S. 58). Neben dem Lernen der Fähigkeiten im Umgang mit wissenschaftlichen Mitteln und Besonnenheit bei der Begründung eigener Entscheidungen ist Skepsis jener selbstreflexive Bezug des Subjektes, welches sich orientiert, auf die eigenen Ansprüche und Legitimationen. Auch darin liegt ein Bildungswert der Wissenschaft.

Literatur:

Benner, D. (1987): Allgemeine Pädagogik. Weinheim/München.
Bollnow, O. F. (1959): Existenzphilosophie und Pädagogik. Stuttgart.
Brüggen, F. (1980): Strukturen pädagogischer Handlungstheorie. Freiburg/München.

Combe, A./Helsper, W. (1996): Einleitung. Pädagogische Professionalität. Historische Hypotheken und aktuelle Entwicklungstendenzen. In: Dies. (Hrsg.): Pädagogische Professionalität. Frankfurt a.M., S. 9-48.
Derbolav, J. (1975): Pädagogik und Politik. Eine systematisch-kritische Analyse ihrer Beziehungen. Stuttgart.
Dewe, B./Ratke, F. O. (1991): Was wissen Pädagogen über ihr Können? Professionstheoretische Überlegungen zum Theorie-Praxis-Problem in der Pädagogik. In: Zeitschrift für Pädagogik, Beiheft 27: Pädagogisches Wissen. Hrsg. von J. Oelkers und H.-E. Tenorth. Weinheim/Basel, S. 143-162.
Dilthey, W. (1957): Rede zum 70. Geburtstag (1903): In: Ders.: Gesammelte Schriften V. Hrsg. von B. Groethuysen. Stuttgart, S. 7-9.
Dilthey, W. (1958): Der Aufbau der geschichtlichen Welt in den Geisteswissenschaften. In: Ders.: Gesammelte Schriften VII. Hrsg. von B. Groethuyen. Stuttgart, S. 79-190.
Flitner, W. (1980): Allgemeine Pädagogik. Frankfurt a.M.
Hörster, R. (1984): Kritik alltagsorientierter Pädagogik. Weinheim/Basel.
Koring, B. (1989): Eine Theorie pädagogischen Handelns. Weinheim.
Lenzen, D. (1996): Krisenphänomen Praxisorientierung – Analogisierung von Praxis und Beruf als Grundlage der Theoriefeindlichkeit und Entpolitisierung des akademischen Studiums. In: Ders.: Handlung und Reflexion. Weinheim/Basel, S. 63-77.
Luckner, A. (2005): Drei Arten nicht weiter zu wissen. Orientierungsphasen, Orientierungskrisen, Neuorientierungen. In: Stegmaier, W. (Hrsg.): Orientierung. Philosophische Perspektiven. Frankfurt a.M., S. 225-244.
Lüders, C. (1989): Der wissenschaftlich ausgebildete Praktiker. Weinheim.
Lüders, C./Kade, J./Hornstein, W. (2000^4): Entgrenzung des Pädagogischen. In: Krüger, H.-H./Helsper, W. (Hrsg.): Einführung in die Grundbegriffe und Grundfragen der Erziehungswissenschaft. Opladen, S. 207-216.
Luhmann, N./Schorr, K. E. (1979): Reflexionsprobleme im Erziehungssystem. Stuttgart.
Luhmann, N./Schorr, K. E. (1982): Das Technologiedefizit der Erziehung und die Pädagogik. In: Dies. (Hrsg.): Zwischen Technologie und Selbstreferenz. Fragen an die Pädagogik. Frankfurt a.M., S. 11-40.
Markowitz, J. (1986): Verhalten im Systemkontext. Zum Begriff des sozialen Epigramms. Frankfurt a.M.
Nohl, H. (1988): Die pädagogische Bewegung in Deutschland und ihre Theorie. Frankfurt a.M.
Oelkers, J. (1982): Intention und Wirkung. Vorüberlegungen zu einer Theorie pädagogischen Handelns. In: Luhmann, N./Schorr, K. E. (Hrsg.): Zwischen Technologie und Selbstreferenz. Fragen an die Pädagogik. Frankfurt a.M., S. 139-194.
Oevermann, U. (1996): Theoretische Skizze einer revidierten Theorie professionalisierten Handelns. In: Combe, A./Helsper, W. (Hrsg.): Pädagogische Professionalität. Frankfurt a.M., S. 70-182.
Prange, K. (1992): Intention als Argument. In: Luhmann, N./Schorr, K.E. (Hrsg.): Zwischen Absicht und Person. Fragen an die Pädagogik. Frankfurt a.M., S. 58-101.
Roth, H. (1963): Die realistische Wende in der pädagogischen Forschung. In: Die Deutsche Schule 55, 1963, S. 109-119.
Ruhloff, J. (1996): Pädagogik und anderes. Transzendentalkritische Bemerkungen zu Niklas Luhmann, „Das Erziehungssystem und die Systeme seiner Umwelt". In: Luhmann, N./Schorr, K. E. (Hrsg.): Zwischen System und Umwelt. Fragen an die Pädagogik. Frankfurt a.M., S. 53-74.
Stichweh, R. (1991): Der frühmoderne Staat und die europäische Universität. Frankfurt a.M.
Stichweh, R. (1994): Wissenschaft, Universität, Professionen. Soziologische Studien. Frankfurt a.M.

Sturzeneckers, B. (1993): Wie studieren Diplom-Pädagogen? Studienbiographien im Dilemma von Wissenschaft und Praxis. Weinheim.

Tenorth, H.-E. (1986): Lehrerberuf s. Dilettantismus. In: Luhmann, N./Schorr, K. E. (Hrsg.): Zwischen Intransparenz und Verstehen. Fragen an die Pädagogik. Frankfurt a.M., S. 275-321.

Thiersch, H. (1978): Alltagshandeln und Sozialpädagogik. In: neue praxis 8, 1978, S. 6-25.

Vogel, P. (1991): System – die Antwort der Bildungsphilosophie?. In: Zeitschrift für Pädagogik, Beiheft 27: Pädagogisches Wissen. Hrsg. von J. Oelkers und H.-E. Tenorth. Weinheim/Basel, S. 333-345.

Vogel, P. (1990): Kausalität und Freiheit in der Pädagogik. Frankfurt a.M.

Weniger, E. (1952): Theorie und Praxis in der Erziehung. In: Ders.: Die Eigenständigkeit der Erziehung in Theorie und Praxis. Weinheim, S. 7-22.

Wenke, H. (1963): Hilft Wissenschaft erziehen? In: Röhrs, H. (Hrsg.): Erziehungswissenschaft und Erziehungswirklichkeit. Frankfurt a.M. 1964, S. 241-255.

Wigger, L. (1983): Handlungstheorie und Pädagogik. Eine systematisch-kritische Analyse des Handlungsbegriffs als pädagogische Grundkategorie. Sankt Augustin.

Wimmer, M. (1996): Zerfall des Allgemeinen – Wiederkehr des Singulären. In: Combe, A./Helsper, W. (Hrsg.): Pädagogische Professionalität. Frankfurt a.M., S. 404-447.

Wohlrapp, H. (1979): Handlungsforschung. In: Mittelstraß, J. (Hrsg.): Methodenprobleme der Wissenschaften vom gesellschaftlichen Handeln. Frankfurt a.M., S. 122-214.

Kapitel 5: Orientierung an Diversität/Heterogenität

HANS-CHRISTOPH KOLLER

A: Orientierung an Differenz

I. Differenzen im pädagogischen Feld und ihre theoretische Erfassung

Die Aufgabe zu beschreiben, was „Orientierung an Differenz" im Bereich der Pädagogik bedeuten könnte, betrifft zwei Fragen. Zum einen geht es darum, welche Differenzen überhaupt im Zentrum der Aufmerksamkeit stehen, oder anders formuliert: auf welche Weise ‚Differenz' im Bereich pädagogischen Denkens und Handelns in Erscheinung tritt. Zum andern ist zu klären, wie man die pädagogisch relevanten Differenzen begrifflich und theoretisch angemessen erfassen kann.

Ein Anhaltspunkt zur Beantwortung der ersten Frage, ist der Bildungstheorie Humboldts zu entnehmen. Humboldt (1980, S. 235f.) beschreibt ‚Bildung' im Sinne einer umfassenden Leitkategorie für die Begründung pädagogischen Handelns als „Verknüpfung unsres Ichs mit der Welt zu der allgemeinsten, regesten und freiesten Wechselwirkung". Bildung vollzieht sich Humboldt zufolge also in einer „Wechselwirkung" von Ich und Welt, d.h. in der tätigen Auseinandersetzung des Individuums mit seiner Umwelt, die auf es einwirkt, aber auch von ihm mitgestaltet wird. Auf ähnliche Weise begreift auch die moderne Sozialisationstheorie (unbeschadet sonstiger Unterschiede der theoretischen Perspektiven) Entwicklungsprozesse Heranwachsender als interaktive Auseinandersetzung der Individuen mit ihren sozialen und materiellen Lebensbedingungen (vgl. Hurrelmann 2001, S. 14). Betrachtet man pädagogisch relevante Prozesse wie Bildung und Sozialisation in dieser Weise als „Wechselwirkung" zwischen Individuen und ihrer Umwelt, so ist festzustellen, dass Differenz auf beiden Seiten dieses Verhältnisses eine entscheidende Rolle spielt. Zum einen wird Differenz bildungs- und sozialisationstheoretisch bedeutsam als Verschiedenheit der Individuen – z.B. im Blick auf ihre je individuellen ‚Anlagen' oder ‚Kräfte', aber auch in Bezug auf Geschlecht, soziale und kulturelle Herkunft, körperliche oder geistige Beeinträchtigungen usw. (vgl. dazu auch Lutz/Wenning 2001, S. 20f.). Zum andern macht sich Differenz in pädagogischer Hinsicht bemerkbar als Verschiedenheit der ‚Welt', mit der die Individuen in Wechselwirkung treten bzw. die sie sich im Zuge ihrer Bildungs-, Lern- und Sozialisationsprozesse aneignen. Zu den unterschiedlichen Aspekten von ‚Welt', mit denen Individuen im Zuge ihres Aufwachsens konfrontiert werden, gehören in modernen, funktional differenzierten und pluralen Gesellschaften u.a. die verschiedenen Sozialisationsinstanzen (wie Familie, Schule, Peergroup usw.) mit ihren je spezifischen sozialen Rollen und Rollenerwartungen, unterschiedliche moralische, politische und religiöse Wertorientierungen, die vielfältigen Bereiche menschlicher Praxis (wie Politik, Arbeit, Religion, Wissenschaft, Kunst usw.) sowie die diversen „Fächer menschlicher Erkenntniss" (Humboldt 1980, S. 234), die sich u.a. in verschiedenen Schul- und Studienfächern niederschlagen. In Bildungs- und Sozialisationsprozessen treten also die Verschiedenheit der Individuen und die Mannigfaltigkeit der Welt in eine Wechselwirkung, deren Fruchtbarkeit (im Sinne Humboldts) vor allem davon abhängt, wie ‚allgemein', ‚rege' und ‚frei' sie ist. Nimmt man zur bildungs- und sozialisationstheoretischen Perspektive diejenige des Erziehungsbegriffs hinzu, so wäre diese doppelte Differenz noch um die Verschiedenheit der Erzieher bzw. der pädagogisch Handelnden zu ergänzen, die ebenso wie die Heranwachsenden Differenzen u.a. in Bezug auf ‚Anlagen', Geschlecht und Herkunft aufweisen, sich darüber hinaus aber auch in ihrer Zugehörigkeit zu bestimmten Institutionen, ihren sozialen Rollen, ihren normativen Orientierungen und ihren Qualifikationen in Praxisfeldern und ‚Fächern' unterscheiden.

Im Blick auf die zweite Frage, wie diese Differenzen theoretisch angemessenen bestimmt werden können, soll in diesem Artikel ein Denken der Differenz vorgestellt werden, das diese in besonderer Weise akzentuiert und radikalisiert, nämlich die Differenzphilosophie des französischen Poststrukturalismus, dem u.a. so unterschiedliche Denker wie Derrida, Foucault, Deleuze und Lyotard zugerechnet werden können. Nach einer kurzen Übersicht über wesentliche Motive poststrukturalistischen Denkens soll diese Radikalisierung der Differenz exemplarisch am Beispiel von Lyotards Philosophie des Widerstreits thematisiert und auf ihre Bedeutung für die Erziehungswissenschaft befragt werden.

II. Zum Differenzdenken des Poststrukturalismus

Den Ausgangspunkt strukturalistischen Denkens bildet die Anfang des 20. Jahrhunderts entstandene Sprachtheorie des Genfer Linguisten Ferdinand de Saussure, die der Differenz eine zentrale Bedeutung innerhalb der Struktur der Sprache zuweist. Saussure (1967) zufolge besteht das System der Sprache (langue) im Wesentlichen aus differentiellen Elementen (den Lauten) und deren Relationen zueinander, wobei die entscheidende These lautet, dass sich der Wert eines Elements nicht positiv (etwa durch dessen Eigenschaften) bestimmen lasse, sondern nur negativ bzw. relativ, nämlich durch dessen Differenz zu allen anderen Elementen (vgl. ebd., S. 140). Ein Laut (wie z.B. der Konsonant m) gewinnt für Saussure seine potentiell Bedeutung tragende Funktion also weder aus sich selbst noch durch irgendeinen ursprünglichen Bezug auf das Bezeichnete, sondern allein aus seiner Differenz zu anderen Lauten (etwa zum p, was im Französischen z.B. die Unterscheidung von mère und père erlaubt). Daraus zieht Saussure den Schluss, „daß es in der Sprache nur Verschiedenheiten gibt. Mehr noch: eine Verschiedenheit setzt im allgemeinen positive Einzelglieder voraus, zwischen denen sie besteht; in der Sprache aber gibt es nur Verschiedenheiten ohne positive Einzelglieder" (ebd., S. 143; Hervorhebung im Original).

Im Zuge der weiteren Ausarbeitung des strukturalistischen Paradigmas wurde diese differenztheoretische Betrachtungsweise von der Sprachwissenschaft auf andere Erkenntnisgebiete ausgedehnt, so z.B. in der strukturalen Anthropologie Lévi-Strauss' (1971) auf Verwandtschaftsbeziehungen, in Lacans (1973ff.) strukturalistischer Re-Lektüre der Freudschen Psychoanalyse auf das Unbewusste oder in Althussers (1968) strukturaler Marx-Interpretation auf die politische Ökonomie. Während für den klassischen Strukturalismus Saussures die Vorstellung der Abgeschlossenheit des Sprachsystems kennzeichnend war, kam es im Laufe der Weiterentwicklung strukturalistischen Denkens zu einer Betonung der Offenheit, Unabschließbarkeit und Unbeherrschbarkeit differentieller Verweisungszusammenhänge, die als Kennzeichen des so genannten Neo- oder Poststrukturalismus gelten kann (vgl. Frank 1984).

Charakteristisch für die Entwicklung poststrukturalistischer Ansätze ist dabei zugleich eine (von den einzelnen Autoren auf sehr verschiedene Weise betriebene) Radikalisierung des Differenzbegriffs. War die Differenz im klassischen Strukturalismus zwar unabdingbare Voraussetzung jeder Strukturbildung, aber doch letztlich aufgehoben in der Totalität einer abgeschlossenen Struktur, führt die poststrukturalistische Aufsprengung dieser abgeschlossenen Ganzheit zur Radikalisierung des Differenzbegriffs, der nun nicht mehr primär in Relation zu seinem klassischen Gegenbegriff Identität gedacht, sondern davon abgelöst und zum Ausgangspunkt neuer Formen der Theoriebildung gemacht wird (vgl. z.B. Derrida 1976 und Deleuze 1997). Zu den für die Erziehungswissenschaft besonders interessanten Versionen dieser poststrukturalistischen Radikalisierung des Differenzbegriffs gehört auch Lyotards Philosophie des Widerstreits, die hier exemplarisch vorgestellt werden soll, weil sie nicht nur sprach- und diskurstheoretisch fundiert ist, sondern in ihrem Verständnis von Gerechtigkeit auch bildungstheoretische Anschlussmöglichkeiten bietet.

III. Die Konzeption radikaler Differenz bei J.-F. Lyotard

III.1. Lyotards Konzeption der Postmoderne

Das Anliegen von Lyotards Hauptwerk „Der Widerstreit" (1989) ist am besten zu erläutern, wenn man es zu einer früheren Arbeit in Beziehung setzt, die im Kontext der Debatte um die Postmoderne angesiedelt ist und Lyotard schlagartig bekannt gemacht hat, nämlich zu seiner Studie über „Das postmoderne Wissen" (1986). Deren zentrale These lautet, dass die soziokulturelle Verfasstheit gegenwärtiger Gesellschaften insofern „postmodern" genannt werden kann, als sie durch eine radikale Pluralität unterschiedlicher Sprachspiele gekennzeichnet sei. Im „Postmodernen Wissen" wird diese These vor allem am Beispiel des wissenschaftlichen Wissens entfaltet. Um den Geltungsanspruch wissenschaftlichen Wissens zu begründen, gebe es heute nicht mehr ein einziges, allgemein anerkanntes Verfahren, sondern eine Vielzahl konkurrierender Begründungsweisen. Als Postmoderne könne man vor diesem Hintergrund die gesellschaftliche Konstellation bezeichnen, in der die „großen Erzählungen", d.h. die geschichtsphilosophischen Konstruktionen zur Legitimierung wissenschaftlichen Wissens, ihre Glaubwürdigkeit eingebüßt hätten. So habe z.B. die „große Erzählung" der Aufklärung, die das Wissen als Werkzeug des Menschen zu seiner Emanzipation begreift, ihre Glaubwürdigkeit verloren, weil sie zur Vereinheitlichung der Sprachspiele tendiere (etwa indem sie normative und deskriptive Aussagen vermische) und so deren reale Vielfalt ausblende (vgl. Lyotard 1986, S. 117ff.). Dieser Kritik herkömmlicher Legitimationsversuche (die auch die moderne Version der Legitimation durch Effizienz betrifft) stellt Lyotard den Gedanken einer ‚postmodernen' Legitimation des Wissens durch „Paralogie" gegenüber (vgl. ebd., S. 175ff.). Wissen ist demnach legitim, sofern es eine bisher geltende Logik durchbricht – man könnte auch sagen: wenn es sich durch nichts anderes auszeichnet als seine Differenz zur bestehenden Ordnung des Wissens.

Mit seiner Beschreibung der Postmoderne als soziokulturelle Verfasstheit gegenwärtiger Gesellschaften, die sich durch eine radikale Differenz unterschiedlicher Begründungsweisen des Wissens auszeichne, stellt Lyotard die poststrukturalistische Radikalisierung der Differenz in einen geschichtlich-gesellschaftlichen Kontext, der zu erhellen vermag, weshalb das Thema der Differenz im Laufe des 20. Jahrhunderts besondere Aktualität gewinnt. Andererseits bleibt Lyotards Argumentation im „Postmodernen Wissen" insofern begrenzt, als sie sich auf die Begründung wissenschaftlichen Wissens beschränkt und die für die Begründung pädagogischen Handelns wichtige Frage der Legitimation gesellschaftlicher Ordnung ausklammert. Zudem bleibt die sprachtheoretische Begründung seiner Gesellschaftsdiagnose relativ vage. Lyotards späteres Werk „Der Widerstreit" kann vor diesem Hintergrund als Versuch aufgefasst werden, die Diskussion der Legitimationsproblematik von der Begründung wissenschaftlichen Wissens auf jede Art von Diskursen auszuweiten, dabei insbesondere die Frage der Legitimation gesellschaftlicher Ordnung aufzugreifen und zugleich seiner Diagnose der radikal pluralen Verfasstheit postmoderner Gesellschaften eine sprach- und diskurstheoretische Grundlage zu verschaffen.

III.2. Lyotards Konzeption radikaler Differenz im „Widerstreit"

Lyotards Begriff des Widerstreits (frz. „différend") steht im Zentrum einer Konzeption radikaler Differenz, die nicht nur sprach- und diskurstheoretisch begründet, sondern auch sozialwissenschaftlich anschlussfähig ist. „Der Titel des Buches", so heißt es im Vorwort, „legt [...] nahe, daß eine universale Urteilsregel in bezug auf ungleichartige Diskursarten im allgemeinen fehlt" (Lyotard 1989, S. 9). Die im Titel verdichtete These des Buchs besagt also, dass ein universaler Metadiskurs ganz generell nicht existiert – weder im Blick auf die Autorisierung des Wissens, noch in Bezug auf jeden denkbaren Konflikt zwischen unterschiedlichen Diskursarten.

Den Ausgangspunkt von Lyotards Argumentation bildet die Debatte um die Forderung des französischen Publizisten Faurisson, einen wissenschaftlichen Beweis für den Holocaust durch Augenzeugenberichte von Überlebenden zu erbringen. Das Schweigen der meisten Überlebenden, so Lyotard, beweise nicht etwa (wie Faurisson nahe legt), dass es keine Gaskammern gegeben habe, sondern nur, dass das Unrecht, das den Juden in den Vernichtungslagern zugefügt wurde, in der Diskursart des wissenschaftlichen Beweises nicht angemessen artikuliert werden könne (vgl. ebd., S. 17ff.). Auf dem Spiel steht für Lyotard also nicht die Frage, ob und wie die Existenz von Gaskammern bewiesen werden kann, sondern ob der wissenschaftliche Beweis die dem Holocaust angemessene Diskursart ist. Das Geschehen von Auschwitz ist in diesem Zusammenhang mehr als nur ein Beispiel, weil die massenhafte und industriell organisierte Tötung eines ganzen Volkes die auf die Spitze getriebene Form der totalitären Herrschaft eines Diskurses über andere Diskurse und damit der Eliminierung von Differenz darstellt.

III.2.a Sprach- und diskurstheoretische Grundlagen von Lyotards Konzeption

Wie begründet Lyotard nun seine These einer radikalen Pluralität der Diskursarten? Den Ausgangspunkt seiner Überlegungen bildet der Satz als kleinste Einheit des Diskurses. Ein Satz stellt für Lyotard jeweils (mindestens) ein Universum dar, das aus vier Instanzen (und ihren Relationen zueinander) besteht:

> „Auf vereinfachende Weise müßte man sagen, daß ein Satz darstellt, worum es geht, den Fall [...]: seinen Referenten; ebenso das, was der Fall meint: den Sinn; wohin oder an wessen Adresse diese Sinnschicht des Falles gerichtet ist: den Empfänger; schließlich wo-, ,durch' oder in wessen Namen der Sinn (bzw. die Bedeutung) des Falles vermittelt wird: den Sender. Der Zustand des Satz-Universums ergibt sich aus der Situation, in der diese Instanzen zueinander stehen." (Lyotard 1989, S. 34f.)

Ein Satz-Universum besteht für Lyotard also aus Referenten („worum es geht"), Bedeutung („was der Fall meint"), Empfänger („an wessen Adresse") und Sender („in wessen Namen") sowie aus der Art und Weise, in der diese Instanzen zueinander positioniert werden. Aus der Aussage, dass jeder Satz (mindestens) ein Universum darstellt, folgt eine radikale Differenz der Sätze untereinander: „Es gibt ebenso viele Universen wie Sätze. Und ebenso viele Situationen von Instanzen wie Universen." (ebd., S. 135) In diesem Sinne ist bereits jeder einzelne Satz grundlegend verschieden von allen anderen Sätzen. Auf der anderen Seite aber lassen sich bestimmte Arten der Darstellung von Universen und damit Familien einander ähnlicher Sätze unterscheiden. Diese Darstellungsmodi sind Lyotard zufolge verknüpft mit den Formationsregeln, nach denen Sätze gebildet werden und die er Satz-Regelsysteme nennt. Die radikale Differenz der Sätze wiederholt sich nun auf dieser Ebene der Satzfamilien: „Sätze unterschiedlicher Regelsysteme können nicht ineinander übersetzt werden." (ebd., S. 92) Der Grund dafür liegt darin, dass jede Satzfamilie die vier Satz-Instanzen in einer ganz bestimmten, für sie typischen Relation zueinander situiert. So scheint zwar der deskriptive Satz *Die Tür steht offen* unter bestimmten Kontextbedingungen dieselbe verpflichtende Bedeutung zu haben wie die Aufforderung *Mach die Tür zu*, doch situieren beide Sätze den Empfänger in einer anderen Relation zur Bedeutung und sind deshalb keineswegs austauschbar (vgl. ebd., S. 92f.).

Besondere Relevanz gewinnt die Differenz der Satzfamilien Lyotard zufolge bei der Verkettung von Sätzen. Zwar legten Sätze eines bestimmten Satz-Regelsystems eine bestimmte Verkettung nahe; so verlange etwa ein Fragesatz nach einer Antwort. Doch prinzipiell sei nur festgelegt, dass verkettet werden muss, aber nicht wie diese Verkettung zu erfolgen habe: „[D]ie Verkettung ist notwendig, die Art und Weise kontingent" (ebd., S. 58). Sätze müssen weiterverkettet werden, da auch ein Schweigen als negativer Satz aufzufassen wäre, durch den wenigstens eine der vier

Instanzen negiert werde. Das Wie dieser Verkettung aber sei offen; auf eine Frage könnte z.B. auch eine Gegenfrage oder ein Gelächter folgen.

Lyotard zufolge gibt es nun allerdings Regeln, die eine bestimmte Verkettung als ‚passend' oder ‚triftig' erscheinen lassen (ebd., S. 59 und 142). Solche Verkettungsregeln konstituieren eine Diskursart. Als Diskursarten bezeichnet Lyotard Regelsysteme ‚höherer' Ordnung, die die Verkettung von Sätzen unterschiedlicher Satzfamilien betreffen, und zwar jeweils nach Maßgabe eines bestimmten Zwecks. So gilt ihm z.B. die kognitive bzw. wissenschaftliche Diskursart als Verkettung einer Benennung, einer Beschreibung und einer Ostension (dies hier ist ein Fall von X), die den Zweck verfolge, die Wirklichkeit eines Referenten zu ermitteln (vgl. ebd., S. 38 und 78ff.). Als Zwecke anderer Diskursarten nennt Lyotard „Wissen, Lehren, Rechthaben, Verführen, Rechtfertigen, Bewerten, Erschüttern, Kontrollieren" (ebd., S. 10), an anderer Stelle auch „überreden, überzeugen, besiegen, zum Lachen, zum Weinen bringen usw." (ebd., S. 149). Solche Zwecke seien allerdings nicht als intentionale Zielsetzungen der beteiligten Subjekte zu verstehen, sondern als Strategien von der Art, wie sie ein Spiel den Spielern auferlegt (vgl. ebd., S. 227f.).

Von Zwecken und Verkettungsmodi ausgehend lassen sich nun verschiedene Diskursarten unterscheiden; so beschreibt Lyotard u.a. die kognitive oder wissenschaftliche, die ökonomische, die philosophische und die narrative Diskursart. Wie schon im Blick auf Sätze und Satz-Regelsysteme betont Lyotard auch auf dieser Ebene eine grundlegende Differenz – und zwar nun in verschärfter Form. Lyotards zentrale These besagt, dass es beim Aufeinandertreffen zweier unterschiedlicher Diskursarten unvermeidlich zu einem Widerstreit komme, d.h. zu einem Konflikt, der prinzipiell nicht zu schlichten sei, weil eine übergreifende Urteilsregel fehle. Im Unterschied dazu versteht Lyotard unter einem Rechtsstreit einen Konflikt zweier Parteien, der geschlichtet werden kann, weil er innerhalb einer gemeinsamen Diskursart stattfindet. Zwischen zwei verschiedenen Diskursarten aber sei eine Schlichtung unmöglich, weil keine Meta-Diskursart existiere, die die Ansprüche der einzelnen Diskursarten gegeneinander abgrenzen und über ihre jeweilige Berechtigung entscheiden könnte.

Prinzipiell steht für Lyotard der Widerstreit bereits an jeder ‚Nahtstelle' zwischen zwei Sätzen auf dem Spiel, d.h. immer dann, wenn ein Satz weiterverkettet werden muss. Denn da kein Satz der erste ist, werde jeder Satz in ein Kraftfeld eingeschrieben, in dem die Diskursart des vorangegangenen Satzes sich mit anderen Diskursarten im Streit um die triftige Verkettung befinde – einem Streit, der noch dadurch verschärft werde, dass immer nur ein Satz auf einmal möglich sei und deshalb jeder aktuelle Satz alle anderen Sätze ausschließe, die an seiner Stelle gesagt werden könnten (vgl. ebd., S. 227).

III.2.b Die ethische Dimension von Lyotards Widerstreit-Konzept

Was zunächst noch wie eine sprachphilosophische Spitzfindigkeit erscheinen mag, gewinnt seine ethische und politische Tragweite angesichts der Fälle von Widerstreit, denen Lyotards besonderes Interesse gilt – wie etwa des Streits um die wissenschaftliche Beweisbarkeit des Holocaust. Auch für diese Fälle versucht Lyotard zu zeigen, dass es sich dabei um den Widerstreit differenter Diskursarten handelt, für den eine übergreifende Urteilsregel oder eine Meta-Diskursart fehlt. Dabei wird allerdings deutlich, dass der Widerstreit keineswegs immer als Aufeinandertreffen zweier tatsächlich artikulierter Diskursarten in Erscheinung treten muss. Weitaus häufiger scheint vielmehr der Fall zu sein, dass der Widerstreit als Rechtsstreit erscheint, weil eine gemeinsame Urteilsregel unterstellt wird oder weil eine der beiden Diskursarten sich gegenüber der anderen durchgesetzt hat:

> „Zwischen zwei Parteien entspinnt sich ein Widerstreit, wenn sich die ‚Beilegung' des Konflikts, der sie miteinander konfrontiert, im Idiom der einen vollzieht, während das Unrecht, das die andere erleidet, in diesem Idiom nicht figuriert." (Lyotard 1989, S. 27)

In dieser Weise deutet Lyotard nun den oben geschilderten Streit um den Holocaust, der durch die Forderung nach wissenschaftlichen Beweisen für die Existenz von Gaskammern entfacht wurde. Dieser Streit müsse als Widerstreit verstanden werden – aber nicht etwa deswegen, weil die Existenz der Gaskammern nicht bewiesen werden könnte, sondern weil das Unrecht, das den dort Ermordeten (und den wenigen, die das entsetzliche Geschehen überlebt haben) angetan wurde, in der kognitiven Diskursart bzw. im Idiom der wissenschaftlichen Beweisführung nicht figuriere. Werde der Konflikt auf der Ebene wissenschaftlicher Beweisführung ausgetragen, so werde der Widerstreit in einen Rechtsstreit verwandelt, der innerhalb einer Diskursart ausgetragen und deshalb prinzipiell auch entschieden werden kann. Das Unrecht, das die unterlegene Konfliktpartei geltend machen möchte, könne nun keinen Ausdruck mehr finden; es erscheine als ein bloßer Schaden, der innerhalb der einen, siegreichen Diskursart behoben werden kann. Die unterlegene Konfliktpartei ist damit für Lyotard zum Opfer geworden: ihrer Mittel beraubt, das ihr zugefügte Unrecht zu artikulieren (vgl. ebd., S. 25).

In solchen Fällen findet der Widerstreit nicht mehr direkt Ausdruck; er hat sich Lyotard zufolge in einen Rechtsstreit ‚verpuppt' (vgl. ebd., S. 32). Ein Indiz für den Widerstreit finde sich dann unter Umständen nur noch im Schweigen der unterlegenen Konfliktpartei (z.B. im Schweigen der Überlebenden aus den Vernichtungslagern). Dieses Schweigen verweise auf das, was in der Diskursart, die sich (aus welchen Gründen auch immer) durchgesetzt hat, nicht gesagt werden kann:

> „Der Widerstreit ist der instabile Zustand und der Moment der Sprache, in dem etwas, das in Sätze gebracht werden können muß, noch darauf wartet. Dieser Zustand enthält das Schweigen als einen negativen Satz, aber er appelliert auch an prinzipiell mögliche Sätze. Was diesen Zustand anzeigt, nennt man normalerweise Gefühl. ‚Man findet keine Worte' usw." (ebd., S. 33)

Die zitierte Stelle verweist darauf, inwiefern Lyotards Konzeption radikaler Differenz nicht nur ein sprachphilosophisches Konzept, sondern auch eine Theorie der Gerechtigkeit darstellt. Das Schweigen, so Lyotard, appelliere „an prinzipiell mögliche Sätze"; und von dem in Rede stehenden ‚Etwas' wird gesagt, dass es „in Sätze gebracht werden können" müsse – beides Formulierungen, die über die analytische Beschreibung hinaus auch eine normative (oder doch zumindest appellative) Dimension enthalten. Schon kurz vor der zitierten Stelle hieß es:

„Dem Widerstreit gerecht zu werden bedeutet: neue Empfänger, neue Sender, neue Bedeutungen (significations), neue Referenten einsetzen, damit das Unrecht Ausdruck finden kann und der Kläger kein Opfer mehr ist. Dies erfordert neue Formations- und Verkettungsregeln für die Sätze. Niemand zweifelt, daß die Sprache diese neuen Satzfamilien und Diskursarten aufzunehmen vermag. Jedes Unrecht muß in Sätze gebracht werden. Eine neue Kompetenz (oder ‚Klugheit') muß gefunden werden. [...] Es bedarf einer angestrengten Suche, um die neuen Formations- und Verkettungsregeln für die Sätze aufzuspüren, die dem Widerstreit, der sich im Gefühl zu erkennen gibt, Ausdruck verleihen können, wenn man vermeiden will, daß dieser Widerstreit sogleich von einem Rechtsstreit erstickt wird und der Alarmruf des Gefühls nutzlos war. Für eine Literatur, eine Philosophie und vielleicht sogar eine Politik geht es darum, den Widerstreit auszudrücken, indem man ihm entsprechende Idiome verschafft." (ebd., S. 32f.)

Wie die zitierten Passagen zeigen, enthält Lyotards Denken auch eine ethische Dimension. Der Kerngedanke dieser Ethik besteht in der Anerkennung der radikalen Differenz der Diskursarten und in der Forderung nach einer entsprechenden diskursiven Praxis. Lyotards Formulierung für diese diskursive Praxis lautet „den Widerstreit bezeugen" (ebd., S. 12) oder „dem Widerstreit gerecht werden" (ebd., S. 32). Diese Grundnorm impliziert zweierlei: zum einen die Forderung, einen bereits artikulierten Widerstreit offen zu halten und seine Verwandlung in einen Rechtsstreit zu verhindern – und das hieße z.B., vorhandene Konflikte daraufhin zu prüfen, inwieweit es sich dabei um Fälle eines Widerstreits handelt, dessen Schlichtung innerhalb einer Diskursart der anderen Konfliktpartei notwendigerweise ein Unrecht zufügen würde. Zum andern aber enthält das Prinzip „dem Widerstreit gerecht werden" den Appell, mit der beständigen Möglichkeit des Widerstreits auch dort zu rechnen, wo kein offener Konflikt zu erkennen ist, sondern nur ein Schweigen oder ein „Gefühl" anzeigt, dass in der jeweils vorherrschenden Diskursart „etwas" nicht gesagt werden kann. In diesen Fällen sieht Lyotard die Aufgabe von Literatur, Philosophie und Politik darin, den bislang nicht artikulierten oder nicht artikulierbaren Widerstreit zum Ausdruck zu bringen, ihm ein Idiom zu verschaffen: neue Sätze, Satzfamilien und Diskursarten zu (er)finden, die jenes ‚Etwas' sagbar machen.

IV. Zur Bedeutung von Lyotards Konzeption radikaler Differenz für die Erziehungswissenschaft

Welche Konsequenzen könnte diese Konzeption radikaler Differenz nun für die Erziehungswissenschaft bzw. für das pädagogische Denken und Handeln haben? Eine Schwierigkeit, Lyotards Überlegungen auf das Gebiet der Pädagogik zu beziehen, besteht darin, dass auf den ersten Blick in seiner sprach- und diskurstheoretisch begründeten Konzeption individuell handelnde Subjekte nicht vorzukommen scheinen. Doch bei näherem Hinsehen zeigt sich, dass Lyotard lediglich – wie andere poststrukturalistische Denker dem linguistic turn der Philosophie folgend (vgl. Frank 1984, S. 282) – das Verhältnis von Subjekt und Sprache umkehrt. Als Bedingung der Möglichkeit von Erkenntnis ist demzufolge nicht mehr das Bewusstsein eines individuellen Subjekts anzusehen, sondern vielmehr die Sprache bzw. jene sprachlichen Prozeduren, kraft derer sich das Welt- und Selbstverhältnis von Subjekten allererst konstituiert. Lyotard zufolge bedienen sich also nicht die Subjekte der Sprache als eines Mittels, um ihre Absichten zu verfolgen, sondern vielmehr weist die Sprache den Subjekten kraft ihrer Regelsysteme Positionen innerhalb von Satz-Universen und Diskursarten zu. In Abrede gestellt wird also nicht, dass es Subjekte gibt, sondern nur, dass das Subjekt eine Instanz sei, die der Sprache als dem Sich-Ereignen von Sätzen vorausgehe. In diesem Sinn bestünde eine erste Konsequenz aus Lyotards Philosophie für die Erziehungswissenschaft darin, pädagogische Interaktionen bzw. Erziehungs-, Bildungs- und Sozialisationsprozesse nicht primär als durch subjektive Intentionen bestimmt anzusehen, sondern als ein sprachlich-diskursives Geschehen zu begreifen und dessen implizite Regeln zu rekonstruieren.

Dabei wäre zweitens der radikalen Differenz bzw. dem Widerstreit im Sinne Lyotards besondere Beachtung zu schenken. Begreift man im Sinne des eben Gesagten pädagogische Maßnahmen ebenso wie Äußerungen oder Handlungen der Zu-Erziehenden bzw. Sich-Bildenden als sprachliches Geschehen, und d.h. als Sätze, die jeweils einer bestimmten Diskursart folgen, so müsste dabei auch in pädagogischer Hinsicht die radikale Differenz dieser Sätze und Diskursarten in Rechnung gestellt werden. Daraus folgt insbesondere, dass auch im pädagogischen Feld mit der Möglichkeit des Widerstreits zu rechnen ist und dass Konflikte – und zwar vor allem solche, die die eingangs benannten pädagogisch relevanten Dimensionen von ‚Differenz' betreffen – als mögliche Fälle von Widerstreit zu betrachten und daraufhin zu prüfen wären, ob es sich dabei tatsächlich um Fälle von Widerstreit (oder nur um Rechtsstreitigkeiten) handelt.

Drittens schließlich könnte als ethische Grundnorm zum pädagogischen Umgang mit solchen Fällen von Widerstreit die Orientierung an Lyotards Forderungen dienen, „den Widerstreit [zu] bezeugen" und „dem Widerstreit gerecht [zu] werden". Auf das Feld des pädagogischen Handelns bezogen könnte dies bedeuten, sich an einem Begriff von Bildung zu orientieren, der zweierlei Forderungen umfasst: zum einen die Anerkennung des Widerstreits und der radikalen Differenz der Diskursarten als einer unvermeidlichen Gegebenheit von Erziehungs-, Bildungs- und Sozialisationsprozessen, zum andern die Suche nach neuen sprachlichen Ausdrucksmöglichkeiten für das bislang Nicht-Artikulierbare (vgl. dazu Koller 1999, S. 146ff.).

Ein solcher Bildungsbegriff enthielte daher zwei Dimensionen, eine skeptische und eine innovative. Die skeptische Dimension betont die Anerkennung des Widerstreits und zielt vor allem auf die Respektierung von Differenzen zwischen den Diskursarten und die Zurückweisung aller totalisierenden Versuche einzelner Diskursarten, die Rolle eines Meta-Diskurses einzunehmen. Pädagogische Maßnahmen bzw. „Sätze" wären, so betrachtet, in dem Maße legitim, wie sie der unhintergehbaren Differenz der Diskursarten Rechnung tragen und den jederzeit möglichen Dissens anerkennen. Da der Widerstreit nicht nur in Form offen ausgetragener Konflikte auftritt, sondern auch die Gestalt eines (scheinbaren) Konsenses annehmen kann, in dem das Anliegen der einen ‚Partei' ganz zu verschwinden droht, weil es keinen Ausdruck mehr findet und sich nur noch als ‚Schweigen' geltend machen kann, bedarf es jedoch mehr als nur der Respektierung artikulierter Dissense. Die innovative (oder im Sinne Lyotards: paralogische) Dimension des

Bildungsbegriffs betont daher die Notwendigkeit, über die Anerkennung des Widerstreits hinaus nach neuen Ausdrucksmöglichkeiten für das zu suchen, was in den jeweils vorherrschenden Diskursarten nicht gesagt werden kann. ‚Bildung' findet in dieser Perspektive statt, wo immer sich sprachliche Innovationen ereignen, die den Widerstreit nicht nur anerkennen, sondern überhaupt erst (wieder) in Kraft setzen. Die Legitimität pädagogischen Handelns bemisst sich so gesehen daran, was es angesichts radikaler Differenz zum (Er-)Finden neuer Sätze und Diskursarten beitragen kann.

Literatur

Althusser, L. (1968): Für Marx. Frankfurt a.M.
Deleuze, G. (1997^2): Differenz und Wiederholung. München.
Derrida, J. (1976): Die différance. In: Derrida, J.: Randgänge der Philosophie. Frankfurt a.M., Berlin, Wien.
Frank, M. (1984): Was ist Neostrukturalismus? Frankfurt a.M.
Humboldt, W. v. (1980^3): Theorie der Bildung des Menschen. In: Humboldt, W. v.: Werke in fünf Bänden. Hrsg. von A. Flitner u. K. Giel. Darmstadt, Bd. 1, S. 234-240.
Hurrelmann, K. (2001^7): Einführung in die Sozialisationstheorie. Weinheim.
Koller, H.-C. (1999): Bildung und Widerstreit. Zur Struktur biographischer Bildungsprozesse in der (Post-)Moderne. München.
Lacan, J. (1973ff.): Schriften. 3 Bde. Olten u. Freiburg i.Br.
Lévi-Strauss, C. (1971): Strukturale Anthropologie. Frankfurt a.M.
Lutz, H./Wenning, N. (Hrsg.) (2001): Unterschiedlich verschieden. Differenz in der Erziehungswissenschaft. Opladen.
Lyotard, J.-F. (1986): Das postmoderne Wissen. Ein Bericht. Graz u. Wien.
Lyotard, J.-F. (1989^2): Der Widerstreit. München.
Saussure, F. de (1967^2): Grundfragen der allgemeinen Sprachwissenschaft. Hrsg. v. Ch. Bally u. A. Sechehaye. Berlin.

Kapitel 5: Orientierung an Diversität/Heterogenität

KERSTEN REICH

B: Handlungsbezug und Diversität in Pragmatismus und Konstruktivismus

Pragmatismus und Konstruktivismus sind wichtige neuere erkenntniskritische Strömungen, die stärker als andere Ansätze die historischen und kulturellen Bedingungen von Erziehung in ein Spannungsverhältnis zu handlungsbezogenen Möglichkeiten der Subjekte setzen. Dabei vermeiden sie sowohl naive Abbildungstheorien wie auch Korrespondenztheorien von Wahrheit, die versuchen, eine Welt dort draußen mit einer Welt im Subjekt zu vermitteln. Für beide Ansätze existiert kein äußerer Geist und keine äußere Ordnung, die erst das schafft, was ein Geist oder eine Ordnung ist. Vielmehr erzeugen Menschen in ihren geistigen Handlungen – immer vermittelt mit Interaktionen und kulturellen Bedingungen – das, was sie dann Geist nennen oder was sie als Ordnungen bezeichnen. Auch metaphysische Konzeptionen, die zu einer universal begründeten Sicht auf das Subjekt und die Bedingungen der Möglichkeit und Notwendigkeit z.B. von Erziehung in relativer Zeitunabhängigkeit kommen wollen, lehnen sie ab. Sie sehen dagegen Subjekte oder Individuen immer schon in Kommunikation mit anderen, wobei die Handlungen in einem Prozess von durchgeführten Erfahrungen als auch bereits gemachten Erfahrungen stehen. Das, was wir Menschen in unseren Handlungen konstruieren und produzieren, kehrt als Handlungsvoraussetzung zu uns zurück. Insoweit ist keine Kultur völlig frei in ihren Handlungen, sondern muss sich dem stellen, was bereits als Kultur (in Praktiken, Routinen, Institutionen) vorliegt.

Vor diesem Hintergrund werden Erziehungsvorgänge als lebendige Prozesse verstanden, die insbesondere Beziehungen und Inhalte in einer Kultur über die Generationen hinweg miteinander vermitteln. Diese Vorgänge gelten weder nach Inhalt noch Form für alle Zeiten. Sie geschehen auch nicht nach immer festgeschriebenen Mustern, aber sie sind auch nicht willkürlich. Pragmatismus und Konstruktivismus verstehen in der Begrenzung einer willkürlichen Sicht natürliche wie auch gesellschaftliche Entwicklungen nicht als Entwicklungen von Substanzen oder zu entdeckenden universellen Ordnungen, sondern als Ereignisse, die stets durch und in Handlungen realisiert werden und vor diesem Hintergrund reflektiert werden können. Dabei sind auch alle theoretischen Perspektiven und Konzeptionen Teile solcher Handlungen und abhängig von deren historischer und situativer Beschränktheit wie Möglichkeit.

Die pragmatische und konstruktivistische Perspektive lässt sich im Blick auf ihre erkenntniskritische und handlungsleitende Funktion mit einem Vergleich zwischen Landkarten und Territorien illustrieren. Wir wissen, dass es einen Unterschied zwischen dem gibt, was eine Landschaft in konkreter Realität, in sinnlicher Wahrnehmung und in direkter, unmittelbarer Erfahrung bedeutet, und einer Landkarte, die als eine Art Wegweiser, Lageplan, Übersicht über eine solche Landschaft oder Territorium dient. Das eine sieht der gesunde Menschenverstand gerne als gegeben bzw. als eine tatsächliche Realität an, das andere als vom Menschen konstruiert. Dabei nun scheint es die Aufgabe jeglicher Erkenntniskritik zu sein, dass es zu keinen Widersprüchen, Abweichungen, Verzerrungen oder Lücken zwischen dem, was gegeben ist, und dem, was konstruiert wurde, kommt. Allerdings sprechen die großen philosophischen Theorien dann nicht mehr von Karten, sondern von Systemen. In diesen Systemen suchen sie nach nicht hintergehbaren Ausgangspunkten, von denen ausgehend sie ein kohärentes logisches System von Regeln und Ableitungen entwickeln. Bezogen auf die Erziehungswissenschaft entspricht dies der Suche nach einem sicheren Territorium, einer gültigen Landschaft, entweder stärker in der Theorie oder in der Praxis, von dem wir unsere begründeten pädagogischen Landkarten ableiten, wobei wir Fixpunkte oder wiederkehrende Merkmale ausmachen, um uns in diesen Karten (die manche allerdings dann irrtümlich bereits für das Territorium halten) bewegen zu können.

Der Pragmatismus verstört uns dieses einfache und schöne Bild, das so viel Klarheit zu geben scheint. Insbesondere John Dewey benutzte oft die Kartenmetapher, um zu zeigen (vgl. Boisvert 1998, 149 ff.),

- dass es kein eindeutiges, klares und universales Abbild der Welt da draußen für immer geben kann. Die Welt da draußen erreichen wir in unseren Erfahrungen (*experience*) und Handlungen in ihr, und dazu konstruieren wir bestimmte Karten (Ideen und Theorien) aus bestimmten Interessen, die mit unseren Handlungen zusammenhängen. Je mehr wir hier Systeme errichten, die unabhängig von den in der Zeit sich verändernden Handlungen stehen, desto unrealistischer werden unsere Karten/Systeme auf Dauer werden;
- dass Auswahl und eine gewisse Einseitigkeit des Auswählens unsere Karten bestimmen. Es gibt für uns keine unveränderlichen und gewissen Daten für alle Zeiten, da wir in unseren Handlungen zwar auf eine gegebene Natur und Realität zurückgreifen, diese jedoch den veränderlichen und unterschiedlichen Bedürfnissen, Interessen und Auswahlen unseres Handelns unterstellen;
- dass daher unsere Karten oder umfassenderen theoretischen Systeme immer nur provisorisch sein können. Sie müssen offen für Revisionen, Ergänzungen, ja mitunter sogar gänzliche Erneuerungen sein, denn keine dieser Karten kann als abschließend oder ewig gelten.

Damit lehnt der Pragmatismus allerdings nicht die Begründung von Theorien durch empirische Daten ab, sondern stellt sie in eine neue, erweiterte und anspruchsvolle Dimension: Aus interessebezogenen Handlungen entstehen Probleme oder Situationen, auf die wir Menschen reagieren. In den Wissenschaften suchen wir nach Lösungen, die als gerechtfertigte Behauptbarkeit (warranted assertibility) für eine bestimmte Zeit und dabei für ein in unseren Handlungen relevantes Problem/eine Situation gelten. Sie gelten, weil und insofern wir eine Begründung liefern, die Gründe der Rechtfertigung, vor allem empirische Beweise für die Verwendbarkeit unserer Karten, liefern. Aber es gibt hierfür keinen neutralen Beobachter, der uns sagen kann, wie es „wirklich" ist, denn der Beobachter ist auch nicht frei von Interessen und das Territorium kann nicht rein, d.h. ohne verzerrende Karten durchwandert werden. Ein Wachstum und einen Fortschritt unserer Erkenntnisse erreichen wir aus dieser Sicht besonders dann, wenn wir wissenschaftliche Untersuchungen durchführen, eine grundsätzlich experimentelle Haltung an den Tag legen und hierüber eine Kommunikation und einen freien Austausch miteinander führen. An dieser Stelle gibt es große Berührungspunkte zwischen Pragmatismus und der kritischen Theorie des kommunikativen Handelns von Jürgen Habermas. Innerhalb von Pragmatismus und Konstruktivismus wird diese erkenntniskritische Position heute besonders in zwei Richtungen erweitert:

a) Richard Rorty betont noch stärker als Dewey, dass die Interessen auch innerhalb der wissenschaftlichen Sprachspiele grundsätzlich problematisch sind. Dort, wo Dewey noch darauf hoffte, eine gerechtfertigte Behauptbarkeit in der Natur oder dem Gegebenen dort draußen zumindest durch eine Fairness des Beobachtens, durch eine wissenschaftliche Ethik als Respekt vor den gemachten Beobachtungen, durch einen selbstkritischen Habitus des Wissenschaftlers gegen Einseitigkeit von Interessen gewährleisten zu können, da sieht Rorty kritischer den Einfluss der Interessen (und insgesamt einer widersprüchlichen Kultur) als eine grundsätzliche Relativierung auch aller wissenschaftlichen Behauptungen. Für ihn ist das Bild von Karte/Territorium dabei selbst ein Teil des interessegeleiteten Sprachspiels, so dass auch diese Eckpfeiler unserer Erkenntniskritik relativiert werden (vgl. z.B. Rorty 1989, 1991, 1998, 2000).

b) Der Konstruktivismus als Kulturalismus (vgl. Janich 1996, Hartmann/Janich 1996, 1998) oder interaktionistischer Konstruktivismus (vgl. Reich 1998, 2005, 2006, 2007 a) geht noch einen Schritt weiter und radikalisiert zudem den Handlungsbezug: Wie können wir überhaupt behaupten, dass die Karte einseitig vom Territorium bestimmt erscheint, wo doch immer mehr Karten/Ideen/Theorien/Systeme usw. sogar zum konstruktiven Ausgangspunkt der Gestaltung und Veränderung des Territoriums selbst werden und damit bereits ein neuer Teil des Territoriums sind? Auch das Territorium oder das vermeintlich Gegebene ist bereits in Handlungen (einschließlich der Erfindung von Karten oder aller unmittelbaren Handlungen im Territorium selbst) mit dem vermittelt, was wir als Menschen konstruierend (als Werkzeug, Idee, Theorie usw.) benutzen, um uns zu orientieren, Begründungen für Handlungen zu finden, das Handeln selbst anzuleiten und auszuführen, als Erfolg oder Misserfolg zu bewerten. Das Territorium, um im Bild zu bleiben, ist längst nicht mehr natürliche Landschaft geblieben, sondern Park- oder Industrielandschaft und globalisierte Gesellschaft geworden, so dass eine einfache Ableitung aus der Seite einer Natur oder eines unabänderlich Gegebenen scheitert.

Für die Erziehungswissenschaft bieten Pragmatismus und Konstruktivismus – auf diesen hier nur beispielhaft ausgewählten Grundannahmen aufbauend – heute ein breites Spektrum an Theorie- und Praxisbezügen an. Leider ist insbesondere der Pragmatismus in Deutschland durch sehr schlechte Übersetzungen nur verzerrt rezipiert worden. Dies gilt vor allem für die erziehungswissenschaftlich sehr relevanten Werke wie „Demokratie und Erziehung", die Jürgen Oelkers in unbrauchbarer Form als Wiederauflage aus den 30er Jahren neu herausgegeben hat, und insbesondere für „Kunst als Erfahrung", das in der Übersetzung den Ursprungstext bis zur Unkenntlichkeit entstellt. Da die Werke Deweys in einer leicht zugänglichen Gesamtausgabe vorliegen und auch andere Klassiker des Pragmatismus wie James, Peirce und Mead mittlerweile neu herausgegeben wurden, sollten zur Rezeption vorrangig die englischen Ausgaben herangezogen werden, um an diese Bezüge ernsthaft anzuschließen. Aus solchen Anschlussmöglichkeiten will ich vereinfachend zwei Bezugspunkte hervorheben und hier diskutieren, die Pragmatismus und Konstruktivismus gemeinsam entwickeln: Einerseits die Handlungen selbst, die sie zu einem kritischen Ausgangspunkt einer wissenschaftlichen Theorie und Praxis der Erziehung machen; andererseits die Diversität, die sie als Beobachter, Teilnehmer oder Akteure in unseren Handlungen heute nicht nur als notwendiges und vielleicht schwieriges Beiwerk hinnehmen, sondern die zugleich aktiv als eine Bewährungsprobe unserer Handlungen gesehen werden.

I. Handlungsbezug

Für John Dewey ist die menschliche Natur zunächst ein Teil der größeren Natur. Menschen leben in einer Umwelt, durch und mit dieser Umwelt. Die äußere Umwelt oder Natur ist für uns wesentlich, um uns zu ernähren, um in ihr zu überleben. Zugleich handeln wir in dieser Umwelt. Allein aus praktischen Gründen beginnen wir, vermittels unserer Erfahrungen in der Umwelt, z.B. zwischen Organismus und Umwelt, zwischen uns und der Welt, zwischen Subjekt und Objekt zu unterscheiden (vgl. insbes. Dewey MW 9). Experience (eine aktive Form der Erfahrung) ist das, was geschieht, wenn wir handelnd in der Umwelt mit ihr interagieren, wobei wir zugleich Teil dieser Umwelt sind. Der vergesellschaftete Mensch vergisst gerne seine ursprüngliche Teilhabe und Abhängigkeit, was auch dazu führt, dass seine Selbstvergessenheit in Zerstörungen der Umwelt mündet, die sein natürliches Überleben gefährden können. Dewey war bereits vor über 100 Jahren sehr kritisch, was dieses Zerstörungspotential des Menschen betrifft.

Erziehung als Handlungsbezug in einer Umwelt wird notwendig, um die einmal gemachten Erfahrungen einer Generation an andere weiterzugeben, d.h. um nicht immer wieder historisch von vorne anzufangen. Erziehung als Handlungsbezug ist aber auch in jeder Generation als soziale Interaktion ausschlaggebend, um Gemeinsamkeiten zwischen Menschen und Gemeinschaften zu entwickeln, die in ihren Handlungen miteinander hinreichend – zunächst für ihr Überleben und auf dieser Grundlage erweitert für ein möglichst „gutes Leben" – kommunizieren und kooperieren. Dabei benötigt die Erziehung mindestens drei Grundlagen: (1) Die Vermittlungen mit der Umwelt (transactions) müssen als experience (erfahrbar und erfahrend) vollzogen werden, um Bedürfnisse, Wünsche, Absichten, Interessen und menschliche Fähigkeiten in den Handlungen selbst zu verwirklichen. (2) Dies muss kontinuierlich geschehen, denn weder eine zufällige Handlung noch ein zufälliges Konstrukt werden hinreichend Einfluss auf die Gestaltung von erzieherischen Handlungen haben, die jeweils in ihrer Zeit einen gewissen Entwicklungsstand tradieren. (3) Fortschritt aber tritt in den Handlungen dann ein, wenn ein Wachstum ermöglicht wird, das die Transaktionen und die Kontinuität miteinander produktiv vermittelt. „Interaktionen, oder genauer Transaktionen, sind in sich bedeutungslos. Wir lernen und wachsen, indem wir Kontinuitäten etablieren." (Garrison 1998, 67)

Bringen wir diese drei Perspektiven in einen Zusammenhang mit Erziehungsvorgängen, dann erkennen wir, dass sich Muster unseres Handelns herausbilden, wenn wir handeln. Dewey entwickelte eine fünfstufige Handlungstheorie, die er als eine logische Theorie des Handelns aus Beobachtungen solcher Handlungen gewann. Sie hat für alle Handlungen Relevanz und ist insbesondere als Lerntheorie bekannt geworden. Sie ist aber nicht nur Lerntheorie, als solche gilt sie bis heute als ein klassisches Paradigma im englischen Sprachraum, sondern auch eine allgemeine Handlungstheorie, die wir als Konstrukt so lange erfolgreich zur Beschreibung und Deutung von Handlungen benutzen können, so lange wir Handlungen dieser Art vollziehen (vgl. auch Hickman/Neubert/Reich 2004):

(1) *Emotionale Antwort:* Ein Handelnder (z.B. Lerner) erfährt in einer Situation etwas Unerwartetes, ein Problem, eine Verstörung usw. Dies wird ihm zum Antrieb für eine Lösungssuche.
(2) *Definition des Problems:* Ist die emotionale Reaktion erfolgt, ein Problem gestellt und als sinnvoll bzw. herausfordernd erlebt, dann muss zunächst der Betroffene aktiv werden. Meistens versucht er an frühere Erfahrungen anzuknüpfen, um die neue Situation näher zu bestimmen.
(3) *Hypothesenbildung:* Nachdem die Situation als etwas definiert worden ist, das noch näher erkundet werden muss, wendet er eine ihm schon vertraute Methode bisheriger Untersuchungen an und probiert diese aus oder bildet Hypothesen darüber, was zu tun wäre.
(4) *Testen und Experimentieren:* Lösungen werden dann erfolgreich handlungsbezogen geleistet, wenn der Handelnde seine Hypothesen (seine Ideen/Theorien) tatsächlich in einer Praxis ausprobiert. Je weniger handlungsbezogene praktische Möglichkeiten vorhanden sind, desto stärker sinkt nicht nur das Interesse, sondern auch die Einsicht in den Zweck und die Bedeutung der Handlungen ab. Dies gilt insbesondere für Lernhandlungen. Am erfolgreichsten erscheinen daher Dewey ein „*learning by doing*" und eine umfassende Untersuchungsmethode (*inquiry*).
(5) Anwendung: Das Wissen von Welt, das durch die Erfahrungen in Handlungen erworben wurde, bedarf anschließend der (kontinuierlichen) Anwendung, um zeigen zu können, was mit dem Ergebnis erreicht werden kann. Je öfter und je umfassender solche Anwendungen tatsächlich genutzt werden können, desto größer wird das Wachstum, das durch Handlungen erreicht werden kann.

Nach diesem Verständnis sind Handlungen nicht diffus zu verstehen, sondern als eine Abfolge von Teilleistungen zu begreifen, die immer dann erforderlich erscheinen, wenn wir zielgerichtet vorgehen oder zumindest einen bestimmten Erfolg unseres Handelns intendieren. Ja, für Dewey müssen wir sogar immer grundsätzlich eine solche Handlungsperspektive einnehmen, sofern wir in einer Umwelt überleben wollen, auch wenn der materielle Wohlstand immer mehr Handlungen hervorgebracht hat, die eine direkte Intention verdecken und verstecken mögen. Verstehen wir das Überleben jedoch in einem sehr weiten Sinne, dann dienen auch solche

Handlungen irgendwelchen Zwecken, die wir als Probleme einer Ausgangssituation beschreiben können und für die eine Lösung gefunden wird. Dabei kommt es aber oft nicht zum vollständigen Durchlauf der Handlungsstufen, wie es z.B. das Lernen zeigen kann. Handlungen zeigen ihren Misserfolg oft darin, dass sie nicht auf allen Stufen erfolgreich durchgeführt werden können.

Nach diesem Verständnis ist das Lernen als Handlung ein pragmatischer Prozess, der keinesfalls auf Wissensaneignung oder ein bestimmtes Bildungsverständnis begrenzt oder konzentriert werden kann, sondern immer im Vollzug von Handlungen in sich wandelnden historischen und kulturellen Kontexten zu situieren ist.

Konstruktivistische Theorien haben den Handlungsbezug erkenntniskritisch weiter differenziert. Dabei hat Peter Janich in den letzten Jahren in der Entwicklung der konstruktivistischen Methodologie die wichtige Frage aufgeworfen, inwieweit die verschiedenen Versionen von Wirklichkeiten, die in Kulturen vorhanden sind, neben den kulturrelativen Aspekten der unterschiedlichen Konstruktion und Konstruiertheit nicht auch kulturinvariante Aspekte aufweisen, die dazu nötig sind, damit nicht nur in den Wissenschaften, sondern auch in der Lebenswelt, ja bei allen Handlungen im Bewegungs-, im Herstellungs- wie im Beziehungshandeln in einer Kultur überhaupt hinreichend abgestimmte, koordinierte und wahrscheinliche Handlungen mit übereinstimmenden Effekten oder Erfolgen auftreten. Janich reagiert damit auf das Problem, dass in unserer Zeit sowohl die Interessen wie die Begründungen von Handlungen so vielfältig geworden sind, dass eine Beliebigkeit des Handelns erscheint, die immer willkürlicher wirkt. Er greift damit den Aspekt der Kontinuität von Dewey wieder auf, löst ihn allerdings anders auf. Janich versucht nachzuweisen, dass auch ein konstruktivistischer Ansatz mit dem in der Philosophie bekannten Problem des apriorischen Wissens in dem Sinne umgehen muss, dass sich apriorische Wissensbestände als hochgradig kulturinvariant begründen lassen, auch wenn sie generell (über längere Zeiträume gedacht) als kulturabhängig erscheinen (vgl. Janich 2001). Das Problem liegt darin, dass in der Kultur in vielen Fällen ein bestimmtes Wissen mit eindeutig rekonstruierbaren Handlungsaufforderungen und dahinter stehenden Praktiken immer schon vorliegt, um überhaupt zu einer viablen Handlungskoordination zu gelangen. In solchen Fällen können wir z.B. von relevanten Fakten, von apriorischen Wissensbeständen oder kulturinvarianten Konstruktionen sprechen. Für eine wissenschaftliche Rekonstruktion solch fester oder invarianter, d.h. im Grunde aber auch „nur" für eine relativ lange Zeit und bis zur Widerlegung in der Wissenschaft geltender Aussagen, greift Janich auf den Handlungsbezug zurück. Die praktischen Handlungen, die erforderlich sind, wenn wir mit Gegenständen, Sachverhalten, Problemen, Situationen usw. umgehen, zeigen uns, welche varianten oder invarianten Konstruktionen dabei gelten. Die Wissenschaften vereinfachen die komplexen Handlungsbezüge, die sie immer schon bei einem gegebenen Stand der Forschung unterstellen, dadurch, dass sie sich auf Aussagen stützen, die bereits gemacht, d.h. konstruiert und abrufbar sind. Sie müssen dann nicht mehr in jedem Fall den Handlungsbezug herstellen oder erinnern, was zu der Illusion verleiten kann, dass dieser Bezug auch gar nicht mehr als entscheidend angesehen wird. Aber bei kritischer Überprüfung stellen wir fest, dass die Konstruktionen, die aus Handlungen abgeleitet werden, erst die Bedingungen der Möglichkeit unserer Erkenntnis erzeugen.

Im Gegensatz zu Kant hat der Pragmatist John Dewey deshalb insbesondere auf das experience, den Erfahrungs- und Handlungsraum abgestellt, der für ihn maßgeblich ist, um unser Wissen und seine Folgen zu beurteilen. Allein durch Untersuchungen (inquiry) und eine grundlegende experimentelle Haltung können wir nach Dewey herausfinden, welche Prinzipien (Normen, Werte, Wahrheiten) für uns Sinn machen, wie lange solcher Sinn Geltung beanspruchen kann (abhängig von unserer inquiry und unserem experimentellen Verhalten), inwieweit dann aber auch gemachte Erfahrungen (im aktiven Sinne) für uns Brüche oder Veränderungen erzeugen, die das Prinzip (oder Normen, Werte, Wahrheiten) in Frage stellen. Janich geht einen ähnlichen Weg wie Dewey. Auch er weist ein pragmatisch-logisches Vorgehen zu, das uns helfen soll, das apriorische Wissen zugleich als ein kulturinvariantes (kulturübergreifende Konventionen im Sinne strikter Normen, Prinzipien usw.) und kulturrelatives (grundsätzlich veränderbare Konstruktionen, sofern durch neue Untersuchungen veranlasst) zu interpretieren. Auch für Janich ist dabei das Handeln entscheidend, das Menschen in Interaktionen investieren müssen, wobei sprachliches Handeln ein Teil solchen Handelns ist.

Der interaktionistische Konstruktivismus kann helfen, diese Problemlage auch für die Erziehung näher und vertiefend zu reflektieren. In ihm werden z.B. drei grundsätzliche Perspektiven unterschieden, die wir einnehmen können, sofern wir Handlungen und Handlungskontexte beobachten, beschreiben und beurteilen (vgl. Reich 1998; 2006, 144 ff.):

(1) *Rekonstruktion*: Dieser Aspekt deckt sich mit dem, was Dewey oder Janich intendieren. Es gilt im Verstehen von Sachverhalten ihren Kontext zu erfassen (so sehr schön von Dewey beschrieben in Context and Thought LW 6, 3 ff.) und dies bedeutet zugleich, die zu Grunde liegenden Handlungsfolgen entweder als eingegangene und bereits unterstellte Handlungsvoraussetzung zu rekonstruieren. In der Erziehung sind wir oft schon auf Teilnehmerrollen festgelegt, die unsere Freiheiten beschränken. Andererseits sind jedoch gerade in sozial komplexen Situationen wie der Erziehung nicht alle Rollen eindeutig begrenzt und ableitbar. Die erste Möglichkeit führt zu klaren Voraussetzungen und Schlussfolgerungen, die zweite aber gesteht zu, dass dies nicht in jedem Fall in einer Eindeutigkeit wird gelingen können, die eine klar gerechtfertigte Behauptbarkeit zulässt.

(2) *Dekonstruktion*: Aus dieser Perspektive wird grundsätzlich bezweifelt, dass es überhaupt je zu einer vollständigen Analyse kommen kann. Fokussiere ich auf die Auslassungen, die in rekonstruktiver Absicht notwendig sind, um zu hinreichenden Ergebnissen zu gelangen, dann relativiert sich jede noch so gerechtfertigte Behauptbarkeit durch den Kontext einer erneuten Be- und Umschreibung von Kontexten. Dies kann sehr wichtig werden, um dominante Deutungen, die sich nach einiger Zeit als überholt erweisen, auch wieder aufgeben zu können, auch wenn die vormals rationale Position übermächtig erscheint (was Thomas S. Kuhn mit der „Struktur wissenschaftlicher Revolutionen" thematisierte).

(3) *Konstruktion*: Diese Perspektive erhöht die Komplexität noch mehr. Was ist mit solchen Handlungen, die wir erst erzeugen, die also Handlungsfolgen zeigen, die uns konstruktiv (erzeugend, produzierend, aber auch destruierend) als konkrete Erschaffer von in gewisser Weise „neuen" Wirklichkeiten zeigen? Wahr ist hier zunächst das, was wirklich ist; und wirklich ist, was wir im Handeln erzeugen. Gerade

erzieherisches Handeln, das dem Lerner Freiheiten eigenständigen Lernens eröffnen will, das nicht auf Reproduktion eines vorgegebenen Wissens, sondern auf Selbsttätigkeit und Selbstbestimmung der Lerner setzt, die Kompetenzen erwerben sollen, bezieht sich heute mehr denn je auf Handlungen konstruktiver Art (vgl. Reich 2005).

II. Diversität

Der Handlungsbezug in der Gesellschaft wie in der Erziehung erzwingt sowohl für den Pragmatismus als auch für den Konstruktivismus mit einer Erhöhung der Pluralität, Differenz, Heterogenität und Ambivalenz in der Postmoderne insgesamt eine Zunahme an Diversität. John Dewey hat dies in einer wegweisenden Analyse im Rahmen von zwei konkreten Kriterien für eine demokratische Orientierung bereits vorausgesehen und als Erziehungsziel formuliert (vgl. auch Reich 2007 b). In „Democracy and Education" schrieb er schon 1916, dass Diversität wesentlich für die Gestaltung und Erneuerung einer demokratischen community ist und sein wird (Dewey MW 9, 89 ff):

(1) Wie zahlreich und unterschiedlich sind die bewusst geteilten Interessen in einer Gemeinschaft? Demokratie entsteht dort leichter, wo zahlreiche und unterschiedliche bewusst geteilte Interessen vorliegen, weil und insofern hier auch eine Denkweise entsteht, die von einem Sinn für die Notwendigkeit der Unterschiedlichkeit von Interessen ausgeht. Jeder Mensch muss die Möglichkeit haben, an diesen unterschiedlichen Interessen zu partizipieren.

(2) Wie vollständig und frei ist der Austausch mit anderen Gemeinschaften? Je freier und vollständiger solcher Austausch möglich ist, desto mehr kann eine Toleranz und gegenseitige Befruchtung der gemeinsamen gesellschaftlichen Entwicklung entstehen. Egoismen oder Fundamentalismen einzelner Gruppen hingegen gefährden die Demokratie.

Beide Grundsätze, so argumentiert Dewey, sind für die Erziehung von ausschlaggebender Bedeutung. Demokratische Gesellschaften, die ihnen folgen, zeigen sich prinzipiell interessierter an einer freiheitlichen Erziehung. Dies gilt vor allem in dem Sinne, dass entgegen autoritärer Unterwürfigkeit eine demokratische Kultur als Ausdruck einer freien und einsichtsvollen Wahl der bewusst geteilten Interessen auch schon auf der Ebene der heranwachsenden Lerner und nicht erst der Erwachsenen entwickelt wird. Dabei entsteht ein demokratisches Leben durch die Art des gemeinsamen Umgangs, die gemeinsame Kommunikation. Aber die Grundsätze bedeuten auch, dass die Gesellschaft in Vorleistung tritt: Die Erweiterung der Handlungschancen von Individuen, die untereinander und miteinander an ihren und fremden Interessen partizipieren, wird zu einem wesentlichen Erziehungsziel und zu einer Kritik an traditionellen Erziehungsverhältnissen. Diversität ist ein aktives Erziehungsziel. Es verhilft zu einer Haltung, aus der heraus z.B. die Überwindung von Rassismus, von Klassentrennungen und eines begrenzten Nationalismus zumindest in den Denk- und Werthaltungen entstehen kann, drei Bedingungen, die nach Dewey die Menschen ansonsten vor allem daran hindern, zu einer größeren Selbstentfaltung zu gelangen.

Diese Haltung oder dieser Habitus, wie wir heute sagen können, lässt erwarten, dass eine größere Vielfalt von Interessen ermöglicht werden kann, auf die Menschen in ihrem wechselseitigen Kontakt reagieren müssen, um zu eigenen Handlungen und neuen Handlungschancen zu finden. Je weiter sich die Gruppeninteressen unterschiedlich entwickeln können, je weniger sie Gruppenegoismen oder einseitigen Interessen folgen, umso größer erscheinen dann auch die individuellen Chancen in einer Demokratie. Dies ermöglicht als grundlegende Handlungsvoraussetzung erst ein demokratisches Handeln, das die Voraussetzung für Erziehung in der und zur Demokratie ist. Aber es ist nicht nur Voraussetzung, sondern zugleich auch in Handlungen zu verwirklichendes Ziel. Je mehr die Handlungen in allen Formen der Erziehung eine Vielfalt und Unterschiedlichkeit an Handlungschancen vor dem Hintergrund gemeinsamer Achtung, Anerkennung und Förderung entwickeln lassen, desto mehr werden sie auch die Breite und Vielfalt der Interessen erweitern helfen, um so zu einem Wachstum sowohl auf der individuellen wie auf der gesellschaftlichen Seite beitragen zu können.

Der idealtypische Charakter der beiden Kriterien ist offensichtlich, denn nüchterne gesellschaftliche Analysen zeigen, dass selbst in reichen Ländern kaum gleiche Handlungschancen vorliegen noch dass eine Entwicklung angestrebt wird, soziale Benachteiligungen umfassend zu bekämpfen. Dies wird im Konstruktivismus im Anschluss an eine umfassende Analyse der erkenntniskritischen Bewegungen der Neuzeit deutlicher als bei Dewey gesehen (vgl. Reich 1998). Dennoch greift ein kritischer sozial orientierter und kulturalistisch fundierter Konstruktivismus immer wieder auf Kernaussagen des Pragmatismus zurück. Auch Deweys Bild des Menschen war nicht frei schwebend und losgelöst von der demokratischen Entwicklung selbst. Alle Menschen in einer Demokratie müssen am Prozess der Demokratie partizipieren, dies war für ihn eine Schlüssel- und Schicksalsfrage für den Bestand und die Entwicklung demokratischer Verhältnisse, und dies ist bis heute eine wesentliche Aufgabe geblieben. Deshalb bindet Dewey die Selbstverwirklichung der Menschen an ein möglichst aktives kommunales Leben, in dem zugleich die Individualität zur Geltung kommen soll. Zugleich ist Partizipation für Dewey ein Schlüssel zur Demokratie. Aber solche Partizipation und ein Sinn für Demokratie entstehen nur, wenn sie in der Erziehung in einer Kultur breite Anerkennung und eine effektive Praxis finden. Wenn Konstruktivisten betonen, dass auch diese Voraussetzungen unseres kommunikativen und gesellschaftlichen Lebens nicht ewig gültige oder während Ordnungen, sondern bloß zeitbezogene Konstrukte sind, so bedeutet dies nicht, dass wir sie als beliebig oder entwertet ansehen sollten. Unsere Situation ist vielmehr prekärer: Eben weil sie Konstrukte sind, können sie vergessen, verändert, beseitigt werden. Im historischen Prozess haben wir mit einer demokratischen Orientierung ein zwar nicht perfektes und keinesfalls hinreichendes Niveau an Wachstum von Chancen für alle erreicht, aber dennoch eines, das zu verteidigen und weiter zu entwickeln solange unser Ziel und unsere Verantwortung ist, wie uns keine bessere und gerechtere Welt eingefallen ist. Demokratie als eine erstrebenswerte Lebensweise ist heute eine gerechtfertigte Behauptung, für sie einzutreten kann aber nicht als eine universale, ewige oder stabile Wahrheit gelten. Jenen, die dies als selbstwidersprüchlich ansehen (wir wünschen diese „Wahrheit", sehen sie aber nicht als ewig usw. an), halten Pragmatismus und Konstruktivismus entgegen, dass es in den Angelegenheiten geistiger oder gesellschaftlicher Ordnungen eben immer die Handlungen der Menschen sind, an denen wir bemessen können und müssen, inwieweit die geistigen Konstrukte auch zu gelebten werden. Universale, ewige und stabile Wahrheiten sind außerirdischer Natur und hierüber können wir wissenschaftlich gesehen nur schweigen. Aber irdischer Natur sind die Kämpfe, in denen wir konkret erst das herstellen, was unsere Ideale fordern. Wir müssen insbesondere dafür kämpfen, dass die Abweichungen von Theorie und Praxis nicht unsere wünschenswerten Konstrukte unkenntlich machen. Um es mit einem Beispiel zu verdeutlichen: Wenn in Deutschland die Schere zwischen ungünstiger sozialer und migrationsbedingter Herkunft und erreichtem Bildungserfolg immer größer statt kleiner wird, dann wird der gesellschaftliche Anspruch nach möglichst hoher Chancengerechtigkeit für alle und damit ein demokratisches Grundrecht aller Gesellschaftsmitglieder so zum Schaden der Demokratie ausgehöhlt, dass all die treuen Bekenntnisse zur demokratischen Grundordnung auf Dauer nicht mehr überzeugen werden. Demokratie als ein Handlungskonstrukt wird so entwertet, und mit Dewey können wir hier kritisch bemerken, dass dann die Demokratie insgesamt leichter auf dem Spiele steht als es viele in ihrer Gleichgültigkeit (weil sie in anderen Handlungskontexten stecken) bemerken wollen. Pragmatismus und Konstruktivismus sind erkenntniskritische Richtungen, die sowohl durch die Breite ihrer philosophischen Reflexion als auch durch ihre kritischen Auseinandersetzungen mit anderen Richtungen – wie Poststrukturalismus, Cultural Studies, Gender Theories, Dekonstruktionismus, Kritische Theorie und andere – helfen können, eine differenzierte Grundlegung der Erziehungswissenschaft im Blick auf die Gegenwart leisten zu können. Es sind vor allem Ansätze, die in internationalen Diskussionen, besonders im englischsprachigen Raum, zum Standard einer kritischen Auseinandersetzung gehören.

Literatur:

Boisvert, R.D. (1998): Dewey's Metaphysics: Ground-Map oft he Prototypically Real. In: Hickman, Larry A. (1998, ed.): Reading Dewey – Interpretations for a Postmodern Generation. Bloomington.
Dewey, John: Collected Works. Edited by Jo Ann Boydston: The Early Works (EW 1-5): 1882-1898. Carbondale & Edwardsville. The Middle Works (MW 1-15): 1899-1924. Carbondale & Edwardsville. The Later Works (LW 1-17): 1925-1953. Carbondale & Edwardsville.
Garrison, J. (1998): John Dewey's Philosophy as Education. In: Hickman, L.A. (Ed.): Reading Dewey – Interpretations for a Postmodern Generation. Bloomington.
Hartmann, D./Janich, P. (1996) (Hrsg.): Methodischer Kulturalismus. Zwischen Naturalismus und Postmoderne. Frankfurt a.M.
Hartmann, D./Janich, P. (1998) (Hrsg.): Die Kulturalistische Wende. Zur Orientierung des philosophischen Selbstverständnisses. Frankfurt a.M.
Hickman, L./Neubert, S,/Reich, K. (Hrsg.) (2004): John Dewey: zwischen Pragmatismus und Konstruktivismus. Reihe: Interaktionistischer Konstruktivismus. Münster.
Janich, P. (1996): Konstruktivismus und Naturerkenntnis. Frankfurt a.M.
Janich, P. (2001): Logisch-pragmatische Propädeutik. Weilerswist.
Reich, K. (1998): Die Ordnung der Blicke. Bd. 1: Beobachtung und die Unschärfen der Erkenntnis. Bd. 2: Beziehungen und Lebenswelt. Neuwied.

Reich, K. (2005⁵): Systemisch-konstruktivistische Pädagogik. Weinheim.
Reich, K. (2006³): Konstruktivistische Didaktik. Weinheim.
Reich, K. (2007 a): Interactive Constructivism in Education. In: Education & Culture, Vol. 23, Issue 1.
Reich, K. (2007 b): Democracy and Education – Pragmatist Implications for Constructivist Pedagogy. In: Garrison, J. (Ed.): Reconstructing Democracy, Recontextualizing Dewey: Pragmatism and Interactive Constructivism in the Twenty-First Century. New York.
Rorty, R. (1989): Contingency, Irony, and Solidarity. Cambridge and New York.
Rorty, R. (1991): Objectivity, Relativism, and Truth. Cambridge MA.
Rorty, R. (1998): Truth and Progress. Cambridge MA.
Rorty; R. (2000): Philosophy and Social Hope. New York.

Eine systemische Verknüpfung von Forschungstypen ist besser geeignet, eine pädagogische Praxis anzuregen als eine weitere Zuspitzung der Differenz von Forschung und Entwicklung, von Wissenschaftssystem und Praxissystem.

Kapitel 6: Orientierung an Zuordnung

JOSEF KEUFFER

A: Forschung und Entwicklung in der Erziehungswissenschaft – Möglichkeiten und Grenzen einer Kombinatorik von Forschungstypen am Beispiel der Schulforschung

Erziehungswissenschaftliche Forschung untersucht pädagogische Praxis zumeist aus der distanzierten Rolle von Beobachterinnen und Beobachtern, die selbst nicht Teil des untersuchten Forschungsfeldes sind und auch nicht sein wollen. Dies erscheint sinnvoll, sollen die unterschiedlichen Aufgaben der Erziehungswissenschaft einerseits und der pädagogischen Praxis andererseits nicht verwischt werden. Die systematische Trennung von wissenschaftlicher Disziplin und pädagogischer Profession birgt jedoch die Gefahr, dass sie sich wechselseitig zu wenig wahrnehmen und voneinander profitieren können. Im Beitrag werden Möglichkeiten der Kombinatorik von Forschungstypen am Beispiel der Schul- und Unterrichtsforschung dargestellt, die auf einen stärkeren Bezug von Forschung und Entwicklung in pädagogischen Praxisfeldern zielen. Zunächst wird die Differenz von quantitativen und qualitativen Forschungsmethoden vorgestellt (Kapitel 1). Daran schließt sich eine Untersuchung aktueller Handbücher in Hinblick auf Forschungstypen an (Kapitel 2). Eine polarisierende Gegenüberstellung von „objektiver" wissenschaftlicher Forschung einerseits und „subjektiver" praxisnaher Forschung andererseits ist nicht angemessen. Am Beispiel der Forschung am Oberstufen-Kolleg Bielefeld werden Möglichkeiten vorgestellt, praxisnahe Forschung, Evaluation und Grundlagenforschung miteinander zu verknüpfen (Kapitel 3). Dabei wird auch auf Rollenkonflikte eingegangen, die entstehen, wenn einerseits Forschende zu Beteiligten und andererseits Lehrerinnen und Lehrer an Schulen zu forschenden Beobachtern werden. Im Fazit (Kapitel 4) wird dargelegt, dass es einer Verständigung zwischen Wissenschaftler(inne)n und Praktiker(inne)n bedarf, um eine Reflexion der jeweils anderen Perspektive zu gewinnen. Eine praxisnahe Forschung – so die zentrale These dieses Beitrags – kann dazu ihren besonderen Beitrag leisten.

I. Erziehungswissenschaftliche Forschung und Forschungsmethoden

Die Geschichte der erziehungswissenschaftlichen Forschung ist verbunden mit einer Verwissenschaftlichung pädagogischer Praxis in den letzten zwei Jahrhunderten. Auch wenn die Verwissenschaftlichung der Pädagogik bereits im frühen 19. Jahrhundert begann, so führt doch erst der Ausbau des Bildungswesens auf nationaler und internationaler Ebene seit den 60er Jahren des 20. Jahrhunderts zu einer starken Expansion und Differenzierung einer umfassenden Bildungsforschung (Tippelt 2002), an der neben der Erziehungswissenschaft auch die Soziologie und die Psychologie beteiligt sind. Schulforschung ist dabei Teil der umfassenderen Bildungsforschung (Helsper/Böhme 2004). Die Fragen nach der Wissenschaftlichkeit der Pädagogik und dem Verhältnis von Reflexion und Handeln stehen in einer langen Tradition. In der Publikation „Wegweiser zur Bildung für deutsche Lehrer" von Friedrich Adolph Wilhelm Diesterweg hat der preußische Lehrerbildner seine These zum Verhältnis von Erziehungswissenschaft und Schulpraxis folgendermaßen formuliert:

> „Der Pädagogiker ist nicht notwendig Pädagog, der Pädagog nicht Pädagogiker. Jener (der Theoretiker) schwatzt, dieser (der Praktiker) handelt. In keinem Stande erregt mit vollem Recht ein schwatzhafter Mensch bei denjenigen, welche wissen, worauf es ankommt, ein solches Misstrauen als im Lehrerstande." (Diesterweg 18514/1958, S. 55)

Diese Thematisierung der Differenz von Pädagog und Pädagogiker, von Praktiker und Theoretiker, von Lehrer und Erziehungswissenschaftler nutzt Diesterweg, um Grenzen einer theoretischen Erziehungswissenschaft oder – wie Heinz-Elmar Tenorth interpretiert – die „Abwehr der Erziehungswissenschaft" (Tenorth 2003) darzulegen. Diesterweg bestätigt hier polemisch, dass Erziehungswissenschaft nicht das Wissen bereitstellt, das von Lehrerinnen und Lehrern primär nachgefragt wird. Bei Diesterweg werden bereits grundlegende Probleme der Erziehungswissenschaft erkennbar: die Fragen der Differenz von Theorie und Praxis, von Wissen und Können, von Disziplin und Profession. Dabei geht es um das schwierige Verhältnis von Erziehungswissenschaft und Schulpraxis.

Die Entwicklung der Erziehungswissenschaft hat in den letzten Jahrzehnten dazu geführt, dass sie die Rolle einer Problemlöseinstanz für die Praxis abgestreift hat. Die Zurückführung berufsbezogener Teile der Ausbildung zugunsten einer disziplinären Ausrichtung entspricht der Logik einer Erziehungswissenschaft, die sich von „ihrem im Verlaufe ihrer Theoriegeschichte ständig aufs Neue formulierten Anspruch, direkt umsetzbare Orientierungshilfen und Handlungskonzepte für die pädagogische Praxis liefern zu wollen, verabschiedet" (Krüger 2000, S. 324) hat. Diese Definition einer primär auf Reflexion und Beobachtung der Systeme von Bildung und Erziehung bezogenen Erziehungswissenschaft beschreibt das zurzeit vorherrschende Selbstverständnis der Disziplin. Der Status der Erziehungswissenschaft als einer rein reflexiven Beobachtungswissenschaft hat viel Zuspruch in der Disziplin, aber auch heftigen Widerspruch in der Profession und der Bildungspolitik hervorgerufen. Während Krüger (2000) den Abschied vom Anspruch auf handlungsleitende Konzepte als Fortschritt in der Theoriegeschichte der Disziplin erkennt, sieht der Wissenschaftsrat (2001) in den Empfehlungen zur künftigen Struktur der Lehrerbildung darin eine Fehlentwicklung und bewertet die Ausdifferenzierung und Expansion der Erziehungswissenschaft zugleich als Entfernung von den relevanten Fragen der Schulentwicklung und der Lehrerbildung.

Die schwierige Rolle der Erziehungswissenschaft zwischen Dogmatik und Reflexion und der Zwiespalt zwischen sozialwissenschaftlicher Wende und normativer Reorientierung hat gerade im Kontext der Debatte um Schul- und Unterrichtsforschung erhebliche Auswirkungen; denn die Klärung des Forschungsgegenstandes und die Erarbeitung von Forschungsfragen hängen unmittelbar von der oben genannten Positionsbestimmung ab. Erziehungswissenschaftliche Forschung ist zwischen Disziplin, Profession und Bildungspolitik anzusiedeln. Es lassen sich zwar analytisch Funktionen und Arbeitsweisen der Systeme Schule, Wissenschaft und Bildungspolitik voneinander trennen, jedoch bleiben die Wirkungszusammenhänge, gegenseitigen Abhängigkeiten und Kooperationen oft unberücksichtigt. Das systemtheoretisch begründete Argument, Wissenschaft (Universität) und Praxis (hier: die Schule) seien zwei getrennte Funktionsbereiche und müssten so auch unabhängig voneinander bearbeitet werden, überzeugt jedoch nicht, wenn man die Erfordernisse der Schulentwicklung in Rechnung stellt; vielmehr verlangen umgekehrt die beschleunigte Wissensproduktion und die Möglichkeiten des Wissenstransfers eine stärkere Verzahnung von Forschung, Anwendung und Entwicklung. Was für die Technologieentwicklung selbstverständlich ist, sollte für den Zusammenhang von Bildungsforschung, Lehrerbildung und Berufspraxis nicht in Frage gestellt werden (vgl. Keuffer/Oelkers 2001, S. 174).

Die Disziplin Erziehungswissenschaft ist seit den 1970er Jahren stark expandiert und ihre Forschungsarbeiten haben in den 1990er Jahren im Kontext einer umfassenden Bildungsforschung einen deutlich höheren Aufmerksamkeitsgrad erreicht. Dies gilt insbesondere für die größeren internationalen Schulleistungsstudien (TIMSS, PISA, IGLU). Für die Schulentwicklung und die Weiterentwicklung lokaler Bildungsstrukturen sind jedoch weniger spektakuläre und insbesondere praxisnahe Forschungen ebenso bedeutsam.

Die grundlegenden Strömungen und Forschungsrichtungen der Erziehungswissenschaft sind in den vorhergehenden Beiträgen dieses Handbuchs dargelegt. Dieser Beitrag beschränkt sich auf die Ausführung der These, dass eine systemische Verknüpfung von Forschungstypen besser geeignet ist, die anstehenden Prozesse in den pädagogischen Praxisfeldern anzuregen, als eine weitere Zuspitzung der Differenz von Forschung und Entwicklung, von Wissenschaftssystem und Praxissystem; denn Forschung und Entwicklung gehören im Kontext von Bildung und Erziehung notwendig zusammen. Dabei sind jedoch die Formen der Zusammenarbeit, die Methoden der Erkenntnisgewinnung und der Umgang mit Wissen höchst unterschiedlich ausgeprägt. Wenn man die drängenden Problemlagen des Schulsystems, wie der Einfluss der sozialen Herkunft auf den Schulerfolg, die breite Streuung von Leistungsunterschieden zwischen Schulklassen der selben Schulstufen und Schulformen, die Probleme der Organisationsentwicklung, der Qualitätssicherung, der Professionalisierung der Lehrerarbeit und insbesondere die Verbesserung der Unterrichtsqualität nicht allein der Profession überlassen will, dann bedarf es konstruktiver Arbeiten auch von Seiten der Wissenschaft und nicht nur der Beobachtung aus der Ferne durch Rekonstruktion.

Forschungsansätze in der erziehungswissenschaftlichen Forschung lassen sich in verschiedener Weise klassifizieren – zum einen nach Paradigmen und den Methoden, die sie verwenden, und zum anderen nach Funktionen und Aufgaben, die sie erfüllen möchten. Signifikant für die methodisch kontrollierte Beobachtung ihres Gegenstandes ist in der deutschsprachigen Erziehungswissenschaft ihr Wandel von einer stark geisteswissenschaftlichen Ausrichtung hin zu einer Sozialwissenschaft. Während die geisteswissenschaftliche Pädagogik zwar einerseits durch einen rationalitätskritischen Anspruch der Diltheyschen Lebensphilosophie geprägt war, so bestand die Methodik in einer eher intuitiven Hermeneutik (Krüger 2000). Der Anspruch von Sozialwissenschaften ist es hingegen, mit Hilfe empirischer und ideologiekritischer Forschungsmethoden einerseits und sozialwissenschaftlicher Theoriebildung andererseits zu neuen Erkenntnissen zu gelangen. Dabei kann der Übergang von der geisteswissenschaftlich-reflektierenden Pädagogik hin zur qualitativen Forschung in der Erziehungswissenschaft als „weicher" und langsam sich vollziehender Übergang beschrieben werden (Tillmann 2006). Die in den letzten Jahren erheblich weiterentwickelten Methoden qualitativer Forschung zielen auf die sinnhafte Erschließung von Handlungs-, Deutungs- oder Orientierungsmustern von Bildungsverläufen und Interaktionszusammenhängen (Böhme 2004). Quantitative Methoden der Erziehungswissenschaft werden als Regelsysteme bezeichnet, deren Ziel die intersubjektiv nachvollziehbare Gewinnung von Erkenntnissen und die wiederholt einsetzbare Prüfung von Theorien über die Erziehungs- und Bildungswirklichkeit ist (Böhm-Kasper/Weishaupt 2004).

Neben der Unterscheidung nach qualitativen und quantitativen Forschungsmethoden können weitere Kategorien für eine Klassifikation von Forschungsansätzen herangezogen werden. Der exemplarische Blick in drei neuere Handbücher zeigt im Folgenden, dass sich verschiedene auf das Feld Schule bezogene Forschungstypen identifizieren lassen, die sich – trotz unterschiedlicher Erkenntnisinteressen – sinnvoll verknüpfen und für die Schulentwicklung nutzbar machen lassen.

II. Forschungstypen

II.1. Handbuch der Bildungsforschung

In der Einführung in das „Handbuch der Bildungsforschung" (Tippelt 2002) werden als Forschungstypen Grundlagenforschung und Evaluation unterschieden. Ziele und Aufgaben der Bildungsforschung umfassen insbesondere die Untersuchung schulischer und außerschulischer Bildungsprozesse. Der Begriff der Bildung ist dabei für Tippelt schillernd geblieben und in Forschungsdesigns immer nur unzureichend abzubilden. Die Fragehaltung, der Forschungszweck, die Konstituierung des Forschungsgegenstandes und das Erkenntnisinteresse sind jedoch bei den beiden Forschungstypen deutlich zu unterscheiden. In der Grundlagenforschung wird das ‚Wissenschaftlich Neue' angestrebt, es geht nicht primär um „die unmittelbare Verwertung von Forschungsergebnissen in der pädagogischen Praxis" (Tippelt, 2002, S. 12). Tippelt weist darauf hin, dass Grundlagenforschung einem besonders hohen Konsistenzniveau von Begriffen und Theorien verpflichtet ist, folglich von weltanschaulichen und utopischen Entwürfen von Bildung abgegrenzt werden müsse. Aufgaben der Grundlagenforschung sind für ihn dabei die Erarbeitung theoretischer, historischer und empirischer Analysen. Der Begriff der Bildung wird von Tippelt verwendet in dem Wissen, nicht alle Konnotationen von Bildung und auch nicht die Gesamtbeschreibung abendländischer Vernunft klären zu können.

Eine unmittelbare Umsetzung und Verwertbarkeit von Ergebnissen der Grundlagenforschung ist nicht erwartbar, die Nützlichkeit der Ergebnisse der Grundlagenforschung zeigt sich vielmehr zeitverzögert, möglicherweise auch in anderen Kontexten. Evaluation wird hingegen als Forschung zur Überprüfung bestimmter Sachverhalte verstanden, Kriterien für den Erfolg von Maßnahmen werden festgelegt. Bei Evaluationen werden Zielsetzungen mit erreichten Ergebnissen abgeglichen. Anhand von Indikatoren wird der Grad der Zielerreichung geprüft. Evaluationen dienen somit der Rechenschaftslegung. Das Erkenntnisinteresse von Evaluation ist insoweit begrenzt, als lediglich der Erfolg oder Misserfolg von Maßnahmen geprüft wird. Eine darüber hinausgehende, grundlegende Fragestellung ist damit nicht verbunden. Die Reichweite und der Anspruch der beiden Forschungstypen können somit klar voneinander unterschieden werden.

II.2. Handbuch der Schulforschung

Im „Handbuch der Schulforschung" (Helsper/Böhme 2004) werden in der Gliederung vier methodische Ansätze der Forschung unterschieden: Quantitative Ansätze und Methoden, qualitative Ansätze und Methoden, Triangulation qualitativer und quantitativer Methoden und methodische Zugänge der Handlungs- und Praxisforschung.

Die qualitative empirische Sozialforschung wird als Sinn verstehende, interpretative und hermeneutisch ausgerichtete Forschung gekennzeichnet. Davon unterschieden wird die quantitative empirische Sozialforschung, die über die systematische Erhebung und Auswertung von Daten zu methodisch gesicherten Aussagen gelangt. Die Gütekriterien der Messung, Auswertung und Interpretation empirischer Daten werden als Objektivität, Zuverlässigkeit (Reliabilität) und Gültigkeit (Validität) beschrieben (Böhm-Kasper/Weishaupt 2004). In den entsprechenden Kapiteln zur quantitativen Forschung werden Ansätze und Verfahren der Evaluation subsumiert. Die qualitativen und quantitativen Methoden der Sozialforschung, die phasenweise mit Hilfe erkenntnistheoretischer Argumentationen die je eigene Überlegenheit zu formulieren versuchten, werden in dem Handbuch in ihren jeweiligen Möglichkeiten, Leistungen und Begrenzungen dargestellt. Es wird keine unüberbrückbare Differenz der beiden Forschungsansätze behauptet, vielmehr wird der besondere Wert der Verknüpfung verschiedener Methoden dargelegt.

Die Verknüpfung quantitativer und qualitativer Zugänge in der Schulforschung wird zu einem gesonderten Forschungsansatz aufgewertet und als Triangulation bezeichnet. Triangulation soll dabei nicht zu einer Vermischung von Forschungsansätzen führen, vielmehr wird eine komplementäre Ergänzung der Erkenntnischancen der qualitativen und quantitativen Forschungsstrategien angestrebt. Als vierter Forschungsansatz wird der Bereich der Handlungs- und Praxisforschung dargestellt. Dieser Forschungstyp wird auch mit den Begriffen Lehrer(innen)forschung und Aktionsforschung in Beziehung gesetzt. Bei diesen Begriffen handelt es sich zwar nicht um Synonyme, es werden jedoch vergleichbare Zielsetzungen angenommen; denn trotz unterschiedlicher Akzentuierungen handelt es sich offenbar um eine Familie von Ansätzen mit der gemeinsamen Zielsetzung einer praxisnahen Forschung (Altrichter/Feindt 2004). Die Vertreter(innen) der verschiedenen Varianten der Praxisforschung benutzen selbstbewusst den Begriff der Forschung, in dem Wissen, dass dieser Forschungstyp von der etablierten Wissenschaft vielfach nicht anerkannt wird. Die Praxisforschung ist insofern als Forschungstyp umstritten, als ein deutliches Verwertungsinteresse das Erkenntnisinteresse überlagern kann. Darüber hinaus werden die Ergebnisse vielfach als nicht hinreichend verallgemeinerungsfähig angesehen.

II.3. Handbuch Unterricht

Während Helsper/Böhme (2004) auf eine explizite Unterscheidung von Schul- und Unterrichtsforschung bewusst verzichten und stärker auf den Makrobereich Schule fokussieren, führt das „Handbuch Unterricht" den Erkenntnisstand der „Wissenschaft(en) vom Unterricht" (Arnold u.a. 2006) zusammen. Das Handbuch verfolgt das Ziel, den aktuellen Stand der (fach)didaktischen Forschung, der Lehr-Lern-Forschung und der Unterrichtsforschung zu präsentieren, wobei diese drei Bereiche keine Forschungstypen im oben beschriebenen Sinne darstellen; denn die mit diesen Begriffen verbundenen Forschungskonzepte entsprechen eher gewachsenen Trends und Paradigmen eines forschenden Blicks auf Unterricht. Forschungen zum Themenbereich Unterricht sind ausgesprochen vielfältig, eine klare Typologie lässt sich jedoch nicht festmachen.

II.4. Drei Forschungstypen

Bilanziert man die Forschungsansätze und Forschungsmethoden, wie sie in den genannten Handbüchern klassifiziert werden, so ist zunächst in Anlehnung an systemtheoretische Überlegungen von Luhmann/Schorr (1982) festzustellen, dass die komplexen Strukturen und Wirkungen pädagogischer oder erzieherischer Maßnahmen und Interaktionen mit keiner Methode und mit keinem Instrument „objektiv" erfasst werden können. Die Beobachtung und Erfassung schulischer und unterrichtlicher Tatbestände und Wirkungen sind abhängig vom jeweiligen Standpunkt bzw. von der jeweiligen Fragestellung und Methode. Dabei ist nicht zu verkennen, dass die Forschungsansätze auf einem „Forschungsmarkt" konkurrieren. Wenn Helmke (2006, S. 64) konstatiert, dass die Unterrichtsforschung in Deutschland noch immer einen schweren Stand habe, „weil der überwiegende Teil der Pädagogik geisteswissenschaftlich ausgerichtet und eher hermeneutischen Methoden zugeneigt" sei, so unterstellt er durch die Gleichsetzung von Geisteswissenschaft und Hermeneutik den mit qualitativen Methoden arbeitenden Erziehungswissenschaftlern Rückständigkeit. Analog werden quantitative Forschungsprojekte zuweilen noch als eine Art Fliegenbeinzählerei mit Hang zur Produktion von Datenfriedhöfen diskreditiert. Der Kampf um Drittmittel und Anerkennung wird auch polemisch geführt.

Ungeachtet polemischer Zuschreibungen wird deutlich, dass es keinen privilegierten Zugang zu einer vom Beobachter unabhängigen Wirklichkeit gibt. Deshalb lassen sich, wie Wischer (2003) prägnant formuliert, sowohl die beobachtbaren Sachverhalte als auch die ihnen zu Grunde gelegten methodologischen Anforderungsprofile weder wissenschaftstheoretisch noch logisch letztbegründen. Als Zwischenbilanz lässt sich festhalten, dass die verschiedenen Ansätze und Forschungsmethoden mit Blick auf ihre jeweils begrenzte Reichweite bewertet werden müssen. Bei der Einteilung in Forschungstypen erscheint eine Kombination der bei Tippelt (2002) und Helsper/Böhme (2004) vorgeschlagenen Klassifizierung sinnvoll. Die Unterscheidung von Grundlagenforschung und Evaluation (Tippelt 2002) ist evident und in wissenschaftstheoretischer und pragmatischer Perspektive gut begründet. Bestandteil der erziehungswissenschaftlichen Forschung bzw. der Bildungsforschung ist auch die Praxisforschung, wie sie im „Handbuch der Schulforschung" dargestellt wird; denn die Erhebung der Sichtweise reflektierender Praktiker schafft einen Wissen, das mit den anderen Forschungstypen nicht zu erzielen ist. Insofern ist eine Einteilung der Forschungstypen in Grundlagenforschung, Evaluationsforschung und Praxisforschung sinnvoll und möglich, auch wenn sie in dieser Zusammenstellung und vermutlich aus systematischen Gründen in keinem der genannten Handbücher in dieser Form vorkommt.

Die drei genannten Forschungstypen orientieren sich an unterschiedlichen Zielen, sie bearbeiten jedoch Fragestellungen, die sich gleichermaßen auf ein pädagogisches Arbeitsfeld (Schule) beziehen. Dabei gilt die einfache Regel, dass Grundlagenforschung zeitaufwändiger und teurer ist. Zugleich sind Fragestellungen, Methoden und Ergebnisse schwerer im Praxisfeld vermittelbar. Für die Praxisforschung gilt, dass sie vielfach noch nicht als Forschung akzeptiert ist, jedenfalls dann nicht, wenn sie sich keiner eigenen Rahmungen und verlässlichen Methoden bedient und wenn sie sich darüber hinaus keine systematische Einholung einer Perspektive Dritter verschafft. Die Funktion von Evaluation wird hingegen noch allzu oft instrumentell als Datenlieferant für andere betrachtet und zu wenig als Beitrag zur Klärung eigenen Handelns und somit zur Aufklärung über eigene Stärken und Schwächen verstanden. Die Verknüpfung der drei Forschungstypen Praxisforschung, Evaluationsforschung und Grundlagenforschung bietet eine Chance, Forschungsergebnisse aufeinander zu beziehen und für die Schulentwicklung nutzbar zu machen.

Die an den jeweiligen Forschungstypen Beteiligten beäugen sich zumeist sehr kritisch, vielfach ist auch der Habitus insbesondere des Grundlagenforschers und des Praxisforschers gerade durch eine gegenseitige Frontstellung geprägt. Bei der Kooperation zwischen Praxisforschung, Evaluationsforschung und Grundlagenforschung geht es nicht darum, verschiedene Methoden und Verfahren zu vermischen, wohl aber darum, ein Interesse am Zusammenhang von Forschung und Entwicklung zu wecken. Schulen können sich Fragen und Ergebnissen der universitären Forschung öffnen, Hochschulen hingegen können die drängenden Problemlagen von Schulen konstruktiv und nicht nur rekonstruktiv begleiten. Insofern kann eine Verknüpfung von Praxisforschung, Evaluationsforschung und Grundlagenforschung zur Weiterentwicklung von Schule und Unterricht wirksame Beiträge leisten; denn einerseits werden schulisch relevante Fragen bearbeitet und andererseits Ergebnisse und Methoden stark spezialisierter, universitärer Forschung auf das Forschungsfeld rückbezogen.

Um die Möglichkeiten der Kombination von Praxisforschung, Evaluationsforschung und Grundlagenforschung beispielhaft aufzuzeigen, möchte ich im Folgenden aus der Forschungspraxis des Oberstufen-Kollegs berichten. Forschung und Entwicklung werden hier zusammengedacht. Die Überwindung der Systemgrenzen zwischen Wissenschaft und Praxis wird paradigmatisch mit einem Konzept zu erreichen versucht, in dem Lehrende sich neben ihrer Unterrichtstätigkeit auch in Forschungsprojekten engagieren, die sich einem der drei Forschungstypen zuordnen lassen.

III. Kombinatorik von Forschungstypen am Beispiel des Oberstufen-Kollegs Bielefeld

Ein herausragender Versuch, durch praxisnahe Forschung Erkenntnisse zu gewinnen und zugleich Wirkungen im schulischen Feld zu erzeugen, ist das Lehrerforscherkonzept (Döpp 1997) an den Bielefelder Versuchsschulen Oberstufen-Kolleg und Laborschule. Begründet wurde die Idee der Doppelrolle der Lehrenden als Subjekt und Objekte der Erziehungswissenschaft durch Hartmut von Hentig (1982). Seine Kritik richtete sich gegen eine Selbstbezüglichkeit wissenschaftlicher Aussagen, bei der wissenschaftliche Ergebnisse entweder in Praxisfeldern nicht verstanden oder als völlig abgehoben bzw. irrelevant für die Praxis bewertet werden. Die Wissenschaft – so Hentig – solle selbst praktisch werden.

Wegen des schwierigen Umgangs mit der Doppelrolle von Unterrichten und Forschen hat sich das Lehrerforscherkonzept an den Bielefelder Versuchsschulen in den letzten Jahren zu einem Praxisforschungskonzept weiterentwickelt, in dem
    a) nicht mehr jede/r Lehrende zugleich Forschende/r ist;
    b) die jeweiligen Rollen im Forschungsprozess klar reflektiert werden;
    c) die enge Verflechtung mit dem Feld analytisch miterfasst und methodisch geklärt wird und
    d) Praxisforschung nicht mehr als Gegenmodell zur universitären Forschung aufgefasst, sondern als Teil eines größeren Forschungskontextes organisiert und in Kooperation von Schule und Hochschule durchgeführt wird.

III.1. Praxisforschung am Oberstufen-Kolleg Bielefeld

Praxisforschung ist die wissenschaftliche Bemühung, an der Schnittstelle von Wissenschafts- und Praxissystem tätig zu werden. Sinn und Nutzen einer kontrollierten Selbstreflexion im Rahmen der Praxisforschung ist es, eigenes und fremdes Handeln zu überprüfen, Ungewissheiten zu reduzieren, überholte Handlungsskripts zu verändern und neue Orientierungen und Entwicklungen einzuleiten. Es gibt vielfältige Varianten dieses Forschungstyps (Handlungsforschung nach Wolfgang Klafki; Aktionsforschung nach Peter Posch und Herbert Altrichter, die sich dabei an Lawrence Stenhouse und John Elliott anlehnen; Oldenburger Teamforschung nach Hilbert Meyer, Schulbegleitforschung in Bremen und Hamburg). Das Gemeinsame der verschiedenen Ansätze der Praxisforschung ist es, dass sie einen Beitrag dazu leisten wollen,
- die Situation von Lehrerinnen und Lehrern zu verbessern,

- die eigene Kompetenz von Lehrkräften zur Bewältigung von Situationen weiterzuentwickeln,
- die Produktion und Verbreitung lokalen Wissens zu fördern und
- die Reflexivität professionellen Wissens und Könnens durch den Einsatz von Methoden (beispielsweise von Fallgeschichten und deren Interpretation) zu erweitern.

Am Oberstufen-Kolleg hat sich eine spezifische Praxisforschung etabliert, bei der die Lehrenden Aspekte ihres eigenen Unterrichts untersuchen. Die enge Verbindung zwischen beruflichem Handeln und Reflexion (Schön 1983) steht in der Praxisforschung im Dienste von Entwicklungsinteressen. Dabei geht es um Entwicklungen im Oberstufen-Kolleg und zugleich um die Frage, ob Erfahrungen und Erkenntnisse auch für andere Schulen von Bedeutung sein können. Bei der Praxisforschung und dem Transfer von Erkenntnissen geht es weniger um Theorie und die Erforschung des „wissenschaftlich Neuen", vielmehr geht es in praktischer Hinsicht um die Fragen „What works?" oder „Wie mache ich es besser?".

Eine nicht zu unterschätzende Nebenfolge der Praxisforschung ist es, dass Lehrende im Schulalltag eine Steigerung der Antinomien des Lehrerhandelns (vgl. Helsper/Böhme 2004) erleben. Fragen im Kontext von Nähe und Distanz, von Freiheit und Zwang und darüber hinaus die Differenz von Reflexion und Handeln lassen sich nicht mehr in einem naiven Sinne beantworten, vielmehr müssen sich forschende Lehrerinnen und Lehrer der Rollenproblematik stärker bewusst werden, damit sie über ihre doppelte Tätigkeit im Rahmen von Forschung und Unterricht zu Mittlern zwischen Schule und Hochschule werden können. Das Risiko des Rollenwechsels besteht darin, dass der sonst doch so verständige Lehrerkollege, wenn er denn forschend beobachtet wird, sich beispielsweise hoch empfindlich oder gar feindlich zeigen kann. Das Aushalten von Fremdheit und Distanz ist deshalb ein wichtiger Bestandteil des Forschungsprozesses. Der Nutzen der Anstrengung besteht darin, dass diese Lehrerinnen und Lehrer durch die Pendelbewegung zwischen kritischer Distanz und praktischer Erprobung besonders qualifiziert sind, die Schulentwicklung nachhaltig anzuregen, schulische und unterrichtliche Prozesse sensibel wahrzunehmen und in der Fort- und Weiterbildung tätig zu sein.

III.2. Evaluation am Oberstufen-Kolleg

Die interne Evaluation am Oberstufen-Kolleg ist im Wesentlichen als Maßnahmenforschung zu verstehen, als systematische Erhebung, Analyse und Bewertung von Informationen über schulische Arbeit. Die Evaluationsprojekte dienen dabei auch der eigenen Rechenschaftslegung. Die prozessbegleitende (sog. „formative") Evaluation ist dabei der Forschungstyp, der am Oberstufen-Kolleg am häufigsten umgesetzt wird. Die Fragestellungen im Kontext dieser Evaluationsprojekte sind auf institutionelle Interessen bezogen und zielen zumeist auf die Überprüfung pädagogischer Konzepte, die in einem engen Zusammenhang mit übergreifenden curricularen und didaktischen Entwicklungen stehen. Die Überprüfung berücksichtigt die unterschiedlichen Sichtweisen der beteiligten Akteure, damit die Ergebnisse die Komplexität des Feldes adäquat abbilden und eine geeignete Basis für die Initiierung von Verbesserungsprozessen darstellen können. Neben der Wirksamkeitsüberprüfung wird mit den Evaluationsprojekten am Oberstufen-Kolleg ein zweckgerichteter Transfer von Wissen angestrebt. Da sich die Fragestellungen der Evaluationsprojekte und die Rückkoppelung der darin gewonnen Ergebnisse ins Kollegium sehr stark an der Bewertung und Optimierung von angewandten pädagogischen Konzepten bezieht, grenzen sie sich von der Grundlagenforschung und der Selbstreflexion im Rahmen der Praxisforschung deutlich ab.

III.3. Grundlagenforschung am Oberstufen-Kolleg

Bei der Grundlagenforschung steht das „wissenschaftlich Neue" im Vordergrund der Erkenntnisgewinnung. Ein wichtiger, erst jüngst formulierter Gesichtspunkt im Rahmen der Förderung der Grundlagenforschung ist für die Deutsche Forschungsgemeinschaft die „Qualitäts- und gleichzeitige Chancensicherung anwendungsrelevanter Grundlagenforschung und interdisziplinärer Forschung" (www.dfg.de). Es ist der Versuch, Grundlagenforschung in den Geistes- und Sozialwissenschaften stärker auf eine Anwendungsrelevanz hin zu orientieren.

Projekte zur erziehungswissenschaftlichen Grundlagenforschung wurden zunächst im Oberstufen-Kolleg eher randständig durchgeführt, da die Interessen primär auf pädagogische Entwicklungen und auf die Ausgestaltung der Lehrerforschung gerichtet waren. Dies hat sich in den letzten Jahren durch den Versuch zur Kombinatorik von Forschungstypen verändert. So werden beispielsweise in einem Projekt zur Entwicklung sprachlicher Kompetenzen in der Oberstufe Instrumente der Lernausgangslagenuntersuchung (LAU) mit dem Ziel eingesetzt, zu prüfen, ob und in welcher Weise diese Instrumente neben der Evaluation von Lernständen ganzer Jahrgänge zugleich auch für die einzelschulbezogene Untersuchung von Lernzuwachs geeignet sind. Im Bereich sprachlicher Kompetenzentwicklung in der Oberstufe werden somit Bezüge zwischen den Forschungstypen über ein gemeinsames Referenzmodell hergestellt. Fragen der Grundlagenforschung werden mit Fragen der Entwicklung von Maßnahmen zur Förderung basaler Kompetenzen verbunden. Die heutige Praxis der Verknüpfung von Forschungstypen am Oberstufen-Kolleg ist der Versuch, harte forschungsmethodische Differenzen zu überbrücken und verschiedene, sozialwissenschaftliche Methoden und Theorien im Forschungsfeld Schule gemeinsam mit Lehrerinnen und Lehrern zu erproben. Der Methodenpluralismus verbietet dabei die Einschränkung auf den Ansatz der Praxisforschung.

IV. Fazit – Übergänge in der Forschung

Die Verknüpfung von Forschungstypen ist der anspruchsvolle Versuch, Fragen von Forschung und Entwicklung in einem schulischen Feld reflexiv und konstruktiv zu bearbeiten. Dabei werden praxisrelevante Fragen zu Forschungsfragen weiterentwickelt und Ergebnisse der Forschung auf die Praxis rückbezogen. Der Wechsel der Rollen und die Akzeptanz je unterschiedlicher Expertise in professionsbezogenen und disziplinären Fragen schafft – wie Evaluationen zu den Bielefelder Schulversuchen belegen – eine einzigartige Laborsituation, die den forschenden Blick der schulischen sowie der hochschulischen Akteure schärft. Zugleich werden die Handlungsmöglichkeiten der Lehrerinnen und Lehrer erweitert.

Ob der forschende Blick von Lehrkräften als Forschung akzeptiert wird, oder ob die Ergebnisse der Praxisforschung als professionelle Beratung und somit als wissenschaftsfern eingestuft werden, ist theoretisch und normativ zu bestimmen. Betont man die differenten Funktionsweisen von Wissenschaft und Schule, so entstehen „entweder ... oder" Aussagen wie etwa in folgendem Beispiel: „Entweder betreiben wir Erziehungswissenschaft, die sich an den disziplinären Normen orientiert und ihren Ort im sozialen System Wissenschaft hat oder wir orientieren uns mit Forschungsprojekten an einem Modell `professioneller Beratung`, die dann aber Profession, nicht Disziplin wäre." (Reh 2004, S. 85) Disziplin und Profession lassen sich theoretisch und systematisch trennen, allerdings ist damit ein hoher Preis verbunden: gegenseitige Abwehrhaltung, Verzicht auf gemeinsam gestaltete Entwicklungsprozesse, Verzicht auf gegenseitige Wahrnehmung. Da Forschung und Entwicklung im schulischen Feld aufeinander bezogen bleiben sollen, erscheint es angeraten, Disziplin und Profession anschlussfähig zu halten. Die Ergebnisse wissenschaftlicher Forschung müssen in kommunikativen Prozessen für die jeweiligen Praxisfelder übersetzt werden. Dies gelingt bislang noch eher unzureichend, es sei denn, es handelt sich um mediale Großereignisse, wie sie im Kontext von PISA in Deutschland inszeniert wurden.

Die strukturelle Differenz professions- und disziplinbezogener Wissensformen wird durch die Kombination von Forschungstypen nicht aufgehoben. Wissenschaft sollte jedoch versuchen, Lösungsmuster für die Profession gemeinsam zu entwickeln und zu prüfen. Die Wissensverwendungsforschung (Dewe u.a. 1992) verortet Wissenschaftswissen auf der einen Seite und Professionswissen bzw. Praxiswissen auf der anderen Seite. Eine Anschlussfähigkeit von Wissensformen wird somit in Folge eines absolut gesetzten Differenzprinzips negiert und das Problem der Gestaltung von Wissens-Übergängen ausgeblendet. Helsper hat darauf hingewiesen, dass man nicht „hinter die Erkenntnisse der Verwendungsforschung zurückfallen" (Helsper 2002, S. 67) dürfe; zugleich warnt er davor, in deren Aporien zu münden. Er hält die strikte Trennung von theoretischer Reflexion und praktischem Handeln für unverzichtbar und er definiert in Anlehnung an Ulrich Oevermann die Profession als den „Ort der widersprüchlichen Einheit von Theorie und Praxis" (Helsper 2002, S. 69). Combe/Kolbe (2004) gehen eher von der Anschlussfähigkeit unterschiedlicher Wissensformen aus. Sie beziehen sich dabei auf die Lehrerwissensforschung, bei der eine Einheit oder eine „Legierung" von Wissen angenommen wird.

In der Diskussion um die Disziplin Erziehungswissenschaft, die Profession des Lehrers und den Lebensraum Schule sind viele Widersprüche erkennbar. Die Verbindung von Wissenschaft und Praxis ist jedoch kein spezifisch pädagogisches, sondern vielmehr ein generelles Problem, wie es an vielen Stellen und bei vielen Berufen auftritt. Notwendig ist eine stärkere Vernetzung der Akteure in Schule und Wissenschaft. Ob damit ein weiteres Auseinanderdriften von Erziehungswissenschaft und Schulpraxis verhindert werden kann, hängt von vielen Faktoren ab. Die Förderung praxisnaher Forschung und die Organisation von Übergängen hochschulischen und schulischen Wissens spielt dabei eine herausragende Rolle.

Die anstehende Reform der Hochschulen und die Neuordnung der Lehrerbildung im Rahmen von Bachelor- und Masterstudiengängen schaffen über die Modularisierung neue Möglichkeiten der Kooperation zwischen Hochschule und Schule. Studierende soll zukünftig Methoden der qualitativen und quantitativen Forschung ebenso wie die hier skizzierten Forschungstypen kennen lernen. Darüber hinaus sollen sie im Rahmen ihres forschenden Lernens eine eigene Forschungsarbeit durchführen. Im Nebenfach Erziehungswissenschaft haben alle Studierenden der Universität Bielefeld die Gelegenheit, im Rahmen des Fallstudienmoduls eine eigene Forschungsarbeit durchzuführen. Die Ergebnisse der begrenzten, praxisnahen Forschung werden dann den Beteiligten vor Ort präsentiert. Ob Hochschulen zukünftig Anwendungsbezug und praxisnahe Forschung stärker in die neue Studienstruktur (Bachelor-Master-Studiengänge) einbinden können, das wird zu einem entscheidenden Prüfstein für die Reform der universitären Lehrerbildung.

Literatur

Altrichter, H./Feindt, A.: Handlungs- und Praxisforschung. In: Helsper, W. /Böhme, J. (2004): a.a.O., S. 417-435.
Altrichter, H./Posch, P. (1998): Lehrer erforschen ihren Unterricht. Bad Heilbrunn.
Arnold, K.-H./Sandfuchs, U./Wiechmann, J. (Hrsg.) (2006): Handbuch Unterricht. Bad Heilbrunn.
Böhme, J. (2004): Qualitative Schulforschung auf Konsolidierungskurs. In: Helsper, W/ Böhme, J. (Hrsg.): Handbuch der Schulforschung. Wiesbaden, S. 127-158.
Böhm-Kasper, O./Weishaupt, H. (2004): Quantitative Ansätze und Methoden in der Schulforschung. In: Helsper, W./Böhme, J. (Hrsg.): Handbuch der Schulforschung. Wiesbaden, S. 93-125.
Boller, S./Henkel, C./Keuffer, J. (2006): Formative Evaluation in der Schul- und Unterrichtsforschung am Beispiel des Oberstufen-Kollegs Bielefeld. In: Rahm, S. u.a. (Hrsg.): Schulpädagogische Forschung. Organisations- und Bildungsprozessforschung. Perspektiven innovativer Ansätze. Innsbruck u.a.
Combe, A./Helsper, W. (Hrsg.) (1996): Pädagogische Professionalität. Frankfurt a.M.
Combe, A./Kolbe, F.-U. (2004): Lehrerprofessionalität: Wissen, Können und Handeln. In: Helsper, W./Böhme, J. (Hrsg.) (2004): a.a.O. Wiesbaden, S. 833-851.
Dewe, B./Ferchhoff, W./Radtke, F-O. (Hrsg.) (1992): Erziehen als Profession. Zur Logik professionellen Handelns in pädagogischen Feldern. Opladen.
Diesterweg, F.A.W. (1958): Wegweiser zur Bildung für deutsche Lehrer. Vierte Auflage Essen 1851. Wiederabdruck hrsg. v. J. Scheveling. In: Quellen zur Geschichte der Pädagogik. Paderborn.
Döpp, W. (1997): Das Lehrer-Forscher-Modell an der Laborschule Bielefeld. In: Friebertshäuser, B./Prengel, A. (Hrsg.): Handbuch qualitative Forschungsmethoden in der Erziehungswissenschaft. S. 628-639.
Friebertshäuser, B./Prengel, A. (Hrsg.) (1997): Handbuch Qualitative Forschungsmethoden in der Erziehungswissenschaft. Weinheim.
Helmke, A. (2006) : Unterrichtsforschung. In Arnold, K.-H./Sandfuchs, U./Wiechmann, J. (Hrsg.): a.a.O.
Helsper, W./Böhme, J. (Hrsg.) (2004): Handbuch der Schulforschung. Wiesbaden.
Hentig, H. v. (1982): Erkennen durch Handeln. Stuttgart.
Keuffer, J./Oelkers, J. (Hrsg.) (2001): Reform der Lehrerbildung in Hamburg. Weinheim/ Basel.

Krüger, H.-H. (2000⁴): Erziehungswissenschaft in den Antinomien der Moderne. In: Krüger, H.-H./Helsper, W. (Hrsg.): Einführung in Grundbegriffe und Grundfragen der Erziehungswissenschaft. Opladen.

Krüger, H.-H. (2006⁴): Einführung in Theorien und Methoden der Erziehungswissenschaft. Opladen.

Luhmann, N./Schorr, E. (1982): Das Technologiedefizit der Erziehung und die Pädagogik. In: Zwischen Technologie und Selbstreferenz. Fragen an die Pädagogik. Hrsg. Von Luhmann/Schorr. Frankfurt/M. 1982, S. 11-40.

Merkens, H. (Hrsg.) (2006): Erziehungswissenschaft und Bildungsforschung. Wiesbaden.

Moser, H. (1995): Grundlagen der Praxisforschung. Freiburg/Br.

Popp, U./Reh, S. (Hrsg.) (2004): Schule forschend entwickeln. Schul- und Unterrichtsentwicklung zwischen Systemzwang und Reformansprüchen. Weinheim/München.

Prengel, A./Heinzel, F./Carle, U. (2004): Methoden der Handlungs-, Praxis- und Evaluationsforschung. In: Helsper, W./Böhme, J. (Hrsg.): Handbuch der Schulforschung. Wiesbaden, S. 93-125.

Rahm, S./Schratz, M. (Hrsg.) (2004): LehrerInnenforschung. Theorie braucht Praxis. Braucht Praxis Theorie? Innsbruck.

Reh, S. (2004): Welches Wissen benötigt die "pädagogische Praxis?" In: Popp, Ul./Reh, S. (Hrsg.): Schule forschend entwickeln. Weinheim/München, S. 75-87.

Schön, D. A. (1983): The Reflective Practitioner. London.

Tenorth, H.-E. (2003): Erziehungswissenschaft und Lehrerberuf – Historiographische Notizen über ein notwendig spannungsreiches Verhältnis. In: Zeitschrift für pädagogische Historiographie 2/03, S. 101-109.

Tillmann, K.-J. (2006): Schulpädagogik und Bildungsforschung. Aktuelle Trends vor dem Hintergrund langfristiger Entwicklungen. In: Merkens, H. (Hrsg.): Erziehungswissenschaft und Bildungsforschung. Wiesbaden.

Tippelt, R. (Hg.) (2002): Handbuch Bildungsforschung. Opladen.

Wischer, B. (2003): Soziales Lernen an einer Reformschule. Evaluationsstudie über Unterschiede von Sozialisationsprozessen in Reform- und Regelschulen. Weinheim/München.

Wissenschaftsrat (2001): Empfehlungen zur künftigen Struktur der Lehrerbildung. Köln.

Kapitel 6: Orientierung an Zuordnung

GERHARD MERTENS

B: Verknüpfungslinien

I. Annäherung

I.1. Mehrdimensionale Argumentation

Angesichts der Vielschichtigkeit ihres Gegenstandes erfordert erziehungswissenschaftliche Forschung die Berücksichtigung unterschiedlicher Ebenen der Argumentation und der methodischen Zugänge. Darüber dürfte nach den endlosen Debatten der 70er Jahre des vorigen Jahrhunderts unter den Fachvertretern mittlerweile weitgehend Einigkeit bestehen. Erscheint doch eine jede Diskursebene für sich genommen als nicht leicht verzichtbar, um Erziehungs- und Bildungsprozesse in ihrer institutionellen und gesellschaftlichen Verankerung angemessen zu erfassen.

Beginnt man mit dem Prinzipiellen, dann gilt dies zunächst für den erziehungswissenschaftlichen Fundamentaldiskurs, der den Grundanspruch erörtert, dem alles pädagogische Handeln und jede pädagogische Zielsetzung untersteht. Gemeint ist der Anspruch auf eigenverantwortliche Lebensführung der Heranwachsenden basierend auf ihrem Eigenrecht, im Erziehungsprozess jederzeit als Person anerkannt und auf individuelle Selbstentfaltung und soziale Mitgestaltung hin angesprochen zu werden (vgl. etwa Klafki 19965). Wie auch immer sich im Einzelnen ein derartiger, gegenwärtig besonders umstrittener Legitimationsdiskurs darstellen mag, Orientierung erhält pädagogisches Denken und Handeln erst im Aufgreifen des mit dem Freiheitsethos der Neuzeit und Moderne verbürgten Humanitätsanspruches einer unbedingten wechselseitigen Wertschätzung eines jeden, der Menschenantlitz trägt (vgl. Mertens 2006, S. 92-127).

Doch ungeachtet der Relevanz einer solch ‚letzten' Fundierungsperspektive hat es der erziehungswissenschaftliche Forschungsalltag in der Regel eher mit einem mittleren Begründungsniveau zu tun. Hier kommen Forschungsrichtungen analysierender und interpretierender Sinnbestimmungen zum Zuge. Denn die zur Erforschung anstehende ‚Erziehungswirklichkeit' stellt nicht ein ‚factum brutum', sondern eine immer schon verstandene und gedeutete Wirklichkeit dar. Mehr noch, sie ist Teil einer gelebten menschlichen Praxis in einer bestimmten Stunde, einer ‚Lage' der Geschichte, getragen von deren Überzeugungen, Norm- und Wertvorstellungen, die es als Sinnerfahrungen zu identifizieren gilt. Historische Forschung (neben Geistes- und Theoriegeschichte auch Sozialgeschichte der Erziehung sowie Historische Sozialisationsforschung) kann dabei im Blick auf gegenwärtig anstehende Probleme die gesammelte geschichtliche Erfahrung durchaus fruchtbar werden lassen – als einen Dispositionsrahmen für mögliche Lösungen. Gleichwohl ist es unter den Prämissen unserer im Umbruch befindlichen Moderne dringend angeraten, nicht im Gewesenen zu verweilen. Vielmehr sollte Erziehungswissenschaft bei der Erforschung der Sinngestalten gelebten Menschseins ihre Aufmerksamkeit entschiedener noch auf das Heute richten und, gespeist aus den geistigen Schubkräften der Gegenwart, eine Perspektive auf Zukunft hin eröffnen.

Hier, noch auf gleichem Niveau der Sinnbestimmung, gewinnt dann auch die prospektiv eingestellte gesellschaftskritische Forschung ihre Bedeutung, die, statt auf Ideengeschichte und geistige Strömungen, in emanzipatorischer Absicht auf die Analyse der gesellschaftlichen Bedingungen gelingender oder misslingender Bildungsvorgänge abhebt. Dabei stellt sich ihr die Frage, wo im Bildungssystem nicht zu rechtfertigende gesellschaftliche Hemmnisse und Blockaden vorliegen, auf Grund derer Mitglieder ganzer Gruppierungen und Milieus ggf. Schaden nehmen. Im Sinne ‚ideologiekritischer Aufklärung' sucht sie also verborgene, den pädagogischen Zielsetzungen und Maßnahmen ggf. zu Grunde liegende gruppen- und milieuspezifische (Macht)Interessen aufzudecken und Perspektiven gesellschaftlicher Veränderungen anzunehmen. – Und da die Erziehungswirklichkeit als Teilsystem der Gesamtgesellschaft auch deren Systemgesetzlichkeiten unterliegt, ist die kritische Analyse aller erziehungs- und bildungsrelevanten Institutionen und Zuteilungsmechanismen unerlässlich, will man Einzelne und Gruppen davor bewahren, zum Spielball naturwüchsiger Systemfunktionalität degradiert zu werden.

Ein weiterer Großteil der erziehungswissenschaftlichen Forschung schließlich bewegt sich dem gegenüber auf dem vordergründig greifbaren Terrain empirischer Argumentation, die sich bewusst auf das Reich der Faktizitäten beschränkt. Forschung also im strikten Sinne verstanden als ein Unternehmen exakt belegbarer, ausschließlich kenntnisnehmender Rationalität.

Es lässt sich kaum überschätzen, welch ungeheuren Erkenntniszuwachs bis in viele pädagogische Einzelfragen hinein die empirische erziehungswissenschaftliche Forschung seit Beginn des 20. Jahrhunderts bis in die Gegenwart hinein in dem Bemühen erbracht hat, den greifbaren individuellen, sozialen und kulturellen Bedingungskontext von Erziehungs- und Bildungsprozessen zu durchmessen. Hierzu gehört das gesamte erfahrungskritische Potential der Human- und Sozialwissenschaften inklusive der neuen Disziplin der Genforschung und der Neurophysiologie, die allesamt für erziehungswissenschaftliche Problemstellungen fruchtbar gemacht werden konnten. Im Resultat handelt es sich dabei um eine breite empirische Forschung mit quantitativer und qualitativer Methodologie, vor allem sozialwissenschaftlicher (insbes. Sozialisationsforschung, aber auch ‚Brückendiskurse' hin zur Nachbardisziplin der Soziologie) und psychologischer Provenienz (Entwicklungspsychologie, Lehr-/ Lernforschung etc.).

Namentlich am Beispiel der Entwicklungspsychologie und der Sozialisationsforschung, ehemals verfeindeter Geschwister, lässt sich der außerordentliche Ertrag empiriehaltiger Forschung für die Neuvermessung der gegenwärtigen Strukturen der Erziehungswirklichkeit und ihrer pädagogischen Aufgabenbestimmungen illustrieren. Heben doch diese beiden Disziplinen seit gut drei Jahrzehnten in durchaus interdisziplinärer Ausrichtung aus guten Gründen auf eine Forschungsarbeit unter dem Aspekt der gesamten Lebensspanne ab (vgl. etwa Montada 1998, S. 1-83). Danach endet der Prozess produktiver Auseinandersetzung und tiefgreifenden Hinzulernens von Individuen in hochgradig mobilen Sozietäten nicht im frühen Erwachsenenalter, sondern währt ein Leben lang. Der Schubkraft dieses Befundes konnte sich die Erziehungswissenschaft nicht lange entziehen. Sie musste ihren Gegenstand, die ursprünglich übernommene Bildungsverantwortung gegenüber Kindern und Jugendlichen, auf die Erwachsenenwelt hin ausweiten. ‚Erziehungswirklichkeit' umfasst seitdem die gesamte Lebensspanne. Dementsprechend lässt sich jetzt gleichsam ein ‚Panorama' von Erziehungs- und Bildungsumwelten unterschiedlicher Größenordnung und mit je eigenen Aufgaben, Chancen und Hindernissen herausarbeiten, wie sie für heutige Kinder, Jugendliche und Erwachsene zeittypisch zu erwarten sind (vgl. Mertens 1998).

II. Verknüpfung als Erfordernis

Sieht man nun die angesprochenen Argumentationsebenen im Zusammenhang, die Ebene fundamentaler Orientierung sowie die Ebenen stellungnehmender (präskriptiver) Sinn- und kenntnisnehmender (deskriptiver) Sachvernunft, so bleibt festzuhalten, dass jede von ihnen für die Erforschung des Gegenstandsfeldes ‚Erziehungs- und Bildungsprozesse in ihrer gesellschaftlichen Verankerung' unerlässlich ist. Wie aber soll man mit der Pluralität der unterschiedlichen Begründungsniveaus dann verfahren? Etwa den ganzen Ballast des präskriptiven Bereiches abwerfen und sich im Namen wissenschaftlicher Exaktheit auf die rein deskriptiven Satzmengen beschränken (so etwa Tenorth 1997)? Das würde die Erziehungswissenschaft verwandeln in eine empirische Sozialwissenschaft und – auf Dauer – wohl überflüssig machen. Oder sollte man eine generelle Trennung der unterschiedlichen Wissensformen vornehmen (so der vermittelnde Vorschlag von Vogel 1998)? Das wäre jedoch für die Erziehungswissenschaft in ihrer Gesamtheit mit der Vielfalt ihrer konkreten Problemstellungen und ihrer Disziplinaufteilungen undurchführbar.

Es käme dann unter der Hand immer wieder zur Vermischung des zuvor Getrennten. Angemessener scheint demgegenüber doch eher lediglich eine methodische Trennung im Sinne einer Arbeitsteilung der unterschiedlichen Forschungsebenen, wobei diese selbst stets als im Zusammenspiel wechselseitig miteinander verknüpft gedacht werden.

Spielen wir das Erfordernis zur Verknüpfung im Einzelnen einmal durch: Aussagen über pädagogische Förderung bzw. Kompensation (bei Benachteiligung) etwa, über anzustrebende und abzulehnende Modelle des Menschseins, über substanzielle Bildung etc., sie erhalten allesamt ihre humane Sinnrichtung erst auf Grund der orientierend-emanzipativen Kraft des pädagogischen Grundanspruches, einen jeden, Kinder, Jugendliche und Erwachsene, zu sich selbst freizugeben. Andererseits gab es im 20. Jahrhundert in Europa und gibt es heute, global betrachtet, noch etliche Erziehungssysteme, die ein gänzlich anderes Verständnis von Erziehung und pädagogischem Handeln zugrunde legen. Ohne fundamentale Orientierung sind erziehungswissenschaftliches Sinn- und Sachwissen demnach human richtungslos. Auch umgekehrt gilt: Erziehungswissenschaft als reine Prinzipienwissenschaft ohne bildungsphilosophisches, phänomenologisches, hermeneutisches Sinnverstehen und ohne empirisches Sachwissen bliebe leer und pädagogisch belanglos. Nur eine Verschränkung der Argumentationsebenen kann dieses Defizit beseitigen. Am Beispiel der pädagogischen Kategorienbildung lässt sich das unschwer verdeutlichen (vgl.

Mertens 2001, S. 475-478). So ermöglicht es erst die Verknüpfung von pädagogisch-anthropologischem Sinnwissen (Natur-/ Kulturanthropologie) und empirischem Sachwissen (Human- und Sozialwissenschaften), forschungsleitende Kategorien pädagogischen Handelns von mittlerer Reichweite zu bestimmen, wie etwa die Kategorien ‚Bildsamkeit', ‚Begabung', ‚Motivation', ‚Lehre', ‚Lernen', ‚Interesse' etc. Sie werden gleichsam ‚am' Material des vorliegenden Sinn- und Sachwissens entwickelt. Sogar noch die Bestimmung der Fundamentalkategorien ‚Erziehung' und ‚Bildung' bliebe ohne reflektiertes Lebensweltwissen blass und nahezu nichtssagend. Offenkundig ist Erziehungswissenschaft nur mit Hilfe einer Verknüpfung der Forschungs- und Argumentationsebenen im Stande, pädagogisch gehaltvolles Wissen zu generieren.

Gleichwohl bleibt die Frage, ob eine Verknüpfung von so Disparatem wissenschaftlich überhaupt möglich ist und ob das Beieinander von so unterschiedlicher Exaktheit die Pädagogik noch eine Wissenschaft sein lässt.

III. Zum Wissenschaftscharakter der Erziehungswissenschaft

III.1. Der Typos der ‚praktischen Disziplin' – aus Sicht des Aristoteles

Zweifellos ist es ihr Gegenstand, welcher die Erziehungswissenschaft in die genannten Schwierigkeiten bringt. Denn mit der Erziehungswirklichkeit reflektiert sie ein Feld menschlicher Praxis, ist sie praxisbezogene Disziplin. Als solche aber verkörpert sie einen anderen Typos von Wissenschaft als den an mathematisch-methodischer Exaktheit orientierten der Naturwissenschaft bzw. der empirischen Sozialforschung. Menschliche Praxis nämlich hat es mit einem Handeln zu tun, das mit den Qualitäten ‚gut', ‚besser', ‚schlechter', ‚misslungen' zu belegen ist, weshalb Erziehungswissenschaft auf diese einfließenden präskriptiven Anteile ohne Verlust ihres Gegenstandes auch nicht verzichten kann, wie dies etwa die empirische Psychologie und Soziologie tun. – Blickt man andererseits auf benachbarte praxisbezogene Disziplinen wie die Medizin, die Jurisprudenz oder die Ethik, die augenscheinlich allesamt nicht unter vergleichbaren Selbstzweifeln leiden, dann müsste umgekehrt doch einmal positiv nach dem Ertrag und dem Status der Erziehungswissenschaft als einer praktischen Disziplin gefragt werden.

Schon an den Ursprüngen unserer abendländischen Wissenschaftsentwicklung stoßen wir bei einer der großen Gründergestalten abendländischen Wissens, bei Aristoteles, auf eine vergleichbare Fragestellung in Bezug auf den Wissenschaftscharakter der Ethik als einer ‚praktischen' Theorie (vgl. Aristoteles, Nikomachische Ethik (=NE) 1, 1.1094b 11-27, und hierzu Höffe 1971). Danach werden die Wissenschaften generell vom Prinzip ‚sachgerechter Klarheit' bestimmt, wobei ‚Klarheit' erreicht ist, wenn ein zuvor undifferenziertes Wissen in seine Elemente, Ursachen und Prinzipien zerlegt wird, und zwar je nach dem Gegenstand, der ‚Sache' einer Wissenschaft. Entsprechend ist in den verschiedenen Wissenschaften ein unterschiedliches Maß an Klarheit und Genauigkeit zu erzielen, je nachdem wie viel Exaktheit der untersuchte Gegenstand zulässt: In den ‚stofflosen' Wissenschaften der Mathematik und der reinen Logik ist diese Genauigkeit am höchsten, in der Naturwissenschaft erheblich. Die Ethik wiederum gewährleistet demgegenüber, sofern sie konkret werden will, im aristotelischen Verständnis lediglich einen Gewissheitsgrad von ‚zumeist'-gültig. Damit aber ist praxisbezogene Wissenschaft kein minderer Modus von Wissenschaft. Das Maß der Wissenschaft richtet sich nicht nach jener Wissenschaft, die das reine (‚stofflose') Denken der Logik und Mathematik zum Gegenstand hat. „Vielmehr", so treffend Höffe (1971, S. 107-125. 111) zu Aristoteles, „ist in den verschiedenen Wissenschaften eine je eigene Art von Klarheit und entsprechend eine je eigene Genauigkeit zu suchen", nämlich eine solche, die dem jeweiligen Gegenstande angemessen ist, ihm ‚gerecht' wird.

Hier gilt es dann, die ‚Vielgestaltigkeit und Unbeständigkeit' des Gegenstandes mit zu berücksichtigen, die in einer praxisbezogenen Wissenschaft den ‚Exaktheitsanspruch' des Forschers schon damit zufrieden stellt, „bei einem solchen Thema und bei solchen Prämissen die Wahrheit nur grob und umrißhaft (d. h. in Grundzügen) anzudeuten". So kann bspw. der praktische Philosoph eine Tugend wie die Tapferkeit als vernunftbestimmte Mitte zwischen zwei Extremen gültig bestimmen. Ob aber überhaupt und in welcher spezifischen Einfärbung die Tugend der Tapferkeit von konkret Handelnden als Sinnantwort des Guten gefordert wird, das hängt ab von den sozio-kulturellen Bedingungen einer Epoche (in der Zeit des staufischen Ritters anders als in der des griechischen Polisbürgers oder in unserer technisierten Zivilisation) sowie von den situativen Lebensbedingungen des Einzelnen (Mutter von drei Kindern, Sportler, Berufsbezüge etc., etc.). Für die Reflexion der praktischen Angelegenheiten menschlichen Lebens ist also ein Wissen nur ‚in Grundzügen' durchaus hinreichend und angemessen. Ein Zeichen von ‚Bildung' ist es denn auch, „nur insoweit Genauigkeit auf dem einzelnen Gebiet zu verlangen, als es die Natur des Gegenstandes zulässt" (NE 1,1.1094b 19-25).

Ein erziehungswissenschaftliches Wissen indessen, das die Frage nach der rechten, besseren, schlechteren, guten Anleitung, Belehrung, Beratung, Einübung etc. (agnostisch) eliminiert oder sie, sei es szientistisch oder skeptisch, ausklammert, wäre in den Augen des Aristoteles gänzlich ‚nutzlos' (NE 1,2) und insofern überflüssig. Hingegen drängen die Dinge des Lebens uns, neben dem reinen Wissen (etwa der Logik, der Mathematik) nicht minder auch auf das gesammelte und reflektierte Wissen um die menschliche Praxis, ihr Gelingen oder Scheitern zurückzugreifen. Denn was solch praxisbezogene Wissenschaft zu erkennen sucht, hat „großes Gewicht für die Lebensführung, wie etwas, das zur Entscheidung und zur Wende führt" (NE 1,1.1094a 22-24).

Halten wir also fest: Wenn auch Erziehungswissenschaft als praktische Disziplin angesichts der Vielgestaltigkeit und Veränderbarkeit ihres Gegenstandes lediglich ein Umrisswissen, d. h. ein Wissen in Grundzügen zu produzieren vermag, so ist dieses Wissen gleichwohl insofern unverzichtbar als es hinsichtlich so gewichtiger Momente menschlicher Praxis wie der Erziehung und Bildung zumindest ein Strukturgitter der Orientierung von ‚zumeist' gültigen Einsichten zu gewähren vermag.

III.2. Nachszientistisches Wissenschaftsverständnis – heutige Sicht

Der heutigen nachszientistischen Sicht kommt die wissenschaftstheoretische Position des Aristoteles zweifellos eher entgegen. Hatte der Szientismus als Kriterium für Wissenschaftlichkeit noch die strikte Beweisbarkeit bzw. objektive Gültigkeit unterstellt, so änderte sich dies mit der bahnbrechenden Arbeit von Thomas S. Kuhn über ‚Die Struktur wissenschaftlicher Revolutionen' (200619), in der dieser mit Recht herausstellte, dass sich eine Konzeption wissenschaftlicher Rationalität nicht abstrakt-ideologisch, sondern an der Geschichte der Wissenschaften selbst zu orientieren hat. Und sein Ergebnis: Eine empiriehaltige Theorie (ein ‚Allsatz') ist nicht nur nicht beweisbar (dazu bedürfte es unendlicher singulärer ‚Basissätze'). Sie ist sogar schlechterdings nicht einmal falsifizierbar, sofern sich auch die empirischen ‚Basissätze' nicht exakt sichern lassen und Theorien durch Ad hoc – Zurechtlegungen jederzeit modifizierbar sind.

Was geschieht denn an den großen Wendepunkten in der Geschichte der Naturwissenschaften während eines Paradigmawechsels (etwa von Newton zu Einstein), wenn die bisherige vertraute wissenschaftliche ‚Welt' gleichsam aus den Fugen gerät? Forscher verhalten sich in dieser Zeit des Umbruches plötzlich wie Philosophen, indem sie die bislang vorherrschende Theorie selbst hinterfragen. Schließlich steht ihnen zu diesem Zeitpunkt kein zwingendes Argument, kein absoluter Fixpunkt, kein Beweis zur Verfügung. Weder durch Logik noch durch Experiment ließe sich eine zwingende Entscheidung herbeiführen.

Ausschlaggebend ist jetzt vielmehr zum einen der schöpferische Vernunft-Entwurf der neuen Theorie, d. h. die imaginative Kraft neuer Festsetzungen durch die Vernunft (‚imaginative posits', Kuhn 1974, S. 12). Und zum anderen ist es eine Art (intuitiver) Urteilskraft seitens der Forscher. Die für die wissenschaftliche Gemeinschaft konstitutiven Werte wie Einfachheit, Genauigkeit und Fruchtbarkeit des neuen Theoriekandidaten, aber auch ästhetische Werte wie Einheit und Schönheit geben jetzt den Ausschlag (vgl. Kuhn 200619, S. 217, sowie Lakatos/Musgrave 1974, S. 169). Dies aber bedeutet, das diskursive Verstandesverfahren kritischer Überprüfung (‚Falsifikation') spielt in der Geschichte der Wissenschaften eher nur eine untergeordnete Rolle. Und weiterhin, wenn selbst die empirische Basis brüchig, die logische Argumentationskette bei der Beurteilung empiriehaltiger Theorien lückenhaft ist, dann ist auch der durch empirisch-analytische Wissenschaft erzielbare Grad an ‚Objektivität' lediglich ein solcher von jeweils zeitgebundener, eben konventionalistisch erreichbarer intersubjektiver Gewissheit.

Die Konsequenzen hieraus:
    (1) Im Sinne der *Selbstbescheidung* und *Selbstkritik* ist eine erhebliche Abschwächung des ehemaligen Anspruches an wissenschaftliche Rationalität angeraten. Eine nur endliche menschliche Vernunft vermag die Welt, wie sie wirklich ist, durch keine wissenschaftliche Theorie, durch kein Modell adäquat einzufangen. Die Komplexität des Gegenstandes überbietet jeden denkbaren Modellversuch.
    (2) Die vermeintlich unüberbrückbare Kluft zwischen Natur- und Geisteswissenschaften, die Kluft zwischen deskriptiven und präskriptiven wissen-

schaftlichen Regelsystemen, zwischen theoretischer und praktischer Vernunft ist hiermit weitgehend eingeebnet. Auch einer praktischen Disziplin mit einem ‚vielgestaltigen und wandelbaren' Gegenstande vom Schlage der Erziehungswissenschaft ist die Fähigkeit zu wissenschaftlicher Argumentation weiterhin nicht ernsthaft abzusprechen.

(3) Der Begriff *wissenschaftlicher Vernunft* bedarf dringend der *Ausweitung*. Ist nämlich Vernunft das umfassende Vermögen der Reflexion, das Einsicht, Stellungnahme und diskursive Verstandesleistung zugleich aus sich hervorbringt, so stellt sich im Lichte der Wissenschaftsgeschichte wissenschaftliche Rationalität als jene in sich strukturierte Gesamtbewegung des menschlichen Geistes dar, in deren Vollzug logisches Regeldenken und exaktes Wissen eingebettet bleiben in die mit Erfahrung verknüpfte schöpferische Imagination, Intuition, Wertsetzung, Erfolgsorientierung, in die eigentümliche Sehweise eines Denkens in Mustern von beispielhaftem Charakter (Paradigmen). Und bei all dem ist stets die *Urteilskraft* des Forschers zentral gefordert und mit am Werke.

IV. Zuordnungsverhältnisse

IV.1. Kohärenztheoretische Begründung – mit Blick auf praktische Problemlösung

Sie, die Urteilskraft als tragendes Element wissenschaftlicher Forschung, ist denn auch in der Erziehungswissenschaft als einer praktischen Disziplin besonders gefragt, wenn es darum geht, notwendige Theorieverknüpfungen vorzunehmen. Denn das bloße Nebeneinander oder Ein- und Ausklammern von Theoriebeständen wäre, wie wir sahen, für den pädagogischen Erkenntnisgewinn wenig ertragreich. Die Mehrdimensionalität der erziehungswissenschaftlichen Argumentationsstränge – Prinzipienwissen, Sinnverstehen sowie empirisches Sachwissen – gebietet es vielmehr, nach Wegen der Zuordnung Ausschau zu halten. Wie Harm Paschen (1997) bei seiner Analyse einer Vielzahl von ‚Pädagogiken' aufzeigen konnte, zeichnet es in der Tat ‚wissenschaftliche' pädagogische Konzeptionen im Unterschied zu dogmatischen oder rein handwerklichen Konzepten aus, dass sie um ihren Modellcharakter, ihre Perspektivität angesichts einer nicht einholbaren Komplexität wissen und sich infolgedessen gegen andere Theoriekandidaten nicht hermetisch abschließen. Im Einzelnen besagt dies dann: ‚Selbstkritisches Distanziertsein', ‚Sicherheit in der Bescheidung', ‚größeres pädagogisches Beratungs- und Handlungspotential', ‚hohe Begründungskompetenz', ‚Offenheit für Vielfalt und Pluralität' (ebd., S. 123). Und diese Offenheit wiederum lässt sich auf Nachbardisziplinen ebenso wie auf die innerdisziplinäre Vielfalt hin ausrichten. Kurz, wissenschaftliche Pädagogiken sind charakterisiert durch reflektierte Selbstbegrenzung, Öffnung und damit Integrationsfähigkeit im Bezug auf eine breite Vielfalt. Dementsprechend muss erziehungswissenschaftliche Forschung dann ein hohes Maß an Urteilskraft darauf verwenden, ein Aufeinander-Zudenken der Modelle, Verknüpfungen und

Netzwerkbildungen, zumindest aber eine weitmögliche Zuordnung des Disparaten anzustreben.

Der Sache nach rückt ein solches Vorhaben in die Nähe dessen, was John Rawls (1998) in seiner inzwischen klassischen ‚Theorie der Gerechtigkeit' für die ähnlich komplexe Disziplin der Sozialethik praktiziert hat, nämlich zur Begründung seiner ‚Grundsätze der Gerechtigkeit' ein ‚Reflexionsgleichgewicht' vorzunehmen. Gemeint ist ein kohärenztheoretisches Verfahren, demzufolge ein Netz von sich gegenseitig stützenden Aussagen gebildet wird, wobei in wechselseitiger Korrektur der verschiedenartigen Erwägungen die Aussagen zunehmend in einen widerspruchsfreien, kohärenten Zusammenhang gebracht werden (vgl. Höffe 1998). So wird in Ermangelung einer zwingenden Letztbegründung, wie in allen empiriehaltigen Theorien, gleichsam der Versuch unternommen, auf einem Sumpfgelände durch vielfältige Abstützung einen Halt zu errichten.

IV.2. Vernetzung, Abstützung, Mehrfachkombination – bei konkreter Problemlösung

Dass sich für die konkrete pädagogische Problemlösung eine Netzwerkbildung bereichsbezogener Theorien geradezu anbietet und mittlerweile auch allenthalben praktiziert wird, dies lässt sich exemplarisch unschwer illustrieren.

(1) Elementarbildung: Säuglingsforschung, Bindungstheorie und Psychoanalyse etwa ermöglichen im Zusammenspiel ein Netzwerk von Befunden, das über die früher bereits behauptete grundlegende pädagogische Bedeutung der frühen Kindheit hinaus jetzt auch gewichtige Erkenntnisse über die kleinschrittigen Bildungsaufgaben und zu leistenden Bildungshilfen einer anregenden pädagogischen Umgebung in diesem frühesten Kleinkindalter belegen (vgl. etwa Mertens 1998, S. 17-41). Kombiniert man diese Befunde mit Ergebnissen der Interkulturellen und Vergleichenden Erziehungswissenschaft etwa zum Spracherwerb, zum frühkindlichen Lernen und seiner Institutionalisierung im internationalen Vergleich, dann lässt sich aus dieser Mehrfachkombination für pädagogisches Handeln unter dem Grundanspruch optimaler individueller Förderung ein Raster von konkreten pädagogischen Erfordernissen bis hin zur Gestaltung von Kindergartenerziehung und vorschulischer Elementarbildung entwickeln. Auf die Generierung eines solch konkreten pädagogischen Wissens durch die Erziehungswissenschaft sind jedoch sowohl Studierende als auch die Gesellschaft als ganze heute dringend angewiesen.

Die Grenze hierbei: Ob frühkindliche Erziehung zu Hause oder in Krippen stattfinden sollte, dies kann wissenschaftlich nicht generalisiert beantwortet werden. Unterschiede häuslicher Verhältnisse und legitime disparate Sinnvorstellungen zu Familie, Elternschaft, Frau- und Muttersein werden hier den Ausschlag geben. Erziehungswissenschaft ist zuständig für ein Umriss-Wissen, ein Wissen in Grundzügen. Nicht mehr und nicht weniger. Dies zu gewährleisten, dafür sollte sich auch die Allgemeine Erziehungswissenschaft nicht zu schade sein.

(2) Jugendliche Devianz vs. Übernahme von Eigenverantwortung: Aggressionsforschung im Zusammenspiel mit Sozialpsychologie und Frustrationsforschung einerseits sowie Resilienzforschung andererseits ermöglichen in wechselseitiger Abstützung Perspektiven für konkretes pädagogisches Handeln im Sinne der Ermuti-

gung des Jugendlichen in der Gruppe, des Aufbaus vielseitiger Beziehungen und Interessen sowie eines reichhaltigen Freizeitangebotes zur Einübung prosozialen gewaltfreien Verhaltens. Kombiniert man diese Ergebnisse z.B. mit der Stress- und der Gesundheitsforschung, so wird als entscheidender pädagogischer Faktor für die Abwehr jugendlichen Fehlverhaltens die Gewährleistung von Spielräumen der Verantwortungsübernahme seitens der Heranwachsenden manifest. Sinnerfahrung im Rahmen von verantwortlicher Partizipation bei individuell gewichtigen Angelegenheiten führt zur Einübung eigenverantwortlich humaner Lebensführung (als übergreifendem Leitziel aller Erziehung überhaupt; vgl. etwa Mertens 2006, S. 34-57 u. S. 107-130).

(3) Bereich Schule: Das Zusammenspiel von Lehr-/Lernforschung, Interessen- und Schulforschung, kombiniert mit Ergebnissen der Neurophysiologie und, ‚in Entsprechung' hierzu, mit einer neurophysiologisch gestützten Didaktik, führen in behutsamer wechselseitiger Abstützung zu recht konkreten Strukturgittern für gelingenden Unterricht sowie zu deutlichen Einsichten bezüglich einer Weiterentwicklung der Schule als Lern- und Lebensraum (vgl. etwa Arnold 2002).

Wie diese Beispiele zeigen, erhält sonach pädagogisches Handeln mit Hilfe wechselseitiger binnenkritischer Abstützung und vielfältiger Kombination von entsprechenden Theorien durchaus ein hohes Maß an gesichertem Wissen, das freilich mit der Zunahme an Konkretisierung umso hypothetischer wird. Bleibende Korrekturoffenheit ist deshalb die entscheidende Bedingung für die Erstellung von ‚Reflexionsgleichgewichten'.

Andererseits reicht es angesichts unseres human- und sozialwissenschaftlichen Wissens heute nicht mehr, dass sich Erziehungswissenschaft, etwa im Rekurs auf die pädagogischen Klassiker, mit einigen generalisierten Einsichten zufrieden gibt. Wenn sie sich z. B. unter Bezug auf herbart darauf beschränkt, das ‚Interesse' als zentrale pädagogische Kategorie ‚an sich' herauszustellen, so ist das zu wenig aussagekräftig. Vielmehr gilt es im gleichen Zuge (anhand der Interessenforschung etwa) herauszuarbeiten, wann, in Bezug auf wen und welche wünschenswerten Interessen sich bilden und pädagogisch angeregt werden können. Oder wenn Rousseaus Gedanke von der Natur als oberstem Lehrmeister lediglich auf die pädagogische Relevanz der Entwicklungspsychologie ‚an sich' abgehoben wird, und das noch in der konstruierten rousseauschen Version, dann ist das für unseren derzeitigen Erkenntnisstand zu wenig ergiebig. Von erziehungswissenschaftlicher Forschung zu erwarten ist heute vielmehr in der Kombination von Entwicklungspsychologie und Sozialisationsforschung ein dezidiert belegbares ‚Panorama' von anstehenden Erziehungs- und Bildungsaufgaben in der Lebensspanne heutiger Kinder, Jugendlicher und Erwachsener. Zu leisten ist die notwendige Konkretisierung jedoch nur mit Hilfe einer breiten korrekturoffenen Kombinatorik von Theorien.

Aufs Ganze gesehen stellt sich mithin die kohärenztheoretische Methode (der Netzwerkbildung und Theorienkombination) als ein Verfahren wechselseitiger kritischer Relationierung dar, das insbesondere bei anstehenden pädagogischen Problemen relevante Theoriebestände einer multiperspektivischen Überprüfung unterzieht: in Befragung und Gegenbefragung, im Aufzeigen und Abwägen, im Aufspüren und Ausblenden und im Ergänzen, wobei sich die herangezogenen Theorien gegenseitig binnenkritisch limitieren. Sofern jedoch die kritisch reflektierenden Theorieakteure ihre je eigene Perspektivität stets mit bedenken, wird zunehmend eine wechselseitige Durchlässigkeit denkbar und wirksam. Kraft derer vermögen sich die Verknüpfungen auf unterschiedlichen Argumentationsniveaus zu Netzwerken zu verdichten und sich Überhänge bis hin zu Konvergenzen von hohem Gewissheitsgrad heraus zu kristallisieren. Während hierbei empirisches Wissen eine unverzichtbare ‚Wächterfunktion' wahrnimmt, stellt die jeweils leitende Sinnbestimmung die übergeordnete Perspektive bereit, freilich nur so weit, als diese Sinnperspektive geeignet ist, empiriehaltige Teilerkenntnisse ohne Verlust ihres eigenen Wertes zu subsumieren (vgl. Mieth 19994, S. 216-218).

Sofern es sich jedoch bei solchem Umgang mit Theorien um kritische Auslegungsvorgänge angesichts einer wissenschaftlich letztlich nicht einholbaren Erziehungs- und Bildungswirklichkeit handelt, lässt sich das kohärenztheoretische Vorgehen auch als ein Verfahren kritischer Hermeneutik (im fundamentalen Verständnis Hans-Georg Gadamers) begreifen. Es ist kritisch, da alle ins Spiel kommenden Theorieansätze und -modelle am Leitgedanken der humanen Selbstentfaltung und Selbstformung des Individuums ihr oberstes Maß finden. ‚Hermeneutik' in diesem umfassenden Sinne einer Interpretation menschlicher, auf Praxis bezogener Sinn- und Wertgestalten unter Einschluss von Ideologiekritik sowie von systemischer und struktualer Sicht auf Mensch und Gesellschaft, sie ist freilich entschieden abzuheben von dem einer nachromantischen Epoche zuzurechnenden Hermeneutikverständnis der traditionellen geisteswissenschaftlichen Pädagogik. (vgl. zum Ganzen Mertens, 1995, S. 99-105)

IV.3. Lose Verknüpfungen – bei innerdisziplinärer Strukturierung

Die besprochenen Zuordnungsverhältnisse der engen Theorienverschränkung und wechselseitigen Abstützung formierten sich allesamt, wie wir sahen, in genuin praktischer Absicht zur Lösung konkreter pädagogischer Probleme.

Eine gänzlich andere Ebene der Zuordnung von Theorien liegt dort vor, wo Allgemeine Erziehungswissenschaft nicht Theorien bündelt, um praxisbezogene Probleme zu lösen, sondern wo sie in systematischer Absicht die ihr geschichtlich zugewachsenen pädagogischen Theorien und Konzepte in ihrer Vielfalt strukturieren und ordnend in Beziehung setzen will. In diesem Falle kommt es allenfalls noch zur losen Verknüpfung der Theoriemodelle ähnlich der Ortzuweisung auf einer Landkarte.

Das schwierige epistemische Gesamtgebäude pädagogischer Konzeptionen scheint sich sonach gleichsam gegen den Systemgedanken zu versperren, und das aus gutem Grunde. Denn der Gegenstand der Erziehungswissenschaft zwischen den Polen ‚Erziehung' (Fremdeinwirkung) und ‚Bildung' (Selbstaktivität) mitsamt seiner gesellschaftlich-institutionellen Verankerung lässt sich konzeptionell an verschiedensten Stellen der Lebensspanne wissenschaftlich erfassen und unter verschiedenartigsten Aspekten akzentuieren. Die einzelnen ‚Pädagogiken' beinhalten hierbei ein ‚Konzept' zur ‚umfassenden Steuerung von Unterricht, Erziehung und Bildung', das in einem eigenen pointierten ‚pädagogischen Argument' begründet ist und sich darin von Alternativen abhebt (vgl. Paschen 1997, S. 32f.). Nimmt man hierzu noch die unterschiedlichen Forschungszugänge (sei es empirischer, kritisch-analytischer, transzendental-kritischer, historisch-systematischer, konstruktivistischer, kritisch-hermeneutischer etc. Provenienz) und die wissenschaftsgeschichtlich gewachsenen Denkrichtungen hinzu, so stellen sich ‚Pädagogiken' in ihrer Pluralität und Heterogenität keineswegs als logisch geordnete Größen in einem Koordinatensystem dar. Wohl aber lassen sie sich als Topoi kreativer Setzung auf einem geschichtlich gewachsenen Erfahrungsfeld verstehen, auf dem sich in jeweils situativen Kontexten für relevant erachtete pädagogische Gedanken herauskristallisieren. Die Pluralität von Pädagogiken ist sonach in der Vielfalt und Unterschiedlichkeit erzieherischer Aktivitäten und deren geschichtlich-perspektivischer Fassung begründet.

Hinsichtlich des Systemgedankens wäre es deshalb auch abwegig, Vorstellungen einer quasi-geometrischen Geschlossenheit von der Relation System/Subsystem ins Spiel zu bringen. Hingegen scheint hier eher ein Systemtyp der lockeren Verknüpfung bzw. der grobmaschigen Vernetzung angebracht, bei dem das Verbindende in der Relation Allgemeinheit /individuelle Ausdrucksform (des Pädagogischen) besteht. Die Angemessenheit eines so flexiblen Umganges mit der Pluralität von Theoriemodellen wird vor allem dort manifest, wo tiefer liegende Differenzen wie etwa die Lern-, die Sozialisations- und die Entwicklungsorientierung von Pädagogiken eigentlich unvergleichbare Aspekte ansprechen, die einer logischen Systematisierung nicht mehr zugänglich sind. An die Stelle des erziehungswissenschaftlichen Systems rückt hier dann eine erziehungswissenschaftliche ‚Topik'.

Sie hätte die Aufgabe, die plural bis heterogen akzentuierten sinnhaften Ausdrucksgestalten des Pädagogischen zu sichten, topografisch zu verorten und schließlich in ihrer pointierten Divergenz herauszuarbeiten und zu reflektieren. Im Zuge solch topografischer Vermessung könnte sich mit Hilfe grobmaschiger Verknüpfungen und Verbindungslinien allmählich eine Art Landkarte differenztheoretischer Standpunkte von Pädagogiken aufzeichnen lassen. Und dies wiederum ermöglicht die fruchtbare Auseinandersetzung zwischen den unterschiedlichen Positionen. Ein ebenso breit angelegter wie offener Austausch von Theorien und Argumenten wird dann auf Dauer noch am ehesten die Vernunft der pädagogischen Sache befördern helfen, zumal unter der Voraussetzung, dass auch die reflektierte Erfahrung aus der Praxis von Erziehungs- und Bildungsprozessen ständig mit einfließt.

IV.4. Verweisungszusammenhänge – bei postmoderner Mehrfachkodierung

Was aber geschieht mit jenen pädagogischen Konzepten, die eine überschießende Einseitigkeit aufweisen, mit pädagogischen Sichtweisen, die in ihrem Sinngehalt gleichsam quer zueinander stehen oder gar als inkommensurabel erscheinen? Hier erreicht der erziehungswissenschaftliche Diskurs den Fokus gegenwärtigen Denkens, nämlich in Gestalt einer ‚neuen Beweglichkeit' (Welsch 2002, welche die Heterogenität der Pädagogiken als eine der fruchtbaren Mehrfachkodierung begreift. Ähnlich vermag man mittlerweile eine gelungene postmoderne Architektur in ihrem polyvalenten Gehalt zu durchmessen. Man verdeutliche sich das bspw. anhand des Beieinanders von ungleichzeitigen Stilrichtungen in alten Städten, etwa beim Gang um den Kölner Dom vom Bahnhof her, an den Museen vorbei zum Rhein. Es werden sich immer wieder überraschende Verweisungszusammenhänge auftun. An die Stelle des Einen und Ausschließlichen tritt die spannungsreiche Wechselwirkung auch ungleichzeitiger Bedeutungen, die im mehrfachen hintergründigen Aufeinander Verweisen unerwartete Perspektiven eröffnen, Sinnkomplexität andeuten. Namentlich der Grundlagendiskurs Allgemeine Erziehungswissenschaft hätte demnach die Aufgabe, gleichsam ein strukturiertes Muster von Pädagogiken zu erstellen, darin divergente Codes in ihrer jeweiligen Eigenart herauszuarbeiten, neue produktive Verbindungen von unterschiedlichen pädagogischen Gedanken, Motiven, Erzählstoffen herzustellen, Modelle durchlässig zu machen und vernetzungsartige Denkformen zu kreieren, die im komplexen Horizont des Pädagogischen auf Sinn verweisen.

Halten wir sonach fest: Erziehungswissenschaft (in nachszientistischem Verständnis) bedarf als praktische Disziplin zur konkreten Problemlösung der engen Vernetzung und wechselseitigen Abstützung unterschiedlicher Theoriekandidaten – im Rahmen eines kohärenztheoretischen Verfahrens. Im Vergleich hierzu erfordert die innerdisziplinäre Zuordnung von Pädagogiken durch den erziehungswissenschaftlichen Grundlagendiskurs eher nur eine Topik der weitmaschigen Verknüpfung bzw. ein spannungsreiches Beieinander der hintergründigen Sinnverweisung. In jedem Falle aber handelt es sich hierbei methodisch um Vorgänge einer kritischen Hermeneutik.

Literatur:

Aristoteles (1995[5]): Nikomachische Ethik. Übersetzt u. kommentiert v. F. Dirlmeier. Bd. 3 der Gesamtausgabe (Bd. 6 der Aufl. v. 1969). Hamburg.
Arnold, M. (2002): Aspekte einer modernen Neurodidaktik. Emotionen und Kognitionen im Lernprozess. München.
Höffe, O. (1971): Praktische Philosophie. Das Modell des Aristoteles. München.
Klafki, W. (1996[5]): Neue Studien zur Bildungstheorie und Didaktik. Zeitgemäße Allgemeinbildung und kritisch-konstruktive Didaktik. Weinheim.
Krüger, H. – H. (2002[3]): Einführung in Theorien und Methoden der Erziehungswissenschaft, Bd. II. Opladen.
Kuhn, Th. S. (2006[19]): Die Struktur wissenschaftlicher Revolutionen. Frankfurt a.M.
Ders. (1974a): Logik der Forschung oder Psychologie der wissenschaftlichen Arbeit? In: Lakatos, I./ Musgrave, A. (Hrsg.), S. 1-24.
Ders. (1974b): Bemerkungen zu meinen Kritikern. In: Lakatos, I./ Musgrave, A. (Hrsg.), S. 223-269.
Lakatos, I. (1974): Falsifikation und die Methodologie wissenschaftlicher Forschungsprogramme. In: Lakatos, I./ Musgrave, A. (Hrsg.), S. 89-189.
Lakatos, I./ Musgrave, A. (Hrsg.) (1974): Kritik und Erkenntnisfortschritt. Braunschweig.
Mertens, G. (1998): Umwelten: Eine humanökologische Pädagogik. Paderborn, S. 13-41.
Mertens, G. (2001): Allgemeine Pädagogik: Auf dem Weg zur Teildisziplin Allgemeine Erziehungswissenschaft In: Vierteljahresschrift für wissenschaftliche Pädagogik. 77. Jg., S. 474-494.
Mertens, G. (2006): Balancen. Pädagogik und das Streben nach Glück. Paderborn, S. 34-75, 92-127.
Mieth, D. (1999[4]): Moral und Erfahrung I. Freiburg i. Ue., S. 212-233. 216-218.

Montada, L. (1998⁴): Fragen, Konzepte, Perspektiven. In: Oerter, R./ Montada, L. (Hrsg.): Entwicklungspsychologie. Weinheim, S. 1-83.
Paschen, H. (1997): Pädagogiken. Zur Systematik pädagogischer Differenzen. Weinheim.
Rawls, J. (1998¹⁰): Eine Theorie der Gerechtigkeit. (A theory of justice, 1971). Frankfurt a.M.
Tenorth, H.-E. (1997): Pädagogik als Wissenschaft und Praxis. In: Jaeger, G./ Schönert, J. (Hrsg.): Wissenschaft und Berufspraxis. Paderborn, S. 175-191.
Vogel, P. (1998): Stichwort: Allgemeine Pädagogik. In: ZfE 1, H. 2, S. 157-180.
Welsch, W. (2002⁶): Unsere postmoderne Moderne. Berlin.

Katja Luchte / Eckard König

Kapitel 7: Methoden erziehungswissenschaftlicher Forschung

Wie lassen sich pädagogische Situationen erforschen? Wie lässt sich z.B. herausfinden, was in einer Schulklasse während des Unterrichts abläuft oder in einer Fortbildung für Erwachsene? Gibt es dafür eigene Forschungsmethoden? Wie kann man in der Erziehungswissenschaft überhaupt zu gesicherten Ergebnissen gelangen?

Nun sind diese Fragen nicht neu. Sie werden seit Beginn des 20. Jahrhunderts diskutiert, als die Frage nach der Wissenschaftlichkeit der Erziehungswissenschaft bzw. allgemein der Sozialwissenschaften zunehmend größere Bedeutung erlangte. Dabei wurden zwei unterschiedliche Antworten gegeben (vgl. König/Zedler 2007[3], S. 37ff.; Krüger 2006[4]):

- Sozialwissenschaften und damit auch die Erziehungswissenschaft, so die eine Antwort, gelangen nur dann zu gesicherten wissenschaftlichen Ergebnissen, wenn sie dem Vorgehen der Naturwissenschaften folgen und deren Methoden, Beobachtung, Experiment usw., verwenden.
- Für die Sozialwissenschaften, so die andere Antwort, sind naturwissenschaftliche Methoden ungeeignet, weil es hier nicht um die Erforschung von Naturgesetzmäßigkeiten geht, sondern um soziale Situationen. Sozialwissenschaften und damit auch die Erziehungswissenschaft, benötigen eigene, sog. „hermeneutische" Methoden.

Die erste Antwort wurde von Autoren gegeben, die in der Tradition der Naturwissenschaften standen. Dabei erfolgte der Anstoß zunächst nicht in der Erziehungswissenschaft, sondern in der Psychologie. Wilhelm Wundt (1832 – 1920), der Herkunft nach Mediziner, dann Professor für Philosophie und Psychologie in Berlin, hatte die naturwissenschaftlichen Methoden Beobachtung und Experiment in der Medizin kennengelernt und erstmals Psychologie als eine naturwissenschaftliche Disziplin konzipiert. Ernst Meumann (1862 – 1915), Assistent von Wundt, übertrug diese Methoden auf die Erziehungswissenschaft, z.B. in Untersuchungen über Sprachentwicklung, Lern- und Gedächtnisprozesse. Zur gleichen Zeit entwickelte Wilhelm August Lay (1862 – 1926), ursprünglich Volksschullehrer, eine „Experimentelle Pädagogik", in der er psychologische Experimente für Probleme des Unterrichts nutzte.

Das Konzept dieser empirisch-analytischen Erziehungswissenschaft, wie sie sich später selber bezeichnet, ist durch vier Thesen gekennzeichnet:

(1) Um zu gesicherten Ergebnissen zu gelangen, muss die Erziehungswissenschaft das Vorgehen der Naturwissenschaften zugrunde legen.
(2) Gegenstand der empirisch-analytischen Erziehungswissenschaft ist beobachtbares Verhalten.
(3) Zielstellung ist (analog zu den Naturwissenschaften), Gesetzmäßigkeiten erzieherischen Handelns zu erforschen.

(4) Methoden der Erziehungswissenschaft sind die aus den Naturwissenschaften geläufigen Methoden Beobachtung und Experiment.

Die zweite Antwort steht explizit im Gegensatz dazu: Erziehungswissenschaft benötigt eigene, hermeneutische Methoden. Auch hier erfolgte der Anstoß von außen: Begründer der sog. Hermeneutik ist Wilhelm Dilthey (1833 – 1911), Historiker und Philosoph in Berlin. Diltheys Anliegen war es, eine gesicherte wissenschaftliche Grundlage für die sog. Geisteswissenschaften – heute würden wir sagen: die Wissenschaften vom Menschen – zu schaffen. Auch hier ist das Vorgehen durch vier Thesen charakterisiert:

(1) Für die Geisteswissenschaften, d.h. die Wissenschaften vom Menschen, sind naturwissenschaftliche Vorgehensweisen ungeeignet.
(2) Gegenstand der Geisteswissenschaften ist nicht beobachtbares Verhalten, sondern die Bedeutung der Situation für die Betreffenden.
(3) Zielstellung ist, menschliches Tun zu „verstehen". Dilthey hat dies in der Abhandlung „Ideen über eine beschreibende und vergleichende Psychologie" aus dem Jahr 1894 auf die Formel gebracht „die Natur erklären wir, das Seelenleben verstehen wir" (Dilthey 1957^2, Bd. 5, S. 144). Man kann sich das leicht an Beispielen verdeutlichen: Wenn ein Kind weint, kann man mit naturwissenschaftlichen Methoden die Menge der Tränen messen. Aber damit hat man das Wesentliche nicht erfasst, nämlich die Bedeutung, die das Weinen für dieses Kind hat: Weint das Kind, weil es traurig ist, weint es aus Trotz oder aus Freude – all das sind Fragen, die sich nicht mithilfe naturwissenschaftlicher Experimente und Beobachtungen beantworten lassen.
(4) Um die Bedeutung sozialer Situationen zu erfassen, benötigen die Geisteswissenschaften demzufolge eigene, sog. hermeneutische Methoden.

Hermeneutik bedeutet ursprünglich „Übersetzung". Hermeneutik war im 18. Jahrhundert die Theorie und Methode der Übersetzung von biblischen Texten. Sie wird dann ausgeweitet als „Lehre vom Verstehen" allgemein. Hermeneutik ist die Methode zur Erfassung von Bedeutungen.

Während Hermeneutik ursprünglich auf das Verstehen von Texten ausgerichtet war, versucht die an Wilhelm Dilthey anschließende Geisteswissenschaftliche Pädagogik (Herman Nohl, Eduard Spranger, Wilhelm Flitner, Erich Weniger u.a.), diese hermeneutische Methode für die Erfassung der Erziehungswirklichkeit nutzbar zu machen.

Damit haben sich bereits zu Beginn des 20. Jahrhunderts die zwei bis heute grundlegenden methodischen Zugänge der Erziehungswissenschaft herangebildet: Erziehungswissenschaft als eine empirisch-analytische Disziplin auf der Basis naturwissenschaftlicher Methoden und Erziehungswissenschaft als hermeneutische Disziplin auf der Basis eigener hermeneutischer Methoden. Beide Ansätze sollen im Folgenden in ihren Grundzügen dargestellt werden. Dabei wollen wir das Vorgehen an einem konkreten Beispiel verdeutlichen: Stellen Sie sich vor, eine Dozentin überlegt sich, ob sie in ihrer Vorlesung mit Fallbeispielen arbeiten soll. Um hier nicht auf bloße Vermutungen angewiesen zu sein, möchte sie eine eigene Untersuchung durchführen – und überlegt, ob sie dabei empirisch-analytisch oder hermeneutisch vorgehen soll.

I. Empirisch-analytische Methoden in der Erziehungswissenschaft

Wenn sich unsere Dozentin für ein empirisch-analytisches Vorgehen entscheidet, hat sie damit (denken Sie an die oben aufgeführten Merkmale des empirisch-analytischen Ansatzes) vier Vorentscheidungen getroffen:

(1) Sie legt (mehr oder minder bewusst) ein an die Naturwissenschaften angelehntes Vorgehen zugrunde.
(2) Sie untersucht beobachtbares Verhalten.
(3) Nun lassen sich, das hat die Anwendung dieses Konzeptes in den letzten fünfzig Jahren gezeigt, in sozialen Situationen keine strengen Gesetzmäßigkeiten im Sinne der Naturwissenschaften aufstellen, weil jede Situation immer durch letztlich nicht identifizierbare Faktoren mit geprägt ist. Ziel kann es also nicht sein, Gesetzmäßigkeiten zu entdecken, wohl aber: mögliche Zusammenhänge zwischen der Arbeit mit Fallbeispielen und anderen Faktoren zu untersuchen. Z.B.: Besteht ein Zusammenhang zwischen der Arbeit mit Fallbeispielen und dem Lernerfolg?
(4) Sie muss für die Untersuchung Methoden wählen, die objektive Ergebnisse gewährleisten – und das sind letztlich Beobachtung und Experiment.

Im Blick auf diese Grundsätze ergeben sich bestimmte Schritte bei der Anwendung empirisch-analytischer Methoden, wie sie sich mehr oder weniger explizit in den gängigen Lehrbüchern empirisch-analytischer Forschung wieder finden (vgl. u.a. Atteslander 2006[1], S. 17ff.; Bortz/Döring 2006[4], S. 46ff.; Mummendey 2003[3]):

Schritt 1: Hypothesenbildung

In der Tradition der empirisch-analytischen Sozialforschung steht am Anfang einer Untersuchung immer eine Hypothese. Hypothesen sind Aussagen über den Zusammenhang zwischen zwei oder mehreren Faktoren (Variablen). In unserem Beispiel: Besteht ein Zusammenhang zwischen der Anwendung von Fallbeispielen und dem Lernerfolg der Studierenden?
  Das Beispiel zeigt, dass eine Hypothese grundsätzlich zwei unterschiedliche Variablen hat:

- Die abhängige Variable (AV) ist diejenige, von der man annimmt, dass sie sich in Abhängigkeit von der anderen Variablen verändert.
- Die unabhängige Variable (UV) ist diejenige, die sich unabhängig von der abhängigen Variablen ändert und z.B. in einem Experiment durch den Versuchsleiter systematisch verändert wird.

Für unser Beispiel würde dann gelten:

unabhängige Variable UV	abhängige Variable AV
Anwendung von Fallbeispielen in der Vorlesung	Lernerfolg der Studierenden

In der Forschungspraxis hat sich eingebürgert, die am Anfang einer Untersuchung stehenden Hypothesen als sog. 0-Hypothesen zu formulieren, die keinen Zusammenhang zwischen den untersuchten Variablen unterstellen: „Es besteht kein Zusammenhang zwischen der Anwendung von Fallbeispielen und dem Lernerfolg der Studierenden". Die gegenteilige Annahme wird als Alternativhypothese bezeichnet: „Anwendung von Fallbeispielen steigert den Lernerfolg der Studierenden".

In der Forschungspraxis ist es eher die Ausnahme, dass man einen Zusammenhang zwischen nur zwei Faktoren untersucht. Meist gibt es mehrere unabhängige und möglicherweise auch mehrere abhängige Variablen, zwischen denen ein Zusammenhang angenommen wird. Oder es werden sog. Mediator-Variablen angesetzt, das sind zusätzliche Faktoren, von deren Vorhandensein das Bestehen bestimmter Zusammenhänge abhängig gemacht wird.

Schritt 2: Operationalisierung unabhängiger und abhängiger Variablen

Die Hypothese „Anwendung von Fallbeispielen hat keinen Einfluss auf den Lernerfolg der Studierenden" lässt sich nicht unmittelbar überprüfen. Was heißt hier „Lernerfolg"? Was genau sind „Fallbeispiele"? Ist ein in der Vorlesung nebenher eingestreutes Beispiel bereits ein Fallbeispiel?

Beide Begriffe sind zunächst noch unscharf. Um zu objektiven Ergebnissen zu gelangen, müssen die Begriffe „Fallbeispiel" und „Lernerfolg" in möglichst eindeutig überprüfbare Verhaltensweisen übersetzt, „operationalisiert" werden: „Unter Operationalisierung versteht man die Schritte der Zuordnung von empirisch erfassbaren, zu beobachtenden oder zu erfragenden Indikatoren zu einem theoretischen Begriff. Durch Operationalisierung werden Messungen der durch einen Begriff bezeichneten empirischen Erscheinungen möglich" (Atteslander 2006[1], S. 40).

Doch wie lässt sich nun eine Operationalisierung durchführen? Grundsätzlich bieten sich hierfür zwei Möglichkeiten: Systematische Beobachtung und Befragung:

I. Kap. 7: Methoden erziehungswissenschaftlicher Forschung 147

Operationalisierung durch systematische Beobachtung

Hier werden Indikatoren festgelegt, mit deren Hilfe sich beobachten lässt, ob eine Situation unter einen bestimmten Begriff fällt oder nicht. Eine solche Operationalisierung durch Beobachtung würde sich für den Begriff „Fallbeispiel" anbieten: Von einem „Fallbeispiel" sprechen wir, wenn

- eine schriftliche Schilderung einer konkreten Situation vorliegt
- sich an diese Schilderung Fragen oder Aufgaben anschließen, die sich auf den Inhalt der Veranstaltung beziehen.

Mit Hilfe dieser Operationalisierung lässt sich eindeutig (oder zumindest wesentlich eindeutiger) entscheiden, ob die Dozentin ein Fallbeispiel anwendet oder nicht.

Operationalisierung mit Hilfe von Fragebogen und Testverfahren

Wie lässt sich die zweite Variable „Lernerfolg" operationalisieren? Eine Beobachtung ist hier schlecht durchführbar. Wie sollte man z.B. beobachten, was der Lernerfolg ist? Hier bietet sich stattdessen als Operationalisierung die Übersetzung in einen Fragebogen oder einen Test an. Das „Prinzip" ist dabei im Grunde dasselbe wie bei der Beobachtung: Ein allgemeiner Begriff wird in eine Reihe konkreter Fragen übersetzt, und die Antworten auf diese Fragen werden als Indikatoren für den zugrunde liegenden Begriff definiert.

So könnte unsere Dozentin sich entscheiden, zum Abschluss der Lehrveranstaltung einen Abschlusstest durchzuführen um herauszufinden, was die Studierenden gelernt haben. Doch Vorsicht: Hier lohnt es sich, genauer nachzudenken, was mit Operationalisierung gemeint ist. Heißt Lernerfolg z.B. bei einer Vorlesung „Einführung in empirische Forschungsmethoden", dass die Studierenden bestimmte Grundbegriffe wie „Null-Hypothese", „Operationalisierung" usw. richtig definieren können? Oder heißt Lernerfolg, dass die Studierenden selber z.B. eine Fragebogenuntersuchung planen können? Je nachdem wird „Lernerfolg" unterschiedlich operationalisiert werden.

Zur Überprüfung der Operationalisierung (insbesondere bei Testverfahren) wurden in der empirischen Sozialforschung die sog. Gütekriterien Objektivität, Reliabilität und Validität festgelegt (vgl. u.a. Bortz/Döring 2006^4, S. 192ff.; Rost 2004^2, S. 33ff.):

Objektivität besagt, dass unterschiedliche Beobachter bei der Durchführung und Messung zu dem gleichen Ergebnis kommen. Nicht objektiv wäre z.B. die rein subjektive Einschätzung des Lernerfolgs: Wenn zwei Beobachter ohne weitere Kriterien subjektiv den Lernerfolg einschätzen, ist damit zu rechnen, dass die Ergebnisse unterschiedlich ausfallen.

Reliabilität besagt, dass wiederholte Messungen unter gleichen Bedingungen zu demselben Ergebnis führen oder dass die Ergebnisse wenig voneinander abweichen. Wenn die Fragen des Abschlusstests sehr unklar formuliert sind, wird eine wiederholte Messung mit gleichen (oder sehr ähnlichen) Fragen zu unterschiedlichen Ergebnissen führen.

Validität besagt, dass das Messverfahren tatsächlich das misst, was es messen soll. Validität könnte bei unserem Beispiel durchaus das kritische Kriterium sein: Ein Abschlusstest, der nach der Bedeutung von Grundbegriffen fragt, ist valide im Blick auf das Ziel, das Wissen aus der Vorlesung zu erheben. Er dürfte aber nicht valide sein im Blick auf die Fragestellung, ob die Studierenden aufgrund der Vorlesung (besser) in der Lage sind, selbständig empirische Erhebungen zu planen und durchzuführen.

Schritt 3: Quantifizierung der Beobachtungsergebnisse

Um herauszufinden, ob die Anwendung von Fallbeispielen den Lernerfolg steigert, müssen die Ergebnisse gemessen, d.h. quantifiziert werden: Haben die Teilnehmer bei der Anwendung von Fallbeispielen „mehr" gelernt als in einer herkömmlichen Veranstaltung? Können sie eine empirische Erhebung „besser" planen?

Quantifizierung bedeutet die Zuordnung von Messgrößen zu einzelnen Beobachtungen: Wie stark, wie lange, wie häufig tritt ein Verhalten auf? Dabei werden unterschiedliche Mess- oder Skalierungsverfahren unterschieden:

Nominal-Skala: Hier werden einzelne Aussagen bestimmten Begriffen (Klassen) zugeordnet, z.B.:

Was versteht man unter Operationalisierung:
❑ Planung der einzelnen Schritte im Forschungsprozess
❑ Definition der zentralen Begriffe
❑ Übersetzung allgemeiner Begriffe in beobachtbare Verhaltensbegriffe
❑ Vorbereitung auf eine Operation in der Medizin

Auch Ja- Nein- Fragen sind nominal (ja/nein) skaliert

Ordinal-Skala: Die Ergebnisse lassen sich auf einer Rangordnung anordnen, aber die Abstände zwischen den einzelnen Kategorien der Rangordnung können unterschiedlich sein. Ein Beispiel für eine Ordinal-Skala wäre:

Wie wichtig ist die Veranstaltung für Ihre spätere Berufspraxis?
0   1   2   3   4   5
Völlig un-wichtig   sehr wichtig

Dabei lassen sich verschiedene Dimensionen einer Rangordnung festlegen:

Rangordnung in Bezug auf die Zustimmung, z.B.: „trifft nicht zu, trifft ansatzweise zu, trifft zum Teil zu, trifft im wesentlichen zu, trifft vollständig zu"

Rangordnung in Bezug auf Häufigkeiten: „nie, selten, häufiger, meistens, immer" oder die Wichtigkeit: „sehr wichtig, wichtig, teilweise wichtig, unwichtig, völlig unwichtig"

Verschiedene Auswahlmöglichkeiten werden in eine Rangordnung gebracht, z.B.: „Kennzeichnen Sie bitte das für Sie wichtigste Kapitel der Vorlesung mit (1), das Zweitwichtigste mit (2) usw.!"

Intervall-Skalen: Hier sind die Abschnitte zwischen den einzelnen Kategorien gleich, aber der 0-Punkt ist willkürlich festgelegt. Ein Beispiel dafür ist die Angabe des Geburtsjahres. Gleiche Abstände zwischen den Jahren bedeuten gleiche Zeitabstände: Der Abstand zwischen 1952 und 1956 ist genauso groß wie der zwischen 1954 und 1958. Aber es macht keinen Sinn zu sagen, dass jemand, der 1970 geboren ist, 1 % älter ist als jemand, der 1950 geboren ist.

Ratio- bzw. Relations-Skalen: Hier besteht ein absoluter Nullpunkt, so dass die Abstände quantitativ miteinander in Beziehung gesetzt werden können. Beispiele dafür sind Häufigkeit und Dauer. So kann man die Häufigkeit der Teilnahme an der Veranstaltung auf der Basis einer Ratio-Skala messen:

> Wie viele der 12 Veranstaltungen haben Sie besucht: ❏

Offene Fragen innerhalb des Fragebogens: Bei einem Lernerfolgstest können auch offene Fragen mit aufgeführt werden, z.B.:

> Versuchen Sie, den Begriff „Mitarbeit in der Vorlesung" zu operationalisieren!

Wenn wir die Beispiel-Hypothese betrachten: Im Grunde müssen UV und AV quantifiziert werden. Dabei wird man bei UV (Anwendung von Fallbeispielen) festlegen, wie oft mit Fallbeispielen gearbeitet wird: in jeder einzelnen Vorlesung oder in zwei Drittel der Vorlesungen? Bei der abhängigen Variablen (Messung des Lernerfolgs) ist die Situation komplexer. Wenn sich die Dozentin für einen Abschlusstest entscheidet, liegt es nahe, Punkte zu vergeben. Punkte sind auf einem Rational-Skalen-Niveau angelegt. Allerdings benötigt man zusätzliche Regeln, die die Zuordnung der Punkte zu einzelnen Aufgaben festlegen. Das kann teilweise auf Nominalskalen-Niveau „richtig – falsch" erfolgen, teilweise auf Ordinalskalen-Niveau: etwa, wenn man für eine Aufgabe 0 bis 3 Punkte vergibt.

Schritt 4: Festlegung der Verhaltensstichprobe

Man kann die Grundgesamtheit untersuchen (z.B. alle Teilnehmer der Vorlesung befragen), oder man wählt eine bestimmte Stichprobe. Dabei lassen sich verschiedene Arten von Stichproben unterscheiden:

- *Personenstichprobe:* Welche Personen wähle ich für die Untersuchung aus? Bei unserem Abschlusstest wird man vermutlich eine Vollbefragung durchführen, d.h. alle Teilnehmer der Veranstaltung befragen. Die Alternative wäre, nur einen Teil der Studierenden der Veranstaltung zu befragen.
- *Situationenstichprobe:* Die Situationenstichprobe spielt insbesondere bei Beobachtungen eine Rolle. Wenn ich z.B. kooperatives Verhalten von Kindern beobachten möchte, gibt es unterschiedliche Beobachtungssituationen: zu Hause, im Unterricht, bei Gruppenarbeiten, in der Pause usw.
- *Aufgabenstichprobe:* Das ist ein Thema, das für unser Beispiel relevant ist: Aus welchen Kapiteln der Veranstaltung wähle ich die einzelnen Testaufgaben?

Bei einer Stichprobenbefragung stellt sich die Frage nach der Repräsentativität: Wie weit entspricht die Stichprobe der Grundgesamtheit, oder ist sie verzerrt? Auf unser Beispiel bezogen:

- Die Personenstichprobe wäre verzerrt, wenn man für den Abschlusstest einen eigenen Termin außerhalb der normalen Veranstaltung wählen würde, z.B. Freitagabend um 19 Uhr. Denn hier ist damit zu rechnen, dass nur einige Teilnehmer der Vorlesung tatsächlich kommen werden.
- Die Aufgabenstichprobe ist verzerrt, wenn man z.B. nur Aufgaben aus dem ersten Kapitel der Vorlesung wählen würde.

Das klassische Verfahren, um eine repräsentative Stichprobe zu erhalten, ist, sie nach dem Zufall auszuwählen. Dafür gibt es unterschiedliche Möglichkeiten:

- *Einfache Zufallsstichprobe*: Dabei hat jedes Element der Grundgesamtheit die gleiche Chance, in die Stichprobe aufgenommen zu werden. Praktisch geht man dabei so vor, dass man aus der Liste aller Personen der Grundgesamtheit (z.B. aller Teilnehmer der Veranstaltungen in den letzten zwei Semestern) nach dem Zufallsprinzip eine bestimmte Zahl von Personen auswählt.
- *Geschichtete Zufallsstichprobe*: Wenn die Grundgesamtheit sich in unterschiedliche Teilgruppen aufgliedert, ist es zweckmäßig, diese Unterschiede bei der Auswahl der Stichprobe zu berücksichtigen. So kann man die Erhebung über den Einfluss von Fallbeispielen schichten nach Studierenden des Grund- und Hauptstudiums, nach Bachelor- oder Master-Studiengang usw.
- *Cluster- oder Klumpenstichprobe*: Hier werden jeweils „Klumpen" oder „Cluster" nebeneinander liegender Elemente untersucht. So kann man aus der Gesamtheit von 20 Seminaren vier Seminare auswählen und alle Teilnehmer dieser Seminare befragen.

Schritt 5: Festlegung des Erhebungsdesigns

Wird die Untersuchung zu einem Zeitpunkt oder zu unterschiedlichen Zeitpunkten durchgeführt? Werden verschiedene Gruppen verglichen? Grundsätzlich bieten sich hierbei mehrere Möglichkeiten:

- *Querschnittsuntersuchung*: Hierbei werden zu einem Zeitpunkt oder in einer kurzen Zeitspanne alle Befragungen oder Beobachtungen durchgeführt. Man erhält somit Informationen über das Verhalten zu diesem Zeitpunkt.
- *Längsschnittuntersuchung*: Hierbei werden Untersuchungen zu verschiedenen Messzeitpunkten durchgeführt. So kann man z.B. den Transfer von Vorlesungen in den beruflichen Alltag unmittelbar nach Abschluss der Veranstaltung sowie ein halbes Jahr später erheben.
- *Experimentelles Design*: Hier vergleicht man eine Versuchs- und eine Kontrollgruppe, wobei jeweils die unabhängige Variable verändert („systematisch variiert") wird, um so einen direkten Vergleich zu erhalten.

Bezogen auf unser Beispiel: Ein Abschlusstest für sich allein (also eine Querschnittsuntersuchung) würde wenig über den Erfolg von Fallbeispielen aussagen, sondern lediglich etwas darüber, wie viele Studierende die Inhalte der Veranstaltung beherrschen. Eine Längsschnittuntersuchung, in der man z.B. das Wissen zu Beginn und zum Ende der Veranstaltung abfragt, kann etwas über den Lernerfolg aussagen, aber nichts darüber, ob dieser Erfolg auf die Anwendung von Fallbeispielen, auf die persönliche Art der Dozentin, auf ein zugrunde gelegtes Lehrbuch oder was auch immer zurückzuführen ist. Damit bleibt hier nur ein experimentelles Design: Eine Versuchsgruppe, die mit Fallbeispielen arbeitet, und eine Kontrollgruppe, in der der Inhalt in herkömmlicher Weise lediglich vorgetragen wird, zu vergleichen. Wenn man dann noch zwischen Vor- und Nachtest unterscheidet, ergibt sich folgendes Design:

Versuchsgruppe	Kontrollgruppe
Vortest	Vortest
Vorlesung mit Fallbeispielen	Vorlesung ohne Fallbeispiele
Nachtest	Nachtest

Schritt 6: Durchführung und Auswertung

Vor der Durchführung wird in der Regel ein Vortest durchgeführt: Greifen die Fragen oder Beobachtungskategorien? Daneben werden insbesondere im Rahmen der Testkonstruktion umfangreiche Pretests durchgeführt, bei denen man erste Rückschlüsse über die Häufigkeitsverteilung der Variablen erhält und ungeeignete Items ausschließen kann.

Für die Durchführung stellen sich eine Reihe praktischer Fragen, z.B.: Wie werden die zu befragenden oder zu beobachtenden Personen informiert?

Die Auswertung von Daten ist in der Regel ein recht aufwendiger Prozess. Im Wesentlichen gibt es hier zwei Ansätze (vgl. u.a. Atteslander 2006[11], S. 229ff.; Bortz/Döring 2006[4], S. 489ff.; Bühner 2006[2]):

- *Deskriptive Auswertung*: Die Erfassung von Prozentwerten, Mittelwerten, Streuungen. Dabei ist das einfachste Verfahren die deskriptive Darstellung statistischer Kennwerte: Modalwert (derjenige Wert, der am häufigsten vorkommt), Median (der die Häufigkeitsverteilung halbiert) und arithmetisches Mittel als Maße der zentralen Tendenz sowie Varianz und Standardabweichung als Maße, wie weit die Ergebnisse gestreut sind.
- *Interferenzstatistische Auswertung*: Untersuchung der Zusammenhänge zwischen verschiedenen Variablen. Grundlage dafür sind Annahmen über die Wahrscheinlichkeit bestimmter Veränderungen: Wenn die Verwendung von Fallstudien keine Auswirkung auf den Lernerfolg hat, wird man erwarten, dass das Ergebnis in der Versuchs- und Kontrollgruppe im Wesentlichen gleich ist. Möglicherweise werden einige Studierende mehr gelernt haben, einige weniger. Auch wenn die Ergebnisse der Versuchsgruppe nur geringfügig besser sind, wird man die 0-Hypothese nicht verwerfen, sondern den Unterschied eher „dem Zufall" zuschreiben. Erst wenn die Wahrscheinlichkeit, ein bestimmtes Ergebnis zufällig zu erhalten, unter einem bestimmten Wert (dem sog. Signifikanzniveau) liegt, wird man die 0-Hypothese verwerfen.

In den 60er bis 80er Jahren des letzten Jahrhunderts wurden zahllose Untersuchungen auf der Basis des empirisch-analytischen Ansatzes durchgeführt. Man verglich Gesamtschulen mit dem herkömmlichen Schulsystem, versuchte herauszufinden, ob Gruppenunterricht zu besseren Lernleistungen führt, welche Auswirkungen unterschiedliche Erziehungsstile haben usw. Ein Ergebnis dabei war, dass einzelne Faktoren für sich genommen in der Regel nur geringen Einfluss haben und dass das Ergebnis stark davon abhängt, was die „Bedeutung" für die beteiligten Personen ist. Das führt uns zu dem zweiten forschungsmethodischen Ansatz in der Erziehungswissenschaft: den hermeneutischen oder, wie man heute allgemein formuliert, „qualitativen" Methoden.

II. Hermeneutische Methoden in der Erziehungswissenschaft

II.1. Subjektive und objektive Bedeutung

Ziel hermeneutischer Methoden in der Erziehungswissenschaft ist es, die Bedeutung von Situationen zu klären. Doch was heißt das?

In diesem Zusammenhang ist eine Unterscheidung hilfreich, die sich ansatzweise bereits in der Geisteswissenschaftlichen Pädagogik findet, dann aber innerhalb der hermeneutischen Tradition der Soziologie u.a. bei Alfred Schütz (1974, S. 28ff.) explizit eingeführt wurde: die Unterscheidung zwischen subjektivem und objektivem „Sinn" bzw. subjektiver und objektiver Bedeutung. Dabei ist „subjektiv" und

„objektiv" nicht in dem alltagssprachlichen Verständnis gemeint, sondern eher mit „individuell" und „gemeinsam" zu übersetzen:

- Jede Situation hat für den einzelnen eine individuelle, „subjektive" Bedeutung.
- Jede Situation hat aber zugleich für die Beteiligten eine gemeinsame, „objektive" Bedeutung.

Was heißt das konkret? Verdeutlichen wir es an einem einfachen Beispiel:

- Eine Vorlesung hat für jeden Teilnehmer eine unterschiedliche subjektive Bedeutung: Für den einen mag sie ein interessantes Thema sein, der andere findet sie langweilig, der dritte überlegt, was er damit in der Praxis anfangen kann, ein vierter besucht sie nur, um ein passendes Prüfungsthema zu finden.
- Eine Vorlesung hat zugleich für alle Teilnehmer eine gemeinsame objektive Bedeutung: Jeder weiß, dass es sich um eine Vorlesung handelt, die gemäß bestimmten Regeln abläuft: Es wird erwartet, dass die Dozentin vorträgt, die Studierenden zuhören, ggf. Fragen stellen. Es ist aber gemäß geltenden Regeln nicht damit zu rechnen, dass die Dozentin während der Vorlesung im Internet surft, private Telefongespräche führt, oder dass die Studierenden miteinander Mensch-ärgere-dich-nicht spielen.

Jeweils sind unterschiedliche hermeneutische Methoden erforderlich. Im Folgenden werden zwei grundlegende Methoden, das qualitative Interview zur Erforschung der subjektiven Bedeutung, und die Objektive Hermeneutik zur Erforschung der objektiven Bedeutung, genauer dargestellt.

II.2. Das qualitative Interview als Methode zur Erfassung der subjektiven Bedeutung

Die subjektive Bedeutung einer Situation, darauf hatte bereits Alfred Schütz hingewiesen, ist nie vollständig erfassbar: Ich kann einem anderen erklären, was die Vorlesung für mich bedeutet, aber die Nuancen meines Verständnisses wird er immer nur ansatzweise, nie vollständig nachvollziehen können. Noch deutlicher wird das bei abstrakteren oder stärker emotional geprägten Begriffen: Welche persönliche Bedeutung für eine Lehrerin „Arbeit" hat, wird ein Außenstehender nie vollständig erfassen können.

Wohl aber kann man versuchen, die subjektive Bedeutung, die eine Situation für eine bestimmte Person hat, so wenig verzerrt wie möglich zu erfassen. Das bedingt eine Wendung zu offenen Forschungsmethoden im Unterschied zu den strukturierten Verfahren des Fragebogens oder der systematischen Verhaltensbeobachtung: Wenn ich in einem Fragebogen frage „Haben Sie das Fallbeispiel nach den Schritten des Problemlöseprozesses" bearbeitet, so lege ich einen Begriff („Problemlösungsprozess") zugrunde, der für den Fragebogenersteller relevant ist (sonst hätte er nicht danach gefragt), aber möglicherweise für den Befragten völlig irrelevant ist.

Vielleicht sieht er das Thema Fallbeispiel unter Begriffen wie „Spielerei", „unwichtig", etc.

Doch wie lässt sich so unverzerrt wie möglich die subjektive Bedeutung, die eine Situation für die betreffende Person hat, erfassen. Eine theoretische Grundlage hierfür bietet das Forschungsprogramm Subjektive Theorien. Es wurde Anfang der 80er Jahre von Hans-Dieter Dann, Manfred Hofer und Dieter Wahl im Rahmen von Untersuchungen über subjektive Berufstheorien von Lehrern begründet (z.B. Dann u.a. 1982; Hofer 1986; Schlee/Wahl 1988; vgl. Mutzeck/Schlee/Wahl 2002) und dann insbesondere von Norbert Groeben und Brigitte Scheele (Groeben u.a. 1988) zu einem eigenen „Forschungsprogramm" entwickelt. Ausgangspunkt war die Frage, wie das Handeln von Lehrern durch ihre subjektiven Annahmen über Schüler beeinflusst wird: Was geht einer Lehrerin durch den Kopf, wenn sie eine bestimmte Arbeitsform (z.B. Gruppenarbeit) durchführt? Was denkt ein Lehrer, wenn er einen Schüler ermahnt?

Die klassische Definition des Begriffs „Subjektive Theorien" findet sich bei Groeben u.a. (1988, S. 19). Unter „subjektiver Theorie" wird hier verstanden:

- „Kognitionen der Selbst- und Weltsicht,
- als komplexes Aggregat mit (zumindest impliziter) Argumentationsstruktur,
- das auch die zu objektiven (wissenschaftlichen) Theorien parallelen Funktionen
- der Erklärung, Prognose, Technologie erfüllt".

Inhalte subjektiver Theorien sind (im Anschluss an König/Volmer 2005, S. 84f.) subjektive Konstrukte, subjektive Diagnosehypothesen, subjektive Ziele, subjektive Erklärungshypothesen und subjektive Strategien:

- Subjektive Konstrukte sind die für die betreffende Person bei der Darstellung eines Gegenstandbereichs verwendeten relevanten Begriffe. Z.B. mag die Dozentin im Kontext von Fallbeispielen die Begriffe „Herausforderung für die Studierenden", „Anwendung des Gelernten" verwenden, ein Student möglicherweise den Begriff „Spielerei" oder „Papier- und Bleistift-Übung".
- Diagnosehypothesen sind Beschreibungen und Bewertungen von Situationen auf der Basis der jeweiligen Konstrukte, z.B. „Fallbeispiele sind eine Herausforderung für die Studierenden" oder „Fallbeispiele sind bloße Spielerei".
- Subjektive Ziele sind diejenigen Ziele, auf die eine Person im Kontext dieses Themas zurückgreift: „Ich will die Studierenden zur selbständigen Anwendung der Inhalte anregen", „mein oberstes Ziel ist eine gute Note in der Prüfung".
- Subjektive Erklärungshypothesen geben Auskunft darüber, was jemand als Ursache für eine bestimmte Situation annimmt, z.B.: „Weil die Studierenden mit Fallbeispielen gearbeitet haben, sind sie in der Anwendung der Inhalte der Veranstaltung sicherer", oder: „weil ich bei der Prüfungsvorbereitung zu wenig mit Fallbeispielen gearbeitet habe, habe ich jetzt eine schlechtere Note".
- Subjektive Strategien sind Annahmen über geeignete Mittel zur Erreichung von Zielen: „Fallbeispiele sind ein geeignetes Mittel, um die Anwendung der Inhalte zu üben".

Erforschung der subjektiven Bedeutung einer Situation bedeutet somit Erforschung von subjektiven Konstrukten, Diagnosehypothesen, Zielen, Erklärungshypothesen und Strategien für ein bestimmtes Thema. Das Standardverfahren hierfür ist das qualitative Interview (vgl. Friebertshäuser 2003²a; Lamnek 2005⁴, S. 329ff.). „Qualitatives Interview" versteht sich als Sammelkategorie für verschiedene Interviewtypen. Im Einzelnen lassen sich dabei unterscheiden:

- das fokussierte Interview von Merton/Kendall (1993³), bei dem es darum geht, zuvor formulierte Hypothesen über die Bedeutung und die Wirkungen bestimmter Aspekte einer Situation mit Hilfe unstrukturierter, halbstrukturierter und strukturierter Fragen zu überprüfen
- das problemzentrierte Interview von Witzel (z.B. 1985), wobei auf der Basis des vorhandenen Wissenshintergrunds bestimmte gesellschaftliche Problemstellungen festgelegt werden, die dann mit Hilfe von Erzählbeispielen, aber auch durch Zurückspiegelung, Verständnisfragen und Konfrontation mit möglichen Widersprüchen und Ungereimtheiten geklärt werden
- das von Schütze entwickelte und insbesondere in der Biographieforschung verwendete „narrative Interview" (Schütze 1983; 1987), in dem der Interviewpartner aufgefordert wird, Phasen seiner Lebensgeschichte zu erzählen. Diesem Vorgehen liegt die Annahme zugrunde, dass in diesem freien Erzählfluss die für den Gesprächspartner relevanten Konstrukte am wenigsten verfälscht auftreten und damit „Prozessstrukturen des individuellen Lebenslaufs" (Schütze 1983, S. 285) erkennbar werden
- das Experteninterview (z.B. Bogner/Menz 2005²) als ein Leitfadeninterview mit der Zielsetzung, das „Deutungswissen", d.h. die „subjektiven Relevanzen, Regeln, Sichtweisen und Interpretationen des Experten" über sein „spezifisches professionelles oder berufliches Handlungsfeld" zu erfassen (Bogner/Menz 2005², S. 43, S. 46)
- das Beobachtungsinterview (Kuhlmann 2002), bei dem die subjektiven Theorien zu bestimmten Arbeitsabläufen erhoben werden: „Die Forschenden folgen den Untersuchungspersonen während des Arbeitsablaufs und stellen immer wieder Fragen, die der Einordnung des Geschehens dienen, ohne aber die jeweiligen Handlungsabläufe dabei zu stören oder zu sehr zu zerstückeln" (Kuhlmann 2002, S. 110)
- das Netzinterview im Anschluss an Fromm (1999), das versucht, Konstrukte durch Vergleich verschiedener Situationen zu erfassen: Wenn z.B. ein Interviewpartner aufgefordert wird, zwei (oder mehrere) Vorlesungen zu vergleichen, wird er bei dem Vergleich auf eben die Konstrukte zurückgreifen, die für ihn in dieser Situation wichtig sind
- das im Rahmen von Organisationsanalysen in den 90er Jahren von Eckard König und Gerda Volmer entwickelte Konstruktinterview (z.B. König/Volmer 2000⁷, S. 141ff.; 2005, S. 83ff.), das sich durch einen expliziten „Fremdheitsgrundsatz" von anderen Interviewformen unterscheidet, d.h. durch die Basisannahme, dass dem Interviewer die Konstruktion der Wirklichkeit des Interview-

partners zunächst grundsätzlich fremd und erst mit Hilfe bestimmter Methoden (z.B. bestimmter Arten des Nachfragens) zu klären ist.

Auch Vorbereitung und Durchführung eines qualitativen Interviews laufen – ähnlich wie beim Fragebogen – methodisch geleitet ab (vgl. Lamnek 2005[4], S. 358ff.; König/Volmer 2005, S. 86ff.). Zur Verdeutlichung greifen wir wieder auf unser Eingangsbeispiel zurück: Eine Dozentin will mit Hilfe eines qualitativen Interviews (wobei wir uns im Folgenden an das Konstruktinterview anlehnen) die Bedeutung von Fallbeispielen für die Studierenden erfassen. Dabei ergeben sich folgende Schritte:

Schritt 1: Festlegung von Untersuchungsziel und Verwendungszweck

Ausgangspunkt für ein qualitatives Interview ist keine Hypothese, sondern eine praktische Fragestellung. Auf unser Beispiel bezogen: Die Dozentin will die Bedeutung erfassen, die Fallbeispiele für die Teilnehmer haben, um auf dieser Basis das Vorgehen in der Vorlesung zu verbessern? D.h. am Anfang steht die Festlegung von Untersuchungsziel und Verwendungszweck:

- Festlegung des Untersuchungsziels: Was will ich wissen?
- Festlegung des Verwendungszwecks: Was will ich mit den Ergebnissen tun?

Schritt 2: Festlegung der Stichprobe

Auch für qualitative Untersuchungen benötige ich eine Stichprobe, die aber wesentlich geringer ausfällt als bei quantitativen Studien. In der Regel genügen 10 bis 20 Interviews, bei unserem Beispiel könnten es möglicherweise auch 4 bis 6 sein, um einen ersten Eindruck zu erhalten. Dabei macht es keinen Sinn, vielleicht 6 Personen nach dem Zufall auszuwählen. Wichtiger ist zu überlegen: Wer kann im Blick auf Untersuchungsziel und Verwendungszweck Informationen geben. Häufig ergibt sich hier eine Schichtung in unterschiedliche Gruppen:

- Studierende des Bachelor-Studiengangs
- Studierende des Master-Studiengangs
- Ehemalige Studierende, die aus ihrer Berufsperspektive einschätzen können, was ihnen die Fallbeispiele gebracht haben und was sich hätte verbessern lassen
- Ggf. auch noch Mitarbeiter, die an der Vorlesung teilnehmen oder andere Dozenten, die auch mit Fallbeispielen arbeiten.

Wenn man jeweils zwei Personen interviewt, erhält man eine Stichprobe von 8 Personen – für diese Thematik sicherlich ausreichend.

Schritt 3: Festlegung des Leitfadens

Ein qualitatives Interview wird in der Regel durch einen Leitfaden, d.h. wenige offene Fragen strukturiert. Diese „Leitfragen" sollen das Gespräch in Richtung des Themas führen, aber so offen sein, dass der Interviewpartner „seine Sicht" darstellen kann. Je nach Interviewform wird die Zahl der Leitfragen unterschiedlich sein, wobei die Spannbreite von einer Leitfrage im narrativen Interview „erzählen Sie, wie es dazu kam, dass..." bis zu relativ umfangreichen Leitfadenkatalogen reicht. Bewährt hat sich eine Zahl von ca. 4 bis 7 Leitfragen. Mögliche Leitfragen für das Thema „Fallbeispiele" könnten sein:

- Es gibt Lehrveranstaltungen, in denen mit Fallbeispielen gearbeitet wird, und solche, die ohne Fallbeispiele arbeiten. Wo sehen Sie die Hauptunterschiede? – diese Frage dient dazu, die Konstrukte, die für den Interviewpartner in diesem Zusammenhang wichtig sind, zu erfassen
- Wie hilfreich sind aus Ihrer Sicht Fallbeispiele? Geben Sie bitte spontan eine Zahl zwischen 0 (völlig wertlos) und 100 (optimal) an. Entscheidend ist dann weniger die Zahl, sondern die daran anschließende Frage: Was ist hilfreich? Was ist weniger hilfreich?
- Haben Sie Anregungen zur Verbesserung der Arbeit mit Fallbeispielen?

Schritt 4: Organisation der Interviews

Hierzu gehören z.B. die Frage, ob man Einzelinterviews durchführt oder möglicherweise eine Gruppenbefragung macht, die Länge des Interviews, die Information der Interviewpartner.

Schritt 5: Durchführung des Interviews

Ein Interview ist als eine ganz bestimmte Gesprächssituation definiert: Der Interviewer will etwas wissen, der Interviewpartner erklärt sich bereit, Informationen zu geben. Daraus ergibt sich eine Strukturierung in drei Phasen:

- Eine Orientierungsphase, in der es darum geht, den Interviewpartner über Thema, Ziel und Verwendungszweck zu informieren und einen gemeinsamen Kontrakt über die Definition der Gesprächssituation als Interviewsituation zu schließen: Ist der Gesprächspartner bereit, Informationen zu geben? Ist der Gesprächspartner mit der Aufzeichnung durch Tonband einverstanden?
- Eine Erhebungsphase mit dem Ziel, die Sicht des Interviewpartners möglichst unverzerrt zu erfassen. Angestoßen durch Leitfragen finden sich hier freie Erzählphasen des Interviewpartners, aber ggf. auch gezieltes Nachfragen nach konkreten Beispielen, Paraphrasieren, um abzusichern, dass der Interviewer das Gesagte richtig verstanden hat, ggf. auch „Störfragen", in denen (vermeintliche) Widersprüche aufgezeigt werden usw.

- Eine Abschlussphase, die ggf. nochmals wichtige Ergebnisse zusammenfasst, Raum gibt für Ergänzungen und mit dem Dank an den Interviewpartner abschließt.

Schritt 6: Auswertung der Interviews

Auswertung qualitativer Interviews gehört zu den schwierigsten und aufwendigsten Verfahren der qualitativen Forschung. Grundsätzlich stehen hier zwei Ansätze zur Verfügung: die strukturierende Inhaltsanalyse im Anschluss an Philipp Mayring (2007^5) und die Grounded Theory im Anschluss an Barney Glaser und Anselm Strauss (2005^2).

Beide Male besteht das Prinzip darin, einzelne Äußerungen (z.B. aus einem Interview) unterschiedlichen Kategorien zuzuordnen und (dieser Schritt wird insbesondere in der Grounded Theory betont) daraus ein zusammenhängendes Kategoriensystem zu bilden. Mögliche Hauptkategorien für unser Thema „Fallbeispiele" könnten sein:

- Allgemeine Einschätzung der Fallbeispiele
- Nutzen der Fallbeispiele für die Praxis
- Methodische Hinweise zur Arbeit mit Fallbeispielen.

II.3. Die Objektive Hermeneutik als Methode zur Erfassung der objektiven Bedeutung

Objektive Bedeutung ist die Bedeutung, die eine Situation für alle Beteiligten gemeinsam hat. Klassischer forschungsmethodischer Ansatz hierfür ist die Objektive Hermeneutik, wie sie insbesondere von Ulrich Oevermann seit den 70er Jahren entwickelt wurde. Die Objektive Hermeneutik versteht sich als ein Verfahren der „sinnverstehenden Soziologie" (Oevermann 1986) und damit als hermeneutisches Verfahren. Sie grenzt sich deutlich von dem Forschungsprogramm subjektiver Theorien ab, das auf die Erfassung subjektiver Bedeutungen oder, wie Oevermann formuliert, auf die Erfassung „subjektiver Entwürfe, Definitionen und Konstruktionen sozialer Wirklichkeit" gerichtet ist (Oevermann u.a. 1983, S. 97f.; vgl. auch Wagner 2001). Demgegenüber ist es Zielsetzung der Objektiven Hermeneutik, die „objektive Bedeutungsstruktur" oder „latente Sinnstruktur" von Texten (dabei kann es sich um Interviewprotokolle, aber auch um Malerei, Musik, Architektur usw. handeln) zu erfassen.

Was die „objektive Bedeutungsstruktur" einer Situation ist, lässt sich gut an einem gleichsam klassischen Beispiel von Oevermann verdeutlichen, seiner Interpretation der „Buletten-Szene" aus dem Jahr 1979 (Oevermann u.a. 1979, S. 354f.): Die Familie ist zum Abendessen versammelt, an dem diesmal zwei Gäste teilnehmen. Die Mutter hat Buletten gemacht, die Gäste loben das Essen, woraufhin der Vater folgenden Kommentar über die Kochkunst der Mutter abgibt: „Na, die kann se ganz gut" (Oevermann u.a. 1979, S. 355).

Es ist durchaus denkbar, dass der Vater der Mutter ein Kompliment machen wollte. Faktisch aber, so Oevermann, stellt diese Äußerung eine Abwertung dar:

- Das Wort „die" deutet daraufhin, dass es sich bei dem guten Essen um eine Ausnahme handelt: „aber alles andere..."
- Der Zusatz „ganz" ist eine Abschwächung: „ganz gut" ist nicht „sehr gut" und nicht „gut".
- Schließlich wird die Abwertung noch dadurch verstärkt, dass der Vater seine Äußerung nicht an die Mutter, sondern an die Gäste richtet.

Die subjektive Zielsetzung des Vaters mag es gewesen sein, ein Kompliment zu machen. Die objektive Bedeutung dagegen besteht darin, dass diese Äußerung faktisch eine Disqualifizierung der Mutter darstellt. Sie ist eine Disqualifizierung aufgrund geltender Regeln, in diesem Fall bestimmter sprachlicher Regeln, die festlegen, wie Komplimente zu formulieren sind. Latente Sinnstrukturen einer Situation bestehen also aufgrund geltender Regeln. Zielstellung der Objektiven Hermeneutik ist es, eben diese durch Regeln bestimmte „objektive Bedeutung" (die latente Sinnstruktur) konkreter Situationen und Handlungsverläufe zu erfassen.

Oevermann hat im Wesentlichen zwei unterschiedliche Formen des Vorgehens bei der Objektiven Hermeneutik dargestellt: die Feinanalyse und die Sequenzanalyse. Bei der Feinanalyse wird die Interpretation in folgende Schritte aufgegliedert (Oevermann u.a. 1979, S. 394ff.):

(1) Explikation des einem Interakt (einer Äußerung) unmittelbar vorausgehenden Kontextes
(2) Paraphrase der Bedeutung des Interaktes
(3) Explikation der Intention des interagierenden Subjektes (d.h. der subjektiven Ziele des Sprechers)
(4) Explikation der objektiven Motive als Interakt und seiner objektiven Konsequenzen. Hierbei wird die aufgrund geltender Regeln bestehende „objektive" Bedeutung der Äußerung erfasst
(5) Explikation der Funktion eines Interakts in der Verteilung von Interaktionsrollen
(6) Charakterisierung der sprachlichen Merkmale des Interakts
(7) Extrapolation der Interpretation des Interakts auf durchgängige Kommunikationsfiguren
(8) Explikation allgemeiner Zusammenhänge.

Die Sequenzanalyse stellt eine zusätzliche methodische Absicherung des Schritts 4, der Explikation der „objektiven Motive" (der objektiven Bedeutung einer Äußerung) dar. Grundgedanke ist, dass sich die objektive Bedeutung einer Situation am besten erfassen lässt, wenn man gewissermaßen „gedankenexperimentell" typische Situationen für ein bestimmtes Verhalten entwickelt und auflistet (Overmann u.a. 1979, S. 415).

Oevermann verdeutlicht das an der Äußerung eines sechsjährigen Jungen: „Mutti, wann krieg ich denn endlich mal was zu essen, ich habe Hunger":

„Zunächst wird man intuitiv typische Situationen... entwerfen, in denen diese Äußerung als sinnvolle hätte fallen können... Wir begnügen uns hier aus Platzgründen mit drei typischen Beispielen, die sich in wesentlichen Punkten unterscheiden.
1. Die Äußerung hätte ein kleines Kind zu einer Zeit machen können, zu der es normalerweise Essen gibt, oder nachdem es schon mehrere Male um Essen gebeten hatte.
2. Ein berufstätiger Ehemann, der – wie hierzulande in bestimmten Schichten sehr verbreitet – seine Frau mit Mutti adressiert, sitzt nach seiner Rückkehr von der Arbeit seit längerem am Küchentisch oder kommt aus der Wohnstube vom Fernsehen ins Esszimmer.
3. Ein krankes älteres Kind ruft aus seinem Schlafzimmer die Mutter.

Betrachtet man die Beispiele genauer, so haben sie drei für die pragmatische Erfüllung der Äußerung wesentliche Kontextbedingungen gemeinsam:
1. Der Sprecher der Äußerung muss wirklich Hunger haben und es darf für den Adressaten der Äußerung nicht überraschend sein, dass er Hunger hat.
2. Der Sprecher kann in Anspruch nehmen, dass zum Zeitpunkt seiner Äußerung das Essen schon überfällig ist; entweder, weil die normale Essenszeit schon überschritten ist oder weil er auf eine Forderung nach einem Essen außerhalb der Reihe schon eine Zusage erhalten hatte, und er nun mit Recht ungeduldig sein kann.
3. Dem Sprecher kann vom Adressaten der Äußerung nicht zugemutet werden, sich selbst um das Essen zu kümmern, und es gehört zu den Pflichten des Adressaten, für das Essen zu sorgen" (Oevermann u.a. 1979, S. 416).

Unter diesen Kontextbedingungen wäre die Äußerung: „Mutti, wann krieg ich denn endlich mal was zu essen, ich habe Hunger" angemessen. Da jedoch keine dieser Kontextbedingungen vorliegt, schließt Oevermann daraus, „dass das Kind in dieser Situation den Wunsch hat, bewusst oder unbewusst, von der Mutter so behandelt zu werden, als ob er noch ein kleines Kind wäre" (Oevermann u.a. 1979, S. 417f.). Gemäß den in entsprechenden Familien geltenden Regeln bestände die objektive Bedeutung der Situation also darin, sich wie ein kleines Kind behandeln zu lassen.

Bezogen auf unser Fallbeispiel: Was könnte es heißen, die objektive Bedeutung der Arbeit mit Fallbeispielen zu erfassen? Wir können diese Frage genauer formulieren: Welche Bedeutung hat aufgrund geltender Regeln einer Vorlesung die Anwendung von Fallbeispielen? In Anlehnung an das Vorgehen von Oevermann würde man hier auch „typische Situationen" entwerfen: Was sind typische Situationen, in denen die Arbeit mit Fallbeispielen angemessen ist? Mögliche typische Situationen wären Vorbereitungen auf Großeinsätze bei der Polizei oder die Arbeit mit simulierten Situationen in der Ausbildung von Piloten. Könnte das heißen, dass die Arbeit mit Fallbeispielen ein Schritt in der Veränderung der Universität von einer akademischen (und damit immer auch theoretischen) Einrichtung zu einer deutlicheren berufsvorbereitenden Institution ist?

II.4. Die teilnehmende Beobachtung

Eine weitere klassische qualitative Forschungsmethode ist die teilnehmende Beobachtung. Auch sie ist ein hermeneutisches Verfahren. Dabei kann die teilnehmende Beobachtung sowohl auf die subjektive als auch auf die objektive Bedeutung zielen.

Gleichsam die erste methodische Absicherung der teilnehmenden Beobachtung findet sich bei Herman Nohl (1949, S. 98ff.), der das Vorgehen in vier Schritte gliedert:

- Beobachtung der konkreten Situation: Diese „teilnehmende" Beobachtung ist etwas anderes als eine systematische Beobachtung in der Tradition der empirisch-analytischen Erziehungswissenschaft. Es wird dabei nicht quantifiziert, nicht gezählt und gemessen. Teilnehmende Beobachtung ist der Versuch, eine Situation „mit den Augen der Betroffenen wahrzunehmen": Ein Schüler ist von seinen Eltern in die Beratung gebracht worden, weil seine Leistungen nachlassen. Ich nehme wahr, dass der Jugendliche sehr still ist, nur mit schüchterner Stimme antwortet, hilfesuchend nach seiner Mutter schaut und nur auf der vorderen Kante des Stuhls sitzt, die Arme eng an den Körper gelegt.
- Erschließen der subjektiven Bedeutung der Situation durch Sich-Hineinversetzen in den anderen: Schon Dilthey hatte das Verstehen als ein „Wiederfinden des Ich im Du" (Dilthey 1965[7], Bd. 7, S. 191).beschrieben; für die Geisteswissenschaftliche Pädagogik ist dieses „sich in jemanden hineinversetzen" die „hermeneutische Grundregel" des Verstehens (Nohl 1949, S. 151). Welche Bedeutung hätte für mich diese Situation? Was würde ich dabei denken, empfinden?
- Rückgriff auf gemeinsame Erfahrungen, d.h. die gemeinsame Bedeutung der Situation: So wichtig der Rückgriff auf die eigenen Erfahrungen bei der Deutung fremder Verhaltensweisen auch ist, so ist er andererseits auch problematisch: Ich kann mich irren, indem meine Erfahrungen und Empfindungen nicht die des anderen sind. Die Erfassung der subjektiven Bedeutung einer Situation wird demzufolge umso zuverlässiger sein, je mehr mir die objektive Bedeutung der Situation vertraut ist.
- Berücksichtigung der „historischen Entwicklung": Schließlich ist die gegenwärtige Situation immer auch Ergebnis eines gesellschaftlichen und individuellen Entwicklungsprozesses. Ich muss daher die historische Entwicklung der gegenwärtig geltenden Normen und Anschauungen erfassen, aber auch die bisherige Entwicklung einzelner Personen, um durch teilnehmende Beobachtung verlässlich zu deuten.

Während die teilnehmende Beobachtung von Nohl den Fokus auf die Erfassung subjektiver Bedeutungen legt, ist die in der Tradition der Ethnographie im Zusammenhang entwickelte teilnehmende Beobachtung stärker auf die Erfassung objektiver Bedeutungen ausgerichtet (vgl. Friebertshäuser 2003[2]b; Lüders 2000). So versuchen Friedrichs/Lüdtke in einer für die teilnehmende Beobachtung gleichsam klassischen Untersuchung von Freizeitheimen, folgende Fragen zu beantworten (Friedrichs/Lüdtke 1977[3], S. 146):

a) „Welche institutionellen Positionen lassen sich im Beobachtungsobjekt unterscheiden...

a) Welche in der Zeit beobachteten, für das System insgesamt relevanten, typischen und regelmäßig wiederkehrenden Handlungselemente oder Aufgaben (Funktionen) lassen sich unterscheiden...

a) Wie verteilen sich typischerweise diese Funktionen auf die vorhandenen Positionen?"

Institutionelle Positionen oder typische Handlungselemente sind Bestandteil der objektiven Bedeutung. Im Unterschied etwa zu der Biographieforschung, die individuelle subjektive Deutungen einer Person zu erfassen sucht, geht es hier darum, gemeinsamen Bedeutungen zu erfassen, die das Handeln in einer bestimmten Lebenswelt leiten: „Die Biographieforschung fokussiert auf den Einzelnen als Kulturträger, die Feldforschung auf die Kultur und verortet den Einzelnen in diesem Kontext" (Friebertshäuser 2003^2b, S. 510).

Die neuere Diskussion um die teilnehmende Beobachtung (vgl. u.a. Bachmann 2002; Flick 2005^3, S. 206ff.; Lamnek 2005^4, S. 547ff.) thematisiert weniger die methodische Absicherung, sondern insbesondere die Bestimmung der Rolle des Beobachters in dem „Dilemma von Identifikation und Distanz" (Lamnek 2005^4, S. 632ff.) Die Bedeutung einer Situation für die Betroffenen, so die zentrale These, lässt sich nur durch aktive Teilnahme an der Interaktion erfassen: Ausgangspunkt ist „das Interesse, soweit wie möglich am jeweiligen Alltag teilzunehmen, um auf diesem Weg einen Zugang zu dem ‚insider point of view' zu finden" (Lüders 1995, 318f.). Ein Beobachter kann die für ein System geltende objektive Bedeutung nur im gemeinsamen Handeln kennen lernen und dieses Wissen dann nutzen, um die Perspektive des beobachteten Systems zu übernehmen. Teilnehmende Beobachtung setzt damit kein ausdifferenziertes Beobachtungsschema voraus, sondern ist offen, der Beobachtungsprozess weniger standardisiert.

III. Empirisch-analytische und hermeneutische Methoden: Gegensatz oder Ergänzung?

In den 80er Jahren des 20. Jahrhunderts standen sich Vertreter eines empirisch-analytischen Ansatzes und Anhänger eines hermeneutischen Vorgehens oftmals erbittert gegenüber. Empiriker kritisierten am hermeneutischen Vorgehen die fehlende methodische Absicherung, Hermeneutiker am empirisch-analytischen Vorgehen die Irrelevanz für das praktische Handeln. Mittlerweile hat sich die Situation geändert. Zwei Gründe dürften dafür ausschlaggebend sein:

- Zum einen hat sich gezeigt, dass der Exaktheitsanspruch des empirisch-analytischen Wissenschaftskonzeptes nicht in der ursprünglichen Form aufrecht zu erhalten ist. Selbst in den Naturwissenschaften weiß man, dass wissenschaftliche Ergebnisse nie objektive Erkenntnis der Wirklichkeit sind, sondern immer

nur Modelle der Wirklichkeit, die sich je nach der Situation mehr oder weniger bewähren können.
- Zum anderen hat die hermeneutische oder qualitative Forschung mittlerweile ein umfangreiches Methodenrepertoire entwickelt, das der empirisch-analytischen Forschung wenig nachsteht.

Empirisch-analytische und hermeneutische Methoden haben gleichermaßen ihre Berechtigung (vgl. u.a. Lamnek 2005[4], S. 242ff.) und können in unterschiedlichen Situationen mehr oder weniger sinnvoll sein:

- Es kann sinnvoll sein, eine Situation möglichst offen und teilnehmend zu beobachten um die Bedeutung dieser Situation zu erfassen. Es kann ebenso aber auch sinnvoll sein, eine systematische Beobachtung durchzuführen, um Auswirkungen z.B. der Verwendung von Fallbeispielen genauer zu erfassen.
- Es kann sinnvoll sein, sich auf die Analyse einzelner Situationen zu beschränken (traditionell die Domäne der qualitativen Forschung); es kann aber ebenso sinnvoll sein zu versuchen, quantitative Ergebnisse zu erhalten.

Damit bieten sich anstelle des Gegeneinanders des letzten Jahrhunderts eher Möglichkeiten der Verknüpfung:

- Eine qualitative (hermeneutische) Erhebung kann Basis für eine quantitative Studie sein. So kann man z.B. mit Hilfe eines qualitativen Interviews die für die Betroffenen wichtigen Themen identifizieren und die dabei gewonnenen Konstrukte anschließend als Basis für einen Fragebogen nehmen, um quantitative Ergebnisse zu erhalten.
- Oder man kann umgekehrt bei auffälligen Ergebnissen eines Fragebogens (z.B. bei der Beurteilung einer Lehrveranstaltung an der Universität) mit Hilfe qualitativer Interviews genauer nachfragen, wo denn die Probleme liegen.

Forschungsmethoden liefern nie ein genaues Abbild der Wirklichkeit, weil unser Verständnis der Wirklichkeit immer von unseren Konstruktionen mit bestimmt ist. Forschungsmethoden sind vielmehr Instrumente, die uns helfen, uns in unserer Welt zurechtzufinden und verlässlich zu handeln. Im Blick darauf können einzelne Instrumente hilfreich oder weniger hilfreich sein.

Literatur:

Atteslander, P. (2006[11]): Methoden der empirischen Sozialforschung. Berlin u.a.
Bachmann, G. (2002): Teilnehmende Beobachtung. In: Kühl, S./Strodtholz, P. (Hrsg.): Methoden der Organisationsforschung. Reinbek, S. 323-361.
Bogner, A./Menz, W. (2005[2]): Das theoriegenerierende Experteninterview. In: Bogner, A. u.a. (Hrsg.): Das Experteninterview. Wiesbaden, S. 33-70.
Bortz, J./Döring, N. (2006[4]): Forschungsmethoden und Evaluation für Human- und Sozialwissenschaftler. Berlin u.a.
Bühner, M. (2006[2]): Einführung in die Test- und Fragebogenkonstruktion. München.

Dann, H.-D. u.a. (1982): Analyse und Modifikation subjektiver Theorien von Lehrern. Konstanz.
Dilthey, W. (1957[2]): Die Geistige Welt. In: W. Dilthey: Gesammelte Schriften, Bd. 5. Stuttgart.
Dilthey, W. (1965[7]): Der Aufbau der geschichtlichen Welt in den Geisteswissenschaften. In: W. Dilthey: Gesammelte Schriften, Bd. 7. Stuttgart.
Flick, U. (2005[3]): Qualitative Forschung. Reinbek.
Friebertshäuser, B. (2003[2]a): Interviewtechniken – ein Überblick. In: Friebertshäuser, B./Prengel, A. (Hrsg.): Handbuch Qualitative Forschungsmethoden in der Erziehungswissenschaft. Weinheim u.a., S. 371-395.
Friebertshäuser, B. (2003[2]b): Feldforschung und teilnehmende Beobachtung. In: Friebertshäuser, B./Prengel, A. (Hrsg.): Handbuch Qualitative Forschungsmethoden in der Erziehungswissenschaft. Weinheim u.a., S. 503-534.
Friedrichs, J./Lüdtke, H (1977[3]): Teilnehmende Beobachtung. Weinheim/Basel.
Fromm, M. (1999): Beiträge zur Psychologie der persönlichen Konstrukte. Münster.
Glaser, Barney G./Strauss, Anselm L. (2005[2]): Grounded Theory. Strategien qualitativer Forschung. Bern.
Groeben, N. u.a. (1988): Forschungsprogramm subjektiver Theorien. Tübingen.
Hofer, M. (1986): Sozialpsychologie erzieherischen Handelns. Toronto u.a.
König, E./Volmer, G. (2000[7]): Systemische Organisationsberatung. Weinheim u.a.
König, E./Volmer, G. (2005): Systemisch denken und handeln. Weinheim.
König, E./Zedler, P. (2007[3]): Theorien der Erziehungswissenschaft. Weinheim.
Krüger, H.-H. (2006[4]): Einführung in Theorien und Methoden der Erziehungswissenschaft Stuttgart.
Kuhlmann, M. (2002): Beobachtungsinterview. In: Kühl, S./Strodtholz, P. (Hrsg.): Methoden der Organisationsforschung. Reinbek, S. 103-138.
Lamnek, S. (2005[4]): Qualitative Sozialforschung. Weinheim u.a.
Lüders, C. (1995): Von der teilnehmenden Beobachtung zur ethnographischen Beschreibung. In: König, E./Zedler, P.(Hrsg.) (1995): Bilanz qualitativer Sozialforschung. Weinheim, Bd. 2, S. 311-342.
Lüders, Ch. (2000): Beobachten im Feld und Ethnographie. In: Flick, U./Kardorff, E. von/Steinke, I. (Hrsg.): Qualitative Forschung. Reinbek, S. 384-401.
Mayring, P. (2007[9]): Qualitative Inhaltsanalyse. Weinheim.
Merton, R. K./Kendall, P. (1993[3]): Das fokussierte Interview. In: Hopf, C./Weingarten, E. (Hrsg.): Qualitative Sozialforschung. Stuttgart 1993, S. 171-204.
Mummendey, H. D. (2003[3]): Die Fragebogen-Methode. Göttingen u.a.
Mutzeck, W./ Schlee, J./ Wahl, D. (2002): Psychologie der Veränderung. Weinheim.
Nohl, H. (1949): Pädagogik aus dreißig Jahren. Frankfurt a.M.
Oevermann, U. u.a. (1979): Die Methodologie einer „objektiven Hermeneutik" und ihre allgemeine forschungslogische Bedeutung in den Sozialwissenschaften. In: Soeffner, H. G. (Hrsg.): Interpretative Verfahren in den Sozial- und Textwissenschaften. Stuttgart, S. 352-433.
Oevermann, U. u.a. (1983): Die Methodologie einer „Objektiven Hermeneutik". In: Zedler, P./Moser, H. (Hrsg.): Aspekte qualitativer Sozialforschung. Opladen, S. 95-123.
Oevermann, U. (1986): Kontroversen über sinnverstehende Soziologie. Einige wiederkehrende Probleme und Mißverständnisse in der Rezeption der „objektiven Hermeneutik". In: Aufenanger, S./Lenssen, M. (Hrsg.): Handlung und Sinnstruktur. München, S. 19-83.
Rost, J. (2004[2]): Lehrbuch Testtheorie – Testkonstruktion. Bern u.a.
Schlee, J./Wahl, D. (1988): Veränderung Subjektiver Theorien. Tübingen.
Schütz, A.(1974): Der sinnhafte Aufbau der sozialen Welt. Frankfurt a.M.
Schütze, F. (1983): Biographieforschung und narratives Interview. In: Neue Praxis 13, S. 283-293.

Schütze, F. (1987): Das narrative Interview in Interaktionsfeldstudien. Studienbrief Fernuniversität Hagen.
Wagner, H.-J. (2001): Objektive Hermeneutik und Bildung des Subjekts. Weilerswist.
Witzel, A. (1985): Das problemzentrierte Interview. In: Jüttemann, G. (Hrsg.): Qualitative Forschung in der Psychologie. Weinheim, S. 227-255.

Teil II

Erziehungs- und Bildungsprozesse in ihrer gesellschaftlichen Verankerung

1. Abschnitt: Begriffe

URSULA FROST

Einführung

Von Grundbegriffen oder Fundamentalkategorien auszugehen, kann nicht bedeuten, dass bestimmte oder gar zentrale Gegenstände pädagogischen Denkens und Handelns vorab, also unabhängig von differenten theoretischen Ansätzen, zu identifizieren wären. Vielmehr wandeln sich die Gegenstände mit den Diskursen, die sie sichtbar und sagbar werden lassen. Dabei zeigt sich an den Grenzen und Überschneidungen der Diskurse, an ihren Differenzen und Unverträglichkeiten, oft vielleicht mehr über die pädagogische Sache als in den vielfach bestätigten Gemeinsamkeiten. Gleichwohl gibt es sich durchhaltende Titel und Problemanzeigen, die jeweils Horizonte für die Auseinandersetzung um das eröffnen, was das Spezifikum von Pädagogik und Erziehungswissenschaft ausmacht. In diesem Sinne sollen die im folgenden skizzierten Gedanken zur Bestimmung und Beschreibung der Prozesse von Erziehung und Bildung gelesen werden. Sie bieten aus je unterschiedlichen Perspektiven Zugänge zum Verständnis pädagogischen Denkens und Handelns an und stecken dabei Horizonte ab, die sich als Rahmen für einen Eintritt in die Auseinandersetzung eignen.

Dieser Rahmen könnte immer auch anders gefasst werden; er ist ein Ergebnis traditioneller und aktueller Themenstellungen und zeigt einen Ausschnitt möglicher Positionen dazu. Die Rede von pädagogischen Grundbegriffen erscheint in dem Maße berechtigt, als dabei eine so weit gefasste Gegenstandsbeschreibung vorgenommen wird, dass darin eine komplexe Vielfalt von Phänomenen und Problemstellungen wahrgenommen werden kann, deren Formulierung dann aber im einzelnen so trennscharf werden muss, dass ein Streit differenter Perspektiven überhaupt ermöglicht wird. Mit anderen Worten: die folgenden Reflexionen über Erziehung und Bildung sollen als Gesprächs- und Streitbasis angeboten werden.

In den einzelnen Kapiteln zu den vier pädagogischen Grundbegriffen Erziehung, Bildung, Sozialisation und Lernen wird gar nicht erst der Versuch gemacht, eine gemeinsame Systematik abzubilden. Vielmehr werden einige Stichworte aufgegriffen, die jeweils unter verschiedenen Aspekten und Kontexten einen pädagogischen Diskurs eröffnen, der tragfähig genug erscheint, in den pädagogischen Gegenstand einzuführen.

Als gemeinsamer Problemhorizont können dabei höchstens die folgenden Überlegungen gelten.

Erziehung und *Bildung* haben sich durch eine turbulente und wechselvolle Geschichte hindurch als die Problemtitel der Pädagogik bzw. Erziehungswissenschaft herauskristallisiert, an denen ihr Gegenstand sowohl immer neu formuliert und identifiziert wie auch bestritten und verändert wurde. Diese Last der Geschichte sichert ihnen kein Recht auf Dauer und Wert – sie kann ganz im Gegenteil auch als

Ballast empfunden werden, aber sie hilft zumindest, wenn sie nicht dogmatisch eingeengt wird, Kurzsichtigkeit und Einseitigkeit zu vermeiden.

Als Problemanzeigen verweisen Erziehung und Bildung auf
— eine nur dichotomisch zu beschreibende komplexe Aufgabe der Gestaltwerdung des Menschen in der Spannung von Fremdeinwirkung und Selbsttätigkeit (Erziehung als Hilfestellung und Ermöglichung von Bildung als Selbstvollzug)
— aufgrund einer konstitutiven Bedürfnisstruktur, die sich als Chance wie als Gefährdung darstellt (Erziehungsbedürftigkeit und –fähigkeit; Bildungsbedürftigkeit und –fähigkeit)
— im Blick auf Ansprüche und Möglichkeiten des Individuums einerseits und der Gesellschaft andererseits
— und schließlich im Horizont einer reflexiven Verantwortung, die sich an der Frage nach gelingendem Leben orientiert.

Solange der Aufgabencharakter der Gestaltwerdung des Menschen im Vordergrund steht, ist in dem einen oder anderen Sinne die *Freiheit* des Menschen impliziert, sich zu sich und seiner Welt ins Verhältnis zu setzen. Damit zugleich muss aber immer auch die Gebundenheit und *Abhängigkeit* von Menschen in ihren leiblichen, kulturellen und gesellschaftlichen Bezügen und Bedingungen bedacht werden. In diesem Zusammenhang gilt es, die grundlegende und konkrete
— Leiblichkeit
— Sprachlichkeit
— Geschichtlichkeit
— Gesellschaftlichkeit

von Menschen im Zusammenhang mit Erziehungs- und Bildungsaufgaben zu thematisieren.

Bildsamkeit ist die Voraussetzung für die Bedeutsamkeit von pädagogischen Theorien überhaupt. Sie bedarf sowohl der anthropologischen Explikation in der Spannung von existentieller Not und humanen Chancen als auch der konkreten hermeneutischen und sozialwissenschaftlichen Analyse der spezifischen Gefährdungen und Spielräume gesellschaftlich-kultureller Wirklichkeit.

Erziehungs- und Bildungsprozesse bestimmen sich in ihren faktischen Spielräumen einerseits nach den jeweiligen Anforderungen und Bedingungen gesellschaftlicher Systeme und Strukturen, andererseits nach den individuellen Bedürfnissen und Möglichkeiten von Kindern und Jugendlichen bzw. Erwachsenen. Dadurch werden sowohl gesellschaftliche Systemanalysen als auch Einsichten in die Gesetzmäßigkeiten von Entwicklungs- und Lernprozessen notwendig. Hierzu leisten die Theorien der *Sozialisation* und des *Lernens* ihren Beitrag. Im Unterschied zu den an intentionalen und ethischen Perspektiven orientierten Begriffen der Erziehung und Bildung beschreiben die Theorien der Sozialisation und des Lernens Prozesse und Bedingungen der faktischen Persönlichkeitsgenese. Dabei geht es um die Beschreibung von Funktionsmechanismen, in die Menschen auch unabhängig von ihren Intentionen eingebunden sind, die ihre Intentionen und Selbstdeutungen ihrerseits mit bestimmen. Wenn Sozialisation und Lernen als pädagogische Grundbegriffe verstanden werden sollen, dann müssen solche Funktionsmechanismen allerdings auch im Kontext von Erziehung und Bildung gedeutet werden – wie sie umgekehrt in Theorien der Bildung und Erziehung berücksichtigt werden müssen. Gleichzeitig müssen jedoch auch Ansprüche von *Person* und *Sache* formulierbar sein, die sich nicht mit den faktischen Funktionsmechanismen verrechnen lassen.

In aller Abhängigkeit und Bedingtheit bleibt mit der Wahrnehmung von Erziehung und Bildung als Aufgabe – theoretisch und praktisch – die Dimension der *Verantwortung* verbunden. Es geht nicht nur darum, Erziehungs- und Bildungsprozesse in ihren Funktionsweisen zu beschreiben, um sie so technologisch optimieren zu können, sondern Verantwortung meint darüber hinaus die Annahme von Herausforderungen und Ansprüchen durch Sachen, Personen und Situationen und die Bereitschaft, die daraus folgenden Handlungen (auch Theorien) vor sich und anderen zu vertreten. Eine ethische Orientierung pädagogischen Denkens und Handelns erscheint dabei unverzichtbar; auch sie muß sich dem Gespräch stellen.

Kapitel 1: Erziehung

URSULA FROST

A: Erziehung als Generationenverhältnis

Neben den Formen der Erziehung als Selbsterziehung oder Erziehung des Erziehers steht im Mittelpunkt pädagogischer Theorie die Verantwortung erwachsener Menschen für Kinder und Jugendliche. Solange diese Verantwortung nicht suspendiert wird, ergeben sich daraus immer auch bestimmte Ungleichheiten in der wechselseitigen Beziehung zwischen den Beteiligten. Solche Ungleichheiten zu bestimmen und damit auch zu begrenzen und zu legitimieren, macht eine Kernaufgabe pädagogischer Theorie aus.

Als die für die Erziehung Verantwortlichen werden in der Regel Eltern und Lehrer angesprochen, woraus sich dann als erzieherisches Verhältnis das von Eltern und Kindern und das durchaus anders geartete von Lehrern und Schülern ergibt. Ein weiterer Gesichtspunkt ist zu gewinnen, wenn über diese je spezifischen erzieherischen Verhältnisse hinaus Erziehung als ein Verhältnis zwischen den Generationen in den Blick kommt. Damit ist nicht nur eine Folie gewonnen, auf der die unterschiedlichen Aufgaben von Eltern und Lehrern gemeinsam reflektiert werden können, sondern es bieten sich auch andere Ansätze zur Begründung erzieherischer Verantwortung und der damit verbundenen Ungleichheiten in erzieherischen Verhältnissen an.

Die Begründung der Pädagogik aus dem Generationenverhältnis geht auf F.D.E. Schleiermacher zurück, der drei Grundfragen zur Erziehung stellte: „Was will denn eigentlich die ältere Generation mit der jüngeren? Wie wird die Tätigkeit dem Zweck, wie das Resultat der Tätigkeit entsprechen?" (Schleiermacher 2000, S. 9) Damit ist eine
- gemeinsame Verantwortung der gesamten älteren Generation(en),
- Klärung der Zielperspektiven; Zweck der Erziehung,
- Überprüfung der Tätigkeit nach dem Zweck,
- Überprüfung der Resultate nach der Tätigkeit
 beansprucht.

I. Der Ansatz bei Generationen

Mit der Auffassung von Erziehung als Generationenverhältnis kommt als Bezugshorizont pädagogischer Theorie das Verhältnis von Erziehung und Gesellschaft in den Blick. Erziehung ist hier nicht nur als eine Aufgabe einzelner Erzieher verstanden, sondern als ein gemeinsames vitales Interesse aller erwachsenen Mitglieder einer Gesellschaft. Die Rede vom Generationenverhältnis ist dabei eine idealtypische Abstraktion, da die Grenzen in der Realität fließend verlaufen. Dennoch zeigen die

Phänomene unterschiedlicher Subkulturen, etwa der Jugendkulturen, gewisse Kohärenzen von Generationen an, die sich von anderen abgrenzen.

Im Verhältnis der Generationen drückt sich die Endlichkeit und zyklische Veränderung menschlicher Existenz aus. Geburt und Tod und die verschiedenen Stufen der Lebensalter stellen sich als die Bedingungen menschlicher Lebensweise und damit auch pädagogischer Theorie und Praxis dar. Das Verhältnis der Generationen ist durch den generativen Aspekt der Weitergabe des Lebens bestimmt, was zunächst in rein biologischer Hinsicht, dann aber auch als Ermöglichung einer geschichtlichen Existenz gilt (vgl. Sünkel 1964, S. 34; vgl. Zirfas 2004).

II. Generationswechsel

Das Grundproblem, auf das Schleiermacher aufmerksam machte, besteht in der Tatsache, dass mit jedem Generationenwechsel alles auf dem Spiel steht, was in einer Gesellschaft und Kultur als Errungenschaft angesehen werden kann. Je höher das geistige, kulturelle und moralische Niveau, das erreicht wurde, entwickelt ist, desto weniger kann den Mitgliedern einer Gesellschaft gleichgültig sein, ob es in der nachfolgenden Generation aufgenommen und weitergeführt wird. Umgekehrt gilt aber auch: Gerade die Unvollkommenheiten und Desiderate der gesellschaftlichen Einrichtungen und Verhältnisse erfordern eine Erziehung, die zu ihrer Verbesserung beiträgt. Die jeweils immer schon gegebene Erziehungspraxis braucht eine theoretische und methodische Reflexion, um dieser Aufgabe gerecht zu werden.

Jeder Generationenwechsel ist eine hochsensible Bruchstelle für kulturelle Traditionen, geistige und moralische Ansprüche und deren Kodifizierung in öffentlichen Institutionen und privaten Lebensformen. Sie können nur fortbestehen, wenn sie von der nachwachsenden Generation durch vielfältige Lernprozesse aufgenommen und durch komplexe Bildungsprozesse angenommen werden. Die Erhaltung des Erreichten und seine kritische Verbesserung hängt nicht nur von der Weitergabe der älteren, sondern auch von der Übernahme der jüngeren Generation ab. Damit sind die Generationen aufeinander angewiesen und auf unterschiedliche Weise in die Prozesse von Erkenntnis und Weltgestaltung einbezogen.

III. Geschichtlich-kulturelle Existenz

Geschichte beruht auf der Möglichkeit, an Errungenschaften früherer Generationen anknüpfen zu können und sie an spätere Generationen weiter zu geben. Geschichte beruht aber auch auf der Möglichkeit des Neuanfangs.

Die geschichtlich-kulturelle Existenzweise des Menschen impliziert zugleich Kontinuität und Neuanfang. Sie beruht einerseits auf der Möglichkeit, dass nicht jeder Einzelne von vorne beginnen muss, sondern an Leistungen früherer Generationen anknüpfen kann. Jeder wird in eine bestimmte Konstellation gesellschaftlicher Verhältnisse und kultureller Entwicklungen hineingeboren, die er nicht in ihrer Gesamtheit umgehen kann, sondern von denen er immer auch in vielfältiger Weise abhängig ist. Andererseits ergeben sich innerhalb dieser Konstellation immer auch

Spielräume und Wahlmöglichkeiten, und selbst wo dies nicht der Fall ist, kann und muss sich der Einzelne dazu unterschiedlich verhalten. Mit jeder neuen Generation werden auch charakteristische Veränderungen sichtbar, die auf der Einzigartigkeit jedes einzelnen neu geborenen Menschen und auf den neuen Perspektiven ihres gemeinsamen Sprechens und Handelns beruhen.

Friedrich Nietzsche hat darauf aufmerksam gemacht, dass die durchgängige Abhängigkeit von geschichtlicher Erfahrung und Tradition die eigenen Lebensimpulse ersticken kann. Angesichts der Fülle und Bedeutsamkeit des schon Geschehenen scheint sich nichts als Rezeption und Respekt und differenzierte Auseinandersetzung nahe zu legen. Gegen die Übermacht des historischen Bewusstseins macht Nietzsche jedoch die Notwendigkeit des unhistorischen Empfindens geltend, das durch Brüche und Vergessen für einen abgegrenzten Horizont aktueller Selbstbezogenheit sorgt, in dem Neues entstehen und eigene Geltung beanspruchen darf. In diesem Sinne behauptet Nietzsche: „das Unhistorische und das Historische ist gleichermaassen für die Gesundheit eines Einzelnen, eines Volkes und einer Cultur nöthig" (Nietzsche 1980, Bd. 1, S. 252).

Nach Hannah Arendt braucht das „tätige Leben" sowohl eine besonnene Einbindung in geschichtliche Zusammenhänge und Kontexte als auch den mit der Geburt jedes einzelnen Menschen gegebenen Neuanfang. „Weil jeder Mensch auf Grund des Geborenseins ein *initium*, ein Anfang und Neuankömmling in der Welt ist, können Menschen Initiative ergreifen, Anfänger werden und Neues in Bewegung setzen." Aufgrund der Einzigartigkeit jedes Einzelnen erfolgen die neuen Anfänge „unerwartet und unerrechenbar". (Arendt 1960, S. 166)

IV. Bewertung

Alle Bereiche menschlicher Praxis, das ganze empfindliche „Bezugsgewebe menschlicher Angelegenheiten" (Arendt 1960, S. 171ff.), unterliegt einer wechselvollen Geschichte, in der es Kontinuitäten und Brüche, Dichte und Leere, Aufstieg und Verfall gibt.

Von der Geschlossenheit einer Kultur in sozialer und moralischer Hinsicht ist in modernen Gesellschaften immer weniger auszugehen, vielmehr gilt es die „Multiperspektivität" und „Multigenerativität" von kulturellen Mustern und Einstellungen zu untersuchen (vgl. dazu Liebau/ Wulf 1996; Ecarius 1997; Zirfas/ Wulf 2003; Lüscher/ Liegle 2003). Gleichwohl lassen sich die durch diese Pluralität geschaffenen geschichtlichen Situationen als komplexe Ausgangssituationen für Erziehung jeweils unterschiedlich bewerten. Friedrich Schleiermacher sprach vom „Steigen und Sinken" der Kultur(en), was er nicht als blindes Schicksal, sondern als die Folge menschlicher Tätigkeiten auffasste. Menschliche Tätigkeiten können aber um so eher verantwortet werden, je bewusster sie ausgeübt und in ihren Auswirkungen reflektiert werden. „Ein großer Teil der Tätigkeit der älteren Generation erstreckt sich auf die jüngere, und sie ist umso unvollkommener, je weniger gewußt wird, was man tut und warum man es tut." (Schleiermacher 2000, S. 9)

V. Intentionalität: Bewusstsein für Erziehungsziele

Die Frage „Was will die ältere Generation mit der jüngeren?" unterstellt, dass im Handeln der jeweils älteren Generation(en) bewusst oder unbewusst Zwecke wirksam werden, die für die jüngere Generation von entscheidender Konsequenz sind. Während die Theorie der Sozialisation die Gesamtheit aller wirklichen Bedingungen der Persönlichkeitsgenese umfasst, konzentriert sich die Theorie der Erziehung auf das intentionale Verhältnis zwischen Erziehenden und zu Erziehenden. Wenn hier das Generationenverhältnis zugrunde gelegt wird, dann kommen dabei diejenigen Intentionen in Betracht, die von der älteren Generation gemeinschaftlich vertreten und legitimiert werden können und müssen. Bei aller Pluralität und Brüchigkeit der generativen Verhältnisse müssen Grundsatzentscheidungen getroffen werden, die Gegenwart und Zukunft der jüngeren Generation(en) bestimmen und die sich z.B. in der Politik und im öffentlichen Bildungswesen auswirken. Diese mitzutragen setzt ein gewisses Maß an Reflexivität, kultureller Partizipation und Sensibilität voraus.

Impliziert wird, dass die erzieherische Tätigkeit – auch über Familie und Schule hinaus – eine bewusste ist, dass darin bestimmte Zwecke gesetzt werden, dass dabei kulturelle und sittliche Gehalte mitgetragen und mitgeschaffen werden und dass eine Sensibilität für die Orte besteht, an denen die Auseinandersetzung um solche Gehalte lebendig ist.

VI. Gemeinsame Verantwortung der gesamten Generation

Von der älteren Generation – bzw. den älteren Generationen, da alle Erwachsenen hier mit einzubeziehen sind – ist aufgrund ihrer größeren Erfahrungen und einer zu unterstellenden Mündigkeit auch die größere Verantwortung zu erwarten. Sie sind verantwortlich für die Welt, in die sie die Kinder und Jugendlichen aufnehmen, weil sie an ihr mitgewirkt haben. Sie sind verantwortlich für die Perspektiven, die sie den Jüngeren eröffnen, weil sie in ihrem Handeln auch für die Spielräume anderer sorgen müssen. Und sie sind verantwortlich für die Art und Weise, wie Menschen angesprochen und behandelt werden (dürfen), weil Kinder und Jugendliche gerade das von ihnen lernen. Diese Verantwortung jeweils nur Eltern und Lehrern zuzuweisen, bedeutet die Öffentlichkeit davon freizusprechen und führt zu der absurden Situation, dass einzelne Personen und eine einzige Professionsgruppe eine Welt zu legitimieren und eine Kultur aufrechtzuerhalten haben, die von anderen vielfältig konterkariert, entwertet und zerstört werden kann.

Erzieherische Verantwortung kann nicht delegiert werden. Erziehung zu einer Aufgabe für Spezialisten zu machen, wäre nur dann sinnvoll, wenn entweder alle Mitglieder einer Gesellschaft dieselben Normen und Werte verträten oder aber die von den Erziehern vertretenen für die Gesamtgesellschaft verbindlich würden. Nur wenn die gesamte ältere Generation in ihren unterschiedlichen gesellschaftlichen Positionen und Funktionen erzieherische Verantwortung wahrnimmt, kann es gelingen, dass Sozialisation und Erziehung nicht in völlig groteske Widersprüche geraten.

Unter der Perspektive der Kulturtradition, der ethischen Verpflichtung und dem Angewiesensein aller auf die gelingende Aufnahme, Einbindung und freie Selbst- und Weltbildung der Nachwachsenden ist die gesamte ältere Generation auf die erzieherische Verantwortung zu verpflichten. Nur in besonderen historischen Krisen, in denen die ganze Gesellschaft durch Terror und Gewalt korrumpiert wird – wie beispielsweise im Deutschland der NS-Zeit – erscheint die Konsequenz unausweichlich, dass Erziehung nur legitim sein kann, wenn sie sich ganz gegen die herrschenden Verhältnisse und damit gegen die Haltung eines Großteils der älteren Generation(en) richtet.

VII. Anthropologische Grundlage

Erziehung als intentionales Verhältnis der Erwachsenengeneration(en) zu Jüngeren zu legitimieren, verlangt eine Berücksichtigung anthropologischer Grundlagen. Danach darf die individuelle Subjektivität der Heranwachsenden nicht unterschlagen werden. „Der Mensch ist ein Wesen, welches den hinreichenden Grund seiner Entwicklung von Anfange des Lebens an bis zum Punkt der Vollendung in sich selbst trägt. Das liegt schon im Begriff des Lebens, vornehmlich in dem des geistigen, intellektuellen. Wo ein solcher innerer Grund nicht ist, da ist auch keine Veränderung des Subjekts, oder nur Veränderung mechanischer Art." (Schleiermacher 2000, S. 10) Zu keinem Zeitpunkt dürfen Kinder bloße Objekte erzieherischen Handelns sein; von Anfang an muss ihre Selbsttätigkeit mit berücksichtigt werden. Damit ist aber nicht jede erzieherische Beeinflussung ausgeschlossen, denn Menschen sind auch im Blick auf ihre Selbstverwirklichung auf Impulse von außen angewiesen. Selbsttätigkeit spricht also nur eine Seite menschlicher Grundverfasstheit an. „Darin liegt aber nicht, dass die Veränderung eines lebendigen Wesens nicht dürfe mitbestimmt und modifiziert sein durch Einwirkungen von außen; vielmehr ist eben dieses das Wesentliche im Begriff der Gemeinschaft". Weil Menschen sich nicht nur als je individuelles Selbst, sondern auch als Gemeinschaftswesen verwirklichen, ist Erziehung auch als äußere Einwirkung der Gemeinschaft anthropologisch begründet, „[...] denn ohne das gibt es eben kein menschliches Geschlecht, keine menschliche Gattung" (ebd.).

Selbsttätigkeit und Einwirkung, die „Initiative" der Neuankömmlinge und das Miteinander der bestehenden Handlungsgemeinschaften (H. Arendt), müssen im Erziehungsbegriff zusammengedacht werden.

VIII. Ethische Orientierung

Erziehung als Einwirkung der älteren Generation(en) auf die jüngere muss sich nicht nur anthropologisch, sondern auch ethisch legitimieren. Was der jüngeren Generation abverlangt und zugemutet wird, darf nicht durch eine bloße Anpassung an Bedürfnisse der älteren Generation begründet sein. Damit würden die Lebensmöglichkeiten der Jüngeren verkürzt und instrumentalisiert, die Auslegungen von Menschsein insgesamt korrumpiert. Erforderlich ist die Orientierung an dem in einer Gesellschaft möglichen Höchstmaß an moralischer Handlungsfähigkeit und ethischer Reflexion. Dabei kann es nicht um bloß theoretische Aufstellung von Sollenssätzen gehen, vielmehr ist eine Besinnung auf die in der Gesellschaft schon verwirklichte Sittlichkeit grundzulegen, an die weitere Handlungsperspektiven anzuschließen sind. Es müssen jeweils sittliche Güter identifiziert werden, die es zu unterstützen und weiterzuentwickeln gilt.

Institutionen sind nicht schon durch ihr faktisches Bestehen als Güter zu betrachten – z.B. Staatsformen, Schulen, Wissenschaftsbetrieb, etc. -, sondern müssen sich daran ausweisen, ob sie neues sittliches Handeln ermöglichen oder nur bedient werden wollen, um sich selbst zu erhalten. Welche Institutionen als sittliche Güter zu betrachten sind, ist demnach je neu zu entscheiden, so dass das in der Erziehung Weiterzugebende nicht nur Vermittlungsfragen, sondern auch Legitimationsfragen aufwirft. Die Erziehung als Generationenverhältnis soll dazu beitragen, erreichtes Gutes zu erhalten und die sittlichen Anstrengungen kritisch fortzuführen. Durch sie soll die Kontinuität von Gütern gewahrt werden und gleichzeitig dafür Sorge getragen werden, dass keine Verfestigungen eintreten, sondern das Verhältnis von Tätigkeit und Resultaten im Fluss bleibt. Das bedeutet: Institutionen haben keinen Selbstzweck, sondern dienen der Eröffnung von Handlungsspielräumen.

Erziehung vom Generationenverhältnis her zu verstehen, bedeutet den zentralen Einbezug der Frage, welches Erbe den Nachkommen überlassen wird. Im Blick auf die Verantwortung vor der (den) nachfolgenden Generation(en) ist die kritische Arbeit an sozialen und kulturellen Einrichtungen als gemeinsame Güter alles andere als eine abstrakte idealistische Idee. Sie betrifft höchst konkrete Aspekte einer Generationensolidarität und -gerechtigkeit, die sich u.a. in ökonomischen (Bsp.: Staatsverschuldung), ökologischen (Umweltzerstörung) und sozialen (Elternbetreuung bzw. Altenpflege) Brennpunkten bewähren muss (vgl. dazu Birnbacher/ Brudermüller 2001).

IX. Überprüfung erzieherischer Wirksamkeit

Zur Verantwortung der älteren Generation gehört es, dass sie Rechenschaft ablegt von der tatsächlich erfolgten Erziehung. Dafür muss eine Überprüfung der Tätigkeit nach dem Zweck und eine Überprüfung der Resultate nach der Tätigkeit erfolgen. Erzieherisches Handeln muss an legitimen, d.h. ethisch vertretbaren Zielen ausgerichtet werden. Dazu gehört es, dass die Zwecke gesellschaftlicher Systeme nicht über die Einzigartigkeit der Individuen und über deren freies miteinander Sprechen und Handeln als Gleichwertige dominieren. Dazu gehört es auch, dass kurzfristige Interessen gesellschaftlicher Lobbyisten nicht die materiellen, psychischen und geistigen Grundlagen der zukünftigen Lebensmöglichkeiten nachwachsender Generationen zerstören dürfen (s. o.).

Resultate des Erziehungshandelns sind nicht unabhängig von diesem – etwa als Versagen einer jungen Generation in bestimmten Leistungen – zu betrachten. Erziehende und erzieherisch Verantwortliche müssen vielmehr die Resultate immer in Relation zu den Voraussetzungen, Ausprägungen, Subtexten und Kontexten ihrer Handlungen sehen. Das erfordert eine differenzierte empirische Forschung, aber auch eine gründliche zeitdiagnostische und zeitkritische Reflexion. Nur durch das Zusammenwirken beider Anstrengungen können angemessene pädagogische Urteile entstehen, die auf sinnvolle und maßgebliche Weise in den Prozess der Erziehung als Generationenverhältnis eingreifen.

Literatur:

Arendt, H. (1960): Vita activa oder Vom tätigen Leben. München.
Birnbacher, D./ Brudermüller, G. (Hrsg.) (2001): Zukunftsverantwortung und Generationensolidarität. Würzburg.
Ecarius, J. (Hrsg.) (1998): Was will die jüngere mit der älteren Generation? Generationsbeziehungen in der Erziehungswissenschaft. Opladen.
Fuchs, B. (1998): Schleiermachers dialektische Grundlegung der Pädagogik. Bad Heilbrunn.
Herrmann, U. (1987): Das Konzept der „Generation". Ein Forschungs- und Erklärungsansatz für die Erziehungs- und Bildungssoziologie und die Historische Sozialisationsforschung. In: Neue Sammlung 27, S. 365-377.
Liebau, E. (Hrsg.) (1997): Das Generationenverhältnis: Über das Zusammenleben in Familie und Gesellschaft. Weinheim.
Liebau, E./ Wulf, Ch. (Hrsg.) (1996): Generation: Versuche über eine pädagogisch-anthropologische Grundbedingung. Weinheim.
Lüscher, K./ Liegle, L. (2003): Generationenbeziehungen in Familie und Gesellschaft. Konstanz.
Nietzsche, F. (1980): Vom Nutzen und Nachtheil der Historie für das Leben. In: Sämtliche Werke. Kritische Studienausgabe in 15 Bänden. Hrsg. v. G. Colli u. M. Montinari. München/ Berlin/ New York, Bd. 1, S. 245-334.
Nohl, H. (1979): Das Verhältnis der Generationen in der Pädagogik. In: Neue Sammlung 19, S. 583-591.
Rauschenberg, T. (1994): Der neue Generationenvertrag. Von der privaten Erziehung zu den sozialen Diensten. In: Zeitschrift für Pädagogik, Beiheft 32, S. 161-176.
Schleiermacher, F.D.E. (2000): Texte zur Pädagogik. Kommentierte Studienausgabe. Bd. 1. Hrsg. v. M. Winkler u. J. Brachmann. Frankfurt a.M.
Sünkel, W. (1964): Friedrich Schleiermachers Begründung der Pädagogik als Wissenschaft. Ratingen.
Zirfas, J. (2004): Pädagogik und Anthropologie. Stuttgart.
Zirfas, J./ Wulf, Ch. (2004): Generation. In: Historisches Wörterbuch der Pädagogik. Hrsg. v. D. Benner u. J. Oelkers. Weinheim, S. 409-421.

Kapitel 1: Erziehung

WOLFGANG KRONE

B: Erziehung als Dialog

Dialog

Zentrale Bedeutung kommt dem Dialog, der sich vom griechischen *diálogos* (wörtlich übersetzt: ‚Gespräch') und *dialégesthai* (sich unterreden, sprechen) ableitet (vgl. Kluge 1989^{22}, S. 140), in der Dialogphilosophie des 20. Jahrhunderts zu, in der der „Dialog nicht mehr von der Vernunft, sondern die Vernunft vom Dialog her gedacht" wird (Stegmaier 1997, S. 12; im Orig. kursiv W.K.*)*. Hermann Cohen [1842-1918], Ferdinand Ebner [1882–1931], Franz Rosenzweig [1886-1929], Gabriel Marcel [1889-1973], Friedrich Gogarten [1887-1967] und Martin Buber [1878-1965] gelten als Hauptvertreter dieser philosophischen Richtung, die insbesondere über Martin Buber auch im pädagogischen Bereich wirkmächtig geworden ist. Die historischen Bezüge dialogischen Denkens zu den Sokratischen Dialogen, dem Denken Jacobis, Hamanns, Humboldts, der Verbindung von Dialogik und Dialektik in den Arbeiten Schleiermachers, der Anthropologie Feuerbachs oder dem Denken Kierkegaards sind in einer Reihe von Untersuchungen herausgearbeitet worden (vgl. Böckenhof 1970, Buber 1979^{4}b, Casper 1995^3, Heinrichs 1972, Schrey 1970).

„Ernstnehmen der Zeit" und „Bedürfen des anderen" führt Franz Rosenzweig als die Charakteristika des ‚neuen Denkens' an (Rosenzweig 1984, S. 151f.). An die Stelle der Zeitlosigkeit des Denkens tritt für Rosenzweig die Methode des Sprechens. „Sprechen ist zeitgebunden, zeitgenährt; es kann und will diesen seinen Nährboden nicht verlassen; es weiß nicht im voraus, wo es herauskommen wird; es läßt sich seine Stichworte vom andern geben. Es lebt überhaupt vom Leben des anderen, mag der nun der Hörer der Erzählung sein oder der Antwortende des Zwiegesprächs […] Im wirklichen Gespräch geschieht eben etwas; ich weiß nicht vorher, was mir der andre sagen wird, weil ich nämlich auch noch nicht einmal weiß, was ich selber sagen werde; ja vielleicht noch nicht einmal, daß ich überhaupt etwas sagen werde; es könnte ja sein, daß der andre anfängt, ja es wird sogar im echten Gespräch meist so sein; ... Zeit brauchen heißt: nichts vorwegnehmen können, alles abwarten müssen, mit dem Eigenen vom andern abhängig sein" (ebd., S. 151). Diese Abhängigkeit vom anderen, die auch in Levinas' Formulierung anklingt, dass der „Nächste ... nicht nach dem Maß und dem Rhythmus des Bewußtseins" ist (Lévinas 1992^3, S. 282), markiert die Differenz zwischen dem Gespräch und dem oft nur ‚Gespräch' genannten. Derjenige, der in ein Gespräch eintritt, lässt sich auf einen Prozess ein, dessen Ausgang, dessen Ergebnis er im Vorhinein nicht absehen kann, und fehlende Dialogbereitschaft hängt allzu oft mit der eigenen unverrückbaren Wahrheit, die nur im ‚Gespräch' zur Geltung gebracht werden soll, zusammen:

"Wir sagen zwar, daß wir ein Gespräch ‚führen', aber je eigentlicher ein Gespräch ist, desto weniger liegt die Führung desselben in dem Willen des einen oder anderen Partners. So ist das eigentliche Gespräch niemals das, das wir führen wollten. Vielmehr ist es im allgemeinen richtiger zu sagen, daß wir in ein Gespräch geraten, wenn nicht gar, daß wir uns in ein Gespräch verwickeln. Wie da ein Wort das andere gibt, wie das Gespräch seine Wendungen nimmt, seinen Fortgang und seinen Ausgang findet, das mag sehr wohl eine Art Führung haben, aber in dieser Führung sind die Partner des Gesprächs weit weniger die Führenden als die Geführten. Was bei einem Gespräch ‚herauskommt', weiß keiner vorher. Die Verständigung oder ihr Mißlingen ist wie ein Geschehen, das sich an uns vollzogen hat. So können wir dann sagen, daß etwas ein gutes Gespräch war, oder auch, daß es unter keinem günstigen Stern stand. All das bekundet, daß das Gespräch seinen eigenen Geist hat, und daß die Sprache, die in ihm geführt wird, ihre eigene Wahrheit in sich trägt, d. h. etwas entbirgt und heraustreten läßt, was fortan ist" (Gadamer 1975^4, S. 361).

Notwendige aber nicht hinreichende Voraussetzungen zum Entstehen eines echten Gesprächs sind nach Buber die Akzeptation der Anderheit des anderen, die Tatsache, dass jeder Sprecher den anderen als diese personhafte Existenz meint, zu ihm als Person Ja sagt, die Hinwendung zum Partner, die mit dem Versuch einhergeht, sich die Beweggründe des anderen von dessen Wesensmitte her zu vergegenwärtigen und ferner die Abwesenheit jeglichen Scheins (vgl. Buber 1978^4, S. 30, Buber 1979^4a, S. 285f., 293, Krone 1993, S. 116-126, Krone 2002). Der Gesprächspsychotherapeut Carl Rogers benennt die drei Momente: Empathie, bedingungsfreies Akzeptieren und Kongruenz (vgl. Krone 1992^2, S. 98ff.) und der Quantenphysiker und Philosoph David Bohm stellt in jüngster Zeit das in der Schwebe halten emotionaler und rationaler Annahmen als das zentrale Moment heraus, um gemeinsames Denken, das nicht durch verfestigte Vorannahmen blockiert wird, zu ermöglichen (vgl. Bohm 2005^4, S. 30, 55ff.).

Sprechen und Hören, die scheinbar selbstverständlich realisierten Momente des Gesprächs, entpuppen sich bei näherem Hinsehen als Leistungen, die des Mutes bedürfen. Derjenige, der etwas ausspricht und dabei nicht im Bereich des Unverbindlichen bleibt, gibt etwas von sich preis und sich damit in die Hand des/der anderen (vgl. Bollnow 1968, S. 222f., Buber 1979^4a, S. 280f.). Derjenige, der vom ‚gehörten Hören', das das Gehörte nur in das schon im vorhinein Gewusste einreiht, zum ‚hörenden Hören', das sich auf Neues einzulassen bemüht (vgl. Waldenfels 2006, S. 105f.), übergeht, läuft Gefahr sein eigenes Vorverständnis, liebgewonnene Orientierungsmuster revidieren zu müssen. Der Aufbau von Sicherungsmechanismen, die den Anspruch des anderen abwehren, das Sich-Verstecken hinter einer Fassade, die Umdeutung des Anspruchs, der rein spielerische Umgang mit dem Gehörten sind Abwehrmechanismen, mögliche Reaktionen auf diese die eigenen Sicherheiten in Frage stellenden Herausforderungen. Deren Bewusstmachung kann, ebenso wie die Einsicht in die Mehrdimensionalität menschlicher Äußerungen, die immer eine Sach-, eine Beziehungs-, eine Selbstoffenbarungsebene und einen Appellcharakter haben und somit in unterschiedlicher Weise gemeint und gehört werden können (vgl. Schulz von Thun 2004^{39}), neue Wege ins Gespräch eröffnen.

Aber „Dialoge sind nicht auf Gespräche beschränkt. Alle Orientierung verläuft dialogisch" (Stegmaier 1997, S. 28, im Orig. kursiv, W.K.). Der Mensch verdankt sich dem Eingehen auf Fremdes, der Begegnung mit Anderem, das sich ihm letztlich entzieht (vgl. Waldenfels 2006, S. 62, Lévinas 1992³, S. 282). Er ist ein Antwortender, der immer schon angesprochen ist und dem in der an ihn gerichteten Ansprache eine Antwort abverlangt wird, die – will er der Einmaligkeit des Anspruchs der jeweiligen Situation gerecht werden – nicht im Rückgriff auf Vorgegebenes oder in eine feste Ordnung hinein gegeben werden kann (vgl. Frost/Krone 2006, S. 61f.). „[L]eben heißt angeredet werden" (Buber 1979⁴c, S. 153). Wir *führen* nicht nur Gespräche, „[w]ir *sind* ein Gespräch" (Buber 1962, S. 474). Gespräch *sein* bedeutet Immer-schon-angesprochen-sein und thematisiert die religiöse Dimension dialogischen Denkens (vgl. Casper 2002²).

Die Verbindung zwischen Leben und der Offenheit für den Anspruch des anderen, die die dialogische Verfasstheit menschlichen Lebens herausstellt, verweist auf die pädagogische Valenz des bisher Gesagten.

Erziehung als Dialog

Dass eine Erziehung *zum* Dialog angesichts der kulturellen Herausforderungen unserer Zeit (vgl. Taylor 1993²), der Tatsache, dass Dialog die Gewalt unterbricht (vgl. Stegmaier 1997, S. 9) und der dialogischen Verfasstheit unseres Lebens zu den vornehmsten Aufgaben zählt, dürfte konsensfähig sein. Aber *wie* lässt sich Dialogfähigkeit fördern?

Sicher ist nach den bisherigen Ausführungen, dass der Dialog quer zu allen geplanten unterrichtlichen Vorhaben wie auch zum Verständnis intentionaler Erziehung steht. „Dialog wäre kein wirklicher Dialog, wenn er von einer privilegierten „Einsicht" in die Sachen her autoritativ geregelt und zu Ende geführt werden sollte" (Simon 1997, S. 45). Unterrichtsgespräche wären demnach nur in den seltensten Fällen als Dialoge zu bezeichnen (vgl. Bollnow 1968, S. 224). Da ein Gespräch im eigentlichen Sinne gar nicht geführt werden kann und sich somit der Planbarkeit entzieht (vgl. Gadamer 1975⁴, S. 361), ist ihm nicht nur jedes Moment der Verzweckung und Steuerung fern, es bricht auch aus dieser Perspektive mit dem intentionalen Charakter erzieherischen Handelns. David Bohm stellt sogar die Frage, ob die Struktur des Dialogs mit der hierarchischen Struktur der Familie vereinbar sei (vgl. 2005⁴, S. 92ff.).

Marshall Rosenberg hat ein Programm entwickelt, das unternimmt, gewaltfreie Kommunikation im Schulalltag zu verwirklichen und so zu erlernen (vgl. Rosenberg 2005², 2005⁶). Auch diese Methode ist bei näherem Hinsehen abhängig von demjenigen, der sie praktiziert. Die Person des Erziehers rückt in den Fokus des Interesses, sein Wirken im Unwillkürlichen, sein nicht-tuendes Tun. „Dieses Tun, das »Nichttun«, ist ein Wirken des ganzen Wesens" (Buber 1981³, S. 92). Dialog wird erlernt, indem man in Prozesse einbezogen ist, in denen derjenige, der ihn lehren will, ihn selbst praktiziert. Vorordnungen, Regeln machen zur Strukturierung der Situation Sinn, letztlich kommt es jedoch auf die Person des Erziehenden, auf seine Gesprächsfähigkeit, seine Lebenshaltung an.

Der Erziehende muss den anderen als Person anerkennen und meinen, sich selbst nicht vorenthalten. Er muss sich auf Situationen einlassen können, in denen der andere im Dialog gerade der ist, „mit dem ich *nicht* »leicht« zurechtkomme, weil er gerade *nicht* von denselben Verstehensvoraussetzungen und Vorurteilen ausgeht wie ich selbst" (Simon 1997, S. 33). Er muss leben, dass „(g)erade dann, wenn die eigene Interpretation sich nicht als „die eine", sondern als eine unter anderen erweist, ... nicht „alles umsonst" gewesen [ist]. Sonst erstarrte das Leben in „Ansichten" von ihm. Insofern ist der Dialog, der alle *vorgegebenen* Wahrheiten in sich einbezieht, zumindest im „Leben" der Weg zur Wahrheit" (Simon 1997, S. 46).

Literatur:

Bittner, S. (2006): Das Unterrichtsgespräch. Bad Heilbrunn.
Böckenhof, J (1970): Die Begegnungsphilosophie. Ihre Geschichte – Ihre Aspekte. Freiburg/München.
Bohm, D. (2005^4): Der Dialog. Das offene Gespräch am Ende der Diskussionen. Stuttgart.
Bollnow, O.F. (1968): Erziehung zum Gespräch. In: Zeitschrift für Pädagogik. 7. Beiheft. Sprache und Erziehung, S. 217-229.
Bollnow, O.F. (1979^3): Sprache und Erziehung. Stuttgart/Berlin/Köln/Mainz.
Buber, M. (1962): Dem Gemeinschaftchen folgen. In: Ders.: Werke. Bd. 1. Heidelberg, S. 454-474.
Buber, M. (1978^4): Urdistanz und Beziehung. Heidelberg.
Buber, M. (1979^4a): Elemente des Zwischenmenschlichen. (1954) In: Ders.: Das dialogische Prinzip. Heidelberg, S. 271-298.
Buber, M. (1979^4b): Zur Geschichte des dialogischen Prinzips. (1954). In: Ders.: Das dialogische Prinzip. Heidelberg, S. 299-320.
Buber, M. (1979^4c): Zwiesprache. (1930) In: Ders.: Das dialogische Prinzip. Heidelberg, S. 139-198.
Buber, M. (1981^3): Nachwort. In: Reden und Gleichnisse des Tschuang-Tse. Frankfurt a.M., S. 79-97.
Casper, B. (1995^3): Dialog, Dialogik. In: LThK. Bd. 3. Freiburg/ Basel/ Rom/ Wien, Sp. 191/192.
Casper, B. (2002^2): Das dialogische Denken. Freiburg i.Br./ München.
Frost, U./ Krone, W. (2006): Leben lernen. Zur geistig-geistlichen Dimension von Lernen und Bildung. In: Altmeyer, St. / Boschki, R. / Theis, J. / Woppowa, J. (Hrsg.): Christliche Spiritualität lehren, lernen und leben. Göttingen, S. 59-66.
Gadamer, H.-G. (1975^4): Wahrheit und Methode. Tübingen.
Heinrichs, J. (1972): Dialog, dialogisch. In: Historisches Wörterbuch der Philosophie. Hrsg. von J. Ritter. Bd. 2. Darmstadt, Sp. 226-229.
Hösle, V. (2006): Der philosophische Dialog. München.
Kemper, H. (1990): Erziehung als Dialog. Anfragen an Janusz Korczak und Platon-Sokrates. München.
Kluge, F. (1989^{22}): Ethymologisches Wörterbuch der deutschen Sprache. Unter Mithilfe v. M. Bürgisser u. B. Gregor völlig neu bearb. v. E. Seebold. Berlin/ New York.
Krone, W. (1992^2): Zur Erziehung des Erziehers. Behaviorismus – Psychoanalyse – Humanistische Psychologie. Frankfurt a. M./ Berlin/ Bern/ New York.
Krone, W. (1993): Martin Buber – Erziehung unter dem Radikalanspruch mitmenschlicher Verantwortung. Frankfurt a.M./ Berlin/ Bern/ New York.
Krone, W. (2000): Erziehung zum Gespräch? Zur Erneuerung der Gesprächskultur aus pädagogischer Sicht. In: Im Gespräch. Hefte der Martin Buber-Gesellschaft, Heft 1, S. 14-24.
Krone, W. (2002): Martin Buber – Herausforderung durch den Anderen. In: Im Gespräch. Hefte der Martin Buber-Gesellschaft, Heft 4, S. 5-18.

Lévinas, E. (1981²): Dialog. In: Böckle, F./ Kaufmann, F.-X./ Rahner, K./ Welte, B. (Hrsg.): Christlicher Glaube in moderner Gesellschaft. Teilband 1. Freiburg/ Basel /Wien, S. 61-85.
Lévinas, E. (1992³): Die Spur des Anderen. Freiburg/München.
Rosenberg, M.B. (2005²): Erziehung, die das Leben bereichert. Gewaltfreie Kommunikation im Schulalltag. Paderborn
Rosenberg, M.B. (2005⁶): Gewaltfreie Kommunikation. Paderborn
Rosenzweig, F (1984): Das neue Denken. Einige nachträgliche Bemerkungen zum „Stern der Erlösung". In: Ders.: Zweistromland. Kleinere Schriften zu Glauben und Denken. (Gesammelte Schriften. Bd. III) Hrsg. v. R. u. A. Mayer. Dordrecht, S. 139-161.
Schrey, H.-H. (1970): Dialogisches Denken. Darmstadt.
Schultz von Thun, F. (2004³⁹): Miteinander reden 1. Störungen und Klärungen. Reinbek bei Hamburg.
Simon, J. (1997): Dialog als Wahrheitsweg. In: Fürst, G. (Hrsg.): Dialog als Selbstvollzug der Kirche? Freiburg i. Br./ Basel/ Wien, S. 30-46.
Stegmaier, W. (1997): Heimsuchung. Das Dialogische in der Philosophie des 20. Jahrhunderts. In: Fürst, G. (Hrsg.): Dialog als Selbstvollzug der Kirche? Freiburg i. Br./ Basel/ Wien, S. 9-29.
Taylor, Ch. (1993²): Die Politik der Anerkennung. In: Ders.: Multikulturalismus und die Politik der Anerkennung. Frankfurt a. M., S. 13-78.
Waldenfels, B. (2006): Grundmotive einer Philosophie des Fremden. Frankfurt a. M.

Kapitel 1: Erziehung

MATTHIAS BURCHARDT

C: Erziehung als Beratung

I. Beratungsphänomene

Beratung ist ein weit verbreitetes Phänomen: Politiker wenden sich in schwierigen Sachfragen an Experten, angeschlagene Unternehmen holen sich Hilfe von externen Unternehmensberatern und auch kirchliche, medizinische oder pädagogische Institutionen greifen zunehmend auf diese zurück. Doch nicht nur Institutionen nehmen Beratung in Anspruch. Auch Privatpersonen sehen sich einem ganzen ‚Markt' an Beratungsangeboten gegenüber: Ratgeberliteratur füllt die Regale der Buchhandlungen, Ratgebermagazine werden in Rundfunk und Fernsehen gesendet und im Internet gibt es gute Ratschläge in Foren, auf den Seiten von Selbsthilfegruppen oder gewerblichen Anbietern. In Konkurrenz dazu stehen die professionellen Berater jeglicher Provenienz: Finanzberater, Steuerberater, Schuldnerberater, Rechtsberater, Drogenberater, Typberater, Einrichtungsberater, Partnerschaftsberater, Ernährungsberater usf. Man gewinnt angesichts dieser unabschließbaren Aufzählung rasch den Eindruck, dass im Grunde jegliche Verrichtung des Lebens der Beratung fähig – ja ihrer bedürftig sei. Doch je inflationärer ein Begriff wie Beratung verwendet wird, desto unschärfer erscheint seine Bedeutung. Eine Abgrenzung von Beratung, Coaching, Empowerment, Supervision, NLP, TZI usf. wird zunehmend schwieriger, wenn man dem Vorwurf willkürlicher Definitionen entgehen möchte. So ist es allein schon im Sinne der eigenen Lebensgestaltung lohnenswert einen differenzierenden Blick auf Beratungsphänomene zu werfen, denn das Engagement der Berater muss nicht immer zum Vorteil des Ratsuchenden sein. Unverzichtbar ist die Prüfung von Begriff und Sache, wenn es um Erziehung als Beratung geht, denn verantwortliche Pädagogische Praxis hat sich stets der Modelle und Verfahren zu vergewissern, in deren Rahmen sie operiert.

II. Strukturmomente eines Beratungsgespräches

Eine Analyse oder Beurteilung von konkreten Beratungsgesprächen oder theoretisch ausgearbeiteten Konzepten bedarf explizit formulierter Betrachtungshinsichten, damit Beschreibungen und Bewertungen nicht pauschal und vage bleiben. Im Folgenden sollen einige sinnvolle Aspekte (Situation, Person, Sache, Sprache) eingeführt und exemplarisch diskutiert werden.

Es scheint trivial zu sein, dass ein Beratungsgespräch in einer je einmaligen *Situation* stattfindet. Doch räumliche und zeitliche Gegebenheiten bilden nicht nur eine neutrale Kulisse des Gespräches, sondern fungieren im Zusammenspiel mit den anderen Momenten als konstitutive Bedingungen. Der Ort kann verschiedene Grade der Intimität oder Öffentlichkeit aufweisen. Er kann zufällig ausgewählt oder zweckrational für Gespräche eingerichtet worden sein. Gerade die Architektur und Ausstattung von institutionellen Beratungsräumen legt Zeugnis ab von der Leitvorstellung, unter der die Beratung stattfinden soll. Ob der Beratende hinter einem Schreibtisch sitzt oder ob sich alle um einen runden Tisch gruppieren, kann z. B. erheblichen Einfluss auf den Verlauf des Beratungsgespräches haben. Auch Zeit ist ein wesentlicher Faktor der Beratungssituation. Werden Beginn, Dauer und Ende des Gespräches durch äußere Vorgaben terminiert oder hat man Zeit, ein Problem darzustellen, es unter verschiedenen Aspekten zu betrachten und zu beurteilen, bis man gemeinsam zu einem befriedigenden Beratungsergebnis gelangt ist?

Typischerweise begegnen sich die beteiligten *Personen* in einem Beratungsgespräch in der komplementären Relation als Beratende und Ratsuchende. Die Beziehung wird entweder vom Ratsuchenden aufgebaut, weil dieser darauf vertraut, dass der Ratgeber ihm an Erfahrung, Wissen, Können, Weisheit, Urteilskraft überlegen ist, oder sie wird ihm institutionell oktroyiert, weil ihm Defizite in den genannten Bereichen unterstellt werden. Das angeführte Autoritätsgefälle kann einerseits von Vertrauen und Verantwortung geprägt sein, bietet auf der anderen Seite auch Raum für Missbrauch, so dass sich der Ratsuchende dem Beratenden auch ausgeliefert fühlen kann. Für die Glaubwürdigkeit der Beratenden kann es von Vorteil sein, wenn er oder sie selbst von dem anstehenden Problem betroffen ist. Ratschläge von Selbsthilfegruppen überzeugen gerade, weil diejenigen, die sie geben, als involvierte Personen sichtbarer für den Rat einstehen als der neutrale und deshalb vermeintlich gleichgültige Experte. In anderen Fällen kann dagegen die eigene Betroffenheit auch ein Einwand gegen den Ratgeber sein, weil ihm aufgrund der eigenen Verstrickung entweder die nötige Distanz für ein besonnenes Urteil fehlt oder weil seine Verstrickung Ausdruck eigener Ratlosigkeit zu sein scheint. Nähe und Distanz, Betroffenheit und Außenperspektive, Engagement und Nüchternheit können in verschiedener Weise zusammentreffen und müssen in der Beratungspraxis je situativ bedacht und gerechtfertigt werden. Insbesondere in institutionellen Beratungssituationen kann es zu produktiven oder tragischen Rollenkonflikten kommen, wenn unterhalb der professionellen Beziehung (Berater – Klient) ein Beziehungsraum personaler Begegnung aufscheint. Hier können sich dann insbesondere die Beratenden nicht mehr hinter ihrer Rolle verstecken, sondern müssen als ganze Person gegenwärtig sein und für das einstehen können, was sie sagen. Begegnungen auf dieser Ebene, wie sie etwa M. Buber als Merkmale eines „echten Gespräches" (Buber 1994[7], S. 293ff.) bestimmt, können die Autorität des Beratenden gleichermaßen festigen wie vernichten. Das Verhältnis von Professionalität und Personalität ist von daher in jedem Modell institutioneller Beratung zu reflektieren, denn professionell ist die Beratung immer nur von einer Seite. Der sogenannte ‚Klient' ist stets als Person betroffen.

Im Mittelpunkt der Beratung steht die *Sache*, die die Personen in der konkreten Situation zusammenführt. Die Beratung geschieht also im Lichte eines unverfügbaren Sachanspruchs, der von den beteiligten Personen zwar zu unterscheiden aber nie zu trennen ist. Eine Medizinerin diskutiert eine Krebserkrankung mit dem Patienten gewiss nicht in der Weise, wie sie es mit einem Kollegen auf einem Fachkongress tut. Sachgerechte und personengerechte Beratung müssen demnach aufeinander abgestimmt werden, damit weder die Sache um persönlicher Rücksichtnahme willen zu kurz kommt, noch die Person dem Sachanspruch geopfert wird. Eine Vermittlung der beiden Ansprüche ist möglich und erforderlich, weil die zur Beratung anstehende Sache gerade als Problem einer konkreten Person vorliegt und zur Sprache gebracht wird. Man kann dabei zwei Problemtypen unterscheiden: das Problem als Aufgabe und das Problem als Aufgegebenheit. Der erste Typus, unter den vor allem technische Probleme der Lebensorganisation fallen, ist durch seine prinzipielle Lösbarkeit bestimmt. Beratungsziel wäre demnach, eine erfolgreiche Problemlösung zu ermöglichen, um die anstehende Sache mittels Expertenwissen ‚aus der Welt zu schaffen'. Aufgegebene Probleme dagegen haben den Charakter individueller oder überindividueller Lebensthemen, zu denen sich Menschen persönlich und gemeinschaftlich, historisch und kulturell je deutend und handelnd verhalten, ohne dass dieses Verhalten die existenzielle Aufgegebenheit des Problems abschütteln könnte. Die verstörenden Sinnfragen von Geburt und Tod, das Verhältnis der Generationen und der Geschlechter, die Spannung von Selbstsein und Miteinandersein usf. bilden unverfügbare Problemfelder, in denen wir existieren und entscheiden müssen, in welcher Weise wir dieses Leben gestalten. Ein Paartherapeut kann möglicherweise in Bezug auf Bedingungen für eine gelingende Partnerschaft beraten, die Wahl des Partners und der Partnerschaftsform dagegen bleibt eine existenzielle Entscheidung, die durch kein Expertenwissen eingeholt werden kann. Der Unwägbarkeit der menschlichen Verhältnisse selbst ist es geschuldet, dass eine endgültige Lösung in den dringlichen Fragen unseres Lebens nicht zu erzielen ist. Dennoch erscheinen auch diese Fragen in Beratungsgesprächen: Wer bin ich? Wie soll ich mit den anderen leben? Wie gehe ich mit Tod, Verlust und Trauer um? Vielleicht gewinnt die Beratung, dort wo die Grund legenden Lebensthemen zur Sprache kommen, einen anderen Charakter. An die Stelle von Lösungsbestrebungen kann die gemeinsame Suche nach Sinndeutungen und Handlungsperspektiven im Angesicht unvertilgbarer Rätselhaftigkeit treten.

Beratungen vollziehen sich im Medium der *Sprache*, in der die Personen etwas und zugleich auch sich selbst mitteilen. Dabei ist die Sprache kein neutrales Werkzeug, das der Sache und der Person unverfälschte Präsenz gewähren würde. In den jeweiligen Sprachspielen manifestieren sich einerseits Machtverhältnisse unter den Beratenden und andererseits geraten die Beteiligten in den Machtbereich von Diskursen, die qua Sprache das Beraten von außen bestimmen. Zwischen den Beratenden ist etwa die Verteilung der Redeanteile zu betrachten und Legitimation der Sprecherpositionen durch die Sprachspiele. Wer darf fragen? Wer muss antworten? Wer kann antworten? Sind die Sprecherrollen gleichberechtigt oder komplementär verteilt? In stark institutionalisierten Beratungssituationen ist der Beratende meist mit imponierender Fachterminologie, rhetorischen Techniken und Ablaufsritualen ausgestattet. Die darin beanspruchte Definitionshoheit darüber, was und wie etwas in dem Beratungsgespräch als Wirklichkeit zum Ausdruck kommen darf, ist nicht per se zum Schaden des Ratsuchenden. Durch die begriffliche Distanz kann man Problemen im Horizont eines anderen Sprachspiels neue Aspekte abgewinnen oder es gar neuen Lösungen zuführen. Es kann aber ebenso passieren, dass sich die ratlose Person durch die Sprache des Beraters übermächtigt fühlt und die anstehende Sache zwar durch ‚Sprachmagie' gebannt, aber als Problem verkannt wird. Exemplarisch für den machtvollen Zugriff von Sprachspielen auf pädagogische Beratungstheorie und -praxis sei hier Bernd Fittkaus Modell der ‚Ressourcenaktivierenden Kurzzeit-Beratung' (Fittkau 2003) angeführt:

> „Pädagogik soll den Menschen kontinuierlich ›begaben‹ (Heinrich Roth), ›Pädagogische Beratung‹ soll dem Menschen helfen, in Veränderungssituationen seine ›Ressourcen zu aktivieren‹. Der pädagogische Berater soll also nach diesem Selbstverständnis dem Klienten vor allem helfen, […] die eigenen (eventuell durch die Problemfesselung vergessenen) Ressourcen zielführend wiederzuentdecken, einzusetzen und weiterzuentwickeln." (Fittkau 2003, S. 144)

Im Spielfeld konstruktivistischer Theorien und geleitet von der pädagogischen Absicht, den ‚Klienten' stark und unabhängig zu machen, ihn zu ermächtigen, seine Probleme selbst zu lösen, gerät die Beratungssituation zu einem Ritual diskursiver Unterwerfung. Unterschwellig implantiert der Berater das Paradigma des ‚unternehmerischen Selbst', wie es etwa Masschelein/Simons (2005) exponieren. So wird der Klient aufgefordert, sich selbst, seine sozialen und materiellen Verhältnisse als Ressourcen, seine Biographie als Folge unternehmerischer Entscheidungen und seine Bildung als Erwerb von Selbstmanagementkompetenz im Horizont permanenter Qualitätsevaluationen zu betrachten. Problemlösungen haben dann den Charakter von unternehmerischem Handeln, nämlich einer Produktion von Selbst und Wirklichkeit unter zweckrationaler Nutzung knapper Ressourcen, mit dem Mehrwert eines Zuwachses an Entwicklungs- bzw. Wachstumskapital. Im Griff dieses Diskurses verwandelt sich aber nicht nur der zu Beratende in ein unternehmerisches Selbst, sondern auch der Pädagoge mutiert zum Dienstleister, der seinerseits externen Qualitätsansprüchen zu genügen hat, und unter Umständen originär pädagogische Ansprüche nicht mehr in Anschlag bringen kann (vgl. Nußbeck 2006, S. 135ff.). An diesem Beispiel sollte deutlich werden, dass die Sprache nicht nur Machtverhältnisse innerhalb der Beratungssituation manifestiert, sondern dass das Beratungsphänomen selbst im Horizont von konkurrierenden Machtdiskursen betrachtet werden muss.

III. Erziehung als Beratung

Sicherlich ist die Reihe der Grundmomente noch ergänzungs- oder differenzierungsfähig. Man könnte diskutieren, welche Rolle das Beratungsziel spielt und auch die Bedeutung von Methoden und Verfahren könnte deutlicher herausgestellt werden (vgl. hierzu z.B.: Fittkau 2003 oder Nußbeck 2006). Dennoch konnte durch die angesprochenen Fragen und die Beispiele verdeutlicht werden, inwieweit die Begriffe hilfreich sein können bei der Analyse von Beratungspraxis und dem Vergleich und der Beurteilung von Beratungsmodellen. Um nun – unter Rückgriff auf die genannten Grundmomente – zu einer näheren Bestimmung einer Erziehung als Beratung zu gelangen, muss allerdings eine wesentliche Unterscheidung getroffen werden: Nicht jede Beratung ist erzieherisch und nicht alle Erziehung ist beratend. Was macht nun aber die beratende Spielart des Erziehens aus? Eine elaborierte Bestimmung der Erziehung als Beratung findet sich bei dem Freiburger Philosophen und Pädagogen Eugen Fink (vgl. Fink 1970, S. 183-206). Die Situation der Erziehung ist nach Fink die Welt als der umfassende Zeit-Raum aller kulturellen und historischen Situationen, die den Menschen auf eine verstörende Weise angehen: Durch die Phänomene Arbeit, Herrschaft, Liebe, Spiel und Tod als den Grundthemen der gemeinschaftlichen Existenz ist es dem Menschen aufgegeben, die Fraglichkeit seines Daseins denkend und handelnd zu beantworten. Beratung ist für Fink der exponierte Ort an einem gegebenen Problem Sinnentscheidungen zu treffen, die darüber entscheiden, was das Menschsein schlechthin ausmachen soll. Die Sache der Beratung hat insofern immer eine besondere und allgemeine Bedeutung, denn am Konkreten wird das Grundsätzliche mit zum Thema. Es geht Fink nicht darum, alle kulturellen Sinnkonfigurationen einer permanenten Revision auszusetzen. Vielmehr tritt deren Fraglichkeit in individuellen oder gemeinschaftlichen Grenzsituationen und Krisen exemplarisch hervor: Die Beratung über die Berufwahl etwa reflektiert dann auch die Frage nach dem Sinn des Arbeitens, eine anstehende Entscheidung für eine bestimmte geschlechtlichen Lebensweise zeugt von einer generellen Deutung des Eros und jedes religiöse Bekenntnis – und sei es eines zum Bekenntnisverzicht – deutet den Schatten der Sterblichkeit über den menschlichen Verhältnissen. Solange sich die Menschen ehemals in der Obhut einer geschlossenen Weltdeutung bewegten, die verbindlich Auskunft geben konnte über den Sinn der jeweiligen Lebensthemen, konnte auch die Beratung sich als eine autoritativ-transitive vollziehen. Der Ratschlag ist durch Einsicht des Beraters in die höhere Wahrheit über die menschlichen Dinge autorisiert. Wo aber im Zeitalter von Pluralität, Relativismus, Nihilismus keine Sinngestalt mehr verbindliche Gültigkeit beanspruchen kann, wo plurale Deutungen unvermittelt nebeneinander stehen, hat die sinnautoritative Beratung für Eugen Fink jegliche Legitimität eingebüßt. Für die Aufgaben der technischen Lebensbewältigung, in den Künsten und Wissenschaften wird es weiter Experten, Autoritäten des Wissens und Könnens geben. Doch in Bezug auf die Frage nach dem rechten Leben in den Praxen des Herrschens, Arbeitens, Spielens, Liebens und des Kultes ist Beratung nur noch unter gleichermaßen Ratlosen möglich. Beratung geschieht dann in der ko-reflexiven Form des gemeinsamen Sich-Beratens von Personen, die in je verschiedener Weise und doch gleichermaßen von dem Problem einer riskanten Lebensplanung betroffen sind. Erzieherisch bedeutsam ist das Beraten nun in zweierlei Hinsicht: Erziehung vollzieht sich stets vor dem Hintergrund einer generativen Differenz zwischen Älteren und Jüngeren. Die Verantwortung der Älteren umfasst hierbei die beratende Einführung in die Aufgaben des Lebens in einer gegebenen Kultur. Hier beraten die Wissenden die Unwissenden, die Kundigen die Unkundigen, die ‚Experten' die ‚Laien'. Doch in Bezug auf die aufgegebenen Probleme einer endlichen weltoffenen Existenz in liebender, arbeitender, politischer, spielerischer und tödlicher Verstrickung mit dem Anderen, hat die Erziehung einen anderen Sinn. Sie vollzieht sich mit zunehmendem Alter der Kinder selbst als gemeinschaftliche Beratung über die wesentlichen Themen der humanen Existenz.

Literatur

Buber, M. (1994⁷): Elemente des Zwischenmenschlichen. In: Ders.: Das dialogische Prinzip. Gerlingen, S. 271-298.
Burchardt, M. (2001): Erziehung im Weltbezug. Würzburg.
Fink, E. (1970): Erziehungswissenschaft und Lebenslehre. Freiburg i.Br.
Fittkau, B. (2003): Ressourcenaktivierende Kurzzeit-Beratung. In: Krause, C./ Fittkau, B./ Fuhr, R./ Thiel, H.-U.: Pädagogische Beratung. Paderborn, S. 143-150.
Masschelein, J./ Simons, M. (2005): Globale Immunität oder Eine kleine Kartographie des europäischen Bildungsraums. Zürich/ Berlin.
Nußbeck, S. (2006): Einführung in die Beratungspsychologie. München.

Kapitel 1: Erziehung

MARKUS RIEGER-LADICH

D: Erziehung und Gesellschaft

I. Einleitung

Die Kombination der Begriffe ›Erziehung‹ und ›Gesellschaft‹ ist innerhalb der deutschsprachigen Erziehungswissenschaft sehr vertraut und weit verbreitet. Sie bezeichnet nicht nur Module von Studiengängen, weist Teilgebiete in Prüfungsordnungen aus oder Wissensgebiete in der Systematik wissenschaftlicher Bibliotheken. Auch bei den Bemühungen um ein Kerncurriculum kehrt diese Wendung wieder.

Diese Omnipräsenz ist keiner Besonderheit nationaler Wissenschaftskulturen geschuldet; vielmehr kommt in ihr zum Ausdruck, dass deren Verhältnisbestimmung innerhalb der Erziehungswissenschaft als eine zentrale Aufgabe gilt, die eine Reihe von Antwortversuchen provoziert hat (vgl. Mollenhauer 1976). Im Mittelpunkt steht die Frage, wie bei der Erforschung von Erziehungspraktiken der Tatsache Rechnung zu tragen ist, dass diese stets gesellschaftlich verfasst sind – dass dem Erzieher folglich die vollständige Kontrolle über jene sozialen Kräfte, die das Erziehungsgeschehen prägen, versagt bleibt, dass er von Strukturen bestimmt wird, die ihm nicht immer reflexiv zugänglich sind, und dass er auf diese Weise womöglich ungewollt zum Komplizen überindividueller Interessen wird. Weil diese Versuche nicht uneingeschränkt überzeugen, scheint es, als müsste die Arbeit an den theoretischen Mitteln, die deren Beantwortung erlauben, intensiviert werden.

II. Definitionsversuche

II.1. Erziehung

Innerhalb des pädagogischen Diskurses ist die Klage darüber notorisch, dass sich jener soziale Phänomenkreis, der mit der Bezeichnung ›Erziehung‹ versehen wird, einer exakten Definition entzieht. Trotz zahlreicher Definitionsversuche (vgl. Brezinka 1978) ist das Lamento über den laxen Begriffsgebrauch weit verbreitet: Moniert werden nicht allein eine gewisse „Regellosigkeit" und „Verworrenheit des Sprachgebrauchs" (Heid 1995, S. 46f.), sondern auch die Entgrenzung des Gegenstandsbereichs: „›Erziehung‹ ist mal *Dialog*, mal *Handlung*; ›Erziehung‹ ist *Kommunikation, Einwirkung* oder *Entwicklung*; ›Erziehung‹ ist die *Situation*, die *Transmission* und die *Ereignisse auf dem Weg*; ›Erziehung‹ ist *Begrenzung* und *Ausweitung* der Ereignisse, Dialog zwischen Personen" (Oelkers 2001, S. 33). Heid plädiert bei seinem Definitionsversuch von ›Erziehung‹ für die Verschränkung von Absicht und Wirkung: „Von Erziehung im Sinne eines rationalen, planbaren und verantwortbaren Handelns kann […] erst dann gesprochen werden, wenn […] die

Wahrscheinlichkeit bestimmt werden kann, mit der von erzieherisch intendiertem Handeln eine der Absicht entsprechende ›Wirkung‹ erwartet werden kann" (1995, S. 57). Dabei hält er zwar fest, dass es sich bei Erziehung kaum um ein „für sich existierendes, abgrenzbares singuläres Realphänomen" handelt (ebd., S. 59), blendet jedoch die Intentionen des Educanden weitgehend aus.

II.2. Gesellschaft

In noch größere Verlegenheiten gerät, wer ›Gesellschaft‹ zu definieren unternimmt: Von Tönnies durch die Kontrastierung mit ›Gemeinschaft‹ bestimmt und von Simmel konstitutionstheoretisch gefasst, zählt sie zu jenen Begriffen, über deren exakte Definition innerhalb der *scientific community* kaum Einigkeit zu erzielen ist. Gleichwohl geben Luhmanns Hinweise auf „Erkenntnisbarrieren", die bei dessen theoretischer Konstruktion auftreten, eine präzise Vorstellung von den Etappen, in denen dieser gefasst wurde. Unabhängig davon, dass er den folgenden vier Elementen jede „Satisfaktionsfähigkeit" für eine zeitgemäße Erörterung abspricht (Luhmann 1997, S. 31), skizziert deren Isolierung doch den Phänomenbereich dessen, was lange unter ›Gesellschaft‹ firmierte. Diese Annahmen lauten, „(1) dass eine Gesellschaft aus konkreten Menschen und aus Beziehungen zwischen Menschen bestehe; (2) dass Gesellschaft folglich aus Konsens der Menschen, durch Übereinstimmung ihrer Meinungen und Komplementarität ihrer Zwecksetzungen konstituiert […] werde; (3) dass Gesellschaften regionale, territorial begrenzte Einheiten seien […]; (4) und dass Gesellschaften wie Gruppen von Menschen oder wie Territorien von außen beobachtet werden können" (ebd., S. 24f.).

III. Historische Markierungen

Der Soziologe *Emile Durkheim* nimmt in der Reihe der Versuche, das Verhältnis von Erziehung und Gesellschaft zu fassen, deshalb eine besondere Rolle ein, weil er mit den traditionellen Thematisierungsformen bricht und sich für einen Neueinsatz ausspricht. Statt Erziehung noch länger als „eine rein individuelle Angelegenheit" zu begreifen, gelte es, diese als „eminent soziale Angelegenheit" zu begreifen (1984, S. 38, 37), die nur dann aufgeklärt werden könne, wenn sie auf ihre gesellschaftliche Funktion hin untersucht werde. Auch wenn sich die mit der Erziehung betrauten als souveräne Akteure imaginierten, betrachtet er sie als nachrangige Größen: „Statt dass die Erziehung das Individuum und sein Interesse als einziges und hauptsächliches Ziel hat, ist sie vor allem das Mittel, mit dem die Gesellschaft […] die Bedingungen ihrer eigenen Existenz erneuert" (ebd., S. 45f.). *Siegfried Bernfeld* knüpft an diese Überlegungen an und gibt ihnen eine klassentheoretische Pointe: Es ist nicht eine abstrakte Gesellschaft, die sich mittels der Erziehung reproduziert – es ist die herrschende Klasse, die ihre Machtposition durch die Instrumentalisierung des Erziehungsprozesses sichert. Im Unterschied zu Durkheim stellt er heraus, dass die soziale Funktion der Erziehung, die er als „Summe der Reaktionen einer Gesellschaft auf die Entwicklungstatsache" fasst, weithin „verschleiert, unbekannt" (2000, S. 51, 53) bleiben solle. Mit dem Nachweis dreier elementarer Grenzen der Erziehung erteilt er denn auch Hoffnungen, über Erziehungspraktiken eine Veränderung der Gesellschaft anzustreben, eine Absage (vgl. ebd., S. 110). *Georg Herbert Mead* wendet sich Situationen interpersonalen Handelns zu und sucht auf diesem Wege die Entstehung von Identität zu erklären. Durch die Unterscheidung zweier Ich-Instanzen (vgl. 1991, S. 217) gelingt es ihm, die Herausforderung freizulegen, vor der das Kind zu Beginn des Prozesses der Identitätsbildung steht: Es muss nicht nur – durch Akte der Rollenübernahme – die Differenz von Fremd- und Selbstbildern aufzulösen versuchen; es muss darüber hinaus gesellschaftliche Erwartungen mit persönlichen Überzeugungen aussöhnen. Das Selbst wird damit nicht länger als substantielle Größe gefasst, sondern als prozessuale Entität, in der sich die Sphären von Individualität und Gesellschaft durchkreuzen. Erziehung gilt ihm folglich als symbolisch vermittelte Interaktion bzw. als die Summe jener Prozesse, „in denen die Grundqualifikationen des Rollenhandelns erworben, erlernt werden" (Mollenhauer 1976, S. 56). *Michel Foucault* schärft durch seine materialgesättigten Studien zu Disziplinareinrichtungen den Blick für die Vielfalt und innere Logik von Subjektivierungspraktiken. Anders als Mead zielt er dabei insbesondere auf den Nachweis, dass diese mit Wissensformen und Machttypen aufs Engste verknüpft sind. Weil er Individualität und Subjektivität nicht länger als vordiskursive Größen betrachtet, sondern als „Effekte" von „Macht/Wissen-Beziehungen" (1992, S. 39), geraten auch Erziehungspraktiken auf neue Weise in den Blick (vgl. Ricken/Rieger-Ladich 2004): Sie gelten ihm als Medium unterschiedlicher Machttypen, die mit der Disziplinierung der Körper eben auch die Inkorporierung der herrschenden Ordnung betreiben. Auch *Pierre Bourdieu* richtet sein Augenmerk auf Praktiken der Einverleibung, welche die Perpetuierung der existierenden Machtverhältnisse betreiben. Er identifiziert das Feld von Erziehung und Bildung als jene soziale Sphäre, welcher bei der Sicherung des gesellschaftlichen Status quo größte Bedeutung zukommt. Die Vererbung der Privilegien betreiben die Eliten durch die Herausbildung eines Habitus, der nicht nur die Übertragung und Weitergabe des kulturellen, ökonomischen und sozialen Kapitals sicherstellt (vgl. 1983), sondern auch noch mittels der Beglaubigung schulischer Leistungen naturalisiert und objektiviert wird. Erziehungspraktiken sind damit verstrickt in jene erbitterten Kämpfe um Anerkennung, die zwischen den Angehörigen unterschiedlicher sozialer Klassen ausgetragen werden (vgl. Friebertshäuser/Rieger-Ladich/Wigger 2006). *Niklas Luhmann* gilt Kindheit als Medium und Adresse jener Kommunikationen, über welche sich das Erziehungssystem konstituiert, erfolgreich stabilisiert und schließlich immer weiter differenziert (vgl. 2002). Erziehung konzipiert Luhmann, im Unterschied zur (Selbst-)Sozialisation, für welche die Unberechenbarkeit Situationen doppelter Kontingenz und die Selbstbezüglichkeit psychischer Systeme charakteristisch ist, als Oberbegriff für die Gruppe jener absichtsvollen Kommunikationen, die von deren struktureller Unsicherheit provoziert werden: „Erziehung wird eingerichtet, um das zu ergänzen oder zu korrigieren, was als Resultat von Sozialisation zu erwarten ist. [...] Sie ist [...] auf gesellschaftliche Institutionalisierung angewiesen" (2002, S. 54f.).

IV. Systematische Sondierungen

Nachdem sich bereits Schleiermacher dafür ausgesprochen hatte, die gesellschaftlichen Voraussetzungen von Erziehung nicht weniger gründlich als die individuellen zu untersuchen, sind innerhalb der Erziehungswissenschaft diesbezüglich ganz erhebliche Anstrengungen unternommen worden. Von den unterschiedlichen Spezialdiskursen seien hier nur drei erwähnt und knapp skizziert.

IV.1. Klasse

Auch wenn bei der Erforschung herkunftsbezogener Ungleichheit mitunter suggeriert wird, dass sich hier eine Verlagerung der leitenden Begriffe beobachten lasse, die „von Klassen und Schichten zu Lebensstilen und Milieus" führe (Lüders 1997), spricht doch vieles dafür, dass die Kategorie ›Klasse‹ auch künftig ihr analytisches Potential keineswegs einbüßen wird. Allen Phänomenen sozialen Wandels, der Bildungsexpansion und den Versprechungen eines „Fahrstuhleffekts" (Beck 1986, S. 122) zum Trotz, verweisen neuere Analysen der Sozialstruktur auf die Fortexistenz sozialer Klassen. So wurde denn auch die These der Reproduktionstheorie, welche in der Bedeutung kulturellen Kapitals und ökonomischer Ressourcen den Schlüssel zur Erklärung der Stabilität herkunftsbezogener Bildungschancen ausmachten (vgl. Bourdieu/Passeron 1971), zu Beginn der 1990er Jahre eindrucksvoll bestätigt. Dabei zeigt sich, dass die Effekte der sozialen Herkunft zu Beginn der Bildungskarrieren am stärksten sind. Es ist dieser Befund, der auf die Bedeutung von Erziehungspraktiken für die Erklärung der Stabilität sozialer Ungleichheit verweist. Erste Studien legen den Schluss nahe, dass sich die Familie auch weiterhin als „zentrale Schlüsselvariable" für den Bildungserfolg erweist (Büchner). Die forschungspraktische Herausforderung besteht nicht zuletzt darin, aufzuklären, wie durch familiale Binnenkommunikationen die Ausbildung eines Habitus begünstigt wird, der eine Affinität zur Welt der Bildung verrät und innerhalb des Bildungssystems prämiert wird (vgl. Friebertshäuser/Rieger-Ladich/Wigger 2006).

IV.2. Geschlecht

Nachdem lange Zeit die Auffassung konsensfähig war, dass man bei der Erziehung mit Menschen zweierlei Geschlechts konfrontiert werde, etabliert sich ›Geschlecht‹ als relevante Kategorie innerhalb des pädagogischen Diskurses erst in den 1990er Jahren. Insbesondere der Anschluss an interaktionstheoretische Studien eröffnete neue Forschungsperspektiven. Unter dem Stichwort ›doing gender‹ wird der Blick für soziale Prozesse geschärft, in denen geschlechtliche Identitäten diskursiv erzeugt werden. Gleichwohl ermöglicht die Kombination von ›Erziehung‹ und ›Geschlecht‹ durchaus unterschiedliche Hinsichten: Während Faulstich-Wieland einen Abriss der Frauenforschung mit bibliometrischen Verfahren kombiniert und um die Musterung der Bedeutung von Geschlecht für pädagogische Felder ergänzt (vgl. 1995), rekonstruiert Rendtorff die historischen Diskurse zum Spannungsfeld von ›Erziehung und Geschlecht‹, um nicht nur die Etappen in der Theoretisierung des Verhältnisses von biologischem und sozialem Geschlecht zu diskutieren, sondern auch dessen Folgen für die pädagogische Praxis zu skizzieren (vgl. 2006). Deutlich wird, dass ›Geschlecht‹ für die Reflexion von Erziehungsprozessen eine überaus gewichtige Kategorie ist: Dies reicht von der Untersuchung der (vermeintlichen) Zuständigkeit der Frauen für Erziehungsfragen über die Analyse der diskursiven Erzeugung von Geschlechtscharakteren bis hin zur Erforschung jener Erziehungspraktiken, die sich als „Interpellationen" (vgl. Althusser 1977) interpretieren lassen, die „sexuierte Subjekte" (vgl. Butler 2001, S. 101ff.) einer asymmetrischen Geschlechterordnung erzeugen.

IV.3. Ethnizität

In den westlichen Gesellschaften kommt Ethnizität eine Doppelfunktion zu: Sie tritt nicht nur das Erbe jener abendländischen Inklusionformeln an, die Einheit und Ordnung signalisierten. Sie stellt für die Subjekte auch ein bedeutsames Identifikationsangebot dar. In der Erziehungswissenschaft spiegelt sich diese Beobachtung im Ringen um die Bezeichnung für jenen Diskurs wieder, in dem auf die Herausforderung eines ethnisch gemischten Adressatenkreises zu reagieren versucht wird (vgl. Auernheimer 1996). Nach der Verabschiedung des ursprünglichen Konzepts, das sich an der befristeten Aufnahme der sog. ›Ausländer‹ orientierte, und der Problematisierung des Begriffes der (National-)Kultur, der als Referenz für die Konzepte einer „Interkulturellen Erziehung" firmierte (ebd.), die in Aussicht gestellte begriffliche Kohärenz freilich nicht einlösen konnte, suchen neuere Entwürfe einen Zugang über das Phänomen verstärkter Migration (vgl. Diehm/Radtke 1999). Ähnlich wie die avancierten Ansätze innerhalb der Geschlechterforschung, die das eigene Beobachten beobachten, plädieren etwa Diehm/Radtke dafür, nicht nur die theoretischen Folgelasten der Referenz auf Kultur zu berücksichtigen, sondern auch die Verknüpfung von Ethnizität mit weiteren Strukturkategorien in den Blick zu nehmen. Als erstes Ergebnis lässt sich festhalten, dass der Gefahr einer „Kulturalisierung und Ethnisierung des professionell erzieherischen Denkens" (Diehm/Radtke 1999, S. 184) erst dann wirkungsvoll begegnet werden kann, wenn die Bemühungen um die Verbesserung der Zugangschancen von Migrant/innen mit der Untersuchung institutioneller Diskriminierung und der Beobachtung jener Verfahren einhergeht, durch die ethnisierte ›Problemgruppen‹ erzeugt werden.

V. Ausblick

Die Kombination historischer und systematischer Aspekte macht deutlich, dass die Erforschung der gesellschaftlichen Dimension von Erziehung, die nicht nur Erziehungsziele, -stile und -praktiken umfasst, sondern eben auch eine Reihe strukturierender Kategorien wie Klasse, Geschlecht und Ethnizität, eine methodische Herausforderung darstellt. Ungeachtet der Intensivierung der theoretischen Bemühungen, die eine Sensibilität sowohl für die Folgelasten gewählter Leitunterscheidungen erkennen lassen als auch für die Gefahr der „Essentialisierung von Differenz" (Diehm/Radtke 1999, S. 93), gilt doch, dass bislang kaum Forschungsansätze vorliegen, die Erziehungsprozesse auf einem angemessenen Komplexitätsniveau erfassen. Als besondere Schwierigkeit muss die Kombination der genannten Strukturkategorien gelten. Dabei kann als ein aussichtsreicher Kandidat das Unternehmen gelten, die Erziehungswissenschaft als „kritische Kulturwissenschaft" (vgl. Brumlik 2006) zu begreifen: Der Versuch, Initiationsprozesse in kulturelle Systeme und symbolische Ordnungen in das Zentrum theoretischer Anstrengungen zu stellen, erscheint vielversprechend, um Erziehung künftig in ihrem Facettenreichtum zu erfassen und sie zugleich mit der nötigen Tiefenschärfe in den Blick zu nehmen.

Literatur

Althusser, L. (1977): Ideologie und ideologische Staatsapparate. Hamburg-Berlin.
Auernheimer, G. (1996): Einführung in die Interkulturelle Erziehung. Darmstadt.
Beck, U. (1986): Risikogesellschaft. Auf dem Weg in eine andere Moderne. Frankfurt a.M.
Bernfeld, S. (2000): Sisyphos oder die Grenzen der Erziehung. Frankfurt a.M.
Bourdieu, P. (1983): Ökonomisches Kapital – kulturelles Kapital – soziales Kapital. In: Ders.: Die verborgenen Mechanismen der Macht. Hamburg, S. 49-79.
Bourdieu, P./Passeron, J.-C. (1971): Die Illusion der Chancengleichheit. Stuttgart.
Brezinka, W. (1978): Metatheorie der Erziehung. München-Basel.
Brumlik, M. (2006): Pädagogik als kritische Kulturwissenschaft. In: Vierteljahrsschrift für wissenschaftliche Pädagogik 82, S. 499-510.
Butler, J. (2001): Psyche der Macht. Das Subjekt der Unterwerfung. Frankfurt a.M.
Diehm, I./Radtke, F.-O. (1999): Erziehung und Migration. Stuttgart.
Durkheim E. (1984): Erziehung, Moral und Gesellschaft. Frankfurt a.M.
Faulstich-Wieland, H. (1995): Geschlecht und Erziehung. Darmstadt.
Foucault, M. (1992): Überwachen und Strafen. Die Geburt des Gefängnisses. Frankfurt a.M.
Friebertshäuser, B./Rieger-Ladich, M./Wigger, L. (2006): Reflexive Erziehungswissenschaft. Forschungsperspektiven im Anschluss an Pierre Bourdieu. Wiesbaden.
Heid, H. (1995): Erziehung. In: D. Lenzen (Hrsg.): Erziehungswissenschaft. Reinbek, S. 43-68.
Lüders, M. (1997): Von Klassen und Schichten zu Lebensstilen und Milieus. Zur Bedeutung der neueren Ungleichheitsforschung für die Bildungssoziologie. In: Zeitschrift für Pädagogik 43, S. 301-320.
Luhmann, N. (1997): Die Gesellschaft der Gesellschaft. Frankfurt a.M.
Luhmann, N. (2002): Das Erziehungssystem der Gesellschaft. Frankfurt a.M.
Mead, G. H. (1991): Geist, Identität und Gesellschaft aus der Sicht des Sozialbehaviorismus. Frankfurt a.M.
Mollenhauer, K. (1976): Theorien zum Erziehungsprozess. München.
Oelkers, J. (2001): Einführung in die Theorie der Erziehung. Weinheim-Basel.
Ricken, N./Rieger-Ladich, M. (2004) (Hrsg.): Michel Foucault. Pädagogische Lektüren. Wiesbaden.
Rendtorff, B. (2006): Erziehung und Geschlecht. Stuttgart.

Kapitel 1: Erziehung

KLAUS PRANGE

E: Erziehung als pädagogischer Grundbegriff

I. Vorbemerkungen

Was unter Erziehung zu verstehen ist, ist längst nicht mehr, wie Schleiermacher noch meinte, „im allgemeinen (...) als bekannt vorauszusetzen" (Schleiermacher 1966, S. 7). Es wird vielmehr im Folgenden als ungeklärt und klärungsbedürftig vorausgesetzt werden; ungeklärt deshalb, weil eine Vielzahl von Verwendungsweisen und auch von Definitionen des Ausdrucks „Erziehung" vorliegen (vgl. dazu Brezinka 1981); und klärungsbedürftig deshalb, weil ohne Verständigung darüber, was mit „Erziehung" gemeint ist, die Wissenschaft von der Erziehung nur dem Namen nach bestünde. Doch weder der allgemeine Sprachgebrauch noch die auf unterschiedliche Theorieansätze zurückgehenden Präzisierungen erlauben es, den Begriff der Erziehung als eindeutig und wohlbestimmt anzusehen. Er hat einen Vagheitsspielraum, der es sowohl ermöglicht als auch dazu verführt, sehr unterschiedliche Sachverhalte darunter zu fassen und sie als Thema der Erziehungswissenschaft zu deklarieren. Insofern läuft die Verständigung über den Begriff der Erziehung auf eine Verständigung über Unterschiede und Variationen innerhalb einer gewissen Bandbreite von Bedeutungen hinaus. Die angestrebte Klärung kann deshalb auch nicht darin bestehen, eine endgültige Festlegung zu versuchen oder anzubieten, sondern hat sich damit zu bescheiden, die Varianten im Blick auf unterschiedliche Voraussetzungen und Kontexte, Verfahrensweisen und pädagogische Absichten zu identifizieren und begreiflich zu machen.

I.1. Vorläufige Bestimmungen

Zunächst ist festzustellen, dass der Begriff der Erziehung keineswegs der einzige und maßgebende Grundbegriff der Disziplin ist, die sich als Erziehungswissenschaft im Wissenschaftsbetrieb etabliert hat. Ihm gegenüber oder zur Seite stehen die Begriffe der Bildung und der Sozialisation, gelegentlich auch der des Lernens. Insofern kann die „Erziehungswissenschaft" nicht als Leitfaden für die Begriffsklärung genommen werden. Sie tritt auch als Bildungs- und Sozialisationswissenschaft auf, neuerlich auch als „Erziehungswissenschaft auf dem Wege zur Wissenschaft des Lebenslaufs" (vgl. Lenzen 1997). Bildungstheorie ist aber nicht ohne weiteres auch Erziehungstheorie, ebenso wenig wie Sozialisationstheorie, und die Varianten der Lerntheorie sind es schon gar nicht. Des Weiteren finden sich selbst innerhalb einer ausdrücklich erziehungstheoretischen Orientierung gleichberechtigt neben dem Begriff der Erziehung nicht nur die Begriffe der Bildung und Sozialisation, sondern auch die des Unterrichts und der Hilfe, so dass die Erziehung nur als ein Teil der „pädagogischen Grundvorgänge" erscheint (vgl. Lenzen 1994).

Diese Differenzen in den grundlegenden Selbstbeschreibungen der Disziplin betreffen nicht nur sprachliche Vorlieben, sondern sie deuten auf Unklarheiten und Konkurrenzverhältnisse im Aufbau und Selbstverständnis der Disziplin. Geht es um Erwachsene, ist von „Bildung" die Rede, bezieht sich die pädagogische Theorie auf Sozialfälle, wird eher von „Hilfe" oder „Hilfen" in der Mehrzahl gesprochen, unter denen als eine neben anderen auch die Erziehung vorkommen mag, und wo das organisierte Lernen und Lehren ins Spiel kommt, scheint der Ausdruck „Unterricht" durchaus zu genügen. Dementsprechend stehen neben dem Lehrer der Berater und der Erwachsenenbildner, der Sozialarbeiter und der Personalmanager, die sich verkannt sehen, wenn sie vorrangig als Erzieher bezeichnet würden. Das bleibt eher denen vorbehalten, die sich um die Früherziehung oder um die pädagogische Betreuung von Heimkindern kümmern. Im Ganzen lässt sich feststellen: Erziehung ist nicht mehr ohne weiteres der maßgebende und schon gar nicht der ausschließliche Grundbegriff pädagogischen Handelns und Denkens.

Auch der Blick über die Grenzen der deutschsprachigen Pädagogik ergibt kaum ein anderes Bild. Zwar sind *education* und *éducation* im anglo- und im frankophonen Bereich nicht mit der Opposition zur Bildung befrachtet – „Bildung" ist eine deutsche Sondersemantik – , doch das, was hier als Früherziehung firmiert, erscheint dort unter dem weitergefassten Titel des *child development*, und die Sozialpädagogik figuriert unter dem Titel des *social work*, zugeordnet nicht der Erziehungswissenschaft, sondern der Soziologie. Auf jeden Fall lässt sich hier wie anderwärts sehen, dass das pädagogische Handeln und Denken nicht durchgängig auf den Begriff der Erziehung festgelegt ist. Er wird gelegentlich sogar ostentativ gemieden. Das dürfte mit dem Umstand zusammenhängen, dass gerade in Deutschland mit dem Ausdruck „Erziehung" Konnotationen der Nötigung und Unterwerfung unter den Zwang verbunden sind, die sich historisch erklären lassen. Bildung suggeriert Freiheit und Selbstbestimmung, „Erziehung" Abhängigkeit, wenn nicht Schlimmeres. „Erziehung ist eine Zumutung, Bildung ein Angebot" (Lenzen/Luhmann 1997, S. 7). Es gibt eine Besorgnis gegenüber einem „engen" Begriff der Erziehung, als ob sie im Wesentlichen darin besteht, objektive Machtverhältnisse in den Köpfen zu befestigen.

Fraglich erscheint auch, ob selbst dann immer dasselbe mit dem Ausdruck „Erziehung" gemeint ist, wenn einzelne Hinsichten und Aufgaben der Erziehung artikuliert werden. Es gibt die Familienerziehung und die Schulerziehung, die Verkehrs- und Sexualerziehung, Leibeserziehung und die Erziehung in früher Kindheit, ästhetische und politische Erziehung, Werterziehung und überhaupt das weite Feld der Erziehung zu bestimmten Haltungen, Kompetenzen und Daseinstechniken. Daran lässt sich ablesen, dass es ganz unterschiedliche Sachverhalte sind, an denen sich die Definition von Erziehung jeweils orientiert. Das hat zur Folge, dass auch der Formenkreis des Erziehens nicht einheitlich bestimmt ist, ebenso wenig wie die typischen sozialen Konstellationen, in denen erzogen wird. Es macht einen Unterschied, ob die pädagogische Urszene im Mutter-Kind-Verhältnis oder im Lehrer-Schüler-Verhältnis oder in der Konfrontation von Zögling und Heimerzieher gesehen wird. Einmal sind es die Lernprobleme kleiner Kinder, dann die von jungen Heranwachsenden im Kontext der Schule und schließlich die Lerndefizite von jungen Menschen, die auf die schiefe Bahn gekommen sind. Noch wieder anders stellen sich die Lernangebote für Erwachsene dar, für Studenten und für Teilnehmer an Meditationswochenenden. Je näher der Begriff der Erziehung auf solche sozialen Figurationen und die jeweiligen Lernprobleme bezogen ist, desto weniger lässt er sich auf andere Felder übertragen. Tatsächlich legen sich die verschiedenen Bereichspädagogiken deshalb jeweils ihren eigenen Begriff der Erziehung und der für ihren Bereich charakteristischen Formen zurecht und begnügen sich mit einem vagen Hintergrundverständnis davon, was „die" Erziehung ist, wenn sie nicht überhaupt auf einen expliziten Begriff der Erziehung verzichten „nach dem Motto ‚Alle reden von Erziehung, wir nicht!'"(Kraft 1999, S. 65).

Ein wesentlicher Grund für die semantische Unterbestimmtheit von „Erziehung" ergibt sich daraus, dass die Erziehung nicht als scharf abhebbare Kategorie erscheint; sie ist vielmehr in Kontexte eingemischt, in denen nicht nur erzogen, sondern auch betreut und therapeutisch eingegriffen, in denen gearbeitet und gespielt wird und das Lernen eher als Nebenfolge denn als Hauptzweck erscheint. Zwar lässt sich pädagogisches Handeln einigermaßen deutlich vom ärztlichen oder juristischen, ökonomischem oder kultischem Handeln abheben, insbesondere dann, wenn die Erziehung ausdrücklich Zweck pädagogischer Einrichtungen ist, aber es wäre eine wesentliche Blickverengung, die Erziehung nur unter der Perspektive ihrer organisatorischen und beruflichen Engführungen zu betrachten. Beides ist im Auge zu behalten: Erziehung als ein ursprüngliches Phänomen unserer kulturellen Existenz und Erziehung als geplante Veranstaltung in ausdrücklich pädagogisch organisierten Formationen; einmal gleichsam ambulant und eingemischt in Kontexte, die nicht primär pädagogisch orientiert sind, zum anderen klinifiziert und versehen mit dem fälligen Apparat personeller, sachlicher und theoretisch-programmatischer Vorgaben, ohne die die flächendeckende Organisation der öffentlichen Erziehung nicht auskommt.

I.2. Die Thematisierung der Erziehung

Geht man davon aus, dass es die Erziehung immer schon gibt und gegeben hat, auch ohne Wissenschaft und die ihr eigentümlichen Verfahren der Objektivierung von Sachverhalten, dann stellt sich die Frage, wie von dem vorwissenschaftlichen, quasi natürlichen Verständnis der Erziehung der Übergang zu expliziten Begriffen zu verstehen ist und welche Folgen sich daraus ergeben. Dieser Übergang ist allgemein als Thematisierung zu fassen. Sie besteht darin, die immer schon laufende Praxis zu beobachten und bewusst zu machen und erfolgt in der Regel unter bestimmten Gesichtspunkten, die sich dann aufdrängen, wenn das zunächst beiläufig-unauffällige Verhalten in bestimmten Hinsichten problematisch wird, zum Beispiel dann, wenn Kinder sich nicht so entwickeln, wie es von ihnen erwartet wird, und vor allem jedoch dann, wenn sie auf bestimmte Aufgaben vorbereitet werden. Das daraus entstehende Interesse an der Erziehung macht sie zu einem Thema für die Beobachtung und Einwirkung auf die Heranwachsenden. Diese Gesichtspunkte formieren sich entlang der Erziehungspraxis und finden da ihre Anknüpfungspunkte.

Im Folgenden sollen drei Gesichtspunkte herausgestellt werden, die für die begrifflich-thematische Beschreibung und didaktisch-operative Gestaltung der Erziehung von Bedeutung sind: es sind (1) der moralisch-soziale, (2) der curricularinhaltliche und (3) der didaktisch-technologische Gesichtspunkt. Diese Gesichtspunkte ergeben sich aus dem Umstand, dass Erziehung kommunikativ verfasst ist und insofern die triadische Struktur aller Kommunikation teilt. Jeder Umgang mit anderen hat eine soziale Dimension, eine inhaltliche und eine operativ-zeitliche Dimension, ob wir nun miteinander sprechen oder verhandeln, uns streiten und wieder vertragen, einander Ratschläge erteilen oder warnen usw. So gesehen lässt sich die kommunikative Struktur der Erziehung am Modell des Gesprächs klarmachen. Es geht erstens nicht ohne Teilnehmer des Gesprächs; zweitens bedarf es eines Inhalts oder Themas: man kann nicht nur einfach „aufeinander zugehen", sondern der Rat und die Warnung, die Belehrung und die Verhandlung brauchen jeweils mindestens ein Thema, das im Grenzfall auch das Verhalten sein kann, auf das man reagiert; und schließlich sind drittens Thema und Adressaten der Kommunikation nur unter Bedingungen der Zeit zusammenzubringen. Es macht einen Unterschied, ob man viel Zeit zur Verfügung hat oder alles schnell gehen muss wie im Kampf, ob man sich und anderen Zeit lässt oder drängt, wann man das Gespräch eröffnet oder abbricht, und vieles andere mehr. Die Zeitstruktur des Gesprächs entscheidet über die Verfahrensweisen, in denen sich die Absichten der Teilnehmer und die Vergegenwärtigung und Behandlung der Themen verwirklichen.

Das Besondere der pädagogischen Kommunikation besteht in ihrer Beziehung auf Lernen. Darin liegt der Unterschied zu anderen Praxen und Gestalten des menschlichen Umgangs wie z.B. der ärztlichen Intervention oder der politischen Entscheidungsfindung, der rechtlichen Beurteilung von Lebenssachverhalten oder der kultischen Vergegenwärtigung des Heiligen. Das heißt: Erziehung ist kein einfach gegebenes, sondern ein komplexes Phänomen, das dadurch zustande kommt, dass Lernen und erzieherische Akte zusammengeführt und mehr oder minder erfolgreich aufeinander bezogen werden. Kurz gefasst: Erziehung ist die Einheit der spezifisch pädagogischen Differenz von Erziehen und Lernen (vgl. Prange 2005).

Welche Dimension der pädagogisch-kommunikativen Struktur der Erziehung für ihre aktuelle Gestaltung jeweils hervorgehoben und als maßgebender Gesichtspunkt eigens thematisiert wird, lässt sich nicht allgemein sagen, sondern hängt von Umständen und Gegebenheiten ab, die unbestimmt variieren, je nach Lage der Dinge. Um den Begriff der Erziehung weiter zu entfalten und ihre Diversität zu erfassen, bietet es sich an, jeweils eine der drei Dimensionen als leitenden Gesichtspunkt in den Mittelpunkt zu stellen, ohne dass die jeweils anderen Gesichtspunkte verschwinden. Sie erscheinen vielmehr in untergeordneter Funktion. Diese gedankliche Abstraktion macht es möglich, die grundlegenden Varianten im Verständnis von Erziehung zu beschreiben, je nachdem, ob die Erziehung vor allem von ihrer moralisch-sozialen Seite oder von ihrer inhaltlich-curricularen oder ihrer didaktisch-technologischen Seite her thematisiert wird.

II. Der moralisch-soziale Gesichtspunkt der Erziehung

„Man kann die *eine* und ganze Aufgabe der Erziehung in den Begriff: *Moralität* fassen" (Herbart 1989, S. 259). Mit diesem Ausgang von dem Zweck der Erziehung hat Herbart das Schema derjenigen Pädagogiken vorgezeichnet, die die

Moralisierung des Subjekts in den Mittelpunkt stellen und von einem „höchsten Zweck des Menschen und folglich der Erziehung" ausgehen (ebd.). So gesehen wird Erziehung als „moralische Kommunikation" verstanden (Oelkers 1992, S. 9), mit der Pointierung, dass „*Moral* und *nur* Moral Thema der Erziehung ist" (ebd., S. 21). Um diesem Ausgang einen sicheren Anhalt zu geben, ist eine nähere Bestimmung dessen erforderlich, was mit Moralität gemeint ist. Sie kann durchaus unterschiedlich ausfallen, und zwar in Abhängigkeit davon, was als moralisch geboten angesehen wird. Für Herbart – und auch darin ist er formbildend geworden -, gibt es nur *einen* Zweck und folglich nur *eine* Aufgabe für alle, während es in der älteren Tradition durchaus unterschiedliche Zwecke je nach Geschlecht, Stand, Herkunft und sozialer Bestimmung gegeben hat. Für das neuere Erziehungsdenken ist dagegen verbindlich geworden, von einem Gesamtzweck auszugehen, der für alle gleichermaßen gilt. Es gibt nicht außerdem noch anders begründbare Erziehungszwecke, so dass mit der Zielbestimmung der Moralität nach Herbart auch die „ganze Aufgabe" angegeben ist. Zusammengefasst: indem Moralität als zentral orientierender Gesichtspunkt vorausgesetzt wird, ergibt sich, dass Erziehung in der Moralisierung der Subjekte besteht. Dieser Aufgabe sind sowohl die Inhalte und Themen wie auch die Methoden des Erziehens zugeordnet. Moralität ist das Maß für die Wahl von Themen und für die zulässigen und geeigneten Maßnahmen, um den Zweck zu verwirklichen. Miteinander verbunden lautet demgemäß die vollere Bestimmung der Erziehung: „*Machen, dass der Zögling sich selbst finde, als wählend das Gute, als verwerfend das Böse*: dies oder *nichts* ist Charakterbildung!" (ebd., S.261, Hervorheb. im Original).

So eindeutig diese Umschreibung der Erziehung aussieht, sie bleibt für sich genommen formal und erlaubt durchaus unterschiedliche Konkretisierungen. Das ergibt sich daraus, dass der Begriff des Moralischen einer näheren Bestimmung bedarf. Sie erfolgt in der Ethik als Theorie der Moral. In dem Maße, wie die Ethik ihrerseits Gegenstand diverser Erörterungen wird, verschiebt sich auch, was als pädagogische Aufgabe angesehen wird. Aus dem Gedanken, dass man nur erziehen kann, wenn man die Erziehung als Aufgabe fasst, folgt nicht, dass alle die selben Zwecke verfolgen, sondern nur, dass mit dem Erziehen Zweckbestimmungen und Absichten verbunden sind. So gesehen bedeutet Moralisierung zunächst nur: die Moral, die die Erziehenden für wesentlich halten, soll für die nachwachsende Generation verbindlich gemacht werden, und zwar so, dass diese Moral sich auf die geeigneten Themen bezieht und in ihrem Vollzug selber schon dokumentiert und beachtet wird.

Daraus folgt, dass die Frage nach dem genaueren Zweck der Erziehung die Frage nach der Moral der Erzieher provoziert. Sie sind die Subjekte der Erziehung und geben faktisch-historisch zu erkennen, welche Präferenzen für sie maßgebend sind oder zumindest für maßgebend angesehen werden. Der Blick in die Sozialgeschichte der Erziehung, in ihre kulturellen Ausprägungen und in die jeweiligen Erzieherbiographien zeigt eine große Mannigfaltigkeit sowohl der Zwecke wie der Träger des pädagogischen Handelns. Als die ersten und quasi natürlichen Subjekte der Erziehung erscheinen die Eltern, die mit dem Aufwachsen ihrer Kinder Erwartungen und Forderungen verbinden, die zunächst nur sie haben. Aber insoweit sie gesellschaftlich und kulturell existieren, erscheinen sie zugleich als Subunternehmer gesellschaftlicher Interessen und kultureller Üblichkeiten, wenn nicht überhaupt der leitende Gesamtzweck ausdrücklich von den sozialen Figurationen formuliert wird, denen sie angehören.

Davon geht die Erziehungstheorie Emile Durkheims aus: „Der Mensch, den die Erziehung in uns verwirklichen muß, ist nicht der Mensch, den die Natur gemacht hat, sondern der Mensch, wie ihn die Gesellschaft haben will" (Durkheim 1973, S. 44). Die Gesellschaft erscheint hier als handelndes Quasi-Subjekt mit Absichten und Programmen, gewissermaßen nach Analogie der Mütter und Väter, die ihre eigenen Kinder aufziehen. Die Frage ist, was hier unter „Gesellschaft" zu verstehen ist und wie sie „das pädagogische Ideal" formuliert, dass es sich „als Werk der Gesellschaft" darstellt und „uns das Porträt des Menschen (vorzeichnet), das wir sein müssen" (ebd., S. 45). Tatsächlich ist herkömmlich der Generalzweck der Erziehung im allgemeinen und die daraus abgeleiteten und ihm untergeordneten Teil- und Sonderzwecke im kirchlichen Rahmen erörtert und formuliert worden. Das gesellschaftliche Bewusstsein hat sich die längste Zeit theologisch und kirchlich artikuliert, und demgemäß erscheint dabei dann als der höchste Zweck die Divination des Menschen. Er wird zum Heil erzogen und soll Christ werden und christlich leben. Auch wenn diese Zwecksetzung inzwischen nur noch eine ferne Erinnerung ist – immerhin haben im ersten Drittel des 19. Jahrhunderts noch Johann Michael Sailer (1807/1962) und Johann Baptist Graser (1811) die Divination an die Spitze der pädagogischen Zielbestimmungen gestellt -, bleiben die Nachfolgemodelle diesem Schema verhaftet: an Stelle der Divination übernimmt die individuelle Mündigkeit die Spitzenposition, gestützt auf die Philosophie aufgeklärter Humanität und das Pathos der Emanzipation von unberechtigten Abhängigkeiten, und hält sie unter der Flagge des Demokratiegebots bis heute. Faktisch kann keine Pädagogik mehr auftreten, die nicht Freiheit und individuelle Förderung auf ihre Fahne schreibt. Das pädagogische Ideal noch der totalitären Gesellschaften beruft sich inzwischen auf die Pathosformeln der Freiheit und Gleichheit.

Aufschlussreicher sind die abgeleiteten Zwecke, die als abgestufte Realisierung eines Programms zu lesen sind. Da gab und gibt es die Nationalerziehung teils einträchtig, teils kontrovers neben der Erziehung zum Klassenbewusstsein und zur Klassensolidarität, es gibt die Erziehung zu den Aufgaben in gesellschaftlichen Teilbereichen wie dem Heer, der Kirche, der Verwaltung oder den Künsten, und es gibt auch nach wie vor die religiös orientierte Erziehung, jetzt als wählbare Zweckvariante, was früher für alle verpflichtend war. Das Schema ist überall das gleiche: in den amtlichen und offiziellen Präambeln zu allgemeinen Erziehungs- und Schulprogrammen definieren die Zweckformeln die obligatorische Werte, denen dann Themen und Verfahrensweisen der Erziehung zugeordnet werden. Über die Hierarchie der Zwecke entscheidet die Gesellschaft durch ihre politischen Organe.

Ein Folgeproblem dieser Orientierung der Pädagogik an dem Hauptzweck der Freiheit stellt die Vereinbarkeit dieses Zwecks mit seiner Verwirklichung dar. Kant hat die einschlägige Formulierung dazu geliefert: „Wie kultiviere ich die Freiheit bei dem Zwange?" (Kant 1983, S. 711). Der Gedanke ist: Wer erzieht, greift in die Freiheit der Lernenden ein. Dieser Eingriff widerstreitet dem Zweck der Erziehung. Die Freiheitserziehung, gestützt auf die unbedingte Ethik der mündigen Selbstbestimmung, impliziert, so sieht es aus, einen performativen Selbstwiderspruch. Was das Wichtigste in der Erziehung ist, was unbedingt sein soll, scheint die Mittel auszuschließen, ohne die das Erziehen nicht auskommt. Was sie soll, darf sie eigentlich nicht, und was sie kann, fällt dann nicht mehr unter den Begriff der Erziehung, sondern wird als Disziplinierung, Übung, Unterricht in den Vorhof der Erziehung verbannt. Je hochgestimmter der Zweck der Erziehung, desto schwächer die gerade noch erlaubten Mittel wie das „Anregen" oder die erhoffte Wirkung des guten Vorbilds. Moralische Erziehung auf der Grundlage eines solchen Begriffs freier Selbstbestimmung gleicht den letzten Metern einer Bergbesteigung: in den unteren Regionen sind noch alle technischen Hilfsmittel erlaubt, aber in der Höhenluft des Gipfels werden die Sicherungen durch andere und schließlich die Sauerstoffgeräte zurückgelassen, damit jeder selbst allein aus eigener Kraft den höchsten Punkt der Selbstbestimmung erreicht.

Diese Selbstproblematisierung der moralischen Erziehung (als dem Kern der Erziehung) zeigt sich auch darin, dass einerseits die Aufgaben der Erziehung in der modernen Welt immer umfassender und unverzichtbarer geworden sind, zugleich aber dem Erziehen immer weniger erlaubt und ihr direktiver Charakter umso fragwürdiger erscheint, je mehr sie leisten soll. Der in dieser Weise moralisch-sozial intonierte Begriff der Erziehung dient ihrer Kritik, wo sie in Formen auftritt, die wirklich oder vermeintlich nicht mit dem Programm der Menschenwürde vereinbar erscheinen. Das Bewirken in personverändernder Hinsicht erscheint nachgerade als „Angriff auf die Freiheit" (Kupffer 1980) und verfällt nach dem Muster ideologiekritischer Sozialkritik dem Verdikt ungerechtfertigter Herrschaft. Was dann noch bleibt, ist das Gegenprogramm der „Negativen Bildung" oder einer negativen, nicht-affirmativen Erziehung, die auf die Kraft der Selbstorganisation autonomer oder autopoetisch verfasster Subjekte hofft, denen allenfalls mit Angeboten und Lernofferten auf die Sprünge zu helfen ist. Faktisch führt diese Konzentration der Erziehung auf ihren moralischen Aspekt zu dem hölzernen Eisen einer Pädagogik ohne Didaktik.

III. Der inhaltlich-curriculare Gesichtspunkt der Erziehung

Aus dem Dilemma einer exaltierten Freiheitserziehung führt der Gedanke heraus, dass „die" Freiheit als absolute Selbstbestimmung des Subjekts eine Chimäre ist, die weder den realen Verhältnissen, in denen wir existieren, noch unserer tatsächlichen Befindlichkeit entspricht. Herbart hat das gegen Kant und Fichte auf die Weise ausgedrückt, dass „kein leisester Wind von transzendentaler Freiheit [...] in das Gebiet des Erziehers durch irgendein Ritzchen hineinblasen [darf]" (Herbart 1989, S. 261). Die Erziehung hat es mit dem empirischen Menschen zu tun, primär mit Kindern und ihren besonderen Eigenschaften, mit Wachstum und Lernfähigkeit, und des Weiteren mit allen, die ein Problem über Lernen zu bewältigen suchen, nicht aber mit dem Konstrukt eines transzendentalen Subjekts, das der Erziehung weder zugänglich ist noch ihrer bedarf. Diese Einsicht richtet sich nicht gegen das klassische Freiheitspostulat, doch es wird mit Rücksicht auf seine Realisierbarkeit zur Wahlfreiheit unter den je gegebenen Bedingungen gemildert. Erst diese Abkehr vom pädagogischen Transzendentalismus rehabilitiert jene Maßnahmen, die mit der Moralisierung in dem absoluten Verständnis von Freiheit als souveränrer Selbstbestimmung des Subjekts nicht vereinbar waren. Das Gute ist zu wählen und das Böse zu meiden, aber dazu muss es erkannt und – in der Sprache Herbarts – der Gedankenkreis der Heranwachsenden gebildet worden sein, nicht regellos, sondern Schritt für Schritt, im Blick auf die je gegebene Bildsamkeit und nach den realen Umständen, auf die die Absicht zu erziehen trifft. Motive werden dadurch wieder angeschlossen an das Wissen und Können, mit der Folge, dass sich das erzieherische Verhalten auf den Aufbau von Kenntnissen und Fertigkeiten zu richten hat, um Wahlmöglichkeiten einzuräumen und der Moralität einen Inhalt zu geben.

Konkret bedeutet das, dass dem Unterricht die entscheidende Rolle im Erziehungsprozess zukommt. Er steht nicht neben der Erziehung, sondern im Unterweisen und Belehren, Einüben und Vormachen, Darstellen und Erklären als Formen des Unterrichts vollzieht sich das praktische Geschäft der Erziehung. Ohne diese Mittel läuft es leer. Von ihrer Qualität hängt ab, ob das Erziehen dürftig bleibt oder sich reicher entfaltet. Insofern haben Herbart und seine Nachfolger den Begriff der Erziehung wieder aus dem Himmel transzendentaler Spekulation auf den Boden der vorfindbaren Gegebenheiten zurückgebracht und die Pädagogik als Didaktik konstituiert. Das bedeutet: Mit dem Unterricht kommt die inhaltlich-curriculare Seite der Erziehung zur Geltung und rechtfertigt das Verständnis der Erziehung als Weitergabe und Überlieferung dessen, was bisher gewusst, gekonnt und gewollt worden ist. Diese Botschaft der jeweiligen Kultur wird im Unterricht ausdrücklich tradiert und betrifft insofern das Selbstverständnis und gewissermaßen die intellektuelle und moralische Innenseite einer Gesellschaft, ihre Sprache, ihre Wissensbestände, die Fertigkeiten und Kompetenzen, ohne die sie keinen Bestand hat. So gesehen gehört Unterricht zu den Bestandsgarantien einer Gesellschaft, weiter gefasst auch als Versuch, den zukünftigen Bestand durch einen Unterricht zu sichern, der an die Grenzen des Wissens führt und zur Fortführung des Wissenserwerbs motiviert. Doch zuerst und weithin geht es darum, „dass die Jugend tüchtig werde einzutreten in das, was sie vorfindet, aber auch tüchtig, in die sich darbietenden Verbesserungen mit Kraft einzugehen" (Schleiermacher 1963, S. 31).

Welche Kenntnisse und welche Fertigkeiten im Bündnis mit welchen Haltungen das jeweils sind, ist Sache des kulturellen Niveaus einer Gesellschaft und wird seit gut 200 Jahren in der Schule als Pflichtveranstaltung für alle definiert. Das bedeutet nicht, dass nur in der Schule unterrichtet wird und Didaktik allein eine Angelegenheit der schulischen Instruktion wäre, wohl aber, dass faktisch die Familien teils entlastet, teils pädagogisch enteignet werden. Die Schule gibt die Maße vor, nach denen sich auch die Familien zu richten haben, damit die Kinder „mitkommen" und über Schulleistungen den Zugang zu Lebensstellungen gewinnen. Im Zuge der Modernisierungsprozesse ist das *curriculum scholasticum* zum entscheidenden Ort der sozialen Platzierung und zu einer wichtigen, wenn nicht der maßgebenden Stellgröße für den Lebenserfolg und das *curriculum vitae* geworden.

Der Unterricht selber ist ein komplexes Phänomen, und zwar in Abhängigkeit davon, was auf welchem Niveau unterrichtet wird. Es gibt die doktrinale Belehrung ebenso wie die Übung unter Anleitung, die Unterweisung in Fragen der Lebensführung und die Präsentation des historischen Wissens, um das kollektive Gedächtnis einer Gesellschaft zu stützen. Auf der Ebene der elementaren Kulturfertigkeiten wie dem Lesen, Schreiben und Rechnen gibt es ein Pflichtprogramm für alle, mit dem Fortrücken in den Inhalten und nach dem Alter greifen unterschiedliche Formen der Differenzierung ein: Die Vorstellung, dass alle alles zu lernen hätten oder lernen könnten, ist ebenso übertrieben wie die einer Moralität ohne Weltkenntnis. Was für alle der Idee nach möglich ist, wird wirklich für die Einzelnen nach Maßgabe ihrer Lernfähigkeit, Lernbereitschaft und den Verfahren der Auswahl. Für die alte, vormoderne Erziehung lag darin kein besonderes Problem. Es war klar, dass die künftigen Kleriker mit anderen Themen und Inhalten konfrontiert wurden als die Kadetten oder gar die Handwerker und Kaufleute, ganz zu schweigen von den verschiedenen Lehrinhalten für Mädchen und Jungen. Die Curricula waren standesgebunden und das Lernen verlief standesgemäß. Auch der älteste Kanon der europäischen Erziehungsgeschichte, nämlich der Kanon der sieben freien Künste, war ein spezielles Lehrprogramm für die Freigeborenen, aus dem deshalb auch die mechanischen Künste ausgeschlossen waren. Die curricularen Prioritäten entsprachen den sozialen Rangordnungen. Der künftige Hofmann lernte Fechten und Tanzen, überhaupt den Waffengebrauch, der Aspirant für die Weihen eines geistlichen Amts die nötigen liturgischen Kenntnisse, die Beichtformulare und das Predigen. Auch gehörten die Betriebs- und Berufsgeheimnisse der Meister wie selbstverständlich zur Ausbildungspraxis, ähnlich wie Köche ihre Rezepte für sich behalten und nicht jedem auf die Nase binden.

Diese thematisch bestimmte Exklusivität spezieller Erziehungspraxen ist nicht zur Gänze verschwunden, auch wenn sie programmatisch auf Inklusion hin angelegt sind. In der Tat ist die Erziehung unter dem thematischen Gesichtspunkt von Beschränkungen und Grenzsetzungen durchzogen, um zu verhindern, dass alle alles lernen. Wichtig erscheint nicht nur, was positiv gelehrt, dargestellt und geübt, sondern auch das, was gerade nicht berührt, nicht bekannt und nicht praktiziert werden soll. Nicht jedes Buch darf von jedem gelesen, nicht jeder Film von allen gesehen werden, nicht alle Bilder von allen gesehen werden: das ist nach wie vor die Sorge, falsche Anreize zu setzen, abwegige Motive inhaltlich zu unterbauen und irrige Vorstellungen zu fördern, so dass es geraten erscheint, bestimmte Themen mit einem Tabu zu belegen, sie auszugrenzen und minderwertige Texte, Filme, Bilder in den Giftschrank zu befördern. Vorausgesetzt ist, dass den Themen eine motiverzeugende und motivstützende Kraft innewohnt, die nicht noch durch eingehende Kenntnis gestärkt werden soll. Diese abschirmenden Tendenzen der Erziehung geraten unter den Bedingungen der modernen Öffentlichkeit und dem Gebot der Informationsfreiheit zunehmend unter Druck. Zur Modernisierung der Erziehung gehört, dass alles, was überhaupt gewusst und gekonnt wird und lehrbar ist, im Prinzip jedermann zugänglich sein sollte. Der Erziehung bleibt dann die Aufgabe, gegen Schund und Kitsch, gegen Gewaltdarstellung und verfrühte Kenntnisnahmen kritisch zu immunisieren.

Die Gesamttendenz ist: Die Exklusivität standesgebundener Lehre und des schichten- und geschlechtsspezifischen Unterrichts wird ersetzt durch neue Formen der Prioritätensetzung. Insofern verschwindet nicht die Ungleichheit der Lehrprogramme: den einzelnen Themenbereichen kommt ein unterschiedlicher Wert zu, ausdrücklich formuliert als ihr Bildungswert. Latein rangierte lange über dem Erwerb der Muttersprache, die historischen und sprachlichen Fertigkeiten über den mathematischen und naturwissenschaftlichen Studien, diese ihrerseits über Musik und Sport. Das heißt: die pädagogische Valenz wird unterschiedlich gewichtet, und zwar im Blick auf den Generalzweck der Charakterbildung. Diese Feststellung mag hier genügen. Das Nähere gehört in die Geschichte der Schulpädagogik und der Bewertung des pädagogischen Nutzens einzelner Fächer und Themenbereiche.

Die Rangfrage ist ablesbar an der Unterscheidung von Ausbildung und Bildung. In ihr spiegelt sich noch einmal die Opposition von Erziehung als Moralisierung und Unterricht als bloßer Instruktion. Was dazu dient, Fragen der Lebensführung und Selbstfindung zu fördern, wird gegen einen Unterricht ausgespielt, der sich auf das Lebensnützliche, auf Beruf und Erwerb bezieht. Das ist ein Nachklang der Abwertung der Arbeit gegenüber der Muße, der Plage des Lebenserwerbs gegenüber dem freien Gebrauch und Genuss von Kenntnissen und schönen Fertigkeiten. Diese Unterscheidung artikuliert sich als Opposition von Sinnwissen und Verfügungswissen, von technologischer Rationalität und moralisch höherwertiger Wertrationalität. Bildung gehört so gesehen zum sichtbaren und prestigeträchtigen Konsum, der sich aus Freiheit etwas leisten kann, dem man die Brauchbarkeit nicht ansieht. Diese Bildungsidee verliert ihre soziale Grundlage in dem Maße, wie die Gesellschaft der egalitären Tendenz der Demokratisierung folgt: jeder Unterricht kann erziehen, und damit rücken prinzipiell alle Fächer in die gleiche Bewertungskategorie, so wie jeder an politischen Wahlen teilnehmen kann, wenn er das rechte Alter erreicht hat. Schließlich wird Bildung alles genannt, was mit der inhaltlich-curricularen Seite der Erziehung gemeint ist. Sie bezeichnet nicht länger die Dignität der Themen, sondern nur noch den Umstand, dass man nicht erziehen kann, ohne überhaupt auf Themen Bezug zu nehmen. Diese Neutralisierung der inhaltlich-curricularen Gesichtspunkte legt es nahe, den dritten Gesichtspunkt gesondert und ausdrücklich in den Blick zu nehmen: den technologischen Gesichtspunkt der Erziehung.

IV. Der technologisch-didaktische Gesichtspunkt der Erziehung

Der dritte Gesichtspunkt, unter dem die Erziehung thematisiert werden kann, besteht darin, dass der Prozess des Erziehens, die methodische Seite der Didaktik, in den Mittelpunkt gerückt wird. Die Zwecke und die Inhalte der Erziehung treten demgegenüber zurück und erscheinen in Funktion der erzieherischen Handlungen. Man kann nicht ohne Absichten erziehen und nicht ohne Themen, aber diese hängen in der Luft, wenn es keine Wege und Methoden gibt, um sie zu realisieren. In gewisser Weise lässt sich sogar sagen, dass sie das nächstliegende Thema der pädagogischen Reflexion darstellen oder darstellen sollten. Tatsächlich aber hat sich das Nachdenken über Erziehung zuerst vor allem auf die Zwecke und auf die Inhalte gerichtet; sie erscheinen sowohl theoriebedürftiger als auch theoriefähiger, während die konkreten Prozesse entweder für selbstverständlich genommen werden oder sich der Reflexion entziehen. Wie erzogen wird, bleibt Sache der Üblichkeiten und Gewohnheiten, für die auch keine besondere Ausbildung verlangt wird. Elternschaft ist keine Profession und nicht an Ausbildung und Prüfungen gebunden. Die anfallenden Erziehungsaufgaben werden innerhalb der allgemeinen Lebenserfahrung und gestützt durch Rat und Vorbild der eigenen Eltern und Verwandten, schließlich auch durch eine fachkundige Beratung ergänzt. Anders steht es mit der Erziehung durch Erzieher und Erzieherinnen von Beruf, für die schon vor der Etablierung der Erziehungswissenschaft eine reiche Literatur zur Verfügung stand, um sich über die einschlägigen Prozeduren und Verfahrensweisen des Erziehens zu unterrichten. Insofern geht das Rezeptwissen dem wissenschaftsgestützten Wissen über die Prozesse der Erziehung voran.

Rezepte versprechen bei richtiger Anwendung und Dosierung das Eintreten erwünschter Folgen. Sie belehren über die Maßnahmen als Ursachen von Wirkungen und sind insofern technologisch orientiert; Technologie verstanden als erprobte Verfahrensweisen zur Herstellung von Zuständen, auch dann, wenn nicht in jedem Einzelfall das eintritt, was man erreichen möchte. Insofern bleiben erzieherische Ursachen, ähnlich wie Medikamente, mit einer prinzipiellen Unsicherheit belastet. Sie ergibt sich daraus, dass das Ziel-Objekt des Handelns nicht etwas ist, dass von den Absichten kein Wissen hat. Wenn wir einen Gegenstand fallen lassen oder einen Motor starten, sind wir nicht auf die Zustimmung oder die Einstellung des Gegenstandes angewiesen. Es wäre kindisch, dem Motor Vorwürfe zu machen, dass er nicht „gehorcht" oder ihn um Einlenken zu bitten. Anders, wenn wir es mit Kindern, Schülern, Kursteilnehmern und Studenten zu tun haben. Wir beziehen uns nicht auf „Objekte", sondern auf Subjekte, die sich auf sich beziehen und in Grenzen wählen können, wie sie reagieren, ja ob sie überhaupt auf unsere Versuche der Einwirkung reagieren.

Erziehung ist so gesehen eine *soft technology*, aber eben doch eine Technologie, wenn man nicht die Erziehung ganz auf Zufall oder Gnadenwirkungen stellen oder dem Belieben der Rezipienten ausliefern will. Auch wer nicht mit Sicherheit weiß, was auf welche Handlungen folgen wird, unterstellt zumindest probeweise oder gestützt auf die durchschnittliche Lebenswahrscheinlichkeit Wirkungen als Folgen von Ursachen. Insofern ist die Erziehung eine Sozialtechnologie wie das Verhandeln oder die Veröffentlichung von Büchern, die politische Rede oder Heiratsanträge: es ist tentatives Bewirken unter Berücksichtigung der mutmaßlichen Reaktion.

Die entscheidende Pointe dieser Version des Erziehungsverständnisses besteht darin, sie als Reaktion auf Reaktionen zu verstehen. Eine viel benutzte Formel für diese Umkehr der pädagogischen Blickrichtung hat Siegfried Bernfeld gegeben: „Erziehung ist [...] die Summe der Reaktionen einer Gesellschaft auf die Entwicklungstatsache" (Bernfeld 1975, S. 51). Was sich nicht leugnen lässt und jeder Bemühung um Moralisierung und Kultivierung vorangeht, ist der Umstand, dass wir als Kinder geboren werden, uns entwickeln, aufwachsen und so oder so anders werden. Das ist so trivial, dass dieser Tatbestand gar nicht weiter problematisiert, sondern eher als selbstverständliche Arbeitsprämisse benutzt worden ist. Dennoch lässt sich sehen, dass in der Reaktion auf diesen Sachverhalt die Sorge durchschlägt, die Kinder und jungen Leute könnten missraten, sich falsch entwickeln und gerade nicht in die Fortsetzung der Kultur eintreten, einfach weggehen und die Alten allein lassen. Kinder sind, so gesehen, ein Risikofaktor, und die Antwort der Erziehung besteht darin, die mit dem Aufwachsen der nachwachsenden Generation bestehenden Risiken in Chancen der Bestandswahrung und schließlich noch in Chancen der Daseinsverbesserung insgesamt zu verwandeln. Schärft man die Aussage Bernfelds auf diesen Gesichtspunkt zu, lässt sie sich mit Theodor Schulze dahin präzisieren, dass das Erziehen „die Reaktion der Gesellschaft auf die Tatsache des Lernens ist" (Schulze 1995, S. 407).

In der modernen, gewissermaßen nachidealistischen Pädagogik erscheint deshalb das Lernen als das maßgebende Thema der Pädagogik. Wer erzieht, behandelt Lernprobleme, und wer erziehen will, um Zwecke zu verwirklichen, hat Lebensprobleme in Lernprobleme zu verwandeln. Dabei ist die Frage zu beantworten, wie das Lernen zu verstehen, zu erkennen und zu erklären ist. Die Konstruktion der Erziehung aus dem Verständnis des Lernens verlangt eine explizite Theorie des Lernens. In der Tat hat diese Theoriewendung eine reiche und vielgestaltige, empirisch orientierte Lernforschung auf den Weg gebracht. Ihre Ergebnisse geben an, was erzieherisch möglich ist. Auf diese Weise entstehen psychologisch fundierte Erziehungslehren, gestützt auf Entwicklungs- und Lernpsychologie und zusammengefasst unter dem Titel der pädagogischen Psychologie. Dieser Zweig erhält seine maßgebenden Impulse aus dem Gang der psychologischen Forschung, die ihrerseits sich verzweigt in Sozial- und Motivationspsychologie, Umwelt- und Kognitionspsychologie, so dass die Pädagogik und das pädagogische Handeln in die Lage von Theoriekunden gerät, die wahlweise aus dem Angebot das auswählen, was für die jeweiligen Aufgaben und Themen des Erziehens nützlich und brauchbar erscheint. Diese Lernforschung selber kommt mit einem reduzierten und neutralisierten Begriff der Erziehung aus, wenn sie nicht von vornherein darauf verzichtet, überhaupt einen solchen Begriff vorzustellen und dieses Geschäft den Normsetzungen und Entscheidungen von Institutionen und Gremien überlässt.

Anspruchsvoller ist demgegenüber eine anthropologisch oder allgemeinpsychologisch angelegte Lern- und Entwicklungsforschung, die die Erziehung nicht als Anhang zur Pädagogik behandelt, sondern sie zu einem ihrer zentralen Themen macht. Wie eine solche Pädagogik aussieht, hat in mustergültiger Weise John Dewey gezeigt. Sie ist nicht nur das Seitenstück einer Philosophie des menschlichen Handelns und der dadurch ermöglichten Erfahrung, sondern diese Philosophie ist mit ihrem Leitbegriff der Erfahrung durch und durch pädagogisch. Das ergibt sich aus dem zentralen Lehrstück von der Eigenart der menschlichen Erfahrung. Sie ist gebunden an das Handeln, das macht das Pragmatische aus, so dass Bedeutungen und Begriffe als Handlungsanweisungen zu verstehen sind. Wir verstehen nur, was wir machen; und was wir noch nicht verstehen, müssen wir experimentell ermitteln. Erfahrung (*experience*) ist nicht das Ergebnis einer Schau, weder innerer noch äußerer, sondern Resultante von Verfahren, mit denen wir den Gegebenheiten eine Bedeutung geben. Die pädagogische Pointe dieser pragmatischen Wendung besteht darin, dass wir uns als Wesen zu verstehen haben, die angesichts ihrer ungesicherten Lage das Lernen als Mittel der Problemlösung einsetzen. Es gibt nicht nur einen praktischen Vorrang des Prozesses vor dem Ergebnis, der Methode vor dem Begriff, der Operation vor der Einsicht, sondern Begriffe sind in Ausdrücken von Operationen zu fassen, wenn anders sie nicht als bloße Gedankenspiele leer laufen sollen. Begriffe sind abgekürzte Angaben von Verfahrensweisen, und die Form, wie wir sie ermitteln, ist vernünftigerweise auch die Form, wie wir sie vermitteln. Es gibt nicht die *Wahrheit* oder Wahrheiten im Plural, sondern Methoden der Wahrmachung und Bewahrheitung: Lernen ist ein Modus der Verifikation, und das Erziehen besteht demgemäß darin, solche Verifikationsprozesse anzuleiten, zu stützen und methodisch zu organisieren.

Eine Konsequenz dieser Operationalisierung der Erfahrung besteht darin, dass sie nicht mehr als Leistung eines einsam-souveränen Subjekts, sondern als gemeinsames Produkt sozialer Prozesse verstanden wird. Mit der Offenheit des Erfahrungsprozesses verschwindet die Sonderstellung des Individuums. Es wird gewissermaßen in den kollektiven Prozesscharakter der Erfahrung einbezogen; politisch gesprochen: die Erziehung wird in einer grundlegenden Weise sozialisiert bzw. demokratisiert (vgl. Dewey 1916). Demokratie ist in der Erziehungskonzeption Deweys nicht eine außerpädagogische Norm, auf die hin die erzieherischen Maßnahmen auszurichten sind, sondern der Erfahrungsprozess ist seiner Natur nach kommunikativ, und diese kommunikative Verfassung findet sich wieder im sozialen Arrangement des Erziehens. Können und Wissen werden insofern nicht als ein zunächst Fremdes und Äußeres weitergegeben und vermittelt, sondern das Vermitteln vollzieht sich im Austausch über die Lösung von Problemen, mit denen je besondere Ungewissheiten behoben werden.

V. Zusammenfassung und Anschlüsse

Zusammenfassend ergeben sich aus den angeführten Gesichtspunkten drei strukturelle Versionen der Pädagogik, je nachdem, welcher Gesichtspunkt der Erziehung die Führung übernimmt: (a) Erziehung als moralische Kommunikation, (b) Erziehung als Vermittlung der kulturellen Botschaften und (c) Erziehung als Artikulation des Erfahrungsprozesses. Im ersten Falle steht die Frage im Mittelpunkt, was die Erziehung für das Werden der Person zu leisten vermag. Dabei kommt die spezifisch pädagogische Beziehung der erzieherischen Subjekte zu ihren Adressaten in besonderer Weise zur Geltung und mündet in eine Lehre von der pädagogischen Verantwortung. Um zur Verantwortung zu erziehen, ist eine erzieherische Haltung gefordert, die dem entspricht, was sie zu erreichen sucht. Die Pädagogik braucht dazu eine pädagogische Ethik, die einerseits die Aufgaben und Pflichten des Erziehens bestimmt und dabei andererseits den Anschluss an die Normen und Werte der sozialen Systeme herstellt, die sich ihrerseits unter dem Aspekt der individuellen Vervollkommnung selber einer pädagogischen Kritik zu stellen haben. So gesehen kann diese Erziehungskonzeption als Motivationspädagogik in nicht-affirmativer Intention verstanden werden (vgl. Benner 2001^4).

Im zweiten Fall versteht sich die Erziehung als Organ des gesellschaftlichen Wissens und der dem Wissen inhärenten Kompetenzen und Könnerschaften. Sie entspricht dem Zustand, dass Erziehung als öffentliche Angelegenheit in großem Stil und umfassend organisiert worden ist; das bedeutet: sie ist schulpädagogisch in dem Sinne, dass der mehr oder minder freie Konsens über die verbindlichen Themen mit Verfahren der Vermittlung und Selektion kombiniert wird, die insgesamt dafür sorgen, dass nicht nur der je erreichte Stand der kulturellen Bedingungen einer Gesellschaft gewahrt bleibt, sondern so gewahrt wird, dass er sich weiter entwickeln und innovativ entfalten kann. Diese Variante kann als bildungstheoretisch bezeichnet werden. Erziehungsfragen werden als Fragen der „Bildung" erörtert und entschieden, und zwar unter der Prämisse der Erhaltung, Verwertbarkeit und Allokation von Humankapital als Bestandsgarantie der Gesellschaft.

Die dritte Version schließlich konzentriert sich auf das Verfahren oder die Mehrzahl von Verfahren, durch die Werte evoziert und Einstellungen vermittelt und durch die objektives Wissen in die subjektiven Dispositionen der Lernenden transformiert und gewissermaßen operativ verankert wird. Dazu braucht die Pädagogik ein artikuliertes Bewusstsein ihrer Methoden und der ihr eigentümlichen Formen des Erziehens, das heißt: einer spezifischen Technologie der pädagogischen Kommunikation.

Der Vorrang der operativen Kompetenzen auf der Seite der Erziehenden wie auf der Seite der Lernenden impliziert ein Verständnis der Erziehung als Entwicklungspädagogik. Sie stützt sich ihrerseits wahlweise auf Befunde der Lernforschung oder auf evolutionstheoretische Prämissen (vgl. Treml 2004) und kulminiert in der selbstreferenziell bestimmten Konzeption der Erziehung als „Erziehung zur Lernfähigkeit" (Luhmann / Schorr 1979, S. 84ff.).

Keine der angegebenen Versionen kann für sich bestehen: Wertorientierungen bedürfen eines thematischen Anhalts, um überhaupt artikuliert werden zu können; Wissen braucht Orientierungen, um für die Lernenden relevant und in Lebenslagen außerhalb der Erziehung übertragen zu werden; und Entsprechendes gilt für die operativ-technologische Version der Erziehung. Tatsächlich zeigt sich ihre wechselseitige Abhängigkeit darin, dass gegenwärtig in den einschlägigen Bestimmungen für die wünschenswerten Kompetenzen, zu denen die Erziehung verhelfen soll, die leitenden Gesichtspunkte wiederkehren, die für die Theoriebildung maßgebend sind, nämlich (1) personale und soziale Kompetenz, (2) kognitive Fachkompetenz und (3) Methodenkompetenz. So gesehen konvergieren die unterschiedlichen Versionen, den Begriff der Erziehung zu formulieren, im Blick auf die praktischen Erfordernisse und Absichten des Erziehens. Das zeigt: Wie immer der Begriff der Erziehung artikuliert wird, er bleibt angewiesen auf die konstitutiven Momente ihrer Realisierung.

Literatur

Benner, D. (2001^4): Allgemeine Pädagogik. Eine systematisch-problemgeschichtliche Einführung in die Grundstruktur pädagogischen Denkens und Handelns. Weinheim/München.
Bernfeld, S. (1975): Sisyphos oder die Grenzen der Erziehung (zuerst 1925) Frankfurt.
Brezinka, W. (1981): Grundbegriffe der Erziehungswissenschaft. München /Basel.
Dewey, J. (1964): Demokratie und Erziehung. Eine Einleitung in die philosophische Pädagogik. (Zuerst amerik. : Democracy and Education. 1916) Braunschweig.
Durkheim, E. (1973): Erziehung, Moral und Gesellschaft. (Zuerst franz.: L'éducation morale.1934, sowie : Éducation et sociologie 1922) Neuwied/Darmstadt.
Graser, J. B. (1811): Divinität oder das Prinzip der einzig wahren Menschenerziehung. Hof.
Herbart, J.F. (1989): Über die ästhetische Darstellung der Welt als das Hauptgeschäft der Erziehung (1804). In: Ders.: Sämtliche Werke. Hrsg. v. K. Kehrbach u. O. Flügel. Bd. 1. Aalen, S. 259-274.
Kant, I. (1983): Über Pädagogik (1803). In: Kant-Studienausgabe. Hrsg. v. W. Weischedel. Bd. 10. Darmstadt.

Kraft, V. (1999): Über Schwierigkeiten der Pädagogik, populär zu sein. In: Drerup, H./ Keiner, E. (Hrsg.): Popularisierung wissenschaftlichen Wissens in pädagogischen Feldern. Weinheim, S. 65-61.

Kupffer, H. (1980): Erziehung – Angriff auf die Freiheit. Essays gegen eine Pädagogik, die den Lebenslauf mit Hinweisschildern umstellt. Weinheim.

Lenzen, D. (1994) : Erziehungswissenschaft. Ein Grundkurs. Reinbek.

Lenzen, D. (1997): Professionelle Lebensbegleitung – Erziehungswissenschaft auf dem Wege zur Wissenschaft des Lebenslaufs und der Humanontogenese. In: Erziehungswissenschaft, Jg. 8, H. 15, S. 5-22.

Lenzen, D. / Luhmann, N. (Hrsg.) (1997): Bildung und Weiterbildung im Erziehungssystem. Lebenslauf und Humanontogenese als Medium und Form. Frankfurt a.M.

Luhmann. N. / Schorr, K.E. (1979): Reflexionsprobleme im Erziehungssystem. Frankfurt a.M.

Oelkers, J.(1992): Pädagogische Ethik. Eine Einführung in Probleme, Paradoxien und Perspektiven. Weinheim / München.

Prange, K. (2005): Die Zeigestruktur der Erziehung. Grundriss der Operativen Pädagogik. Paderborn.

Prange, K. / Strobel-Eisele, G. (2006): Die Formen des pädagogischen Handelns. Eine Einführung. Stuttgart.

Sailer, J.M. (1962): Über Erziehung für Erzieher (1807). Paderborn.

Schleiermacher, F. D. (1966): Pädagogische Vorlesungen aus dem Jahre 1826. In: Ders.: Pädagogische Schriften. Bd. 1. Hrsg. v. E. Weniger. Düsseldorf / München.

Schulze, T. (1995): Jenseits der Befangenheit. In: Zeitschrift für Pädagogik, 41, S. 399-407.

Treml, A. (2004): Evolutionäre Pädagogik. Eine Einführung. Stuttgart.

Kapitel 2: Bildung

DIETRICH BENNER / FRIEDHELM BRÜGGEN

A: Bildung – Theorie der Menschenbildung

Die Hauptkonturen des heutigen Bildungsdenkens entstehen im 18. Jahrhundert. Sie verweisen auf eine Vorgeschichte, die bis ins christliche Mittelalter und darüber hinaus bis in die klassische griechische Antike zurückverfolgt werden kann. In dieser kommt der Antike eine herausragende Bedeutung für die Theorie- und Reflexionsgeschichte, dem Mittelalter insbesondere eine wortgeschichtliche Bedeutung zu. Schon die Ursprünge des Bildungsdenkens sind eingebettet in Umbruchsituationen, in denen traditionelle Ordnungsmuster fraglich werden und ihre orientierende und welterklärende Kraft verlieren. In Europa geschieht dies ein erstes Mal in der griechischen Aufklärung, ein zweites Mal in der Aufklärung des 18. Jahrhunderts.

I. Ursprünge des Bildungsverständnisses in Antike und Mittelalter

Dass der Mensch ein Wesen ist, das von seiner Natur her nicht fertig ist, sondern der Bildung bedarf, gehört zu den frühesten Einsichten der griechischen Mythologie, Literatur und Philosophie. So hat Platons Darstellung zufolge bereits Hesiod gezeigt, dass das „Geschlecht der Menschen" ursprünglich „unausgestattet" und „ungeschmückt" war und seine Bestimmung durch Lehren und Lernen, Eingewöhnung und Unterricht finden muss (Protagoras 320 c).

Im Zentrum des Sokratischen Denkens steht die Frage nach dem für den Menschen grundlegenden Verhältnis von Unbildung (*apaideusia*) und Bildung (*paideia*) (Politeia 514 a). In seiner Abhandlung über den Staat lässt Platon Sokrates die Daseinsweise des Menschen mit dem Leben in einer Höhle vergleichen, deren Bewohner gefesselt sind und nur schattenartige Abbilder der Welt wahrnehmen. Im Höhlengleichnis tritt Sokrates als jemand auf, der um das Eingeschlossensein der Menschen in der Höhle weiß und nach einer aus der Höhle hinausführenden Wahrheit sucht. Er verlässt daraufhin die Höhle, wird der Idee des Guten angesichtig und kehrt in die Höhle in der Absicht zurück, gemeinsam mit deren Bewohnern die Grenze zwischen Unbildung und Bildung zu reflektieren und die Möglichkeiten einer guten und gerechten Lebensführung zu erkunden.

Die historische Figur des Sokrates wird von Platon zur Figur eines Lehrers des menschlichen Geschlechts stilisiert, der auf exemplarische und vorbildliche Weise nach der Wahrheit in eigenen und öffentlichen Angelegenheiten fragt, von seinen Mitmenschen aber als ein nicht ernst zu nehmender Zerstörer der ihnen vertrauten Ordnung aus der Gemeinschaft ausgegrenzt wird. Während Sokrates die Bildung des Menschen als einen unabschließbaren, offenen und ungewissen Prozess interpretiert, entwickelt Platon die visionäre Utopie einer in sich vollständig gerechten staatlichen Ordnung, die ihr Maß einer überhistorischen Idee entnimmt, die von den

Einzelnen lernend erkannt werden kann. Dabei verbindet Platon mit Sokrates die Überzeugung, dass die Arbeit an einer Bildung, die zu einer gerechteren Ordnung führt, der eigentliche, keinem anderen Zweck aufzuopfernde Selbstzweck des menschlichen Daseins ist.

Die hier angesprochene Differenzierung zwischen Zwecken, die als Mittel zu höheren Zwecken gebraucht werden, und Selbstzwecken bringt Aristoteles auf einen systematischen Begriff, der zwischen *praxis* und *poiesis* unterscheidet. Während Praxis sich im Horizont einer selbstzweckhaften Ordnung bewegt, dient „poiesis" der Hervorbringung von Mitteln, die als solche nicht selbstzweckhaft sind. Die Bildung des Bürgers zielt auf dessen Befähigung zum guten Handeln in eigenen wie in öffentlichen Angelegenheiten und ist daher wie dieses Handeln selbstzweckhaft strukturiert und keinem anderen Zweck untergeordnet: „Denn das gute Handeln ist selbst ein Ziel." (Nikomachische Ethik 1140 b 7). Hieraus ergeben sich die Unterscheidungen zwischen Arbeit und Muße sowie freien und unfreien Tätigkeiten. Die Bildung des Menschen soll als eine gemeinsame organisiert und auf Bereiche konzentriert werden, die für ein Leben in Freiheit von grundlegender Bedeutung sind. Aristoteles entwickelt auf diese Weise die Idee einer – freilich auf den Kreis der freien Bürger und ihrer Söhne eingeschränkten – allgemeinen und gemeinsamen Bildung, die der Jugend von dem für das gute Leben Nützlichen das für das freie Handeln unbedingt Notwendige vermittelt. Dieses soll nicht eines bloß äußeren Nutzen wegen gelehrt und gelernt werden, sondern weil es eines „freien Mannes würdig und schön" ist (Politik 1838 a). Als Gegenstände, die diese Kriterien erfüllen, nennt Aristoteles Grammatik (Lesen und Schreiben) und Zeichnen sowie Musik und Gymnastik.

Aus dieser frühen Bestimmung entstehen schon in der Antike – bei Isokrates – sowie in kodifizierter Form im frühen Mittelalter die *septem artes liberales* mit dem auf Sprache bezogenen Trivium (Grammatik, Rhetorik, Dialektik) und dem auf reale Wissenschaften bezogenen Quadrivium (Arithmetik, Geometrie, Astronomie, Musik). Sie formulieren zusammengenommen, was unter Allgemeinbildung als einer *enkyklios paideia* zu verstehen ist. In der römischen Antike erweitert Cicero den griechischen Bildungsbegriff, indem er die Studien der allgemeinbildenden Fächer *studia humanitatis* nennt (Pro Archia poeta § 3) und die Praxis des in öffentlichen Angelegenheiten argumentierenden Bürgers, insbesondere des Redners, daran zurückbindet, dass dieser „in all den Fächern (artibus), die eines freien Mannes würdig sind, bewandert ist". (De oratore 1,72)

Im christlichen Mittelalter werden die septem artes ihrer selbstzweckhaften Funktion entkleidet und Teil einer Schulung des Nachwuchses von Klerikern, in welcher der antike Zweckgedanke theologisch ausgelegt und auf eine göttliche Schöpfungsordnung der Welt zurückgeführt wird (Thomas von Aquin). Unter dem Einfluss der deutschen Mystik erfolgt eine Entdogmatisierung, Entsubstanzialisierung und Subjektivierung der antiken und der mittelalterlichen paideia, die für die Entstehung des Wortes und des Begriffs Bildung von entscheidender Bedeutung ist. Die Bildung des Menschen wird von Meister Eckhart, Seuse und Tauler als eine Loslösung sowohl von der Welt und den Dingen als auch vom eigenen Willen gedacht. Die gesamte Welt wird als Emanation des einen christlichen Gottes gedeutet, Bildung als „Entbildung", „Überbildung" und „Einbildung" konzipiert: Der

„mensch müss entbildet werden von der creatur, gebildet werden mit Cristo und
überbildet in der gotheit." (Seuse ≈1300-1366/1907, S, 168; vgl. hierzu auch Dohmen 1964, S. 35ff.)

II. Frühe Neuzeit und Aufklärung

Die durch die Mystik eingeleitete Entdogmatisierung und Subjektivierung der Paideia führt in der Renaissance zu einer Neuaneignung der Antike (vgl. zum Folgenden auch Benner/Brüggen 2004, S. 181ff.). Die Humanisten berufen sich auf Cicero, wenn sie vor allem die Beschäftigung mit den antiken Autoren im Rahmen der studia humanitatis für bildend erachten. Durch diese Studien, die in der familialen oder öffentlichen Erziehung stattfinden können, soll ein Teil der nachwachsenden Generation zum Bürgersein und zur Übernahme öffentlicher Aufgaben befähigt werden. Verwiesen wird insbesondere auf die in den Disziplinen Grammatik, Rhetorik, Geschichte, Dichtung und Ethik kanonisierten Künste (artes), in denen kundig zu sein das Kennzeichen des gebildeten Menschen ist. Die freien Künste sind für die Renaissance-Autoren in Übereinstimmung mit ihren antiken Vorbildern nicht für Reichtum und Ehre, sondern für den Gemeinsinn (*sensus communis*), für Menschlichkeit (*humanitas*) und Tugend (*virtus*) erfunden worden (vgl. Vives 1531/1990, S. 251).

Die zentrale Rolle der Rhetorik hängt mit der humanistischen Deutung der Sprache zusammen. Schon für Petrarca gibt die Sprache durch das Wort Kunde davon, „wie der Geist beschaffen ist, der es formt" (Petrarca 1338/1984, S. 100). Vom umgekehrten Weg, also vom gesprochenen oder geschriebenen Wort der klassischen Autoren, erwartet man eine bildende Wirkung auf den Geist. Erasmus von Rotterdam fasst zusammen, was – unter Berufung auf Cicero – alle Humanisten denken: „Lectio transit in mores" (aus der Lektüre entspringt gutes Handeln) (Erasmus 1516/1933, S. 161).

Die Rezeption der antiken artes-Lehre durch die Renaissance-Autoren führt zu einer Neuausrichtung der Anthropologie. So heißt es bei Erasmus: „Bäume wachsen vielleicht von selbst, die dann allerdings entweder gar keine oder wilde Früchte tragen [...]: aber Menschen [...] werden nicht geboren, sondern gebildet." (Erasmus 1529/1966, S. 115) Was hierunter zu verstehen ist, erläutert Erasmus wie folgt: Die „Natur" hat „den übrigen Geschöpfen Schnelligkeit, Flug, Schärfe des Auges, Größe und Stärke des Körpers, Schuppen, Zotten, Hauthaare, Hörner, Krallen oder Gift verliehen [...], damit sie sowohl für ihre Selbsterhaltung sorgen, als auch sich Nahrung verschaffen und ihre Jungen großziehen können. Nur den Menschen bringt sie zart, nackt und wehrlos zur Welt, aber als Ersatz für alles dies hat sie ihn mit einem für Unterweisung empfänglichen Verstand begabt, weil in dieser einen Gabe alle enthalten sind, wenn man nur auf entsprechende Ausbildung Bedacht nimmt." (Erasmus 1529/1966, S. 112)

Die Bildungsfähigkeit des Menschen wird als Ausdruck einer von Gott gegebenen Bildsamkeit interpretiert, welche den Menschen als freies Wesen auszeichnet. Nach Pico della Mirandolas berühmtem Traktat besteht die Würde des Menschen darin, dass er durch seine Natur nicht determiniert ist und deshalb seine Bestimmung erst durch Vorstellungen erhält, die er selber entwirft. Den als „höchsten Künstler" (optimus artifex) gedachten Gott lässt er zu Adam sagen: „Wir haben dir keinen bestimmten Wohnsitz noch ein eigenes Gesicht, noch irgendeine besondere Gabe verliehen, o Adam, damit du jeden beliebigen Wohnsitz, jedes beliebige Gesicht und alle Gaben, die du dir sicher wünschst, auch nach deinem Willen und nach deiner eigenen Meinung haben und besitzen mögest. [...] Du bist durch keinerlei unüberwindliche Schranken gehemmt, sondern du sollst nach deinem eigenen freien Willen, in dessen Hand ich dein Geschick gelegt habe, sogar jene Natur dir selbst vorherbestimmen. Ich habe dich in die Mitte der Welt gesetzt, damit du von dort bequem um dich schaust, was es alles in dieser Welt gibt. [...] Es steht dir frei, in die Unterwelt des Viehes zu entarten. Es steht dir ebenso frei, in die höhere Welt des Göttlichen dich durch den Entschluss deines eigenen Geistes zu erheben." (Pico della Mirandola 1486/1988, S. 10f.)

Bei Comenius erfährt die von den Renaissance-Humanisten noch auf die Bildung des freien Bürgers ausgerichtete Allgemeinbildung eine Ausweitung, die zwar die Grenzen der bestehenden Geburts- und Berufsstände noch als gottgegeben interpretiert und unangetastet lässt, zum ersten Mal jedoch alle Menschen, also auch Behinderte und Kranke, als bildungsfähig in den Raum einer gemeinsamen Erziehung einbezieht. Die allen zu vermittelnde grundlegende Bildung wird als eine allgemeine Menschenbildung konzipiert, die vor dem Hintergrund der Bürger- und Religionskriege in Europa zu einer „Allgemeinen Beratschlagung über die Wiederherstellung der menschlichen Angelegenheiten" (De rerum humanarum emendatione consultatio catholica) befähigt.

Nicht weniger ambitioniert ist die „Instauratio magna imperii humani in naturam" (Grundlegende Erneuerung der menschlichen Herrschaft über die Natur), die Francis Bacon mit seinem „Novum Organum scientiarum" von 1620 propagiert. Was wie eine bloße „Erneuerung" der Wissenschaft aussieht, die an die Stelle des bis ins Mittelalter wirksamen aristotelischen „Organon" die neue Ordnung der neuzeitlichen Wissenschaft setzt, enthält in Wahrheit ein Reformprogramm, mit dessen Hilfe dem Menschen die legitime Herrschaft zurückgegeben werden soll, die er durch den „Sündenfall" verloren hat. Von der Erforschung der Gesetze der Natur verspricht sich Bacon „Wohltaten", die sich „auf das ganze Menschengeschlecht" erstrecken. Den Erkenntnisfortschritt der neuzeitlichen Wissenschaft verknüpft er mit der Aussicht auf eine bessere Zukunft der gesamten Menschheit (Bacon 1620/1990, 1. Buch, Aphorismus 129). An die Stelle der auf die Antike zurückgehenden teleologischen „Antizipationen der Natur", die nur Irrtümer (idoli) produzierten, soll eine richtige „Interpretation der Natur" treten, die allein auf dem Weg experimentell kontrollierter Induktion gewonnen werden kann. Die auf diese Weise abgesicherte Urteilsbildung denkt Bacon in Sinne der Logik eines Erfindens, die die Zufälligkeit bisherigen Entdeckens und Forschens in eine systematische Ordnung überführt: „Wie viel bedeutender wird es erscheinen, etwas zu erfinden, durch das alles leicht erfunden werden kann." (ebd.)

Die wissenschafts- und bildungsgeschichtliche Bedeutung Bacons liegt nicht nur in seiner Option für eine neue Methode, sondern zugleich in der Forderung nach einer strikten Trennung von Religion und Wissenschaft. Der *Advancement of Learning* (Bacon 1605) ist für ihn nur auf der Grundlage einer von jeglichem religiösen

Dogma freien wissenschaftlichen Tätigkeit möglich. Die bildungstheoretisch bedeutsame Differenz von Wissenschaft und Religion soll nach Bacon jedoch nicht zum Atheismus, sondern zu einem tieferen religiösen Verstehen führen. Sein utopischer Entwurf „Nova Atlantis" weist den von jeder Bevormundung durch Religion freigestellten forschenden Wissenschaftlern – ähnlich wie Platon in seinem Idealstaat – eine herausragende und quasi-religiöse Stellung zu (vgl. Lüsse 1998, S. 158ff.). Die für das Wohl des Volkes und des Staates arbeitenden Wissenschaftler produzieren ein Wissen, das nur unter den Wissenschaftlern kommuniziert werden soll und – anders als jenes der „Consultatio catholica" des Comenius – nicht öffentlich beraten werden darf.

Dass die von Bacon und anderen favorisierte neue Methode in bildungstheoretischer Hinsicht mit gravierenden Problemen verbunden ist, hat als einer der ersten Gian Battista Vico erkannt. Er vergleicht die Vorteile der neuen naturwissenschaftlichen Betrachtungsweise mit den Nachteilen, die von ihrer Anwendung auf das moralische und bürgerliche Leben ausgehen. Sie dient in Natur und Gesellschaft zur Steigerung menschlicher Macht über alle bis dahin bekannten Ausmaße hinaus, taugt aber nicht im Bereich einer abwägenden Urteilskraft und einer an vernünftigen Zwecken ausgerichteten Praxis (siehe Vico 1708/1947, S. 59ff.; vgl. auch Habermas 1939[3], S. 16f.).

Rousseau teilt die von Vico geäußerten Zweifel an der Übertragbarkeit der neuzeitlichen Wissenschaft auf das moralische und politische Leben, greift aber die von Bacon vorgenommene Entgrenzung der menschlichen Lernfähigkeit auf. In seinem „Diskurs über den Ursprung und die Grundlagen der Ungleichheit unter den Menschen" (1755) gibt er ihr eine bildungstheoretische Deutung, welche die herausragende Qualität des Menschen nicht in der Entwicklung geschichtlich bereits gegebener Fähigkeiten, sondern in der Fähigkeit (perfectibilité) erblickt, beliebige Fähigkeiten zu entwickeln. Die Entfesselung der menschlichen Lernfähigkeit geht nach Rousseau mit einer grundlegenden Ambivalenz einher, denn von ihr gehen sowohl humanisierende wie enthumanisierende Wirkungen aus. Rousseaus Auslegung der *perfectibilité* rückt das Faktum der entfremdeten Entwicklung der menschlichen Gattung in eine Differenz zu einer noch ausstehenden humanen Entwicklung. Die bloße Entfesselung der Fähigkeiten des Menschen macht diesen „auf Dauer zum Tyrannen seiner selbst", wenn es ihm nicht gelingt, sich zu der von ihm selbst geschaffenen Welt reflexiv zu verhalten (Rousseau 1755/1984, S. 105). Die Möglichkeit hierzu entspringt nicht unmittelbar der menschlichen Natur und kann auch nicht durch äußere Einwirkungen und Anreize gesichert werden. Humane Selbstbestimmung wird erst möglich, wenn das Lernen zu einem bildenden Umgang mit dem im Lernen selbst erworbenen Wissen befähigt. Rousseaus neues Verständnis des Lernens führt zu einer Neubestimmung dessen, was Bildung heißt. Die Offenheit und Unbestimmtheit der perfektiblen menschlichen Natur lässt keine teleologische Ausrichtung des Bildungsprozesses an substanziellen sittlichen Normen, staatlichen Ordnungsvorstellungen oder als absolut gesetzten religiösen Wahrheiten mehr zu, sondern verlangt nach einer Neujustierung des Bildungsbegriffs, die wesentlich über Kritik vermittelt ist.

III. Der deutsche Bildungsbegriff

Der deutsche Bildungsbegriff gibt dem bis auf die Mystik zurückzuverfolgenden Wort Bildung in Fortführung und Erweiterung des Erbes des Renaissance-Humanismus und in Aneignung der Gesellschafts- und Erziehungskritik Rousseaus sowie der Moralphilosophie Kants eine neue Bedeutung (vgl. zum Folgenden auch Benner/Brüggen 2004, S. 193ff.). Eine erste Fassung erhält er in Herders Schrift „Auch eine Philosophie der Geschichte zur Bildung der Menschheit" von 1774. Herder knüpft der Sache nach an Vicos Gewinn- und Verlustbilanz neuzeitlicher Rationalität sowie an Rousseaus Begriff der perfectbilité an. Er wiederholt den Grundgedanken der „perfectibilité", wenn er sagt, „daß unser Geschlecht selbst aus sich machen muß, was aus ihm werden kann und soll" (Herder 1794/1968, S. 153). Im Unterschied zu Rousseau ist für Herder Bildung in der zurückliegenden Geschichte und Kultur der Menschheit aber in gewisser Weise bereits Wirklichkeit geworden, so dass die Geschichte als „Spiegel der Menschen und Menschenalter", als „Licht der Zeiten", als „Fackel der Wahrheit" interpretiert werden kann (Herder 1798/1968, S. 243). Nach Herder arbeitet sich die Menschheit in ihrer Geschichte in unabschließbarer Weise zur Bildung empor. Geschichte wird dadurch zu einer *Bildungsgeschichte der Menschheit*, deren Reichtum die unendliche Bildsamkeit der Menschheit dokumentiert. Als Bildungsgeschichte wird die Geschichte selbst zu einer Bildungsmacht, so dass ihre Aneignung zur Bedingung für weitere Bildung wird: „Empfinge der Mensch alles aus sich und entwickelte es abgetrennt von äußeren Gegenständen: so wäre zwar eine Geschichte des Menschen, aber nicht der Menschen, nicht ihres ganzen Geschlechts möglich. Da nun aber unser specifischer Charakter eben darin liegt, dass wir, beinahe ohne Instinct gebohren, nur durch eine lebenlange Uebung zur Menschheit gebildet werden, und sowohl die Perfectibilität als die Corruptibilität unseres Geschlechts hierauf beruhet: so wird eben damit auch die Geschichte der Menschheit nothwendig ein Ganzes, d.i. eine Kette der Geselligkeit und bildenden Tradition vom ersten bis zum letzten Gliede. Es gibt also eine Erziehung des Menschengeschlechts" (Herder 1784-1785/1967, S. 345).

Wie Pico, Rousseau und Herder betont auch Fichte, dass sich beim Menschen „lediglich eine Bestimmbarkeit ins Unendliche (findet); keine Bildung desselben, sondern nur Bildsamkeit. [...] Jedes Thier ist, was es ist: der Mensch allein ist ursprünglich gar nichts. [...] Die Natur hat alle ihre Werke vollendet, nur von dem Menschen zog sie die Hand ab, und übergab ihn dadurch an sich selbst. Bildsamkeit, als solche, ist der Charakter der Menschheit" (Fichte 1796/1971, S. 79f.). Bildung denkt Fichte als einen Prozess, in dem jedes Individuum seine eigene Bestimmung hervorbringt. In diesem Prozess lernen die Einzelnen, ihre selbsterworbene Bestimmung Anderen mitzuteilen und die Bereitschaft zu entwickeln, von diesen zu empfangen, was sie selbst nicht können (ebd., S. 59f.). Vergleicht man Herders und Fichtes Verständnis von Bildsamkeit und Bildung miteinander, so zeigt sich, dass ersterer die Vermittlung zwischen Perfektibilität und Geschichte als immer schon geleistet unterstellt, letzterer hingegen – wegen der Verdorbenheit des gegenwärtigen Zeitalters – als gänzlich noch ausstehend ansetzt.

Nach Herder steht die Aneignung von Geschichte, Sprache und Kultur im Vordergrund der Bildung. Fichte dagegen bindet die Möglichkeit von Bildung an die

Hervorbringung von Neuem und die Erziehung eines neuen Menschen zurück. Die „neue Erziehung" konzipiert er als eine Freisetzung des „Vermögens", „Bilder, die keineswegs bloße Nachbilder der Wirklichkeit [...], sondern die da fähig sind, Vorbilder derselben zu werden, selbstthätig zu entwerfen" (Fichte 1808/1971, S. 285). Dabei unterscheidet er zwei Ausprägungen des „neuen Menschen": diejenige des philosophisch gebildeten „Gelehrten", der „eine vorzügliche Gabe zum Lernen, und eine hervorstechende Hinneigung nach der Welt der Begriffe zeigt", und diejenige des für reproduktive Arbeiten bestimmten „Ungelehrten", der „das Menschengeschlecht auf dem Standpunkte der Ausbildung, die es errungen hat, durch sich selbst zu erhalten" in der Lage ist (ebd., S. 426).

Während Fichte Bildung als gelingende Wechselwirkung einer neue Vorstellungen frei entwerfenden *Selbsttätigkeit* mit sich selbst denkt, deutet Hegel den Vorgang der Bildung als einen Prozess, in dem sich das einzelne Subjekt aus den es umgebenden Traditionszusammenhängen löst und an sich selbst sowie an der Welt die Erfahrung einer *Zerrissenheit* macht, die durch Bildung erfahren, nicht aber überwunden werden kann (vgl. Hegel 1807/1970, S. 384-390). Hegel hat die Lernfähigkeit des Menschen nicht mit der Erwartung verknüpft, durch Bildung könne die Welt vernünftig werden. Lernen und Bildung fasst er vielmehr als die Fähigkeit, in die Welt des objektiven Geistes gleichsam eintauchen zu können (vgl. Hegel 1809/1970, S. 319). Der Bildungsprozess erfordert, dass der Mensch von sich selbst, seinen Neigungen und Interessen sowie seiner „unfreien Sphäre des Gefühls und des Triebes" (ebd. S. 348) Abstand nimmt und seiner unmittelbaren Daseinsweise entfremdet wird. Diese „Entfremdung" aber, „welche Bedingung der theoretischen Bildung ist", erfordert die „Anstrengung der Vorstellung, sich mit einem Nicht-Unmittelbaren, einem Fremdartigen [...] zu beschäftigen" (ebd., S. 321), das Hegel insbesondere in den antiken Sprachen, aber auch in den Wissenschaften zu erkennen glaubt.

In der „wissenschaftlichen Bildung" hat Hegel eine auch in moralischer Hinsicht „befreiende Macht" gesehen (Hegel 1811/1970, S. 348). Die Unabhängigkeit, zu der solche Bildung befähigt, ist nicht diejenige einer unbedingten Moralität im Sinne Kants. Überhaupt hat Hegel zufolge die Pädagogik nicht die Aufgabe, die Menschen moralisch, sondern vielmehr jene, sie „sittlich" zu machen. Die Vernunft aber vollendet und verwirklicht sich für ihn nicht schon in der bürgerlichen Gesellschaft als einem expandierenden System der Bedürfnisse, sondern im Staat als der Wirklichkeit der sittlichen Idee. Insofern erneuert Hegel auf dem Boden der entstehenden modernen Gesellschaft und des modernen Staates die antike Auffassung, dass das Individuum erst dadurch zu seinem Recht gelangt, dass es „Bürger eines Staats von guten Gesetzen" ist (Hegel 1821/1970, § 153; vgl. hierzu Ritter 1965).

Anders als für Hegel kann Bildung nach W. von Humboldt nicht über Staat und Gesellschaft definiert werden. So fordert er, dass „die freieste, so wenig als möglich schon auf die bürgerlichen Verhältnisse gerichtete Bildung des Menschen überall vorangehen" müsse, und dass der „so gebildete Mensch [...] dann in den Staat" trete „und die Verfassung des Staats sich gleichsam an ihm" prüfe (Humboldt 1792/1960, S. 105f.). Humboldt denkt Bildung als eine *freie Wechselwirkung von Mensch und Welt*, die er als Wechselwirkung von Selbsttätigkeit und Empfänglichkeit beschreibt. Danach ist Bildung ein Prozess der „Verknüpfung unseres Ichs mit der

Welt" (Humboldt 1793-95/1960, S. 236), in dem weder die Welt ihre definitive Bestimmung durch den Menschen noch dieser die seinige durch die Welt erhält. Bildung vollzieht sich vielmehr in einer offenen Dialektik von Welterfahrung und Weltentwurf. In ihr steht die Welt dem Menschen niemals nur als bekannte, sondern stets zugleich als unbekannte und fremde gegenüber. Die Rückkehr aus solcher *Entfremdung* will nicht vor neuer Fremdheitserfahrung immunisieren, sondern dient der Transformation von Erfahrung in neue Entwürfe, aus denen wiederum neue Erfahrungen hervorgehen können. So gesehen kann Humboldt sagen, dass sich der Geist der Menschheit nicht in der bisherigen Geschichte erschöpft, sondern ein „unbekanntes Etwas" ist (Humboldt 1797, S. 507). Von daher ist es nur konsequent, dass Humboldt in den preußischen Reformen als ein Bildungspolitiker auftritt, der nicht für die Etablierung einer „öffentlichen Staatserziehung" votiert, sondern dem Staat die Aufgabe zuweist, in Schulen wie Universitäten der allgemeinen Menschenbildung einen zeitlichen Vorrang vor jeder beruflichen Spezialisierung einzuräumen. Auf diese Weise soll erreicht werden, dass die Einzelnen und die gesellschaftlichen Tätigkeiten aus den Zwängen der traditionellen Berufsstände befreit werden. Die Idee allgemeiner Menschenbildung gilt auch für die von Humboldt eingeleitete Reform der Universität. Auf ihr sollen die Wissenschaften nicht als fertige dogmatische Lehrgebäude, sondern als philosophisch-empirische Forschungsdisziplinen gelehrt werden. Für Humboldt ist nämlich Wissenschaft „etwas noch nicht ganz Gefundenes und nie ganz Aufzufindendes", das es „unablässig [...] zu suchen" gilt (Humboldt 1809-1810/1964, S. 257).

IV. Diskursfelder des modernen Bildungsdenkens

IV.1. Problemlinien des Bildungsverständnisses im 19. und im 20. Jahrhundert:
Bildung und Wissenschaft – Bildung und Kultur – Bildung und Selektivität

Die im Bildungsbegriff des Neuhumanismus und des deutschen Idealismus gedachte Einheit von Wissenschaft, Aufklärung und Vernunft verliert in der Folgezeit ihre Überzeugungskraft. Die technischen und wissenschaftlichen sowie die gesellschaftlichen und politischen Veränderungs- und Modernisierungsprozesse des 19. und des 20. Jahrhunderts lassen daher eine umstandslose Fortschreibung dieses Bildungsverständnisses nicht mehr zu. Gleichzeitig zeigen aber die mit diesen Prozessen verbundenen und aus ihnen hervorgehenden Krisen einen Orientierungsbedarf an, auf den ohne eine erinnernde Vergegenwärtigung dessen, was einmal Bildung war, nicht angemessen geantwortet werden kann. Die hier angesprochenen Schwierigkeiten lassen sich nach drei Problem- und Prozesslinien beschreiben.

Ein zentraler Faktor dieses Wandels, der zum Mythos Humboldt ebenso wie zum Mythos Bildung beigetragen hat, betrifft die von Wilhelm von Humboldt in dieser Form nirgends ausgesprochene, der Sache nach aber zutreffende Formel *Bildung durch Wissenschaft*. Die im 19. Jahrhundert einsetzende Differenzierung und Positivierung der Einzelwissenschaften führt zu einem Wissenschaftsverständnis, das der Humboldtschen Forderung nach einer engen Verbindung philosophischer Reflexion und einzelwissenschaftlicher Forschung im Grunde nicht mehr entspricht. Die Methodisierung und Professionalisierung führt zu einer Entsubjektivierung der wissenschaftlichen Arbeit, die der Formel ‚Bildung durch Wissenschaft', die der subjektiven Aneignung von Wissenschaft eine die Welt zugleich kultivierende und das Selbst bildende Wirkung zusprach, den Boden entzieht. Aus der Idee einer Bildung durch Wissenschaft wird die Formel von „Wissenschaft als Beruf" (M. Weber 1919). Gleichwohl ist, auch und gerade unter den Bedingungen einer globalen wissenschaftlichen Zivilisation, ein Bildungsverständnis, das nicht auch über Wissenschaft vermittelt wäre, ebenso unzulässig wie ein Wissenschaftsverständnis, dem die Frage nach seiner bildenden Bedeutung gänzlich fremd geworden wäre.

Der zweite Gesichtspunkt erinnert daran, dass der klassische deutsche Bildungsbegriff neben der Wissenschaft als ein weiteres Medium von Bildung die Kunst – und die Religion – ansieht (vgl. Taylor 1975/1978). Die mannigfaltigen Verbindungen von Bildung mit wichtigen Medien ihrer Aneignung und Repräsentation werden im 19. und in weiten Teilen des 20. Jahrhunderts einerseits auf eine Symbiose von *Bildung und Kultur* eng geführt. Sie erfährt anderseits eine Auflösung, in der an die Stelle der angestrebten Verbindung von Weltbildung und Selbstbildung die methodologische Trennung von Tatsachenaussagen und Werturteilen tritt. Für Humboldt war dagegen Bildung noch an die Prämisse gebunden, dass der sich Bildende „so viel Welt, als möglich zu ergreifen, und so eng, als er nur kann, mit sich zu verbinden" sucht (Humboldt 1793-95/1960, S. 235). Zur „Welt" im Humboldtschen Verständnis gehören neben Wissenschaft und Kunst, wie Humboldts frühe bildungstheoretische Versuche zeigen, auch ganz konkrete kommunikative „Verbindungen", insbesondere Freundschaft, Geselligkeit und Teilnahme am öffentlichen Leben. Humboldts Bildungsverständnis war, trotz seiner Hervorhebung der altsprachlichen Bildung, nie so eng, wie es eine spätere, einseitig über den Kulturbegriff gesteuerte Kanonisierung glauben machen wollte. Die im 19. und auch noch im 20. Jahrhundert als „Deutungsmuster" (Bollenbeck 1994) entstandene Symbiose von Bildung und Kultur hat dazu geführt, dass Bildung primär, wenn nicht ausschließlich als „Geisteskultur" (Adorno 1959/1972; 1962/1977) verstanden und damit an die im 19. Jahrhundert erst entstandenen Geisteswissenschaften sowie an den Bruch zwischen Natur- und Geisteswissenschaften gebunden wurde. Diese Verengung von Kultur zur Geisteskultur ist in den aktuellen kulturtheoretischen Debatten zwar überwunden, so dass zur Kultur – und erst recht zur ‚Welt' im Sinne Humboldts – die Welten der Wissenschaft (Naturwissenschaft), der Technik, der Politik und der Ökonomie gezählt werden können, was freilich umgekehrt nicht verdrängen darf, dass Bildung auch auf Erfahrungen angewiesen ist, die in hochkulturellen Ausdrucksformen wie Philosophie, Literatur, Kunst und Religion zum Ausdruck kommen.

Der dritte Gesichtspunkt betrifft die im Neuhumanismus selbst schon eingeleitete Institutionalisierung von Bildung. In der nachhumboldtschen Epoche wird Bildung, – nicht trotz, sondern gerade wegen der folgenreichen neuhumanistischen Unterscheidung von Bildung und Ausbildung – auf höchst komplexe Weise mit Berechtigungen, also mit *Beruf und Ausbildung* verbunden. In den schulpolitischen Kämpfen um das Berechtigungswesen vor allem im höheren allgemeinbildenden Schulsystem des 19. Jahrhunderts werden selektive und damit restriktive Möglichkeiten des Bildungswesens offenkundig, die – den neuhumanistischen Intentionen zuwider – Bildung zum bürgerlichen Standesprivileg machen. Die über Bildung (und Besitz) gesteuerten Privilegierungsprozesse nehmen in der zweiten Hälfte des 20. Jahrhunderts veränderte Formen an, ohne dass dadurch der „Widerspruch von Bildung und Herrschaft" (Heydorn 1970) aufgelöst werden konnte. Dieser Diagnose steht freilich nicht entgegen, dass Bildung, insbesondere in ihren institutionellen Formen von Schule und Universität, auch weiterhin unvermeidlich mit (sozialen) Differenzierungsfolgen verbunden sein wird.

IV.2. Bildung und Geschichte

In welcher Weise die im ausgehenden 19. und im 20. Jahrhundert unternommenen Versuche einer Neufassung des Bildungsbegriffs einerseits noch vom Erbe des deutschen Idealismus bestimmt sind, andrerseits dieses Erbe mit Entschiedenheit abzuschütteln versuchen, zeigt sich am Verhältnis von Bildung und Geschichte. Ging der deutsche Idealismus noch davon aus, dass Vernunft nur durch Vernunft gebildet werden könne, so vertrat die im 19. und im 20. Jahrhundert vollzogene nachidealistische *Historisierung der Vernunft* die Auffassung, mit den historischen Artikulationsformen der Vernunft als Medium der Bildung sei zugleich auch das sich bildende Subjekt unaufhebbar historisch.

Am Anfang dieser Entwicklung steht eine radikale Kritik der Philologisierung und der Verwissenschaftlichung der historischen Bildung. Nietzsches zweite unzeitgemäße Betrachtung diagnostiziert in der herrschenden Form der Bildung ein „historisches Fieber", welches „dem Zwecke des Lebens" widerspricht. Dem historistischen Wissenschaftsverständnis seiner Zeit strikt zuwiderlaufend, empfiehlt er „das Unhistorische und das Historische [...] gleichermaßen für die Gesundheit eines einzelnen, eines Volkes und einer Kultur" zuzulassen (Nietzsche 1873/ 1966, S. 210).

Um eine Überwindung des Historismus bemüht sich auch die Philosophie Wilhelm Diltheys, die für das Selbstverständnis der Geisteswissenschaften seiner Zeit entscheidende Weichen gestellt hat (vgl. zum Folgenden Brüggen 2003). Auf ihrem Boden gelingt es, einerseits die Erziehungswissenschaft als historische Kulturwissenschaft zu begründen, die nicht primär empirische Forschungsdisziplin und auch nicht Berufwissenschaft des Lehrers und Erziehers ist, sondern philosophische Theorie als Lehre von Persönlichkeits- und Lebensformen (vgl. Herrmann 1978, S. 198f.). Die an Dilthey anknüpfende geisteswissenschaftliche Pädagogik nimmt bei Nohl, Flitner und Weniger zugleich die bildungstheoretischen Intentionen, die Diltheys Denken insgesamt zu Grunde liegen, auf. Die von Dilthey wissenschaftstheoretisch begründeten Geisteswissenschaften treten das Erbe des Neuhumanismus an, wenn sie den geisteswissenschaftlich Gebildeten als ein „bewusst mitgestaltendes Organ" des gesellschaftlichen Lebens interpretieren: „nur in der Rückwirkung auf Leben und Gesellschaft erlangen die Geisteswissenschaften ihre höchste Bedeutung" (Dilthey 1883/1973, S. 138). Ihren höchsten Punkt erreicht diese geisteswissenschaftliche Bildung im historischen Bewusstsein von der Endlichkeit jeder geschichtlichen Erscheinung, in der Dilthey den „letzten Schritt zur Befreiung des

Menschen" erblickt, durch welchen das „Leben [...] frei vom Erkennen durch Begriffe" wird (ebd. S. 290).

In einer über Nietzsche vermittelten Abgrenzung zum historistischen Verständnis von Bildung entstehen im 20. Jahrhundert existenzialontologische und hermeneutische Bildungskonzeptionen, die unter Berufung auf Heideggers existenziale Deutung der Geschichtlichkeit und der Zeitlichkeit des Menschen den Bildungsbegriff grundlegend neu zu bestimmen suchen. So hat der Freiburger Philosoph und Erziehungswissenschaftler Eugen Fink die bei Dilthey und der Geisteswissenschaftlichen Pädagogik eingetretene „Absolutsetzung" der Geschichte wegen ihrer irrigen Annahme kritisiert, was der Mensch sei, teile ihm nur seine Geschichte mit (Fink 1978, S. 11). Die Diltheysche These müsse vielmehr so umgekehrt werden, dass ein „ontologischer Begriff von der Historizität des Menschen" (ebd., S. 12) entstehe. Mit Verweis auf Heidegger führt Fink aus, nicht aus den Objektivationen und Hervorbringungen des Menschen könne erkannt werden, was der Mensch sei; dessen „Geschichtlich-*sein*" (ebd., S. 12) müsse vielmehr von seiner „Imperfektheit", d.h. von seiner „seltsamen Seinsverfassung" her verstanden werden, „sich zu sich selbst zu verhalten und im fortwährenden Umgang mit sich selber zu existieren" (Fink 1963, S. 77).

Ebenfalls an Heidegger anknüpfend, aber anders als Fink, betont die philosophische Hermeneutik Hans Georg Gadamers die verstehenstheoretischen Implikationen der Geschichtlichkeit, die sich in der „Zugehörigkeit des Interpreten zu seinem Gegenstand" zeigen (Gadamer 1990, S. 266f. und S. 270ff.). Vor allem das „Prinzip der Wirkungsgeschichte" ist in diesem Zusammenhang von zentraler Bedeutung (ebd., S. 305). Erst Sprache, Tradition und Überlieferung versetzen den Interpreten in die Lage, einen Text verstehend sich zu erschließen. Die für Bildung konstitutive „Verschmelzung der Horizonte" setze aber die „unaufhebbare Differenz" zwischen Interpret und seinem Gegenstand voraus, so dass die „Ausschöpfung des wahren Sinnes" nirgends „zum Abschluss" gelange, „sondern ... in Wahrheit ein unendlicher Prozess" sei (ebd., S. 303).

Gadamers These vom Vorrang des wirkungsgeschichtlichen Seins vor dem Bewusstsein hat Günther Buck in eine stufenförmige Strukturtheorie der Erfahrung aufgenommen, welche der reflexiven Auseinandersetzung mit negativen Erfahrungen einen bildenden Wert beimisst. So sei hermeneutische Erfahrung stets ein Akt der „Bewusstmachung", in der Antizipationen und Erwartungen sich als irrig erweisen und fraglich werden können. Solche Bewusstmachung vollziehe sich als ein Akt der Aufklärung und der Bildung, der nie an ein Ende komme, sondern stets neue Möglichkeiten von Welt- Erfahrung und Selbsterfahrung eröffne (Buck 1981, S. 35). Hermeneutische Erfahrung könne auf diese Weise jeweils geltende Handlungsnormen und -orientierungen auflösen, entnehme aber die „Maßstäbe ihrer Kritik" jenem wirkungsgeschichtlichen Zusammenhang, dem sie selbst unaufhebbar angehöre. Sie steht daher nach Buck und Gadamer unter der fortwährenden Auflage, diese Wirkungsgeschichte „in einem steten Lernprozess zu bewähren" (ebd., S. 196; vgl. auch Buck 1967).

IV.3. Bildung und Technik

Während geisteswissenschaftliche Bildungstheorien Sprache, Literatur und Kunst als herausragende Medien der Bildung interpretieren, gelingt es den existentialontologischen Deutungen der Geschichtlichkeit des Menschen, auch der modernen Technik und Wissenschaft einen bildenden Wert zu sichern. Nach Fink ist moderne Kultur eine wissenschaftliche Kultur, die ein „technisches Gepräge" zeigt. In der Welt der „entfesselten Produktion" (Fink 1966, S. 35) seien nicht Harmonie und Persönlichkeit, sondern Gegensatz und Antinomie die zentralen Bestimmungen, an denen sich bildungstheoretisches Nachdenken bewähren müsse. Hierdurch werde „technische Bildung" zu einer weltgeschichtlich relevanten Form der „Selbstgestaltung der menschlichen Freiheit" (Fink 1963, S. 177). Finks Deutung der Technik huldigt nicht einem naiven Fortschrittsglauben, sondern insistiert darauf, dass Wissenschaft und Technik als Formen der menschlichen Daseinsauslegung in die „Selbsterkenntnis" aufzunehmen sind (vgl. auch Schütz 1987).

Zugleich erinnert Fink an die Endlichkeit und Gebrechlichkeit des Menschen. Diese Spannung zwischen der technischen *Selbstgestaltung der menschlichen Freiheit* und ihrer Endlichkeit verfolgt er in seinen sozialphilosophischen Arbeiten, welche die Koexistenzialität des Menschen zum Thema haben (vgl. Meyer-Wolters 1997). In den Koexistenzialien der Arbeit und der Herrschaft kommt der verfügende Selbst- und Weltgestaltungswille des Menschen zum Ausdruck. Die Koexistenzialien Tod und Liebe brechen demgegenüber mit dieser Verfügungsmacht und erinnern an das, was dem Menschen immer unverfügbar bleibt. Im Medium von Spiel und Kult werden Spannungen und Widerstreit zwischen den Koexistenzialien durchlaufen und überwunden (Fink 1979). Die Bildung nimmt im koexistenzialen Dasein des Menschen eine eigentümliche Zwischenstellung ein. In der Moderne gehört sie – wie Arbeit und Herrschaft – auch der Sphäre der produzierenden Freiheit an, die sich längst vom antiken und christlichen „Vorrang des Ewigen" emanzipiert habe (Fink 1963, S. 169); zugleich reflektiere Bildung seit je her die „Endlichkeit unseres menschlichen Daseins" und wisse um die „Gebrechlichkeit unserer Macht" (Fink 1963, S. 175). Einen Ausweg aus dieser Spannung liefere weder die herrschaftsfreie Kommunikation noch der technische Staat. Als gangbarer Weg, mit den Spannungen umzugehen, eignet sich nach Fink allein eine konfliktreiche „Beratung", die keinem „vorbekannten Zielsinn" folgt (Fink 1970, S. 206).

Solche nach-teleologischen Konfliktlinien werden von H. Schelsky und H. von Hentig unterschiedlich justiert. Schelsky konstatiert in seiner Studie „Der Mensch in der wissenschaftlichen Zivilisation" (1961) eine Ausweitung des technischen Paradigmas auf alle Lebensbereiche und prognostiziert – wie A. Gehlen und H. Freyer – den Übergang des politischen in den *technischen Staat*, in dessen Folge die Demokratie ihre Substanz verlieren werde. Gleichzeitig hält Schelsky jedoch am Anspruch von Bildung fest, „eine geistige und sittliche Souveränität gegenüber den Zwängen der Welt und des praktischen Lebens" zu sichern (Schelsky 1961, S. 478). Von Hentig vermeidet den von Schelsky festgeschriebenen Gegensatz von Sachzwang und Bildung und weist der Bildung die Aufgabe zu, in pädagogischen Institutionen neue Spielräume für eine kritische Auseinandersetzung mit den „Systemzwängen" der modernen Welt zu stiften und mit Horizonten einer „Selbstbestimmung" zu experimentieren, die auf eine *Wiederherstellung des Politischen* abzielen (vgl. von Hentig 1969; 1973, S. 123).

IV.4. Bildung, Qualifikation und Kompetenz

In der zweiten Hälfte des 20. Jahrhunderts ist eine Abkehr vom Modell allgemeiner Menschenbildung und eine Hinwendung zu Konzepten zu beobachten, welche die Trennung von selbstzweckhafter und utilitärer Bildung zu überwinden sucht.

Zu Beginn der 60er Jahre spricht F. von Cube vom Gegensatz von *Allgemeinbildung und produktiver Einseitigkeit*, den es zu Gunsten letzterer aufzuheben gelte. Die viel beklagte „Stofffülle" werde von der „sogenannten Allgemeinbildung" selbst produziert und könne erst gemeistert werden, wenn „produktive Einseitigkeit und philosophische Vertiefung" nicht länger im Medium des Allgemeinen, sondern im Medium des Speziellen miteinander verknüpft werden (von Cube 1960, S. 15).

Eine völlige Neukonstruktion der Curricula und eine „Rücknahme bildungstheoretischer Entwicklungen in Deutschland" glaubt S.B. Robinsohn dadurch erreichen zu können, dass er Bildung und Erziehung auf eine „Ausstattung zur Bewältigung von Lebenssituationen" verpflichtet. Er versucht, einen Ableitungszusammenhang zu konstruieren, der die „Grenzen der Didaktik" zu überwinden und aus wissenschaftlichen Prognosen *künftiger Lebenssituationen* die zu deren Bewältigung erforderlichen Qualifikationen zu bestimmen und aus diesen wiederum die curricularen Inhalte schulischen Lernens zu gewinnen verspricht (Robinsohn 1967; 1971, S. 1 und S. 45).

Während Robinsohns Neuansatz an der Unstimmigkeit seiner eigenen Prämissen scheitert und keinerlei Forschungsresultate hervorbringt, erlangt von Cubes Prinzip „produktiver Einseitigkeit" praktische Geltung im „Kollegschulversuch NW", der am Vorrang der allgemeinen Menschenbildung festhält und Allgemeinbildung mit beruflicher Bildung in *doppeltqualifizierenden Bildungsgängen* zusammenführt (vgl. Kollegstufe NW 1972; vgl. auch Blankertz 1971). Zwischen den Ansprüchen einer auch die Berufe immer weiter verwissenschaftlichenden Zivilisation, den Erfordernissen einer demokratischen Gesellschaft, welche Privilegien überwindet und neue Aufstiegsmöglichkeiten schafft, und den Möglichkeiten und Aufgaben der Bildung erblickt Blankertz einen auf Abstimmung und Kohärenz zielenden Zusammenhang: „Die Welt der technisch-wissenschaftlichen Zivilisation verlangt eine gründliche, hinsichtlich der Zeitdauer immer länger, weil notwendiger Weise immer theoretischer werdende Ausbildung. Das gilt sowohl von der Grundausbildung, die den Menschen befähigen muss, mit den praktischen Anforderungen des Lebens fertig zu werden, als auch von der Berufsausbildung, die unter den Bedingungen des schnellen technischen Fortschritts, der sozialen Mobilität und des volkswirtschaftlich geforderten Vorgangs vielfältigen Berufswechsels einen viel größeren Raum ausnimmt als früher." (Blankertz 1968, S. 73.) Damit sei die vom Neuhumanismus propagierte „Trennung von Bildung und Ausbildung, Theorie und Praxis, Aufstieg und Beruf völlig unhaltbar geworden" (ebd.).

Die heutige internationale Schulleistungsvergleichsforschung der PISA-Projekte steht weder unter den Prämissen der Sicherung produktiver Einseitigkeit noch unter der Annahme eines curricular auszulegenden Ableitungszusammenhangs schulischer Lerninhalte aus künftigen Verwendungssituationen. Sie verfolgt auch nicht die Absicht einer bildungstheoretisch ausgewiesenen Verknüpfung von allgemeiner und beruflicher Bildung. Sie gründet sich vielmehr auf eine Konstruktion mehr oder weniger plausibler Aufgaben und Aufgabenfolgen, für deren Lösung domänenspezifische und fächerübergreifende Kompetenzen erforderlich sind (vgl. Deutsches PISA-Konsortium 2001). Dem in den genannten Projekten gewählten Forschungsarrangement gelingt es einerseits, Kompetenzen wie Lesekompetenz und die Fähigkeit zur mathematisch-naturwissenschaftlicher Modellbildung zu erfassen, deren Erwerb auf schulische Lehr-Lern-Prozesse angewiesen ist. Die Ergebnisse zeigen jedoch, dass die Spannbreite der gemessenen Kompetenzen gerade nicht vorrangig auf schulische Lehr-Lernprozesse zurückgeführt werden kann, sondern vor allem auch durch außerschulische Faktoren beeinflusst wird. Umstritten ist auch, inwieweit die Konstruktion der Testaufgaben Ansprüchen einer bildungstheoretischen ausgewiesenen inhaltlichen Orientierung von Unterricht und Erziehung genügt (vgl. Benner 2006). Die *Entwicklung von Bildungsstandards* für reflexive Kompetenzen im ästhetisch-literarischen sowie moralisch-evaluativen und religiösen Bereich sowie für einen auch problematisierenden und räsonierenden Vernunftgebrauch steht noch aus bzw. findet sich erst in den Anfängen (vgl. Ruhloff 1996).

IV.5. Grundbildung und Partizipation

Unter der Überschrift Grundbildung und Partizipation sollen abschließend die oben bereits genannten und in den voranstehenden Abschnitten separat behandelten Problemlinien zwischen Bildung und Wissenschaft, Bildung und Kultur sowie Bildung und Ausbildung zusammengeführt werden (vgl. hierzu die Ausdifferenzierung der Lernbereiche bei von Hentig 1969; siehe auch Benner 2002). Unter Grundbildung wird dabei nicht eine auf einer besonderen Schulstufe zu vermittelnde Bildung, sondern eine altersspezifisch auszudifferenzierende Bildung verstanden, die grundlegende, den Horizont allgemeiner Menschenbildung auszulegende Partizipationsmöglichkeiten in den Blick bringt. Zu ihr gehören Kompetenzen und Formen der Partizipation, die in modernen Gesellschaften nicht im unmittelbaren Zusammenleben der Menschen tradiert werden, sondern auf pädagogisch institutionalisierte Tradierungsformen wie Familie, Schule und Ausbildung angewiesen sind.

Zur Grundbildung im hier gemeint Sinne gehören seit alters her erstens elementare Techniken des Lesens, Schreibens, Rechnens und Zeichnens sowie solche des sozialen Interagierens, Berichtens, Erzählens, Mitteilens, Streitens und sich Verständigens. Sie müssen je nach Klientel enger oder weiter gefasst werden, bleiben auf allen späteren Stufen der Grundbildung wirksam und eröffnen auf diesen neue Möglichkeiten des Lernens und Partizipierens. Zu diesen kommen auf einer zweiten Stufe Einführungen in elementare Kunden hinzu, die sich auf Gesellschaft und Geschichte, eigene und fremde Kulturen und Sprachen sowie auf Literatur, Kunst und Religion beziehen. Zu diesen treten in einer dritten Stufe fachspezifisch ausdifferenzierte wissenschaftliche Betrachtungsarten hinzu, in die propädeutisch so einzuführen ist, dass die Perspektivenwechsel zwischen alltäglichen, hermeneutischen und szientifischen Betrachtungswesen vollzogen und reflektiert werden. Die Partizipationsmöglichkeiten können nach den Selbstdeutungen der verschiedenen Gesellschaftssysteme, Koexistenzialen und Praxisfeldern differenziert und auf die konkreten Partizipationsmöglichkeiten von Heranwachsenden ausgelegt werden.

So zu vermittelnde Grundbildung und Partizipation erschöpft sich nicht in gegebenen Zusammenhängen von Welterfahrung und zwischenmenschlichem Umgang, sondern erweitert deren Horizonte künstlich über eine methodisch gesicherte Vermittlung von sachlicher und personaler Alterität.

V. Bildung als innovatorische Erinnerung

Zur Aufgabe der Bildung, in modernen Gesellschaften in den Erfahrungsbesitz der Gesellschaft zurückzuholen, was in diesem wirksam, aber nicht gegenwärtig und bewusst ist, tritt unter den Bedingungen von Modernisierung und Traditionsverlust zunehmend die weitergehende Aufgabe von Bildung hinzu, auch in unterbrochene, unwirksam gewordene Traditionen einzuführen (vgl. Assmann 1991; Benner 2004). Hierunter ist nicht die kompensatorische Funktion einer nur geisteswissenschaftlichen Erinnerung gemeint, die stellvertretend für das reale Leben erbracht wird und in dieses nicht eingreift, sondern eine reale und praktische Funktion, die auf Innovation und Transformation zielt.

Unterbrochene Tradierungen der angesprochenen Art gibt es heute z.B. dort,
– wo Arbeitslosigkeit sozial vererbt wird,
– wo Kinder nur mehr unter den Einflüssen professionalisierter Erziehung aufwachsen und nicht mehr die Erfahrung machen, Miterzieher anderer Heranwachsender zu sein,
– wo Ästhetik für Lebensbedürfnisse instrumentalisiert und ihres verfremdenden Blicks beraubt ist,
– wo politische Praxis auf eine Delegation des eigenen Willens an politische Mandatsträger beschränkt wird
– oder wo religiöse Erfahrung verschwindet, weil sie im Leben der älteren Generation nicht mehr vorkommt.

Es wäre illusionär, Probleme der angesprochenen Art allein mit pädagogischen Mitteln oder stellvertretend für die ausdifferenzierten Gesellschaftssysteme im Bildungssystem lösen zu wollen. Sie verweisen vielmehr auf Bildungsaufgaben, durch die Grundbildung mit allen anderen Bereichen allgemeiner und spezieller Menschenbildung verbunden ist. Bildung als innovatorische Tradierung dieser Art kann auf keinen intakten Traditionszusammenhang mehr zurückgreifen und bleibt dennoch Traditionen verpflichtet: „Tradition [stellt] heute vor einen unauflöslichen Widerspruch. Keine ist gegenwärtig und zu beschwören; ist aber eine jegliche ausgelöscht, so beginnt der Einmarsch in die Unmenschlichkeit." (Adorno 1966/1977, S. 315)

Literatur

Adorno, T.W. (1959/1972): Theorie der Halbbildung. In: Ders.: Gesammelte Schriften. Band 8. Frankfurt a.M., S. 93-121.
Adorno, T.W. (1962/1977): Notiz über Geisteswissenschaft und Bildung. In: Ders.: Gesammelte Schriften. Band 10.2. Frankfurt a.M., S. 495-498.
Adorno, T.W. (1966/1977): Über Tradition. In: Ders.: Gesammelte Schriften. Band 10.1, S. 310-317. Frankfurt a.M.
Assmann, J. (1991): Die Katastrophe des Vergessens. Das Deuteronomium als Paradigma kultureller Mnemotechnik. In: Assmann, A. (Hrsg.): Mnemosyne. Formen und Funktionen der kulturellen Erinnerung. Frankfurt a.M.
Bacon, F. (1620/1990): Novum Organum, hrsg. von W. Krohn. Hamburg.
Benner, D. (2002): Die Struktur der Allgemeinbildung im Kerncurriculum moderner Bildungssysteme. In: Zeitschrift für Pädagogik 48, S. 68-90.
Benner, D. (2004): Erziehung und Tradierung. Grundprobleme einer innovatorischen Theorie und Praxis der Überlieferung. In: Vierteljahrsschrift für wissenschaftliche Pädagogik 80, S. 163-181.
Benner, D. (2006): Bildungsforschung und Erziehungswissenschaft. Schlussreferat im Rahmen der von der DGfE veranstalteten Tagung „Erziehungswissenschaft und Bildungsforschung". In: Merkens, H. (Hrsg.): Erziehungswissenschaft und Bildungsforschung. Wiesbaden, S. 129-145.
Benner, D./Brüggen, F. (2004): Bildsamkeit/Bildung. In: Benner, D./Oelkers, J. (Hrsg.): Historisches Wörterbuch der Pädagogik. Weinheim/Basel, S. 174-215.
Blankertz, H. (1968): Bildungstheorie und Ökonomie. In: K. Rebel (Hrsg.): Pädagogische Provokationen I. Texte zur Schulreform. Weinheim, S. 61-86.
Blankertz, H. (1971): Die Integration von studienbezogenen und berufsqualifizierenden Studiengängen. In: Zeitschrift für Pädagogik 17, S. 809-821.
Bollenbeck, G. (1994): Bildung und Kultur. Glanz und Elend eines deutschen Deutungsmusters. Frankfurt a.M./Leipzig.
Brüggen, F. (2003): Stichwort: Hermeneutik – Bildung – Wissenschaft. In: Zeitschrift für Erziehungswissenschaft 6, S. 480-504.
Buck, G. (1967): Lernen und Erfahrung. Zum Begriff der didaktischen Induktion. Stuttgart.
Buck, G. (1981): Hermeneutik und Bildung. Elemente einer verstehenden Bildungslehre. München.
Cube, F. von (1960): Allgemeinbildung oder produktive Einseitigkeit? Der Weg zur Bildung im Geiste Georg Kerschensteiners. Stuttgart.
Deutsches PISA-Konsortium (Hrsg.): PISA 2000. Bildungskompetenzen von Schülerinnen und Schülern im internationalen Vergleich. Opladen.
Dilthey, W. (1883/1973): Der Aufbau der geschichtlichen Welt in den Geisteswissenschaften. In: Ders.: Gesammelte Schriften. Band 7. Stuttgart.
Dohmen, G. (1964): Bildung und Schule. Band 1. Weinheim.
Erasmus von Rotterdam (1516/1933): Methodus. In: Ders. Ausgewählte Werke, hrsg. von H. Holborn. München.
Erasmus von Rotterdam (1529/1963): Über die Notwendigkeit einer frühzeitigen allgemeinen Charakter- und Geistesbildung der Kinder. In: Ders.: Ausgewählte pädagogische Schriften, besorgt von A. J. Gail. Paderborn.
Fichte, J.G (1796/1971): Grundlage des Naturrechts nach den Principien der Wissenschaftslehre. In: Ders.: Werke, hrsg. von I. H. Fichte. Band 3. Berlin.
Fichte, J.G. (1794): Einige Vorlesungen über die Bestimmung des Gelehrten. Jena/Leipzig.
Fichte, J.G. (1808/1971): Reden an die deutsche Nation. In: Ders.: Werke, hrsg. von I. H. Fichte. Band 7. Berlin.

Fink, E. (1963): Technische Bildung als Selbsterkenntnis. In: Die deutsche Schule 55, S. 165-177.
Fink, E. (1966): Liquidation der Produkte. In: Praxis II.1/2, S. 33-45.
Fink, E. (1970): Erziehungswissenschaft und Lebenslehre. Freiburg.
Fink, E. (1978): Grundfragen der systematischen Pädagogik. Freiburg.
Fink E. (1979): Grundphänomene des menschlichen Daseins. Freiburg.
Gadamer, H.G. (1990): Wahrheit und Methode. Grundzüge einer philosophischen Hermeneutik. In: Ders. Gesammelte Werke. Band 1. Tübingen.
Habermas, Jürgen (1969³): Die klassische Lehre von der Politik in ihrem Verhältnis zur Sozialphilosophie. In: Ders.: Theorie und Praxis. Neuwied/Berlin.
Hegel, G.W.F. (1807-1808/1970): Phänomenologie des Geistes (1807/08). In: Ders.: Werke in 20 Bänden, hrsg. von E. Moldenhauer und K. M. Michel. Gand 3. Frankfurt a.M.
Hegel, G.W.F. (1809/1970): Rede zum Schuljahrabschluß am 29. September 1809. In: Ders.: Werke in 20 Bänden, hrsg. von E. Moldenhauer und K. M. Michel. Band 4. Frankfurt a.M., S. 312-326.
Hegel, H.G.W. (1811/1970): Rede zum Schuljahrabschluß am 2. September 1811. In: Ders.: Werke in 20 Bänden, hrsg. von E. Moldenhauer und K. M. Michel. Band 4. Frankfurt a.M., S. 344-359.
Hegel. H.G.W. (1921/1970): Gundlinien der Philosophie des Rechts. In: Ders.: Werke in 20 Bänden, hrsg. von E. Moldenhauer und K. M. Michel. Band 7. Frankfurt a.M.
Hentig, H. von (1969³): Systemzwang und Selbstbestimmung. Stuttgart.
Hentig, H. von (1973): Die Wiederherstellung der Politik. Stuttgart/München.
Herder, J.G. (1774/1990) Auch eine Philosophie der Geschichte zur Bildung der Menschheit. Stuttgart.
Herder, J.G. (1784-85/1967): Ideen zur Philosophie d Geschichte der Menschheit. In: Ders.: Sämtliche Werke, hrsg. von B. Suphan. Band 13. Hildesheim.
Herder, J.G. (1794/1968): Briefe zur Beförderung der Humanität. 32. Brief. In: Ders.: Sämtliche Werke, hrsg. von B. Suphan, Band 17. Hildesheim.
Herder, J.G. (1798/1968): Vom Fortschreiten der Schule mit der Zeit. In: Ders.: Sämtliche Werke, hrsg. von B. Suphan, Band 30. Hildesheim.
Herrmann, U. (1978): Pädagogik und geschichtliches Denken. In: H. Thiersch/H. Ruprecht/U. Herrmann: Die Entwicklung der Erziehungswissenschaft. München, S. 173-238.
Heydorn, H.J. (1970): Über den Widerspruch von Bildung und Herrschaft. Frankfurt a.M.
Humboldt, W. von (1792/1960): Ideen zu einem Versuch, die Gränzen der Wirksamkeit des Staats zu bestimmen. In: Ders.: Werke in fünf Bänden, hrsg. von A. Flitner und K. Giel. Band 1. Darmstadt, S. 56-233.
Humboldt, W. von (1793-95/1960): Theorie der Bildung des Menschen. In: Ders.: Werke in fünf Bänden, hrsg. von A. Flitner und K. Giel. Band 1. Darmstadt, S. 234-240.
Humboldt, W. von (1797/1960: Über den Geist der Menschheit. In: Ders.: Werke in fünf Bänden, hrsg. von A. Flitner und K. Giel. Band 1. Darmstadt, S. 506-518.
Humboldt, W. von (1809-1810/1964): Über die innere und äussere Organisation der wissenschaftlichen Anstalten zu Berlin (1809/1810). In: Ders. Werke in 5 Bänden, hrsg. von A. Flitner und K. Giel. Band 4. Darmstadt, S. 255-266.
Kollegstufe NW (1972). Ratingen/Kastellaun.
Lüsse, B.G. (1998): Formen der humanistischen Utopie. Vorstellungen vom idealen Staat im englischen und kontinentalen Schrifttum des Humanismus (1516-1669). Paderborn.
Meyer-Wolters, H. (1997): Koexistenz und Freiheit. Eugen Finks Anthropologie und Bildungstheorie. Würzburg.
Nietzsche, F. (1873/1960): Vom Nutzen und Nachteil der Historie für das Leben. In: Ders.: Werke in 3 Bänden, hrsg. von K. Schlechta. Band 1. München, S. 209-285.

Petrarca, F. (1338/1984): Brief an Thommaso Caloria aus Messina. In: Geschichte der Philosophie in Text und Darstellung: Renaissance und frühe Neuzeit, hrsg. von St. Otto. Stuttgart.
Pico della Mirandola (1486/1988): De hominis dignitate. Über die Würde des Menschen. Zürich.
Ritter, J. (1965): Hegel und die Französische Revolution. Frankfurt a.M.
Rousseau, J.-J. (1755/1984): Diskurs über die Ungleichheit/Discours sur l'inégalité, hrsg. und übers. von H. Meier. Paderborn.
Ruhloff, J. (1996): Bildung im problematisierenden Vernunftgebrauch. In: M. Borrelli/J. Ruhloff (Hrsg.): Deutsche Gegenwartspädagogik. Band 2. Hohengehren, S. 148-157.
Robinsohn, S.B. (1967; 1971³): Bildungsreform als Revision des Curriculum und Ein Strukturkonzept für Curriculumentwicklung. Neuwied/Berlin.
Schelsky, H. (1961): Der Mensch in der wissenschaftlichen Zivilisation. In: Ders.: Auf der Suche nach Wirklichkeit. Düsseldorf/Köln, S. 439-480.
Schütz, E. (1987): Anthropologie und technische Bildung. Bildung als Selbsterekenntnis im Werk Eugen Finks. In: Breinbauer, I./Langer, M. (Hrsg.): Gefährdung der Bildung – Gefährdung des Menschen. Wien, S. 61-71.
Seuse, H. (≈1300-1366/1907): Deutsche Schriften, hrsg. von K. Bihlmeyer. Stuttgart.
Taylor, Ch. (1978): Hegel. Frankfurt a.M.
Vico, G.B. (1708/1947): Vom Wesen und Weg der geistigen Bildung, hrsg. von F. Schalk. Godesberg.
Vives, J.L. (1531/1990): Über die Gründe des Verfalls der Künste (De causis corruptarum artium). Lateinisch-deutsche Ausgabe, hrsg. von W. Hidalgo-Serna. München.

Kapitel 2: Bildung

WINFRIED BÖHM / SABINE SEICHTER

B: Die Geschichtlichkeit von Erziehung und Pädagogik

I. Einleitung

Wenn es darum geht, die fundamentale These von der Geschichtlichkeit von Erziehung und Pädagogik zu entfalten, dann könnte gegen diese Absicht von vornherein ein ähnlicher Einwand vorgebracht werden, wie er schon in der Antike jenem Kreter entgegengehalten wurde, welcher behauptet hatte, alle Kreter seien Lügner, nämlich der Einwand: es werde mit dieser These eine Aussage getroffen, die übergeschichtliche Bedeutung beansprucht und deshalb mit der These selbst nicht zu vereinbaren ist.

So formal richtig dieser Einwand auch wäre, erwiese er sich inhaltlich als kaum mehr denn ein logisches Glasperlenspiel. Denn wenn es überhaupt eine konkrete elementare Grunderfahrung des Menschen gibt, dann ist es jene von seiner eigenen Zeitlichkeit und Endlichkeit – eine ausgesprochene „Grenzerfahrung" im existentialistischen Sinne, der niemand entrinnen kann und über die man sich allenfalls künstlich oder pathologisch hinwegtäuschen könnte. Mit der gleichen Bestimmtheit müsste man jenem möglichen Einwand auch damit widersprechen, dass wohl kein Autor, der von der Geschichtlichkeit der Erziehung und Pädagogik ausgeht, diese in einem absoluten Sinne versteht, so dass alle pädagogische Erkenntnis vollständig relativiert und die Erziehung selbst der reinen Beliebigkeit ausgeliefert würde. Denjenigen, die auf die Geschichtlichkeit von Erziehung und Pädagogik insistiert und versucht haben, sie immer wieder in das fachliche und öffentliche Bewusstsein zu heben, ging es gerade umgekehrt darum, die Pädagogik aus der tödlichen Umklammerung von dogmatischen – Dilthey sprach zu seiner Zeit von „natürlichen" – Systemen zu befreien, sie von dem Irrglauben an mögliche Letztbegründungen zu erlösen und ihren Horizont für die geschichtliche Vielfalt und Variabilität des kulturellen und individuellen Lebens zu öffnen. Ist doch Geschichte selbst ein Gedanke der Vernunft, also jenes Vermögens in uns, welches Allgemeines und Besonderes zu unterscheiden, Ursachenzusammenhänge zu entwerfen, Schlussfolgerungen zu ziehen, Handlungskonsequenzen zu bedenken, Behauptungen mit Argumenten zu stützen oder zu Fall zu bringen weiß – mithin eines Vermögens, das sich selber in der Geschichte artikuliert und daher ebenfalls geschichtlich zu begreifen ist. (vgl. Baumgartner 1991)

In der Einleitung zu Albert Rebles *Geschichte der Pädagogik* liest es sich so: „Denn wenn auch die konkreten Fragen und Antworten sich geschichtlich sehr wandeln, so stellt doch die Erziehung ebenso wie der Staat, die Wissenschaft usw. eine Grundfunktion dar, die sich als solche einheitlich durch alle Epochen hindurch trägt und der aus dem allgemeinen Zusammenhang des Lebens heraus eine bestimmte Problematik innewohnt." Mit der These von der Geschichtlichkeit von Erziehung und Pädagogik will also nicht geleugnet werden, dass es hinter der Geschichte „übergeschichtliche" Konstanten gibt, aber dabei handelt es sich nicht um absolute Konstanten, sondern allenfalls um relativ absolute, sofern auch diese nicht aus der Geschichte „aussteigen" können; denn nichts ist in dieser Welt ungeschichtlich (W. Dilthey). Würde man sie quasi als absolut absolute hypostasieren, verfiele man unweigerlich in ein ahistorisch-dogmatisches Denken mit allen seinen limitierenden Konsequenzen für die Praxis (Erziehung) wie für die Theorie (Pädagogik), Konsequenzen, die sich immer dann zeigen, wenn die philosophisch-normative Reflexion gegenüber der Einsicht in die prinzipielle Geschichtlichkeit der Bedeutung und Wirksamkeit von Normen und Zielen blind und die erzieherische Praxis gegenüber den Lehren und Erfahrungen einer über zweitausendjährigen abendländischen Bildungsgeschichte taub wird.

Jacob Burckhardt hat in seinen *Weltgeschichtlichen Betrachtungen* von 1905 eindringlich auf das geistige Kontinuum unserer Vergangenheit hingewiesen und sehr pointiert geschrieben: „Auf diesen Vorteil verzichten zunächst nur Barbaren, welche ihre Kulturhülle als eine gegebene nie durchbrechen. Ihre Barbarei ist ihre Geschichtslosigkeit und vice versa." Und zu der Kritik an den Barbaren hat er – heute anscheinend ebenso aktuell wie damals – noch jene hinzugefügt: „Und sodann verzichten auf das Geschichtliche auch die Amerikaner, d.h. ungeschichtliche Bildungsmenschen, welche es dann doch von der alten Welt nicht ganz los werden. Es hängt ihnen alsdann unfrei, als Trödel an." (S. 6) Ulrich Herrmann hat – an Dilthey und Droysen anknüpfend sowie der Tradition der Geisteswissenschaftlichen Pädagogik verbunden – in unseren Tagen mit Nachdruck in Erinnerung gerufen, dass das, was der Mensch sei und was er mit der Welt und was diese mit ihm anfängt, ihm nur die Geschichte sagen könne; und er muss sie begriffen haben, sonst sei er dazu verdammt, sie zu wiederholen; „die ahistorische technische Rationalität droht die Mündigkeit des Menschen zur Chimäre verkommen zu lassen, lieferte ihn den »Sachzwängen« aus, wenn er ihnen gegenüber nicht das Potential historisch-kritischer Reflexion entgegensetzen würde." (Herrmann 1983, S. 38) Inhaltlich gewiss missverständlich, in der polemischen Kraft allerdings gewichtig, hat der angelsächsische Kulturphilosoph Isaiah Berlin im Anschluss an einen Brief Burckhardts formuliert, selbst eine zur Hälfte falsche historische Perspektive sei immer noch besser, als gar keine zu haben. (vgl. Berlin 2000, S. 20) Und auf erstaunlich knappe Weise hat Marian Heitger den Zusammenhang resümiert: „Der Verzicht auf Tradition pervertiert die Pädagogik ebenso wie ihr dogmatischer Anspruch." (Heitger 1982, S. 424)

II. Zur Geschichte von „Geschichtlichkeit"

Der Begriff der Geschichtlichkeit ist selbst nur aus seiner Geschichte heraus zu verstehen. Wenn wir heute unter Geschichtlichkeit *grosso modo* den Menschen als Schöpfer und Geschöpf der Kultur, als Produkt und als Produzent der Geschichte fassen sowie die Tatsache, dass sich der Mensch – sei er sich dessen bewusst oder nicht – in seinem Denken und Handeln aus einem geschichtlichen Bewusstsein heraus versteht und orientiert (vgl. Zdarzil 1987), so ist diese Einsicht nicht irgendwann vom Himmel gefallen oder irgendeinem genialen Denker zugeflogen, sondern in einem jahrhundertelangen Prozess Schicht um Schicht herangereift. Die wichtigsten Etappen lassen sich leicht vergegenwärtigen; unser Blick sollte sich dabei aber auch auf die sozio-kulturellen Bedingungen richten, die diesen Erkenntnisprozess immer wieder neu angeregt und vorangetrieben haben.

Als in der griechischen Antike am Übergang von einer statischen Adelsgesellschaft zu einer (mehr) demokratischen Polisordnung und in der Konfrontation mit fremden Kulturen und Denkweisen die Sophisten des Gegensatzpaares von *physis* (Natur) und *thesis* (Kultur) gewahr wurden, entdeckten sie zugleich die kulturschaffende und weltschöpferische Potenz des Menschen. Im Gegensatz zu den sog. Vorsokratikern, für welche die ontologische Frage nach dem Entstehungsprinzip (der *arché*) der Welt im Mittelpunkt stand, wandten sich die Sophisten in einer ersten „anthropologischen Wende" konsequenterweise den geschichtlichen Kulturschöpfungen des Menschen zu: Sprache, Religion, Handwerk und Künsten, den Grundsätzen der staatlichen und politischen Ordnung, den Normen des menschlichen Handelns und deren Herkunft, schließlich der Erkenntnisfähigkeit des Menschen und seiner Befähigung, das gesellschaftliche Zusammenleben vernünftig zu regeln. Während das, was *physei* war, also von Natur dazu bestimmt, notwendig das zu sein, was es war, erkannten die Sophisten das, was *thesei*, also vom Menschen gesetzt und frei gestaltet war, als das geschichtlich Gewordene und damit auch vom Menschen Veränderbare.

Platon und Aristoteles unterschieden – wiederum im Horizont der Begegnung mit fremden Kulturen – erkenntnistheoretisch zwischen Wahrheit (*epistéme*) und Meinung (*doxa*) bzw. Erfahrung (*empeireia*). Während es wahres Wissen nur im Bereich dessen gibt, was mit Notwendigkeit ist, was (wie) es ist, also im Unveränderlichen und Allgemeinen, kann es im Bereich dessen, was auch anders sein könnte, als es ist, also im (geschichtlich) Wandelbaren und (individuell) Besonderen, speziell im Hinblick auf die menschliche *praxis* (Handeln) und *poiesis* (herstellendes Machen) nur Wissen nach Art der *doxa* und der *empeireia* geben. Die Erziehung des Menschen und auch das Denken darüber, also die Pädagogik, gehören allemal in den Bereich der Praxis. Auf dem Gebiet des menschlichen Handelns kann es einen wissenschaftlichen Exaktheitsanspruch nicht geben. Denn bei allem, was der Freiheit des Menschen anheimgegeben und von den kairotischen (von griech. *kairos* = der glückliche Augenblick) Bedingungen der Situation abhängig, mithin nicht notwendig, sondern nur möglich ist, gibt es bloß ein besonnenes Mit-sich-zu-Rate-Gehen und die klug abwägende Reflexion. (vgl. Aristoteles 1969, 1139a)

Rund acht Jahrhunderte später trägt Augustinus an der Bruchstelle zwischen niedergehender Antike und aufsteigendem Christentum zur Idee der Geschichtlichkeit in mehrfacher Weise und sehr entscheidend bei; zum einen, indem er die überkommene zyklische Zeitvorstellung (die „ewige Wiederkehr des Gleichen") aufbricht und von den theologischen Gedanken der Schöpfung und der Eschatologie her eine lineare Zeitvorstellung promulgiert, die sich universalgeschichtlich zwischen den Polen von Erschaffung und Weltende und lebensgeschichtlich zwischen den Eckpunkten von Geburt und Tod ausspannt. Seine tiefgründige Frage nach dem Sein der Zeit (sic!) führt ihn zum anderen nicht nur dazu, die Zeit im (inneren) Menschen zu verorten – die Vergangenheit *ist* nur in der Erinnerung, die Zukunft *ist* nur in der

Erwartung, die Gegenwart *ist nichts* als ein flüchtiger Augenblick –, sondern von dieser radikalen Wende wird auch der sinnenfällige Weltbegriff erfasst, so dass für Augustinus nicht (mehr) die Frage nach dem Menschen in der Welt im Vordergrund steht, sondern umgekehrt jene radikal neue Frage nach der Welt im Menschen. Damit wird der bis heute gemeine Alltagsbegriff von Welt als der Allheit aller endlichen Dinge erschüttert und Welt zum ersten Male als die Hervorbringung des weltschöpferischen Menschen bzw. des „Weltsubjekts" Mensch bedacht (vgl. Fink 1990). Damit kehren sich landläufige und vermeintliche pädagogische Selbstverständlichkeiten um und führen zu einer völlig neuen Sicht auf die Erziehung: Lernen ist nicht passives Empfangen, sondern ein aktives Fürwahrhalten, Fürwerthalten und Fürschönhalten; Lehren ist nicht ein Vermitteln von Kenntnissen und Inhalten, sondern nur der Anstoß zum Selberglauben und zu selbst gewonnen Einsichten; viele Dinge, die wir zu wissen meinen, glauben wir nur (wie z.B. die gesamte Geschichte und große Teile der Geographie); durch Worte lernen wir wieder nur Worte, während wir die Sinnesdinge durch körperliche Anschauung und die Verstandesdinge durch geistige Anschauung „lernen" und wahres Wissen allein aus der Vernunftanschauung gewinnen; der Lehrer lehrt nur äußerlich und oftmals nur scheinbar, der wirkliche Lehrer – für den Philosophen Augustinus die Vernunft, für den Bischof Augustinus Christus und das von ihm ausströmende Licht – wohnt in uns selbst. Überhaupt ist Erziehung nicht Fremdgestaltung, sondern Selbstgestaltung der Person durch Einsicht, Wahl und Entscheidung; Erziehung kann von außen nur angeregt werden, denn das wirkliche Prinzip von Zeit und Welt und der wirkliche Autor der eigenen Lebens- und Sinngeschichte ist die Person in ihrer dreifachen Verknotung von *esse, nosse, velle*, Sein, Wissen und Wollen. (vgl. Augustinus 1974^3)

Auf dem Höhepunkt des italienischen Renaissance-Humanismus – einer in philosophischer, religiöser und ökonomisch-politischer Hinsicht gärenden Zeit – erreicht der Gedanke der Geschichtlichkeit eine erste Klimax, wenn Pico della Mirandola die geradezu revolutionäre anthropologische These vertritt, der Mensch habe als einziges Lebendiges kein bestimmtes Wesen (*determinatio*), das er existentiell zu verwirklichen hätte, sondern seine Bestimmung (*destinatio*) sei es, sich – in die Mitte der Welt gestellt – nach eigener Wahl und Entscheidung selbst zu bestimmen, als sein eigener Architekt und Baumeister. Denn während alle Dinge und alle anderen Lebewesen zu einem bestimmten Sein geschaffen und ihnen ihr Platz in der Welt zugeteilt worden ist, kann der Mensch – eben dank seiner Geschichtlichkeit – grundsätzlich alles werden und seinen Platz und seine Rolle in der Welt selber wählen. Er kann tierischer als jedes Vieh vegetieren oder sich kraft seines geistigen Entschlusses bis in gottähnliche Höhen erheben. Nachdem Pico della Mirandola das Sechstagewerk Gottes auf eine höchst eigenwillige Weise nacherzählt hat, lässt er den Schöpfer die berühmt gewordenen Worte sprechen: „Wir haben dir keinen bestimmten Wohnsitz noch ein eigenes Gesicht, noch irgendeine besondere Gabe verliehen, o Adam, damit du jeden beliebigen Wohnsitz, jedes beliebige Gesicht und alle Gaben, die du dir sicher wünschst, auch nach deinem Willen und nach deiner eigenen Meinung haben und besitzen mögest. Den übrigen Wesen ist ihre Natur durch die von uns vorgeschriebenen Gesetze bestimmt und wird dadurch in Schranken gehalten. Du bist durch keinerlei unüberwindliche Schranken gehemmt, sondern du sollst nach deinem eigenen freien Willen, in dessen Hand ich dein Geschick gelegt habe, sogar jene Natur selbst vorherbestimmen." (Pico della Mirandola 1996⁴, S. 10)

Als die europäische Aufklärung ihrem Gipfelpunkt zustrebt, entwirft der Napoletaner Giambattista Vico seine *Neue Wissenschaft* über die gemeinsame Natur der Völker und tritt – von Grund auf geschichtlich denkend – dem Rationalismus von Descartes und der Tendenz zur Mathematisierung von Welt und Mensch entschieden entgegen. In seinem kühnen Versuch einer Kulturgeschichte der gesamten Menschheit zeichnet er die kulturellen Grunderrungenschaften des Menschen nach: Götterverehrung und Altäre, Heirat und Familie, Bestattung und Totengedenken. Aufgrund seiner erkenntnistheoretischen Prämisse *verum et factum convertuntur* (Wahrheitserkenntnis und eine Sache hervorgebracht zu haben fallen zusammen) nimmt Vico zwei Bereiche von der menschlichen Erkenntnisfähigkeit grundsätzlich aus: die Natur und Gott; die Natur, weil nicht der Mensch sie gemacht hat, sondern Gott; Gott, weil eine Wissenschaft von ihm heißen würden, dass Gott vom Menschen hervorgebracht worden wäre.

Aus Vicos Rekonstruktion der Menschheitsgeschichte ergeben sich im Hinblick auf die Geschichtlichkeit des Menschen und seiner Erziehung mindestens drei Einsichten. Das für den Menschen und seine Bildung wichtige Wissen ist stets ein praktisches; es gilt dem menschlichen Handeln, seinem Tun, seiner Geschichte. Mag der Mensch gleich nach jener höchsten (theoretischen) Wahrheitserkenntnis *per causas* (aus den Ursachen heraus) streben, über die nur Gott verfügt, weil Er alles hervorgebracht und gemacht hat, so beschränkt sich seine Wahrheitserkenntnis doch unübersteigbar auf das vom Menschen selbst Hervorgebrachte: die fiktiven Gebilde von Mathematik und Geometrie sowie die konkrete Wirklichkeit der Geschichte. Im Bereich des menschlichen Handelns versagt jedoch das für Mathematik und Geometrie typische „digitale" Richtig oder Falsch; in der geschichtlich-kulturellen Welt des Menschlichen lässt sich auch mit dem deduktiven Schließen und mit der logischen Beweisführung nicht viel ausrichten; hier regiert das „analog" Wahrscheinliche (Vicos *verosimile*), nicht *die reine Vernunft*, sondern *das Vernünftige*. Die Mathematisierung der Wissenschaft und die dieser entsprechende Verwissenschaftlichung der Bildung verkennt und verfehlt für Vico die geschichtliche Welt des Menschen und erweist sich deshalb für die praktische Bildung als höchst „unzweckmäßig". Sie tut nämlich so, als ob die jungen Menschen, wenn sie dem Bildungswesen entkommen und in das Leben eintreten, auf eine Welt vorbereitet sein müssten, die aus Linien, Zirkeln, Zahlen und algebraischen Formeln besteht. Vicos Bildungskritik gipfelt in dem Vorwurf, die Schule stopfe die Köpfe mit so hochtrabenden Dingen wie Beweisen, Evidenzen und Wahrheitsschlüssen voll und schätze das Wahrscheinliche gering, das in viel höherem Sinne „wahr" ist als jene logisch-deduktiven Konstruktionen, insofern es uns die Regeln an die Hand gibt, danach zu urteilen, was denn allen oder zumindest dem größten Teil der Menschen als wahr erscheint. Und es ist schließlich auch die Regel, nach der wir im menschlichen Zusammenleben Streit und Auseinandersetzungen schlichten, Konflikte entschärfen, Kompromisse schließen, Wahlen treffen, Ratschläge erteilen und Zukunftspläne entwerfen. Für die Praxis des menschlichen Lebens und für die dort geforderte Lebensklugheit ist jene praktische Urteilskraft viel wichtiger, die auf einer feinen Sensibilität für das jeweils der konkreten Situation Angemessene beruht und ihre Entscheidungen nach den jeweiligen Umständen, deren Zahl unbegrenzt und deren Vielfalt unermesslich ist, zu richten weiß. Denn die menschlichen Dinge stehen für Vico unter der Herrschaft von Gelegenheit und Wahl und werden meistens von Verstellung und Verheimlichung getrübt. Den entscheidenden Unterschied zwischen den theoretischen Wissenschaften und der praktischen Lebensklugheit erblickt Vico darin, „daß in der Wissenschaft diejenigen groß sind, die von einer einzigen Ursache möglichst viele Wirkungen in der Natur ableiten, in der Klugheit aber diejenigen Meister sind, die für eine Tatsache möglichst viele Ursachen aufsuchen, um dann zu erschließen, welche wohl die wahre ist. Und das ist so, weil die Wissenschaft auf die obersten, die Klugheit auf die untersten Wahrheiten blickt; woraus sich die Unterschiede der Charaktere und Merkmale des Dummen, des ungebildeten Schlaukopfes, des unklugen Gelehrten und des Mannes der Klugheit ergeben" (Vico 1947, S. 63)

An der Schwelle zur Moderne und angesichts einer immer offener, unberechenbarer und zugleich komplexer werdenden Gesellschaft (vgl. Grell 2004) gelangt Rousseau zu einer reflektierten Erkenntnis von der Geschichtlichkeit des menschlichen Lebenslaufes. In der Spannung zwischen seiner (inneren) Natur und der (äußeren, gesellschaftlich vermittelten) Kultur erwirbt der Mensch im Laufe seiner Entwicklung (*développement*) nicht nur fortschreitend neue Fähigkeiten, sondern er wird im Durchgang durch die einzelnen Lebensalter auch ständig ein anderer. Wenn überlieferte Gewissheiten im Hinblick auf die Zukunft der Gesellschaft und der Stellung des Heranwachsenden in ihr brüchig werden, dann kann sich die Erziehung nicht mehr an einer „künftigen Bestimmung" des Kindes ausrichten; dann muss vielmehr umgekehrt die prinzipielle Unvorhersehbarkeit der Anforderungen und die grundsätzliche Offenheit der Zukunft den Ausgangspunkt der pädagogischen Überlegungen bilden. Unter diesen gewandelten Bedingungen müssen alle pädagogischen Fragen neu gestellt, neu durchdacht und neu beantwortet werden. Und insbesondere gewinnt die Bestimmung des Zieles der Erziehung eine ganz neue Dimension: die des Menschseins schlechthin.

Ausgehend von dem reinen Gedankenkonstrukt eines Naturzustandes zeichnet Rousseau die Entwicklung des Menschen vom Naturwesen zum Gesellschaftswesen als einen höchst zwiespältigen und in sich spannungsreichen Vorgang. Die Ambivalenz gründet darin, dass der Mensch alle Eigenschaften, die ihn recht eigentlich zum Menschen machen, nicht von Natur aus besitzt, sondern erst in Kultur und Gesellschaft geschichtlich hervorbringen muss: Aufrechter Gang, Sprache, Vernunft, Moralität, höhere Gefühle wie Vertrauen, Freundschaft, Liebe etc. Diese *perfectibilité*, die ihn einerseits „kultiviert" werden lässt, bringt andererseits auch jene Spannungen und Widersprüche mit sich, in denen Rousseau die Wurzeln des Bösen erblickt. Im Hinblick auf den Unterschied zwischen Mensch und Tier heißt das für Rousseau: „Wenn man auch wider diesen Unterschied zwischen Menschen und Tieren noch Schwierigkeiten machen könnte, so gibt es dennoch eine besondere Eigenschaft, wodurch sich diese Arten unterscheiden und die außer allem Streit ist, ich meine das Vermögen, *sich vollkommener zu machen*. Ein Vermögen, das, wenn ihm die Umstände zu Hilfe kommen, alle übrigen Fähigkeiten nach und nach entwickelt und sowohl bei unserer Art im ganzen, als auch bei einem jeden insbesondere anzutreffen ist. Das Tier hingegen wird in seinem Leben nichts anderes, als was es in etlichen Monaten geworden ist, und die ganze Art bleibt nach tausend Jahren in eben dem Zustand, worin sie das erste dieser tausend Jahre war." (Rousseau 1981, S. 204) Dem geschichtslosen Tier, das allenfalls biologisch in einer Evolutionsgeschichte steht, stellt Rousseau mit allem Nachdruck den geschichtlichen Menschen als ein sich selbst, Kultur und „Welt" schaffendes Wesen gegenüber.

Rousseaus häufig hinter dem von ihm nur hypothetisch angenommenen und allenfalls auf die frühe Kindheit bezogenen Modell einer natürlichen Erziehung versteckte Modell der „eigentlichen Erziehung" tritt bei ihm dort zutage, wo er jenseits der bloßen Pflege und Unterstützung kindlicher Reifungsprozesse den Menschen als ein moralisches Wesen in den Blick nimmt und ihn klar vom Naturmenschen unterscheidet. In seiner als Zweiter Discours bekannt gewordenen Schrift über die Ursachen der Ungleichheit unter den Menschen wird der Unterschied zwischen den beiden Erscheinungsformen des Menschen, desjenigen der Natur und jenes der Geschichte, scharf markiert und dabei deutlich gemacht, dass der Übergang vom Naturmenschen zum moralischen Menschen kein natürlicher, sondern ein geschichtlicher Prozess ist. An die Stelle eines dort stillschweigend geregelten und schlafwandlerischen Daseins unter den unverrückbaren Gegebenheiten des Naturzustandes tritt hier das geschichtliche Prinzip des ausdrücklichen Sich-selbst-Regierens. Die rechte Weise der menschlichen Selbsterhaltung unter den Bedingungen der Geschichte ist nicht mehr Spontaneität des Verhaltens, sondern eine aus der Reflexion entspringende Lebensführung *kraft Vernunft, Freiheit und Sprache*. Denn – so heißt es in *Julie ou la Nouvelle Heloïse* – „vor dem Erwachen der Vernunft gibt es keine wahre Erziehung für den Menschen" (Rousseau: Oeuvres complètes II, S. 566).

Wenn es richtig ist, dass in Rousseau die Pädagogik zu sich selber kommt, insofern er die Erziehung zum ersten Male als einen eigenen Gegenstand behandelt und nicht – wie es bis dahin gang und gäbe war – theoretisch als einen Annex von Philosophie oder Theologie und praktisch von irgendeiner religiösen oder politisch-gesellschaftlichen Funktion her begreift, wird die Bestimmung des Menschen (scil.: sich selbst zu bestimmen) zum Bestimmungsgrund der Erziehung: „In der natürlichen Ordnung, in der die Menschen alle gleich sind, ist ihr gemeinschaftlicher Beruf der Zustand des Menschen; und wer zu diesem Beruf gut erzogen ist, kann diejenigen Berufe nicht übel ausfüllen, die sich auf ihn beziehen. (…) Leben ist der Beruf, den ich ihn lehren will." (Rousseau: Oeuvres complètes IV, S. 251)

Rousseaus Akzentuierung der individuellen Einmaligkeit und personalen Eigentümlichkeit und der Gedanke der in Geschichte zu ermöglichenden *perfectibilité* des Menschen hat die abendländische Pädagogik bis in unsere unmittelbare Gegenwart maßgeblich beeinflusst, und man könnte ihre Geschichte geradezu schreiben als Abfolge von Versuchen, die von Rousseau ins grelle Licht gerückten Paradoxien und Widersprüche (Freiheit und Determiniertheit, Individuum und Gesellschaft, Vernunft und Gefühl etc.) zu vermitteln und insbesondere den von Rousseau in seinem grandiosen Gedankenexperiment vom „natürlichen Menschen" aufgerissenen Gegensatz zwischen dem (faktisch gegebenen) wirklichen und dem (geschichtlich) möglichen Menschen durch Erziehung zu versöhnen. (vgl. Böhm 2007²)

In dieser langen Reihe nimmt die von Schleiermacher initiierte, von Dilthey grundgelegte, in der ersten Hälfte des 20. Jahrhunderts ausgebaute und dann zu fast uneingeschränkter Vorherrschaft gelangte Geisteswissenschaftliche Pädagogik eine herausragende Stellung ein. Auf der Grundlage von Schleiermachers dialektischem (genau genommen: polarem) Gegensatzdenken und getragen von der lebensphilosophischen Überzeugung, dass in der gesellschaftlich-geschichtlichen Welt des Menschen nichts ungeschichtlich ist, vermochte Dilthey zu zeigen, dass sowohl die Vorstellung von einem geschichtlichen Objekt im Sinne einer abgeschlossenen Vergangenheit als auch von einem Erkenntnissubjekt, dessen einzige Aufgabe die Erkenntnissuche wäre, bloße Fiktionen sind. Tatsächlich sind die wirklichen Bedingungen des Bewusstseins und seine Voraussetzungen ein lebendiger geschichtlicher Prozess und damit von Grund auf von Geschichtlichkeit durchwirkt. Wissenschaftliche Begriffe gewinnen in diesem Horizont eine neue Dimension; sie dienen nicht mehr (nur) der objektiven und distanzierten Betrachtung der Welt, sondern werden (auch) Werkzeuge und Mittel zur Erfassung des geschichtlichen Lebens; „ihre heuristische Funktion tritt also gegenüber der Modulierungsfunktion in den Vordergrund". (Mauder 2006, S. 69) Da in der Perspektive Diltheys sowohl die „empirischen" Pädagogiken als auch die „kritischen" und „spekulativen" dem Prinzip der Geschichtlichkeit nicht angemessen Rechnung tragen – die einen machen sich eines naturalistischen Reduktionismus, die anderen eines einseitigen transzendentalen Idealismus schuldig –, ist es notwendig, eine geisteswissenschaftliche Perspektive für die Pädagogik zu begründen, die sich von verfestigten philosophischen Denksystemen emanzipiert und sich als ein eigenständig kultiviertes Denken über Erziehung unter den wissenschaftlichen Disziplinen der philosophischen Fakultäten der Universitäten etablieren kann. Diese genuin pädagogische Denkweise erläutert Wilhelm Flitner als eine *hermeneutisch-pragmatische*, und analog dazu wird als spezifisch geisteswissenschaftliche Forschungsmethode die *historisch-systematische* entwickelt, bei der historische Problemerhellung und systematische Problembearbeitung Hand in Hand gehen. Albert Reble hat diese Methode souverän beherrscht und sie in seinem Litt-Buch von 1950 auf geradezu exemplarische Weise vorgeführt. (vgl. Reble 1950) Wenn man allein die zentralen Theoriestücke dieser – neben Flitner, Litt und Reble v.a. von Herman Nohl, Eduard Spranger, Max Frischeisen-Köhler, Erich Weniger und vielen anderen mehr vertretenen – Geisteswissenschaftlichen Pädagogik lediglich nur auflistet, wird die enge Verbindung dieser genuin pädagogischen Denkrichtung mit dem Prinzip der Geschichtlichkeit unverkennbar: der Ausgang von der (konkret-geschichtlichen) Erziehungswirklichkeit, die Zentralstellung des (interpersonalen) pädagogischen Bezugs, der Gedanke einer relativen Autonomie (gegenüber objektiven Mächten und „Kasernenbauten" ideologisch-dogmatischen Denkens) und das spezifisch dialektische Verständnis von Theorie und Praxis.

Am Ende dieses langen Weges einer „Pädagogik nach Rousseau" und zugleich zentriert im Gedanken der Geschichtlichkeit lassen sich wenigstens drei Positionen darstellen, die für die These von der Geschichtlichkeit von Erziehung und Pädagogik bis heute markant und signifikant sind.

1. Auf dem engeren Feld der Pädagogik hat John Dewey – mit seinem Hauptwerk *Democracy and Education* von 1916, wohl der letzte pädagogische Klassiker von Weltrang – eine Neufassung der pädagogischen Idee auf dem Wege einer *Reconstruction of Philosophy* vorgelegt. So wie Francis Bacon das alte Organon der

aristotelischen Philosophie umgestürzt und durch eine neue Wissenschaft – sein *Novum Organon* – ersetzt hat, sieht es Dewey als seine historische Sendung an, die Baconsche Verheißung, die Natur wissenschaftlich zu erforschen, um sie technologisch beherrschen zu können, endlich auch auf jenen Bereich auszudehnen und dort wirksam werden zu lassen, wo sich bisher noch „die alten Philosophien" tummeln: im Bereich des Menschlichen und des Sozialen. Als veraltet erscheinen Dewey diese Philosophien deshalb, weil sie sich von den konkreten Alltagsproblemen der (nordamerikanischen) Gesellschaft ab- und der vergeblichen Suche nach etwas Überzeitlichem und Dauerhaftem zuwenden; auf diese Weise verkennten sie, dass unsere erfahrbare Wirklichkeit ein immerwährender Prozess ist. An die Stelle des antiquierten *Quest für Certainty* habe daher eine neue *Logic of Inquiry* zu treten.

Von Anfang an dominiert bei Dewey ein abgrundtiefes Unbehagen über jede Art von Gegensätzen und Dualismen. Diesem entspricht seine leidenschaftliche Suche nach einem einzigen Prinzip zum Verständnis von Gott, Mensch und Welt. Die Begegnung mit der Hegelschen Philosophie wirkt auf Dewey wie eine Erlösung, aber erst die Verschmelzung von Hegels Phänomenologie des Geistes mit den Evolutionstheorien von Herbert Spencer und Charles Darwin lässt ihn zu seiner eigenen Philosophie des Instrumentalismus gelangen, in der nicht der absolute Geist, sondern die Natur zum Weltsubjekt erhoben wird. Ähnlich wie der junge Marx will Dewey die Philosophie aus den himmlischen Höhen des Geistes auf die Erde herabholen und zu einem Instrument bei der Lösung der konkreten wirtschaftlichen, ethischen, sozialen und pädagogischen Probleme der Gegenwart machen. Aus dieser Perspektive sieht Dewey die menschliche Natur weder als gut noch als schlecht an, vielmehr betrachtet er sie als das Ergebnis einer *kulturellen Evolution*. Mit undifferenzierten Handlungsantrieben geboren, entwickelt das Kind seine genuin menschlichen Eigenschaften in einer Wechselbeziehung zu seiner natürlichen und sozialen Umwelt. Das Individuum verändert seine Umgebung und wird selbst von ihr verändert. Alles befindet sich in permanentem Wandel; dieses beständige Fließen lässt sich in sozialen Fortschritt überführen, wenn der Mensch mit Hilfe der Wissenschaft eingreift und sich des problemlösenden Denkens als eines Instruments zur freien Gestaltung einer besseren gesellschaftlichen Ordnung bedient. Dabei handelt es sich für den Pragmatisten Dewey immer um ein instrumentelles Denken, und dieses beschreibt und analysiert Dewey in seinem zu einem Bestseller gewordenen *How We Think*: Ein praktisches Problem (genau genommen eine praktische Schwierigkeit) taucht auf, wofür sich in der bisherigen Erfahrung keine eingeschliffene Lösung findet; diese Schwierigkeit wird präzise abgegrenzt und sorgfältig analysiert; eine mögliche Lösung wird hypothetisch entworfen und einer praktischen Erprobung unterzogen; wenn sie sich bewährt (im Sinne von bewahrheitet), gilt sie bis auf weiteres als wahr. Wahr ist dabei ein Name, der für Dewey allem zusteht, was sich als gut erweist, wenn man daran glaubt, und was hilft, Schwierigkeiten der Alltagswirklichkeit zu überwinden. Dabei werden die auftauchenden Probleme in technische umdefiniert, um sie einer experimentalwissenschaftlichen Bearbeitung zugänglich zu machen.

So, wie der junge Dewey die demokratische Gesellschaft (der USA) als die potentielle Verwirklichung des Reiches Gottes auf Erden angesehen hatte, erblickt der reife Dewey die Hochform der demokratischen Gesellschaft in der *scientific com-*

munity miteinander vernetzter, großflächig interagierender und unermüdlich suchender Forscher. Da Dewey der (experimental)wissenschaftlichen Methode universelle Gültigkeit für alle menschlichen Bereiche zuerkennt, verspricht er sich von ihr die Auflösung aller Dualismen. Das gilt – und damit treffen wir den Nerv von Geschichtlichkeit – auch für den Dualismus von Erziehung und Leben. Galt die traditionelle Erziehung als Vorbereitung auf das Leben und verstand sich Schule herkömmlich als die Vermittlung von zu Lehrstoffen eingefrorener Erfahrung zum Zwecke späterer Daseinsbewältigung, so setzt Dewey dagegen seinen Begriff einer *progressive education*, welche Erziehung, Schule und Leben dadurch in eins fasst, dass sie alle nur noch als Wachstum (*growth*) versteht. Und so kommt Dewey zu der Überzeugung, „dass der Erziehungsprozess mit Wachstum gleichgesetzt werden kann, sofern dieses als aktives Partizip im Sinne von *wachsend* verstanden wird." (Dewey 1963, S. 36) Da es aber für Dewey nichts gibt, worauf sich der Begriff des Wachstums beziehen könnte, ausgenommen auf weiteres Wachstum, lässt sich für ihn auch der Begriff der Erziehung keinem anderen mehr unterordnen, ausgenommen weiterer Erziehung, und diese wird auf diese Weise zu einem *progressus ad infinitum*.

2. In *philosophischer Hinsicht* hat Martin Heidegger die alte vorsokratische und das pädagogische Denken immer neu inspirierende Frage nach dem Sinn des Seins neu gestellt und – quasi am Ende der (von heute aus überblickbaren) Philosophiegeschichte – mit der Ineinssetzung von Sein und Zeit (so auch der Titel seines Hauptwerkes von 1927 (1993[17])) beantwortet. Da nach seiner Überzeugung die Differenzierung des Seins, wie sie im Interesse der einzelnen Disziplinen einschließlich von Psychologie und Pädagogik liegt, von einer Analyse des ontologischen Grundthemas in einer *metaphysica generalis* abhängt, hat Heidegger mit seiner prononcierten Beantwortung der ontologischen Frage die Summe des geschichtlichen Denkens nicht nur für die Philosophie, sondern auch für die Pädagogik gezogen, und die Pädagogik der sog. Postmoderne wäre ohne Heidegger (freilich auch nicht ohne Nietzsche) wohl kaum denkbar gewesen. Diese Summe könnte man in der von Heidegger vollzogenen Umwendung der Frage nach dem Sinn der Geschichte (auch der individuellen Lebens- und Bildungsgeschichte) in die Frage nach der Geschichtlichkeit des Sinns sehen. Gegenüber allen problematischen Versuchen, eine sich immer rapider wandelnde und in eine unermessliche Vielfalt ausfächernde Welt in festen objektiven Bedeutungen zu verankern – seien es feststehende Werte, logische Bewusstseinsstrukturen, objektivierte Lebenszusammenhänge etc. –, fand Heidegger die fundamentale Quelle für eine Auslegung des Seins in den geschichtlich veränderlichen Interpretationsweisen der menschlichen Existenz durch das Dasein: „Die Analyse der Geschichtlichkeit des Daseins versucht zu zeigen, daß dieses Seiende nicht »zeitlich« ist, weil es »in der Geschichte steht«, sondern daß es umgekehrt geschichtlich nur existiert und existieren kann, weil es im Grunde seines Seins zeitlich ist." (Heidegger 1993[17], §72, S. 376; im Original kursiv) Der verborgene (letzte) Grund der Geschichtlichkeit des Daseins liegt dabei in seiner unwiderruflichen Endlichkeit: „Das eigentliche Sein zum Tode, das heißt die Endlichkeit der Zeitlichkeit, ist der verborgene Grund der Geschichtlichkeit des Daseins." (Heidegger 1993[17], §74, S. 386; im Original kursiv) Die pädagogischen Konsequenzen der Heideggerschen Fundamentalontologie sind wohl bis heute noch nicht ausgeschöpft

worden und enthalten gerade im Hinblick auf die Geschichtlichkeit von Erziehung und Pädagogik noch ungeborgene Anregungen.

3. Aus der Perspektive einer Geschichte der *Geschichtsphilosophie* zeigt sich, dass nach dem Ende der großen universalen Geschichtsdeutungen – der *theologischen* Interpretation der Weltgeschichte als Heilsgeschichte (vgl. Löwith 2004), der *aufklärerischen* Auffassung vom Welthandeln des Makrosubjekts Menschheit und der *idealistischen* Auslegung der Geschichte als Tätigkeit der sich selbst hervorbringenden Vernunft – der dem Schicksal ausgelieferte sterbliche Mensch zum Subjekt der Geschichte geworden ist, und zwar der handelnde und leidende Mensch, der sich in seiner zeitlichen und von Kontingenz umgebenen Existenz in der unauflöslichen Spannung zwischen Animalität und Rationalität, Triebstruktur und Geistigkeit, Natur und Kultur als von Grund auf geschichtliches Wesen erfährt. Dieses Selbstverständnis des Menschen als eines geschichtlichen Lebewesens ist freilich selbst eine geschichtliche Erkenntnis (vgl. die obige Eingangsbemerkung zu diesem Text), die etwas Übergeschichtliches über den Menschen aussagen will. Sie geht jedoch nicht von einer apriorischen Konstruktion, sondern von der personalen Erfahrung aus. Diese jedermann zugängliche Erfahrung beinhaltet, dass die Welt der Geschichte aus einer Vielfalt geschichtlicher Welten besteht, von denen jede eine eigene Geschichtswahrnehmung und Geschichtsdeutung hervorbringt. Diese Erfahrung schließt auch ein, dass das menschliche Leben unübersehbar mannigfaltig und schier unendlich veränderbar ist. Und zu ihr gehört ebenfalls die Erkenntnis, dass auch das geschichtliche Selbstverständnis des Menschen historisch bedingt ist, wie es freilich auch jede ahistorische Apriori-Auslegung wäre. Wenn aber die Geschichte als Prozess von Prozessen sich keiner noch so plausibel anmutenden Apriori-Logik fügt, dann kann sie nur empirisch-historisch erforscht werden – freilich ohne Hoffnung auf ein endgültiges Wissen oder irgendeine Letztbegründung im Hinblick auf den geschichtlichen Menschen, seine Erziehung und die von ihm hervorgebrachte Pädagogik.

III. Zu Zweck und Bedeutung einer Geschichte der Pädagogik

Die Geschichtlichkeit von Erziehung und Pädagogik macht eine Geschichte der Pädagogik erforderlich, die sich nicht (in erster Linie) als eine Unterabteilung der allgemeinen Historie versteht, sondern (zuvörderst) als ein konstitutiver und substantieller Teil der Pädagogik selbst. Das gilt für die wissenschaftsgeschichtliche Retrospektive ebenso wie für die kreative Prospektive. Was den historischen Aspekt betrifft, so erscheint es nicht überflüssig, daran zu erinnern, dass die Pädagogik ihre Ausformung als Wissenschaft – das geschah in Deutschland in der zweiten Hälfte des 18. und zu Beginn des 19. Jahrhunderts – in einem ganz entscheidenden Ausmaß ihrer eigenen Geschichtsschreibung verdankt, so dass man sagen kann, die eigentliche Geburtsstunde der Pädagogik als selbstständige wissenschaftliche Disziplin habe in dem Augenblick geschlagen, als man daran ging, aus vielen bemerkenswerten oder auch nur merkwürdigen Einzelgeschichten (im Plural) eine Geschichte der Pädagogik (im Singular) zu konstruieren, und zwar von der Gegenwart ausgehend in die geschichtliche Vergangenheit zurückschreitend. Dasselbe gilt übrigens nicht nur für die Pädagogik, sondern für so gut wie alle Kulturwissenschaften insgesamt.

In prospektiver Hinsicht war man sich in der mehr als zweihundertjährigen Tradition dieser Pädagogik stets der engen Verflochtenheit von historischer Problembesinnung und theoretischer Problembewältigung bewusst, und die Geisteswissenschaftliche Pädagogik, die das Bewusstsein von der Geschichtlichkeit von Erziehung (Praxis) und Pädagogik (Theorie) auf besondere Weise geschärft hat, hat dieses Bewusstsein in der Rede von *der historischen Dimension von Erziehung und Pädagogik* auf den Begriff gebracht. (vgl. Reble 1979) Eine Geschichte der pädagogischen Geschichtsschreibung steht bis heute aus, und auch hier kann eine solche nicht einmal im Aufriss geboten werden. Wohl aber sollen einige praktische Bemerkungen zum Zweck und zur Bedeutung einer Geschichte der Pädagogik den Gedankengang abrunden.

Wenn wir von dem erzieherischen Handeln als Praxis sprechen und dabei „Praxis" nicht unreflektiert in einem vorphilosophisch-umgangssprachlichen Sinne gebrauchen, dann meinen wir damit, dass Erziehung weder mit *theoria* noch mit *poiesis* zusammenfällt, also nicht eine Schau dessen darstellt, was mit Notwendigkeit so ist, wie es ist, und auch nicht ein handwerklich-technisches Machen. (vgl. Böhm 1995^2) Offensichtlich meinen wir damit etwas, was mit menschlicher Freiheit zu tun hat und nach Grundsätzen und Maßgaben vor sich geht, mithin stets ideen- oder theoriegeleitet ist, seien sich die erzieherisch Tätigen im Einzelfall dessen bewusst oder nicht. Wenn wir weiter davon ausgehen, dass sich erzieherisches Handeln immer in bestimmten Situationen ereignet, welche dem Erziehenden definitive Handlungsentscheidungen abfordern, dann lässt sich die erzieherische Praxis als die in konkret-geschichtlichen Situationen notwendige Wahl einer Handlungsmöglichkeit, eines methodischen Weges, einer Lösung, einer Maßnahme etc. begreifen. Die Entscheidung *für* eine Handlungsmöglichkeit heißt aber gleichzeitig immer die Entscheidung *gegen* viele oder gar alle anderen Handlungsmöglichkeiten, die noch zu Gebote stünden.

Soll diese praktische Entscheidung nicht der Beliebigkeit und nicht der schicksalhaften Gewalt der Umstände ausgeliefert werden; soll sie weiter eine pädagogisch begründete und kritisch gerechtfertigte sein, dann bedarf sie wenigstens der Orientierung an, wenn nicht gar der reflektierten Fundierung auf pädagogischen Überzeugungen und Theorien. Man wird eine erzieherische Entscheidung schon auf den ersten Blick um so mehr als pädagogisch begründet ansehen, je stimmiger sie von einer pädagogischen Überzeugung oder Theorie getragen wird.

Die beiden Merkmale erzieherischen Handelns, die soeben hervorgehoben wurden – Wahl *einer* Handlungsmöglichkeit aus einer Vielfalt möglicher Handlungen und die entschiedene Realisierung dieser Wahl im erzieherischen Handeln – werfen eine Reihe von Problemen auf. Die Verabsolutierung eines Teilaspekts und das massive Drängen auf konkrete Durchsetzung betrachten wir gewöhnlich als typische Merkmale von Ideologie, und aus dieser Perspektive lässt sich alles erzieherische Handeln als seiner Natur nach ideologisch bezeichnen. Damit bricht die Frage nach der Funktion von pädagogischer Theorie für das erzieherische Handeln auf. Versteht man Pädagogik als *Theorie für die Praxis* und erwartet folglich von ihr dogmatisch fixierte, wissenschaftlich verbürgte, in ihrer Eindeutigkeit und Richtungssicherheit unübertreffliche Handlungsanweisungen, dann haftet auch dieser pädagogischen Theorie unentrinnbar ein ideologischer Charakter an. Will man sie davon befreien und pädagogische Theorie nicht als dogmatische, sondern als kritische Instanz begreifen, dann kann sie nur als *Theorie der Praxis* gedacht werden, und zwar dergestalt, dass sie einer immer schon geschehenden Praxis mit ihrem unausweichlichem Zwang zu Wahlen und Entscheidungen die ganze Breite verfügbarer Handlungsorientierungen, -begründungen und -möglichkeiten wie in einem Spiegel entgegenhält, ihr so die mit jeder praktischen Entscheidung notwendig mitgesetzte ideologische Verengung vor Augen stellend.

Wenn nunmehr zu fragen ist, wie denn pädagogische Ideen, Theorien und Überzeugungen in die Köpfe der praktisch Handelnden gelangen, so stehen, wie es scheint, zwei Erklärungsmöglichkeiten offen: Erfahrung und Denken. Heute ist die in der Regel psychologisch bzw. psychoanalytisch gestützte Meinung weit verbreitet, pädagogische Ideen, Theorien und Überzeugungen gewänne man aus der Erfahrung. Häufig wird diese Aussage noch eingeengt auf die selbst erlittenen Erziehungserfahrungen. Der dabei verwendete Begriff von Erfahrung ist insofern problematisch, als hier nicht von aktiv gemachten Erfahrungen, sondern von passiven Widerfährnissen die Rede ist; diese aber sind zufällig und schicksalhaft, sie ermangeln eines Rechtsgrundes und können als solche nicht selber Rechtsgrund erzieherischen Handelns werden. Spätestens Herbart hat die Pädagogen gelehrt, dass Erfahrung einen aktiven Vorgang meint: Erfahrungen widerfahren einem nicht, sondern Erfahrungen macht man. Aber: aufgrund wovon „macht" man Erfahrungen? Doch wohl aufgrund von etwas, das dieser Erfahrung im Denken vorausgeht. Darauf bezieht sich gewiss jenes berühmte Epigramm des Erasmus von Rotterdam: Nur Weise kann Erfahrung lehren, die Toren macht sie niemals klug. (vgl. Erasmus 2002)

Fragen wir aber im Hinblick auf unser Thema der Geschichtlichkeit von Erziehung und Pädagogik, wie dieses Gedachte in das Denken gekommen ist, und wollen wir uns dabei nicht mit einer rein spontaneistischen oder wiederum auf den bloßen Zufall rekurrierenden Erklärung begnügen, dann kann die Antwort nur lauten: entweder durch Vordenken oder durch Nachdenken. Mit Vordenken wird dabei eine Erzieherhaltung gemeint, die das eigene kritische Denken nicht bemüht, weil es einfacher, bequemer und weniger riskant ist, sich nach Vorgedachtem, Vorgeschriebenem, Vorgeplantem und Vorvermessenem zu richten, sei es in Gestalt blinder Autoritätshörigkeit oder nach Art szientistischer Wissenschaftsgläubigkeit. Mit Nachdenken ist jene andere, eher unbequeme, bisweilen beschwerliche und unter Umständen auch lästige Einstellung gemeint, die das von anderen Gedachte nicht einfach umsetzen und schnurstracks anwenden, sondern durch eigenes kritisches Nachdenken vergleichen, konfrontieren, prüfen und auf seine Plausibilität hin befragen will.

Diese scheinbar weit ausholenden Überlegungen betreffen unmittelbar den Zweck und die Bedeutung der Geschichte der Pädagogik. Wenn nämlich erzieherisches Handeln als *praxis* stets theoriegeleitet ist, als in Situationen notwendiges Entscheiden für nur eine Handlungsmöglichkeit stets ideologischen Charakter trägt, wenn pädagogische Theorie nicht selbst ideologisch werden, sondern als Theorie der Praxis eine ideologiekritische Funktion ausüben soll, und wenn diese pädagogische Theorie nicht aus der passiven Erfahrung, sondern durch aktives Nachdenken und kritische Reflexion gewonnen werden soll, dann stellt sich uns die Geschichte der Pädagogik als eine unausschöpfbare Quelle pädagogischen Selbstverständnisses und als kritische Instanz schlechthin dar. Wie anders tritt uns pädagogisches Selbstverständnis entgegen und wie anders begegnen uns aktive Erfahrungen anderer, wenn nicht als geschichtlich vermittelte? Mit kritischer Instanz ist dabei nicht nur etwas Vordergründiges gemeint, wie etwa die Relativierung von Pseudo-Modernismen, wenngleich es durchaus höchst peinlich sein kann, wenn geschichtlich Unkundige anscheinend neue Fragen aufwerfen oder neue Lösungen anbieten, die dem historisch Bewanderten nur allzu vertraut sind. Die Geschichte der Pädagogik als kritische Instanz meint in diesem Zusammenhang vor allem, dass die Vergegenwärtigung von früher Bedachtem, Befragtem, Erörtertem, Gesehenem und Gelöstem zur vergleichenden Konfrontierung und kritischen Prüfung des sonst allzu leicht und allzu rasch für endgültig und sicher Genommenen und ideologisch Verkürzten nötigt. Genau in diesem Sinne hatte Dilthey von der geschichtlichen Weltanschauung als der großen Befreierin des Menschen gesprochen. Es erscheint gewiss fragwürdig, von einem pädagogischen Fortschritt reden zu wollen. Keine Frage ist es aber, dass man dort von einem pädagogischen Rückschritt sprechen muss, wo früher aufgeworfene Probleme und Fragestellungen vergessen, über historische Lösungen blind hinweggegangen und die Geschichte der Pädagogik insgesamt als nutzloser, weil vermeintlich nicht praxisrelevanter Ballast über Bord geworfen wird. „Der Mensch ohne alles Gedächtnis nur in der Gegenwart lebend verrät eine Armut des Geistes, welche keine Verstandesbildung aufkommen lässt; in Stumpfsinnigkeit wird dann das Leben geführt und beschlossen. Die Operationen des Verstandes können doch nur dann vor sich gehen, wenn dem Menschen ein Reichtum von einzelnen Fällen gegeben ist, woraus er folgern und kombinieren kann." (Schleiermacher 2000, S. 274)

Literatur

Aristoteles (1969): Nikomachische Ethik. Übers. v. F. Dirlmeier. Stuttgart.
Augustinus (2002): De magistro – Der Lehrer. Zweisprachige Ausgabe. Hrsg. v. Th. Fuhrer. Paderborn.
Barash, J.A. (1999): Heidegger und der Historismus. Würzburg.
Baumgartner, H.M. (1972): Kontinuität und Geschichte. Zur Kritik und Metakritik der historischen Vernunft. Frankfurt a.M.
Baumgartner, H.M. (1991): Endliche Vernunft. Bonn.
Benner, D./ Oelkers, J. (Hrsg.) (2004): Historisches Wörterbuch der Pädagogik. Weinheim.
Berlin, I. (2000): Three Critics of the Enlightenment. Vico, Hamann, Herder. Princeton (New Jersey).
Böhm, W. (1995^2): Theorie und Praxis. Eine Einführung in das pädagogische Grundproblem. Würzburg.
Böhm, W. (Hrsg.) (2005): Aurelius Augustinus und die Bedeutung seines Denkens für die Gegenwart. Würzburg.
Böhm, W. (2007^2): Geschichte der Pädagogik. München.
Böhm, W./ Schriewer, J. (Hrsg.) (1975): Geschichte der Pädagogik und systematische Erziehungswisssenschaft. Stuttgart.

Brinkmann, W./ Harth-Peter, W. (Hrsg.) (1997): Freiheit – Geschichte -Vernunft. Grundlinien geisteswissenschaftlicher Pädagogik. Würzburg.
Burckhardt, J. (1905): Weltgeschichtliche Betrachtungen. Berlin/Stuttgart.
Dewey, J. (1993): Demokratie und Erziehung (1993). Hrsg. v. J. Oelkers. Weinheim.
Dewey, J. (1989): Die Erneuerung der Philosophie. Übers. v. M. Suhr. Hamburg.
Erasmus von Rotterdam (2002): Das Lob der Torheit. Übers. und hrsg. v. A. J. Gail. Stuttgart.
Fink, E. (1990): Welt und Endlichkeit, Würzburg.
Frost, U. (2000): Geschichtlichkeit in pädagogischer Deutung. In: Vierteljahrsschrift für wissenschaftliche Pädagogik, 76, S. 27-37.
Grell, F. (2004): Historia magistra vitae paedagogicae. In: Vierteljahrsschrift für wissenschaftliche Pädagogik, 80, S. 149-162.
Heidegger (1993[17]): Sein und Zeit. Tübingen.
Heitger, M. (1982): Über Geschichte und Geschichtlichkeit als Thema wissenschaftlicher Pädagogik. In: Vierteljahrsschrift für wissenschaftliche Pädagogik, 58, S. 411-426.
Herrmann, U. (1983): Erziehung und Bildung in der Tradition geisteswissenschaftlicher Pädagogik. In: Lenzen, D. (Hrsg.): Enzyklopädie Erziehungswissenschaft, Bd. 1, S. 25-41, Stuttgart.
Lorenz, Ch. (1997): Konstruktion der Vergangenheit. Köln.
Löwith, K. (2004): Weltgeschichte und Heilsgeschehen. Stuttgart.
Mauder, S. (2006): Die Bedeutung der „Geschichtlichkeit" für die Geisteswissenschaftliche Pädagogik. Marburg.
Pico della Mirandola, G. (1990): De hominis dignitate – Über die Würde des Menschen,. Hrsg. v. A. Buck. Hamburg.
Reble, A. (1950): Theodor Litt. Stuttgart.
Reble, A. (1979): Die historische Dimension der Pädagogik in Wissenschaft und Lehrerbildung. Würzburg.
Rousseau, J.J. (1969) : Oeuvres complètes. Paris.
Rousseau, J.J. (1981): Schriften. Bd. I. Hrsg. von. H. Ritter. Frankfurt a.M./Berlin/Wien.
Schleiermacher, F. (2000): Texte zur Pädagogik. Hrsg. von M. Winkler u. J. Brachmann. Bd.2. Frankfurt a.M.
Vico, G.B. (1947): Vom Wesen und Weg der geistigen Bildung. Zweisprachige Ausg. v. F. Schalk. Bad Godesberg.
Vico, G.B. (1990): Prinzipien einer neuen Wissenschaft über die gemeinsame Natur der Völker. 2 Teilbde. Übers. v. V. Hösle u. Ch. Jermann. Hamburg.
Wiersing, E. (2007): Geschichte des historischen Denkens. Paderborn.
Zdarzil, H. (1987): Die Geschichtlichkeit des Menschen als pädagogisches Problem. In: Vierteljahrsschrift für wissenschaftliche Pädagogik, 63, S. 89-101.

Kapitel 2: Bildung

JÖRG RUHLOFF

C: Bildung und Vernunft

I. Antike

Eine terminologisch scharf umrissene Verbindung von Bildung mit Vernunft ist in der europäischen Tradition zuerst im 4. vorchristlichen Jahrhundert bei Platon (427-347) deutlich greifbar. Ihr gehen verschiedene Entwicklungen im griechischen Denken voraus. Zu erwähnen ist insbesondere dreierlei: (1) Die Bemühungen der vorsokratischen Philosophen seit der Wende zum 6. Jahrhundert um eine Erklärung von Naturvorgängen und eine Weltdeutung aus einsichtigen Prinzipien in Abhebung gegen die von den Dichtern vorgetragenen Mythen; (2) das Auftreten der Sophisten im 5. Jahrhundert, die sich anerboten, gegen Bezahlung ein höheres Wissen und vor allem rhetorisch-argumentatives Können zu vermitteln; (3) das Fragen, Prüfen und Widerlegen des Sokrates (469-399), das als „Sorge um die Seele" auf begriffliche Rechenschaft in den „höchsten Angelegenheiten" drängte.

(1) Auf die vorsokratische Philosophie geht die begriffliche Absonderung einer verständig-vernünftigen Funktion unter verschiedenen Bezeichnungen (insbesondere: nous, nóesis, logos) zurück, die als ordnendes Prinzip den Kosmos durchdringt und auch den Menschen im Denken zuteil wird. Als erster eindeutiger Beleg für die Auszeichnung des Menschen durch das Denken in Abhebung gegen die Sinneswahrnehmungen gilt ein Fragment des Alkmaion aus dem frühen 5. Jahrhundert: „Der Mensch unterscheidet sich von den übrigen [Lebewesen] dadurch, dass er allein denkt [xyníesi], während die übrigen wahrnehmen, aber nicht denken." (Diels 1922[4], S. 135) Etwa der gleichen Zeit entstammen die Fragmente eines Lehrgedichts des Parmenides (ca. 515-ca. 445). Darin wird als einziger Weg, der den Menschen zur Wahrheit führt, das Denken des Seienden gelehrt. Die urteilslose, nichts wissende, sondern in Meinungen (doxa) verfangene Menge der Menschen sei aufgrund „vielerfahrener Gewohnheit" ziellos blickend, hörend und redend und halte, anstatt mit dem Verstand (logos) zu prüfen, Sein und Nichtsein für dasselbe (zur pädagogischen Interpretation s. Ballauff 1952, S. 53-78). Ansichten und bloß wiederholte Erfahrungen werden hier einem vom empirischen Anschein absehenden reinen Denken gegenüber gestellt (vgl. Röd 1976, S. 107-125), auf das es für den Menschen ankommt. Zum wahrheitsverbürgenden Denken vorzudringen muss der junge Mann zwar beherzt sein. Er gelangt dahin aber nicht aus eigener Kraftanstrengung, und auch von Erziehung durch Menschen ist nicht die Rede, sondern er wird nach Parmenides bildlich poetischer Darstellung von göttlichen Mächten gefahren und unterwiesen.

(2) Die Sophisten sind für das Hervortreten eines bildungstheoretischen Vernunftproblems zum einen bedeutsam, insofern sie die Zersetzung der selbstverständlichen Bindung des privaten und gemeinschaftlichen Lebens an Mythen, Sitten und hierarchische Ordnungen verstärken und deren tragende Begriffe in Frage stellen. Zum anderen taucht mit der Sophistik die „Pädagogik zum ersten Mal als ein eigenes philosophisches, d.h. auf den Begriff der Sache gehendes Problem der theoretischen Reflexion" auf (Fischer 1998^2, S. 10). Vor allem Protagoras (ca. 485-ca. 415) provoziert nicht nur den Widerspruch, sondern auch den Respekt Platons. Mit ihm verbindet er (im Dialog „Protagoras") die für weite Teile der gesamten folgenden Tradition kanonisch gewordene Vorstellung, dass menschliche Tüchtigkeit (aretè, „Bildung") eine Sache von eigener Anstrengung, Übung und Belehrung auf der Basis natürlicher Begabung ist. Die aus Protagoras Schrift über die Wahrheit stammende These, dass der „Mensch das Maß von allem sei" forderte (im Dialog „Theaitetos") zur differenzierenden Analyse, was Erkenntnis sei, heraus. Protagoras Feststellung, dass vieles an einem Wissen über die Götter hindere, seine Behauptung, dass es zu jeder Sache zwei einander entgegenstehende Standpunkte gebe sowie das von ihm nach antiker Überlieferung zuerst eingeführte Verfahren, Fragen an seine Hörer zu stellen, bezeugen ebenso sehr eine Ausrichtung an vernünftiger Begründung wie sie zugleich ein skeptisches Bewusstsein von deren Reichweite verraten. Auch schon einige der vorsokratischen Philosophen, allen voran Xenóphanes (ca. 565-ca. 470), lassen bei aller rationalen Kritik an den Dichtern und den Meinungen der Menschen ein ausgeprägtes Bewusstsein für die Begrenztheit menschlicher Vernunft erkennen (vgl. Fragment 34, Diels 1922^4, S. 64).

(3) Die prüfende Praxis des Sokrates, wie sie vor allem in Platons Frühdialogen dargestellt wird, verschärft die skeptischen Tendenzen und gibt ihnen eine bildungstheoretisch bedeutsame Wendung. Im Unterschied zu den Sophisten sagt Sokrates (nach Platons „Apologie") von sich, niemals jemandes Lehrer gewesen zu sein. Gleichwohl beansprucht er, die Menschen in Fragen von höchster Bedeutung verwickelt und damit der Stadt eine Wohltat erwiesen zu haben. Seine Praxis bestand in der Überführung vermeintlichen Wissens in das Bewusstsein des Nichtwissens. Das überlebensdienliche Erfahrungswissen, das handwerklich-technische Wissen und das Fachwissen der Mathematiker und Naturforscher wurden damit nicht in Frage gestellt (vgl. Fischer 2004, S. 123 ff.). Die sokratische Zuspitzung der Wissensproblematik bezog sich auf die Überzeugungen, in denen seine Mitmenschen allgemein verbindliche Antworten auf die Frage nach dem „Worumwillen des Daseins" (Ebd., S. 96) gefunden zu haben glaubten, wenn sie beispielsweise zu wissen glaubten, dass der Tod jedenfalls ein Übel sei. Im Mittelpunkt der sokratischen Prüfung steht die begriffliche Rechenschaft über die leitenden, die Lebensführung tragenden Vorstellungen. So deckt er von Fall zu Fall ein Nichtwissen auf über das, was z.B. Freundschaft, was Besonnenheit, Frömmigkeit, Tapferkeit oder – zusammengefasst – was menschliche Tüchtigkeit sei. Damit tritt er zugleich der Behauptung ihrer Lehrbarkeit entgegen, ohne sie als Probleme zu verwerfen. Begriffliche Klarheit über die fundamentalen Lebensorientierungen tritt im Gegenteil als die für die Menschen wesentliche „Sorge um die Seele" bzw. als Selbstsorge hervor, die als eine frühe Gestalt des Bildungsbegriffs verstanden werden kann.

Daran knüpft Platons Lehre von Erziehung und Bildung (paideia) mit ihrer Exposition der Vernunft an. Ihr übergreifendes Problem ist das Wissen um das Gute. Von ihm hängen Gerechtigkeit und Glück im (stadt-) staatlichen Zusammenleben und damit auch im Leben der Einzelnen ab, und darauf sind Erziehung und Bildung bezogen. Platon setzt bei dem Phänomen an, dass „jede Seele" nach Gutem strebt, auch wenn sie es in der Beurteilung anderer verfehlt. Die Einstellung auf das Gute hat einen eigenen Rang, weil sich in Beziehung darauf niemand mit Anschein und Hörensagen zufrieden gebe; denn es werde in allem Handeln unterstellt. Zunächst schwebt das Gute jedoch nur als schwankende Ahnung vor, die nicht in einer widerspruchsfreien Begründung festgehalten werden kann. Das zeigt sich z.B. an der verbreiteten Auffassung, die Lust sei das Gute, die angesichts des Sachverhalts von „schlechten", etwa mit Krankheitsfolgen verbundenen, Lüsten aufgegeben werden muss, weil andernfalls unsinnigerweise behauptet werden müsste, Gutes und Nicht-Gutes seien dasselbe (vgl. Politeia, 6. Buch, 505 B ff. u. Protagoras 349 B ff.). Die Ahnung muss zu Erkenntnis und Wissen überschritten werden. Erkenntnis (epistéme) kann der Seele nicht eingesetzt werden. Das ist Platons neue, gegen die sophistische Lehrpraxis kontrastierte, pädagogische Einsicht. Stattdessen sei davon auszugehen, dass den Menschen das Vermögen (dýnamis) und Organ (órganon) zur Erkenntnis ursprünglich innewohnt (vgl. Politeia, 7. Buch, 518 B ff.). Im primären Zustand der Unbildung (apaideusia) sind sie jedoch gleichsam gefesselt und gezwungen, ihr Erkenntnisvermögen auf das „Werdende", auf ständig wechselnde Erscheinungen, auf Schatten und Abbilder von Dingen auszurichten, die sich der Sinneswahrnehmung aufdrängen, so dass sie, ohne von ihrem Nichtwissen zu wissen, mit Annahmen (eikasía) über Bilder zufrieden sind. Erziehung und Bildung befreien aus dieser Lage, indem sie einzelne Menschen in Richtung auf die Ursachen der Erscheinungen umwenden. Der erste Schritt des Bildungsgangs erschließt das Vermögen zu glaubwürdigen Vermutungen (pìstis) dadurch, dass er die Abhängigkeit bildlicher Eindrücke von handgreiflichen Dingen gewahr werden lässt. Eindrucksgebundenes Auffassen und wahrnehmungsabhängiges Glauben umreißen zusammen genommen den Bereich des Meinens (dóxa). Dessen Unzulänglichkeit besteht darin, dass es vom Werdenden gelenkt wird, obwohl es Seiendes behauptet, wenn etwa ausgesagt wird, dieses oder jenes verhalte sich so und so. Ein zweiter Abschnitt des Bildungsgangs stellt vor die Aufgabe, begriffliche Fixpunkte der Erkenntnis – Platon nennt sie „Ideen" – sowie deren Beziehungen und Begründungsverhältnisse ausschließlich gedanklich festzuhalten. Für dieses Verfahren stehen die mathematischen Disziplinen, wenn z.B. unabhängig von verschiedenen sichtbaren Vierecken für *das* Quadrat eine stets identische Proportion zwischen Seiten und Diagonale bewiesen wird. Im Durchgang durch die mathematischen Wissenschaften bildet sich der Verstand (diánoia) heraus. Seine Einschränkung liegt darin, dass er bei seinen Operationen von nicht weiter begründeten Voraussetzungen (hypóthesis) anhebt und unter deren Bedingungen zu seinen Resultaten kommt. Erst ein dritter Schritt bringt die Bildung an ihr Ziel, den rückhaltlosen Vernunftgebrauch. Die Vernunft (nóesis bzw. nous) „hebt die Voraussetzungen auf". Sie begnügt sich nicht mit unterstellten gedanklichen Anfangspunkten, sondern möchte zum „Anfang selbst" (Politeia, 7. Buch, 533 C), d.h. zu bedingungsloser Erkenntnis bzw. zur Erkenntnis eines unbedingten Prinzips (arché) vordringen. Dieser Aufgabe widmet sich das gemeinschaftliche Philosophieren, das bei Platon die disziplinäre Gestalt einer strengen „dialektischen" Unterscheidungskunst annimmt, zu der erfahrungsgemäß nur wenige fähig sind. Wird ein Gemeinwesen von vollständig gebildeten Männern und Frauen regiert, können gleichwohl alle von der Vernunft profitieren; denn sie durchlaufen eine musische und gymnastische Vorbildung und werden gewöhnt an eine in sich stimmige, gerechte Lebensordnung. Im „propädeutischen" Umgang mit ausgewählter Dichtung, Musik, Umweltgestaltung und durch entsprechende Leibesübungen dringen das Maßvolle und Besonnene in die Heranwachsenden ein und werden als etwas Schönes und Gutes erlebt. Durch Nachahmung entsteht eine vernunftanaloge Haltung, noch bevor der Eigensinn von Begriffen, gedanklichen Beziehungen und Schlussfolgerungen vernommen werden kann und unabhängig davon, ob es zu spezifischen Vernunfterkenntnissen eines Menschen überhaupt kommt. Der philosophierende Vernunftgebrauch, in dem Bildung gipfelt, ist nicht selbstreflexiv geschlossen. Den Philosophierenden wird die vernünftige Ordnung des menschlichen Lebens innerhalb von dessen kosmischen Bedingungsverhältnissen aufgegeben. Vernunft steht für zutreffende begrifflich-gedankliche Erkenntnis im Horizont der „Idee des Guten" und im Ausblick auf den Zusammenhang von allem, was ist. Das Verhältnis zwischen menschlicher Vernunftanstrengung und tatsächlicher Erkenntnis des Guten bleibt bei Platon ein ungelöstes und zugleich unbedingt aufgegebenes Problem. Platons Herausstellung eines relativ abgesonderten Vernunftvermögens spitzt den Bildungsgedanken im Gefolge des Sokrates darauf zu, das Denken, Begründen und Rechenschaftgeben zum lebensleitenden Prinzip zu erheben, anstatt die Vernunft im Status eines Instruments zur Festigung und Verteidigung unbefragter Überzeugungen und Einstellungen zu belassen. In der nachplatonischen Philosophie verblasst der sokratische, auf Vernunftgrenzen achtende Zug im pädagogischen und philosophischen Denken bis in die Neuzeit hinein insgesamt. (vgl. Mugerauer 2007)

Bereits die über sein Gesamtwerk verstreuten Bemerkungen des Aristoteles (384-322) zur Pädagogik gehen hinter die exponierte Bindung von Bildung an Vernunftgebrauch zurück. So universell Aristoteles um begriffliche Eindeutigkeit und Differenzierung bemüht ist, sie vorantreibt und dabei auch den Vernunftbegriff thematisiert, so steht dabei doch nicht ein pädagogisches Interesse im Zentrum. Die Philosophie wird tendenziell zu einer auf Letztbegründung abzielenden Spezialwissenschaft. Eine theoretische Vernunft, die „nichts" denkt, „was sich auf das Handeln bezieht" (Aristoteles 1937, Über die Seele, 432 b), und die allein zu streng wissenschaftlichen Aussagen gelangen kann, wird unterschieden von einer praktischen Vernunft, die vor allem der klugen Abwägung der Mittel des Handelns gilt, während die „Ziele [...] offenbar weitgehend unproblematisch" bleiben (Graeser 1983, S. 236). In den Mittelpunkt von Erziehung und Bildung rückt die Gewöhnung an eine gesetzlich regulierte und ethisch gebilligte Lebensweise. Der Gebildete zeichnet sich im Übrigen durch ein weitgespanntes allgemeines Urteilsvermögen in verschiedenen Wissensgebieten aus, ohne sich auf bestimmte Fragestellungen zu spezialisieren. (vgl. Ballauff 1969, S. 119 f.) Das kommt der wirkungsmächtigen Bildungsvorstellung des Isokrates (436-338) und der ihm folgenden rhetorisch-pädagogischen Theorietradition nahe, nach der es „nicht in der Natur der Menschen" liegt, „ein sicheres Wissen" darüber zu erlangen, „was jeweils zu tun und zu sagen" ist.

Für „weise" seien darum die zu halten, die mit ihren „Meinungen" zumeist „das Beste zu treffen vermögen", und als „Philosophen" die einzuschätzen, die „am schnellsten" zu solcher „Verständigkeit" (phrónesis) kommen (Isokrates 1992, S. 270 f.).

Unter den von Platon und Aristoteles weitgehend unabhängigen hellenistischen Philosophenschulen (vgl. Hossenfelder 1985, S. 30), sind es vor allem die Stoiker, in deren Denken der sokratische Stachel wirksam bleibt und Bildung als Sorge um die richtige Lebensführung mit der Vernunft verbunden wird. Das stoische Vernunftbildungskonzept ist noch am Beginn der modernen Pädagogik bei Rousseau wirksam. Die Stoa rückt die Vernunft als handlungsleitende und moralische Vollkommenheit verbürgende Kraft in den Vordergrund. Sie in diese beherrschende Stellung zu bringen und darin zu halten, so dass ein in sich und mit der Natur „übereinstimmendes", glückliches Leben möglich wird, ist die alleinige, lebenslang andauernde und alles andere umgreifende Aufgabe der Bildung. In der eigenständigen Version der stoischen Lehren bei L. Annaeus Seneca (ca. 4 v.Chr.-65 n.Chr.) ist die in der Lebensführung zu bewährende „vollkommene Vernunft" (perfecta ratio) *das* Gut (bonum) (Seneca 1984, Brief 124, § 23). Der Mensch teilt es als sterbliches Wesen mit den unsterblichen Göttern. Was diese von Natur besitzen, ist beim Menschen Gegenstand und Ideal der Sorge (cura, ebd., § 14). Das Sprachvermögen bezeugt die Bestimmung des Menschen zum freiheitlichen Vernunftgebrauch. Zusammen mit dem auch auf die Zukunft, nicht nur auf Vergangenheit und Gegenwart ausgedehnten Verhältnis zur Zeitlichkeit unterscheidet es ihn von anderen Lebewesen. Die Lebenszeit ist der einzige echte, wenngleich „flüchtige und unzuverlässige" Besitz und das verpflichtende Geschenk des Menschen, das es vernünftig zu gestalten gilt, geleitet von der Einsicht, dass jeder Lebensaugenblick auch ein Sterbensaugenblick ist und deshalb unentrinnbar unter die Forderung verbindlicher, alle Handlungen und Gedanken einschließender Gültigkeit gestellt ist (vgl. ebd., Brief 1). Eine umfassend vernunftbestimmte Lebenshaltung kann erst der Erwachsene erreichen, während das Kleinkind-, das Kindes- und das Jugendalter natürliche Verfassungen sind, denen die universelle humane Lebensbedingung mit graduellen Abstufungen noch verborgen bleibt (vgl. ebd., Brief 122). Ohne angemessene Erziehung sind sie darum der anfänglichen Todesfurcht und allen verkehrten und verkehrenden Einflüssen ausgeliefert, die der besinnungslosen Flucht vor der Aufgabe der Vernunftverwirklichung entsprungen und zu sozialen Mächten geronnen sind.

Im Kontrast zu dieser grundsätzlich allen offen stehenden, unmittelbar aus den menschlichen Lebensbedingungen hergeleiteten und die fachliche Ausbildung relativierenden Vernunftbildung (vgl. ebd., Brief 88) betont die rhetorische Traditionslinie, dass eine „richtige Rationalität" (recta ratio) bzw. Entfaltung von „Geisteskraft" (vis ingenii) und „Weisheit" (Quintilianus, 1988², Buch 1, Vorrede, Abs. 9.; 12.; 18.) an die – alles Wissen in Grundzügen einschließende – Ausbildung zum Redner, die sich am Ideal von dessen Vollkommenheit orientiert, gebunden ist. Die Verschmelzung von Vernunft und Redekunst (ratio und oratio, vgl. ebd. Buch 2, Kap. 20., Abs. 9.) zielt auf die bürgerliche Bewährung in „privaten und [leitenden] öffentlichen Verwaltungsaufgaben" (ebd., Buch 1, Vorrede, Abs. 10.).

II. Mittelalter

Mit dem Zerfall der stützenden Institutionen und sozialen Strukturen des römischen Reiches und dem Aufstieg der christlichen Kirche zur zentralen sozialen Macht ändert sich in deren Wirkungsbereich die Problemlage. Der menschliche Vernunftgebrauch büßt seine Anerkennung als ausschlaggebende lebensgestaltende Instanz ein. Augustinus von Hippo (354-430) vollzieht diese Umwertung wegweisend für das gesamte lateinische Mittelalter in seinen Schriften ab 396: „Wenn Geist und Vernunft nicht ihrerseits Gott so dienen, wie er selbst seinen Dienst befohlen hat" und wie es die biblischen Schriften bezeugen, „können sie über Leib und Leidenschaften unmöglich so gebieten, wie es recht ist." (Augustinus 1977/78, Buch 19, 25.) „Gottesverehrung" in „Glaube, Hoffnung und Liebe" wird zu der „dem Christen gemäßen Weisheit", die in der „Folgezeit" unabhängigen Anstrengungen „wissenschaftlich gelehrter und philosophischer Bildung [...] entgegengehalten" wird (Helmer 1997, S. 41). Die zur Herausbildung der Vernunft gehörenden antiken Wissensdisziplinen werden „ausschließlich als Mittel zum Zweck der Bibelauslegung" konzipiert (Flasch 2000, S. 50).

Eine Abwendung von dieser Problemkonstellation leitet Anselm von Canterbury (1033-1109) ein mit seinem programmatischen Versuch eines Gottesbeweises, worin „gar nichts mit dem Ansehen der Schrift glaubhaft gemacht" wird, sondern in „gemeinverständlichen Beweisen" durch die „Notwendigkeit der Vernunftüberlegung" (Anselm zit. n. Flasch 1982, S. 209 f.). Die „Vernunft des Einzelmenschen" und ihr methodischer Zweifel können infolge dessen zur wahrheitssichernden Kraft auch in Glaubensfragen werden (vgl. Helmer 1997, S. 115-128). Die neuere Forschung hat von „Anfänge(n) der Aufklärung im Mittelalter" gesprochen (vgl. Flasch 1997). Mit der Gründung von Universitäten seit Ende des 11. Jahrhunderts bekommt die Vernunftbildung auch einen unabhängigen institutionellen Ort. „Das *studium* wird neben *regnum* und *sacerdotium* die dritte Kraft." (Helmer 1997, S. 153) Nach der Rezeption der aristotelischen Philosophie schwindet im 13. und 14. Jahrhundert allmählich die exklusive Zentrierung der Vernunftanstrengungen auf theologische Fragen. Das Verhältnis der urteilenden und schlussfolgernden Vernunft zur Erfahrung und zur Praxis treten als Probleme hervor (vgl. Le Goff 1986).

III. Neuzeit und Moderne

Der Renaissancehumanismus vollzieht die Wendung zur Neuzeit, insofern die menschliche Vernunft als Selbst und Welt gestaltende Kraft erscheint. Im Horizont theologischer Prämissen erneuert er zum einen die rhetorische Rationalität in bürgerlich-lebenspraktischer Ausrichtung und greift zum anderen die platonische Tradition einer rückhaltlos am Vernunftproblem orientierten Bildung auf. Indem am Menschen jetzt die Gott ebenbildliche Schöpfereigenschaft akzentuiert wird, erscheint er als „frei entscheidender, schöpferischer Bildhauer" seiner selbst, der sich zu der „Gestalt formen" kann, die er bevorzugt, und dessen „Vernunftkeime" (semina intellectualia) ihm ermöglichen, von sich her zu einem „engelhaften" Wesen zu werden (Pico della Mirandola [1463-1494] 1990, S. 7). Eine subtile philosophische

Begründung für den kreativen Charakter der menschlichen Vernunft gab zuvor Nicolaus von Kues (1401-1464): Als kleinerer „zweiter Gott" (secundus deus) „hat der Mensch eine schöpferische Vernunft" (homo habet intellectum ... in creando, Nikolaus v. Kues, De Beryllo VI.). Er bringt nachahmend die Begriffe hervor, durch die die Schöpfungsdinge menschlicher Erkenntnis zugänglich werden, und er ist auch zu neuen technisch-künstlerischen Werken fähig. Mit seinem Prinzip des Zusammendenkens des Widersprechenden (coincidentia oppositorum) beansprucht Nikolaus von Kues die gesamte bisherige Philosophie mit ihrem Dualismus von Form und Stoff, Sinnlichkeit und Geistigkeit, Passivität und Aktivität der menschlichen Erkenntnisvermögen überwunden zu haben (vgl. Flasch 2001, S. 302 ff., S. 460 ff.). Bildungstheoretisch bedeutsam, pädagogisch jedoch erst im 20. Jahrhundert geltend gemacht (vgl. Petzelt 1964[3]), ist insbesondere die den Menschen auszeichnende docta ignorantia (belehrtes Nichtwissen), in der die Vernunftgabe aktiviert wird, über das relative gegenständliche Verstandeswissen hinaus die Grenzen des Wissens als ein Wahrheitsproblem eigener Art im Blick zu halten. In praktischer Hinsicht stellten Renaissancedenker die menschliche Vernunft (ratio bzw. ragione) als Ordnungen gestaltende und verbürgende Macht im privaten und öffentlichen Leben gegen die „Zweideutigkeit und Unbeständigkeit" des Schicksals (Alberti 1986, S. 7).

An der Schwelle zur Aufklärungsepoche bezieht die Pädagogik des Comenius (1592-1670) ausdrücklich jeden einzelnen Menschen – unabhängig vom Geschlecht, von möglicher Behinderung und von Aussichten auf politische oder kirchliche Leitungsfunktionen – als „vernünftiges Lebewesen" (animal rationale) in den Auftrag ein, die menschlichen Angelegenheiten insgesamt „gründlich" (omnino) zu bedenken, mit anderen zu beraten und auf ihre Verbesserung hin zu wirken (vgl. Comenius 1965[2], S. 47). Dazu ist die Vernunft in Verbindung mit den Sinnen aber nur imstande, insofern sie vermittels des Glaubens von Gott erleuchtet ist und nicht als eigenmächtig leistendes menschliches Vermögen auftritt (vgl. Schaller 1967[2], S. 116 ff.).

Comenius richtet sich ausdrücklich gegen die Überzeugung von René Descartes (1596-1650), mit der die „Glaubensgewissheit in eine Erkenntnisgewissheit" umbricht (Meyer-Drawe 1995, S. 52). Für Descartes wird die Selbstgewissheit des Menschen als denkendes Wesen, die sogar bei Annahme eines täuschendes Gottes übrig bliebe, zum Garanten menschlichen Wissens. Diese Gewissheit überträgt sich auf alle Erkenntnisbemühungen, die unabhängig von Erfahrungen dem methodischen Vorgehen von Arithmetik und Geometrie folgen, so dass, „wer den richtigen Weg zur Wahrheit sucht, mit keinem Gegenstand umgehen darf, über den er nicht eine [deren] Beweisen gleiche Gewissheit gewinnen kann" (Descartes 1996, Regel II, 6, S. 13). Um das „natürliche Licht der Vernunft" zu vermehren (ebd., Regel I, S 5) sind komplexe Fragen in einfachste, intuitiv einleuchtende Denkobjekte zu zerlegen und die Antworten in einer lückenlosen deduktiven Begründungskette zu entwickeln. Ein mathematikförmig methodischer Vernunftgebrauch soll ermöglichen, die Menschen zu „Herren und Eigentümern der Natur" zu machen (Descartes 1996, Discours de la Méthode, S. 101) und „gleichsam eine zweite", technisch-wissenschaftliche „Welt zu schaffen" (Meyer-Drawe 1995, S. 53). Ein Gottesbeweis garantiert, „dass unseren Vorstellungen wirklich Seiendes entspricht" (ebd., S. 52) und dass unsere Naturerfahrungen „unmöglich" derart irrig sind, dass wir sie nicht „berichtigen" könnten (Descartes 1996, Meditationen ..., VI, 11, S. 145). Im Horizont dieses Denkens scheint die Möglichkeit auf, Bildung auf der Basis einer vollständigen Analyse des Menschen als den wissenschaftlich begründeten und methodisch-technisch bzw. didaktisch induzierten Aufbau einer für alle einheitlichen, vernünftigen Vorstellungswelt und Zwecktätigkeit zu konzipieren und zu organisieren (vgl. Bollmann 2001, Kap. 3). Descartes methodischer Ansatz begünstigt eine bildungstheoretische Zentrierung von Rationalität auf das Muster mathematisch-naturwissenschaftlichen Denkens in einem maschinenförmigen Sinne (vgl. Meyer-Drawe 2007^2, S. 56-73). Seine Aufteilung des Menschen in eine eigentätig urteilende Denksubstanz (res cogitans) und eine kausal zu erklärende Körpersubstanz (res extensa) hinterlässt das durch die gegenwärtige Hirnforschung neu entfachte Problem von deren Zusammenhang.

Die Grundlegung der Pädagogik der Moderne durch Jean-Jacques Rousseau (1712-1778) kann als eine frühe Antwort auf diese Problemlage verstanden werden. Zur Leitfrage wird, wie die gut geschaffene, natürliche, aber gesellschaftlich gefährdete Identität des Menschen als ein wahrnehmend-empfindendes, moralisch fühlendes und vernünftig urteilendes Wesen durch Erziehung gewährleistet werden kann (vgl. Rousseau 1980, S. 112). „Natur" steht dabei für eine der menschlichen Vernunft gattungs- und individualgeschichtlich vorangehende harmonische Ordnung, die der Mensch liebt, insofern er sie unmittelbar in Gestalt der selbsterhaltenden Liebe zu sich (l'amour de soi-même) erfährt. Die Naturordnung meldet sich vorreflexiv in den noch unverfälschten, anfänglichen Bedürfnissen, Neigungen und in Gewissensregungen. Sie kann weder, noch muss sie für ein mit sich selbst einiges, glückliches und moralisches Leben restlos theoretisch aufgeklärt werden (vgl. ebd., S. 584ff.). Insofern die Vernunft auch ohne Rücksicht auf die Natürlichkeit urteilen kann, wird sie mitsamt der auf grundsätzliche Perfektibilität verweisenden Kultur zum Problematischen am Menschen. Gleichwohl bleibt für Rousseau die frei urteilende Vernunft (raison) das menschlich Spezifische. Er versteht sie als eine Art „Zusammenfassung" (composé) aller anderen „Fähigkeiten" (facultés) (ebd., S. 205 bzw. Rousseau 1966, S. 106). Einen „vernünftigen Mensch" (homme raisonnable) zu „bilden" (de faire) ist das „Meisterwerk einer guten Erziehung" (ebd.) und steht an ihrem Ende im jungen Erwachsenenalter. Im Kindesalter kann die Vernunft nicht unmittelbar angesprochen, sondern nur „negativ" bzw. indirekt dadurch gefördert werden, dass den sich entwickelnden Kräften und Sinneserfahrungen Raum gegeben wird, so dass zunächst ein auf die eigene Existenz zentriertes Denken stark wird. Mit dem Erwachen der Leidenschaften im Jugendalter treten Heranwachsende natürlicherweise aus der primären selbstbezogenen Existenz als Einzelwesen heraus und müssen auch eine Identität als sexuelles Gattungswesen ausbilden. Die Selbstliebe wandelt sich zur vergleichenden „Eigenliebe" (l'amour-propre). Diese ist jedoch in sich widersprüchlich. Deshalb erscheint es als eine Konsequenz der menschlichen Natur, wenn nun eine die Natur übersteigende, von Gefühlen und Sinnen unabhängige, aktive Urteilsinstanz in Gestalt der Vernunft hervortritt bzw. herausgebildet werden muss. Deren Hauptaufgabe ist das gerechte und tugendhafte Leben in sozialer Gleichheit und Freiheit, das im Widerstand gegen die Eigenliebe, die einen Platz im Zentrum anstatt an der Peripherie sucht, errungen und habituell werden muss (vgl. Rousseau 1980, S. 590 ff.). Das soziale und moralische Urteilenlernen im Spannungsfeld individueller erotischer Ergriffenheit ist für Rousseau das umgreifende Problem der Vernunftbildung im Jugendalter (vgl. Rang 1959; Ruhloff 1998²). In diesem Rahmen werden Kunst, Geschichte, Politik, Ökonomie, Sprachen, im Prinzip alle Disziplinen und Fragen, die die menschliche Lebensgestaltung thematisieren, zu Aufgaben der Vernunftbildung, während Naturerfahrungen und mathematisch-naturwissenschaftliche Themen zur Vernunftgenese bzw. zur Verstandesbildung im Kindesalter und in der Übergangszeit zur Jugend gehören.

Obwohl in vieler Hinsicht an Rousseau anknüpfend und sich mit ihm in Übereinstimmung wissend, setzt Immanuel Kant (1724-1804) bei seinem Entwurf einer Theorie der Pädagogik einen anderen Akzent. Im Unterschied zum Tier hat für den Menschen keine „fremde Vernunft" gesorgt, die ihm „den Plan seines Verhaltens" in Gestalt instinktartiger Regulierungen bzw. aus natürlichen Regungen ablesbar vorzeichnet. Er „braucht eigene Vernunft", um im Laufe einer unabsehbaren Gattungsgeschichte seine unbekannte „Naturanlage" zu entfalten, in dem er hypothetisch-experimentell Regeln findet und sich selber Regeln gibt (Kant 1968, Pädagogik, Bd. IX, S. 441). In seiner individuellen Genese ist er zunächst auf die Leitung anderer, die schon einige Vernunft haben, angewiesen. Dies kann dazu führen, dass er „bloß dressiert, abgerichtet, mechanisch unterwiesen" wird, „ohne „wirklich aufgeklärt", d.h. zum selbständigen Vernunftgebrauch mündig zu werden (ebd., S. 450). Zu einem der „größten Probleme" der erzieherischen Anleitung von Bildung wird darum, „wie man die Unterwerfung unter den gesetzlichen Zwang mit der Fähigkeit, sich seiner Freiheit zu bedienen, vereinigen könne" (ebd., S. 453). Vier Gruppen von Aufgaben werden dabei unterschieden: Erstens muss „negativ" die „Wildheit" der „tierischen Antriebe" des Menschen zurückgedrängt und die „Befreiung des Willens vom Despotismus der Begierden" (Kant 1968, Kritik der Urteilskraft, Bd. V, S. 432) durch Disziplinierung erreicht werden, um überhaupt für vernünftige Gesetzgebung empfänglich zu werden (ebd., S. 442). Zweitens sind durch „Belehrung und Unterweisung" die „Geschicklichkeit", das Können für mögliche Zwecktätigkeit, z.B. das Schreiben und Lesen zu „kultivieren" (ebd., S. 449). Davon hebt Kant – drittens – die Aufgabe der „Zivilisierung" ab, d.h. zu lernen, seine Geschicklichkeiten in einer bürgerlichen Gesellschaft „klug" zur Geltung zu bringen und andere für seine Zwecke derart zu gewinnen, dass die Freiheit eines jeden mit der Freiheit aller anderen zusammen bestehen kann (ebd., S. 450). In gattungsgeschichtlicher Perspektive ist diese, sich vergleichende „ungesellige Geselligkeit" der Mechanismus, der die Entfaltung aller möglichen Geschicklichkeiten hervortreibt. Eine „weltbürgerliche" Gesellschaft, in der die „Ungleichheit unter Menschen" unter eine gesetzliche Gewalt mit Freiheitsgarantie für jeden gebracht wird, ist die „formale Bedingung" der „größten Entwicklung der Naturanlagen" des Menschen (ebd., S. 432). Zusammengenommen sorgen diese drei Aufgaben für die Ausbildung des Menschen im pragmatischen Interesse an der Selbsterhaltung als ein mit Vernunft begabtes Lebewesen. Es kommt aber – viertens – darauf an, dass er nicht bloß irgendwelche, sondern lauter „gute Zwecke erwähle" (Kant 1968, Pädagogik, Bd. IX, S. 450). Darauf zielt die Aufgabe der „Moralisierung", von der her alle anderen ihren Sinn bekommen (vgl. Koch 2003). In der moralischen Selbstgesetzgebung (Autonomie) hält sich der Mensch an das, was die praktische Vernunft

„für sich selbst sagt", ohne bloß „zum Werkzeuge der Befriedigung seines Bedürfnisses als Sinnenwesens" zu dienen; denn „dass er Vernunft hat", „erhebt ihn gar nicht" bereits über die „Tierheit", solange er sie nur als Instinktersatz gebraucht (Kant 1968, Kritik der praktischen Vernunft, Bd. V, S. 61). Moralische, begünstigt durch ästhetische, Bildung vollzieht den „Übergang von der Natur zur Freiheit" (Koch 2003, 369). Mit ihr wird der Mensch seiner „als Intelligenz, d.i. als unabhängig im [praktischen] Vernunftgebrauch von sinnlichen Eindrücken" bewusst (Kant 1968, Grundlegung zur Metaphysik der Sitten, Bd. IV, S. 457) und vermag seinen Willen an Beweggründe zu binden, die „zugleich als Prinzip einer allgemeinen Gesetzgebung gelten" können (Kant 1968, Kritik der praktischen Vernunft, Bd. V, S. 30). Dieser Übergang ist durch Erziehung zwar anzubahnen, erfordert jedoch im entscheidenden Schritt eine je individuelle, explosionsartige und nicht allmählich reformierende Umkehrung der „Denkungsart". Dabei wird die „Selbstliebe", unter deren Regime die „Vernunft [...] nur die Stelle einer Dienerin der natürlichen Neigung" vertritt, entthront zugunsten der „Achtung" für das selbst gegebene moralisch-vernünftige Gesetz, und das natürliche Glücksstreben wird eingeschränkt auf die Bedingung der „Würdigkeit glücklich zu sein" (Kant 1968, Die Religion innerhalb der Grenzen der bloßen Vernunft, Bd. VI, S.45f.; vgl. Fischer 1999).

Kant stellt seine Überlegung in den Rahmen einer Selbstkritik der menschlichen Vernunft, die das Wissen auf mögliche Erfahrung begrenzt, damit aber nicht bereits das „Denken" und das „Interesse der Vernunft" befriedigt. Im praktischen Gebrauch ist die Vernunft berechtigt und genötigt, „nicht der Ordnung der Dinge" zu folgen, sondern „eine eigene Ordnung nach Ideen" hervorzubringen. Deren Verwirklichung muss „unter Naturbedingungen möglich" sein, jedoch so, dass die „empirischen Bedingungen" in die Ideenordnung eingepasst werden und nicht umgekehrt (Kant 1968, Kritik der reinen Vernunft, B 576). Für die selbstkritische Begrenzung des Vernunftgebrauchs ist wesentlich, dass es sich um das „Vermögen eines endlichen vernünftigen Wesens" handelt (Kant 1968, Kritik der Urteilskraft, Bd. V, S. 401). Die Einsichten, zu denen Vernunft vorzudringen vermag, bleiben relational gebunden an Begriffe, Voraussetzungen und (natürliche) Bedingungen. Sie sind der freien und öffentlichen Prüfung und Kritik ausgesetzt, anstatt unmittelbare und absolute Geltung beanspruchen zu können (vgl. Kant 1968, Kritik der reinen Vernunft, A XI). Das Bildungsdenken Friedrich Schillers (1759-1803) ist von diesem Zusammenhang, vor allem von der Bedeutung des Ästhetischen darin, ebenso wesentlich angeregt (vgl. Fuchs/Koch 2006) wie dasjenige Wilhelm von Humboldts (1767-1835), wenngleich dieser über den von Kant vorgezeichneten Rahmen hinausdrängt (vgl. Humboldt 1968, Bde. 1-3,10 u.13; Menze 1975).

Mit der „Absolutsetzung der Vernunft im Deutschen Idealismus" (vgl. Barth 2002, S. 745) wird die relationale Konzeption von Vernunft aus dem begleitenden Bewusstsein ihrer Grenzen verlassen, insoweit nicht überhaupt der Terminus „Vernunft" durch den des (überindividuellen) „Geistes" ersetzt wird. So hält z.B. (1804) Friedrich W. J. Schelling (1775-1854) im Gefolge Johann G. Fichtes (1762-1814) „die Unterscheidung eines Subjekts und eines Objekts" für ein Produkt „unserer Subjektivität und [...] Endlichkeit", die „im Philosophieren gänzlich verschwinden" müssen (Schelling 1976, S. 664). Georg W. F. Hegel (1770-1831) folgt diesem Ansatz in seiner Bildungstheorie der „Phänomenologie des Geistes" (zuerst 1807), insofern es ihm um ein alle Wahrheit umfassendes „wissenschaftliches System" geht, mit dessen Entfaltung „die Philosophie [...] ihren Namen der [bloßen] *Liebe zum Wissen* ablegen" könne (Hegel 1949⁵, Phänomenologie des Geistes, Vorrede, S. 12). Damit geht die Vorstellung einer „absolute(n) Bestimmung" von „Bildung" einher, also der Anspruch auf deren abschließend gültige begrifflich-gedankliche Fassung (Hegel 1964⁴, Rechtsphilosophie § 187, S. 268; zur differenzierten Deutung s. Wigger 1994).

Der reiche und hoch komplexe deutschsprachige Bildungsdiskurs des ausgehenden 18. und beginnenden 19. Jahrhunderts ist damit nur in einer Zuspitzung gekennzeichnet. Sein Ertrag kann hier auch nicht annähernd resümiert werden. Er ist in zahlreichen Gesamtdarstellungen und Spezialstudien unter verschiedenen Perspektiven erarbeitet und für die Gegenwart fruchtbar gemacht worden (vgl. u..a. Ballauff/ Schaller 1970; Blankertz 1992²; Benner 2001⁴: Heitger/Wenger 1994: Benner/ Brüggen 2004; Pleines 2004). Im folgenden wird eine an die Aufklärungsepoche anknüpfende, vorwiegend im deutschen Sprachraum angesiedelte Entwicklungslinie herausgestellt, die in der Gegenwart (wieder) Anschluss an die internationale Diskussion findet.

IV. Übergang in die Gegenwartslage

Eine veränderte Wiederaufnahme des Vernunftbegriffs und der Aufklärungsprogrammatik einer unabschließbaren, mitlaufend korrekturbedürftigen, menschheitsgeschichtlichen Vernunftverwirklichung wird 1865 durch die scharfe erkenntnistheoretische Kritik Otto Liebmanns (1840-1912) am absoluten Wissensanspruch der nachkantischen philosophischen Systeme eingeleitet (vgl. Liebmann 1912). Im Neukantianismus konzipiert Paul Natorp (1854-1924) die Theorie der Bildung als Problem der „Begründung" einer „Idee" (Natorp 1985², S. 10 ff.; vgl. Natorp 1974). Diese Frage sei weder naturwissenschaftlich noch psychologisch noch historisch-geisteswissenschaftlich anzugehen. Sie zielt auf die Rechtfertigung regulierender Prinzipien der *Richtung* und nicht der Gegebenheit jeder Art von kultureller „Objektivierung"; denn „es gibt keine fertigen Objekte" (Natorp 1985², S. 194). „Das Wort Bildung weist [...] darauf hin, dass aller Inhalt des menschlichen Geistes [...] in beständiger Um- und Neubildung begriffen" ist. „Hineinführung in das [...] *Werk* der geistigen Gestaltung, Beteiligung jedes Einzelnen" daran nach seinen „Kräften" werde darum zur Aufgabe der Pädagogik (ebd., S. 195). Sie verlangt deren Verbindung mit sozialer Organisation. Natorps Theorie fordert, dem Bildungswesen (einschließlich des Wissenschaftssystems) innerhalb der ihm bedingend zugrunde liegenden staatlichen Rechts- und der Wirtschaftordnung die Funktion von Kritik und von Korrekturimpulsen gegenüber den geschichtlich sedimentierten Bewusstseinsobjektivationen zuzuerkennen. Der mögliche geschichtliche Fortschritt der sozialkulturellen und in ihrem Rahmen der je individuellen Herausbildung von Vernunft wird davon abhängig gesehen, dass die peripherische (einzelwissenschaftliche) Erweiterung der Erkenntnis und der Berücksichtigung des je Besonderen in einer offenen Systematik korrelativ einhergeht mit zunehmender philosophischer Grundlagenvertiefung und wachsender sozialer Kohäsion und Verständigung (vgl. zu

Natorp und zum Neukantianismus: Jegelka 1992; Oelkers/Schulz/Tenorth 1989; Holzhey/Röd 2004, S. 28-129). Für die wissenschaftliche Bearbeitung von Bildungsfragen folgt daraus, dass weder von einer Hegemonie pädagogisch-philosophischer Prinzipienforschung noch von einem Vorrang historisch-empirischer Bildungsforschung Vernünftiges zu erwarten ist. Für die praktische Vernunft sozialer und politischer Regelung von Bildungsaufgaben an geschichtlichen Zeitpunkten ergäbe sich, dass sie grundsätzlich nicht aus erfahrungswissenschaftlichen Befunden entspringen kann, sondern deren bildungsphilosophische Deutung und diskursive Erörterung erfordert oder dass sie in einem Surrogat dafür, d.h. in Dogmatismen und Ideologemen, verschwindet. Eine holistisch auf die einheitliche Veränderung des gesamten Bildungssystems angelegte empirische Bildungsforschung, wie sie in der Gegenwart zu beobachten ist, überspringt die damit angesprochene Problematik und implementiert insbesondere Anforderungen einer eingeschränkten ökonomischen und organisatorischen Rationalität (vgl. Frost 2006).

Auch unabhängig vom Neukantianismus, jedoch streckenweise in fruchtbarer Auseinandersetzung mit ihm bzw. mit dessen kulturtheoretischer Ausrichtung teilweise übereinstimmend wird die Vernunftthematik seit dem ausgehenden 19. Jahrhundert neu konturiert. Wilhelm Diltheys (1833-1911) Grundlegung der Geisteswissenschaften und die Einbettung der Pädagogik in sie bewegt sich in ähnlicher Richtung, insoweit sie auf eine Ergänzung der Kantischen Vernunftkritik um eine „Kritik der historischen Vernunft", die ihrer geschichtlichen Bedingtheit gewahr wird, abzielt (vgl. Groothoff/Herrmann 1971; Herrmann 1971). Dilthey selbst und die seiner Anregung folgende wissenschaftliche Pädagogik haben diese Ergänzung eher defensiv und konservativ im Sinne einer Hermeneutik von Sinnstrukturen der geschichtlichen Wirklichkeit und im Vertrauen auf die Gutartigkeit des (nationalen) geistigen „Lebens" ausgelegt, so dass ein weiterführendes Potential erst mit dem Ausgang der Epoche geisteswissenschaftlicher Pädagogik und in Verbindung mit der „kritischen Theorie" (s.u.) deutlicher hervortritt (vgl. Dahmer/Klafki 1968). Demgegenüber fordert die von Edmund Husserl (1859-1938) konzipierte „transzendentale Phänomenologie" auch noch in der Krise „der europäischen Wissenschaften" und angesichts der gewaltsamen nationalsozialistischen Verbannung und Verkehrung von Vernunft die „menschheitliche Selbstbesinnung" zugunsten einer universalen, kein Phänomen ausklammernden „Selbstverwirklichung der Vernunft" (Husserl 1962^2, S. 269). Der Terminus „transzendental" steht dabei für den Rückverweis aller Phänomene auf Voraussetzungsstrukturen in der (geschichtlichen) „Subjektivität". Von der Vernunft zu ermittelnde transzendentale Voraussetzungen tragen die Wahrheitsansprüche, und eine „Ontologie der Welt" ist insofern „ein nonsens" (ebd., S. 268). Die Vernunftkonzeption der Phänomenologie „befreit" insbesondere vom „objektivistischen Ideal [...] der mathematischen Naturwissenschaft" im Sinne Descartes und einer ihm entsprechenden „Ontologie der Seele" (ebd., 268f.; vgl. Funke 1979^3). Das Lern- und Bildungsverständnis der phänomenologischen Pädagogik der Gegenwart knüpft daran an, wenngleich nicht ohne Korrekturen am Subjekt- und am Vernunftbegriff Husserls (vgl. Meyer–Drawe 2001^3; Dies. 2000^2; Dies. 2000).

Zur gleichen Zeit mit Husserls Spätschrift publiziert 1937 Max Horkheimer (1895-1973) unter Rückbeziehung auf Marx, Hegel und indirekt auch auf Kant, das

Programm einer „kritischen Theorie", das auf das Bildungsverständnis der westdeutschen Pädagogik seit den 1960er Jahren beträchtlichen Einfluss ausgeübt hat. Der Grundgedanke ist, dass die „Vernunft [...] sich selbst nicht durchsichtig werden (kann), solange die Menschen als Glieder eines vernunftlosen [gesellschaftlichen] Organismus handeln" (Horkheimer 1988, S. 182). Das „falsche Selbstbewusstsein" der neutral operierenden Vernunft „traditioneller" Theorie sei bis in das „ordnende Denken jedes Einzelnen" (ebd., S. 171, 173) und die Begriffe und Kategorien der Wissenschaften hinein abhängiges „Moment" der geschichtlich veränderlichen „Produktionsweise in bestimmten Gesellschaftsformen" (ebd., S. 171), die „Ausbeutung und Unterdrückung" hervorbringen (ebd., S. 214). Kritisches „Denken heute" sei „durch den Versuch motiviert", „den Gegensatz zwischen der im Individuum angelegten [...] Vernünftigkeit und der für die Gesellschaft grundlegenden Beziehungen des Arbeitsprozesses aufzuheben" (ebd., S. 180). Es begreift den „Rahmen" des bislang „blinden Zusammenwirken(s) der Einzeltätigkeiten" innerhalb der „gesamtgesellschaftlichen Praxis" „als eine Funktion", die künftig „möglicherweise auch planmäßiger Entscheidung und vernünftiger Zielsetzung unterstehen kann" (ebd., S. 181). Der „materialistische Inhalt des idealistischen Begriffs der Vernunft" sei das dieser innewohnende „Interesse an der Aufhebung gesellschaftlichen Unrechts" (ebd., S. 216). Im Vollzug derart interessierter Vernunft „begreifen" und bezeugen Menschen den „Widerspruch in ihrer Existenz" (ebd., S. 186) und die Arbeit an seiner Überwindung als „notwendig" in einem zugleich logischen und praktischen Sinne. Horkheimer sieht darin auch eine gesellschaftstheoretische Weiterführung von Kants Begriff der praktischen Vernunft (vgl. Horkheimer 1962). Problematisch bleiben dabei und generell der auf eine universale Letztbegründung hinauslaufende Gebrauch praktischer Vernunft und sein Verhältnis zum theoretisch erklärenden Vernunftgebrauch bzw. zum Verstand.

Mit Horkheimers Gedankengang verbunden stellte 1959 Theodor W. Adorno (1903-1969) in seiner wirkungsmächtigen „Theorie der Halbbildung" heraus: „Bildung", deren „philosophische" Idee in der deutschen Klassik hervorging aus der „Emanzipation des Bürgertums", das sich vorübergehend als Träger von Menschheitsinteressen wissen durfte, „ist nichts anderes als Kultur nach der Seite ihrer subjektiven Zueignung". Sie „wollte natürliches Dasein bewahrend formen", indem sie die „Bändigung des animalischen Menschen [...] mit der Rettung des Natürlichen" in ihm „gegen den Druck der hinfälligen, von Menschen gemachten Ordnung" zusammen dachte (Adorno 1962, S. 168f.). Aber „Bildung allein" könne „die vernünftige Gesellschaft nicht" garantieren. Mit dem Misslingen der „vollen Emanzipation des Bürgertums" wurde aus „Kultur" eine zu emanzipatorischen gesellschaftlichen Veränderungen ohnmächtige „Geisteskultur" und „Bildung" damit „notwendig" zur „Halbbildung". In deren „Klima" „überdauern" die zu Gütern und Werten „warenhaft verdinglichten Sachgehalte auf Kosten ihres Wahrheitsgehalts und ihrer lebendigen Beziehung zu lebendigen Subjekten" (ebd., S. 176). Als „kritische Selbstreflexion auf die Halbbildung" sei an der „Verselbständigung des Geistes gegenüber der Gesellschaft" gleichwohl „festzuhalten"; denn „nirgendwoher" anders „als aus dem, was Bildung einmal war", erwachse die „Kraft", der „differenzlosen" und ideologischen Identifizierung mit der Gesellschaft zu entkommen.

Im pädagogischen Diskurs wurden Perspektiven „kritischer Theorie" breit rezipiert und teils in strengerer Form (vgl. Blankertz 1971), teils in einer durch Jürgen Habermas modifizierten Version (vgl. Mollenhauer 1968) programmatisch. Sie blieben in ihrem Gültigkeitsanspruch umstritten (vgl. u.a. Benner 1991^3; Ruhloff 1980), in ihrem Argumentationspotential aber auch respektiert und werden in der Gegenwart weiter verfolgt (vgl. Gruschka 2004). Der Sache nach verwandt ist der Ansatz von Heinz-Joachim Heydorn (1916-1974). Er verfolgte die Geschichte der Verstrickung von Bildung und Bildungstheorie in den „Widerspruch" zur „Herrschaft" in subtilen Studien von der Antike bis in die Gegenwart. Nicht ohne messianische Züge betont er an der Bildungsidee die Aussicht auf die Freisetzung „einer schöpferischen Vernunft" (Heydorn 2004, S. 57), die in den sozialgeschichtlichen Realisierungsversuchen immer wieder verstellt wurde, aber nicht aufzugeben sei. Darin ist impliziert, dass Neufassungen eines widerständigen Bildungsbegriffs zu erarbeiten sind, und zwar aus Analysen der Verflechtung geschichtlich konkreter Bildungsaufgaben mit epochalen ökonomischen, gesellschaftlichen und politischen Herrschaftskonstellationen, die in der Gegenwart durch den wissenschaftlichen und technologischen Fortschritt gespeist und befestigt werden (vgl. Euler 1999).

Anders als die „kritische Theorie", insbesondere in ihrer erziehungswissenschaftlich folgenreichen Ausprägung durch Jürgen Habermas, umreißt die von Klaus Schaller vorgeschlagene „Pädagogik der Kommunikation" die soziale Maßgeblichkeit von Vernunft. Sie hält es für „unmöglich", der Vernunft das „kontrafaktische Ideal" eines universalen, „herrschaftsfreien" und an zwanglosem Konsens interessierten Diskurses aufzubürden (Schaller 1987, S. 211). Die „pädagogische Vernunft" sei fundiert in einer „primordialen", „ursprünglichen *Gemeinsamkeit*". Was jeweils „vernünftig" sei, gehe aus „tendenziell symmetrischen Kommunikationsprozessen" in differenten Lebenswelten hervor. An deren „als unmenschlich erfahrenen Grenzen" werden „verbindliche", aber nicht unbedingt konsensuelle „Handlungsorientierungen" ermittelt (ebd., S. 216). Freiräume für unterschiedliche Lebenswelten sind ihrerseits hervorgegangen aus den Emanzipationsbestrebungen „der bürgerlichen Gesellschaft" seit Beginn der europäischen Neuzeit und sind damit zugleich politischer Herkunft und Art (ebd., S. 215). „Demokratisierung der Lebensverhältnisse und [kommunikativ-] rationale Lebensführung" können darum als der transzendental und zugleich real fungierende Voraussetzungs- bzw. Bedingungsrahmen einer historisch aufgeklärten und situierten (praktischen) Vernunft und Pädagogik gelten (ebd., S. 216; vgl. ebd., S. 39ff.). In ihren Begriff wird (mit Merleau-Ponty) aufgenommen, dass es sich um die kommunikative Vernunft leiblicher Wesen handelt, in denen sich „prä- und extrareflexiv sozialer Sinn konstituiert" (ebd., S. 43; vgl. Meyer-Drawe 2001^3). Das konkrete Selbstsein und Selbstbewusstsein von Subjekten gehen ihrem Zusammensein mit anderen nicht voraus. Als Bildung kann der Vollzug von „Inter-Aktion" und Kommunikation verstanden werden, insofern diese – im Unterschied zu vereinzelt angesetzten Subjekten – einen unvorgreiflichen „Überschuß an Sinn [und] humaner Vernunft" generieren (Schaller 1987, S. 37). Die Pädagogik der Kommunikation nimmt, bei Abgrenzung von dessen Weltbild (vgl. ebd., S. 211f.), das Leitmotiv des Comenius in sich auf, dass Bildung allen Menschen von Grund auf zukommt, und zwar auf der Grundlage einer (situierte) Vernünftigkeit entbindenden Beratung über die Verbesserung der menschlichen Angelegenheiten innerhalb eines vollständig zu berücksichtigenden (jeweiligen) Ganzen. Zurückgehend auf Heidegger ist insbesondere die Zeitlichkeit von Sein und Denken impliziert.

Ihrer Genese nach ist Schallers Deutung von Bildung und Vernunft vor allem dem Ansatz Theodor Ballauffs (1911-1995) verbunden, der neben ihr andere Akzente setzt. Ballauff entfaltet, angeregt, aber nicht dominiert von Heideggers Philosophieren (vgl. Thompson 2003), ein Verständnis von Bildung als „Revolution der Denkungsart" und „selbstlose Verantwortung der Wahrheit" (vgl. Ballauff 2004[4]; Ruhloff/Poenitsch 2004). Eine gesonderte Würdigung dieses Konzepts darf hier unterbleiben, weil in ihm dem Terminus „Vernunft" keine herausgehobene Funktion zufällt. Wichtige Gedankengänge Ballauffs sind jedoch in die Überlegungen zu einem „skeptischen" bzw. „problematisierenden" Vernunftgebrauch in wissenschaftlicher Pädagogik und Bildungsphilosophie eingeflossen (vgl. Fischer 1989; Fischer/Ruhloff 1993). Der „skeptisch-transzendentalkritische" Einsatz entsprang der Auseinandersetzung mit der auf den Neukantianismus zurückweisenden pädagogischen Systematik Alfred Petzelts (1886-1967), die gegenwärtig in einer weniger gebrochenen Form vor allem von Marian Heitger weitergeführt wird (vgl. Heitger 2003; exemplarische Spezifizierungen bei: Rekus 1993; Ladenthin 1996). Innerhalb der skeptischen Anknüpfung fällt der Komponente „transzendental-kritische[r] Argumentation" die Aufgabe zu, „irgendwelchem für selbstverständlich oder für stark begründet, für bewiesen, für bewährt ... gehaltenem und als Basis fungierenden Meinen, Glauben oder Wissen" in praktisch-pädagogischen Intentionen, Einstellungen und Haltungen oder in erziehungswissenschaftlichen Forschungsausrichtungen und -ergebnissen seine Abhängigkeit von dazu gehörenden und je spezifisch begrenzten Gültigkeitsvoraussetzungen nachzuweisen" (Fischer 1996, S. 23). Für solche Argumentation wird keine „absolute Begründungs- und Rechtfertigungskapazität" unterstellt (ebd.). Die Komponente der methodischen Skepsis stellt die freigelegten Voraussetzungen von Geltungs- oder Wahrheitsansprüchen infrage, prüft und widerlegt sie „gegebenenfalls", „ohne mit einem Besserwissen" über den fraglichen Sachverhalt, „aber auch ohne ein agnostizistisches Ignorabimus – wir werden es nie und nimmer wissen – ins Treffen zu ziehen" (ebd.). Von „Skepsis" ist dabei in Erinnerung an Sokrates die Rede. „Der *Einsatz* der Skepsis *in* der Pädagogik zielt nicht auf eine weitere pädagogische Position oder Konzeption" (ebd., S. 18), die deren gesamten Gegenstandsbereich aus neuer Perspektive ausmisst (vgl. Schäfer 1991; zur weiteren Diskussion: Fischer 1994; Meder 2003). Seine unmittelbare „pädagogische Relevanz (besteht) darin zu verhüten, dass die metaphysischen Grundlegungsfragen als solche aus den Augen geraten oder dogmatisch versintern" (Fischer 1996, S. 25; vgl. Fischer 1993, S. 11-28). Mittelbar hält er jedoch „neuen pädagogischen Gedanken den Weg" offen (ebd.), und so verbindet sich mit ihm in praktischer Absicht die Idee einer Konturierung von „Bildung im problematisierenden Vernunftgebrauch" (Ruhloff 1996; paradigmatisch für ein pädagogisches Sondergebiet: Müller 1992; zur Diskussion vgl. Helmer/Meder/Meyer-Drawe/Vogel 2000) sowie von „Skepsis als Bildung" (Schönherr 2003).

Die Familienähnlichkeit des verschiedenartigen Bildungsdenkens, dessen Impuls historisch von Petzelt ausgeht oder ihn beachtet (Gemeinsamkeiten werden sichtbar u.a. bei: Breinbauer 1996), kann als Bemühung um eine (fortlaufende) Kritik pädagogischer Vernunft bezeichnet werden. Im Vordergrund des Vernunftbegriffs steht dabei die Funktion des rückhaltlos begründenden Urteilens als Träger expliziter und handlungsdisponierender Wahrheits- bzw. Geltungsansprüche, die auf ihre internen Grenzen aufmerksam gemacht und bedacht werden. Thematisiert und als Bildungsaufgaben angemahnt werden die Limitierungen von Vernunftgebrauch. Mit der gesamten bildungstheoretischen Tradition wird von daher ein asketischer Zug von Bildung unterstrichen (vgl. Ballauff 1984[2], S. 342 f.). Er schränkt Selbstverwirklichungs- und Glücksprätentionen ein, und er ist nicht mit der kontrollgesellschaftlich standardisierten Restriktion von Bildung in der Gegenwart zu verwechseln (vgl. Schirlbauer 2005). Die Vernunftbetonung ist weder mit der rationalistisch-anthropologischen Vorstellung verbunden, dass Geltungsansprüche sämtlich *aus* einer egologisch gedeuteten und dialogisch zu bewährenden Vernunft stammen, noch ist damit vorentschieden, dass ein aus anderen Quellen, z.B. aus Gefühlen (vgl. Heitger 1994a, S. 9-32) oder kulturellen Traditionen entspringendes Verlangen nach Anerkennung der urteilenden Vernunft recht- oder chancenlos ausgeliefert ist. Zum problembewussten Urteilen gehören das Gewahrwerden, Abwägen und „Ermessen" (Ballauff) verschiedenartiger Ansprüche mitsamt einem Gerechtigkeitspostulat. Damit ist die Frage nach Kriterien und Perspektiven aufgeworfen. Werden diese bedacht, dann stellt sich, von Fall zu Fall abgewandelt und ohne ein übergreifendes Bearbeitungsschema, das offene Problem von vertretbaren Bedeutungsbeziehungen, von Ordnung und Orientierung innerhalb eines Ganzen individuellen und gemeinsamen Daseins in Weltzusammenhängen. Als offenes Problem kann das mehr oder weniger abgeblendet, vorenthalten oder verdrängt werden oder in kümmerlichen gedanklich-sprachlichen Ausdrucksformen und einer spärlich differenzierten Sensibilität und „Responsivität" (Bernhard Waldenfels) stecken bleiben. Im gleichen Maße werden mögliche Freiräume für Handeln (Praktiken) und mündige Lebensführung besetzt durch Verhalten in etablierten Lebensverhältnissen und Lebensverwaltung durch Bewirtschaftung von Überlebenskompetenzen. Dem liegt eine unerkannt fungierende Sicherungsdogmatik zugrunde (vgl. Liesner 2002). Eine maßgebliche Verbindung von Bildung mit lebensgestaltenden Wahrheitsfragen – im Unterschied zu definitiv orientierenden Wahrheiten oder zu einer universalen Problemlösungsambition und -unterstellung – ist nicht ausschließlich, aber mit vorbehaltloser Konsequenz in dezidiert sokratischen Traditionen ausgeprägt. Sie wird unterboten, wenn als „Bildung [...] Ausstattung zum Verhalten in der Welt" (Robinsohn 1973[4], S. 13) gilt. Eine derartige Formel fixiert den Bildungsbegriff an die verkürzte Rationalität einer Überlebensmetaphysik im Funktionskreislauf „sozialer Systeme" (vgl. Luhmann 1988[2]), die nach der Funktionseinbuße der großen kollektiven Überzeugungs-, Halte- und Lenkungssysteme seit der Aufklärungsepoche der kleinste gemeinsame Nenner zu werden scheint. Optimal „anschlussfähig" daran ist eine ökonomistische und konstruktivistische Ausrichtung gesellschaftlicher und staatlicher Bildungsorganisation (zur Kritik s. Pongratz 2005). Unter anderem dagegen steht ein Verständnis von „Bildung" im transzendentalkritischen, skeptischen und problematisierenden Vernunftgebrauch.

Aus anderen theoretischen Verankerungen, aber in mehrerlei Hinsicht damit wie auch mit Gedankengängen der Pädagogik der Kommunikation sich überlappend, kommen Entwicklungen der Bildungsphilosophie, die unter verschiedenen Ausgangsfragen die Bedeutung von Subjektivität im Bildungsbegriff und pädagogische Grundlagenfragen insgesamt differenz- und nicht identitätstheoretisch beleuchten (vgl. Ricken 1999; Reichenbach 2001; Wimmer 2006). Ihr Argumentationspotential wird u.a. durch die „postmoderne" Vernunftkritik der neueren französischen Philosophie gespeist (darstellend dazu: Welsch 1995). Eine breite und kontroverse Diskussion regten vor allem Analysen Jean-Francois Lyotards (1924-1998) an, die aus der Begründungstruktur der „großen" modernen „Erzählung" von Bildung deren geschichtliche Erosion (vgl. Lyotard 1986) angesichts der Grundlagenkrise des Wissens im 20. Jahrhundert herleiteten (vgl. Lyotard 1986a) und die in sprachtheoretischer Argumentation einen radikalen Widerstreit zwischen Diskursarten nahe legten (Lyotard 1987; bildungstheoretisch gewendet u.a. bei: Fromme 1997; Koller 1999). Ihr Problemhorizont ist mit der Sprachphilosophie Ludwig Wittgensteins (1889-1951) verbunden. Unabhängig von speziellen Festlegungen entspringen ihm für die Deutung von Bildung auf der Höhe der Zeit eine gesteigerte Aufmerksamkeit auf die immanenten Grenzen sprachlicher Vernunftartikulation. Sie zieht keinen vernunft- und bildungstheoretischen Relativismus nach sich, sondern steigert, falls auf eine „transversale" Glättung (Welsch 1995) verzichtet wird, die Sensibilität des vielfältigen, kontrastreichen und häufig antithetischen Vernunftgebrauchs in der Gegenwart (vgl. Meder 2004[2]; Poenitsch 2004). Sprach- und argumentationstheoretisch vermittelt zeichnet sich in der Bildungstheorie der Gegenwart eine Wiederannäherung der in der Antike auseinander getretenen sokratisch-platonischen und der rhetorischen Tradition des Bildungsdenkens und des Vernunftverständnisses ab (vgl. Brandom 2000; Dörpinghaus 2002; Gessmann 2005; Helmer 2006).

Stärker am Begriff der Macht als an dem der Sprache orientiert sind neuere, an Michel Foucault anknüpfende Versuche einer Justierung des Bildungsbegriffs auf dem Komplikationsniveau der Gegenwart (vgl. Ricken/Rieger-Ladich 2004). Foucaults Denk- und Forschungsansatz führt die Vernunftkritik und -skepsis Friedrich Nietzsches mit (s. Foucault 2002). Beides drängt darauf, geltungslogische zusammen mit (historisch-) genealogischen Fragen zu erörtern und dabei der Vorstellung einer zielgerichteten Sinngeschichte ebenso zu widerstehen wie der Umarmung von wechselnden Mächten. Auch die Kategorie „Macht" als eine für sich genommen führungslose „Führung der Führungen" (Foucault) wird dabei vernunftkritisch zu bedenken sein. Ihre begriffliche Reichweite und Fruchtbarkeit ist schwerlich anders – aber auch nicht gegen Foucault – als im Rahmen von Vernunftgebrauch auszumachen (vgl. Brinkmann 1999). Die Aufnahme von machtanalytischer und gouvernementalitätstheoretischer Methodik in Bildungsdenken und Bildungsforschung kann die bildungstheoretische Sehschärfe verfeinern. Sie unterstützt, ohne Denktraditionen zu missachten, die Abwendung von einem als fertig erachteten Bildungsbegriff, wie er aus einer vornehmlich „monumentalischen" oder „antiquarischen" (Nietzsche) Befangenheit in der Geschichte häufig irrtümlich unterstellt wird. In Verbindung mit den sprachtheoretisch instrumentierten Ansätzen könnte sie insbesondere geeignet sein, auf das in der gesamten pädagogischen Überlieferung Europas strittige Verhältnis zwischen einer überlebensnotwendigen Ausbildung und einer Lebenssinn eröffnenden und über Korrekturen ständig weiterführenden Bildung neues Licht zu werfen. Ohne einen systematischen Rekurs auf die antike (Platon) und neuzeitliche (Nikolaus von Kues und Kant) Differenzierung von („instrumentellem") „Verstand" und (auf „Ideen" kommender) „Vernunft" dürfte das kaum angemessen gelingen. Die modern üblich gewordene Rede von „Rationalität" und „Rationalitäten" (als übergreifende Termini) verdeckt das Problem dieser Differenz. Sie begünstigt einen gegenwärtig verbreiteten, trivialisierenden Gebrauch von „Bildung", der alles irgendwie „rational" Erscheinende in sich aufsaugen kann, überwiegend jedoch nichts, was den Eigenanspruch derartiger „Rationalitäten" einschränken könnte. Vor dem Hintergrund der Vernunftbildungstradition seit der Antike lässt sich dagegen geltend machen, dass Vernunft insbesondere auf die rückhaltlose und (selbst-) kritische Abwägung von Begründungen und Konsequenzen verschiedenartiger Ansprüche in einem problematischen Ganzen dringt. Vernunftgebrauch als Bildungsaufgabe erfüllt sich dann nicht bereits im Wissen und in funktionsrationalen Lebensbewegungen, sondern in deren fragender und philosophierender Überschreitung.

Literatur

Adorno, Th. W. (1962): Theorie der Halbbildung. In: Horkheimer, M. /Adorno, Th. W.: Sociologica II. Frankfurt a.M., S. 168-192.
Alberti, L. B. (1986): Vom Hauswesen. Übers. v. W. Kraus. Eingel. v. F. Schalk. München.
Aristoteles (1937): Über die Seele. Übers. v. Adolf Busse. Leipzig.
Augustinus, Aurelius (1977/1978). Vom Gottesstaat. 2 Bde. Übers. v. W. Thimme, eingel. u. komment. v. C. Andresen. München.
Ballauff, Th. (1952): Die Idee der Paideia. Eine Studie zu Platons „Höhlengleichnis" und Parmenides „Lehrgedicht". Meisenheim/Glan.
Ballauff, Th. (1969): Pädagogik. Eine Geschichte der Bildung und Erziehung. Bd. 1. Von der Antike bis zum Humanismus. Freiburg/München.
Ballauff, Th. (1984^2): Funktionen der Schule. Köln/Wien.
Ballauff, Th. (2004^4): Pädagogik als Bildungslehre. Hrsg. v. A. Poenitsch u. J. Ruhloff. Hohengehren.
Ballauff, Th./Schaller, K. (1970): Pädagogik. Eine Geschichte der Bildung und Erziehung. Bd. II (Vom 16. zum 19. Jahrhundert). Freiburg/München.
Ballauff, Th./Schaller, K. (1973): Pädagogik. Eine Geschichte der Bildung und Erziehung. Bd III (19./20. Jahrhundert). Freiburg/München.
Barth, U. (2002): Vernunft. II. Philosophisch. In: Theologische Realenzyklopädie. Bd. XXXIV. Berlin/New York, S. 738-768.
Benner, D. (1991^3): Hauptströmungen der Erziehungswissenschaft. Eine Systematik traditioneller und moderner Theorien. Weinheim.
Benner, D. (2001^4): Allgemeine Pädagogik. Eine systematisch-problemgeschichtliche Einführung in die Grundstruktur pädagogischen Denkens und Handelns. Weinheim/München.
Benner, D./Brüggen, F. (2004): Bildsamkeit/Bildung. In: Benner, D. /Oelkers, J. (Hrsg.): Historisches Wörterbuch der Pädagogik. Weinheim/Basel, S. 174-215.
Blankertz, H. (1971): Pädagogik unter wissenschaftstheoretischer Kritik. In: Oppolzer, S. (Hrsg.): Erziehungswissenschaft 1971 zwischen Herkunft und Zukunft der Gesellschaft. Wuppertal, S. 20-33.
Blankertz, H. (1992^2): Die Geschichte der Pädagogik. Von der Aufklärung bis zur Gegenwart. Wetzlar.
Bollmann, U. (2001): Wandlungen neuzeitlichen Wissens. Historisch-systematische Analysen aus pädagogischer Sicht. Würzburg.

Borrelli, M. /Ruhloff, J. (Hrsg.) (1996): Deutsche Gegenwartspädagogik. Bd. II. Hohengehren.
Brandom, R. B. (2000): Expressive Vernunft [Original 1994: Making it explicit]. Begründung, Repräsentation und Festlegung. Frankfurt a.M.
Breinbauer, I. M. (1996): Einführung in die Allgemeine Pädagogik. Wien.
Brinkmann, M. (1999): Das Verblassen des Subjekts bei Foucault. Anthropologische und bildungstheoretische Studien. Weinheim.
Comenius, J. A. (1965^2): Pampaedia. Lat. Text u. deutsche Übers. hrsg. v. D. Tschizewskij, H. Geissler u. K. Schaller. Heidelberg.
Dahmer, I. /Klafki, W. (Hrsg.) (1968): Geisteswissenschaftliche Pädagogik am Ausgang ihrer Epoche – Erich Weniger. Weinheim/Berlin.
Descartes, R. (1996): Philosophische Schriften in einem Band. Hrsg. R. Specht. Hamburg.
Diels, H. (1922^4): Die Fragmente der Vorsokratiker. 1. Bd. Berlin.
Dörpinghaus, A. (2002): Logik der Rhetorik. Grundriß einer Theorie der argumentativen Verständigung in der Pädagogik. Würzburg.
Euler, P. (1999): Technologie und Urteilskraft. Zur Neufassung des Bildungsbegriffs. Weinheim.
Fischer, W. (1989): Unterwegs zu einer skeptisch-transzendentalkritischen Pädagogik. St. Augustin.
Fischer, W. (1993): Über den Mangel an Skepsis in der Pädagogik. In: Fischer, W./Ruhloff, J. (Hrsg.) (1993): Skepsis und Widerstreit. St. Augustin, S. 11-23.
Fischer, W. (Hrsg.) (1994): Colloquium Paedagogicum. Studien zur Geschichte und Gegenwart transzendentalkritischer und skeptischer Pädagogik. St. Augustin.
Fischer, W. (1996): Pädagogik und Skepsis. In: Borrelli, M. /Ruhloff, J. (Hrsg.): Deutsche Gegenwartspädagogik. Bd. II. Hohengehren, S. 16-27.
Fischer, W. (1998^2): Über Sokrates und die Anfänge des pädagogischen Denkens. In: Fischer, W. /Löwisch, D.–J. (Hrsg.): Philosophen als Pädagogen. Darmstadt, S. 1-25.
Fischer, W. (1999): Die Religion in Kants Begründung der Pädagogik. In: Kauder, P. /Fischer, W.: Immanuel Kant über Pädagogik. Hohengehren, S. 173-211.
Fischer, W. (2004): Sokrates pädagogisch. Hrsg. v. J. Ruhloff u. Chr. Schönherr. Würzburg.
Fischer, W. /Löwisch, D.–J. (Hrsg.) (1998^2): Philosophen als Pädagogen. Darmstadt.
Fischer, W./Ruhloff, J. (Hrsg.) (1993): Skepsis und Widerstreit. St. Augustin.
Flasch, K. (1997): Aufklärung im Mittelalter. In: Ders/ Jeck, U. R. (Hrsg.): Das Licht der Vernunft. Die Anfänge der Aufklärung im Mittelalter. München, S. 7-17.
Flasch, K. (2000): Das philosophische Denken im Mittelalter : von Augustin zu Macchiavelli. Stuttgart.
Flasch, K. (2001). Nikolaus von Kues. Geschichte einer Entwicklung. Frankfurt a.M.
Flasch, K. (Hrsg.) (1982): Mittelalter. Geschichte der Philosophie in Text und Darstellung Bd. 2. Stuttgart.
Foucault, M. (2002): Nietzsche, die Genealogie, die Historie. (1971). In: Ders.: Dits et Ecrits. Schriften. Bd. II. 1970-1975. Frankfurt a.M., S. 166-191.
Fromme, Joh. (1997): Pädagogik als Sprachspiel. Zur Pluralisierung von Wissensformen im Zeichen der Postmoderne. Neuwied/Kriftel/Berlin.
Frost, U. (Hrsg.) (2006): Unternehmen Bildung. Die Frankfurter Einsprüche und kontroverse Positionen zur aktuellen Bildungsreform. In: Vierteljahrsschrift für wissenschaftliche Pädagogik.Sonderheft. Paderborn/Zürich/München/Wien.
Fuchs, B./Koch, L. (Hrsg.) (2006): Schillers ästhetisch-politischer Humanismus. Die ästhetische Erziehung des Menschen. Würzburg.
Funke, G. (1979^3): Phänomenologie – Metaphysik oder Methode? Bonn.
Gessmann, M. (2005): Rationalität. In: Historisches Wörterbuch der Rhetorik. Hrsg. v. G. Ueding. Bd. 7. Tübingen, Sp. 604-621.

Graeser, A. (1983): Die Philosophie der Antike 3. Sophistik und Sokratik, Plato und Aristoteles. (= Röd, W. (Hrsg.): Geschichte der Philosophie. Bd.II). München.
Groothoff /Herrmann (Hrsg.) (1971): Wilhelm Dilthey: Schriften zur Pädagogik. Paderborn.
Gruschka, A. (2004): Kritische Pädagogik nach Adorno. In: Ders./Oevermann, U. (Hrsg.): Die Lebendigkeit der Kritischen Gesellschaftstheorie. Wetzlar, S. 135 –160.
Hegel, G.W.F. (1949^5): Sämtliche Werke. Kritische Ausgabe. Bd. II. Hrsg. v. J. Hoffmeister Leipzig.
Hegel, G.W.F (1964^4): Grundlinien der Philosophie des Rechts. In: Ders.: Sämtliche Werke. Jubiläumsausgabe in zwanzig Bänden. Bd. 7. Stuttgart-Bad Cannstatt.
Heitger, M. (1994a): Schule der Gefühle. In: Ders. (Hrsg.): Schule der Gefühle. Zur Erziehung von Emotion und Verhalten. Innsbruck/Wien, S. 9-32.
Heitger, M. (2003): Systematische Pädagogik – Wozu? Paderborn/München/Wien/Zürich.
Heitger, M. /Wenger, A. (Hrsg.) (1994): Kanzel und Katheder. Zum Verhältnis von Religion und Pädagogik seit der Aufklärung. Paderborn/München/Wien/Zürich.
Helmer, K. (1997): Bildungswelten des Mittelalters. Hohengehren.
Helmer, K. (2006): Ars rhetorica. Beiträge zur Kunst der Argumentation. Würzburg.
Helmer, K. /Meder, N. /Meyer-Drawe, K. /Vogel, P. (Hrsg.) (2000): Spielräume der Vernunft. Würzburg.
Herrmann, U. (1971): Die Pädagogik Wilhelm Diltheys. Göttingen.
Heydorn, H. -J. (2004): Bildungstheoretische und pädagogische Schriften 1971-1974. Werke Bd. 4. Studienausgabe. Wetzlar.
Holzhey, H. /Röd, W. (2004): Die Philosophie des ausgehenden 19. und des 20. Jahrhunderts 2. Neukantianismus, Idealismus, Realismus, Phänomenologie. (= Röd, W. (Hrsg.): Geschichte der Philosophie Bd. XII) München.
Horkheimer, M. (1988): Traditionelle und kritische Theorie. In: Ders.: Gesammelte Schriften. (1937) Bd. 4: Schriften 1936-1941. Hrsg. A. Schmidt. Frankfurt a.M., 162-225.
Horkheimer, M. (1962): Zum Begriff der Vernunft (1951). In: Horkheimer, M. /Adorno, Th. W.: Sociologica II. Frankfurt a.M., S. 193-204.
Hossenfelder, M. (1985): Die Philosophie der Antike 3. Stoa, Epikureismus und Skepsis. (= Röd, W. (Hrsg.): Geschichte der Philosophie Bd. III). München.
Humboldt, W. v. (1968): Gesammelte Schriften. 17 Bde. Hrsg. v. d. Königl. Preussischen Akademie der Wissenschaften. Fotomechanischer Neudruck. Berlin.
Husserl, E. (1962^2): Die Krisis der europäischen Wissenschaften und die transzendentale Phänomenologie. (1936) Hrsg. v. W. Biemel. Haag.
Isokrates (1992): Antidosis. In: Isocrates. Vol. II. Griech. u. engl. Hrsg. v. G. Norlin. Cambridge (Mass.)/ London, S. 179-365.
Jegelka, N. (1992): Paul Natorp. Philosophie, Pädagogik, Politik. Würzburg.
Kant, I. (1968). Kants Werke. Akademie-Textausgabe. IX Bde. Berlin.
Kauder, P. /Fischer, W. (1999): Immanuel Kant über Pädagogik. Hohengehren.
Koch, L. (2003): Kants ethische Didaktik. Würzburg.
Koller, Ch. (1999): Bildung und Widerstreit. Zur Struktur biographischer Bildungsprozesse in der (Post-) Moderne. München.
Ladenthin, V. (1996): Sprachkritische Pädagogik. Beispiele in systematischer Absicht, Bd. 1: Rousseau – mit Ausblick auf Thomasius, Sailer und Humboldt. Weinheim.
Le Goff, J. (1986) : Die Intellektuellen im Mittelalter. Stuttgart.
Liebmann, O. (1912): Kant und die Epigonen. Eine kritische Abhandlung. (Neudr. d. Ausg. Stuttgart 1865) Hrsg. v. B. Bauch. Berlin.
Liesner, A. (2002): Zwischen Weltflucht und Herstellungswahn. Bildungstheoretische Studien zur Ambivalenz des Sicherheitsdenkens von der Antike bis zur Gegenwart. Würzburg.
Luhmann, N. (1988^2): Soziale Systeme. Grundriß einer allgemeinen Theorie. Frankfurt a.M.
Lyotard, J. –F. (1986): Das postmoderne Wissen. Graz/Wien.

Lyotard, J.-F. (1986a) : Grundlagenkrise. In : Neue Hefte für Philosophie. H. 26. Göttingen, S. 1-33.
Lyotard J. -F. (1987) : Der Widerstreit. München.
Meder, N. (Hrsg.) (2003): Zwischen GleicHrsgültigkeit und Gewissheit. Herkunft und Wege pädagogischer Skepsis. Würzburg.
Meder, N. (2004^2): Der Sprachspieler. Der postmoderne Mensch oder das Bildungsideal im Zeitalter der neuen Technologien. Würzburg.
Menze, C. (1975): Die Bildungsreform Wilhelm von Humboldts. Hannover 1975.
Meyer-Drawe, K. (1995): Mit der Präzision eines Uhrwerks denken: René Descartes. In: Acta Comniana, H. 11, 47-60.
Meyer-Drawe, K. (2000): Zur „ganzen Pracht der Vernunftbehauptungen". In: Helmer, K. /Meder, N. /Meyer-Drawe, K. /Vogel, P. (Hrsg.): Spielräume der Vernunft. Würzburg, S. 235-250.
Meyer-Drawe, K. (2000^2): Illusionen von Autonomie. Diesseits von Ohnmacht und Allmacht des Ich. München.
Meyer-Drawe, K. (2001^3): Leiblichkeit und Sozialität. Phänomenologische Beiträge zu einer pädagogischen Theorie der Inter-Subjektivität. München.
Meyer-Drawe, K. (2007^2): Menschen im Spiegel ihrer Maschinen. München.
Mirandola, G. Pico della (1990): Über die Würde des Menschen. Lateinisch-deutsch. Hrsg. A. Buck, übers. v. N. Baumgarten. Hamburg.
Mollenhauer, K. (1968): Erziehung und Emanzipation. München.
Müller, W. (1992): Skeptische Sexualpädagogik. Möglichkeiten und Grenzen schulischer Sexualerziehung. Weinheim 1992.
Mugerauer, R. (2007): Wider das Vergessen des sokratischen Nichtwissens. Der Bildungsbeitrag Platons und seine Marginalisierung bei Plotin, Augustin, Eckhart und Luther sowie im reformatorischen Schulwesen. Eine historisch-systematische Untersuchung zur Grundlegung eines sokratisch-skeptischen Bildungskonzepts. (Habilitationsschrift Wuppertal 2006). Marburg.
Natorp, P. (1985^5): Pädagogik und Philosophie. (1905) Hrsg. v. W. Fischer. Paderborn.
Natorp, P. (1974): Sozialpädagogik. (1926) Hrsg. v. R. Pippert. Paderborn.
Nikolaus von Kues (1967): De beryllo/Der Beryll. In: Ders.: Philosophisch-theologische Schriften. Bd. III. Lateinisch – Deutsch. Hrsg. v. L. Gabriel, übers. v. D. u. W. Dupré. Wien, S. 1-91.
Oelkers, J. /Schulz, W. K./Tenorth, H. -E. (Hrsg.) (1989): Neukantianismus. Kulturtheorie, Pädagogik und Philosophie. Weinheim.
Petzelt, A. (1964^3): Grundzüge systematischer Pädagogik. Freiburg i.B.
Platon (1971): Politeia. Der Staat. Griech. u. deutsch. Hrsg. v. D. Kurz. Übers. v. F. Schleiermacher. Darmstadt.
Platon (1974): Sämtliche Werke. Hrsg. O. Gigon, übers. v. R. Rufener. München/Zürich.
Pleines, J. -E. (2004): Wissenschaftliche Bildung. Anspruch und Wirklichkeit. Hildesheim/ Zürich/New York.
Poenitsch, A. (2004): Bildung und Relativität. Konturen spätmoderner Pädagogik. Würzburg.
Pongratz, L. (2005): Untiefen im Mainstream. Zur Kritik konstruktivistisch-systemtheoretischer Pädagogik. Wetzlar.
Quintilianus, M. F. (1988^2): Ausbildung des Redners. 2 Bde. Hrsg. u. übers. v. H. Rahm. Darmstadt.
Rang, M. (1959): Rousseaus Lehre vom Menschen. Göttingen.
Reichenbach, R. (2001): Demokratisches Selbst und dilettantisches Subjekt. Demokratische Bildung und Erziehung in der Spätmoderne. Münster/New York/München/Berlin.
Rekus, J. (1993): Bildung und Moral. Zur Einheit von Rationalität und Moralität in Schule und Unterricht. Weinheim/München.

Ricken, N. (1999): Subjektivität und Kontingenz. Würzburg.
Ricken, N. /Rieger-Ladich, M. (Hrsg.) (2004). Michel Foucault: Pädagogische Lektüren. Wiesbaden.
Robinsohn, S.B. (1973[4]): Bildungsreform als Revision des Curriculum. Neuwied/Berlin.
Röd, W. (1976): Die Philosophie der Antike 1. Von Thales bis Demokrit. (= Röd, W. (Hrsg.): Geschichte der Philosophie Bd. I). München.
Rousseau, J. -J. (1966): Émile ou de l'éducation. Paris.
Rousseau, J. -J. (1980): Emile oder Über die Erziehung. Hrsg. v M. Rang. Stuttgart.
Ruhloff, J. (1980): Das ungelöste Normproblem der Pädagogik. Heidelberg.
Ruhloff, J. (1996): Bildung im problematisierenden Vernunftgebrauch. In: Borrelli, M. /Ruhloff, J. (Hrsg.): Deutsche Gegenwartspädagogik. Bd. II. Hohengehren, S. 148 –157.
Ruhloff, J. (1998[2]): Jean-Jacques Rousseau. In: Fischer, W. /Löwisch, D. –J. (Hrsg.) (1998[2]): Philosophen als Pädagogen. Darmstadt, S. 93-109.
Ruhloff, J. /Poenitsch, A. (Hrsg.) (2004): Theodor Ballauff – Pädagogik der „selbstlosen Verantwortung der Wahrheit". Weinheim/München.
Schäfer, A. (1991): Skeptische Methode und pädagogische Theoriebildung. In: Vierteljahrsschrift für wissenschaftliche Pädagogik 67, S. 202 -212.
Schaller, K. (1987): Pädagogik der Kommunikation. St. Augustin.
Schaller, K. (1967[2]): Die Pädagogik des Johann Amos Comenius und die Anfänge des pädagogischen Realismus im 17. Jahrhundert.
Schelling; F. W. J. (1976): Schriften von 1801 – 1804. Ausgewählte Werke. Darmstadt.
Schirlbauer, A. (2005): Die Moralpredigt. Destruktive Beiträge zur Pädagogik als Bildungspolitik. Wien.
Schönherr, Ch. (2003): Skepsis als Bildung? Skeptisch-transzendentalkritische Pädagogik und die Frage nach ihrer „Konstruktivität". Würzburg.
Seneca, L. Annaeus (1984): An Lucilius. Briefe über Ethik. Lateinisch u. deutsch. (= Seneca, Philosophische Schriften 3. u. 4. Bd.) Hrsg. u. übers. v. M. Rosenbach. Darmstadt.
Thompson, Ch. (2003): Selbständigkeit im Denken. Der philosophische Ort der Bildungslehre Theodor Ballauffs. Opladen.
Welsch, W. (1995): Vernunft. Die zeitgenössische Vernunftkritik und das Konzept der transversalen Vernunft. Frankfurt a.M.
Wigger, L. (1994): Pädagogik und Religion in Hegels System. In: Heitger, M. /Wenger, A. (Hrsg.): Kanzel und Katheder. Paderborn/München/Wien/Zürich, S. 249-282.
Wimmer, M. (2006): Dekonstruktion und Erziehung. Studien zum Paradoxieproblem in der Pädagogik. Bielefeld.

Kapitel 2: Bildung

LUTZ KOCH

D: Bildung und Entfremdung

I. Bildung in der entfremdeten Gesellschaft

Der aspektreiche Zusammenhang zwischen Bildung und Entfremdung ist dem Blickfeld der aktuellen Debatten entrückt, obgleich er den Beginn der modernen Pädagogik bei *Rousseau* auf geradezu bedrängende Weise geprägt hat. Zwar besitzt der Entfremdungsbegriff mit seinem französischen Pendant der *aliénation* (engl. alienation) eine über das lat. *(ab)alienatio* und das griechische *allotrioun, apallotrioun* weit in die Vergangenheit zurückreichende Wort- und Begriffsgeschichte mit der primär rechtlichen Bedeutung des Übergangs einer Sache aus einer Verfügungsgewalt in eine andere, besonders der Veräußerung von Besitz und Recht (vgl. Ritz 1972, Alt 1982), aber Rousseaus Erfahrung, wonach die moderne Gesellschaft den Menschen von der Natur und sich selbst entfremdet und seine Bildung behindert oder gar pervertiert, ist *konstitutiv* für die *moderne* Bildungstheorie, wie sie von Schiller über Humboldt bis zu Hegel und Marx entwickelt worden ist (vgl. Buck 1984). Schon im 2. Discours (1755) wird die Idee der „Entfremdung" zur „Leitidee von Rousseaus Gesellschaftskritik" (Rang 1963[2], S. 34), wenige Jahre später im Émile (1762) zu einem ambivalenten Bildungsthema. Wenn es im ersten Satz des Émile heißt, was aus den Händen des Schöpfers (d.h. der Natur) kommt, sei gut, entarte jedoch unter den Händen des Menschen (vgl. Rousseau 1970, S. 107), so ist die gesellschaftliche Existenz gemeint, welche den Einzelnen zur Preisgabe seiner Identität zwingt. Weder vermag er mit sich selbst als Individuum noch mit dem politischen Ganzen überein zu stimmen, weder vermag er ganz Mensch (*homme*) noch ganz Bürger (*citoyen*) zu sein, sondern nur „*bourgeois*", ein Nichts, eine gemischte Existenz, die „immer im Widerspruch mit sich selbst" ist (ebd., S. 113). Diese *Selbstentfremdung* der Menschen beruht auf der Ungleichheit einer arbeitsteiligen Gesellschaft, in der die Interessen der Einzelnen miteinander konkurrieren, zugleich aber gezwungen sind, ihr selbstsüchtiges Wesen voreinander in einer Welt des Scheins zu verbergen und bei den anderen nach Anerkennung zu streben. Das widersprüchliche Dasein des Einzelnen, der dadurch er selbst zu sein versucht, dass er sich von Meinung und Anerkennung der anderen abhängig macht, diese „komparative Existenz" (Buck 1984, S. 161), hat Rousseau pointiert beschrieben. Das Prinzip einer solchen Gesellschaft von Individuen, die sich selbst und dem Ganzen entfremdet sind, ist das Tauschprinzip (vgl. Spaemann 1992[2], S. 52). Die „Rückwege aus der Entfremdung" (Buck 1984) zur Wiedergewinnung der verlorenen Identität sind das Thema der Rousseauschen Überlegungen sowohl im Émile als auch im zeitgleich publizierten Contrat Social, dort durch eine Bildung, deren Prinzip die natürliche Erziehung des Menschen zum Menschen (*homme naturel*) ist, hier durch eine politische Konstitution, deren Prinzip die *volonté générale* ist, welche den Einzelnen als Bürger (*citoyen*) fordert. Der Émile stellt daher ein argumentatives Gedankenexperiment und kein pädagogisches Handlungskonzept dar, wie ihn sowohl die philanthropische Pädagogik des 18. Jh. als auch die Reformpädagogik des frühen 20. Jh. zu lesen versuchte. Er soll den Nachweis für die These erbringen, dass der Mensch durchaus mit sich identisch und so „ganz" zu sein vermag, wenn er sich den verderblichen gesellschaftlichen Einflüssen zu entziehen versteht. So entwirft Rousseau aus der Verlusterfahrung eines entfremdeten gesellschaftlichen Lebens heraus die Idee einer Identitätsbildung, die Schule gemacht hat.

Noch im Jahrhundert Rousseaus war es auf deutschem Boden *Friedrich Schiller*, der in den Briefen „Über die ästhetische Erziehung des Menschen" (1794) eine Bildungsidee entwickelt hat, die ebenfalls aus dem Kontrast gegen die Erfahrung der modernen Entfremdung entworfen wurde (vgl. Popitz 1953, S. 28ff.). In der sozialkritischen Analyse des 6. Briefes macht auch er die moderne Arbeitsteilung, die „strengere Absonderung der Stände und Geschäfte", für die Zerrissenheit der menschlichen Natur und die Entzweiung ihrer harmonischen Kräfte verantwortlich, als deren Folge sich der Mensch nur als Bruchstück auszubilden vermag. So heißt es etwa vom spekulativen Geist, der sich dem „Ideenreich" zuwendet, dass er „ein Fremdling in der Sinnenwelt" werden musste (Schiller 1975[5], S. 585). Solche Einseitigkeit und Zerrissenheit führt dann auch zur Entfremdung der Bürger vom Staat: „und ewig bleibt der Staat seinen Bürgern fremd, weil ihn das Gefühl nirgends findet" (ebd.). In Schillers Porträt der Zeit sind zahlreiche Momente der zeitgenössischen Kultur- und Gesellschaftskritik eingegangen, aber erst Schiller scheint sie in eine zusammenhängende Darstellung gebracht zu haben (vgl. Rippere 1981, S. 175). Die Versöhnung sucht Schiller in der ästhetischen Bildung. Es soll die Schönheit sein, die „den Menschen zu einem in sich selbst vollendeten Ganzen macht" (17. Brief, ebd., S. 623). Sie erweckt den „Spieltrieb", der die beiden Seiten des Menschen, die sinnliche und die rationale, von Schiller als Form- und Stofftrieb gedeutet, zur freien Wechselwirkung vereinigt (vgl. 15. Brief). Solche Wechselwirkung soll die verlorene „*Totalität*" wiederherstellen. Totalität ist die Chiffre für Schillers Bildungsidee, die aus der Erfahrung des von sich selbst und dem Gemeinwesen entfremdeten Daseins hervorgewachsen ist. So kann man vor allem im Blick auf Schiller mit Recht sagen, Bildung sei einst ein „kritischer Begriff" gewesen, in dessen Namen die pädagogische Bewegung der Goethezeit und des deutschen Idealismus die Selbstentfremdung des Menschen zu überwinden versuchte (Nipkow 1977, S. 205).

II. Bildung als aufgehobene Entfremdung

Schillers Wirksamkeit erreichte nicht nur Wilhelm von Humboldt oder Hölderlin (vgl. Menze 1991), sondern auch Hegel, in dessen Philosophie und Bildungsvorstellung der Entfremdungsbegriff eine zentrale Rolle spielt. Während Schiller von den Entfremdungserfahrungen des modernen Daseins ausging, hat *Humboldt* wohl als erster den Entfremdungsbegriff in einem bildungstheoretischen Zusammenhang terminologisch eingebaut, wobei die kultur- und sozialkritische Thematik zugunsten der systematischen Strukturbeschreibung der Bildung zurücktritt. Schon früh hat er in dem verm. 1793 entstandenen Fragment, dem der Herausgeber Leitzmann den Titel „Theorie der Bildung des Menschen" gegeben hat, das Programm der Bildung mit der Forderung, „dem Begriff der Menschheit in unsrer Person [...] einen so grossen Inhalt, als möglich, zu verschaffen", als „letzte Aufgabe unsres Daseyns" bestimmt (Humboldt 1980³, Bd. I, S. 235). Wir werden ihr gerecht durch „Verknüpfung unsres Ichs mit der Welt zu der allgemeinsten, regesten und freiesten Wechselwirkung" (ebd.). In diesen Wechselwirkungsprozess ist das Moment der Entfremdung eingebaut. Denn kraft seiner Natur ist der Mensch gedrungen, „zu den Gegenständen außer ihm überzugehen" (ebd., S. 237). Im Übergang zu den äußeren Gegenständen, dem Nicht-Ich, wie Fichte sagte, dessen Einfluss sowohl auf Schiller wie auf Humboldt mit Händen zu greifen und bei Schiller durch ihn selbst belegt ist (vgl. Schiller 1975⁵, S. 577), entfremdet sich der Mensch von sich selbst. Freilich darf es dabei nicht sein Bewenden haben, soll die Gefahr abgewendet werden, dass er „in dieser Entfremdung nicht sich selbst verliere" (Humboldt 1980³, S. 235). Selbstentfremdung, unterschieden vom Selbstverlust, ist daher eine *Bedingung* der Bildung, freilich nur, sofern sie rückgängig gemacht werden kann bzw. wenn „von allem", was der Mensch „außer sich vornimmt, immer das erhellende Licht und die wohltätige Wärme in sein Innres zurückstrale" (ebd., S. 237). Dazu ist es erforderlich, dass der Mensch dem Stoff „die Gestalt seines Geistes" aufdrückt und „beide einander ähnlicher" macht. „Stoff" ist die Mannigfaltigkeit der von den Sinnen aufgenommenen Ansichten der Welt, „Gestalt des Geistes" ist die Einheit, die durch den Begriff des Verstandes und das Bild der Einbildungskraft ins Mannigfaltige der sinnlichen Empfindungen gebracht wird, in denen wir uns sonst, zerstreut und verwirrt, zu verlieren drohen. Humboldt hat diesen Assimilationsprozess des Menschen, „das Fremde sich und sich dem Fremden zu assimilieren" (Humboldt 1980³, Bd. II, S. 156), als „Wechselwirkung seiner Empfänglichkeit mit seiner Selbsttätigkeit" bestimmt (ebd.), ähnlich wie Schiller von der Wechselwirkung von Stoff- und Formtrieb gesprochen hatte (Schiller 1975⁵, S. 611), wobei gewisse Unterschiede nicht zu übersehen sind: Für Schiller war es die Schönheit, welche den Menschen zur Totalität erweckt, für Humboldt die begriffene Welt, denn wenn dem Menschen ein Gegenstand genügen soll, „sein ganzes Wesen [...] zu beschäftigen, so muss er der Gegenstand schlechthin, die Welt seyn" (Humboldt 1980³, Bd. I., S. 237).

Humboldt hat aber auch von Entfremdung im Sinne des Sich-Verlierens im Mannigfaltigen der nicht begriffenen Welt gesprochen. Was nicht in das Wesen des Menschen übergeht, heißt es in den „Ideen zu einem Versuch, die Grenzen der Wirksamkeit des Staates zu bestimmen", das „bleibt ihm ewig fremd, das verrichtet er nicht eigentlich mit menschlicher Kraft, sondern mit mechanischer Fertigkeit" (ebd., Bd. I, S. 77). Solche Entfremdung, gleichbedeutend mit Selbstverlorenheit in der Welt, ist der Gegensatz jener Entfremdung, die als Bedingung der Bildung ein notwendiges Moment derselben und gewissermaßen ein Durchgangsstadium, keinen Endzustand darstellt. Das Medium solcher Entfremdung *und* ihrer Aufhebung ist nach Humboldt die Sprache. „Die Sprache aber", heißt es in der Einleitung zum Kawiwerk, „besitzt auch die Kraft, zu entfremden und einzuverleiben" (ebd., Bd. III, S. 561).

Was Bildung als Öffnung für das Fremde konkret bedeuten kann, erhellt *Goethes* Reaktion auf den Versuch des bayerischen Oberschulrates Niethammer, den Dichter für eine Sammlung deutscher poetischer Muster für den Schulgebrauch zu gewinnen, vor allem um dadurch der „teutschen Nationalbildung" zu dienen (Mandelkow 1965, S. 527). Der Dichter äußert in seiner Antwort an Niethammer vom 19.9.1808 die skeptische Ansicht, „der Teutsche", der seine Bildung von außen erhalten, Gehalt und Form der Poesie „von Fremden genommen" habe, brauche sich nicht zu schämen. „Ist doch das fremde Gut unser Eigenthum geworden" (Goethe-Jahrbuch XI, S. 216). Auch hier lässt sich die Grundfigur einer Bildungsbewegung entdecken, die man auf die Formel bringen kann: „Die *Aneignung von etwas Fremdem* erfordert eine *Entfremdung vom Eigenen*" (Löwith 1964⁵, S. 317).

Ähnlich wie Humboldt oder Goethe hat *Hegel* die Selbstentfremdung durch den Übergang zum Fremdartigen als notwendiges Strukturmoment der Bildung charakterisiert; auch die Rückkehr aus der Entfremdung hat er ähnlich wie Humboldt bestimmt. In den Gymnasialreden wird diese Struktur in einem Zusammenhang entwickelt, der unmittelbar und nicht, wie sonst häufig bei Hegel, nur am Rande auf pädagogische und didaktische Fragen Bezug nimmt. Die Rede zum Schuljahrabschluss 1809, vor allem bekannt durch ihre Rechtfertigung des Studiums der alten Sprachen als edelster Nahrungsstoffe in edelster Form („goldene Äpfel in silbernen Schalen"), entwickelt elementare Gedanken über Entfremdung als *Bedingung* der *theoretischen* Bildung (Hegel 1970, Bd. 4, S. 321). Danach ist Entfremdung zunächst einmal ein Strukturmoment der Vergegenständlichung. Um zum Gegenstand zu werden, müsse uns die Substanz des zu erfassenden Natürlichen oder Geistigen gegenüber getreten sein und die Gestalt „von etwas Fremdartigem" erhalten haben. Hegel wiederholt hier, was Friedrich Ast in seiner Rede „Über den Geist des Altertums und dessen Bedeutung für unser Zeitalter" schon 1805 zum Ausdruck gebracht hatte, das Wesentliche der menschlichen Bildung liege darin, „dass wir aus dem beschränkten Kreise unserer Selbstheit heraustreten, und in der Anschauung und Erkenntnis einer fremden Welt leben lernen" (Joerden 1962², S. 19f.). Hegel reflektiert in der Wiederholung dieses Gedankens sogar die subjektive Gefühlswirkung solcher Entfremdung, den leichten Schmerz aus der Anstrengung, „sich mit einem Nicht-Unmittelbaren, einem Fremdartigen, mit etwas der Erinnerung, dem Gedächtnisse und dem Denken Angehörigen zu beschäftigen" (Hegel 1970, Bd. 4, S. 321). Die subjektive Notwendigkeit solcher Trennung äußere sich bei der Jugend zunächst als Trieb zum Fremdartigen und Fernen, als „Zentrifugaltrieb der Seele" (ebd.). Ihn legt Hegel seiner Legitimation des altsprachlichen Unterrichts zugrunde, insofern er die Scheidung der Seele „von ihrem natürlichen Wesen und Zustand" für notwendig erklärt und zu diesem Zweck darauf dringt, „eine ferne, fremde Welt in den jungen Geist hinein(zu)stellen". Die „Welt und Sprache der Alten" sei diese „Scheidewand", „die uns von uns trennt" (ebd.).

Im strukturellen Verlauf der theoretischen Bildung ist das Entfremdungsmoment freilich nur das erste Wort, das letzte Wort betrifft die „Rückkehr zu sich selbst" (ebd., S. 322). Sie bedeutet im Falle des altsprachlichen Unterrichts die „Befreundung" mit der alten Welt und ihrer Sprache, das „Wiederfinden seiner selbst" in ihr, und zwar, wie Hegel hinzufügt, „nach dem wahrhaft allgemeinen Wesen des Geistes" (ebd.). Es kann als die Bewegung der Flucht von dem Mittelpunkt, „in welchen wir uns zuerst versenkt befanden", dem wir dann aber „wieder zustreben" (ebd., S. 321) beschrieben werden, mit Hölderlins Worten als „exzentrische

Bahn" („Hyperion", Vorrede zur vorletzten Fassung, Hölderlin 1961, S. 717). Hegel hat diese Bewegung des Geistes, die den Prozess der theoretischen Bildung ausmacht, in sehr allgemeiner Weise in der Vorrede zur „Phänomenologie des Geistes" (1807) unter dem Begriff der Erfahrung, die der Geist mit sich selbst macht, entwickelt. Erfahrung, heißt es dort, „wird eben diese Bewegung genannt, worin das Unmittelbare, das Unerfahrene, d. h. das Abstrakte, es sei des sinnlichen Seins oder des nur gedachten Einfachen, sich entfremdet und dann aus dieser Entfremdung zu sich zurückgeht und hiermit jetzt erst in seiner Wirklichkeit und Wahrheit dargestellt und Eigentum des Bewusstseins ist" (Hegel 1970, Bd. 3, S. 39). Diese Dynamik des Aneignungsprozesses verdankt sich dem Moment des *Negativen*, welches die unmittelbare Vertrautheit des erkennenden Ich mit dem Gegenstand aufhebt und diesen dadurch überhaupt erst zum Gegenstand im eigentlichen Sinne macht. So ist die Entfremdung die Bedingung eines Lebens in der Wahrheit, wie es Meister Eckhart aus theologische Perspektive Jahrhunderte vor Hegel ausgedrückt hatte: „sol ich nû daz sprechen gotes in mir vernemen, sô muoz ich alse gar entfremdet sîn von allem dem, daz mîn ist, recht als mir daz fremde ist" (Pfeiffer 1857, S. 257). Diese Grundfigur mit ihrer doppelten Negation – Entfremdung vom Unmittelbaren und Aufhebung der Entfremdung – hat Hegel vielfach variiert. Sie hat den Vorzug, den sie mit den Humboldtschen Bestimmungen teilt, die Selbstentfremdung und die Beschäftigung mit dem Fremden als strukturelle und bis heute in ihrer Bedeutung nicht recht gewürdigte Momente des Bildungsprozesses anerkannt zu haben, aber sie hat auch eine doppelte Grenze. Diese besteht einerseits darin, dass Bildung das Entfremdungsmoment nicht los wird, was Hegel selbst noch erkannt und entwickelt hat, andererseits darin, dass Hegel die soziale und politische Entfremdung, von der Rousseau und Schiller ausgegangen waren, in einem universalen Begriff des Geistes als des wahrhaft Wirklichen aufgehoben und damit, wie schon die ersten Kritiker Hegels einwandten, sein System bloß an die entfremdete soziale Realität akkomodiert hatte.

III. Bildung als sich entfremdeter Geist und die Aufhebung der Bildung

In Hegels „Phänomenologie des Geistes" trägt das zweite Kapitel desjenigen Teils, der den „Geist" zum Thema hat, den Titel: „Der sich entfremdete Geist. Die Bildung". Dieser Titel darf nicht missverstanden werden, denn immerhin ist die Bildung eine Gestalt des *Geistes*, wenn auch des *entfremdeten* Geistes. Das bedeutet: Wir haben es bei der geistigen Gestalt der Bildung noch nicht mit dem absoluten Geist, noch nicht mit dem absoluten Wissen zu tun, wohl aber mit „Geist", d.h. in der Sprache Hegels, mit Vernunft, die im Realen sich selbst erfasst (vgl. Hegel 1970, Bd. 3, S. 324) und insofern im ehemals Fremden zu sich zurückkehrt. Sie ist Wissen, aber noch nicht Wissen des Absoluten. Dieses tritt ihr vielmehr in der Gestalt des noch nicht ins Wissen zurückgeholten Glaubens gegenüber. Insofern herrscht hier noch die „Entfremdung des Entgegengesetzten" (ebd., S. 361). Beide Seiten, Bildung und Glaube, verhalten sich gegeneinander als Fremde, was zur Folge hat, dass jede von ihnen auch in sich entfremdet ist: der Glaube, der vom Wissen getrennt ist und die „reine Einsicht" (ebd.), die sich (in Gestalt der Aufklärung) gegen das natürliche Gefühl des Glaubens wendet und insofern als „Geist der Entfremdung des natürlichen Seins" (ebd., S. 364) bestimmt werden kann. Das Medium dieser Bildung, die dem natürlichen und ungebildeten Bewusstsein entgegengesetzt ist, ist die Sprache. Sie war ja schon bei Humboldt das Medium der Verbindung von Ich und Welt, d.h. der Bildung. Bei Hegel erscheint sie als „geistreiche Sprache" (ebd., S. 386), die das Substantielle zu *beurteilen*, aber nicht zu *fassen* vermag (ebd., S. 390), daher als „Sprache der Zerrissenheit" (ebd., S. 384). Diese Analyse der gesellschaftlichen Bildungsschicht und ihrer Sprache relativiert die emphatische Bedeutung des Bildungsbegriffes in doppelter Hinsicht, einerseits insofern Bildung noch nicht die höchste Gestalt des „Geistes" darstellt, andererseits insofern sie in sich entfremdet bleibt trotz der Bewegung des Geistes, der über den Umweg der Entfremdung zu sich zurückkehrt.

Hegels Bildungsbegriff konnte schon bald nach dem Tode des Philosophen nicht mehr überzeugen. Arnold Ruge hat 1843 die „entfremdete Bildung" als „blasirte Bildung" denunziert, „der es an reeller Arbeit für große Zwecke fehlt" (Ruge 1843, S. 9). Anstatt sie, wie es Hegel vorschwebte, zum absoluten Wissen zu führen, wollte er solche „Ueberbildung" (ebd.) dadurch aufheben, „daß sie in das politische Leben verwickelt wird (ebd., S. 10). Marx und Engels haben in der „Deutschen Ideologie" (1845-1846 entstanden, aber erst 1932 posthum veröffentlicht) die Aufhebung der gesellschaftlichen Entfremdung mit ihrem immanenten Widerspruch zwischen „eigentumsloser Masse" und der „Welt des Reichtums und der Bildung" der kommunistischen Revolution anvertraut (Marx/Engels 1969, S. 34). Die Revolution von 1917 hat freilich die modernen Entfremdungsphänomene nicht beseitigen können. Damit bleibt die Frage bestehen, in welcher Form die entfremdete Gesellschaft so etwas wie Bildung noch zu ermöglichen vermag, im Grunde genommen die Frage Schillers. Es scheint, als bliebe angesichts der Schillerschen Totalitätsidee des Menschen nur die resignative Selbstbeschränkung übrig, das Fragmentarische der modernen Existenz anzunehmen, wenn auch „mit universalem Blick" (Frost 2007, S. 209). Vielleicht wird die Schillersche Idee aber auch gegenstandslos, wenn man den (gesellschaftlichen) Entfremdungsbegriff für ungeeignet hält, um die aktuelle gesellschaftliche Lage adäquat zu beschreiben (vgl. Plessner 1974). Dagegen steht allerdings die These von Hannah Arendt, „Weltentfremdung" (und nicht Selbstentfremdung, wie Marx meinte) sei das „Kennzeichen der Neuzeit" (Arendt 1960, S. 249). Zwar hat die Hegelsche Einsicht von der Selbstentfremdung als Bedingung der Bildung ihre aufschließende Kraft für das Verständnis des Bildungsvorganges nicht verloren, aber wenn die moderne Weltentfremdung mit ihrer nichts auslassenden Medienpräsenz alle Fremdheit aufhebt, so erlischt das Interesse an den Dingen und dem Motor unserer Bildung, jenem „Zentrifugaltrieb der Seele", geht der Treibstoff aus.

Literatur

Alt, E. (1982): Zum Entfremdungsbegriff: Der theoretische Ansatz bei Rousseau. Frankfurt a. M./Bern.

Arendt, H. (1960): Vita activa oder Vom tätigen Leben. Stuttgart.
Barth, H. (1974): Die Idee der Selbstentfremdung bei Rousseau. In: Ders.: Wahrheit und Ideologie. Frankfurt a. M., S. 99-123.
Buck, G. (1984): Rückwege aus der Entfremdung. München/ Paderborn.
Frost, U. (2007): Allgemeinbildung und fragmentarische Bildung. In: Fuchs, B./ Schönherr, Chr. (Hrsg.): Urteilskraft und Pädagogik. Beiträge zu einer pädagogischen Handlungstheorie. Würzburg.
Goethe-Jahrbuch (1890): Hrsg. v. Ludwig Geiger. Bd. XI. Frankfurt a. M.
Hegel, G. W. F. (1970): Werke in zwanzig Bänden. Theorie Werkausgabe des Suhrkamp Verlags. Frankfurt a. M.
Humboldt, W. von (1980^3): Werke in fünf Bänden. Hrsg. v. Andreas Flitner und Klaus Giel. Darmstadt.
Hölderlin F. (1961): Sämtliche Werke. Hrsg. von Friedrich Beißner. Frankfurt a.M.
Israel, J. (1972): Der Begriff Entfremdung. Makrosoziologische Untersuchungen von Marx bis zur Soziologie der Gegenwart. Reinbek b. Hamburg.
Joerden, R. (Hrsg.) (1962^2): Dokumente des Neuhumanismus I. Weinheim.
Löwith, K. (1964^5): Von Hegel zu Nietzsche. Der revolutionäre Bruch im Denken des neunzehnten Jahrhunderts. Stuttgart.
Mandelkow, K. R. (Hrsg.) (1965): Briefe an Goethe. Bd. 1. Hamburger Ausgabe. Hamburg.
Marx, K./ Engels, F. (1969): Die deutsche Ideologie. In: Marx, K./ Engels F.: Werke. Bd. 3. Berlin.
Maurer, R. (1973): Art. Entfremdung. In: Handbuch philosophischer Grundbegriffe. Hrsg. von Krings, H. / Baumgartner, H.M./ Wild, Ch. Bd. 1. München, S. 348-360.
Menze, C. (1991): Ästhetische Erziehung als Erziehung überhaupt. In: Menze, C.: Kunst und Bildung. Münster, S. 16-85.
Nipkow, K. E. (1977): Bildung und Entfremdung. Überlegungen zur Rekonstruktion der Bildungstheorie. Z.f.Päd. 14. Beiheft. Weinheim/Basel, S. 205-229.
Pfeiffer, F. (Hrsg.) (1857): Deutsche Mystiker. Bd. II: Meister Eckhart. Leipzig.
Plessner, H. (1974): Das Problem der Öffentlichkeit und die Idee der Entfremdung. In: Ders.: Diesseits der Utopie. Frankfurt a.M., S. 9-22.
Popitz, H. (1953): Der entfremdete Mensch. Zeitkritik und Geschichtsphilosophie des jungen Marx. Basel.
Rang, M. (1963^2): Rousseaus Lehre vom Menschen. Göttingen.
Rippere, V. (1981): Schiller and 'Alienation'. Bern, Frankfurt a. M./ Las Vegas.
Ritz, E. (1972): Entfremdung. In: Historisches Wörterbuch der Philosophie. Hrsg. von J. Ritter. Bd. 2. Darmstadt, Sp. 509-525.
Rousseau, J.J. (1970): Emile oder Über die Erziehung. Hrsg. v. M. Rang, übers. v. E. Schkommodau. Stuttgart.
Ruge, A. (1843): Eine Selbstkritik des Liberalismus. Schluß. In: Ruge, A., Echtermeyer, Th. (Hrsg.): Hallische und Deutsche Jahrbücher für Wissenschaft und Kunst. Fünfter Jahrgang 1842. 2. Halbband und sechster Jahrgang 1843. Unveränderter Neudruck. Glashütten (i.T.) 1972, S. 9-12.
Ruge, A./ Echtermeyer, Th. (Hrsg.) (1972): Hallische und deutsche Jahrbücher Wissenschaft und Kunst. Fünfter Jahrgang 1842. 2. Halbband und sechster Jahrgang 1843. Unveränderter Neudruck. Glashütten (i. T.).
Schiller, F. (1975^5): Sämtliche Werke. Auf Grund der Originaldrucke herausgegeben von Gerhard Fricke und Herbert G. Göpfert. Bd. 5. München.
Schrey, H.-H. (Hrsg.) (1975): Entfremdung. Darmstadt.
Spaemann, R. (1992^2): Rousseau. Bürger ohne Vaterland. München.

Kapitel 2: Bildung

WILFRIED LIPPITZ

E: Bildung und Alterität

Einleitung

In Bildungskonzepten kommen unterschiedliche norm- und wertorientierte Auffassungen des menschlichen Selbst- und Weltverständnisses zur Sprache mit dem Ziel, das generative Verhältnis zwischen den Heranwachsenden und Erwachsenen in einer konkreten Gesellschaft unter den Aspekten der Höher- und Fortentwicklung allgemeiner gesellschaftlicher Verhältnisse wie auch des einzelnen gesellschaftlichen Mitglieds pädagogisch zu gestalten. Sozialgeschichtlich gesehen verbindet sich besonders in der deutschen Tradition „Bildung" mit „Kultur" und „Zivilisation" zu einem politisch wirksamen „sozialen Deutungsmuster" (Bollenbeck 1996, S. 19, vgl. Prange 2006). Darin legitimierte und tradierte das Bildungsbürgertum als gesellschaftliche Elite mit zunehmender nationalistischer Tendenz ihre sozialen wie auch kulturellen Privilegien und den damit verbundenen Anspruch auf geistige und politische Führerschaft in Abgrenzung von den Ansprüchen anderer gesellschaftlicher Gruppen im Inneren wie auch gegenüber anderen europäischen und nichteuropäischen Kulturnationen. In der hier ausgeführten bildungstheoretischen Problemsicht wird Bildung als ein Selbst- und Weltverhältnis begriffen, das strukturell nur durch seine Beziehung zum Anderen im weitesten Sinn des Wortes bestimmbar ist: Alterität und Bildung bilden einen systematischen Zusammenhang. Das Bildungssubjekt konstituiert sich demnach selbst und wird konstituiert in den Spannungsfeldern von Selbst- und Fremdbestimmung, von Egologie und Alterität, von Selbstsein und Anderssein, von Ich und dem Anderen.

I. Bildung und Alterität – begriffs- und ideengeschichtliche Aspekte

I.1. Bildung und Anderssein im Rahmen kosmologischer Vorstellungen

In der antiken wie auch mittelalterlichen Kosmologie richtet sich die Bildung des Menschen an außermenschlichen und überzeitlichen, göttlichen Maßgaben und Maßstäben, die sein irdisches Sein transzendieren (vgl. Benner/Brüggen 2004, S. 175ff., Ballauff/Schaller 1969, Bd. 1, S. 40ff.). Als Grundlage der Bildung dient ein anthropologisches und dichotomisches Differenzmodell. Der Mensch tritt als ein Zwitter- oder Zwischenwesen auf, das der Vollkommenheit entbehrt und ihr zustrebt. Der höhere, dem Göttlichen verwandte Teil, die unsterbliche Seele, ist an den irdischen und vergänglichen Leib gefesselt. In seiner Natürlichkeit und Leiblichkeit gehört der Mensch zur irdischen und vergänglichen Welt des bloßen

Scheins. Aufgabe der Erziehung ist es, den irdischen Teil durch asketische Lebensführung seiner höheren Bestimmung zuzuführen. Dabei hat der Mensch letztlich das Gelingen der Bildung nicht in der Hand. Sie ist ein göttliches Geschenk, kein menschliches Verdienst.

In Platons Höhlengleichnis steigt der durch das Los der Götter auserwählte Philosoph als Ausnahmegestalt des Menschen hin zum hellen überirdischen Licht, in dem die unwandelbaren Ideen des Guten, Wahren und Schönen in theoretischer, schauend vernehmender Haltung gesehen werden. Letztlich aber liegt das Vermögen dazu schon in der unsterblichen Seele des auserwählten Menschen, der sich – indem er sich von den Entfremdungen der Alltagsgeschäfte und der Arbeit befreit – daran erinnern kann und der beansprucht, die politische und moralische Lebensführung in der gesamten Gesellschaft (Polis) an metaphysisch verbürgten Maßstäben ausrichten zu können. Bildung ist so rückwärtsgewandte Erinnerung, eine Art Umkehr oder Periagogé.

In der mittelalterlichen Kosmologie (vgl. Buck 1984, S. 29ff.) wird dieses antike Bild der Bildung gleichsam verchristlicht. Auch hier ist Bildung als menschliche Praxis Teil einer umgreifenden und übermenschlichen Teleologie des Seienden. Sie orientiert sich am göttlichen Schöpfungs- und Heilsplan. Das Vermögen dazu, ihn zu deuten und sich nach ihm auszurichten, liegt in der Gottesebenbildlichkeit des Menschen und damit in seiner göttlichen Seele. Bildung ist ein Vorgang, der sich nicht im Irdischen vollendet, sondern im Jenseits. Zwar unterwirft sich die gottgefällige irdische Lebensführung asketischen Normen und Regeln, die den sündigen und vergänglichen Leib des Menschen disziplinieren. Aber ob Bildung gelingt, das ist nicht das Verdienst des Menschen, sondern Gunst und Gnade Gottes. Zugleich ist die Gottesebenbildlichkeit die Legitimation für die menschliche Gattung, sich zum irdischen Herrscher über die gesamte nichtmenschliche Natur aufzuwerfen.

I.2. Bildung und Alterität im Rahmen der neuzeitlichen Subjektivitätsphilosophie

Der Bildungsbegriff wird in der Neuzeit säkularisiert. Der ganze Mensch einschließlich seines intellektuellen und geistigen Vermögens wird in gewisser Weise auf die Erde geholt. Man trifft auf recht unterschiedliche Modellierungen der Alterität im Kontext des Bildungsverständnisses. Es können hier nur einige wichtige Figurationen skizziert werden.

Kants Transzendentalphilosophie ist für die pädagogische Theorie sehr wirkungsmächtig geworden, bis in die heutige Zeit hinein (vgl. Ricken 1999, S. 61ff.). Kant arbeitet wie die Tradition mit einem dichotomischen Modell der Alterität (Kant 1968a, S. 99ff.). Der allgemeine Mensch tritt auf als Bürger zweier Welten. Er ist durch seinen Körper, durch seine Sinne, Triebe und Motivationen Teil der empirischen Natur- und Sozialwelt, die aufgrund ihrer kausalen Gesetzmäßigkeit ihn fremd bestimmen. Ganz anders und der Natur übergeordnet ist die intelligible Welt der allgemeinen menschlichen Vernunft als eines transzendentalen Vermögens. Hierin soll sich der Mensch im Denken und Handeln durch Freiheit, Autonomie und Mündigkeit selbst bestimmen und sich an den Maßgaben der allgemeinen Gattungsvernunft ausrichten. Als Vernunftwesen gleicht jeder Mensch dem anderen, sind folglich Ego und Alter Ego unterschiedslos auf ein Allgemeines hingeordnet. Individuelle Unterschiede zwischen den Menschen spielen keine konstitutive Rolle. Das höchste Bildungsziel zeigt sich in dem geschichtlichen Projekt der Vervollkommnung des Menschengeschlechts durch Vernunft. Daran arbeitet jeder einzelne und jede Generation mit, ohne aber an ihrer möglichen Vollendung selbst teilhaben zu können. Allgemeine Bildung als Zukunftsprojekt lebt aus der Differenz von Eigenzeit und Weltzeit, d.h. aus der Differenz der Sterblichkeit konkreter empirischer Menschen als Angehöriger einer bestimmten Generation und der Idealität einer vollendbaren Zukunft des Menschen im Allgemeinen.

Es stellt sich für Kant und die ihm hier folgende Pädagogik das Problem der unaufhebbaren pädagogischen Antinomie: Wie kann das Kind, das zur Freiheit und Autonomie erzogen werden müsse, mündig werden? Denn Erziehung bedeutet immer Zwang und Fremdbestimmung, da sie als Zucht, Disziplinierung, Kultivierung geschieht (vgl. Kant 1968b). Somit kollidiert Erziehung als Fremdbestimmung und äußere Kausalität mit der unbedingten Freiheit und Autonomie des vernünftigen Wesens. Also kann Erziehung nur im Vorhof der Vernunft wirken. Bildung im Sinne von Mündigkeit und Freiheit ist die unüberwindbare Grenze der Erziehung. Sie ist der Erziehung gegenüber das ganz Andere.

Die nachkantischen und idealistischen wie auch neuhumanistischen und klassischen Bildungstheorien führen in zwei Richtungen. Die einen operieren mit starken Subjektmodellen, die anderen mit eher abgeschwächten. Idealtypisch und sehr vereinfacht vorgestellt, gibt es folgende Figurationen von Differenz- und Alteritätsbestimmungen:

Bildung wird im Neuhumanismus und seit der Genieästhetik der Klassik als subjektzentrierte Selbstbildung aufgefasst (vgl. Benner/Brüggen 2003, S. 193ff., Ruhloff 2004, S. 448ff., vgl. kritisch Schäfer 1996, Buck 1984). Im Rahmen der idealistischen Subjektphilosophie gehören die Welt der Dinge, die Mitmenschen, die Kulturgüter zum Objekt der Bildung des Subjekts. Sie sind ihr Stoff, Material oder Mittel, und diese dienen der Selbststeigerung des Subjekts, das sie sich aneignet und damit ihre Andersartigkeit aufhebt. Der Mensch ist ein Selbstgeschöpf, das sich seine Gestalt wie ein Künstler selbst erschafft. In der reformpädagogischen Rede vom „Genius des Kindes" als einem selbstschöpferischen Wesen findet diese Auffassung ihren prägnanten Ausdruck. Es handelt sich hier um eine starke Variante der formalen Bildungstheorie. Die pädagogische Einwirkung hat gegenüber dieser Selbstbildung zurückzutreten. Sie bestimmt und führt nicht das Kind, sondern lässt die Eigenkräfte nach den inneren Gesetzen des Kindes wachsen.

Neuzeitliche Bildung kann im Gegensatz dazu auch objektivistisch bestimmt werden (vgl. kritisch Litt 1965[12], S. 63ff., Flitner 1950, S. 103ff.). Die Bildungssubjekte werden den als in sich wertvoll erachteten Objektivationen des objektiven Geistes unterworfen, zum Beispiel einem klassischen Bildungskanon oder den „Eigengesetzlichkeiten" der wissenschaftlichen Sachverhalte. Die Individualität der Bildungssubjekte spielt bei ihrer Aneignung nur eine untergeordnete und vorübergehende Rolle, indem sie sich nämlich dem Allgemeinen angleichen bzw. anpassen. Der Pädagoge als Repräsentant der Hochkultur bekommt die starke Rolle des Vermittlers. Bildung der Subjekte geschieht im Medium des Allgemeinen und zielt letztlich auf das Allgemeinwerden des Menschen, auf die repräsentative Persönlichkeit. Eigenheit und Individualität des zu bildenden Menschen haben demgegenüber einen sekundären und partikulären Rang.

In der kategorialen Bildung Klafkis (1964^{3+4}, S. 291ff.) wird der Versuch der dialektischen Vermittlung zwischen der materialen und formalen Bildung gemacht. Subjekt und Objekt der Bildung erschließen sich wechselseitig und bewirken dadurch, dass sich die Kultur einer Gesellschaft, ihre Traditionen und ihre Lebensverhältnisse fortentwickeln. Die Differenzbeziehung zwischen Bildungssubjekt und Bildungsobjekt wird als Prozess der gegenseitigen Durchdringung dargestellt, der letztlich in einer die subjektiven und objektiven Momente vermittelnden und übergreifenden Einheit gipfelt. Alterität, d.h. hier die Differenz von Subjekt und Objekt, von Individualität und Allgemeinheit wird letztlich zugunsten eines Identitätskonzepts von Bildung aufgehoben.

I.3. Bildung und Alterität im Rahmen der Kritik an der neuzeitlichen Subjektivitätsphilosophie

Die weit verzweigte Kritik an der neuzeitlichen Subjektivitätsphilosophie und ihren bildungstheoretischen Implikationen erfordert eine Auswahl. Deshalb sollen hier nur einige markante Diskussionslinien primär aus der dialogischen und phänomenologischen Tradition skizziert werden, die wesentlich die Philosophie seit Beginn des 20. Jahrhunderts beeinflusst hat und in der die Thematik des Anderen und des Fremden einen wichtigen, wenn nicht sogar zentralen Ort behauptet (vgl. Waldenfels 1992). Einerseits wird die Subjektivitätsphilosophie von Innen her aufgebrochen. Das geschieht zum Beispiel in der Phänomenologie Edmund Husserls und seiner phänomenologischen Kritiker seit Beginn des 20. Jahrhunderts. Zum anderen werden radikale Alternativen zur Subjektivitätsphilosophie formuliert. Dazu gehören die Dialogphilosophie Martin Bubers, der „Humanismus des anderen Menschen" von Emmanuel Lévinas (1989), beide als Philosophen in der jüdischen Denktradition, und weitere Spielarten der lebensweltlichen und existenziellen Phänomenologie mit ihren Vertretern Maurice Merleau-Ponty und Bernhard Waldenfels oder auch die existenzanalytische Daseinsontologie Martin Heideggers.

Gemeinsam ist ihnen die radikale Infragestellung der erkenntnistheoretisch dominanten Differenzschemata Subjekt – Objekt, Ich – Alter Ego, Empirie oder Transzendentalität oder der ethisch relevanten Differenzschemata und Antinomien praktischer Philosophie, wie Autonomie und Heteronomie, Freiheit und Fremdbestimmung, Individualität oder Allgemeinheit. Zugleich in Frage gestellt werden die Ansprüche auf Letztbegründung und letztgültige Gewissheit der Subjektphilosophie zugunsten einer praktischen Philosophie, die als „erste Philosophie" die faktischen und ereignishaften ethischen Bindungen und Verpflichtungen zwischen den Menschen vor aller Kodifizierung oder reflexiven Legitimation akzentuiert.

Die oben skizzierte traditionelle Bildungstheorie entwirft im identitätsphilosophischen Rahmen Prozesse der Höherbildung und Steigerung des Bildungssubjekts als Selbstwerdung, als Selbstbestimmung, als Allgemeinwerden und Vervollkommnung in der Auseinandersetzung mit dem Anderen und vorläufig Fremden, d.h. noch nicht intrigierten Anderen. Dagegen thematisieren die subjektkritischen Varianten der aktuellen Bildungstheorie historisch, sprachlich-kommunikativ und sozial dimensionierte, kontingente, heterogene und dezentrierende Bildungsprozesse des Anders- und Fremdwerdens. Nicht Selbstwerden, sondern Fremd- und Anderswerden werden zu Leitmotiven kritischer Bildungstheorie, die gegenüber einem positiven, teleologischen und substanziellen Verständnis von Bildung ihren Prozesscharakter und ihre Kontingenz hervorhebt.

I.3.a. Edmund Husserl – Grenzen der Subjektivitätsphilosophie als Intersubjektivität und Andersheit des Anderen

Offensichtlich vermag die subjektphilosophische Zentrierung des Selbst- und Weltverhältnisses einem substanziellen Verständnis von Alterität in den unterschiedlichen Fassungen von Differenzverhältnissen keinen angemessenen Raum zu geben. Vor dem Horizont eines Allgemeinen, zum Beispiel der Menschenvernunft, hebt sich jede individuelle, soziale wie auch historische und anthropologische Differenz zwischen den Menschen auf. Die radikale Vertiefung der Transzendentalphilosophie durch die phänomenologischen Forschungen Edmund Husserls (Husserl 1950, 1954) führen an ihre Grenzen: In der konkreten Lebenswelt, das zeigen Husserls subtile psychologisch-deskriptive Studien der Wahrnehmungs- und Erfahrungsprozesse, erscheint der Mitmensch als jemand, der anders ist als ich. Er ist ein alter Ego und damit ein eigenständiges intentionales Ich-Bewusstsein. Seine Gedanken, Absichten, Gefühle, Handlungsmotive usw. sind nur mittelbar über seinen leiblichen Ausdruck verständlich, nie jedoch unmittelbar. Zugleich hat die sinnlich-leiblich erfahrene Welt der Gegenstände physiognomische und pragmatische Qualitäten, die das Handeln und Erleben der Menschen motivieren und beeindrucken. Dennoch zielt Husserl darauf, durch ideeierende und transzendentale Reduktion aller Phänomene auf die Eigenheitssphäre des Ich-Bewusstseins einen letztgültigen Boden der Gewissheit zu gewinnen, in dem auch das und der Andere als dem vom Ich gemeinten Anderen wurzelt. Jedoch scheitert diese radikale phänomenologische Aufklärung an der Zirkelstruktur jeder Reflexion. Immer müssen die reflexiven und vorprädikativen Leistungen des Bewusstseins und seiner leiblich-sozialen Existenz als fungierend vorausgesetzt werden, die der Philosoph allererst zu begründen versucht.

Der Subjektphilosoph – heiße er nun Descartes, Kant, später Hegel oder noch später am Anfang des 20. Jahrhunderts Edmund Husserl – kann nicht länger ignorieren, dass er eine *Sprache* spricht, die er immer schon mit seinen Mitmenschen teilt; dass er unter *anderen Menschen* lebt in einer *konkreten historisch geprägten Gesellschaft,* zu der natürlich die Forschergemeinschaft mit ihren Traditionen und unendlichen Büchern von Selbst- und Fremdgesprächen gehört; dass er einmal *Kind* gewesen ist, also eine faktische Entwicklungs- und Lerngeschichte durchmacht und *sterblicher Leib* ist, der von mehr oder weniger ich-nahen Emotionen und Motivationen, sogar von anonymen organischen Reproduktionsprozessen belebt wird und sich selbst erhält. Er kann auch nicht übersehen, dass sein eigenes Denken sich den Anderen und dem unendlichen fortlaufenden und wirkungsgeschichtlichen Dialog der Denkgeschichte verdankt. Kurz: *Sozialität, Geschichtlichkeit, Faktizität und Kontingenz als Strukturen der Alterität* brechen die identitätsphilosophische Formierung des Ichbewusstseins auf. *Im konstitutiven Sinne* bleiben der Denkende und Handelnde sich selbst und seiner eigenen Geschichte gegenüber fremd und heteronom bestimmt.

I.3.b. Martin Heidegger – Daseinsontologie und die Mitmenschlichkeit des Anderen

Heidegger räumt im Gegensatz zu Husserls Reflexionsbewusstsein der faktischen und konkreten Existenz des konkreten Menschen einen systematischen philosophischen Stellenwert ein (Heidegger 1972[12], vgl. Pöggeler 1990, S. 117ff., Theunissen 1965, S. 156ff.). In „Sein und Zeit" ist es das menschliche Dasein in seinen vielfältigen prädikativen und vorreflexiven Handlungs- und Kommunikationskontexten, das sein Selbst- und Weltverhältnis hermeneutisch auslegend lebt und gestaltet. Die Welt der Gebrauchsdinge und die darüber stattfindende Begegnung mit den Mitmenschen sind ursprünglich umweltlich und pragmatisch strukturiert (existentialer Modus der *Zuhandenheit*). Zugleich sind sie in unterschiedliche emotionale und atmosphärische Stimmungslagen eingetaucht (existentialer Modus der *Gestimmtheit*). Das dominante traditionelle Subjekt-Objekt-Schema, das bisher die philosophische oder phänomenologische Reflexion bestimmte, ist gegenüber dem Dasein und seinen Modalitäten bloß sekundär und abgeleitet. Seine Strukturmerkmale sind Gegenständlichkeit und subjektferne *Vorhandenheit*. Heideggers ontologische Hermeneutik der Faktizität operiert also mit zwei grundsätzlich unterschiedlichen und hierarchisch geordneten Alteritätsmustern. In gewisser Weise setzt er damit die Zweiwelten-Theorie neuzeitlicher und auch christlicher Menschenauffassung fort, wenn er sie auch strukturell anders bestimmt. Jetzt erhält das irdische und vergängliche Dasein als Faktizität den philosophischen Vorrang im Vergleich zur idealisierten Ratio neuzeitlicher Philosophie oder zur christlich-metaphysischen Heilslehre. Das Dasein legt sich selbst in ständiger Unruhe und Sorge um sein eigentliches Sein-können im Angesicht der ständigen Frage nach dem Sein des Seienden aus. Das macht seine endliche, zugleich teleologische Sinnrichtung aus. Im letztlich unvertretbaren „Sein zum Tode" (Heidegger 1972[12], S. 235) erfährt sich das Dasein gleichsam in seiner eigentlichen existentiellen Tiefe und Ganzheit, die es sich nicht im positiven Sinn eines metaphysisch verbürgten Heilsversprechens erschließen kann, sondern die als Befindlichkeit der Angst in ihm aufbricht. Immer wieder liefert sich das Dasein der Gefahr aus, sich in der Anonymität des Alltäglichen, im Getriebe der Massengesellschaft und ihrer Meinungen (doxa) zu verlieren und zu vergessen. Insofern steckt in der Daseinshermeneutik Heideggers und ihrer metaphysikkritischen Aufklärungsarbeit eine zugleich kulturkritische und bildungsphilosophisch formulierbare Botschaft: das menschliche Dasein hat sich auf die Sorge um sein Eigentlich-Sein auszurichten und den Tendenzen der Vermassung und Verdinglichung wie der Verobjektivierung, die von den Wissenschaften droht, entgegenzutreten.

Heideggers Entwurf der Daseinshermeneutik bleibt trotz aller Neuformulierung und Kritik dem Rahmen der transzendentalen Subjekttheorie treu. Er zeigt sich in der Perspektive des sich um sich selbst sorgenden Daseins, das die Frage nach dem

Sinn des Seienden stellt. Später, in der sogenannten „Kehre", destruiert Heidegger selbst diesen transzendentalphilosophischen Rahmen. Die mögliche Artikulation des Sinnes von Sein als Geschehnis der Wahrheit gewinnt Heidegger, indem er kritisch dekonstruktiv im Rückgang hinter die Geschichte der abendländischen Metaphysik, Ontologie und der damit verbundenen philosophischen Sprache und Begrifflichkeit das Wesen der Wahrheit als Ereignis der gleichzeitigen Ent- und Verbergung zu erläutern versucht. „Wahrheit" ereignet sich als Geschick im Dasein, und zwar, wenn das Dasein auf seinen „Ruf" hört (im Sinne einer Hermeneutik des Hörens und nicht des Sagens), der es zum „Hirten" des Seins werden lässt, wenn also das Dasein weder ursprünglich noch initiativ dem Geschehen der Wahrheit sich öffnet. Nicht mehr nur in innerphilosophischen Diskursen allein, sondern vielmehr in der Kunst und Poesie, die die herkömmliche Aussageform des Sprechens transzendieren, offenbart sich die Wahrheit (vgl. Heidegger 1991[9], S. 32ff.).

Diese kulturkritischen und subjektkritischen Motive Heideggers sind samt ontologischem Vokabular und ontologischen Strukturbeschreibungen des Daseins in der deutschen Pädagogik sehr intensiv und oft auch sehr problematisch rezipiert worden (vgl. Meyer-Drawe 1988). Nach dem zweiten Weltkrieg und unter dem Eindruck der Unmenschlichkeit des nationalsozialistischen Terrorregimes stellte sich grundsätzlich die Frage, warum humanistische und aufklärerische Traditionen geschichtlich versagt haben. Neben vielen anderen sind es die deutschen Bildungstheoretiker Ballauff und Schaller, die in den 50er und 60er Jahren des letzten Jahrhunderts an Heidegger anknüpfen. Sie entfachen eine Kontroverse mit der humanistischen und dialektischen Pädagogik (vgl. Schaller 1969, Derbolav 1969) und argumentieren gegen (neu-)humanistische Tendenzen der Bildungstheorie, in denen das Subjekt in selbstüberheblicher Weise sich zum Zentrum der Weltaneignung und zum Herrscher über die Welt aufschwingt, um darüber seine Identität zu sichern. Stattdessen soll Pädagogik – im Sinne der Heideggerschen Philosophie – den Menschen zum selbstlosen Denken anhalten, das sich den Ansprüchen der Anderen und der Welt öffnet. Menschlichkeit bedeute nämlich, „Sprecher, Anwalt und Mittler alles dessen zu sein, was wir nicht sind" (Ballauff 1970[3], S. 12, vgl. Schaller 1969, S. 189 ff.). Bildung ist also selbstlose Bildung im Zeichen eines Anderen, das von sich her allgemeine und verpflichtende wie auch maßgebende Bedeutung hat. In gewisser Weise zeigt sich hier die Tendenz, wie das kosmologische Denken Bildung am Maßstab eines Anderen auszurichten, das den Menschen übersteigt.

I.3.c. Jean Paul Sartre – das Ich unter dem Blick des Anderen

Ein anderer wichtiger Vertreter des sogenannten Existentialismus ist Jean Paul Sartre. In kritischer Absetzung von Husserl geht es ihm wie Heidegger darum, die Abstraktheit der Bewusstseinsphänomenologie zu überwinden und phänomenologische Studien im Sinne einer „konkreten" Ontologie zu betreiben. Das nun dominante Thema ist die soziale und ethische Dimension menschlicher Existenz, zu erschließen aus Strukturanalysen konkreter und paradigmatischer Situationen der Fremderfahrung. In seinem Frühwerk „Das Sein oder das Nichts" (Sartre 1982) befasst sich Sartre mit der Nicht-Reduzierbarkeit des Anderen und mit seinem Vorrang vor dem

Ich. Dabei operiert er oft nur schematisch mit dialektischen Umkehrfiguren in der Konfiguration Ich-Anderer bzw. Subjekt-Objekt. Die für ihn prototypische und konkrete Erfahrung der Alterität beschreibt er systematisch aus der Ich-Perspektive des Erblickt-Werdens (Sartre 1982, S. 338ff.). Ich lausche an der Tür oder beobachte in voyeuristischen Einstellungen andere Menschen. Dabei werde ich von einem Anderen, einem Dritten ertappt und beschämt. Im Beschämtwerden werde ich mir selbst und meiner sozialen Existenz dramatisch bewusst. Zugleich erfahre ich, dass ich dem Anderen ausgesetzt und ausgeliefert bin. Mein Selbstbewusstsein ist sozial konstituiert als das eines „Mich" durch den Anderen. Weder bin ich eine autonomes Ich, noch bin ich ein gleichberechtigter Partner, auch bilde ich nicht den Mittelpunkt meiner Welt. Sondern das genaue Gegenteil ist der Fall: Als Objekt des unbekannten anderen Blickes werde ich aller Subjektattribute beraubt, meiner Initiative, meines Welt- und Selbstbesitzes, meiner Zukunft und die meiner Projekte. Auf diese Weise objektiviert mich der Andere und macht mich zu einem anderen Ich, das nicht mit sich identisch im Sinne des Für-sich-Seins ist. Sozialität ist folglich nicht friedliches Zusammensein, sondern ständige existenzielle Bedrohung, ständiges Fremdwerden und ewiger Kampf um Selbstbehauptung. Wehren gegen die Verobjektivierung kann ich mich nur, wenn ich selbst versuche, den Anderen zum Objekt meiner Blicke und Taten zu machen. Genau in dieser Negation erweist sich meine Abhängigkeit vom anderen. Ich „bin" nur „ich", wenn ich mich gegen den Anderen selbst behaupte, d.h. wenn ich mich auf den Anderen hin überschreite bzw. gegen den Anderen richte. Gerade deshalb „bin" ich nicht ich selbst. Als „Subjekt" im Sinn der Unterwerfung durch den Anderen bin ich durch und durch mir selbst entfremdet. Jedoch systematisch gesehen bleibe ich es, der diese Erfahrung der Entfremdung durch den Anderen „mache". Damit ist mein Vorrang vor dem Anderen transzendentalontologisch gesichert. Jenseits dieses Erfahrungsrahmens figuriert folglich der Philosoph als Beobachter, der seine Erfahrungen wie Sartre in suggestiver Sprache und souveräner Weise systematisiert und beschreibt.

Sozialität im Sinne radikaler Alterität verkündet in diesem Frühwerk Sartres „Sein oder Nichts" den Krieg aller gegen alle. Das Ich ist und bleibt fremdstämmig, seine Identität entzieht sich seiner Verfügung. Damit wird der Kern des neuhumanistischen Bildungsgedankens zerstört. Alle Ich-Behauptung erweist sich als Abhängigkeit vom permanenten Widerstand gegen die Verobjektivierung. Menschliche Existenz bleibt damit ex-zentrisch, krisenhaft und bedroht. Sie ist durchsetzt, wie Sartre es in seinem Theaterstück „Der Ekel" vorführt, vom Misstrauen gegenüber den Anderen und von der Grundstimmung existentieller Leere und Sinnlosigkeit. Mit den Worten Heideggers ist für Sartre Uneigentlichkeit der Kern des menschlichen Daseins. Das Selbstwerden eines Ich gelingt, so Sartre in seiner vielbändigen Flaubert-Biographie, nur widerständig und subversiv im Schatten von omnipräsenten, patriarchal-feudalen und machtförmigen Sozialisationsprozessen und wird damit von den signifikanten Anderen kaum bemerkt (vgl. Lippitz 1993b, S. 214ff.).

I.4. Jenseits der Subjektphilosophie

I.4.a. Otto Friedrich Bollnow – Bildung als unsteter Prozess

Kann man aus dieser Art von Pessimismus, Zwietracht und Absurdität infiltrierten Existenzphilosophie eine gleichsam aufbauende Bildungstheorie herleiten? Bollnow beschreitet in der Zeit nach dem 2. Weltkrieg diesen Weg, indem er – bildlich gesprochen – die Spitzen und Schärfen dieser Philosophie abschleift und einige Strukturelemente aus „versöhnlicheren" philosophischen Traditionen hinzufügt. Seine viel gelesene „Existenzphilosophie und Pädagogik" (1984[6]) bindet existenzphilosophisches Gedankengut (Heidegger und Sartre) mit positiven und religiös fundierten Elementen der Dialogphilosophie Martin Bubers (s. u.) zusammen und ergänzt sie durch Elemente des christlich-metaphysischen Personalismus. Darin lassen sich pädagogische und bildungsphilosophische Leitideen einbinden. Die „neue" Bildungstheorie begreift sich als komplementär zur subjektphilosophischen *„Stetigkeitspädagogik"*, die noch auf Teleologie, Kontinuität und Steigerung wie auf Kontrolle von Lern- und Bildungsprozessen setzt. Die existenzphilosophisch begründete Pädagogik verweist dagegen auf unstete Prozesse und krisenhafte Ereignisse im menschlichen Leben, in denen es in zugespitzter Weise um den eigentlichen Sinn des Lebens geht. Analog zu Sartre oder Heidegger *exsistieren* die Menschen ihren Sinn. Immer steht er zur „Bewährung" aus und ist kein „eleatisches Sein" im traditionellen metaphysischen Sinne. Existentielles und bildungswirksames Sinngeschehen überkommt das Subjekt und macht es betroffen, indem es das Subjekt aus seinen Gewohnheiten und seiner Alltäglichkeit herausreißt und mit dem Eigentlichen konfrontiert, über das es nicht verfügt, sei es nun mit Heidegger der eigene Tod oder mit Sartre die Nichtung des Ich durch den Anderen.

Existentielle Ereignisse wie Krisen und Erweckung und diskontinuierliche zwischenmenschliche Kommunikationsformen wie Ermahnung, Beratung und Begegnung bestimmen letztlich den Wagnischarakter jeden Bildungsprozesses. Man kann solche Ereignisse nicht pädagogisieren, auch nicht inhaltlich festlegen oder didaktisieren, d.h. systematisch und methodisch einleiten. Dann würde aus dem Subjekt der Bildung ein Objekt und es würde damit gerade verfehlt. Zugleich hätte der Pädagoge selbst als Mitmensch und Mitbetroffener keinen Anteil am Bildungsgeschehen. Die existentielle Tiefendimension einer Person „ereignet" sich und ist der Planung und dem kontrollierenden Blick des Pädagogen unzugänglich. Solche Ereignisse können nur angeregt oder angestoßen werden. Ihre bildende „Wirkung" tun sie aus sich selbst heraus. Aus Krisenerfahrungen oder „fruchtbaren Begegnungen" mit anderen Menschen kommen Heranwachsende wie Erwachsene innerlich gestärkt und sittlich gereift hervor. Ob das jedoch geschieht, das ist nicht voraussehbar, und deshalb kommt die Pädagogik als Wirken-wollen an ihre Grenzen. Somit kann diese bildungstheoretische Version einer Unstetigkeitspädagogik nicht mit einem Bildungskanon, mit festen Zielen oder Effektivitätsstudien aufwarten. Kennzeichnend für sie ist der appellative, nicht der analytische Duktus der Sprache. Bildung als unstetes existentielles Geschehen ist folglich die Grenze jeder Pädagogik und Erziehung, sofern sie traditionell als intentional verfasst verstanden wird.

I.4.b. Martin Buber – Dialogik oder der Vorrang der Ethik vor der Erkenntnis

Die sprachphilosophische Wende in der Subjektphilosophie und Bildungstheorie nahm schon im Neuhumanismus bei Humboldt und später bei Schleiermacher ihren Anfang (vgl. Gößling 2004, S. 971ff.). Weitaus radikaler als diese bricht die Dialogik mit der traditionellen Subjektivitätsphilosophie. Dominierten dort die Fragen nach der Erkenntniswahrheit und der überindividuellen Allgemeinverbindlichkeit menschlichen Handelns, so geht es in der Dialogik um das *Ereignis und die konkrete Erfahrung* personaler Zwischenmenschlichkeit in ihrem ethischen Charakter. Diese vor-reflexive und gelebte Sozialität angemessen zu thematisieren, dafür müssen eine neue Sprache, eine neue „Logik" und neue Kategorien gefunden werden.

Für den jüdischen Religionsphilosophen Martin Buber (1965) ist das menschliche Selbst- und Weltverhältnis nicht primär und einseitig subjektzentrisch und intentional verfasst. Sondern es ist dialogisch und *ereignet* sich im *Zwischen der Begegnung* der Menschen untereinander und insgesamt mit der Welt. Dieses dialogische Wesensverhältnis nennt Buber „Ich-Du". Nach dem Verständnis des Chassidismus, dem Buber nahe steht, spricht in allen dialogischen Beziehungen der Schöpfergott und stiftet letztlich ihren Sinn, der begrifflich-logisch nicht zu fassen ist. Das *Ich* wird im dialogischen Sinn zu einem Ich nur als angesprochenes *Du* und zu einem ansprechenden Ich. Die Partner des Dialogs sind somit gleichursprünglich, gleichrangig und sich gegenseitig konstituierend. Wie jedes echte Gespräch ist der Dialog ein Ereignis, das intersubjektiven Sinn stiftet, das moralisch aufrüttelt und betroffen macht. Unplanbar hat der Dialog seine eigene Zeit und seinen eigenen Ort außerhalb der Ordnung der Welt des pragmatischen Alltags, ihrer Institutionen und Organisationen mit ihren Regelwerken. Damit geschieht er außerhalb von Kontinuität, Beständigkeit, Notwendigkeit, Gewissheit und Wissen. Deren intentionale Strukturen manifestieren sich komplementär zum Dialog in der Grundfigur: *Ich-Es*.

Somit ist der Mensch bei Buber wie in der abendländischen Tradition Bürger zweier Welten. Sein Selbst- und Weltverhältnis ist gespalten und wird von Mustern radikal geschiedener Alterität markiert: die dialogische als ungegenständliche und nicht-objektivierbare und die nicht-dialogische als gegenständliche und verobjektivierbare, mit den traditionellen subjektphilosophischen Begrifflichkeiten der Ich-Zentrik, der Gegenstandserfahrung, der Nützlichkeit, Zweckdienlichkeit und Instrumentalität begreifbar. In solchen Strukturen werden die Anderen im weitesten Sinne des Wortes zu Objekten egoistischer Interessen, Vorlieben, Motivationen und Geschäfte (vgl. Buber 1964[8], S. 35ff.). In der Ich-Es-Einstellung erzeugt man außerdem Wissen und gibt es lehrend weiter, ganz in der Machart der traditionellen Pädagogik. Dort vermitteln die Lehrer als Repräsentanten der objektiven Kultur die Bildung als Wissen, indem sie zugleich die Schüler disziplinieren und regulieren. Ebenfalls in der Ich-Es-Dimension geben sich die Menschen ihrem schöpferischen Trieb hin und schaffen Werke, vom eigenschöpferischen Kinde angefangen bis hin zum erwachsenen Künstler. Alles das jedoch – so Buber – schafft keine tiefe und sittlich dimensionierte mitmenschliche Verbindlichkeit zwischen den Menschen als „Wir". Bildung als Begegnung unterläuft jede Repräsentation und ist ein genuin präsentes und unmittelbares Sinngeschehen, ein „Mysterium", wie Buber es nennt (vgl. Buber 1964[8], S. 21). Es entzieht sich jeder Gestaltung und damit der Machbarkeit und dem Wirken-wollen der Pädagogik. Jedoch bekommt mit der Auflösung der Struktur der Alterität als Differenz zwischen einem Ich und einem Anderen im „Wir" Buber das systematische Problem, die unausweichliche Asymmetrie und anthropologische Differenz im pädagogischen Verhältnis zwischen einem Erwachsenen und einem Heranwachsenden nicht mehr angemessen thematisieren zu können. Denn ein pädagogisches Verhältnis – so Buber – ist einseitig, da dem Kind die Kompetenz fehlt, den Erzieher so zu „umfassen" wie dieser das Kind in der Begegnung umfasst. Damit ist – streng gesehen und gegen Bubers Auffassung und gegen die vieler seiner Interpreten gesprochen (vgl. u. a. Maier 1992) – die Dialogik die Grenze der Bildung als eines existentiellen Geschehens und nicht Teil der Bildung. Wo von Erziehung die Rede ist, da bleibt Buber traditionell, und das dialogische Geschehen als ein Bildungsereignis verständlich zu machen, da fehlen die Worte. Der religiös motivierte Glaube, dass ein solches Geschehen statthat, tritt an die Stelle der philosophischen Begründung.

I.4.c. Emmanuel Lévinas „Humanismus des anderen Menschen"

Im Vergleich zur Dialogphilosophie ist der „Humanismus des anderen Menschen" von Emmanuel Lévinas (Lévinas 1983, 1987, Staudigl 2000, Wimmer 1996) systematisch radikaler und philosophisch anspruchsvoller. Ähnlich wie bei Heidegger geht es um eine radikale Kritik der abendländischen Metaphysik und Ontologie. Für Lévinas ist die gesamte abendländische Philosophie eine Philosophie des Wissens, der Macht, der Unterwerfung und des Krieges zwischen den Menschen. Sie sind Rivalen in ihrer ökonomischen Existenz, und jeder muss als einzelner und radikal getrennt vom Anderen um seine Selbsterhaltung kämpfen. Wie kann dann unter solchen ursprünglich getrennten Wesen Mitmenschlichkeit und Verbindlichkeit aufkommen? Nach Lévinas ist die ökonomische Existenz nicht selbstgenügsam und autark. Im Gegenteil. Der Mensch muss von etwas leben, was anders ist als er, zum Beispiel von Nahrung, von den Elementen Luft, Licht, Wasser, von den Eltern als Erzeugern usw. Damit ist die ökonomische Existenz durch und durch heterogen und fremdstämmig. Genau darin zeigt sich die Öffnung auf den Anderen als anderen Menschen hin. Jedoch manifestiert sich dieser Andere nicht auf dem gleichen ontologischen Terrain wie das Ich, z.B. als ein Alter-Ego im Sinne Husserls oder als ein Du im dialogischen Verständnis. Es ist auch nicht wie bei Heidegger ein nicht im Menschen gründendes, sondern ihn transzendierendes Seinsgeschehen, das sich im menschlichen Dasein artikuliert. Sondern der Anspruch des Anderen *als anderer Mensch* manifestiert sich jenseits der Ontologie und jeglichen Vorstellungsvermögens (Intentionalität) als nicht-bildhafter und in Repräsentationen nicht fassbarer Anspruch an mich, der mich in moralisch konstitutivem Sinne in die Mitmenschlichkeit ruft. Dadurch befreit er mich aus dem Kreislauf der egoistischen Selbsterhaltung, die ständig vom Verfall der eigenen Kräfte und dem Absinken in ein bloßes anonymes Sein (des „il y a") bedroht ist. Die unerwartbaren Ansprüche des Anderen fordern mich heraus, nicht in aller Stärke und Kraft wie in Sartres Blickgeschehen, sondern als Schwäche, zum Beispiel als uneingeladener Gast, der aufgenommen werden möchte; als Kind, das um Hilfe schreit; als Witwe, die um Schutz nachsucht; als Bettler, den ich nicht kenne. Diese Ansprüche meinen mich selbst direkt, und ich kann sie nicht an andere delegieren. Sie verpflichten mich, bevor ich mich selbst ihnen verpflichten kann, etwa weil es meine Pflicht wäre im Sinne einer christlichen Tugendlehre oder einer Dialektik der wechselseitigen Anerkennung. Kurz: das ethische Ereignis des Anspruchs, von dem Lévinas spricht, bewirkt *vor* aller allgemeinen Verbindlichkeit und *vor* allem Wissen die Bindung an den Anderen, der ich nicht ausweichen kann und für die die eigene Stellungnahme zu spät kommt. Deshalb ist die ethische Beziehung asymmetrisch verfasst und nicht in einem gleichursprünglichen Ich-Du aufgehoben. Sie ist als Ereignis gekennzeichnet von Faktizität, Außerordentlichkeit, Unbestimmbarkeit und Transzendenz.

Als einen pädagogisch relevanten Sachverhalt untersucht Lévinas das Faktum der Geburt (vgl. Masschelein 1996, S. 107ff.). Die „Fruchtbarkeit" des Menschen zeigt sich als Geburt des Kindes. Sie stiftet ein neues Generationenverhältnis, in dem sich die Singularität der menschlichen Existenz in ihrer radikalen Pluralität kundtut, die durch keine Gemeinschaft oder gemeinsame Geschichte überwölbt ist. Denn in aller Intimität des Verhältnisses zwischen Eltern und Kindern waltet eine Fremdheit, die der unterschiedlichen Zeitlichkeit beider Generationen geschuldet ist. Die Zeit der Kinder, ihre Zukunft, ist nicht die der Eltern; das Faktum der Geburt des Einzelnen unterbricht die alte Ordnung. Mit der Geburt beginnt eine neue Zeitrechnung, an der die Eltern selbst nicht teilhaben können. Insofern sind die Kinder in gewisser Weise zwar Möglichkeiten des Fortlebens der Eltern, aber nicht als die ihres eigenen Lebens, sondern als die ihrer Kinder und damit heterogen. Kinder in diesem Sinne, das Faktum der Geburt und letztlich auch das des unvorhersehbaren Todes, alle diese Diskontinuitäten im menschlichen Zusammenleben eröffnen den ethischen Raum für eine radikal plural verfasste Gesellschaft jenseits aller ins Totalitäre gesteigerten Entwicklungsutopien menschlicher Gesellschaften. Nur darin können sich die unerwarteten Ansprüche der Anderen artikulieren, die sich jedem einzelnen Menschen *vor* allen Traditionen, Gewohnheiten und Erwartungen stellen.

Versteht man Bildung in herkömmlicher Weise entweder als Selbstbildung oder als Projekt des allgemeinmenschlichen Fortschritts durch Tradierung und Optimierung von Bildungsgütern, dann findet sie im „Humanismus des anderen Menschen" dafür keinen angemessenen Ort. Ethische Ereignisse sprengen als außerordentliche jede Absicht, jede Planung, jedes pädagogische Zukunftsprogramm wie auch jedes individuelle Autonomie- oder Mündigkeitsstreben. Sie unterlaufen die pädagogische Gestaltung des Generationenverhältnisses als hierarchisches, über Autorität und Liebe oder auch Zwang und Disziplinierung vermitteltes Wirkungsverhältnis. Ethische Verpflichtung ist keine moralische, auf Dauer gestellte Bildung in der Sphäre eines Ich oder einer vorgegebenen Gemeinschaft. Wenn man trotzdem von Bildung sprechen will, dann wäre Bildung nicht Selbstwerden eines Ich, sondern ein Anderswerden. Das Ich wird zum „mich", das von den Ansprüchen des Anderen im dezentrischen Sinne der In-Anspruchnahme getroffen und ihnen eine Antwort schuldet. Dieses ethische Geschehen als Anders-werden durch den Anderen verweist auf das unabschließbare Projekt „humanistischer Bildung" im Sinne gelebter Koexistenz.

II. Bildung als ein lebensweltliches und responsives Selbst- und Weltverhältnis

„Was wir sind, sind wir nie ganz und gar" (Waldenfels 1998, S. 37). Immer bleiben wir uns partiell fremd. Diese Grundauffassung einer subjekt- und ordnungskritischen Phänomenologie der Lebenswelt (vgl. Merleau-Ponty 1966, 1986) und der Responsivität (vgl. Waldenfels 1987, 1994) legt den systematischen Schwerpunkt auf die Erforschung faktischer und kontingenter Genealogien von Ordnungen und Sinn in allen Registern und Feldern menschlicher Erfahrung. Dem menschlichen Selbst- und Weltverhältnis entziehen sich seine Ursprünge und Endbestimmungen. Es ist auch nicht einseitig ich-zentriert wie bei Husserl oder anderen-zentriert wie bei Sartre oder Lévinas. Schließlich erfüllt es sich auch nicht wie in der Dialogphilosophie Bubers in einem ganzheitlichen und harmonischen Wir-Geschehen, in dem Ich und Du aus einer metaphysischen Sinnmitte heraus entstehen. Selbst- und Weltverhältnisse inkorporieren sich vielmehr im faktischen Zusammenleben konkreter Menschen unter nicht beherrschbaren Bedingungen ihrer geschichtlich-sozialen Existenz (vgl. Schröder 1990). Damit hat sich die lebensweltliche und responsive Phänomenologie von den idealisierten Visionen einer einheitlichen und aufgeklärten Vernunft verabschiedet. Menschliche Existenz ist gekennzeichnet von Brüchen, Diskontinuitäten und struktureller Offenheit. Diese Strukturen bilden die faktischen Bedingungen ständig prekärer und wandelbarer menschlicher Sinn- und Ordnungsleistungen. Deren Ort ist das *Zwischen* von Interaktionen und Kommunikationen der Menschen untereinander und ihrer Auseinandersetzung mit der Welt überhaupt. Sie erfolgen aus der Differenz und Asymmetrie der Partner und aus dem Hiatus zwischen den situativen und kontextuellen Ansprüchen und den möglichen Antworten darauf, ohne dass beide jemals sich decken könnten.

Wir können uns in solchen variablen und sich ständig ändernden Bedingungen unserer sinnlich-leiblichen, geschichtlich-kulturell und sozial wie auch moralisch-sittlich bestimmten Existenz nicht zur Souveränität und Autonomie aufschwingen. Stattdessen haben wir es zu tun mit Unsicherheit, mit Vorläufigkeit und mit mehr oder weniger ausgeprägter Fremdheit und Alterität zwischen uns und den Mitmenschen, in uns selbst, zu den anderen Lebewesen und den Dingen. Menschliche Existenz ist in überindividuelle und allgemeine Ordnungssysteme eingebettet, die jedoch offen und dynamisch bleiben, da sie an faktische Handlungs-, Kommunikations- und Reflexionskontexte gebunden sind. Menschen interagieren in respondierenden, nicht-subjektzentrischen Beziehungen, handeln folglich als Mit-Akteure und nicht als Solisten; sie sprechen miteinander als Fragende, Zuhörende und Antwortende in einem sprachlichen Gespinst von nicht eindeutigen Rollen; sie reagieren und agieren als leibliche Wesen auf polyvalente Ansprüche einer qualitativen und ästhetisch ausdrucksvollen Welt kulturell geprägter Natur und Dinge (vgl. Lippitz 1993, S. 131ff., Lippitz/Rittelmeyer 1990[5]). Diese sind nicht bloß „Objekte" oder „Gegenstände" eines abstrakten epistemologischen Subjekts. Vielmehr sind sie „Respondenten", wenn sie sich in ihren physiognomischen Gestalten und Äußerungsformen, in Formen, Gerüchen, Geschmackseindrücken, Geräuschen usw. unseren Sinnen und Handlungen mehr oder weniger einladend darbieten oder uns herausfordern. Nicht zuletzt sind wir als konkrete Menschen in intrasubjektive responsive Strukturen verstrickt. Sie erlegen uns, oft gegen unser Wollen, Können oder Wissen, Ansprüche auf, zu denen wir uns verhalten müssen und auf die wir antworten: Wir sind nicht Herr im eigenen Hause. Gedanken kommen uns und gehen; wir sind nicht Zeugen unserer Geburt und unseres Todes, so dass wir weder unseren Anfang noch unser Ende überblicken. Ich-ferne oder sogar befremdliche Bedürfnisse und Triebregungen fordern nach Antworten und verlangen nach Befriedigung; Krankheiten überfallen uns und nötigen uns zur „Antwort"; psychophysische Entwicklungen und Reifeprozesse eröffnen neue Möglichkeiten, aber verschließen zugleich andere. Alle diese dezentrischen und nicht-intentionalen Interaktions- und Erfahrungsformen bilden ein dynamisches und unüberschaubares Geflecht von miteinander zusammenhängenden, aber auch differenten Strukturen menschlicher Existenz. Vergleichbar mit der komplexen Gestalt von Sprachen bilden sie Bestände, Traditionen, Regeln und Grammatiken aus, wodurch sie sich von anderen Ordnungen abgrenzen. Es wäre aber kurzsichtig, sie darauf zu reduzieren. Denn wie die lebendige Sprache gesprochen werden muss und so im Sprechen nicht nur ihre vorhandenen Strukturen und Bestände aktiviert, sondern auf Neues hin überschreitet und Neues generiert, so erstarren mitmenschliche Ordnungen, wenn sie nicht offen für Neues sind und damit dynamisch bleiben.

Somit durchziehen lebensweltliche und responsive Strukturen der Alterität in allen Graduierungen bis hin zur Fremdheit und Desintegration die menschliche Existenz. Im Zeichen der Responsivitäts- und Lebensweltthematik akzentuieren Alteritäts- und Fremdheitsthemen Bildungsprozesse, die sich nicht mehr in traditionelle teleologisch ausgerichtete oder metaphysisch orientierte und menschheitsgeschichtlich dimensionierte Bildungstheorien einpassen lassen, sondern ihnen gegenüber skeptisch bleiben (vgl. Lippitz 2003, Meyer-Drawe 1990, 1996, Woo 2007). Zum Beispiel ist pädagogisches Verstehen wesentlich Fremdverstehen, denn mit unseren Kindern kommen neue und unerwartete Ansprüche auf uns zu, die wir als Erwachsene nicht voraussehen. Pädagogische Interaktionen sind asymmetrisch strukturiert. Sie ereignen sich in der Differenz der Partner, in der Unvorhersehbarkeit der situativen und außer-ordentlichen Ansprüche, die den Partnern widerfahren und denen sie nicht planend zuvorkommen können. Lern- wie auch Bildungsprozesse sind nicht bloß auf kontinuierliche Steigerung ausgerichtet, sondern als Erfahrungsprozesse weisen sie Brüche, Krisen, Fortschritte und Rückschritte auf. Infolgedessen verlangen sie vom Pädagogen die Kompetenz, mit den Unsicherheiten und Unwägbarkeiten pädagogischer Prozesse umzugehen, d.h. ihnen mit Wissen um das eigene Nichtwissen-Können zu begegnen und damit ein kritisches und sensibles Kontingenzbewusstsein herauszubilden, das für pädagogische Handlungs- und Wissenskontexte offen bleibt. Pädagogisch Handelnde sind Respondenten, Mit-Akteure und nicht Hauptakteure in pädagogischen Situationen. Alterität als Struktur von Bildung – so unser Resümee – erlaubt es, neu und anders über die Pädagogik und Bildung nachzudenken und den pädagogischen Umgang mit den Heranwachsenden als ein offenes Geschehen zu gestalten und zu erfahren.

Literatur

Ballauff, T./Schaller, K. (1969): Pädagogik. Eine Geschichte der Bildung und Erziehung. Bd. 1. Freiburg / München.
Ballauff, T. (1970³): Systematische Pädagogik. Heidelberg.
Benner, D./ Brüggen, F. (2004): Bildsamkeit/Bildung. In: Benner, D./Oelkers, J. (Hrsg.): Historisches Wörterbuch der Pädagogik. Darmstadt, S. 174-215.
Benner, D./Oelkers, J. (Hrsg.) (2004): Historisches Wörterbuch der Pädagogik. Darmstadt, S. 174-215.
Bollenbeck, G. (1996): Bildung und Kultur. Glanz und Elend eines Deutungsmusters. Frankfurt a.M.
Bollnow, O.F. (1984⁶): Existenzphilosophie und Pädagogik (1959). Stuttgart/ Berlin/ Köln/ Mainz.
Buber, M. (1965): Das dialogische Prinzip. Heidelberg.
Buber, M. (1964⁸): Reden über Erziehung. Heidelberg.
Buck, G. (1984): Rückwege aus der Entfremdung. München/ Paderborn.
Derbolav, J. (1969): Humanismus, Dialektik und Pädagogik. Ein Diskussionsbeitrag zur gegenwärtigen Grundlagenbesinnung in der Erziehungswissenschaft. In: Faber, W. (Hrsg.): Pädagogische Kontroversen Bd. 1. Dialektik und Pädagogik. München, S. 248-277.
Flitner, W. (1950): Einführung in die Pädagogik. Heidelberg.
Gößling, H.J. (2004): Subjektivität und Intersubjektivität. In: Benner, D./Oelkers J. (Hrsg.): Historisches Wörterbuch der Pädagogik. Darmstadt, S. 971-987.
Heidegger, M. (1972¹²): Sein und Zeit. Tübingen.
Heidegger, M. (1991⁹): Über den Humanismus. Frankfurt a.M.
Husserl, E. (1950): Cartesianische Meditationen und Pariser Vorträge. Hrsg. v. Strasser. Husserliana Bd. 1. Den Haag.
Husserl, E. (1954): Die Krisis der europäischen Wissenschaften und die transzendentale Phänomenologie. Eine Einleitung in die phänomenologische Philosophie. Hrsg. v. W. Biemel. Husserliana Bd. 6. Den Haag.
Kant, I. (1968a): Grundlegung zur Metaphysik der Sitten (1786). In: Ders.: Werke in 10 Bänden. Hrsg. v. W. Weischedel. Band 6. Darmstadt.
Kant, I. (1968b): Anthropologie in pragmatischer Hinsicht. Über Pädagogik (1803). In: Ders.: Werke in 10 Bänden. Hrsg. v. W. Weischedel. Bd. 10. Darmstadt.
Klafki, W. (1964³⁺⁴): Das pädagogische Problem des Elementaren und die Theorie der kategorialen Bildung. Weinheim.
Lévinas, E. (1983): Die Spur des Anderen. Untersuchungen zur Phänomenologie und Sozialphilosophie. Übers. u. hrsg. v. W. N. Krewani. Freiburg/ München.
Lévinas, E. (1987): Totalität und Unendlichkeit. Versuch über die Exteriorität. Freiburg/ München.
Lévinas, E. (1989): Humanismus des anderen Menschen. Übers. u. mit. e. Einl. vers. von L. Wenzler. Hamburg.
Lippitz, W. (1993a): Von Angesicht zu Angesicht. Überlegungen zum Verhältnis von Pädagogik und Ethik im Anschluss an Emmanuel Lévinas. In: Ders.: Phänomenologische Studien in der Pädagogik. Weinheim, S. 273-290.
Lippitz, W. (1993b): Das Werden eines Ich. Biographische Rekonstruktion frühkindlicher Sozialisation am Beispiel von Sartres „Idiot der Familie". In: Lippitz, W.: Phänomenologische Studien in der Pädagogik. Weinheim, S. 214-230.

Lippitz, W. (2003): Differenz und Fremdheit. Frankfurt a.M.
Lippitz, W. /Rittelmeyer, C. (1990²) (Hrsg.): Phänomene des Kinderlebens. Bad Heilbrunn (Obb.).
Litt, Th. (1965¹²): Führen oder Wachsenlassen (1927). Stuttgart.
Maier, R.E. (1992): Pädagogik des Dialogs. Frankfurt a.M.
Masschelein, J. (1996): Die Frage nach einem pädagogischen Grundgedankengang. Bemerkungen über Handeln und Pluralität. In: Masschelein, J./Wimmer, M. (Hrsg.): Alterität, Pluralität, Gerechtigkeit. Sankt Augustin, S. 163-186.
Merleau-Ponty, M. (1966): Phänomenologie der Wahrnehmung. Aus d. Franz. übers. v. R. Boehm. Berlin.
Merleau-Ponty, M. (1986): Das Sichtbare und das Unsichtbare. Hrsg. v. C. Lefort. Übers. v. R. Guiliani u. B. Waldenfels. München.
Meyer-Drawe, K. (1988): Aneignung – Ablehnung – Anregung. Pädagogische Orientierungen an Heidegger und die praktische Philosophie. In Gethmann-Siefert, A./Pöggeler, O. (Hrsg.): Heidegger und die praktische Philosophie. Frankfurt a.M., S. 231-250.
Meyer-Drawe, K. (1990): Illusionen von Autonomie. Diesseits von Ohnmacht und Allmacht des Ich. München.
Meyer-Drawe, K. (1996): Vom anderen lernen. Phänomenologische Betrachtungen in der Pädagogik. In: Borelli, M./ Ruhloff, J. (Hrsg.): Deutsche Gegenwartspädagogik. Bd. 2. Hohengehren, S. 85-98.
Prange, Kl. (2006): Erziehung im Reich der Bildung. In: Zeitschrift für Pädagogik 52. Jg., Heft 1, S. 4-10.
Pöggeler, O. (1990): Martin Heidegger. Die Philosophie und die Problematik der Interpretation. In: Fleischer, M. (Hrsg.): Philosophen des 20. Jahrhunderts. Darmstadt, S. 117-136.
Ricken, N. (1999): Subjektivität und Kontingenz. Würzburg.
Ruhloff, R. (2004): Humanismus, humanistische Bildung. In: Benner, D./ Oelkers, J. (Hrsg.): Historisches Wörterbuch der Pädagogik. Darmstadt, S. 443-454.
Sartre, J.P. (1982): Das Sein und das Nichts. Versuch einer phänomenologischen Ontologie. (Paris 1943) Hamburg.
Schäfer, A. (1996): Das Bildungsproblem nach der humanistischen Illusion. Weinheim.
Schaller, K. (1969): Die Krise der humanistischen Pädagogik. In: Faber, W. (Hrsg.): Pädagogische Kontroversen. Bd. 1 Dialektik und Pädagogik. München, S. 189-227.
Schröder, E.C. (1990): Phänomenologie an den Grenzen der Subjektivitätsphilosophie. In: Fleischer, M. (Hrsg.): Philosophen des 20. Jahrhunderts. Darmstadt, S. 171-190.
Staudigl, B. (2000): Ethik der Verantwortung. Die Philosophie Emmanuel Lévinas´ als Herausforderung für die Verantwortungsdiskussion und Impuls für die pädagogische Verantwortung. Würzburg.
Theunissen, M. (1965): Der Andere. Studien zur Sozialontologie der Gegenwart. Zweiter Teil: Die Philosophie der Dialogik als Gegenentwurf zur Transzendentalphilosophie. Berlin, S. 241-482.
Waldenfels, B. (1987): Ordnung im Zwielicht. Frankfurt a.M.
Waldenfels, B. (1992): Einführung in die Phänomenologie. München.
Waldenfels, B. (1994): Antwortregister. Frankfurt a.M.
Waldenfels, B. (1998): Antwort auf das Fremde. Grundzüge einer responsiven Phänomenologie. In: Waldenfels, B./Därmann, I. (Hrsg): Der Anspruch des Anderen. Perspektiven phänomenologischer Ethik. München, S. 35-50.
Wimmer, M. (1996): Die Gabe der Bildung. In: Masschelein, J./Wimmer, M.: Alterität, Pluralität, Gerechtigkeit. Leuven, 127-162.
Woo, J.-G. (2007): „Antwort auf den fremden Anspruch" – Die Bedeutung der responsiven Phänomenologie von Bernhard Waldenfels für die aktuelle phänomenologisch orientierte Erziehungsphilosophie. Hamburg.

Kapitel 2: Bildung

RITA MOLZBERGER

F: Bildung und Leiblichkeit. Körper und Leib

Der „Leib" als Begriff der Alltagssprache begegnet uns in verschiedensten Kontexten. Man macht Erfahrungen „am eigenen Leibe", ist dabei vielleicht sogar „Gefahren für Leib und Leben" ausgesetzt. Wer „mit Leib und Seele" bei der Sache ist, wird seine Anstrengungen „nach Leibeskräften" unternehmen; die Rolle, die er erfüllt, scheint ihm im besten Falle „auf den Leib geschrieben". Religiös sind die Vorstellungen einer Inkarnation, d.h. eben Fleisch- bzw. Leib-Werdung Gottes, ebenso bedeutsam wie der Glaube daran, dass der menschliche Körper beseelt sei durch das Einhauchen des göttlichen Atems. Auch im Bereich des Politischen und Ökonomischen finden sich Allegorien des Körperlichen und Leiblichen: Eine Möglichkeit, Staatlichkeit zu denken, ist im Modell des Staates als Organismus repräsentiert (vgl. Thomas Hobbes' „Leviathan" von 1651); „Körperschaften" können sich in „feindlicher Übernahme" andere Institutionen „einverleiben" usf. Als direkt pädagogische Begriffe sind uns insbesondere „Leibesübungen" und „Leibeserziehung" bekannt, auch wenn sie heute antiquiert erscheinen und in den Lehrplänen inzwischen durch „Sport" ersetzt sind.

Handelt es sich beim „Leib" nun möglicherweise nur um eine inzwischen veraltete Bezeichnung für den „Körper"? In der Tat ist die Unterscheidung von Leib (verstanden als „lebendiger Körper" eines psychischen Subjekts) und Körper (als physisches Objekt, also der unbelebte, z.B. auch ein geometrischer Körper) eine Besonderheit; viele Sprachen differenzieren hier nicht, und auch im deutschen Sprachalltag ist die Verwendung des Begriffs „Körper" häufig nicht eindeutig insofern, als hin und wieder auch ein beseelter Körper gemeint ist. Abgrenzend bezeichnet der Leib aber dezidiert eine bewusste, er-lebte „Körperschaft", die über das schlicht räumliche Dasein in der Welt hinausgeht: „Wenn wir nun eine bewußte oder psychische Gegebenheit, wie einen Schmerz oder Willensakt, untersuchen, zeigt sich aufs deutlichste, daß irgendwelche raumausfüllende Erstreckung derselben in sich unmöglich ist. Die Fiktion eines drei Zentimeter oder auch bloß einige Mykron langen Willensaktes oder einer kugelförmigen Freude ist in sich absurd." (Seifert 1979, S. 6) Die Unterscheidung weist demnach auf eine produktive Differenz hin; es scheint nicht dasselbe zu sein, einen Körper zu *haben* oder ein Leib zu *sein*. Hier klingt an, was in der Philosophiegeschichte als „Leib-Seele-Problem" bekannt wurde: Wie verhalten sich menschliche Psyche und Physis zueinander? Handelt es sich in der Tat um zwei voneinander unterschiedene Substanzen, wie die begriffliche Unterscheidung nahe legt, oder sind es nur unterschiedene Aspekte ein und derselben Sache? Wie ist das oben beschriebene Phänomen der „Beseeltheit", d.h. des bewussten Erlebens der eigenen Leiblichkeit zu fassen und zu erklären? Diese Fragen konkretisieren sich im pädagogischen Kontext in unterschiedlichen Lerntheorien. Behaviouristische Ansätze konzentrieren sich auf die rein körperlichen Aspekte (gegebene Sinnesdaten werden gemäß der Prinzipien von Versuch und Irrtum bzw. Lohn und Strafe im Bewusstsein „verarbeitet" und führen zu konditioniertem Verhalten); rationalistische Ansätze gehen von einer vorgeordneten Einsicht aus, die dann gewissermaßen „später" vom Körper in ein bestimmtes Verhalten umgesetzt wird.

Die neurowissenschaftliche Forschung der letzten Jahrzehnte geht von der Korrespondenz bestimmter Hirnareale und ihnen zugeordneten Kompetenzen aus und bemüht sich um Beiträge, die Kompetenzsteigerung durch gezielte Einflussnahme möglich machen sollen. All dies greift in Hinsicht auf den Zusammenhang von Leiblichkeit und Bildung zu kurz.

I. Bildung als Verhältnis des Menschen zu sich selbst, zum Anderen und zur Welt

Der Begriff der Bildung selbst legt den Zusammenhang zur menschlichen Leiblichkeit nahe: Zunächst theologisch angebunden im Paradigma der Gottesebenbildlichkeit verweisen die etymologischen Ursprünge eben auf das Erscheinungs-Bild des Menschen als körperlich – leiblich – verfasstes Wesen in der Welt. Am Motiv der „Bildsamkeit" wird weiterhin deutlich: Dem Menschen steht ein Spielraum zur Verfügung, denn was er ist und was er sein kann fällt durchaus nicht in eins. Zwar ist er den Gegebenheiten seiner Umwelt unterworfen, diese determinieren seine Entwicklung jedoch nicht vollständig; vielmehr zeichnet es ihn wesentlich aus, dass er sinngebend sein Leben gestalten kann – denn ihm ist die Fähigkeit der Distanznahme zu sich selbst gegeben. Als Subjekt kann er sich selbst zum Objekt, zum Gegenstand von Reflexion, machen. So bedeutet Bildung nicht ein Anhäufen von Wissensbeständen, sondern die kreative Gestaltung der Bezüge des Menschen zu sich selbst, zu Fremdem, zum anderen Menschen und zur Welt.

Hieran anschließend greifen die Überlegungen des Neuhumanismus seit Mitte des 18. Jahrhunderts dann verstärkt auch darauf aus, einen *allgemeinen* Begriff von Mensch-Sein anzufragen und zu reflektieren. Bei Wilhelm von Humboldt heißt es: „Der wahre Zwek des Menschen – nicht der, welchen die wechselnde Neigung, sondern welchen die ewig unveränderliche Natur ihm vorschreibt – ist die höchste und proportionirlichste Bildung seiner Kräfte zu einem Ganzen" (Humboldt 1980[3]a, S. 64). Bildung ist dem Menschen demnach aufgegeben; seine Mensch-Werdung in der Welt muss er als Entfaltung seiner Kräfte erst vollziehen, und „diese Aufgabe löst sich allein durch die Verknüpfung unsres Ichs mit der Welt zu der allgemeinsten, regesten und freiesten Wechselwirkung" (ebd., S. 235f.). Dem Menschen wesentlich ist es also, sich bewusst dazu zu verhalten, dass er *als* Mensch in die Welt gestellt ist. Seine Leiblichkeit tritt hier im Sinne der Wechselwirkung zweifach auf. Zum einen wirkt die Welt in ihrer Mannigfaltigkeit als „Gegenstand" für Bildung gemäß der menschlichen Wahrnehmung und Empfänglichkeit auf den Menschen ein – auch der Mitmensch als Repräsentant einer anderen Weltsicht gehört hier zum Bereich der Vielfältigkeit von Welt –, zum anderen aber nimmt das Subjekt seinen Kräften entsprechend Einfluss auf die Welt und interpretiert bzw. gestaltet sie in

Hinblick auf eine allgemeine Perspektive des Mensch-Seins. Die Welt und das Individuum widersetzen sich zwar dem vollen Zugriff des Subjekts – es bleibt etwas Rätselhaftes –; sich an den Gegenständen und Mitmenschen zu bilden (die in ihrem individuellen So-Sein gleichsam je eigene Welten repräsentieren, mit denen sich auseinanderzusetzen für den Bildungsgang des einzelnen eine Bereicherung bedeutet) entspricht jedoch schlicht der inneren Zielrichtung menschlicher Natur.

In diesem Sinne soll der Mensch des Neuhumanismus zu seinem Wesen finden: Er bedarf dazu der natürlichen Ausstattung seiner Leiblichkeit und der Welt als größtmöglicher Mannigfaltigkeit von Gegenständen, die er zum Zwecke der Bildung „nutzt".

Wie Wilhelm von Humboldt geht etwa zur gleichen Zeit auch Johann Heinrich Pestalozzi von einer inneren Strebkraft im Menschen aus; jedoch findet sich in seinem Entwurf einer Kräftelehre von Herz, Hand und Kopf eine Akzentverschiebung, die das Phänomen der Leiblichkeit als Bildungsthema auf etwas andere Weise fruchtbar macht. Es heißt hier: „Unser Geschlecht bildet sich wesentlich nur von Angesicht zu Angesicht, nur von Herz zu Herz menschlich. Es bildet sich wesentlich nur in engen, kleinen, sich allmählich in Anmuth und Liebe, in Sicherheit und Treu ausdehnenden Kreisen also. Die Bildung zur Menschlichkeit, die Menschenbildung und all ihre Mittel sind in ihrem Ursprung und in ihrem Wesen ewig die Sache des Individuums und solcher Einrichtungen, die sich eng und nahe an dasselbe, an sein Herz und an seinen Geist anschließen" (Pestalozzi 1977a, S. 19). Gegenüber der Humboldt'schen Betonung eines starken Subjekts hebt Pestalozzi nun wesentlich seine *Bedürftigkeit* hervor. Der heranwachsende Mensch kann seiner Wesensbestimmung, der Entwicklung seiner Sittlichkeit, nur nachkommen, wenn zunächst seine ersten Bedürfnisse – körperlicher, aber auch sozialer Natur (Ruhe, Zuwendung, Liebe) – befriedigt werden. Von zentraler Bedeutung ist hier die Beziehung des Kindes zur Mutter; in der „Wohnstube" wird die Basis für jede weitere Erziehung gelegt, denn ohne vorgängige Herzensbildung wird sich, so Pestalozzi, beim Menschen keine sittliche Gemütsstimmung entfalten können: „Der Mensch von seinen Bedürfnissen angetrieben, findet die Bahn zu dieser Wahrheit im Innersten seiner Natur. Der befriedigte Säugling lernt, was ihm seine Mutter ist auf dieser Bahn, und sie bildet in ihm Liebe, das Wesen des Dankes, ehe der Unmündige kann den Schall von Pflicht und Dank hören lassen, und der Sohn, der seines Vaters Brot isset, und sich mit ihm an seinem Herde wärmet, findet den Segen seines Wesens in den Pflichten des Kindes auf dieser Bahn der Natur" (Pestalozzi 1977b, S. 29f.). Nicht nur zeitlich, sondern auch systematisch ist die Bildung des Herzens derjenigen der Hand (handwerkliche Fähigkeiten) und des Kopfes (geistige, intellektuelle Fähigkeiten) vorgeordnet; Bildung von „Hand" und „Kopf" unterstehen den Maßgaben einer Entfaltung der Herzenskräfte. Aufgabe des Erziehers muss es also sein, die jeweilig unterschiedlichen Gesetzmäßigkeiten der drei Domänen zu kennen, zu beachten und sein pädagogisches Bemühen in dieser Hinsicht stets auf seine „Naturgemäßheit" hin zu befragen.

Die Akzentverschiebung in Hinsicht auf eine anthropologische Bedürftigkeit plaziert den Menschen auch im Bildungsgefüge der Bezüge von Selbst, Anderem und Welt neu: Obwohl auch hier weiterhin von einem harmonischen Ganzen ausgegangen wird, in das der Mensch sich einpassen und zu dem hin er sich bilden soll, ist ihm hier doch offenbar der Andere, der Mitmensch wesentlich „eingeschrieben". Nicht ein Ich bildet sich an der Welt und teilt diese mit anderen, sondern in seiner (leiblichen!) Bedürftigkeit ist es existentiell und immer schon auf den Anderen verwiesen; ohne ihn kann es erst gar keinen ihm gemäßen Welt-Zugang finden. Wenn jedoch diesen Verwiesenheiten richtig entsprochen wird, so wird es eine Harmonie der Kräfte und „Bildungserfolg" geben.

II. Leiblichkeit als Grundphänomen menschlichen Vollzugs

Dass Menschen „leiblich verfasst", d.h. lebendig und mit „Bewusstsein" ausgestattet und nicht als reiner Geist oder unbeseelter Körper in der Welt vorkommen, mag uns als Phänomen zunächst trivial vorkommen. Schnell wird jedoch deutlich, dass es sich beim bereits angerissenen Leib-Seele-Problem nicht um ein nur theoretisches Gedankenspiel handelt: Konkrete ethische Fragestellungen (kulminierend in der Diskussion, wo menschliches Leben beginne und ende) schließen sich an und verweisen deutlich darauf, dass der „Leib" kein Gegenstandsbereich der Forschung wie beliebige andere ist – er selbst bedingt ja, wie wir mit der Welt, uns selbst und dem Anderen umgehen und ist an der Konstitution anderer Phänomene wie Zeit- oder Räumlichkeitsempfinden immer beteiligt. Bernhard Waldenfels zeigt in diesem Zusammenhang auf, wie schon in der einfachen Aussage „Es ist kalt" die Mehrdimensionalität von Selbstbezug, Weltbezug und Fremdbezug des Leibes mitschwingt (vgl. Waldenfels 2000, S. 11): Alle drei Sphären scheinen in der Leibhaftigkeit menschlichen Daseins unhintergehbar verschränkt.

Obwohl wir diese Verschränkung im alltäglichen Vollzug er-leben, sind Denken und Sprechen vom Leib dennoch einem tiefgreifenden Dualismus verhaftet, der nicht zuletzt auf René Descartes' Unterscheidung von *res cogitans* und *res extensa* zurückgeht und konstatiert, es gebe einerseits geistiges Erleben, andererseits körperliche Ausdehnung, und beides seien grundsätzlich voneinander getrennte Substanzen. Descartes' Überlegungen hierzu sind selbstverständlich sehr viel differenzierter; bleibt man jedoch im einfachen Denkschema einer Zweiheit der Substanzen, so liegen zwei Möglichkeiten nahe, ihr Verhältnis zueinander zu bestimmen: Das Geistige ist entweder Folge oder Funktion körperlicher Vorgänge (empiristische/ materialistische Sichtweise) – oder aber geistige Vorgänge sind Ursache und Triebkraft körperlichen Verhaltens (idealistische Auffassung). Beiden Auslegungen ist die Annahme gemeinsam, eines sei auf das andere kausal bezogen, und so zeitigen sie in Hinblick auf pädagogische Ziele und Methoden weitreichende Konsequenzen, denn es bleibt – wiederum holzschnittartig formuliert – jeweils nur die Frage, wie am günstigsten Einfluss auf A zu nehmen sei, damit ein erwünschtes B folge (was im behaviouristischen Sinne eine erfolgreiche Konditionierung bedeuten würde).

Von der Grundannahme ausgehend, um zu wissenschaftlichen Erkenntnissen, zu „den Sachen selbst" zu gelangen, müsse jenseits idealistischer oder empiristischer Vorannahmen das unmittelbar Gegebene (eben die Phänomene) in den Blick genommen werden, bemüht sich die Forschungsrichtung der Phänomenologie – als eigenständige Methode von Edmund Husserl seit Anfang des 20. Jh. etabliert – insbesondere auch um eine neue Sicht der Leiblichkeit. Dies bedeutet für Husserl vorerst eine Revision: „Die endgültige Scheidung zwischen dem ‚Menschen als Natur' und dem ‚Menschen als Geist' sowie die Feststellung der gegenseitigen Beziehungen wird erst geschaffen werden können, wenn beide Objektivitäten einer konstitutiven Betrachtung unterzogen worden sind" (Husserl 1952, S. 143).

So befindet er nach genauer Beschreibung und Analyse schließlich: „Derselbe Leib, der mir als Mittel aller Wahrnehmung dient, steht mir bei der Wahrnehmung meiner selbst im Wege und ist ein merkwürdig unvollkommen konstituiertes Ding" (ebd., S. 159). Als Mittel der Wahrnehmung dient er trotz aller Merkwürdigkeiten jedoch vor allem als eines, nämlich als „Nullpunkt" und „Zentrum der Orientierung" (ebd., S. 158, 65). Wer „rechts" sagt, meint damit „rechts von ihm selbst" – es sei denn, etwas anderes wie „*von dir aus gesehen* rechts" wird explizit dazugesagt. Hier wird erneut deutlich: Der Leib ist für den Menschen ein Grundphänomen seines Lebens; „leibhaftig" sucht er seinen Ort in der Lebenswelt.

Maurice Merleau-Ponty, dessen phänomenologische Forschungen von Überlegungen zum „Leib" sowohl explizit und implizit geprägt sind, schließt zwar an Husserls Analyse an (er spricht vom Leib einmal als „Knotenpunkt lebendiger Bedeutungen"), führt sie aber in Hinblick auf soziales Mit-Sein und engagiertes In-der-Welt-Sein noch weiter: „Kurz, mein Leib [...] ist ein für alle anderen Gegenstände *empfindlicher* Gegenstand, der allen Tönen ihre Resonanz gibt, mit allen Farben mitschwingt und allen Worten durch die Art und Weise, in der er sie aufnimmt, ihre ursprüngliche Bedeutung verleiht" (Merleau-Ponty 1966, S. 276), und „So gilt es denn, nach der Naturwelt, auch die Sozialwelt neu zu entdecken nicht als Objekt oder Summe von Gegenständen, sondern als beständiges Feld oder Dimension der Existenz: wohl kann ich mich von ihr abwenden, aber nie aufhören, in bezug zu ihr situiert zu sein" (ebd., S. 414).

Erneut wird deutlich, dass das Phänomen der Leiblichkeit für die „Standortsuche" des Menschen in der Welt, für sein Bewusst-Sein von entscheidender und unhintergehbarer Bedeutung ist – und zwar nicht nur als generelles Prinzip, sondern in der Tat als individuelle, persönliche, gelebte Leiblichkeit. Dieser eine, bestimmte Leib ist somit keine kontingente Addition von Körperteilen; dies wäre höchstens ein „verarmtes Abbild" (ebd., S. 490). „Leib" zu definieren fällt unter anderem aufgrund der Prozesshaftigkeit seiner gelebten Realität schwer. Was ihm zugeschrieben wird, ist eine Form von Zwei- oder Mehrdeutigkeit, die im Begriff der „Ambiguität" bei Merleau-Ponty als Weder-Noch auftritt: Der Leib ist weder Innen noch Außen, weder Seele noch Körper, weder Geist noch Natur. Noch bevor jemand eine solche Zweiheit aber bewusst vollzöge und sich selbst als Wahrnehmenden wahrnähme (als ein *Jemand* also, der ein *Etwas* wahrnimmt), ist er immer schon auf sich zurückgeworfen und – diesen Aspekt macht Waldenfels im Begriff des „Selbstentzugs" (vgl. Waldenfels 2000, S. 44) deutlich – das dualistische Subjekt-Objekt-Schema ist somit sozusagen unterwandert; „Bruchlinien" tun sich auf (vgl. Waldenfels 2002a). Phänomenologie als Methode des Aufweisens und Freilegens von Erfahrungswirklichkeiten wird hier in Hinsicht auf Störungen, auf Nicht-Vereinbarkeiten in den Verhältnissen der Selbst-, Fremd- und Weltbezüglichkeit betrieben und mündet in Überlegungen dazu, wie im dynamischen Gefüge von Wirklichkeit und Sinn das Fremde ins Spiel kommt. So schließen sich neue Anfragen in Bezug auf „Bildung" an.

III. Leiblichkeit und Bildung: Widerfahrnis als Bildungshorizont für ein engagiertes Bewusstsein?

In der Ambiguität seiner leiblichen Verfasstheit also ist der Mensch sozusagen auf sich selbst zurückgeworfen; so wie Körper und Geist hier aber eben nicht voneinander geschiedene Substanzen sind, die dann in einem nächsten Schritt in irgendeiner Weise (möglichenfalls kausal, siehe Ausführungen zu Materialismus und Idealismus) aufeinander bezogen würden, wird deutlich, dass bei der Wahrnehmung von „etwas als etwas" – der phänomenologischen Formel der Intentionalität – keine glatte Zuordnung stattfindet.

Vielmehr tut sich hier eine Lücke auf, die sinnhaft mit Bedeutung zu füllen ist, wobei Sinn hier immer als bevorzugter Sinn zu verstehen ist: Dass mir etwas als etwas *erscheint*, bedeutet eben nicht, dass es dieses etwas *ist*. Offenbar begegnet mir vielmehr etwas Ungleiches, Fremdes, Unverfügbares, das nicht von vorneherein einen bestimmten Sinn hat: „Es gibt da etwas, das – gehörig zurechtgemacht und präpariert – am Ende in die Ressorts der verschiedenen Sinnprovenienzen hineinpasst"; es ist dies dasjenige, „was uns einfällt, auffällt, was sich aufdrängt, uns anlockt, abschreckt, auffordert, was uns verletzt, was uns zu denken gibt und uns im äußersten Fall als ‚denkendes Schilfrohr' vernichtet" (Waldenfels 2004, S. 817). Dieses „etwas" bezeichnet Waldenfels im folgenden als „Pathos": „Das Pathos ist nicht etwas, was uns angeht, es ist das Angehen beziehungsweise Angegangenwerden selbst; es verkörpert jene ‚Nicht-Indifferenz', ohne die es schlechterdings nichts gäbe" (Waldenfels 2002a, S. 196). Hier wird auch in Rückgriff auf Merleau-Ponty deutlich, dass Ambiguität des Leibes unter anderem bedeutet, Widerfahrnissen in der Welt ausgesetzt zu sein. Ursache und Wirkung erscheinen hier nicht mehr als hinreichende Kategorien. Zwar beziehen sich Menschen „responsiv" auf Pathos – sie gehen beispielsweise sprechend auf das ein, das sie getroffen hat – jedoch entzieht sich das Widerfahrnis (das Getroffen-Sein) selbst jeglichen Zugriffs. Antworten, d.h. hier: sich in ein Verhältnis zu sich, zum Anderen und zur Welt setzen muss der Mensch; dem Widerfahrnis zuvorkommen, es von vorneherein in Sinnzuweisungen einpassen kann er nicht. Menschen sind als leib-haftige Wesen gleichsam zum Sinn verurteilt, so dass im Pathos als Leiden oder Leidenschaft/Passion eine Bildungsdimension aufscheint. Waldenfels nennt es „Selbstbildung durch Selbstverschiebung" (Waldenfels 2002a, S. 203). Das Fremde, Andere ist dem Menschen demnach schon eingeschrieben, ohne dass er Zugriff darauf hätte. Emmanuel Lévinas bezeichnet das an sich radikal Unzugängliche als die „Idee des Unendlichen" – jedoch: „Die Erfahrung, die Idee des Unendlichen, bewährt sich im Rahmen der Beziehung zum Anderen. Die Idee des Unendlichen ist die soziale Beziehung." (Lévinas 1999, S. 198)

Für die Perspektive einer Bildungstheorie, die Leiblichkeit als vielschichtiges Phänomen ernst nehmen wollen würde, sind nun verschiedene Aspekte in Anschlag gebracht. Die zeitkritische Betrachtung pädagogischer Verhältnismäßigkeiten zeigt in mancher Hinsicht „Bruchstellen" auf.

So muss jede Erziehung, die sich dem Dualismus von Körper und Geist in die eine oder andere Richtung verpflichtet, schon vor dem Humboldt'schen Hintergrund der Proportionierlichkeit aller Kräfte fragwürdig erscheinen; mehr noch, insofern hier die produktive Differenz, der Ansatzpunkt für eine kreative Gestaltung der eigenen Verhältnisse, von vorneherein von der einen oder anderen Seite her verschlossen wird. Früh wird hiermit bereits begonnen: Wenn Kinder bei unzähligen Castings und Schönheitswettbewerben mit möglichst perfektem Aussehen und makelloser „Performance" zur Schau gestellt werden, ist dies ebenso bedenklich wie eine aufgeregte Pädagogik rund um „Baby Einstein", das plangemäß schon im Mutterleib mit Mozartklängen beschallt wird, um seine denkerischen Fähigkeiten optimal auszubilden. In beiden Fällen wird sich beim Kind wahrscheinlich kein Leib-Empfinden im dargestellten Sinne einstellen können.

Auch im institutionellen Kontext sind einseitige Tendenzen zu beobachten; ein Bildungssystem, das sich zunehmend der Professionalisierung im Sinne kaum reflektierten „Qualitätsmanagements" und kurzfristiger „Zielorientierung" von Erziehung verschreibt, verkennt die Bedeutung der von Pestalozzi als so zentral gesehenen Herzensbildung und wird möglicherweise Individuen hervorbringen, deren Markttauglichkeit das Fehlen von „integrierten" Fähigkeiten von Herz, Hand und Kopf nicht wettmacht. Festgeschriebene, zentral verbindliche Pläne und Kanones dessen, was zu lernen sei, schränken die Möglichkeit der Überraschung durch etwas, das zu Erziehende (und Erzieher gleichermaßen!) unerwartet ansprechen und betreffen könnte, bisweilen empfindlich ein; zudem werden ihre Entstehungsbedingungen häufig genug kaum reflektiert. Auch hinterlässt der Gang durch verschiedene Bildungseinrichtungen bisweilen ein beklemmendes Gefühl; dem leiblich-sinnlichen Empfinden wird hier offenbar nicht immer passender Raum gegeben – von mannigfaltiger Anregung nicht primär durch Lehrmittel, sondern durch die alltäglichen Dinge der Umwelt kann hier schwerlich die Rede sein.

In positiver Wendung einer neu verstandenen Leibes-Erziehung könnte dies beispielsweise bedeuten, der Leiblichkeit pädagogisch „Rechnung" zu tragen, indem ästhetische Erziehung vermehrt integriert verstanden würde: Kunst, Musik und auch Sport lassen vielfältige Berührungspunkte zu. Auch sollten die Aspekte der Ruhe und Zuwendung zwischen Erzieher und zu Erziehendem an geeigneten Lern-Orten, die dies zulassen, zum Tragen kommen können; sinnstiftende Verankerung und engagiertes Bewusstsein in den Bildungsbezügen von Selbst und Welt bedeutet dann: „Bewußt-sein oder vielmehr *Erfahrung-sein* ist innerlich mit der Welt, dem Leib und den Anderen kommunizieren, Sein-mit-ihnen und nicht Sein-unter-ihnen" (Merleau-Ponty 1966, S. 122).

Literatur

Humboldt, W.v. (1980³a): Ideen zu einem Versuch, die Gränzen der Wirksamkeit des Staats zu bestimmen. (1792). In: Werke. Bd. 1. Hrsg. von A. Flitner und K. Giel. Darmstadt, S. 56-233.
Humboldt, W.v. (1980³b): Theorie der Bildung des Menschen. (1793/94) In: Werke. Bd. 1. Hrsg. von A. Flitner und K. Giel. Darmstadt, S. 234-240.
Husserl, E. (1952): Ideen zu einer reinen Phänomenologie und phänomenologischen Philosophie. Zweites Buch. Ed. Husserliana. Bd. 4. Den Haag.
Levinas, E. (1999⁴): Die Spur des Anderen. Freiburg und München.

Merleau-Ponty, M. (1966): Phänomenologie der Wahrnehmung. Berlin.
Pestalozzi, J.H. (1977a): An die Unschuld. (1815) In: Sämtliche Werke. Bd. 24A. Bearb. von E. Dejung. Zürich.
Pestalozzi, J.H. (1977b): Die Abendstunde eines Einsiedlers. (1779) In: Werke. Bd. 2. Schriften zur Menschenbildung und Gesellschaftsentwicklung. Hrsg. und komm. von G. Cepl-Kaufmann und M. Windfuhr. München, S. 29-44.
Seifert, J. (1979): Das Leib-Seele-Problem in der gegenwärtigen philosophischen Diskussion: eine kritische Analyse. Darmstadt.
Waldenfels, B. (2000): Das leibliche Selbst. Frankfurt a.M.
Waldenfels, B. (2002a): Bruchlinien der Erfahrung. Frankfurt a.M.
Waldenfels, B. (2004): Phänomenologie zwischen Pathos und Response. In: Hogrebe, W. (Hrsg.): Grenzen und Grenzüberschreitungen. XIX Deutscher Kongress für Philosophie. Bonn, 23.-27. Sept. 2002. Vorträge und Kolloquien. Berlin, S. 813-825.

Kapitel 2: Bildung

URSULA FROST

G: Bildung als pädagogischer Grundbegriff

Bildung gilt seit der griechischen Antike als der Weg, durch den Menschen erst ein angemessenes Weltverhältnis gewinnen und ihr eigenes Menschsein verstehen und gestalten. In engem Kontext mit Aufgaben der Erziehung, die Hilfestellungen zur Menschwerdung bei Kindern und Jugendlichen betreffen, geht es hier um die weiterführende Frage nach den grundlegenden Bezügen und Prozessen, in denen Menschen ihre Menschwerdung gestalten und nach den Zielen und Maßstäben, die dafür zu gewinnen sind. Entsprechend komplex, vielfältig und divergierend sind die Ansätze zur Bildungstheorie in Geschichte und Gegenwart. Gerade die Vielfalt menschlicher Möglichkeiten und die Notwendigkeit konkreter Lebensführung führt zum Kernproblem der Bildung: Weil Menschsein keine bestimmbare Wesensnatur enthält, sondern in spannungsreichen Kontexten seine Gestalten finden muss, gibt Bildungstheorie die Bezüge, Prozesse und Deutungshorizonte an, nach denen das gelingen kann. Dabei kommen auch jeweils Formen der Unterschreitung, Gefährdung und Verfehlung zur Sprache.

Bildung wird als pädagogischer Grundbegriff gebraucht, um über Horizonte pädagogischen Denkens und Handelns zu reflektieren und damit zugleich, was vielleicht noch dringlicher notwendig ist, vorherrschende Einseitigkeiten, Verkürzungen und Verstümmelungen menschlicher Belange und pädagogischer Spielräume abzuwehren.

I. Wirklichkeitsbezug und theoretische Distanz

Von Bildung als pädagogischem Grundbegriff auszugehen bedeutet, eine Differenz zwischen herrschenden Diskursen und Praktiken einerseits und den Ansprüchen von Sachen und Menschen andererseits wahrzunehmen und anzuerkennen. Bildungstheorie setzt voraus, dass weder Sachen noch Menschen durch verfügendes Wissen angemessen begegnet werden kann und eröffnet daher Spielräume für die Suche nach angemesseneren Weisen des Denkens, Redens und Handelns. Bildung begründet sich damit im Spannungsfeld von Wirklichkeitsbezug und theoretischer Distanz, denn sie greift nach einer Wahrheit aus, die nicht in der bestehenden und bestimmten Wirklichkeit aufgeht.

Eine im öffentlichen Bildungsdiskurs stets aktuelle Forderung ist die nach dem Wirklichkeitsbezug bzw. der Praxisnähe von Bildung. Damit verbindet sich häufig der Vorwurf einer weltfremden Bildung, die sich in bloßen Idealen erschöpfe und damit den anstehenden Lebensaufgaben, etwa politischen und sozialen Herausforderungen, verloren gehe. Insbesondere Berufsorientierung und Zukunftsbezug werden in diesem Kontext zunehmend betont. Grundlegend ist dabei die Erwartung, dass Bildung junge Menschen dazu befähigt, sich in gesellschaftlichen Strukturen und Systemen angemessen zu bewegen, deren Anforderungen an Wissensbeständen und Verhaltensmustern zu erfüllen und sie mitzutragen und weiterzuentwickeln. Fertigkeiten wie Kulturtechniken, soziale Kompetenzen, Medienkompetenzen, insbesondere IT-Kompetenz, etc. werden verlangt.

Mit der klassischen Bildungstheorie verbindet sich der Anspruch, die Bestimmungen und Anforderungen faktisch dominierender realer Strukturen in ihrer unmittelbaren Normativität in Frage zu stellen. In Platons Höhlengleichnis, der pädagogischen Urfabel (vgl. Fink 1970, S. 43), wird Bildung als die Möglichkeit der Distanznahme von den etablierten Strukturen der gewohnten Lebenspraxis unterbreitet. Darin befangen zu bleiben, bedeutet die Grundsituation der Unbildung und damit zugleich, dass der Mensch seinem eigenen Menschsein nicht gerecht wird. Im Status der Unbildung ist er wie ein Gefangener in einer Schattenwelt, mag er noch so viele Fertigkeiten entwickeln, mit denen er die Schatten beobachtet, misst und prognostiziert.

Was ihn aus der Höhle seiner Unbildung befreien kann, ist die Möglichkeit, die Voraussetzungen und Bedingungen seiner Situation und der ihn umgebenden „Wirklichkeit" zu prüfen. Diese Möglichkeit ergibt sich mit der Frage nach dem Wahren und Guten; sie bewirkt eine Distanz, die neue Perspektiven eröffnet und über die eigene Gefangenschaft im Vordergründigen der gewohnten Lebenspraxis aufklärt. Bildung beschreibt nach Platon den Prozess einer doppelten *Umkehr*: die Distanzierung von den Strukturen und Maßstäben der faktischen „Wirklichkeit" zugunsten der weiterführenden Wahrheitsfrage und die Rückkehr von dadurch gewonnenen Einsichten in die Bedingungen dieser Wirklichkeit, um sich gleichzeitig ihr zu unterziehen und sie zu verändern.

Der verpflichtende Bezug zur erfahrenen Wirklichkeit setzt hier die Distanz dazu voraus.

Die Frage nach dem Wahren und Guten, das in der erfahrenen Lebenswirklichkeit nicht aufgeht und das dem Menschen überhaupt nicht verfügbar ist, wird bei Platon als die Grundlage des Bildungsprozesses angegeben. Von hier aus eröffnet sich erst die Möglichkeit zu theoretischer Distanz und kritischer Reflexion durch die Orientierung an einer tieferen, wahren Wirklichkeit, bei Platon die Welt der Ideen. Die Pointe an Platons Bildungsdenken ist, dass ohne die doppelte Umkehrbewegung der Bildung nicht nur die Möglichkeiten des Menschen unterschritten werden, sondern auch die Wirklichkeit nicht angemessen erfasst und behandelt wird. Denn erst aus der theoretischen Distanz können Einsichten über die Qualität dieser Wirklichkeit gewonnen und Handlungsentscheidungen begründet werden.

Das Risiko der Distanzierung von der faktischen Erfahrungswirklichkeit wird bei Platon getragen durch die kosmische Ordnung der Ideenwelt als der wahren Wirklichkeit, von der Wesen, Maß und Ziel zu gewinnen ist. Diese Sicherung eines außermenschlichen Maßstabs zur Unterscheidung von Wahrem und Falschem, Gutem und Bösem ist dem modernen Menschen nicht mehr möglich; er muss seine Urteile darüber selbst fällen. Damit ergibt sich die Gefahr, Ziele und Inhalte von Bildung distanzlos aus den jeweils herrschenden Praktiken und Wirklichkeitskonstruktionen zu beziehen und sie als bloße Anpassungsleistung einzufordern. Ein davon zu unterscheidender Anspruch der Sache und Anspruch des Menschen, die darin nicht aufgehen, ist nur durch die Annahme einer darüber hinausgehenden, noch nicht erkannten oder verwirklichten Wahrheit zu behaupten. Auch und gerade wenn diese Wahrheit nicht fassbar ist, muss an der Unverfügbarkeit des Anspruchs festgehalten werden, um beliebige Setzungen nach kurzfristigen und eigennützigen Interessenslagen und Vorteilsnahmen zu vermeiden. Bildung ist insofern immer über die unmittelbaren gesellschaftlichen Bedürfnisse und Erfordernisse hinaus auf eine (noch) nicht fassbare Wirklichkeit auszurichten. Dem Anspruch der Sache in ihrer Widerständigkeit und dem Anspruch von Menschen in ihrer Anderheit muss bei allen verfügenden Bestimmungen Raum gelassen werden.

Theorie der Bildung darf daher nicht nur beschreiben, was ist und deshalb sein muss, sondern muss auch darüber nachdenken, was sein kann. Sie muss Räume von Möglichkeiten eröffnen, die noch nicht besetzt sind. Die Qualität von Bildung hängt nicht zuletzt ab von einer Theorie, die ihr Alternativen und Abweichungen offenhält. Wenn dies nicht mehr mit der Berufung auf Ideen und Ideale möglich ist, dann muss man Leerstellen lassen für das „Ereignis des Widerstands" (Derrida). Auch wenn Wahrheit eine Illusion ist, so ist sie doch lebensnotwendig. Die Unbedingtheit der Wahrheitsfrage muss auch heute noch jeder verfügenden Bemächtigung entgegengesetzt werden (zu Derrida vgl. Ode 2006).

II. Mündigkeit und Selbstzweckcharakter

Von Bildung als pädagogischem Grundbegriff auszugehen bedeutet, lernend sich entwickelnde und verändernde Menschen nicht auf die Gesetzmäßigkeiten zu reduzieren, die sich an ihnen auswirken, sondern auch mit ihrer Subjektivität zu rechnen, insofern sie sich zu allen Prozessen, in die sie einbezogen sind, auch selbst verhalten können und müssen.

Dass Bildung zu Selbstbestimmung führen soll, gehört zu den Selbstverständlichkeiten unserer Zeit; so steht es in allen Lehrplänen. Reformer verlangen, immer noch mehr und früher selbsttätiges Lernen in Schulen und Kindergärten zu ermöglichen. Die Forderung nach mehr Autonomie der Schulen und Hochschulen scheint damit im Einklang zu stehen. Nur allzu oft wird damit allerdings der Anspruch verbunden, durch Akte der Selbstverpflichtung vorgegebene Normen und Standards zu erfüllen, auch wenn dabei – für Personen wie für Institutionen – „freie" Zielvereinbarungen angesetzt werden. Selbsttätigkeit heißt dann Selbststeuerung, um steuerbar zu sein; Selbststeuerung wird mit Fremdsteuerung problemlos verbunden.

In der Tradition der Bildungstheorie wird der Anspruch auf freie Selbstbestimmung vor allem in der Aufklärungsepoche formuliert, und hier wird die Differenz von Selbstbestimmung und Fremdbestimmung grundgelegt. Aufklärung bedeutet nach Kant, dass die Menschen „mündig" werden, d.h. dass sie sich aus dem Zustand der Vormundschaft befreien. Mündigkeit als Rechtsbegriff bezeichnet den Eintritt in die Freiheit von der Herrschaft des Vormundes, aber auch die Entlassung aus seinem Schutz. Als Ziel der Aufklärungsbewegung gibt Kant den Ausgang aus dem „Unvermögen, sich seines Verstandes ohne Leitung eines anderen zu bedienen" an, und zwar soweit dies unverschuldet sei, d.h. „nicht am Mangel des Verstandes, sondern der Entschließung und des Mutes liegt" (Kant 1978^2a, S. 53). Menschen lassen sich vorschreiben, in welchen Mustern ihr Denken und Handeln verläuft. Sie lassen sich vorgeben, was es zu wissen gibt, was man tun soll und was man hoffen darf. Zu dieser Unmündigkeit sind Menschen aber nicht gezwungen, sondern sie folgen ihr oft ohne Not aus Bequemlichkeit und Feigheit, weil es einfacher und risikoloser ist, vorgegebenen Mustern zu folgen...Demgegenüber besteht immer auch die Möglichkeit, selbst zu denken. Damit ist nicht der Erwerb von Kenntnissen gemeint, sondern der *Gebrauch* des Wissens, d.h. die Prüfung der Gründe und Regeln und die eigene Stellungnahme dazu (vgl. Kant 1978²b, S. 283 Anm.).

Bildung als die Befähigung zu vernünftiger Selbstbestimmung gründet sich einerseits auf die Möglichkeit zum theoretischen Vernunftgebrauch, andererseits auf die Fähigkeit zu freiem Handeln. Die Möglichkeit der Freiheit ist durch Erfahrung nicht beweisbar, aber sie ist einsichtig zu machen. Menschen sind als Naturwesen eingebettet in kausale Gesetzmäßigkeiten, nach denen sich ihr physisches, psychisches und soziales Verhalten bestimmen lässt. Kant macht den Anspruch geltend, dass Menschen aber nicht nur solchen durchgängig bestimmbaren Ordnungen unterworfen sind, sondern dass sie diese Ordnung auch durchbrechen können, indem sie selbst den Anfang einer kausalen Kette setzen und Neues hervorbringen. Freiheit versteht Kant als die Möglichkeit, nicht nach kausalen Gesetzen handeln zu müssen, sondern etwas aus eigener Einsicht neu anzufangen. Demnach ist Freiheit das „Vermögen, einen Zustand v o n s e l b s t anzufangen." (Kant 1976², S. 488)

Nur unter dieser Voraussetzung kann Menschen ihr Handeln überhaupt zugerechnet werden. Damit sind Menschen als Wesen zweier Welten verstanden; die Erfahrung zeigt sie äußeren und inneren Notwendigkeiten unterworfen, durch vernünftige Einsicht sind sie als freie Wesen zu erkennen und anzuerkennen. Hierin gründet der unbedingte Anspruch, dem Menschen Selbstzweckcharakter zuzuerkennen. Weil Menschen als freie Vernunftwesen zu betrachten sind, darf niemand Handlungsgrundsätzen folgen, die dies als solches negieren. Kein Denken und Handeln darf Menschen auf bloße Mittel für beliebige Zwecke reduzieren. Jeder Mit-Handelnde muss auch als Quelle freier Selbsttätigkeit berücksichtigt werden. Der Anspruch auf Freiheit wird so mit der Selbstverpflichtung der Freiheit verbunden. Dadurch soll gewährleistet werden, die freie Selbstbestimmung des einzelnen Menschen nicht auf Kosten der Freiheit der Anderen zu verwirklichen.

Der Gebrauch der Freiheit bedarf der Kultivierung. Damit Menschen befähigt werden, die Motive und Leitsätze ihres Handelns aus freiem Willen am moralischen Gesetz auszurichten, bedarf es der moralischen Erziehung und Bildung. Sie soll die menschlichen Anlagen zum Guten so ausgestalten, dass er in die Lage versetzt wird, das moralische Gesetz zu seinem obersten lebensbestimmenden Handlungsgrundsatz zu machen.

Der Anspruch der Herrschaft der Vernunft birgt Gefahren. Wenn die Achtung vor der Freiheit des Menschen als Grundlage seiner Humanität allein an die Vernunft gebunden wird, kann das die Unterdrückung und Missachtung der Sinnlichkeit und Leiblichkeit bedeuten. Das autonome Subjekt wäre dann gerade durch diese Übermächtigung gekennzeichnet, die dem Menschen nicht gerecht wird. Die Struktur der Subjektivität zeigt sich bei Kant jedoch in höherer Komplexität. Sie meint nicht Souveränität, mit der Menschen über die Bezüge und Bedingungen ihrer Existenz verfügen können. Als sinnlich-vernünftige Doppelwesen sind sie Unterworfene und Unterwerfende zugleich (vgl. Meyer-Drawe 1998). Bringt man über Kant hinaus Freiheit als die Möglichkeit und zugleich Notwendigkeit, sein Leben führen zu müssen in Anschlag, dann umfasst sie den Dualismus von Sinnlichkeit und Vernunft. Mündigkeit kann dann nicht Herrschaft der Vernunft über die Sinnlichkeit bedeuten, wie sie nicht Ablösung der Abhängigkeiten durch Freiheit bewirken kann. Mündigkeit heißt dann vielmehr ein selbständiges sich Verhalten, eine je zu vertretende Stellungnahme zu der dualen Existenz als leiblich-sinnliches und vernünftiges, als freies und abhängiges Wesen. (vgl. ebd., Meyer-Drawe 1990).

Solche Stellungnahme zu ermöglichen und zuzugestehen, muss eine pädagogische Theorie der Bildung verlangen. Die unbedingt zu achtende Würde des Menschen ist dabei nicht an das Subjekt als souveräner Urheber seiner Welt, sondern an die Freiheit in aller Tragik des sich verhalten Könnens und Müssens gebunden, das auch Scheitern einschließt und die menschliche Existenz von tierischer und dinglicher unterscheidet. Durch den Subjektbezug von Bildung ist diese Würde anzuerkennen und zu wahren.

III. Universale Humanität

Von Bildung als pädagogischem Grundbegriff auszugehen bedeutet, die Frage nach dem Menschen ins Spiel zu bringen, und zwar so, wie er sich in den an ihn gestellten Anforderungen zu einer bestimmten Zeit in einer bestimmten Gesellschaft formt und wie sich darin sein Menschsein darstellt.

Mit der Einsicht, dass der Sinn von Menschsein nicht begrifflich erfasst und bestimmt werden kann, verbindet sich häufig der Verzicht auf anthropologische Reflexion im Kontext von Bildung überhaupt. Statt dessen werden Funktionen und Aufgaben bestimmt, die Menschen erfüllen sollen. Je schneller sich diese im gesellschaftlichen Wandel verändern, desto flexibler sollen die Fähigkeiten der Menschen sein, sich unterschiedlichsten Aufgaben zu unterziehen und Funktionen einzupassen.

Demgegenüber haben in der Tradition der Bildungstheorie bereits Rousseau und dann vor allem W. v. Humboldt die Rede vom Menschen gerade in der Unterscheidung und Abgrenzung zum Bürger als Träger von Funktionen ins Spiel gebracht.

Humboldt sieht vor allem durch die Modernisierungsprozesse seiner Zeit die Gefahr gegeben, dass der Mensch zu einer bloßen Funktion der jeweiligen sich etablierenden Systeme degradiert wird. Entgegen den Zielen der Aufklärung nimmt die Fremdbestimmung dadurch nicht ab, sondern zu; nur wird die frühere Fremdbestimmung durch Autorität und Tradition nun vertauscht gegen die Fremdbestimmung durch Apparate. Der Mensch wird zum Funktionär und zur Maschine in Staat und Wirtschaft, und die zunehmende Verwissenschaftlichung aller Lebensbereiche hält diese Entwicklung keineswegs auf, sondern unterstützt sie noch. Während der Mensch in der Tradition als Teil fest gefügter Ordnungen (Stände, kosmische Seinsordnung, religiöse Heilsordnung) bestimmt wurde, tritt er in der Moderne als Funktion unabsehbarer Prozesse und sich verselbständigender Systeme (Staat, Industrie, Wissenschaft) in Erscheinung und entfremdet sich so von seiner eigenen Selbstwerdung.

Eine umfassende moderne Bildungstheorie will Humboldt auf den Anspruch gründen, in allen modernen Entwicklungen die Frage nach der Rückwirkung auf den Menschen zu stellen. Nach Humboldt fehlt eine Wissenschaft, die nicht auf einem einzelnen Gebiet die jeweiligen Erkenntnisse vorantreibt, sondern die die Bedeutung des Erkenntnisfortschritts der verschiedenen Disziplinen für die Entwicklung der Menschheit als solche untersucht. Die Frage, welche Rückwirkungen bestimmte Erkenntnisse auf die Menschheit haben, liegt in der Regel außerhalb der Aufgaben einer wissenschaftlichen Disziplin. Dabei geht es um die Reflexion dessen, was sich in den Lebensvollzügen und im Selbstverständnis der Menschen durch die Formen und Resultate der Wissensproduktion und ihrer technischen Umsetzung verändert.

Es geht Humboldt nicht allein um Analyse und Diagnose, sondern vor allem um ein kritisches Korrektiv. Mit dem Begriff der Menschheit eröffnet er einen universalen Verständigungshorizont, der auf den Menschen als Menschen zielt. Damit soll ohne eine bestimmte Form des Menschseins vorzuschreiben, ein Rahmen eröffnet werden, der nach innen hin eine unbegrenzte Vielzahl an Gestaltungsmöglichkeiten zulässt, nach außen hin die Zerteilung und Verzweckung abwehrt bzw. begrenzt.

Die Rede von der Ganzheit des Menschen erhält ihren Sinn aus der Gegenüberstellung zum Teil-Ganzes-Komplex der Maschine. Menschen sollen nicht gebildet werden, um Teile im Getriebe einer Maschine oder eines Systems zu sein, sondern die Bezugsgröße ihrer Bildung soll in ihrer eigenen Menschlichkeit bestehen. Zu deren Gestalt sollen sie beitragen, an deren Formung arbeiten. Den Rahmen für diesen Prozess gibt das an, was den Menschen im Unterschied zu Tieren und Dingen ausmacht, was seine Gleichheit in aller Ungleichheit besagt. Menschsein muss allen Menschen zugestanden werden, unabhängig von sozialen und individuellen Differenzierungen, daher steht auch jedem Bildung zu. Diese Bildung darf nicht durch systemische Zwecke eingegrenzt werden, sondern muss der Vielfalt menschlicher Selbstverwirklichung und Weltverhältnisse geöffnet werden.

Gegenüber der Macht der entfremdenden Systeme verweist Humboldt auf die dem Menschen eigene „Kraft", die Selbsttätigkeit, die ihn zur Selbstverwirklichung drängt und befähigt. Deren Vielfalt zeigt sich nach Humboldt in den schöpferischen Möglichkeiten von Menschen, und zwar sowohl in leiblich-sinnlichen, rational ordnenden, reflexiv urteilenden und künstlerisch-ästhetischen Weltbezügen.

Bildung wird human, wenn sie gegenüber der Verselbständigung von Systemen, die den Menschen funktionalisieren und aufteilen, eine universale Perspektive auf ein Menschsein eröffnet, das alle Menschen einschließt und das die Vielfalt der schöpferischen Selbsttätigkeit von Menschen und ihrer Weltverhältnisse berücksichtigt. „Im Mittelpunkt aller besonderen Arten der Thätigkeit nemlich steht der Mensch, der ohne alle, auf irgend etwas Einzelnes gerichtete Absicht, nur die Kräfte seiner Natur stärken und erhöhen, seinem Wesen Werth und Dauer verschaffen will." (Humboldt 1959, S. 24)

Humboldts Kraftmetaphysik, die ein entelechisches Bildungsverständnis begründet, nach dem sich eine schon angelegte Zielgestalt entfaltet, die zudem eine Harmonie der Kräfteverhältnisse im Individuum und zwischen Individuum und Gemeinschaft impliziert, ist heute kaum noch nachvollziehbar. Der Anspruch der Humanität hat sich in dieser Hinsicht weitgehend als Illusion erwiesen. Humanität als universaler Bezugsrahmen einer Abwehr bzw. Begrenzung von Verkürzungen durch soziale Differenzierungen und Funktionalisierung scheint dagegen für eine pädagogische Bildungstheorie unaufgebbar.

IV. Individualität

Bildung soll den einzelnen Menschen stärken und damit nicht nur seine Fähigkeiten und Fertigkeiten auf ein gleiches Maß mit anderen bringen, sondern auch seine persönliche Einzigartigkeit fördern. Die Berücksichtigung und Förderung von Individualität ist seit Humboldt und Schleiermacher ein Topos der Bildungstheorie geblieben. Auch in Bildungspolitik und Öffentlich finden viele Beteuerungen der Individualität als Bildungsziel statt. Gleichwohl tritt deren Beachtung gegenwärtig gegenüber Vergleichen und der Herstellung von Vergleichbarkeit, gegenüber Standardisierungen und Kontrollen zur Einhaltung der Standards in den Hintergrund.

Mit der Forderung einer Bildung zur Individualität zeigt sich einmal mehr, dass Bildung nicht verfügbar, nicht zu veranstalten ist. Friedrich Nietzsche hat dies in besonderer Weise deutlich gemacht. Humboldt hatte Individualität als einzigartige Abwandlung eines Allgemeinen verstanden, das darin auf je andere Weise immer wieder als solches bestätigt wird. Was allen Menschen gemeinsam ist – Kraft zu sein und verschiedene Kräfte an den Widerständen der Welt ausformen zu können – das muss ihm zufolge in der ganzen Vielfalt individueller Verschiedenheiten wahrgenommen und anerkannt werden. Nietzsche verweist dagegen auf das Abweichende, Inkommensurable des Individuellen, das nur im Widerspruch oder im Bruch mit dem Allgemeinen zu seinem Recht kommen kann. Insbesondere das allgemein Menschliche ist für Nietzsche fraglich geworden. Was den Menschen überall gemeinsam ist, sei nur das Allzumenschliche ihrer Schwäche. Humboldts Kraftwesen hält er die Realität des bequemen Herdenmenschen entgegen, der sich ohne Not jeder Art von Masse unterwirft. Damit verweist er auf eine Veränderung des Anspruchs von Allgemeinem: Nachdem jede Wesensdefinition des Menschen fraglich geworden ist, setzen sich gesellschaftliche Definitionen an ihre Stelle. Gesellschaftliche Konventionen und Deutungsmuster bestimmen das Gemeinsame der Menschen jedoch auf höchst fragwürdige Weise.

Die vorherrschende Weise, das Gemeinsame der Menschen gesellschaftlich zu bestimmen, ist für Nietzsche die Vermassung. Menschen werden in der modernen Gesellschaft als Massenware produziert, damit sie steuerbar und praktikabel einsetzbar sind. Genau dazu wird auch die Bildung instrumentalisiert. Allgemeine Bildung verkommt zur Massenbildung. Erzeugt wird der „courante" Mensch, die austauschbare und beliebig verwendbare Einheit des Humankapitals. Das allgemein Menschliche wird auf den kleinstmöglichen Nenner gebracht: das „Allerallgemeinste" einer Währung für politische und ökonomische Nützlichkeit.

Funktionalisierung der Bildung für gesellschaftlichen und ökonomischen Gewinn, Bildung als Mittel zur Erlangung von Privilegien und als Ware mit einem benennbaren Marktwert – das sind die Entwicklungen, die Nietzsche in seiner Zeit beobachtet. Der Skandal besteht in der Verschiebung eines allgemein menschlichen Anspruchs, der den Menschen immer auch als Selbstzweck zur Geltung bringen sollte, zu einem allgemein praktikablen Mittel, das die Vermassung und Verzweckung der Menschen vorantreibt.

„Der ‚Bund von Intelligenz und Besitz', den man nach diesen Anschauungen behauptet, gilt geradezu als eine sittliche Anforderung. Jede Bildung ist hier verhaßt, die einsam macht, die über Geld und Erwerb hinaus Ziele steckt, die viel Zeit verbraucht: man pflegt wohl solche andere Bildungstendenzen als ‚höheren Egoismus' als ‚unsittlichen Bildungsepikureismus' abzuthun. Nach der hier geltenden Sittlichkeit wird freilich etwas Umgekehrtes verlangt, nämlich eine r a s c h e Bildung, um schnell ein geldverdienendes Wesen werden zu können und doch eine so gründliche Bildung, um ein s e h r v i e l Geld verdienendes Wesen werden zu können. Dem Menschen wird nur so viel Kultur gestattet als im Interesse des Erwerbs ist, aber so viel wird auch von ihm gefordert." (Nietzsche 1980, Bd. 1, S. 668)

Die Verbreitung der Bildung nach diesem Verständnis korrumpiert sowohl den Selbstzweckcharakter der Bildung als auch den Selbstzweckcharakter des Menschen. Damit ist diese Bildung nach Nietzsche zwar zeitgemäß – jeder muss sich möglichst auf der Höhe der Zeit halten, um für ihre jeweiligen Anforderungen einsetzbar zu sein – aber sie ist zugleich völlig dekadent im Blick auf die Selbstverwirklichung der Menschheit und die Bildung als freie Wechselwirkung mit der Welt. Der Anspruch einer allgemeinen Menschenbildung wird hier pervertiert zu einer „allerallgemeinsten Bildung", die mit den Massen rechnet und dabei ihren Eigenanspruch aufgibt. „Die allerallgemeinste Bildung ist eben die Barbarei." (Ebd.)

Das, was als zeitgemäße Bildung angepriesen wird, bedeutet nach Nietzsche *Inflation*: die Entwertung der Bildung. Worauf viele Generationen hingearbeitet haben; die Emanzipation der Menschheit, ihre Befreiung aus Abhängigkeiten und Fremdbestimmung, ist durch diese Form der Verwirklichung einer zeitgemäßen Bildung preisgegeben. Was den Wert der Bildung ausmachen sollte, wird nun gerade *durch Bildung verhindert*. So sind die Menschen auf neue Weise zu Gefangenen und Sklaven geworden – durch zeitgemäße Bildung!

„Das heißt eben doch nur: die Menschen sollen zu den Zwecken der Zeit abgerichtet werden, um so zeitig als möglich mit Hand anzulegen; sie sollen in der Fabrik der allgemeinen Utilitäten arbeiten bevor sie reif sind, ja damit sie gar nicht mehr reif werden – weil dies ein Luxus wäre, der ‚dem Arbeitsmarkte' eine Menge von Kraft entziehen würde." (Nietzsche 1980, Bd. 1, S. 299)

Durch diese Verschiebung hat sich ein neues Phänomen der Unbildung ergeben, aus dem Bildung nun befreien muss. Es ist die Verformung des Menschen zum Massenprodukt und der Verfall der Bildung zur Massenware. Nietzsche untersucht mit seinem Bildungsdenken die Möglichkeiten, den Menschen aus der Vermassung zu befreien. Hatte Kant Bildung im Kontext der Aufklärung als Ausgang des Menschen aus seiner selbstverschuldeten Unmündigkeit verstanden, so geht es Nietzsche jetzt um die Befreiung aus der Masse als einer „herdenmäßigen" Existenz.

Vor diesem Hintergrund wird die spannungsreiche Harmonie zwischen Allgemeinem und Individuellen problematisch. Das Individuelle zeigt sich nicht mehr als Erfüllungsmoment des Allgemeinen, es sei denn um den Preis seiner selbst, d.h. dass es aufhört, Individuelles zu sein. Für die Produktion des Menschen als Massenware ist genau dies der Fall: Individualität hat hier keinen Ort; entweder sie verhindert die Masse – oder die Masse verhindert Individualität. Masse und Individualität schließen sich aus.

Genau das ist Nietzsches Position: Individualität ist in der Massengesellschaft ein gut verstecktes „Geheimnis" – „das böse Gewissen von Jedermann"! „Im Grunde weiss jeder Mensch recht wohl, dass er nur einmal, als ein Unicum, auf der Welt ist und dass kein noch so seltsamer Zufall zum zweiten Mal ein so wunderlich buntes Mancherlei zum Einerlei, wie er es ist, zusammenschütteln wird: er weiss es, aber er verbirgt es wie ein böses Gewissen – weshalb? Aus Furcht vor dem Nachbar, welcher die Convention fordert und sich selbst mit ihr verhüllt." (Nietzsche 1980, Bd 1, S. 337)

Individualität ist in der Massengesellschaft zum Tabu geworden; wer in ihr vorankommen will, der passt sich ihren Mustern und Anforderungen an. Nur wer sich mit der Masse bewegt, kann zumindest hoffen, an den Ergebnissen der Produktion ihrer „Fabriken" als Belohnungen teilzuhaben. Allerdings ist dies nur möglich um den Preis seiner selbst; das ist die Einsicht, die Nietzsche unmissverständlich zum Ausdruck bringt.

Den gesellschaftlichen Definitionen kann allerdings auch kein allgemeiner Begriff mehr entgegengesetzt werden. Kein Begriff kann Individualität vorwegnehmen; sie ist nicht aussagbar. Darum kann die Frage nach dem je eigenen Weg nicht beantwortet werden. Der Hinweis „Frage nicht, gehe ihn" bedeutet, dass die je eigene Individualität nicht als die besondere Entfaltung eines allgemeinen Begriffs aufzufassen ist, weil gerade das Besondere als solches unableitbar ist. Auch das individuelle Selbst kann nicht als Begriff oder Vorstellung gewonnen werden, sondern nur über den einmaligen unverwechselbaren Lebensweg, d.h. über die je eigene Geschichte. Ein sich Einlassen auf die Herausforderungen der je eigenen Geschichte nach den je eigenen Möglichkeiten, abseits von der Masse – das ist es, was Nietzsche hier als Prozess individuellen Selbstwerdens nahe legt. Das, was den Einzelnen als Individuum ausmacht, die je eigenen Möglichkeiten, stehen dabei nicht schon vor der Geschichte fest, sondern werden durch sie erst hervorgebracht. „...denn dein wahres Wesen liegt nicht tief verborgen in dir, sondern unermesslich hoch über dir ..." (Nietzsche 1980, Bd. 1, S. 340f.)

Es wird klar, dass Nietzsche hier den Bildungsanspruch der Klassiker entscheidend verändern und dabei zugleich als Anspruch eher noch höher spannen will. Ein angelegtes Wesen zu verwirklichen, erfordert weniger Anstrengung, als ein erst noch zu (er)findendes ‚Wesen' zu gestalten. Angesichts der verlorenen allgemeinen Wesensbestimmung und angesichts der den Einzelnen korrumpierenden Masse gewinnt Bildung als Befreiung zum „wahren" Selbst erst ihre moderne Bedeutung, als eine zugespitzte Herausforderung.

Nietzsche hat gezeigt, dass Theorie der Bildung auch auf das Unbildbare zu verweisen hat; die Widerständigkeit des Individuellen, die sich in jedem Lebensmoment der Subsummierung und Verrechnung in Allgemeines widersetzt. Formung zu einer Ganzheit ist in dieser Hinsicht nur noch ästhetisch möglich. Eine pädagogische Theorie der Bildung muss die praktische Perspektive einer Arbeit an sich selbst auch als „ästhetische Ausarbeitung des Individuums" eröffnen (Schäfer 1996, S. 226ff.).

V. Zusammenhänge und Brüche

Mit der Wahrheitsfrage, der Aufforderung zur Mündigkeit und zu Humanität und Individualität sind tragende Motive der Bildungsthematik bezeichnet, die je geschichtlich formuliert und re-formuliert wurden und in dieser geschichtlichen Veränderung als bleibende gegenwärtige Bildungsansprüche wahrzunehmen sind. Ihre Veränderung ist die Geschichte, in der wir immer noch stehen. Ihre Zusammenhänge und Brüche sind das, was auch heute noch über Bildung entscheidet. Dabei macht weder das Wissen um diese Geschichte noch der Versuch, sie zu wiederholen, Bildung aus, sondern vielmehr die Verortung in dieser Geschichte. Bildung impliziert die Frage, wie wir uns zu unserer eigenen Geschichte verhalten, und das bezieht sich auch auf die Geschichte der Bildung.

Dass der Bildungsbegriff komplex und vielgestaltig ist, weil er die Geschichte menschlicher Weltverhältnisse und Selbstverständigungsversuche in sich trägt, erscheint von hier aus nicht als Mangel, sondern als Chance und notwendige Grundlage der gestellten Aufgabe.

Die Hauptmotive des klassischen Bildungsdenkens sind durchaus als Momente einer zusammenhängenden Geschichte zu betrachten, da sie sich an gemeinsamen Bezügen und Voraussetzungen abarbeiten. Andererseits zeigen sich auch Brüche und Unvereinbarkeiten in den Auffassungen der Deutungsrahmen und Theoriegestalten. Ob den Ideen als dem wahren Sein „Würde und Kraft" zuerkannt wird (Platon, Politeia 509b), um daraus eine ontologische Bildungstheorie zu begründen, oder ob die Kraft und Würde des Menschen einer subjektphilosophischen Bildungstheorie zugrunde gelegt wird, um Bildung als Selbstzweck zu beanspruchen, oder ob schließlich angesichts der sich aufdrängenden Schwächen des Subjekts und der Übermacht seiner Verrechnungen Bildung nur noch in der Selbstbehauptung des je Einzigartigen gesehen wird, das macht durchaus inkompatible Ansätze deutlich. Dennoch sind auch angesichts dieser gravierenden Unterschiede Ähnlichkeiten in der Bestimmung von Bildung festzuhalten. Bildung erhält ihre Bedeutung durch eine relationale Grundstruktur des Menschseins, ohne die es sich nicht verwirklichen kann: Bildung entfaltet Menschsein im Grundbezug zur Welt, zu den Mitmenschen und zu sich selbst. Theorie der Bildung beschreibt nicht nur die Gestaltung dieser Bezüge, sondern zugleich auch ihre Selbstaufklärung. Das heißt mit der Unterscheidung von Bildung und Unbildung führt sie jeweils eine Perspektive zur Befreiung aus unangemessenen und verkürzenden Formen zu angemesseneren Weisen der Verwirklichung von Menschsein ein.

Auch der Aufklärungscharakter des Bildungsdenkens weist Friktionen auf. Der Anspruch auf Befreiung aus der Unbildung beinhaltet zunächst eine ungebrochene Einführung und Durchsetzung des Prinzips Bildung überhaupt, während spätestens bei Humboldt die Dialektik der Aufklärung sichtbar wird, so dass die Ausgangssituation der Unbildung zunehmend auch als Folge der Aufklärung selbst, das heißt der Veränderung von Natur und Gesellschaft durch Wissenschaft, Technik und Bildung wahrgenommen wird.

Unbildung wird hier nicht mehr aus dem Gegensatz von Bildung, also als eine noch nicht erfolgte Bildung verstanden, sondern aus deren Verfall. In der Geschichte der Bildung sind unter diesem Aspekt zwei starke Brechungen zu verzeichnen:

Bildung verfällt in der Geschichte ihrer Verwirklichung zur Halbbildung, und Bildung verfällt in der Geschichte ihrer Verwirklichung zur Unbildung. Die Brüchigkeit der Bildungsgeschichte als Aufklärungsgeschichte zeigt sich in der Trias von Bildung, Halbbildung und Unbildung.

Th. W. Adorno kennzeichnete das Phänomen der Halbbildung als Entmachtung und Veräußerung von Bildungsansprüchen. „Im Klima der Halbbildung überdauern die warenhaft verdinglichten Sachgehalte von Bildung auf Kosten ihres Wahrheitsgehalts und ihrer lebendigen Beziehung zu lebendigen Subjekten." (Adorno 1972, S. 103) Aus der geistigen Auseinandersetzung als ernste Arbeit an den Widerständen von Selbst und Welt wird eine Sammlung von Kulturgütern, die erworben, konsumiert und präsentiert werden. Während sich im klassischen Bildungsdenken und in der Persönlichkeit vieler seiner Vertreter zeigt, wie durch die Auseinandersetzung mit Sachfragen Leben gewonnen und riskiert wird, richten sich die Halbgebildeten mit den Symbolen der Bildung ein. Der Weg von Bildung zu Halbbildung ist der von Leben eröffnenden und Leben bedrohenden Herausforderungen zu besitzbaren Zeichen und Ritualen von Status und Lebensart. Von Halbbildung ist überall da zu sprechen, wo es nicht um das Verständnis und die Auseinandersetzung mit der Sache selbst geht, sondern um deren Etikettierung und Benutzung für sekundäre Zwecke. Dadurch wird sowohl der Selbsteinsatz des Subjekts unterlaufen als auch der Anspruchs- und Beziehungscharakter der Sache eliminiert. Halbbildung ist daher nicht die Hälfte von Bildung, sondern ihr Gegenteil. „Das Halbverstandene und Halberfahrene ist nicht die Vorstufe der Bildung, sondern ihr Todfeind." (Ebd., S. 111)

Halbbildung ist normativ durchaus noch an Bildung orientiert, auch wenn sie sich daran zu erkennen gibt, dass sie sich an etwas klammert und über etwas souverän verfügen will, das sie nicht mehr versteht. Davon zu unterscheiden ist die Unbildung als Ende der Bildung. „'Unbildung' meint demgegenüber, dass die Idee von Bildung in jeder Hinsicht aufgehört hat, eine normative oder regulative Funktion zu erfüllen. Sie ist schlicht verschwunden." (Liessmann 2006, S. 70) Konrad Paul Liessmann beschreibt in ironischer Anknüpfung an Diskursformen klassischer Bildungstheorie die aktuelle Erscheinungsform der Bildung als die Auslöschung aller ihrer geschichtlichen Grundlagen. Bildung hat keinen Feind mehr, Unbildung hat gesiegt und wird gefeiert. Wenn Adorno noch vom „entfremdeten Geist" sprach, ist die Herrschaft der Unbildung durch eine bewusste und „akklamierte Geistlosigkeit" gekennzeichnet. „Ohne Geist, also ohne den Versuch, die harte Rinde der Empirie zu durchdringen und auf einen reflexiven und selbstreflexiven Begriff zu bringen, also ohne das, was Adorno den Wahrheitsgehalt als letzte Referenz von Bildung nannte, kann von dieser nicht mehr die Rede sein." (Ebd.)

Nicht auf das Verstehen der Sache, sondern auf das Beherrschen von Praktiken ihrer Handhabung zu *zielen*, komplettiert das Phänomen der Unbildung. Alles Fragen, alle offene Hinwendung, alles verpflichtende sich in Beziehung Setzen oder sich in Anspruch nehmen Lassen von einer Sache spielt keine Rolle mehr gegenüber der Ausbildung inhaltsneutraler Kompetenzen und dem verfügenden Wissensmanagement. Unbildung ist nicht mehr der Zustand einer noch nicht erfolgten Bildung. Demnach kann sie auch nicht durch Aufklärung überwunden werden. Das Zeitalter der Unbildung, in dem wir leben, markiert den Zustand einer Unbildung nach erfolgter Verabschiedung von Bildung, in dem die Aufklärung „ihre Rechtsgrundlage verloren" hat. Jeder Ausgang, jede Befreiung aus dem Zustand der Unbildung gehört genau zu dem Konzept von Bildung, das verabschiedet wurde.

Über diesen Bruch kann das Wort Bildung, so oft es immer noch benutzt wird, kaum hinwegtäuschen. „Was sich hartnäckig noch immer Bildung nennt, orientiert sich gegenwärtig [...] an externen Faktoren wie Markt, Beschäftigungsfähigkeit (employability), Standortqualität und technologischer Entwicklung, die nun jene Standards vorgeben, die der ‚Gebildete' erreichen soll. Unter dieser Perspektive erscheint die ‚Allgemeinbildung' genauso verzichtbar wie die ‚Persönlichkeitsbildung'..." (Ebd., S. 73)

Das Zeitalter der Unbildung bedeutet das Ende der Geschichte einer Bildung, die sich am Wahrheitsanspruch der Sache, an mündiger Selbsttätigkeit, Humanität und Individualität orientierte. Das Ende dieser Geschichte lässt sich als globale Etablierung eines Machttyps lesen, der die traditionellen Bildungsansprüche besetzt und unterwirft, indem er ihre Anforderungen inkludiert und damit entwaffnet. Im Anschluss an Foucaults Analyse der „Gouvernementalität" lässt sich das Machtphänomen eines Regimes beschreiben, das sich in und mittels der Bildung errichtet. Das neue Regime des Selbstmanagements deutet pädagogische Prozesse um in unternehmerisches Kalkül, das mit Bildungsmomenten wie mit Produkten wirtschaftet und sie marktgängig einsetzt und absetzt. Die Bildungsbiographie des Einzelnen wird dabei durch ein von herrschenden Diskursen und Techniken errichtetes anonymes Regime nach dessen Standards genormt, wobei dies als freies Unternehmertum dem Ich als Selbstmanager abverlangt wird (vgl. Masschelein/ Simons 2005; Bröckling 2000) Auch hierin lässt sich die totale Herrschaft der Unbildung erkennen.

VI. Anpassung und Widerstand

Die Geschichte des klassischen Bildungsdenkens an ihrem Ende im herrschenden Phänomen der Unbildung zu sehen, muss keine pädagogische Kapitulation bedeuten.

Wenn die Geschichte von diesem Ende her neu gelesen wird, zeigt sich, dass Bildung immer schon in der Spannung zwischen Anpassung und Widerstand zu verorten ist.

Zu unterscheiden ist dabei zwischen dem Widerstand *gegen* Bildung und dem Widerstand *durch* Bildung. Der Widerstand gegen Bildung ist Kennzeichen der Unbildung und soll durch Bildung überwunden werden. In den Konzepten der Bildung formiert sich aber ein Widerstand gegen Tendenzen und Mächte, die die Unbildung befördern. So richtete sich der Widerstand der Bildung u. a. gegen die Herrschaft des ungeprüften Meinens (Platon), gegen Fremdbestimmung durch äußere Autoritäten und Mächte (Kant), gegen die Maschinerie von Systemen, die den Menschen funktionalisieren (Humboldt) und gegen die gesellschaftliche Vermassung des Menschen, die Bildung gleichschaltet und entwertet, indem sie Individualität untergräbt (Nietzsche). Mit dem Widerstand der Bildung wurden die bekämpften Mächte keineswegs gebrochen. Die Kennzeichnung von Zuständen der Unbildung führte nirgends widerstandslos in ihre Überwindung, und selbst die Siegeszüge der Bildung trugen auf die eine oder andere Weise ihr Scheitern schon in sich. Bildung selbst führte zu neuen Verfallsformen, so dass sich der Widerstand auch gegen Formen der Bildung selbst richten musste. Anpassung und Widerstand müssen sich zunehmend auch innerhalb von Bildungskonzepten und -praktiken als Demarkationslinie von Bildung und Unbildung erweisen.

Wenn gegenwärtig die Ansprüche klassischen Bildungsdenkens innerhalb vorherrschender Diskurse und Praktiken verabschiedet werden, dann zeigt sich Bildung selbst als Unbildung, weil sie als widerstandslose Anpassung an Standards auftritt. Was Bildung bisher in ihrer Widerständigkeit ausgemacht hat, wird eingeebnet und instrumentalisiert; Wissen wird gemanagt, Selbststeuerung für Fremdsteuerung benutzt, die Vielfalt menschlicher Möglichkeiten für eine flexible Einsetzbarkeit verwertet und schließlich Individualität als Verkaufsschlager vermarktet. In dieser Herrschaft der Unbildung ist der Widerstand *gegen* Bildung total geworden.

Aus dieser Situation gibt es nicht wieder einfach einen neuen befreienden Ausgang, weil die Diskurse und Institutionen der Bildung selbst zum Ort der Unbildung geworden sind. Unbildung kann also nicht mehr außerhalb, sondern muss zugleich innerhalb der Bildung bekämpft werden. Da widerständige Bildung nicht mehr zeitgemäß ist, muss sich ein unzeitgemäßer Widerstand bilden. Dies kann nur gelingen in einer radikaleren und subtileren Weise, die Widerständigkeit der Sache, der mündigen Subjekte, der Vielfalt des Humanen und des inkommensurabel Individuellen auch im Kontext der verfügenden Zugriffe einer zeitgemäßen Bildung zur Sprache zu bringen. Es geht um Verweise auf Widerständigkeiten, die auch noch in der Übermächtigung wahrgenommen werden können.

Diese Perspektive ergibt sich im Rückgang auf die Grundrelationen von Bildung selbst. An der offenen Fraglichkeit in Selbstverhältnis, Mitverhältnis und Weltverhältnis zeigt sich, dass die geschichtlich verwirklichten Formen je nur Überbrückungen bleibender Grund-risse sind und daher bei aller Härte der Unumkehrbarkeit von Geschichte als solche zu kommentieren und zu revidieren sind. Menschen können und müssen im beanspruchenden Gegenüber von Welt, Mitmenschen und Selbst antworten und sich zu der Geschichte der Antworten noch einmal verhalten. Darin eröffnen sich Möglichkeiten, Bildung auch in ihrer Übermächtigung durch Unbildung in veränderter Widerständigkeit zu vollziehen.

Eine solche Möglichkeit besteht in der Negativität des Entzugs bzw. der „Entunterwerfung". Bildung wird danach als *negative* Bildung in einer kritischen Haltung möglich, die alle positiven Geltungsbehauptungen in Frage stellt oder sich ihnen ganz verweigert (vgl. z.B. „negative Bildungstheorie" Koch 1995; Schäfer 1996 zu Foucaults Ethos der Moderne). Eine weitere Möglichkeit liegt in der Re-vision von Bildungsgeschichte. Mit Bildung wurden nicht nur Entwürfe für Erfüllungsformen des Menschseins vorgegeben, sondern ihr Sinn liegt auch darin, die Widerständigkeit des Nichterfüllten zur Sprache zu bringen. Die Positionen und Traditionslinien des Bildungsdenkens sind auf solche widerständigen Ansprüche hin neu zu lesen. Dazu wäre – gerade um dem Zeitgemäßen zu widerstehen – auch wieder *historische* Bildung notwendig. Stationen der Geschichte, in der wir stehen, müssen als solche überhaupt wieder wahrgenommen werden, um der Unausweichlichkeit der Logik des gegenwärtig Dominierenden zu entkommen. Schließlich bietet sich die Möglichkeit, zur eigenen Geschichte und ihren Übermächtigungsformen ein utopisches Verhältnis zu gewinnen, d.h. sich an einem Ort zu orientieren, den es so nicht gibt. Dem entspräche die Theorie und Praxis einer *utopischen* Bildung, die sich durch die Arbeit an den Grenzen des in Diskursen und Praktiken je Sagbaren und Sichtbaren dem darin nicht Aufgehenden verpflichtet.

Alle diese Möglichkeiten gründen in dem Versuch, die Verfügungen und Verfügtheiten in den geschichtlichen Verwirklichungen des Welt-, Mitmensch- und Selbstverhältnisses als solche zu beschreiben und zugleich zu transzendieren durch den Ausgriff auf ein unbestimmtes und unverfügbares Anderes. Die überdauernden Ansprüche von Bildung auf diese Weise in den Blick zu nehmen, ermöglicht auch eine verantwortliche Praxis, die Bildung als pädagogischen Grundbegriff legitimieren kann.

Literatur:

Adorno, Th. W. (1972): Theorie der Halbbildung. In: Ders.: Gesammelte Schriften in 20 Bänden. Bd. 8. Frankfurt a. M., S. 93-121.
Benner, D. (2001[4]): Allgemeine Pädagogik. Eine systematisch-problemgeschichtliche Einführung in die Grundstruktur pädagogischen Denkens und Handelns. Weinheim/München.
Böhm, W. (2000[15]): Wörterbuch der Pädagogik. Stuttgart.
Bröckling, U. (Hrsg.) (2000): Gouvernementalität der Gegenwart. Studien zur Ökonomisierung des Sozialen. Frankfurt a. M.
Dörpinghaus, A./ Poenitsch, A./ Wigger, L. (2006): Einführung in die Theorie der Bildung. Darmstadt.
Fink, E. (1970): Metaphysik der Erziehung im Weltverständnis von Plato und Aristoteles. Frankfurt a.M.
Frost, U. (Hrsg.) (2006): Unternehmen Bildung. Die Frankfurter Einsprüche und kontroverse Positionen zur aktuellen Bildungspolitik. Sonderheft der Vierteljahrsschrift für wissenschaftliche Pädagogik. Paderborn
Fuchs, B./ Schönherr, Ch. (Hrsg.) (2007): Urteilskraft und Pädagogik. Beiträge zu einer pädagogischen Handlungstheorie. Würzburg.
Girmes, R. (1999): Bildung und Erziehung in posttraditionalen Gesellschaften. Sich zeigen und die Welt zeigen. Opladen.
Humboldt, W. v. (1959): Theorie der Bildung. In: Ders.: Bildung und Sprache. Besorgt v. C. Menze. Paderborn.
Kant, I. (1976[2]): Kritik der reinen Vernunft. Transzendentale Dialektik. In: Ders.: Werke in 12 Bänden. Hrsg. v. W. Weischedel. Bd. 4. Frankfurt a.M.
Kant, I. (1978[2]a): Beantwortung der Frage: Was ist Aufklärung? In: Ders.: Werke in 12 Bänden. Hrsg. v. W. Weischedel. Bd. 11. Frankfurt a. M., S. 53-61.
Kant, I. (1978[2]b): Was heißt: sich im Denken orientieren? In: Ders.: Werke in 12 Bänden. Hrsg. v. W. Weischedel. Bd. 5, Frankfurt a.M., S. 267-283.
Koch, L. (1995): Bildung und Negativität. Grundzüge einer negativen Bildungstheorie. Weinheim.
Ladenthin, V. (2007): Philosophie der Bildung. Klassiker Denken Bd. 4. Bonn
Liessmann, K. P. (2006): Theorie der Unbildung. Wien.
Masschelein, J./ Simons, M. (2005): Globale Immunität oder Eine kleine Kartographie des europäischen Bildungsraums. Zürich/ Berlin.
Meyer-Drawe, K. (1990): Illusionen von Autonomie. Diesseits von Ohnmacht und Allmacht des Ichs. München.

Meyer-Drawe, K. (1998): Streitfall „Autonomie". Aktualität, Geschichte und Systematik einer modernen Selbstbeschreibung von Menschen. In: Jahrbuch für Erziehungs- und Bildungsphilosophie 1. Hohengehren, S. 31-49.
Nietzsche, F. (1980): Sämtliche Werke. Kritische Studienausgabe in 15 Bden. Hrsg. v. G. Colli u. M. Montinari. München.
Ode, E. (2006): Das Ereignis des Widerstands. Jacques Derrida und „Die unbedingte Universität". Würzburg.
Peukert, H. (2000): Reflexionen über die Zukunft von Bildung. In: Zeitschrift für Pädagogik 46, H 4, S. 507-524.
Platon (1958): Politeia. In: Ders.: Sämtliche Werke i. d. Übers. v. F. Schleiermacher. Hrsg. v. W. F. Otto u. E. Grassi. Bd. 3. Hamburg.
Reichenbach, R. (2007): Philosophie der Bildung und Erziehung. Eine Einführung. Stuttgart.
Reinhartz, P. (2001): Vom alten und neuen Zauber der Bildung. Bad Heilbrunn.
Schäfer, A. (1996): Das Bildungsproblem nach der humanistischen Illusion. Weinheim.

Kapitel 3: Sozialisation

KLAUS HURRELMANN

A: Sozialisation

I. Begriff und Definition

Der Begriff Sozialisation wird in der englischen Sprache („socialisation") etwa seit der erste Hälfte des 19. Jahrhunderts verwendet, wie der historische Überblick im Handbuch „Socialization and Society" von John A. Clausen (1968) zeigt. In der deutschen Umgangssprache hat sich der Begriff erst durch seine wissenschaftliche Verwendung von etwa 1970 an durchgesetzt.

Unter „Sozialisation" wird die Weitergabe von Wissen und Fertigkeiten von einer Generation an die nächste und die Eingliederung Heranwachsender in die Gesellschaft verstanden (vgl. Grundmann 2006, S. 17). Sozialisation bezeichnet also einen Lern- und Erziehungsprozess, der das Hineinwachsen einer neuen Generation in die bestehende soziale und kulturelle Gemeinschaft bewirkt und vor allem eine Aufgabe von Familie und Schule ist. Aber auch die Einflüsse der weiteren Gemeinschaft, insbesondere Nachbarschaft, Gemeinde, Kirchen, Vereine, Freundschaftsgruppen und Medien und die lebenslange Fortsetzung eines Anpassungsprozesses an die gesellschaftlichen Bedingungen werden mit dem Begriff transportiert. Der Begriff lenkt die Aufmerksamkeit darauf, dass in menschlichen Gesellschaften die nachwachsende Generation in die bestehende Welt eingeführt werden muss, um sich sozial angemessen darin verhalten zu können.

Wie Matthias Grundmann (2006) in seiner Nachzeichnung der begrifflichen Entwicklung betont, verweist Sozialisation auf zwei unterschiedliche Aspekte. Zum einen auf die Notwendigkeit der sozialen Integration von Menschen in das soziale Gefüge, um sie konstruktiv handlungsfähig werden zu lassen und problematisches abweichendes Verhalten zu vermeiden. Zum Zweiten auf das Interesse der Gesellschaft an der Einbindung neuer Gesellschaftsmitglieder und die bestehenden Strukturen und Werte um die Funktionsfähigkeit der Gesellschaft zu erhalten. „Diese doppelte Verankerung von Sozialisation in den Akteuren und in den sozialen Gruppen, in die diese eingebunden sind, hat dazu beigetragen, dass Sozialisation zu einem Schlüsselbegriff in sozialwissenschaftlichen Theorien avancierte" (Grundmann 2006, S. 18).

Die doppelte Bedeutung von Sozialisation als Prozess der Kollektivbindung und der Persönlichkeitsentwicklung, die sich durch die gesamte Begriffsgeschichte der Sozialisationsforschung hindurchzieht, hat allerdings auch die einheitliche Definition von Sozialisation erschwert. Der Schwerpunkt auf der Bindung des Einzelnen an das Kollektiv betont die soziologische Partie der Sozialisationsforschung; die Untersuchung der Auswirkungen von Sozialisation auf die Persönlichkeitsentwicklung betont die psychologische und erziehungswissenschaftliche Orientierung. Der sozialwissenschaftliche Akzent ist typisch für die europäische und die deutsche Forschung (vgl. Durkheim 1972; Geulen 2005), der persönlichkeitstheoretische für die nordamerikanische Forschung (vgl. Goslin 1969; Bandura 1979).

II. Interdisziplinäre Ausrichtung

In der wissenschaftlichen Diskussion werden, um ein begrifflich und konzeptionell eindeutiges Konstrukt „Sozialisation" sicherzustellen, in den letzten Jahren vermehrt Versuche gemacht, die soziologischen und psychologisch-pädagogischen Akzentsetzungen zusammenzuführen (vgl. Hurrelmann/ Ulich 1991). Matthias Grundmann plädiert für einen Begriff von Sozialisation, der stark von der sozialen Interaktion aus definiert ist. Sozialisation beschreibt in seinem Sinn alle Prozesse, „durch die der Einzelne über die Beziehung zu seinen Mitmenschen sowie über das Verständnis seiner selbst relativ dauerhaft Verhaltensweisen erwirbt, die ihn dazu befähigen, am sozialen Leben teilzuhaben und an dessen Entwicklung mitzuwirken" (Grundmann 2006, S. 38). Sozialisation drückt sich für ihn in beabsichtigtem und unbeabsichtigtem Zusammenwirken von Individuen, sozialen Gruppen und Institutionen aus, die zur sozialen Einbindung des Einzelnen und zum gemeinschaftlichen Wohlergehen beitragen.

Klaus Hurrelmann nimmt eine stärker vom handelnden Akteur ausgehende Definition vor, die den Aspekt der Selbstgestaltung der Persönlichkeit und der Mitgestaltung der Umwelt stärker betont. Seine Definition lautet: „Sozialisation bezeichnet den Prozess der Entwicklung der Persönlichkeit in produktiver Auseinandersetzung mit den natürlichen Anlagen, insbesondere den körperlichen und psychischen Grundmerkmalen (der ‚inneren Realität') und mit dem der sozialen und physikalischen Umwelt (der ‚äußeren Realität'). Die Definition geht von der Annahme aus, dass der Mensch durch seine Umwelt stark beeinflusst wird, sie aber zugleich durch seine eigenen Aktivitäten mitgestaltet. Der Begriff ‚produktive Auseinandersetzung' soll auf diese aktiven Impulse für die Gestaltung der eigenen Lebenspraxis verweisen, die jeder Mensch in jedem Lebensabschnitt und jeder Lebenslage gibt" (Hurrelmann 2002^8, S. 7).

Aufgabe der Sozialisationstheorie ist es demnach, die Frage zu beantworten, wie ein Mensch mit seiner genetischen Ausstattung an Trieben und Bedürfnissen und seinen angeborenen Temperaments- und Persönlichkeitsmerkmalen zu einem Subjekt mit der Fähigkeit zur Selbstreflexion wird und es schafft, dabei die Anforderungen von Gesellschaft, Kultur und Ökonomie zu bewältigen (vgl. Geulen 2005). Die Sozialisationstheorie ist mit dem Problem beschäftigt, welche sozialen Bedingungen gegeben sein müssen, damit Menschen ihre Persönlichkeit frei entfalten und ihre Identität sichern können. Dazu gehören in erster Linie Bildung und Erziehung eines Menschen, um ihn in seiner persönlichen und biografischen Entwicklung zu stärken. Diese Impulse gelten in modernen Gesellschaften nicht nur für die frühen Phasen im Lebenslauf, also Kindheit und Jugend, sondern auch für alle nachfolgenden Lebensabschnitte.

III. Abgrenzung von „Erziehung" und „Bildung"

Der Begriff Sozialisation umfasst die für die Erziehungswissenschaft zentrale Begriffe von „Bildung" und „Erziehung". Erziehung bezeichnet alle gezielten und bewussten Einflüsse auf den Entwicklungsprozess eines Menschen, also Handlungen, durch die „Erziehungsberechtigte" versuchen, auf die Persönlichkeitsentwicklung anderer Menschen Einfluss zu nehmen. Auch Bildung ist ein wert- und zielorientierter Prozess, der dem Aufbau der Fähigkeit der Selbststeuerung und dem Erwerb von Kenntnissen, Informationen und Wissen dienen soll, um eigenständiges Handeln in der sozialen Umwelt zu ermöglichen.

Erziehung und Bildung bezeichnen damit Impulse auf die Persönlichkeitsentwicklung, die Bestandteil der Sozialisation sind. Sozialisation aber umfasst alle Impulse auf die Persönlichkeitsentwicklung, völlig unabhängig davon, ob sie beabsichtigt und strukturell vorbereitet, geplant oder zufällig sind, und auch völlig unabhängig davon, welche Dimensionen der Persönlichkeitsentwicklung (Wissen, Motive, Gefühle, Bedürfnisse, Handlungskompetenzen) beeinflusst werden. Erziehung hingegen konzentriert sich meist auf einen Ausschnitt davon, etwa die gezielte Verbesserung von Wissen und kognitiven Fertigkeiten durch den schulischen Erziehungsprozess.

IV. Phasen des Lebenslaufs

Die Lebenserwartung und die Lebensdauer der Menschen in den hoch entwickelten Gesellschaften in Europa, Asien und Amerika verlängert sich kontinuierlich. Die durchschnittliche Lebenserwartung bei der Geburt liegt heute bei Männern bei etwa 77 und bei Frauen 83 Jahren. Durch die anwachsende Lebensdauer mitbedingt, kommt es in Folge von kulturellen und ökonomischen Veränderungen zu einer sich verschiebenden Unterteilung der Lebensspanne in einzelnen Phasen.

Der Lebenslauf gliedert sich heute in eine größere Zahl einzelner Abschnitte, die jeweils ihre Eigendynamik und eine relative Eigenständigkeit besitzen. Der typische Lebenslauf im Jahre 1900 hatte im Vergleich zu heute eine recht einfache Struktur und bestand im Kern nur aus den Phasen Kindheit (bis zum Alter von etwa 16 Jahren) und dem Erwachsenenalter, das bis zum Lebensende dauerte. Um 1950 lässt sich eine deutliche Ausdifferenzierung der neuen Lebensphase „Jugend" erkennen, die zwischen die Kindheit und die Erwachsenenphase tritt. Auch hat sich eine Phase des hohen Alters historisch neu herausgebildet. Am Beginn des 21. Jahrhunderts fällt eine zeitliche Schrumpfung der Lebensphase Kindheit auf, weil durch die Vorverlagerung der Geschlechtsreife der Eintritt des Jugendalters immer früher im Lebenslauf beginnt. Die Kindheitsphase umfasst dadurch nur noch etwa 11 bis 12 Jahre, während sich die Lebensphase Jugend stark verlängert hat und bis weit in das dritte Lebensjahrzehnt hineinreicht (vgl. Hurrelmann/Bründel 2003; Hurrelmann 2005[8]). Der Übergang von der Jugendphase in das Erwachsenenalter ist fließend, wie ohnehin das Erwachsenenalter nicht mehr zwingend das lebensperspektivische Zentrum der Biografie eines Menschen ist, sondern nur ein Abschnitt der Lebensgestaltung unter anderen. An das Erwachsenenalter schließt sich typischerweise heute ein längeres „Seniorenalter" an, dem als sich gegenwärtig etablierender neuer Lebensabschnitt das „hohe Alter" nachfolgt.

V. Phasen der Sozialisation

Diese veränderte Untergliederung des Lebenslaufs ist für den Sozialisationsprozess von erheblicher Bedeutung. Besteht der Lebenslauf wie heute aus einer Vielzahl von Übergängen zwischen einzelnen Lebensphasen, dann verliert das für die Persönlichkeitsentwicklung prägende Gewicht einer einzelnen Lebensphase an Bedeutung. Mit einer Vielfalt von Lebensabschnitten, die ein Mensch vor sich hat, ergibt sich auch eine Vielfalt von Möglichkeiten der Neugestaltung und der Neudefinition seines Lebensentwurfs. Unterstützt durch allgemein gesellschaftliche Prozesse, insbesondere den Abbau von Traditionen und strengen Rollenvorgaben, ergibt sich ein hohes Maß von individueller Definition und Gestaltung des Lebenskonzepts. Zugleich sind die Ansprüche an die bewusste Gestaltung und inhaltliche Sinngebung der einzelnen Lebensphasen gestiegen. Es kommt zu einer „Individualisierung" sozialer Vorgaben und gesellschaftlicher Strukturen, weil die traditionellen Festlegungen durch Herkunft, Religion und Geschlecht heute ebenso wenig eine Rolle spielen wie die früher üblichen Verhaltensnormen, die an ein Kind, einen Jugendlichen, einen Erwachsenen oder einen alten Menschen gerichtet waren. Durch diese soziale Emanzipation werden von jedem einzelnen Individuum hohe Eigenleistungen bei der Gestaltung und Sinngebung des eigenen Lebens verlangt (vgl. Fend 2000).

V.1. Lebensphase Kindheit

Die Lebensphase Kindheit bildet die erste Lebensphase in der menschlichen Lebensspanne. In der Perspektive der Sozialisationstheorie stellen sich in dieser wie auch in den nachfolgenden Lebensphasen charakteristische Aufgaben für den Prozess der Auseinandersetzung mit der inneren und der äußeren Realität. Die entwicklungsspezifischen Anforderungen lassen sich anschaulich mit dem Begriff „Entwicklungsaufgaben" bezeichnen. Dieser Begriff ist ein analytisches Konzept, das die Umsetzung von biologischen, psychischen und gesellschaftlichen Anforderungen eines Entwicklungsstadiums im Lebenslauf in individuelle Handlungskompetenzen bezeichnet. Entwicklungsaufgaben definieren den Zuschnitt von individuellen Handlungskompetenzen, die für eine bestimmte Lebensphase in unserem Kulturkreis jeweils charakteristisch sind (vgl. Bronfenbrenner 1981).

Typisch für die frühe Kindheit bis zum Alter von fünf Jahren ist es, ein emotionales Urvertrauen, Kommunikationsfähigkeit, soziales Bindungsverhalten, grundlegende sensorische und motorische Fertigkeiten aufzubauen, sprachliche Ausdrucksfähigkeit zu entwickeln und die Identifikation mit dem eigenen Geschlecht einzuleiten. In der späteren Kindheit, dem Altersabschnitt zwischen sechs und elf Jahren, bestehen die Entwicklungsaufgaben aus dem Aufbau der Beziehungen mit Altersgleichen, der Entwicklung von Freundschaften, der Einübung der männlichen und weiblichen Rollenmuster, der Entwicklung von kognitiven Konzepten und Denkschemata, der grundlegenden Fertigkeiten im Lesen, Schreiben und Rechnen, der Fähigkeit, mit dem sozialen System Schule umzugehen und dem Aufbau von Gewissen, Moral und Wertorientierungen.

Wie schon erwähnt, wird die Kindheit durch die in allen hoch entwickelten Gesellschaften immer früher einsetzende Pubertät ständig kürzer. Sie verliert damit den Charakter einer geschützten und abgeschirmten Lebensphase und unterscheidet sich in den sozialen und psychischen Anforderungen teilweise nur noch wenig vom Jugend- und vom Erwachsenenalter. Kinder erleben heute wie Jugendliche und Erwachsene die Vorteile und Nachteile einer offenen und zugleich leistungsorientierten und medienbestimmten Gesellschaft. Sie können sich in ihrem Freizeitbereich im historischen Vergleich gesehen ungewöhnlich frei bewegen und teilweise souveräner im Umgang mit den Angeboten des Konsum- und Medienmarktes umgehen als ihre eigenen Eltern. Zugleich fühlen sie sich aber unter Leistungsdruck an ihrem „Arbeitsplatz", der Schule. In diesem Sinne stellt der Sozialisationsprozess an sie sehr hohe Anforderungen. Sie stehen quasi wie die Erwachsenen schon mitten im Leben und müssen viele Spannungen bewältigen, die sich aus der Alltagsgestaltung ergeben. Einen Schutz- und Schonraum, wie ihn pädagogische Konzepte noch im 20. Jahrhundert für die gesunde Entwicklung von Kindern für absolut notwendig hielten, gibt es in diesem Sinne heute nicht (vgl. Dippelhofer-Stiem 1995).

V.2. Lebensphase Jugend

Die Lebensphase Jugend ist traditionell als Übergangsphase zwischen der abhängigen Kinderzeit und der unabhängigen Erwachsenzeit definiert. Durch gesellschaftliche, kulturelle und wirtschaftliche Veränderungen aber hat sie sich so stark ausgedehnt, dass von einer eigenständigen Phase im Lebenslauf gesprochen werden muss, die bis zu 15 Lebensjahre umfassen kann.

Die typischen Entwicklungsaufgaben im Jugendalter sind die Bewältigung der Geschlechtsreife, die Akzeptanz der körperlichen Veränderungen, die Entwicklung von psychischer und sozialer Identität, die Weiterentwicklung der schulischen Leistungsfähigkeit, die Einleitung der inneren Ablösung von den Eltern, der Aufbau von Beziehungen zu Altersgenossen beiderlei Geschlechts und die Festigung der Übernahme der männlichen und weiblichen Geschlechtsrolle. Am Ende der Jugendphase ist die schulische Ausbildung abzuschließen, die emotionale Unabhängigkeit von den Eltern herzustellen, der Eintritt in eine berufliche Karriere vorzubereiten, ein eigenes Wertsystem als Leitfaden für das Verhalten zu entwickeln, eine stabiles Selbstbild und eine Ich-Identität aufzubauen und eine intime und sexuelle Beziehung zu entwickeln.

In der Abfolge der Lebensphasen häufen sich in der Jugendzeit besonders tiefgreifende und intensive Entwicklungsaufgaben. Deswegen kann dieser Lebensabschnitt auch für die Grundlegung wichtiger Persönlichkeitsstrukturen und Verhaltensmuster als ausschlaggebend gelten. Unter den heutigen Lebensbedingungen sind im Jugendalter die Chancen für den Aufbau der personalen Identität, also eines individuellen Selbstbildes sehr hoch, weil traditionelle Vorgaben an Rollenverhalten und Wertorientierungen schwinden. Zugleich aber sind hiermit auch die Ansprüche gestiegen, eine eigene Lösung für die vielfältigen Aufgaben und Probleme des Alltags zu finden. Der Druck auf autonome und selbständige Sinngebung und Lebensorientierung ist entsprechend hoch. Angebote aus der sozialen Umwelt für die Stabilisierung der sozialen Identität sind hingegen selten und oft widersprüchlich, Möglichkeiten der Übernahme von sozialer Verantwortung sind klein, die Chancen für den Übergang in den anerkannten wirtschaftlichen Status des Erwerbsbürgers verzögern sich immer mehr. Die Herausforderungen an die Bewältigung des Sozialisationsprozesses sind hieran gemessen sehr hoch (vgl. Gröppel 2005).

V.3. Lebensphase Erwachsener

Der Eintritt in die Lebensphase Erwachsener ist traditionell durch die Übernahme der Rolle des Erwerbstätigen und des (traditionellerweise verheirateten) Elternteils definiert. Durch die veränderte Gestalt der Lebensphase Jugend werden diese beiden sozialen Meilensteine im Lebenslauf heute zu sehr unterschiedlichen Zeitpunkten – bei einem Teil der Population sogar gar nicht – passiert. Dadurch erfolgt der Eintritt in die Lebensphase Erwachsener heute in der Regel relativ spät im Lebenslauf. Für den immer größer werdenden Anteil von Menschen, die nicht in fester Erwerbs- und Ehebeziehung leben, kommt sogar dazu, dass viele Gesellschaftsmitglieder nach der traditionellen Definition den Status Erwachsener gar nicht erreichen.

In sozialisationstheoretischer Perspektive ist es deswegen sinnvoll, den Eintritt in das Erwachsenenalter nicht mehr schematisch an die beiden Ereignisse der Berufstätigkeit und der Heirat zu koppeln, sondern stattdessen das Erreichen einer weitgehend selbständigen privaten und wirtschaftlichen Lebensführung als Kriterium heranzuziehen. In der Erwachsenenphase befindet sich die Persönlichkeit nicht mehr im Prozess des grundlegenden Ausbaus und der Subjektbildung im engeren Sinne, sondern der Umgestaltung und Modifikation bereits bestehender Strukturen. Frühere Wünsche und Zielvorstellungen für den Lebenslauf werden in der Lebensmitte aufgefrischt und reaktiviert, sie werden zu einem Bestandteil des Selbstbildes, mit dem man sich nun unter den aktuellen Bedingungen arrangieren muss. Entsprechend gehört in der Schlussphase des Erwachsenenalters die Festigung und ständige Neudefinition der Partnerbeziehung, die Neugestaltung der Partnerbeziehung nach Trennung und Tod, die Ablösung von den eigenen Kindern, die Einleitung der altersbedingten körperlichen Umstellung und das Auslaufen der beruflichen Karriere zu den zentralen Entwicklungsaufgaben.

V.4. Lebensphase hohes Alter

Die Lebensphase des hohen Alters lässt sich durch den Austritt aus dem Erwerbsleben und die Einnahme neuer Rollen im sozialen Netzwerk charakterisieren. Zu den zentralen Entwicklungsaufgaben gehört es, sich auf diese soziale Ausgliederung einzustellen, am Ende des Lebens den Tod des Partners oder der Partnerin zu überwinden, mit den schwindenden Körperkräften hauszuhalten, mit chronischen Krankheiten zu leben, den Verlust der Selbstversorgungsfähigkeit zu ertragen und schließlich eine Haltung zum Sterben zu entwickeln. Der Prozess des Alterns ist ein komplexes Zusammenspiel zwischen körperlichen und psychischen Merkmalen und den Bedingungen der räumlichen, sozialen und institutionellen Umwelt.

Zum normalen biologischen und physiologischen Altern gehört der Verlust der Vitalkapazität des Organismus, der sich in Anpassungsschwierigkeiten und Ausgleichsproblemen einzelner Organe und Funktionssystem ausdrückt. Entsprechend groß sind die Anforderungen an die subjektive Verarbeitung und Bewältigung dieser Prozesse. Es werden also wiederum typische und neuartige Herausforderungen für die Auseinandersetzung mit der veränderten inneren und äußeren Realität von einem Menschen verlangt.

VI. Die Familie als Sozialisationsinstanz

Die Familie ist in fast allen Gegenwartsgesellschaften die elementare Sozialisationsinstanz. Die meisten Kinder werden in eine Familie hineingeboren und gehören ihr während des gesamten Lebenslaufs an.

Unter Familie kann eine über viele Jahre andauernde Lebensgemeinschaft von jeweils mindestens einem Angehörigen zweier Generationen verstanden werden, wobei meist (aber nicht immer – siehe die Pflege älterer Familienmitglieder) der Angehörige der älteren Generation für die Versorgung, Erziehung und Unterstützung des Angehörigen der jüngeren Generation zuständig ist (vgl. Kreppner 1991). Vor allem in den ersten zehn Lebensjahren des Lebenslaufs ist die Familie die dominierende Instanz für die Koordination aller Kompetenzen und Fertigkeiten, die zur Bewältigung der Entwicklungsaufgaben von Kindern notwendig sind. Eltern werden zum „sozialen Modell", über das Kinder die Muster lernen, um Verhaltensweisen zu erwerben, die sie befähigen, am sozialen Leben auch außerhalb der Familie teilzuhaben und sich den Anforderungen in Kindergarten, Schule, Nachbarschaft, Gleichaltrigengruppe und im Medien- und Konsummarkt zu stellen. Der Schwerpunkt der Sozialisationsleistung der Familie liegt entsprechend in der Grundlegung von sozialen Kompetenzen und emotionalen Fähigkeiten. Aber auch die wichtigsten kognitiven Kompetenzen werden stark durch die Familieneinflüsse geprägt.

Der dominante Sozialisationseinfluss der Familie schwindet mit dem Eintritt der Kinder in die Pubertät, weil jetzt die Gleichaltrigengruppe und der Freizeitsektor vor allem mit seinen Medienangeboten starken Einfluss auf die Impulse der Persönlichkeitsentwicklung und des sozialen Verhaltens nehmen. Aber auch schon in der Kinderphase muss die Familie ihren Sozialisationseinfluss zunehmend mit formalen gesellschaftlichen Erziehungs- und Bildungsinstitutionen teilen. Kindertagestätten und Schulen erobern im Laufe der Jahrzehnte immer größere zeitliche Anteile in der Tages- und Lebensgestaltung der heranwachsenden Generation.

VII. Kindergarten und Schule als Sozialisationsinstanz

Der Kindergarten gilt heute als ein Ort gezielten Lernens, wobei die Förderung kognitiver Fähigkeiten und vor allem die Ziele einer kompensatorischen Erziehung im Vordergrund stehen. Mit Lern- und Denkspielen, Sprachtrainingsprogrammen und der Förderung der Intelligenz wird versucht, sozial und familial benachteiligte Kinder besonders zu stärken. Auch die sozial-emotionale Komponente der Entwicklung von Kindern mit der Stärkung ihrer Kommunikations- und Konfliktfähigkeit, Selbständigkeit und Verantwortungsfähigkeit wird heute stark betont (Dollase 1985). Auf diese Weise stellt der moderne Kindergarten einen Lebensraum zur Verfügung, in dem Kinder die Möglichkeit zur Auseinandersetzung mit ihrer Umwelt finden und die Herausforderungen von innerer und äußerer Realität annehmen können. Diese vielfältigen Sozialisationseinflüsse können in Ergänzung oder auch in Widerspruch zu den Einflüssen der Familie treten.

Seit der Einführung der rechtlich verbindlichen Schulpflicht um etwa 1900 ist die Institution Schule eine dominierende Sozialisationsinstanz für Kinder (vgl. Tillmann 2002). In den meisten Ländern unterliegen Kinder ab fünf oder sechs Jahren der gesetzlichen Besuchspflicht und verbringen einen großen Teil ihrer täglichen Zeit und ihrer Lebenszeit in dieser Institution. Die Bewältigung schulischer Leistungsanforderungen ist in den heutigen Gesellschaften wohl eine der anspruchsvollsten und für die Zukunft eines Kindes folgenreichsten Entwicklungsaufgaben. Die Schule verlangt komplexe Verhaltens-, Interaktions- und Kommunikationsfähigkeiten, weil sie ein großes soziales System mit ineinander verschachtelten Rollen und Beziehungsstrukturen darstellt (vgl. Kohlberg 1974). Im Unterschied zum Kindergarten steht in ihr die Förderung der intellektuellen und nicht der sozialen Kompetenz im Vordergrund. Der schulische Erfolg von Kindern wird heute als eine entscheidende Vorbedingung für die Sicherung des sozialen Status nicht nur des Kindes sondern auch seiner Familie gewertet. Dadurch steigt in der Wahrnehmung vor allem der Älteren die lebensgeschichtliche Bedeutsamkeit der Schulzeit ihrer Kinder und des schulischen Leistungserfolges. Die schichtspezifische Sozialisationsforschung arbeitet diese Zusammenhänge systematisch heraus (vgl. Rolff 1980^9).

VIII. Sozialisationsinstanz Gleichaltrigengruppe

Zu den zentralen Sozialisationsinstanzen gehören heute typischerweise auch viele aus dem „Freizeitbereich". Darunter sind als dominante soziale Gesellschaftsform am Ende des Kindesalters und vor allem in der Jugendzeit die Gleichaltrigengruppen, die nach der Ablösung von den Eltern einen starken Einfluss auf Wertorientierungen und Verhaltensmuster ausüben (vgl. Fend 2000). Gleichaltrigengruppen sind in vielerlei Hinsicht Übungs- und Trainingsräume für das Sozialleben in modernen Gesellschaften. Sie sind der Inbegriff eines flexiblen Netzwerkes aus Personen, auf die man hilfesuchend zurückgreifen kann. Um mit der Offenheit der Lebensphase Jugend umgehen zu können, müssen Jugendliche zum Beispiel vielgestaltige Verbindungen und Kontakte haben, die sie auf dem Weg durch Bildungs-, Beschäftigungs-, Wohnungs-, Freizeit-, Wert- und Gesundheitssysteme unterstützend begleiten. Die Gleichaltrigengruppe kann alle diese Funktionen leisten und ist auch für existenzielle Krisen und emotionale Bedürfnisse bedeutsam. Sie trägt dazu bei, die Entwicklungsaufgaben des Jugendalters flexibel zu bewältigen.

Gleichaltrigengruppen sind auch ausschlaggebend für die schrittweise soziale Integration in den Konsum- und Medienbereich. Sie unterstützen ihre Mitglieder in der Kompetenz, mit den Anforderungen eines kommerzialisierten und werbegesteuerten Marktes umgehen zu können. Sie kanalisieren die Einflüsse von Medien und bieten Anhaltspunkte für die Aneignung ihrer Botschaften. Durch die intensive Zuwendung von Jugendlichen zu heutigen interaktiven Medien haben sie die historisch wohl erstmalige Chance einer vollwertigen informativen Teilnahme am gesellschaftlichen Leben. Die intensiven Erfahrungen, die im Kindes- und vor allem Jugendalter gemacht werden, sind heute typischerweise modellgebend für die Erwachsenen und die ältere Generation, die mit den Herausforderungen moderner Medien meist erheblich größere Schwierigkeiten hat als die junge Generation.

IX. Der Einfluss sozialer Lebenslagen

Die schon erwähnte schichtspezifische Sozialisationsforschung hat die Bedeutsamkeit der Familie als Vermittlungsinstanz für die Reproduktion sozialer Ungleichheit hervorgehoben (vgl. Rolff 1980^9). Danach entscheidet die Berufs- und Bildungsposition der Eltern maßgeblich über ihren Erziehungsstil und damit die zentralen Impulse für die Persönlichkeitsentwicklung.

Eine präzisierte Bestimmung lebenslagenspezifischer Bedingungen der Persönlichkeitsentwicklung versuchte vor allem Kohn (1981). Er untersuchte die sozialen und materiellen Lebensbedingungen mit lebenslagenspezifischen Indikatoren (neben Einkommen, Besitz, Berufsposition auch Wohnsituation, Infrastrukturversorgung usw.). Gleiche Lebenslagen sind jeweils durch eine spezifische Ausprägung dieser Indikatoren gekennzeichnet. Kohn konzentrierte sich in seinen Untersuchungen auf Auswirkungen der Arbeits- und Berufsbedingungen erwachsener Familienmitglieder für die Persönlichkeitsentwicklung. Nach seinen Untersuchungen tragen Eltern diejenigen Wertvorstellungen und Lebensstile in den familialen Erziehungsprozess hinein, die sie selbst an ihrem Arbeitsplatz als bedeutsam wahrnehmen.

Nach diesen Studien haben sich in den hoch entwickelten Gesellschaften die Lebensbedingungen der unterschiedlichen Bevölkerungsgruppen durch ein ausgebautes Wohlfahrtssystem stark aneinander angeglichen. Dennoch gibt es immer noch spürbare Unterschiede zwischen verschiedenen Bevölkerungsschichten, die über den familialen Sozialisationsprozess Auswirkungen auf die Persönlichkeitsentwicklung haben (vgl. Hradil 1999). Von großer Bedeutung ist dabei die Qualität und Länge der Bildung und Ausbildung und die Art und Weise der Arbeits- und Berufstätigkeit. Die Arbeits- und Berufserfahrungen von Eltern haben zwar keinen direkten Einfluss auf ihr Erziehungsverhalten, doch sie strahlen über unterschiedliche Persönlichkeitsmerkmale und Einstellungen auf das soziale Klima und die Beziehungsmuster des Umgangs in der Familie und damit auch auf das Erziehungsverhalten aus (vgl. Tillmann 2002).

Väter und Mütter, die an ihrem Arbeitsplatz einen hohen Grad von Selbständigkeit und viel Entscheidungsbefugnisse gewohnt sind, übertragen diese Situation in den Familienbereich. Sie neigen dazu, auch bei ihren eigenen Kindern Selbständigkeit und Selbststeuerung hoch zu bewerten und positiv zu belohnen. Je weniger eigene Einfluss- und Kontrollmöglichkeiten Väter und Mütter an ihren Arbeitsplätzen haben, desto weniger Selbstentfaltungsmöglichkeiten räumen sie ihren Kindern ein.

Je einfühlsamer Eltern auf die Persönlichkeitsmerkmale eines Kindes eingehen, je mehr Anregungen und Entfaltungsmöglichkeiten sie dem Kind einräumen, je klarer sie dabei auch die eigenen Wertvorstellungen und Verhaltenserwartungen definieren, desto günstiger sind die Entwicklungsvoraussetzungen für das Kind (vgl. Dippelhofer-Stiem 1995).

Langfristig führt diese Entwicklung dazu, dass das Kind auch mit den besseren Schulabschlüssen die Schule verlassen und in gehobene und karrieremäßig aussichtsreiche berufliche Positionen einmünden kann. In diesem Sinne kann von einer sozialen Übertragung ("sozialen Vererbung") der Lebenslagenzugehörigkeit von einer Generation in die nächste gesprochen werden (vgl. Grundmann 1994).

Neben der elterlichen Arbeitserfahrung spielen auch materielle, soziale und Wohnbedingungen der Familienmitglieder für die Sozialisation eine wichtige Rolle. Die Ausstattung des Wohngebietes mit Kindergärten, kulturellen Einrichtungen und Spielplätzen ist von ebenso großer Bedeutung wie die Ausstattung der Wohnung selbst, ihre Größe und Einrichtungsqualität sowie auch das soziale Umfeld der Wohnung. Häufig ist ein Zusammenhang dieser Gegebenheiten mit der finanziellen Lage der Familie zu erkennen, und diese hängt nach wie vor sehr stark von der beruflichen Position der Eltern ab.

X. Lebenslage, Schullaufbahn und Sozialstatus

Am Ende der Jugendphase ist durch Ausbildungsabschluss und Berufseintritt eine den weiteren Lebenslauf vorbestimmende Verortung einer Person in der sozialen Privilegienstruktur der Gesellschaft erfolgt. In keinem Land der Welt sind die Kinder aus verschiedenen sozialen Lebenslagen ihrem proportionalen Anteil an der Gesamtbevölkerung entsprechend in den verschiedenen Bildungsgängen und unter den Absolventen dieser Bildungsgänge vertreten.

Vom ersten Schultag an schneiden Kinder aus den wohl situierten Familien leistungsmäßig besser ab als die übrigen, und diese Privilegierung setzt sich, zunehmend verstärkt, über die gesamte Schulzeit hinweg fort. Die Kinder aus den niedrigen sozialen Schichten werden offensichtlich den spezifischen kognitiven und sozialen Erwartungen und Anforderungen der Schule im Durchschnitt weniger gerecht als die übrigen Kinder. Sie erleben eine Spannung zwischen der Familien- und der Schulkultur, die ihnen eine nur gebrochene Identifikation mit den schulischen Anforderungen ermöglicht, und erfahren meist eine ungesicherte und distanzierte Unterstützung durch ihre Eltern, was ihre schulische Leistungsfähigkeit negativ beeinflusst.

Die Familien in allen Lebenslagen und sozialen Schichten suchen über die Investition von „Bildungskapital" in Gestalt der (Aus-)Bildung der Kinder ihre Position in der sozialen Markt- und Privilegienstruktur zu halten oder zu verbessern. Viele Familien sind bemüht, durch spezifische Verhaltensstrategien auf dem Bildungsmarkt Vorteile gegenüber den anderen Gruppen zu erlangen, also eine Änderung der gegebenen Ungleichheitsverhältnisse zu ihren Gunsten zu erreichen. Dadurch wird die Bildungsnachfrage allgemein in die Höhe getrieben (vgl. Fend 2000).

Die Kinder aus den Mittelschicht- und Oberschichtfamilien müssen Strategien entwickeln, um dem sozialen Abstieg zu entgehen und in die für ihre Schicht typische Laufbahn einmünden zu können. Die Kinder aus den übrigen Schichten müssen sich bemühen, trotz verschärften Wettbewerbs eine möglichst günstige Ausgangsposition für den Übergang ins Berufsleben zu gewinnen. Um ein bestimmtes Anspruchsniveau der beruflichen Tätigkeit sicherzustellen, muss die jeweils beste Ausgangsposition für die nachschulische Laufbahn erworben werden. Das Bemühen aller sozialen Schichten richtet sich deshalb auf das hochwertigste erreichbare Schulabschlusszertifikat.

In den hohen Leistungserwartungen sind auch Risikofaktoren für die Persönlichkeitsentwicklung zu sehen. Wegen der hochgeschraubten Anforderungen im Beschäftigungssystem sind hochqualifizierende Schulabschlüsse schon fast zu einem "Muss" für Jugendliche geworden. Wie Untersuchungen zeigen, ergibt sich hieraus ein hoher unterschwelliger Leistungsdruck der Eltern gegenüber den eigenen Kindern, der bei Versagenserlebnissen zu psychischen Überforderungen und psychosozialen und psychosomatischen Störsymptomen führen kann (vgl. Hurrelmann 2000).

Literatur

Bandura, A. (1979): Sozial-kognitive Lerntheorie. Stuttgart.
Bronfenbrenner, U. (1981): Die Ökologie der menschlichen Entwicklung. Stuttgart.
Clausen, J. A. (Hrsg.) (1968): Socialization and Society. Boston.
Dollase, R. (1985): Entwicklung und Erziehung. Stuttgart.
Dippelhofer-Stiem, B. (1995): Sozialisation in ökologischer Perspektive. Opladen.
Durkheim, E. (1972): Erziehung und Soziologie. (Orig. 1907). Düsseldorf.
Fend, H. (2000): Entwicklungspsychologie des Jugendalters. Opladen.
Geulen, D. (2005): Subjektorientierte Sozialisationstheorie. Weinheim.
Goslin, D. A. (Ed.) (1969): Handbook of socialization theory and research. Chicago.
Gröppel, R. (2005): Das Jugendalter. Stuttgart.
Grundmann, M. (1994): Das „Scheitern" der sozialstrukturellen Sozialisationsforschung oder frühzeitiger Abbruch einer fruchtbaren Diskussion? Zeitschrift für Sozialisationsforschung und Erziehungssoziologie 14, 2, S. 163-186.
Grundmann, M. (2006): Sozialisation. Konstanz.
Hradil, S. (1999): Soziale Ungleichheit in Deutschland. Opladen.
Hurrelmann, K. (2000): Gesundheitssoziologie. Weinheim.
Hurrelmann, K. (2002^8): Einführung in die Sozialisationstheorie. Weinheim.
Hurrelmann, K. (2005^8): Lebensphase Jugend. Weinheim.
Hurrelmann, K./ Bründel, H. (2003): Einführung in die Kindheitsforschung. Weinheim.
Hurrelmann, K./ Ulich, D. (Hrsg.) (1991): Neues Handbuch der Sozialisationsforschung. Weinheim.
Kohlberg, L. E. (Hrsg.) (1974): Zur kognitiven Entwicklung des Kindes. Frankfurt a.M.
Kohn, M. L. (1981): Persönlichkeit, Beruf und soziale Schichtung. Stuttgart.
Kreppner, K. (1991): Sozialisation in der Familie. In: Hurrelmann, K./Ulich, D. (Hrsg.): Neues Handbuch der Sozialisationsforschung. Weinheim, S. 321-334.
Rolff, H.-G. (1980^9): Sozialisation und Auslese durch die Schule. Heidelberg.
Tillmann, K.-J. (2002): Sozialisationstheorien. Reinbek.

Kapitel 3: Sozialisation

MICHAEL WINKLER

B: Probleme der sozialen Identität

I. Identität – vordergründig klar und doch undeutlich

Identität scheint im pädagogischen Denken geklärt und selbstverständlich, Identitätsarbeit zur biographischen Vergewisserung gilt als verbindliche Methode des pädagogischen Handelns in allen Lebensphasen. Denn regelmäßig erleben Menschen in ihren Entwicklungs- und Bildungsprozessen einen Wechsel zwischen Lebenszusammenhängen, der infrage stellt, was sie bislang erfolgreich angeeignet haben. Sie müssen Änderungen ihrer sozialen und kulturellen Umstände verarbeiten, die eigene Vergangenheit und Erinnerung bewahren und sich in der neuen Lebenssituation bewähren, um sich mit ihrem Ich und ihrer Biographie behaupten, ohne sich dem Neuen zu verweigern. Solche dramatischen, zuweilen krisenhaften Übergänge, solche Herausforderungen an die eigene Identität, an das Gefühl und die Erfahrung eigener Unverwechselbarkeit bilden vielfältig Probleme der Identität: so stellen Pubertät oder der gewundene Weg zum Erwachsensein Bühnen für Inszenierungen wechselnder Identität dar. Der Übergang von der allgemeinbildenden Schule in die berufliche Bildung erschüttert die Identität; Identitätsprobleme treten in modernen Formen familiären Zusammenlebens oder bei jungen Menschen auf, welche in Pflegefamilien aufwachsen oder adoptiert werden. Menschen mit Migrationshintergrund stehen im Konflikt zwischen der Kultur ihrer Herkunftsgesellschaft und der der Einwanderungsgesellschaft. Zu fragen ist: Wie kann man dem Einzelnen Handlungsmöglichkeiten in einer für ihn neuen Gesellschaft und Kultur eröffnen, ohne seine Erinnerungen und Erfahrungen zu negieren?

Identität steht also für ein Problem fachlichen pädagogischen Handelns, stellt aber auch Bedingung und Grundlage für dieses dar. Sie muss beachtet und darf nicht verletzt werden. Identität markiert endlich ein Ziel pädagogischen Handelns. Etwas ironisch könnte man also sagen: Ohne Identität geht in der Pädagogik eigentlich nichts. Möglicherweise macht aber genau dies den Begriff verdächtig; einer knappen Erörterung entzieht sich das Konzept jedenfalls: So liegt eine Schwierigkeit schon darin, dass Identität stets aus zwei Perspektiven bestimmt wird. Auf der biologischen Grundlage seiner Einmaligkeit spricht sich das einzelne Subjekt einerseits selbst Identität zu, die es als sein Verhältnis zu einer Gesellschaft und ihrer Kultur behauptet, als Besonderheit oder als Zugehörigkeit. Identität ist insofern ein *subjektiv-reflexives* Konzept, das mit Selbstvergewisserung sowie damit zu tun hat, dass der Einzelne sich in der Welt orientieren und einordnen kann, um so Sicherheit zu gewinnen. Auf der anderen Seite wird Identität dem Individuum sozial zugesprochen, das Subjekt wird sozial und kulturell zugeordnet. Identität hat dann einen *objektiven* Sinn: Menschen finden ihre Identität durch die Normen und Regeln einer

Gruppe, welchen sie sich beugen oder aber durch schlichte Zuordnung, wenn nicht gar Stigmatisierung.

Identität hält also Eigenart *und* Zugehörigkeit fest. So paradox das klingt: Identität zeichnet aus, dass das Denken, Fühlen und Handeln Einzelner zwar unverwechselbar ist, während doch in solcher Eigenart eines Einzelnen und Besonderen gemeinsame Züge einer Gesellschaft oder Kultur zum Ausdruck kommen, die als typisch gelten können und zuweilen Vorurteile bestätigen.

II. Kleine Theorie der Identität

Im mathematischen und logischen Zusammenhang wird von Identität gesprochen, wenn in einer Relation Gleichheit besteht. Elemente gelten als identisch, wenn sie eindeutig übereinstimmen. Logische Identität ist mit der Aussage gegeben: $x = x$. Solche Vorstellungen klingen nach, wenn Ausweisdokumente eindeutig der Person entsprechen sollen, die sich ihrer bedient. Doch selbst die Annahme, dass sich Identität über die körperliche Unverwechselbarkeit ergibt, gilt nur für DNA, Blutzusammensetzung, Pupilleniris oder Fingerlinien. Ansonsten bildet sich sogar der Körper durch kulturelle und soziale Einflüsse; verfügt über eine Art Leibgedächtnis, in welchem die Erfahrung mit anderen Spuren hinterlässt (vgl. Haneberg 1995).

Sozial- und erziehungswissenschaftlich stellt Identität einen komplizierten Sachverhalt dar. Sie erwächst aus einem material determinierenden sozialen Prozess, ist an Symbole und Ideen gebunden, hat endlich mit subjektiver Selbstdeutung zu tun, die aufgespannt zwischen „Ich" und „Wir", zuweilen im Hinweis auf „die da" gründet. Identität formt sich *einerseits* in einem sozialen Prozess der objektiven Bestimmung des Individuums in seinem Sozialisationsprozess und in einem meist kollektiv erzeugten Urteil über den Einzelnen – bis hin zur Ausgrenzung in prekärer Identität. Identität hängt also mit der Gesellschaftlichkeit des Menschen als einem Konstitutivum seines wirklichen Lebens zusammen. Identität entsteht *andererseits*, indem sich das Individuum zu seiner Herkunft und Gruppe bekennt oder aber sich ausdrücklich von dieser distanziert – allzumal bei der Zugehörigkeit zu einer Glaubensgemeinschaft spielen solche (negierten) Zugehörigkeiten eine wichtige Rolle. Paradoxerweise ist also *soziale* Identität eng mit der Vorstellung von einem „Ich" verbunden; Zeichen der Zugehörigkeit werden dann vom Subjekt getragen, ein Kreuz am Halskettchen, ein Aufkleber auf dem Auto, zuweilen in provozierender Distanzierung.

Identität verweist also auf eine Hermeneutik des Subjekts, in welcher sich dieses auf die sozial und kulturell gebundenen Lebensweisen und die so für seine Selbstaneignung und Selbstdarstellung verfügbaren „Codes" bezieht (vgl. Keupp 2005[3], S. 807), um sich in seiner Individualität darzustellen. Diese Hermeneutik des Subjekts beschränkt sich nicht in einem Selbstbezug, sondern ist auf ein Allgemeines angewiesen, das ein Bild von Konsistenz und Kohärenz gibt: Identität setzt das Gefühl voraus, sich in einer Welt zu befinden, die man verstanden und in der man sich eingeordnet hat. Der Begriff „Sinn" spricht dies aus: Eigene Identität entdeckt und erfährt man jedoch nur, wenn die Welt zulässt, dass man in ihr einen Lebenssinn entdeckt, der existenziell bedeutsam wird. Lebensformen können dabei objektiv

„unvernünftig" und „ungerecht" sein, dennoch kann der Angriff auf sie als Identitätszerstörung empfunden werden (vgl. Moore 1982). In einer Gesellschaft, die dem Einzelnen keinen besonderen Rang einräumt, fällt es hingegen schwer, sein Ich überhaupt auszusprechen.

Identität verfügt über eine *strukturelle* wie eine *prozessuale* Dimension. Strukturell hat Identität mit Kohärenz in Situationen zu tun. Es geht um Berechenbarkeit. Für Aufregung sorgt daher die gespalten erscheinende Person, die an einer Psychose oder gar an Schizophrenie leidet. Auch notiert man, wie jemand nicht mehr ganz bei sich, außer sich vor Wut sei oder – milder – neben sich stehe. Insofern meint Identität *Konstanz* im Verhältnis des Einzelnen zum Ganzen einer Gesellschaft und ihrer Kultur. Identität hat aber auch mit *Veränderung* zu tun: *Das bin ich gewesen?* zweifelt die junge Erwachsene angesichts der Bilder aus ihrer Kleinkindzeit. Aufgrund von Entwicklung und Erfahrungen, in Lernprozessen verändert sich die vorgeblich *eine* und *gleiche* Person in ihrem Lebenslauf. Nichts dazu gelernt zu haben, aus Schaden nicht klug geworden zu sein, wirft man jemandem vor, der doch nur seine Identität bewahrt hat. *Das ist halt so seine Art, der ändert sich nie!*

Identität verweist also weniger auf eine feste, bestimmte Größe in der eigenen Existenz, sondern eher auf einen diskursiven Zusammenhang in einem Bedeutungsfeld, dem die Vorstellungen von Individuum und Individualität, von Unverwechselbarkeit und Einmaligkeit, von Freiheit, eigenem Willen, Integration und Abhängigkeit (vgl. Bauman 2000a, bes. S. 33 ff.), sowie die Konzepte der Person und des Subjekts bis hin zur Idee der Würde des Menschen angehören. Identität spricht sich nämlich darin aus, ob und wie ein Subjekt einen Entwurf von sich und seiner Zukunft macht. Zum Bedeutungsfeld von Identität gehören zudem Aufrichtigkeit im Gegensatz zu Lüge, Verstellung oder Verleugnung; Selbstüberwindung markiert einen strittigen Fall: *Spring doch endlich einmal über deinen Schatten* verlangt, ein anderer zu werden, als man doch ist. Identität scheint zugleich an Authentizität gebunden, die in Spannung zu Objektivität und Wahrheit steht. Identität kann sogar mit einer Lebenslüge einhergehen. Einen schwierigen Fall stellt die Selbstinstrumentalisierung dar, wie sie den Schauspieler auszeichnet (der mit der Rolle identifiziert wird, die ihn bekannt gemacht hat). Nicht zuletzt inszenieren sich Pädagogen mit allem Ernst, um Wirkungen zu erreichen.

III. Linien des Nachdenkens über Identität

Das Problem der Identität klingt schon in der antiken Philosophie an. Platon verlangt in den Nomoi, „zu werden, was man bereits ist", Sokrates hebt mit seiner Mäeutik nur in das Bewusstsein, was vorhanden ist. Die monotheistischen Religionen führen Unverwechselbarkeit und Einmaligkeit des Einzelnen auf seine Ebenbildlichkeit zu Gott zurück. Insbesondere das Judentum betont das Identitätsdenken, wenn es die Bedeutung des Namens hervorhebt. Einen Stiftungstext des identitätsbezogenen Denkens bieten die *Bekenntnisse*, in welchem Augustinus sein Selbst im Verhältnis zu Gott klärt. Pico versteht endlich die Würde des Menschen als darin gegeben, dass er sich selbst bestimmt. Descartes sieht alle Erkenntnis im Subjekt verbürgt, sofern dieses als vernünftiges denkt; *cogito ergo sum*, hält den Gewissheitsgrund der Erkenntnis im Subjekt selbst fest. Vico sieht die Geschichte gewordene Praxis als den erkennbaren Seinstatsbestand von Menschen an; ihre Identität wurzelt demnach in historischer Praxis. Allein Pascal meldet Skepsis an.

Mit dem 18. Jahrhundert vollzieht sich der endgültige Durchbruch des modernen Identitätsdenkens, weil es allein das „Denken aus der Gewissheit des Selbstbewußtseins" (Frank 1991, S. 79) gelten lassen will – gleich ob Verstand und Vernunft als Grund gelten, oder – wie bei Rousseau – das subjektive Gefühl im Zentrum des biographischen Erlebens stehen. In dieser Sattelzeit des Identitätskonzepts wird es – der Sache nach – in die Pädagogik eingeführt, denn für die Aufklärung bringt Erziehung die Einzelnen zur Vernunft – durchaus mit der Gefahr, dass die Vollkommenheit und Eigenheit des Einzelnen seiner Nützlichkeit und Brauchbarkeit aufgeopfert wird. Die Frage nach der Identität steht nicht minder im Hintergrund der klassischen und idealistischen Philosophie. Fichte stellt mit einem geradezu hypertrophen Anspruch das Subjekt in den Mittelpunkt eines identitätsphilosophischen Denkens, Hegel aber begreift die Dialektik, in welcher alle Identität des Einzelnen an dem sich selbst noch historisch entwickelnden Geist und durch diesen hindurch entsteht. Menschen geben ihre Natureigenheit auf, um am vernünftigen Geist und dem teilzuhaben, was sie eigentlich erst zu Menschen qualifiziert und ihnen die Identität des Humanen gibt. Der damit gemeinte Bildungsprozess vollzieht sich allerdings durch Entäußerung und Entfremdung, schmerzhaft, weil das ursprünglich eigen Erscheinende aufgegeben werden muss. Marx folgt dem, indem er deutlich macht, dass das Wesen des Menschen durch den historisch-gesellschaftlichen Prozess bestimmt wird, der aber gestaltet werden kann und muss. Friedrich Schleiermacher wird hingegen deutlich, wie Identität durch den – in der französischen Revolution sichtbar gewordenen – Bruch problematisch wird, der als Diskontinuität menschliche Entwicklung grundsätzlich prägt. Zugleich erkennt er, wie Gesellschaft in unterschiedliche Sphären zerfällt, die im pädagogischen Prozess nicht ignoriert werden dürfen. Erziehung wird also nötig, um einen Bildungsprozess überhaupt erst zu ermöglichen, in welchem das Subjekt der historischen wie der in Gesellschaften gegebenen Diskontinuität antwortet – er macht erstmals für die pädagogische Theorie das *Problem* der Identität zum Thema (vgl. Winkler 1979, 2000). Herbart setzt sich kritisch mit Fichte auseinander, um in seiner Psychologie zu dem nüchternen Befund zu kommen, dass wir „außer dieser individuellen Ichheit noch eine andre" haben (Herbart 1890, S. 239), die unvermeidlich sozial konstituiert ist: „Der Mensch ist Nichts außer der Gesellschaft. Den völlig Einzelnen kennen wir gar nicht; wir wissen nur soviel mit Bestimmtheit, dass die Humanität ihm fehlen würde. Noch mehr: wir kennen eigentlich nur den Menschen in gebildeter Gesellschaft" (Herbart 1892, S. 16).

So entstehen die Denkstellungen zum Problem der Identität, welche die Debatte im 20. Jahrhundert beherrschen. George Herbert Meads grundlegende Untersuchung „Mind, Self and Society" ist durch den Idealismus Hegels (und Schleiermachers) beeinflusst, über den amerikanischen Pragmatismus knüpft er an Herbart an. Als Sozialbehaviorist beschäftigt ihn, wie menschliches Verhalten zu begreifen ist. Das Individuum nimmt das Allgemeine von Gesellschaft als einen universalisierten Anderen in sich auf und macht dies zu seinem Selbst. „Die organisierte Gemeinschaft oder gesellschaftliche Gruppe, die dem Einzelnen seine einheitliche Identität gibt, kann ‚der [das] verallgemeinerte Andere' genannt werden. Die Haltung dieses verallgemeinerten Anderen ist die der ganzen Gemeinschaft" (Mead 1973, S. 196). Dabei ist das „Wesen der Identität [...] kognitiv. Es liegt in der nach innen verlegten Übermittlung von Gesten, die das Denken ausmacht oder in deren Rahmen Denken oder Reflexion abläuft. Daher ist der Ursprung und die Grundlage der Identität ebenso wie die des Denkens gesellschaftlicher Natur" (Mead 1973, S. 216). Mead untersucht das „self" als das reflektiert gewonnene Selbstverhältnis des Einzelnen zu seiner sozialen und kulturellen Umwelt, zu den Regeln, mit welchen er sein Verhalten mit und zu anderen begreift und regelt – ob es weise war, Meads Ausdruck „self" ontologisierend mit „Identität" zu übersetzen, sei allerdings dahin gestellt.

IV. Identität als Figur pädagogischen Denkens

Die pädagogische Theorie des beginnenden 19. Jahrhunderts spricht nicht von Identität, sie macht „Bildung" zum Thema. Erst das reformpädagogische Denken um 1900 bringt in seinen (auf eine Darwin-Rezeption zurückgehenden) naturalistischen Zugängen, die zudem pseudotheologisch überhöht werden, ein Identitätsdenken ins Gespräch: Das heilige Kind wird als das wahre Wesen gesehen, dem man zum wirklichen Leben verhelfen muss. Allzumal Maria Montessori entwirft in ihrem Konzept der Normalisierung eine Idee grundlegender, im Bauplan des Einzelnen gegebener Unverwechselbarkeit und Einmaligkeit. Dass sie gestört oder geschädigt werden mag, bestreitet sie nicht; die Aufgabe einer richtigen Erziehung besteht darin, diese Besonderheit zum Ausdruck zu bringen.

In den siebziger Jahren des 20. Jahrhunderts öffnet der Begriff der Identität das pädagogische Denken für sozialwissenschaftliche Konzepte, insbesondere die Rollentheorie, die Theorie der funktionalen Differenzierung von Parsons und endlich der symbolische Interaktionismus. Als Thema lässt sich – sehr allgemein – ausmachen, wie das Individuum mit einer Gesellschaft umgehen kann, die nicht einheitlich und homogen ist, sondern unterschiedlichste Anforderungen an den Einzelnen stellt. Wie kann der Einzelne überhaupt noch als Subjekt auftreten und autonom agieren, ohne in die Heteronomie der unterschiedlichsten sozialen und kulturellen Aufforderungen aufgelöst zu werden? Vor allem aber: wie gewinnt das Subjekt die notwendige psychische, soziale und moralische Stabilität? Erik Erikson antwortet, dass sich die Ich-Identität der Persönlichkeit zunehmend festige, sofern stabile Bindungen in der frühen Kindheit Urvertrauen entstehen lassen. Identität markiert für ihn einen Überschneidungsbereich „von etwas im Kern des Individuums Angelegtem und einem wesentlichen Aspekt des inneren Zusammenhangs der Gruppe [...] Der Begriff „Identität" drückt also insofern eine wechselseitige Beziehung aus, als er sowohl ein dauerndes inneres Sich-Selbst-Gleichsein wie ein dauerndes Teilhaben an bestimmten gruppenspezifischen Charakterzügen umfaßt" (Erikson 1977, S. 124).

Entscheidende Impulse geben der Debatte die „Thesen zur Theorie der Sozialisation", die Jürgen Habermas im Sommer-Semester 1968 vorträgt (Habermas 1973). Lothar Krappmanns Untersuchung „Soziologische Dimensionen der Identität" nimmt die Frage nach Bedürfnissen wie die nach Interaktion konzeptionell auf und stellt einen Bezug zur Problematik der Motivation her (vgl. Krappmann 1973, S. 60ff.). 1972 nimmt Klaus Mollenhauer in seinen „Theorien zum Erziehungsprozess" eine Neubestimmung des Erziehungssachverhalts vor, der Identität in das Zentrum stellt: „Der Educandus ist als ein Interaktionspartner zu betrachten, der in sich ein ‚Selbst' bildet, das der Inbegriff der zur inneren Struktur organisierten Interaktionserfahrung ist. [...] In den Interaktionen des Individuums bilden sich also Regelmäßigkeiten im Hinblick auf die Beziehungsdefinitionen, und zwar nach Maßgabe der Interaktionserfahrung und unter der Bedingung reziproker Antizipationen und deren Stabilisierung. Sofern diese Reziprozität [...] allgemeine und d.h. von der einzelnen Situation unabhängige Erwartungen enthält (das ‚verallgemeinerte Andere'), bestimmt sie das Individuum als Mitglied einer sozialen Gruppe, und zwar so, daß es sich selbst zugleich in dieser Bestimmtheit wahrnehmen kann und sich zu ihr als zu einem Teil seiner selbst verhalten kann: das ist seine »*soziale Identität*«" (Mollenhauer 1974², S. 101, Hervorh. i. Orig.). Micha Brumlik vollzieht in „der symbolische Interaktionismus und seine pädagogische Bedeutung" eine geradezu paradigmatische Neuausrichtung: Eine sozialwissenschaftliche Erziehungswissenschaft richte sich an Sozialisation und Identität aus, gebe aber weder das Spezifikum pädagogischer Interaktionen als solcher preis, noch ignoriere sie die historischen Bedingungen von pädagogisch überformten Interaktionsstrukturen. Insbesondere die Sozialpädagogik nimmt Identität in der kritischen Fassung auf, auf die Erving Goffman mit dem labelling approach abhebt: Institutionen der Hilfe, psychiatrische Einrichtungen sowie Heime, der Hilfeprozess selbst konstruieren Stigmata: Die Zuschreibung der Hilfebedürftigkeit, das Etikett des Anstaltsinsassen erfassen die gesamte Person und werden von dieser verinnerlicht, wenn sie über keine Techniken der Bewältigung beschädigter Identität verfügt (vgl. Goffman 1975, S. 160 ff.).

Seit den achtziger Jahren macht sich Skepsis gegenüber dem Identitätsbegriff breit. Um den Zusammenhang zwischen Individuum und Gesellschaft wie Kultur als Moment zu beschreiben, das dem individuellen und subjektiven Handeln zugrunde liegt, setzt sich das Konzept des Habitus durch, wie es von Norbert Elias und Pierre Bourdieu entwickelt worden ist. Sozial- und Entwicklungspsychologie richten ihr Augenmerk stärker auf situative Faktoren, um Einstellungen und Handlungen zu erklären. Auch in der Pädagogik mehren sich die Zweifel: „Schwierigkeiten mit Identität" überschreibt Klaus Mollenhauer das letzte Kapitel seines Buches „Vergessene Zusammenhänge. Über Kultur und Erziehung" (Mollenhauer 1983), um deutlich zu machen, dass die Pädagogik eher mit unsicheren Selbstverhältnissen zu rechnen hat und nicht auf Stabilität setzen darf. Friedrich Schweitzer kommt zu dem ernüchternden Fazit, „daß die Pädagogik ebenso wenig auf den Identitätsbegriff verzichten kann, wie es ihr zugleich unmöglich ist, sich bei ihrer Theoriebildung von diesem leiten zu lassen" (Schweitzer 1985, S. 110).

V. Identität in einer brüchigen Moderne

Als kritische Herausforderung wird das Konzept der Identität jedoch beibehalten (vgl. Barkhaus u.a. 1996), obwohl zahlreiche Vorbehalte bestehen. Zum einen gibt es Tendenzen, das „Böse" als identisches Merkmal von Personen zu behaupten, um Amok-Läufe oder terroristische Aktivitäten zu begreifen. Zum anderen notiert die Forschung, wie ihr Identität als Objekt in der sozialen und kulturellen Wirklichkeit zunehmend abhanden kommt; nicht nur vollzieht sich ein dramatischer Individualisierungsprozess, vielmehr zerbrechen noch die Individuen in sich selbst. Identität wird prekär, weil Muster der Identitätsverbürgung sich abschwächen: Da moderne Gesellschaften funktional differenziert und daher hochgradig komplex sind, müssen sich die Subjekte in unterschiedlichen Handlungs- und Lebensfeldern bewegen und dort optimal angepasst sein. Dies gilt nicht nur für sie als Träger von Berufs- und Leistungsrollen, sondern auch in der Spannung zwischen diesen und den Anforderungen etwa des privaten familiären Lebens – wie lassen sich etwa die Konkurrenzanforderungen in einer Marktgesellschaft mit den Erwartungen an die Elternrolle vereinbaren, die eigenen Kinder unbedingte Solidarität und Zuneigung erfahren zu lassen?

Im letzten Viertel des 20. Jahrhunderts spitzt sich diese Problematik zu. Waren Überbleibsel des Traditionellen und Sphären der Kohärenz erlebbar, bestanden noch überkommene organisatorische Zusammenhänge und moralische Milieus, so erodieren diese zunehmend; Kirche und Partei, Verein und Familie, die normgebenden Gemeinschaften, welche doch ein Ganzes verbindlich machten, verlieren ihre bindende Kraft, Initiativen, Events und vorübergehende Partnerschaften binden nur locker. Identität lässt sich kaum mehr entwickeln, scheint sogar dysfunktional. Traditionsgestützte Orientierungsmuster, dann sogar Institutionen verlieren im fortschreitenden Modernisierungsprozess ihre Bedeutung und Wirksamkeit; die Rücknahme sozialstaatlicher Organisationsmuster verstärkt diesen Eindruck. Häufig wird dies als Sinn- oder Orientierungskrise interpretiert, weil soziale und kulturelle Deutungsmuster verschwinden, mit welchen sich die Individuen über sich selbst und ihre Welt verständigen und sich in dieser festhalten können. Der Vorgang steht in enger Beziehung zu einem verschärften Kapitalismus der „Globalisierung", der in alltagsweltliche Zusammenhänge und in die persönlichen Verhältnisse eindringt, um den Individuen buchstäblich auf die Haut zu rücken: Identitäten müssen dann ohne gesellschaftlich festgelegtes Drehbuch selbst konstruiert werden (vgl. Taylor 1993, S. 26). Denn die Individuen finden keine Ressourcen, keine Quellen des Selbst mehr vor. Sozial und kulturell stehen keine Muster für Biographien bereit, nur noch das Einkaufscenter verbürgt Konsumentenidentität, die von hinreichenden materiellen Ressourcen und der Lust am Konsum abhängt. Identitätsangebote, Lebenslaufvorstellungen, Deutungen und soziale wie kulturelle Ortsbestimmungen werden im gleichen Maße seltener, wie sie im medialen Synoptikum an einem doch unerreichbaren Medienstar präsentiert und zelebriert werden.

Die Individuen nehmen Entscheidungen mit existenzieller Konsequenz vor, müssen eine Flexibilität entwickeln, die ihr gesamtes Leben berührt (vgl. Sennett 1998). Sie basteln ihre Biografien ungebunden und ungesichert in einer „liquid modernity" (Bauman 2000b), in der Raum- und Zeitkoordinaten verschwinden. Sie erfahren ihr Leben nicht mehr als Zusammenhang, sondern fragmentiert und sinnlos, so dass eine Biographie nicht mehr integriert werden kann. Identität scheint weder im gesellschaftlichen und kulturellen Zusammenhang zugänglich, noch kann sie stabil im Individuum synthetisiert werden. „Gesellschaftliche Prozesse der Enttraditionalisierung, der Entgrenzung und ‚Entrahmung', die mit Begriffen wie ‚Risikogesellschaft' oder ‚Postmoderne' vor allem angesprochen sind, [stellen] die bislang vertrauten Rahmenbedingungen für Anerkennung und Zughörigkeit, die ‚Wir-Schicht' [...] grundlegend in Frage" (Keupp 1996, S. 481). Gesellschaften und Kulturen fehlen die Gemeinsamkeit, sie lösen sich in unterschiedliche und unverbundene Milieus auf, die Erlebnisqualität haben, aber keine biographisch relevante Erfahrung bieten. Dass Zahl und Ausmaß psychischer Erkrankungen zunehmen, liegt nahe. Identität ist unwahrscheinlich geworden, die verzweifelte Suche nach ihr verstört die Subjekte.

Selbstverständlich überzeichnen solche Diagnosen. Bindungen und Verpflichtungen bestehen weiterhin, institutionelle Regelungen und Normen nehmen sogar zu; der wachsenden Freiheit korrespondieren neue Disziplinarmechanismen und eine Gefängniskultur, von aller grausamen Ausgrenzung einmal abgesehen: Dennoch erleben sich die Subjekte entbettet, sehen die Grundlagen ihrer Beziehungen und ihres Ichs beschädigt. Selten empfinden sie Unsicherheit als Offenheit und Chance zur Gestaltung. Vor allem aber lassen die modernen Gesellschaften der Gegenwart Entwicklung, Aufwachsen und somit Bildung zu einem riskanten Prozess werden; wie eigentlich nie zuvor zeichnen sich Instabilität und Unsicherheit als Bedingungen ab, unter welchen Individuen ihre Subjektivität finden müssen – in einer Situation, in welcher Individualität sozial vorab gegeben ist, nicht mühsam erarbeitet und erkämpft werden muss. Individuen, allzumal Kinder und Jugendliche finden wenig, woran sie sich festhalten können, das Allgemeine, welches doch ihre Identität ermöglicht und ausmacht, müssen sie selbst ent- und oft genug verwerfen, um flexibel zu bleiben. Schon Kinder zeigen Muster einer erzwungenen Beliebigkeit, sie lassen sich nicht feststellen, kultivieren dies in Oberflächlichkeit und Unverbindlichkeit, die tiefe Verletzlichkeit, wenn nicht sogar Verletztheit signalisieren. Vertrauen, die wichtigste Ressource unter solchen Bedingungen, entsteht kaum.

Pädagogik muss deshalb zunehmend die Voraussetzungen und Bedingungen von Sicherheit für Entwicklungs- und Bildungsprozesse schaffen; darin gründet die Aufmerksamkeit auf Identitätsarbeit, deshalb kommt der Biografiearbeit besonderes Gewicht zu und deshalb darf der Identitätsbegriff nicht preisgegeben werden, auch wenn er nur noch auf Vergebliches hinweist und die Prekarität des Bildungsgeschehens ins Bewusstsein hebt. Aufmerksam macht er doch darauf, dass dem Anderen wenigstens Anerkennung gebührt; Handlungs- und vielleicht sogar Lebensfähigkeit hängen davon ab, dass das eigene Tun von anderen begriffen und gewürdigt wird. Nur daraus erwächst das Gefühl von Integrität und Identität, vielleicht in der Banalität der Erfahrung, dass man ist und sein darf. Eine solche Verteidigung des Konzepts der Identität scheint noch geboten gegenüber einer Bildungsforschung, welche testverliebt die Vorstellung von Identität und Integrität der Subjekte in ihrem Bildungsprozess aufgibt, um diese bloßer employability aufzuopfern.

Literatur

Barkhaus, A. / Mayer, M. / Rougley, N. / Thürnau D. (Hrsg.) (1996): Identität, Leiblichkeit, Normativität. Frankfurt a.M.

Bauman, Z. (2000a): Vom Nutzen der Soziologie. Frankfurt a.M.
Bauman, Z. (2000b): Liquid Modernity. Cambridge.
Brumlik, M. (1973): Der symbolische Interaktionismus und seine pädagogische Bedeutung. Frankfurt a.M.
Erikson, E. H. (1977): Identität und Lebenszyklus. Frankfurt a.M.
Frank, M. (1991): Selbstbewusstsein und Selbsterkenntnis. Essays zur analytischen Philosophie der Subjektivität. Stuttgart.
Goffman, E. (1975): Stigma. Über Techniken der Bewältigung beschädigter Identität. Frankfurt a.M.
Habermas J. (1973): Stichworte zu einer Theorie der Sozialisation. In: Ders.: Kultur und Kritik. Verstreute Aufsätze. Frankfurt a.M., S. 118-194.
Haneberg, B. (1995): Leib und Identität. Die Bedeutung der Leiblichkeit für die Bildung der sozialen Identität. Würzburg.
Hegel. G. W. F. (1970): Gymnasialreden. In: Ders.: Werke in zwanzig Bänden. Hrsg. v. E. Moldenhauer und K. M. Michel. Bd. 3. Frankfurt a.M., S. 305-376.
Herbart, J. F. (1890): Psychologie als Wissenschaft neu gegründet auf Erfahrung, Metaphysik und Mathematik. Erster synthetischer Teil [1824]. In: Ders.: Sämtliche Werke. Hrsg. v. Karl Kehrbach. Fünfter Band. Langensalza.
Herbart, J. F. (1892): Psychologie als Wissenschaft neu gegründet auf Erfahrung, Metaphysik und Mathematik. Zweiter synthetischer Teil [1825]. In: Ders.: Sämtliche Werke. Hrsg. v. Karl Kehrbach. Sechster Band. Langensalza.
Keupp, H. (1996): Bedrohte und befreite Identitäten in der Risikogesellschaft. In: Barkhaus, A. / Mayer, M. / Roughley, N. / Thürnau, D. (Hrsg): Identität, Leiblichkeit, Normativität. Frankfurt a.M., S. 380-403.
Keupp, H. (2005^3): Identität. In: Otto, H. U./ Thiersch, H. (Hrsg.): Handbuch Sozialarbeit Sozialpädagogik. München, S. 804-810.
Krappmann, L. (1973): Soziologische Dimensionen der Identität. Strukturelle Bedingungen für die Teilnahme an Interaktionsprozessen. Stuttgart.
Mead, G. H. (1973): Geist, Identität und Gesellschaft. Frankfurt a.M.
Mollenhauer, K. (1974^2): Theorien zum Erziehungsprozess. München.
Mollenhauer K. (1983): Vergessene Zusammenhänge. Über Kultur und Erziehung. München.
Moore, B. (1982): Ungerechtigkeit. Die sozialen Ursachen von Unterordnung und Widerstand. Frankfurt a.M.
Schweitzer, F. (1985): Identität und Erziehung. Was kann der Identitätsbegriff für die Pädagogik leisten? Weinheim.
Sennett, R. (1998): Der flexible Mensch. Die Kultur des neuen Kapitalismus. Frankfurt a.M.
Trilling, L. (1983): Das Ende der Aufrichtigkeit. Frankfurt a.M./ Berlin/ Wien.
Winkler, M. (1979): Geschichte und Identität. Versuch über den Zusammenhang von Gesellschaft, Erziehung und Individualität in der „Theorie der Erziehung" Friedrich Daniel Ernst Schleiermachers. Bad Heilbrunn.
Winkler, M. (2000): Einleitung. In: Winkler, M. / Brachmann, J. (Hrsg.): Friedrich Schleiermacher. Texte zur Pädagogik. Kommentierte Studienausgabe. Bd. 1. Frankfurt a.M.

Kapitel 3: Sozialisation

JOHANNA HOPFNER

C: Geschlechterrollen und Genderforschung

I. Geschlechtersensibilität als erfolgreicher Endpunkt der Entwicklungen?

„Gender Mainstreaming" und „Managing Diversity" sind inzwischen zu ubiquitären Schlagwörtern geworden. Öffentliche Institutionen, Schulen, Universitäten, Ämter, große und kleinere Betriebe, die auf sich halten, achten auf geschlechtersensible Sprache, wissen um die soziale Konstruiertheit von angeblich spezifisch weiblichen oder männlichen Eigenschaften und die Benachteiligungen, die damit verknüpft wurden und werden. Manche ziehen sogar unaufgefordert in Betracht, selbst nicht ganz frei von unsachgemäßen und unsensiblen Behandlungen ihrer Klientel bzw. Mitarbeiterinnen zu sein und nehmen professionelle Hilfestellung und Beratung von Gleichstellungsbeauftragten in Anspruch. Ein wahrer Siegeszug der Frauen- und Geschlechterforschung und ein Übergang ihrer Themen in die selbstverständliche Normalität des alltäglichen Lebens und des Wissenschaftsbetriebes – möchte man meinen. Selbst die Tatsache, dass nun zunehmend Männerforschung betrieben und Benachteiligungen des männlichen Geschlechts entdeckt werden, ließe sich noch als Erfolg der sogenannten 2. Frauenbewegung verbuchen, die in den 60er und 70er Jahren des vergangenen Jahrhunderts den Anstoß für diese umfassenden und emanzipatorischen Entwicklungen auf nahezu allen gesellschaftlichen Gebieten gab. Doch diese Erfolge sind trügerisch und aus pädagogischer Perspektive schon deshalb bedenklich, weil sie heranwachsenden Mädchen und Jungen, Frauen und Männern nicht unbedingt ernsthafte Wahlmöglichkeiten oder grundlegend neue Lebensperspektiven eröffnen. Weil auch hier – wie so oft – der Prozess im Resultat erlischt, soll im Folgenden an einige Stationen dieser Entwicklungen erinnert werden, die vielleicht zu rasch in Vergessenheit geraten, obwohl sie das Geschlechterthema auf allen drei, für die Pädagogik insgesamt zentralen Ebenen von Erziehung, Sozialisation und Bildung behandeln.

II. Drei Etappen aus der Retrospektive

Seit einigen Jahren existieren unterschiedliche Versuche, die Entwicklung der Frauen- und Geschlechterforschung in Phasen einzuteilen. Unübersehbar bleiben dabei stets die Verbindungslinien zwischen den politischen Anliegen der ersten und zweiten Frauenbewegungen und der Etablierung, zunächst der Frauenforschung, später der Frauen- *und* Geschlechterforschung in der Erziehungswissenschaft. Wenn von

„Aufbruch", „Ausbreitung und Durchsetzung", „Professionalisierung" und schließlich von einem vermehrten „Engagement für die Organisation von Frauenstudien" sowie von „Profilbildung" die Rede ist (vgl. Faulstich-Wieland 2006²), bezeichnet dies mehr als nur den sukzessiven Aufbau eines Teilbereiches der Disziplin. Darin drücken sich fundamentale Infragestellungen des Wissenschaftsbetriebes und weitreichende Ansprüche an denselben aus, die es verdienen, im Ausgangspunkt fixiert zu werden, selbst wenn die gegenwärtige Situation scheinbar kaum Anlass zu Unzufriedenheit, Bedenken oder Misstrauen geben mag. Seit der Neuzeit veränderte sich freilich die Ausgangssituation für Frauen in Gesellschaft und Wissenschaft wesentlich. Dennoch ist offenbar noch immer ein besonderes Engagement verlangt, wenn die Themengebiete, die im weitesten Sinn das Wissen um die Geschlechter angehen, als selbstverständlicher Teil des Kanons und markantes Forschungsprofil Anerkennung finden sollen. Blickt man auf die Geschichte der Gründung und Etablierung der Sektion für Frauen- und Geschlechterforschung in der Deutschen Gesellschaft für Erziehungswissenschaft (vgl. Kraul/Fischer 1998), die Verbreitung des Geschlechterthemas in den Subdisziplinen und Arbeitsfeldern der Erziehungswissenschaft (vgl. Friebertshäuser/Jakob/Klees-Möller 1997; Rendtdorff/Moser 1999), die Vielfalt der theoretischen Ansätze, die im interdisziplinären Austausch entwickelt und in Handbüchern und Sammelbänden dokumentiert sind (vgl. Gieseke 2001; Glaser/Klika/Prengel 2004; Lemmermöhle/Klika/Schlüter 2000; Fritzsche u.a. 2001) oder auf die Ausdifferenzierung des methodischen Instrumentariums (vgl. Breidenstein/Kelle 1998; Gieseke 2001), so ist zweifellos eine Erfolgsgeschichte zu konstatieren. In der Retrospektive verschwinden jedoch mitunter jene subtilen Formen der Diskriminierung, die jeweils flexibel an die Erfordernisse der Zeit angepasst überdauern, in historischen Wellen für Rückschläge sorgen oder auf neuen, ungeahnten Wegen in eine Gettoisierung führen, die auf den ersten Blick nicht einmal mehr als solche erscheint, wie dies noch in den Phasen des Aufbruchs und der Durchsetzung offensichtlich zu befürchten oder zum Teil tatsächlich der Fall war (vgl. Knapp/Wetterer 2002/2003; Scott 2001).

Wie für den angloamerikanischen Raum (vgl. Frey Steffen 2006) lassen sich auch auf dem Kontinent im Wesentlichen drei Etappen für die Entwicklung von der Frauen- und Geschlechterforschung ausmachen. Die Geschlechterfragen und –themen finden sich in ihren Anfängen bereits in der Antike und im Mittelalter (vgl. Kleinau/Opitz 1996). Allerdings erreichen sie in einer *ersten* Etappe ihre subversive und verändernde Kraft erst im 18. Jahrhundert mit den Idealen der Aufklärung und der französischen Revolution. Neben der „Polarisierung der 'Geschlechtscharaktere'" (Hausen 1976) mit der Scheidung in die öffentliche und private Sphäre wächst allmählich ein kritisches Potential, das ideologische Argumentationen durchbricht und offensiv Gleichstellungen einklagt. Die erste Frauenbewegung konstituiert sich in der Mitte des 19. Jahrhunderts und erreicht schrittweise mit der Wende zum 20. Jahrhundert maßgebliche (bildungs-)politische und soziale Veränderungen für Mädchen und Frauen. Im Zuge der beiden Weltkriege und in der Nachkriegsära entstehen auffällige Diskrepanzen zwischen den offiziellen ideologischen Bestimmungen und den lebenspraktischen Notwendigkeiten, die Frauen tatsächlich zu erfüllen hatten. Die Studentenbewegung markiert den Beginn der *zweiten* Etappe, in der sich die zweite Frauenbewegung kontinuierlich um Mitbestimmungsmöglichkeiten in sämtlichen gesellschaftspolitischen Bereichen einschließlich der Wissenschaft bemüht und in unterschiedlich fruchtbaren Kontroversen ein ausdifferenziertes Selbstverständnis entwickelt (vgl. Nave-Herz 1997[5]). Dabei werden sukzessive auch Unterschiede innerhalb der Gruppe der Frauen sichtbar (vgl. Nestvogel 2002). Mit der Etablierung und Konsolidierung der Frauenforschung beginnt in den 90er Jahren eine *dritte* Etappe, die wiederum in kontroversen Debatten den Übergang zur Geschlechterforschung vollzieht und schließlich in eine Vielfalt von theoretischen Ansätzen mündet, die von der Männerforschung über Queer Theorie bis zu zweifelhaften Wiederentdeckungen der biologischen Dimensionen mit problematischen Ontologisierungen reichen.

III. Widerspenstige Geschichte(n), erforschte Realitäten und veränderte Lebenswelten

Für die Erziehungswissenschaft lassen sich aus meiner Sicht für die zweite Etappe vor allem drei Schwerpunkte hervor heben: Besonders anregend und zugleich ernüchternd wirkten *historische Forschungen*. Sie legten nicht nur die Konstruktionsprinzipien und Rollenmuster von Weiblichkeit und Männlichkeit offen, sondern gewährten auch Einblicke in das alltägliche Leben von Mädchen und Frauen in Familie, Bildung und Beruf, das mehrheitlich konform, jedoch zum Teil auch außergewöhnlich verlaufen konnte. Die Entdeckungen von vorbildlichen, klugen, mutigen und engagierten Frauen gehörten genauso dazu (vgl. Kleinau/Mayer 1996) wie ambivalente weibliche Positionen, zweifelhafte Arrangements zwischen den Geschlechtern, hürdenreiche Professionalisierungsphasen und schließlich nüchterne Einsichten in den wenig ruhmreichen Anthropozentrismus des Faches und seiner prominenten Vertreter (vgl. Jacobi 2004). Insgesamt führten die Auseinandersetzungen mit der widerspenstigen Geschichte jedoch weit über historische Dimension hinaus zu unverzichtbaren sachlichen und begrifflichen Klärungen, die eine solide Grundlage für die weiteren Entwicklungen boten und bieten. Sie überschritten längst den relativ engen sozialisations- und bildungstheoretischen Horizont wechselnder Koedukationsdebatten (vgl. Faulstich-Wieland 1991; Horstkemper/Kraul 1999) und trugen mit der Erschließung relativ ungewöhnlicher Quellen inhaltlich wie methodisch zur Bereicherung und Diversifizierung des Wissenschaftsbetriebes bei.

Einen zweiten Schwerpunkt bildete die *Rezeption sozialwissenschaftlicher Ansätze*, die für sämtliche pädagogisch relevanten Gebiete das Terrain sondierten und noch immer wertvolle Anregungen geben. Auf diese Weise werden Verbindungen zwischen den Mikro-, Meso- und Makroebenen genauso sichtbar, wie die soziale Einbettung von pädagogischen Tatsachen und Strukturen (Knapp/ Wetterer 1992/ 2002/2003; Dölling/Krais 1997). Die Bedingungen für die Berufstätigkeit der Frau und das Verständnis vom weiblichen Arbeitsvermögen sind für die Erziehungswissenschaft so wenig gleichgültig wie die Untersuchungen kultureller Vielfalt, sozialer Ungleichheiten oder des sozialen Habitus'.

Gleichwohl scheint gerade mit Blick auf rollentheoretische Ansätze Vorsicht geboten, weil sie offen oder latent Determinismen transportieren (vgl. Hopfner/ Leonhard 1996). Alleine der Vergleich der Artikel über geschlechtsspezifische Sozialisation von Helga Bilden aus den Jahren 1980 und 1991 zeigt eine bewusste Auseinandersetzung mit dieser Problematik und nachträglich eine veränderte Sicht (vgl. Hopfner 1999). Bahnbrechend und geradezu „klassisch" auf dem sozialisationstheoretischen Gebiet bleiben zweifellos die Arbeiten von Hagemann-White (1984; vgl. auch Breitenbach u. a. 2002), die soziale Rollenerwartungen kritisch beleuchten und aufzeigen, wie Mädchen und Jungen im Zuge der Sozialisation zu dem „gemacht" werden, was sie angeblich typischerweise sind. Mittlerweile lenkt die pädagogische Frauen- und Geschlechterforschung über die Rezeption des Doing-gender-Konzepts ihr Augenmerk verstärkt auf die Interaktionen der Subjekte, die an der Ausgestaltung der Geschlechterrollen in alltäglichen und schulischen Handlungskontexten beteiligt sind und an den Veränderungen des Geschlechterverhältnisses mitwirken.

Die *Schule und das schulische Umfeld* galt von Anfang an als zentraler Schwerpunkt der empirischen Frauenforschung, die von inhaltsanalytischen Studien zu den Lehrbüchern über Fragen der Koedukation und des Sexismus' den so genannten „heimlichen Lehrplan" jener bewussten und nicht-bewussten Diskriminierungen offen legt und zu einer Sensibilisierung für Geschlechterstereotypien bis hinein in didaktische Fragen beiträgt (vgl. Nyssen/Schön 1992). Darüber hinaus gilt das Interesse den gleichaltrigen Gruppen, die in den Pausen und in der außerschulischen Jugendarbeit zunächst einmal für eine parteiliche Mädchenarbeit plädierten, die es Mädchen erlauben sollte, in einem gewissen Schonraum, möglichst frei von Gewalt und sexuellen Übergriffen ein unbefangenes Verhältnis zu ihrer Sexualität und ein gesundes Selbstbewusstsein zu entwickeln. Diese Schwerpunkte sind geblieben, allerdings haben sich dort in den letzten Jahren gravierende Veränderungen vollzogen, die sich nicht zuletzt aus offenkundig erfolgreichen pädagogischen und bildungspolitischen Maßnahmen ergeben. Sensibilisierende Frauenforschung führte eine veränderte Praxis in verschiedenen sozialen Bereichen und eine Neugestaltung der Geschlechterrollen herbei, die speziell in der weiblichen Adoleszenz manchmal sogar schon umgekehrt irritierend wirken mag (vgl. King 2004; Flaake 2001). Diese Verdienste der Frauenforschung gerieten jedoch zum Teil in Vergessenheit, wenn neuerdings Perspektiven für Männerforschung und Jungenarbeit ausgelotet werden.

IV. Männerforschung, der Umgang mit Differenzen und offene Fragen

Seit Beginn der 90er Jahre des vergangenen Jahrhunderts entwickelten sich verschiedene Richtungen der Männerforschung. Gesellschaftliche Rollenanforderungen und die Konflikte, die kleine und große „Helden" zu bewältigen haben, rücken ins Zentrum der Aufmerksamkeit und werden kritisch beleuchtet (vgl. Connell 1999, Böhnisch/Winter 1993). Dies trägt einerseits dazu bei, den Übergang zur Genderforschung sinnvoll zu gestalten. Andererseits finden sich im Schatten dieser Diskussionen auch mehr oder weniger offen ausgesprochene Distanzierungen von der feministischen Frauenforschung, die Tendenzen bestärken, die zeitgleich mit der Entwicklung der Männerforschung auf verschiedenen gesellschaftlichen Ebenen zu beobachten sind. Solche Abgrenzungen von – eigens entworfenen – Zerrbildern des Feminismus und „Resouveränisierungen" der Männer (Forster 2006) finden sich inzwischen wieder gehäuft in populären Texten. Sie stellen ein bedenkliches Zeichen für eher rückschrittliche Entwicklungen dar, die konkret erreichte Möglichkeiten für Mädchen *und* Jungen, Frauen *und* Männer, ihr Leben neu und anders zu gestalten und damit das Geschlechterverhältnis selbst zu verändern, allzu leichtfertig aufs Spiel setzen. Gerade in den Versuchen, binäre soziale Ordnungen zu durchbrechen oder aufzuheben, macht sich unausweichlich jenes grundlegende Dilemma geltend, dass sämtliche Versuche der Aufhebung stets an die vorgängigen scheinbar natürlichen Differenzen erinnern und zu Stabilisierung von Stereotypisierungen beitragen können (vgl. Hof 2005). Damit lässt sich die binäre Ordnung nicht überwinden und man wird den vielfältigen Lebensformen und den auffälligen Unterschieden innerhalb der Gruppe der Frauen und der Männer in keiner Weise gerecht. Deshalb zeigt sich als eine Perspektive und Aufgabe der Genderforschung die Einbeziehung von anderen sozialen Differenzen wie Alter, ethnische und soziale Herkunft, Klasse, Gesundheit, sexuelle Orientierung sowie vieler feiner Unterschiede. Gegenwärtig erweitert sich das Feld der Untersuchungen, und es geht hauptsächlich darum, die Relevanz der anderen Unterschiede und ihre Verbindungslinien zu geschlechtlichen Differenzierungen aufzuzeigen. Auch in der Erziehungswissenschaft finden sich dazu bereits bemerkenswerte Studien (vgl. Borst 2003), und in Zukunft wird es darum gehen, aus dem Diskurs mit den anderen Disziplinen, erziehungs- und bildungstheoretische Konzepte zu entwickeln, die beiden Geschlechter gerecht werden und Potentiale der Veränderung und Neugestaltung bereit stellen. Vor allem gilt es, die zahlreichen empirischen Befunde aus den Teildisziplinen systematisch zusammen zu führen, um umfassende Aufschlüsse über tatsächlich veränderte Lebenswelten der Geschlechter in Schule, Bildung und Beruf zu erhalten. Von da aus ließe sich nicht zuletzt auch zwischen wirklich geschlechtersensiblen, hilfreichen und zukunftsweisenden Maßnahmen und bloßer Rhetorik unterscheiden.

Literatur

Bilden, H. (1980): Geschlechtsspezifische Sozialisation. In: Hurrelmann, K./Ulich, D. (Hrsg): Handbuch der Sozialisationsforschung. Weinheim, S. 777-812.
Bilden, H. (1991): Geschlechtsspezifische Sozialisation. In: Hurrelmann, K./Ulich, D. (Hrsg): Neues Handbuch der Sozialisationsforschung. Weinheim, S. 279-301.
Böhnisch, L./Winter, R. (1993): Männliche Sozialisation. Bewältigungsprobleme männlicher Geschlechtsidentität im Lebenslauf. Frankfurt a.M.
Borst, E. (2003): Anerkennung der Anderen und das Problem des Unterschieds. Hohengehren.
Breidenstein, G./Kelle, H. (1998): Geschlechteralltag in der Schulklasse. Ethnographische Studien zur Gleichaltrigenkultur. Weinheim.
Breitenbach, E./Bürmann, I./Liebsch, K./Mansfeld, C./Micus-Loos, C. (Hrsg.) (2002): Geschlechterforschung als Kritik: zum 60. Geburtstag von Carol Hagemann-White. Bielefeld.

Connell, R. W. (1999): Der gemachte Mann. Konstruktion und Krise von Männlichkeiten. Opladen.
Dölling, I./Krais, B. (Hrsg.) (1997): Ein alltägliches Spiel – Geschlechterkonstruktion in der sozialen Praxis. Frankfurt a.M.
Faulstich-Wieland, H. (1991): Koedukation – Enttäuschte Hoffnungen? Darmstadt.
Faulstich-Wieland, H. (2006²): Einführung in Genderstudien. Opladen.
Flaake, K. (2001): Körper, Sexualität, Geschlecht. Studien zur Adoleszenz junger Frauen. Gießen.
Forster, E. (2006): Männliche Resouveränisierungen. In: Feministische Studien 24. Jg., Heft 2, S. 193-207.
Frey Steffen, T. (2006): Gender – Grundwissen Philosophie. Leipzig.
Friebertshäuser, B./Jakob, G./Klees-Möller, R. (Hrsg.) (1997): Sozialpädagogik im Blick der Frauenforschung. Weinheim.
Fritzsche, B./Hartmann, J./Schmidt, A./Tervooren, A. (Hrsg.) (2001): Dekonstruktive Pädagogik. Erziehungswissenschaftliche Debatten unter poststrukturalistischen Perspektiven. Opladen.
Gieseke, W. (Hrsg.) (2001): Handbuch zur Frauenbildung. Opladen.
Glaser, E./Klika, D./Prengel, A. (Hrsg.) (2004): Handbuch Gender und Erziehungswissenschaft. Bad Heilbrunn.
Hagemann-White, C. (1984): Sozialisation: weiblich – männlich? Opladen.
Hausen, K. (1976): Die Polarisierung der „Geschlechtscharaktere". Eine Spiegelung der Dissoziation von Erwerbs- und Familienleben. In: Conze, W. (Hrsg.): Sozialgeschichte der Familie in der Neuzeit. Stuttgart, S. 363-393.
Hof, C. (2005): Das Geschlecht der Bildung: Gender in Pädagogik und Erziehungswissenschaft. In: Bußmann, H./Hof, R. (Hrsg.): Genus. Geschlechterforschung/Gender Studies in den Kultur- und Sozialwissenschaften. Ein Handbuch. Stuttgart, S. 296-327.
Hopfner, J. (1999): Das Subjekt – biologisch determiniert oder sozial konstruiert? Eine Fragwürdige Alternative in der Diskussion um die geschlechtsspezifische Sozialisation. In: Leu, H. R./ Krappmann, L. (Hrsg.): Zwischen Autonomie und Verbundenheit. Bedingungen und Formen der Behauptung von Subjektivität. Frankfurt a.M., S. 133-157.
Hopfner, J./Leonhard, H.-W. (1996): Geschlechterdebatte. Eine Kritik. Bad Heilbrunn.
Horstkemper, M./Kraul, M. (Hrsg.) (1999): Koedukation. Erbe und Chancen. Weinheim.
Jacobi, J. (2004): Geschlecht. In: Benner, D./Oelkers, J. (Hrsg.): Historisches Wörterbuch der Pädagogik. Weinheim, S. 422-442.
King, V. (2004): Die Entstehung des Neuen in der Adoleszenz. Individuation, Generativität und Geschlecht in modernisierten Gesellschaften. Wiesbaden.
Kleinau, E./Mayer C. (Hrsg.) (1996): Erziehung und Bildung des weiblichen Geschlechts. Eine kommentierte Quellensammlung zur Bildungs- und Berufsbildungsgeschichte von Mädchen und Frauen. 2 Bde. Weinheim.
Kleinau, E./Opitz, C. (Hrsg.) (1996): Geschichte der Mädchen- und Frauenbildung. 2 Bde. Frankfurt a.M.
Knapp, G.-A./Wetterer, A. (Hrsg.) (1992): Traditionen – Brüche. Entwicklungen feministischer Theorie. Freiburg.
Knapp, G.-A./Wetterer, A. (Hrsg.) (2002): Soziale Verortung der Geschlechter. Gesellschaftstheorie und feministische Kritik I. Münster.
Knapp, G.-A./Wetterer, A. (Hrsg.) (2003): Achsen der Differenz. Gesellschaftstheorie und feministische Kritik II. Münster.
Kraul, M./Fischer, D. (1998): Die Kommission Frauenforschung in der Erziehungswissenschaft: Geschichte, Stand und Perspektiven. In: Kommission Frauenforschung in der Erziehungswissenschaft in der DGfE. Rundbrief Nr. 31, S. 16-20.

Lemmermöhle, D./Klika, D./Schlüter, A. (Hrsg.) (2000): Lesarten des Geschlechts. Zur De-Konstruktionsdebatte in der erziehungswissenschaftlichen Geschlechterforschung. Opladen.
Lutz, H./Wenning, N. (Hrsg.) (2001): Unterschiedlich verschieden. Differenz in der Erziehungswissenschaft. Opladen.
Nave-Herz, R. (1997^5): Die Geschichte der Frauenbewegung in Deutschland. Bonn.
Nestvogel, R. (2002): Aufwachsen in verschiedenen Kulturen. Weinheim.
Nyssen, E./Schön, B. (1992): Traditionen, Ergebnisse und Perspektiven feministischer Schulforschung. In: Zeitschrift für Pädagogik, Jg. 38, S. 855-871.
Rendtorff, B./Moser, V. (Hrsg.) (1999): Geschlecht und Geschlechterverhältnisse in der Erziehungswissenschaft. Opladen.
Scott, J.: Die Zukunft von Gender. Fantasien zur Jahrtausendwende (2001). In: Honegger, C./Arni, C. (Hrsg.): Gender. Die Tücken einer Kategorie. Zürich, S. 39-64.

Kapitel 3: Sozialisation

Hans-Christoph Koller

D: Sozialisation als pädagogischer Grundbegriff

I. Zum Begriff der Sozialisation

In erster Näherung kann der Begriff der Sozialisation als Versuch verstanden werden, den Prozess des „Mitgliedwerdens" in einer Gesellschaft bzw. einer sozialen Gruppe zu erfassen. Wie im Falle anderer Begriffe weisen Entstehung und Verbreitung des Terminus ‚Sozialisation' darauf hin, dass der bezeichnete Sachverhalt an Selbstverständlichkeit verloren hat und deshalb zum Gegenstand wissenschaftlicher Reflexion geworden ist. So kann das Mitgliedwerden in einer Gesellschaft z.B. als Problem erscheinen, weil dafür erforderliche Ressourcen ungleich verteilt, weil traditionelle Formen des Mitgliedwerdens fraglich geworden bzw. weil „Mitgliedschaftsentwürfe" einer einschneidenden Vereinheitlichung oder aber einer Pluralisierung unterworfen sind (vgl. Hurrelmann/Ulich 1998[5], S. 6ff.).

Der Begriff der Sozialisation wurde von Helmut Fend in die deutschsprachige Erziehungswissenschaft eingeführt, indem dieser ihn als „Sozialwerdung" von Erziehung als „Sozialmachung" abgrenzte (Fend 1972[5], S. 38f.). Daran wird deutlich, dass mit ‚Sozialisation' – im Unterschied zu ‚Erziehung' – die mindestens zum Teil ungeplante Dimension des ‚Mitgliedwerdens' gemeint ist. Sozialisation kann sich demzufolge auch unabhängig davon vollziehen, ob jemand diesen Prozess bewusst zu steuern versucht und ob die Beteiligten sich über Verlauf und Ziele dieses Vorgangs Rechenschaft ablegen. Während bis in die 1980er Jahre hinein viele sozialisationstheoretische Konzepte die Position derer, um deren Mitgliedwerden es geht, eher als eine passive ansahen, hat sich seit einiger Zeit eine Auffassung durchgesetzt, die die aktive Rolle der Subjekte im Prozess ihrer Sozialisation betont. Ein maßgeblicher Vertreter dieser Auffassung ist Klaus Hurrelmann, von dem auch eine häufig zitierte Begriffsbestimmung von ‚Sozialisation' stammt:

> „Im heute allgemein vorherrschenden Verständnis wird mit Sozialisation der Prozeß der Entstehung und Entwicklung der Persönlichkeit in Abhängigkeit von und in Auseinandersetzung mit den sozialen und den dinglich-materiellen Lebensbedingungen verstanden, die zu einem bestimmten Zeitpunkt der historischen Entwicklung einer Gesellschaft existieren. Sozialisation bezeichnet den Prozeß, in dessen Verlauf sich der mit einer biologischen Ausstattung versehene Organismus zu einer sozial handlungsfähigen Persönlichkeit bildet, die sich über den Lebenslauf hinweg in Auseinandersetzung mit den Lebensbedingungen weiterentwickelt." (Hurrelmann 2001[7], S. 14)

An dieser Definition ist zunächst hervorzuheben, dass der Begriff der Sozialisation die Gesamtheit *aller*, d.h. nicht nur der „sozialen", sondern auch der „dinglich-materiellen" Lebensbedingungen thematisiert, dass diese aber ausschließlich unter dem Aspekt ihrer Bedeutung für die „Entwicklung der Persönlichkeit" betrachtet werden. Der enge Zusammenhang von Sozialisation und Persönlichkeitsentwicklung weist überdies darauf hin, dass ‚Sozialisation' sowohl Vergesellschaftung als auch Individuierung umfasst. Und schließlich impliziert die zitierte Begriffsbestimmung die Annahme, dass das Mitgliedwerden in einer Gesellschaft nicht einfach nur als Unterordnung unter vorgegebene Strukturen zu begreifen ist, sondern vielmehr als die Entwicklung zu einem handlungsfähigen Wesen, das an der Gestaltung gesellschaftlicher Verhältnisse mitwirkt.

Die skizzierte Auffassung von Sozialisation grenzt sich von einer Reihe konkurrierender Positionen ab, die das Verhältnis von menschlicher Entwicklung und gesellschaftlichen Bedingungen anders konzeptualisieren. So unterscheidet sich dieses Verständnis von Sozialisation (1) von biologistischen Auffassungen, die menschliche Entwicklung vor allem als durch genetische Faktoren und biologische Gesetzmäßigkeiten bestimmt ansehen; (2) von idealistisch-individualistischen Positionen, die Persönlichkeitsentwicklung als weitgehend unabhängig von gesellschaftlichen Bedingungen verlaufende Entfaltung individueller Anlagen verstehen; (3) von sozialdeterministischen Auffassungen, in denen Sozialisation einseitig als Prägung durch gesellschaftliche Einflüsse begriffen wird; (4) von einer Überschätzung des erzieherischen Einflusses auf die Persönlichkeitsentwicklung, die in der Tradition geisteswissenschaftlicher Pädagogik den ‚pädagogischen Bezug' als wesentliche Bestimmungsgröße auffasst und andere Einflussfelder (wie Institutionen, Gleichaltrige oder Medien) vernachlässigt (vgl. Tillmann 1997^8, S. 13ff.).

II. Zu Geschichte und grundlegenden Ansätzen der Sozialisationstheorie

II.1. Die Anfänge der Sozialisationstheorie um 1900

Der Sache nach weist der Begriff der Sozialisation eine lange Vorgeschichte auf, die bis in die Antike zurückreicht. Das früheste Zeugnis für die explizite Verwendung des Terminus ist nach Geulen (1998^5, S. 21) eine Eintragung im „Oxford Dictionary" von 1828, die dessen Bedeutung mit „to render social, to make fit for living in society" wiedergibt. Zu einem eigenständigen Thema wird ‚Sozialisation' aber erst um 1900. Entscheidende Bedeutung für die weitere Entwicklung des Begriffs kommt dem französischen Soziologen Emile Durkheim (1858-1917) zu, der in seiner Pariser Antrittsvorlesung von 1902 die Bedeutung der Soziologie für die Erörterung pädagogischer Fragestellungen zu begründen und gegen die damalige Vorrangstellung der Psychologie zu verteidigen suchte (vgl. Durkheim 1984).

Durkheims Ausgangspunkt bildet die Kritik einer individuell-psychologischen Auffassung, die Erziehung als Entfaltung menschlicher Gattungseigenschaften begreift, die unabhängig von historischen und gesellschaftlichen Bedingungen bei allen Menschen im Prinzip gleich verlaufe. Dem hält er entgegen, dass Erziehung faktisch keineswegs universal sei, sondern sich sowohl von Gesellschaft zu Gesellschaft als auch gesellschaftsintern von Klasse zu Klasse unterscheide. Denn die Erziehungspraxis einer Gesellschaft oder einer historischen Epoche sei jeweils mit dem vorherrschenden sozialen System und der politischen, religiösen und moralischen Organisation des Gemeinwesens untrennbar verbunden und deshalb je nach

Gesellschaftsform bzw. geschichtlicher Epoche verschieden. Damit lenkt Durkheim den Blick weg von normativen Aussagen über Erziehung hin zur Erziehungswirklichkeit als einer „sozialen Tatsache" und setzt gegen den Erziehungsbegriff der Aufklärung, wonach Erziehung für die Verwirklichung der natürlichen Anlagen des Menschen sorgen soll, die Beschreibung der tatsächlichen Anforderungen, die eine Gesellschaft an die Erziehung der heranwachsenden Generation richtet.

Die These, dass Erziehung sich an den Anforderungen der jeweiligen Gesellschaft orientiere, begründet Durkheim vor allem mit deren sozialer Funktion:

> „Statt daß die Erziehung das Individuum und sein Interesse als einziges und hauptsächliches Ziel hat, ist sie vor allem das Mittel, mit dem die Gesellschaft immer wieder die Bedingungen ihrer eigenen Existenz erneuert. Die Gesellschaft kann nur leben, wenn unter ihren Mitgliedern ein genügender Zusammenhalt besteht. Die Erziehung erhält und verstärkt diesen Zusammenhalt, indem sie von vornherein in der Seele des Kindes die wesentlichen Ähnlichkeiten fixiert, die das gesellschaftliche Leben voraussetzt. Aber ohne eine gewisse Vielfalt wäre andererseits jede Zusammenarbeit unmöglich. Die Erziehung sichert die Fortdauer dieser notwendigen Vielfalt, indem sie sich selbst vervielfältigt und spezialisiert. Sie besteht also unter der einen wie der anderen Ansicht aus einer methodischen Sozialisierung der jungen Generation." (Durkheim 1984, S. 45f.)

Wie Lebewesen sich erhalten, indem sie Nahrung aufnehmen und sich fortpflanzen, haben Durkheim zufolge auch Gesellschaften die Tendenz, sich in ihrer jeweiligen Existenzform zu reproduzieren. Erziehung ist für ihn ein entscheidendes Mittel zu dieser Reproduktion gesellschaftlicher Verhältnisse. Sofern dafür vor allem „Zusammenhalt" und „Vielfalt" notwendig sind, müsse Erziehung sowohl den Zusammenhalt der Gesellschaftsmitglieder als auch die Sicherung ihrer notwendigen Vielfalt bewirken. Beides zusammen beschreibt Durkheim als „methodische Sozialisierung der jungen Generation" (was impliziert, dass es auch eine nicht methodisch, d.h. nicht bewusst geplante Form von Sozialisation gibt, die dennoch ähnlich wirkt). „Sozialisierung" besteht für Durkheim vor allem in der Ausbildung des *sozialen Wesens* im Menschen. Deren Notwendigkeit ergebe sich aus *gesellschaftlicher* Perspektive daraus, dass Zusammenhalt und Vielfalt der Gesellschaft auch im Blick auf die nachwachsende Generation gesichert werden müsse. Von der *individuellen* Seite sei die Ausbildung des sozialen Wesens notwendig, weil der Mensch als „egoistische[s] und asoziale[s] Wesen" geboren werde (Durkheim 1984, S. 46f.). Der Zusammenhalt einer Gesellschaft lasse sich deshalb nur erreichen, indem die Individuen dazu gebracht werden, die Normen des gesellschaftlichen Zusammenlebens zu verinnerlichen und so zu ihren eigenen zu machen.

Dieser Gedanke ist von großer Bedeutung für die weitere Entwicklung der Sozialisationstheorie. Allerdings ist Durkheims Denken einseitig an der Frage der Vergesellschaftung orientiert, während der Aspekt der Individuierung unterbelichtet bleibt. Zwar spielt die Frage, wie das Individuum nicht nur in die Gesellschaft integriert, sondern auch zu einer autonomen Instanz des Handelns werden könne, in seiner Gesellschaftstheorie durchaus eine Rolle. Doch Durkheims Konzeption einer „organischen Solidarität", die den Mitgliedern arbeitsteiliger Gesellschaften größere Freiheitsräume erlaube als die „mechanische Solidarität" segmentär strukturierter Gesellschaften, neigt dazu, Individuierung nur als Einschränkung von Vergesellschaftung zu verstehen (vgl. Geulen 1998[5], S. 23). Problematisch ist außerdem, dass Durkheim, obwohl er die Soziologie als Tatsachenwissenschaft begreift und damit deren Beschränkung auf deskriptive Aussagen nahe legt, doch zugleich hofft, aus der Analyse gegebener gesellschaftlicher Bedingungen auch Anhaltspunkte für die normative Bestimmung von Erziehungszielen zu gewinnen, und deshalb dazu neigt, die Analyse der gesellschaftlichen Wirklichkeit der Kritik zu entziehen.

II.2. Psychologische Ansätze

II.2.a. Psychoanalyse (Sigmund Freud)

Die von Sigmund Freud (1856-1939) aus praktisch-therapeutischem Interesse an der Behandlung psychischer Erkrankungen entwickelte Psychoanalyse stellt keine Sozialisationstheorie im engeren Sinn dar, weist aber interessante Parallelen zu sozialisationstheoretischen Fragestellungen auf. Den Ausgangspunkt von Freuds Konzeption markiert die These, dass Phänomene wie Fehlleistungen, Träume oder neurotische Symptome keine sinnlosen Erscheinungen sind, die auf physiologische Prozesse zurückgeführt werden könnten, sondern sinnhafte psychische Gebilde, denen ein Konflikt zwischen gegensätzlichen unbewussten psychischen Tendenzen zugrunde liegt. Für die Beschreibung individueller psychischer Entwicklung besonders aufschlussreich ist Freuds Verständnis der Entstehung neurotischer Symptome. Die diese Symptome bedingenden unbewussten Tendenzen gehen Freud (1940ff., Freud 1940c, S. 264ff.) zufolge auf kindliche Triebregungen sexueller Natur zurück, die von den als ‚normal‘ geltenden Objekten und Zielen des Sexualtriebs in vielfacher Weise abweichen. Würden die Äußerungen kindlicher Sexualität von Eltern und Erziehern allzu sehr eingeschränkt, könne das Kind dieses Trauma nur durch Verdrängung, d.h. durch Ausschluss der entsprechenden Triebregungen aus dem Bewusstsein, verarbeiten. Die verdrängten Triebregungen verschwinden Freud zufolge aber nicht völlig, sondern bleiben im Unbewussten wirksam und streben auf indirekte, „entstellte" und verschobene Weise (z.B. in neurotischen Symptomen) nach Befriedigung. Ziel der psychotherapeutischen Behandlung ist für Freud deshalb die Bewusstwerdung jener verdrängten Triebregungen, um diese auf eine für das Individuum weniger schädliche Weise befriedigen zu können.

Freuds Auffassung der Entstehung neurotischer Symptome verbindet sich mit einer Konzeption psychischer Entwicklung, die für Kranke und Gesunde gleichermaßen Gültigkeit beansprucht. Grundlegend dafür ist die These, dass die psychische Entwicklung wesentlich durch die jeweilige Verarbeitung äußerer Versagungen vorangetrieben werde. Entscheidende Bedeutung schreibt Freud (1940c, S. 341ff.) dabei dem „Ödipuskomplex" zu, demzufolge das Kind ab einem gewissen Alter seine sexuellen Regungen auf das gegengeschlechtliche Elternteil ausrichtet und dem gleichgeschlechtlichen feindselig begegnet. Der darin angelegte Konflikt werde günstigenfalls so gelöst, dass das Kind auf die Befriedigung seiner sexuellen Triebregungen verzichte, sich stattdessen mit dem gleichgeschlechtlichen Elternteil identifiziere und sein eigenes Verhalten an dessen Vorbild bzw. den von diesem verkörperten Normen ausrichte. Dabei komme es zur Ausbildung des „Über-Ich", d.h. einer psychischen Instanz, die durch Verinnerlichung der elterlichen Forderungen und

Verbote entstehe und sich u.a. in Gewissen, Selbstbeobachtung und der Orientierung an einem Ideal äußere (vgl. Freud 1940a, S. 235ff.).

Diesen Vorgang der Ausbildung einer psychischen Instanz durch Verinnerlichung sozialer Normen hat schon Freud selbst gesellschaftstheoretisch gedeutet (vgl. Freud 1940b, S. 141ff.). Dabei hält er die Unterdrückung individueller Triebbefriedigung in einem gewissen Umfang für notwendig, um bestimmte (z.B. aggressive) Komponenten des Sexualtriebs zu unterdrücken und einen Teil der sexuellen Energie mittels „Sublimierung" sozial erwünschten Zielen (wie z.B. gesellschaftlich nützlicher Arbeit) zuzuführen. Andererseits sieht Freud ein Übermaß gesellschaftlicher Unterdrückung des Sexualtriebs auch aus gesellschaftlicher Perspektive als schädlich an, da sie zur Entstehung von Neurosen führe und aufgrund der zentralen Bedeutung des Sexuellen für das gesamte Leben auch zur Verkümmerung der kulturell erwünschten Leistungsfähigkeit der Menschen beitrage.

Ähnlich wie für Durkheim ist mithin auch für Freud die These kennzeichnend, dass die Vergesellschaftung mittels Verinnerlichung sozialer Normen zu einem Konflikt mit der konstitutionellen Natur des Menschen führe. Das gegenläufige Motiv der Individuierung kommt bei Freud vor allem im therapeutischen Ziel der Ich-Stärkung gegen übermäßige Triebunterdrückung zum Ausdruck und eröffnet eine gesellschaftskritische Perspektive auf das Sozialisationsgeschehen, wie sie u.a. in der Kritischen Theorie weiterentwickelt wurde (vgl. z.B. Adorno 1972). Dass die Psychoanalyse ihre Stellung als führendes Paradigma der Sozialisationstheorie seit den 1950er Jahren verloren hat, lässt sich mit Geulen (1998^5, S. 26f.) einerseits auf ihr Spannungsverhältnis zu der an einem positivistischen Wissenschaftsverständnis orientierten empirischen Forschung zurückführen, andererseits auf die allmähliche Verlagerung des Interesses der Sozialisationsforschung von der frühkindlich-familialen Sozialisation auf andere Sozialisationsinstanzen und -phasen sowie von der affektiven auf die kognitive und sprachliche Entwicklung.

II.2.b. Behavioristische Lerntheorien

Einen deutlichen Gegenentwurf zur Psychoanalyse stellt der Ansatz der behavioristischen Lerntheorien dar, der während der 1930er und 1940er Jahre zur herrschenden Richtung der US-amerikanischen Psychologie wurde und aufgrund seines dezidiert positivistischen Wissenschaftsverständnisses die Erwartung weckte, die Sozialisationstheorie empirisch fundieren zu können. Den Ausgangspunkt behavioristischer Lerntheorien bilden Tierversuche, die zu Beginn des 20. Jahrhunderts u.a. von Iwan P. Pawlow (1849-1936) durchgeführt wurden. Pawlow (1972) stellte fest, dass Hunde eine physiologische Reaktion (wie die normalerweise bei der Verabreichung von Futter auftretende Speichelproduktion) auch dann zeigen, wenn ein weiterer (z.B. akustischer) Reiz zunächst mehrfach zusammen mit dem Futter und schließlich allein dargeboten wird. Aus dem angeborenen Reflex auf das Futter ist nach Pawlow so ein „bedingter", experimentell erzeugter Reflex geworden. Pawlow nahm an, dass mit diesem, später als „klassisches Konditionieren" bezeichneten Mechanismus auch zahlreiche menschliche Lernvorgänge erklärt werden können.

Eine wichtige Erweiterung der behavioristischen Lerntheorie bildet das von Burrhus F. Skinner (1904-1990) entwickelte Konzept des „operanten Konditionierens", demzufolge das klassische Konditionieren nur einen begrenzten Teil tierischen und menschlichen Lernens erklären kann, weil eine Vielzahl von Verhaltensweisen nicht auf klar definierbare Reize hin erfolgt (vgl. Lefrancois 1986^2, S. 32ff.). Dementsprechend unterscheidet Skinner zwischen *respondentem* Verhalten, das auf bestimmte Umweltreize reagiert, und *operantem* Verhalten, das spontan auftritt. Lerntheoretisch entscheidend ist nun Skinners These, dass sich die Auftretenswahrscheinlichkeit eines Verhaltens erhöhe, wenn diesem Verhalten unabhängig von den Bedingungen, die zu ihm geführt haben, eine *Verstärkung* folge (z.B. die Befriedigung eines primären Bedürfnisses). In Tierversuchen gelang es ihm, diese These experimentell zu bestätigen, indem Ratten darauf konditioniert wurden, ein bestimmtes Verhalten zu zeigen, das dazu führt, dass sie Futter erhalten (positive Verstärkung) oder dass unangenehme Sensationen (wie z.B. elektrische Stromschläge) verschwinden (negative Verstärkung). Andere Versuche mit komplexeren Verstärkungsplänen galten weiteren Mechanismen, die zur Erklärung des Erlernens umfassenderer und nicht von selbst auftretender Verhaltensweisen beitragen sollten.

Eine wichtige, zum Teil über den Rahmen des behavioristischen Paradigmas hinausweisende Weiterentwicklung dieser Lerntheorie stellt die von Albert Bandura (geb. 1925) entwickelte Theorie des Lernens am Modell dar. Bandura (1976) geht davon aus, dass menschliches Lernen nicht nur durch differentielle Verstärkung von Versuchs- und Irrtumsreaktionen zu erklären ist, sondern weitgehend auf der Vermittlung durch reale (menschliche) oder symbolische Modelle beruht. Die Grenzen des operanten Konditionierens zeigen sich Bandura zufolge vor allem dort, wo nur auf Versuch und Irrtum beruhende Lernprozesse fatale Folgen hätten bzw. zu viel Zeit bräuchten. Lernen am Modell beruht nach Bandura auf (1) Beobachtungseffekten, bei denen Lernende an einem Modell beobachtete Verhaltensweisen weitgehend identisch reproduzieren, (2) Hemmungs- bzw. Enthemmungseffekten, bei denen sich die Auftretenswahrscheinlichkeit eines Verhaltens durch die Beobachtung der Bestrafung bzw. Nicht-Bestrafung eines Modells verringert oder erhöht, und (3) Auslösungseffekten, bei denen durch die Beobachtung eines Modells ein bereits bekanntes und sozial akzeptiertes Verhalten ausgelöst wird.

Sozialisationstheoretisch bedeutsam sind behavioristische Lerntheorien insofern, als sie zu erklären vermögen, warum bestimmte äußere Ereignisse – wie Umweltreize, Verstärkungsmechanismen oder Modelle – relativ dauerhafte Verhaltensänderungen eines Individuums zur Folge haben können, und damit das Verhältnis von individueller Entwicklung und äußeren (gesellschaftlichen) Bedingungen thematisieren. Obwohl solche Theorien es erlauben, bestimmte Aspekte dieses Verhältnisses (wie z.B. die Konditionierung emotionaler Reaktionen) experimentell zu untersuchen, ist der von diesen Lerntheorien erfasste Ausschnitt doch entschieden zu klein im Blick auf das sozialisationstheoretische Anliegen, sowohl die Entwicklung sozial handlungsfähiger Subjekte als auch die gesellschaftlichen Bedingungen dieses Prozesses zu analysieren (vgl. Geulen 1998^5, S. 26). Denn Handlungsfähigkeit impliziert mehr als nur ein Bündel von Reiz- und Reaktions-Verbindungen, und soziale Interaktion beruht weder nur auf Verstärkung noch allein auf der Beobachtung und Nachahmung des Verhaltens anderer.

II.2.c. Kognitive Entwicklungspsychologie (Jean Piaget)

Thema der Forschungen Jean Piagets (1896-1980) ist die Entwicklung menschlicher Intelligenz, d.h. die Frage, wie sich der Mensch die Welt kognitiv aneignet und welche Stufen sein Erkenntnisvermögen dabei durchläuft. Kennzeichnend für Piagets Werk ist die Verbindung von entwicklungspsychologischen und erkenntnistheoretischen Fragestellungen sowie die enge Verzahnung von Theoriebildung und empirischer Forschung. Im Unterschied zu Freud und zu behavioristischen Lerntheorien begreift Piaget kognitive Funktionen als Grundlage der gesamten Ontogenese, also auch von Wahrnehmungen, Affekten, Motivation und Verhalten. Verhalten und Verhaltensänderung sind in seiner Perspektive weder Resultat von Triebschicksalen noch von erlernten Reaktionen auf Umweltreize, sondern Ergebnis kognitiver Leistungen, mit denen Individuen die Herausforderungen ihrer Umwelt bearbeiten. Kognitive Leistungen dienen Piaget zufolge der *Adaptation*, d.h. der Anpassung des Organismus an seine Umwelt, wobei er stets den „Eigensinn" der Kognition gegenüber Umweltgegebenheiten betont. Entscheidend für sein Verständnis kognitiver Entwicklung ist die Unterscheidung von *Inhalten* (Wissen und konkreten Verhaltensweisen, die Kinder sich im Laufe ihrer Entwicklung aneignen) und kognitiven *Strukturen* (die den Modus der Aneignung und der Denkoperationen ausmachen).

Piaget zufolge verläuft die Entwicklung dieser Strukturen in vier aufeinanderfolgenden Stufen (vgl. Kegan 1986, S. 49ff.): (1) der *sensumotorischen* Stufe (ca. 1.-2. Lebensjahr), in der das Kleinkind noch ganz auf seine Reflexe verwiesen ist und erst allmählich lernt, zwischen sich und der umgebenden Welt zu unterscheiden; (2) der *präoperationalen* Stufe (ca. 2.-7. Jahr), in der das Kind an seine aktuellen Wahrnehmungen gebunden ist und deshalb z.B. noch nicht die Konstanz einer Flüssigkeitsmenge, die in ein anders geformtes Gefäß umgefüllt wird, zu erkennen vermag; (3) der *konkret-operationalen* Phase (ca. 7.-12. Jahr), in der das Kind eigene Wahrnehmungen zum Gegenstand der Aufmerksamkeit macht; (4) der Stufe der *formalen Operationen* (ab 12. Lebensjahr), in der das Kind lernt, sich von der Anschauung bzw. Handhabung der Objekte zu lösen und abstrakt-formale Denkoperationen auszuführen. Neben der Entwicklung des logischen Denkens hat Piaget in ähnlicher Weise auch das kommunikative Verhalten von Kindern und ihre Vorstellungen über Moral untersucht. Die Studien zur Entwicklung des moralischen Urteils wurden später vor allem von Lawrence Kohlberg (1995) weitergeführt.

Sozialisationstheoretisch bedeutsam an Piagets Entwicklungsmodell ist zum einen die These, dass die einzelnen Stufen eine unveränderliche, in dieser Reihenfolge zu durchlaufende Sequenz bilden, zum andern Piagets genetische Erklärung der kognitiven Entwicklung. Obwohl er als Faktoren dieser Entwicklung Reifungsprozesse des Organismus ebenso anerkennt wie Umweltbedingungen, weist er reifungstheoretische und milieudeterministische Positionen zurück und formuliert einen spezifisch neuen Erklärungsansatz, demzufolge die Strukturen des Subjekts das Ergebnis dessen tätiger Auseinandersetzung mit der Realität sind. In seinen Aktivitäten folge der Organismus einer Tendenz zur *Äquilibration*, d.h. zur Aufrechterhaltung oder Wiederherstellung eines Gleichgewichts innerhalb der kognitiven Strukturen und in deren Verhältnis zur Außenwelt. Dieses Gleichgewicht wird Piaget (2003, S. 53ff.) zufolge vor allem durch das Zusammenspiel von „Assimilation" und „Akkomodation" erzielt. *Assimilation* besteht dabei in der Integration neuer Inhalte in bereits vorhandene kognitive Strukturen, während *Akkomodation* die qualitative Veränderung bereits vorhandener Strukturen durch Auseinandersetzung mit neuen Umweltanforderungen darstellt. Die allgemeine Richtung dieser Entwicklung, die von der Einbindung in eine radikal egozentrische Wahrnehmung der Welt auf der sensumotorischen Stufe bis zur Ausbildung hypothetischen Denkens auf der formal-operationalen Stufe führt, bezeichnet Piaget als „Dezentrierung" im Verhältnis von Organismus und Umwelt, d.h. als allmähliches Anwachsen der Fähigkeit, von der eigenen Perspektive zu abstrahieren und „den Blickwinkel anderer Subjekte oder den Standpunkt von Objekten einzunehmen" (ebd., S. 61).

Die Bedeutung von Piagets Ansatz für die Sozialisationstheorie liegt vor allem darin, dass er den Eigensinn der kognitiven Entwicklung des Menschen betont, aber zugleich die Bedeutung der aktiven Auseinandersetzung des Subjekts mit seiner Umwelt hervorhebt und damit den gesellschaftlichen Bedingungen einen wichtigen Stellenwert zuschreibt. Insbesondere in Piagets Überlegungen zu pädagogischen Konsequenzen seiner Entwicklungstheorie spielen auch soziale Beziehungen eine wichtige Rolle. So betont Piaget (1974, S. 143ff.) im Blick auf die Schule etwa den großen Stellenwert der Interaktion und Kooperation zwischen Gleichaltrigen gegenüber der Beschränkung des traditionellen Unterrichts auf das Lehrer-Schüler-Verhältnis. Dennoch bleibt mit Geulen (1998[5], S. 30) zu fragen, inwieweit das Gewicht, das Piaget „den auf Erfassung der Dingwelt gerichteten gegenüber den sozialen Strukturen" eingeräumt hat, seinem Subjektbegriff „monologische und ahistorische Züge" verleiht und seine Theorie daran hindert, die gesellschaftlichen Bedingungen der Persönlichkeitsentwicklung in ihrer ganzen Tragweite zu erfassen.

II.3. Soziologische Ansätze

II.3.a. Strukturfunktionalismus (Talcott Parsons)

Anders als bei den bisher erörterten Ansätzen steht der Begriff der Sozialisation explizit im Zentrum des Werks des amerikanischen Soziologen Talcott Parsons (1902-1979). Den Ausgangspunkt seiner strukturfunktionalistischen Systemtheorie stellt ein Verständnis der Gesamtgesellschaft als soziales System dar, das (wie auch die konstitutiven Begriffe Struktur und Funktion) in Analogie zum menschlichen Körper beschrieben werden kann. Die *Struktur* eines Systems besteht nach Parsons (1973[3], S. 39) in einer bestimmten Anordnung grundlegender Bestandteile (z.B. Organe), zwischen denen beständige Austauschprozesse stattfinden (z.B. Stoffwechsel), die auf die übergeordnete *Funktion* ausgerichtet sind, das Gesamtsystem zu erhalten. Parsons' Interesse gilt daher vor allem der relativen Stabilität sozialer Systeme, d.h. der Frage, wie es Gesellschaftssystemen gelingt, sich selbst in ihrer jeweiligen Ordnung zu reproduzieren. Zentrale Bedeutung kommt dabei dem Konzept des *Rollenhandelns* zu, das die ‚psychologische' Ebene des psychischen Systems individueller Akteure mit der ‚soziologischen' Ebene sozialer Strukturen verbindet. Unter *Rolle* versteht Parsons eine Reihe sozialer Erwartungen, die innerhalb eines gesellschaftlichen Subsystems (wie z.B. Familie oder Schule) an den Einzelnen gerichtet werden und einen bestimmten Ausschnitt seines Handelns regulieren (vgl. ebd., S. 55). Rollenhandeln trägt demnach zur Stabilität des Gesamtsystems bei, indem es das Handeln des Einzelnen an den normativen Erwartungen der anderen Gruppenmitglieder ausrichtet.

Sozialisation wird von Parsons innerhalb dieses konzeptionellen Rahmens als Erwerb der für ein erfolgreiches Rollenhandeln erforderlichen Orientierungen verstanden. Dazu sei es notwendig, dass die Bedürfnisse des Einzelnen, die Parsons in Anlehnung an Freud als asoziale Triebregungen begreift, kulturell überformt und auf die Erfüllung sozialer Erwartungen ausgerichtet werden. Sozialisation ziele mithin darauf ab, gesellschaftliche Konformität zum subjektiven Bedürfnis und zur Quelle von Befriedigung werden zu lassen. Da der Sozialisationsprozess die Heranwachsenden in funktional ausdifferenzierten Gesellschaften aber nicht auf alle künftigen Rollen mit deren je spezifischen Verhaltenserwartungen vorbereiten könne, sei es erforderlich, ihnen übergreifende, das Handeln in allgemeinerer Weise anleitende Orientierungen zu vermitteln. Deshalb beschreibt Parsons Sozialisation über die gesellschaftliche Formung von Bedürfnisdispositionen hinaus als Erwerb der grundlegenden Wertorientierungen, die in einer Gesellschaft die Voraussetzung für erfolgreiches Rollenhandeln bilden (vgl. Tillmann 1997[8], S. 117ff.).

Um solche übergreifenden Wertmuster für moderne Gesellschaften zu erfassen, entwickelte Parsons das Konzept „universalistischer" Orientierungen, die vor allem für berufliches Rollenhandeln erforderlich seien und sich von den (z.B. in der Familie vorherrschenden) „partikularistischen" Orientierungen unterschieden. Charakteristisch für universalistische Orientierungen seien affektive Neutralität, spezifische (anstelle diffuser) Rollenerwartungen, Unabhängigkeit von persönlichen Beziehungen, das Übergewicht von durch Leistung (*achievement*) erworbenen gegenüber auf Zuschreibung (*ascription*) beruhenden Statuspositionen sowie der Vorrang von Selbst- vor Gemeinschaftsorientierung. Der Erwerb solcher für das Rollenhandeln in komplexen Gesellschaften unentbehrlichen Orientierungen führt nach Parsons zur Ausbildung einer „Basispersönlichkeit", die bis zum Ende der Adoleszenz abgeschlossen sei. Um den allmählichen Übergang von partikularistischen zu universalistischen Werten zu beschreiben, hat Parsons (1981[4]) ein Phasenmodell der Sozialisation ausgearbeitet, das eng an das psychoanalytische Entwicklungskonzept angelehnt ist und jeweils unterschiedliche Sozialisationsinstanzen (Familie, Schule, Peergroup) in den Mittelpunkt stellt.

Parsons kommt das Verdienst zu, den Begriff der Sozialisation systematisch im Kontext einer umfassenden Gesellschaftstheorie entwickelt und dabei zumindest ansatzweise die verschiedenen damals vorliegenden theoretischen Konzeptionen (insbesondere Durkheims, Freuds und der behavioristischen Lerntheorie, nicht aber Piagets) integriert zu haben. Mit Geulen (1998[5], S. 33) ist jedoch einzuwenden, dass Parsons „Sozialisation von vornherein unter seiner gesellschaftstheoretischen Prämisse der Systemintegration und -stabilität faßt als Entstehung derjenigen Strukturen, die ein Agieren in den vorgegebenen Rollen gewährleisten". Damit begreift Parsons den Prozess des Mitgliedwerdens (ähnlich wie Durkheim) einseitig als Ausrichtung der Persönlichkeitsentwicklung an den Erfordernissen der Erhaltung des Gesellschaftssystems und beraubt sich so der Möglichkeit, Sozialisation als einen Faktor gesellschaftlichen Wandels zu konzipieren. Die Voraussetzung „eines bruchlosen Aufgehens der Individuen im System" (ebd., S. 34) blockiert überdies jede gesellschaftskritische Perspektive auf das Sozialisationsgeschehen.

II.3.b. Symbolischer Interaktionismus (George Herbert Mead)

Obwohl George Herbert Mead (1863-1931) keine explizite Sozialisationstheorie entwickelt hat, ist sein Denken von großer Bedeutung für viele nach ihm entwickelte Konzepte sozialisatorischer Interaktion. Meads Interesse gilt vor allem der Frage, wie Menschen ihre Handlungen wechselseitig aufeinander abstimmen, d.h. wie planvolles kooperatives Handeln zustande kommt. Den Ausgangspunkt seiner Konzeption markiert die These, dass die menschliche Sprache als eigenes Symbolsystem die entscheidende Voraussetzung sozialen Handelns bildet (daher auch die Bezeichnung „Symbolischer Interaktionismus" für die auf Mead zurückgehende soziologische Theorierichtung). Während die Verhaltenskoordination bei Tieren dem Reiz-Reaktions-Schema folge und sich instinktiv bzw. unbewusst vollziehe, beruhe menschliche Sprache auf gemeinsam geteilten, den Kommunikationsteilnehmern mindestens potentiell bewussten Bedeutungen. Die Annahme Meads, dass ein sprachliches Symbol (ein Wort oder eine Abfolge von Worten) im Sprecher die gleichen Reaktionen auslöse wie bei seinen Gesprächspartnern, ist dabei so zu verstehen, dass erfolgreiche Interaktionen voraussetzen, dass der Sprecher die zu erwartende (oder von ihm beabsichtigte) Wirkung seiner Rede zunächst in sich selbst erzeugen, d.h. innerlich vorwegnehmen kann (vgl. Mead 1973, S. 191).

Auch wenn Mead selbst den Terminus nicht benutzt, kann man Sozialisation mithin als Erwerb dieser Fähigkeit verstehen, die Haltungen anderer zu übernehmen und sein eigenes Handeln darauf abzustimmen. Die Entwicklung der Fähigkeit zur Perspektivenübernahme vollzieht sich Mead zufolge in mehreren Stadien (denen jedoch nicht derselbe logische Status wie Piagets Entwicklungsstufen zukommt) (vgl. ebd., S. 192ff.). Ein frühes solches Stadium stellt das kindliche Nachahmungsspiel (*play*) dar, bei dem das Kind wechselnde Rollen spielt und lernt, nacheinander die Haltung einzelner anderer (wie z.B. von Mutter, Vater oder Geschwistern) zu übernehmen. Das nächste Stadium wird durch das Wettkampfspiel (*game*) markiert, bei dem das Kind die Haltung nicht nur einzelner anderer übernimmt, sondern *aller* an dem Spiel Beteiligten, die zudem (wie etwa im Fall einer Fußballmannschaft) in einer bestimmten Beziehung zueinander stehen. Die übernommenen Haltungen der Mitspieler werden dabei zu einer Einheit gebündelt, an der sich die Handlungen des Einzelnen orientieren und die Mead den „verallgemeinerten Anderen" nennt (ebd., S. 196). Ähnliches vollziehe sich ihm nicht nur im Spiel, sondern auch in alltäglichen Lebenssituationen, wo Heranwachsende zu Mitgliedern ihrer gesellschaftlichen Gruppe werden, indem sie die Haltungen einzelner anderer und allmählich auch des „verallgemeinerten Anderen" übernehmen und in ihr Selbst integrieren.

Als Antriebskraft dieses Prozesses lässt sich bei Mead das Bedürfnis nach sozialer Zustimmung ausmachen (bzw. der Wunsch, soziale Ablehnung zu vermeiden). Meads Selbstbezeichnung als „Sozialbehaviorist" verweist darauf, dass er ähnlich wie behavioristische Lerntheoretiker davon ausgeht, dass menschliches Verhalten sich an Verstärkung bzw. Bestrafung orientiert, wobei er allerdings die soziale Dimension solcher Umweltreaktionen hervorhebt. Gleichwohl unterscheidet sich seine Konzeption nicht nur von behavioristischen Positionen, sondern auch von Parsons' strukturfunktionalistischem Ansatz, da Sozialisation für Mead weder in der Anpassung an Umweltreize noch in der Internalisierung von Rollenerwartungen aufgeht. Im Zentrum seiner impliziten Sozialisationstheorie steht vielmehr die Entstehung des „Selbst", für die das Zusammenspiel zweier Instanzen entscheidend ist, die Mead *I* und *Me* nennt (vgl. ebd., S. 216ff.). *I* stellt dabei die Instanz des spontanen Handelns dar, während *Me* die Gesamtheit der von einem Individuum übernommenen Haltungen anderer ausmacht, auf die *I* reagiert. Insofern diese Reaktionen unvorhersehbar und nicht-determiniert sind, ist *I* für Mead eine Quelle von „Freiheit" und „Initiative" (ebd., S. 221), stellt aber gleichwohl keine ursprüngliche Instanz dar, die dem *Me* zeitlich oder logisch vorherginge, sondern entsteht erst in und als Reaktion auf das *Me* und wird deshalb immer erst nachträglich erfahren.

Weit stärker als die dargestellten psychologischen Ansätze stellt Mead die *soziale* Konstitution des Subjekts ins Zentrum seiner Handlungstheorie und eröffnet so der Sozialisationsforschung mit dem Blick auf konkrete Interaktionsvorgänge neue Perspektiven. Seine Theorie hat symbolisch-interaktionistische und ethnomethodologische Ansätze beeinflusst und ist in Deutschland u.a. in den Entwürfen einer kritischen Rollentheorie aufgegriffen worden. So hebt z.B. Habermas (1973) die Interpretationsleistungen und -spielräume hervor, die den Heranwachsenden im Prozess der Handlungskoordination abverlangt bzw. eröffnet werden, und damit die Differenz zwischen *role-taking* (dem Verstehen und Übernehmen fremder Verhaltenserwartungen) und *role-making* (der spezifischen Ausgestaltung übernommener Rollen). Indem Sozialisation nicht nur als Verinnerlichung, sondern als wechselseitige Interpretation und Aushandlung von Verhaltenserwartungen begriffen wird, die auch die Möglichkeit von Konflikten einschließt, eröffnen solche Weiterentwicklungen eine kritische Perspektive auf das Sozialisationsgeschehen, die es z.B. erlaubt, Sozialisationsinstanzen wie die Schule daraufhin zu untersuchen, wie viel Interpretations- und Aushandlungsspielraum sie den Beteiligten tatsächlich bieten.

II.3.c. Sozialisation als Habitualisierung (Pierre Bourdieu)

Obwohl auch im Werk Pierre Bourdieus (1930-2002) der Begriff der Sozialisation keine zentrale Rolle spielt, stellt es doch einen wichtigen Beitrag zur Sozialisationstheorie dar. Im Mittelpunkt seiner Gesellschaftstheorie steht das Phänomen sozialer Ungleichheit, zu dessen Erfassung Bourdieu (1992) der Begriff des Kapitals dient, den er vom Bereich der Ökonomie auf alle anderen Formen sozialen Austauschs ausdehnt. Von besonderem Interesse für die Sozialisationstheorie ist das Konzept des *kulturellen* Kapitals, das Bourdieu als Resultat aller Investitionen an Zeit und Geld begreift, die getätigt werden, um als nützlich angesehene Kenntnisse und Fähigkeiten zu erwerben. Die Bedeutung dieses Konzepts liegt vor allem darin, dass es den trotz formaler Chancengleichheit fortbestehenden Einfluss der sozialen Herkunft auf den Schulerfolg durch die unterschiedliche Ausstattung mit kulturellem Kapital zu erklären vermag. Familiäre Sozialisation ist demzufolge in erster Linie als Übertragung von kulturellem Kapital zu verstehen. Neben dem (in ‚Bildungsgütern' wie z.B. Büchern) *objektivierten* und dem (in formellen Bildungsabschlüssen) *institutionalisierten* Kulturkapital ist dabei vor allem das *inkorporierte kulturelle Kapital* von Interesse, das ‚einverleibt' und deshalb an den Körper seines Besitzers gebunden ist. In diesem Sinne inkorporiert werden können alle Kenntnisse, Fähigkeiten und Einstellungen, die in irgendeiner Weise als Ressource dienen. Die Übertragung von inkorporiertem Kulturkapital auf die nachwachsende Generation vollzieht sich Bourdieu zufolge vor allem durch „soziale Vererbung", d.h. auf dem Wege einer weitgehend unbewussten Weitergabe von Kenntnissen, Fähigkeiten und Einstellungen im alltäglichen Zusammenleben. Der sozialen Vererbung kommt dabei insofern zugleich legitimatorische Funktion zu, als sie zur Verschleierung der Reproduktion sozialer Ungleichheit beiträgt.

Bourdieus Gesellschaftstheorie ist für die Sozialisationstheorie insofern relevant, als sie zu erklären versucht, wie die Reproduktion der ungleichen Verteilung von Kapital zustande kommt. Der entscheidende Begriff in diesem Kontext ist der Begriff des *Habitus*, der eine Art von Vermittlungsglied zwischen objektiven gesellschaftlichen Bedingungen und dem subjektiven Handeln der Individuen bezeichnet:

> „Die Konditionierungen, die mit einer bestimmten Klasse von Existenzbedingungen verknüpft sind, erzeugen die *Habitusformen* als Systeme dauerhafter und übertragbarer *Dispositionen*, als strukturierte Strukturen, die wie geschaffen sind, als strukturierende Strukturen zu fungieren, d.h. als Erzeugungs- und Ordnungsgrundlagen für Praktiken und Vorstellungen, die objektiv an ihr Ziel angepaßt sein können, ohne jedoch bewußtes Anstreben von Zwecken und ausdrückliche Beherrschung der zu deren Erreichen erforderlichen Operationen vorauszusetzen, die ‚objektiv' geregelt und ‚regelmäßig' sind, ohne irgendwie das Ergebnis der Einhaltung von Regeln zu sein, und genau deswegen kollektiv aufeinander abgestimmt sind, ohne aus dem ordnenden Handeln eines Dirigenten hervorgegangen zu sein." (Bourdieu 1999[3], S. 98f.)

Der Habitus eines Menschen oder einer Gruppe ist demnach ein von den ökonomischen und sozialen Notwendigkeiten erzeugtes System von Dispositionen der Wahrnehmung, des Denkens und des Handelns. Seine zwischen objektiven Bedingungen und subjektivem Handeln vermittelnde Funktion beruht vor allem auf seiner Unbewusstheit, seiner Regelhaftigkeit (die nicht mit der bewussten Befolgung expliziter Normen zu verwechseln ist) und seiner Kollektivität (d.h. dass er einer Gruppe von Menschen gemeinsam ist, die unter denselben objektiven Existenzbedingungen leben). Die relative Konstanz sozialer Praktiken beruht nach Bourdieu also nicht auf formalen Regeln, expliziten Normen oder bewussten Handlungsstrategien, sondern auf Erfahrungen, die sich im Laufe der Zeit zu einem unbewussten Set von Einstellungen, Gewohnheiten und Vorlieben verdichtet haben. In diesem Sinne lässt sich Sozialisation mit Bourdieu als *Habitualisierung* verstehen, die weniger determinierend als vielmehr limitierend wirkt, d.h. das individuelle Verhalten nicht bis in alle Einzelheiten hinein festlegt, wohl aber Grenzen markiert, die individuelle Variationen zulassen, ohne gänzlich überschritten werden zu können.

Die Bedeutung von Bourdieus Beitrag zur Sozialisationstheorie ist vor allem darin zu sehen, dass er eine kritische Perspektive auf das Sozialisationsgeschehen eröffnet, die – anders als der Ansatz Meads – nicht nur die Mikrostruktur individueller Interaktionen betrifft, sondern auch gesellschaftliche Makrostrukturen wie die ungleiche Verteilung von ‚Kapital' in seinen verschiedenen Erscheinungsformen in die Betrachtung einbezieht. Die Grenzen von Bourdieus Ansatz liegen vor allem darin, dass er weit mehr an einer Erklärung der Reproduktion sozialer Ungleichheit bzw. der relativen Stabilität gesellschaftlicher Verhältnisse interessiert ist als an der Beschreibung gesellschaftlicher oder individueller Transformationen.

II.3.d. Selbstsozialisation

Zu den aktuellen Entwicklungen der Sozialisationstheorie gehört die von Jürgen Zinnecker (2000) diagnostizierte Konjunktur eines neuen Konzepts von Sozialisation, das sich programmatisch unter der Überschrift „Selbstsozialisation" zusammenfassen lässt. Unter Selbstsozialisation ist dabei vor allem der „Eigenanteil" zu verstehen, „den eine Person zu ihrer Sozialisation leistet" (ebd., S. 281). Mit der Akzentuierung dieses Eigenanteils rücke die Sozialisationstheorie, so Zinnecker, „weiter ab von der historisch überlieferten Gleichsetzung, nach der Prozesse des Aufwachsens und Prozesse der pädagogischen Lenkung dieser Prozesse lediglich zwei unterschiedliche Seiten der gleichen Medaille seien" (ebd., S. 275f.).

Als Indiz der Konjunktur dieses Konzepts auf der Ebene von Forschung und Theoriebildung führt Zinnecker dabei – neben dem zunehmenden Interesse an der wechselseitigen Selbstsozialisation von Kindern und Jugendlichen im Rahmen von Peer-Beziehungen sowie an psychologischen Konzepten der „Selbstentwicklung" – vor allem Luhmanns kategoriale Unterscheidung zwischen psychischen Systemen und sozialen Systemen an, die sich auch in einer veränderten Auffassung von Sozialisation niederschlägt. Indem Luhmann Personen (z.B. Kinder oder Jugendliche) nicht mehr als Bestandteile sozialer Systeme (z.B. Familie oder Schule) begreift, sondern als eigenständige psychische Systeme, die nach jeweils eigener Logik funktionieren, verortet er den Begriff der Sozialisation konsequenterweise auf der Seite der Person, während der Erziehungsbegriff auf die Seite des sozialen Systems rückt: „Während Sozialisation immer Selbstsozialisation aus Anlaß von sozialer Kommunikation ist, ist Erziehung die kommunikative Veranstaltung [des sozialen Systems Erziehung; HCK] selbst" (Luhmann 2004, S. 117). Die wachsende theoretische Aufmerksamkeit für Selbstsozialisation geht dabei Zinnecker (2000, S. 276f.) zufolge mit entsprechenden Veränderungen „in der Verfaßtheit des heutigen Aufwachsens" einher, zu denen er u.a. die Abschwächung der „kleinräumigen Anbindungen des Aufwachsens" an Einrichtungen wie Familie und Nachbarschaft sowie die Entwicklung der Generationenbeziehungen hin zu „Verhandlungshaushalten" rechnet, in denen Wege und Ziele des Aufwachsens zwischen Eltern und Kindern ausgehandelt werden.

Zinneckers Vorschlag, den „historischen Schub in Richtung Selbstsozialisation" (ebd., S. 287) als Herausforderung zu begreifen, auf welche die Sozialisationstheorie mit der Reformulierung ihrer Konzepte reagieren solle, ist auf ein unterschiedliches Echo gestoßen (vgl. die Beiträge in Heft 2 der Zeitschrift für Soziologie der Erziehung und Sozialisation 2002). Während Zinnecker darin zuzustimmen ist, dass veränderte gesellschaftliche Bedingungen des Aufwachsens Kindern und Jugendlichen heute einen aktiveren Anteil an der Gestaltung ihrer Sozialisationsprozesse einräumen (oder zumuten) als früher, stieß seine Gegenüberstellung von Selbstsozialisation und Fremdsozialisation zu Recht auf Widerspruch. Denn zum einen wird in neueren theoretischen Konzeptionen Sozialisation als ein interaktives Geschehen begriffen, an dem *per definitionem* sowohl gesellschaftliche Instanzen als auch die Heranwachsenden selbst beteiligt sind, so dass eine Entgegensetzung von Fremd- und Selbstsozialisation wenig Sinn macht. Zum andern suggeriert der Begriff der Selbstsozialisation eine Unabhängigkeit der Heranwachsenden von äußeren gesellschaftlichen Bedingungen, die sozialisationstheoretisch als problematisch erscheint, insofern auch und gerade die von Zinnecker beschriebenen Veränderungen der Aufwachsensbedingungen ja gesellschaftlich bedingt und damit den Heranwachsenden von außen auferlegt und zudem in ihren konkreten Erscheinungsformen auch sozial höchst ungleich ausgeprägt sind.

III. Zur Bedeutung der Sozialisationstheorie für die Pädagogik

Die Bedeutung der Sozialisationstheorie für die Pädagogik besteht zusammenfassend formuliert darin, dass sie das Aufmerksamkeitsspektrum pädagogischer Reflexionen über den Bereich der absichtsvollen Einwirkung auf Heranwachsende hinaus erweitert und weitere Faktoren der Subjekt-Umwelt-Interaktion einbezieht – wie materielle und institutionelle Bedingungen des Aufwachsens, Interaktionen mit Gleichaltrigen sowie Einflüsse von Medien oder Alltags- und Konsumkultur. Ihr Interesse an den gesellschaftlich-geschichtlichen Rahmenbedingungen, innerhalb derer die Entwicklung Heranwachsender verläuft, eröffnet zugleich eine potentiell kritische Perspektive auf Macht- und Herrschaftsverhältnisse sowie auf die ungleiche Verteilung von Ressourcen zwischen Klassen bzw. Schichten, Geschlechtern und ethnischen Gruppen.

Darüber hinaus lässt sich die Sozialisationstheorie als ein kritisches Korrektiv gegenüber einer pädagogischen Haltung verstehen, die naiv-optimistisch auf die Veränderbarkeit individueller und gesellschaftlicher Strukturen durch Erziehung setzt. Solchen Zielsetzungen gegenüber betont sie die Grenzen, die einer Veränderung gesellschaftlicher Verhältnisse auf dem Wege pädagogischen Handelns gesetzt sind. Umgekehrt freilich läuft die Sozialisationstheorie ihrerseits Gefahr, die gesellschaftlichen Bedingungen pädagogischen Handelns zu überschätzen, sofern sie diese nicht nur als limitierende, sondern als determinierende Faktoren begreift. Während die Sozialisationstheorie in ihren Anfängen zu einer einseitigen Auffassung des Sozialisationsgeschehens im Sinne einer Prägung der Heranwachsenden durch gesellschaftliche Einflüsse tendierte, ist heute – wie der Diskurs um „Selbstsozialisation" zeigt – zum Teil eine gegenläufige Tendenz zu beobachten, die den aktiven Anteil der Subjekte an ihrer Sozialisation betont und dazu neigt, die den Subjekten auferlegten gesellschaftlichen Bedingungen und Restriktionen zu unterschätzen. Die Bedeutung der Sozialisationstheorie für die Pädagogik könnte so gesehen vor allem darin liegen, das Spannungsverhältnis zwischen gesellschaftlichen Verhältnissen einerseits und (pädagogisch intendierten) individuellen Lern- und Bildungsprozessen andererseits offen zu halten.

Literatur

Adorno, T. (1972): Zum Verhältnis von Soziologie und Psychologie. In: Adorno, T.: Gesammelte Schriften. Hrsg. von R. Tiedemann. Bd. 8. Frankfurt a.M., S. 42-85.
Bandura, A. (1976): Lernen am Modell. Ansätze zu einer sozial-kognitiven Lerntheorie. Stuttgart.
Bourdieu, P. (1992): Ökonomisches, kulturelles und soziales Kapital. In: Ders.: Die verborgenen Mechanismen der Macht. Hamburg, S. 49-75.
Bourdieu, P. (1999^3): Sozialer Sinn. Kritik der theoretischen Vernunft. Frankfurt a.M.
Durkheim, E. (1984): Erziehung und Gesellschaft. In: Ders.: Erziehung, Moral und Gesellschaft. Frankfurt a.M., S. 37-55.
Fend, H. (1972^5): Sozialisierung und Erziehung. Eine Einführung in die Sozialisationsforschung. Weinheim.
Freud, S. (1940a): Das Ich und das Es. In: Ders.: Gesammelte Werke. Bd. 13. London 1940, S. 235-289.
Freud, S. (1940b): Die "kulturelle" Sexualmoral und die moderne Nervosität. In: Ders.: Gesammelte Werke. Bd. 7. London 1940, S. 141-167.
Freud, S. (1940c): Vorlesungen zur Einführung in die Psychoanalyse. In: Ders.: Gesammelte Werke. Bd. 11. London.
Freud, S. (1940ff.): Gesammelte Werke. London.
Geulen, D. (1998^5): Die historische Entwicklung sozialisationstheoretischer Ansätze. In: Hurrelmann, K./Ulich, D. (Hrsg.): Handbuch der Sozialisationsforschung. Weinheim, S. 21-54.
Habermas, J. (1973): Stichworte zu einer Theorie der Sozialisation. In: Ders.: Kultur und Kritik. Frankfurt a.M., S. 118-194.
Hurrelmann, K. (2001^7): Einführung in die Sozialisationstheorie. Weinheim.
Hurrelmann, K./Ulich, D. (Hrsg.) (1998^5): Handbuch der Sozialisationsforschung. Weinheim.
Kegan, R. (1986): Die Entwicklungsstufen des Selbst. Fortschritte und Krisen im menschlichen Leben. München.
Kohlberg, L. (1995): Die Psychologie der Moralentwicklung. Frankfurt a.M.
Lefrancois, G. R. (1986^2): Psychologie des Lernens. Berlin.
Luhmann, N. (2004): Sozialisation und Erziehung. In: Ders.: Schriften zur Pädagogik. Hrsg. von D. Lenzen. Frankfurt a.M., S. 111-122.
Mead, G.H. (1973): Geist, Identität und Gesellschaft. Frankfurt a.M.
Parsons, T. (1973^3): Systematische Theorie in der Soziologie. In: Ders.: Beiträge zur soziologischen Theorie. Darmstadt, S. 31-64.
Parsons, T. (1981^4): Sozialstruktur und Persönlichkeit. Frankfurt a.M.
Pawlow, I. (1972): Die bedingten Reflexe. München.
Piaget, J. (1974): Theorien und Methoden der modernen Erziehung. Frankfurt a.M.
Piaget, Jean (2003): Meine Theorie der geistigen Entwicklung. Hrsg. von R. Fatke. Weinheim/ Basel/ Berlin.
Tillmann, K.-J. (1997^8): Sozialisationstheorien. Eine Einführung in den Zusammenhang von Gesellschaft, Institution und Subjektwerdung. Reinbek.
Zeitschrift für Soziologie der Erziehung und Sozialisation (2002), Bd. 22, Heft 2.
Zinnecker, J. (2000): Selbstsozialisation – Essay über ein aktuelles Konzept. In: Zeitschrift für Soziologie der Erziehung und der Sozialisation, Bd. 20, S. 272-290.

Kapitel 4: Lernen

LUTZ KOCH

A: Lernen und Erkenntnis

1. Lernen kann vielerlei bedeuten: motorisches Lernen von Bewegungsabläufen durch Ausprobieren und Nachahmung, Sprachlernen durch Nachahmung und Unterricht u.a.m.; es kann sich aber auch um den Erwerb von Erkenntnissen und Einsichten handeln. Zur Erkenntnis führendes Lernen kann man abkürzend als „kognitives Lernen" bezeichnen. Ein großer Teil des Selbststudiums oder des schulischen Lernens unter Anleitung von Lehrern ist ein solcher Weg zu Wissen und Erkenntnis. In diesem Sinne kann man schulisches Lernen als angeleitetes „Wissendwerden" bezeichnen. Lernen muss „als Sonderfall des Erkennens [...] angesehen werden" (Petzelt 1961, S. 15). Psychologische Lerntheorien, fixiert auf assoziationspsychologische Zusammenhänge, haben das kognitive Lernen lange Zeit hindurch vernachlässigt. Erst die „kognitive Wende" (Neisser 1967) hat zu seiner Wiederentdeckung in der Psychologie und der von ihr abhängigen Didaktik geführt (Ausubel, Bruner, Aebli u.a., vgl. Seel 2000, S. 18ff., Meyer-Drawe 2003). Zunächst dominierte die Auffassung des Lernens als Informationsverarbeitung, aktuell wird Lernen als Wissenskonstruktion aufgefasst. Ungefähr zeitgleich mit der „kognitiven Wende" in der Psychologie, jedoch in Deutschland kaum rezipiert, hatte sich die angelsächsische „Philosophy of Education" intensiv mit dem Zusammenhang von Lernen und Erkenntnis beschäftigt (vgl. Peters 1968[5], Hirst/Peters 1971[2], Scheffler 1973, Soltis 1978). Darin herrschte der sprachanalytische Gesichtspunkt vor. Ihm trat zu Beginn der 90er Jahre auf deutschem Boden der Versuch einer logischen Theorie des Lernens an die Seite (Koch 1991). Lernen als „Wissendwerden" hat ja nicht nur mit Psychologie, sondern auch mit Logik zu tun, was schon einer älteren didaktischen Tradition im deutschen Sprachbereich vertraut war (Willmann, Natorp, Schmidkunz u.a., vgl. Koch 1991, S. 7ff.) und der Sache nach bis auf die logischen Schriften des Aristoteles zurückgeht. Daneben spielen hermeneutische (Buck 1989[3]), anthropologische (Prange 1989) und phänomenologische Lerntheorien (Meyer-Drawe 1982, 2003) jeweils eine von der Sache her bedeutende Rolle, wenngleich insgesamt die Lernpsychologie das Feld beherrscht. Aktuell sind konstruktivistische und neurophysiologische Ansätze.

2. Gemeinsam ist den auf die Assoziationspsychologie (Reiz-Reaktions-Lernen, operante Konditionierung) folgenden Ansätzen die Überzeugung, dass kognitives Lernen nur bedingt als von außen beeinflussbare und steuerbare Verhaltensänderung verstanden werden könne. Vielmehr erfordere es in der Hauptsache die aktive Beteiligung der Lernenden selbst. Das war im Grunde genommen seit Jahrhunderten *communis opinio*, die sich in der Definition des Lehrens als „Lernenlassen" (Willmann 1957[7], S. 415) verdichtet hatte. Man kann Erkenntnis den Köpfen der Lernenden nicht eintrichtern; man kann diese nur zum Lernen veranlassen, d.h. das Gelehrte aufzunehmen, einzuprägen, nach Verständnis zu suchen und die Anwen-

dung des Gelernten zu üben. Alles das sind ja Tätigkeiten, die der Lernende selbst vollziehen muss. Eben deshalb wird gegenwärtig von „selbstreguliertem Lernen" (Baumert/Klieme/Neubrand 2001, S. 28) gesprochen. Weil man dem Lernenden die eigene Bemühung nicht abnehmen kann, hängt der Lehrerfolg vom Lernerfolg ab, der sich nicht mit kalkulierbarer Sicherheit aus der Lehrtätigkeit ergibt. Diese Unsicherheit suchten operante Konditionierung und programmiertes Lernen auszuschalten. Dem gegenüber ist es ein Verdienst konstruktivistischer Lerntheorien, an den „autopoietischen" Charakter des kognitiven Lernens erinnert zu haben, wenn auch um den Preis der Verwischung der rezeptiven Lernanteile (Nr. 3) und des Wahrheitsaspekts. (Nr. 4; zur Kritik des Konstruktivismus vgl. Pongratz 2005).

3. Die Aktivitäten des selbstregulierten kognitiven Lernens lassen sich in zwei Gruppen einteilen. Die erste Gruppe betrifft rezeptive Vollzüge, die etwas Vorgegebenes aufnehmen und ins Gedächtnis einprägen; z.B. beim Vokabellernen oder „Auswendiglernen" von Gedichten. Ältere Lerntheorien sprachen von „Apprehension" (vgl. franz. *apprendre bzw. apprendre par cœur)*. Die Organe dieser Aktivitäten sind Sinneswahrnehmung, reproduktive Einbildungskraft und Gedächtnis. Die zweite Gruppe umfasst Aktivitäten, die das Rezipierte unterscheiden, ordnen, analysieren, mit Verwandtem in Hinsicht auf Gemeinsamkeiten und Unterschiede vergleichen, auf (gemeinsame) Begriffe bringen, definieren, klassifizieren, interpretieren, erklären, mit anderem, was man schon weiß, in einen sachlichen (logischen) Zusammenhang bringen und darüber hinaus auf neue Probleme anwenden. Dabei handelt es sich insgesamt um Tätigkeiten von intellektueller Art mit je eigenen logischen Formen, d.h. um Tätigkeiten des Denkens. Man kann sagen, dass beide Gruppen von Lernaktivitäten miteinander kooperieren müssen, wenn Erkenntnis zustande kommen soll, sei es durch eigene Entdeckung oder dadurch, dass wir von anderen lernen. Was wir durch unsere rezeptiven Tätigkeiten dauerhaft erwerben, sind „Kenntnisse". Sie bilden den „Stoff" unserer „Erkenntnisse", der denkend formiert, „verarbeitet" werden muss, wenn es wirklich zu Erkenntnissen kommen soll. Ein Beispiel: Die wiederholte Wahrnehmung von Blitz und Donner ebenso wie die Beobachtung ihrer gleichbleibenden zeitlichen Abfolge bereichern unseren Kenntnisstand und bilden das Material der Erkenntnis, aber erst die Erklärung beider Erscheinungen als Wirkungen elektrischer Entladungen sowie die Erklärung ihrer irreversiblen Abfolge durch die schnellere Lichtausbreitung im Vergleich mit der des Schalles machen aus diesen Kenntnissen eine Erkenntnis. Ohne rezeptiv erworbene Kenntnisse wäre unsere Erkenntnis leer, ohne die intellektuelle Bearbeitung fehlte den Kenntnissen diejenige Form, aus der hervorgeht, *was* das Gekannte ist bzw. als was es zu *verstehen* ist, ferner *wodurch* es ist, welche *Folgen* es hat und wie es sich gegen anderes *verhält*. Man kann im Anschluss an diese Bemerkungen regelgebend formulieren, dass das kognitive Lernen, an dessen Ende sich eine Erkenntnis einstellt, die Basis des rezeptiven Lernens, des „Aufnehmens und Behaltens" (*facile percipere et fideliter continere*; Quintilian, Inst. or. I, 3.1), voraussetzt, und zwar nicht nur, um den Stoff der Erkenntnis zu sammeln, sondern auch um dem gesamten Lernprozess den Realitätskontakt zu sichern, der letzten Endes nur durch die sinnliche Wahrnehmung garantiert werden kann. Unsere der Zeit nach erste Bekanntschaft mit den Dingen vermittelt die sinnliche Anschauung. Auf der anderen Seite dürfen die „datenverarbeitenden" Funktionen des Denkens nicht fehlen, ohne

die so etwas wie Verständnis und Einsicht unmöglich sind. Auch diese Aussage kann als Lehr- und Lernregel gelten. Der Weg von „sinnlichen Anschauungen zu deutlichen Begriffen" (Pestalozzi 1961², S. 30) ist nicht nur der elementare Erkenntnisweg, sondern auch der erste (wenn auch nicht einzige) Weg des Lernens (vgl. Nr. 7). Eine Komplikation kommt dadurch ins Spiel, dass selbst Definitionen, Erklärungen, Deutungen, Ableitungen und andere intellektuelle Operationen, die zum Erkennen unerlässlich sind, bloß wie Daten (Kenntnisse) rezipiert und auf Bedarf wiedergegeben werden können. Solche Reduktion rationaler Lernanteile auf rezeptiv gewonnene Kenntnisse erzeugt zwar den Schein von Erkenntnis und Einsicht, schneidet aber die Lernenden von Wahrheit ab. Die Schule selbst verführt durch ihren Prüfungszwang zur Beschränkung auf Kenntnisse, oft nicht einmal dazu. Was so verdrängt wird, sind die rationalen bzw. intellektuellen Anteile an Form und Inhalt des Lernens: das *Verständnis* des *Allgemeinen*, die *Einsicht* in *Gründe und Ursachen* sowie die Eingliederung des so Gelernten in einen umfassenderen *systematischen* Erkenntniszusammenhang, den man metaphorisch als *Übersicht* bezeichnen kann (vgl. Koch 1996, S. 68).

4. Alles das wird beherrscht von dem für Erkenntnis charakteristischen Anspruch auf *Wahrheit*. Das gilt auch vom kognitiven Lernen, obgleich Lernpsychologie und Didaktik dieses zentrale Thema notorisch vernachlässigen. Erkenntnis *steht* aber nicht nur unter Wahrheitsansprüchen, sie ist auch sich selbst *durchsichtig*. Sie kann ihre Wahrheitsansprüche durch Belege, Argumente, Beweise oder Experimente rechtfertigen. Kognitives Lernen schließt daher ebenso Verfahren der Bewahrheitung und der Wahrheitsprüfung ein, wie es umgekehrt alle Formen des sich nicht rechtfertigenden Dogmatismus ausschließt. Notwendig zählt zu den Aktivitäten des kognitiven Lernens die mitlaufende Überprüfung der Gründe des eigenen Fürwahrhaltens durch den Lernenden. Solche Prüfung ist nur möglich durch das, was im emphatischen Sinne als „Selbstdenken" bezeichnet wurde. Der Einzelne kann sie nur mit eigenem Verstande vollziehen. Hält das Fürwahrhalten der Prüfung stand, so pflegen wir es als Wissen zu bezeichnen. Wenn wir von *Wissen* sprechen, so liegt der Akzent auf der *subjektiven* Seite des Erkennens, auf dem Fürwahrhalten, das sich von Skepsis bis zur Überzeugung erstreckt und im Wissen den höchsten Grad der Überzeugung, die Gewissheit erreicht; sprechen wir hingegen von *Erkenntnis*, so betonen wir den *Gegenstandsbezug* unseres Erkennens, das unter dem Anspruch auf Wahrheit mit dem Objekt übereinstimmen muss. Nun zeichnet sich Wissen nicht nur durch Selbsttransparenz aus, sondern auch dadurch, dass es *anderen* transparent gemacht werden kann. Wissen ist *lehrbar*, wie Aristoteles angemerkt hat (Aristoteles 1969, S. 157). Der beste Beweis dafür, dass man es durch Lernen zum Wissen gebracht hat, besteht darin, es andere lehren zu können.

5. Innerhalb von Wissen und Erkenntnis sind regionale Differenzierungen nicht zu übersehen. Sie sind auch für eine Theorie des kognitiven Lernens von Bedeutung. Es ist ja nicht gleichgültig, ob es sich um theoretisches Wissen (von deklarativem Wissen sprechen die Psychologen), um technisches (prozedurales) oder rechtlich-moralisches Wissen handelt. Theoretisches Wissen/theoretische Erkenntnis bezieht sich darauf, zu wissen, was und wie etwas *ist*, wodurch es ist und welche Konsequenzen es hat. Technisches Wissen versteht sich darauf, wie man etwas *macht,* und rechtlich-moralisches Wissen weist uns den Weg, wie man handeln und was

man unterlassen *soll*. Dem gemäß fächert sich kognitives Lernen auf in theoretisches, technisches und moralisches Lernen. Die verschiedenen Ausprägungen des Lernens sind z.T. erheblich. Gemeinsam ist allen Arten des kognitiven Lernens zunächst, dass es sich um das Erlernen *allgemeiner* Strukturen in Regelform handelt. Gemeinsam ist auch, dass das Wissen die Kompetenz der Regelanwendung einschließt. Das ist nicht nur bei den praktischen Varianten des Wissens, dem technischen und dem moralischen Wissen der Fall, sondern auch beim theoretischen Wissen. Man muss neben den praktischen Anwendungen auch die theoretische Anwendung ins Auge fassen. Mathematische Regeln (Formeln) werden nicht nur zur Lösung technischer Probleme angewandt, sondern auch mathematikintern zur Lösung mathematischer Probleme. Die Gesichtspunkte, nach denen man ein Drama analysiert, werden nicht nur an *einem* Drama erarbeitet, sondern auch auf *andere* Dramen angewandt. Technisch wäre diese Anwendung bzw. dieser „Gebrauch" erst dann, wenn er zum selbständigen Verfassen von Dramen führte. Man kann sagen, dass jedes theoretische „Fach" seine immanenten Anwendungen hat. Erst in ihnen bzw. erst im „Gebrauch" (griech. *chrêsis*, lat. *usus*) beweist sich nach Aristoteles das Wissen (Aristoteles 1968a, S. 49f.; vgl. Volkmann-Schluck 1979, S. 254f.), das sonst nur „Wissenshabe", nicht „Wissensvollzug" ist, „stummes Wissen", wie die Rhetoriker sagten (Quintilian, Inst. or. V, 10.119), bzw. „träges Wissen", wie es in der Psychologie heißt (Renkl 1967). Die nötige Sicherheit im „Gebrauch" gewinnen wir im Übrigen nur durch *Übung*. Sie ist daher von nicht zu unterschätzender Bedeutung für das Lernen. Natürlich spielt beim technischen und beim moralisch-rechtlichen Lernen die Anwendung eine nicht minder große Rolle als beim theoretischen. Hier handelt es sich um praktische Anwendung, welche auf beiden Sektoren sogar das Ziel des Lernens darstellt und zusätzliche „Kompetenzen" erfordert. Im *technischen* Bereich müssen über das Wissen hinaus bestimmte Fertigkeiten erworben werden, die z. B. beim Handwerker „in der Hand" liegen. Sie werden eigens durch Nachahmung und Übung erworben. Auch das *moralische* Wissen erfordert eine zur sittlichen Einsicht hinzukommende Qualifikation („Tugend"): die Standhaftigkeit im Streit mit widerstrebenden Neigungen, welche durch Übung (Askese) erworben wird.

6. Innerhalb theoretischer Erkenntnis bzw. theoretischen Wissens fällt ein Sonderfall auf, der in lerntheoretischer Hinsicht erhebliche Konsequenzen hat. Es handelt sich um das *mathematische* Wissen und Lernen. Hier kann man nämlich nicht sagen, dass sich Realitätsbezug und „Stoff" von Erkenntnis und Lernen auf die sinnliche Wahrnehmung, m. a. W. auf Erfahrung stützt. Das ist schon seit dem Altertum bekannt. Platons über die Jahrtausende hinweg diskutiertes Menon-Experiment (Platon 1973, S. 541ff.) zeigt, dass mathematische Erkenntnis zwar von Erfahrung angestoßen werden mag, aber nicht aus Erfahrung abstrahiert sein kann, sondern vom Lernenden offenkundig in sich selbst angetroffen wird. Platon hatte dafür keine andere Erklärung als die Verlegenheitslösung einer von Erfahrung ausgehenden Erinnerung (*anámnesis*) an ein vorgeburtliches, nach der Geburt aber vergessenes Wissen. Kant hat vorgeschlagen, das Zustandekommen mathematischer Erkenntnis nicht nur mit Hilfe eines erfahrungsfreien Denkens, sondern auch der „reinen", d.h. nichtsinnlichen Anschauung von Raum und Zeit zu erklären. Danach konstruieren wir die geometrischen Formen in der Raumanschauung und die arith-

metischen Objekte (Zahlen) mit Hilfe der nichtsinnlichen Zeitanschauung (Kant 1967, S. 657ff.). Lernen bedeutet hier nicht die „Verarbeitung" von außen bzw. durch Erfahrung vorgegebener Kenntnisse, Daten oder Informationen, sondern eher ein inneres Konstruieren. Der Hauptsatz der sensualistischen Erkenntnis- und Lerntheorie, nichts sei im Verstande, was nicht zuvor in den Sinnen war, muss daher auf die nichtmathematische Erkenntnis und das außermathematische Lernen eingeschränkt werden. Selbst bei den besten Mathematiklehrern lernt der Schüler doch alles Wesentliche *aus sich selbst*. Hier wie nirgendwo sonst gilt der Satz: Lernen ist Selbstbelehrung (vgl. Buck 1989³, S. 54). Kant hat in diesem Sinne einmal davon gesprochen, dass man am gründlichsten lerne, „was man gleichsam aus sich selber lernt" (Kant 1923, S. 477). Das ist auch der Grund, weshalb es Mathematik-Lehrer so schwer haben. Sie können nicht wie andere Lehrer ihre Befriedigung darin finden, „Stoff" zu vermitteln, und ihre Schüler können sich nicht durch Auswendiglernen die Illusion verschaffen, über mathematische Einsichten zu verfügen.

7. Lernen, das zu Erkenntnis und Wissen führen soll, kommt nicht mit einem Schlag ans Ziel. Es hat die Struktur eines Ganges und setzt bei einem Vorwissen bzw. Vorverständnis an. Vertraut ist uns das aus dem ersten Satz der Zweiten Analytik des Aristoteles: „Alles vernünftige Lehren und Lernen geschieht aus einer vorangehenden Erkenntnis" (Aristoteles 1976, S. 1). Aristoteles hat auch die beiden Wegführungen (Methoden), die hier möglich sind, auf traditionsbildende Weise bestimmt (a.a.O.): Hinführung (*epagogé*, „Induktion") und syllogistischer Beweis bzw. Ableitung aus Prämissen (*apódeixis*, „Deduktion"). Beide sind nicht nur Grundformen wissenschaftlichen Erkennens, sondern auch des zur Erkenntnis führenden Lehrens und Lernens (vgl. Höffe 1976, S. XV). Der induktive Weg führt von der anschaulichen Erkenntnis des Besonderen, welches das *für uns* Bekanntere ist, zum Allgemeinen, das durch die Vernunft erkannt wird (vgl. den in Nr. 3 genannten Satz Pestalozzis); der zweite führt vom Allgemeinen, dem an sich Bekannteren, zum gesuchten Wissen. Der erste Weg ist der genetische, der zweite der logische. Vom ersten Weg wird in der Topik u.a. gesagt, er sei der deutlichere, sinnlich fassbarere und der Menge vertrautere Weg, d.h. der eigentlich didaktische (Aristoteles 1968b, S. 16; vgl. Buck 1989³, S. 2ff.). Aber auf welchem Lernweg wir auch immer zur Erkenntnis gelangen mögen, so gilt, dass solches Lernen eine *Veränderung* des Lernenden bedeutet, „denn durch das erlangte Wissen ändert sich sein Bezug zu den Dingen" (Volkmann-Schluck 1979, S. 255).

Literatur

Aristoteles (1968a): Über die Seele. Übers. v. W. Theiler. München.
Aristoteles (1968b): Topik (Organon V). Übers. u. m. Anm. vers. v. Eugen Rolfes. Hamburg
Aristoteles (1969): Nikomachische Ethik. Übers. v. F. Dirlmeier. Stuttgart.
Aristoteles (1976): Lehre vom Beweis oder Zweite Analytik. Übers. u. mit Anm. vers. v. Eugen Rolfes. Mit neuer Einl. u. Bibliographie v. Otfried Höffe. Hamburg.
Baumert, J./Klieme, E./Neubrand, M. (2001): PISA 2000. Basiskompetenzen von Schülerinnen und Schülern im internationalen Vergleich. Opladen.
Buck, G. (1989³): Lernen und Erfahrung. Darmstadt.

Hirst, P.H./Peters, R.S. (1971²): The Logic of Education. London (dt. Die Begründung der Erziehung durch die Vernunft. Düsseldorf 1972).
Höffe, O. (1976): Einführung in die Wissenschaftstheorie der Zweiten Analytik. In: Aristoteles (1976): Lehre vom Beweis oder Zweite Analytik. Hamburg.
Kant, I. (1923): Kant's gesammelte Schriften. Hrsg. v. d. Königlich Preußischen Akademie der Wissenschaften. Bd. 9. Berlin und Leipzig.
Kant, I. (1967): Kritik der reinen Vernunft. Unv. Neudruck der von Rymund Schmidt bes. Ausg. Hamburg.
Koch, L. (1991): Logik des Lernens. Weinheim.
Koch, L. (1996): Zur Logik des Lernens. Eine Skizze. In: H. Geißler (Hrsg.): Arbeit, lernen und Organisation. Ein Handbuch. Weinheim, S. 79-94.
Meyer-Drawe, K. (1982): Phänomenologische Bemerkungen zum Problem des menschlichen Lernens. In: Vierteljahrsschrift für wissenschaftliche Pädagogik 58, Heft 4, S. 510-524.
Meyer-Drawe, K. (2003): Lernen als Erfahrung. In: Zeitschrift für Erziehungswissenschaft 6, Heft 4, S. 505-514.
Neisser, U. (1967): Cognitive Psychology. New York.
Peters, R.S. (1968⁵): Ethics and Education. London (dt. Ethik und Erziehung. Düsseldorf 1972).
Pestalozzi, J.H. (1961²): Wie Gertrud ihre Kinder lehrt und ausgewählte Schriften zur Methode. Bes. v. F. Pfeffer. Paderborn.
Petzelt, A, (1961): Über das Lernen. In: Einführung in die pädagogische Fragestellung. Hrsg. von W. Fischer. Teil I. Freiburg i. Br., S. 73 ff.
Platon (1973): Werke in acht Bänden. Hrsg. v. G. Eigler. Bd. 2. Darmstadt.
Pongratz, Ludwig A. (2005): Untiefen im Mainstream. Zur Kritik konstruktivistisch-systemtheoretischer Pädagogik. Wetzlar.
Prange, K. (1989): Pädagogische Erfahrung. Vorträge und Aufsätze zur Anthropologie des Lernens. Weinheim.
Quintilianus, M.F. (1995³): Institutiones oratoriae libri XII. Hrsg. u. übers. v. H. Rahn. Darmstadt.
Renkl, A. (1967): Träges Wissen. Wenn Erlerntes nicht genutzt wird. In: Psychologische Rundschau 47, S. 78-92.
Scheffler, I. (1973): Reason and teaching. London.
Seel, N. M. (2000): Psychologie des Lernens. München, Basel.
Soltis, J.F. (1978²): An Introduction to the Analysis of Educational Concepts. Reading/Mass.
Volkmann-Schluck, K.H. (1979): Die Metaphysik des Aristoteles. Frankfurt a. M.
Willmann, O. (1957⁷): Didaktik als Bildungslehre. Freiburg i. Br.

Kapitel 4: Lernen

LUTZ KOCH

B: Lernen und Erfahrung

Einleitung

Erfahrung ist das erste, woran man zu denken hat, wenn vom Lernen die Rede ist, und zwar schon deshalb, weil wir nur aus Erfahrung wissen können, dass wir lernen. Im Übrigen weist die Etymologie des deutschen Zeitwortes „lernen" auf das Gotische „lais", „ich habe erwandert", „ich habe erfahren", „ich weiß", zurück. So scheint Lernen vor allem dies zu bedeuten, dass wir etwas erfahren, indem wir uns in der Welt umsehen. Was auch immer man so erfährt, es führt zu einem ersten und in der Regel noch unausdrücklichen Verständnis. Gleichwohl handelt es sich um mehr als um bloße Eindrücke und Meinungen, weil das Gelernte auf seine ereignis- und erlebnishaften Quellen zurückführbar ist. Kein Tier kann sich auf seine Erfahrung *berufen*, weshalb wir bei ihnen kaum davon sprechen können, dass sie Erfahrungen in unserem Sinne machen. Offenbar können sie aus störenden Erfahrungen nicht dadurch lernen, dass ihnen „die *Erfahrung selber Motiv* wird" (Gehlen 1978[12], S. 219), weshalb Lernen aus Erfahrung eine anthropologische Auszeichnung zu sein scheint. Aus Erfahrung „klug" werden zu können, bedeutet offenkundig weit mehr als bloß eine über den Reiz-Reaktionsmechanismus erklärbare Verhaltensanpassung. Denn was wir aus Erfahrung lernen, wird Ausgangspunkt für weitere Erfahrungen, generalisiert zu Regeln, die wir unausdrücklich befolgen, aber auch in Urteile übersetzen können, an denen wir uns mit Bewusstsein orientieren, statt auf Reize zu reagieren. Es ist nicht zuletzt das Eigentümliche solcher Erfahrungsregeln, dass sie dazu anleiten, uns gewissen Reizen und den entsprechenden Reaktionen sogar zu widersetzen. Eigentümlich ist ihnen auch, dass von ihnen kein Handlungszwang ausgeht. Wir können Ausnahmen machen, von unserer Erfahrung abweichen und Risiken auf uns nehmen. Dennoch lässt uns das Lernen aus und durch Erfahrung nicht kalt, denn es *widerfährt* uns und berührt uns dadurch *unmittelbar*. Darauf beruht seine Evidenz und seine Authentizität. Was wir aus Erfahrung gelernt haben, das haben wir weder bloß von anderen gehört noch in Büchern gelesen, sondern an den Dingen selbst erkannt. Deshalb hat Rousseau, der weitaus mehr ein Theoretiker der pädagogischen Erfahrung war als John Dewey, an den man in diesem Zusammenhang häufig als ersten denkt (vgl. Dewey 1986), für die erste Erziehung darauf bestanden, seinen Émile mit keinem anderen Buch als der Welt und keiner anderen Belehrung als den Tatsachen zu konfrontieren (vgl. Rousseau 1970, S. 356). Durch Erfahrung müsse er klug werden (vgl. ebd., S. 210), die der Lehre vorauszugehen habe (vgl. ebd., S. 156), während die Lektüre „die Geißel der Kindheit" sei (ebd., S. 258). Unsere wahren Lehrmeister seien Erfahrung und Gefühl (vgl. ebd., S. 378).

Nun ist allerdings das Phänomen des Erfahrungslernens äußerst mehrdeutig. Ein erster Versuch, hier zur Klarheit zu kommen, wird wenigstens den folgenden Bedeutungen nachgehen müssen, an deren Beginn zweifellos die *Erfahrung* selbst *als Lernen* steht (1). Das ist offenbar noch etwas anderes als *Lernen aus und durch Erfahrung* (2). Vielleicht kein anderes Phänomen, aber eine andere Thematik wird berührt, wenn von *Erfahrung als Anlass und Anfang des Lernens* die Rede ist (3). Ferner machen wir beim Lernen selbst schon *Erfahrungen mit dem Lernen*, wie es denn überhaupt eine Erfahrung ist, dass wir lernen (4).

In diesen unterschiedlichen Zusammenhängen haben wir es mit ebenso unterschiedlichen Lernbegriffen und z. T. sehr charakteristischen Varianten dessen zu tun, was wir im Allgemeinen mit dem einen und selben Wort als Erfahrung bezeichnen. Auf diese Bedeutungen des Lern- und des Erfahrungsbegriffes ist zu achten, wenn man den verschiedenen Beziehungen zwischen Lernen und Erfahrung, Erfahrung und Lernen nachspürt. Dass das, zumal in Hinsicht auf den Erfahrungsbegriff, seine Tücken hat, daran kann man sich durch Gadamer erinnern lassen, der in „Wahrheit und Methode" den Erfahrungsbegriff zu den „unaufgeklärtesten Begriffen" gezählt hat (Gadamer 1965^2, S. 329). Dass dieser Begriff auch in der Pädagogik einer disziplineigenen Aufhellung bedarf, ist wenigstens seit Pranges Analysen ein offenes Geheimnis (Prange 1978/79, Einleitung: „Die Bedeutung des Begriffs der Erfahrung für die Pädagogik").

I. Erfahrung als Lernen

Wenn wir Erfahrung als Grundform des Lernens auffassen, und zwar so, dass Erfahrung selbst schon Lernen ist (abweichend Göhlich 2007, S. 195), dann denken wir zunächst an die elementare Art des Lernens, die wir als Kennenlernen zu bezeichnen pflegen. Etwas kennen zu lernen, darf freilich nicht in kurz geschlossener Interpretation als Sammlung von Informationen missverstanden, sondern muss als Vertrautwerden mit einem Weltausschnitt, wie klein und unbedeutend auch immer, aufgefasst werden. Erst in der Erfahrung offenbart sich uns die Welt, in die wir hineingeboren wurden. Auf-der-Welt-Sein heißt ja noch nicht, Welt zu kennen und zu verstehen. Erfahrung ist die anfängliche Weise, in der uns die Dinge offenbar und vertraut werden, und zwar nicht nur dem kleinen Kind, vielmehr *begleitet* sie uns neben den anderen Arten des Erkennens als „latente Erfahrung" (Prange 1989, S. 174ff.) auch weiterhin. Als anfängliches Weltverständnis entwickelt sie sich aus der sinnlichen Wahrnehmung und der Art, wie wir Menschen und Dingen begegnen, die uns auf diese Weise allmählich vertraut werden. Aber erst die Einbettung des Gelernten in unser Zeitbewusstsein verwandelt das Vertrautsein in das, was wir Erfahrung nennen. Erst die Aufnahme unserer Erfahrungen ins Gedächtnis erlaubt es ihnen, uns zu begleiten und zu führen. Nur wenn das Vergangene als solches gegenwärtig bleibt, kann es uns als Erfahrung auf unseren künftigen Wegen leiten. So ist uns eine Erfahrung, die wir bleibend „gemacht" haben, eine Lehre nicht nur über Vergangenes, sondern auch über das Kommende. Das freilich brauchen wir nicht ausdrücklich ins Bewusstsein zu heben. Das Kind, das dem Flug der Vögel mit den Augen folgt und die unausdrückliche Erfahrung macht, dass sie zum Fliegen die Flügel ausbreiten, weiß erst auf Nachfrage etwas von seinem Wissen, welches bis dahin eher ein „tacid knowledge" ist (Polany 1967). Man kann solch ungeplantes und nichtintentionales Wissen auch als „informelles Lernen" bezeichnen, manchmal ist von implizitem oder auch inzidentellem Lernen die Rede (vgl. Overwien 2007). Das darf aber nicht darüber hinwegtäuschen, dass solche Erfahrung den Grund für alles weitere Lernen legt und die Anknüpfungspunkte stiftet, von denen geplantes und intentionales Lernen seinen Ausgang nehmen kann. Daher kann man sagen, Erfahrung sei „unser erstes und grundlegendes Verständnis der Dinge" (Buck 1989³, S. 14). Wenn es hier als Lernen bezeichnet wird, so gilt das nur mit einer gewissen Einschränkung. Wird nämlich Lernen als „Selbstvermittlung von Wissen, von Haltungen und Verhaltensweisen" aufgefasst (ebd., S. 1), so kann die anfängliche und lebensweltliche Erfahrung (die im Übrigen außer der sinnlichen Wahrnehmung nichts mit der „empiristischen" Erfahrung der Wissenschaft zu tun hat) nur in einem abgeschwächten Sinne als „Lernen" bezeichnet werden. Versteht man aber unter Lernen einen Weg zum Wissen, das im Übrigen nicht nur Wissen dessen ist, was ist und geschieht, sondern auch ein Wissen, wie man etwas macht, dann kann man die erste und grundlegende Erfahrung, das Vertrautwerden mit Dingen und Menschen, durchaus als Lernen bezeichnen.

II. Lernen aus Erfahrung

Sobald wir der Überzeugung Ausdruck verleihen, etwas durch oder aus Erfahrung gelernt zu haben, denken wir kaum noch an Erfahrung als *unausdrücklichen* Weltzugang (vgl. Nr. 1). Denn was man aus oder durch Erfahrung gelernt hat, das weiß man *explizit*, und zwar so, dass hinter dieses Wissen die Erfahrung selbst, aus der es herkommt, zurücktritt. Auch können wir uns an die entsprechenden Ereignisse erinnern, was bei der vorreflexiven Erfahrung nur selten der Fall ist, obgleich deren erste Vertrautheit mit den Dingen eine bleibende ist. Im Übrigen kommt aber das Lernen aus Erfahrung mit der unreflektierten Begleiterfahrung darin überein, dass es sich bei beiden um nicht geplantes und außerschulisches Lernen handelt. Aus Erfahrung lernt man unerwartet und unverhofft. Dass hier unter „Erfahrung" auch nicht die wissenschaftliche bzw. methodisch gesuchte Erfahrung von Beobachtung und Experiment zu verstehen ist, sondern die individuelle *Lebenserfahrung*, die allerdings durchaus verallgemeinert werden kann, dürfte offensichtlich sein. Man kann mit dieser Art von Erfahrung zwar in unbestimmter Weise rechnen, doch pflegt sie sich gerade dann einzustellen, wenn man *nicht* mit ihr „rechnet" und etwas ganz anderes erwartet. Dieser *negative* Charakter aus „mannigfache(r) Enttäuschung von Erwartungen" (Gadamer 1965², S. 338) ist konstitutiv für die Lebenserfahrung. Stets lehrt sie uns zweierlei: etwas über die *Dinge* und etwas *über uns selbst*. Über die Dinge und Ereignisse lehrt sie, wie sie, abweichend von unseren Erwartungen, in Wahrheit sind; uns lehrt sie, dass unsere Antizipationen trügerisch waren und aufgegeben werden müssen. So macht der Lernende zugleich mit der Erfahrung über Dinge und Ereignisse eine Erfahrung über sich selbst. Hegel hat diese Selbsterfahrung in der „Phänomenologie des Geistes", ursprünglich als „Wissenschaft der Erfahrung des Bewusstseins" konzipiert, systematisch als einen fortlaufenden Erfahrungsgang beschrieben. Wenn man von der teleologischen Ausrichtung dieses Ganges zum absoluten Wissen hin absieht, so kann man in der Doppelung der Erfahrung als Gegenstandserfahrung und Selbsterfahrung ein strukturelles Merkmal der Lebenserfahrung sehen. Damit ist zugleich ein *zweifaches Lernen* angezeigt. Denn wer etwas lernt, lernt zugleich etwas über sich selbst, das letztere freilich nicht im Sinne psychologischer Introspektion oder Analyse, sondern als reflektierte Kenntnis der eigenen Vorerwartungen und Festlegungen, ihrer Einseitigkeiten und Grenzen. Dass solches Lernen in engstem Zusammenhang mit dem steht, was wir Bildung zu nennen pflegen, ist offenkundig. Der Erfahrene gewinnt ja durch seine Erfahrung nicht nur einen Zuwachs an Kenntnis und Fertigkeit, sondern wird selbst auch ein anderer. Seine Erfahrung führt zu einer „Umkehrung des Bewusstseins" (Hegel 1980, S. 79). Aber dieser Selbstveränderung liegt das bereits erwähnte und letzten Endes aus dem Widerstand der Dinge herrührende negative Moment zugrunde. Es widersetzt sich unseren Antizipationen und zwingt zu Revisionen, auch wenn das schmerzhaft ist. In diesem Sinne lernen wir durch Leiden gemäß der Formel des Aischylos (*páthei máthos*). Solche persönliche und leidvolle Erfahrung „ist durch keine andere Lehre zu ersetzen" (Dörrie 1956, S. 321). Insofern ist die Erfahrung nicht nur Welteröffnung (Nr. 1), sondern es gilt auch der Satz: „Die Erfahrung berichtigt (führt zur Wahrheit)" (Heidegger 1993, S. 115).

III. Erfahrung als Lernanfang

„Dass alle unsere Erkenntnis mit der Erfahrung anfange", daran ist nach Kant „gar kein Zweifel" (Kant 1967, Kr.d.r.V., B 1). Nur durch Gegenstände der Sinne werde unser Erkenntnisvermögen „zur Ausübung erweckt". „Der Zeit nach", heißt es daher weiter, „geht also keine Erkenntnis in uns vor der Erfahrung vorher, und mit dieser fängt alle an" (ebd.). So ist also Erfahrung der zeitliche Anfang unserer Erkenntnis und damit auch der zeitliche Anfang alles Lernens, das zur Erkenntnis führt, wie verschwommen und unreflektiert diese Erkenntnis auch immer sein mag. Doch sind *Anfang* und *Ursprung* von einander zu unterscheiden: „Wenn aber gleich alle unsere Erkenntnis mit der Erfahrung anhebt, so entspringt sie darum doch nicht eben alle aus der Erfahrung" (ebd.). Der zweite Halbsatz ist darin begründet, dass Erfahrung ein „Produkt der Sinne und des Verstandes" ist (Kant 1903, § 20). Die nicht aus Erfahrung, sondern nach Kant „ursprünglich" erworbenen Verstandeskategorien (vgl. Koch 1991, S. 183-185) sind es nämlich, mit denen wir „Erscheinungen [...] buchstabieren, um sie als Erfahrung lesen zu können" (Kant 1903, § 30). Die Pädagogik hat fast instinktmäßig darauf reagiert, dass am zeitlichen Anfang unserer Erkenntnis und unseres Lernens die Erfahrung stiftende Sinnesanschauung steht. Pestalozzi hat dieser Überzeugung die zeitlose Formel verliehen, der *methodische* Weg des Lernens führe von „sinnlichen Anschauungen zu deutlichen Begriffen" (Pestalozzi 1961², S. 30). Erst hier haben wir es mit dem *schulischen* Lernen zu tun, das auf Lehre und Unterweisung und nicht auf Erfahrung beruht, aber durch die Anschauung an anfängliche Erfahrung zurückgebunden werden soll. Der Verbalismus des spätmittelalterlichen und humanistischen Schulbetriebs, in dem die alten Sprachen und weniger die (anschaulichen) Sachen im Mittelpunkt standen, hat diese Rückbindung nur allzu oft übersehen. Comenius hat sie ausdrücklich verlangt und mehr als ein Jahrhundert vor Pestalozzi mit seinem „Orbis pictus" ein Hilfsmittel dafür geschaffen. Die didaktischen Maximen, „vom Nahen zum Fernen", „vom Vertrauten zum Fremden" usw. sind allesamt Varianten der Pestalozzi-Formel und bei näherem Hinsehen Ableger des Aristotelischen Prinzips, wonach das vernunftgeleitete Lehren und Lernen von einem Vorwissen ausgeht (vgl. Aristoteles 1976, S. 1). Dieses Vorwissen hat zwar die doppelte Gestalt des *für uns* Bekannteren auf der einen und des *an sich* und der Sache nach Bekannteren auf der anderen Seite (vgl. ebd., S. 4), aber die Anfangsunterweisung der noch Unkundigen hat nach Aristoteles auf die erste Art zu erfolgen, d.h. im Ausgang vom erfahrungsmäßig Vertrauten, dem Einzelnen und Konkreten, während das an sich bzw. von Natur aus Frühere, d.h. das Allgemeine und Prinzipielle, eher zur wissenschaftlichen Unterweisung taugt (vgl. Aristoteles 1968, S. 16, S. 178f.). Dieser zweite Weg des Lehrens und Lernens ist ebenso anfänglich wie der erste, nur dass er mit den *ursprünglichen* und nicht mit den *zeitlichen* Anfängen der Erkenntnis beginnt und dass er auf einem intendierten Einsatz beruht, während Erfahrung als Zeitanfang des Lernens ein „Anfangen ohne eigene Initiative" (Meyer-Drawe 2005, S. 31) ist. Sein Verfahren hat die logische Form des aus sicheren Prämissen schließenden Syllogismus, d.h. des Beweises (*apódeixis*), während das andere Lehr- und Lernverfahren vom erfahrungsmäßig und der Zeit nach Früheren ausgeht, um zum allgemeinen Wissen (den Prämissen des syllogistischen Verfahrens) hinzuführen. Solche *Hinführung* (*epagogé*, Induktion) ist, von ihrem Ziel her betrachtet, zugleich eine *Wegführung* vom Anfang, vom Ende her betrachtet aber auch eine *Rückführung* zu ihm. Sie entführt uns von der Ausgangserfahrung, dem für uns Früheren, hin zum allgemeinen und prinzipiellen Wissen des sachlichen Apriori und damit zur „begriffenen Erfahrung" (Buck 1984, S. 93), mit der wir zur anschaulichen Ausgangserfahrung zurückkehren, nun aber in Begriffsform. Man kann diesen Lehr- und Lernweg getrost als die *pädagogische* Methode bzw. als die „bildende Elementarmethode" bezeichnen (Diesterweg 1962, S. 352). Aus hermeneutischer Perspektive betrachtet, ist dieser Weg des Lernens und Lehrens dem „hermeneutischen Zirkel" vergleichbar, weshalb Buck von einem „mathetischen Zirkel" gesprochen hat (Buck 1981, S. 49). Überhaupt hat Buck in seinem Standardwerk „Lernen und Erfahrung" sowohl die Verständigung als auch das Lehren („einführende Verständigung") (Buck 1989³, S. 1) und das Lernen im Blick auf den hermeneutischen und lebensweltlichen Erfahrungsbegriff mit seinen Momenten der horizonthaften Antizipationen, der Negativität und der Gangstruktur der Erfahrung ausgelegt. Die Rolle der Erfahrung wird in dieser Interpretation im Kern durch Beispiel und Analogie vertreten, was dann für das Lernen heißt, dass es im Wesentlichen *Beispiellernen* und *Lernen aus Analogien* ist.

IV. Die Erfahrung des Lernens

Es ist eine Erfahrung, dass wir lernen, so wie es eine Erfahrung ist, dass wir denken. Aber nicht nur das: Wir machen auch Erfahrungen mit dem Lernen selbst. Wir erfahren, dass man abends wiederholen muss, um am nächsten Morgen das Gelernte präsent zu haben. Wir erfahren auch, dass man üben muss, und zwar nicht nur um des Könnens willen, sondern vor allem auch, um die Bedeutung und den Umfang des Gelernten tiefer zu verstehen (vgl. Hegel 1970, S. 347). Ferner können wir erfahren, dass wir das Gelernte durch Beispiele, Beobachtungen oder Experimente konkretisieren müssen, um den Gegenstand des Lernens vor Augen zu haben. Nur die Anschauung der Sache selbst bietet ja die Garantie dafür, es nicht nur mit abstrakten Lernresultaten zu tun zu haben. Vor allem das schulische Lernen, dem die Zeit für die Entwicklung des Resultats aus der konkreten Sacherfahrung fehlt, bedarf der Ergänzung durch Erfahrung, die hier anspruchslos als empirische Kenntnis mit Hilfe der sinnlichen Anschauung aufzufassen ist. Endlich können wir die Erfahrung machen, dass unser Lernen Horizonte für mögliche künftige Erfahrungen eröffnet und so auf mittelbare Weise Erfahrung zur Folge haben kann. Solche und andere Erfahrungen über das Lernen steigern nicht nur unsere Lerngeschicklichkeit, sondern vertiefen auch das auf dem Lernen beruhende Verstehen. So erlernen wir allmählich das Lernen selbst. Zwar ist die schon von Humboldt und anderen gebrauchte Wendung vom „Lernen des Lernens" in sich widersprüchlich, weil sie einerseits voraussetzt, dass man noch nicht lernen kann (denn sonst müsste man es nicht lernen), aber andererseits gegen diese Voraussetzung annimmt, man könne (das Lernen) lernen, — doch wird der kaum bestreitbare Sinn dieser Wendung in den *Erfahrungen* liegen, die wir mit dem Lernen selbst machen. Man kann, auch was das Lernen angeht, an Erfahrung reicher werden.

Literatur

Aristoteles (1968): Topik (Organon V). Übers. V. E. Rolfes. Unveränd. Nachdr. d. 2. Aufl. v. 1922. Hamburg.
Aristoteles (1976): Lehre vom Beweis oder Zweite Analytik. Übers. u. mit Anm. versehen v. E. Rolfes. Mit neuer Einl. u. Bibliogr. v. O. Höffe. Hamburg.
Buck, G. (1981): Die Struktur der hermeneutischen Erfahrung und das Problem der Tradition. In: Ders.: Hermeneutik und Bildung. München, S. 47-70.
Buck, G. (1984): Rückwege aus der Entfremdung. München/ Paderborn.
Buck, G. (1989³): Lernen und Erfahrung. Darmstadt.
Dewey, J.(1986): Erziehung durch und für Erfahrung. Hrsg. v. H. Schreier. Stuttgart.
Diesterweg, F.A.W. (1962): Wegweiser zur Bildung für deutsche Lehrer und andere didaktische Schriften. Ausgew. u. eingel. v. F. Hofmann. Berlin.
Dörrie, H. (1956): Leid und Erfahrung. Wiesbaden.
Gadamer, H.G. (1965²): Wahrheit und Methode. Tübingen.
Gehlen, A. (1978¹²): Der Mensch. Seine Natur und seine Stellung in der Welt. Wiesbaden.
Göhlich, M. (2007): Aus Erfahrung lernen. In: Göhlich, M./ Wulf, Chr./ Zirfas, J. (Hrsg.): Pädagogische Theorien des Lernens. Weinheim/ Basel, S. 191-202.
Hegel, G.W.F. (1970): Nürnberger und Heidelberger Schriften 1808-1817. Theorie Werkausgabe. Bd. 4. Frankfurt a.M.
Hegel, G.W.F. (1980): Phänomenologie des Geistes. Theorie Werkausgabe. Bd. 3. Frankfurt a.M.
Heidegger, M. (1993): Hegel (= Gesamtausgabe, III. Abt., Bd. 68). Frankfurt a.M.
Kant, I. (1967): Kritik der reinen Vernunft. Unveränd. Neudr. d. v. R. Schmidt bes. Ausg. Hamburg.
Kant, I. (1903): Prolegomena zu einer jeden künftigen Metaphysik, die als Wissenschaft wird auftreten können. In: Kants's gesammelte Schriften. Hrsg. von der Königlich Preußischen Akademie der Wissenschaften. Bd. IV. Berlin, S. 253-384.

Koch, L. (1991): Logik des Lernens. Weinheim.
Meyer-Drawe, K. (2003): Lernen als Erfahrung. In: Zeitschrift für Erziehungswissenschaft 4, S. 55-514.
Meyer-Drawe, K. (2005): Anfänge des Lernens. In: Zeitschrift für Pädagogik 49. Beiheft, S. 24-37.
Overwien, B. (2007): Informelles Lernen. In: Göhlich, M./ Wulf, Chr./ Zirfas, J. (Hrsg.): Pädagogische Theorien des Lernens. Weinheim/ Basel, S. 119-130.
Pestalozzi, J.H. (1961^2): Wie Gertrud ihre Kinder lehrt und ausgewählte Schriften zur Methode. Bes. v. F. Pfeffer. Paderborn.
Polany, M. (1967): The Tacid Dimension. New York.
Prange, K. (1978/79): Pädagogik als Erfahrungsprozess. 2. Bde. Stuttgart.
Prange, K. (1989): Pädagogische Erfahrung. Vorträge und Aufsätze zur Anthropologie des Lernens. Weinheim.
Rousseau, J.-J. (1970): Emile oder über die Erziehung. Hrsg. v. M. Rang, übers. v. E. Schkommodau. Stuttgart.

Kapitel 4: Lernen

KARL STEFFENS

C: Lernen und Persönlichkeitsentwicklung

Es mangelt nicht an Versuchen, Begriffe wie Lernen, Persönlichkeit und Entwicklung zu definieren. Dabei ist die Perspektive wichtig, unter der die entsprechenden Phänomene betrachtet werden. Anthropologen, Soziologen oder Pädagogen werden eine andere Perspektive einnehmen als Psychologen. Dieser Beitrag wird die Perspektive der Pädagogischen Psychologie einnehmen, da der zur Verfügung stehende Raum nicht ausreichen würde, alle Perspektiven angemessen darzustellen und zu diskutieren.

Aber selbst im Bereich der Pädagogischen Psychologie herrscht keine Einigkeit über die Verwendung der oben genannten Begriffe. So versteht man aus behavioristischer Sicht Lernen als Verhaltensänderung auf Grund von Erfahrung, während die kognitiven Psychologen Lernen als Erwerb von Wissen und Fertigkeiten auffassen. Ebenso gibt es im Hinblick auf die Verwendung der Begriffe Persönlichkeit und Entwicklung keine einheitliche Auffassung.

Persönlichkeit soll im Folgenden als die einzigartige Art und Weise aufgefasst werden, wie ein Individuum sich selbst und seine Umwelt erlebt und mit dieser interagiert. Unter Lernen werden all die Erfahrungen verstanden, die im Ergebnis dazu führen, dass sich relativ dauerhaft die Art und Weise verändert, wie ein Individuum sich selbst und seine Umwelt erlebt und mit ihr interagiert. Schließlich kann Persönlichkeitsentwicklung in Anlehnung an Montada, (vgl. 1998^4, S. 23) beschrieben werden als eine Abfolge von Veränderungen der Persönlichkeit, die sinnvoll auf die Zeitdimension Lebensalter bezogen werden können.

Während es umfangreiche Literatur zum Thema Lernen gibt, ist die Anzahl der Arbeiten im Bereich der Persönlichkeitsentwicklung deutlich geringer (Beispiele wären Schulz von Thun 1982; Greenspan/Greenspan 1988; Kegan 1994^3). Zwar werden empirische Befunde und theoretische Ansätze zur Persönlichkeit sowohl in der Persönlichkeitspsychologie als auch in der Pädagogischen Psychologie facettenreich diskutiert (siehe unter anderem Allport 1959; Gage/Berliner 1986^4; Hermann 1990^7; Thomae, 1996^2; Fisseni, 1998^4), die Entwicklung der Persönlichkeit bleibt dabei aber weitgehend unberücksichtigt.

Ähnlich sieht die Situation in der Entwicklungspsychologie aus. Es gibt entwicklungstheoretische Ansätze und Modellbildungen, die als Theorien über Persönlichkeitsentwicklung interpretiert werden könnten; dazu gehören Freuds Theorie der psychosexuellen Entwicklung, Piagets Theorie der kognitiven Entwicklung, Kohlbergs Theorie des moralischen Urteils und Eriksons Theorie der Entwicklung der Ich-Identität. Diese Theorien gehen davon aus, dass sich menschliche Entwicklung in Stadien vollzieht, die nacheinander durchlaufen werden müssen. Mit Ausnahme der Theorie von Erikson berücksichtigen sie aber nur die Zeit von der Geburt bis zum Jugendalter; lediglich Eriksons Theorie schließt auch Stadien des Erwachsenenalters mit ein. Havighurst hat ebenfalls eine Theorie der Persönlichkeitsentwicklung entworfen, die wie Eriksons Theorie das ganze Leben umfasst; während es aber bei Erikson um die Bewältigung von Krisen geht, steht bei Havighurst die Bewältigung von Entwicklungsaufgaben im Zentrum der Theoriebildung.

Eine wissenschaftliche Beschäftigung mit Persönlichkeitsentwicklung muss danach fragen, wie die Komplexität des Forschungsfeldes angemessen reduziert und dessen Ergebnisse systematisiert werden kann. Die oben genannten Theorien systematisieren im Hinblick auf Stadien im Lebenslauf. Andererseits kann Entwicklung aber auch auf verschiedene Dimensionen hin betrachtet werden. So stellen Oerter/Montada (1998[4]) menschliche Entwicklung als Entwicklung in neun Funktionsbereichen dar. Auch Sigelman/Rider (2003[4]) beschreiben in ihrem Buch über lebenslange Entwicklung menschliche Entwicklung unter anderem als Entwicklung in verschiedenen Funktionsbereichen. Eine solche Vorgehensweise wird allerdings dann problematisch, wenn nicht deutlich gemacht wird, wie das Zusammenspiel der verschiedenen Funktionsbereiche die Persönlichkeit ausmacht.

Eine Perspektive, die Persönlichkeitsentwicklung als Entwicklung in verschiedenen Funktionsbereichen auffasst, lässt nicht ahnen, dass Persönlichkeitsentwicklung auch als Aufgabe gesehen werden kann, als Aufgabe, sich mit entwicklungsspezifischen Aufgaben und Krisen auseinanderzusetzen, sich auf Auseinandersetzungen einzulassen, die das Individuum erfolgreich bestehen, in denen es aber auch scheitern kann. Unter dieser Perspektive kann es jedoch noch am ehesten gelingen, Persönlichkeit in ihrer Ganzheit zu verstehen. Geht man davon aus, dass es die Aufgabe von Erziehung sei, Kinder und Jugendliche in ihrer Persönlichkeitsentwicklung zu unterstützen, so könnte man zudem argumentieren, dass es diese Perspektive noch am ehesten ermöglicht, Erziehern Hilfestellungen für ihre Aufgabe an die Hand zu geben.

Betrachtet man Persönlichkeitsentwicklung als Aufgabe, dann ist leicht einzusehen, dass die Auseinandersetzung mit Entwicklungsaufgaben oder Krisen auch immer relativ dauerhaft die Art und Weise verändert, wie ein Individuum sich selbst und seine Umwelt erlebt und mit ihr interagiert, das heißt, die Auseinandersetzung mit Entwicklungsaufgaben und Krisen involviert Lernprozesse.

I. Persönlichkeitsentwicklung als Aufgabe

Die Auseinandersetzung mit Entwicklungsaufgaben und Krisen erfolgt in den Modellen von Havighurst und Erikson phasenspezifisch. In einem weiteren Sinne könnte man Entwicklungsaufgaben aber auch als Aufgaben verstehen, die eine lebenslange oder zumindest phasenübergreifende Auseinandersetzung mit einer bestimmten Thematik erfordern.

I.1. Phasenspezifische Entwicklungsaufgaben

Der Begriff der Entwicklungsaufgabe geht auf Havighurst zurück. Havighurst versteht unter einer Entwicklungsaufgabe „... a task which arises at or about a certain time in the life of an individual, successful achievement of which leads to his happiness and to success with later tasks, while failure leads to unhappiness in the individuum, disapproval by the society, and difficulty with later tasks" (Havighurst, 1972³, S. 2). Entwicklungsaufgaben im engeren Sinne sind also Aufgaben, die auf die Zeitdimension Lebensalter bezogen sind. Ähnlich wie Erikson gelangt Havighurst daher zur einer Einteilung der gesamten Lebenszeit in altersspezifische Phasen (vgl. Tabelle 1).

	Havighurst		Erikson
1	Frühe Kindheit	1	Vertrauen gegen Misstrauen
		2	Autonomie gegen Scham und Zweifel
		3	Initiative gegen Schuldgefühl
2	Mittlere Kindheit	4	Werksinn gegen Minderwertigkeitsgefühl
3	Jugendalter	5	Identität gegen Identitätsdiffusion
4	Frühes Erwachsenenalter	6	Intimität und Distanzierung gegen Selbstbezogenheit
5	Mittleres Erwachsenenalter	7	Generativität gegen Stagnierung
6	Spätes Erwachsenenalter	8	Integrität gegen Verzweiflung und Ekel

Tabelle 1: Die Entwicklungsmodelle von Havighurst und Erikson

Der zentrale Begriff bei Erikson ist der der Krise. Jede der von ihm beschriebenen Phasen ist durch eine Krise charakterisiert, mit der sich das Individuum auseinandersetzen muss. Gelingt dies, so resultiert daraus inneres Wachstum; wird die Krise nicht bewältigt, so beeinträchtigt dies das innere Wachstum und gefährdet die Bewältigung der folgenden Phasen.

Während Havighurst seine Entwicklungsaufgaben auf relativ konkretes Verhalten bezieht (z.B. Laufen und Sprechen lernen in der ersten Phase), betont Erikson innere und äußere Konflikte, mit denen sich das Individuum im Laufe seiner Entwicklung auseinanderzusetzen hat. Hier wird deutlich, dass Erikson aus einer psychoanalytischen Tradition kommt. Dass er die Zeit der Kindheit stärker differenziert als Havighurst hängt auch damit zusammen; er übernimmt von Freud explizit dessen fünf Phasen der psychosexuellen Entwicklung.

I.2. Phasenübergreifende Entwicklungsaufgaben

Es gibt eine Reihe von entwicklungstheoretischen Ansätzen, bei denen man davon sprechen kann, dass sie phasenübergreifende Entwicklungsaufgaben thematisieren. Eriksons Ansatz kann sicher dahingehend verstanden werden, dass sich das Individuum lebenslang mit der Aufgabe auseinanderzusetzen hat, seine Identität zu entwickeln. Wenn Freud sagt: „Wo Es war, soll Ich werden", (Freud 1982, S. 516) dann kann das auch als Aufgabe aufgefasst werden, sich seiner selbst in zunehmendem Maße bewusst zu werden.

Die Aufgabe, das Verhältnis zu sich selbst und zu seiner Umwelt zu klären, beinhaltet auch, Vertrauen in sich selbst und seine Umwelt zu gewinnen. Erikson hat das ja ganz deutlich als Entwicklungsaufgabe für die erste seiner Phasen herausgestellt. Einem Kind mit Urvertrauen würde das entsprechen, was Bowlby in seiner Bindungstheorie ein sicher gebundenes Kind nennt (Spangler/Zimmermann 1997²).

Das Vertrauen in sich selbst und in seine Umwelt wird im Laufe des Lebens aber auch immer wieder in Frage gestellt, so dass es immer wieder hergestellt oder vielleicht sogar erst gewonnen werden muss.

Riemann (1994) hat deutlich gemacht, dass Entwicklungsaufgaben zueinander im Widerspruch stehen können. Er geht davon aus, dass wir uns während unserer Entwicklung vier Aufgaben stellen müssen, von denen jeweils zwei einander gegenübergestellt sind: die Hinwendung (1) nach Innen und (2) nach Außen sowie die Auseinandersetzung mit (3) Beständigkeit und (4) Vergänglichkeit. Eine zu starke Hinwendung nach Innen, zur eigenen Person, kann Isolations- und Einsamkeitsängste auslösen; eine zu starke Hinwendung nach Außen, zur Umwelt, kann zu der Angst führen, man könne sich selbst verlieren. Eine zu starke Ausrichtung auf Beständigkeit kann die Angst auslösen, die gegenwärtige Situation nicht mehr verändern zu können, in ihr gefangen zu sein, während eine zu starke Orientierung auf die Vergänglichkeit die Angst hervorrufen kann, das Stabile und Beständige im Leben zu verlieren. Im Idealfall gelingt es uns, den jeweils gegensätzlichen Aufgabenbereichen gleichermaßen Aufmerksamkeit zukommen zu lassen.

Eine Antinomie von Entwicklungsaufgaben lässt sich auch in den Arbeiten von Jung finden (eine gute lesbare Einführung in Jungs Arbeiten findet sich bei Jacobi, 2003[20], einer Schülerin Jungs). Jung unterscheidet vier Bewusstseinsfunktionen beim Menschen: Denken, Intuieren, Fühlen und Empfinden. Er geht davon aus, dass sich zunächst eine Funktion besonders herausbildet. Dieser superioren Funktion stellt Jung eine inferiore Funktion gegenüber. Wäre das Denken die superiore Funktion, dann wäre das Fühlen die inferiore Funktion. Eine der verbleibenden beiden Funktionen (Intuieren und Empfinden) könnte dann zur Hilfsfunktion werden. Jung geht davon aus, dass die superiore Funktion die ist, die dem Individuum bewusst ist und mit der es sich die Welt erschließt. Neben den Bewusstseinsfunktionen unterscheidet Jung zwei Einstellungstypen: Introversion und Extraversion. Der Extravertierte orientiert sich eher am „Außen", dem Objekt, der äußeren Welt, der Introvertierte eher am „Innen", dem Subjekt, der eigenen Person.

Die Entwicklung der Persönlichkeit zielt ab auf die Integration der Gegensatzpaare (Bewusstes – Unbewusstes, superiore Funktion – inferiore Funktion), d.h. darauf, dass alle Aspekte der Persönlichkeit bewusst gelebt werden. Dies geschieht auf dem Wege der Individuation. Die erste Station auf diesem Weg ist die Auseinandersetzung mit dem Schatten. Der Schatten versinnbildlicht die „andere" Seite der Persönlichkeit, jene Anteile, die bislang unbewusst geblieben sind. Das können Persönlichkeitsanteile sein, die abgelehnt werden, aber auch durchaus positive Anteile, die einfach nicht gelebt wurden.

I.3. Persönlichkeitsentwicklung im Märchen

Märchen sind aus einer psychologischen Perspektive Erzählungen über typisch menschliche Probleme. Man könnte auch sagen, sie stellen dar, wie Menschen mit Entwicklungsaufgaben konfrontiert werden, sich ihnen stellen und versuchen, sie zu bewältigen. Dass die meisten Märchen gut ausgehen, gibt dem Leser oder dem Zuhörer Mut, sich den eigenen Entwicklungsaufgaben zuzuwenden.

In Märchen werden phasenspezifische Entwicklungsaufgaben thematisiert, so etwa die Ablösung der Kinder von ihren Eltern in „Hänsel und Gretel" oder die Wiedergewinnung von Autonomie in einer Beziehung, die zur Symbiose geworden ist, in „Jorinde und Joringel". Es wird aber auch dargestellt, wie phasenübergreifende Entwicklungsaufgaben von dem Held oder der Heldin des Märchens gemeistert werden. So kann man das Märchen Eisenhans als eine Erzählung interpretieren, die zeigt, wie es einem jungen Mann im Laufe seiner Entwicklung gelingt, sich des Wilden, des Eisenhänschens, in ihm bewusst zu werden, und damit Persönlichkeitsanteile, die im Schatten lagen, zu integrieren. Erst nachdem er diese Entwicklungsaufgabe bewältigt hat, kann er eine Beziehung zu einer Frau eingehen, kann auf einer neuen Ebene seinen Eltern wieder begegnen und wird mit großem inneren Reichtum belohnt (Kast, 1996[5]).

Literatur

Allport, G.W. (1959): Europäische und amerikanische Theorien der Persönlichkeit. In: Bracken, H.v./ David, H.P. (Hrsg.): Perspektiven der Persönlichkeitstheorie. Bern, S. 13-27.
Fisseni, H.J. (1998[4]): Persönlichkeitspsychologie. Ein Theorienüberblick. Göttingen.
Freud, S. (1982): Neue Folge der Vorlesungen zur Einführung in die Psychoanalyse. In: Ders.: Studienausgabe. Bd. 1. Frankfurt a.M., S. 448-610.
Gage, N.L./ Berliner, D.C. (1986[4]): Pädagogische Psychologie. Weinheim.
Greenspan, S. J./Greenspan, N.T. (1988): Das Erwachen der Gefühle. Die emotionale Entwicklung des Kindes. München.
Havighurst, R.J. (1972[3]): Developmental Tasks and Education. New York.
Herrmann, T. (1990[7]): Lehrbuch der empirischen Persönlichkeitsforschung. Göttingen.
Jacobi, J. (2003[20]): Die Psychologie von C.G. Jung. Frankfurt a.M.
Kast, V. (1996[5]): Familienkonflikte im Märchen. München.
Kegan, R. (1994[3]): Entwicklungsstufen des Selbst. Fortschritte und Krisen im menschlichen Leben. München.
Montada, L. (1998[4]): Fragen, Konzepte, Perspektiven. In: Oerter, R./Montada, L. (Hrsg.): Entwicklungspsychologie. Ein Lehrbuch. Weinheim, S. 1-83.
Oerter, R./Montada, L. (Hrsg.): Entwicklungspsychologie. Weinheim.
Riemann, F. (1994): Grundformen der Angst. München.
Sigelman, C.K./Rider, E.A. (2003[4]): Life-span human development. Belmont, CA.
Schulz von Thun, F. (1982): Selbstkonzept und Entfaltung der Persönlichkeit, in: Wiecerkowski, W./zur Oeveste, H. (Hrsg.): Lehrbuch der Entwicklungspsychologie. Bd. 2. Düsseldorf, S. 167-187.
Spangler, G./Zimmermann, P. (Hrsg.) (1997[2]): Die Bindungstheorie. Grundlagen, Forschung und Anwendung. Stuttgart.
Thomae, H. (1996[2]): Das Individuum und seine Welt. Göttingen.

Kapitel 4: Lernen

KARL STEFFENS

D: Lernstörungen – Lernbehinderungen

Schüler (und auch Erwachsene) können in unterschiedlicher Art und Weise in ihrem Lernen beeinträchtigt sein; Lernbeeinträchtigungen können eingeteilt werden in Lernstörungen und Lernbehinderungen. Dabei gelten Lernstörungen als bereichsspezifische (Teilleistungsstörungen) und Lernbehinderungen als globale Lernbeeinträchtigungen.

I. Lernstörungen

Zu den bekanntesten Lernstörungen gehören die Legasthenie, die Dyskalkulie und die Aufmerksamkeitsdefizit-Hyperaktivitätsstörung (ADHS).

I.1. Legasthenie

Bei der Legasthenie (auch Dyslexie oder Lese-Rechschreibschwäche) handelt es sich um eine Lernstörung, die dadurch gekennzeichnet ist, dass die betroffenen Schüler trotz zumindest durchschnittlicher Intelligenz Schwierigkeiten beim Lesen und Schreiben haben. Es wird davon ausgegangen, dass diese Schüler nicht in der Lage sind, bestimmte Buchstaben und lautliche Einheiten (Phoneme) voneinander zu unterscheiden (Betz/Breuniger 1996[4]). Wenn nicht zwischen verschiedenen Buchstaben unterschieden werden kann, müssen Wortteile und ganze Wörter erraten werden; diese Strategie führt nicht immer zum Erfolg und reduziert deutlich die Lesegeschwindigkeit und erschwert das Textverständnis.

    Neben der bereits angesprochenen visuellen und phonologischen Diskriminierungsschwäche werden in der Literatur auch neurologische Ursachen für das Auftreten von Legasthenie diskutiert. Manche Forscher nehmen an, dass bestimmte Gene mit der Legasthenie in Verbindung gebracht werden können (vgl. Schumacher u.a., 2006). Andere gehen davon aus, dass sich die Informationsverarbeitung im Gehirn eines Legasthenikers anders gestaltet als bei Nicht-Legasthenikern. So haben Molfese (2000) und Guttorm et al. (2001) nachgewiesen, dass Neugeborene aus Risikofamilien auf die Darbietung sprachlicher und nicht-sprachlicher akustischer Stimuli bereits mit abweichenden Hirnstrommustern reagieren. Mit Hilfe bildgebender Verfahren lässt sich auch zeigen, dass sich die Aktivitäten in der Großhirnrinde bei jugendlichen und erwachsenen Legasthenikern von denen der Nicht-Legastheniker unterscheiden (Breitenbach/Lenhard 2001).

I.2. Dyskalkulie

Unter der Dyskalkulie oder auch Rechenschwäche versteht man eine Lernstörung, die bei Schülern nur im Bereich Mathematik auftritt, während diese Schüler in anderen Bereichen zumindest durchschnittliche Leistungen zeigen. Schüler mit einer Dyskalkulie haben schon bei einfachen Additions- und Subtraktionsaufgaben große Schwierigkeiten; auch in höheren Jahrgangsstufen gehen sie mechanisch vor und bleiben sehr stark der Anschauung verhaftet. Es scheint, dass sie nur über ein mangelhaftes Verständnis für mathematische Zusammenhänge verfügen (vgl. Brühl u.a. 2003; Deyhle/ Richter/ Theisen 2005[3]).

Dass Kinder zählen können, bedeutet noch nicht, dass sie ein Verständnis von Zahlen haben. Piaget hat gezeigt, dass der Erwerb des Zahlbegriffs dreierlei voraussetzt: den Begriff (1) der Mengenkonstanz, (2) der Klasseninklusion und (3) der Seriation (Piaget 1958; Piaget/ Szeminska 1965). Mit Mengenkonstanz ist gemeint, dass das Kind auch dann noch glaubt, die Anzahl der Elemente einer Menge habe sich nicht verändert, wenn man die Anordnung der Elemente verändert. Klasseninklusion bedeutet, dass zwei Mengen zusammen eine Obermenge ausmachen. Piagets beliebte Frage hierzu ist: „Gibt es im Wald mehr Enten oder mehr Vögel?" Die Seriation beinhaltet, dass ein Kind in der Lage ist, eine Reihe von Gegenständen der Größe nach zu ordnen. Piaget geht davon aus, dass sich die entsprechenden kognitiven Strukturen in der Phase der konkreten Operationen ausbilden, also etwa ab 6 Jahren. Das bedeutet, dass auch normale Schulanfänger möglicherweise nicht über diese kognitiven Strukturen verfügen; ebenso ist es wahrscheinlich, dass Schüler mit Dyskalkulie solche Strukturen erst viel später oder möglicherweise nur in unzureichendem Maße entwickeln.

I.3. Aufmerksamkeitsdefizit-Hyperaktivitätsstörung (ADHS)

Kinder mit einer Aufmerksamkeitsdefizit-Hyperaktivitätsstörung fallen durch ihre motorische Überaktivität, durch ihre eingeschränkte Aufmerksamkeit und durch Impulsivität auf. Sie können kaum längere Zeit stillsitzen, bringen viele Tätigkeiten nicht zu Ende und neigen zu spontanen und unüberlegten Handlungen (vgl. Döpfner 2001, 2002). Diese Symptomatik führt schnell dazu, dass ADHS-Schüler mit Eltern, Lehrern und Mitschülern in Konflikt geraten. Problematisch ist, dass einzelne Symptome zeitweilig auch bei „normalen" Kindern auftreten können, so dass man hier bei der Diagnosestellung sehr viel Sorgfalt walten lassen muss. Auf der anderen Seite wäre eine Frühprävention sicher einer Therapie zu einem späteren Zeitpunkt vorzuziehen, bei der häufig auch Medikamente zum Einsatz kommen (Leuzinger-Bohleber/ Brandl /Hüther 2006).

Während man früher Umwelteinflüsse für das Entstehen der ADHS angenommen hat, glaubt man heute, dass genetische Faktoren eine große Rolle spielen. Bei etwa der Hälfte der ADHS-Patienten kann man Veränderungen in der neuronalen Informationsverarbeitung feststellen. Davon betroffen sind vor allem neuronale Regelkreise, die für die Regulation von Motivation, Kognition, Emotion und Motorik verantwortlich sind (vgl. Zametkin u.a. 1993).

I.4. Ein Strukturmodell von Lernstörungen

Betz/Breuniger (1996[4]) haben ein Strukturmodell für Lernstörungen entwickelt, das nicht nur zur Strukturanalyse von Lernstörungen dient, hier dargestellt am Beispiel der Legasthenie, sondern auch als Grundlage für Elternarbeit, Gruppentherapie mit Schülern und die praktische Förderung von Schülern mit Lernstörungen.

Grundlage des Modells von Bertz/Breuniger ist das, was die Autoren eine Lernstruktur nennen. Diese besteht aus den Komponenten Selbstwertgefühl, Leistungsbereich und Umwelt; in dieser Lernstruktur hat jede Komponente Einfluss auf jede andere und wird von jeder anderen wiederum beeinflusst, es handelt sich also um ein Wirkungsgefüge oder um ein System.

Bertz/Breuner gehen davon aus, dass die Entdeckung einer Lernstörung einen Prozess in Gang bringt, der sich in vier Stadien beschreiben lässt.

1. Stadium: Der Schüler wird sich seiner Lernstörung (im Beispiel von Bertz/Breuniger: Legasthenie) bewusst; er weiß, dass er eine Schwäche hat, ohne sie aber beseitigen zu können. Lehrer und Eltern werden auf die Leistungsprobleme des Schülers aufmerksam und leiten Gegenmaßnahmen ein, die als Hilfe gedacht sind, den Schüler aber häufig unter Druck setzen. Da diese „pädagogischen" Maßnahmen keine Früchte tragen, sind Lehrer und Eltern enttäuscht. Sie nehmen den Schüler zunehmend als leistungsunwillig wahr. Die anhaltenden eigenen Misserfolge und die enttäuschte Erwartungshaltung der Eltern untergraben das Selbstwertgefühl des Schülers.

2. Stadium: Das eigene Versagen kann für den Schüler angstauslösend sein, weil es für ihn unerklärlich ist. Erklärungen der Umwelt sind häufig abwertend („faul", „dumm) und können daher – zumindest vorläufig – nicht akzeptiert werden. Wenn der Schüler schließlich zu einer Erklärung kommt, wird er sich in der Regel so verhalten, dass sein Verhalten mit der Erklärung übereinstimmt (self-fulfilling prophecy). Die negative Erwartungshaltung, die ihm von Eltern und Lehrern entgegengebracht wird, erlebt er als Verlust von Anerkennung. Um diese Anerkennung wiederzugewinnen, ist er bereit, auf andere Weise auf sich aufmerksam zu machen (Kompensation). Dieses Verhalten wird aber von Lehrern und Eltern als Störung aufgefasst und daher bestraft (Repression). Der Schüler gilt jetzt als „verhaltensgestört"; es hat sich ein Teufelskreis aus Kompensation und Repression etabliert.

Aufgrund der anhaltenden Misserfolge beginnt der Schüler, zu resignieren und den Leistungsanforderungen auszuweichen, weil sie Angst in ihm auslösen. Aber die Leistungsvermeidung wird bestraft, so dass sich der Schüler einem Vermeidungs-Vermeidungskonflikt ausgesetzt sieht, den er selbst nicht mehr lösen kann. Durch die Leistungsvermeidung entstehen bald gravierende Kenntnislücken, die weiteren Druck seitens der Eltern und Lehrer nach sich ziehen und das Selbstvertrauen zusätzlich beeinträchtigen.

3. Stadium: Die zunehmenden Kenntnislücken führen dazu, dass „normale" Leistungsanforderungen seitens des Lehrers Angst und Stress auslösen, die wiederum die kognitiven Aktivitäten beeinträchtigen, so dass auch das vorhandene Wissen nicht mehr abgerufen werden kann. Es entstehen Leistungsstörungen; dadurch wird nicht nur das Selbstwertgefühl weiter geschwächt; es können auch Schuldgefühle entstehen, weil der Schüler weiß, dass er Leistungsanforderungen aus dem Wege geht.

4. Stadium: Die anhaltenden Misserfolge führen zu einer misserfolgsorientierten Motivationslage und damit auch zu dem, was Betz/Breuniger Therapieresistenz nennen. Damit ist gemeint, dass Versuche von Eltern und Lehrern, dem Schüler durch Üben helfen zu wollen, scheitern müssen, weil der Schüler erwartet, dass er keinen Erfolg haben wird. In diesem Stadium wird es für die Eltern unumgänglich, professionelle Hilfe aufzusuchen.

Die Stärke des Modells von Betz/Breuniger liegt darin, dass es verstehen hilft, dass es bei der jeweiligen Lernstörung nicht nur um diese selbst geht, sondern dass durch die Lernstörung Prozesse ausgelöst werden, die den Schüler in einem viel umfangreicheren Sinne beeinträchtigen und deshalb auch eine viel umfangreichere Hilfestellung erforderlich machen. Die anhaltenden Misserfolge führen zu dem, was Seligman erlernte Hilflosigkeit genannt hat. Damit verbunden sind ein pessimistischer Attributionsstil, mangelnde Selbstwirksamkeitserwartung und negative Veränderungen im Selbstkonzept, die alle zu einer Misserfolgsorientierung führen (vgl. meine Ausführungen zu Lernen und Begabung, Steffens, in diesem Band). Jede Form von Hilfestellung oder Therapie muss dies mitberücksichtigen. Wenn der Schüler nicht lernt, dass eigene Anstrengung zum Erfolg führt, wenn es ihm also nicht gelingt, wieder Vertrauen in sich und seine eigene Leistungsfähigkeit zu gewinnen, wird jedes Arbeiten an der eigentlichen Lernstörung erfolglos bleiben. Die Kunst wird aber sein, den Schüler dazu zu bewegen, sich wieder anzustrengen.

II. Lernbehinderung

Anders als die einzelnen Lernstörungen ist der Bereich Lernbehinderung nicht klar umrissen. Von Lernbehinderung wird gesprochen, wenn Schüler in allen Lernbereichen überdauernd beeinträchtigt sind und in ihren Leistungen deutlich von Kindern vergleichbaren Alters abweichen (vgl. Kornmann 2000). Während Konsens darüber zu bestehen scheint, dass Lernbehinderungen durch die unterschiedlichsten Ursachen zustande kommen, liegt in der Literatur der Schwerpunkt auf der Förderung lernbehinderter Schüler. Durch eine sonderpädagogische Förderung soll erreicht werden, dass lernbehinderte Schüler einen Schulabschluss erreichen und einen Beruf ergreifen können. Allerdings werden Lernbehinderte es auch im Berufsleben schwer haben; ihre Lernprozesse laufen langsamer ab, und ihre Motivation, ihr Arbeitsverhalten und ihre Belastungsfähigkeit genügen häufig nicht den Anforderungen der Arbeitswelt (vgl. Kanter o.J.).

Auch wenn Lernbehinderungen keine so klare Symptomatik aufweisen wie die einzelnen Lernstörungen, kann davon ausgegangen werden, dass sie vergleichbare psychosoziale Probleme („Teufelskreise") nach sich ziehen. Das Strukturmodell von Betz/Breuniger (1996[4]) könnte daher auch als Grundlage für eine sonderpädagogische Förderung lernbehinderter Schüler dienen.

Während Lernstörungen in der Regel erst auffallen, wenn das Kind in die Schule kommt, können Lernbehinderungen sich schon viel früher als Entwicklungsverzögerungen bemerkbar machen. Gerade hier wäre ein frühe Diagnose und eine dann schnell einsetzende Förderung notwendig; je früher die Förderung einsetzt, desto größer ist die Wahrscheinlichkeit, dass die Beeinträchtigung des Lernens zumindest gemildert werden kann.

Literatur

Betz, D./Breuniger, H. (1996⁴): Teufelskreis Lernstörungen. Theoretische Grundlegungen und Standardprogramme. Weinheim.
Breitenbach, E./Lenhard, W. (2001): Aktuelle Forschung auf der Suche nach neurobiologischen Korrelaten der Lese-Rechtschreib-Störung. In: Zeitschrift für Kinder- und Jugendpsychiatrie und Psychotherapie, Bd. 29, S.167-177.
Brühl, H./Bussebaum, C./Hoffmann, W./Lukow, H.-J./Schneider, M./Wehrmann, M. (2003): Rechenschwäche/Dykalkulie: Symptome-Früherkennung-Förderung. Osnabrück.
Deyhle, J./Richter, M./Theisen, H.E. (2005³): Fachwissen Rechenschwäche. Berlin, http://irtberlin.de/download/Fachwissen%20Rechenschwaeche.pdf. Download vom 3.10.2006.
Döpfner, M. (2001): Hyperaktivität und Impulsivität. In: Rost, D.H. (Hrsg.): Handwörterbuch der pädagogischen Psychologie. Weinheim, S. 260-265.
Döpfner, M. (2002): Hyperkinetische Störungen. In: Petermann, F. (Hrsg.). Lehrbuch der klinischen Kinderpsychologie. Göttingen, S. 152-179.
Guttorm, T./Leppänen, P./Richardson, U./Lyytinen, H.(2001): Event-related potentials and consonant differentiation in newborns with familial risk for dyslexia. In: Journal of Learning Disabilities, Bd. 34, S. 534-544.
Kanter, G.O. (o.J.): Lernbehinderung. http://195.185.214.164/bb/p254.htm Download vom 19.09.2006.
Kornmann, R. (2000): Diagnose von Lernbehinderungen. Weinheim.
Leuzinger-Bohleber, M./Brandl, Y./Hüther, G. (Hrsg.) (2006): ADHS – Frühprävention statt Medikalisierung. Theorie, Forschung, Kontroversen. Göttingen.
Molfese, D.L. (2000): Predicting dyslexia at 8 years of age using neonatal brain responses. In: Brain and Language, Bd. 72, S. 238-245.
Schumacher, J./Anthoni, H./Dahdouh, F./König, I.R./Hillmer, A.M./Kluck, N./ Manthey, M./Plume, E./Warnke, A./Remschmidt, H./Hülsmann, J./Cichon, S./ Lindgren, C.M./Propping, P./Zucchelli, M./Ziegler, A./Peyrard-Janvid, M./Schulte-Körne, G./Nöthen, M.M./ Kere, J. (2006): Strong genetic evidence of DCDC2 as a susceptibility gene for dyslexia. In: American Journal of Human Genetics, Bd. 78, S. 52-62.
Piaget, J. (1958): Die Genese der Zahl beim Kinde. In: Westermanns Pädagogische Beiträge, Bd.10, S. 357-368.
Piaget, J./Szeminska, A. (1965): Die Entwicklung des Zahlenbegriffs beim Kinde. Stuttgart.
Zametkin, A.J./Liebenauer, L.L./Fitzgerald, G.A./King, A.C./Minkunas, D.V./Herscovitch, P./Yamada, E.M./Cohen, R.M. (1993): Brain metabolism in teenagers with attention-deficit hyperactivity disorder. In: Archives of General Psychiatry, Bd. 50, S. 333-340.

Kapitel 4: Lernen

KARL STEFFENS

E: Lernen und Begabung

Im Jahre 1966 konstituierte sich die Bildungskommission des Deutschen Bildungsrates mit dem Ziel, Empfehlungen für die Entwicklung und Reform des deutschen Bildungswesens auszuarbeiten. Grundlage für die Erarbeitung der Empfehlungen sollte eine Bestandsaufnahme der Forschung zu Begabung, Begabtenförderung und Begabtenauslese sein. Mit dieser Bestandsaufnahme der Begabtenforschung wurde ein Ausschuss betraut, dessen Gutachten von Heinrich Roth unter dem Titel „Begabung und Lernen" herausgegeben wurde.

Wie Roth in seiner Einleitung feststellt, erwies sich der Begabungsbegriff als wissenschaftlich unbrauchbar. Grundlage für die Untersuchungen sollten deshalb „Lernleistungen und der Zuwachs an Lernleistungen" sein (Roth 1969^3, S. 19). „Die Frage, die dann zu stellen war, mußte lauten: Welche Variablen der Persönlichkeit (Kräfte und Fähigkeiten) und der Umwelt (Anregung) sind am Zustandekommen jener kognitiven Lernleistungen (Leistungen des Wissens, des Denkens und des Urteilens) beteiligt, die Schulen und Hochschulen vor allem fordern" (Roth 1969^3, S. 19).

Da die Arbeit des Ausschusses aber die Grundlage abgeben sollte für die Erarbeitung von Empfehlungen für die Entwicklung und Reform des deutschen Bildungswesens, stehen in dem Bericht die Variablen der Umwelt deutlich im Vordergrund. Über die Variablen der Persönlichkeit wird nur in sechs von 16 Kapiteln gesprochen; davon beschäftigt sich eines mit der geistigen Entwicklung (Aebli), ein anderes mit der Lernmotivation und der intellektuellen Tüchtigkeit (Heckhausen) und ein drittes mit intelligentem Verhalten (Bergius).

Wenngleich die Autoren von „Begabung und Lernen" den Begriff der Begabung als unwissenschaftlich ablehnen, ist dieser, da er auf das Lernpotential abzielt, das jedes Individuum mit sich bringt, wenn es geboren wird, doch nicht vollständig aus der Literatur verschwunden. Allerdings birgt dies auch Probleme. Zum einen ist es ausgesprochen schwierig, dieses Lernpotential empirisch zu erfassen. Was Forschung leisten kann, ist herauszufinden, welche Faktoren die Lernleistung und deren Entwicklung beeinflussen; insofern muss man Roths Auffassung teilen. Die folgende Übersicht über solche Faktoren wird sich allerdings auf die beschränken, die als persönlichkeitsspezifisch betrachtet werden können. Ein anderes Problem, das im Zusammenhang mit dem Begabungsbegriff erörtert wird, aber in diesem Zusammenhang nicht nachgezeichnet werden kann, ist das des Einflusses von Anlage und Umwelt auf die Begabung.

I. Begabung als Lernpotential

Wenn wir Begabung als Lernpotential verstehen, müssen wir untersuchen, welche Faktoren dazu beitragen, dass dieses Potenzial realisiert werden kann und sich möglicherweise auch weiter entwickelt. Wir fragen dann nach Faktoren, die das individuelle Lernen beeinflussen; zu diesen zählen kognitive, motivationale und emotionale Faktoren sowie die Selbstregulation des Lernens. Zu den einzelnen Faktoren gibt es mittlerweile eine ganze Reihe empirischer Befunde; wichtig wäre aber auch, das Zusammenspiel dieser Faktoren in ihrer Bedeutung für Lernprozesse zu untersuchen.

I.1. Kognitive Faktoren

Zu den kognitiven Faktoren, die einen Einfluss auf Lernleistung haben, wird in der Regel die Intelligenz gezählt, und in empirischen Studien zeigt sich im Allgemeinen ein zumindest mittlerer korrelativer Zusammenhang zwischen Intelligenz und Schulleistung. Trotzdem gibt es auch Schüler, die als underachiever oder overachiever bezeichnet werden, weil Ihre schulischen Leistungen schlechter oder besser sind, als man aufgrund ihrer Intelligenz erwarten könnte. Beides deutet darauf hin, dass Intelligenz, so wie sie mit Intelligenztests gemessen wird, nicht alleine für schulische Leistung verantwortlich gemacht werden kann.

Zu den kognitiven Faktoren sind auch die zu zählen, die in der kognitiven Psychologie für Informationsverarbeitungs- und Problemlöseprozesse angenommen werden. Zwar fallen Korrelationen zwischen Intelligenztestergebnissen und allgemeiner Informationsverarbeitungsgeschwindigkeit nicht viel versprechend aus; wohl aber unterscheiden sich hoch intelligente von weniger intelligenten Versuchspersonen in ihren Informationsverarbeitungs- und Problemlösestrategien. Sowohl van der Meer (1998) als auch Spiess und Lüer (1998) zitieren Untersuchungen, die zeigen, dass hochbegabte Versuchspersonen Informationen sparsamer und effizienter verarbeiten als normal begabte. Das deckt sich mit Befunden aus neurologischer Forschung und der selective activation hypothesis. In entsprechenden Untersuchung werden die Hirnaktivitäten durch bildgebende Verfahren sichtbar gemacht; dabei zeigt sich, dass die Hirnregionen, die von intelligenten Personen beim Problemlösen aktiviert werden, kleiner und deutlich abgegrenzter erscheinen als die der weniger intelligenten Personen (vgl. Klimesch/Schimke 1998).

In die Kategorie kognitive Faktoren gehört auch das Wissen, über das ein Schüler verfügt; das zeigt sich besonders im Vergleich von Anfängern (Novizen) und Fortgeschrittenen (Experten). Viele Untersuchungen in der Expertiseforschung belegen, dass Experten sich vor allem durch umfangreiches und gut strukturiertes Wissen auszeichnen, das sich allerdings nur auf bestimmte inhaltliche Bereiche bezieht (vgl. Waldmann/Renkl/Gruber, 2003).

Zu den kognitiven Faktoren zählen allerdings auch selbstkonzeptbezogene Aspekte, also das Selbstkonzept als Ganzes, das Konzept von der eigenen Begabung, aber auch Überzeugungen wie Kontroll- und Kompetenzüberzeugungen sowie die Selbstwirksamkeitserwartung. Bandura (1997) zitiert eine Reihe von Studien, die belegen, dass sich Selbstwirksamkeitserwartungen positiv auf kognitive Kompetenzen und akademische Leistungen auswirken.

I.2. Motivationale Faktoren

Heckhausen und Rheinberg (1980) haben gezeigt, dass Schüler motiviert sind zu lernen, wenn sie glauben, dass sie durch ihr eigenes Handeln das angestrebte Lernergebnis erreichen können. Dieser Befund ist außerordentlich wichtig; er verweist auf den Unterschied zwischen einer aktiven, erfolgsmotivierten und einer passiven, misserfolgsvermeidenden Haltung. In ähnlicher Weise unterscheidet auch de Charms zwischen „origin" und „pawn" und Rotter zwischen „interal locus of control" und „external locus of control".

Aus motivationspsychologischer Perspektive ist es auch wichtig zu wissen, wie sich Schüler ihre eigenen Lernerfolge und ihr eigenes Lernversagen erklären, d.h. auf welche Ursachen sie diese attribuieren. Ein optimistisches Attributionsmuster wäre eins, bei dem Erfolg internal (auf die eigene Fähigkeit oder die eigene Anstrengung), Misserfolg dagegen external (auf die Schwierigkeit der Aufgabe oder auf Zufall) attribuiert wird. Schüler, die nicht mehr glauben, dass ihr eigenes Handeln irgendetwas bewirken kann, haben höchstwahrscheinlich einen pessimistischen Attributionsstil erworben, d.h. sie attribuieren Erfolg external und Misserfolg internal. Sie sind dann in dem Zustand, den Seligman als erlernte Hilflosigkeit bezeichnet (vgl. Heckhausen, 1984). Erfreulicherweise sind mittlerweile Reattributionstrainings entwickelt worden, die Schülern helfen können, ihren pessimistischen Attributionsstil zu ändern (vgl. Ziegler/Schober, 2001).

I.3. Emotionale Faktoren

Der Lernleistung am meisten zuträglich wäre vermutlich das, was Csikszentmihalyi (1991) das Flow-Erlebnis nennt. Ein Flow-Erlebnis tritt dann ein, wenn sich jemand so intensiv mit etwas beschäftigt, dass er darüber sich und die Welt um ihn herum vergisst.

Im Zusammenhang mit Lernen ist es allerdings die Angst, die am häufigsten empirisch untersucht wurde. Es gibt mittlerweile viele Belege dafür, dass sich Hochängstliche und Niedrigängstliche nicht nur im Hinblick auf Selbstkonzeptaspekte und Attributionsstile unterscheiden, sondern auch im Hinblick auf ihre aufgabenbezogene Verarbeitungskapazität. Niedrigängstlichen gelingt es deutlich besser, sich auf die eigentliche Lernaufgabe zu konzentrieren, während Hochängstliche ihre Aufmerksamkeit stärker auf ihre eigene Befindlichkeit oder auf aufgabenirrelevante Aspekte fokussieren (vgl. Schwarzer, 1998). Wie Kuhl (1983) gezeigt hat, kann Angst auch einen Einfluss auf den kognitiven Verarbeitungsstil ausüben: Angst induziert einen analytisch-sequentiellen Verarbeitungsmodus, während positive Emotionen eher zu einem intuitiv-holistischen Verarbeitungsstil anregen.

I.4. Selbstregulation des Lernens

Lernen zu Lernen ist in den letzten 30 Jahren zu einem wichtigen Thema geworden. Die ersten Arbeiten zum selbstregulierten oder selbstgesteuerten Lernen erschienen zu Beginn der achtziger Jahre; mittlerweile existiert eine umfangreiche Literatur zu diesem Thema (vgl. Friedrich/Mandl 1997; Zimmerman/Schunk, 2001²). Mit selbstreguliertem Lernen ist gemeint, dass der Schüler (1) seine Lernaktivitäten plant, sich also Lernziele setzt, (2) die Ausführung seiner Lernaktivitäten überwacht und notfalls korrigierend eingreift und (3) das Lernergebnis bewertet.

Im Zuge empirischer Untersuchungen ist deutlich geworden, dass unterschiedliche Zielsetzungen des Schülers zu unterschiedlichen Lernstrategien führen. Wenn ein Schüler daran interessiert ist, ein bestimmtes Phänomen zu verstehen, und bereit ist, sich damit auseinanderzusetzen (learning goal), wird er wahrscheinlich „tiefere" Lernstrategien einsetzen, als wenn es ihm nur um den äußeren Erfolg geht (performance goal). Aus einer stresstheoretischen Perspektive argumentiert Boekaerts (vgl. Boekaerts/Niemivirta, 2000), dass ein Schüler sich uneingeschränkt einer Lernaufgabe widmen kann (mastery mode, learning goal), wenn er glaubt, sie bewältigen können. Fürchtet er allerdings, dass er der Aufgabe nicht gewachsen ist, so wird er vermutlich zunächst Bewältigungsstrategien einsetzen (coping mode), die ihm helfen, sein Selbstwertgefühl zu schützen und sein seelisches Gleichgewicht wiederherzustellen (ego-protective goal). Boekaerts (2002) hat allerdings auch kritisiert, dass in der Forschung zum selbstregulierten Lernen davon ausgegangen wird, dass der Schüler nur Ziele verfolgt, die in irgend einer Form mit schulischem Lernen in Zusammenhang stehen. Es ist aber auch gut vorstellbar, dass der Schüler mit Zielsetzungen in den Unterricht kommt, die nicht nur nichts mit dem schulischen Lernen zu tun haben, sondern zu diesem geradezu im Widerspruch stehen.

II. Begabung und Lernen: 30 Jahre später

Erdmann, der damalige Vorsitzende der Bildungskommission im Deutschen Bildungsrat, hatte in seinem Vorwort zu „Begabung und Lernen" geschrieben: „Die bildungspolitischen Folgerungen hieraus [gemeint sind die in dem Band vorgetragenen Forschungsergebnisse] liegen auf der Hand: Schulorganisation und Didaktik werden nicht von der Vorstellung präformierter Begabungskonstanten ausgehen, sondern sich daran orientieren, wie Begabung entwickelt, gefördert und angeleitet werden könne" (Erdmann 1969³, S. 6).

Weinert, einer der bedeutendsten Vertreter der Entwicklungs- und Pädagogischen Psychologie, hat in einem gleichnamigen Aufsatz nach mehr als 30 Jahren noch einmal zu der von Erdmann vorgetragenen These Stellung bezogen (vgl. Weinert, 2001). Er hatte in eigenen Längsschnittstudien herausgefunden, dass Intelligenz- und Leistungsunterschiede zwischen Schülern nicht nur über viele Jahre bestehen bleiben, sondern sich in der Tendenz noch weiter vergrößern – unabhängig von oder trotz schulischer Intervention. Weinert war daher der Meinung, dass unser Bildungssystem nicht in der Lage sei, Intelligenz- und Leistungsunterschiede zu reduzieren oder gar auszugleichen.

Aber vielleicht geht es gar nicht darum. Es wäre viel wichtiger, wenn unser Bildungssystem in der Lage wäre, jede Form von Begabung zu fördern: Normalbegabung, aber auch Hoch- und Niedrigbegabung. Dann wäre schon sehr viel gewonnen.

Literatur

Bandura, A. (1997): Self-efficacy. The exercise of control. New York.
Boekaerts, M. (2002): Bringing about change in the classroom: strengths and weaknesses of the self-regulated learning approach – EARLI Presidential Address, 2001. In: Learning and Instruction, Bd. 12, S. 589-604.
Boekaerts, M./ Niemivirta, M. (2000): Self-regulated learning: Finding a balance between learning goals and ego-protective goals. In: Boekaerts, M./Pintrich, P./Zeidner, M. (Hrsg.): Handbook of Self-regulation. New York, S. 417-450.
Csikszentmihalyi, M. (1991): Flow. New York.
Erdmann, K.D. (1969^3). Vorwort. In: Roth, H. (Hrsg.): Begabung und Lernen. Ergebnisse und Folgerungen neuer Forschung. Stuttgart, S. 5-6.
Friedrich, H.F./Mandl, H. (1997): Analyse und Förderung selbstgesteuerten Lernens. In: Weinert, F.E./Mandl, H. (Hrsg.): Psychologie der Erwachsenenbildung. Enzyklopädie der Psychologie, Themenbereich D, Serie I, Band 4. Göttingen, S. 237-293.
Heckhausen, H. (1984): Attributionsmuster für Leistungsmuster – Individuelle Unterschiede, mögliche Arten und deren Genese. In: Weinert, F.E./ Kluwe, R.H. (Hrsg.): Metakognition, Motivation und Lernen. Stuttgart, S. 133-164.
Heckhausen, H./Rheinberg, F. (1980): Lernmotivation im Unterricht, erneut betrachtet. In: Unterrichtswissenschaft, Bd. 8, S. 7-47.
Klimesch, W./ Schimke, H. (1998): Psychophysiologische Voraussetzungen von Intelligenz. In: Roth, E. (Hrsg.): Intelligenz. Grundlagen und neuere Forschung. Stuttgart, S.144-160.
Kuhl, J. (1983): Emotion, Kognition und Motivation: II Die funktionale Bedeutung der Emotion für das problemlösende Denken und das konkrete Handeln. In: Sprache und Kognition, Bd. 4, S. 228-253.
Roth, H. (Hrsg.) (1969^3): Begabung und Lernen. Ergebnisse und Folgerungen neuer Forschung. Stuttgart.
Schwarzer, R. (1998^3): Stress, Angst und Handlungsregulation. Stuttgart.
Spiess, K./Lüer, G. (1998). Intelligenz als Fähigkeit zum Problemlösen. In: Roth, E. (Hrsg.): Intelligenz. Grundlagen und neuere Forschung. Stuttgart, S. 185-215.
Van der Meer, E. (1998): Intelligenz als Informationsverarbeitung. In: Roth, E. (Hrsg.): Intelligenz. Grundlagen und neuere Forschung. Stuttgart, S. 161-184.
Waldmann, M.R./Renkl, A./Gruber, H. (2003): Das Dreieck von Begabung, Wissen und Lernen. In: Schneider, W./Knopf, M. (Hrsg.): Entwicklung, Lehren und Lernen. Zum Gedenken an Franz Emanuel Weinert. Göttingen. S. 219-233.
Weinert, F.E. (2001): Begabung und Lernen: Zur Entwicklung geistiger Leistungsunterschiede. In: Heidelberger Universitätsgesellschaft (Hrsg.): Heidelberger Jahrbücher, Bd. 45, S. 77-94.
Ziegler, A./Schober, B. (2001): Theoretische Grundlagen und praktische Anwendung von Reattributionstrainings. Regensburg.
Zimmerman, B.J./Schunk, B. (2001^2): Self-regulated learning and academic achievement. Theoretical perspectives. Mahwah, N.J.

Kapitel 4: Lernen

KÄTE MEYER-DRAWE

F: Lernen als pädagogischer Grundbegriff

I. Problemlage

Es ist nicht selbstverständlich, Lernen als einen pädagogischen Grundbegriff zu behandeln. (Vgl. Ruhloff 1987[7]) Seit gut einhundert Jahren ist es Gegenstand der Psychologie. Vor knapp dreißig Jahren nahmen sich die „kognitiven Neurowissenschaften" dieser Thematik an. Hier verschmelzen kognitionspsychologische mit neurowissenschaftlichen Forschungen. Im Zentrum steht das Anliegen, „mit zellbiologischen Begriffen alle klassischen philosophischen und psychologischen Fragen zu den geistigen Funktionen zu untersuchen." (Kandel/Schwartz/Jessell 1995, S. 325f.) Entscheidend sind dabei die Möglichkeiten, Lernen empirisch zu untersuchen. Deshalb versteht man heute unter „klassischen Lerntheorien" nicht etwa Vorstellungen aus der griechischen oder römischen Klassik, sondern den ursprünglichen behavioristischen Ansatz, der sich auf die Ernährungsphysiologie von Ivan Petrovič Pavlov [1849-1936] bzw. auf die Forschungsrichtung bezieht, welcher John B. Watson [1878-1958] den Namen „Behaviorismus" gab. Sie basiert auf der Beobachtung von tierischem Verhalten. Diese hinterließ nutzbringende Probleme. Hunde etwa, denen kein Bewusstsein wie das menschliche unterstellt werden kann, zeigten eine Art Antizipation. Sie reagierten auf Abwesendes, als könnten sie es erwarten. Hunde speichelten bereits, wenn sie zum Experiment abgeholt wurden. Das bedeutete, sie reagierten auf einen Reiz, welcher den natürlichen (Futter) ersetzt hatte, zum Beispiel die weißen Kittel der Assistenten. Lernen wurde als Reiz-Reaktionsbeziehung gedeutet, die durch unterschiedliche Umstände beeinflusst wird. Damit eröffnete sich die Möglichkeit, Lernen als Änderung des Verhaltens zu erforschen, ohne auf die unzuverlässige Introspektion und wie auch immer geartete Spekulationen über Bewusstseinsakte angewiesen zu sein. Ähnliches hatte Hermann Ebbinghaus [1850-1909] mit seiner Gedächtnisforschung im Sinn. Er untersuchte das Lernen von sinnfreien Silben. Zum einen konnte er damit die Beeinträchtigung der Ergebnisse durch Erfahrungen ausschließen, zum anderen wollte er nachweisen, dass experimentelle Verfahren auch auf komplexe Bewusstseinsvorgänge wie Behalten und Vergessen anzuwenden seien. Wie immer man auch den Gründungsakt der empirischen Lernforschung festlegt, stets geht es um die Erforschung assoziativer Verknüpfungen von räumlich bzw. zeitlich Nahem sowie darum, die unsichtbaren inneren Prozesse auszuklammern und nur das Beobachtbare und zu Messende zu berücksichtigen.

Der methodische Reduktionismus der Gründerzeit ist längst modifiziert worden. Wir finden heute Mischformen von behavioristischen und kognitionstheoretischen Untersuchungsansätzen. Als Grundsignatur des Lernens in psychologischer und neurowissenschaftlicher Sicht lässt sich festhalten, dass Lernen als ein kumulativer und fortschreitender Prozess begriffen wird, in dem sich das Verhalten aufgrund von Erfahrungen verändert. Neuerdings wird mit unterschiedlichen Bild gebenden Verfahren versucht, die Bedingungen dieser Veränderungen in Hirnaktivitäten sichtbar zu machen.

Die pädagogischen Konsequenzen aus dem Spektrum dieser empirischen Forschungen sind vielfältig, laufen insgesamt aber häufig darauf hinaus, dass ein Verhaltensmanagement gefordert wird, welches auf ein möglichst hohes Maß an Effektivität im Hinblick sowohl auf das Ergebnis als auch auf die Kürze der Zeit abzielt. Das Bild des reibungslosen Informationsflusses veranschaulicht dieses gesellschaftlich anerkannte Konzept. Änderungen des Verhaltens als flexible Anpassung an wechselnde Herausforderungen werden seit den siebziger Jahren des 20. Jahrhunderts unter dem Stichwort „Lernen des Lernens" zur Normalität angesichts einer globalisierten Gesellschaft. Lernen wird als biologische Notwendigkeit und als anthropologische Konstante betrachtet. Es findet nicht nur als „formales Lernen" in den dafür bestimmten Institutionen statt, sondern auch als „non-formales", also ohne Ausrichtung auf einen bestimmten Abschluss, und als „informelles" gleichsam nebenher im Sinne einer unvermeidlichen Begleiterscheinung jeden Lebens. Der Preis dieser immensen Ausweitung des Lernverständnisses ist eine zunehmende Verallgemeinerung, bei der schließlich die Differenz zu anderen Veränderungen und die Lerninhalte keine Rolle mehr spielen. Die genuin pädagogische Auffassung gerät aus dem Blick, dass nämlich jedes Lernen *„Lernen von etwas durch jemand bestimmten"* ist.

II. Geschichtlicher Überblick

Die Dynamik, die im Verlaufe der Geschichte zur Formalisierung des menschlichen Lernens geführt hat, kann dadurch verständlich werden, dass man den Ort aufsucht, an dem Lernen – so weit das im Hinblick auf unsere okzidentale Tradition zu klären ist – erstmalig konzeptionell gefasst wurde. Dies geschieht in der griechischen Archaik, und zwar in der Dichtung. Hier wird unterschieden zwischen *manthanein* und *didaskein*, was beides Lernen bedeutet. *Manthanein* umfasst z.B. bei Homer [Mitte 8. Jh. v. u. Z.] sehr unterschiedlich bewertete Lebensformen, wie sie durch Gewohnheit gebildet werden. Gewohnheit kann dabei die Beschränktheit des Bettlers meinen, der nicht anders kann, aber auch den für andere unerreichbaren kulturellen Besitz des Adligen bezeichnen. Der Zusammenhang von Lernen und Begabung ist bereits hier ein spannungsreiches Thema, das fortan nicht mehr aus dem Diskurs verschwindet. *Didaskein* bezieht sich vornehmlich auf den Erwerb von Fertigkeiten, der allerdings nicht bloß als mechanischer Prozess verstanden wird. Es handelt sich auch hier um den Umgang mit Gottesgaben. Lehren darf nicht als Beschämung des Lernenden inszeniert werden. Es soll kunstvoll den Gottesgaben zur Entfaltung verhelfen, ohne dass sich der Lernende bevormundet fühlt. Sokrates legt im Unterschied zu Platon [um 427-um 347 v. u. Z.], der mit adligen Gebräuchen wohl vertraut war, keinen großen Wert auf diese ethische Dimension des Lernens. Platon selbst reagiert mit seiner Bestimmung des Lernens als Wiedererinnerung bereits auf eine sophistische Aufklärungsbewegung, die als ein wichtiger Schritt auf dem Wege der Intellektualisierung und Formalisierung des Lernens interpretiert werden kann. Beim Lernen geht es nun vor allem um Ideen.

Für das Verständnis maßgeblichen Wissens war in der griechischen Klassik die handwerkliche *techne* üblich geworden. Diese befähigt dazu, Zwecke so zu realisieren, dass aus begründeter Sachkenntnis und artikulierbarem Regelwissen ein taugliches Werk Gestalt gewinnt. Fraglich wird dieses Modell, wenn Wissen nicht ein bestimmtes Tätigkeitsgebiet betrifft, sondern Vollzug und Gestaltung des Menschseins schlechthin, also die Praxis der Lebensführung. Im Rahmen der Ethik des Sokrates [um 470-399 v. u. Z.] gehören Tugend und Wissen zusammen. Daher greift Lernen in Gestalt der Sorge um das eigene Selbst auf die Ordnung der Seele über. Es wird bedeutsam, was, wie und von wem man lernt, da Wissen darüber entscheidet, wie man lebt. Aus diesem Grund steht im Verlauf des Lernweges mit der Geschlossenheit und Güte des Wissens stets die Integrität und Tauglichkeit des Wissenden auf dem Spiel. Die Erkundung der Möglichkeiten und Grenzen des Lernens wird so zur philosophischen Kardinalfrage nach dem spezifisch menschlichen Gutsein als Gelingen der Existenz.

Die Paradoxie des Lernens, wonach Lernen Wissen bereits voraussetzt, entfaltet eine provokative Kraft, weil sie die Möglichkeit des Wissenserwerbs als offene Suche nach Tugend in Frage stellt. Daher lässt sich Lernen nicht als Übergang vom Nichtwissen zum Wissen verständlich machen, sondern es hat die Konfrontation alternativer Wissensformen zur Vorbedingung. Von Platon wie von Aristoteles [384-322 v. u. Z.] sowie von allen Autoren, die ihnen darin folgen, wie z.B. im Mittelalter Thomas von Aquin [1224 oder 1235-1274], wird der Lernprozess als Umwandlung eines Vor-Wissens zum Anders-Wissen begriffen. Insbesondere Platon betont die schmerzhafte Umkehr (*periagoge*) (vgl. Politeia, 521c), in der das neue Wissen zur Welt gebracht wird. (Vgl. Theaitetos, 150a f.) Ihr Anfang ist mit Erschütterungen, Befremden und Irritationen verbunden. Das alte Wissen hat sich als untauglich erwiesen und das neue ist noch nicht begriffen. Aus heutiger Sicht fallen die große Bedeutung der Herkunft des Wissens und die Tatsache auf, dass Wissen nicht lediglich das Gegenteil von Nicht-Wissen ist. Platons sozial- und bildungspolitische Alternative richtet sich gegen eine von der Sophistik im Zuge der Demokratisierung des Wissens beförderte Lizenz zum Lernen. Diese deutet er als Freigabe von Lern- und Bildungsberechtigungen ohne Rücksichtnahme auf die Lernfähigkeit der Seele, die philosophisch gesehen auf Wahrheit bezogen ist. Lernen wird bei Platon zum Privileg einer Leistungsaristokratie, die aufgrund dauerhafter Lernbereitschaft und Enttäuschungsresistenz dazu disponiert ist, stellvertretend für die Gemeinschaft und in Sorge um ihre besonnene Lebensführung den mühevollen Weg des Wissenserwerbs mit ungewissem Ausgang auf sich zu nehmen.

Die Sophisten überführen das Verhältnis von stillschweigendem Vorwissen und explizitem Wissen in eine Beziehung von Suchen und Finden, wie sie in der eristischen Lernparadoxie problematisch wird. Platon kritisiert diese Position als einen feigen Verzicht auf Wissen und setzt eine umfängliche und vielfältige Erörterung der Lernproblematik dagegen, die mit dem Stichwort *anamnesis* (Wiedererinnerung) nur teilweise erklärt ist. (Vgl. Menon, 81a ff.) Lernen wird als krisenhafter Vollzug betrachtet, der nicht nur vorwärts in Richtung auf Ergebnisse geht, sondern auch rückwärts gewandt die Herkunft des Wissens einbezieht. Zur Disposition stehen für Sokrates Gewissheitsansprüche sowohl auf Seiten des Lernenden als auch auf Seiten des Lehrenden. Bei jedem Lernen erfolgt eine Korrektur im Hinblick auf die Sache, aber auch auf den vermeintlich Wissenden, der sich erst jetzt als bloß Meinender durchschaut.

Auch für Aristoteles steht das Problem zur Debatte, dass wir wissen müssen, um zu wissen. Im Unterschied zu seinem Lehrer Platon zieht er die Differenz nicht zwischen Ideenwelt und leiblicher Existenz, sondern er unterscheidet ein „Sich Auskennen" von einem Erkennen, ein praktisches Vorwissen von einem wissenschaftlichen Wissen. Damit rückt er die Struktur der Hinführung (*epagoge*) ins Zentrum und öffnet einen neuen Weg aus der Paradoxie von Suchen und Finden, da jedes Suchen ein bereits Gefundenes voraussetzt bzw. weil jedes Verständnis von einem Vorverständnis ausgeht. (Vgl. Analytica posteriora, I.1.71a1-71b8) Lernen vollzieht sich als Weg vom Vorwissen zum Wissen, auf dem die Umkehr (*periagoge*) bedeutungslos wird. Mit dieser Auffassung wird ein weiterer Schritt in Richtung auf Intellektualisierung sowie Formalisierung des Lernens unternommen. Im Unterschied zu Platon setzt Aristoteles Lernen als Leistung des Logos und Leiden als Ergriffenwerden in einen Gegensatz. Die pathischen Züge des Lernens, d.h. das Leiden, das mit dem Abschied vom Vorwissen verbunden sein kann, geraten in der Folgezeit vor allem aufgrund der stoischen Einflüsse in Vergessenheit. (Vgl. Meyer-Drawe 2005, S. 32f.)

Nicht nur im Hellenismus, sondern bereits in alttestamentlichen Kontexten verlagert sich die Konzentration vom konflikthaften Lerngeschehen auf den Lehrer und seine Bedeutung. Es geht nunmehr vor allem um die Vermittlung unangefochtener ethischer Prinzipien, die Gesetzesmacht haben. Der riskante wie produktive Charakter des Lernens als Umlernen droht in der Folge, in bloßen didaktischen Strategien verloren zu gehen. Die Frage besteht nicht länger darin, ob Tugend lehrbar sei. Sie wird in einem bestimmten Sinne gelehrt, um Stabilität in gesellschaftlich spannungsreichen Zeiten zu gewährleisten. Dem korrespondiert, dass wir hier (die auch schon bei den Sophisten vertretenen) Vorstellungen vom Lernenden als eine *tabula rasa* vorfinden. Dem Lehrer wächst eine bis dahin kaum gekannte Bedeutung zu. In den Rabbinaten musste das Wort Gottes vermittelt, das Gesetz in seiner vollen Bedeutung zur Darstellung gebracht werden. Im Alten Testament gibt es folgerichtig keinen Begriff für den Lernenden. Der Lehrer tritt zwischen den Menschen und Gott. Er ist in seiner Autorität nicht in Frage zu stellen. Diese mediale Funktion kann man als ein Vorzeichen des modernen Lehrerbildes betrachten. Im Neuen Testament wird Jesus dann zum Lehrer schlechthin, der nicht nur das Wort Gottes vermittelt, sondern der selbst das gesamte mögliche Wissen ist.

Im Mittelalter gibt es eine Vielfalt von Lernauffassungen, die zumeist Abwandlungen von traditionellen Vorstellungen darstellen. Für Augustinus [354-430] zählt nur der „innere Lehrer", nämlich Gott. Lernen in einem emphatischen Sinn kommt nicht vor. (Vgl. Augustinus 1998) Thomas von Aquin folgt dagegen Aristoteles und hält den Zusammenhang von Erfahrung und Lernen in Erinnerung. Die menschliche Vernunft behält ihre eigene Bedeutung. Zwischen diesen Extremen finden wir sämtliche Varianten von Mönchtum und Weltklerus. Besonders beachtenswert ist das *Didascalicon* des Hugo von Sankt Viktor, das im 12. Jahrhundert weder monastisch-konservativ noch im Sinne der progressiven Kathedralschulen argumentierte, sondern asketische Kontemplation und Welt zugewandtes Wissen nebeneinander stellt. (Vgl. Hugo von St. Viktor 1997) Menschliches Wissen wird als Heilmittel gegen die Folgen der Erbsünde aufgewertet. Neben Theorie und Praxis treten die *artes mechanicae*, eine beachtliche Erneuerung der Wissenstraditionen und gleichzeitig Zeichen für die Wertschätzung irdischen Wissens in Ergänzung zur göttlichen Weisheit. In Minnesängen leben zugleich auf gewisse Weise hellenistische Auffassungen fort, indem sie Anweisungen zum gesitteten Leben überliefern und einüben.

In der Renaissance rückt der Bildungsbegriff in den Vordergrund. Explizite Thematisierungen des Lernens treten nur selten auf und sind dann auf bestimmte praktische Zusammenhänge bezogen wie etwa das Lernen der Malerei. Das ändert sich zu Beginn der Neuzeit. Nun wird dem Lernen wieder eine beachtliche Aufmerksamkeit gewidmet, die hier nur angedeutet werden soll. Auch als Reaktion auf die katastrophalen Zustände während und nach dem Endes des Dreißigjährigen Krieges finden wir allenorten eine beeindruckende Aufbruchstimmung. Unter dem Stichwort „*instauratio magna*" zielen sowohl Francis Bacon [1561-1626] als auch René Descartes [1596-1650] auf das Lernen, das Wege der Wissenschaften öffnet. Bemerkenswert ist in diesem Zusammenhang, dass Bacon sich nicht nur in seinem viel beachteten „Novum Organum" mit der notwendigen Verabschiedung von unproduktiven Vorurteilen und der Einrichtung einer wissenschaftlich beherrschten Welt befasst, sondern ein eigenes Buch über „The Advancement of Learning" veröffentlicht hat, das 1783 ins Deutsche übertragen und unter dem Titel „Über die Würde und den Fortgang der Wissenschaften" publiziert wird. Bacon diskutiert hier in einer bis heute beachtenswerten Weise das „Risiko des Lernens", welches darin besteht, lieb gewordene Machtverhältnisse zu stören bzw. gar zu zerstören. Zusammen mit der Idolen-Lehre und der Theorie der Induktion (*epagoge*) aus dem *Novum Organum* halten wir hier eine Lerntheorie in Händen, welche die Früchte der Tradition erntet und erste deutliche Schritte in Richtung Moderne macht. (Vgl. Keller 2005)

Descartes widmet sich nur in seiner Abhandlung über die „Leidenschaften der Seele" explizit dem Lernen. Hier trägt er bemerkenswerte Überlegungen zur Konditionierung von Gewohnheiten vor, die aus heutiger Sicht mit guten Gründen als ein Behaviorismus „avant la lettre" gelten können. Durch Gewohnheiten können Gedankenverbindungen hergestellt werden, wie sie natürlicherweise nicht gegeben sind, indem die Bewegungen des Gehirns verändert und dressiert werden. (Vgl. Descartes 1984, S. 85ff.) Aufs Ganze gesehen lassen sich viele seiner Einlassungen zu den Wegen der Erkenntnis auch als eine Bestimmung des Lernens interpretieren. Wieder anders widmet sich Comenius [1592-1670] dem Problem. Er entwickelt unter dem Stichwort „Mathetica" Vorstellungen – nun auch schon zum schulischen Lernen –, die nicht nur die Inhalte bedenken und sondieren: Alle soll nicht nur alles von Grund auf gelehrt werden (*omnes, omnia, omnino*), sondern neben der Schnelligkeit und Sicherheit sollen ebenso die angenehmen Umstände beachtet werden: *Tuto, cito et iucunde*. (Vgl. Schaller 2000) Auch Wolfgang Ratke [1571-1635] ist in diesem Zusammenhang zu erwähnen, der mit einem ansehnlichen Einfallsreichtum die Beschleunigung des Lernens propagiert und Vorschläge zu seiner Verwirklichung ausarbeitet. Johann Joachim Becher [1635-1682] und Erhard Weigel [1625-1699] stehen mit ihren Bemühungen, den Unterricht *more geometrico* zu organisieren, für viele andere Versuche, vor dem Hintergrund der barocken Liebe zu allem Maschinenartigen, Lernen möglichst effizient zu gestalten.

Auf gewisse Weise knüpfen die französischen Materialisten und Aufklärer an diese Vorgaben an, indem sie eine Maschinentheorie des Lernens vorlegen. Dabei wird Lernen vom Standpunkt der damaligen Lehre vom Gehirn vor allem als Prägung von Gedächtnisspuren begriffen. Denken wird im Sinne einer elektrischen Beeinflussung des Organismus thematisiert. Wichtig ist, dass Lernen selbst zu einem Thema wissenschaftlicher Forschungen wird. Es wandert an die Grenzen der theologischen und philosophischen Domänen.

Im 17. Jahrhundert erweist sich aber vor allem die Philosophie John Lockes [1632-1704] als einflussreich und wegweisend für die weitere Entwicklung des lerntheoretischen Diskurses. In Abgrenzung zu solchen Ansätzen, deren Orientierung am Ideal mathematischer Exaktheit zugleich eine Vorherrschaft der Vernunft impliziert, insistiert Locke auf der *Erfahrung* als Grundlage allen Wissens und Denkens, ohne allerdings der *ratio* grundsätzlich ihre Gültigkeit für die menschliche Erkenntnis abzusprechen. Insofern kann sein Ansatz als Versuch angesehen werden, die durch das rationalistische Denken eröffnete Kluft zwischen Sinnlichkeit und Verstand, Erfahrung und Vernunft zu überbrücken. In seinem Hauptwerk *An Essay Concerning Human Understanding*, in dem er der Frage nach dem Ursprung und Zustandekommen menschlicher Erkenntnis nachgeht, distanziert sich Locke von der These, dem menschlichen Verstand eigneten angeborene Ideen in dem Sinne, dass diese ihm a priori eingeschrieben seien. Demgegenüber bemüht sich Locke um den Nachweis, dass alle Ideen der Erfahrung entstammen. Ungeachtet dessen, dass Locke den Begriff des „Lernens" in seinem Hauptwerk selbst nicht verwendet, kann sein Denken dennoch als eine entscheidende Zäsur im Hinblick auf das Lernen gelten, da sein Umgang mit dieser Problematik zahlreiche Entwicklungen vor allem in der empirischen Forschung der Folgezeit vorwegnimmt.

An Lockes Ausführungen zum Lernen wird sichtbar, wie eng dieses für ihn an Fragen der menschlichen Lebensführung gebunden ist. Scheinen in seiner Argumentation somit bestimmte Denkmuster der Antike eine Renaissance zu erfahren, so zeigt sich bei genauerem Hinsehen jedoch eine entscheidende Differenz. Zielt das griechische Ideal der Lebenskunst auf eine *Gestaltung* des unhintergehbaren Widerstreits von Sinnlichkeit und Verstand, Begierden und Vernunft, so optiert Locke unmissverständlich für eine Eliminierung jener Doppeldeutigkeit zugunsten des Verstandes. Auch in einem anderen Punkt weicht sein Denken von bestimmten Annahmen des antiken Denkens ab: Während etwa Aristoteles davon ausging, dass sich alles Lernen immerzu auf der Grundlage eines vorgängigen Wissens vollzieht, tilgt Locke diese paradoxe Struktur dahingehend, dass er den Geist als *tabula rasa* begreift, in den sich sinnliche Daten als „Sinnes*eindrücke*" (impressions) einzeichnen. Durch diesen Schritt gerät bei ihm allerdings die innere Verflechtung von Wissen und Vorwissen sowie die Struktur der *periagoge* aus dem Blick. Lernen wird als Prozess gefasst, der vom Nicht-Wissen zum geprüften Erfahrungswissen *aufsteigt*.

David Humes [1711-1776] Untersuchung der menschlichen Verstandestätigkeit nimmt ihren Ausgang von dem erkenntnistheoretischen Problem, wie man über den Bereich der Sinne oder die Angaben unseres Gedächtnisses hinausgehen könne.

Dieser Frage liegt die Beobachtung zugrunde, dass wir uns nicht nur über Dinge verständigen (können), die sich im unmittelbaren Bereich unserer Wahrnehmung und Erinnerung befinden, sondern auch über solche, die diesen Bereich überschreiten. Humes Antwort lautet – verkürzt ausgedrückt –, dass eine solche Überschreitung dadurch möglich ist, dass unsere Schlüsse bezüglich erfahrungstranszendenter Ereignisse auf der Annahme einer kausalen Verbindung zwischen den wahrgenommenen bzw. erinnerten und den diese überschreitenden Sachverhalten beruhen, die in Gewohnheiten wurzelt. Dasjenige Prinzip, das die Überschreitung der Sphäre des Sinnlichen ermöglicht, ist somit das der *Kausalität*.

Obwohl die lerntheoretische Relevanz der Philosophie Humes insgesamt geringer als diejenige Lockes einzuschätzen ist, stellt sein Ansatz für lange Zeit den letzten Versuch dar, die Bereiche der Erfahrung, Sinnlichkeit und des Körpers gegenüber einer philosophischen Entwicklung zu rehabilitieren, welche die Vernunft- und Verstandespotenziale des Menschen als zentrales Signum seiner Selbst- und Welterkenntnis nobilitiert. Jedoch ist zu konstatieren, dass Hume möglichen lerntheoretischen Konsequenzen seines empiristischen Ansatzes nicht eigens nachgeht. Dieser Umstand kann als ein weiterer Beleg dafür gedeutet werden, dass der philosophische Diskurs jener Zeit das Lernen bereits als eigenständiges Thema aus dem Blick verloren hatte.

Als ein entscheidender Umschlagpunkt in der Geschichte des Lernens kann die Philosophie Immanuel Kants [1724-1804] insofern gelten, als mit ihr das bereits in den rationalistischen sowie empiristischen Positionen des 17. und 18. Jahrhunderts anklingende marginale Interesse an einer *philosophischen* Auseinandersetzung mit der Lern-Thematik endgültig an ihr Ende gelangt. Obwohl Kants Philosophie – analog zu derjenigen Lockes und Humes – keine explizite Auseinandersetzung mit der Lernproblematik beinhaltet, erweist sich sein Ansatz dennoch dahingehend als bedeutsam für die Diskursgeschichte des Lernens, als die durch ihn vollzogene ‚kopernikanische Wende' zumindest mitverantwortlich für eine Reihe entscheidender Weichenstellungen im Hinblick auf das weitere Verständnis des Phänomens ‚Lernen' zeichnet. Vor allem seine Kritik an Aristoteles führt zu einer Abwertung der Erfahrung und damit der Herkunft des Lernens. Lediglich „bei Gelegenheit von Erfahrung" wird gelernt, nicht aus Erfahrungen, weil diese zwar zeitlich jeder Erkenntnis voraus liegen, nicht jedoch im logischen Sinne. Lernen, so eine Konsequenz der Kant'schen Argumentation, bleibt auf den Bereich des Empirischen begrenzt und wird insbesondere mit Nachahmung gleichgesetzt, das vom bloßen Nachmachen, der phantasielosen Imitation, zu unterscheiden ist.

Erreicht die philosophische Auseinandersetzung mit dem Lernen bei Kant somit ihren Endpunkt, so trägt sein Ansatz – nicht selten vermittelt über seine Nachfolger – zugleich maßgeblich zum Übergang der Lernproblematik auf andere Disziplinen wie die Pädagogik und die Psychologie bei, dem vor allem sein Nachfolger in Königsberg, Johann Friedrich Herbart [1776-1841], den Weg ebnet. Indem Kant die maßgeblichen Voraussetzungen für einen denkenden Zugang zur Welt ‚in' das Subjekt verlegt, findet die in der Folgezeit zunehmende Verinnerlichung und Intellektualisierung des Lernens in seiner Philosophie eine gewichtige argumentative Grundlage. Herbart kommt eine – wenn auch eher ‚indirekte' – Bedeutung für den weiteren Entwicklungsverlauf des lerntheoretischen Diskurses zu. Mit der von ihm entwickelten Lehre bahnt sich eine Psychologisierung des Lernens an, die dem Vorbild einer mathematisch exakten Wissenschaft nacheifert. Zwar weisen Herbarts psychologische Schriften keine explizite Erörterung lerntheoretisch relevanter Fragen auf, doch können bestimmte Prämissen seiner Psychologie wie etwa sein Konzept einer ‚Mechanik des Geistes' als maßgebliche Etappen einer komplex verlaufenden Entwicklung innerhalb des 19. Jahrhunderts gelten, die nicht nur den späteren Siegeszug des Behaviorismus mit vorbereitet bzw. begünstigt haben, sondern darüber hinaus einen entscheidenden Beitrag zur Entwicklung der Kognitionspsychologie leisten. Zugleich darf bei dem Versuch einer Einordnung der Bedeutung Herbarts für den Fortgang des lerntheoretischen Diskurses jedoch nicht außer Acht gelassen werden, dass sich die von ihm entworfene mechanistische Psychologie bereits kurze Zeit nach ihrer Veröffentlichung einer Reihe kritischer Stimmen ausgesetzt sieht. Diese entstammten einerseits einer der Romantik verpflichteten Psychologie wie etwa derjenigen von Carl Gustav Carus [1789-1869], andererseits der von Denkern wie Gustav Theodor Fechner [1801-1887] vorangetriebenen experimentellen Psychologie. Bedingt durch die Kritik an der Herbart'schen Vorstellungsmechanik sowie durch den wachsenden Einfluss biologischer und behavioristischer Ansätze, vollzieht sich in der Psychologie der zweiten Hälfte des 19. Jahrhunderts eine deutlich sichtbare Abkehr von den Herbart'schen Prämissen. An die Stelle mechanischer Kategorien treten in zunehmendem Maße biologische Prinzipien wie etwa diejenigen des „Reflexes" und der „Anpassung". Überblickt man diese verschiedenen Entwicklungen, so lässt sich bilanzieren, dass die Relevanz von Herbarts Ansatz für die ihm nachfolgende psychologische Forschung weniger in der Übernahme und Weiterführung seiner Gedanken als vielmehr in den durch sie eröffneten Möglichkeiten der Distanzierung und Weiterentwicklung besteht.

Trotz ihrer Wirkmächtigkeit traten Herbarts Überlegungen im letzten Drittel des 19. Jahrhunderts allerdings nicht nur aufgrund einer wachsenden Anzahl kritischer Stimmen in den Hintergrund. Vielmehr war seiner Psychologie auch deshalb keine weit reichende Wirkung beschieden, weil in den siebziger Jahren dieses Jahrhunderts mit der Psychologie des Helmholtz-Schülers Wilhelm Wundt [1832-1920] ein Ansatz in den Mittelpunkt der Aufmerksamkeit rückte, der weite Teile der Psychologie des späten 19. Jahrhunderts im Wesentlichen prägte. Neben inhaltlichen Divergenzen (etwa hinsichtlich ihres Verständnisses des Seelenbegriffs) unterscheidet sich Wundts Denken von demjenigen Herbarts und der Herbartianer vor allem in seiner methodischen Orientierung. Denn im Gegensatz zu deren kritischer Distanz gegenüber der Idee der Experimentalpsychologie zählt Wundt das Experiment neben der Beobachtung zu den maßgeblichen methodischen Verfahren dieser Disziplin.

III. Pädagogische Theorien des Lernens

Ab dem 20. Jahrhundert gibt es nur wenige explizite Versuche, eine pädagogische Theorie des Lernens vorzulegen. Vernachlässigt man die Differenzen im Einzelnen, so kann man zunächst festhalten, dass allen Ansätzen gemeinsam ist, dass sie eine philosophische Perspektive einnehmen. Während jedoch Alfred Petzelt [1889-1967] und Lutz Koch [1942] Lernen als eine besondere Weise des *Erkennens* analysieren, betrachtet Günther Buck [1925-1983] Lernen als *Erfahrung*.

Petzelt thematisiert Lernen als Prozess der Sinngebung. (Vgl. Petzelt 1961) Es ist bei ihm strikt vom bloßen Wissenserwerb und insbesondere von der bloßen Verhaltensänderung im Sinne des Behaviorismus, wie er ihn kannte, unterschieden. Ganz besonderen Wert legt Petzelt auf das spezifisch pädagogische Verständnis von Lernen, damit dieses nicht in außerpädagogischem Sinne missbraucht werden kann. Er reagiert mit seiner Konzeption nicht lediglich auf die von ihm kritisierte Psychologie des Lernens, sondern ausdrücklich auch auf den nationalsozialistischen Terror. (Vgl. Bollmann 2001, S. 221f.). Nur aus dieser Perspektive wird offensichtlich, warum er die Bedeutung des aus Vernunftgründen begreiflichen Absoluten derart hervorhebt und weshalb Lernen bei ihm stets Stellungnahme bedeutet. Lernen ist eine Weise des „Ich denke etwas", wobei das Ich nicht eine abstrakte Instanz meint, sondern das gelebte Ich, das in vielerlei Hinsicht in Anspruch genommen ist und das sich zu verantworten hat. Im Hintergrund stehen die Skepsis des sokratischen Platon, die kritische Philosophie Kants und vor allem Cusanus [1401-1464] mit seiner Konzeption der „*docta ignorantia*". Lernen ist für Petzelt eine hervorragende menschliche Möglichkeit, der kein Vergleich mit dem Verhalten von Tieren standhält, umfasst es doch stets eine Haltung gegenüber den und dem anderen sowie gegenüber sich selbst. Im Lernen bezieht der Mensch Stellung. Ihm wird nichts „eingetrichtert" oder „beigebracht". Überzeugung mit Argumenten, nicht eine Überredung durch die Wucht der Worte steht im Vordergrund. Lernen wird streng von jedem mechanischen Vorgang unterschieden.

Koch schließt sich grundsätzlich Petzelt an, indem er ihn in seiner „Logik des Lernens" (1991) gleich zu Beginn zustimmend zitiert: „Lernen kann sich niemals in bloßem Einprägen, Reproduzierfähigmachen oder Auswendiglernen erschöpfen. Daß wir mehr wollen müssen, weiß jeder Pädagoge. Was das Mehr bedeutet, kann hier nicht zweifelhaft sein: Wenn nicht erkannt wird, wird überhaupt nicht gelernt. Lernen muß als Sonderfall des Erkennens ... angesehen werden." (Koch 1991, S. 6) Koch stützt sich vor allem auf die kritische Philosophie Kants und entfaltet eine Theorie des Lernens als Grundlage einer philosophischen Didaktik. Lernen meint einen kognitiven Vollzug, welcher im Medium der Sprache vermittelt wird. Die Grundlagen können nur philosophisch aufgeklärt werden, denn die Gesetze des Erkennens sind weder Natur- noch Sittengesetze, sondern logische Gesetze. Es geht in erster Linie um das Werden des Wissenden und nicht um Verhaltensänderungen auf der Grundlage von Erfahrungen. Lernen beruht auf Gründen und folgt nicht irgendwelchen Ursachen. Lernen fußt auf Anschauungen. Deshalb hat es neben seinen spontanen Zügen auch rezeptive. Wesentlich ist ihm allerdings nicht das Aufnehmen und Behalten sinnlicher Gegebenheiten, sondern die allgemeine Erkenntnis, welche einzelne Kenntnisse verbindet und begriffliches Erkennen ermöglicht. Höhepunkt dieser Entwicklung ist die Einheit des Mannigfaltigen einer Vorstellung, verbunden mit dem Bewusstsein der Identität des Lernenden selbst. Deshalb besteht wie bei Petzelt so auch bei Koch ein inniger Zusammenhang von Lernen und Bildung. Das Selbst findet seine Stellung gegenüber der durch es objektivierten Welt.

Ein weiterer Schwerpunkt ist die Frage nach der Applikation des Gelernten. Hier wird der Urteilskraft im Sinne Kants eine zentrale Rolle beigemessen. Durch die bestimmende Urteilskraft wird das Besondere als Fall dem Allgemeinen untergeordnet. Mit der reflektierenden Urteilskraft wird das alte Problem von Suchen und Finden aufgegriffen. Hier ist nämlich allererst das Allgemeine zu finden, unter welches das Besondere subsumiert wird. Selbst wenn dergestalt die Grenzen einer Logik des Lernens erreicht, wenn nicht gar überschritten werden, so fällt in diesem Zusammenhang die Bedeutung des mündigen, aufgeklärten Lernens in besonderem Ausmaß auf.

Buck ist schließlich einer der wenigen, die sich um die Aufarbeitung einer Geschichte des Lernens bemühen, ohne sich auf die empirisch-systematische Lernforschung des 20. Jahrhunderts zu beschränken. Sein Buch „Lernen und Erfahrung" (1989³) ist zu einem Klassiker einer Hermeneutik des Lernens geworden. Seine philosophischen Analysen fußen auf dem Forschungsstand der sechziger Jahre und richten sich wie jene von Petzelt und Koch vor allem dagegen, dass Lernen hauptsächlich zu einem psychologischen Thema wurde. Ihm zufolge geraten dadurch Traditionen in Vergessenheit, die Lernen anders in den Blick nehmen als solche, die sich hauptsächlich am Resultat orientieren wie die auf das bloß sichtbare Verhalten gerichtete empirische Forschung.

Buck greift vor allem in Erinnerung an Aristoteles eine bereits in der griechischen Klassik diskutierte paradoxe Struktur des Lernens auf, nämlich den Befund, dass man auf irgendeine Weise bereits gelernt haben muss, um lernen zu können. Seine Untersuchungen gelten dem – wie er es nennt – „stillschweigenden Vorverständnis". (Vgl. Buck 1989³, S. 177ff.) Im Lernen, das ein Verständnis allererst eröffnet, werden diese impliziten Vorgaben thematisch. Damit rückt die Gangstruktur des Lernens in den Vordergrund. Bucks Erfahrungsbegriff ist vor allem durch Edmund Husserls [1859-1938] transzendentale Phänomenologie geprägt. Daraus resultiert aber auch, dass er der leiblichen Dimension zu wenig Beachtung schenkt. Er öffnet allerdings diesen Weg, indem er die Bedeutung des praktischen Wissens, des Handlungswissens, gegenüber dem Erkennen aufwertet und nachweist, dass Lernen dadurch geschieht, dass im Konflikt von Erkennen und Auskennen, das bloße Auskennen als solches thematisch und anfänglich in Erkenntnis umgeformt wird.

Phänomenologische Lerntheorien, welche im Unterschied zu hermeneutischen auch die Leiblichkeit der menschlichen Existenz umfassen, ermöglichen es, eine Sichtweise zurückzugewinnen und unter heutigen Bedingungen neu zu formulieren, welche die Ineinanderschlingung von apriorischen und aposteriorischen Strukturen betont. So differenziert sich das Vorwissen in ein uns bekanntes und ein der Sache nach früheres. Im Lernen wird das stillschweigend fungierende (mitunter bloß vermeintlich) Bekannte thematisch und damit auf dem Wege der Reflexion schließlich zum Erkannten. Dabei kann das Bekannte auf das zu Erkennende vorausweisen. Es kann sich aber auch als Gewohnheit mit der Neigung zur Dogmatik herausstellen und so im Wege stehen. Der Rückgang auf Erfahrungen birgt in sich stets die Gefahren der Borniertheit und Trivialisierung. Das Vertraute integriert das Fremde. Es stiftet Kontinuität und überspielt das Anstößige. (Vgl. Rumpf 1998)

Phänomenologischen Betrachtungen des menschlichen Lernens (vgl. Meyer-Drawe 1996) ist es eigentümlich, dass sie ihr Augenmerk auf die produktive Störung und Verzögerung des Lernens (vgl. Dörpinghaus 2003) richten und dem Anspruch auf reibungslose Effektivität entgegensetzen. Die Vorstruktur des Verstehens wurzelt in einem in erster Linie leiblich konstituierten Weltglauben, welcher die Existenz der Welt nicht bezweifelt, stattdessen die Frage danach ermöglicht, was es für uns bedeutet, dass eine Welt existiert. Dieser Wahrnehmungsglaube ist nicht das Gegenteil der Reflexion, sondern ihre ständige Voraussetzung. „Wir befragen unsere Erfahrung gerade deshalb, weil wir wissen wollen, wie sie uns dem öffnet, was wir nicht sind. *Es ist dadurch nicht einmal ausgeschlossen, daß wir in ihr eine Bewegung finden, die auf das aus ist, was uns in keinem Falle selbst gegenwärtig sein kann und dessen unwiderrufliche Abwesenheit deshalb unseren originären Erfahrungen zugerechnet werden müßte.*" (Merleau-Ponty 1986, S. 208) Dergestalt rücken die Widerstände des Begreifens, die unbestimmten, opaken und ambiguosen Dimensionen des Lernens in den Brennpunkt der Aufmerksamkeit und damit „das Unlernbare in jedem Lernen" (Waldenfels 2001, S. 52), welches die Radikalität und Universalität des Verstehens in Zweifel zieht und in Bewegung hält.

Sowohl „Lernen als Erkennen" als auch „Lernen als Erfahrung" meinen Vollzüge, in welchen Lernende mit sich und der Sache konfrontiert werden. Lernen ist stets ein „ich lerne" und ein „lernen von etwas". In beiden Theorieperspektiven spielt die Negativität eine zentrale Rolle (vgl. Koch 2005; Meyer-Drawe 2005). Lernen ist kein reibungsloser Aufstieg vom Nicht-Wissen zum Wissen, sondern ein riskanter Vollzug. Unterschiede in den Positionen treten dort hervor, wo es um die Leiblichkeit geht und damit um das Verständnis von „Wissen" sowie um die Bestimmung der nicht lernbaren Voraussetzungen jedes Lernens.

Literatur

Aristoteles (1984): Zweite Analytiken: griech.-dt. Mit Einl., Übers. u. Kommentar hrsg. von H. Seidl. Griech. Text in d. Ed. von Th. Waitz. Würzburg.
Augustinus (1998): De magistro. Über den Lehrer. Lateinisch/Deutsch. Übers. und hrsg. von B. Mojsisch. Stuttgart.
Bacon, F. (1990): Neues Organon. Hrsg. und mit einer Einleitung von W. Krohn. Lateinisch/Deutsch. Wiedergabe des lateinischen Textes nach der Ausgabe London 1858. Übers. von R. Hoffmann. Bearbeitet von G. Korf. Berlin (DDR 1961). Darmstadt.
Bacon, F. (2001): The Advancement Of Learning. Ed. by St. J. Gould. New York (Deutsche Übersetzung (1966): Lord F. Bacon: Über die Würde und den Fortgang der Wissenschaften. Reprographischer Nachdruck der Originalausgabe von 1783. Darmstadt.
Bollmann, U. (2001): Wandlungen neuzeitlichen Wissens. Historisch-Systematische Analysen aus pädagogischer Sicht. Würzburg.
Buck, G. (1989³): Lernen und Erfahrung – Epagogik. Zum Begriff der didaktischen Induktion. Hrsg. und mit einem Vorwort versehen von E. Vollrath. 3., um einen dritten Teil erweiterte Auflage. Darmstadt.
Descartes, R. (1984): Die Leidenschaften der Seele. Französisch/Deutsch. Hrsg. und übers. von Klaus Hammacher. Hamburg.
Dörpinghaus, A. (2003): Von unbewegten und bewegten Bewegern. Bildungstheoretische Vermerke zur Frage nach dem Anfang. In: Vierteljahrsschrift für wissenschaftliche Pädagogik 79 (2003), S. 449-461.
Hugo von St. Viktor (1997): Didascalicon de studio legendi. Studienbuch. Übers. und eingel. von Th. Offergeld. Freiburg.
Kandel, E. R./Schwartz, J. H./Jessell, Th. M. (Hrsg.) (1995): Neurowissenschaften – Eine Einführung. Übers. von S. Benner u.a. Heidelberg/Berlin/Oxford.

Keller, S. (2005): Experiment versus Dogma. Francis Bacons Erkenntnis- und Lernprogramm. Bern.
Koch, L. (1991): Logik des Lernens. Weinheim.
Koch, L. (2005): Eine pädagogische Apologie des Negativen. In: 49. Beiheft der Zeitschrift für Pädagogik. Erziehung – Bildung – Negativität. Theoretische Annäherungen. Analysen zum Verhältnis von Macht und Negativität. Hrsg. von D. Benner, S. 88-104.
Merleau-Ponty, M. (1986): Das Sichtbare und das Unsichtbare gefolgt von Arbeitsnotizen (1964). Hrsg. und mit einem Vor- und Nachwort versehen von C. Lefort. Übers. von R. Giuliani und B. Waldenfels. München.
Meyer-Drawe, K. (1996): Vom anderen lernen. Phänomenologische Betrachtungen in der Pädagogik. In: M. Borrelli/J. Ruhloff (Hrsg.): Deutsche Gegenwartspädagogik II. Baltmannsweiler, S. 85-98.
Meyer-Drawe, K. (2005): Anfänge des Lernens. In: 49. Beiheft der Zeitschrift für Pädagogik. Erziehung – Bildung – Negativität. Theoretische Annäherungen. Analysen zum Verhältnis von Macht und Negativität. Hrsg. von D. Benner, S. 24-37.
Petzelt, A. (1961): Über das Lernen. In: Ders./W. Fischer/M. Heitger: Einführung in die pädagogische Fragestellung. Aufsätze zur Theorie der Bildung. Teil 1. Hrsg. von W. Fischer. Freiburg i. Br., S. 73-92.
Platon (1974^{17}): Menon, Hippias I, Euthydemos, Menexenos, Kratylos, Lysis, Symposion. Sämtliche Werke. Bd. 2. Hamburg.
Platon (1974^{17}): Politeia. Sämtliche Werke. Bd. 3. Hamburg.
Platon (1974^{10}): Phaidros, Parmenides, Theaitetos, Sophistes. Sämtliche Werke. Bd. 4. Hamnurg.
Ruhloff, J. (1987): Art. „Lernen". In: Görres-Gesellschaft (Hrsg.): Staatslexikon. Recht, Wirtschaft, Gesellschaft. Bd. 3: Hoffmann – Naturrecht. 7., völlig neu bearbeitete Auflage. Freiburg/Basel/Wien, S. 907-916.
Rumpf, H. (1998): Das kaum auszuhaltende Fremde. Über Lernprobleme im Horror vacui. In: Zeitschrift für Pädagogik 44 (1998), S. 331-341.
Schaller, K. (2000): Omnino. In: K. Helmer/N. Meder/K. Meyer-Drawe (Hrsg.): Spielräume der Vernunft. Würzburg, S. 322-343.
Waldenfels, B. (2001): Verfremdung der Moderne. Phänomenologische Grenzgänge. Göttingen.

2. Abschnitt: Grundverhältnisse und soziale Wirklichkeit

THOMAS FUHR

Einführung

Erziehungs- und Bildungsprozesse können in sozialer Hinsicht auf unterschiedlichen Ebenen analysiert werden, vom Nahraum personaler Verhältnisse über die Erziehung und Bildung in Gruppen und Institutionen bis hin zur gesamtgesellschaftlichen Perspektive, in die jede Erziehung und Bildung eingebunden sind. In diesem Sinn explizieren die folgenden Beiträge soziale Grundverhältnisse der Erziehung und Bildung.

Der erste Beitrag behandelt Theorien des pädagogischen Bezugs und des erzieherischen Verhältnisses (Lippitz, Woo). Es sind dies Theorien, die die Form des erzieherischen Verhältnisses zwischen dem Kind und Erwachsenen zu bestimmen versuchen. Die Autoren diskutieren die wichtigsten Theorien des pädagogischen Verhältnisses und zeigen auf, dass erzieherische Verhältnisse nicht nur als Anpassung der Educanden an die Erzieher, sondern als Generierung von etwas Neuem verstanden werden müssen. Auch finden sie nicht nur zwischen Erwachsenen und Kindern statt; sie sind in Zeiten des beständigen sozialen Wandelns niemals abgeschlossen und betreffen auch das Zusammenleben und das Selbstverhältnis von Erwachsenen.

Im zweiten Beitrag werden Theorie und Empirie der Gruppenpädagogik vorgestellt (Kirchgäßner). Die Gruppe – in beruflichen Zusammenhängen das Team – wird danach als ein wichtiges Medium und als Methode der Erziehung, Bildung und Entwicklung verstanden, so unter anderem in der politischen Bildung und der Organisationsentwicklung. Der Beitrag behandelt die Potentiale und Herausforderungen des Lernens in Gruppen. In der Gruppe können demokratische und emanzipatorische Formen des Lernens und der Führung entwickelt und praktiziert werden können; sie enthält jedoch auch die Möglichkeit von Anpassung, Entmündigung und Missbrauch. Es stellen sich in diesen Zusammenhängen Fragen nach dem Verhältnis von Selbststeuerung durch die Gruppe und Führung durch die Gruppenleitung ebenso wie nach den Voraussetzungen, unter welchen es angebracht ist, die Gruppendynamik in den Lernprozessen zu thematisieren.

Der dritte Beitrag stellt den Forschungsstand zu Institution und Organisation vor (Kuper). Während Institutionen als die Grundelemente sozialer Ordnung gelten, verweist der Begriff der Organisation auf die formale Verfasstheit von Institutionen. Institutionen sind nicht nur Formen, die Erziehung möglich machen und erleichtern, sondern sie erziehen – oder sozialisieren, wie es im modernen Sprachgebrauch heißt – auch als Institution. Sie entwickeln darüber hinaus in Abhängigkeit von gesellschaftlichen Entwicklungen Eigendynamiken, welche ihre Gestaltbarkeit begrenzen. Werden Bildung und Erziehung schließlich formal organisiert, so wird die pädagogische Praxis einerseits stärker plan-, steuer- und zurechenbar, andererseits stellt sich der Forschung die Frage, wie die Gestaltung und Reformierung struktureller Rahmenbedingungen auf das pädagogische Handeln Einfluss nehmen kann und zu welchen pädagogischen Effekten die Reform von Organisationen führt.

Der letzte Beitrag behandelt die gesellschaftliche Perspektive auf Erziehung und Bildung (Bellmann). Erziehung und Bildung beziehen sich in fünf Hinsichten auf andere Teilsysteme der Gesellschaft: andere Teilsysteme wie die Wirtschaft stellen eine Voraussetzung von Erziehung und Bildung dar; auf sie hin wird erzogen; sie können zum Thema der Erziehung und Bildung werden; sie sind Medium einer informellen Erziehung; und schließlich sind sie selbst Bildungsmächte mit – z.T. konkurrierenden – Ansprüchen an die Erziehung und Bildung. Der Beitrag geht diesen Verflechtungen von Erziehung und Bildung mit anderen Teilen der Gesellschaft anhand des Verhältnisses von Erziehung/Bildung zur Ökonomie und zur politischen Demokratie nach. Ökonomische Effizienz und Demokratisierung sind im Rahmen einer zunehmend weltweiten Steuerung von Erziehung und Bildung, die sich auf Vergleichsstudien und evidenzbasierte Forschung bezieht, zentrale Bezugsgrößen der Erziehung und Bildung.

WILFRIED LIPPITZ/JEONG-GIL WOO

Kapitel 1: Pädagogischer Bezug. Erzieherisches Verhältnis

Erzieherisches Verhältnis und pädagogischer Bezug sind besondere Interaktions- und Kommunikationsformen des menschlichen Zusammenlebens und der Gestaltung der intergenerativen Beziehungen. Sie artikulieren sich im Nahraum personaler Beziehungen in mehr oder weniger institutionalisierten und organisierten Zusammenhängen, wie Familien oder anderen Primärgruppen, in Schulen, Erziehungsheimen und anderen Bildungsorganisationen. In erzieherischen Verhältnissen und pädagogischen Bezügen ereignen sich Bildungs- und Erziehungsprozesse als mehr oder weniger gezielte und bewusste Einwirkungen der älteren Generation auf die heranwachsende Generation. In neuzeitlichen westlichen Gesellschaften wird dieses Generationenverhältnis als ein Differenz- und Spannungsverhältnis problematisiert, in dem individuelle Ansprüche und Bedingungen der Heranwachsenden auf Entwicklungsaufgaben und -ansprüche der Gesellschaft oder sogar auf ein für verbindlich gehaltenes Menschheitsideal (Rationalität, Vernunft) aufeinander treffen und miteinander vermittelt werden müssen. Bildungs- und Lernprozesse sind nicht nur auf das Verhältnis von Erwachsenen zu Kindern und Jugendlichen beschränkt. Lebensgeschichtlich gesehen sind sie heute aufgrund des beständigen gesellschaftlichen und geschichtlichen Wandels niemals abgeschlossen und betreffen deshalb auch das Zusammenleben der Erwachsenen und ihr Selbstverhältnis.

I. Lesarten der geisteswissenschaftlichen Pädagogik

Im kosmologisch geprägten Welt- und Selbstverständnis der abendländischen antiken und christlichen Tradition mit ihren dichotomischen Ordnungsmustern von Mensch und Welt sind Erziehungs- und Bildungsverhältnisse hierarchisch und autoritativ strukturiert und haben oft bildungselitären Charakter (vgl. Flitner 1950^8, S. 110f.) Im Diesseits des weltlichen, für vergänglich, sündig oder unwahrhaft gehaltenen Lebens bietet sich ein Weiser, ein Meister, ein Führer oder eine von der Welt abgetrennte, in sich geschlossene und streng hierarchisch organisierte Gemeinschaft (z.B. Klöster, Orden, Bruderschaften) an, die Menschen auf den Weg der Erkenntnis, der Wahrheit, des Heils oder der moralischen Lebensführung zu leiten. Vorbild und bedingungslose gehorsame Nachfolge im vorbehaltlosen Vertrauen auf den Meister als Repräsentant oder Verkörperung eines höheren Lebensideals charakterisieren ein autoritatives Meister-Schüler-Verhältnis. Darin wird eingeführt in den „rechten Glauben", in die „Wahrheit" mittels – wie es Foucault nennen würde (1989) – Technologien der Selbstführung, d.h. mit Hilfe asketischer, auf den Leib und die Seele zielender Praktiken der Selbsterziehung. Sie übt der Zögling oder Jüngling mit Hilfe des Meisters so weit ein und internalisiert sie dergestalt, bis er selbst in die Fußstapfen seines Meisters treten kann und das erzieherische Verhältnis beendet ist (vgl. dazu Frischeisen-Köhler 1973, S. 19ff.). Hermann Hesse hat in der Mitte des letzten Jahrhunderts in seinem Bildungsroman „Das Glasperlenspiel" diese Tradition eines elitären Meister-Schüler-Verhältnisses als anachronistische Utopie eines gelingenden Lebens und einer restaurierten Bildungsgemeinschaft unter dem Ideal einer Kosmologie subtil nachgezeichnet (vgl. Hesse 1983, Bd. 7 und 8).

Nach dem Zerfall der mittelalterlichen Kosmologien treten die Menschen selbst als Ordner der Welt auf. In Erziehungsutopien werden der neue Mensch und mit ihm die neue Gesellschaft entworfen und Kritik an den noch vorherrschenden feudalen und absolutistischen Herrschaftsformen geübt. Zugleich differenzieren die aufkommenden Humanwissenschaften das Welt- und Selbstverständnis aus und bereichern es mit einer Fülle anthropologischer, psychologischer und soziologischer Kenntnisse, die das Verständnis von Erziehungsverhältnissen immer komplexer werden lassen. Beispielsweise bietet Rousseau im „Emile" ein reiches „humanwissenschaftliches" Wissensrepertoire auf, um den fiktionalen Lebensweg des neuen Menschen „Emile" als gestuften Erziehungsgang darzustellen. In ihm spiegeln sich grundlegende Paradoxien moderner Erziehung wider. Denn der Erziehungs- und Bildungsgang wird zwar im Sinne des neuzeitlichen Aufklärungsideals als Prozess der Individualisierung und der Selbstbestimmung konzipiert, jedoch hinter der unpersönlichen „negativen Erziehung" durch die Dinge und die Natur in der Kindheits- und Jugendphase des „Emile" verbirgt sich der allmächtige Erzieher. Mit dem Konzept der „klugregelten Freiheit" trifft er höchstwirksame Erziehungsarrangements, die den Willen des allwissenden Erziehers im Wollen des Zöglings aufgehen lässt und dem Erwachsenen eine unangreifbare, da internalisierte Macht als Selbstzwang sichert. Nachträglich lässt sich der Erzieher diese Unterwerfung durch einen „Vertrag" mit dem 15jährigen Emile legitimieren. Er begibt sich damit als schon Erzogener „freiwillig" und nachträglich in die Hände seines Erziehers (vgl. Rousseau 1963, S. 664).

Dieser neuzeitlichen Vertragsfassung eines erzieherischen Identifikationsverhältnisses fügt der „pädagogische Genius" Pestalozzi – so Diltheys Auszeichnung (Dilthey 1974[4], S. 204) – eine weitere Facette hinzu, die für die bürgerliche Ideologie der Mütterlichkeit zentral wird: In seinem viel gelesenen Volksroman „Lienhard und Gertrud" ist es die liebevolle und „überbehütende" Mutter, die mit den Mitteln einer pietistisch-pastoralen Pädagogik eine auf den Leib und die Seele zielende moralische Gesinnungsbildung ihrer Kinder betreibt. Diese intensive Moralisierung des familiären Zusammenlebens wird zum Vorbild für die moralische Restauration einer „väterlichen" und feudalen Herrschaft im Gemeinwesen unter der Führung des Gutsherrn, dann des Pfarrers und Lehrers (vgl. Pestalozzi 1961). Diese patriarchalische und pastorale Vision der Pädagogik als Motor der politischen Reform der Gesellschaft im Sinne der Moralisierung und innerpsychischen Disziplinierung ihrer Mitglieder hat vermutlich biographische Wurzeln und Motive. Sie scheinen für Rousseau und Pestalozzi Kompensationsformen ihrer eigenen unglücklichen und vielleicht sogar traumatischen Erziehungsverhältnisse darzustellen (vgl. zum Beispiel aus psychoanalytischer Sicht mit Blick auf Pestalozzi Kraft 1996).

Solche pädagogischen Allmachtsvisionen mitsamt der Vorstellung von durch und durch moralisierten und sozial-integrativen Gemeinschaften sind in vielfacher Hinsicht fragwürdig geworden. Einerseits hat sich in allen menschlichen Angelegenheiten ein skeptisches Bewusstsein von Geschichtlichkeit, Kontingenz, Pluralität und

Relativität verbreitet. Utopien gesellschaftlichen Fortschritts und menschheitsgeschichtlicher Vervollkommnung, mit denen sich die Autoritätsansprüche einer Meisterpädagogik legitimiert haben, gelten als illusionär und totalitär. Andererseits deutet sich eine grundlegende Revision des Subjektbegriffs an, der auch für das Verständnis des Zöglings systematische Folgen hat. In Kants transzendentalphilosophischem Konzept der Subjektivität widerstreiten die Vernunftidee der unbedingten Freiheit und Autonomie und die Vision einer fortschreitenden Vernünftigkeit des Gattungssubjekts der empirischen, den Kausalgesetzen der Natur unterworfenen, sinnlich-leiblichen und sozialen Verfasstheit des Menschen. Zwar muss nach Kant der Mensch erst zum Menschen erzogen werden. Aber die transzendentalphilosophische Spaltung des Welt- und Selbstverhältnisses des Menschen konfiguriert erzieherische Einwirkungen bloß als fremdbestimmende und kausalanaloge Zucht und Disziplinierung. Damit bleibt Kants Verständnis von Erziehung für ein differenziertes Verständnis erzieherischer Wirksamkeit unfruchtbar, obwohl die Antinomie zwischen unbedingter Freiheit und Erziehung als Zwang bis heute immer noch als „Grundantinomie" jeder Pädagogik verhandelt wird (vgl. dazu kritisch Ricken 1999). Jedoch ihre kritische Rezeption und Revision in der nachfolgenden pädagogischen Theoriebildung haben die Vorstellungen über Prozesse und Wirkungsverhältnisse von Bildung und Erziehung ausdifferenziert.

Zu Beginn des 19. Jahrhunderts analysiert Herbart grundlegende sinnlich-leibliche und kognitive Mittel der Steigerung und Ausbildung der sittlichen Haltungen und Gesinnungen des Zöglings, verbunden mit der Ausbildung seines differenzierten Welt- und Selbstverständnisses durch Unterricht (vgl. 1964). Schleiermachers dialektische Vermittlungstheorie des Generationenverhältnisses unterstreicht die relative Eigenwertigkeit und die dadurch bedingten Freiheitsspielräume in den Wechselwirkungen zwischen Erwachsenen und Heranwachsenden. Schon in der familiären Beziehung zielt die Erziehung nicht auf bloße Anpassung des Kindes an die Normen und Gebräuche der Eltern als Repräsentanten der Kultur, sondern sie baut mit zunehmender moralischer und kognitiver Entwicklung des Kindes die pädagogische Fremdbestimmung zugunsten der Selbstbestimmung ab. Schleiermacher analogisiert letztlich die so erzielte „persönliche Eigentümlichkeit" mit einem größeren sittlich-moralischen Ganzen der Gesellschaft. Die Einheit der Bildung vollende sich – so seine Auffassung – in der Einheit von Individualität und Universalität. Damit unterläuft er die dialektischen Spannungen, und diese harmonisierende Tendenz geht zu Lasten des zu Erziehenden und auch auf Kosten eines realistischen Blicks auf die Verwerfungen, Konflikte und Gegensätzlichkeiten im Erziehungsverhältnis. Diese Tendenz ist typisch für nachfolgende wert- und kulturpädagogische Positionen. Diese stellen den prozessualen und konkreten Charakter erzieherischer Situationen in den Schatten eines für allgemein geltend gehaltenen Bildungsideals einer „Bildungsgemeinschaft". Hier gilt der Erzieher als „Bildner", als der „Gebildetste unter den Gebildeten" (so kritisch Kron 1971, S. 56f.), und er dient als Vorbild. Sowohl das konkrete Kind wie auch der konkrete Erzieher werden zum Mittel für Erziehungsprozesse, in denen „Regel und Gesetz, Autorität und Gehorsam, Moral- und Wertbewusstsein" im Vordergrund stehen (ebd., S. 57).

Erziehungswissenschaftliche Ansätze wie die von Dilthey und Nohl – dieser mit größerem Nachdruck als Dilthey – haben den *aktiven, nicht nur identifikatorischen,* sondern *„eigenwilligen" und widerstrebenden Part der Heranwachsenden* herausgearbeitet. Pädagogische Bezüge wie auch erzieherische Verhältnisse werden so komplexer, widersprüchlicher und zerrissener. Ihre entsprechenden Konzeptualisierungen erweisen sich deshalb als besonders anschlussfähig an neuere sozialphilosophische und sozialwissenschaftliche Lesarten, denen wir im Weiteren folgen wollen. In den Blick rücken markante Entwürfe des 20. Jahrhunderts, wie das pädagogische Verhältnis als „dialogisches", das sozial-interaktionistische Handlungs- oder Kommunikationsverhältnis und die sozialphänomenologische Fassung von Erziehung als einem responsiven Verhältnis.

II. Programmatische Entwürfe: „Erzieherisches Verhältnis" und „Pädagogischer Bezug"

Mit der Absicht der Begründung und Konsolidierung der Pädagogik als Wissenschaft haben sowohl Dilthey (um 1890) als auch Nohl (1933 (1978[8])) programmatische Entwürfe vorgelegt, in denen u. a. kategoriale und zentrale Aspekte des erzieherischen Verhältnisses bzw. des pädagogischen Bezugs verhandelt werden, die dann für die weitere Theorieentwicklung wirkungsgeschichtlich bedeutsam geworden sind.

Diltheys Bestimmung des erzieherischen Verhältnisses fokussiert einige allgemeine historische und soziologische Bedingungen. Der viel zitierte Satz „Die Wissenschaft der Pädagogik kann nur beginnen mit der Deskription des Erziehers in seinem Verhältnis zum Zögling" (Dilthey 1974[4], S. 190) ist eher missverständlich, da ihm keine Deskriptionen nachfolgen. Erziehungs- und Bildungsprozesse ereignen sich in einer weiten Spanne von intentionalen, auf die „individuelle Seele" gerichteten und nicht-intentionalen Wirkungsformen in personalen und überpersonalen institutionellen Bezügen. Funktional gesehen sind sie intergenerationelle und assimilatorische Vermittlungsprozesse zwischen Heranwachsenden und Erwachsenen, um den Weiterbestand einer bestimmten Gesellschaft zu sichern. Prägend für die abendländische Zivilisation und die mit ihr verbundenen Erziehungsverhältnisse sind nach Dilthey (vgl. ebd., S. 193ff.) patriarchalische, autoritative Gewaltverhältnisse, getragen von Loyalität und gegenseitigen Verpflichtungen zwischen Herrschenden und Beherrschten im familiären Verband. In der sich funktional ausdifferenzierenden und arbeitsteiligen neuzeitlichen Gesellschaft zeigt sich die wachsende Bedeutung des Individuums gegenüber der patriarchalischen Gemeinschaft darin, dass machtförmige Erziehungspraktiken ihre moralischen und rechtlichen Grenzen am „unbedingten Wert der Person" im christlichen Sinne oder an der potentiellen, noch zu entwickelnden oder im Kantischen Sinne unbedingten Freiheit und Autonomie des Menschen finden, der als Selbstzweck gewertet wird (vgl. ebd., S. 195f.). Zugleich bilden sich pädagogische Berufsstände und Institutionen heraus. Sie stehen unter dem Einfluss von Wissenschaften, Kirche und Staat, die unterschiedliche „höchste" und deshalb auszutarierende Zwecksetzungen haben. „Die Familie repräsentiert vor allem das Element des persönlichen Glückes. Die Gemeinden repräsentieren die Brauchbarkeit in der ökonomischen Welt, der Staat die

II. 2. Kap. 1: Pädagogischer Bezug. Erzieherisches Verhältnis

Fähigkeit, für das Ganze nach allen Seiten hin leistungsfähig zu sein, sich dem Gesetz unterzuordnen. Die Kirche arbeitet an dem höchsten Ziel der Person, in welchem sie gleichsam einsam sich der Gottheit gegenüber findet" (ebd., S. 196, vgl. dazu neuerdings in begründungstheoretischer Perspektive die Ethik der familiären Erziehung unter dem Aspekt des kindlichen Glücks bei Fuhr 1999). Zwar betont Dilthey das für neuzeitliche liberale Gesellschaften typische Spannungsverhältnis zwischen Individuum und Gesellschaft, zwischen Utilitarismus und individuellem Selbstzweck. Aber die unterschiedlichen Interessenlagen finden ihren „Koinzidenzpunkt" in der beruflichen Anpassung der individuellen Anlagen an die mannigfachen Bedürfnisse und Leistungen der Gesellschaft (vgl. Dilthey 1974^4, S. 198). Am Typus des „pädagogischen Genius" (u. a. Pestalozzi, Rousseau) verdeutlicht Dilthey die innovative Funktion des genialen, intuitiv wirkenden pädagogischen Praktikers für die Fortentwicklung des Erziehungssystems (vgl. S. 204).

Die Spannungen und Antinomien im Verhältnis zwischen Erzieher, Zögling und Gesellschaft, die bis heute zum Problembestand moderner Pädagogik gehören (vgl. zum Beispiel Helsper 1996^2), werden von Dilthey harmonisiert. In Nohls Programmatik des „pädagogischen Bezugs" dagegen bleiben sie trotz einiger harmonisierender Tendenzen erhalten. Der „pädagogische Bezug" hat keine einheitliche systematische Mitte (vgl. dazu weiterführend und Blick auf die Rezeptionsgeschichte Klika 2000, S. 9ff.). Jedoch lassen sich einige Grundzüge herauspräparieren, die an aktuelle Erziehungstheorien anschließen können (vgl. dazu weiterführend Klika 2000, S. 72ff., S. 386ff.). Wie für Dilthey liegen auch für Nohl vor aller pädagogischen Intentionalität „erzieherische Momente" in jeder zwischenmenschlichen Beziehung und in jeder geistigen Gemeinschaft, in denen „geistiger Austausch und geistige Führung" stattfindet, sichtbar schon in „jedem Gespräch" (Nohl 1973, S. 35). In dieser allgemeinen Hinsicht sind zwischenmenschliche Interaktions- und Kommunikationsprozesse strukturell asymmetrisch und responsiv (s. u.) angelegt. Bildung und Erziehung sind *Selbstverhältnisse* und damit anthropologisch gesehen in der antinomischen Struktur der menschlichen Seele verankert. Denn alle Menschen erfahren in der Gestaltung ihres Lebens das „erzieherische Grunderlebnis" der Selbstbildung, die aus einem gespaltenen Seelenleben entsteht. Der Mensch „findet hier ein bewusst Vorwaltendes, Zielsetzendes vor und ein Triebhaftes, das ‚erzogen' werden soll" (ebd. S. 36). Dieses seit der Antike bis in die Psychoanalyse hinein tradierte Verständnis der Spannung zwischen Wille und Trieb, in dem die Leib-Seele-Dichotomie durchscheint, kennzeichnet – modern gesprochen – die in sich gebrochene Identität. Sie ist nicht starr, sondern sie ist jedem Menschen zur Bewältigung lebenslang „aufgeben". Primär gegenüber der Selbstbildung ist für Nohl jedoch die *duale, antinomische und asymmetrische Struktur der persönlichen „Bildungsgemeinschaft" zwischen einem Erwachsenen und einem Heranwachsenden,* zwischen Erzieher und Zögling. Sie zielt auf die „Erweckung eines einheitlichen geistigen Lebens" durch den Erzieher als einen solchen „wirklichen Menschen mit einem festen Willen" (ebd., S. 37). Formuliert wird hier der „Primat der Persönlichkeit und der personalen Gemeinschaft in der Erziehung gegenüber bloßen Ideen" oder „durch den objektiven Geist und die Macht der Sache" (ebd., S. 37). Das „fleischgewordene Wort" und die „persönliche Kraft", mit der der Erzieher eine Sache und ein Bildungsideal verkörpert, gestalten das „leidenschaftliche Verhältnis eines reifen Menschen zu einem werdenden Menschen" (ebd., S. 39). Damit wendet sich Nohl gegen kultur- und wertpädagogische wie auch neukantianische Bildungskonzepte. In ihnen spielt die Person des Erziehers als Medium idealer, sogar überzeitlicher Gehalte nur eine sekundäre und vermittelnde Rolle (vgl. zum Beispiel Spranger 1928). Das unmittelbare Erziehungsgeschehen des „pädagogischen Bezugs" wird facettenreicher als bei Dilthey und zeitgenössischen Erziehungswissenschaftlern, wie z.B. in Litts bekanntem Essay „Führen oder Wachsenlassen" (Litt 1965[12], S. 63ff.), von Nohl als ein asymmetrisches, geistiges und zugleich leiblich-sinnliches und emotionales Entsprechungsverhältnis zwischen Erzieher und Zögling beschrieben. Es kennt anthropologisch und entwicklungspsychologisch beschriebene Vorformen, wie die des gestisch-mimischen Austausches, der leiblich-körperlichen Praktiken der Pflege, der Behütung, des Haltens usw., und wird durch die „wahre", „hebende und nicht begehrende Liebe" des Lehrers zu einem letztlich „geistigen Verhältnis selbständiger Art" gesteigert (Nohl 1973, S. 40). Die so markierte „pädagogische Liebe" zum Kind ist doppelseitig und entfaltet ihre Wirkungen in einer durch Spannungen, Ambivalenzen, Wirkungen und Gegenwirkungen durchzogenen Wechselbeziehung, die sich auf der Seite des Erziehers und auf der des Kindes unterschiedlich artikulieren. Der Erzieher ziele, so Nohl, zugleich einfühlsam auf die Wirklichkeit des Kindes und auf dessen Ideal, auf dessen nicht fremdes, sondern ihm eigentümliches „höheres Leben", auf seine Anlagen und Begabungen als „Lösung seines Lebens" (ebd., S. 41). Dem „pädagogische(n) Gestaltungswille(n)" kommen „Wachstumswille", Liebe, Gehorsam und „Hingabe" des Zöglings entgegen, der „nach Hilfe und Schutz, nach Zärtlichkeit und Anerkennung verlangt". Zugleich jedoch treffe dieser erzieherische Wille auf dessen „Spontaneität", auf das „Selbst-sein-Wollen", sogar auf Distanz und Opposition des Kindes, wodurch der erzieherische Wille in seiner Intentionalität gebrochen und gebremst werde. Deshalb bedürfe der Erzieher des „pädagogischen Taktes" und der bewussten Zurückhaltung. Infolgedessen sei die erzieherische Haltung charakterisierbar als ein „eigentümliches Gegeneinander und Ineinander von zwei Richtungen", in denen zugleich die Distanz zur Sache und zum Zögling wie auch die liebende und hingebende Zuwendung gemeistert werde (ebd., S. 42). Letztlich walte jedoch in jener *„schweren Ineinssetzung des missionarischen Kulturwillens mit dem persönlichen Ideal und der Spontaneität des Zöglings"* ein *„schöpferisches Geheimnis"* (ebd., S. 43). Dass dieser Art des pädagogischen Bezuges als Lebensform Konflikte innewohnen können, zeigte sich in der intensiven pädagogischen Lebensform, die Nohl als akademischer Lehrer zusammen mit seinen schon erwachsenen Schülern und Schülerinnen zu leben versuchte. So ist von harmonischer Übereinstimmung und vorbehaltloser Identifikation mit dem überlegenen Lehrer nicht immer die Rede, eher von Widerstand und Abgrenzung (vgl. Siegel 1980, zit. in Klika 2000, S. 239)

Krons „Theorie des erzieherischen Verhältnisses" (1971) ist einer der wenigen systematischen und ausführlichen Grundlegungen in der geisteswissenschaftlichen Tradition. Gegen die Tendenz der geistes- und lebensphilosophischen Hypostasierung der Erziehung und Bildung gemäß der Devise, dass das Leben selbst schon bilde und erziehe, gegen diese Omnipräsenz der Pädagogik in allen Lebenslagen akzentuiert er wie Langeveld (1973[8], S. 26ff.) oder Lichtenstein (1973, S. 121f.) die noch vorpädagogische Dimension menschlichen Zusammenlebens. Erziehung erwächst daraus, ist aber nicht damit gleichzusetzen. Pädagogisch ungewollt können im Umgang zwischen Erwachsenen untereinander und mit den Heranwachsenden existentielle, schicksalhafte und personale Begegnungen entstehen. Sie sind dialogisch symmetrisch strukturiert und kennen dementsprechend nicht die in Erziehungsverhältnissen markierte pädagogisch-anthropologische Differenz von Erwachsenen und Heranwachsenden (vgl. Kron 1971, S. 15f.). Außerdem erweisen sie sich wegen ihres außerordentlichen Ereignischarakters als biographisch bedeutsam. Abgesehen davon entstehen im weniger dramatischen vorpädagogischen mitmenschlichen Umgang erzieherisch bedeutsame „Situationen", wie Belehrungen, Unterstützungen und Hilfen, wenn Kinder und Jugendliche sie in ihrer Hilfsbedürftigkeit fordern und beanspruchen. Diese pädagogischen Situationen gehören nach Bollnow (1984[6]) zu den mehr stetigen Formen der Erziehung. Der Begriff der „erzieherischen Situation" eröffnet nicht nur ein breites Spektrum an Konkretisierungen und Variationen erzieherischer Verhältnisse, die man an eine handlungsorientierte pädagogische Kasuistik anschließen kann (vgl. dazu Kron 1971, S. 22-39). Der Begriff sprengt auch das Schema des zu engen, allein auf den Erzieher oder Erwachsenen zentrierten intentionalen oder technikanalogen pädagogischen Handelns. *Pädagogisch bedeutsame Situationen charakterisieren prozessuale, personale wie sachliche Momente der Dezentrierung und Kontingenz.* In ihnen entstehen personale und sachliche Verbindlichkeiten hinsichtlich ihrer unterschiedlichen Bedürfnisse, Kompetenzen und Rollen. Sie sind deshalb nicht das Produkt nachträglicher Anerkennung oder Selbstverpflichtung. Erzieherische Situationen haben Feldcharakter. Sie entfalten sich als spezifische Handlungs- und Beziehungsgeflechte mit unterschiedlichen Anmutungsqualitäten, „Kundgebungen und Antwortreaktionen". Sie markieren „Erwartungsspannungen und Aufforderungsqualitäten, von spezifischer „Nähe" (zugehen auf ..., Handeln mit ...) und spezifischer Entrücktheit und „Distanz" (Unterschiedenheit an Geltung, Autorität, Gegenübersein) und weisen unterschiedliche Verkehrsformen und Ansprachformen auf" (Lichtenstein 1973, S. 121). In konkreten Interaktionen werden unterhalb von pädagogisch-moralischen Handlungsprinzipien und –normen erzieherische Prozesse konkret und unmittelbar erfahrbar, die man als Antwort-Frage-Verhältnis, als „Auf-einander-sich-einspielen" mit möglichen Missverständnissen, aber auch mit Konsens im Sinne „zweiseitiger Verbindlichkeit" beschreiben kann. Jedes Kind ist in seiner Hilfs- und Entwicklungsbedürftigkeit fordernd und verlangt engagierte Eltern, die ihm beim Selbständigwerden helfen (vgl. Kron 1971, S. 33). Da Erwachsene wie auch Heranwachsende in der konkreten erzieherischen Situation sich gleichsam in einem permanenten Aushandlungsprozess und in einem ständigen wechselseitigen „Wirkungsverhältnis" befinden, kann man von einer „gemeinsam gestalteten Wirklichkeit" und damit von prinzipieller Gleichrangigkeit sprechen (vgl. Kron 1971, S. 112).

II.1. Dialogphilosophische Fundierung des pädagogischen Bezugs und erzieherischen Verhältnisses

In Martin Bubers Dialogphilosophie kündigt sich philosophisch-systematisch ein Paradigmenwechsel in der Sozialphilosophie und Sozialontologie an (vgl. dazu

Theunissen 1965). Gegenüber der mächtigen Tradition neuzeitlicher Subjektivitätsphilosophie mitsamt ihrem erkenntnisleitenden Intentionalitätskonzept des Subjekt-Objekt-Verhältnisses legt die Dialogik die Beziehung zwischen den Menschen und der Welt als ein Dialoggeschehen aus. Es ereignet sich jenseits aller logisch-kategorialen, zeitlich-räumlichen und sozialen Ordnungen und erweist diese als ontologisch zweitrangig. Die pädagogische Rezeption der Dialogik Bubers ist bis heute umfangreich und hat wegen deren paradigmatischen Qualität und Radikalität zu zahlreichen Kontroversen zwischen kultur- und wertphilosophischen, dialektischen und auch geisteswissenschaftlichen Pädagogiken geführt (vgl. u. a. die pädagogischen Kontroversen zwischen Dialogik und Dialektik in Faber 1969). Darauf kann hier nicht gesondert eingegangen werden. Die radikale Neubestimmung zwischenmenschlicher Bezüge als ontologisch gründende und symmetrische Beziehungs- und Begegnungsereignisse lässt sich keineswegs unstrittig und glatt in das tradierte Verständnis von pädagogischer Beziehung und erzieherischem Verhältnis einfügen. Letzteres kennzeichnet die anthropologisch, entwicklungspsychologisch, rollenspezifisch und funktional bedingte Heterogenität und Asymmetrie zwischen Erwachsenen und Heranwachsenden.

Nach Buber ist der Dialog kein Mittel der Mensch-Mensch-Welt-Beziehung, sondern der Bezug selbst. Seine Dialogik ist eine Ontologie des Zwischen. „Ich sein und Ich sprechen sind eins" (Buber 1979[10], S. 10). Jedes Seinsverhältnis ist zwiefältig bestimmbar: als „Zwiefalt der Grundworte" von Ich-Du qua Dialogik und Ich-Es qua Intentionalität. Das Grundwort Ich-Du kann nur mit dem ganzen Wesen gesprochen werden. Es ist ein sozialontologisch fundierendes und unvorhersehbar fungierendes, vorbegriffliches und unmittelbares Zwischen-Ereignis, eine Begegnung, in dem sich die Dialogpartner allererst als Ich und Du gegenseitig konstituieren (vgl. ebd., S. 18f.). Jeder Bruch mit dieser Unmittelbarkeit der Ich-Du Beziehung führt in „die Beziehungslosigkeit und die Präsenzlosigkeit" (ebd., S. 20). Intentionale Verhältnisse als Ich-Es-Beziehungen sind mittelbar, subjektzentriert und selbstbezüglich. Da die dialogische Begegnung nicht von den Partnern aus initialisiert werden kann, ist sie in Bubers jüdisch-religiöser Deutung letztlich das Stiftungsereignis eines absoluten göttlichen Du. „Das Du begegnet mir von Gnaden [...] Alles wirkliche Leben ist Begegnung" (ebd., S. 18), und dieser dialogischen „All-Gegenseitigkeit" (ebd., S. 23) kann der Mensch sich nicht entziehen, denn sie ereignet sich ihm ohne sein Zutun. „Im Anfang ist die Beziehung [...] das Apriori der Beziehung; das eingeborene Du" (ebd., S. 36).

Die Dialogik ist Stiftung von verbindlicher Sozialität und gleichsam Selbstzweck. Damit steht sie im Kontrast zur tradierten Subjektzentrierung in vielen Erziehungs- und Beziehungstheorien, in denen die Probleme der erzieherischen Grenzen und des Respekts vor der Individualität des Zöglings verhandelt werden. Gewissermaßen müssen diese in moral- und sozialphilosophischer, begründungstheoretischer Hinsicht das leisten, was dialogisch-existentiell immer schon geschieht: Sie müssen soziale Verbundenheit in Partnerschaftlichkeit und ohne Herrschaft oder Zwang allererst als ethischen Zweck und als leitende Handlungsimperative begründen und rechtfertigen. Auf die damit verbundenen erkenntnis- und moralphilosophischen Konstitutionsprobleme der Sozialität und des Anderen als Anderen im Rahmen der neuzeitlichen Subjektphilosophie und alternativ dazu jenseits der egologischen Zentrierungen des Welt- und Selbstverständnisses kann hier nicht genauer eingegangen werden. Diese Fragen markieren den Bruch und die Nicht-Vermittelbarkeit zwischen Dialogik und Dialektik, Subjektphilosophie oder Sozialontologie. Alles in allem – die Übertragung der Dialogik auf das erzieherische Verhältnis ist schon bei Buber keineswegs eindeutig. Er formuliert: „Pädagogisch fruchtbar ist nicht die pädagogische Absicht, sondern die pädagogische Begegnung" (Buber 1964, S. 58). Die „pädagogische Begegnung" ist aber nicht vollkommen dialogisch, sie artikuliert sich als einseitiger, vom Erzieher ausgehender Umfassungsakt. Er basiert auf der traditionellen pädagogisch-anthropologischen Differenz im Reifungs- und Kompetenzgefälle zwischen beiden Partnern. Das folgende Zitat verdeckt das den Dialog konstituierende Zwischen und rückt das subjektive Initiativzentrum des pädagogischen Handelns in den Vordergrund: „Der Mensch, dessen Beruf es ist, auf das Sein bestimmter Wesen einzuwirken, muss immer wieder eben dieses sein Tun [...] von der Gegenseite erfahren [...] Er muss, ohne dass die Handlung seiner Seele irgend geschwächt würde, zugleich drüben sein, [...] Der Erzieher, der die Erfahrung der Gegenseite übt und ihr standhält, erfährt in einem beides: seine Grenze an der Andersheit und seine Gnade in der Verbundenheit mit dem anderen" (Buber 1964, S. 36). Dialog in diesem Sinne ist „führender Dialog" mit dem Ziel der vollkommenen Partnerschaft, die Buber als „Freundschaft" (ebd., S. 37) bezeichnet. Letztlich wird der dialogische Bezug pädagogisch-intentional umgedeutet (vgl. dazu die Kritik von Masschelein 1991, S. 192f.; Tischner 1985, S. 183). Anzumerken ist noch, dass jenseits des Entwurfs einer dialogischen Pädagogik Buber dort den tradierten kultur- und wertpädagogischen Konfigurationen des Erziehungsverhältnisses als eines Meister-Schüler-Verhältnisses folgt, wo er den Erzieher als Repräsentanten und Vermittler einer höheren Kultur inthronisiert. Dieser setzt seine Autorität qua Amt und sachlicher Kompetenz bei seinen Zöglingen und Schülern durch und erwartet als Gegenleistung von ihnen die Tugenden des Gehorsams und des Dienstes an der Sache. So besteht kaum ein absoluter Gegensatz zwischen „dialogischer Pädagogik" und „autoritativer Pädagogik". Aber von einem analytisch nachvollziehbaren, quasi dialektischen Verhältnis zwischen beiden auszugehen, ist auch nicht möglich (vgl. dazu die Kontroverse zwischen Klafki 1973 und Belke 1973).

II.2. Kommunikationstheoretische Fundierungen erzieherischer Verhältnisse

Die dialogisch begründeten Symmetriepostulate und die damit verbundene paradigmatische Abkehr von der neuzeitlichen Subjektivitätsphilosophie werden zu Beginn der 70er Jahre in sozialwissenschaftlicher Begrifflichkeit durch kommunikative Erziehungstheorien (u. a. K. Schaller, K. Mollenhauer) wieder zum Thema. Das radikale Symmetriekonzept einer Erziehungs- und Bildungsgemeinschaft als Beratungsgemeinschaft (vgl. Fink 1971) reagiert auf die Kontingenzproblematik der modernen Welt, d. h. auf Orientierungsverluste durch Relativität und Pluralität der Bildungsideale und Weltanschauungen, auf offene Zukunft und auf die Unübersichtlichkeit der gesellschaftlichen Verhältnisse. Lehrer wie Schüler sind unterschiedslos vor die gemeinsame Aufgabe gestellt, verbindliche Maßstäbe der Bildung beratend zu finden. Denn beide Gruppen sind vom Legitimationsverlust tradierter Werte und Ideale betroffen. Kommunikative Erziehungstheorien operieren im Vergleich dazu mit höherer Verbindlichkeit und eindeutiger normativer Ausrichtung, indem sie wichtige Aspekte der Aufklärung aufgreifen und gesellschaftskritisch reformulieren. Sie reflektieren die herrschaftskritischen Demokratisierungsforderungen in den 70iger Jahren des letzten Jahrhunderts und versuchen, der Idee herrschaftsfreier Kommunikation eine pädagogisch verbindliche Form zu geben, sei es nun als symmetrisches und konsensorientiertes Bildungsgespräch (Schaller) oder als diskursrational begründete Legitimierung von Wahrheit und Wahrhaftigkeit nach Habermas, verhandelt zwischen mündigen und potentiell mündigen Partnern im Erziehungsverhältnis (Mollenhauer).

Bildungsgespräche sind nach Schaller prinzipiell symmetrische, rational-kommunikative Prozesse der Generierung von Maßgaben der Erziehung und nicht bloß der Übernahme und Ausführung schon vorhandener Maßstäbe (vgl. Schaller 1978, S. 109ff.). Sachliche und moralisch-verbindliche Gehalte eines Bildungsgutes werden zum Thema des Unterrichts, der deshalb ergebnisoffen und nicht einseitig steuerbar verläuft. In späteren Ausführungen mildert Schaller unter dem Einfluss neuerer Sozialphänomenologie die Radikalität des Symmetrie- und Rationalitätsmodells ab (Schaller 1986). Auf einer tiefer liegenden sozialontologischen Ebene treten vorrationale, sinnlich-leibliche und soziale Beziehungsgeflechte der Inter-Subjektivität ins Blickfeld, die unthematisch, faktisch und unverfügbar höhere rationale Leistungen der Kommunikation vorstrukturieren und fundieren (vgl. Meyer-Drawe 1984, Lippitz 1980). Da sie bei Erwachsenen ein anderes Selbst- und Weltverhältnis als bei Kindern konstituieren, stellen sie deshalb symmetrische Beziehungen grundsätzlich in Frage.

Mollenhauers Konzept der „Erziehung als Interaktion" lehnt sich noch stärker als Schaller an Habermas und die Meadsche Sozialtheorie an. Er betont deutlich die unterschiedlichen Rollen der Beteiligten. Als besonderes Merkmal gilt, dass „einer der Partner, derjenige nämlich, der sich in der Rolle des „Pädagogen" definiert, für sich in Anspruch nimmt, Situationen zu strukturieren, und zwar so, dass seine Chance der Einflussnahme in der Situation größer ist als die der anderen Partner" (Mollenhauer 1976[3], S. 120). Der Habitus des Pädagogen ist unvermeidbar paternalistisch und autoritativ. Denn die noch nicht entwickelte Mündigkeit des zu Erziehenden benötigt die stellvertretende Deutung und Initiation durch den mündigen Erwachsenen (vgl. auch Benner 1991[2], S. 57ff.). Somit ist pädagogisches Handeln intentional strukturierte Einwirkung auf ein anderes noch nicht mündiges Subjekt im Modus des „als ob", nämlich als ob der zu Erziehende schon mündig wäre. Diese supponierte Gleichwertigkeit und „Gleichgewichtigkeit der Partner erweist sich somit als Schein, denn sie wird vom Erzieher geschenkt" (Masschelein/Wimmer 1996, S. 168). Zwar versucht Mollenhauer mit der Figur des pädagogischen „Handeln(s) mit gebrochener Intentionalität" (Mollenhauer 1976[3], S. 120) die Deutungs- und Handlungshoheit des Erziehenden einzuschränken. Denn die Intentionen des Erziehers werden von „interpretierenden Intentionen des Zu-Erziehenden reflektiert" (ebd.). Aber diese betreffen nicht das meta-empirische Ideal der herrschaftsfreien Kommunikation mit ihren Parametern der Wahrheit und Wahrhaftigkeit. Dieses kann nicht verhandelt werden. Denn es wohnt nach Habermas der Sprache a priori ein und fundiert jeden Mündigkeitsanspruch. Jedes pädagogische Handeln wird interpretiert unter dem Aspekt des „Herrschaftszusammenhangs oder der Herrschaftsbeziehung zwischen den mächtigen, über alle Mittel der Bedürfnisbefriedigung verfügenden Erwachsenen und dem zunächst ohnmächtigen Kinde" (Mollenhauer 1976³, S. 15).

In Absetzung von Mollenhauer versucht Masschelein das pädagogische Handeln mit dem kommunikativen Handeln radikal zu identifizieren, indem er auf die Differenz zwischen „sprechen *über*" (Einwirken) und „sprechen *mit*" (Kommunizieren) aufmerksam macht (Masschelein 1991, S. 130). Pädagogische Interaktionen im Sinne von „Sprechen *mit*" sind grundlegend intersubjektiv und lebensweltlich fundiert. „Sprache und Lebenswelt sind keine Instrumente zur Verwirklichung des Subjekts. Interaktion ist auch kein Austausch subjektiven Sinns, keine Reziprozität, sondern ein sich Treffen mit anderen in einer gemeinsamen Welt" (ebd. S. 214, vgl. auch Habermas 1995, S. 189f.). Lebenswelt als quasi-transzendentale Dimension ermöglicht pädagogisches Handeln. Kritisch ist jedoch zu fragen, ob das tradierte intentionale Subjekt-Objekt-Schema durch lebensweltlich verbürgte Kommunikativität, in der ein „sprachlich eingebautes soziales Apriori" fungiert, ersetzt worden ist. Streng genommen hat dieses Lebensweltverständnis im Sinne einer sozial apriorisch fundierten, konsens- und regelzentrierten Intersubjektivität die Struktur von „Trans-subjektivität" (vgl. Waldenfels 1994a², S. 145). Darin bekommt die produktive und generierende, zugleich auch faktisch-kontingente Eigenart der konkreten sozialen Interaktion in pädagogischen Beziehungen keinen systematisch ausweisbaren Ort (vgl. Lippitz, 1993; Woo 2007, S. 71ff.). Das Subjekt-Subjekt-Verhältnis bleibt ein mittelbares und regelorientiertes Verhältnis (vgl. Waldenfels 2000, S. 303f.). Die schon in der geisteswissenschaftlichen Theorietradition deutlich gewordene Auszeichnung des erzieherischen Verhältnisses als Generierung von Neuem (vgl. z. B. Schleiermacher, s. o.) bleibt unterbestimmt. Das ständige Unruhepotential gemeinsamer und zugleich widerständiger und unerwarteter Sinnbildungsprozesse zwischen Erziehern und zu Erziehenden (vgl. z.B. Nohl, s. o.) kann im Theorierahmen der kritisch-kommunikativen Theorie der Erziehung kaum konkretisiert werden.

II.3. Das erzieherische Verhältnis als „responsives Verhältnis"

Wie kann man der Produktivität und Generativität des erzieherischen Verhältnisses in sozialwissenschaftlicher Interpretation Rechnung tragen? Dafür rekurriert Masschelein u. a. auf Hannah Arendts Theorie des sozialen Handelns (Arendt 2002). „Geburt" und „Endlichkeit" als existentielle Faktoren sozialer Kontingenz und Pluralität werden zu Schlüsselbegriffen des Sozialen und damit von Bildung und Erziehung. Gesellschaften und ihre Ordnungssysteme erneuern und dynamisieren sich strukturell und existentiell durch diskontinuierliche Ereignisse wie Geburt und Tod, wie konkretes Sprechen und Handeln, in denen sich die faktische Pluralität und Individualität ihrer Mitglieder äußern. „Sprechend und handelnd schalten wir uns in die Welt der Menschen ein, die existierte, bevor wir in sie geboren wurden, und diese Einschaltung ist wie eine zweite Geburt" (Arendt 2002, S. 215). Die Tatsache der Geburt besagt einen neuen „Anfang, [...] der gerade immer ein Durchbrechen der Geschichte als Wiederholung und Entwicklung des Gleichen ist, es ist das Durchbrechen des Bestehenden und des Gegebenen. [...] Dass es handelt, bedeutet, dass es uns und unsere Welt in Anspruch nimmt. [...] Handeln muss als das Reaktualisieren der Geburt verstanden werden, als das Reaktualisieren jenes Anfangs, der immer wieder ein Veranlassen der Pluralität ist. Das Neugeborene ist sprechend; d.h.: es antwortet und fragt, zieht uns zur Verantwortung und ist selbst verantwortlich" (Masschelein/Wimmer 1996, S. 121).

Zwar kennzeichnen die Theoreme der Kontingenz und Faktizität die oben verhandelten geisteswissenschaftlichen Traditionen der Pädagogik in Hinblick auf Diskontinuität im Generationenverhältnis, auf anthropologisch, entwicklungspsychologisch und moralisch-sittlich ausgelegte Differenzen zwischen Erwachsenen und Heranwachsenden, auf die „Undeklinierbarkeit" und Einzigartigkeit des Individuums, jedoch werden sie in ihrer Virulenz oftmals dadurch entschärft, dass sie unter dem Himmel eines dominanten kulturell-integrativen Gemeinschaftsideals (z.B. der abendländischen Bildungstradition) in letztlich gelingenden Bildungs- und Erziehungsprozessen „aufgehoben" oder harmonisierend geglättet werden. Anders sieht es aus, wenn man solche Momente wie Genealogie des Neuen, Kontingenz und Fremdheit, Diskontinuitäten und Brüche zu systemischen Faktoren jedweder Interaktion und jedweden inter- wie auch intrasubjektiven Verhältnisses zählt, wie in der responsiven Phänomenologie von Waldenfels.

Jede menschliche Erfahrung, Erkenntnis und Wahrnehmung in ihren sinnlich-leiblichen, sozialen und historischen Dimensionen ist eine „gebrochene Erfahrung" (Waldenfels 2001, S. 457), weil sie mit dem Fremden zu tun hat. Diese genealogische Sicht auf Erfahrungen ist prozess- und nicht produktorientiert. Sie thematisiert faktisch-kontingente Ordnungsversuche in der sozialen Welt, in denen sich plurale und heterogene Sinngestalten und Regeln allererst herausbilden und artikulieren, ohne zugleich eine einzige Rationalität oder gattungsgeschichtliche Vernunft zu unterstellen, die sich ihnen über- oder unterordnet und sie einsinnig ausrichtet. Fremdheit ist alltäglich, immer wieder neu und keineswegs ein für allemal zu bewältigen, so wie Tod oder Geburt ambivalent bleiben und nicht zu bewältigen sind. Das „Ereignis" der Fremdheit bestimmt auch das Erziehungs- und Beziehungsverhältnis in vielen Facetten „Kinder sind uns fremd und nah in eins" (Waldenfels/Meyer-Drawe 1988, S. 286, vgl. Lippitz 1993, S. 91). Diese unübersehbare Andersheit der neugeborenen Kinder sorgt im Prozess der Erziehung und Bildung für Dynamik und ständige Beunruhigung auf beiden Seiten. Sie irritieren, provozieren und stiften Interaktionen und inaugurieren nicht eindeutige und vorhersehbare Spielräume pädagogischen Handelns und Verstehens.

Am Beispiel der sozialphänomenologischen Deutung des Gesprächs zeigen sich einige responsive Züge dieses Interaktionsverständnisses deutlicher. Sie können hier nur skizziert werden (vgl. ausführlich Woo 2007, S. 29ff.). Gespräche sind Ereignisse, nicht Produkte. Sie erfolgen zweiseitig und sind ethisch beansprucht, da man nicht nicht antworten kann (vgl. Waldenfels 1994b, S. 357); Sprechende sind zugleich Mithörende, die im Vorgang des Sprechens und Miteinandersprechens den Sinn ihrer Rede verfertigen. Sie sind auch als Zuhörende aktiv am Sinnbildungsprozess beteiligt. Die jeweiligen Sprechparts sind asymmetrisch miteinander verflochten. Gespräche generieren und prozessieren auf der Grundlage vorhandener sprachlicher und vorsprachlicher Ordnungen Neues, so dass zwischen dem faktischen Sagen und dem Gesagten eine strukturelle Differenz besteht (vgl. dazu Lippitz 2003, S. 57, Woo 2007, S. 49ff.) und das Ereignis des Sagens nicht mit dem Gesagten zur Deckung kommt. Gespräche sind offen und unabschließbar, da jedes Sagen im sinnlich-leiblichen und symbolischen Kontext impliziter, unthematischer Sinnüberschüsse faktisch Sinn herausbildet. Es gibt keine eindeutige Entsprechung zwischen Anfragen und Erwiderung. Denn die Frage fungiert als „Tunlassen, Eröffnung von Möglichkeiten, die unerlässliche Bedingung dafür, dass Antworten mehr besagt als Erfüllung eines Strebens oder einer Norm" (Waldenfels 1994b, S. 236). Dieses Frage-Antwort-Verhältnis als ein intersubjektiver Vollzug gehört allen und niemandem. In dieser *Welt des Zwischen* melden sich plurale Momente wie Subjekt und Mitsubjekt, Eigenes und Fremdes, eigene und fremde Kultur zu Wort" (vgl. u.a. Merleau-Ponty 1994, S. 403ff.).

Ähnlich responsiv ist jeder pädagogische Bezug und jedes Erziehungsverhältnis verfasst. Erziehung geschieht weder ganz nach Plan noch als einfacher Wissenstransfer. Erziehung ist ein Beteiligtsein im Spielraum der Kommunikation. (vgl. Waldenfels 2000, S. 365f.; vgl. Meyer-Drawe 1985, S. 178). Sie ist nicht-intentionaler, sich ständig verändernder, kurz: „inter-subjektiver Vollzug", der von keiner Regel eindeutig vorbestimmt wird, der oft Regeln generiert und vorhandene ständig umdeutend artikulieren muss (Meyer-Drawe 1996, S. 95). Das zeigt sich deutlich am Beispiel des Lehrens und Lernens. „Lehren als pädagogischer Akt vollzieht sich innerhalb des gemeinsamen Feldes, auf dem Erfahrungen konkurrieren, sich gegenseitig korrigieren und neue Sichtweisen erschließen. Lehren und Lernen bilden so im strengen Sinne ein inter-aktives Gefüge heterogener Erfahrungshorizonte. [...] Kommunikation [...] entfaltet ein Feld offen-begrenzter Möglichkeiten, einen Spielraum der Verständigung, in dem sich Fremdes und Eigenes durchkreuzen und ein gemeinsames Gewebe der Inter-Subjektivität artikulieren, ohne dass Eigenes vollständig authentisch und Fremdes vollständig enigmatisch wäre" (Meyer-Drawe 1983, S. 417). In diesem Sinne ist der pädagogische Bezug weder ein Subjekt-Subjekt-Verhältnis noch eine Subjekt-Objekt-Konstellation, auch kein Wissensübermittlungsprozess (Absender/Empfänger-Verhältnis). Er ist das Verhältnis „Subjekt-*Mit*subjekt oder Konstituierender-*Mit*konstituierender" (vgl. Lippitz 2003, S. 46; Meyer-Drawe 1987[2], S. 72). Die Quelle des pädagogischen Bezugs im Unterrichts- und Erziehungsgeschehen ist dieses hier markierte *Zwischen,* in dem die Asymmetrie von Lehrendem und Lernendem Grenzen und Möglichkeiten des Lernens bestimmt, ohne sie auf klar umrissene Rollen zu verteilen. Keine Belehrung ist einseitig. Die „Belehrbarkeit des Lehrenden durch den Lernenden" (vgl. Meyer-Drawe 1987[2]), ist eine wesentliche Möglichkeit des Lernens.

Literatur

Arendt, H. (2002): Vita activa oder Vom tätigen Leben. München.
Belke, F. (1973): Dialogischer und pädagogischer Bezug in Martin Bubers Konzeption des Relationalen (1963). In: Kluge, N. (Hrsg.): Das pädagogische Verhältnis. Darmstadt, S. 284-329.

Benner, D. (1991²): Allgemeine Pädagogik. Eine systematisch problemgeschichtliche Einführung in die Grundstruktur pädagogischen Denkens und Handelns. Weinheim/München.
Bollnow, O.F. (1984⁶): Existenzphilosophie und Pädagogik (1959). Stuttgart/Berlin/Köln/Mainz.
Buber, M. (1964): Reden über Erziehung. Heidelberg.
Buber, M. (1979¹⁰): Ich und Du. Heidelberg.
Dilthey, W. (1974⁴): Pädagogik. Geschichte und Grundlinien des Systems. In: Wilhelm Dilthey. Gesammelte Schriften. Hrsg. von Bollnow, O.F. Göttingen, S. 190-204.
Faber, W. (1969) (Hrsg.): Pädagogische Kontroversen 1. Das Problem der Begegnung. Guardinis Bildungslehre. Dialektik und Pädagogik. München.
Fink, E. (1971): Erziehungswissenschaft und Lebenslehre. Freiburg i. Br.
Flitner, W. (1950⁸): Allgemeine Pädagogik. Stuttgart.
Foucault, M. (1989): Die Sorge um sich. Sexualität und Wahrheit 3. Frankfurt a.M.
Frischeisen-Köhler, M. (1973): Meister und Schüler. Ideen zu einer Philosophie der Erziehung (1900/1931). In: Kluge, N. (Hrsg.): Das Pädagogische Verhältnis. Darmstadt, S. 19-34.
Fuhr, T. (1999): Ethik des Erziehens. Pädagogische Handlungsethik und die Grundlegung der elterlichen Erziehung. Weinheim.
Habermas, J. (1995): Theorie des kommunikativen Handelns. Bd. 2. Zur Kritik der funktionalistischen Vernunft. Frankfurt a.M.
Helsper, W. (1996²): Pädagogisches Handeln in den Antinomien der Moderne. In: Krüger, H.-H./Helsper,W. (Hrsg.): Einführung in Grundbegriffe und Grundfragen der Erziehungswissenschaft. Opladen, S. 15-34.
Herbart, J.F. (1964): Über die ästhetische Darstellung der Welt, als Hauptgeschäft der Erziehung. In: Kehrbach, K./Flügel, O. (Hrsg.) Sämtliche Werke. Bd. 1. Langensalza 1887-1912. Aalen, S. 259-274.
Herbart, J. F. (1997): Allgemeine Pädagogik aus dem Zweck der Erziehung abgeleitet (1806). In: Benner, D. (Hrsg.): Johann Friedrich Herbart Systematische Pädagogik – Band 1: Ausgewählte Texte. Weinheim, S. 57-158.
Hesse, H. (1983): Das Glasperlenspiel. In: Ders.: Die Romane und die grossen Erzählungen. Bd. 7 und 8. Frankfurt a.M.
Klafki, W. (1973): Dialogik und Dialektik in der gegenwärtigen Erziehungswissenschaft (1964). In: Kluge, N. (Hrsg.): Das Pädagogische Verhältnis. Darmstadt, S. 344-377.
Klika, D. (2000): Hermann Nohl. Sein „Pädagogischer Bezug" in Theorie, Biographie und Handlungspraxis. Köln/Weimar/Wien.
Kraft, V. (1996): Pestalozzi und das pädagogische Selbst. Eine Studie zur Psychoanalyse pädagogischen Denkens. Bad Heilbrunn/Obb.
Kron, Fr. W. (1971): Theorie des erzieherischen Verhältnisses. Bad Heilbrunn/Obb.
Langeveld, J.M. (1973⁸): Einführung in die theoretische Pädagogik. Stuttgart.
Lichtenstein, E. (1973): Vom Sinn der erzieherischen Situation (1955). In: Kluge, N. (Hrsg.): Das Pädagogische Verhältnis. Darmstadt, S. 118-135.
Lippitz, W. (1980): "Lebenswelt" oder die Rehabilitierung vorwissenschaftlicher Erfahrung. Weinheim/Basel.
Lippitz, W. (1993): "Lebenswelt" – kritisch betrachtet. Ein Wort und viele Konzeptionen. Zur Karriere eines Begriffs in der Sozialforschung. In: Ders. (1993): Phänomenologische Studien in der Pädagogik. Weinheim, 48-72.
Lippitz, W. (2003): Differenz und Fremdheit. Frankfurt a.M.
Litt, Th. (1965¹²): Führen oder Wachsenlassen. Eine Erörterung des pädagogischen Grundproblems. Stuttgart.
Masschelein, J. (1991): Kommunikatives Handeln und pädagogisches Handeln. Die Bedeutung der Habermasschen kommunikationstheoretischen Wende für die Pädagogik. Übersetzt von Peter Welchering und Michael Astroh. Weinheim-Leuven.

Masschelein J./Wimmer, M. (1996): Alterität Pluralität Gerechtigkeit. Sankt Augustin.
Merleau-Ponty, M. (1994): Keime der Vernunft: Vorlesungen an der Sorbonne 1949-1952. Hg. und mit einem Vorw. vers. von B. Waldenfels. Übers. von A. Kapust. Mit Anm. von A. Kapust und B. Liebsch. München.
Meyer-Drawe, K. (1983): Spielraum der Kommunikation – zu einer phänomenologischen Konzeption inter-subjektiver Erfahrung. In: Vierteljahresschrift für wiss. Päd. 59, H. 4, S. 403-418.
Meyer-Drawe, K. (1984): Leiblichkeit und Sozialität. München.
Meyer-Drawe, K. (1985): Humane Kommunikation und elektrinisches Schweigen. In: Dies./Baumgart, F./Zymek, B. (Hrsg.): Emendatio rerum humanarum. Erziehung für eine demokratische Gesellschaft. Festschrift für Klaus Schaller. Frankfurt a.M., S. 167-181.
Meyer-Drawe, K. (1987[2]): Die Belehrbarkeit des Lehrenden durch den Lernenden – Fragen an den Primat des Pädagogischen Bezugs. In: Lippitz, W./Meyer-Drawe, K. (Hrsg.): Kind und Welt. Frankfurt a.M., S. 63-73.
Meyer-Drawe, K. (1996): Vom anderen lernen. Phänomenologische Betrachtungen in der Pädagogik. In: Borrelli, M./Ruhloff, J. (Hrsg.). Deutsche Gegenwartspädagogik (Bd. 2). Hohengehren, S. 85-98.
Mollenhauer, K. (1976[3]): Theorien zum Erziehungsprozess. München.
Nohl, H. (1973): Der pädagogischen Bezug und die Bildungsgemeinschaft. In: Kluge, N. (Hrsg.): Das Pädagogische Verhältnis. Darmstadt, S. 35-45.
Nohl, H. (1978[8]): Die pädagogische Bewegung in Deutschland und ihre Theorie. Frankfurt a.M.
Pestalozzi, J.H. (1961): Lienhard und Gertrud. Hrsg. v. A. Reble. Bad Heilbrunn/Obb.
Ricken, N. (1999): Subjektivität und Kontingenz. Würzburg.
Rousseau, J.-J. (1963): Emile oder Über die Erziehung. Hrsg. v. Rang, M. Stuttgart.
Schaller, K. (1978): Einführung in die Kommunikative Pädagogik. Freiburg i.Br.
Schaller, K. (1986): Die kritisch-kommunikative Pädagogik. In: Gudjons, H./Teske, R./ Winkel, R. (1986) (Hrsg): Erziehungswissenschaftliche Theorien. Hamburg, S. 15-23.
Schleiermacher, F. D. E. (1957). Pädagogische Schriften. Hrsg. v. Weniger, E. 2. Bd. Düsseldorf.
Spranger, E. (1928): Das Deutsche Bildungsideal der Gegenwart in geschichtsphilosophischer Beleuchtung. Leipzig.
Theunissen, M. (1965): Der Andere. Studien zur Sozialontologie der Gegenwart. Zweiter Teil: Die Philosophie der Dialogik als Gegenentwurf zur Transzendentalphilosophie. Berlin, S. 241-482.
Tischner, W. (1985): Der Dialog als grundlegendes Prinzip der Erziehung. Frankfurt a.M.
Waldenfels, B. (1994[2]a): In den Netzen der Lebenswelt. Frankfurt a.M.
Waldenfels, B. (1994b): Antwortregister. Frankfurt a.M.
Waldenfels, B. (2000): Das leibliche Selbst. Frankfurt a.M.
Waldenfels, B. (2001): „Jeder philosophische Satz ist eigentlich in Unordnung, in Bewegung" (Gespräch: Petra Gehring und Mattial Fischer mit Waldenfels am 21. Dezember 1999 in München). In: Fischer, M./Gondek, H.-D./ Liebsch, B.(Hrsg.): Vernunft im Zeichen des Fremden. Frankfurt a.M., S. 408-459.
Waldenfels, B., Meyer-Drawe, K. (1988). Das Kind als Fremder. In: Vierteljahrsschrift für wissenschaftliche Pädagogik. 64, S. 271-287.
Woo, J.-G. (2007): Responsivität und Pädagogik. Die Bedeutung der responsiven Phänomenologie von B. Waldenfels für die aktuelle phänomenologisch orientierte Erziehungsphilosophie. Hamburg.

ULRICH KIRCHGÄßNER

Kapitel 2: Gruppenpädagogik

Die Begriffe „soziale Gruppenarbeit", „Gruppenpädagogik" und „Arbeit mit Gruppen" wurden besonders in der Zeit nach dem 2.Weltkrieg weitgehend synonym verwendet und werden bis heute selten trennscharf diskutiert. Soziale Gruppenarbeit hat ihren Hintergrund in der nordamerikanischen Freizeitpädagogik und Sozialarbeit in der ersten Hälfte des 20. Jahrhunderts. Mit der Rezeption amerikanischer Arbeitsformen der Sozialarbeit nach dem 2. Weltkrieg hat sich Soziale Gruppenarbeit als eine von drei klassischen Methoden der Sozialarbeit in Deutschland etabliert. Inzwischen wird Soziale Gruppenarbeit auf Grund einer weiteren Differenzierung der Arbeitsweisen an Hochschulen kaum noch als eigenständiges Fach gelehrt. Trotzdem ist bis heute am ehesten eine Zuordnung zutreffend, welche die Soziale Gruppenarbeit auf Kinder, Jugendliche und weitere Gruppen mit Entwicklungsschwierigkeiten und Verhaltensproblemen bezieht und aus einem Fürsorgeanliegen gegenüber Benachteiligten heraus argumentiert. In diesem Sinne wird der Begriff auch im Sozialgesetzbuch VIII (KJHG § 29) verwendet (vgl. Junge/Lendermann 1990, S. 70).

Der Begriff „Gruppenpädagogik" betont dagegen mehr die Erziehungs-, Bildungs- und Lernprozesse in Gruppen und hat seine Wurzeln u.a. in der Reformpädagogik und der Jugendbewegung (vgl. Müller 1970). In den 50er und 60er Jahren des vergangenen Jahrhunderts wurden die Begriffe „Gruppenpädagogik" und „Soziale Gruppenarbeit" zwar weitgehend gleichbedeutend verwendet, es entwickelte sich aber parallel dazu, ausgehend von der 1949 gegründeten Bildungsstätte Haus Schwalbach, auch eine eigenständige Diskussion gruppenpädagogischer Fragen in einem engeren, bildungsbetonten Sinn. Insbesondere im Zeitraum zwischen 1960 und 1980 wurden viele gruppenpädagogischen Beiträge veröffentlicht, die am deutlichsten in der außerschulischen Jugendarbeit und Jugendbildung ihren praktischen Niederschlag fanden. Hier sind beispielsweise die gruppenpädagogischen Prinzipien nach Magda Kelber (vgl. Kelber 1965, S. 134 -137), die Leitungsstildiskussion in Anlehnung an Lewin (1953) und Neill (1970) oder auch das Entwicklungsmodell von Gruppen nach Garland/Jones/Kolodny (1969) zu benennen.

Durch gesellschaftliche, schulische und betriebliche Veränderungen kam seit den 1990er Jahren den Bildungsprozessen in Gruppen ein neuer Stellenwert zu. Dieser manifestiert sich in der hohen Bedeutung von Lern- und Arbeitsprozessen in Teams und Gruppen. In den beruflichen Feldern der Personalentwicklung, der Teamarbeit und der Organisationsentwicklung ist dies ebenso festzustellen wie in der Schule bei Formen der Freiarbeit, der Gruppen- und Projektarbeit sowie im Freizeitbereich bei Initiativen, bürgerlichen Beteiligungsprozessen und sonstigen, vielfältigen Formen von Gruppen. Oftmals wird dabei eher unspezifisch von „Arbeit in Gruppen" gesprochen. Vor dem geschichtlichen Hintergrund und aufgrund der Betonung des Bildungsaspektes bietet es sich aber an, ‚Gruppenpädagogik' als den zentralen Begriff für alle Lehr- und Lernprozesse in Gruppen zu verwenden.

Gleichzeitig impliziert dies auch eine Abgrenzung von der traditionellen individualpädagogischen Perspektive. Insbesondere Nohl (1978[8]) beschreibt mit dem ‚pädagogischen Bezug' das Zweierverhältnis von Erzieher und Zögling als Grundlage der Erziehung. Die Gruppenpädagogik hebt diese Fokussierung der Zweierbeziehung auf und trägt der Tatsache Rechnung, dass die meisten Lehr-, Lern- und auch Erziehungsprozesse, z.B. im Kindergarten und in der Schule, in Seminaren und Weiterbildungsmaßnahmen oder auch in der Freizeit, in Gruppen stattfinden und dort gruppendynamische Kräfte wirken. Ein Großteil des Wissens und der Forschung stammt dabei aus der Psychologie, der Sozialpsychologie, der Soziologie und der Erziehungswissenschaft. Darauf aufbauend werden explizit gruppenpädagogische Fragestellungen entwickelt (vgl. Schütz 1989, S. 9).

Der folgende Text hat einen dreiteiligen Aufbau: Zuerst werden zentrale Kategorien beschrieben, die für alle Gruppenarbeitsformen gelten. Anschließend werden Themen der Gruppendynamik behandelt. Der dritte Teil befasst sich mit der Frage, wie in Gruppen gelernt wird.

I. Grundfragen

Bei Lernprozessen in Gruppen stellen sich Fragen des Umgangs mit der Komplexität, die Gruppen grundsätzlich eigen ist, sowie Fragen der Demokratie und Partizipation und schließlich der Leitung. Die Begriffe (1) Komplexität, (2) Demokratie und Partizipation sowie (3) Führung und Leitung charakterisieren die Grundfragen der Gruppenpädagogik.

II.1. Größe und Komplexität

Es ist sinnvoll, ab einer Zahl von 3 Mitgliedern von einer Gruppe zu sprechen. Dies grenzt von pädagogischen Zweierbeziehungen, von Paarbeziehungen und sonstigen Dyaden ab. Die Konstellation Erzieher-Zögling entspricht nicht den Definitionsmerkmalen einer Gruppe. Zwei Mitglieder sind zwar die persönlichste soziale Einheit, aber in ihrem Interaktionsrahmen auf das Gegenüber reduziert. Gruppengrößen werden unterschiedlich festgelegt, folgende Eckpunkte sind hilfreich: Bei bis zu 10 Personen kann man von einer Kleingruppe sprechen, bei 8 – 30 Teilnehmenden von Gruppen und bei über 25 Teilnehmenden von Großgruppen. Gleichzeitig beschreibt die Zahl 30 auch eine sinnvolle Obergrenze, bis zu welcher Gruppenprozesse für Teilnehmende wie für die Leitung in einem überschaubaren Rahmen bleiben. Die soziale Gruppe umfasst für Schäfers

> „eine bestimmte Zahl von Mitgliedern, die zur Erreichung eines gemeinsamen Ziels über längere Zeit in einem kontinuierlichen Kommunikationsprozess stehen und ein Gefühl der Zusammengehörigkeit entwickeln. Zur Erreichung des Gruppenzieles werden gemeinsame Normen und gruppenspezifische Rollen entwickelt" (Schäfers 1994[2], S. 21).

Diese gruppensoziologische Definition benennt die grundlegenden Merkmale für soziale Gruppen und betont gleichzeitig den Prozesscharakter, welcher Entwicklung, Veränderung und Variation ermöglicht.

Zunehmend mit der Zahl der Beteiligten sind Gruppenprozesse und Gruppenbeziehungen von einer Erweiterung der Möglichkeiten gekennzeichnet. Diese Komplexität bewirkt, dass Entwicklungen nicht eindeutig absehbar sind und ein Input-Output-Denken nicht passend ist. Systemtheoretisch gesehen sind Gruppen kontingente soziale Systeme, die nicht im Sinne von Ursache-Wirkungs-Abhängigkeiten steuerbar sind. Ihr Kennzeichen ist eine Vielfalt an Reaktions- und Entwicklungsmöglichkeiten und sie sind somit in der Lage, variabel auf Situationen und Umwelteinflüsse zu reagieren. Für von Foerster sind Gruppen Systeme und damit „nicht-triviale-Maschinen" (vgl. von Foerster 1985, S. 60-67). In der Arbeit mit Gruppen geht es dementsprechend darum, die Komplexität von Situationen zu akzeptieren und diese adäquat zu berücksichtigen. Gleichzeitig ist es auch Aufgabe von Leitung, Komplexität in einer Weise zu reduzieren, die den Beteiligten genügend Orientierung bietet, sich in unübersichtlichen Situationen zurecht zu finden. Diese Widersprüchlichkeit gilt insbesondere für Anfangssituationen von Gruppen.

I.2. Demokratie und Partizipation

Nach dem 2. Weltkrieg beabsichtigten die westlichen Siegermächte durch „Umerziehung" (re-education) einen langfristigen Veränderungsprozess der deutschen Kultur und insbesondere des Erziehungswesens. Das „Modell Demokratie" sollte im Nachkriegsdeutschland implementiert werden, Demokratie zur Gesellschafts- und Lebensform werden. Diesen Bestrebungen lag die Annahme zugrunde, dass Demokratie lehr- und lernbar sei. Es entstanden u.a. Austauschprogramme für Multiplikatoren. Unbelastete formelle und informelle deutsche pädagogische Fachkräfte sollten in der Auseinandersetzung mit der Alltagsrealität in den traditionsreichen demokratischen Ländern als potentielle, zukünftige Führungskräfte qualifiziert werden (vgl. Müller 1997³, S. 42f.). Dieser kulturelle Austausch bewirkte u.a. eine Rezeption der Methodendiskussion der Sozialarbeit in den USA. Dort war in den Kriegsjahren begonnen worden, die Gruppenarbeit als eine Methode in die Sozialarbeit zu integrieren. Diese Diskussion wurde, verstärkt durch emigrierte Deutsche wie z.B. Gisela Konopka, die als Expertin in den Jahren 1950 – 1952 in Deutschland Fortbildungsveranstaltungen über Gruppenpädagogik leitete, auch in Deutschland zum Ausgangspunkt für die weitere Entwicklung der Methoden der Sozialarbeit (vgl. Konopka 1978⁶).

Der 1933 in die USA emigrierte Sozialpsychologe Kurt Lewin hatte bereits 1943 geäußert, dass es möglich sein müsse, Demokratie zu lernen (vgl. Lewin 1953, S.71). Als geeignete Methode benannte er die Gruppenarbeit:

> „Es ist augenscheinlich aussichtslos, die kulturellen Formen von Millionen Menschen zu verändern, indem man diese Menschen einzeln behandelt. Glücklicherweise erlauben die im Allgemeinen als ‚Gruppenarbeit' bezeichneten Methoden die gleichzeitige Erfassung ganzer Gruppen von Individuen und scheinen außerdem tatsächlich zur Erziehung tiefer Veränderung wirkungsvoller zu sein, als es das Einzelverfahren ist" (ebd., S. 72).

Die Veränderung der Führungsmethoden sah er als effizienten Ansatzpunkt an. Dies sei

> „wahrscheinlich der schnellste Weg [...], eine Veränderung der kulturellen Atmosphäre einer Gruppe herbeizuführen" (ebd., S. 82).

Solch eine Sichtweise überschätzt die Arbeit mit Gruppen. Reine Gruppenarbeit ist nicht „per se" positiv und sozialisiert nicht notwendig im beabsichtigten Sinne, sondern beinhaltet ebenso die Möglichkeit von Anpassung, Entmündigung und Missbrauch. Ein zweiter Einwand ist die Gefahr, dass Gruppenarbeit ein Setting bereitstellt, welches eher einen Schonraum bietet, dadurch entpolitisierend wirkt und somit dem beschriebenen Anspruch entgegen wirkt. Solche Entwicklungen sind durchaus real, wie am Beispiel der Jugendverbände gezeigt werden kann: Diese bejahten zwar bereits in der Wiederaufbauphase nach dem 2. Weltkrieg den Auftrag der demokratischen Bildung für sich, aber es dauerte bis 1962, ehe sich die im Deutschen Bundesjugendring zusammengeschlossenen Verbände in der Erklärung von St. Martin als Teil eines Bildungssystems begriffen, welches auf des Leben in der Gesamtgesellschaft ausgerichtet ist (vgl. Giesecke 1971, S. 78f.). Sieht man von der Tatsache ab, das viele Kinder und Jugendliche in den Verbänden ‚gut' aufgehoben waren, wurde ihre Arbeit bis in die 1960er Jahre dem Anspruch, Gesellschaft demokratisch mit zu gestalten, nicht gerecht.

Diese Entwicklung wurde auch in der ersten umfassenden, soziologisch ausgerichteten Jugendstudie nach dem zweiten Weltkrieg von Schelsky (1957) festgestellt. Das ursprüngliche Anliegen nach dem zweiten Weltkrieg, die Jugend zu Engagement und Demokratie zu erziehen erfüllte sich nicht, die „Umerziehung" schien keine Früchte zu tragen. Die heranwachsende Jugend stand dem neuen politischen System Demokratie zurückhaltend gegenüber. Schelsky konstatierte ein Streben nach Verhaltenssicherheit, welches sich in einer schnellen und unkritischen Übernahme der zukünftigen Erwachsenenrollen ausdrückte. Familie und berufliches Weiterkommen standen im Vordergrund dieser „skeptischen" Generation – die Jugend als eigenständige, gegenüber der Erwachsenenwelt widerständige Phase war nicht wahrnehmbar.

Die Grundhaltung allerdings, dass Gruppenteilnehmer nicht willfährige Objekte, sondern eigenständige, selbstverantwortliche und mitbestimmende Akteure sind, ist bis heute als zentrales Kriterium Maßstab für Lernen und Arbeiten in Gruppen. Dies lässt sich exemplarisch an folgenden Punkten festmachen:
– Den gruppenpädagogischen Prinzipien von Magda Kelber. Insbesondere in den Grundsätzen *„Anfangen, wo die Gruppe steht und sich mit ihr in Bewegung setzen"* sowie *„Raum für Entscheidungen geben"* (Kelber 1965, S. 135) zeigt sich, dass Lernen in Gruppen schon hier als wechselseitig zirkulärer Interaktionsprozess verstanden wird, welcher auf Anschlussfähigkeit angewiesen ist und Raum für Mitbestimmung gewährleisten soll. Gruppen werden als Lernfeld für gemeinsame Entscheidungsfindung, als Ort konkreter Partizipation und Einübung in gesellschaftliche Teilnahme gesehen.
– Der Streitfrage um das Leitziel Emanzipation Ende der 1960er Jahre. Die Erziehungswissenschaften, Sozialarbeit und Gruppenpädagogik wurden darauf hinterfragt, ob sie gesellschaftsverändernd oder „nur" integrierend wirken. Der

Vorwurf an die Sozialarbeit, Erziehung, Bildung und insbesondere die Gruppenpädagogik war, in ihrer konkreten Umsetzung entpolitisierend bzw. sedierend zu sein, gesellschaftliche Problemlagen zu entschärfen und kontraproduktiv bezüglich einer emanzipatorischen gesellschaftlichen Entwicklung zu wirken. Gerade in den kirchlichen Jugendverbänden wurde diese Frage aufgegriffen und führte bei diesen zu einem neuen Verständnis verbandlicher Jugendarbeit. Sie begriffen sich in der Folgezeit zunehmend weniger als Nachwuchsorganisationen für Parteien, Kirchen und andere Vereinigungen, sondern mehr als kritische Instanz und mögliches Korrektiv im politischen Raum (vgl. Krafeld 1991).

— Der Diskussion in der politischen Bildung. Sie weist auffallende Parallelen zur Geschichte der Gruppenpädagogik auf. Im so genannten „Beutelsbacher Konsens" von 1976 wird das Ziel formuliert, *„Schülerinnen und Schüler in die Lage zu versetzen, eine politische Situation und ihre eigene Interessenslage zu analysieren sowie nach Mitteln und Wegen zu suchen, die vorgefundene Lage im Sinne ihrer Interessen zu beeinflussen"* (Massing 1993, S. 439).

— Der neueren Diskussion um die Frage des Lernens. Diese verabschiedet sich weitgehend vom einem Trichterprinzip (Input-Output-Denken) und benennt die Notwendigkeit, Erfahrungen, Lebenswelt und Interessen der Beteiligten in das Lernarrangement einzubeziehen.

I.3. Führung und Leitung

In der Arbeit mit Gruppen stellt sich die Frage nach Führung oder Leitung unausweichlich. Diese beiden Begriffe werden oft synonym verwandt, haben aber eine unterschiedliche Bedeutung. Führung bezeichnet das grundsätzliche Bestreben, das Verhalten von Gruppenmitgliedern auf Ziele hin zu beeinflussen und bezieht sich auf die Interaktionsebene. Führung wird meist an konkreten Personen festgemacht, kann aber prinzipiell von jedem wahrgenommen werden und ist in dieser Offenheit Ausgangspunkt für die Führungsforschung. Leitung ist dagegen ein organisationstheoretischer Begriff. Sie wird einer Person als Aufgabe zugeordnet, ist in der Regel an besondere Kompetenzen gebunden und spricht dem Funktionsträger bestimmte Befugnisse zu. Betriebe, Ämter oder Abteilungen werden also beispielsweise geleitet, meist aus einer Vorgesetztenfunktion heraus und ausgestattet mit der entsprechenden Status- oder Positionsmacht (vgl. Nechwatal 2002, S. 41-47).

Die größte Resonanz auf die Führungsfrage haben bis heute Lewins (1953, S. 112f.) Untersuchungen unterschiedlicher Führungsstile in den dreißiger Jahren des vergangenen Jahrhunderts erfahren. Er unterscheidet die Stile „laissez faire", „demokratisch/partnerschaftlich" und „autoritär". Es werden Zusammenhänge zwischen Führungsverhalten, Gruppenleistung und Gruppenklima und den Auswirkungen auf das Verhalten der Teilnehmenden herausgearbeitet. Die Popularität von Lewins Modell lässt sich mit seiner leichten Verständlichkeit, seiner eindeutigen Option für einen partnerschaftlichen Führungsstil sowie mit dem demokratischen Anspruch an gruppenpädagogische Arbeit erklären. Die Abkehr von autoritären Strukturen im alltäglichen Erziehungs- und Leitungsverhalten wird durch diese Studie unterstützt, die praktischen Konsequenzen waren (und sind) konkret umsetzbar.

Lewins Führungsstilstudien gehören bezüglich ihrer Wirksamkeit sicherlich zu den bedeutendsten sozialwissenschaftlichen Beiträgen. Die eindeutigen Ergebnisse werden jedoch inzwischen auch kritisch hinterfragt, da Lewin durch seinen biografischen Werdegang als deutsch-jüdischer Emigrant ein Interesse daran hatte, Vorteile demokratischer Strukturen zu verdeutlichen. Außerdem berücksichtigt die Untersuchung auch nur die Dimension Führungsverhalten. Sie differenziert Führungsverhalten in drei voneinander abgegrenzte Stile, die in der Realität so kaum erfahrbar sind, und lässt weitere mögliche Variablen (Aufgabe, Situation etc.) außer Acht.

Letztendlich fördern Lewins Ergebnisse – falsch verstanden – Vorstellungen von Gruppen, in denen „alle gleich" sind. Insbesondere im Zusammenhang mit der Diskussion um antiautoritäre Erziehung und das Leitziel der Emanzipation ab Ende der 1960er Jahre wurde die Frage von Leitung unter den Kriterien Macht und Herrschaft diskutiert. Dies führte dazu, dass im pädagogischen Feld eine offensive Wahrnehmung von Leitungsaufgaben negativ bewertet werden konnte. Nicht wenige Leitungsbeauftragte scheuten sich, ihre Rolle eindeutig und verantwortlich wahrzunehmen. „Leitung im Team" oder „kollegiale Leitung" waren beliebte Regelungen, die durch die Tabuisierung der Macht- oder Gestaltungsfrage (sprich Weisungsbefugnis) hohes Konfliktpotential in sich bargen. Solche problematischen Sichtweisen von Leitung (z.B. das Egalitätsmodell, also „wir sind alle gleich"), in denen letztendlich die Leitungsaufgabe verweigert wird, beschreibt Münch (1995) vor einem psychoanalytischem Hintergrund.

Insbesondere in Teildisziplinen der Psychologie (Differentielle Psychologie, Sozialpsychologie, Organisationspsychologie) wurde die Frage der Führung nach weiteren Variablen differenziert und entsprechende Führungstheorien wurden entwickelt. So untersuchen Differentielle Psychologen, welche Persönlichkeitsmerkmale mit Führungserfolg korrespondieren, mit dem Ziel, eine „ideale Führungspersönlichkeit" zu beschreiben. Führungserfolg wird mit persönlichen Eigenschaften erklärt (vgl. Fischer/Wiswede 2002^2, S. 519). Bekannt ist insbesondere Fiedlers Kontingenztheorie, welche die Effektivität von Führung in Abhängigkeit davon beschreibt, ob die Führungsperson aufgabenorientiert oder beziehungsorientiert ist. Er sieht den Führungsstil als Persönlichkeitskonstante, so dass die Wirkung verschiedener Führungsstile abhängig (=kontingent) von den situativen Bedingungen der Beziehung, der Aufgabenstruktur und der Positionsmacht ist (vgl. Neuberger 2002^6, S. 497-501).

Mehrdimensionale Ansätze der Führungsstilforschung unterscheiden in der Regel die Dimensionen „Personen- bzw. Beziehungsorientierung" und „Aufgaben- bzw. Zielorientierung". Diese können wie Werte in einem Koordinatensystem unabhängig voneinander mehr oder weniger ausgeprägt sein. In der betrieblichen Praxis hat das „Verhaltensgitter" von Blake/Mouton (1968) Bedeutung erlangt, welches auf den beiden Dimensionen „Mitarbeiter" und „Leistung" aufbaut. Dieses Modell liefert ein mögliches Analyseraster für Führungsverhalten, in dem ausgehend von den beiden Grunddimensionen zwischen neun verschiedenen Führungsstilvarianten differenziert werden kann.

Situationstheoretische Erklärungen berücksichtigen außerdem den Zusammenhang von Führungsverhalten und Situation. Stellvertretend sind Hersey/Blanchard/ Dewey (1996^7) mit dem so genannten Reifegradmodell zu nennen. Sie ordnen unterschiedlichen Führungssituationen, festgemacht an dem jeweiligen Reifegrad der Mitarbeiter und Mitarbeiterinnen, unterschiedliches Führungsverhalten zu. Sie setzen voraus, dass Führungspersonen den jeweiligen Stil situationsadäquat abrufen können. Hersey/Blanchard/Dewey gehen in ihrem Modell von einer möglichen Reifung der Mitarbeiterschaft aus und berücksichtigen damit Gruppenprozesse, wie sie u.a. mit Gruppenentwicklungsmodellen (siehe 2.2.) beschrieben werden.

Durch die neue inhaltliche Positionierung, welche die Gruppenpädagogik durch den zunehmenden Einfluss betrieblichen Denkens in den 1990er Jahren gewonnen hat, ist die Leitungsdiskussion inzwischen ideologisch weniger belastet. Bei der Arbeit in Gruppen, sei es in der Schule, im betrieblichen Team, in der Jugendarbeit, in selbst organisierten Gruppen oder auch in gruppendynamischen Settings, stellt sich die Leitungsfrage grundsätzlich; sie kann und soll nicht eindeutig beantwortet werden, denn sie ist immer im Zusammenhang mit der konkreten Situation und der Zielsetzung einer Gruppe zu beurteilen.

II. Gruppendynamik

Der Begriff Gruppendynamik wurde unabhängig voneinander zuerst von Moreno, dem Begründer des Psychodrama, sowie von Lewin verwendet. Gebräuchlich ist er heute in dreifacher Hinsicht. Er ist erstens ein Sammelbegriff für alles, was in Gruppen an Entwicklung und Prozessen stattfindet. Zweitens bezeichnet er ein Setting, in welchem die in der konkreten Gruppe ablaufenden Prozesse das zentrale Thema sind. Ziele dieser Arbeitsform sind die Verbesserung der Selbst- und Fremdwahrnehmung und eine Sensibilisierung für das Gruppengeschehen, um auf diese Weise die soziale Kompetenz der Beteiligten zu fördern. Drittens ist Gruppendynamik der Oberbegriff für die entsprechende Forschungsrichtung.

Lewins Verdienst ist es u.a., dass er mit der Feldtheorie bereits in den vierziger Jahren einen Versuch unternommen hat, wirksame Kräfte in Gruppen mit Hilfe eines ganzheitlichen Systems wissenschaftlich zu erklären. Gleichzeitig entdeckte er das Potenzial, welches in der Thematisierung von Gruppenprozessen und in der Anwendung von Feedback enthalten ist. Er entwickelte seminarartige Veranstaltungen, die Selbsterfahrung und Reflexion der Gruppenprozesse zum Thema machten, und schuf damit die Urform für gruppendynamisches Arbeiten. Im deutschsprachigen Raum gewann Gruppendynamik als Arbeitsform ab den 1960er Jahren an Bedeutung. Große Beachtung fand z.B. Tobias Brochers Beitrag „Gruppendynamik und Erwachsenenbildung" (1967), welchen er mit dem programmatischen Untertitel: „Zum Problem der Entwicklung von Konformismus und Autonomie in Arbeitsgruppen" versah. Letztendlich konnten jedoch auch gruppendynamische Arbeitsformen (eher überhöhte) Erwartungen wie Demokratisierung oder emanzipatorische Wirkung nicht einlösen. Ihre Bedeutung in der Aus- und Weiterbildung, bei Maßnahmen der Personal- oder Organisationsentwicklung und grundsätzlich bei Entwicklungsprozessen von Gruppen ist heute jedoch unbestritten und darf nicht vernachlässigt werden (vgl. Rechtien 1990).

Für die Arbeit mit Gruppen insgesamt ist außerdem festzustellen, dass seit den siebziger Jahren des letzten Jahrhunderts die gruppendynamische Perspektive in der sozialen Arbeit durch die Professionalisierungswelle an Stellenwert gewonnen hat. Insbesondere das Konzept der Themenzentrierten Interaktion (vgl. Cohn 1975, siehe 3.2.) wurde und wird breit rezipiert. Es fordert die Einbeziehung der Gruppenebene, die in einem dynamischen Zusammenspiel mit der Ich-Ebene und dem jeweiligen Sachthema die Grundlage für einen ‚lebendigen' Lernprozess bildet.

II.1. Gruppendynamik als Arbeitsform

Amann (2004) benennt als Leitdifferenzen der Gruppendynamik Zugehörigkeit, Macht und Intimität. In gruppendynamischen Settings sind diese Differenzen Ausgangspunkt und Entwicklungsaufgabe. Explizit geht es um die Fragen: Wer gehört dazu? In welcher Rolle? Wer darf etwas sagen? Wer führt? Wer ist beliebt? Wessen Nähe wird gesucht? (vgl. Amann 2004, S. 30). Diese Fragen sind zunächst offen und können als ambivalent und bedrohlich erlebt werden. Es muss bearbeitet und geklärt werden, inwieweit sich die Teilnehmenden in die Gruppe einbringen, welche Grenzen gesetzt werden, welche Widerstände wahrgenommen werden und welcher Einfluss Einzelnen von den anderen zugestanden wird.

Ähnlich beschreibt Stahl (2002, S. 29f.) den gruppendynamischen Raum anhand der Dimensionen Nähe/Distanz und Dauer/Wechsel. Gruppen entwickeln sich, ihre Ziele, Regeln, Rollen und ihre entsprechenden Aufgaben innerhalb dieser Koordinaten. Gruppen können von großer Nähe und auf Dauer gekennzeichnet sein (Gemeinschaft) ebenso wie von Distanz und Wechsel oder anderen möglichen Konstellationen.

Voraussetzung für gruppendynamisches Arbeiten sind folgende Prinzipien: Es muss Zeit investiert werden und es gilt die „Hier und Jetzt Grundregel" – d.h. die aktuellen Interaktionen sind das Ausgangsmaterial. Ein relativ geschützter Rahmen soll den Teilnehmenden ein hohes Maß an Offenheit ermöglichen. Die Arbeitsweise ist kaum strukturiert, um entstehenden Interaktionsprozessen Raum zu geben (vgl. Amann 2004, S. 28f.); es gibt also wenig Vorgaben. Letztendlich ist Feedback das zentrale Instrument in der gruppendynamischen Arbeit, um die Selbst- und Fremdwahrnehmung der Beteiligten zu fördern.

Die gruppendynamischen Dimensionen und Prinzipien sind, wenn auch mit Einschränkungen, in allen Gruppen wirksam, also auch im Kollegenkreis, im Team oder in der Jugendgruppe. Die Fragen der Dauer, der Nähe, der (Gestaltungs-) Macht, der Leitung, der Offenheit, der Rollen, Normen und Verträge sind immer zu klären. Während allerdings in gruppendynamischen Settings solche Gruppenprozesse und Teilnehmerbeziehungen die zentralen Themen sind, verweisen sie im Rahmen von gruppenpädagogischer Arbeit auf Faktoren, die zwar immer wirksam sind, aber nicht unbedingt thematisiert werden (müssen). Hier die richtige Passung zwischen Sachthema und den gruppendynamischen Kräften zu ermöglichen, ist eine der wichtigsten Aufgaben von Leitung.

II.2. Entwicklungsmodelle

Von erheblicher Bedeutung für die praktische Arbeit mit Gruppen ist das Wissen darum, dass Gruppen sich bezüglich ihres Gruppenverhaltens und ihrer Arbeitsfähigkeit entwickeln, sie also nicht in einem Entwicklungsstand statisch verharren. Um dieses Phänomen zu beschreiben, wurden verschiedene Development-Modelle entwickelt, die Veränderungen im Gruppengeschehen leichter nachvollziehbar und in Grenzen absehbar werden lassen. Die gruppenpädagogische Diskussion rezipierte insbesondere das 5-stufige Entwicklungsmodell von Garland, Jones und Kolodny (1965), welches im deutschsprachigen Raum 1969 veröffentlicht wurde. Das Modell beschreibt die Grundstruktur einer Gruppenentwicklung. Einer Anfangsphase, die von Unsicherheit, Offenheit und Orientierungsbestreben gekennzeichnet ist, folgt ein Stadium der Auseinandersetzung, in welchem die Teilnehmer sich positionieren, gegenseitig abgrenzen und eingrenzen. Phase Drei beschreibt die Gruppe, die eine eigene Identität entwickelt hat (Wir-Gefühl). In Phase Vier hat die Gruppe einen gewissen Grad von Reife erlangt. Die Teilnehmenden kennen sich, wissen um die gegenseitigen Kompetenzen, aber auch Grenzen. Sie haben einen Interaktionsstil entwickelt und sind arbeitsfähig. Am Ende dieser Entwicklung steht eine Abschluss- oder Trennungsphase, die je nach Gruppe von selbst entsteht, bewusst bearbeitet wird oder auch ganz ausbleiben kann (ebd., S. 43-102). Ein ähnliches Modell hat Tuckman (1965) entwickelt. Er geht von vier Entwicklungsphasen aus und beschreibt diese mit Forming (Kontakt), Storming (Konflikt), Norming (Kontrakt) und Performing (Kooperation) (vgl. Stahl 2002, S.127f.).

Solche Modelle haben – trotz ihres praktischen Nutzens – auch Grenzen:
– Gruppenentwicklungen verlaufen nicht linear; sie können nicht stufenmäßig aneinander gereiht werden. Daher sind grundsätzlich verschiedene Abläufe möglich. Stufenmodelle sind Konstrukte, die helfen, Interaktionen und Entwicklungsprozesse in Gruppen zu verstehen, sie können diese jedoch nicht deterministisch beschreiben. Gruppenentwicklungen sind eher zirkulär zu begreifen; verschiedene Fragen können in unterschiedlichen Phasen aktualisiert werden (vgl. Garland/Jones/Kolodny 1969, S. 100 -102). Am konkretesten lassen sich Anfangsphasen in Gruppen beschreiben, da die Wahrnehmung der Teilnehmenden in Anfangssituationen zwangsläufig bestimmte „Ähnlichkeiten" aufweist.
– Beschreibungen von Gruppenentwicklungen beinhalten die Gefahr, als „Rezepte" missverstanden zu werden, wenn z.B. „richtige" Interventionen für Leitung beschrieben werden (vgl. ebd., S. 98f.). Sie dürfen jedoch nur als Anhaltspunkte verstanden werden, die mögliche Abläufe beschreiben und damit das Interventionsrepertoire von Leitung erweitern. Diese notwendige Bescheidenheit fehlt u. a. der so genannten „Teamentwicklungsuhr" von Francis/Young (1996[5], S.173), einer Variation des Modells von Tuckman auf Teamprozesse hin, welches mit dem Versprechen von ‚mehr Erfolg' etikettiert ist.

II.3. Feedback

Feedback, übersetzt „Rückkopplung", ist ursprünglich ein kybernetischer Begriff und bezeichnet in diesem Zusammenhang die Wechselwirkung von Elementen aufeinander, welche in Regelkreisen ausgedrückt werden kann. Die Elemente A und B beeinflussen sich gegenseitig. Ein Denken in einfachen Ursache-Wirkungs-zusammenhängen ist aus kybernetischer Perspektive gesehen unzutreffend. Vielmehr sind

Prozesszusammenhänge zirkulär zu beschreiben. Dieses Verständnis wird – ursprünglich von der Gruppendynamik ausgehend – auf Gruppen und Kommunikationsprozesse übertragen.

Lewin erkannte 1946 zusammen mit Teilnehmern einer Trainingsveranstaltung die Bedeutung von Feedback-Runden und führte diese Methode in gruppendynamisches Arbeiten ein. Feedback in der Arbeit mit Gruppen bezeichnet

> „eine Mitteilung an eine Person, die diese Person darüber informiert, wie ihre Verhaltensweisen von anderen wahrgenommen, verstanden und erlebt werden. Das mögliche Maß und die Wirksamkeit des Feedback wird weitgehend bestimmt vom Maß des Vertrauens in der Gruppe und zwischen den jeweils betroffenen Personen" (Antons 1992, S. 108).

Durch die Übernahme gruppendynamischer Elemente in andere Formen von Gruppenarbeit – besonders in den 1970er Jahren – sind Feedback und die entsprechenden Regeln zu einem Instrument geworden, welches einen grundlegenden Stellenwert bei Bildungsprozessen in Gruppen einnimmt. Feedback kann auf die individuelle Ebene, auf die Gruppenperspektive oder auf das Thema bezogen werden. Es ermöglicht, die Diskrepanz zwischen Selbst- und Fremdwahrnehmung aufzuzeigen und eröffnet somit Ansatzpunkte für Korrekturen bezogen auf die Teilnehmer, die Gruppe oder das Thema.

Die Entwicklung insbesondere der letzten zehn Jahre, Evaluationen im Bildungsbereich in verschiedensten Gruppen und Organisationseinheiten durchzuführen, zielt zunächst auf eine Bewertung der Arbeitsprozesse und der Ergebnisse. Der Schwerpunkt liegt auf der Sach- und Arbeitsebene, und die Vorgehensweise ist an wissenschaftlichen Gütekriterien orientiert. Beim Feedback wird dagegen stärker die Gruppenprozessebene in den Blick genommen, die Vorgehensweise ist in der Regel methodisch durchdacht und stützt sich auf Kommunikationsregeln. Beide Instrumente sind jedoch im Sinne einer Qualifizierung von Gruppenlernprozessen durchaus ergänzend zu begreifen und lassen sich in der Praxis nicht immer trennscharf unterscheiden.

III. Lernen in Gruppen

Lernen in Gruppen wird von drei Abstraktionsstufen her betrachtet. Der grundsätzliche Anspruch wird mit den Begriffen „Soziales Lernen" und „Soziale Kompetenz" formuliert; das Konzept der Themenzentrierten Interaktion beschreibt ein vielfach übernommenes Modell, an welchem Grundkoordinaten des Lernens in Gruppen ausgerichtet werden können; im letzten Abschnitt wird die Frage gestellt, welche Implikationen selbstgesteuertes und selbstorganisiertes Lernen in Gruppen bezogen auf Partizipation, Leitung, Wissensaneignung und Lernumgebung mit sich bringt.

III.1. Soziales Lernen und soziale Kompetenz

Unter Lernen in Gruppen ist zunächst einmal Soziales Lernen zu verstehen. „Sozial" meint dabei nicht besonders prosoziales Verhalten, sondern bezieht sich auf die Interaktion und Wechselwirkung der Gruppenmitglieder untereinander: Die beteiligten Personen beeinflussen sich gegenseitig, sind sich Modell und Reibungspunkt. Sie sind mit unterschiedlichen Vorstellungen und Erwartungen konfrontiert und vor die Aufgabe gestellt, Ziele, Regeln und Vorgehensweisen miteinander auszuhandeln.

Unter der engeren gruppenpädagogischen Perspektive ist Soziales Lernen darüber hinaus mit dem Anspruch verbunden, wertorientierte Ziele wie Mündigkeit, Partizipation und Demokratiefähigkeit zu fördern. Zentral hierfür steht der Begriff „Soziale Kompetenz'" welcher einen Verbund von Qualifikationen beschreibt, der dazu befähigen soll, soziale Situationen unter Berücksichtigung der unterschiedlichen Interessen aller Beteiligten in einem gemeinsamen Aushandlungsprozess zu gestalten. Nicht zuletzt Ulrich Becks Buch „Risikogesellschaft"(1986), in welchem die Entwicklung der „Individualisierung der Lebenswelten" mit Chancen und Risiken beschrieben wurde, verdeutlichte, dass Zusammenleben und Zusammenarbeiten gelernt werden müssen. Notwendig sind Gruppen, in welchen Kommunikations-, Kooperations-, Reflexions – und Konfliktfähigkeit, also soziale Kompetenz, eingeübt und angeeignet werden können. Konkret sichtbar ist diese Entwicklung an dem zunehmenden Stellenwert von Konzepten des Sozialtrainings und der Persönlichkeitsbildung in Schulen, an Kommunikationskursen für Paare und Trainingskonzepten für Eltern wie auch an der Bedeutung, die den so genannten „Soft Skills" in der betrieblichen Personalentwicklung inzwischen beigemessen wird.

III.2. Das Konzept der themenzentrierten Interaktion

Konzepte der humanistischen Psychologie haben ebenfalls seit den 1970er Jahren verstärkte Beachtung in verschiedenen pädagogischen Feldern gefunden, so z.B. in der Supervisions- und Beratungsarbeit und in der Gruppenpädagogik. Insbesondere sind zu nennen das Psychodrama, die Transaktionsanalyse, die Gestaltarbeit und die Gesprächspsychotherapie. Diese Konzepte stammen ursprünglich aus dem therapeutischen Feld, wurden jedoch auch für die pädagogische Arbeit in Gruppen nutzbar gemacht. Beispielsweise sind aus dem Psychodrama verschiedene Ansätze entstanden, die Lernwege über Spiel und Rollenspiel unter aktiver Beteiligung der Gruppenmitglieder eröffnen. So bietet in der Schule die Psychodramapädagogik die Möglichkeit, Themen im angeleiteten (Rollen-)Spiel zu erarbeiten. Das Bibliodrama wiederum ist eine Methode, die biblische Szenen und Ereignisse aus verschiedenen Perspektiven im aktiven Spiel lebendig werden lässt (vgl. Bosselmann/ Lüffe-Leonhardt/Gellert 1993, Springer 1995). Ähnlich verhält es sich bei dem Gestaltansatz: Aus der ursprünglich therapeutischen Arbeitsform wurden in der Gestaltpädagogik eine Vielzahl von Methoden mit dem Ziel aufgegriffen, die Wahrnehmung zu erweitern, persönliches Wachstum zu fördern und Lernen in einer ganzheitlichen Weise zu ermöglichen (vgl. Burow 1993, Stevens 2002[16]).

Einen besonderen Stellenwert nimmt das Konzept der Themenzentrierten Interaktion ein. Ruth Cohn (1975) beschreibt unter dem Titel „Von der Psychoanalyse zur themenzentrierten Interaktion", wie sie sich, aus der Psychoanalyse kommend und sich in bestimmten Punkten (z. B. Verhältnis Therapeut – Klient, Wirksamkeit von Einzelverfahren, die Frage nach dem Thema der Interaktion) von ihr absetzend, lebendiges Lernen in Gruppen vorstellt. Ihre Zielsetzung ist ein Gruppenverfahren, an welchem mehr Menschen als in der klassischen Analyse teilhaben können, welches also nicht auf die begrenzte Therapeuten-Klienten-Situation reduziert ist. Ihr besonderer Verdienst ist es, dem „Thema" der Interaktion in der Dreiecksbeziehung mit der einzelnen Person (Ich) und der sozialen Dimension (Gruppe) einen gleichwertigen Stellenwert einzuräumen und diese Trias unter Berücksichtigung des Globes (Interaktionsrahmen, gesellschaftliche Situation etc.) zu bearbeiten. Dadurch ist ein Konzept entstanden, welches den ‚themenlosen' therapeutischen Bereich überwand (vgl. Langmaack 1996[3], S. 1) und Lernen in Gruppen immer im Zusammenspiel der verschiedenen Ebenen Ich, Wir, Thema und Globe begreift. Es wird berücksichtigt, dass Gruppenteilnehmer/innen vor einem biografischen Hintergrund und mit bestimmten Zielen und Interessen interagieren. Diese personalen Hintergründe werden in einem wechselseitigen Prozess mit der Gruppe abgeklärt und auf das Thema hin weiter entwickelt. Das Thema wiederum ist eher die Ausgangsfrage, die im Gruppenprozess modifiziert und unter Einbeziehung der Rahmenbedingungen und der Interessen auch verändert werden kann und soll. Lernen ist ein dynamischer Prozess, der von den Lernenden gestaltet und vorangetrieben wird.

Von besonderer Bedeutung sind in diesem Konzept die so genannten Postulate: Das Chairpersonpostulat besagt, dass jede Person für sich, für das, was sie sagt und für das, was sie nicht sagt, für das, wie sie sich einbringt und für das, wie sie sich nicht einbringt, selbst verantwortlich ist. Die Verantwortung für das eigene Verhalten und die entsprechenden Entscheidungen können nicht an andere (z.B. Leitung) delegiert werden (ebd., S. 76f.). Das Konzept der TZI weist hier deutliche Übereinstimmungen mit dem Ansatz des selbstgesteuerten Lernens auf.

Das zweite Postulat fordert, dass Störungen Vorrang haben. Hilfreicher ist sicher die Formulierung, dass Störungen, seien es individuelle, auf die Gruppe oder auf den Lernprozess bezogene, zu beachten sind und, soweit notwendig, auch bearbeitet werden müssen. Dahinter steht die Erfahrung, dass die „eigentlichen" Themen, Fragen oder auch Probleme oft in Seitengesprächen, in Pausen oder in einem anderen Rahmen zur Sprache kommen. Sie sollen nicht verloren gehen oder als „heimlicher Ballast mitgeschleppt" werden, sondern aufgegriffen und einbezogen werden.

Das Konzept der themenzentrierten Interaktion wurde in den 1970er Jahren von Ruth Cohn selbst in Europa eingeführt. Der Einbezug der verschiedenen Ebenen, die Postulate und auch die Hilfsregeln zum kommunikativen Umgang sind seit dieser Zeit zu einer selbstverständlichen Grundlage in der gruppenpädagogischen Arbeit geworden. Planung, Durchführung und Reflexion von Lernprozessen in Gruppen können unter Verwendung des Modells im Hinblick auf das grundlegende Anliegen eines lebendigen Lernens strukturiert werden.

III.3. Selbststeuerung und Selbstorganisation

Die konstruktivistische Auffassung geht davon aus, dass Lernen keine passive Informationsaufnahme ist, sondern ein eigenaktiver Prozess, in welchem an vorhandene Wissensstrukturen angeschlossen wird sowie diese weiter konstruiert und miteinander verknüpft werden. Dieser eigenaktive Lernprozess kann angeregt und provoziert werden – gelingt die Anregung nicht, findet auch kein Lernen statt. Diese (neuere) Sichtweise von Lernen hebt sich von dem stärker am Lehrprozess orientierten traditionelleren Primat der Instruktion ab, welches Lernen als einen eher rezeptiven Prozess sieht, bei dem der Lehrende verantwortlich für den Lernprozess ist. Er plant den Lernprozess, führt ihn durch und evaluiert ihn (vgl. Reinmann-Rothmaier/Mandel 1997, S. 359f.).

Die Frage nach Instruktion oder Konstruktion als Ausgangspunkt von Lernprozessen kann in einem komplementären Sinn beantwortet werden: Ziel ist eine Balance von instruktivem Handeln durch Lehrende und konstruktiver Aktivität durch Lernende (ebd., S. 378). Diese integrative Sicht gilt auch für Gruppen. Da in der gruppenpädagogischen Arbeit jedoch Ziele wie Mündigkeit und Demokratiefähigkeit grundlegend sind, ist der angestrebten Selbstverantwortung für den eigenen Lernprozess Rechnung zu tragen. Folglich sind Gesichtspunkte der individuellen Selbststeuerung von Lernen und der Selbstorganisation von Lernprozessen in Gruppen für gruppenpädagogische Überlegungen zentral:

– Niemand kann gezwungen werden zu lernen (vgl. Siebert 2006[2], S. 39). Die Gruppenleitung soll in der Lage sein, die Verantwortung für den Lernprozess bei den Teilnehmenden zu belassen und die Bedingungen für einen möglichen Lernprozess fördernd zu gestalten. Die Selbstverantwortung der Lernenden muss ernst genommen und respektiert werden, wie auch das Chairpersonpostulat im Konzept der Themenzentrierten Interaktion formuliert.

– Diese Anforderung methodisch-didaktisch umzusetzen heißt, die jeweilige Lernumgebung zu gestalten. Diese muss möglichst viele Anknüpfungspunkte bereitstellen, sie muss Anregungs- und auch Irritationspotential enthalten, um Neugier zu wecken und Lernprozesse auszulösen. Exemplarisch für eine solche Gestaltung von Lernumgebungen steht das erlebnisorientierte Arbeiten. In der Natur (outdoor) werden methodische Settings bereitgestellt, welche in physischer, psychischer und sozialer Hinsicht Herausforderungscharakter beinhalten. Die Bewältigung und Reflexion der Aufgaben sollen einen Lernprozess bewirken und einen Transfer auf den Alltag ermöglichen. Dieser Ansatz ist zwar nur begrenzt auf alltägliche Gruppensituationen übertragbar – die entsprechende Frage muss aber lauten: Wie kann ‚Erlebnisqualität' in Lernumgebungen geschaffen werden?

– Lernen soll teilnehmerorientiert sein, d.h. an vorhandene Erfahrungen anknüpfen, individuelles Vorwissen aktualisieren und Umsetzungsmöglichkeiten verdeutlichen. Dies erhöht die Chance, Beteiligung und damit Eigenaktivität auszulösen, welche Voraussetzungen für Lernen sind. Die Aneignungsperspektive ist gegenüber der Vermittlungsperspektive zu betonen (ebd., S. 35). In Gruppen ist besonders zu berücksichtigen, dass diese Aneignungs- und Abstimmungsprozesse Raum und Zeit benötigen. Thematisches Lernen in Gruppen ist nicht

nur ein individueller Prozess, sondern die Organisation des gemeinsamen Lernprozesses ist von gleichgewichtiger Bedeutung.
- Lernprozesse sind offen zu gestalten: Weder individuell und noch weniger auf Gruppenebene ist absehbar, welche Inhalte und Fragen letztendlich entscheidend sein werden. Trotzdem ist ein Mindestmaß von Leitung bzw. entsprechender Begleitung notwendig. Die Gestaltung von Anfangssituationen, Moderation, Beratung und Begleitung z.B. in Aushandlungs- und Entscheidungsprozessen sind Aufgaben, welche die Leitung bei Bedarf erfüllen muss und die helfen, zu hohe Komplexität auf ein „erträgliches Maß" zu reduzieren.
- Diese Rolle der Gruppenleitung zwischen Instruktion und Konstruktion, zwischen Leitung und Begleitung, zwischen Anleitung und Ermöglichung, muss in den Gruppen transparent und korrigierbar sein. Leitung wie Teilnehmende müssen sich in solche Lernprozesse einfinden können. Gemäß dem gruppenpädagogischen Prinzip des Sich-überflüssig-Machens (vgl. Kelber 1965, S. 137) muss die Leitung lernen loszulassen, zu delegieren und die Verantwortung bei denen zu belassen, denen sie zusteht. Die Gruppenmitglieder stehen komplementär vor der Aufgabe, Verantwortung für den eigenen Lernprozess zu übernehmen.
- Eine Vorgehensweise, die selbstgesteuertes Lernen, soziale Kompetenz und Wissenserwerb miteinander verbindet, ist das problembasierte Lernen (PBL). Ausgangspunkt und Anregung für einen selbstorganisierten, (evtl. tutoriell) begleiteten Lernprozess in Gruppen ist ein Problemaufriss, welcher eine eher neutrale Beschreibung von Ereignissen und Zusammenhängen einer Fragestellung beinhaltet, die komplex und nicht routinemäßig lösbar ist. Die Arbeit an dem Thema ist zeitlich begrenzt. Die Ergebnisse werden am Schluss von den Gruppen präsentiert und evaluiert. Diese Sonderform projektorientierten Lernens ist eine Entwicklung, die aus den USA und Kanada rezipiert wurde und besonders im medizinischen und juristischen Studium umgesetzt wird. Für die Gruppenpädagogik ist Problembasiertes Lernen ein aussichtsreicher Weg, Lernprozesse zu initiieren und ein sinnvolles Zusammenspiel von Instruktion und Konstruktion umzusetzen (vgl. Zumbach 2003, S. 28).
- Von Bedeutung für eine Qualifizierung von Lernprozessen in Gruppen, aber in gruppenpädagogischen Kontexten bisher wenig untersucht, sind Strategien des Wissensmanagements und des vernetzten Lernens. Während auf individueller und organisationaler Ebene Fragen des Wissensmanagementes breit diskutiert werden, bleibt die Frage, wie Gruppen ihr Potential an Wissen nutzen, kommunizieren und generieren, bisher bei ersten Beschreibungen stehen (vgl. Siebert 2003, S. 85f.).

Die Chancen, welche die Gruppenpädagogik heute für Lernprozesse eröffnet, werden zunehmend gesehen und auch genutzt. Gruppen sind in ihren Lehr- und Lernprozessen nicht auf die sozial-emotionale Ebene beschränkt. Vielmehr ist die Frage, wie Sachthemen adäquat und effektiv in Gruppen erarbeitet werden können, stärker in den Blickpunkt gerückt und die zentrale Herausforderung an zukünftiges gruppenpädagogisches Arbeiten.

Literatur

Amann, A. (2004): Das gruppendynamische Arbeitsmodell. In: Antons, K. (Hrsg.): Gruppenprozesse verstehen. Wiesbaden, S. 27-50.
Antons, K. (1992): Praxis der Gruppendynamik. Weinheim.
Beck, U. (1986): Risikogesellschaft, Frankfurt a.M.
Blake, R./Mouton, J. (1968): Verhaltenspsychologie im Betrieb. Düsseldorf.
Bosselmann, R./Lüffe-Leonhardt, E./Gellert, M. (Hrsg.) (1993): Variationen des Psychodramas. Teil 2: Pädagogische Anwendungen. Meezen, S. 95-167.
Brocher, T. (1967): Gruppendynamik und Erwachsenenbildung. Zum Problem von Konformismus und Autonomie in Arbeitsgruppen. Braunschweig.
Burow, O.A. (1993): Gestaltpädagogik. Trainingskonzepte und Wirkungen. Paderborn.
Cohen, M.D./March, J.G./Olsen, J.P. (1972): A Garbage Can Model of Organizational Choice. Administrative Science Quarterly, Vol. 17, S. 1-25.
Cohn, R. (1975): Von der Psychoanalyse zur themenzentrierten Interaktion. Stuttgart.
Fischer, L./Wiswede, G. (2002^2): Grundlagen der Sozialpsychologie. München.
Foerster, H. v. (1985): Entdecken oder Erfinden. Wie lässt sich Wirklichkeit verstehen? In: Gumin, H./Meier, H (1992): Einführung in den Konstruktivismus. München, S. 41-88.
Francis, D./Young, D. (1996^5): Mehr Erfolg im Team. Hamburg.
Garland, J.A./Jones, H.E./Kolodny, R.L. (1969): Ein Modell für Entwicklungsstufen in der Sozialarbeit-Gruppe. In: Bernstein, S./Lowy, L. (Hrsg.): Untersuchungen zur Sozialen Gruppenarbeit in Theorie und Praxis. Freiburg, S. 43-102.
Giesecke, H. (1971): Die Jugendarbeit. München.
Hersey, P./Blanchard K. H/Dewey, J. E. (1996^7): Management of Organizational Behavior. Utilizing Human Ressources. Upper Saddle River.
Junge, H./Lendermann, H. B. (1990): Das Kinder- und Jugendhilfegesetz (KJHG). Einführende Erläuterungen. Freiburg i. Br.
Kelber, M. (1965): Was verstehen wir unter Gruppenpädagogik? In: Müller, C.W. (Hrsg.) (1970): Gruppenpädagogik. Weinheim, S. 127-140.
Konopka, G. (1978^6): Soziale Gruppenarbeit: ein helfender Prozess. Weinheim.
Krafeld, F.-J. (1991): Von der Politisierung zur Pädagogisierung. Jugendverbände in den 70er Jahren. In: Böhnisch, L. (Hrsg.): Handbuch Jugendverbände. Weinheim, S. 93-101.
Langmaack, B. (1996^3): Themenzentrierte Interaktion. Weinheim.
Lewin, Kurt (1953): Die Lösung sozialer Konflikte. Bad Nauheim.
Massing, P. (1993): Politische Bildung. In: Andersen, U./Woyke, W. (Hrsg.): Handwörterbuch des politischen Systems der Bundesrepublik Deutschland. Opladen, S. 433-442.
Müller, C. W. (Hrsg.) (1970): Gruppenpädagogik. Weinheim.
Müller, C. W. (1997^3): Wie Helfen zum Beruf wurde. Weinheim.
Münch, W. (1995): Individuum in Gruppe und Weiterbildung. Weinheim.
Nechwatal, G. (2002): Die Leitung sozialer Einrichtungen. Erfahrungen-Analysen-Hilfen. Eichstätt.
Neill, A.S. (1970): Theorie und Praxis der antiautoritären Erziehung: Das Beispiel Summerhill. Reinbek.
Neuberger, O. (2002^6): Führen und führen lassen. Stuttgart.
Nohl, H. (1978^8): Die pädagogische Bewegung in Deutschland und ihre Theorie. Frankfurt a.M.
Rechtien, W. (1990): Zur Geschichte der Angewandten Gruppendynamik. In: König, O. (Hrsg) (2001^4): Gruppendynamik. München, S. 43-62.
Reinmann-Rothmeier, G./Mandl, H (1997).: Lehren im Erwachsenenalter. In: Weinert, F./ Mandl, H. (Hrsg.): Psychologie der Erwachsenenbildung. Göttingen.

Schäfers, B (1994²): Entwicklung der Gruppensoziologie und Eigenständigkeit der Gruppe als Sozialgebilde. In: Schäfers, B. (Hrsg.): Einführung in die Gruppensoziologie. Heidelberg/Wiesbaden, S. 19-36.
Schelsky, H. (1957): Die skeptische Generation. Köln/Düsseldorf.
Schütz, K. V. (1989): Gruppenforschung und Gruppenarbeit. Mainz.
Siebert, H. (2003):Vernetztes Lernen. Neuwied.
Siebert, H. (2006²): Selbstgesteuertes Lernen und Lernberatung. Neuwied.
Springer, R. (1995): Grundlagen einer Psychodramapädagogik. Köln.
Stahl, E. (2002): Dynamik in Gruppen. Weinheim.
Stevens, J. O. (2002¹⁶): Die Kunst der Wahrnehmung. Gütersloh.
Tuckman, B. (1965). Developmental Sequence in Small Groups. In: Psychological Bulletin, 63/6, S. 384-399.
Zumbach, J (2003): PBL: Problembasiertes Lernen. Münster.

HARM KUPER

Kapitel 3: Institution und Organisation

Für die Erziehungswissenschaft in die Begriffe Institution und Organisation einzuführen bedeutet erstens, sich zumindest teilweise auf ein fachlich fremdes Terrain zu begeben – namentlich auf das der Soziologie – und damit zweitens in erhebliche Distanz zu traditionellen Theorielinien der Erziehungswissenschaft zu treten. Es mag auf diese Distanz zurückzuführen sein, dass die Begriffe Institution und Organisation im erziehungswissenschaftlichen Diskurs häufig fälschlicherweise synonym verwendet werden. Eine begriffliche Differenzierung ist allerdings aus systematischen Gründen auch für die Erziehungswissenschaft wünschenswert, da die Geschichte der Erziehung als eine Geschichte von Erziehungsinstitutionen betrachtet werden kann (vgl. Tenorth 1992) und diese in der modernen Gesellschaft unter der spezifischen Voraussetzung der Gründung von Organisationen verläuft. Dieser Beitrag bietet einen Überblick, in dem Institutionen- und Organisationstheorien separat behandelt werden, um dann – ausgehend von den Organisationstheorien – an einigen Stellen Verbindungen aufzeigen zu können. Beide Theoriestränge sollen so als Mittel zur Analyse der komplexen sozialen Dynamik erschlossen werden, unter denen Erziehungs- und Bildungsprozesse in der modernen Gesellschaft erfolgen.

Im Folgenden werden zu den Themen Institution und Organisation zunächst einige allgemeine soziologische Grundüberlegungen skizziert und Grundbegriffe erläutert. Dabei finden insbesondere Autoren und Theorielinien von herausgehobener Bedeutung für die Erziehungswissenschaft Berücksichtigung. Daran anschließend erfolgt jeweils eine Skizze institutions- bzw. organisationstheoretischer Forschung auf dem Gegenstandsfeld der Erziehungswissenschaft. Auch ein Überblick – zumal über zwei so weite Themen – ist notwendig selektiv. Zwei der vorgenommenen Einschränkungen sollen hier wenigstens durch ergänzende Literaturhinweise abgemildert werden. Institution wird hier im Sinne der Verselbständigung des pädagogischen Handelns in der modernen Gesellschaft behandelt. Ein weiterer erziehungswissenschaftlich relevanter Aspekt der Institutionsforschung betrifft das wechselseitige Verhältnis von Person und Institution – mithin die Sozialisation. Für diese Thematik sei verwiesen auf Veith (1996). Die Konzentration der folgenden Ausführung auf Schule ist der paradigmatischen Bedeutung dieser Einrichtung für Fragen der Institutionalisierung und Organisation des Bildungswesens geschuldet. Über Spezifika der Institutionalisierung und Organisation anderer pädagogischer Praxisfelder geben die Beiträge in Cortina u. a. (2003) Auskunft.

I. Institution

I.1. Begriffliche Konkretisierung

Der Begriff der Institution ist umfassender als der der Organisation. Neben Organisationen wie Schule oder Betrieb, werden etwa auch die Familie oder die Ehe als

Institutionen bezeichnet. Der Begriff steht im Zentrum der Auseinandersetzung mit einer theoretischen Grundfrage soziologischer Forschung, nämlich der nach den Bedingungen und Möglichkeiten sozialer Ordnung im Allgemeinen. Organisation – um eine erste Abgrenzung anzudeuten – bezeichnet dagegen die Formalisierung sozialer Ordnung. Soziale Ordnung ist in den Theorien der Institution zu erklärendes und erklärendes Phänomen in gleicher Weise. Institutionen stehen in wechselseitiger Kopplung zum Handeln; sie werden durch Handeln hervorgebracht und orientieren das Handeln. In der Handlungsorientierung wird eine zentrale Funktion von Institutionen gesehen – sie dienen der Bewältigung von Kontingenz. Als kontingent bezeichnet man einen Zustand, in dem es keine Notwendigkeit für ein bestimmtes Verhalten gibt und damit alles immer auch anders möglich wäre. Dass beim Handeln in verschiedenen sozialen Kontexten – in einer Freundschaftsbeziehung ebenso wie in der Familie, in einem Verein oder am Arbeitsplatz – erwartbare Handlungen eingeschränkt und damit Erwartungssicherheit geschaffen wird, ist eine Leistung von Institutionen.

Eine prominente anthropologische Begründung der Bedingung sozialer Ordnung geht zurück auf Gehlen (1976[11]). Er geht von einem Erfordernis der *Entlastung* des *weltoffenen* Menschen aus, dessen Verhalten nicht durch Instinkte programmiert ist. Durch die Abwesenheit eines genetisch fixierten Verhaltensprogramms entsteht das Problem der Kontingenz, das Institutionen durch die von ihnen gebotene Handlungsorientierung mindern. Institutionen bilden somit für Gehlen ein funktionales Äquivalent für instinktreguliertes Verhalten.

Genuin soziologische Zugänge der Institutionstheorie suchen Gründe für die Entstehung von Institutionen in der Dimension des Sozialen selbst. Denn in der Dimension des Sozialen – also immer dann, wenn mindestens zwei Akteure in ihrem Handeln aufeinander Bezug nehmen – steigert sich das Problem der Kontingenz zur doppelten Kontingenz (vgl. Luhmann 1984, S. 148ff.). Doppelte Kontingenz beschreibt eine Situation in der Alter in seinem Handeln an das Handeln von Ego anschließt und Ego sein Handeln davon abhängig macht, wie Alter handelt. Beide sind damit Handelnde und Anbieter einer Handlungsorientierung zugleich – das bedeutet aber auch, dass die Kontingenz des Handelns beider das jeweils eigene Handeln und die Orientierungsleistung für den jeweils anderen zum (doppelten) Problem werden lässt. Die Überwindung dieses Problems setzt sinnhaftes Handeln und damit die Dimension des Sozialen voraus. Dieses bringt *Erwartungserwartungen* hervor, also Erwartungen darüber, was das jeweilige Gegenüber in einer sozialen Situation erwarten mag.

In der Tradition des Symbolischen Interaktionismus wird die Überwindung der doppelten Kontingenz von Berger & Luckmann (1972[3]) als Bildung von Institutionen beschrieben. Sie kennzeichnen den Verlauf dieses Prozesses durch vier Stufen: Die *Routinisierung*, mit der Individuen sich davon entlasten, in jeder Situation Entscheidungen treffen zu müssen; die *Habitualisierung*, in der bestimmte Verhaltensweisen zu einer persönlichen Gewohnheit werden; die *Typisierung*, in der ein Beobachter Handlungsmuster einer anderen Person identifiziert. Erfolgt diese Typisierung im wechselseitigen Verhältnis von mindestens zwei Akteuren, so beginnt der Vorgang der *Institutionalisierung*. Eine Institution gewinnt um so mehr an Bedeutung, je mehr Akteure die mit ihr gebotene Handlungsorientierung als gültig anerkennen.

Vom Problembezugspunkt der doppelten Kontingenz aus stellt sich Institutionalisierung als ein Prozess dar, der von zufälligen Anfangspunkten ausgehend in zunehmende Bestimmtheit von Handlungserwartungen mündet. Der Institutionsbegriff lässt sich dagegen aber auch in einem gesellschaftstheoretischen Sinne füllen, in dem die Funktion von Institutionen für das „Ganze" der Gesellschaft den analytischen Ausgangspunkt bildet. Ursprünge dieses Institutionsbegriffs liegen in einer biologistischen Vorstellung der Gesellschaft (zusammenfassend: Schelsky 1973). Ihr zufolge ist die Funktion von Institutionen analog zu denen von Organen eines Körpers beschreibbar – sie dienen der Aufrechterhaltung eines umfassenden Ganzen durch die Erfüllung unterschiedlicher Bedürfnisse. Die Soziologie hat sich auch in der gesellschaftstheoretischen Tradition von fachfremden Metaphern befreit und hat genuin soziale Entwicklungen als Grund der Herausbildung von Institutionen identifiziert (vgl. Durkheim 1984). In dieser Tradition bietet die Systemtheorie Luhmanns (1984) ein sehr weit ausgearbeitetes und für die Erziehungswissenschaft folgenreiches Theorieangebot. Hier wird allerdings auf den Institutionsbegriff – unter Hinweis auf seine ungeklärte theoretische Einbettung – verzichtet und der Gegenstand der Soziologie mit dem Begriff des sozialen Systems definiert. Dieser leitet eine gesellschaftstheoretische Analyse, in deren Zentrum die Herausbildung funktionaler Differenzierung als strukturelle Formation der modernen Gesellschaft steht. Sie beschreibt die Entstehung autonomer Systeme mit weitestgehend monopolisierten Zuständigkeiten für Politik, Wirtschaft, Erziehung u. a. innerhalb der Gesellschaft. Die hochgradige Spezifikation dieser Funktionssysteme garantiert ihre Leistungsfähigkeit, bedingt allerdings auch eine hohe Abhängigkeit von den Leistungen anderer Systeme.

Gemeinsam sind den genuin soziologischen Ansätzen der Institutionsforschung zwei Grundgedanken: Erstens dass Institutionen ihren funktionalen Bezugspunkt ausschließlich auf der Aggregatebene des Sozialen haben – also dort, wo kommunikative Bezüge und sinnhaftes Handeln ins Spiel kommen. Und zweitens dass die Entstehung von Institutionen keineswegs zur abschließenden Lösung ihrer Bezugsprobleme führt, sondern vielmehr in eine Dynamik der Entstehung abgeleiteter Bezugsprobleme mündet, auf die wiederum Institutionalisierung oder Institutionswandel folgen. Der Selbstbezug des Sozialen ist einer der zentralen Argumentationstopoi soziologischer Institutionstheorien. Der Hinweis auf markante Äußerungen wie die Webers (zugeschrieben durch Geertz 1987) über die Verstrickung des Menschen in selbstgesponnenen Bedeutungsgeweben oder die Luhmanns (1973, S. 37) über das „Faktum konkret festlegender Selbstverstrickungen in den sozialen Prozeß" muss hier die Auseinandersetzung mit diesem komplexen Theorieproblem ersetzen.

Eine deutliche Trennlinie ist zwischen soziologischen Ansätzen entlang der Frage markiert, inwiefern Personen gegenüber Institutionen einen bewusst wahrnehmbaren Akteursstatus besitzen (vgl. dazu Schimank 2004). In der Auseinandersetzung geht es darum, ob Institutionen eine Eigendynamik entwickeln, die sie von den bewussten Intentionen handelnder Personen absetzt, oder ob Institutionen erst durch intentionales Handeln konstituiert werden und einer gestaltenden Einflussnahme zugänglich sind. Weitgehend unbestritten ist in dieser Kontroverse, dass die mit Institutionen gegebene Erwartungssicherheit und die Zielverfolgung von Personen nicht in problemloser Übereinstimmung stehen, sondern immer wieder in Konflikt miteinander geraten können.

I.2. Institutionen im Bildungssystem

In der Erziehungswissenschaft sind die Eigendynamik und Gestaltbarkeit der Institutionen des Bildungssystems ebenfalls ein Grundthema. Es bewegt die Diskussion, seit sich eine pädagogische Praxis gegenüber den Erziehungsaufgaben der Familie differenziert hat. Gleichwohl zählt die Familie ebenfalls zu den Institutionen – sie kann sogar mit Recht den pädagogischen Institutionen subsumiert werden (Merkens 2006, S. 15). Damit ist allerdings die Familie erstens nicht vollständig als Institution beschrieben, da in ihr die Funktion der Erziehung unauflösbar an andere funktionale Eigenschaften – etwa an die Kommunikation von Liebe – gekoppelt ist. Zweitens stellt sich das Verhältnis von Gestaltbarkeit und Eigendynamik erst dann als eigenständige Frage, wenn artifizielle Sondermilieus geschaffen werden, die sich primär der Erziehung, dem Unterricht oder anderen pädagogischen Handlungsformen widmen. Entwicklungen im Sinne des Herauslösens pädagogischer Aufgaben aus der Familie bestehen in sehr selektiver Form seit der griechischen Antike (vgl. Marrou 1957). Sie finden ihren Anfang im Ungenügen familiärer Erziehung für den Staat und für die klerikale Gelehrsamkeit. Als sich im Zuge der Aufklärung die Schule als pädagogische Institution etablierte, wurde die Familie allerdings teilweise wieder als Vorbild für Erziehung angesehen.

Der Bedeutungshof, wie wir ihn heute mit dem Begriff der Institutionalisierung des Bildungssystems assoziieren, ist unlösbar mit Vorgängen im 19. Jahrhundert verbunden. In diesem Jahrhundert greifen in Bezug auf Bildung politische Planung, organisatorische Realisierung und wissenschaftliche Reflexion ineinander (vgl. Tenorth 1992). Maßgebliche Ereignisse sind
– die Grundlegung einer staatlichen Zuständigkeit für die Schule, mit der die Bedeutung der Grenzlinie zwischen öffentlicher und privater Verantwortung für Belange der Erziehung herausgestellt wird;
– die Inklusion vollständiger Geburtskohorten in organisierte Erziehung, der ein Allgemeinheitsanspruch im Sinne der formalen Gleichheit aller Personen zugrunde liegt und
– die Etablierung des Leistungsprinzips, das die in der Schule erworbene Bildung anstelle der Herkunft als Maßstab für den weiteren Verlauf von Bildungskarrieren oder die berufliche Betätigung setzt.

Der so gekennzeichnete Schub der Institutionalisierung motiviert Reflexionstheorien, sich mit den Erfordernissen einer pädagogischen Praxis auseinanderzusetzen, die sich von den alltäglichen Lebensbezügen abgelöst hat. Erwägungen, die sich auf die gesellschaftliche Bedeutung von Erziehung beziehen, spielen in ihnen ebenso eine Rolle wie solche, die sich der Frage nach der Handlungsorientierung für pädagogische Praktiker – namentlich für Lehrer – zuwenden. Für beide Varianten gibt es prominente Beispiele von Erziehungstheorien, die ‚institutionstheoretische' Argumentationen enthalten. Die Frage nach der beabsichtigten Wirkung von Erziehung und der Ordnung von Erziehungsinstitutionen wird etwa von Schleiermacher (2000) bereits insofern ‚institutionstheoretisch' behandelt, als er vom gesellschaftlichen Bezugsproblem des Generationenverhältnisses ausgeht. Seine Theorie beschreibt Erziehung somit als eine soziale Reaktion auf die anthropologische Konstante der zeitlichen Aufeinanderfolge von Generationen und der darin begründeten Möglichkeit des gesellschaftlichen Wandels im historischen Prozess. Vor diesem Hintergrund entwickelt Schleiermacher eine Ordnung der Erziehung, für die zwei variable Dimensionen maßgeblich sind: Das Kontinuum zwischen der Freiheit des individuellen Menschen und den Erfordernissen des gemeinschaftlichen Lebens sowie das Kontinuum zwischen der privaten Erziehung in der Familie und der öffentlichen Erziehung in Einrichtungen des Staates und der Kirche. Damit ist die Erziehungstheorie Schleiermachers um Themenachsen herum aufgebaut, die auch die aktuelle Diskussion um die historische Gestalt von Institutionen im Allgemeinen und von Erziehungsinstitutionen im Speziellen bestimmen.

Eine stärker auf die Binnenstruktur und praktische Anforderung institutionalisierter Erziehung ausgerichtete Sichtweise entfaltet Herbart in seiner Erziehungstheorie (1896). Sein Augenmerk gilt einer Theorie, die der Handlungsorientierung und Reflexionsfähigkeit des praktisch handelnden Pädagogen dient. Herbart entwickelt so eine theoretische Grundlage für ein wissenschaftliches Berufswissen von Pädagogen. Die mit der Institutionalisierung einhergehende Professionalisierung von pädagogischen Leistungsrollen findet darin ihren theoretischen Rückhalt.

Weitere Indikatoren für das Ineinandergreifen von Institutionalisierung und Professionalisierung sind die deutlicher werdende Konturierung des Lehrerberufs, die ihrerseits nicht zuletzt an die Institutionalisierung von Ausbildungsstätten für Lehrer gebunden ist, und die allmähliche Zunahme hauptberuflich tätiger Pädagogen.

Die hier skizzierten, ab 1800 beobachtbaren Vorgänge der Institutionalisierung von Bildung sind keineswegs der Einstieg in einen linear und widerstandsfrei verlaufenden Prozess. Aus einer institutionstheoretischen Perspektive wird deutlich, dass Eigendynamiken die politische und bildungstheoretisch begründete Gestaltung von Bildungsinstitutionen einschränken (vgl. Lundgreen 2003) und dass die Entwicklung des Bildungssystems insgesamt nicht schneller verlaufen kann als die Modernisierung der Gesellschaft, deren Teil sie ist.

Erziehung und Bildung als Teile gesellschaftlicher Realität zu analysieren ist – auch über die Beschreibung der historischen Entwicklung des Bildungssystems hinaus – das Anliegen institutionstheoretischer Zugänge. Freilich können dabei unterschiedliche Akzentuierungen verfolgt werden.

Makrosoziologische Zugänge thematisieren die gesellschaftliche Einbettung des Bildungssystems und arbeiten die Bedingtheit der Institutionalisierung pädagogischer Praxen innerhalb der Moderne heraus. Einen Ansatz, in dem die Variablen Macht und Interessenausgleich die Institutionalisierung in Bildungssystemen erklären, entwickelt Archer (1984). Sie analysiert die Ablösung des Bildungswesens feudalistischer Staaten durch die Bildungssysteme moderner Staaten. Entstehungsdynamik und Wandel moderner Bildungssysteme sind nach Archer vom Grad der Zentralisiertheit resp. Dezentralisiertheit gesellschaftlicher Einflüsse abhängig. Sie konzentriert ihre Analyse insbesondere auf den politischen Einfluss, der – sofern er zentralisiert ist – einen Wechsel von Statik und punktueller Veränderung in Bildungssystemen bedingt und – sofern er dezentralisiert ist – fortlaufenden inkrementalen Wandel in Bildungssystemen begünstigt. Ausschlaggebend ist in dieser Betrachtung die Konditionierung der Strukturen von Bildungssystemen durch ihre gesellschaftliche Umwelt. Eine ähnliche theoretische Ausgangsposition bezieht Cummings (2003), der die Entwicklung von Bildungsinstitutionen in sechs Nationen vergleichend untersucht. Er geht mit Parsons davon aus, dass Bildungsinstitutionen die Kinder und Jugendlichen in die Normen der Gesellschaft integrieren („ideal person", ebd., S. 36). Die Gestalt der Bildungsideale sowie die historischen Formen der Institutionen sieht er jedoch unter einem deutlichen Einfluss anderer gesellschaftlicher Bereiche, namentlich der Religion und der Politik. Im Gegensatz zu Cummings, der in der historischen Betrachtung von Bildungsinstitutionen deren Besonderheiten im nationalen Kontext hervorhebt, betonen Meyer & Ramirez (2002) die zunehmende Homogenisierung grundlegender Strukturen von Bildungssystemen – insbesondere der Curricula – unter dem Einfluss weltumspannender Modernisierungsprozesse.

Im Unterschied zu diesen genuin institutionalistischen Ansätzen beschreiben Luhmann & Schorr (1988) die Strukturbildung des Erziehungssystems als einen intern determinierten Prozess. Aus ihrer systemtheoretischen Perspektive ist das Erziehungssystem zunächst nur ein funktional differenziertes System neben anderen in der modernen Gesellschaft. Es verdankt seine Existenz zwar einem übergreifenden gesellschaftlichen Trend, in dem autonome Funktionssysteme entstehen, wird aber – nach erfolgter Ausdifferenzierung – eben als autonom betrachtet. Die systemtheoretischen Leitpunkte der Analyse des autonom gewordenen Erziehungssystems sind seine Funktion, seine Leistungen und seine Reflexion. Mit ihnen werden Relationen des Erziehungssystems zur Gesellschaft, zu anderen Funktionssystemen und zu sich selbst bezeichnet. Die das Erziehungssystem von anderen Funktionssystemen spezifisch unterscheidende Funktion ist nach Luhmann & Schorr die Selektion von Personen für Positionen in der Gesellschaft. Mit der Übernahme der Selektionsfunktion etabliert das Erziehungssystem ein meritokratisches Prinzip der Vergabe gesellschaftlicher Chancen und löst das feudalistische Prinzip der Selektion nach Herkunft ab. Die Leistungen beschreiben das Verhältnis des Erziehungssystems zu anderen Funktionssystemen; so ist etwa Qualifikation eine Leistung, die das Erziehungssystem für das Wirtschaftssystem erbringt. Unter dem Aspekt der Reflexion analysieren Luhmann & Schorr die Semantiken, mit denen innerhalb des Erziehungssystems Beschreibungen seiner selbst erstellt werden. Eine im engeren Sinne institutionstheoretische Betrachtung wird von den Autoren dabei weder vorgenommen noch beabsichtigt; gleichwohl legen sie mit der begrifflichen Trias von Funktion, Leistung und Reflexion einen Grund, um Mechanismen der Strukturbildung des autonom gewordenen Erziehungssystems unter Berücksichtigung der Beziehungen zu seiner sozialen Umwelt theoriegeleitet zu beschreiben. Von besonderem Reiz – auch für die Überprüfung der internen Konsistenz der Systemtheorie – ist dabei die Diskrepanz zwischen der Selbstbeschreibung des Erziehungssystems in pädagogischen Theorien und der gesellschaftlichen Realität der Erziehung; die daraus entstehenden Spannungen sind aus der Sicht der Systemtheorie ihrerseits ein Bestandteil der institutionellen Besonderheiten des Erziehungssystems, über die Reformabsichten auf Dauer gestellt werden.

Eine dieser Besonderheiten, mit denen eine thematische Brücke in die Mikrosoziologie und damit auf ein weiteres Feld institutionstheoretischer Analyse geschlagen wird, betrifft den im Erziehungssystem formulierten Anspruch, Sozialisationsinstanz für die ganze Gesellschaft zu sein, während die Empirie Belege dafür liefert, dass die Sozialisation in der Schule zunächst zu einem Leben in der Schule befähigt, also schulisch sozialisiert.

Der sozialisatorische Einfluss der Institution Schule ist besonders deshalb von hohem Interesse für die Schulforschung, weil er unbeabsichtigt mitlaufende Effekte auf die Personwerdung zeitigen kann, die in einem durchaus prekären Verhältnis zu den pädagogisch beabsichtigten Wirkungen stehen. Es sind Theoretiker aus einer psychoanalytischen Tradition – bei denen Sensibilität für verborgene Motive und unkontrollierte Wirkungen vorausgesetzt werden kann – die sich diesem Problem als Erste zugewendet haben. Allen voran Bernfeld (1981[4]) stellte gegen eine Ideologie der Pädagogik, die pädagogische Wirkungen allein im Kräftefeld des zwischenmenschlichen Verhältnisses von Lehrer und Schüler sehen wollte, die Einsicht: „Die Schule – als Institution – erzieht" (ebd., S. 28). Er sucht den Ansatzpunkt einer vom ihm geforderten „Instituetik" im Anspruch der Rationalisierung der Erziehung durch die Pädagogik. Dieser Anspruch sei nicht eingelöst. Vielmehr habe er sich mit der Didaktik lediglich auf einen Ausschnitt schulischer Realität – das Lehr-Lern-Arrangement des Unterrichts – zurückgezogen, dessen Bedeutung im Gesamtgefüge der komplexen Institution Schule nicht hinreichend geklärt und von der Didaktik überschätzt sei. Um über die Wirkung der Schule Aufklärung zu verschaffen, geht er von einem Verständnis von Schule aus, das sich gegen die pädagogische Deutung richtet. „Die Institution Schule ist nicht aus dem Zweck des Unterrichts gedacht und nicht als Verwirklichung solcher Gedanken entstanden, sondern ist da, *vor* der Didaktik und gegen sie" (ebd., S. 27). Eine Schulforschung in der Fortsetzung dieser Idee wäre in erster Linie Motivforschung, die über die ideologisch ausgeblendeten Gründe mitlaufender Nebenwirkungen der Schule Aufklärung gibt. Eine Verbindung mit soziologischen Begriffen findet die „Psychoanalyse der Schule als Institution" in der Arbeit von Fürstenau (1964). Er kritisiert auf der Grundlage des Rollenbegriffs eine Kollision zweckrationaler Momente der Verhaltensregulierungen mit affektiven Verhaltensmustern. Sie führe zu Autoritätskonflikten und münde in Widersprüchlichkeiten des Schulwesens, die hinter Ritualisierungen verborgen blieben und daher nicht auf ihren „institutionellen Kern" (ebd., S. 76) hin verfolgt werden könnten.

Die hinter dem pädagogischen Aufgabenverständnis liegende Funktionsweise der Institution Schule ist in der psychoanalytischen Tradition ein Gegenstand der skeptischen Beobachtung. In einer strukturfunktionalistischen Tradition dagegen ist die Einsicht in die programmatisch nicht fixierten, unwillentlichen Einwirkungen der Schule mit einer eher affirmativen Deutung ihrer Funktion als Sozialisationsinstanz der modernen Gesellschaft verbunden. Die Schule befördert dieser Interpretation zufolge eine Grundhaltung der Gesellschaftsmitglieder, die als eine Voraussetzung liberaler Gesellschaft gelten, aber von ihr und ihren Institutionen nicht absichtsvoll hergestellt werden kann. In Dreebens Studie „Was wir in der Schule lernen" (1980) wird die Erfüllung der Funktion der Schule entsprechend nicht als Folge eines zweckrationalen Aufbaus des Bildungssystems analysiert (vgl. auch Fend 2006). Er zieht einen Vergleich zwischen der institutionellen Struktur der Schule und der institutionellen Struktur anderer Sozialisationsagenten – allen voran der Familie. Dadurch werden die Differenzen einer affektiven, auf diffusen Beziehungsmustern ruhenden familiären Kommunikation zur formalisierten, spezifisch rollenförmigen Kommunikation in der Schule deutlich. Abgelöst von den Zwecken des Unterrichts eröffnet die Schule somit einen Erfahrungsraum, in dem Kinder erstmals außerhalb ihrer Familie mit den Anforderungen der Kommunikation moderner Gesellschaft konfrontiert sind. Bei Übernahme der zugrunde liegenden Normen Unabhängigkeit, Leistung, Universalismus und Spezifität akzeptieren die Schüler „(1) selbst zu handeln (wenn nicht Kooperation erforderlich ist) und persönliche Verantwortung für ihr Verhalten sowie Rechenschaft für dessen Konsequenzen zu übernehmen; (2) Aufgaben aktiv zu erfüllen und die Umwelt nach gewissen Güte-Standards zu meistern; (3) das Recht anderer anzuerkennen, sie in Kategorien einzuordnen und entsprechend zu behandeln, und zwar (4) aufgrund einiger weniger Merkmale, und nicht aufgrund der vollen Konstellation von Merkmalen, die den ganzen Menschen repräsentieren" (Dreeben 1980, S. 59).

Die Institutionen des Bildungssystems sind von Menschen gemacht und als solche ein Instrument der Gestaltung moderner Gesellschaft; gleichzeitig entfalten sie eine Eigendynamik, die sich der Gestaltbarkeit entzieht und in ein ambivalentes Verhältnis zu den Gestaltungsabsichten rücken kann. Auf diesen gemeinsamen Nenner lassen sich institutionstheoretische Analysen des Bildungssystems bringen. Einen Vorschlag, wie das pädagogisch kaum reflektierte Verhältnis von Gestaltung und Eigendynamik seinerseits bildungstheoretisch eingefasst werden kann, entwickeln Leschinsky und Cortina (Leschinsky/Cortina 2003). Sie identifizieren strukturelle Merkmale der Schule, die sie – durchaus in einem normativen Sinne – als idealtypisch versteht. Es sind die Orientierung an Universalität und Spezifität, die Versachlichung, die Möglichkeit zur Interessenartikulation, die Gewährleistung eines Raumes für freie Interaktion, die Beurteilung individueller Leistungen, die Simulation sozialer Vergleiche, die reflexive Distanzierung von lebensweltlichen Wirklichkeiten, der Primat simulierter und pädagogisch aufbereiteter Erfahrung, die organisatorische Unabhängigkeit und die Professionalität pädagogischer Arbeit (ebd., S. 30ff.). Diese strukturellen Merkmale beschreiben nicht primär die Realität der Bildungsinstitutionen, vielmehr sind mit ihnen Prinzipien formuliert, die unterhalb politischer Zielvorgaben einer Diskussion um die Funktion, Gestaltbarkeit und Eigendynamik von Bildungsinstitutionen Richtung geben können. Auch stehen die Prinzipien zueinander nicht in einem widerspruchsfreien Verhältnis, so dass eine Bildungseinrichtung, in der alle Prinzipien in vollem Umfang Realität geworden sind, praktisch weder erreichbar wäre, noch ein Optimum darstellen würde. Die bildungstheoretische Relevanz einer in und um Bildungsinstitutionen geführten Diskussion kann dann unter anderem darin liegen, „auf Ambivalenzen vorzubereiten und keine falschen Sicherheiten zu unterstellen" (Leschinsky 2003, S. 867); damit würde in Bildungsinstitutionen – pars pro toto – die einzige Sicherheit moderner Institutionen erfahrbar: dass es keine abschließende Sicherheit gibt.

II. Organisation

II.1. Begriffliche Konkretisierung

Die Bearbeitung von Unsicherheit tritt mit Organisationen in eine bewusste und damit spezifizierte Form sozialer Ordnung ein. Das trifft für das Bildungssystem ebenso zu, wie für andere Bereiche der Gesellschaft. Organisationen sind ein Strukturmerkmal moderner Gesellschaft, deren Entstehung historisch mit der funktionalen Differenzierung Hand in Hand geht. Organisationen sind zunächst abzugrenzen von anderen Formen der sozialen Ordnung – etwa Gemeinschaften. Gegenüber diesen zeichnen sich Organisationen in erster Linie durch das aktive Bemühen um Strukturierung der Kommunikation und des Handelns aus; Organisationen verlassen sich nicht auf die Selbstverständlichkeit institutionalisierter Regeln.

Im Sinne eines Bruchs mit unhinterfragten Selbstverständlichkeiten der Tradition legt Weber seine Bürokratietheorie (1947) an, die einen Anfangs- und in vielfacher Hinsicht auch einen Kulminationspunkt organisationstheoretischer Überlegungen bietet. Bürokratie ist für Weber neben Wissenschaft und Technik Ausdruck eines rationalisierten Weltzugangs, in dem Natur und Sozialität Gegenstand eines absichtsvollen Kalküls werden. Seine Studien der Bürokratie entwickelt er im Kontext einer Typologie von Geltungsgründen der Herrschaft, in der Bürokratie – als der reinste Typus legaler Herrschaft (ebd., S.126) – von der charismatischen und der traditionalen Herrschaft unterschieden wird. Er beschreibt die technische Überlegenheit bürokratischer Organisation gegenüber jeder anderen sozialen Form. Diese Überlegenheit führt er zurück auf den Maschinencharakter der Bürokratie, die sich „entmenschlicht" und „alle [...] rein persönlichen, überhaupt alle [...] irrationalen, dem Kalkül sich entziehenden, Empfindungselemente [...] aus der Erledigung der Amtsgeschäfte" (ebd., S. 662) ausschaltet. Damit gewährleiste Bürokratie ein ungewöhnliches Maß an Kontinuität, auf Wissen beruhender Autorität, Berechenbarkeit und Effizienz des Handelns. Weber selbst hat keine Differenzierung oder Variation seiner Strukturbeschreibung der Bürokratie vorgenommen. Im Vordergrund seines Werkes steht die Bedingtheit der Bürokratie in der abendländischen Kultur und die Folgen einer eigendynamischen Verselbständigung von Bürokratie – mit Blick auf den vorangegangenen Absatz könnte man auch sagen: Die Bürokratie resp. Organisation interessierte Weber in erster Linie als institutionelles Phänomen.

Eine im engeren Sinne organisationstheoretische Diskussion beginnt erst in der Auseinandersetzung mit Webers Vorgaben. Beobachtungen in Organisationen haben gezeigt, dass die von Weber zur Beschreibung von Bürokratien herangezogenen Aspekte erstens das Verhalten in Organisationen nicht vollständig erklären können und zweitens selbst variabel sind. Durchaus erhalten geblieben ist zunächst die Ausrichtung an der praktisch bedeutsamen Frage nach der Effizienz von Organisationen. Wichtige Stationen dieser Diskussion sind die Human-Relations-Bewegung und der situative Ansatz (vgl. zusammenfassend Kieser 2001).

In der Human-Relations-Bewegung wurde der vereinfachenden Interpretation des Weberschen Diktums von der effizienten Maschinenbürokratie durch die Managementlehre des Taylorismus die Bedeutung der informalen Organisation entgegengehalten. Die Einsicht in die informale Organisation konnte dabei einerseits genutzt werden, um die Entwicklung von Organisationen unter Gesichtspunkten der Humanisierung zu fordern, und andererseits, um die formal nicht regulierbaren „menschlichen" Voraussetzungen des Verhaltens in Organisationen mit in die Rationalisierung der Arbeit einzubeziehen. Der theoretische Fluchtpunkt dieser Überlegungen blieb allerdings immer die Formulierung eines Gegenmodels zur formalen Maschinenbürokratie.

Im situativen Ansatz steht dagegen die Variabilität struktureller Merkmale von Organisationen im Mittelpunkt der Betrachtungen. Die formale Organisationsstruktur wird in Abhängigkeit von situativen Faktoren gesehen. Zu diesen zählen etwa die Größe einer Organisation, die in ihr verwendeten Techniken und ihr Alter, aber auch externe Einflüsse wie die Konkurrenzverhältnisse und die Kundenstruktur. Aus der Sicht des situativen Ansatzes ist die Regulierbarkeit des Verhaltens der Organisationsmitglieder ebenso wie die Effizienz einer Organisation eine Frage der Situationsangemessenheit ihrer formalen Struktur. Eine sehr instruktive Weiterentwicklung des situativen Ansatzes liegt von Mintzberg (1979) vor. Organisationen bestehen ihm zufolge aus Basiskomponenten, in denen unter anderem die Aufgaben des Managements, der operativen Arbeit, der infrastrukturellen Unterstützung und der Standardisierung von Arbeitsabläufen bearbeitet werden. Organisationen lassen sich anhand von Unterschieden in der Ausprägung dieser Basiskomponenten und der Relationen zwischen ihnen typisieren. Der theoretische Gewinn dieses Ansatzes liegt darin, die situativen Faktoren nicht als Determinanten der Organisationsstruktur anzusehen und insofern Einblick in den Gestaltwandel und die innere Gestaltbarkeit von Organisationen zu geben.

Während die bisher genannten Ansätze Organisationen als isolierte Einheiten zur Erfüllung bestimmter Zwecke betrachten und damit von ihren Bezügen zur sozialen Umwelt abstrahieren, schließen sogenannte neoinstitutionalistische Ansätze der Organisationstheorie an das gesellschaftstheoretische Erbe Webers an (vgl. zusammenfassend Türk 1997). Die Ausgangsfrage des Neo-Institutionalismus bezieht sich nicht auf die Optimierung der Leistungsfähigkeit einer Organisation durch die Gestaltung ihrer Struktur, sondern auf den strukturierenden Einfluss institutioneller Umwelten auf Organisationen. Nirgends wird die begriffliche Differenz zwischen Institution und Organisation deutlicher markiert als in dieser Theorietradition, die – wie Weber – Organisationen selbst in ihrer institutionellen Bedingtheit auffasst. Rationalität und Effizienz sind damit nicht Leistungen, die auf den gestaltenden Eingriff eines Organisators zurückzuführen sind und durch innere Struktur zu einem Optimum geführt werden können, sondern Erwartungen, die innerhalb eines institutionellen settings mit bestimmten, für legitim gehaltenen Formen einer Organisation korrespondieren. Dieser Gedanke wird insbesondere in der Arbeit von Meyer und Rowan (1992) herausgestellt. Sie erklären die formale Struktur von Organisation als Inkorporation institutionalisierter Erwartungen und damit zum Mythos. Bis in das Verständnis von Effizienz hinein basiert die an Organisationen kristallisierte Rationalitätserwartung demnach letztlich auf einer Basis, die nicht für rationale Steuerung zugänglich ist.

Rationalitätskritik wird mit zunehmender Spezialisierung ein zentrales Motiv in der Auseinandersetzung mit Organisationen, insbesondere in entscheidungstheoretischen Ansätzen. Allen voran muss hier auf die bereits in ihrer Metaphorik provokative Arbeit von Cohen, March und Olsen (1972) verwiesen werden. Ihnen zufolge fallen Entscheidungen in Organisationen nach einem Mülltonnenmodell. Dieses erklärt Entscheidungsverhalten in deutlicher Abgrenzung von der Vorstellung rationaler Problemlösung als eine Koinzidenz des Auftretens von Kommunikationsteilnehmern und ihren Verhaltenspräferenzen, für die in chaotischen Vorgängen zuallererst passende Probleme gefunden werden müssen, um in Entscheidungsgelegenheiten münden zu können.

Die theoretisch differenzierteste Ausarbeitung einer auf dem Entscheidungsbegriff basierenden Organisationstheorie liegt in den Arbeiten Luhmanns (2000) vor. Entscheidung ist für Luhmann eine bestimmte Form der Kommunikation; Entscheidungen sind die kleinsten Einheiten aus denen Organisationen bestehen. Wird die Aufmerksamkeit in der Kommunikation auf Entscheidungen gerichtet, so findet der stetige Fluss der Kommunikation Unterbrechungen, die eine besondere Strukturtypik zur Folge haben. Dieser Sachverhalt lässt sich anhand einiger Aspekte kursorisch verdeutlichen: Entscheidungen markieren das Vorliegen von Alternativen, aus denen eine Möglichkeit ausgewählt und fortgeführt wird. Mit der Auswahl wird in der Entscheidung immer auch dieses Spektrum von Möglichkeiten festgehalten. Einerseits vermindern Entscheidungen somit Unsicherheit, insofern sie für eine Reduktion sinnvoller Anschlussstellen der Kommunikation sorgen; andererseits erhalten sie Unsicherheit, insofern jede Entscheidung die Tatsache festhält, dass man auch anders hätte entscheiden können. Die einzelnen Entscheidungen werden somit zu irreversiblen Ereignissen, die der folgenden Kommunikation Struktur geben; die Struktur selbst ist allerdings variabel, weil sie selbst wiederum Gegenstand neuer Entscheidungen werden kann.

Dieser Ansatz der Organisationstheorie löst sich vollständig von der Idee, Organisationen über Strukturparameter zu identifizieren und wird damit ausgesprochen flexibel in Hinblick auf die Erklärung empirischer Strukturvarianten. Die theoretische Identifikation von Organisation erfolgt über die Basisoperationen *Entscheidung*. Eine daran anschließende Empirie erfolgte – cum grano salis – nach dem Fragemuster: Wer entscheidet was unter welchen Prämissen und mit welchen Folgen?

II.2. Organisationen im Bildungssystem

Die Institutionalisierung formalisierter Entscheidungsprozesse resp. Organisation hat auch vor dem Bildungssystem nicht Halt gemacht und bietet einen Gegenstand für organisationstheoretische Analysen. Einer der stärksten Impulsgeber für die Gründung von Organisationen im Bildungssystem ist die Verrechtlichung. In ihr finden die staatliche Verantwortung für Bildung und bisweilen auch der staatliche Gestaltungsanspruch ihren Ausdruck. Nicht zuletzt aus diesem Grunde war die Auseinandersetzung der Erziehungswissenschaft mit der Organisation von Bildung eine Auseinandersetzung um staatliche Verwaltungsbürokratie. Oftmals dominierte ihr gegenüber Skepsis. Die Aufmerksamkeit wurde gern auf die Schule als unterste Verwaltungsbehörde und auf die Zentralisierung von Kontrollfunktionen gelenkt. Die Einschränkung pädagogischer Autonomie und die Formalisierung pädagogischer Bezüge wurden als Folgen der bürokratischen Organisation beklagt (zusammenfassend Terhart 1986). Dagegen hat sich eine Sichtweise, nach der Organisation als Voraussetzung für die Stabilisierung autonomer pädagogischer Praxis angesehen wird, nur sehr eingeschränkt behaupten können. Sie entwickelt sich u. a. in der Reflexion der Bereiche des Bildungssystems, in denen die formale Struktur der Einrichtungen vergleichsweise schwach ausgeprägt ist, etwa in der Weiterbildung (vgl. Wittpoth 1997). Diese beiden Einstellungen markieren in ihrer Unterschiedlichkeit die Ambivalenz des Verhältnisses der Erziehungswissenschaft zur Organisation. Aus einer Position, die an der pädagogischen Gestaltung von Interaktionsvollzügen interessiert ist, kann der Mangel an Organisation ebenso als hinderlich wahrgenommen werden, wie das Vorhandensein von Organisation. Im ersten Fall, weil die Spezifikation und Persistenz pädagogischer Kommunikation gegenüber anderer Kommunikation nicht gewährleistet ist; im zweiten Fall, weil die pädagogische Kommunikation durch Organisation unter einen Formzwang zu geraten scheint, von dem befürchtet wird, dass er ihr die Grundlagen entzieht. In dieser Spannung gedeihen Reformen – und binden das Thema der Gestaltung von Erziehung und Bildung unweigerlich an Organisation. Reformen sind ohne Organisation undenkbar; denn Reformen sind absichtsvolles, auf die Zurechnung von Anlässen und Folgen angewiesenes Handeln. Für kollektives Handeln ist Zurechenbarkeit nur erreichbar durch Organisation, d. h. durch die programmatische Fixierung und Formalisierung von Entscheidungs- und Verhaltensprämissen. Auf Institutionen ist Verantwortung nicht zurechenbar, weil sie nicht als einheitliche Akteure kommunizieren können. Für das Bildungssystem kann die Verkopplung zwischen pädagogischer Absicht und organisatorischer Gestaltung sowohl für die sogenannte äußere Struktur als auch für die innere Struktur von Organisationen nachvollzogen werden. Mit diesen Begriffen werden zwei Ebenen der Organisation bezeichnet, von denen eine die einzelne Organisationen übergreifenden und daher vereinheitlichenden Prämissen betrifft und die andere die Ausgestaltung organisationsspezifischer Strukturen. Beispielhaft für die Reform äußerer Struktur ist die Diskussion um Schulformen, wie etwa die Gesamtschule (vgl. Herrlitz/Weiland/Winkel 2003). Die innere Struktur von Bildungseinrichtungen wurde in der jüngeren Vergangenheit insbesondere im Zusammenhang mit der Sicherung von Bildungsqualität thematisiert (vgl. Fend 1998); dabei wurden die schulinternen Variablen gesucht, die lernwirksamen Unterricht begünstigen. Für die Weiterbildung ist die These der Entgrenzung aufgestellt worden, derzufolge die pädagogische Kommunikation sich zunehmend von Organisationen des Bildungssystems ablöst und ohne spezifische organisatorische Anbindung in die Gesellschaft und ihre Institutionen hinein diffundiert, etwa in die Massenmedien und Betriebe (vgl. Kade 1989); eine Folge dieser Entwicklung ist, dass sich die Struktur pädagogischer Kommunikation in den betroffenen Bereichen vollständig außerhalb des Einflussbereichs von Reforminitiativen eigendynamisch entwickelt.

Jede Reform basiert auf der Annahme, über die Gestaltung struktureller Rahmenbedingungen des Handelns Einfluss auf das Handeln und die Handlungsfolgen nehmen zu können. In Bezug auf das Bildungssystem steht dieser Annahme die organisationstheoretisch bislang ungelöste Frage gegenüber, welche Kopplungen zwischen dem faktischen Handeln in Organisationen und seiner formalen Struktur überhaupt bestehen. In einem vielzitierten Aufsatz über Organisationen des Bildungssystems hat Weick (1976) die Kopplungen als ‚lose' charakterisiert. Demzufolge erfolgt die Verhaltensregulierung auf der unteren Ebene von Bildungsorganisationen – also etwa bei der Durchführung des Unterrichts – weitgehend unabhängig von den organisatorischen Prämissen. Der steuernde Einfluss der Organisation auf das operative Handeln wird als gering angesehen. Studien über die praktische Ausübung der Schulaufsicht bestätigen die These der losen Kopplung, da sie auf Kontrollspannen aufmerksam machen, deren Weite eine bis in die alltägliche Praxis hinein verhaltenswirksame Aufsicht über das Geschehen in den Schulen gar nicht ermöglicht (vgl. Baumert 1980). Der pädagogischen Skepsis gegenüber bürokratischer Regulierung konnte so mit dem Hinweis auf die lose Kopplung ein Argument entgegengesetzt werden: Die formale Struktur mag auch für die Organisation der Schule kennzeichnend sein, ihre Auswirkung auf die Vollzüge pädagogischer Kommunikation bleibt gering. Die Idee der losen Kopplung lässt allerdings wesentliche Fragestellungen einer theoriegeleiteten Analyse von Organisationen des Bildungssystems ungeklärt. Zwar bringt sie die Interpretation der organisierten Realität des Bildungssystems in bessere Übereinstimmungen mit den pädagogischen Vorstellungen über Erziehungs- und Bildungsprozesse, als es das Bürokratiemodell und seine Nachfolger vermochten; aber mit der losen Kopplung wird Handlungssteuerung als Erklärung für das Entstehen formaler Organisationen im Bildungssystem ausgeschlossen und statt dessen allenfalls eine ad hoc Interpretation zu der Beobachtung eines nicht-deterministischen Verhältnisses zwischen formaler Struktur und alltäglichem Handeln angeboten. Das entstehende organisationstheoretische Vakuum, in das insbesondere die Aufklärung über Vorgänge im Inneren der Organisationen des Bildungssystems fällt, ist in der erziehungswissenschaftlichen Forschung mit Ansätzen aus der Organisationskulturforschung zu füllen versucht worden. In deren Fokus liegen latente Strukturmuster der Kommunikation in Organisationen, die sich im weitesten Sinne auf das Bewusstsein der Zugehörigkeit zu einer Organisation und die implizite Kenntnis der Anforderungen alltäglicher Kommunikation beziehen. Mit der Kultursemantik wird eher auf die Form der Gemeinschaft als auf die Form der formalen Organisation abgehoben. Dieser Schritt garantiert zwar eine hohe Affinität zu pädagogischen Semantiken, stellt sich aber aus der Sicht der Organisationstheorie insofern lediglich als Teillösung dar, als damit nur die informellen, über Entscheidungen nicht kommunizierbaren Verhaltensprämissen thematisiert werden. Auch im Neo-Institutionalismus – in dem die These der Entkopplung übernommen und auf das Verhältnis zwischen einer Formalstruktur, die an Umwelterwartungen ausgerichtet ist, und einer davon unabhängigen Aktivitätsstruktur angewendet wird (Meyer/Rowan 1992) – bleiben Besonderheiten der internen Struktur von Bildungsorganisationen weitgehend unbeachtet. Das gilt auch für die Varianten des Neo-Institutionalismus, in dem das Argument der losen Kopplung kritisiert wird (DiMaggio/Powell 1991), da auch hier Mechanismen der Angleichung von Organisation an ihre Umwelt im Mittelpunkt stehen.

Eine organisationstheoretische Position, die Umweltbeziehungen und interne Struktur von Bildungsorganisationen aufeinander bezieht, ist bislang nicht ausgearbeitet. Ein Ansatzpunkt liegt mit den systemtheoretischen Analysen zur Organisation vor (zusammenfassend Kuper 2004). Mit den begrifflichen Mitteln der Systemtheorie lässt sich sehr klar das Bezugsproblem herausstellen, das die Praxis von Bildungsorganisationen kennzeichnet und einer theoretischen Reflexion bedarf: Die praktische Arbeit von Pädagogen – also etwa die Beratung oder der Unterricht – erfolgt als Interaktion zwischen Personen. Damit dominiert an der operativen Basis von Bildungsorganisationen ein Kommunikationstyp, der von sich aus kaum dauerhafte Strukturen hervorbringt. Interaktionen haben eine starke Abhängigkeit von wechselnden situativen und personellen Konstellationen; sie gewinnen daraus ihre Autonomie gegenüber formaler Regulierung. Das Gelingen pädagogischer Kommunikation hängt von der Bewältigung der jeweiligen Interaktionsanforderungen ab und ist nur eingeschränkt durch externe Standardisierung zu gewährleisten. Aus dieser Perspektive besteht die organisationstheoretische Frage darin,

> „wie auf diesem Unterbau des Interaktionssystems Unterricht eine Hierarchie des Entscheidens über Entscheidungsprämissen errichtet werden kann; wie es, mit anderen Worten, möglich sein kann, Entscheidungsprobleme herauszufiltern und so zu raffen, daß ausschlaggebende Verhaltensprämissen getroffen werden" (Luhmann/Schorr 1988, S. 125).

Aus einer weiteren Perspektive – aus der das Verhältnis von Bildungsorganisationen zur gesellschaftlichen Umwelt als Bezugsproblem sichtbar wird – lautet die organisationstheoretische Leitfrage, wie Bildungsorganisationen ihre Leistungen verlässlich darstellen können, um stabile Verbindungen mit Akteuren in der Umwelt eingehen zu können. Dabei bestehen die Anforderungen darin, die oft diffusen Erwartungen an Bildungs- und Erziehungsleistungen in Programmen zu spezifizieren und deren Wirksamkeit nachzuweisen.

Die Funktion von Organisationen im Bildungssystem ist es demnach, die Bezugsprobleme der Koordination pädagogischer Interaktion und der Spezifikation pädagogischer Programme zu bearbeiten und aufeinander zu beziehen. Wie es dabei zu bindenden Entscheidungen und Entscheidungsprämissen kommt, ist eine empirisch zu beantwortende Frage. Für ihre Bearbeitung relevante Variablen sind die Rechenschaft über Leistungen, die Kompetenzverteilung auf Organisationsleitung und kollegiale Gremien, die Bindungswirkungen von Programmen und die professionelle Verantwortung. Professionalität bildet nach diesem Verständnis nicht ein Gegenmodell oder funktionales Äquivalent zur Organisation, sondern ist selbst strukturgebendes Element von Bildungsorganisationen.

Ein aktuelles Feld für organisationstheoretische Forschung bietet die Umstellung der Steuerungsmechanismen von der Input- zur Outputsteuerung. Mit der Outputsteuerung werden Prozeduren eingeführt, die zu einer Standardisierung der Reflexion über die Leistungen von Bildungsorganisationen führen. Das Gefüge der Prämissen, unter denen Entscheidungen in Bildungsorganisationen getroffen werden, erfährt dabei weitreichende Veränderungen. Längerfristige Folgen dürften u. a. in folgenden Bereichen erwartbar sein: In der Justierung kooperativer und kompetitiver Beziehungen zu Akteuren in der Umwelt; in der Gewichtung normativer, rechtlicher und empirischer Referenzen für die Strukturierung pädagogischer Arbeit und in der Ausgestaltung pädagogischer Professionalität.

III. Schlusswort

Das „Schicksal" des Menschen in der modernen Welt ist seine Beteiligung an institutionalisierter und in weiten Bereichen auch organisierter Kommunikation. Auch im Erziehungssystem kann man diesem Schicksal nicht entrinnen – mehr noch, in Ländern mit einer allgemeinen Schulpflicht konfrontiert das Erziehungssystem die Menschen gemeinhin zum ersten Mal mit den Anforderungen der Übernahme einer aktiven Rolle in einer Organisation und bietet erstmalig die Erfahrung variierender institutioneller Kommunikationsmuster. Für die Erziehungswissenschaft sind die Institutions- und Organisationstheorien daher in zweierlei Weise von Interesse. Zum Ersten, weil sie analytische Mittel zur Aufklärung über die gesellschaftliche Realität pädagogischer Kommunikation bieten. Diese Perspektive ist in diesem Beitrag verfolgt worden. Zum Zweiten, weil die Institutions- und Organisationstheorien auch Modelle für die Auseinandersetzung mit den normativen Ansprüchen von Bildung und Erziehung nahe legen. So bieten die Institutionstheorien Material für das bildungstheoretisch belangvolle Thema der Genese von Persönlichkeit in der Auseinandersetzung mit der sozialen Welt. Mit der Referenz auf Organisationstheorien kann für die Ausgestaltung des Bildungssystems eine empirisch fundierte, kritische Perspektive geltend gemacht werden.

Literatur

Archer, M.S. (1984): Social Origins of Educational Systems. London u.a.
Baumert, J. (1980): Bürokratie und Selbständigkeit – Zum Verhältnis von Schulaufsicht und Schule. In: Recht der Jugend und des Bildungswesens, 28. Jg., S. 437-467.
Bernfeld, S. (1981[4]): Sisyphos oder die Grenzen der Erziehung (1925). Frankfurt a.M.
Cohen, M.D./March, J.G./Olsen, J.P. (1972): A Garbage Can Model of Organizational Choice. Administrative Science Quarterly, Vol. 17, S. 1-25.
Cortina, K./Baumert, J./Leschinsky, A./Mayer K.U./Trommer, L. (Hrsg.) (2003): Das Bildungswesen in der Bundesrepublik Deutschland. Reinbek.
Cummings, W. K. (2003): The Institutions of Education. A comparative study of educational development in the six core nations. Oxford.
DiMaggio, P./Powell, W. (1991): The Iron Cage Revisited. Institutional Isomorphism and Collective Rationality in Organizational Fields. In: Powell W./DiMaggio, P. (Eds.): The New Institutionalism in Organizational Analysis. Chicago, S. 63-82.
Dreeben, R. (1980): Was wir in der Schule lernen (1968). Frankfurt a.M.
Durkheim, É. (1984): Die Regeln der soziologischen Methode (1895). Frankfurt a.M.
Fend, H. (2006): Neue Theorie der Schule. Einführung in das Verstehen von Bildungssystemen. Wiesbaden.
Fürstenau, P. (1964): Zur Psychoanalyse der Schule als Institution. In: Das Argument, 6. Jg., S. 65-78.
Geertz, C. (1987): Dichte Beschreibung. Frankfurt a.M.
Gehlen, A. (1976[11]): Der Mensch. Seine Natur und seine Stellung in der Welt. Wiesbaden.
Herbart, J. F. (1997): Allgemeine Pädagogik aus dem Zweck der Erziehung abgeleitet (1806). In: Benner, D. (Hrsg.): Johann Friedrich Herbart Systematische Pädagogik – Band 1: Ausgewählte Texte. Weinheim, S. 57-158.
Herrlitz, H.-G./Weiland, D./Winkel, K. (Hrsg.) (2003): Die Gesamtschule. Geschichte, internationale Vergleiche, pädagogische Konzepte und politische Perspektiven. Weinheim/München.

Kade, J. (1989): Universalisierung und Individualisierung der Erwachsenenbildung. Über den Wandel eines pädagogischen Arbeitsfeldes im Kontext gesellschaftlicher Modernisierung. In: Zeitschrift für Pädagogik, 35. Jg., S. 789-808.
Kieser, A. (Hrsg.) (2001): Organisationstheorien. Stuttgart.
Kuper, H. (2004): Das Thema ‚Organisation' in den Arbeiten Luhmanns über das Erziehungssystem. In: Lenzen, D. (Hrsg.): Irritationen des Erziehungssystems. Frankfurt a.M., S. 122-151.
Leschinsky, A. (2003): Das pädagogische "Schisma" – Wege zu einer Klärung. In: Zeitschrift für Pädagogik, 49. Jg., S. 855-869.
Leschinsky, A./Cortina K. (2003): Zur sozialen Einbettung bildungspolitischer Trends in der Bundesrepublik. In: Cortina, K./Baumert, J./Leschinsky, A./Mayer K.U./ Trommer, L. (Hrsg.): Das Bildungswesen in der Bundesrepublik Deutschland. Reinbek, S. 20-51.
Luhmann, N. (1973): Institutionalisierung – Funktion und Mechanismus im sozialen System der Gesellschaft. In: Schelsky, H. (Hrsg.): Zur Theorie der Institution. Düsseldorf, S. 27-42.
Luhmann, N. (1984): Soziale Systeme. Grundriss einer allgemeinen Theorie. Frankfurt a.M.
Luhmann, N. (2000): Organisation und Entscheidung. Opladen.
Luhmann, N./ Schorr, K.E. (1988): Reflexionsprobleme im Erziehungssystem. Frankfurt a.M.
Lundgreen, P. (2003): 'Bildungspolitik' und 'Eigendynamik' in den Wachstumsschüben des deutschen Bildungssystems seit dem 19. Jahrhundert. In: Zeitschrift für Pädagogik, 49. Jg., S. 34-41.
Marrou, H.-I. (1957): Geschichte der Erziehung im klassischen Altertum. München.
Merkens, H. (2006): Pädagogische Institutionen. Pädagogisches Handeln im Spannungsfeld von Individualisierung und Organisation. Wiesbaden.
Meyer, J. W./Rowan, B. (1992): Institutionalized Organizations: Formal Structure as Myth and Ceremony. In: Meyer, J.W. & Scott, R. W. (Edts.): Organizational Environments. Ritual and Rationality. Newbury Park u.a., S. 21-44.
Mintzberg, H. (1979): Structure in Fives. Designing Effective Organizations. Englewood Cliffs.
Schelsky, H. (1973): Zur soziologischen Theorie der Institution. In: Ders. (Hrsg.): Zur Theorie der Institution. Düsseldorf, S. 9-26.
Schimank, U. (2004): Handeln in Institutionen und handelnde Institutionen. In: Jaeger, F./Straub, J. (Hrsg.): Handbuch der Kulturwissenschaften. Band 2. Paradigmen und Disziplinen. Stuttgart, S. 278-293.
Schleiermacher, F. (2000): Grundzüge der Erziehungskunst (Vorlesungen 1826). In: Ders.: Texte zur Pädagogik. Herausgegeben von Winkler, M./Brachmann, J. Frankfurt a.M.
Tenorth, H.-E. (1992): Geschichte der Erziehung. Einführung in die Grundzüge ihrer neuzeitlichen Entwicklung. Weinheim/München.
Terhart, E. (1986): Organisation und Erziehung: Neue Zugangsweisen zu einem alten Dilemma. In: Zeitschrift für Pädagogik, 32. Jg., S. 206-222.
Türk, K. (1997): Organisation als Institution der kapitalistischen Gesellschaftsformation. In: Ortmann, G./Sydow, J./Türk, K. (Hrsg.): Theorien der Organisation. Die Rückkehr der Gesellschaft. Opladen, S. 124-176.
Veith, H. (1996): Theorien der Sozialisation: Zur Rekonstruktion des modernen sozialisationstheoretischen Denkens. Frankfurt a.M.
Weber, M. (1947): Wirtschaft und Gesellschaft (1921). II Bände. Tübingen.
Weick, K. E. (1976): Educational Organizations as Loosely Coupled Systems. In: Administrative Science Quarterly, Vol. 21, S. 1-19.
Wittpoth, J. (1997): Recht, Politik und Struktur der Weiterbildung. Hohengehren.

JOHANNES BELLMANN

Kapitel 4: Gesellschaft

Zur Verortung des Themas „Gesellschaft" kann eine an Luhmann (2005[5]; vgl. Markowitz 2006) orientierte Unterscheidung von vier Systemebenen hilfreich sein: Die Ebene des psychischen Systems mit seinem Operationsmodus „Bewusstsein" wird von drei sozialen Systemebenen mit ihrem Operationsmodus „Kommunikation" abgehoben: Interaktion, Organisation und Gesellschaft. Macht man diese Unterscheidung für die Erziehungswissenschaft fruchtbar, so ergeben sich folgende Zuordnungen: Auf der Ebene des psychischen Systems wird das Thema Lernen angesiedelt, auf der Ebene der Interaktion das Thema Erziehen, auf der Ebene der Organisation das Thema pädagogische Institutionen und auf der Ebene der Gesellschaft das Thema der funktionalen Verhältnisbestimmung von Erziehung und Gesellschaft. Dabei lässt sich Gesellschaft als diejenige Systemebene begreifen, die nicht nur die überdauernde Voraussetzung für episodische Interaktionen, sondern auch noch für das Werden und Vergehen von Organisationen darstellt.

I. Anthropologische Perspektiven

Aus *anthropologischer* Perspektive gesehen (vgl. Sünkel 1997) ist Gesellschaft ein konstitutives Moment von Erziehung, und zwar in doppelter Hinsicht: Zum einen ist Erziehung auf die gesellschaftliche Tätigkeit des Menschen und die daraus hervorgehenden Resultate bezogen, d.h. die Kultur im Sinne des nicht-genetischen Erbes. Zum anderen ist Erziehung selbst eine gesellschaftliche Tätigkeit, die auf ein mit der Gattungsexistenz des Menschen gegebenes Problem antwortet. Dieses Problem besteht darin, das nicht-genetische Erbe und die nicht-genetischen Tätigkeitsdispositionen, also die subjektiven Voraussetzungen zur Teilhabe an und Hervorbringung von Kultur, über den Generationenwechsel hinweg zu bewahren und fortzupflanzen. Hieraus ergibt sich ein anthropologisch fundierter Erziehungsbegriff:

> „Diejenige gesellschaftliche Tätigkeit nun, durch die das Problem der kulturellen Kontinuität in Hinsicht auf die nicht-genetischen Tätigkeitsdispositionen gelöst wird, heißt, nach meinem Begriff, Erziehung. Die Erziehung ist demnach ein Phänomen, das mit der Gattungsexistenz des Menschen notwendig und unauflöslich verbunden ist, und man muß sagen, daß die Menschheit bis heute dieses ihr Problem so oder anders, besser oder schlechter, aber immerhin gelöst hat." (Sünkel 1997, S. 198)

II. Historische und soziologische Perspektiven

In einfach strukturierten Gesellschaften ist Erziehung überwiegend ein informeller, im lebensweltlichen Umgang verankerter Prozess, in dem die jüngere Generation durch unmittelbare Nachahmung oder durch mittelbares Spiel am Leben der Erwachsenen teilnimmt. Insbesondere Schrift- und Buchkulturen erzeugen dann einen gewissen Bedarf an formeller Erziehung, ohne die Novizen keinen Zugang zu komplexen Symbolsystemen erhalten. Bis zum Beginn der Moderne bleibt die Schreib- und Lesefähigkeit jedoch eine Spezialkompetenz bestimmter Gruppen und Berufe.

Mit der Ausdifferenzierung gesellschaftlicher Teilsysteme wie der Politik, der Wirtschaft, der Religion, der Wissenschaft etc. vollzieht sich seit Mitte des 18. Jahrhunderts auch eine Ausdifferenzierung der Erziehung als „universale Spezialfunktion" (Luhmann/Schorr 1979, S. 28). Teilhabe an Gesellschaft ist unter den Bedingungen funktionaler Differenzierung nicht mehr über eine lebensweltlich verankerte informelle Erziehung zu gewährleisten, sondern macht eine „systematische Sozialisation" (Durkheim 1972, S. 83) der gesamten nachwachsenden Generation erforderlich. Ein Sondersystem formeller Erziehung etabliert sich, in dem für andere Systeme erzogen wird. Die Funktion formeller Erziehung besteht „in der Ermöglichung von eher unwahrscheinlichen Prämissen für soziale Kontakte, und zwar für Kontakte, die normalerweise außerhalb des Erziehungssystems liegen" (Luhmann/Schorr 1979, S. 28). Die hiermit einhergehenden neuen Inklusionserfordernisse hat die klassische Bildungstheorie um 1800 zumeist in einem emphatischen Bezug zum Postulat „allgemeiner Menschenbildung" zum Ausdruck gebracht. Inklusion heißt jetzt „Zugang eines jeden zu jedem Funktionssystem" (ebd., S. 31), und zwar nicht, indem jeder in jedem Funktionssystem eine Leistungsrolle einnimmt, sondern – der Möglichkeit nach – eine Komplementärrolle: „Nicht jeder kann Arzt werden, aber jeder Patient; nicht jeder Lehrer, aber jeder Schüler" (ebd.).

In einer an Luhmann und Schorr anknüpfenden Interpretation hat Heinz-Elmar Tenorth den Inklusionsanspruch „allgemeiner Bildung" folgendermaßen gefaßt:

> „Im Begriff der allgemeinen Bildung wird als gesellschaftliche Aufgabe fixiert, daß unsere Kultur im Wechsel der Generationen die für sie unentbehrlichen Kompetenzstrukturen – sowohl kognitiver wie moralischer, praktischer wie ästhetischer Natur – universalisieren und reproduzieren muß, wenn sie ihr Funktionieren nicht stören, sondern (bei aller Varianz in den Erscheinungsformen, die diese Funktion annimmt) sichern und steigern will. Bezogen auf die Gesellschaft als Kommunikationsgemeinschaft könnte man auch, kürzer, sagen, daß es darum geht, in einer funktional ausdifferenzierten Gesellschaft universelle Prämissen der Kommunikation zu erzeugen und über den Generationenwechsel hinweg zu garantieren und zu stabilisieren. Allgemeine Bildung wäre also die Generalisierung universeller Prämissen für Kommunikation" (Tenorth 1994, S. 99f.).

Eine systemtheoretisch-funktionale Analyse des Zusammenhangs von Erziehung und Gesellschaft ernüchtert die pädagogischen Hoffnungen, insofern nicht die Höhen allgemeiner Menschenbildung, sondern Mindeststandards im Bereich basaler Kulturwerkzeuge das Niveau bestimmen, was an Qualifikationen zum Funktionieren moderner Gesellschaften universell notwendig ist (vgl. ebd., S. 95). Jenseits einer Grundbildung für alle ist kein Konsens in Sicht, inwieweit ein darüber hinausgehendes Bildungsniveau für alle erforderlich ist. Und selbst im Hinblick auf Grundbildung muss man feststellen, dass das Funktionieren moderner Gesellschaften nicht dadurch gefährdet ist, dass ein gewisser Prozentsatz der Bevölkerung das „funktionale Minimum" nicht erreicht. Den „Überflüssigen" (Bude 1998) bleibt der Status vollwertiger Mitgliedschaft verwehrt; ihre „Inklusion" wird über Transferzahlungen und durch ihre Betreuung durch spezialisierte Subsysteme der sozialen

Hilfe gewährleistet. Der durch ein öffentliches Pflichtschulsystem verbürgte Anspruch auf ‚allgemeine Bildung' wird heute im Sinne eines Anspruches auf eine „Grundversorgung" für alle interpretiert. Die „Garantie des Bildungsminimums" (vgl. Tenorth 1994, S. 166) erweist sich zwar immer mehr als notwendige, aber immer weniger als hinreichende Voraussetzung für gesellschaftliche Inklusion.

Je bedeutsamer aber Fragen der Exklusion und Desintegration werden, desto bedeutsamer werden Vermittlungsleistungen jenseits eines auf die Generationendifferenz und das öffentliche Pflichtschulsystem eingeschränkten Verständnisses von Erziehung. Das Pädagogische wird zu einer „allgegenwärtigen, universellen und lebenslangen sozialen Realität" (Kade 1997, S. 37), in der „Vermittlung" in doppelter Weise geleistet wird:

> Als „Vermittlung der in der Moderne sich ausdifferenzierenden Handlungs- und Lebenssphären und der Vermittlung der individuellen Subjekte mit dieser Welt" (ebd., S. 34).

Eine funktional differenzierte Gesellschaft erzeugt nicht nur die Notwendigkeit einer funktional differenzierten Erziehung; durch die mit funktionaler Differenzierung erzeugten Folgeprobleme wird das Erziehungssystem zugleich zu neuen Formen der Systembildung angeregt. Sowohl aus anthropologischer als auch aus historischer und soziologischer Perspektive erweist sich damit Erziehung als Antwort auf ein Problem, das immer wieder neu bearbeitet, aber nicht gelöst werden kann.

II.1. Reflexion funktionaler Differenzierung in der pädagogischen Theoriegeschichte

In der pädagogischen Theoriegeschichte und ihrer Semantik spiegelt sich der Prozess funktionaler Differenzierung in vielfältiger Weise. Bereits Friedrich Schleiermacher geht von einer Differenzierung der Gesellschaft in unterschiedliche „sittliche Gemeinschaften" aus – Kirche, Staat, Wissenschaft, geselliger Verkehr. Aufgabe der Erziehung ist es, die jüngere Generation zur „Mitgesamttätigkeit" zu befähigen, d.h. zur Teilhabe an allen ausdifferenzierten Formen menschlicher Tätigkeit. Die Erziehung hat folglich auch einen eigenen Begriff von Mündigkeit zu entwickeln: „wir können die Pädagogik nicht mehr schlechthin der Politik unterordnen" (Schleiermacher 1983, S. 15). Sichtbar wird bei Schleiermacher somit bereits ein Verständnis für das nicht-hierarchische Verhältnis der ausdifferenzierten Tätigkeiten untereinander. Zwar ist Schleiermachers systematische Grundlegung einer wissenschaftlichen Pädagogik auf die Realität einer modernen, funktional ausdifferenzierten Gesellschaft bezogen, aber diese Realität wird nur als vorläufig betrachtet. Die Erziehung wird nämlich als Teil eines Fortschritts gesehen, der die einzelnen Tätigkeiten und ihr Verhältnis im Ganzen der Gesellschaft umgreift. Am Horizont erscheint die Utopie vom Ende der formellen Erziehung, die zugunsten eines unmittelbar erziehenden informellen Umgangs zurücktritt:

> „Je größer die Vollkommenheit des Gesamtzustandes ist, desto weniger ist erforderlich, daß die Unterstützung absichtlich und methodisch sei [...]. Alles ist eine Sitte geworden. Angenommen dieser Zustand würde erhalten, so würde die Einwirkung auf die jüngere Generation nichts anderes sein als ein Ausfluß der Sitte, die ohne besonde-

re Theorie und Methode bestehen kann; die Einwirkung wäre der der Idee der Sittlichkeit gemäße Umgang der älteren Generation mit der jüngeren." (Schleiermacher 1983, S. 58)

Diese gleich am Anfang der modernen Pädagogik formulierte Utopie vom Ende der formellen Erziehung verweist auf Eigentümlichkeiten der pädagogischen Reflexion funktionaler Differenzierung. Als gesellschaftliche Realität wird funktionale Differenzierung ganz überwiegend in einem kritischen Licht betrachtet, indem vor allem ihre bildungsfeindlichen Effekte betont werden; zudem wird sie in eine utopische Perspektive gerückt und damit gewissermaßen pädagogisch ‚aufgehoben', indem postuliert wird, nicht nur das Erziehungssystem, sondern alle anderen Funktionssysteme müssten letztlich pädagogischen Zwecken unterworfen werden.

Sowohl die kritische als auch die utopische Seite lassen sich exemplarisch an John Dewey zeigen:

„The variety of interests which should mark any rich and balanced experience have torn asunder and deposited in separate institutions with diverse and independent purposes and methods. Business is business, science is science, art is art, morals is morals, recreation is recreation, and so on. [...] Each contributes to the others only externally and accidentally. All of them make up the whole of life by just apposition and addition." (Dewey 1976-1983c, S. 256)

Vor dem Hintergrund dieser Krisendiagnose wird dann auch Deweys utopische Vision einer Gesellschaft verständlich, in der alle Institutionen vollständig auf die Erziehung ausgerichtet sind:

„Government, business, art, religion, all social institutions have a meaning, a purpose. That purpose is to set free and develop the capacities of human individuals without respect to race, sex, class or economic status. And this is all one with saying that the test of their value is the extent to which they educate every individual into the full stature of his possibility." (Dewey 1976-1983d, S. 186)

Deutlich wird hier, dass es der pädagogischen Reflexion funktionaler Differenzierung an soziologischer Aufklärung mangelt. „Die Vorstellung, dem gesamten Leben sei eine pädagogische Seite abzugewinnen, bleibt eine pädagogische Vorstellung" (Luhmann/Schorr 1979, S. 58). Soziologische Aufklärung könnte zudem die Einsicht befördern, dass gerade die auf der Seite der Individuen entstehenden Folgeprobleme funktionaler Differenzierung einer ihrerseits ausdifferenzierten Erziehung nachhaltige Betätigungs- und Expansionsfelder sichern.

Eine weitere Eigentümlichkeit der pädagogischen Reflexion funktionaler Differenzierung besteht darin, dass diese zwar reflektiert wird, dabei aber häufig nicht gesellschaftlich, sondern anthropologisch gedacht wird. Dies ist beispielsweise der Fall, wenn Eduard Spranger im Anschluss an Diltheys Psychologie vom Begriff des Geistes und seinen Grundrichtungen ausgeht, um von dort aus die „Lebensformen" einer funktional differenzierten Gesellschaft denken zu können (vgl. Spranger 1966[9]). Eine anthropologische Perspektive auf eine funktional differenzierte Gesellschaft bleibt auch dort noch maßgebend, wo, wie etwa bei Dietrich Benner (2001[4]), nicht mehr der Begriff des Geistes, sondern der Begriff der Praxis grundlegend wird. Die Differenzierung der „Gesamtpraxis" in Politik, Kunst, Religion, Arbeit, Ethik und Pädagogik wird nicht einer geschichtlich verfassten Form der Gesellschaft, sondern der koexistentialen Verfasstheit des Menschen abgelesen. Konsequent ist vor diesem Hintergrund auch, dass die konstitutiven Prinzipien pädagogischen Denkens und Handelns (Selbsttätigkeit und Bildsamkeit) keine gesellschaftlichen, sondern individuelle Prinzipien sind, während die gesellschaftlichen Prinzipien der regulativen Seite zugeordnet werden. Die Nicht-Hierarchizität des Ordnungszusammenhangs der Praxen wird somit zu einer regulativen Idee erhoben, statt – wie es etwa aus systemtheoretischer Sicht konsequent wäre – als notwendiges Moment funktionaler Differenzierung selbst betrachtet zu werden.

II.2. Systematische Perspektiven

In systematischer Perspektive lässt sich der Bezug der Erziehung zu anderen Teilsystemen in fünffacher Weise differenzieren:

(a) Andere Teilsysteme stellen jeweils eine *Voraussetzung* von Erziehung dar, insofern sie für das Erziehungssystem Leistungen erbringen, die es selbst nicht erbringen kann und erbringen muss. Das Erziehungssystem ist beispielsweise darauf angewiesen, dass andernorts politische Macht ausgeübt, Recht gesprochen, Geld verdient wird etc.

(b) Das Erziehungssystem erbringt seinerseits Leistungen für andere Teilsysteme, *auf die hin* erzogen wird. So sind das Wirtschafts- und Politiksystem darauf angewiesen, dass andernorts erzogen wird, etwa im Sinne der vorberuflichen Qualifizierung oder der politischen Loyalisierung.

(c) Andere Teilsysteme werden in der Erziehung zum *Thema* gemacht, beispielsweise Politik in der politischen Bildung, Ökonomie in der ökonomischen Bildung etc. Tendenziell können so alle Aspekte der gesellschaftlichen Umwelt des Erziehungssystems in „Themen" verwandelt und in die Programme der Erziehung eingebaut werden. Das Erziehungssystem zeigt hier eine hohe Absorptionsfähigkeit, immer neue, auch funktionssystemübergreifende Phänomene wie die Friedens- oder Ökologieproblematik in Themen zu verwandeln.

(d) Ein davon zu unterscheidender Modus der Bezugnahme auf andere Teilsysteme vollzieht sich in der Form informeller Erziehung. Hierbei wird die Logik anderer Teilsysteme nicht zum Gegenstand des Unterrichts, sondern zum *Medium*, in dem sich Erziehung vollzieht. Dies ist beispielsweise dann der Fall, wenn es nicht allein um die Thematisierung von Demokratie im Rahmen politischer Bildung geht, sondern um „Demokratie lernen" (Edelstein 2005) im Medium demokratischer Beratung, Abstimmung und Kooperation. Hintergrund ist hier die Tatsache, dass das Politische nicht streng ausdifferenziert, sondern auch in anderen Teilsystemen präsent ist. Dies wird daran deutlich, dass es nicht nur einen politischen Begriff von Demokratie als Regierungsform, sondern auch einen sozialen Begriff von Demokratie als Form des Zusammenlebens gibt (vgl. Dewey 1976-1983c, S. 93). Ähnlich kann man auch einen funktionssystemspezifischen, an das Medium Geld gebundenen Begriff von Ökonomie von einem funktionssystemübergreifenden Begriff von Ökonomie unterscheiden, der auf den Umgang mit Knappheit abstellt (vgl. Bellmann 2001). Wie Demokratie als Form des Zusammenlebens, so ist auch Knappheit ein Problem, das sich innerhalb der Erziehung stellt und dessen Bearbeitung zum Prozess der Erziehung selbst gehört.

(e) Andere Teilsysteme stellen schließlich selbst „Bildungsmächte" (Weniger 1975) mit z.T. konkurrierenden Ansprüchen dar. Hintergrund ist hier die Tatsache, dass auch die Erziehungsfunktion der Gesellschaft nicht streng ausdifferenziert ist, vielmehr Erziehung auch in anderen Teilsystemen stattfindet. Luhmann und Schorr (1979, S. 53ff.) nennen hier insbesondere die „Überschneidungsbereiche" Familie, Wirtschaft und Wissenschaft. Erziehung – etwa in Form der innerbetrieblichen beruflichen Weiterbildung oder der universitären Lehre – ist hier an den Primat einer anderen Funktion gebunden, etwa der profitorientierten Unternehmensführung oder der wissenschaftlichen Forschung.

III. Exemplarische Analysen: Ökonomie und Demokratie

Die entwickelten historischen und systematischen Perspektiven auf das Verhältnis von Erziehung und Gesellschaft sollen nun in exemplarischen Analysen zum spezifischen Verhältnis von Erziehung und Demokratie sowie Erziehung und Ökonomie zum Tragen kommen. Das politische System und das Wirtschaftssystem können als die wichtigsten Bezugssysteme des Erziehungssystems betrachtet werden (vgl. Fend 2006, S. 35). Schon am Beginn der modernen Pädagogik zeigte sich auch die damit verbundene Ambivalenz im Bezug von Erziehung auf „Gesellschaft". Der Mensch, auf dessen Lernen sich das Erziehen bezieht, erscheint jetzt in einer spannungsreichen Doppelgestalt als *citoyen* und *bourgeois* (vgl. Rousseau 1977). Dem Anspruch nach zeichnen sich Staatsbürger durch ein Verhältnis der Gleichheit untereinander aus, während Wirtschaftsbürger in einem Verhältnis der Konkurrenz stehen. In der Schule spiegelt sich diese Spannung im Universalismus der gleichen Anforderungen für alle einerseits und in der Kultivierung des meritokratischen Prinzips einer unterschiedlichen Honorierung unterschiedlicher Leistungen andererseits (vgl. Dreeben 1980).

In der Theoriegeschichte der Pädagogik findet sich sowohl eine Kritik an der Orientierung der Erziehung am *citoyen* als auch am *bourgeois*. Während zu Beginn der modernen Pädagogik um 1800, insbesondere in ihren liberalen Strömungen, die Kritik am absolutistischen Staat überwog, der sich gemäß seiner Interessen der Bildung zu bemächtigen drohte (vgl. Humboldt 1960), steht in der Pädagogik um die Jahrtausendwende die Ökonomiekritik im Vordergrund. Der demokratisch verfasste Staat wird heute eher als Verbündeter gegen eine schrankenlose „Ökonomisierung der Bildung" gesehen, während man den „Rückzug des Staates" im Kontext ‚neoliberaler' Reformpolitik zumeist als eine Gefahr betrachtet. Man kann hierin auch ein Auswechseln der Umweltsysteme sehen, von denen man abhängig zu sein bevorzugt (vgl. Luhmann/Schorr 1979, S. 52).

III.1. Erziehung und Ökonomie

(a) Wenn von Ökonomie als *Voraussetzung* von Erziehung die Rede ist, so denkt man zunächst an die Inputgrenze des Erziehungssystems und das Thema der Bildungsfinanzierung (vgl. Weiß/Bellmann 2007). Der Grundkonflikt um Zahlungen ist unvermeidlich, insofern Teilsysteme ihre Wachstumstendenz und die damit verbundene „Anspruchsinflation" nicht allein aus sich heraus begrenzen können:

> „Mehr Geld ist der kategorische Optativ dieser Gesellschaft, gerade weil alle Erhaltungs- und Steigerungsansprüche damit in Gang gehalten werden können; und ‚weniger Geld' ist zugleich das einzige Regulativ, das auf der Ebene symbolischer Kommunikation die Grenzen des Erreichbaren [...] repräsentiert" (Luhmann 1983, S.39).

Während sich die öffentliche Diskussion vor allem auf den Grundkonflikt um die Höhe der Zahlungen konzentriert, richtet sich die bildungsökonomische Diskussion vor allem auf die Formen der effizienteren Verwendung der zur Verfügung stehenden Mittel: Untersucht werden hier zum Beispiel die Effekte von Umschichtungen innerhalb des Bildungssektors etwa zugunsten vorschulischer Erziehung (vgl. Weiß/Bellmann 2007, IW 2007), die Ausschöpfung von Effizienzreserven durch faktorielle Mittelumschichtungen zugunsten von Ressourcen mit höherer Grenzproduktivität (vgl. ebd.), die Veränderungen im Verhältnis von öffentlichen und privaten Zahlungen etwa durch eine Zunahme von Formen privat finanzierter außerunterrichtlicher Förderung (vgl. Baker u.a. 2001; Hollenbach/Meier 2004) sowie die Effekte nachfrageorientierter Formen der Bildungsfinanzierung etwa in Form von Gutscheinsystemen (vgl. Bellmann/Waldow 2006).

(b) Wendet man sich der Outputgrenze des Erziehungssystems zu, so wird Ökonomie als ein Funktionssystem neben anderen sichtbar, *auf das hin* erzogen wird. Insofern Erziehung einen Teil ihrer eigenen Ziele im Blick auf das Wirtschaftssystem sucht, kann dieses zu ihren „externen Realisierungsbedingungen" (Heid 1999, S. 237) gerechnet werden. Leistungen für das Wirtschaftssystem kann das Erziehungssystem grundsätzlich nicht direkt, sondern nur vermittelt über die Individuen erbringen. Wie im Blick auf andere Funktionssysteme auch geht es aus Sicht des Erziehungssystems um die subjektiven Voraussetzungen zur Teilhabe an ausdifferenzierten Formen der Kommunikation. Diese sozialwissenschaftliche Einsicht wird in der Bildungsphilosophie häufig normativ gefasst:

> „The schools should orient themselves to the needs of the children who will have to deal with the economy, and not to the needs of the economy itself." (Brighouse 2006, S. 28)

Im Konflikt um die Kopplung des Erziehungssystems an ökonomische Qualifikationserfordernisse wird auf der einen Seite eine zu lose Kopplung beklagt, wodurch das Kriterium der beruflichen Anschlussfähigkeit der im Erziehungssystem erworbenen Qualifikationen und Abschlüsse zum Nachteil der Heranwachsenden aus dem Blick gerate oder legitime Verwertungsinteressen der Maxime ‚individueller Bildungsbedürfnisse' zum Nachteil potentieller Arbeitgeber untergeordnet würden (vgl. Heid 1999). Weiter verbreitet ist die Klage über eine zu enge Kopplung, die entweder zu einer „Überformung" der „Eigenlogik von Erziehungs- und Bildungsprozessen" führe (vgl. Peukert 1997, S. 286) oder sich auf Grund beschleunigter Innovationszyklen der Wirtschaft als dysfunktional erweise (vgl. Kommission für Zukunftsfragen 1997, S. 44).

Die Konzeptionalisierung von Bildung als „Humankapital", die für die disziplinäre Identität der Bildungsökonomie seit den 1960er Jahren konstitutiv ist, unterstellt einen Zusammenhang von Bildungsinvestitionen und späteren ökonomischen Erträgen, sei es in Form von individuellen Einkommensdifferenzen der höher Gebildeten, sei es in Form von Effekten auf die Entwicklung einer Volkswirtschaft insgesamt. Gemäß der Humankapitaltheorie lassen sich auf der Basis des erreichten Niveaus von Kompetenzen Wettbewerbsvorteile von Individuen und Nationen prognostizieren (vgl. OECD 1999, S. 11; vgl. Baumert/Klieme/Neubrand 2001, S. 29ff.).

Obwohl in der bildungsökonomischen Forschung Korrelationen zwischen Bildung und ‚erfolgreicher Lebensführung' grundsätzlich als gesichert gelten, ist der Umkehrschluss dennoch unzulässig: Übergangsprobleme zwischen Schule und Beruf oder zwischen Schule und Hochschule sind nicht allein auf Qualifikationsprobleme zurückzuführen. So können strukturelle Probleme des Arbeitsmarktes dafür verantwortlich sein, ob und zu welchem ‚Kurs' kulturelles Kapital in ökonomisches Kapital konvertibel ist (vgl. Blossfeld 2005). Darüber hinaus hat der Seltenheitswert von Bildungszertifikaten Einfluss auf ihre Konvertierbarkeit. Während nämlich die neoklassische Humankapitaltheorie Einkommensdifferenzen vorwiegend durch eine vermutete höhere Produktivität der höher Gebildeten erklärte, wird in der neueren bildungsökonomischen Diskussion darauf hingewiesen, dass höhere Bildung in der Folge der Expansionspolitik der 1960er und 1970er Jahre und im Kontext veränderter Arbeitsmärkte zunehmend den Charakter eines *Positionsgutes* bekommen hat:

> „education [...] gains much of its value from whether you have more than other people – and is not just about acquiring skills in some absolute way." (Wolf 2002, S. 251)

Zu beobachten ist ein „upgrading of jobs" und ein „downgrading of skills", d.h. der Arbeitsmarkt verlangt immer höhere Bildungsabschlüsse auch für Berufe, zu denen früher auch Absolventen mit niedrigeren Abschlüssen Zugang hatten (vgl. Tenorth 1994, S. 74f.). In dieser Situation steigt die Bedeutung sozialen Kapitals für die erfolgreiche Konvertierung von kulturellem in ökonomisches Kapital. Gerade wenn nämlich als Folge der Bildungsexpansion höhere Bildungsabschlüsse immer mehr zur notwendigen, aber keineswegs hinreichenden Bedingung für berufliche Karrieren werden, nimmt die Bedeutung von familiären Unterstützungsleistungen im prekären Übergang vom Bildungs- zum Beschäftigungssystem zu (vgl. Zymek 2004).

Während sich die neo-klassische Humankapitaltheorie vor allem auf quantitative Indikatoren für Bildung (d.h. zumeist Jahre des Schulbesuchs) konzentrierte, entdeckt die neuere bildungsökonomische Forschung die Bedeutung qualitativer Indikatoren für die Sicherung eines Zusammenhangs von Bildung und Einkommen bzw. wirtschaftlicher Entwicklung (vgl. Hanushek/Wößmann 2007; Wolf 2004, S. 326). Darüber hinaus hat sich die Aufmerksamkeit verstärkt auf nicht-monetäre Erträge von Bildung gerichtet, die indirekt dann allerdings mit monetären Erträgen vermittelt sein können. Untersucht wurden vor allem Zusammenhänge von Bildung und Gesundheit, politischem sowie ehrenamtlichem Engagement (vgl. Konsortium Bildungsberichterstattung 2006, S. 181).

Selbst wenn man die individuellen und sozialen Erträge von Bildung sehr weit fasst, versteht man Bildung dennoch einseitig als Investition, die erwartungsgemäß zu einem späteren Zeitpunkt Erträge abwirft. Hierdurch wird der intrinsische Wert von Bildung zugunsten ihres instrumentellen Werts ausgeblendet. Bildung kann aber nicht nur als ein Investitionsgut beschrieben werden, das angestrebt wird, um etwas anderes Wertvolles zu erlangen; Bildung kann zugleich als Konsumgut betrachtet werden, das als in sich wertvoll erfahren wird. In der Theoriegeschichte der Pädagogik ist diese Ambivalenz durch den gleichzeitigen Bezug von Erziehung auf die Zukunft und die Gegenwart des Zöglings thematisiert worden (vgl. Schleiermacher 1983, S. 45ff.). Die Erträge von Bildung als Investitionsgut dürften also immer nur einen Ausschnitt der Erträge umfassen, die aus der Sicht der beteiligten Akteure mit Bildung tatsächlich verknüpft sind. Hinzu kommt, daß Bildung im Sinne eines Konsumguts weniger den Charakter eines Positionsgutes hat als Bildung im Sinne eines Investitionsgutes.

> „Enjoyment of literature and art is enhanced by the presence of many others who are educated in the relevant traditions, and depends on there being some who excel at the execution of, at critical reflection on, the arts. Happiness is a non-competitive good. " (Brighouse 2003, S. 475f.)

(c) Die immer wieder beklagten „gravierenden Mängel" ökonomischer Bildung besonders im Bereich allgemeinbildender Schulen (Krafft 1981, S. 9; vgl. Kaminski 1997) haben unterschiedliche Ursachen. Zunächst gibt es ganz unbestreitbar Ursachen, die in der Tradition pädagogischen Denkens und Handelns selbst zu suchen sind. Das Ökonomische wurde als bildungsferne Sphäre des bloß Materiellen stilisiert, allgemeine Menschenbildung institutionell getrennt von beruflicher Qualifikation, die als „Bildung" erst im 20. Jahrhundert neu reklamiert werden musste. Hinzu kommen Ursachen, die in der Tradition ökonomischen Denkens und Handelns zu suchen sind: Gemeint ist besonders das bei Vertretern der neoklassisch geprägten „Schulökonomie" verbreitete Selbstverständnis, die Ökonomik könne so etwas sein wie die „Physik des sozialen Lebens", in der das Marktgeschehen als eigengesetzlicher, mechanischer Abstimmungsprozess beschrieben wird, der automatisch zu stabilen Gleichgewichtszuständen tendiert, sofern er nicht durch äußere, insbesondere staatliche, Eingriffe gestört wird (vgl. Hanusch 1993). Ein solches Verständnis verengt ökonomische Bildung auf die „Qualifikation, das Wirtschaftsgeschehen zu verstehen und diesem Verständnis gemäß zu handeln" (Krafft 1981, S. 16). In einem anspruchsvolleren Verständnis von ökonomischer Bildung ginge es freilich darum, den Ordnungszusammenhang der Wirtschaft und seine innerhalb bestimmter Rahmenbedingungen etablierte und gewollte „Selbststeuerung" zu verstehen und zugleich als Resultat und Gegenstand menschlicher (Um-)Gestaltung zu begreifen. Vor diesem Hintergrund ist in den letzten Jahren die bildungstheoretische Relevanz der Neuen Institutionenökonomik herausgestellt worden (vgl. Bellmann 2003; Kaminski 1997). Diese versteht sich als Theorie sozialer Ordnung und geht damit über einen am Medium Geld orientierten funktionssystemspezifischen Begriff von Ökonomie hinaus. Die Analyse sozialer Ordnung richtet sich auf den rekursiven Zusammenhang von institutionellen Handlungsbedingungen, individuellen Handlungen und (nicht-intendierten) Handlungsfolgen auf aggregierter gesellschaftlicher Ebene. Entsprechend dieser drei Analyseebenen werden drei ökonomische Bezugstheorien unterschieden: Institutionentheorie, ökonomische Verhaltenstheorie und die Theorie der öffentlichen Güter.

Aus bildungstheoretischer Sicht liegt eine Problematik der neoklassischen Ökonomik in ihrer einseitigen Konzentration auf rationale Wahlhandlungen innerhalb gegebener institutioneller Handlungsbedingungen (*choice within rules*). Die Neue Institutionenökonomik geht darüber hinaus, indem sie die Umgestaltung von Handlungsbedingungen (*choice of rules*) im Lichte der durch sie erreichbaren Handlungsfolgen mit in die Analyse einbezieht; zugleich beschränkt sie sich bei der Analyse von Handlungsbedingungen nicht nur auf äußere Restriktionen des Handlungsraumes von Akteuren, sondern auch auf deren *internal constraints* in Gestalt mentaler Modelle. Konsequent ist deshalb in den letzten Jahren die Problematik von Lernen und Umlernen zum Gegenstand institutionenökonomischer Analysen geworden.

Am gegenwärtigen Diskurs um ökonomische Bildung fällt auf, dass er vorwiegend von Ökonomen, nicht von Erziehungswissenschaftlern geführt wird. Darüber hinaus spielt der Diskurs im Kontext der gegenwärtigen Bildungsreform eine eher untergeordnete Rolle. In einer immer stärker auf Grundbildung und basale Kulturwerkzeuge ausgerichteten Reformdiskussion wird zwar die „normativ-evaluative Auseinandersetzung mit Wirtschaft und Gesellschaft" (Baumert 2002, S. 113) als nicht-ersetzbarer Modus der Weltbegegnung gewürdigt; in der Reformwirklichkeit und ihrer spezifischen Form der Qualitätssicherung erleidet aber dieser Modus auch international eher einen weiteren Bedeutungsverlust. So ist es nicht verwunderlich, dass auch der Ökonomisierungsdiskurs in der Erziehungswissenschaft nicht etwa eine Kritik an einem Übergewicht ökonomischer Bildung formuliert. Wenn heute von „Ökonomisierung der Bildung" die Rede ist, so geht es nicht um Ökonomie als Thema formeller Erziehung, sondern um „Ökonomie" als Medium informeller Erziehung und die mit ihr korrelierenden Subjektivierungsmuster.

(d) und (e) Betrachtet man „Ökonomie" als Medium informeller Erziehung und die mit ihr korrelierenden Subjektivierungsmuster, so gilt es, nicht nur das Erziehungssystem in den Blick zu nehmen. Unübersehbar ist gegenwärtig ein funktionssystemübergreifender steuerungspolitischer Paradigmenwechsel des öffentlichen Sektors. Hierbei kommen Steuerungsinstrumente zum Einsatz, die bis dahin aus dem privatwirtschaftlichen Sektor des Wirtschaftssystems bekannt waren (vgl. Terhart 2000). Unangemessen wäre es, diesen steuerungspolitischen Paradigmenwechsel pauschal als „Ökonomisierung" zu interpretieren, unterstellt doch dieser Terminus eine ökonomische Unschuld bisheriger Formen der politischen Steuerung. Folgt man jedoch den Gouvernementalitätsanalysen im Anschluss an Michel Foucault (vgl. 2000), so ist jede Form der Regierung mit einer bestimmten Ökonomie verbunden. Die „liberale Gouvernementalität" (vgl. ebd., S. 70) macht dabei – der Rhetorik von „Deregulierung" zum Trotz – keine Ausnahme; auch sie erweist sich in dieser Perspektive nur als eine Variante „politischer Ökonomie". Ein Kennzeichen liberaler Gouvernementalität ist die Rücknahme unmittelbarer Interventionen und die Aktivierung von Selbststeuerung. Gesteuert wird weniger durch Maßnahmen und Programme als durch permanente Qualitätskontrollen und deren Rückmeldung. Ziel dieser nun auch im pädagogischen Feld zunehmend zum Einsatz kommenden Instrumente ist also nicht so sehr die unmittelbare Einwirkung auf die Akteure, sondern deren Selbstkorrektur und ihre verstärkte Eigeninitiative. Vorbild sind auch hier Aktivierungsinstrumente des betrieblichen Managements:

"Im Vordergrund stehen dabei auf *Commitment* statt auf formaler Autorität, auf Eigenverantwortung statt auf hierarchischer Kontrolle beruhende Führungsmodelle. [...] Gefordert werden Organisationsstrukturen, die Selbstverantwortung und Eigeninitiative positiv verstärken, zugleich aber sicherstellen, dass die autonomen Elemente kooperieren und sich auf ein gemeinsames Organisationsziel hin ausrichten." (Bröckling 2004, S. 60)

Auf diese Weise erzeugen die neuen Steuerungsinstrumente charakteristische Subjektivierungsmuster, in denen Erziehung und Ökonomie aufs Engste verflochten sind. An die Stelle von Disziplin und Gehorsam treten Kontrolle und Selbstoptimierung. „Der Autonomiegewinn steht unter dem heteronomen Zwang zum ökonomischen Erfolg. Die Freiheit vom Gehorsamszwang wird eingetauscht gegen die Pflicht zur permanenten Optimierung und Selbstoptimierung." (ebd., S. 61)

Ob die Übernahme neuer Steuerungsinstrumente durch das Erziehungssystem tatsächlich zu den erhofften Effizienzsteigerungen führt, ist ungewiss. Der Neo-Institutionalismus hat darauf aufmerksam gemacht, dass gerade Handlungsbereiche mit vagen Technologien dazu neigen, die in ihrem Umfeld verbreiteten Effizienzmythen zu übernehmen, um sich selbst Legitimität zu verschaffen (vgl. Schaefers 2002). Das heißt wiederum nicht, dass Neue Steuerung im Erziehungssystem wirkungslos wäre. Die Neue Steuerung im Erziehungssystem könnte durchaus zu einer Art Neukonfiguration des pädagogischen Feldes führen, indem sie nämlich legitime Prinzipien, Politikmuster und Praxisformen bereitstellt, die sich die Akteure zu eigen machen sollen.

III.2. Erziehung und Demokratie

Die Bezugnahmen von Erziehung auf Demokratie sind vielfältig, je nachdem, was unter Demokratie verstanden wird. Die Vieldeutigkeit des Demokratiebegriffs ist wohl gerade eine Voraussetzung dafür, unter Berufung auf „Demokratie" in unterschiedlichen Diskurskontexten hohe Zustimmungsquoten erzielen zu können. (vgl. Kloppenberg 1998, S. 173)

Ein Tableau der unterschiedlichen Bedeutungsdimensionen des Demokratiebegriffs kann charakteristische Spannungen aufzeigen, die auch für die Verhältnisbestimmung von Erziehung und Demokratie folgenreich sind. Herausgehoben werden hier die diskursgeschichtlich besonders relevanten Spannungen zwischen (a) egalitären und elitären, (b) partizipativen und repräsentativen sowie (c) monistischen und pluralistischen Deutungen von Demokratie.

Egalitär vs. elitär: Charles William Eliots Aufsatz „The Function of Education in Democratic Society" ist einer der frühesten Texte, die sich ausdrücklich der Verhältnisbestimmung von Erziehung und Demokratie widmen. „Democratic Education", das bedeutete für den langjährigen Präsidenten der Harvard University am Ende des 19. Jahrhunderts zunächst nichts anderes als „Bildung für alle", und das heißt:

„to lift the whole population to a higher plane of intelligence, conduct, and happiness" (Eliot 1969, S. 403).

Bildung sollte nicht länger ein Privileg der höheren Stände sein, sondern – im Sinne einer Grundbildung – für alle zugänglich sein. Demokratische Erziehung wird vom Gedanken der Inklusion aller Bürger in ein öffentlich zu garantierendes System der Volksbildung her begriffen.

Eliot ist freilich keineswegs ein Vertreter eines egalitären Demokratieverständnisses. Er betont nämlich nicht nur die zu erreichende Gleichheit einer allgemeinverbindlichen Grundbildung, sondern auch die im Prozess der Erziehung zugleich verstärkte Ungleichheit:

> „There might be a minimum standard of attainment in every branch of study, but no maximum." (Ebd., S. 409)

Hintergrund dieser Aussage ist ein nativistisches Begabungsverständnis, demzufolge es Aufgabe der Erziehung ist, die ungleichen angeborenen Begabungen so bald wie möglich zu entdecken und durch eine Differenzierung der Bildungsgänge zu fördern.

> „There is no such thing as equality of gifts, or powers, or faculties, among either children or adults. On the contrary, there is the utmost diversity; and education and all the experience of life increase these diversities, because school, and the earning of a livelihood, and the reaction of the individual upon his surroundings, all tend strongly to magnify innate diversities." (Ebd.)

Das Ergebnis dieser Differenzierung ist eine gewisse Expertenschaft, die jeder einzelne aber nur auf wenigen Gebieten erreichen kann. Zur demokratischen Erziehung gehört nach Eliot auch die Urteilskraft darüber, in welchen Angelegenheiten man fremder Expertise vertrauen kann und muss. Die Professionalisierung von Experten gehört für Eliot zu jeder sich entwickelnden Demokratie. Das gilt für ihn nicht nur im Bereich technisch-ökonomischer, sondern auch politischer Expertise (vgl. ebd., S. 413). Nicht egalitäre, sondern elitäre Akzente bestimmen mithin Eliots Verständnis von Demokratie und einer hierauf ausgerichteten demokratischen Erziehung. Demokratien dürften sich nicht von einem vagen Verlangen nach Gleichheit leiten lassen (vgl. ebd., S. 409), sondern vom Verlangen nach „democratic nobility" (ebd., S. 417), die weder durch Geburt noch durch Reichtum, sondern allein durch Leistung verbürgt sei. Während wenige in einer Art Leistungsauslese ihren Tugendadel unter Beweis stellen können, müsse der großen Mehrheit ein Gefühl für Respekt und Verehrung für die Leistung der wenigen eingepflanzt werden:

> „They should learn to admire and respect persons of this quality, and to support them, on occasion, in preference to the ignoble." (Ebd., S. 418)

Partizipativ vs. repräsentativ: Die Spannung zwischen *partizipativen* und *repräsentativen* Verständnissen von Demokratie hat ebenfalls Folgen für eine mögliche Verhältnisbestimmung von Erziehung und Demokratie. Während das Prinzip der Partizipation eher auf einen sozialen, funktionssystemübergreifenden Begriff von Demokratie bezogen ist, korrespondiert das Prinzip der Repräsentation eher mit einem politischen, funktionssystemspezifischen Begriff von Demokratie. Auffällig ist, dass in der Theoriegeschichte der modernen Pädagogik das Prinzip der Partizipation und seine pädagogische Relevanz ausführlicher reflektiert und gewürdigt wurde als das Prinzip der Repräsentation. Dementsprechend erwiesen sich aus pädagogischer

Sicht Formen einer partizipativen, direkten Demokratie offensichtlich als anschlussfähiger als Formen einer repräsentativen Demokratie. Verständlich ist dies zunächst mit Blick auf die Funktion von Erziehung: Durch die „Generalisierung universeller Prämissen für Kommunikation" (Tenorth 1994, S. 101) werden die Voraussetzungen für Partizipationsfähigkeit in einem umfassenden Sinne geschaffen, nicht nur die Voraussetzung der Teilnahme an politischer Kommunikation im engeren Sinne. Unterbelichtet blieb dabei allerdings die pädagogische Relevanz des Prinzips der Repräsentation. Dies ist in doppelter Hinsicht problematisch: Zum einen, weil damit die reale geschichtliche Form moderner Demokratie aus pädagogischer Sicht weitgehend unverstanden blieb. Zum anderen, weil hiermit die Bedeutung eines Prinzips unzureichend beleuchtet wurde, das nicht nur für politische, sondern auch für pädagogische Beziehungen – etwa in Form der Stellvertretung (Herbart 1997) oder der Treuhandschaft (vgl. Dwyer 2006) – konstitutiv ist. Ähnlich wie im Fall der Ökonomie kann auch im Fall der Demokratie vermutet werden, dass die Selektivität ihrer Wahrnehmung aus Sicht der Pädagogik auch mit blinden Flecken in der Reflexion pädagogischer Beziehungen selbst zu tun hat. Fakt ist zumindest, dass Autoren, die die Brücke zwischen Pädagogik und Demokratie nicht über den Gedanken von Partizipation, Inklusion und Bürgergemeinschaft, sondern über den Gedanken der *Repräsentation*, der *Gewaltenteilung* und *Machtkontrolle* herzustellen versuchen, im pädagogischen Diskurs eine eher randständige Rolle spielen. Das aber heißt: Von Ausnahmen abgesehen wird den pädagogischen Implikationen real existierender Demokratien in der pädagogischen Diskussion keine besondere Aufmerksamkeit geschenkt. Anders sieht dies in der politischen Philosophie insbesondere des englischen Sprachraums aus.

Für George Kateb (1981) hat die repräsentative Demokratie bedeutende Effekte im Sinne einer informellen Erziehung, die weit über das politische Feld hinausreichen. Voraussetzung für diese These ist die Annahme, dass durch regelmäßige und freie Wahlen der Gedanke der (politischen) Autorität einen fundamentalen Wandel erfährt: Autorität wird zeitlich begrenzt verliehen und damit als etwas Künstliches erfahrbar. Sie wird entmystifiziert und entsakralisiert.

„The psychological effect of that system permeates the whole society" (ebd., S. 359).

Zu diesen psychologischen und moralischen Effekten zählt Kateb erstens die Unabhängigkeit des eigenen Urteils und die Fähigkeit „Nein" zu sagen. Zweitens entwickelt derjenige, der sich für öffentliche Ämter zur Wahl stellen und über öffentliche Angelegenheiten mitentscheiden kann, ein Selbstbewusstsein, das weit über den politischen Raum hinausgeht und somit auch zu einer Demokratisierung nichtpolitischer Beziehungen beiträgt. Drittens nennt Kateb die durch ein Parteiensystem sich verbreitende Einsicht, dass es widerstreitende Antworten auf moralische Fragen gibt. Obwohl diese auch zu Auswüchsen führen können, die die Grundlage der Demokratie selbst gefährden, hält Kateb die moralischen Kosten einer direkten Demokratie für weitaus höher. Grund hierfür ist der Bezug direkter Demokratie auf eine kleine und zumeist statisch gedachte Gemeinschaft mit gemeinsam geteilten Interessen, die nicht nur die Unabhängigkeit und den Widerspruchsgeist des einzelnen untergraben, sondern auch nach außen hin chauvinistische Überlegenheitsgefühle nähren würde. Gemeinschaften tendierten zur totalitären Aufhebung der Unterscheidung von „privat" und „öffentlich"; politisches Engagement werde zu einer dauernden Verpflichtung für alle, statt zu einem vorübergehenden Engagement für wenige; durch die unterstellte Identität von Herrschern und Beherrschten werde Widerspruch gegen Autorität selbstwidersprüchlich und damit der Widerspruchsgeist zersetzt. Das Fazit lautet:

> „the moral costs of political legitimacy are too great, and [...] therefore, on balance, representative democracy is superior, even though it cannot offer a solution to the problem of legitimacy that is unambiguous and unmediated." (ebd., S. 371)

Galt Katebs Aufmerksamkeit der informellen Erziehung der repräsentativen Demokratie und ihren Effekten außerhalb des politischen Feldes, so stellte Walter Lippmann die Frage, inwiefern eine repräsentative Demokratie auch einer spezifischen formellen Erziehung bedarf. Seiner These zufolge ist das implizite Ideal einer demokratischen Öffentlichkeit und darauf bezogener Erziehungstheorien das eines „omnicompetent, sovereign citizen" (Lippmann 1925, S. 39). Dieses Ideal aber sei eine Überschätzung dessen, was selbst ein gebildeter Bürger realistischerweise an Zeit, Fachkompetenz und Engagement für komplexe öffentliche Angelegenheiten aufzubringen bereit und in der Lage ist. Lippmann hält es deshalb für unumgänglich, zwischen den Aufgaben der Funktionseliten bzw. professionellen Experten und den Aufgaben der Öffentlichkeit bzw. der Laien zu unterscheiden. Während die „Insider" fachpolitische Probleme analysieren, Lösungen vorbereiten und schließlich Entscheidungen zu treffen und zu verantworten haben, bleibe es die wesentliche Aufgabe der „Outsider" zu beurteilen, ob die Experten sich in ihrem Handeln an Recht und Gesetz halten oder ihrem eigenen willkürlichen Interesse folgen. Statt sich am unerreichbaren Ideal des omnikompetenten Bürgers zu orientieren, habe die Erziehung die Urteilskraft der Öffentlichkeit im Blick auf die Kontrolle der Entscheidungsträger zu schärfen. Eine demokratische Erziehung, die auf der Unterscheidung von Experten und Laien beruhe, sei aber noch gar nicht entwickelt:

> „Democracy [...] has, in fact, aimed not at making good citizens but at making a mass of amateur executives. It has not taught the child how to act as a member of the public. It has merely given him a hasty, incomplete taste of what he might have to know if he meddled in everything. The result is a bewildered public and a mass of insufficiently trained officials." (Ebd., S. 148)

Monistisch vs. pluralistisch: Eine dritte Spannung kann zwischen monistischen und pluralistischen Verständnissen von Demokratie ausgemacht werden. Im ersten Fall wird Demokratie als eine Gemeinschaft mit gemeinsam geteilten Werten und Interessen verstanden, im zweiten Fall als eine in sich plurale Gesellschaft, deren Stabilität gerade nicht auf gemeinsam geteilten Ideen eines guten Lebens beruht, sondern auf der Zustimmungsfähigkeit ihrer politischen Institutionen.

John Dewey denkt die durch kommunikativen Austausch hervorgebrachte demokratische Gesellschaft als eine demokratische Gemeinschaft:

> "A society is a number of people held together because they are working along common lines, in a common spirit, and with reference to common aims. The common needs and aims demand a growing interchange of thought and growing unity of sympathetic feeling." (Dewey 1976-1983b, S. 10)

Anders als Ferdinand Tönnies (vgl. 1991) Verständnis von Gemeinschaft als ursprüngliche Form des Zusammenlebens nach dem Vorbild der Familie fragt Dewey nach den Möglichkeiten einer erst herzustellenden großen Gemeinschaft. Demokratie stellt für ihn dabei die Idee des Gemeinschaftslebens überhaupt dar. Für den Realisierungsgrad einer demokratischen Gemeinschaft werden zwei Kriterien genannt: der Grad des Austausches innerhalb der und zwischen den Gruppen einer Gemeinschaft. Im Austausch entwickelt sich eine bewusste und tätige Anteilnahme der Einzelnen am Leben der Gemeinschaft. Diese Anteilnahme ist nicht von Anfang an gegeben; sie entsteht vielmehr im Prozess der Erziehung. Die *ursprüngliche* Form nennt Dewey assoziiertes Verhalten. Seine Frage ist deshalb, wie aus einem bloß assoziierten Verhalten eine „community of action" wird.

> „We are born organic beings associated with others, but we are not born members of a community." (Dewey 1976-1983e, S. 331)

Aus der Entwicklungsperspektive des Einzelnen gesehen ist Gemeinschaft für Dewey nicht einfach vorausgesetzt, sondern Resultat eines „bildenden" Austauschs mit anderen.

In einem stärker monistisch geprägten Demokratieverständnis erfüllt Erziehung also eine Schlüsselfunktion bei der Herausbildung von Gemeinschaft und Gemeinsamkeit. Im Hintergrund steht bisweilen eine Vorstellung von gesellschaftlicher Integration, die über die Erziehung der Individuen und ihre Moralität vermittelt ist. Ex negativo kommt dieses bis heute einflussreiche Deutungsmuster darin zum Ausdruck, dass angesichts von Symptomen gesellschaftlicher Desintegration sehr bald nach moralischer Erziehung als Mittel der Krisenbekämpfung gerufen wird (vgl. Heyting 1999).

Im Unterschied zu monistisch geprägten Demokratieidealen geht John Rawls liberaler Demokratiebegriff von einem unhintergehbaren „Faktum des Pluralismus" aus (Rawls 1992, S. 294). Anders als Schleiermacher und in gewisser Weise auch noch Dewey nimmt Rawls an, dass der Pluralismus unterschiedlicher Ideen des Guten „keine bald vorübergehende historische Erscheinung, sondern ein [...] dauerhaftes Merkmal der politischen Kultur moderner Demokratien" (ebd., S. 298) darstellt. Der für liberale Demokratien notwendige übergreifende Konsens kann sich deshalb nicht auf die Zustimmung zu einer bestimmten allgemeinen und umfassenden moralischen Lehre beziehen, sondern nur auf die institutionelle Grundstruktur eines demokratischen Verfassungsstaates, die die friedliche Koexistenz unterschiedlicher Ideen des guten Lebens ermöglicht.

Für Erziehung im Kontext einer liberalen Demokratie bedeutet dies, dass sie nicht von einer allgemeinen und umfassenden moralischen Lehre abgeleitet oder hierfür instrumentalisiert werden kann. Sie bedarf keiner Legitimation in Vorstellungen darüber, „worin der Wert des menschlichen Lebens besteht und welches die Ideale persönlicher Tugend und persönlichen Charakters sind, die unser gesamtes Denken und Handeln prägen" (ebd., S. 302). Es ist vielmehr die Gestaltung der Institutionen öffentlicher Bildung nach Maßgabe der Gerechtigkeit, die der Erziehung ihre Legitimation verleiht.

Während monistisch geprägte Demokratieideale dazu neigen, Erziehung einem Totalitarismus der Gemeinschaft unterzuordnen, kann man die Einführung antitotalitärer Unterscheidungen als ein Kennzeichen pluralistischer Demokratietheorien betrachten. Hierzu gehört nicht nur John Rawls Unterscheidung zwischen einer politischen Gerechtigkeitskonzeption und einer allgemeinen und umfassenden moralischen Lehre, sondern auch Amy Gutmanns (1997) Übertragung der Idee der Gewaltenteilung auf das Feld der Erziehung. Weder der Staat noch die Familie noch die professionellen Pädagogen können und dürfen über die Angelegenheiten öffentlicher Erziehung im Alleingang entscheiden. Die wechselseitige Begrenzung und Kontrolle der Ansprüche dieser unterschiedlichen Instanzen sei ein herausragendes Kennzeichen jeder demokratischen Erziehung. Die professionellen Pädagogen können sich nicht darauf beschränken, die Wahlmöglichkeiten der Heranwachsenden zu vergrößern und ansonsten Neutralität gegenüber jeglichen Optionen zu wahren; vielmehr sind auch die professionellen Erzieher angewiesen auf einen positiven Bezug auf demokratische Tugenden und die von Eltern nahegelegten Vorstellungen vom guten Leben. Umgekehrt ist aber eine demokratische Erziehung auch auf professionelle Erzieher angewiesen. Erst durch sie kann man zwei zentralen Prinzipien demokratischer Erziehung Geltung verschaffen, an denen der Staat und die Eltern von sich aus kein hinreichendes Interesse hätten. Die Orientierung am Prinzip „nonrepression" soll verhindern, dass bestimmte Vorstellungen vom guten Leben einer kritischen Reflexion entzogen werden. Die Orientierung am Prinzip „nondiscrimination" soll verhindern, dass einzelne oder ganze Gruppen sich einer den freien und öffentlichen Vernunftgebrauch kultivierenden Erziehung entziehen oder davon ausgeschlossen werden.

Seit den 1990er Jahren wird auch in der deutschsprachigen Pädagogik das Problem des Pluralismus und die hiermit verknüpfte Bedeutung des freien und öffentlichen Vernunftgebrauchs verstärkt diskutiert. Erwähnt seien Adalbert Rangs Unterscheidung zwischen einer Pluralität des gleich Gültigen und dem Pluralismus im Sinne einer Einstellung zu „kontroverser Diversität" (Rang 1994, S. 25); zu nennen ist auch der von Wolfgang Fischers und Jörg Ruhloff unternommene Versuch, das Problem des Pluralismus bildungstheoretisch aufzunehmen: Bildung vollzieht sich im „problematisierenden Vernunftgebrauch" und impliziert die Einführung in den „Widerstreit der Eigenlogiken des Mannigfaltigen" (Ruhloff 1996, S. 152). Als eine Verarbeitung der pluralistischen Moderne kann auch das regulative Prinzip einer „nicht-hierarchischen Ordnung der menschlichen Gesamtpraxis" angesehen werden, das in Dietrich Benners Grundlegung der Allgemeinen Pädagogik eine Rolle spielt (vgl. Benner 2001, S. 115ff.).

In der gegenwärtigen Diskussion deutet sich an, dass ältere Modelle der Politikdidaktik durch Formen der Demokratiepädagogik abgelöst oder zumindest ergänzt werden (vgl. Edelstein 2005). Während die Politikdidaktik Politik als ausdifferenziertes Handlungsfeld thematisiert und zum Gegenstand formeller Erziehung macht, geht die Demokratiepädagogik von einem funktionssystemübergreifenden Begriff von Demokratie aus, bei dem die informelle Erziehung im Medium demokratischer Beratung, Abstimmung und Kooperation im Vordergrund steht. Es geht somit nicht in erster Linie um die Vorbereitung auf die politische Demokratie außerhalb der Schule, sondern um „Demokratie lernen & leben" innerhalb der Schule, wie es beispielsweise ein gleichnamiges Modellprogramm der Bund-Länder-Kommission vorsieht (vgl. Edelstein/Fauser 2001). Demokratiepädagogik konzentriert sich nicht so sehr auf kognitive Ziele etwa durch die Vermittlung von Kenntnissen über politische Institutionen; betont werden vielmehr die Kultivierung demokratischer Einstellungen und die Entwicklung demokratischer Handlungskompetenzen. Hierbei sollen unterschiedliche didaktische Instrumente zum Tragen kommen: die Entwicklung von demokratieförderlichen Seiten des Unterrichts und der Leistungsbewertung; Projekte als didaktische Großform; partizipatorische Formen der Schulorganisation; die Kooperation mit zivilgesellschaftlichen Akteuren im Umfeld der Schule (vgl. Edelstein 2005). Vorbild der Demokratiepädagogik ist neben John Deweys (1976-1983b, S. 12) Idee der Schule als „embryonic society" auch Lawrence Kohlbergs Konzept der Schule als „just community" (vgl. Oser/Althof 2001).

Auffällig ist, dass es diesen gegenwärtig sehr einflussreichen Konzepten darum geht, den Bezug von Erziehung auf Demokratie nicht als äußerliche System-Umwelt-Relation zu gestalten, sondern Unterricht und Schulleben selbst demokratieförmig zu gestalten. Die Frage ist, ob auf diesem Weg die Wirklichkeit der politischen Demokratie adäquat erfasst oder eher ein pädagogisches (Wunsch-)Bild von Demokratie im Raum der Schule inszeniert wird. Fakt ist, dass „egalitäre Formen der Zusammenarbeit von Lehrern und Schülern" (Edelstein/Fauser 2001, S. 32), wie sie im Rahmen der Demokratiepädagogik eingeübt werden sollen, zu bestimmten Subjektivierungsmustern passen, die auch im Rahmen Neuer Steuerung zu beobachten sind. Die Wahrnehmung von Demokratie als eine kontrollierte Form der Ausübung von Macht durch gewählte Repräsentanten tritt zurück zugunsten der Wahrnehmung von Demokratie als egalitäre Kommunikations- und Kooperationsgemeinschaft. Dieser Wandel korrespondiert mit einem Wandel im Verständnis von Autorität im pädagogischen Bezug. Die Belehrungskultur der alten Schule wird als Relikt einer überkommenen Gesellschaft von abhängig Beschäftigten gesehen, die zu „Kopisten vorgegebener Blaupausen" (Beck 1998, S. 11) erzogen wurden; die neue Wissensgesellschaft aber benötige „schöpferische, im besten Sinne ‚unternehmerisch' handelnde Menschen, die mehr als bisher bereit und in der Lage sind, für sich selbst und andere Verantwortung zu übernehmen" (ebd.). Entsprechend müsse sich auch die Rolle des Lehrers ändern, der sich in Zukunft immer mehr als „Moderator, Lernorganisator und Lernberater" (Klippert 2002, S. 35) verstehen müsse. „Vereinbaren statt Anordnen" (Dzierzbicka 2006) heißt die Devise einer sich als demokratisch verstehenden Pädagogik, die Macht in die Selbstverhältnisse der Subjekte verlegt und damit tendenziell unsichtbar werden lässt.

III.3. Weltgesellschaft

Neue Steuerungsinstrumente und die mit ihnen korrespondierenden leitenden Prinzipien, pädagogischen Praxisformen und Subjektivierungsmuster sind Charakteristika einer Gesellschaft, die sich selbst zunehmend als Weltgesellschaft beschreibt. Die Tendenz zur Weltgesellschaft ist bereits im Prozess funktionaler Differenzierung angelegt. Funktionssysteme operieren weltweit. Der Funktionsbezug fordert zum ständigen Kreuzen von territorialen Grenzen auf, im Fall des Erziehungssystems beispielsweise zum Kopieren von Schul- und Universitätssystemen der fortgeschrittenen Länder (vgl. Luhmann 1997, S. 809). Für die Diffusion bzw. Adaption von Leitmodellen einer Weltgesellschaft gibt es unterschiedliche Erklärungsansätze.

(a) Das neo-institutionalistische Forschungsprogramm des *world-polity-Ansatzes* konzentriert sich auf vornehmlich quantitative international-vergleichende Längsschnittuntersuchungen, die empirische Evidenzen für evolutionäre Globalisierungsprozesse im Erziehungssystem zusammentragen. Insbesondere seit dem 2. Weltkrieg fallen folgende Prozesse ins Auge: Die rapide Expansion institutionalisierter Bildung nicht nur im primären und sekundären, sondern auch im tertiären Sektor; die wachsende Bildungsbeteiligung von Frauen auch im tertiären Bildungssektor; die Vereinheitlichung von Studienabschlüssen; die wachsende Zahl internationaler Organisationen, die zunehmend standardisierte globale Bildungsmodelle und Politikmuster entwickeln und verbreiten; die wachsende Zahl und Bedeutung international agierender Bildungsexperten; die zunehmende Bedeutung international-vergleichender Bildungsforschung auf der Basis globaler Bildungsmodelle; die allmähliche Entstehung eines modernen Weltcurriculums; die zunehmende Sichtbarkeit von erfolgreichen und weniger erfolgreichen Staaten als Ergebnis international-vergleichender Bildungsforschung (vgl. Ramirez/Meyer 2002; Ramirez 2006).

Das Ergebnis all dieser Prozesse wird als *institutioneller Isomorphismus* bezeichnet, womit eine zunehmende Angleichung nationaler Erziehungssysteme sowohl auf der Ebene ihrer leitenden Prinzipien als auch der Ebene der von ihnen präferierten Politikmuster und pädagogischen Praxisformen gemeint ist. Die im internationalen Wettbewerb erfolgreichen globalen Modelle liefern gewissermaßen die Drehbücher für Rollen, die von institutionellen Akteuren verkörpert werden.

Aus Sicht des world-polity-Ansatzes besteht ein charakteristischer Grundzug der Globalisierung darin, dass Bildung zunehmend als Mittel zu Fortschritt und Gerechtigkeit begriffen wird (vgl. Ramirez/Meyer 2002, S. 93). Bildung erscheint zugleich als Humankapital und als Menschenrecht. Anders als zu Beginn der Moderne werden jedoch heute beide Grundorientierungen nicht als gegensätzlich, sondern als komplementär angesehen. Dem zum Inhaber von produktivem Humankapital avancierten Wirtschaftsbürger und dem zum Inhaber von Bildungsrechten avancierten Weltbürger werden komplementäre Rollen zugewiesen. Staaten, die in ihrer Bildungspolitik Wege zur Effizienzsteigerung einschlagen, sind der Tendenz nach auch solche, die versuchen, dem demokratischen Anspruch einer „Bildung für alle" Rechnung zu tragen. (vgl. Ramirez 2003). Ein Beispiel hierfür stellt die US-amerikanische Gesetzesinitiative „No Child Left Behind" (vgl. Mathis 2003) dar, die gleichermaßen Gewinne in Hinsicht von Effizienz und Gerechtigkeit in Aussicht stellt. Die Verschränkung eines effizienzorientierten Ökonomisierungsdiskurses und eines egalitären Demokratisierungsdiskurses in der Pädagogik ist nicht nur ein Reflex einer neuen Verhältnisbestimmung von Erziehung, Ökonomie und Demokratie, sondern zugleich einer zunehmenden Globalisierung handlungsorientierender Leitideen.

Dabei behaupten neo-institutionalistische Ansätze nicht, dass die mit globalen Leitideen verbundenen Versprechen auch tatsächlich eingelöst werden und am Ende die effizientesten und gerechtesten Systeme obsiegen; vielmehr stellen globale Modelle *legitime* Prinzipien, Politikmuster und Praxisformen bereit, die sich andere aneignen können, um sich selbst Legitimität zu beschaffen.

(b) Anders als der world-polity-Ansatz sehen *wissenssoziologische Ansätze* in der Vergleichenden Erziehungswissenschaft nicht einen evolutionären Prozess einer zunehmenden Globalisierung am Werk, sondern eine semantische Konstruktion von Globalität, wie sie im Rahmen der Selbstbeschreibungen des Erziehungssystems generiert wird, die nicht mit den strukturellen Entwicklungen im Erziehungssystem zusammenfällt (vgl. Schriewer 2005). Der Bezug auf „Welt", stellt wie der Bezug auf „Geschichte" oder der Bezug auf „Wissenschaft" eine Form der Externalisierung dar, durch den die Selbstbezüglichkeit der im jeweiligen Teilsystem über dieses Teilsystem entwickelten Theorien unterbrochen wird. Gerade wenn es um Reformen im Erziehungssystem geht, benötigt das System solche externen Bezugspunkte, wie sie etwa durch das Ausland als Argument, die Tradition und ihre „Klassiker" oder die wissenschaftliche Expertise einer evidenzbasierten Pädagogik bereitgestellt werden. Auch die Übernahme von Rationalitätsmythen der Ökonomie oder der Bezug auf die Legitimationsressourcen einer demokratischen Kommunikations- und Kooperationskultur erscheinen in dieser Perspektive als Formen der Externalisierung, die das Erziehungssystem mit „Zusatzsinn" (Luhmann/Schorr 1979, S. 338ff.) von außen versorgen können. Anders als der world-polity-Ansatz kann eine wissenssoziologische Perspektive die Differenz zwischen diesen Formen der diskursiven Sinnproduktion und den tatsächlichen sozialstrukturellen Entwicklungen akzentuieren. Damit wird deutlich, daß Prozesse der Globalisierung stets von kontextspezifischen Adaptionen globaler Modelle begleitet sind und zugleich neue Formen der Ungleichheit und Exklusion hervorbringen. Die semantischen Konstruktionen von Globalität erweisen sich damit als Ergebnis eines abstrakten Universalismus, der allzu leicht übersehen lässt, dass auch in der Weltgesellschaft Spannungen zwischen Bildung als Humankapital und Bildung als Menschenrecht fortbestehen.

Literatur

Baker, D. P. /Akiba, M./LeTendre, G. K./Wiseman, A. W. (2001): Worldwide Shadow Education: Outside-School Learning, International Quality of Schooling, and Cross-National Mathematics Achievement. In: Educational Evaluation and policy Analysis 23, S. 1-17.
Baumert, J. (1980): Bürokratie und Selbständigkeit – Zum Verhältnis von Schulaufsicht und Schule. In: Recht der Jugend und des Bildungswesens, 28. Jg., S. 437-467.
Baumert, J. (2002): Deutschland im internationalen Bildungsvergleich. In: Killius, N./Kluge, J./Reisch, L. (Hrsg.): Die Zukunft der Bildung. Frankfurt a.M., S. 100-150.
Baumert, J./Klieme, E./Neubrand, M. (2001): PISA 2000. Basiskompetenzen von Schülerinnen und Schülern im internationalen Vergleich. Opladen.
Beck, U. (1986): Risikogesellschaft, Frankfurt a.M.
Beck, U. (1998): Thesen für eine umfassende Bildungsreform. In: Dieckmann, H./Schachtsiek, B. (Hrsg.): Lernkonzepte im Wandel. Stuttgart, S. 11-20.
Bellmann, J. (2001): Zur Selektivität des pädagogischen Blicks auf Ökonomie. In: Vierteljahrsschrift für wissenschaftliche Pädagogik, Heft 4, S. 386-408.
Bellmann, J. (2003): Bildungstheorie und Institutionenökonomik. In: Mangold, M./ Oelkers, J. (Hrsg.): Bildung, Demokratie und Markt. Bern, S. 99-119.
Bellmann, J./Waldow, F. (2006): Bildungsgutscheine als Steuerungsinstrument. Egalitäre Erwartungen, segregative Effekte und das Beispiel Schweden. In: Ecarius, J./Wigger, L.

(Hrsg.): Elitebildung – Bildungselite. Erziehungswissenschaftliche Diskussionen und Befunde über Bildung und soziale Ungleichheit. Opladen, S. 188-205.
Benner, D. (2001⁴): Allgemeine Pädagogik. Eine systematischproblemgeschichtliche Einführung in die Grundstruktur pädagogischen Denkens und Handelns. Weinheim/München.
Blossfeld, H.-P. (2005): Life Courses in the Globalization Process. Bamberg. Verfügbar unter: http://web.uni-bamberg.de/sowi/soziologie-i/globalife/ pdf/final_report.pdf.
Brighouse, H. (2003): Educational Equality and Justice. In: Curren, Randall (Ed): A Companion to the Philosophy of Education. Maiden, S. 471-486.
Brighouse, H. (2006): On Education. London/New York.
Bröckling, U. (2004): Empowerment. In: Ders./Krasmann, S./Lemke, Th. (Hrsg.): Glossar der Gegenwart. Frankfurt a.M., S. 55-62.
Bude, H. (1998): Die Überflüssigen als transversale Kategorie. In: Berger, P. A./ Vester, M. (Hrsg.): Alte Ungleichheiten – neue Spaltungen. Opladen, S. 363-382.
Dewey, J. (1976-1983a): John Dewey. The Early Works, 1882-1898. Hrsg. v. Boydston, J. A. Carbondale.
Dewey, J. (1976-1983b): The School and Society [1900]. In: John Dewey. The Middle Works. 1899-1924. Bd. 1. Hrsg. v. Boydston, J. A. Carbondale, S. 1-109.
Dewey, J. (1976-1983c): Democracy and Education [1916]. In: John Dewey. The Middle Works. 1899-1924. Bd. 9. Hrsg. v. Boydston, J. A. Carbondale.
Dewey, J. (1976-1983d): Reconstruction in Philosophy [1920]. In: John Dewey. The Middle Works. 1899-1924. Bd. 12. Hrsg. v. Boydston, J. A. Carbondale, S. 77-201.
Dewey, J. (1976-1983e): The Public and Its Problems [1927]. In: John Dewey. The Later Works. 1925-1953. Bd. 2. Hrsg. v. Boydston, J. A. Carbondale, S. 235-373.
Dreeben, R. (1980): Was wir in der Schule lernen (1968). Frankfurt a.M.
Durkheim, E. (1972): Pädagogik und Soziologie (1903). In: Ders.: Erziehung und Soziologie. Düsseldorf, S. 72-93.
Durkheim, É. (1984): Die Regeln der soziologischen Methode (1895). Frankfurt a.M.
Dwyer, J. (2006): Children's Education Rights in a liberal Democracy. In: Hofmann, M./ Jacottet, D./Osterwalder, F. (Hrsg.): Pädagogische Modernisierung. Säkularität und Sakralität in der Pädagogik. Bern, S. 185-200.
Dzierzbicka, A. (2006): Vereinbaren statt anordnen. Noeliberale Gouvernementalität macht Schule. Wien.
Edelstein, W. (2005): Überlegungen zur Demokratiepädagogik. In: Himmelmann, G./Lange, D. (Hrsg.): Demokratiekompetenz. Beiträge aus Politikwissenschaft, Pädagogik und politischer Bildung. Wiesbaden, S. 208-226.
Edelstein, W./Fauser, P. (2001): Demokratie lernen & leben. Bonn.
Eliot, C. W. (1969): The Function of Education In Democratic Society (1897). In: Ders.: Educational Reform. New York, pp. 401-418.
Fend, H. (2006): Neue Theorie der Schule. Einführung in das Verstehen von Bildungssystemen. Wiesbaden.
Gutmann, A. (1987/1997): Democratic Education (1987). In: Cahn, S. M. (Ed.): Classical and Contemporary Readings in Philosophy of Education, New York, S. 411-435.
Hanusch, H. (1993): Zurück zur Wirklichkeit. In: ZEIT-Punkte, Heft 3, S. 112-114.
Hanushek, E. A./Wößmann, L. (2007): The Role of Education Quality in Economic Growth. World Bank Policy Research Working Paper 4122, February 2007.
Heid, H. (1999): Über die Vereinbarkeit individueller Bildungsbedürfnisse und betrieblicher Qualifikationsanforderungen. In: Zeitschrift für Pädagogik 45, 1999, S. 231-244.
Herbart, J. F. (1997): Allgemeine Pädagogik aus dem Zweck der Erziehung abgeleitet (1806). In: Benner, D. (Hrsg.): Johann Friedrich Herbart Systematische Pädagogik – Band 1: Ausgewählte Texte. Weinheim, S. 57-158.

Herbart, J.F. (1964): Über die ästhetische Darstellung der Welt, als Hauptgeschäft der Erziehung. In: Kehrbach, K./Flügel, O. (Hrsg.) Sämtliche Werke. Bd. 1. Langensalza 1887-1912. Aalen, S. 259-274.
Heyting, F. (1999): Erziehung zum Zusammenleben. Abschied von Moral und Tugend als gesellschaftliche Integrationsmedien. In: Neue Sammlung 39, Heft 1, S. 3-17.
Hollenbach, N./Meier, U. (2004): Lernen am Nachmittag – Häusliche Unterstützung und bezahlte Nachhilfe von 15-Jährigen. In: Schümer, G./ Tillmann, K.-J./Weiß, M. (Hrsg.): Die Institution Schule und die Lebenswelt der Schüler. Vertiefende Analysen der PISA-2000-Daten zum Kontext von Schülerleistungen. Wiesbaden, S. 165-186.
Humboldt, W. v. (1960): Ideen zu einem Versuch, die Gränzen der Wirksamkeit des Staats zu bestimmen (1792). In: Ders.: Werke in fünf Bänden, hrsg. v. Flitner, A./Giel, K. Bd. 1. Stuttgart, S. 56-233.
IW (Institut der deutschen Wirtschaft) (2007): Renditen der Bildung – Investitionen in den frühkindlichen Bereich. Köln.
Kade, J. (1997): Vermittelbar/nicht-vermittelbar: Vermitteln: Aneignen. Im Prozeß der Systembildung des Pädagogischen. In: Lenzen, D./Luhmann, N. (Hrsg.): Bildung und Weiterbildung im Erziehungssystem. Lebenslauf und Humanontogenese als Medium und Form. Frankfurt a.M., S. 30-70.
Kaminski, H. (1997): Neue Institutionenökonomik und ökonomische Bildung. In: Kruber, K.-P. (Hrsg.): Konzeptionelle Ansätze ökonomischer Bildung. Bergisch Gladbach, S. 129-159.
Kateb, G. (1981): The Moral Distinctiveness of Representative Democracy. In: Ethics 91, S. 357-374.
Klippert, H.(2002): Eigenverantwortliches Arbeiten und Lernen. Bausteine für den Fachunterricht. Weinheim/Basel.
Kloppenberg, J. T. (1998): Democracy. In: Wightman, F. R./Kloppenberg, J. T. (Hrsg.): A Companion to American Thought. Malden, S. 173-177.
Kommission für Zukunftsfragen der Freistaaten Bayern und Sachsen (1997): Erwerbstätigkeit und Arbeitslosigkeit in Deutschland. Entwicklung, Ursachen und Maßnahmen, Teil III, Maßnahmen zur Verbesserung der Beschäftigungslage. Bonn.
Konopka, G. (1978[6]): Soziale Gruppenarbeit: ein helfender Prozess. Weinheim.
Konsortium Bildungsberichterstattung (2006): Bildung in Deutschland. Ein indikatorengestützter Bericht mit einer Analyse zu Bildung und Migration. Bielefeld.
Krafft, D. (1981): Ökonomische Bildung für die Gesellschaft von morgen. In: Ders./Haier, U./Rainer, J. (Hrsg.): Wie man eine Gesellschaft ruiniert. Köln, S. 7-25.
Lippmann, W. (1925): The Phantom Public. New York.
Luhmann, N. (1983): Anspruchsinflation im Krankheitssystem. Eine Stellungnahme aus gesellschaftstheoretischer Sicht. In: Herder-Dorneich, P. (Hrsg.): Die Anspruchsspirale. Stuttgart, S. 28-49.
Luhmann, N. (1997): Die Gesellschaft der Gesellschaft. Frankfurt a.M.
Luhmann, N. (2005[5]): Interaktion, Organisation, Gesellschaft. Anwendungen der Systemtheorie (1975) In: Ders.: Soziologische Aufklärung 2. Wiesbaden, S. 9-24.
Luhmann, N./ Schorr, K.E. (1988): Reflexionsprobleme im Erziehungssystem. Frankfurt a.M.
Markowitz, J. (2006): Funktionale Differenzierung und strukturelle Folgen. In: Ehrenspeck, Y./ Lenzen, D. (Hrsg.): Beobachtungen des Erziehungssystems. Systemtheoretische Perspektiven. Wiesbaden, S. 67-75.
Mathis, W. J. (2003): No Child Left Behind. Costs and Benefits. In: Phi Delta Kappan 84, No. 9, May 2003, pp. 679-686.
OECD (1999): Measuring student knowledge and skills. A new framework for assessment. Paris.

Oser, F./Althof, W. (2001). Die Gerechte Schulgemeinschaft: Lernen durch Gestaltung des Schullebens. In: Edelstein, W./Oser, F./Schuster, P. (Hrsg.): Moralische Erziehung in der Schule. Weinheim, S. 233-268.

Peukert, U. (1997): Der demokratische Gesellschaftsvertrag und das Verhältnis zur nächsten Generation. In: Neue Sammlung 37, S. 277-293.

Ramirez, F. O. (2003): Toward a Cultural Anthropology of the World? In: Anderson-Levitt, K. (ed): Local Meanings, Global Schooling: Anthropology and World Culture Theory. New York, pp. 239-254.

Ramirez, F. O. (2006): From Citizen to Person? Rethinking Education as Incorporation. Stanford: Center for Democracy, Development and The Rule of Law, April 2006. Verfügbar unter: http://iisdb.stanford.edu/pubs/21085/Ramirez_No_53.pdf.

Ramirez, F. O. / Meyer, J. W. (2002): National Curricula: World Models and National Historical Legacies. In: Caruso, M./Tenorth, H.-E. (Hrsg.): Internationalisierung – Internationalisation. Semantik und Bildungssystem in vergleichender Perspektive. Frankfurt a.M./ Berlin/Bern/Bruxelles/New York/Oxford/Wien S. 91-107.

Rang, A. (1994): Pädagogik und Pluralismus. In: Heyting, F./Tenorth, H.-E. (Hrsg.): Pädagogik und Pluralismus. Weinheim, S. 23-50.

Rawls, J. (1992): Der Gedanke eines übergreifenden Konsenses (1986). In: Ders.: Die Idee des politischen Liberalismus. Frankfurt am Main, S. 293-332.

Rousseau, J.-J. (1977): Vom Gesellschaftsvertrag oder Grundsätze des Staatsrechts (1762). Stuttgart.

Ruhloff, J.(1996): Bildung im problematisierenden Vernunftgebrauch. In: Borrelli, M./Ruhloff, J. (Hrsg.): Deutsche Gegenwartspädagogik, Band II. Hohengehren, S. 148-157.

Schaefers, Ch. (2002): Der soziologische Neo-Institutionalismus. Eine organisationstheoretische Analyse- und Forschungsperspektive auf schulische Organisationen. In: Zeitschrift für Pädagogik 48, Heft 6, S. 835-855.

Schleiermacher, F. D. E. (1983): Pädagogische Schriften. Bd. 1: Die Vorlesungen aus dem Jahre 1826. Herausgegeben v. Schulze, Th./Weniger, E. Frankfurt a.M./Berlin/Wien.

Schriewer, J. (2005): Wie global ist institutionalisierte Weltbildungsprogrammatik? Neoinstitutionalistische Thesen im Licht kulturvergleichender Analysen. In: Zeitschrift für Soziologie, Sonderheft „Weitgesellschaft", S. 415-441.

Spranger, E. (1966^9): Lebensformen. Geisteswissenschaftliche Psychologie und Ethik der Persönlichkeit (1921). Tübingen.

Sünkel, W. (1997): Generation als pädagogischer Begriff. In: Liebau, E. (Hrsg.): Das Generationenverhältnis. Über das Zusammenleben in Familie und Gesellschaft. Weinheim, S. 195-204.

Tenorth, H.-E. (1994): „Alle alles zu lehren". Möglichkeiten und Perspektiven allgemeiner Bildung. Darmstadt.

Terhart, E. (2000): Qualität und Qualitätssicherung im Schulsystem. Hintergründe – Konzepte – Probleme. In: Zeitschrift für Pädagogik 46, 6/2000, S. 809-829.

Tönnies, F. (1991): Gemeinschaft und Gesellschaft. Grundbegriffe der reinen Soziologie (1887). Darmstadt.

Weiß, M./Bellmann, J. (2007): Bildungsfinanzierung in Deutschland und Schulqualität – eine gefährdete Balance? In: Recht der Jugend und des Bildungswesens, 55 Jg., Heft 1, S. 20-36.

Weniger, E. (1975): Theorie der Bildungsinhalte und des Lehrplans (1930). In: Ders.: Ausgewählte Schritten zur geisteswissenschaftlichen Pädagogik. Weinheim/Basel, S. 199-294.

Wolf, A. (2002): Does Education Matter? Myths about Education and Economic Growth. London.

Wolf, A. (2004): Education and Economic Performance: Simplistic theories and their policy consequences. In: Oxford Review of Economic Policy 20, 2/2004, S. 315-333.

Zymek, B. (2004): Diskussion. Vom Bürger zum Kunden. Der Strukturwandel des Bildungssystems und der demokratischen Kultur in Deutschland. In: Schweizerische Zeitschrift für Bildungswissenschaften 26, Heft 1, S. 121-139.

Teil III

Anthropologischer Bedingungskontext

GERHARD MERTENS

Einführung

I. Problemstand

Die Grundaussage der Pädagogischen Anthropologie, *„der Mensch sei ein Wesen der Erziehung, der Bildung"*, wird derzeit wohl kaum bestritten. Erziehung und Bildung gehören zentral zum Menschsein. Entsprechend scheint die *Frage* nach der *Lernfähigkeit*, der *Bildsamkeit* des Menschen – inmitten seines Heranwachsens und seiner Persönlichkeitsentfaltung in der Lebensspanne – ebenso sinnvoll und dringend wie die Frage nach *möglichen Bildungsaufgaben* angesichts einer Vielzahl von fordernden Lebensweltbezügen.

Andererseits ist es noch gar nicht so lange her, da wurden gegenüber der Pädagogischen Anthropologie zu Recht drei gewichtige Vorbehalte geltend gemacht, nämlich

(1) sie sei entweder *empiriefern* oder aber im Gegenteil lediglich eine *Kompilation* empirischer Theorien;

(2) sie tendiere zum Dogmatismus, in dessen Gefolge dann geschichtlich partikulare „Menschenbilder" unbefragt als *die* Ausprägungen des Menschseins ausgegeben würden. Damit ist ein *Essentialismus* angesprochen, der sich gegenüber der Vielfalt der Ausdrucksgestalten des Menschseins verschließt und seine pädagogischen Postulate mit dem Anspruch verbindet, *das* ursprüngliche *Wesen* des Menschen, als Individuum und als Gattungswesen, zu verkünden. Aufs engste hiermit verwandt ist der Vorwurf,

(3) Pädagogische Anthropologie unterliege der *Ideologieanfälligkeit*, sofern sie unter Rekurs auf eine vermeintliche menschliche *„Natur"* in Wahrheit die Machtinteressen bestimmter gesellschaftlicher Gruppierungen theoretisch untermauere.

Vor dem Hintergrund dieser Problemlage stellt sich uns im Folgenden die Leitfrage: Wie ist eine nichtessentialistische, ideologieresistente Pädagogische Anthropologie denkbar, welche die *Vielzahl* möglicher menschlicher Bezüge umfasst und zugleich eine *Einheit gebende Theorie* darstellt?

II. Vorüberlegungen

II.1. Einheit gebende Theorie vs. bloße Kompilation

Pädagogische Anthropologie hat ein vitales Interesse an einem profunden Wissen über den Menschen in der Vielzahl seiner lebensweltlichen Bezüge. Denn ohne ein derartiges Wissen würden pädagogische Aussagen in die Irre führen. Gerade mit diesem lebensweltlichen Forschungsbezug ist Pädagogische Anthropologie Teil jener zwischen Neuzeit und Moderne anhebenden breiten *philosophisch-praktischen Wende zur Lebenswelt* und ihrer *anthropologischen* Frage nach dem *Gelingen des Menschen* in seiner Welt.

Wie nämlich Odo Marquard (1971, S. 363-366) in seinem philosophiegeschichtlichen Überblick zu Recht hervorhebt, etablierte sich die Philosophische Anthropologie seit ihren Anfängen zwischen dem 16. und 18. Jh. bei gleichzeitiger dezidierter Abkehr von der traditionell spekulativen Schulmetaphysik einerseits und der mathematischen Naturwissenschaft andererseits als *Lebensweltphilosophie* mit dem Ziel der *„Weltkenntnis"* (Kant). Und in diesem Interesse am *Leben des Menschen in seiner konkreten Welt* ist zugleich ihr „Symbiosenappetit" in Bezug auf Einzelwissenschaften verankert. Im *praktischen Bestreben* um Selbstverständigung und *Handlungsorientierung* müsste deshalb jetzt entsprechend die Pädagogische Anthropologie als eine umfassende Theorie vom Menschen *empirisch* breit ansetzen. Sie müsste das uns heute zur Verfügung stehende reichhaltige erfahrungskritische Potential der *Human- und Sozialwissenschaften* zur Kenntnis nehmen – ohne Ausblendungen, Selektion oder Verdrängung – und in einer Weise fruchtbar werden lassen, dass dieses Erfahrungswissen vom Menschen der Lösung gegenwärtig belangvoller *Sinn-Thematiken* von besonderer pädagogisch-aktueller Relevanz zuarbeiten kann.

Soll hierbei jedoch ein Auseinanderbrechen der vielfältigen, z.T. disparaten und noch im Fluss befindlichen Forschungsergebnisse vermieden werden, so ist eine *philosophisch-anthropologische* Verklammerung des empirischen Wissens unabdingbar. Während nämlich die Erfahrungswissenschaften jeweils nur „bestimmte Aspekte menschlichen Daseins (etwa physiologischer, psychologischer, sozialer Art) unter spezifischen methodischen Voraussetzungen thematisieren", so zu Recht Helmut Fahrenbach in seinem informativen Artikel-Beitrag „Mensch" (1973, S. 893f.), „zielt die philosophische Frage – in der traditionellen Form: ‚Was ist der Mensch' – offenbar auf den Menschen ‚im Ganzen', d. h. auf die ‚Ganzheit' bzw. ‚Einheit' seines Seins".

Für die *pädagogisch*-anthropologische Frage nach dem Menschen als Wesen der Erziehung und Bildung gilt dies gleichermaßen. Insofern ist sie auch Teil der *philosophisch*-anthropologischen Fragestellung und hebt wie diese auf eine *„grundlegend-umfassende"*, *„Einheit gebende"* und *„praktisch-sinnrelevante"* Erkenntnis des Menschen in der Vielfalt seiner konkreten Bezüge ab, wobei freilich der Begriff der Ganzheit bzw. der Einheit im kantischen Verständnis lediglich als „regulative Idee" eines Zusammenhangs in der Mannigfaltigkeit der anthropologischen Aspekte aufzufassen ist.

II.2. Strukturanalyse vs. Wesensbestimmung

Die Philosophische Anthropologie unseres Jahrhunderts sieht sich außerstande, den zahlreichen Versuchen einer Wesensdefinition des Menschen jetzt eine neue, *die* allgemeingültige hinzuzufügen. Stattdessen zielt ihr Erkenntnisinteresse, ob nun in biologisch-philosophischer, existenzphilosophischer oder phänomenologischer Variante darauf ab, den *Bauplan*, d.h. die konstitutive *„Lebensform"* bzw. *„Seinsweise"* des Menschen zu erfassen, und zwar zwischen den beiden Polen „naturhafter Daseinsbestimmtheit" einerseits und schöpferischer „Selbstbestimmung" andererseits. *Methodisch* lösbar erscheint dies jedoch nur auf dem Wege einer „strukturanalytischen und funktionalen Betrachtungsweise". Dies aber bedeutet, die gewonnenen anthropologischen Begriffe müssen als *„Strukturbegriffe"*, nicht als „Wesensbegriffe" konzipiert werden. Sie haben denn auch keinen abschließend-theoretischen, sondern einen aufschließend-exponierenden Sinn. Als solche sind sie für jede weitere Erkenntnis wie für den wissenschaftlichen Diskurs prinzipiell offen.

II.3. Verschränkung von Natur- und Kulturanthropologie vs. Ideologiegefahr

Was nun schließlich den Vorwurf der Ideologieanfälligkeit angeht, so sind aus dem Blickwinkel der modernen Philosophischen Anthropologie zwei einander ergänzende Verstehenszugänge zum Menschen voneinander abzuheben, nämlich die Natur- und die Kulturanthropologie.

II.3.a. Naturanthropologie:

Sie bemüht sich darum, unter Bezugnahme auf die Position des Menschen im Systemganzen der Natur, das ihn auszeichnende Aufbaugesetz seines Seins zu bestimmen. Nach einer Formulierung Kants in seiner „Anthropologie in pragmatischer Hinsicht" (1798) handelt es sich dabei um eine *„physiologische Anthropologie"*, die danach frage, *„was Natur aus dem Menschen macht"*. Freilich lehnt er eine solche naturanthropologische Betrachtungsweise bekanntlich ab. Und auch aus heutiger Sicht ist sie für sich genommen völlig unzureichend, gehört doch die *Natur-Kultur-Verschränkung* menschlichen Denkens, Fühlens und Handelns zum Grundbestand gegenwärtigen Wissens vom Menschen.

„Die naturhafte Daseinsbestimmtheit des Menschen ist *nicht ,an sich'*, sondern stets in einem sich spezifisch bestimmenden Horizont *kulturell* vermittelter Verstehens- und Verhaltensmöglichkeiten ,gegeben' und damit auf ,Selbstbestimmung' hin strukturiert", dies darf mit Fahrenbach (1973, S. 903) als die Basisansicht heutiger Anthropologie angesehen werden.

Von daher erweisen sich der *„Aufgabencharakter"* und das *„Realisationsproblem"* menschlicher Existenz als anthropologisch konstitutiv. Als ein einzigartiger Naturentwurf sieht sich der Mensch in eigener Konsequenz genötigt, Welt zu entwerfen und sich somit auf den Weg der Geschichte zu machen.

II.3.b. Kulturanthropologie:

Entsprechend muss Philosophische Anthropologie jetzt als *„pragmatische"* danach fragen, „was der Mensch als frei handelndes Wesen *aus sich selber macht* oder machen kann und soll" (Kant 1968). Hiermit angesprochen ist die Frage nach seiner Selbstverwirklichung und seinem Seinkönnen sowie den Möglichkeiten zu humanem Selbstüberstieg im *Medium von Kultur*; aber auch die Frage nach den Entfaltungsmöglichkeiten des Einzelnen im Rahmen vorgegebener oder zur Gestaltung aufgegebener struktureller Daseinsbedingungen und Bewusstseinslagen.

Mit dieser pragmatischen Ausrichtung betritt Pädagogische Anthropologie zwar bereits geschichtsphilosophischen Boden, ohne jedoch zweifelhafte Auskünfte über

Verlauf und Sinn der Geschichte zu erteilen. Begreift sich also Pädagogische Anthropologie *nicht zentral* als Geschichtsphilosophie, so ist sie gleichwohl, indem sie Kultur und Geschichte erforscht, doch *auch* eine Philosophie der Geschichte (vgl. Marquard 1971, S. 372). Mit dieser Fragestellung nimmt sie dann die Gestalt einer *Kulturanthropologie* an, erforscht sie menschliche Kulturen in ihrer lebensgestaltenden Kraft, untersucht den Pluralismus der Kulturformen bzw. der Kulturstile, fragt nach „transkulturellen Konstanten" und „kulturellen Varianten des Menschseins" (Marquard ebd., S. 373, mit Bezug auf Mühlmann; vgl. neuerlich auch Wulf 2001); kurz, sie bezieht als Kulturtheorie die Gesamtheit der „Kulturwissenschaften" in ihre philosophische Reflexion mit ein. Daneben bleibt sie stets in engem Gespräch mit einer kritischen Theorie der Gesellschaft und Politik sowie mit der Ethik und schließlich auch der kulturhistorischen Forschung und der Ethnologie.

Fazit: All dies dürfte, zumindest prinzipiell, die Pädagogische Anthropologie vor Ideologieanfälligkeit bewahren, ebenso wie zuvor schon der Vorbehalt des Essentialismus sowie des Dogmatismus entkräftet werden konnte.

III. Zum Aufbau

Wenn wir im Folgenden nun die Unterteilung Natur-/ Kulturanthropologie als Grobraster für die Gliederung des komplexen anthropologischen Gegenstandes wählen, so bleibt hierbei der Gedanke der Natur-Kultur*verschränkung* menschlichen Seins als leitende Vorstellung gleichwohl doch immer bestimmend. Denn zum einen gibt es keine Aussage über den Menschen ohne einfließende kulturelle Interpretamente, zum andern ‚gibt' es das Naturwesen Mensch nicht ohne spezifische kulturelle Ausprägungen. Im Sinne dieser Einschränkung also werden im Folgenden zunächst (Abschnitt 1: Naturanthropologie) bedeutende bioanthropologische Konzepte des 20. Jhs. vorgestellt und in diesem Kontext aktuelle neurophysiologische und genetische Fragestellungen aus pädagogisch-anthropologischer Sicht erörtert. In Abschnitt 2 (Kulturanthropologie) werden sodann im Rekurs auf Phänomenologisch-pädagogische Anthropologie (Kap. 1), Historische Anthropologie (Kap. 2) sowie Humanökologische Erziehungs- und Bildungsforschung (Kap. 3) ganz unterschiedliche Zugangs- und Verstehensweisen pädagogisch-anthropologisch argumentierend thematisiert. Der auch hier relevante Beitrag der Biographieforschung ist in Teilband 5 aufgeführt.

Literatur:

Fahrenbach, H. (1973): Art. „Mensch". In: Krings, H./ Baumgartner, H.M./ Wild, C. (1973-1974): Handbuch philosophischer Grundbegriffe. München, S. 888-913.
Kant, I. (1968): Der Streit der Fakultäten. Anthropologie in pragmatischer Hinsicht (1798). Zit. nach der Akademie-Textausgabe Bd. VII, Teil 2, Berlin.
Wulf, C. (2001): Einführung in die Anthropologie der Erziehung. Weinheim.

1. Abschnitt: Naturanthropologie

GERHARD MERTENS

Kapitel 1: Naturanthropologische Perspektiven

Der Beitrag der bioanthropologischen Konzepte Gehlens und Plessners aus erziehungs- und bildungsphilosophischer Sicht

Die Philosophische Anthropologie der Gegenwart sieht sich außerstande, den zahlreichen Versuchen, das *Wesen* des Menschen zu definieren, jetzt eine neue, *die* gültige inhaltliche Bestimmung eigentlichen Menschseins hinzuzufügen. Wohl aber erteilt sie Auskünfte über die *Grundverfassung* des Menschseins, seine konstitutive *„Lebensform"* bzw. *„Positionalität"* im Ganzen der Natur.

Als Begründer dieser bioanthropologisch orientierten Philosophischen Anthropologie im deutschsprachigen Raum des vorigen Jahrhunderts gilt gemeinhin *Max Scheler*, der als erster in seiner (1927 als Vortrag, 1928 als Buch erschienenen) Abhandlung über „Die Stellung des Menschen im Kosmos" (2005[16]) den einzigartigen Status des Menschen innerhalb des Gesamtaufbaus der bio-psychischen Welt herausarbeitete. Angesichts der von ihm gleichwohl beibehaltenen traditionellen „Wesensanthropologie" sowie der damit verbundenen metaphysischen Implikationen einer Dualität von „Geist" und „Leben" ist sein Werk jedoch angemessener wohl als Abschluss einer metaphysischen Anthropologietradition des 19. Jahrhunderts einzuschätzen. Eigentlicher Begründer der neuen, konsequent strukturanalytisch verfahrenden bio-philosophischen Anthropologie wäre dann *Helmuth Plessner* (1928) mit seiner Schrift „Die Stufen des Organischen und der Mensch" (GS IV 2003). Diese Linie unter anderer Akzentuierung fortsetzend, thematisiert schließlich auch *Arnold Gehlen*s Buch „Der Mensch. Seine Natur und Stellung in der Welt" (1940; 2004[14]) das durch Kontrastierung am Tier gewonnene durchlaufende Aufbaugesetz des Menschen, den er bekanntlich als das *„handelnde"* (Lebe-) wesen begreift.

Gemeinsames Anliegen dieser biologisch-philosophisch konzipierten Anthropologien, dies sei gegen naturalistische Verdinglichung, aber auch gegen idealistische Überhöhung bemerkt, ist es nun, den naturhaften und den geistig-geschichtlichen Doppelaspekt menschlichen Seins aus *einer* Grundposition zu erfassen, und zwar ohne Nivellierung der zweidimensionalen Selbsterfahrung des Menschen. Entsprechend wird der Mensch als ein psychophysisches Individuum begriffen, dessen Teilgrößen als Momente eines interrelationalen Ganzen ab origine verbunden sind.

Charakteristisch hierfür ist ein *systemisches Denken*, wie es in der neueren Biologie und Humanökologie anzutreffen ist, wo unter Anwendung der Kybernetik, der Informationstheorie und der Molekularbiologie Begriffe wie „Information", „genetischer Code", „Programm" usw. benutzt werden, um verschiedenartige Lebewesen, einschließlich des Menschen, als je verschiedene Regelkreise sich selbst steuernder lebender Systeme von unterschiedlicher Komplexität zu begreifen. In Orientierung am Systemgedanken suchen entsprechend auch die genannten Anthropologien jenes Einheit gebende „Organisationsprinzip" menschlichen Daseins zu bestimmen, unter dessen leitendem Strukturgesetz die Gesamtheit der in den Menschen eingegangenen materiellen, biologischen, vital-psychischen und intellektuellen Prozesse bzw. Zonen in einem diffizilen Wechselspiel ein Systemganzes bilden, das sich aus den Formprinzipien der Natur aufbaut und sich gleichwohl in den Vollzügen geistiger Sinngebung und vernunftgeleiteter Daseinsbewältigung von ihr abhebt. Mit einem Essentialismus oder einem Dogmatismus des anthropologischen Fragens hat dies dann nichts mehr zu tun.

Welchen Beitrag leistet vor diesem Hintergrund nun die Bioanthropologie für die pädagogisch-anthropologische Argumentation?

I. Der zentrale Beitrag der Bioanthropologie Arnold Gehlens aus erziehungs- und bildungsphilosophischer Sicht

Gedacht ist dabei nicht an noch so interessante Einzelbeiträge (z.B. zur Intelligenz- oder Bedürfnisforschung etc.), sondern vielmehr an die Frage nach dem *zentralen* Beitrag. Der liegt zweifellos (1) in der *anthropologischen Verankerung* des Gedankens der *Bildsamkeit* des Menschen (seiner Lernfähigkeit, Plastizität und Lernbereitschaft) sowie (2) in der Verankerung des Gedankens der *Bildung* als dem fundamentalen Realisationsproblem menschlichen Seins.

Ausgangspunkt dieser zentralen pädagogisch-anthropologischen Problematik ist die *basale Einsicht* der Philosophischen Anthropologie unseres Jahrhunderts, dass der Mensch bereits als *Naturwesen*, d.h. seiner naturalen Disposition und Herkunft nach, konstitutiv *auf Kultur hin* angelegt ist. Demzufolge sieht er sich in eigener Konsequenz genötigt, sein Dasein eigenständig *zu finden, zu gestalten* und *zu führen*, und dies meint, sich selbst auf Welt hin zu entwerfen.

1. Was nun die *Bildsamkeit* des Menschen näherhin angeht, so impliziert die Grundverfassung menschlichen Daseins eine Komplementarität von Sozio-Kulturellem und Naturalem, und zwar unabdingbar, zum Zwecke sowohl der Daseinsfristung und -bereicherung als auch zur Daseinsorientierung.

Der Mensch „von Natur ein Kulturwesen" – unter dieser von ihm geprägten anthropologischen Grundformel expliziert *Arnold Gehlen* die außerordentliche Lernoffenheit und Plastizität des Menschen als eines zur *Handlung* befähigten Lebewesens. Demgemäß werden im Gehlenschen Entwurf alle Funktionen und Leistungen des Menschen wie Gedanken, Sprache, Phantasie, Eigenart des Antriebslebens, Motorik und Organausstattung in ihrem inneren Strukturzusammenhang als spezifisch *menschliche* herausgestellt; und insofern lässt sich an ihnen, in Kontrastierung zum Tier, das „Nicht-Festgestelltsein" (Nietzsche), eben die einzigartige *Offenheit und Lernfähigkeit* des Menschen aufzeigen.

III. 1. Kap. 1: Naturanthropologische Perspektiven

Zur Illustration dieses anthropologischen Grundgedankens widmet Gehlen einen großen Teil seiner Untersuchungen dem Nachweis, dass nicht erst die höheren Funktionen, sondern bereits die gesamte *psycho-physische Organisation* des Menschen auf Befähigung zur Handlung hin angelegt ist, dass sich also „das spezifisch Menschliche schon im Bereich des Bios aufbaut". Demgemäß analysiert Gehlen (2004[14], S. 86 ff.) in akribischen Einzeluntersuchungen die von ihm so benannten menschlichen „Organprimitivismen", die in ihrer embryonal und archaisch anmutenden Unspezifiziertheit in Korrelation zur mangelnden Angepasstheit des Menschen an seine natürliche Umwelt und in dem damit verbundenen Zwang zur tätigen und geplanten Umarbeitung der Realitäten ins Lebensdienliche zu sehen seien (vgl. ebd., S. 106). Er verweist auf den einzigartigen Körperbau des Menschen, seine aufrechte Haltung, die erstaunliche Beweglichkeit der Extremitäten und des Kopfes (vgl. ebd., S. 138), auf die Plastizität des menschlichen Sinnes- und Bewegungslebens (ebd., S. 131 ff.), die „nicht von vornherein angepasst montiert" in ihrer Befähigung zum kommunikativen Umgang mit der Welt der Existenzweise eines weltoffenen Wesens zuzuordnen seien (ebd., S. 164). Weiterhin untersucht er die sensumotorischen Wurzeln der Sprache (ebd., S. 197 ff.), die eigentümliche Struktur der menschlichen Wahrnehmungswelt (ebd., S. 131 ff.) und des Phantasielebens (ebd., S. 316 ff.). Vor allem zeigt er die Eigenart des menschlichen *Antriebslebens* auf (ebd., S. 327 ff.), das, aufgrund eines „Hiatus" zwischen Antrieb und Handlung, im Unterschied zum instinktiven, blind-zielsicher gesteuerten Verhalten des Tieres „plastisch", orientierbar und weltoffen sei.

Der Gehlensche Begriff der *„Plastizität"* bzw. Verschiebbarkeit meint in Bezug auf das menschliche Antriebsleben einmal „die Abwesenheit ursprünglich festgelegter, gesonderter Instinkte", sodann „die Entwicklungsfähigkeit der Antriebe", ihre „Weltoffenheit", ferner „ihre Ausgesetztheit zur Stellungnahme und die Fähigkeit, gehemmt, geführt, über- und untergeordnet zu werden", überdies ihr Fähigkeit und *Dynamik* zur „Höherentwicklung und Sublimierung", „so dass sich, unter Voraussetzung bestimmter Hemmungen, bedingte und gezüchtete Bedürfnisse einstellen". Und endlich bedeutet Plastizität auch „die Versehrbarkeit, Degenerations- und Ausartungsbereitschaft der Antriebe, ihre Fähigkeit zu ‚luxurieren'" (ebd., S. 351).

Im Resümee, darin sind sich die bioanthropologischen Ansätze einig, ist der Mensch (selbst in den ‚primitiven', der Natur scheinbar nächsten Kulturen) durch eine nicht-tierische, *plastische*, nahezu unbegrenzt *lernfähige* und *lernbereite, offene Daseinsform* gekennzeichnet, eben seine *Bildsamkeit*, die auch im Gang seiner ontogenetischen Entwicklung (von der unfertigen Kindheit bis hin zum reifen Erwachsenenalter) ein ungeheures Lernpotential freizusetzen vermag und dazu auch hindrängt. Und diese Verfasstheit und innere Dynamik wiederum ermöglicht es ihm bereits von Natur aus, in reflektierte Distanz zu sich selbst und zur Welt zu treten und „handelnd" einen begierdelosen, sachlichen Umgang mit der Welt zu pflegen. Anders betrachtet erwächst hieraus jedoch das Realisationsproblem menschlichen Daseins, sofern es sich bei diesen einzigartigen Funktionen lediglich um eine natural-basale Verfasstheit und längst noch nicht um deren Verwirklichung handelt.

2. Sein *Realisationsproblem* betreffend ist der Mensch, um existenzfähig zu sein, auf *eigentätige Umschaffung und Bewältigung von Natur* angewiesen. Dies gilt zu-

nächst für seine eigene Selbstformung, nämlich die Formung seines Inneren, seines bio-physischen Antriebslebens und des sich hierauf aufbauenden geistig-seelischen Potentials. Und komplementär hierzu gilt dies auch für die Aus- und Umgestaltung der jeweils vorgegebenen *äußeren* natürlichen Umwelt.

Medium dieses Entfaltungs- und Selbstgestaltungsprozesses ist die *Kultur* als der Inbegriff der vom Menschen ins Lebensdienliche umgearbeiteten Natur sowie der auf dieser Basis erst möglichen höheren Fertigkeiten, Künste und der gesamten sinnhaften Symbolwelt (vgl. Gehlen 2004[14], S. 38 f.). – Bereits von Natur aus ist also der Mensch auf kulturelle Ausprägungen wie Technik, Ökonomie, Ästhetik, Religion usw. hin angelegt. Von daher erweist er sich als das *„weltoffene"* Wesen, das nicht auf ein naturhaft bestimmtes „Ausschnitt-Milieu" fixiert ist (ebd., S. 36) und das deshalb die Bedingungen seiner bloßen Existenz eigentätig umarbeiten muss. Genau hierin manifestiert sich auch der *„Aufgabencharakter"* menschlicher Existenz, ihr Selbst-Aufgegebensein, kraft dessen sie sich auf die Frage nach ihrem humanen Gelingen (im Medium von Kultur) verwiesen sieht. Und darin findet schließlich auch der Gedanke der *„Erziehungsbedürftigkeit"* des Menschen seine anthropologische Verankerung, sofern dem Aufgabencharakter menschlichen Daseins eine in welcher Form auch immer intendierte Anleitung zu kulturellem Lernen mit Förderungsabsicht entsprechen sollte. Die zeitweilig vehement vorgetragenen Zweifel am Erfordernis und der Möglichkeit von intentionaler Erziehung (vgl. Lenzen 2004, S. 151 ff.) muten demgegenüber recht gespreizt und wenig überzeugend an.

Fazit: Als das lernfähige und *bildsame Kulturwesen* ist somit der Mensch seiner naturalen Grundverfassung nach auf vernunftgeleiteten *Selbst- und Weltbezug*, eben auf *Bildung* hin angelegt.

II. Helmuth Plessners Formel von der „Exzentrizität" des Menschen

Die wohl herausragendste konzeptionelle Version dieser Grundansicht vom Menschen hat meiner Einschätzung nach *Helmuth Plessner* vorgelegt (vgl. Plessner 2003). Denn überzeugender noch als Gehlen ist es ihm gelungen, den naturhaften und den geistig-geschichtlichen Doppelaspekt menschlichen Daseins und die hieraus erwachsenden menschlichen Vollzüge, die bis in die höchsten Formen kultureller Ausdrucksgestalten hineinreichen, aus einer *anthropologischen Grundposition* zu erfassen. Auf die weiterführende Konzeption Plessners soll deshalb im Folgenden näher eingegangen werden.

II.1. Zum Ansatz

Im Rahmen einer Naturphilosophie der „Stufen des Organischen" untersucht Plessner, ausgehend vom zentralen Begriff des Lebens, die verschiedenen Formen organismischen Lebens, und zwar in aufsteigender Linie bis hin zum spezifisch Menschlichen. Seine *Leitfrage* lautet: „Wie muss Leben gedacht werden, das so et-

III. 1. Kap. 1: Naturanthropologische Perspektiven

was wie Existenz da sein lässt oder birgt?" Denn „Leben birgt als *eine* seiner *Möglichkeiten Existenz*" (Plessner 1976, S. 187; S. 189). Sofern jedoch der Begriff *Leben* in formaler Bestimmung die Eigenständigkeit eines Körpers im Verhältnis zu seinem Milieu meint, muss ein lebender Körper nicht nur als Gestalt einer je konkretisierten Ganzheit, sondern vor allem auch als Körperding mit einer „Außen-Innen-Beziehung", d.h. als Mittelpunkt von Bezügen aufgefasst werden (vgl. Plessner 2003, S. 175f.; S. 138). Versteht man dementsprechend die Ganzheit eines Organismus als umrandetes System mit einer zu seiner Umgebung „offenen" Begrenzung, dann beruht Leben „auf dem eigenartigen Verhältnis des Körpers zu seiner Grenze" (ebd., S. 177) bzw. auf dem Gestelltsein gegen seine Umgebung. Eben diese Relation verleiht einem belebten Körper seinen spezifischen Positionscharakter, d. h. seine *„Positionalität"* (ebd., S. 177-187). Nun ist aber das Verhältnis der verschiedenen Formen organismischen Lebens zu ihrer Grenze, ihre „Frontalität" zur Umwelt, höchst unterschiedlicher Art. Insofern markiert ihr jeweiliger Positionscharakter auch unterschiedliche Organisationsprinzipien im Bereich des Lebendigen.

Während der *pflanzliche Organisationstyp* mit seiner unmittelbaren Eingliederung in die Umgebung und seiner Flächenbildung vornehmlich nach außen hin eine *offene Form* organismischen Lebens repräsentiert (vgl. ebd., S. 246-291), verkörpert das *Tier* eine geschlossene Form und gehört dem *zentrischen Typus* der Organismen an. Seine Flächenbildung verläuft nach innen, der Austauschprozess mit seinem Milieu über ein Zentrum (Verdauung, Gedächtnis, Intelligenz), dank dessen es sich vom Leib (im Sinne des „Körperhabens") abhebt und gegenüber dem Lebenskreis mit Hilfe von „Merkfähigkeitsorganen" eine Perspektive und ein Moment der Selbständigkeit gewinnt (vgl. ebd., S. 44). Das Tier lebt also aus dem Zentrum seiner Position, in seine Mitte hinein, aber es erlebt sich nicht *als* Zentrum seiner leiblichen Positionalität (vgl. ebd., S. 360). Deshalb auch bleibt es dem „Koexistenzkreis von Organismus und Umfeld" mit Notwendigkeit immanent (vgl. ebd., S. 327f.).

Demgegenüber weist die Positionsform *menschlichen* Seins ein entscheidendes Novum auf: Die in der zentrischen Positionsform des Tieres bereits angelegte Rückbezüglichkeit des biologischen Systems gelangt beim Menschen zum Durchbruch, und zwar im Modus durchgreifender Reflexivität (vgl. ebd., S. 361f.). Sein Leben aus der Mitte wird nochmals in Beziehung zu ihm gesetzt, das Zentrum seiner Positionalität geht zu sich selbst auf Distanz. Damit wird freilich die zentrische Positionsform nicht negiert, vielmehr gewinnt sie „volle Reflexivität" und wird so zu einer neuen Lebensform organisiert. Auch der Mensch ist in die Mitte seiner Existenz gestellt, lebt als leibliches Wesen im Hier und Jetzt des Verhältnisses seines leiblichen Daseins zum Umfeld, aber er „*weiß* diese Mitte" und ist deshalb „über sie hinaus"; er kennt seine Umweltbindung und vermag sich deshalb von ihr zu distanzieren und sie zu gestalten (vgl. ebd., S. 364; S. 467). Er ist sich der Temporalität seiner Existenz bewusst geworden und hat sich darin selbst als „Ich", als „der ‚hinter sich' liegende Fluchtpunkt der eigenen Innerlichkeit", der „Zuschauer" des Szenariums alles denkbaren Innen und Außen, der nicht mehr objektivierbare „Subjektpol". Von daher gilt dann: „Ist das Leben des Tieres zentrisch, so ist das Leben des Menschen, ohne die Zentrierung durchbrechen zu können, zugleich aus ihr heraus, *exzentrisch*." (Plessner 2003, S. 364)

Mit der anthropologischen Fundamentalkategorie der Exzentrizität hat Plessner nun eine Strukturformel gefunden für jene eigentümlich dialektische Struktur der Conditio humana, die sich darin manifestiert, dass der Mensch im Gegenüber zur Natur unaufhebbarer Teil von ihr bleibt und umgekehrt. Eben damit aber hat er sowohl *naturalistische Verkürzungen* des Menschen als auch seine *idealistische Überhöhung* in einem Zuge überwunden.

II.2. Folgerung 1: gegen naturalistische Engführung

Was zunächst die Überwindung der naturalistischen Engführung betrifft, so besagt die Plessnersche Strukturformel der Exzentrizität dann, dass der Mensch, will er sich selbst in Welt zurechtfinden, über den lebenssichernden Wirklichkeitsbezug der Daseinsfristung hinaus einer *geistigen Symbolwelt* der *Orientierung* bedarf, sei es in Form *sinnlich-ästhetischen, sittlichen* oder *religiös-kontemplativen* Wirklichkeitsumganges. Offenkundig reicht der Maßstab biologischer Zweckmäßigkeit nicht aus, um das Sinnhafte menschlichen Denkens und Handelns, um einen das instrumentelle Agieren übersteigenden, umfassend kulturellen Selbst- und Weltbezug des Menschen anthropologisch plausibel zu machen und auszuloten (vgl. auch Habermas 1977[2], S. 101f.).

So ist es Plessner mit der Formel der Exzentrizität in der Tat gelungen, ein rein anthropo-*biologisches* Erklärungsmuster zu überschreiten und den *ontologischen* Ursprung geistbestimmter Existenzmöglichkeiten und *kulturellen* Naturbezuges aufzudecken. Dafür nämlich, dass sich der Mensch im Handeln, Denken, Träumen eine Welt der „Künstlichkeit" entwirft, dass er mit künstlichen Mitteln arbeitende Tätigkeiten, dass er Techniken entwickelt, sich zu Gebräuchen und Sitten unwiderstehlich hingezogen fühlt, eine die Natur überlagernde Sphäre des Geistigen, der sinnlich-ästhetischen und religiösen Symbole konstituiert, für all dies bieten biologische Erfordernisse der Daseinsfristung eine zwar notwendige, aber nicht zureichende Begründung. Die geistig-schöpferischen Tendenzen des Menschen wie die „Irrealisierung" seines Tuns haben nämlich in Wahrheit ihren letzten Grund nicht in einer auf biologischen Nutzen zentrierten Kompensation biogener Mängel, so sehr auch das Moment des Nutzens aller Kulturbetätigung innewohnt; vielmehr haben sie ihren Ursprung in jenem Formtypus einer exzentrischen Existenzweise. Erst von ihr her werden der „überwerkzeughafte", „außernützliche" Sinn kultureller Ziele sowie ihr schöpferischer Ausdruckscharakter verständlich (vgl. Plessner 2003, S. 383-396). Es ist also die *„konstitutive Gleichgewichtslosigkeit"* menschlicher Positionalität, welche eine ureigene *sinnhafte, noologische Sphäre der Kultur* notwendig macht. Denn das Stehen im Fluchtpunkt hinter dem eigenen Zentrum erfordert einen Daseinsmodus des *Selbstvollzuges*, der Realisierung der eigenen Existenz: „Der Mensch lebt nur, indem er sein Leben führt, ... eben weil er nur ist, wenn er vollzieht – braucht er ein Komplement nichtnatürlicher, nichtgewachsener Art. Darum ist er von Natur, aus Gründen seiner Existenzform künstlich." (Plessner 2003, S. 384f.), d.h. notwendig auf Kultur verwiesen.

Außerhalb seiner selbst und außerhalb seines natürlichen Umfeldes, also „auf Nichts gestellt" muss er heraus aus der unerträglichen Exzentrizität seines Wesens und mit Hilfe einer selbstgeschaffenen Welt, der Kultur, die Herstellung des ihm ontisch versagten Gleichgewichts, die Verwurzelung seiner Existenz realisieren. Die Nötigung zum je neuen Selbstvollzug gestattet ihm hierbei kein Verweilen in der Ruhelage. In der Dynamik unablässigen Tuns, im ständigen Sich-Vorwegsein strebt der Mensch nach dem je Neuen, sucht er den Überstieg, steht er im Zeitmodus der Zukunft (vgl. ebd., S. 334f.). Die von ihm geschaffenen technischen Mittel, die Formen seines Zusammenlebens wie die dieses stützenden Institutionen, seine geistigen und künstlerischen Formgebungen, insgesamt die ihm im Entwurf erschlossene „Welt" wandelt sich, ist *geschichtlich*. Kultur im Horizont von Geschichte wird somit Manifestationsfeld schöpferischer Ausdrucksleistung, menschlicher *Expressivität* (vgl. ebd., S. 396-419). Kurz: Des Menschen „Heimat" ist die „vermittelte Unmittelbarkeit" der Kultur – in Geschichte.

II.3.Folgerung 2: gegen idealistisch-rationalistische Überhöhung

Und was die idealistisch-rationalistische Überhöhung des Menschen betrifft, so hebt die Plessnersche Formel der Exzentrizität demgegenüber auf die bleibend *dialektische* Struktur der Conditio humana ab. Zwar bestimmt die doppelte Rückbezüglichkeit des Menschen, sein Stehen im Fluchtpunkt hinter dem eigenen Zentrum, alle Zonen seines Seins, angefangen von den intellektuellen bis hin zu den vegetativen gleichermaßen; diese Zonen sind denn auch gänzlich anderer Art als die des Tieres. Dennoch aber wird hierdurch die naturhafte Daseinsbestimmtheit des Menschen nicht aufgehoben. Der Mensch ist kein engelgleiches Vernunftwesen. Er hat einen Körper, ist sich gegenständlich gegeben und sieht sich zugleich genötigt, Leib zu sein, zwischen Draußen und Drinnen zu vermitteln (Habermas 1977[2], S. 98). – Um sich seine Welt aufzubauen, bedarf er weit mehr als einer Betätigung der theoretischen Verstandesfunktion, nämlich des Zusammenspiels von Hand, Auge, Tastsinn und Sprache. In der Leibhaftigkeit eines geführten Körperdaseins schließlich begegnet er dem Mitmenschen, erfährt und lebt er seine Soziabilität.

Missversteht man die durchgängige Rückbezüglichkeit menschlichen Seins, seine Reflexivität als das den Menschen Auszeichnende nicht rationalistisch, dann *bedürfen alle menschlichen Regionen und Zonen*, die leibnahen wie die seelischen und geistigen, auf je unterschiedliche Weise einer *Gestaltung und Selbstformung*. Und wenn schon Bildung neben dem Allgemeinen des Menschlichen stets auch die „Totalität" des Menschseins im Individuum zum Ausdruck bringen sollte, dann müsste die gegenwärtige Bildungstheorie nach ihrer rationalistischen Engführung im Zuge der Aufklärung neben der Akzentuierung der theoretischen Funktion des wissenschaftlichen Verstandesdenkens zentral wieder auf jene „zweite Komponente der geistigen Aktivität", das *ästhetische Vermögen* des Menschen abheben (vgl. Portmann 1973; Mertens 1995[3], S. 259-273; Mollenhauer 1990; 1996). Hiermit gemeint ist die geistige Verlebendigung und Durchformung der sinnlichen Wahrnehmung, und zwar auf der Basis eines Erlebens, dem sich dann eine primäre Welt der „Qualitäten", des Wert- und Sinnvollen, der „Bilder" und „Wahrheiten" auftut, welche die Grundlage bildet für alles humane Bewerten und Verhalten (vgl. Portmann 1973, S.

192f.; S. 197). Die eingehende Untersuchung auch einer Bildung der leiblichen Funktionen hat ebenfalls hier ihren anthropologischen Ort.

III. Pädagogisch-anthropologische Würdigung

1. Sehen wir die beiden vorgestellten bioanthropologischen Konzeptionen im *Vergleich,* so stimmen sie in ihrem zentralen *pädagogisch*-anthropologischen Befund zweifellos überein. Schon Gehlens anthropologische Strukturformel vom Menschen als „handelndem Kulturwesen" weist den für den Menschen unabdingbaren Zug zu Erziehung und Bildung auf. Ist nämlich Kultur ein System von Regeln und Symbolen, das nicht angeboren und biologisch ererbt ist, sondern gelehrt und gelernt werden muss, so bedarf der Mensch zugleich damit einer grundlegenden Einführung in Kultur und kulturelle Artefakte; er bedarf der *Enkulturationshilfe.* Pädagogische Begriffe wie ‚Lernoffenheit', ‚Plastizität', ‚Eigentätigkeit', ‚Formierung' im Medium von Kultur, dabei aber auch ‚Erziehung', ‚Erziehungsbedürftigkeit', ‚Zucht und Ertüchtigung' gruppieren sich hier allesamt um ein Verständnis vom Menschen, der, um zustande zu kommen und zu gelingen, der kulturellen Selbstformung bedarf.

Dennoch lässt sich in aller Behutsamkeit sagen, dass Gehlens bioanthropologische Betrachtungsweise eine Nuance mehr im Bios verhaftet bleibt als die Plessnersche Strukturformel von der ‚Exzentrizität', die weit in das für den Menschen zentrale existentiell-sinnhafte Daseinsverständnis hineinreicht. Kehrt doch Gehlen (2004[14], S. 38f.) an Kultur vor allen den Aspekt des „Lebensdienlichen" hervor, auf dessen Basis dann erst die „entlasteten Fertigkeiten und Künste" möglich werden. Kultur wird überhaupt in primär biologischen Kategorien begriffen als eine Größe, die das Wesen Mensch erst *„lebensfähig"* macht (ebd., S. 36).

Demgegenüber hebt Plessner, wie wir sahen, in vergleichsweise existentieller Akzentuierung auf den Entwurfscharakter menschlichen Daseins ab. So sieht er das Kulturwesen Mensch auf *schöpferischen Entwurf* im Bedingungskontext von Zeit, d.h. auf *Geschichte* hin angelegt. Im Vollzug dieses Schöpfertums erweist es sich als ein Wesen, das innere und äußere Umwelten auf „Welt" als den umfassenden Horizont seiner Sinnmöglichkeiten hin entwirft. Von daher lässt sich der Mensch mit Plessner auch als das „offene Seinkönnen" begreifen, das sich als solches in Geschichte zu bewähren hat (vgl. Plessner 1976).

Das Realisationsproblem wird somit zum Grunddatum menschlicher Existenz: Der Mensch ist auf Praxis und hierin auf die Frage nach seinem humanen Gelingen hin disponiert. Nicht also primär um seine biotische Daseinsfristung mit kulturellen Mitteln sicherzustellen, sondern vielmehr noch, um als schlechthin ausgesetztes Wesen überhaupt Halt zu gewinnen, sich selbst in seiner ‚Welt' zurechtzufinden und sinnhaft zu agieren, bedarf er der geistigen Symbolwelt der Kultur. Und nur im eigentätigen Durchbuchstabieren kultureller Sinngehalte vermag er sich selbst zu finden, seine eigene *humane Form,* eben *Bildung,* zu erlangen.

2. Die anthropologische *Fundamentalkategorie der Exzentrizität* gestattet es schließlich auch, die ganze Breite der unterschiedlichen kulturellen Weltbezüge in ihrer anthropologischen Bedeutung als Realisationsformen des *Menschseins* plausibel zu machen, sodass sie dann als vom Einzelnen aufzugreifende und schöpferisch auszugestaltende *Bildungsaufgaben* bzw. als *Zieldimensionen von Bildung* verstanden werden können (wie dies in Bd. 2, Teil 4 unseres Handbuches explizit thematisiert wird). Dies gilt neben dem bereits erwähnten sinnlich-ästhetischen Wirklichkeitsbezug nicht minder auch für die theoretischen und philosophischen, für die ethisch-politischen und die religiös-kontemplativen Weltbezüge, die sich, einmal übernommen, zu kulturellen *Selbstvollzügen* der sich bildenden Persönlichkeit herauskristallisieren.

Dementsprechend erhält die im Laufe des Geschichtsprozesses entstandene kulturelle ‚Welt', die Welt der Sach- und Denktechniken, ebenso wie die Welt der Normen, der Wert- und Sinngestalten, jeweils auch eine unverzichtbare Bildungsbedeutung. Denn mit der vielseitigen Auslegung und Gestaltung der Wirklichkeit macht sich der Mensch daran, das ihm als Naturwesen versagte ontische Gleichgewicht mit ‚künstlichen' Mitteln herzustellen, und zwar durch das im Umgang mit Wirklichkeit erfahrene innere Gewicht der Dinge, ihre Objektivität.

So erschöpft sich bspw. bereits der anthropologische Sinn des *technischen* Weltbezuges keineswegs in biologischer Zweckmäßigkeit – ihr hätte bereits das Knowhow des Steinzeitmenschen Genüge geleistet. Was vielmehr den Zivilisationsvorgang technischen Aus- und Eingreifens in Natur letztlich ständig vorantreibt, ist die in der exzentrischen Positionalität des Menschen wurzelnde Nötigung, sich in einem nie enden wollenden Prozess an einer vorgegebenen Objektsphäre „Welt" je neu zu erarbeiten, um sich in diesem Realisationsvorgang selbst allererst zu finden (vgl. Plessner 2003, S. 396-398).

Und erst recht die kulturellen *Sinngestalten* des Sinnlich-Ästhetischen, des Sittlich-Guten sowie die religiös-kontemplative Sinnerfahrung des Wahren und Heiligen vermögen dem Menschen einen „existenziell" bedeutsamen Horizont der *Daseinsorientierung* zu erschließen, innerhalb dessen er zu sich kommt und seine psycho-physischen und geistig-emotionalen Kräfte zu entfalten vermag.

Als die sich selbst vollziehende Existenz, die ihr Leben führen muss, stößt der Mensch mit all seinen planend voraussehenden Aktionen unweigerlich auf die *sittliche* Frage nach dem, was er denn tun soll, um sinnhaft zu gelingen. Hier begegnet ihm im Regelanspruch seiner Vernunft eine ihn und seine naturalen Vorgegebenheiten in Anspruch nehmende „Macht von vorne", eine „Macht im Modus des Sollens" (Plessner 2003, S. 392), die an seinen Willen appelliert und der er jetzt sein Handeln unterstellen soll.

Und als das im Nirgendwo des Raumes und der Zeit stehende exzentrische Wesen hat es der Mensch schließlich mit dem Bewusstsein der Kontingenz, der Brüchigkeit und Vergänglichkeit alles Gegebenen und seiner Welt zu tun. Mit dem Bewusstsein der Nichtigkeit erwacht jedoch die Idee des einenden Weltgrundes, des in sich ruhenden notwendigen Seins, des Absoluten (vgl. Plessner 2003, S. 419). Kontingenzerfahrung und Gottesidee sind korrelative Größen einer exzentrischen Daseinsform. Wie sehr denn auch die Vorstellung vom göttlichen Grunde des eigenen Lebens und der Wirklichkeit als ganzer im Lauf der Geschichte ihr Gesicht wechseln mochte und mag, angesichts der konstitutiven Wurzellosigkeit des Menschen schafft nur sie ein Definitivum: „Letzte Bindung und Einordnung, den Ort seines Lebens und seines Todes, Geborgenheit, Versöhnung mit dem Schicksal, Deutung der Wirklichkeit, Heimat schenkt nur Religion" (Plessner 2003, S. 420).

Stets ist die vielseitige Teilhabe an den kulturellen Ausdrucksgestalten der *Sinnwelt*, die ja ,*Welt*' erschließt, zugleich auch formgebendes Moment zur Bildung des eigenen *Selbst* zum humanen Menschsein. Offenkundig gelangt der Mensch zum vollen Stand seines Menschseins erst durch die Erfahrung des Übernützlichen, und zwar aufgrund des *Selbstzwecklichen* im Vollzug dieser Erfahrung selbst.

Resümee: Die bildungstheoretischen Konsequenzen aus Gehlens und mehr noch aus Plessners Anthropologie machen hinsichtlich der Reichweite und des Gewichtes bioanthropologischen Argumentierens Folgendes deutlich: Der Gedanke der *Bildsamkeit* ebenso jener der Selbstaufgegebenheit des Menschen zur *Bildung*, d.h. die zentralen Begriffe der Bildungstheorie werden aus bioanthropologischer Perspektive nicht nur im Menschen verankert und verständlich gemacht, sondern sie erhalten überdies eine erste richtungsweisende *material-inhaltliche Konturierung*. Bioanthropologie kann einer Bildungstheorie zwar keine letzten Begründungen anbieten – dazu bedürfte es eher der Ethik –, wohl aber kann sie mit ihrer Sicht des Menschen, was Ganzheitlichkeit und Strukturierung betrifft, als Folie fungieren, auf die eine jede Bildungstheorie und Bildungsvorstellung zugepasst werden muss. Insofern kommt ihr gleichsam eine bleibende „Wächterfunktion" zu.

Literatur:

Gehlen, A. (2004[14]): Der Mensch. Seine Natur und seine Stellung in der Welt. Wiebelsheim.
Habermas, J. (1977[2]): Philosophische Anthropologie. In: Ders.: Kultur und Kritik, verstreute Aufsätze. Frankfurt a. M.
Lenzen, D. (2004): Orientierung Erziehungswissenschaft. Was sie kann, was sie will. Reinbek b. Hamburg.
Mertens, G. (1995[3]): Umwelterziehung. Eine Grundlegung ihrer Ziele. Paderborn.
Mollenhauer, K. (1990): Die vergessene Dimension des Ästhetischen in der Erziehungs- und Bildungstheorie. In: Lenzen, D. (Hrsg.): Kunst und Pädagogik. Erziehungswissenschaft auf dem Weg zur Ästhetik? Darmstadt, S. 3-18.
Mollenhauer, K. (1996): Grundfragen ästhetischer Bildung. Theoretische und empirische Befunde zur ästhetischen Erfahrung von Kindern. Weinheim.
Plessner, H. (1976): Die Frage nach der Conditio humana. Aufsätze zur philosophischen Anthropologie. Baden-Baden.
Plessner, H. (2003):Gesammelte Schriften Bd. IV (GS IV): Die Stufen des Organischen und der Mensch. (Neuaufl.v. 1981) Frankfurt a.M.
Portmann, A. (1973): Vom Lebendigen. Versuche zu einer Wissenschaft vom Menschen. Frankfurt a. M.
Scheler, M. (2005[16]): Die Stellung des Menschen im Kosmos (1927). Bonn.

Kapitel 2: Neurophysiologische Dimension

MARGRET ARNOLD

A: Bildung im Lichte der Gehirnforschung

I. Forschungsergebnisse zum präfrontalen Kortex

Kognitive Neurowissenschaftler setzen die einzelnen Teile zusammen, um Lehrern und Pädagogen ein besseres Verständnis davon zu vermitteln, was es bedeutet, das volle Potential des Gehirns eines Kindes zu entwickeln.

I.1. Neuronale Netzwerke im Gehirn

In den Neurowissenschaften findet ein Paradigmawechsel statt. Gemeint ist der Übergang von einem modularen Verständnis hin zum Netzwerkmodell von kognitiven Prozessen.

I.2. Die wichtige Aufgabe des präfrontalen Kortex

Die Koordination aller Vorgänge im Gehirn geschieht im präfrontalen Kortex. Die Hauptaufgabe des präfrontalen Kortex ist es, Informationen auf allen Ebenen zeitlich zu koordinieren. Die hinteren Bereiche des Gehirns, die das sensorische Wissen verarbeiten, sind durch lange Faserbündel mit den höheren Bereichen der Verarbeitung, besonders dem präfrontalen Kortex, reziprok (wechselseitig) verbunden. Auf diese Weise werden neue Informationen immer mehr mit verschiedensten anderen Informationen, wie sensorisch-motorischen, emotionalen oder motivationalen und schon gebildeten Informationen aus allen Bereichen assoziiert und zu vielfältigen Netzwerken, die über das gesamte Gehirn verteilt sind, verknüpft. Entscheidend ist es nun, dass Lernprozesse erst dann erfolgreich sind und damit langfristig gespeichert werden und flexibel abrufbar sind, wenn die Kategorisierung von Wahrnehmungswissen mit der Kategorisierung von Handlungswissen in einem Wahrnehmungs-Handlungs Kreislauf („perception-action cycle") wechselseitig verbunden ist. Das bedeutet: Alles, was wir erfahren und lernen, wird unmittelbar in eine Reaktion, in Handlung, das können auch Gedanken oder Pläne sein, umgesetzt. Die Verknüpfung zwischen Wahrnehmung und Gedanken geschieht durch sensorische Erfahrungen, Assoziationen mit vorherigem Wissen und Erfahrungen, das Stellen von Fragen und die Planung und Organisation der weiteren Erforschung der Fragen, die Herstellung oder die Entwicklung eines kreativen Produkts, das zeigt, wie Informationen integriert werden und das präsentiert und bewertet werden kann

Die Verknüpfung von Wahrnehmung und Handlung geschieht durch selbstgesteuerte flexible Entscheidungen, die der Lernende trifft (siehe II.2). In Kombination mit den entsprechenden Gehirnbereichen sieht der „Perception-Action Cycle" grafisch dargestellt folgendermaßen aus:

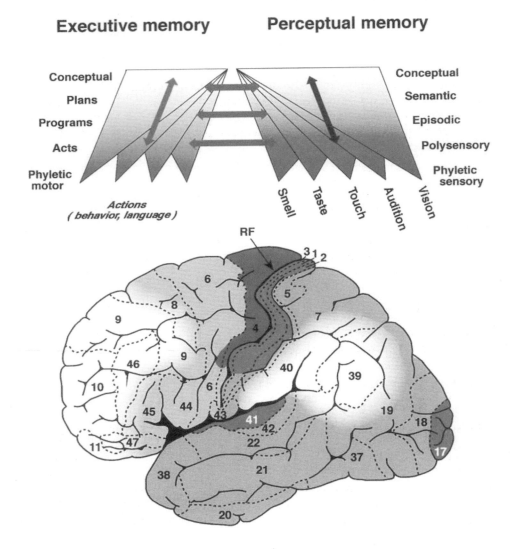

Abbildung 1: Hierarchische Anordnung des Wissens nach dem Inhalt (oben) sowie Verteilung der Gedächtnisinhalte auf der Kortexoberfläche (unten) (Fuster 2003, S. 128)

II. Interpretation für Lernprozesse

II.1. Ganzheitliche Lernprozesse

Ein Lernprozess besteht aus vier verschiedenen Stadien: konkrete Erfahrung – reflexive Beobachtung – abstrakte Hypothesen – aktive Überprüfung, Übertragung oder Anwendung (Zull 2002). Ausdruck der erfolgreichen Koordination von Inhalten und deren Umsetzung ist Denk- und Handlungsflexibilität, d.h. selbstgesteuerte, adaptive Entscheidungen auf allen Ebenen. So gespeicherte Informationen können dann auch besser und flexibler auf reale Lebenssituationen übertragen werden.

II.2. Selbstgesteuerte, flexible Entscheidungen

„Wir fällen praktisch in jedem Moment unseres bewussten Lebens solche Entscheidungen, treffen eine Wahl nach der anderen" (Goldberg 2002, S. 108). Wenn jemand anderer für uns entscheidet, dann schalten wir die Funktionsweise des präfrontalen Kortex aus. Elkhonon Goldberg unterscheidet hier zwischen wahrheitsgetreuer und adaptiver Entscheidung. Bei wahrheitsgetreuen Entscheidungen gibt es nur eine, die richtige Antwort. Solche Fragen werden zum Beispiel bei Quizsendungen gestellt. In den meisten Situationen im Leben muss ich jedoch, aus verschiedenen Möglichkeiten eine eigene Wahl treffen. Gerade für adaptive Entscheidungsfindung ist der präfrontale Kortex prädestiniert, „denn er ist der einzige Teil des Gehirns, in dem die Inputs vom Inneren des Organismus mit den Inputs aus der Außenwelt zusammentreffen" (Goldberg 2002, S.115).

II.3. Entscheidungen im Unterricht

Im Unterricht und in Prüfungen werden fast ausschließlich wahrheitsgetreue Entscheidungen verlangt und abgefragt. Goldberg (2002, S. 122) sagt dazu: „Unser gesamtes Bildungssystem beruht auf dem Lehren wahrheitsorientierter Entscheidungsfindung. (…) Gezielte Methoden für das Lehren subjektbezogener Problemlösungen zu entwickeln, ist eine der größten Herausforderungen für Lehrer". Die Frage, die sich nun stellt, ist: Wie unterrichtet man unter Einbezug von selbständiger adaptiver Entscheidungsfindung bei gleichzeitiger Vermittlung von wesentlichen Fakten, Informationen und Abläufen, die Teil des Lehrplans und der höchsten Leistungsstandards sind?

III. Die zwölf Lehr-Lernprinzipien

III.1. Eine integrierte Sicht des Lernens

Renate Nummela Caine und Geoffrey Caine haben die ganzheitliche Verarbeitung im Gehirn in zwölf für Lehrer und Pädagogen verständliche Lehr-/ Lernprinzipien zusammengefasst (Caine/ Caine 1994, 1997, Caine u.a. 2005, Arnold 2002):

Prinzip 1: Lernen ist physiologisch.
Prinzip 2: Das Gehirn ist sozial.
Prinzip 3: Die Suche nach Sinn ist angeboren.
Prinzip 4: Die Suche nach Sinn geschieht durch die Bildung von (neuronalen) Mustern.
Prinzip 5: Emotionen sind für die Musterbildung wichtig.
Prinzip 6: Das Gehirn verarbeitet Teile und das Ganze gleichzeitig.
Prinzip 7: Zum Lernen gehört sowohl die gerichtete Aufmerksamkeit als auch die periphere Wahrnehmung.
Prinzip 8: Lernen ist sowohl bewusst als auch unbewusst.
Prinzip 9: Es gibt mindestens zwei Arten von Gedächtnis. Die eine ist die Speicherung und Archivierung von isolierten Fakten, Fertigkeiten und Abläufen, die andere ist die gleichzeitige Aktivierung vielfältiger Systeme, um Erfahrungen sinnvoll zu verarbeiten.
Prinzip 10: Lernen ist entwicklungsbedingt.
Prinzip 11: Komplexes Lernen wird durch Herausforderung gefördert und durch Angst und Bedrohung verhindert, was mit Hilflosigkeit und Erschöpfung begleitet ist.
Prinzip12: Jedes Gehirn ist einzigartig.

III.2. Der neue Lernbegriff

Die Prinzipien helfen zu verstehen, warum es bisher so schwierig war, sich auf eine Bedeutung von Lernen zu einigen. Der Schlüssel zur Reform von Erziehung und Bildung liegt darin, diese unterschiedlichen Aspekte des Lernens zu integrieren: Auswendiglernen – Intellektuelles Verständnis – Intellektuelle und praktische Verarbeitung von Erfahrungen. Auf alle drei Verarbeitungsweisen ist das Gehirn vorbereitet. Alle Aspekte haben ihre Berechtigung. Je mehr davon in Form der Prinzipien umgesetzt werden, desto vielfältiger und mehrdimensionaler wird das Lernen der Schüler sein.

IV. „Brain-Based Learning and Teaching"

Die Prinzipien verraten uns, dass jeder Lernende immense und spezifische Fähigkeiten besitzt, die Lehrer ansprechen können und müssen. Es gibt drei integrative Elemente von gutem Unterricht:

IV.1. Entspannte Aufmerksamkeit: ein optimales emotionales Klima für Lernen gestalten

Es gibt einen optimalen emotionalen Zustand für Lernprozesse, der von den Gehirnzentren für Angst und Lust ausgelöst und moderiert wird: entspannte Aufmerksamkeit. Das ist eine Atmosphäre, die von einem geringen Maß an Angst und einem hohen Maß an Herausforderung geprägt ist (Caine u.a. 2005, Arnold 2002).

IV.2. Geordnete Vertiefung in komplexe Erfahrungen: optimale Möglichkeiten für Lernprozesse schaffen

Das menschliche Gehirn lernt durch Erfahrung. ‚Orchestrierung' oder ‚Ordnung' bedeutet in diesem Kontext, dass Wissen im Unterricht für die Schüler konkret und körperlich erfahrbar wird. Ausgehend von einer körperlichen Erfahrung können Lehrer Schülern dabei helfen, körperliche Eigenschaften von etwas, durch das Erstellen von Beschreibungen und Diagrammen und durch die Herstellung von Modellen herauszufinden.

IV.3. Aktive Verarbeitung von: optimale Wege Gelerntes zu konsolidieren

Das Gehirn versteht es, sich an solche Dinge nachhaltiger zu erinnern, die Bedeutung für den Lernenden haben. Es kommt auf das aktive Wissen an – Wissen, mit dem der Lernende umgehen kann. Dies geht weit über die üblichen Leistungserhebungen hinaus. Um den Schwerpunkt auf Erfahrungen zu lenken, sollte eine ständige Konsolidierung, die das Wissen festigt und erweitert, unmittelbar ablaufen.

Bei jeder komplexen Erfahrung geschehen alle drei Abläufe gleichzeitig. Diese Art des Lernens und Unterrichtens bezieht selbst gesteuerte adaptive Entscheidungsfindung (II.2.) mit ein. Selbstgesteuerte, adaptive Entscheidungsfindung bezieht sich schwerpunktmäßig auf die Entwicklung der exekutiven Funktionen des Gehirns.

V. Der Mensch und der Lernprozess im Lichte des neuen Paradigmas

Wenn es sich bestätigt, dass natürliches Wachstum immer auch mit einer Zunahme an Komplexität zusammenhängt, dann sollte Ziel jeglicher Bildung und Erziehung ein komplexer und integrierter Mensch sein, der folgende Attribute besitzt:

- Einen Sinn für Zusammenhänge
- Eine starke Identität und ein starkes Selbstbewusstsein
- Eine Weitsicht und Vorstellungskraft, die Beziehungen der Einzelteile zueinander zu erkennen
- Die Fähigkeit des Fließens ("flow") und die Fähigkeit, mit paradoxen Situationen und Ungewissheit umzugehen
- Das Vermögen, eine Gemeinschaft aufzubauen und in der Beziehung zu anderen zu leben

Je mehr wir uns auf diese Vernetzung einlassen, desto stärker entdecken wir neu, was es bedeutet, selbst Teil dieses Netzwerkes zu sein. Dies soll in Bildung und Erziehung in einem neu verstandenen Lernprozess zum Ausdruck kommen.

Literatur:

Arnold, M. (2002): Aspekte einer modernen Neurodidaktik. Emotionen und Kognitionen im Lernprozess. München.
Caine, G./Caine, R. N./Crowell, S. (1994): MindShifts. A Brain-Based Process for Restructuring Schools and Renewing Education. Tucson AZ.
Caine, R./Caine, G. (1994): Making Connections. Teaching and the Human Brain. Menlo Park CA.
Caine, R./Caine, G. (1997): Education on the Edge of Possibility. Alexandria VA.
Caine, R./Caine, G./Klimek, K./McClintic, C. (2005): 12 Brain/ Mind Learning Principles in Action. The Fieldbook for Making Connections, Teaching and the Human Brain. Thousand Oaks, CA.
Fuster, J. (2003): Cortex and Mind: Unifying Cognition. New York.
Goldberg, E. (2002): Die Regie im Gehirn. Wo wir Pläne schmieden und Entscheidungen treffen. Kirchzarten.
Zull, J. (2002): The Art of Changing the Brain. Enriching the Practice of Teaching by Exploring the Biology of Learning. Sterling, VA.

Kapitel 2: Neurophysiologische Dimension

ULRICH MUßHOFF

B: Die pädagogisch-anthropologische Relevanz der Neurowissenschaften

I. Zur Aktualität der Neurowissenschaften

Die Lebenswissenschaften erleben seit Jahren einen forcierten Wissensfortschritt und sind – zumindest im öffentlichen Bewusstsein – auf dem Weg, die „Leitwissenschaften" für das 21. Jahrhundert zu werden. Besondere Beachtung finden dabei die Neurowissenschaften, die die physikalischen, biochemischen und physiologischen Grundlagen der Informationsverarbeitung im Gehirn von Tieren und Menschen erforschen. Verschiedene elektrophysiologische und bildgebende Verfahren erlauben es inzwischen, das Gehirn beim gesunden wie beim erkrankten Menschen während bestimmter kognitiver, emotionaler oder auch krankhafter Prozesse zu beobachten und den jeweiligen Beitrag sowie das Zusammenwirken der unterschiedlichen Gehirnanteile zu bestimmen. (vgl. Roth 2006, 2003; Singer 2002; Spitzer 2002).

Unmittelbare Folge dieser wissenschaftlichen Erfolge ist eine zunehmende Spezialisierung der Neurowissenschaften in verschiedene Subdisziplinen. Schon eine Übersicht über die einzelnen Forschungsfelder und die Zusammenhänge der Teilbereiche, von der molekularen Neurobiologie bis zur Neuroethologie, von der Neuroinformatik bis zur Neuropsychologie, von den Kognitionswissenschaften bis hin zur Bewusstseinsforschung, ist inzwischen schwierig geworden. Notwendigerweise geht damit eine Wissenserweiterung einher, die auch für Experten nur noch schwer zu überblicken ist.

Die Fortschritte in den Neurowissenschaften entspringen dabei häufig einer medizinisch orientierten Forschung, wobei klinische Fragestellungen gepaart mit biomedizinischen Grundlagenmethoden der Motor der Forschungsbestrebungen sind. Konnte man zuvor nur durch Fallbeschreibungen von Patienten erfahren, was passiert, wenn Teile des Gehirns nicht mehr normal arbeiten (z.B. nach Hirnverletzung durch einen Schlaganfall), so ist es seit Einführung neuer elektrophysiologischer und bildgebender Verfahren möglich, auch beim gesunden Menschen die Hirnaktivität unter bestimmten (experimentellen) Bedingungen zu untersuchen.

Aus den Ergebnissen der primär deskriptiv-analytischen Untersuchungen leiten einige Neurowissenschaftler ab, dass alle mentalen Prozesse des Menschen unmittelbar auf diese hirnphysiologischen Prozesse zurückzuführen und nur durch diese zu erklären sind. Dazu wird von einigen Neurowissenschaftlern paradigmatisch in einer Grundsatzerklärung festgestellt:

> "Geist und Bewusstsein – wie einzigartig sie von uns auch empfunden werden – fügen sich also in das Naturgeschehen ein und übersteigen es nicht. (...) Dies bedeutet, man wird Widerspruchsfreiheit, Geist, Bewusstsein, Gefühle, Willensakte und Handlungs-

freiheit als natürliche Vorgänge ansehen, denn sie beruhen auf biologischen Prozessen". (Elger et al. 2006, S. 80, 83).

Damit verfolgen die Neurowissenschaften das Projekt einer „Naturalisierung des Geistigen" (Müller 2006) und sind auf dem Weg eine biologisch fundierte Anthropologie des Geistes zu umreißen, die umfassend menschliche Grundfunktionen und Handlungsmuster zu erklären vorgibt. Bei diesem Vorhaben werden zwangsläufig auch wichtige Kernbereiche der Erziehungswissenschaften tangiert und entsprechend beziehen sich zahlreiche Äußerungen von Neurowissenschaftlern auf Erziehungsfragen und auf schulische Bedingungen des Lernens.

Zum besseren Verständnis der anthropologischen Dimensionen der Neurowissenschaften erfolgt im nächsten Abschnitten zunächst ein kurzer Abriss der Arbeitsweise des Nervensystems. Grundannahme ist dabei, dass alle geistigen Prozesse eng an elementare Prozesse einzelner Nervenzellen und größerer Nervenzell-Ensembles gebunden sind. Im anschließenden Abschnitt werden Entwicklungsprozesse des Gehirns dargestellt, die für Verhalten und Lernprozesse des Organismus von Bedeutung sind und vorwiegend durch phylogenetische und ontogenetische Rahmenbedingungen bestimmt sind.

II. Von der Nervenzelle zum Verhalten

Das Nervensystem ist das entscheidende Kontrollorgan im Organismus und hat die Aufgabe, Informationen aus der Umwelt und aus dem Körper aufzunehmen, diese zu verarbeiten bzw. zu speichern und ein entsprechend angepasstes Verhaltens- und Reaktionsmuster zu generieren. Die Informationsverarbeitung erfolgt dabei allein durch die ca. 100 Milliarden Nervenzellen (Neurone), während die 10-50 Billionen Zellen der Neuroglia überwiegend Ernährungs- und Stützfunktionen im Nervengewebe haben. Die Registrierung von Signalen und Reizen aus der Umwelt erfolgt dabei durch Nervenzellen (Sinneszellen), die auf die Detektion bestimmter chemischer oder physikalischer Reize spezialisiert sind. Schon im Ruhezustand besteht zwischen dem Inneren und der Umgebung der Nervenzelle eine stabile elektrische Spannung, die als Membranpotenzial bezeichnet wird. Die Veränderung des Membranpotenzials, die die eigentliche Umsetzung des Umweltreizes in ein neuronales Signal darstellt, erfolgt über die Steuerung von molekularen Ventilen der Nervenzellmembran (Ionenkanäle), die durch spezifische Umweltreize geöffnet oder geschlossen werden können und darüber den Ein- und Ausstrom von geladenen Teilchen (Ionen) ermöglichen. Die Ladungsverschiebungen über der Zellmembran erzeugen schließlich rasche Veränderungen des Membranpotenzials, die als Aktionspotenziale bezeichnet werden. Informationen über den jeweiligen Reiz, wie z.B. seine Dauer und Stärke, werden dabei von den Sinneszellen oder nachgeschalteter Nervenzellen in eine charakteristische Frequenz von Aktionspotenzialen kodiert. Das Muster dieser Frequenzen stellt dabei den einzigen neuronalen Code dar und ist unabhängig von der Art des Umweltreizes. Die Aktionspotenziale werden über Ausläufer der Nervenzelle (Faser bzw. Axon) zu speziellen Kontaktstellen (Synapsen) mit anderen Nervenzellen weitergeleitet. An den Synapsen lösen die Aktionspotenziale die Ausschüttung von chemischen Überträgerstoffen (Neurotransmitter) aus, die an den nachgeschalteten Zellen wiederum Ionenkanäle öffnen und darüber elektrische Signale erzeugen. Im Durchschnitt verfügt jedes Neuron über 100 Synapsen mit anderen Neuronen, so dass größere, vernetzte Nervenzell-Ensembles entstehen. Man nimmt dabei an, dass diese synaptisch verknüpften Zellnetzwerke das neuronale Substrat für Lernen und für Verhaltensreaktionen eines Organismus bilden (Birbaumer/Schmidt 2006, S. 609).

Die neuronalen Informationen werden zunächst auf verschiedenen sensorischen Wegen getrennt zum Gehirn weitergeleitet. Im Koordinationszentrum „Gehirn" werden schließlich alle neuronalen Signale zusammengeführt und zu inneren Bildern, sog. Repräsentanzen, über die Beschaffenheit der äußeren Welt und der Körperwelt zusammengefügt. Dabei lässt sich im Gehirn kein Oberzentrum ausmachen, vielmehr gibt es eine Fülle von informationsverarbeitenden Zentren und Subzentren, die sowohl parallel und relativ unabhängig wie auch stark vernetzt zusammenarbeiten können (Kandel/Schwartz/Jessel 1995, S. 328). Die intensive Vernetzung der verschiedenen Kortexregionen führt auf noch unbekannte Weise im Gehirn dazu, dass der konstante Informationsfluss zu einer kontinuierlichen Wahrnehmung zusammengeführt wird. Das Gehirn entwickelt dabei die Kategorien der Ordnung und der Relevanz seiner Informationen selbst, es ist daher eine „bedeutungsgenerierende Maschine" (Scheich 2006, S. 33). Die durch die sensorischen Systeme generierten neuronalen Repräsentationen der Außen- und Körperwelt stellen wiederum Ausgangspunkte für Verhaltensreaktionen des Menschen dar. Motorische Bewegungen werden dabei durch verschiedene motorische Systeme und Subsysteme in Gehirn und Rückenmark geplant und gesteuert und ermöglichen uns schließlich Gleichgewicht und aufrechte Haltung zu bewahren, unsere Gliedmaßen und Augen koordiniert zu bewegen und mittels Gestik, Mimik und Sprache miteinander zu kommunizieren (Kandel/Schwartz/Jessel 1995, S. 500). Aber schon für einfache Verhaltensweisen sind neben den sensorischen und motorischen Bereichen auch solche Teile des Gehirns aktiviert, die unterhalb der Großhirnrinde lokalisiert sind und das Motivationssystem ausmachen. Dieses neuronale System hat im Organismus eine aktivierende Funktion und macht es handlungsbereit und zielorientiert.

III. Der Erwerb des Weltwissens

III.1. Das Gehirn als Produkt der Phylogenese

Zahlreiche neurobiologische Untersuchungen zeigen, dass das rezente Gehirn des Menschen als das Ergebnis einer phylogenetischen und einer ontogenetischen Entwicklung anzusehen ist. Inzwischen liefern insbesondere die

> „Neurowissenschaften (...) zunehmend überzeugendere Beweise dafür, dass menschliche und tierische Gehirne sich fast nicht unterscheiden, dass ihre Entwicklung, ihr Aufbau und ihre Funktionen den gleichen Prinzipien gehorchen. Da wir, was tierische Gehirne betrifft, keinen Anlass haben zu bezweifeln, dass alles Verhalten auf Hirnfunktionen beruht und somit den deterministischen Gesetzen physiko-chemischer Prozesse

unterworfen ist, muß die Behauptung der materiellen Bedingtheiten von Verhalten auch auf den Menschen zutreffen" (Singer 2003, S. 23).

Dieser Grundannahme entsprechend, lässt sich beim heutigen Menschen nicht nur sein Phänotyp, sondern auch Teile seines Verhaltens aus der biologischen Vergangenheit, seinem „Säugetiererbe", interpretieren (Sachser 2004). Genetisch fixierte Verhaltensprogramme, die überwiegend zur Kategorie der überlebenssichernden Verhaltensweisen gehören, werden während der Gehirnentwicklung in genetisch determinierten neuronalen Verschaltungen festgelegt. Die grundsätzliche Fähigkeit des Nervensystems, auf Umweltreize mit Anpassungen und Veränderungen zu reagieren, gehört ebenfalls zum genetisch fixierten Erbe der Säugetiergehirne und wird allgemein als Neuroplastizität bezeichnet.

III.2. Das Gehirn als Produkt der Ontogenese

Vorgeburtlich werden die genetisch determinierten Reifungsprozesse des Gehirns durch die noch sehr eingeschränkten Umwelteinflüsse nur in geringem Maße beeinflusst. Nachgeburtlich kommt es dann in allen Entwicklungsstadien, also lebenslang, zu einer starken Wechselwirkung zwischen vorprogrammierten synaptischen Verknüpfungen der Nervenzellen einerseits und den Umwelteinflüssen, Erfahrungen und Lernvorgängen des jeweiligen Individuums andererseits. Diese Wechselwirkung führt zu einer erfahrungs- und lerngesteuerten Feinabstimmung der neuronalen Schaltpläne, die sich morphologisch in einer Präzisierung und Optimierung der synaptischen Netzwerke ausdrückt (Braun/Meier 2004, S. 510). Obwohl die Eigenschaft der erfahrungsabhängigen Plastizität lebenslang erhalten bleibt, ist die Fähigkeit zur neuroplastischen Anpassung in den verschiedenen Lebensstufen unterschiedlich ausgebildet und besitzt in frühen Lebensphasen eine besonders starke Ausbildung.

III.2.a. Das kindliche Gehirn

Das Gehirn ist in frühen Phasen seiner Entwicklung besonders leicht durch äußere Reize zu beeinflussen, so dass nun verstärkt umweltabhängige neuronale Aktivitätsmuster für die Ausbildung und Stabilisierung der neuronalen Netzwerke in den Vordergrund geraten (Birbaumer/Schmidt 2006, S. 605). Dies mag erklären, warum die postnatale kindliche Umwelt besonders nachhaltige, z.T. lebenslange Auswirkungen auf die kognitive, emotionale und soziale Entwicklung der Säugetiere und des Menschen hat. Die nach der Geburt stattfindende Größenzunahme des Gehirns geht dabei nicht mit einer Vergrößerung der Nervenzellzahl einher, sondern beruht auf einer Zunahme der Zellgröße und einer dramatischen Zunahme der Synapsenzahl. In frühen Entwicklungsphasen entstehen dabei wesentlich mehr Synapsen, als später gebraucht werden. Bis zur Pubertät findet dann eine spezifische Auslese der Synapsenkontakte statt, wobei lediglich solche Zellkontakte, die häufiger genutzt werden, erhalten bleiben, während die weniger bzw. gar nicht genutzten Verknüpfungen abgebaut werden (vgl. Pauen 2004). Dieses Selektionsverfahren ist wahrscheinlich auch Grundlage für lernsensible Zeitfenster in der kindlichen Entwicklung von Säugetieren, in denen umweltabhängige Erfahrungen eine prägende Wirkung für das ganze weitere Leben haben und häufig zu unumkehrbaren Determinanten des Verhaltens führen. Fehlen in kritischen Entwicklungsphasen jene Reize, die das Gehirn aufgrund seiner genetischen Ausstattung erwartet, so führt das zu Umstrukturierungen oder Abbauprozessen von neuronalen Verknüpfungen, die sich dann in unumkehrbaren, häufig gestörten Entwicklungsverläufen niederschlagen können. So konnte an verschiedenen Tiermodellen gezeigt werden, dass die ersten emotionalen Erfahrungen des Neugeborenen mit seinen Bezugspersonen "prägend" für alle späteren emotionalen Erfahrungen und Bewertungen sind (Braun/Meier 2004). Es wird dabei postuliert, dass dies mit einer Reorganisation der synaptischen Verschaltungsmuster zwischen den Nervenzellen im Gehirn einhergeht, wobei insbesondere Prozesse im so genannten limbischen System, das für die emotionale Verhaltenssteuerung wie auch für das Lernen und die Gedächtnisbildung von Bedeutung ist, beteiligt sind (vgl. Braun/Meier 2004). Aber nicht nur die soziale Umwelt, sondern auch seine räumliche Strukturierung zeigt deutliche Auswirkungen auf die Gehirnentwicklung. Tiere, die in einer reich strukturierten, angereicherten Umwelt (enriched environment) aufwachsen, zeigen eine höhere Synapsenzahl in Kortexbereichen und ein verbessertes Lernverhalten gegenüber solchen Tieren, die in einer reizarmen Umgebung (impoverished environment) aufgezogen wurden (vgl. Sachser 2004)

III.2.b. Das erwachsene Gehirn

Noch vor zwei Jahrzehnten herrschte in den Neurowissenschaften die Ansicht vor, dass die Anzahl und die Verknüpfung von Nervenzellen im ausgereiften Gehirn weitgehend konstant sind. Der Nachweis, dass auch im ausgereiften Gehirn „fest verdrahtete" neuronale Netzwerke auf Umweltreize mit plastischen, d.h. morphologischen und funktionellen Veränderungen reagieren können, ja sogar neue Nervenzellen gebildet werden können (Eriksson et al. 1998), erfolgte erst in den letzten Jahren. Inzwischen gibt es zahlreiche Hinweise auf Neuroplastizität im Gehirn erwachsener Säugetiere und des Menschen (Birbaumer/Schmidt 20066). Allerdings sind die Möglichkeiten der Veränderungen im erwachsenen Gehirn sehr viel eingeschränkter als dies bei Kindern der Fall ist. Dies zeigt sich besonders deutlich in der mühsamen und häufig nur teilweise gelingenden Wiederherstellung von Fähigkeiten nach Gehirnläsionen durch einen Schlaganfall. Die plastischen Veränderungen zeigen sich im ausgereiften Nervensystem in einer Spezifizierung und Feinstrukturierung schon elaborierter neuronaler Verknüpfungen. Dies erfolgt durch verstärkte Signalübertragungen bei bestehenden Synapsen sowie durch Neubildung von Synapsen, welche die Effizienz neuronaler Verbindungen erhöhen. Dieser als Langzeitpotenzierung (Bliss/Lomo 1973) bezeichnete Prozess stellt ein zelluläres Korrelat für Lernen und Gedächtnis dar. Die neurochemischen Prozesse werden zudem durch Neubildung von Nervenzellen aus Stammzellen unterstützt (Eriksson et al. 1998), die funktionell in die aktivierten neuronalen Schaltkreise integriert werden.

III.2.c. Das alternde Gehirn

Warum wir altern und welche Prozesse dem zu Grunde liegen, ist wissenschaftlich nicht vollständig geklärt. Dies gilt insbesondere für die nicht auf Krankheiten zurückzuführenden Einschränkungen der Informationsaufnahme und ihrer Verarbeitung im Gehirn. Als eine mögliche Ursache für die Einschränkungen der neuronalen Leistungen könnte ein allgemeiner neuronaler Abbauprozess verantwortlich sein. Dazu trägt, neben anderen Faktoren, ein fortschreitender Abbau der Myelinscheiden bei, der zu einer Verlangsamung in der Weiterleitungsgeschwindigkeit im Nervensystem führt und darüber zu verlangsamten Reaktionszeiten. Jüngste Versuche an Ratten zeigen allerdings auch, dass das „alte" Gehirn noch überraschend umbau- und kompensationsfähig ist. Die gebrauchsabhängige Neuroplastizität scheint offensichtlich auch noch im Alter wirksam zu sein, kann sich dabei jedoch negativ wie positiv auf die neuronalen Leistungen auswirken. So führen „äußere" Faktoren wie Muskelschwund und Gelenkschmerzen häufig zu einer eingeschränkten Bewegung. Diese motorische „Schonhaltung" leitete jedoch im Gehirn der untersuchten Tiere eine Umorganisation und funktionelle Verkleinerung der beanspruchten neuronalen Areale ein. Es handelt sich hierbei also um einen Adaptationsprozess im Gehirn, der im Falle der eingeschränkten Beweglichkeit zu einer „Schrumpfung" der verantwortlichen Hirnkarte führt (Dinse 2001). Solche, durch verringerten Muskelgebrauch induzierten Reorganisationsprozesse im Gehirn, können sogar relativ kurzfristig ablaufen: Selbst bei Patienten, die wochenlang einen Gips trugen, verkleinerten sich die entsprechenden Gehirnkarten. Allerdings gibt es auch positive Auswirkungen der gebrauchsabhängigen Plastizität. So hatte, nach längerem Heranwachsen in einer reizarmen Umgebung, ein Umsetzen in eine „enriched environment" bei Ratten auch im Greisenalter der Tiere noch einen überraschend günstigen Effekt auf die geistige und körperliche Leistungsfähigkeit dieser Tiere. Auch wenn eine angereichte Umgebung keinen „Jungbrunnen" darstellen kann (wegen der allgemeinen degenerativen Prozesse), so entwickeln die „Senioren" jedoch neue, verbesserte Strategien der kortikalen Verarbeitung. Letztlich bleibt bei hoch entwickelten Säugetieren das Verhalten also bis ins hohe Alter plastisch, es ist ein „offenes System": Lebenslanges Lernen ist möglich (vgl. Dinse 2004).

IV. Komplementarität oder Konkurrenz zwischen Neurowissenschaften und Erziehungswissenschaften?

Aus den neurowissenschaftlichen Untersuchungen zu den kognitiven und emotionalen Verarbeitungsprozessen im Gehirn von Säugetieren und Menschen können theoretische Schlussfolgerungen abgeleitet werden, die sich zwangsläufig auch auf das Selbstverständnis und die Aufgabenbereiche der Erziehungswissenschaft auswirken. Besonders die Erkenntnisse zur Plastizität des reifenden wie des adulten Gehirns und ihre starke Beeinflussbarkeit durch emotional sich auswirkende Rahmenbedingungen, durch soziale Faktoren und eine angereicherte Umwelt ermutigen einige Neurowissenschaftler zu Forderungen nach einer praktisch-technischen Umsetzung in Erziehung und schulischer Ausbildung (z.B. Roth 2004; Spitzer 2002). In Bezug auf das Lernen schlussfolgern einige Neurowissenschaftler durchaus selbstbewusst:

„Die molekularen und zellulären Faktoren, die der Lernplastizität zu Grunde liegen, verstehen wir mittlerweile so gut, dass wir beurteilen können, welche Lernkonzepte – etwa für die Schule – am besten an die Funktionsweise des Gehirns angepasst sind." (Elger et al. 2006, S. 79-80)

Dieser Sichtweise folgend, widmen sich in jüngster Zeit zahlreiche Publikationen von Neurowissenschaftlern aber auch Erziehungswissenschaftlern der Thematik, die vorhandenen pädagogisch-didaktischen Konzepte den neurowissenschaftlichen Erkenntnissen anzupassen oder neue Konzepte im Sinne einer „Neuro-Pädagogik" bzw. „Neuro-Didaktik" zu entwickeln (vgl. Becker 2006).

Gerade dieser naturwissenschaftliche Ansatz wird in den Erziehungswissenschaften jedoch kritisch hinterfragt, da einerseits der deskriptive Charakter neurowissenschaftlicher Erkenntnisse grundsätzlich keine Ableitung konkreter normativer pädagogischer Handlungsempfehlungen zulasse (Müller 2006) und andererseits aktuelles schulisches Lernen und Lehren in der neurowissenschaftlichen Forschung bislang keine Rolle spiele (Stern 2004). In der Tat beschäftigt sich die neurowissenschaftliche Lernforschung in tierexperimentellen Modellen überwiegend mit den grundlegenden zellulären und neurochemischen Mechanismen des Lernens sowie mit ihren allgemeinen emotionalen und sozialen Rahmenbedingungen. Dabei werden häufig aus Einzelergebnissen weit reichende Schlussfolgerungen in Bezug auf Neuroplastizität und Lernprozesse beim Menschen formuliert. Die daraus abgeleiteten „gehirngerechten" Handlungsempfehlungen und Ratschläge sind in den Erziehungswissenschaften aber lange bekannt und stellen gerade gegenwärtig ein intensiv untersuchtes erziehungswissenschaftliches Forschungsfeld dar. Konkrete neurowissenschaftliche Untersuchungen zum Lernverhalten im schulischen Alltag und ihre möglichen Verbesserungen fehlen dagegen weitgehend. Daher fallen die neurowissenschaftlich begründeten Handlungsanleitungen derartig bescheiden aus, dass „nichts von dem (...) einem guten Pädagogen inhaltlich neu" ist, wie Roth (2004, S. 496) durchaus selbstkritisch bemerkt.

Dennoch wird sehr wohl gesehen, dass eine kritische Auseinandersetzung mit Erkenntnissen der Neurobiologie von erheblicher Bedeutung und von Nutzen für die Erziehungswissenschaft sein kann. Wenn die Neurowissenschaften zurecht darauf hinweisen, dass die menschliche Gehirnentwicklung im Wechselspiel zwischen genetischen und erfahrungsbedingten, also kulturellen Einflüssen verläuft, so ist daraus zu schlussfolgern, dass sich auch im humanen Bereich die Bereiche Neurobiologie und Pädagogik nicht strikt voneinander trennen lassen. Für Liedke (2003, S. 23) steht es außer Frage,

„dass sich eine Pädagogische Anthropologie selbst disqualifiziert, wenn sie sich nicht hinreichend darum bemüht, ihre Aussagen mit den Wissenschaften zu harmonisieren (...). Man wird keine Pädagogik solide betreiben können, ohne die biologischen Grunddaten zu berücksichtigen".

Im gleichen Sinne bewertet Scheunpflug (2006) die neurobiologischen Erkenntnisse zum Lernen, zur Begabung, zu den Einflüssen der Umwelt und den Bedingungen menschlichen Verhaltens als unmittelbar relevant für die Erziehungswissenschaften und notwendiges Basiswissen für eine Pädagogik als erfahrungswissenschaftliche Erziehungsforschung.

Literatur

Birbaumer, N./Schmidt, R.F. (2006[6]): Biologische Psychologie. Heidelberg.
Becker, N. (2006): Von der Hirnforschung lernen? Ansichten über die pädagogische Relevanz neurowissenschaftlicher Erkenntnisse. In: Zeitschrift für Erziehungswissenschaft, 9. Jahrg., Beiheft 5/2006, S. 177-200.
Bliss, T.V.P./Lomo, T. (1973): Long-lasting potentiation of synaptic transmission in the dentate of anesthetized rabbit following stimulation of the perforant path. In: Journal of Physiology, Bd. 232, S. 331-356.
Braun, A.K./Meier, M. (2004): Wie Gehirne laufen lernen oder: „Früh übt sich wer ein Meister werden will!". Überlegungen zu einer interdisziplinären Forschungsrichtung „Neuropädagogik". In: Zeitschrift für Pädagogik, Jahrg. 50, Heft 4, S. 507-520.
Dinse, H. (2001): The Aging Brain. In: Elsner, N./Kreutzberg, G.W. (Hrsg.) The Neurosciences at the turn of the century. Stuttgart, S. 356.
Dinse, H. (2004): Vital und hochbegabt: Altern hat Zukunft. In: Spektrum der Wissenschaft. Spezial: Moderne Medizin, Bd. 2, S. 66-70.
Elger, C.E./Friederici, A.D./Koch, C./Luhmann, H./ von der Malsburg, C./Menzel, R./Monyer, H./Rösler, F./Roth, G./Scheich, H./Singer, W. (2006): Das Manifest. Gegenwart und Zukunft der Hirnforschung. In: Könnecker, C. (Hrsg.): Wer erklärt den Menschen? Frankfurt a.M., S. 77-84.
Eriksson E.S./Perfilieva, E./ Bjork-Eriksson, T./ Alborn, A.M./ Nordborg, C./ Peterson, D.A./ Gage, F.H. (1998): Neurogenesis in the adult human hippocampus. In: Nature Medicine, Bd. 4, S. 1313-1317.
Kandel, E./Schwartz, J.H./Jessel, T.M. (1995): Neurowissenschaften. Eine Einführung. Heidelberg.
Liedke, M. (2003): Biologisch-evolutionstheoretische Anthropologie – Ein Plädoyer für Erziehung. In: Hörmann, G. (Hrsg.): Pädagogische Anthropologie zwischen Lebenswissenschaften und normativer Deregulierung. Baltmannsweiler, S. 15-37.
Müller, T. (2006): Erziehungswissenschaftliche Rezeptionsmuster neurowissenschaftlicher Forschung. In: Zeitschrift für Erziehungswissenschaft, 9. Jahrg., Beiheft 5/2006, S. 201-216.
Pauen, S. (2004): Zeitfenster der Gehirn- und Verhaltensentwicklung: Modethema oder Klassiker. In: Zeitschrift für Pädagogik, Jahrg. 50, Heft 4, S. 521-530.
Roth, G. (2001[6]): Das Gehirn und seine Wirklichkeit. Kognitive Neurobiologie und ihre philosophischen Konsequenzen. Frankfurt a.M.
Roth, G. (2003): Aus Sicht des Gehirns. Frankfurt a.M.
Sachser, N. (2004): Neugier, Spiel und Lernen. Verhaltensbiologische Anmerkungen zur Kindheit. In: Zeitschrift für Pädagogik, Jahrg. 50, Heft 4, S. 475-486.
Scheich, H. (2006): Das Gehirn und seine Semantik. In: Könnecker, C. (Hrsg.): Wer erklärt den Menschen? Frankfurt a.M., S. 32-35.
Scheunpflug, A. (2006): Editorial. In: Zeitschrift für Erziehungswissenschaft, 9. Jahrg., Beiheft 5/2006, S. 5-8.
Singer, W. (2002): Der Beobachter im Gehirn. Frankfurt a.M.
Singer, W. (2003): Unser Menschenbild im Spannungsfeld zwischen Selbsterfahrung und neurobiologischer Fremdbeschreibung. In: Schriften der Gesellschaft zur Förderung der Westfälischen Wilhelms-Universität zu Münster, Heft 6, Münster, S. 19-47.

Spitzer, M. (2002): Lernen–Gehirnforschung und die Schule des Lebens. Heidelberg/Berlin.
Stern, E. (2004): Wieviel Hirn braucht die Schule? Chancen und Grenzen einer neuropsychologischen Lehr-Lern-Forschung. In: Zeitschrift für Pädagogik, Jahrg. 50, Heft 4, S. 531-538.

DIRK LANZERATH

Kapitel 3: Gene und menschliche Natur

Bildung, Prägung und Erziehung eines Menschen sind nur denkbar als ein gestalterischer Umgang mit der jeweils individuell vorgefundenen Natur. Da zu dieser Gestaltung auch die Formung der menschlichen Natur selbst gehört, hängt die Reichweite und Begrenzung dieser Handlungen sowie die Wahl der erforderlichen Mittel von dem zugrundeliegenden Menschenbild ab. Die Diskussion hierüber führt immer wieder zu zwei klärungsbedürftigen Verhältnisbestimmungen: Die erste bezieht sich auf den Anteil, den die ererbte Natur an der individuellen Entwicklung des Menschen gegenüber den Umwelteinflüssen jeglicher Art hat (vgl. Ceci/Williams 1999); die zweite Verhältnisbestimmung problematisiert, ob es die Natur selbst ist, die dem Handeln an der Natur nicht nur faktische, sondern auch normative Grenzen setzt und damit solche Veränderungen der menschlichen Natur zur Disposition stellt, die – wie bspw. genetisches Enhancement – eher manipulativ als gestalterisch sind (vgl. Lanzerath 2002). Viele Beiträge, die ein eindeutiges Verhältnis von Erbe-Umwelt-Anteilen (nature/nurture) angeben wollen, werden der Wirklichkeit der Natur des Menschen und den Abläufen einer Expression der Gene wenig gerecht. Gerade die moderne Genomforschung zeigt, dass zwar vereinzelt Korrelationsfaktoren berechenbar sind, die aber kaum das komplexe Wechselverhältnis zwischen molekulargenetischen Faktoren und ihren Umwelten wie Proteinen, Zellen bis hin zu sozialen Einflüssen abbilden können. Oftmals wird mit dem Nachweis erblicher Faktoren auch gleichzeitig ein genetischer Determinismus angenommen, der einen starr ablaufenden Entwicklungsprozess suggeriert (vgl. Rowe 1997; Comings 1996; Rondal 2004).

I. Das menschliche Verhalten und humangenetische Forschung

Die Humangenetik ist in ihrem wissenschaftlichen Ansatz mit methodischen Problemen konfrontiert, die in der Tier- oder Pflanzengenetik in dieser Weise nicht auftreten. Während Pflanzen und Tiere unter Laborbedingungen mit isolierten Faktoren konfrontiert werden (z.B. einseitige Umweltfaktoren) und das Genom zu Forschungszwecken verändert wird, um die phänotypischen Auswirkungen dieser Veränderungen zu überprüfen, sind solche Versuchsanordnungen beim Menschen ethisch nicht vertretbar. Darüber hinaus setzt die Plastizität des menschlichen Genoms determinierenden und prädizierenden Aussagen deutliche Grenzen. Gleichzeitig ist die Übertragung von Ergebnissen im Tiermodell auf den Menschen bei komplexen und humanspezifischen Eigenschaften wie dem Verhalten nur in begrenztem Umfang möglich. Auch Zwillings- oder Adoptionsstudien beim Menschen können nie unter ernsthaften Laborbedingungen durchgeführt werden, so dass die Interpretation ihrer Ergebnisse mit erheblichen methodischen Schwierigkeiten verbunden ist (vgl. Propping 1989, S. 89-96). Wohl zeigen vorliegende Studien, dass bei zahlreichen menschlichen Verhaltenseigenschaften, die auch in den Gegenstandsbereich von Erziehung und Pädagogik fallen, ursächlich genetische Komponenten vermutet werden können (vgl. Pfaff 2000). Die damit verbundenen Schwierigkeiten sollen an zwei Beispielen erläutert werden.

I.1. Ausbildung von Intelligenz und „kognitives Enhancement"

Kaum ein Gebiet hat soviel Kontroverses zur nature/nurture-Debatte beigetragen, wie das der Intelligenzforschung. Die Schwierigkeiten beginnen schon mit dem Versuch den Begriff der „Intelligenz" zu bestimmen. Er steht als Sammelbegriff für verschiedene Einzelphänomene wie logisch-mathematisches Denken, räumliches Vorstellungsvermögen, affektives Vermögen, Kreativität etc., die je für sich bereits komplexer Natur sind. Dies lässt auf eine Vielzahl möglicher beteiligter genetischer Faktoren schließen.

I.1.a. Kognitive Fähigkeiten und genetische Faktoren

A. Binet beschreibt in seinen Arbeiten immer wieder mit welchen Schwierigkeiten die Intelligenztestung verbunden ist und lehnt es ab, den IQ als Maßstab für eine „angeborene" Intelligenz anzulegen. Genau dies geschieht aber in einer umstrittenen Publikation des Psychologen A.Jensen, in der er die These vertritt, dass rassische Unterschiede in Ergebnissen bei Intelligenztests auf genetische Ursachen zurückzuführen seien (Jensen 1969; vgl. auch Miele 2002; Cianciolo/Sternberg 2004). Insbesondere der Wissenschaftshistoriker S.J. Gould weist auf die methodologischen Schwierigkeiten von Jensens These und die problematischen eugenischen Tendenzen hin. Er bestreitet dabei nicht das Vorhandensein genetischer Faktoren, sondern die Gleichsetzung von Erblichkeit und Unabänderlichkeit (Gould 1988, S. 157ff). Genetische Faktoren der Intelligenz sind auch Gegenstand jüngerer molekulargenetischer Studien (Vogel 1997^3, S. 638-650). Einige dieser Studien beschreiben die Identifikation von genetischen Markern, die Rückschlüsse auf solche Stoffwechselvorgänge im Gehirn erlauben, die mit interindividuellen Differenzen hinsichtlich kognitiver Fähigkeiten in Verbindung gebracht werden (Reuter 2006). Andere berichten von einem Gen, das besonders häufig bei hochintelligenten Kindern zu finden sei. Es wird jedoch eingeräumt, dass die untersuchten Allele nur in Interaktion sowohl mit anderen Genen als auch mit Umweltfaktoren die kognitiven Fähigkeiten von Kindern beeinflussen (Chorney 1998).

I.1.b. Gentechnische Verbesserung kognitiver Fähigkeiten?

Doch nicht nur genetische Ursachen der Intelligenz werden in den wissenschaftlichen Studien diskutiert, auch die Möglichkeit, Intelligenz durch gentechnische Eingriffe zu „verbessern" (enhancement), ist Gegenstand experimenteller Forschung. Die Arbeitsgruppe von Y.P. Tang berichtet, dass transgene Mäuse gegenüber der Wildform eine verbesserte Erinnerungsfähigkeit aufweisen. Dies wird auf die Überexpression eines für Nervenverbindungen (Synapsen) zuständigen Rezeptors zurückgeführt. Die Autoren folgern in der Publikation, dass eine gentechnische Verbesserung mentaler und kognitiver Merkmale bei Säugetieren prinzipiell durchführbar sei. Zugleich sei mit der Identifikation von NR2B als einem molekularen Schalter im Erinnerungsprozess ein möglicher neuer Angriffspunkt zur Behandlung von Lern- und Gedächtnisstörungen aufgezeigt (Tang 1999). Weitere Studien haben allerdings nichtintendierte Effekte festgestellt. Die transgenen Mäuse zeigten sich deutlich schmerzempfindlicher gegenüber der Kontrollgruppe (Wei 2001). Eine mögliche Übertragung der Ergebnisse auf den Menschen bleibt spekulativ.

I.2. Aufmerksamkeitsdefizit und Hyperaktivität

Neben den Intelligenztests spielt in der Verhaltens- und Persönlichkeitsgenetik die Erforschung des Aufmerksamkeits-Defizit-(Hyperaktivitäts-)Syndroms (AD(H)S) eine gewichtige Rolle. Bis in die populären Medien hinein wird die Bedeutung von AD(H)S für die betroffenen Kinder und die Erziehungssysteme diskutiert. Die in Studien erhobene Auftretenshäufigkeit der Symptome wird je nach Kriterien mit 4-11% bei 3-6jährigen Kindern in Deutschland angegeben (Döpfner 2007, S. 19). Die Therapiestrategien wollen sekundäre Verhaltensweisen wie soziale Isolation verhindern. Doch über die Angemessenheit von Diagnose und Behandlung (psycho-)therapeutischer oder biochemischer (z.B. Psychostimulanzien wie Ritalin) Art wird unter Therapeuten, Wissenschaftlern und Pädagogen lebhaft gestritten (Bovensiepen 2004[2]). Die Phänomene – ob nun verstanden als Verhaltensauffälligkeit oder als Krankheitsform – werden mit verschiedenen Genvarianten in Verbindung gebracht. Es sind genetische Varianten des Rezeptors für einen Botenstoff im Gehirn (Neurotransmitter Dopamin) identifiziert worden, den die Autoren eng mit AD(H)S in Verbindung bringen (Ding 2002; Grady 2003; Friedel 2007). Umstritten ist jedoch angesichts der Dynamik dieses dopaminergen Systems während des Kindes- und Jugendalters, inwieweit das Dopaminsystem überhaupt eine so dominante Rolle bei der Entwicklung von AD(H)S spielt (Hüther 2004). Verschiedene Studien legen dar, dass nicht nur genetische Dispositionen, sondern auch Schädigungen (z.B. Rauchen) während der Schwangerschaft als Mitverursacher für die Entwicklung von AD(H)S in Verdacht geraten (Linnet 2003). Doch wie stark einzelne Faktoren auf die spätere Entwicklung wirken, wird offensichtlich sehr vom sozialen Umfeld des Säuglings und Kleinkinds bedingt. Die Frage, ob ein entsprechendes kindliches Verhalten als normal, auffällig oder krankhaft betrachtet wird, hängt sowohl hinsichtlich der Ursache als auch hinsichtlich der Bewertung davon ab, wie hoch sich der Anforderungsgrad an Aufmerksamkeit und Leistungsfähigkeit in Bezug auf Kinder in einer bestimmten Gesellschaft darstellt (Bovensiepen 2004[2], S. 312-314; Döpfner 2007, S. 26f). Die molekulargenetischen Studien können bislang weder zeigen, welche genaue Bedeutung genetische Dispositionen für das Verhalten von Kindern haben, noch wird entschieden, was der beste Umgang bzw. die beste Therapie darstellt.

Die Beispiele machen deutlich, dass eine Einordnung der Einzelergebnisse aus der genetischen Forschung für die Lebenswelt des Menschen und schließlich für das Aufgabenspektrum von Erziehung und Pädagogik nur möglich ist, wenn man sich den Status des genetischen Wissens im Rahmen sehr unterschiedlicher Kontexte vor

Augen führt und damit auch die Grenzen der Bedeutung von genetischen Dispositionen erkennen kann.

II. Genetisches Wissens und menschliche Lebenswelt

Zur Charakterisierung der Moderne gehört die Feststellung, dass unsere Lebenswelt – nicht nur im Blick auf technisches Funktionieren, sondern auch hinsichtlich der zur Verfügung stehenden Deutungsmuster – zunehmend von den Naturwissenschaften, ihren Methoden und Anwendungen beeinflusst wird. Diese Tendenz macht auch vor den Erziehungssystemen keineswegs halt. Zur naturwissenschaftlichen Methode gehört es, exakte Aussagen nur unter klar definierten und replizierbaren Laborbedingungen zu treffen. Werden diese Aussagen mit den Bedingungen unserer Lebenswelt konfrontiert, dann kommen Indifferenzen zum Vorschein: (i) Menschen leben nicht unter standardisierten Laborbedingungen; (ii) wenn die ursprünglich aus der Lebenswelt stammenden Metaphern und Analogien wieder zurück von der Wissenschaft in die Lebenswelt gelangen, fällt ihre Bedeutung nicht mehr mit ihrer ursprünglichen zusammen; (iii) Deutungen in der Lebenswelt können nicht im gleichen Maße ständig wechseln wie Theorien in den Wissenschaften, da uns bei der Lebensgestaltung nicht beliebig viele Wiederholungsmöglichkeiten zur Verfügung stehen.

In den Wissenschaften – insbesondere insofern sie theoretisch sind – gehört es zur Methode, Hypothesen zu entwerfen, zu verwerfen und wieder neu zu generieren. Wenn Wissenschaften aber in der Lebenswelt praktisch werden, d.h. wenn aus diesem Wissen Handlungsoptionen folgen, dann haben die dahinterstehenden Hypothesen konkrete Konsequenzen bspw. für Therapie, Lebensplanung, Erziehungsberatung oder schulische Kontexte. Wenn sich eine Hypothese als falsch erweist, ist das möglicherweise für die Wissenschaft ein enormer Fortschritt; im Rahmen einer medizinischen oder erzieherischen Handlung kann dies für den Betroffenen verhängnisvolle und langfristige Konsequenzen haben. Denn weder ist die ärztlich-klinische Behandlung ein wissenschaftliches Experiment, die Handlungen sind nicht mehr rückholbar, noch sollte die Erziehung von Kindern und Jugendlichen als „genpädagogischer" Versuch aufgefasst werden.

Je stärker genetisches Wissen in die Lebenswelt vordringt, umso mehr muss die Beschränktheit der naturwissenschaftlichen Methode im Vergleich zur Komplexität der Selbst- und Lebensgestaltung geklärt sein, wenn man szientistische Ideologisierungen vermeiden und komplexe Verhaltensweisen auf Grund des genetischen Paradigmas nicht auf einen kleinen Erklärungsausschnitt reduzieren will (vgl. Lanzerath 2001).

II.1. Von der Syntax zur Semantik der Gene

In quantitativer Hinsicht werden durch die Genomforschung die Voraussetzungen geschaffen, das jeweilige individuelle Genom genauer als bisher zum Gegenstand der Analyse machen zu können. Zugleich wird die Anwendung genetischen Wissens damit in eine neue Dimension eintreten. In qualitativer Hinsicht wird die begonnene Funktionsanalyse dazu führen, das durch die Sequenzierung gewonnene Wissen über die ‚Syntax' des Genoms einer ‚semantischen' Interpretation zuzuführen und in das zu erwartende umfassendere zellbiologische und entwicklungsbiologische Wissen zu integrieren. Erst diese ‚Integration' in das Bild, das durch die begonnene interdisziplinäre Forschungskooperation von Genetik, Zellbiologie, Entwicklungsbiologie, Psychologie und klinischer Medizin zu erwarten ist, wird dem spezifisch genetischen Wissen seinen maßgeblichen Stellenwert geben. Die weitergehende Integration der Informationstechnik in die molekularbiologische Forschung führt über mathematische Modellierung und Verarbeitung zu einer missverständlichen Vorstellung von einer vollständigen „Berechenbarkeit" genetischer Prozesse im Organismus. Wird die methodische Begrenzung solcher Verfahren nicht eruiert, erzeugt die Vorstellung einer vollständigen Berechenbarkeit der Individualentwicklung (Ontogenese) ihrerseits hinsichtlich der Handlungsoptionen Erwartungshaltungen, die von einer neuen Form von Kontrollierbarkeit und Planbarkeit der ontogenetischen und biografischen Entwicklungen ausgehen. So betrachtet wird dieses Wissen auch Folgen für das soziale Selbstverständnis der Gattung haben, das auch unsere Vorstellung von Erziehung berührt.

Auf die damit skizzierten wissenschaftlichen, wissenschaftsphilosophischen, biografischen und sozialen Herausforderungen fehlt bislang eine die Entwicklung begleitende und die verschiedenen Perspektiven miteinander verbindende Antwort. Innerdisziplinäre Reflexionen zum Selbstverständnis von Genetik und Molekularbiologie (Schrödinger 1944; Janich/Weingartner 1999) und wissenschaftshistorische Aufarbeitung der beschriebenen Entwicklung (Keller 1998; Kay 2000) haben den erreichten Stand deutlich gemacht, aber zugleich auch die Probleme formuliert, vor denen eine gerade erst begonnene, zukünftig weiterzuentwickelnde Theoriebildung steht. Eine Integrierbarkeit der Funktionsanalyse des menschlichen Genoms in das Humanum und in die Lebenspraxis, wie die der Erziehung und Pädagogik, setzt eine Übersetzung der Deutungsmuster voraus, mit der die wissenschaftlichen Ergebnisse der lebensweltlichen Interpretation überhaupt erst zugänglich gemacht werden.

II.2. Genetizismus und Kontextvariabilität in der biologischen Entwicklung

Der starre Ablauf eines (genetischen) „Programms", das ein Organismus aus den elterlichen Keimzellen erhält, das ihm Aussehen und Verhalten einprägt und das er – über Rekombination und Mutationen modifiziert – an die eigenen Nachkommen weitergibt, ist für die Beschreibung des Verhältnisses zwischen Gen und Organismus eine Metapher mit nur begrenzter heuristischer Kraft: Es mangelt ihr daran, erklären zu können, in welchem Verhältnis die determinierenden Eigenschaften des Genoms zu seiner Plastizität und Modulationsfähigkeit stehen und wie diese aktualisiert werden. Die Bedeutung der DNA für Entwicklung und Vererbung ist unbestreitbar, doch Entwicklung und Vererbung, Leben und Überleben sind an weitaus mehr Elemente gebunden, wie besonders Cytologie, Embryologie und epigenetische Forschung eindrucksvoll bestätigen. Das Genom in der Zelle, die Zelle im Organismus und der Organismus in Raum und Zeit verknüpfen Genwelten, Körperwelten, Umwelten und Lebenswelten. Das konservative Element, das die genetische Identität und die diachrone transspezifische Transportabilität durch Generationen hindurch sicherstellt, auf der einen Seite sowie auf der anderen Seite das plastische Element, das Variabilität und kontextvariante Selbstverhältnisse ermöglicht, machen die Leistungsfähigkeit der DNA in beide Richtungen aus. Die phylogenetische Bedeutungsverschiebung diskreter Geneinheiten wird durch die Sequenzierungen der DNA evolutiv weit entfernter Arten deutlich; beim Sequenzvergleich der Genome treten Gemeinsamkeiten und Verschiedenheiten gleichermaßen hervor. Sind Nukleotidsequenzen bei nichtmenschlichen Lebewesen und dem Menschen chemisch gleich, funktionell aber unterschiedlich zu deuten, dann zeichnet sich die Notwendigkeit einer funktionsorientierten und damit kontextvarianten Interpretabilität der Gene ab. In der Metapher der Sprache formuliert: Zur Syntax der Sequenz kommt die Semantik der Funktion.

Damit ist die hermeneutische Kraft für eine kontextuelle Deutung erst noch zu erbringen und versteht sich nicht von selbst. Gestaltungsoffenheit, onto- und phylogenetische Kontextvarianz sowie Wirkwandel und Funktionsorientierung können aus evolutionstheoretischer – und damit theorieabhängiger – Perspektive als eine Bewertung von Überlebensstrategien im Sinne einer erfolgreichen Selektion gedeutet werden. Aus der Perspektive des Individual- und Sozialwesens Mensch treten subjekt- und gesellschaftsorientierte Auslegungsmuster hinzu. Die Kontexte der Interpretabilität werden durch den Blick des Physikers, des Biologen, des Arztes, des Erziehers, des betroffenen Subjekts gesetzt, womit ein zweiter Komplex von Bedingungen für die Identifikation von Genen genannt ist.

II.3. Bedingungen des Sprechens über Gene

Deutet man Gene oder Nukleotidsequenzen nicht nur auf der Basis ihrer chemischen Zusammensetzung, sondern auch hinsichtlich ihrer Funktionalität – insbesondere im Sinne von Möglichkeitsbedingungen –, dann ist eine solche Deutung an bestimmte Prämissen gebunden, die den Deutungsrahmen der Funktionseinheiten angeben. Mit der Beschreibung von Funktionen – so auch der von Genen oder Nukleotidketten – wird ein Funktionieren „auf etwas hin" angezeigt. Erst unter diesen Voraussetzungen erscheint es sinnvoll, von ‚Mutation', ‚Variation', ‚Normalgenom', ‚Code für etwas' und schließlich von ‚Fitness' oder ‚Dysfunktion' zu sprechen. Die Funktionszuschreibung kann nur im Rahmen eines Systems vorgängiger Wertzuweisungen, d.h. Zwecken, teleologischen Annahmen, anderen Funktionen usf. erfolgen und ergeben sich nicht unmittelbar aus der Physik und der Chemie des Moleküls.

Geht es nun darum, biologische Erkenntnisse in Begriffe und Sätze zu fassen, d.h. biologische Phänomene zu konzeptualisieren und zu propositionalisieren, dann sind damit Fragen hinsichtlich der menschlichen Erkenntnisbedingungen angesprochen. Wenn Erkennen, bezogen auf das erkennende Subjekt, stets heißt, etwas als etwas zu erkennen, ist Erkenntnis ein sinngebender Bewusstseinsakt, der intentional auf einen zu erkennenden Gegenstand bezogen ist und der durch Sprache symbolisiert wird, die dadurch selbst einen intentionalen Charakter erhält. Intention und Intension sind wiederum an Rahmenbedingungen wie Sprachregeln, Kulturräume, Institutionen, Riten usf. geknüpft (vgl. Kay 2000). Im Verfügen werden die Konzeptualisierung der Naturwissenschaftler mit denen anderer – z.B. von Kranken, Erziehern, Eltern oder Verbrauchern – konfrontiert, die möglicherweise ganz anderen Institutionen und Ritualen entsprungen sein könnten.

Literatur:

Bovensiepen G./Hopf, H./Molitor, G. (Hrsg.) (2004²): Unruhige und unaufmerksame Kinder. Psychoanalyse des hyperkinetischen Syndroms. Frankfurt a.M.
Ceci, S.J./Williams, W.M. (1999): The Nature Nurture Debate. The Essential Readings. Oxford.
Chorney, M.J. et al. (1998): A quantitative trait locus associated with cognitive ability in children. In: Psychological Science, 9, p. 159-166.
Cianciolo, A. T./Sternberg, R. J. (2004): Intelligence: A brief history. Malden, MA.
Comings, D.E. (1996): The Gene Bomb. Duarte, CA.
Ding, Y.C. et al. (2002): Evidence of positive selection acting at the human dopamine receptor D4 gene locus: In: Proceedings of the National Academy of Science 99, p. 309-314.
Döpfner, M. (2007): ADHS im internationalen Vergleich: Störungsbild, Behandlungsoptionen und ethische Aspekte. In: Nationaler Ethikrat (Hrsg.): Pillen fürs Glück? Berlin, S. 13-27.
Friedel, S. et al. (2007): Association and linkage of allelic variants of the dopamine transporter gene in ADHD. In: Molecular Psychiatry, p. 1-11.
Gould, S.J. (1988): Der falsch vermessene Mensch, Frankfurt a.M.
Grady, D.L. et al. (2003): High prevalence of rare dopamine receptor D4 alleles in children diagnosed with attention-deficit hyperactivity disorder. In: Molecular Psychiatry 8, p. 536-545.
Hüther, G. (2004): Kritische Anmerkungen zu den bei ADHD-Kindern beobachteten neurobiologischen Veränderungen und den vermuteten Wirkungen von Psychostimulanzien (Ritalin). In: Bovensiepen et al. (2004), S. 70-91.
Janich, P./Weingartner, M. (1999): Wissenschaftstheorie der Biologie. München.
Jensen, A. R. (1969). How much can we boost I.Q. and scholastic achievement? In: Harvard Educational Review, 33, p. 1-123.
Kay, L.E. (2000): Who wrote the book of life? A history of the genetic code. Stanford.
Keller, E.F. (1998): Das Leben neu Denken. Metaphern der Biologie im 20. Jahrhundert. München.
Lanzerath, D. (2001): In: Honnefelder, L. et al. (Hrsg.) (2001): Was wissen wir, wenn wir das menschliche Genom kennen? Köln. S. 165-184.
Lanzerath, D. (2002): Enhancement: Form der Vervollkommnung des Menschen durch Medikalisierung der Lebenswelt? In: Jahrbuch für Wissenschaft und Ethik 7, Berlin, S. 319-336.
Linnet, K.M. et al. (2003): Maternal Lifestyle Factors in Pregnancy Risk of Attention Deficit Hyperactivity Disorder and Associated Behaviors: Review of the Current Evidence. In: American Journal of Psychiatry (160), p. 1028-1040.
Miele, F. (2002): Intelligence, Race, and Genetics. Conversations with Arthur R. Jensen. Cambridge.
Pfaff, D.W. et al. (ed.) (2000): Genetic influences on neural and behavioral functions. Boca Raton.
Propping, P. (1989): Psychiatrische Genetik. Befunde und Konzepte. Berlin.
Reuter, M. et al. (2006). Identification of first candidate genes for creativity: A pilot study. In: Brain Research, 1069, p. 190-197.

Rondal, J.A. et al. (2004): Intellectual Disabilities. Genetics, Behaviour and Inclusion. London.
Rowe, D.C. (1997): Genetik und Sozialisation. Die Grenzen der Erziehung. Weinheim.
Schrödinger, E. (1987): Was ist Leben? München (Orig. 1944).
Tang Y.P. et al. (1999): Genetic enhancement of learning and memory in mice. In: Nature 401, p. 63-69.
Wei, F. et al. (2001): Genetic enhancement of persistent pain by forebrain NR2B overexpression. In: Nature Neuroscience 4, p. 164-169.

2. Abschnitt: Kulturanthropologische Perspektive

Kapitel 1: Phänomenologische Betrachtungsweise/Aisthesis

MATTHIAS BURCHARDT

A: Relationale Anthropologie

I. Pädagogische Anthropologie

Erziehung und Bildung sind spezifisch humane Phänomene: Menschen erziehen und bilden sich als Menschen und zum Menschen. Schon in der vorwissenschaftlichen Praxis spielt die Frage nach dem Mensch-Sein als Voraussetzung und als Ziel von Erziehung und Bildung eine entscheidende Rolle, insofern als die handlungsleitenden Bilder oder Begriffe stets getragen sind von einem Modell des Menschen, in dem mehr oder weniger explizit beschlossen ist, wie er beschaffen ist und wie er werden soll. Dabei spielt es zunächst keine Rolle, ob die Erziehenden professionelle (Lehrerinnen, Erzieher) oder natürliche Erzieher (Eltern, Verwandte) sind, ob sich Erziehung und Bildung in den Bahnen einer mächtigen Überlieferung oder durch eine individuelle Entscheidung außerhalb derselben bewegt. Dieses anthropologische Wissen schlägt sich – wie Friedrich Schleiermacher in der Pädagogikvorlesung von 1826 anführt – beispielsweise nieder in „Gnomen und Sentenzen" (Schleiermacher 2000, S. 11), aber auch Mythen, Religionen, Kunst und Literatur erschließen Sinnangebote, durch die die Frage nach dem Menschen deskriptiv und normativ beantwortet wird. Der Befund, dass wir als Menschen im Horizont von Erziehung und Bildung je schon von beiläufigen Anthropologien umfangen sind, ist von grundlegender Bedeutung für die Disziplin der Pädagogischen Anthropologie, denn sie muss ihren Gegenstand nicht erst begrifflich konstruieren, sondern kann an vor-wissenschaftliche Reflexionen anknüpfen. Schon aus der Lebenswelt sind wir mit den pädagogischen Fragen des Menschseins und den anthropologischen Fragen in Erziehung und Bildung vertraut, denn wir sind aufgewachsen und erzogen worden vor dem Hintergrund gängiger anthropologischer Modelle. Diese Vertrautheit ist nun gleichermaßen Voraussetzung wie Hindernis für eine Selbsterkenntnis des Menschen in pädagogischer Absicht. Denn so exklusiv der Anthropologe aus dem Mensch-Sein über das Mensch-Sein sprechen kann – gerade weil er von jeher vom Problem des Menschseins betroffen ist –, so sehr besteht auch die Gefahr der Verstrickung in vor-wissenschaftliche Meinungen und ungeprüfte Modellimplikationen, von denen er in seiner Selbst- und Menschwerdung geprägt war. So haftet jeder Anthropologie, die von Menschen betrieben wird – eine andere steht uns nicht zur Verfügung – der produktive Makel einer Zirkularität an.

Das Phänomen einer elementar-lebensweltlichen Anthropologie, die pädagogisches Handeln begleitet, begründet also die Möglichkeit der Pädagogischen Anthropologie als Disziplin. Doch ist sie, nur weil sie möglich ist, auch sinnvoll oder gar notwendig? Wäre es nicht besser, gerade in Hinblick auf die angesprochene Zirkularität, die Frage nach dem Menschen der Tradition, der Religion, der Philosophie, der Politik, der Gesellschaft oder jedem Einzelnen zu überlassen?

Doch eine verantwortliche Pädagogik muss Erziehung und Bildung in ihren Voraussetzungen, praktischen Vollzügen und Zielen reflektieren, denn in allen drei Dimensionen ist die Frage nach dem leitenden Menschenbild entscheidend. Der Grad und die Weise pädagogischer Einflussnahme sind beispielsweise nur in Hinblick auf die anthropologischen Voraussetzungen von Bildung und Erziehung zu bestimmen. Sollten etwa genetische Dispositionen hauptsächlich über die Entwicklung und den Charakter eines Menschen entscheiden (vgl. z.B. Maria Montessori 1994), kommt dem pädagogischen Handeln eine andere Bedeutung zu, als wenn man den Menschen als ein unbeschriebenes Blatt begreift (vgl. Locke 2001). Wieder anders erscheinen Bildung und Erziehung, wenn man die Freiheit zum eigenen Wesensentwurf als grundlegendes Prinzip ansetzt, wie es etwa in Anschluss an Sartres Existenzialismus denkbar wäre. Der Umfang humaner Bildsamkeit erschließt und begrenzt also den Grad des pädagogischen Einflusses und die Wirksamkeit oder Unwirksamkeit pädagogischer konkreter Einflussnahme wird durch die anthropologischen Voraussetzungen erklärbar. Doch damit ist der anthropologische Beitrag zur Methodendiskussion noch nicht erschöpft, denn auch die Legitimität des jeweiligen Handelns oder Unterlassens kann und muss in Hinblick auf ein anthropologisch begründetes Erziehungsziel ausgewiesen werden. Mitunter kann eine Methode ausgesprochen effektiv sein und zugleich die angestrebten Ziele konterkarieren: Eine demokratische Überzeugung z.B. ist vermutlich kaum durch autoritär militärischen Drill zu vermitteln.

Schließlich sind die Ziele von Bildung und Erziehung nur im Gespräch mit der Pädagogischen Anthropologie zu bestimmen, kann diese doch prüfen, ob manche hehren Ziele nicht vermessen sind oder beurteilen, ob eine Beschränkung auf das ‚Machbare' nicht zu kurz greift, denn schließlich gehört es zu ihren Aufgaben, den Menschen nicht nur in seinem Sein zu reflektieren, sondern auch in Bezug auf sein Sollen zu orientieren.

Pädagogische Anthropologie erscheint demnach notwendig und sinnvoll als Ort der Prüfung von Voraussetzungen, Modellen, Verfahren und Zielen und bildet somit eine Rückversicherung für pädagogisches Denken und Handeln, das sich zu verantworten hat vor der Frage nach dem Menschen.

II. Grundfragen Pädagogischer Anthropologie

Wie ist der Mensch beschaffen?
Was ist der Mensch als Mensch?
Woraufhin soll der Mensch sein Mensch-Sein entwerfen?

Auf welche Weise aber soll Pädagogische Anthropologie den Menschen zum Thema machen? Auch wenn bisher gezeigt wurde, wie sie als Disziplin möglich und sinnvoll ist, blieb die Frage nach ihrer Gestalt als Wissenschaft unbeantwortet. Kann man überhaupt von der Anthropologie sprechen oder müsste man nicht redlicherweise die einzelnen Humanwissenschaften, die den Menschen zum Gegenstand haben, auffächern? Tatsächlich erscheint der Mensch in vielen Disziplinen: Die Biologie untersucht ihn als Lebewesen. Soziologie betrachtet ihn als gesellschaftliches Wesen. In den Kognitionswissenschaften erscheint der Mensch als informationsverarbeitendes System. Die Psychologie analysiert ihn in Hinblick auf seelische Funktionen. Und auch die Humanökologie, die Ethnologie, die Medizin, die Politikwissenschaft, die Linguistik und viele andere Disziplinen produzieren wertvolles Wissen über den Menschen, das für die Pädagogik von Bedeutung ist. Worin besteht dann aber das Eigentümliche der Pädagogischen Anthropologie? Vollzieht sie sich vornehmlich in der Sichtung und Auswertung von Ergebnissen der Humanwissenschaften oder kann sie eigene Grundfragen und Zugangsweisen für sich beanspruchen?

Die anthropologischen Einzelwissenschaften operieren alle im Rahmen einer (anthropologischen) Vorentscheidung: Sie konstruieren den Menschen als Gegenstand unter einer gewissen Hinsicht (z.B. als Lebewesen, als Gesellschaftswesen usf). Gegen diese methodische Reduktion als Prinzip humanwissenschaftlicher Wissensproduktion ist nichts einzuwenden, solange der Reduktionismus als solcher sichtbar bleibt. Problematisch ist dagegen eine essentialisierende Umschrift des ›als‹ in ein ›ist‹, denn es macht einen erheblichen Unterschied aus, den Menschen z.B. als informationsverarbeitendes System zu betrachten oder zu behaupten: „Der Mensch ist ein informationsverarbeitendes System." Im ersten Fall werden die gewonnenen Aussagen immer im Kontext einer Perspektive getroffen, die aus vielen möglichen und sinnvollen gewählt wurde. Im zweiten Fall wird die Perspektivität unterschlagen und eine ungedeckte Wesensaussage gemacht, die im Rahmen einzelwissenschaftlicher Untersuchung des Menschen weder gewünscht noch möglich ist. Das Erkenntnisinteresse liegt allein in der Beantwortung der Frage: „Wie ist der Mensch beschaffen?" So sehr die Pädagogische Anthropologie von den Antworten profitiert, so wenig kann sie sich mit dem Reduktionismus der humanen Einzelwissenschaften zufrieden geben, denn in pädagogischem Denken und Handeln steht auch immer die Frage auf dem Spiel: „Was ist der Mensch als Mensch?" Dies ist der Fall, weil Erziehung und Bildung sich in elementar-lebensweltlichen Bezügen vollziehen, die der wissenschaftlichen Vergegenständlichung voraus liegen. Wie aber kann der Mensch als Mensch gewonnen werden? Wenn es nicht eine einzige humanwissenschaftliche Deutung des Menschen sein kann, die sich immer den Vorwurf der Beliebigkeit gefallen lassen müsste, könnte dann nicht die Addition der Perspektiven und Modelle die Frage nach dem, was den Menschen ausmacht, beantworten? Doch auch dieses Unternehmen muss scheitern: Zum einen widersprechen sich die einzelnen Zugänge in ihren Voraussetzungen, zum anderen würde auch die summative Rekonstruktion des Menschen sich weiterhin in den Fesseln des Modells der Einzelwissenschaften bewegen: Die Kenntnisse über den Menschen als Gegenstand der humanwissenschaftlichen Disziplin führen nicht zur Selbsterkenntnis des Menschen, der dieser Vergegenständlichung zugrunde liegt. Jean-Jacques Rousseau, der die vom Delphi'schen Orakel geforderte Selbsterkenntnis als die wichtigste aller Erkenntnisse (Rousseau 1990[2], S. 43) erachtet, problematisiert die Spannung zwischen dem positiven Wissen über den Menschen und der anthropologischen Selbsterkenntnis des Menschen als Menschen:

> „Was noch grausamer ist, ist, dass wir uns [...] je mehr wir neue Kenntnisse ansammeln, um so mehr der Mittel berauben, die wichtigste von allen zu erlangen, und dass wir uns in gewissem Sinne durch das viele Studieren des Menschen außerstande gesetzt haben, ihn zu erkennen." (Rousseau 1990², S. 45)

Hinter dem positiven Wissen über den Menschen verschwindet der Mensch, von dem und für den diese Kenntnisse doch gewonnen werden sollen. Es wird unterschlagen, dass die Vergegenständlichung selbst ein Akt des Menschen ist, der deshalb in keinem Wissen, das er von sich hat, bruchlos aufgehen kann, weil er auch nie völlig in die Gegenständlichkeit eingeht.

Wenn die Frage des Menschen als Menschen aber von den Humanwissenschaften nicht beantwortet werden kann, dann rückt die Pädagogische Anthropologie in die Nähe der Philosophie. Der Freiburger Philosoph und Pädagoge Eugen Fink (1905-1975) führt als nicht-vergegenständlichenden Ansatz einer philosophierenden Pädagogischen Anthropologie die Selbstzeugenschaft (vgl. Fink 1979, S. 39ff) des Menschen ein. Ausgangspunkt ist der unhintergehbare Befund, dass der Mensch für seine eigne Existenz eröffnet ist. Wir existieren nicht nur, sondern wissen, dass wir sind. Diese Mitwisserschaft liegt jedem positiven Wissen, jeder konkreten Erkenntnis über uns oder über die Dinge ermöglichend voraus. Um Missverständnissen vorzubeugen: Das Wissen um das eigene Sein in der Selbstzeugenschaft hat nicht den Charakter vollkommener Selbsttransparenz, wie man es bei der allwissenden Gottheit unterstellen könnte. Der Selbstzeugenschaft ist die Selbsterkenntnis nicht schon gegeben, sondern vielmehr aufgegeben; wir wissen um unsere eigene Rätselhaftigkeit. Diese ‚Mitwisserschaft' kennt verschiedene Formen und Grade der Klarheit. Als Ausgangspunkt für die Pädagogische Anthropologie erscheint dieser Zugang als besonders geeignet, weil er nicht den Umweg über die Selbstvergegenständlichung nimmt, sondern als expliziter Vollzug dieser Selbstoffenheit aus dem Menschsein über das Menschsein reflektiert.

Eine letzte Grundfrage Pädagogischer Anthropologie bildet die Frage nach dem Ziel menschlicher Existenz. Während die Fragen nach der Beschaffenheit und nach dem, was den Menschen als Menschen ausmacht, im Bereich des Deskriptiven verharren, ist mit der dritten Grundfrage: „Woraufhin soll der Mensch sein Menschsein entwerfen?" das Problem der Normativität aufgeworfen. Auch wenn diese dritte Frage im Zusammenhang mit den anderen beiden diskutiert werden muss, kann eine Antwort weder aus der positiven Beschaffenheit noch aus der philosophierenden Selbsterkenntnis schlicht abgeleitet werden, denn aus dem Sein kann nicht auf das Sollen geschlossen werden: Wenn also die Beschaffenheit des Menschen als ein Lebewesen etwa in Selbsterhaltung und Fortpflanzung besteht, wären mit diesen Bestimmungen nicht schon Selbsterhaltung und Fortpflanzung als Lebensziele vorgegeben. Die Ziele humaner Existenz bedürfen immer einer eigenen Legitimation. Die Ideengeschichte kennt viele Ziele und Legitimationsformen: Bei Platon erfüllte sich das Menschsein im Aufstieg zu den Ideen, das Christentum sah die Vollkommenheit des Menschen in der Realisierung seiner Gottesebenbildlichkeit, Rousseau bestimmte das Ziel im Horizont der Natur usf. Im ersten Fall ist das Ziel legitimiert durch eine ideale Ordnung, die vom Philosophen geschaut wird, im zweiten Fall ist es durch die göttliche Offenbarung als solches ausgewiesen und Rousseau schließlich begründet seinen Maßstab der Naturgemäßheit durch die genetische Rekonstruktion eines vor-gesellschaftlichen Naturzustandes. Die Geltung von Zielen kann weiterhin durch die Tradition, durch die Vernunft, durch Macht, durch die Gesellschaft, durch Konsens legitimiert sein. Gerade im Zuge postmoderner Pluralisierungstendenzen findet sich nicht nur eine Vielzahl von normativen Entwürfen des Menschseins, sondern auch die Legitimationsquellen stehen unvermittelt nebeneinander und delegitimieren sich dadurch gegenseitig. Dieses Problem, dass es weder ein allgemein akzeptiertes Ziel noch das eine Kriterium gibt, an dem die Vielzahl möglicher Ziele geprüft werden könnte, ist nicht nur theoretisch unbefriedigend, sondern im Kontext der Pädagogischen Anthropologie auch praktisch ein Skandalon. Denn pädagogisches Handeln kann weder auf die Normfrage verzichten, noch solange warten, bis die Philosophie eine letztbegründete Norm ausgewiesen hat. Die dritte Grundfrage Pädagogischer Anthropologie zielt deshalb auf die anthropologische Prüfung von vorhandenen und gegebenenfalls auch auf den Entwurf und die Begründung neuer Ziele ab.

Das Ensemble der Grundfragen in ihrem Zusammenspiel beschreibt die Aufgabenstellungen Pädagogischer Anthropologie, die in durchaus unterschiedlicher Schwerpunktsetzung wahrgenommen werden. Diese Vielfalt ist wünschenswert und produktiv für die Disziplin, solange der Fragenzusammenhang nicht auseinander gerissen wird. Die isolierte Behandlung der einzelnen Fragen kann allerdings zu bedenklichen Einseitigkeiten führen.

III. Anthropologie nach dem ‚Ende des Menschen'

Man könnte gegen die bisherigen Ausführungen, die den Frageraum einer möglichen und notwendigen Pädagogischen Anthropologie abschreiten, einwenden, dass sie mit der ungeprüften Voraussetzung operieren, dass es so etwas wie ‚den Menschen' überhaupt gibt. Tatsächlich ist ‚der Mensch' theoretisch äußerst umstritten, so dass sich in verschiedenen Publikationen schon die Rede vom Ende des Menschen etabliert hat (vgl. z.B. Kamper/Wulf 1999). Dabei zielen die etwas makaberen Formulierungen nicht auf eine reale oder potentielle Vernichtung der Menschheit, die sich in Tendenzen des 20. Jahrhunderts abzeichnet: Atomare Massenvernichtungswaffen, ökologische Krisen wie die Klimakatastrophe, Unfälle wie in Tschernobyl und Seveso, die Risiken der Biotechnologien usf. rücken ein solches Ereignis als ein durchaus realistisches Szenario in den Blick. Die Rede vom ‚Ende des Menschen' hat dagegen nur mittelbar etwas mit diesen Phänomenen zu tun, da sie auf den ‚anthropologischen Menschen' gerichtet ist. Das ‚Ende des Menschen' können wir durchaus überleben, nur eben nicht mehr als Menschen, denn das humane Selbstbild ist ausgesprochen brüchig geworden. Dabei ist der bedrohliche Gegenspieler der Humanität nicht etwa die Inhumanität: Denn sobald man Holocaust, Kriege, Terror, Folter, Hunger, Ausbeutung und andere Verbrechen gegen die Menschlichkeit als inhuman verurteilt, macht man weiterhin Gebrauch vom Konzept der Humanität. Damit aber verbleiben diese Phänomene bei aller Provokation, die sie für den ‚gesunden Menschverstand' bedeuten mögen, doch noch im Rahmen anthropologischer Deutbarkeit. Inhumanität ist eine humane Option. Das Ende des

Menschen dagegen lässt mit dem Humanen auch die Differenz von Humanität und Inhumanität hinter sich.

Was aber bedeutet dann die Liquidation des Menschen, wenn nicht seine physische Vernichtung oder seine Korruption durch das Unmenschliche? Das Konzept ‚Mensch' erscheint etwa wie in dem berühmten Zitat des frühen Michel Foucaults aus ‚Les mots et les choses' 1966, als eine historisch kontingente Erfindung:

> „Der Mensch ist eine Erfindung, deren junges Datum die Archäologie unseres Denkens ganz offen zeigt. Vielleicht auch das baldige Ende. [...] dann kann man sehr wohl wetten, dass der Mensch verschwindet wie am Meeresufer ein Gesicht im Sand." (Foucault 1990^9, S. 462)

In seinem Interview mit Paolo Caruso von 1969 (Foucault 1996) versucht Foucault zu zeigen, dass der anthropologische ‚Mensch' eine diskursive Schablone darstellt, die das Funktionieren von Gesellschaften gewährleisten soll. Ähnlich wie in unserem Kulturraum die moralischen und theoretischen Funktionen, also die Möglichkeit der Unterscheidung von gut und böse, wahr und falsch sehr lange an die Vorstellung eines Gottes geknüpft war, so erscheint nun der ‚Mensch' als Garant für eine funktionierende sittliche Ordnung und die Erkenntnis von Selbst und Welt. Doch wenn nun der Mensch als Funktionsäquivalent an die Stelle Gottes treten konnte, dann lässt sich auch nicht ausschließen, dass bald etwas anderes den ‚Menschen' ersetzen wird. Dies ist deshalb nicht unwahrscheinlich, weil sich das Konzept ‚Mensch' zunehmend als dysfunktional erweist. Dies zeigt sich nicht allein in ökonomischer Hinsicht, wo im Zeitalter der Globalisierung humanistische Skrupel schnell einen Standortnachteil nach sich ziehen: Für die biotechnologische Forschung und Wirtschaft ist der ‚Mensch', insofern er auf Embryonen angewandt wird, ein Hemmnis für die Stammzellenforschung. Die Dysfunktionalität des Menschen in theoretischer Hinsicht, seine Untauglichkeit als Prinzip von Erkenntnis zu fungieren, ereignet sich ironischerweise im Vollzug der Humanwissenschaften selbst. Nach Foucaults Analyse führt gerade die Erforschung des Menschen zu seiner Auflösung, denn in den anthropologischen Einzelwissenschaften erscheint der Mensch in einer merkwürdigen Doppelrolle: Er ist „Subjekt allen Wissens und Objekt eines möglichen Wissens" (Foucault 1996, S. 14). Das Subjekt-Objekt-Schema konstituiert, wie oben gezeigt wurde, die anthropologischen Einzelwissenschaften, insofern ein produktives Modell zur Erkenntnis der Dinge nun auf den Menschen selbst angewandt wird, so dass der Mensch mit der Heraufkunft der Humanwissenschaften im 18. Jahrhundert durch die methodische Reduktion zunehmend zum Objekt möglicher Erkenntnis wird. Das gewonnene Wissen über den Menschen als Objekt schlägt aber zurück auf den Menschen als Subjekt des Wissens. Das Wissen über den Menschen zeigt diesen als ein Ensemble von beschreibbaren Strukturen (biologische, linguistische, psychische, diskursive ...). Durch diese Erkenntnisse aber zersplittert auch der Mensch als Subjekt der Erkenntnis, denn auch die vermeintlich zugrunde liegenden Voraussetzungen der Erkenntnis wie etwa die Rationalität erscheinen nun als Effekte der Strukturen, die auf der Objektseite ausgemacht wurden. Die Objektivierung des Menschen in den Humanwissenschaften untergräbt auf der anderen Seite seinen Status als deren zugrunde liegendes Subjekt:

"In dem Augenblick, in dem man sich darüber klar geworden ist, dass alle menschliche Erkenntnis, alle menschliche Existenz, alles menschliche Leben und vielleicht das ganze biologische Erbe des Menschen, in Strukturen eingebettet ist, d.h. eine formale Gesamtheit von Elementen, die beschreibbaren Relationen unterworfen sind, hört der Mensch sozusagen auf, das Subjekt seiner selbst zu sein, zugleich Subjekt und Objekt zu sein. Man entdeckt, dass das, was den Menschen möglich macht, ein Ensemble von Strukturen ist, die er zwar denken und beschreiben kann, deren Subjekt, deren souveränes Bewusstsein er jedoch nicht ist." (Foucault 1996, S. 14)

Durch diese humanwissenschaftliche Selbstliquidation verliert nun auch die Anthropologie ihr proprium: Der Mensch ist nicht mehr trennscharf vom Tier oder von kybernetischen Maschinen zu unterscheiden. An die Stelle des ‚Menschen' tritt – je nach gewählter Perspektive – ‚programmierbare Biomasse' oder ein ‚informationsverarbeitendes System'. Die Entgrenzung, die durch den Verzicht auf den dysfunktionalen ‚Menschen' möglich geworden ist, enthemmt den wissenschaftlichen und biotechnischen Zugriff auf das, was einmal Mensch genannt wurde: Manipulation am humanen Genom, plastische Chirurgie, kybernetische Implantate aber auch Kognitionswissenschaften und Neuropädagogik zeigen den gewaltigen Verfügungszugriff eines posthumanen Dispositivs.

Was bedeuten diese Tendenzen für die Pädagogische Anthropologie? Ist ein anthropologischer Artikel in einem pädagogischen Handbuch überhaupt noch zeitgemäß? Tatsächlich stellen die angedeuteten Tendenzen das anthropologische Denken vor eine Herausforderung, die nicht zu ignorieren ist. Wenn im Folgenden dennoch der Titel ‚Mensch' verwendet wird, geschieht dies weder aus Naivität, Ignoranz oder gar Trotz. Noch soll oder kann ein Versuch unternommen werden, den ‚Menschen' zu retten, etwa in ethischer Absicht, um die angeführten Phänomene moralisch brandmarken zu können. Vielmehr müssten Rückfragen an die anthroposkeptische Postmoderne gestellt werden: Aus welcher Position spricht Foucault, wenn er den Menschen verabschiedet? Und welcher Mensch endet eigentlich bei Foucault? Operiert seine Erklärung nicht ausschließlich im Bereich der ersten Grundfrage der Pädagogischen Anthropologie? Kann durch die Erkenntnis in diesem Bereich, der ganze Horizont der zweiten Frage suspendiert werden? Wird in Foucaults Überlegungen ausreichend zwischen dem Menschen und dem Subjekt unterschieden? Bedeutet der Abschied vom humanwissenschaftlichen Menschen nicht möglicherweise eine Chance für den Menschen als Menschen? Der ‚Mensch' ist tot, es lebe der Mensch!

IV. Die Verhältnisse des Menschen

Die relationale Anthropologie, wie sie hier im Anschluss an Eugen Fink entwickelt werden soll, begreift den Menschen aus seinen Verhältnissen. Ein nahe liegendes Missverständnis wäre nun, diese Verhältnisse als diejenigen Strukturen aufzufassen, in die sich der ‚Mensch' nach Foucaults Analyse auflöst. Den Mensch aus seinen Verhältnissen zu begreifen, meint gerade nicht, ihn als Effekt von sozialen Milieus oder als Abdruck der Produktionsverhältnisse zu sehen. Fink würde die Bedeutung von sozialen, ökonomischen, kulturellen, ethnischen, ökologischen und anderen

Verhältnissen gar nicht bestreiten. Sein Ansatz unterläuft aber all diese konkreten Verhältnisse in Hinblick auf die Verhältnishaftigkeit des Menschen, die diesen Bedingungen immer schon zugrunde liegt. Drei Verhältnisse bestimmen nach Eugen Fink den Menschen als Menschen: Das Selbstverhältnis, das Mitverhältnis und das Weltverhältnis. Mit seinem Anspruch, den Menschen in Grundrelationen zu denken, wendet er sich sowohl gegen eine Verkürzung des Menschen im Sinne der Humanwissenschaften als auch gegen philosophische Wesensanthropologien, die sich im Fahrwasser des traditionellen animal-rationale-Schemas bewegen. In Abgrenzung zu diesen Bestimmungen soll der Gewinn von Finks anthropologischem Beitrag aufgewiesen und gezeigt werden, dass eine solche relationale Anthropologie auch und gerade nach dem Ende des humanwissenschaftlichen Menschen bedenkenswert ist.

Seit der griechischen Antike bis weit in die Zeiten der Moderne hinein bewegt sich die Anthropologie, wenn sie nicht nur nach der Beschaffenheit des Menschen, sondern nach dem fragt, was ihn in seinem Wesen ausmacht, im Denkraum des animal-rationale-Schemas. Dieses Modell fasst den Menschen als ein Kompositum aus zwei Momenten: der Animalität und der Rationalität. Unter Animalität ist nicht etwa die Tierheit zu verstehen, sondern die natürliche Verfassung des Menschen als eines leiblichen Sinnenwesens, die er mit den Tieren teilt. Im Unterschied zu diesen ist er aber mit der Vernunft begabt, die ihn an einem Prinzip teilhaben lässt, das über die physische Natur hinausgeht: dem Logos oder christlich gefasst an Gott, dessen Ebenbild er darstellt. Für Eugen Fink verfehlt diese traditionsmächtige anthropologische Bestimmung nun sowohl im Ansatz als auch in ihrem Gehalt die eigentümliche Seinsweise des Menschen. Der Ansatz ist problematisch, weil der Mensch sich selbst in Nähe zu und Abstand von anderem Seienden zu definieren versucht. Dies ist schon problematisch, wenn wir Objekte, die wir selbst geschaffen haben zum Modell unserer Selbstkenntnis machen wollen. Wie verführerisch ist es beispielsweise das Leib-Seele-Problem mit dem Verhältnis von Hardware und Software bei Computern gleichzusetzen. Doch diese Rückinterpretation des Schöpfers am Modell seiner eigenen Werke muss scheitern, weil es eine ontologische Verkürzung, also ein Missverständnis der menschlichen Seinsweise bedeutet, ein Wesen, das Dinge hervorbringen kann, nur als Ding unter Dingen zu betrachten. Auch die nahe liegende Überlegung, den Menschen nun als Geschöpf zu betrachten, das seinem Schöpfer darin ähnelt, dass es auf irdische Weise zu schöpfen vermag, wäre für Fink trotzdem eine ontologische Missdeutung des Menschen. Sowohl Gott als auch die Tiere sind in ihrem Wesenszuschnitt perfekt. Der Mensch ist dagegen ein imperfektes ‚Unwesen'. Gott, wie ihn die Philosophie gedacht hat, ist der Vollkommene, allwissend und allmächtig. Er ist das summum ens, dem nichts aussteht, weshalb es in seinem Wesen ruhen kann. Auch das tierische Sein ist perfekt, denn es ist in seiner Animalität ‚von Natur aus' wesenhaft bestimmt. Einem Gott kann kein substanzielles Attribut hinzugefügt werden, einem Tier braucht keines hinzugefügt werden. Wenn etwa Rousseau in seinem zweiten Diskurs auf die Perfektibilität des Menschen hinweist (vgl. Rousseau 1990[2], S. 103), dann soll damit weniger eine Auszeichnung zum Ausdruck gebracht werden als ein Defizit im Vergleich mit den übrigen Geschöpfen der Natur, das den Menschen in seinem Wesen betrifft: perfektibel ist nur ein imperfektes Wesen. Für Fink ist nun die Imperfektheit eine grundstützende anthropologische Bestimmung. Damit ist weder gemeint, dass wir als Menschen diese oder jene Schwäche hätten, die durch Erziehung korrigiert werden könnte oder müsste, noch ist die Imperfektheit durch eine Geschichte der Vervollkommnung in die Ruhe einer perfectio aufzuheben. Da der Mensch kein statisches Wesen hat, weder als Besitz noch als vor- oder aufgegebenes Ziel, ist sein Dasein von jeher und auf Dauer imperfekt, d.h. ein dynamisches infinitivisches ‚Wesen'.

Als imperfektes Dasein ist unsere einzige wesenhafte Bestimmung die Unbestimmtheit unseres Wesens. Der Grund für diese Unabschließbarkeit liegt in der Relationalität der menschlichen Existenz, in seiner Offenheit für und die Betroffenheit durch die Welt, den Anderen und sich selbst. Die angeführten Verhältnisse dürfen allerdings nicht als Beziehungen zwischen zwei Dingen verstanden werden, denn sie bestehen nicht in räumlicher Nähe, in funktionaler Organisation oder Interaktion. All diese positiven Beziehungen zu den Dingen, anderen Menschen oder uns selbst sind disponiert durch unsere Grundverhältnisse, die deshalb von gänzlich anderer Art sein müssen. Die Grundverhältnisse kommen nicht dadurch zustande, dass ursprünglich getrennte Wesen eine kontingente Beziehung miteinander eingehen, die man beliebig an- oder abwählen könnte. Der Mensch hat nicht einfach nur ein Verhältnis zur Welt, zum Anderen, zu sich selbst, sondern er existiert als Welt-, Mit- und Selbstverhältnis. Er ist ohne diese Grundbezüge gar nicht zu denken und eine Wesensanthropologie, die beim isolierten Menschen und seinen substanziellen Bestimmungen (Vernunft, Freiheit usf.) ansetzt, ist für Fink eine anthropologische Verkürzung aufgrund einer ontologischen Missdeutung. Die Weltoffenheit des Menschen ist dementsprechend auch kein Resultat unserer subjektiven Vermögen, sondern erscheint im Lichte der relationalen Anthropologie als deren Grund: „Die Selbstheit ist so sehr eine Wesenfolge der Weltoffenheit, dass der Begriff des ‚weltlosen Subjekts', das zuerst schon Fürsichsein wäre und dann erst zu dem fremden Dingen hinausgelangen müsste, einen völligen Unbegriff bedeutet." (Fink 1987, S. 84) Welt meint hier mehr und etwas anderes als nur die Summe aller Dinge, denn alle Dinge sind in der Welt. Welt – bei Fink kosmologisch verstanden – ist das, was die Dinge be-dingt, was ihnen Raum einräumt und ihr Weilen zeitigt. Der Mensch aber ist nicht nur in der Welt, sondern auch zur Welt. Die Welt geht ihn in seinem Wesen an und er verhält sich denkend und handelnd zur Welt, denn das Weltverhältnis ist kein statisches, sondern ein dynamisches. Das Rätsel der Weltoffenheit, dem die Offenheiten für den Anderen und das Selbst entspringen, beunruhigt unser Dasein, für das Raum und Zeit, Sein und Nichts nicht nur abstrakt philosophische Themen, sondern zutiefst existenzielle Fragen sind, zu denen wir Stellung beziehen müssen, in dem wir sinnhaft deuten:

> „Das menschliche Verhalten bedeutet nämlich nicht nur eine einmalige Stellungnahme, die dann unverändert durch das ganze Menschenleben hindurch geht; Verhalten zu [Hervorh. von E.F.] Zeit und Raum und Sein ist keineswegs nur ein abstraktes, unbewegliches Wissen von Zeit, Raum, Sein, – es ist vielmehr der immerwährende Versuch des Menschen, dergleichen auszudenken und denkerisch zu durchdringen; und auch dies nicht nur in der Weise des theoretischen Denkens der Philosophie, viel mehr noch in der Weise symbolischen Denkens des Mythos, der Religion, der Dichtung. Sofern der Mensch existiert, lebt er im Deutungsversuch hinsichtlich des Weltganzen, inter-

pretiert er Sein, sucht er einen Sinn der Vergänglichkeit, in Geburt und Tod, ringt er mit dem Rätsel des Raumes." (Fink 1987, S. 84)

Die Unabschließbarkeit der Deutungen ist aber nicht allein der Endlichkeit menschlicher Vernunft geschuldet, sondern der Unfeststellbarkeit der Welt selbst, die mit der Zeit alle Weltbilder stürzt und in keinem aufgeht. Und so ist der Mensch sich in seinem Wesen infinit, imperfekt und enigmatisch, weil er wesenhaft in das Welten der Welt hinein genommen, zugleich in ihr geborgen und in sie ausgesetzt ist.

Mit dem kosmologischen Ansatz gewinnt Eugen Fink nun gleichermaßen Abstand von den Wesensanthropologien, die im Rahmen des animal-rationale-Schemas operieren und auch dem Menschen ein fixes Wesen unterstellen, wie von den Humanwissenschaften, die den Menschen als Ding unter Dingen betrachten. Damit aber bildet Finks Denken auch einen geeigneten Anknüpfungspunkt für eine Anthropologie nach dem Ende des humanwissenschaftlichen ‚Menschen', da es nicht auf diejenigen Anthropologica angewiesen ist, die der Postmoderne als liquidiert erscheinen. Vielmehr erscheinen die traditionellen humanen Kernmomente (Freiheit, Vernunft, Sprache, Geschichtlichkeit und Leiblichkeit) selbst angefragt und werden durch die koexistenzialen Grundphänomene kosmologisch unterlaufen.

V. Grundphänomene des menschlichen Daseins als Deutungsbahnen einer verhältnishaften Existenz

Wenn nun der Mensch als Welt-, Mit- und Selbstverhältnis existiert, kann die Beantwortung der Frage, was ihn ausmacht, nicht mehr Maß nehmen am abstrakten, isolierten Menschen, sondern kann und muss in der Praxis der Selbstzeugenschaft aus diesen Verhältnissen über diese Verhältnisse reflektieren. Mit den fünf Grundphänomenen des menschlichen Daseins Arbeit, Herrschaft, Liebe, Spiel und Tod benennt Fink ohne den Anspruch auf Vollständigkeit Bahnen, in denen der Mensch sich selbst, seine Sozialität und seine Weltlichkeit auslegt. ‚Auslegen' meint hier keine rein rational-sprachliche Interpretation, sondern die Praxis einer Lebens- und Welthaltung, durch die man ein Zeugnis ablegt vom Sinn unseres Weltaufenthaltes. Durch die tätige oder denkerische Praxis soll und kann aber nicht etwa ein vorgängig bestimmter letzter Sinn hervorgebracht werden, etwa in der Weise eines ‚wesensgemäßen' Arbeitens, Herrschens, Liebens, Spielens und Sterbens. Eine solche Wesensorthodoxie ist im Zuge einer weltlichen Anthropologie nicht mehr zu begründen, denn mit der Abwendung vom substantivischen Wesen des Menschen ist auch die Differenz von Wesen und Erscheinung aufgehoben. Wir haben uns selbst, den Anderen und die Welt immer nur als ausgelegte, als die jeweilige Erscheinung. Insofern sollen die folgenden phänomenologischen Hinsichten auf die Grundphänomene eher anthropologische Fragehorizonte abschreiten und Probleme aufzeigen als eine abgeschlossene Systematik einer kulturanthropologischen Praxeologie vorstellen. Dabei wird immer eine doppelte Blickrichtung einzunehmen sein:

„Alle existenzialen Grundphänomene […] sind nicht nur wesentliche Momente des menschlichen Seins, sie sind auch Quellgründe des menschlichen Seinsverständnisses

– sind nicht nur ontologische Strukturen am Menschen, sie sind auch Sinnhorizonte der menschlichen Ontologie." (Fink 1979, S. 353)

Arbeiten, Herrschen, Lieben, Spielen und Sterben erscheinen bei Fink also einerseits als Kennzeichen des menschlichen Seins und andererseits fungieren sie als Kennzeichnungen, in denen Menschen das Sein und die Welt verstehend an- und aussprechen. Der Mensch arbeitet, herrscht, liebt, spielt und stirbt und das Rätsel der Welt erschließt sich ihm in den Bildern, Analogien und Symbolen der Daseinsphänomene. Dabei muss unentschieden bleiben, ob nun beispielsweise der Mensch ein Spielender ist, weil die Welt selbst Spiel ist, oder ob umgekehrt, wir der Welt spielhafte Charaktere zusprechen, weil wir als Menschen Spieler sind. Die Frage, ob bei Fink nun die Welt anthropomorph oder der Mensch kosmomorph betrachtet wird, kann nicht entschieden werden, weil uns kein Standpunkt zur Verfügung steht, von dem aus eine Beurteilung möglich wäre. Das Mensch-Sein können wir ebenso wenig verlassen wie die Welt, um von außerhalb auf beide zu schauen. Möglicherweise ist die Frage aber auch unangemessen, weil sie allzu leicht eine Alternative aufmacht, so als wären Mensch und Welt in ihrem Sein voneinander zu scheiden, wie es zwei Dinge sind. Ein gewisses anthropo-kosmologisch oszillierendes Sprechen lässt sich deshalb wohl nicht vermeiden, wenn man Finks Gedanken nicht nur referieren, sondern in der Selbstzeugenschaft nachvollziehen will.

V.1. Arbeit

Die Kulturgeschichte zeigt viele Formen der Arbeit: von den ‚Jägern und Sammlern' bis hin zum spezialisierten und globalisierten Weltmarkt hat die Arbeit viele Gesichter angenommen. Geblieben ist, dass Menschen nicht ohne die Arbeit existieren können. Das bedeutet nicht, dass alle faktisch arbeiten, denn es gibt wohl zu jeder Zeit Phänomene der Fürsorge und der Ausbeutung, durch die der Zusammenhang von Mühe und Frucht der Arbeit aufgebrochen wird. Es gibt die Schonung der Kinder, Alten und Kranken auf der einen und die Sklaverei auf der anderen Seite. Doch auch wenn einzelne Individuen leben, ohne zu arbeiten, so leben sie doch von der Arbeit, so dass man diese mit Recht zu den Grundphänomenen zählen kann. Neben den Formen des Arbeitens wandelt sich auch die Wertschätzung. Galt es in der antiken Polis für einen freien Mann noch als unwürdig, körperlich zu arbeiten, gerät heute oft der unfreiwillig Arbeitslose in eine unwürdige Lage. Ob sich nur die Orte der Arbeit verlagern oder ob wir tatsächlich eine Arbeitsgesellschaft sind, der die Arbeit ausgeht, wie Hannah Arendt vermutet, ist wohl nicht zu entscheiden. Ebenso unklar ist, ob die gegenwärtig zu beobachtende Forcierung ökonomischer Tendenzen auf den Gebieten der Wissenschaft und Bildung, der Kultur und der Kirche eine Lösung gesellschaftlicher Probleme darstellt oder nicht gerade der Übergriff in andere Daseinssphären letztlich auch zum Schaden der Wirtschaft sein wird.

Für den Einzelnen stellt sich das Arbeiten heute als ein ambivalentes Phänomen dar: Einerseits ist die Arbeit eine drückende Last, die scheinbar unabwendbar von unserer Unfreiheit zeugt. Auf der anderen Seite kennen wir auch die Züge des Arbeitens, in denen wir uns als Gestalter erleben, die sich in ihrer Tätigkeit ‚selbst verwirklichen'. Das Doppelgesicht der Arbeit zeigt uns zugleich unverfügbare Grenzen unserer Existenz auf und ist ebenso die Domäne unserer Verfügungsmacht.

Fink bindet seine Anthropologie der Arbeit insbesondere an die miteinander verflochtenen humanen Bestimmungen der Geschichtlichkeit, der Freiheit und der Leiblichkeit. Im Horizont des menschlichen Weltverhältnisses erscheint die Geschichtlichkeit als Zeitoffenheit und –betroffenheit, die das Arbeiten gleichermaßen nötig und möglich macht. Arbeit bringt die Mittel hervor, die uns nicht nur physisch am Leben halten, sondern uns auch in der unwirtlichen Welt behausen. Als weltoffene Wesen wissen wir, dass unser Dasein ein endliches ist, dessen Vernichtung in der Zeit je schon beschlossen ist. So machen wir von unserer Zeit Gebrauch, um diese Vernichtung aufzuschieben. Wir sind in der Lage, gegenwärtige Mühe und Entbehrung auf uns zu nehmen, um für das künftige Wohl vorzusorgen. Doch nicht nur die Fähigkeit zu Planung und zur Antizipation geht in das Arbeiten ein. Auch die Erinnerung, das Bewahren erworbener Dinge, Erfahrungen und Fertigkeiten hilft uns bei der Arbeit, in der sich stets unser Verhältnis zu Vergangenheit, Gegenwart und Zukunft neu realisiert.

Doch wir arbeiten nicht nur als Souveräne und Opfer der Zeit, sondern auch als freie Geschöpfe der Natur: Eine Formulierung Herders (vgl. Herder 1989, S. 145f) aufgreifend charakterisiert Fink den Menschen als „Freigelassene[n] der Natur" (Fink 1989, S. 29). Der Freigelassene existiert im Unterschied zum Freien noch immer unter den Bedingungen der Instanz, die ihn freigelassen hat, und so ist auch die Naturfreiheit des Menschen eine endliche und verstattete, die sich immer auch zu Momenten der Unfreiheit verhalten muss. Wir sind frei in der Weise und Organisation des Arbeitens und zugleich immer an das Arbeiten gekettet, frei, den Dingen die Gestalt unseres Willens aufzuprägen, und zugleich angewiesen auf einen Stoff, den wir verarbeiten können.

Auch unsere weltoffene Leiblichkeit macht uns zugleich arbeitsbedürftig und arbeitsfähig. Der Leib ist das wesentliche Organ der Arbeit, ohne das wir nicht einmal Werkzeuge und Maschinen bedienen könnten, und er ist in seiner Bedürftigkeit eine nothafte Geisel der Natur. In der Arbeit verhält sich der Mensch zu seiner Not, indem er mit dem Leib und für den Leib Lebens-Mittel produziert. Fink fasst unter die Lebens-Mittel nicht allein die zum Verzehr bestimmten Güter, sondern auch die funktionalen Dinge des Gebrauchs und die sinntragenden Kulturdinge. Die Not, zu der wir uns arbeitend verhalten, ist nämlich nicht allein die Sorge um das nackte Überleben, sondern auch und vielmehr die verstörende Rätselhaftigkeit unserer wesenlosen Existenz. In den Taten der arbeitenden Freiheit wird die Not sinnhaft gewendet, der Nothaftigkeit seines Daseins entkommt der Mensch jedoch nicht. Gemeinschaftlich arbeitend gestaltet der Mensch seine Verhältnisse und erklärt sich auch die Welt als Produkt eines göttlichen Demiurgen (vgl. Platon 1991). Selbst die Einteilung der Arbeitswoche orientiert sich in unserem Kulturraum noch am biblischen Schöpfungsbericht.

V.2. Herrschaft

Menschen leben nicht nur in Gemeinschaften, sie verhalten sich auch zu ihrer Gemeinschaftlichkeit, indem sie Institutionen der Herrschaft stiften. Auch wenn der

Staat eine menschheitsgeschichtlich späte Erfindung ist, die im Zuge der Globalisierung zunehmend marginal erscheint, gab es von jeher Organisationen von Macht in menschlichen Gefügen. Imaginationen eines vorgesellschaftlichen Ursprungszustandes, sei es als friedlicher Naturzustand bei Rousseau (Rousseau 1990²) oder als Krieg aller gegen alle in Hobbes Leviathan (Hobbes 1984), unterstreichen für Fink die Ambivalenz der Herrschaft des Menschen über den Menschen:

> „[...] sie gilt als ein Segen, sofern sie die zügellose Gewalt eindämmt, das Menschleben einrichtet und ordnet, – und sie gilt als ein Fluch, sofern sie Überordnung und Unterordnung, ein Machtgefälle verfestigt, die Härte des Befehls und Gehorsamszwang einführt, die Brüderlichkeit unter den Menschen aufsprengt in den Unterschied der Herrschenden und Beherrschten." (Fink 1989, S. 34)

Die Gestaltung der Herrschaftsbeziehung ist den Menschen als Problem aufgegeben, da die Sozialbeziehungen nicht schon durch natürliche Verhaltensschematisierungen organisiert sind. Ein Bienenvolk stimmt nicht über seine Staatsform ab, der Mensch dagegen muss Herrschaftsverhältnisse einrichten. Doch Staaten werden nicht hergestellt, wie die Dinge in der Sphäre der Arbeit, denn Machtverhältnisse werden nicht ‚von außen' dem Sozialen aufgezwungen. Vielmehr schlagen sich in ihnen die Machttendenzen nieder, die je schon die Gemeinschaften durchwirken – ein ernstes Spiel von Macht und Übermächtigung, das eine Tendenz zur Verfestigung in Ordnungen in sich trägt. Den geronnenen Ordnungen der Herrschaft wohnt ein doppelter Bezug zur Macht inne. Einerseits organisieren und kanalisieren sie Macht, andererseits bedurfte es der Macht, um sie – immer gegen eine widerstreitende Machttendenz – zu etablieren. Fink unterscheidet deshalb „Macht vor [Herv. E.F.] der Stiftung einer Herrschaft und Macht nach der Stiftung." (Fink 1989, S. 34) Die gestiftete Macht bindet sich – selbst in der Diktatur – in dialektischer Weise an die Strukturen, die sie selbst hervorgebracht hat. Dagegen ist die Macht vor der Stiftung beweglicher, aber auch unsicherer, da sie permanent mobilisiert werden muss. Macht vor der Stiftung hat deshalb den Charakter des Kriegerischen, der allerdings in der Stiftung nicht abgelegt, sondern nur in den Institutionen gebunden wird. „[D]er Friede [Hervorh. E.F.] zwischen Menschengruppen eines Herrschaftsgefüges ist ein stabilisierter Krieg [...]." (Fink 1989, S. 35) Alle Staaten sind aus kriegerischen Handlungen hervorgegangen und sind – unterhalb des stabilen Eindrucks, den sie erwecken – stets durch diese bedroht.

Das letzte Mittel der Macht, das die Macht der Worte, der Schönheit, des Geldes oder der Vernunft verblassen lässt, ist für Fink die Todesdrohung:

> „Die einzige und entscheidende Gewalt eines Menschen über den Menschen ist die Todesdrohung. Macht entspringt zutiefst aus der Bereitschaft zu töten." (Fink 1979, S. 316)

Die tragische Pointe des Machtphänomens besteht darin, dass der endliche Mensch den Tod eines anderen Menschen verfügen kann. Die Androhung des Todes entfaltet eben deshalb so eine gewaltige Wirkung, weil wir zeitoffen und zeitbetroffen existieren. Auch wenn dieser Aspekt in den scheinbar stabilen Demokratien leicht zu übersehen ist, künden doch die Bewaffnung der Polizei und die Permanenz eines Heeres von der latenten Tötungsbereitschaft zur Sicherung einer Herrschaftsform, die wir als Voraussetzung unserer bürgerlichen Freiheit schätzen, wenngleich der vielfältig bewehrte Schutz mitunter selbst zu einer Gefahr für die politische Freiheit werden kann.

Man könnte Fink die Frage stellen, ob die Zuspitzung der Machtfrage auf die Todesdrohung nicht bestimmte Machtphänomene unterschätzt oder ausblendet, z.B. die Macht anonymer Diskurse, die ein Regime in den Köpfen errichtet, oder ob nicht eine deutlichere Unterscheidung von Macht und Gewalt, etwa im Sinne Hannah Arendts (vgl. Arendt 2006) erforderlich wäre. Es bleibt jedoch festzuhalten, dass das Politische und das Kriegerische nicht nur in anthropologischer Hinsicht in einem Strukturzusammenhang stehen, sondern auch traditionell als Auslegungsbahn für das Weltganze erscheinen:

> „[...] er [der Mensch] steht hinaus in den Großen Krieg des Weltalls, von dem Heraklit sagt: ‚Krieg ist aller Dinge Vater, aller Dinge König. [...]'" (Fink 1989, S. 35)

Das Heraklit-Zitat, auf das Fink sich hier bezieht, klingt aufgrund von ideologischem Missbrauch heute ausgesprochen anrüchig. Es dient bei Fink aber keineswegs dazu, kriegerische Handlungen zwischen Staaten oder Ethnien als Voraussetzung historischen Fortschritts zu legitimieren. Der Polemos des Heraklit deutet – in Finks Interpretation – den kosmologischen Welt-Krieg, aus dem die Dinge und Wesen entspringen, von dem sie wieder vertilgt werden. Widerstreitende Weltmomente von Schöpfung und Vernichtung, Sein und Nichts, Aletheia und Lethe, Licht und Dunkelheit, Himmel und Erde bringen den Zeitraum der endlichen Binnenwelt hervor und kennzeichnen auch die Existenz des Menschen, der in der Welt zugleich geborgen und in sie ausgesetzt ist.

V.3. Liebe

Auch die Phänomene des Liebens werden von Fink als weltliche und koexistenziale interpretiert. Er bezieht damit Stellung gegen die Deutung im Horizont des animal-rationale-Schemas. Die Liebe zeigt sich in vielen Erscheinungsformen, die kaum durch eine einzige Bestimmung oder Definition umfasst werden können: Sie bezieht sich auf Personen, Dinge, Götter, Institutionen, Tätigkeiten oder Ideen. Unter Menschen ist sie nicht auf ein bestimmtes Gegenüber oder eine Leitpraxis festgelegt: Es gibt die Selbstliebe, die Liebe zu einem anderen Menschen, zur Familie oder Sippe, zur ethnischen Gruppe, zum politischen Verband und vielleicht zur ganzen Menschheit. Sie geschieht als Elternliebe und Kindesliebe, als Freundschaft, stille Verehrung oder leiblich-geschlechtliche Begegnung, als Ehe oder One-Night-Stand, hetero- oder homosexuell.

Es hat in der Tradition nicht an Versuchen gemangelt, das unübersichtliche Phänomenfeld durch Typisierungen zu gliedern und die vorgenommenen Gliederungen auch mit Wertungen zu versehen. Zur Klassifikation dient dabei oft der Leib-Seele-Dualismus – also die Vorstellung, der Mensch sei eine Zusammenstellung von einer physischen und einer geistigen Komponente. Die christliche Tradition beispielsweise legte den Akzent auf die geistige Liebe und forderte eine Zügelung des leiblichen sexus. Begründet wird diese Wertung durch den Gedanken, dass der Mensch Gottes Ebenbild sei, und sich sein Menschsein nur in einer möglichst konsequenten Nachahmung (imitatio) der göttlichen – also geistigen – Qualitäten erfüllen kann. Umgekehrt steht – in einer strengen Auslegung – mit der Hingabe an die Sinnlichkeit das Seelenheil des Menschen auf dem Spiel.

Im Zuge der Säkularisierung ändert sich zwar diese Wertung, das Grundschema von Körper-Geist bleibt aber zunächst unangetastet. Im Anschluss an die Theorien Darwins geht die Biologie bis heute von einer natürlichen Abstammung des Menschen aus. Der Sinn menschlicher Liebespraxis erhellt sich in der biologischen Sicht damit nicht mehr aus dem Bezug zu einem göttlichen Schöpfer, sondern aus den Prinzipien der Evolutionsbiologie. Geistige Formen der Liebe lassen sich nun gewissermaßen als Effekte unserer Animalität betrachten. Im Vordergrund stehen damit Begriffe wie Fortpflanzung, Selbst- und Arterhaltung.

So widersprüchlich die Ansätze sein mögen, so haben sie doch eines gemeinsam: Sie geben vor, zu wissen, was es mit dem Rätsel der Liebe auf sich hat. Der regionale Erklärungswert dieser Ansätze soll gar nicht bestritten werden, es zeigen sich allerdings Verzerrungen, wenn man diese Modelle absolut setzt. Lässt sich beispielsweise Marienverehrung im Rahmen der Biologie als fehlgeleiteter Fortpflanzungstrieb erklären? Ist leidenschaftliche körperliche Begierde zwangsläufig eine Beschädigung unseres geistigen Wesens?

Für Eugen Fink gibt es weder eine ideale noch eine natürliche Form der Liebe, denn der Mensch als Liebender gleicht weder dem Tier noch der Gottheit. Sein Lieben ist durch Weltlichkeit in einer Verschränkung von Freiheit und Unverfügbarkeit gekennzeichnet: Wir können als weltoffene Wesen frei entscheiden, auf welche Weise wir mit unserer Geschlechtlichkeit umgehen, sind aber gezwungen, uns zu dieser zu verhalten, denn wir entscheiden nicht darüber, ob wir überhaupt geschlechtlich existieren. Dazu gehört auch, dass wir leiblich geöffnet sind für den Anderen, der uns nicht nur als sterile Vernunftsperson begegnet, sondern als geschlechtliches Wesen.

> „Solange man die Existenzanalyse vorwiegend am ‚Selbstsein' orientiert, überspringt man einen tiefgehenden Riß in den Grundlagen des Menschenwesens. Der [Herv. E.F.] Mensch ist immer entweder ein Mann oder ein Weib." (Fink 1989, S. 37)

So wie unser Bauchnabel ein Realsymbol der Abgerissenheit von einem anderen Menschen ist, so symbolisieren die Geschlechtsorgane unsere Offenheit für erotische Ergänzung. Ekstase oder Geborgenheit in den Armen eines Anderen gibt uns fragmentarischen Wesen eine kurze Zuflucht im Labyrinth der Welt. Doch diese Zuflucht der Liebe können wir nicht verfügen und auch unser Gegenüber ist nicht deren Urheber – es bedarf eines rätselhaften dritten, das Fink mit dem Begriff des Eros fasst. Über den weltlichen Eros haben wir keine Macht, wir können die Liebe zum Anderen nicht herbeizwingen, selbst wenn wir es für vernünftig oder gesellschaftlich geboten halten, noch können wir die Liebe einfach abschalten. Sie überfällt uns hinterrücks, wenn wir sie vielleicht gar nicht brauchen können. Die Sehnsucht nach erotischer Ergänzung, die wir in uns spüren, ist allerdings getragen vom dunklen Wissen um unsere Bruchstückhaftigkeit, und so ist alle Geborgenheit, die wir erfahren können, nur die Kehrseite einer grundsätzlichen Ausgesetztheit im Labyrinth der Welt.

Doch Fink zeigt nicht nur die Weltlichkeit der Liebe in den Zügen des Verfügens und der Unverfügbarkeit, um sowohl für eine Naturalisierung oder Idealisierung der Liebe zu argumentieren, sondern verweist auch immer wieder auf die Deutung des Welträtsels in den Bildern der Liebe: Die griechische Mythologie denkt die Welt als generatives Verhältnis von Gaia und Ouranos. Platon denkt in der berühmten Erzählung von den zerrissenen Hälften, die nach Vereinigung trachten, die menschlichen Geschlechter in Analogie zu den Planeten. Ebenso lassen sich die hinduistischen Symbole von lingam und yoni in einer geschlechtlich-kosmischen Entsprechung deuten.

V.4. Spiel

Das Spiel als Thema der Anthropologie scheint im Ensemble der anderen Grundphänomene möglicherweise als nachrangig oder gar abwegig, widerspricht es doch dem Ernst und Gewicht der anderen Daseinspraxen. Wenn überhaupt, so scheint es, hat das Spiel seine Funktion in der Kindheit, wo es die Langeweile vertreibt oder den Aufbau von Kompetenzen fördert. Doch auch die Welt der Erwachsenen ist nicht frei vom Spiel: Die Medien- und Freizeitindustrie bedient (oder schafft) das Unterhaltungsbedürfnis der Volljährigen spielerisch, und manche ‚Gameshow' ähnelt tatsächlich einem Kindergeburtstagsfest. So gewinnt man bald den verstörenden Eindruck, dass das Kinderspiel zunehmend funktionalisiert wird zugunsten der Leistungsansprüche der Erwachsenengesellschaft, während sich die Erwachsenenwelt infantilisiert.

Pädagogisch finden sich widersprüchliche Einschätzungen zum Bildungssinn des Spiels. Friedrich Schiller kürt das ästhetische Spiel zum ‚Königsweg' der Bildung, während es bei Maria Montessori als ein ‚Abweg' der Menschwerdung erscheint:

> „[…] der Mensch spielt nur, wo er in voller Bedeutung des Worts Mensch ist, und er ist nur da ganz Mensch, wo er spielt." (Schiller 1904, S. 59)

> „Das brachte mich auf den Gedanken, im Leben des Kindes sei Spielen vielleicht etwas Untergeordnetes, zu dem es nur dann seine Zuflucht nimmt, wenn ihm nichts Besseres, von ihm höher Bewertetes zur Verfügung steht." (Montessori 1994[9], S. 127)

In der Spannweite zwischen Hoch- und Geringschätzung des Spiels ist also eine Pädagogische Anthropologie des Spielens als Praxis eines weltoffenen Menschen anzusiedeln. Erst von dieser Perspektive aus kann entschieden werden, was in Hinblick auf Erziehung und Bildung auf dem Spiel steht, wenn der Mensch als Mensch spielt.

Eugen Fink sieht von einer Typisierung der Spielformen oder gar einer Definition des Spiels ab, da die spielerische Praxis des Menschen dieses Phänomen allen Versuchen einer Wesensbestimmung entwindet. Stattdessen untersucht er Strukturmomente des Spiels, an denen sich Grundprobleme aufweisen lassen: Die lustvolle Gestimmtheit des Spielers, die sich an dem „seltsamen Gemisch von Wirklichkeit und Unwirklichkeit" (Fink 1989, S. 41) entzündet; die Gegenwärtigkeit und Zweckfreiheit des Spiels, das zwar Mittel und Zwecke innerhalb des Spiels kennt, aber nicht überschattet ist von Verzweckungen der anderen Grundphänomene und deshalb den Spielenden gestattet, in unüberholbarer Weise den Augenblick zu gewahren; die freie Bindung an Spielregeln, die einen Spielraum erschließen, indem sie das Spielhandeln kanalisieren und begrenzen; das Spielzeug, das nicht durch die Fabrikation, sondern in der (Ko-)Imagination der Spielenden aufgeladen wird mit einer spielerischen Bewandtnis; die Spielgemeinschaft, an der auch – etwa im szenischen Spiel – Zuschauer teilnehmen können; schließlich der Spielende, der sich aufspalten kann in den realen ‚Produzenten' des Spiels und die imaginierte Figur im Spiel.

Alle Strukturmomente sind gekennzeichnet durch eine eigentümliche ontologische Doppeldeutigkeit, von der spielhaften Durchdringung von Sein und Schein, Wirklichkeit und Unwirklichkeit, die Fink im letzten Strukturmoment der Spielwelt zusammenfasst. Beide Sphären sind traditionell – von Platon bis Rousseau – nicht nur scharf voneinander abgegrenzt, sondern auch mit eindeutigen Wertungen versehen worden: Der Schein gilt, wenn nicht als nichtig oder täuschend, so doch zumindest als ein bloßes Abbild des Seienden, dem es in jeder Hinsicht nachsteht, wie ein Schatten an der Höhlenwand einem Krug im Feuerschein. Weder im Theoretischen noch im Ethischen mag sich der Mensch mit dem Schein begnügen, sondern strebt danach, das scheinbar Wahre durch die tatsächliche Wahrheit zu ersetzen und das nur dem Schein nach Gute durch das wirklich Gute. Der Schein ist also von jeher suspekt, die Differenz von Schein und Sein konstitutiv für die Differenz von gut und böse, wahr und falsch. Fink vermählt nun im Horizont des Spiels den Schein mit dem Sein und steht damit durchaus in einer Traditionslinie mit Schiller, der gerade die ästhetische Bildung der ethischen und theoretischen zugrunde legt (Vgl. Schiller 1904). Die Spielwelt ist nun für Fink weder nackte Realität noch ist sie ein nichtiger Schein, sondern vielmehr eine wirkliche Unwirklichkeit, in der der Mensch frei wird zur Welt und zu den Daseinspraxen – zur Welt, weil er nicht nur eingebunden ist in Raum und Zeit der Welt, sondern selber spielend Räume und Zeitenfolgen hervorbringen kann (Vgl. etwa die Differenz reale Erzählzeit – fiktive, erzählte Zeit) – , weil er sie spielerisch reflektieren kann, ohne aber von deren Unverfügbarkeitsmomenten unmittelbar betroffen zu sein. Die Tragödie etwa holt das Moment des Todes auf die Bühne, der Schauspieler aber überlebt den Tod der Figur. Doch die Freiheit des Spiels ist nur eine endliche, die unsere Weltgebundenheit in Arbeit, Herrschaft, Liebe und Tod nur auf Zeit aussetzt und uns zugleich einsetzt in das Spiel der Welt, von der Montaigne sagt, sie sei „eine ewige Schaukel" (Montaigne 1993, S. 285).

V.5. Tod

Wenn es nach Epikur ginge, hätten wir den Tod überhaupt nicht zu fürchten, denn solange wir leben, ist er nicht da, und wenn er da ist, sind wir es nicht mehr. So scharfsinnig und brillant dieses Diktum auch klingen mag, es verbirgt mindestens ebensoviel von der zur Debatte stehenden ‚Sache', wie es zur Sprache bringt. Hilfreich ist es, weil es ein methodisches Problem zeigt: Über die Liebe können wir aus eigener Anschauung sprechen, wir sind – wie oben entwickelt – verstrickte Erlebniszeugen unserer eigenen Leidenschaften und sind dadurch qualifiziert, darüber nachzudenken. Doch der Tod ist der philosophierenden Selbsterkenntnis nicht in derselben Weise zugänglich. Wir können nur aus dem Leben über den Tod sprechen – die Sicht der Unsterblichen, die auf beides herabschauen, können wir nicht einnehmen. Aber ist das überhaupt ein Makel? Ist es überhaupt sinnvoll Leben und Tod so schroff gegenüber zu stellen, so als wären es zwei aufeinander folgende Zustände, die nichts miteinander zu tun hätten? Der Tod ist doch gerade ein Mysterium für die Lebenden, und nicht erst wenn sie unmittelbar im Sterben liegen. Weil nun aber die Gewissheit unseres eigenen Todes uns unterschwellig oder bewusst das ganze Leben begleitet, kann von Epikurs Diktum eigentlich gar kein Trost ausgehen.

Meist wird der Tod häufig in der Zuspitzung auf zwei Alternativen gedeutet: Die ultimative Vernichtung oder postmortale Aufhebung der Vernichtung durch die Imagination eines Jenseits oder einer Reinkarnation.

Vom zweiten Modell machen in unseren Kulturraum bedeutsame Traditionen Gebrauch, etwa die antike Platonische Philosophie und das Christentum. Dabei ist das ‚Leben nach dem Tod' nicht einfach nur eine Fortsetzung des Lebens in veränderter Form, sondern dessen wesentliche Vervollkommnung. Comenius beispielsweise formuliert im Kontext seines Bildungsdenkens als oberstes Ziel des Menschen:

> „Die letzte Bestimmung des Menschen ist also offensichtlich die ewige Seligkeit in der Gemeinschaft mit Gott." (Comenius 1993, S. 28)

So wie die Zeit im Mutterleib für das Werden des irdischen Leibes verantwortlich ist, so garantiert ein gottgefälliger Lebenswandel die Integrität der Seele nach dem Tod, dort wo in der Ewigkeit und Gottesnähe unser Menschsein seine Vollkommenheit finden kann.

> „So gewiß also der Aufenthalt im Mutterleib die Vorbereitung ist auf das Leben im Körper, so gewiß ist auch der Aufenthalt im Körper die Vorbereitung auf jenes Leben, welches das gegenwärtige ablösen und ewig dauern wird. Glücklich der, welcher wohlgestaltete Glieder aus dem Mutterleibe mitgebracht hat, tausendmal glücklicher aber, wer eine reine Seele von hier fortnimmt." (Comenius 1993, S. 27f.)

Comenius verspannt die vorgeburtliche Entwicklung, den Bildungsgang des Lebens und das ‚Leben nach dem Tod' in einer Analogie: Das Leben im Mutterleib verhält sich zum irdischen Leben wie das irdische Leben sich verhält zum ewigen Leben des Toten. So wie in der ersten Phase der Leib vorbereitet wird, so soll in der zweiten die Seele präpariert werden. Comenius überträgt also das bekannte Verhältnis zweier Lebensabschnitte (vorgeburtliches vs. nachgeburtliches Leben) auf das unbekannte Verhältnis des Lebens insgesamt zum Tod. Doch dies ist eine spekulative Verwendung einer Analogie, die das Konto der menschlichen Selbsterkenntnis weit überzieht.

Die aufgewiesene Analogiestruktur findet sich allerdings auch bei der Alternative vermeintlich aufgeklärter Nüchternheit, wo behauptet wird, der Tod sei nicht – wie etwa Christen und Platoniker glauben – die Vollendung des menschlichen Wesens, sondern schlicht dessen Vernichtung. So wie alle Dinge mit der Zeit vergehen, sei auch der Mensch mit einem letzten Verfallsdatum ausgestattet. Dies scheint zunächst etwas für sich zu haben, weil man darauf verzichtet, sich eine transzendente Welt mit den Farben der immanenten Welt auszumalen. Jedoch entkommt man dem Zirkelproblem nicht, wenn man die Vernichtung des Lebens vergleicht mit Vernichtungen, die wir aus dem Leben kennen: Endlichkeit scheint eine Bestimmung zu sein, die allem zukommt, das in der Zeit ist, also der unbelebten Natur, den Pflanzen, Tieren und dem Menschen: und doch besteht ein entscheidender Unterschied zwischen dem Ende, das wir an den Dingen und den anderen Geschöpfen erleben und verstehen und dem Ende, vom dem unser Erleben und Verstehen selbst bedroht ist. Ein Findling verliert unter dem Einfluss der einwirkenden Witterung mit den Jahren und Jahrhunderten seine Gestalt. Die Dinge der unbelebten Natur widerstehen den Naturkräften oder zerfallen in Teile, doch auch nach dem Zerfall der Form bleibt die ursprüngliche Materie erhalten. Anders verhält es sich bei den Wesen der belebten Natur, deren Verenden nicht schon dadurch begriffen ist, dass man es als eine Desintegration von Materie beschreibt, denn zum einen bedeutet der Verlust eines Bestandteiles nicht schon zwangsläufig das Ende des Lebewesens, und andererseits kann man fragen, ob der physische Zerfall Ursache oder Folge des Todes ist. Doch lassen sich diese Weisen des Endens auf den Menschen übertragen?

Mit Eugen Fink muss bezweifelt werden, dass die Vernichtung der weltlichen Dinge und natürlichen Geschöpfe aus der Sicht des lebendigen, weltoffenen Menschen, ein taugliches Modell abgeben, um den Tod als Vernichtung eben dieser Weltoffenheit zu deuten:

> „[...] erst aufgrund der Weltoffenheit des verstehenden Menschen bildet sich für uns der Horizont, worin wir Leblosen und Lebendigen begegnen [...]. Innerhalb dieses ‚Horizontes' finden wir das Am-Leben-Sein und das Enden der Lebewesen. Den Menschentod müssen wir aber verstehen als einen Zusammenbruch dieses Horizontes, der alles Anwesende umgreift, als einen Zusammenbruch unserer Offenheit für das Anwesen der anwesenden Dinge." (Fink 1979, S. 162)

Der Zerfall unbelebter Naturdinge, das Eingehen der Pflanzen und das Verenden der Tiere oder auch der irreparable Funktionsverlust der mechanischen oder kybernetischen Maschinen und selbst der Tod eines Mitmenschen sind Begebenheiten, die wir erfahren können, weil wir offen sind für das Labyrinth der Welt, die Dinge und Wesen darin. Der Tod aber beendet unser weltoffenes Leben und der Horizont des Verstehens selbst bricht zusammen, was etwas ganz anderes ist als der Zusammenbruch eines Dinges innerhalb dieses Horizontes. So scheitert einerseits die Anthropologie am Tod, der sich dem Denken entzieht, und andererseits erschließt sich aus dem dunklen Todeswissen ein exklusiv menschlicher Blick auf die von ihm überschatteten Grundverhältnisse zur Welt, zum Anderen und zu uns selbst:

> „Der Tod ist als Thema für das Denken undurchdringlich [...]. Er ist nicht etwas, was wir verstehen, wohl aber etwas, wodurch wir verstehen–, er ist eine Bahn im Schatten." (Fink 1969, S. 207)

VI. Weltliche Anthropologie, Erziehung und Bildung

Bei Eugen Fink wird der Mensch, wie gezeigt wurde, nicht mehr in Nähe oder Abstand zu Gott oder Tieren bestimmt, wie das animal-rationale-Schema nahe legt, noch wird der Mensch – wie in der Perspektive der Einzelwissenschaften – verdinglicht. Der Mensch als Mensch erscheint in der Perspektive seiner Weltlichkeit, seiner Gemeinschaftlichkeit und seiner Weltheit aufgefächert in mindestens fünf Bahnen des Daseins, der Welt- und Selbstdeutung. Die traditionellen Wesensbestimmungen (Vernunft, Sprache, Freiheit usf.) liegen diesen Grundphänomenen nicht voraus, sondern gehen aus ihnen hervor: Vernunft, Sprache, Freiheit usf. sind also gar nicht abzulösen von den elementaren Praxen und je von ihnen bestimmt, weil beunruhigt durch die Dynamik der Welt, in der das Mit- und Selbstsein sich je erst hervorbringt in den Gestalten des Arbeitens, Herrschens, Liebens, Spielens und des Kultes. Erziehung und Bildung kommt in diesem Zusammenhang ein ausgezeichneter Rang zu. Sie können sich nicht damit begnügen, den Menschen in bestehende Verhältnisse einzuführen, sondern sie müssen den Entwurf des Menschen angesichts seiner unverfügbaren Weltlichkeit je gestalten und bewähren.

Literatur

Arendt, H. (2006): Macht und Gewalt. München.
Burchardt, M. (2001): Erziehung im Weltbezug. Würzburg.
Burchardt, M. (2006): Abschied vom Menschen? In: Vierteljahrsschrift für wissenschaftliche Pädagogik. Heft 3, S. 357-365.
Comenius, J.A. (1993): Große Didaktik. Hrsg. von A. Flitner. Stuttgart.
Fink, E. (1969): Metaphysik und Tod. Stuttgart.
Fink, E. (1979): Grundphänomene des menschlichen Daseins. Freiburg i.Br.9
Fink, E. (1987): Existenz und Coexistenz. Würzburg.
Fink, E. (1989): Der Mensch als Fragment. In: Zur Krisenlage des modernen Menschen. Würzburg.
Foucault, Michel (1990^9): Die Ordnung der Dinge. Eine Archäologie der Humanwissenschaften. Frankfurt.
Foucault, Michel (1996): Von der Subversion des Wissens. Frankfurt a.M.
Guillebaud, J.-C. (2004): Das Prinzip Mensch. Ende einer abendländischen Utopie? Frankfurt a.M.
Herder, J.G. (1989): Ideen zur Philosophie der Geschichte der Menschheit. In: Werke Bd. 6. Hrsg. von M. Bollacher. Frankfurt.
Hobbes, T. (1984): Leviathan. Hrsg. von I. Fletcher. Frankfurt.
Kamper, D. / Wulf, C. (1999): Anthropologie nach dem Tod des Menschen. Frankfurt.
Locke, J. (2001): Some thoughts concerning education. Hrsg. von J.W. Yolton. Oxford.
Montaigne, M. (1993): Von der Reue. In: Die Essais. Hrsg. von A. Franz. Stuttgart.
Montessori, M. (1994^9): Kinder sind anders. München.
Platon (1991): Timaios. In: Sämtliche Werke. Bd. 5. Hrsg. von E. Grassi. Hamburg. S. 141-213.
Rousseau, J.-J. (1990): Diskurs über die Ungleichheit. Hrsg. von Heinrich Meier. 2. Aufl. Paderborn, München, Wien, Zürich.
Schiller, Friedrich (1904): Über die ästhetische Erziehung des Menschen. In einer Reihe von Briefen. In: Sämtliche Werke. Säkular-Ausgabe Bd. 12. Stuttgart/Berlin.
Schleiermacher, F. (2000): Grundzüge der Erziehungskunst (Vorlesung 1826). In: Texte zur Pädagogik, Bd. 2. Hrsg. von Winkler, M./Brachmann, J. Frankfurt a.M.

Kapitel 1: Phänomenologische Betrachtungsweise/Aisthesis

KÄTE MEYER-DRAWE

B: Aisthesis

I. Ausgangslage

Das griechische Wort *aisthesis* wird mit „Wahrnehmung" übersetzt und bezeichnet damit die menschliche Möglichkeit, sich, seinesgleichen und seine Welt sinnlich zu erfahren. Cicero [106-43 v. u. Z.] übersetzt es mit dem damals noch nicht gebräuchlichen *sensus* und bezieht sich dabei auf die stoische Bestimmung der *aisthesis*, die sowohl den physiologischen Vorgang als auch die Sinnesorgane meint. Im Allgemeinen und auch mit Bezug auf unsere gesamte okzidentale Tradition gehen wir von fünf Sinnen aus: Gesichts-, Gehör-, Geruchs-, Geschmacks- und Tastsinn. Mitunter werden sie nicht alle berücksichtigt. Manchmal kommen weitere hinzu wie etwa der Gleichgewichtssinn. Oft wird eine hierarchische Spannung von den niederen Sinnen (den so genannten Nahsinnen wie Geruchs-, Geschmacks- und Tastsinn) bis zu den höheren (den so genannten Fernsinnen) unterlegt (vgl. Jütte 2000, S. 65ff.). Vereinzelt wird trotz des „Adels des Sehens" (vgl. Jonas 1973), das dem Denken am nächsten kommt, das Tasten als der entscheidende Realitätssinn akzentuiert (vgl. Aristoteles [384-322 v. u. Z.], Über die Seele, 422b17-424a16). Von der Archaik bis heute steht außer Zweifel, dass die sinnliche Wahrnehmung eine bedeutsame Quelle von Erfahrungen ist. In der frühgriechischen Dichtung fungiert der Leib als wichtiger Ort der Weltbegegnung (vgl. Schirren 1998, S. 148). Gerade darin, dass sich etwa Odysseus gelegentlich der Verführung durch die Sinne erwehren muss, zeigt sich die Macht der Sinnlichkeit.

Grundsätzlich ist das menschliche Wissen, das etymologisch verwandt mit „Sehen" ist (vgl. *theoria* als „Schau" der Ideen), bei den Griechen durch „eine Art epistemologischer Traurigkeit" gekennzeichnet, weil es im Vergleich zum göttlichen sehr begrenzt und unstet ist (vgl. Brunschwig/Lloyd 2000, S. 98). Allerdings hat der menschliche Verstand teil am göttlichen *logos* und unterscheidet den Menschen deshalb grundsätzlich von den Tieren.

Im Hinblick auf die Möglichkeiten des Erkennens stand das Verhältnis der Sinnlichkeit zum *Logos*, d.h. zum Verstand oder zur Vernunft, im Zentrum der Aufmerksamkeit. Hier zeigen sich sehr unterschiedliche Auffassungen. Die einen halten die Wahrnehmung für die Ursache der Verwirrung sowie Täuschung des Verstandes und rufen zu ihrer Zähmung auf (etwa Platon [um 427 – um 347 v. u. Z.]). Die anderen bescheinigen ihr, dass sie von den menschlichen Lebewesen geliebt werde, weil jedes Wissen, nach dem sie von Natur aus streben, sich von ihr nähre (Vgl. Aristoteles, Metaphysik, 980a21). Vereinfacht ausgedrückt, lässt sich unter Missachtung der vielfachen Nebenstränge Folgendes festhalten: Die „Prosa der Welt" (Georg Wilhelm Friedrich Hegel [1770-1831]) weicht in der Entwicklung der menschlichen Selbstdeutungen dem „Richterstuhl der Vernunft" (Immanuel Kant

[1724-1804]). Diese Vernunft emanzipiert sich von der bloßen Sinnlichkeit. Sie gibt „nicht demjenigen Grunde, der empirisch gegeben ist, nach, und folgt nicht der Ordnung der Dinge, so wie sie sich in der Erscheinung darstellen, sondern macht sich mit völliger Spontaneität eine eigene Ordnung nach Ideen, in die sie die empirischen Bedingungen hinein paßt" (Kant, KrV, B 576). Die Alternative von spontaner Vernunft und rezeptiver Sinnlichkeit treibt beide Weltzuwendungen auseinander. Gleichzeitig ist für Kant unstrittig, dass Begriffe ohne Anschauung leer und Anschauungen ohne Begriffe blind sind (vgl. B 75). Anschauung findet nämlich nur statt, „so fern uns der Gegenstand gegeben wird; dieses aber ist wiederum, uns Menschen wenigstens, nur dadurch möglich, daß er das Gemüt auf gewisse Weise affiziere. Die Fähigkeit (Rezeptivität), Vorstellungen durch die Art, wie wir von Gegenständen affiziert werden, zu bekommen heißt Sinnlichkeit." (B 32) Die Hoffnung seiner Zeitgenossen, mit einer „Ästhetik" eine „Kritik des Geschmacks" zu erhalten, wie sie Alexander Gottlieb Baumgarten [1714-1762] mit seiner Aesthetica vor Augen hatte (vgl. Witte 2000), hält Kant für verfehlt (vgl. KrV, Anm. B36). Eine lediglich empirisch fundierte Beurteilung des Schönen lässt sich keinen Vernunftprinzipien unterordnen. Übrig bleiben in seiner transzendentalen Ästhetik die beiden reinen Formen sinnlicher Anschauung: Raum und Zeit. In diesem Zusammenhang hebt er hervor, dass er die Unterscheidung von *aistheta* und *noeta* bevorzuge, wie sie die „Alten" getroffen hätten. Damit sei die Ordnung der Erkenntnis noch klar. Als vernunftmäßige Wahrnehmung setzten *noeta* die Affektion durch die Dinge zwar voraus, die entscheidende Erkenntnisleistung werde jedoch durch Vernunft und Verstand erbracht.

II. aisthesis

Um dem alten griechischen Begriff *aisthesis* in seinem Bedeutungsumfang nahe zu kommen, muss man sich zunächst den erheblichen Einfluss der subjektivitätstheoretischen Tradition auf unser Denken vergegenwärtigen, um dazu Distanz zu gewinnen. Das Subjekt wird unter Mitwirkung zahlreicher vorausgehender Entwicklungen erst im Deutschen Idealismus als Zentralfigur bestimmt, in der jeder Sinn gründet. Mit dieser Stiftung gerät die passive Dimension von Erfahrung unwiderruflich ins Abseits. Die Bedingung der Möglichkeit dafür, dass etwas überhaupt gegeben sein kann, liegt nun allein im erkennenden Subjekt und nicht in einer sinnlichen Gebung, die empfangen wird. Wie unterschiedlich die vorsokratischen, klassischen und hellenistischen Auffassungen im Einzelnen auch sein mögen, gemeinsam ist ihnen im Unterschied zur modernen Sicht, dass sie eine Herausforderung des Wahrgenommenen an die Wahrnehmung voraussetzen und auf verschiedene Weise verständlich machen. Dem entspricht der griechische Wortgebrauch: Das Verb *aisthanomai* ist ein Medium, d.h. es liegt zwischen dem bloß Aktiven und dem lediglich Passiven. Es bezeichnet damit einen Vorgang, bei dem das Subjekt etwas vollbringt, „was sich an ihm vollzieht: schlafen, ruhen, sich vorstellen, wachsen usw. Es liegt innerhalb des Prozesses, dessen handelnde Person es ist." (Benveniste 1974, S. 194) Geboren werden und erwachen sind solche Vollzüge, bei denen jemand dabei ist, ohne die Initiative zu ergreifen. Im Hinblick auf sinnliche Wahrnehmung bedeutet das: Etwas wird in dem Sinne empfunden, zu dem das Bemerkte herausfordert. Etwas kann sich bemerkbar machen, die Aufmerksamkeit auf sich ziehen. Im Unterschied zum deutschen Wort „Wahrnehmung" bewahrt das Wort „Sinnlichkeit" neben der aktiven auch die passive Dimension. „Wie lateinisch ‚*sentire*' kommt es von der indogermanischen Wurzel *sent, die für ‚eine Richtung einschlagen' steht." (Schirren 1998, S. 133) Mit diesem Bild ist nicht ausgeschlossen, dass aufgrund von unerwarteten Widerfahrnissen das Ziel des Weges nicht erreicht wird. Damit ist eine Möglichkeit offengehalten, auch die pathische Struktur mit zu berücksichtigen, die vornehmlich darin besteht, etwas zu vollbringen, was man nicht selbst hervorgebracht hat. Im Pathos wird man von einem Widerfahrnis getroffen, das jedem spontanen Akt zuvorkommt. Hier meldet sich eine gewisse Auslieferung des Menschen an seine Welt, welche er nicht ohne Rest in Beherrschung umwandeln kann.

Alkmaion [um 500 v. u. Z.] wird von Theophrast [372/71 oder 371/70-288/87 oder 287/86] nachgesagt, er sei der erste, der definitiv zwischen Tier und Mensch unterscheidet. Dem Menschen ist es aufgrund seiner Vernunft möglich, die Empfindungen, die er hat, zu interpretieren. Allerdings erlaubt diese Feststellung nicht den Schluss, dass damit Denken als geistiger Akt vom Wahrnehmen getrennt sei. Vielmehr deutet alles darauf hin, dass sich *aisthanestai* und *phronein* (verstehen, einsehen) unaufhörlich durchdringen. (vgl. Schirren 1998, S. 175ff.). Philolaos [2. Hälfte 500 v. u. Z.] legt eine Topographie der Ursprünge (*archai*) menschlicher Fähigkeiten vor:

> „Vier Prinzipien gibt es bei dem vernunftbegabten Geschöpfe: Gehirn, Herz, Nabel und Schamglied. Kopf (Gehirn) ist das Prinzip des Verstandes, Herz das der Seele [*psyche*] und Empfindung [*aisthesis*], Nabel das des Anwurzelns und Emporwachsens des Embryo, Schamglied das der Samenentleerung und Zeugung. Das Gehirn aber <bezeichnet> das Prinzip des Menschen, das Herz das des Tieres, der Nabel das der Pflanze, das Schamglied das aller zusammen, denn alles blüht und wächst aus Samen heraus." (Philolaos, Diels/Kranz B13)

Die Seele sei nach dem Zeugnis alter Gotteskünder im Körper wie im Grabe bestattet. Weil die Menschen „ein Stück Gottesbesitz" seien, lägen gewisse Vorstellungen und Leidenschaften nicht in ihrer Gewalt, und gäbe es „gewisse Gedanken, die stärker sind als wir" (vgl. B 14 – B 16).

Empedokles [um 495 – um 435 v. u. Z.] richtet sich mit seinen Erläuterungen als erster an eine bestimmte Person im Unterschied zu jenen, welche entweder Götterbotschaften deuten oder allgemein philosophieren. Er erklärt Pausanias die Sinne als „Hände", die über den ganzen Körper verteilt sind, ohne dass er einen Sinn besonders bevorzugt. Oft dringt nur „Armseliges" in sie ein. Es ist ihnen nicht möglich, das Ganze zu erfassen, auch wenn sie dies oft meinen (vgl. Empedokles, Diels/Kranz B 2). Der Rat, den er Pausanias erteilt, lautet, dass er sich nicht der Masse anschließen, sondern seine Sinneswerkzeuge ausstrecken und die Poren öffnen solle, durch welche etwa der Sehstrahl auf die Dinge ausgreife, um Kontakt mit deren Abströmungen zu erhalten. Menschliches Erkennen meint daher keine isolierbare Potenz, sondern eine Verwicklung mit der konkreten Welt, in der es selbst aktiv wird. Wahrnehmung dagegen wird als „Form des kosmischen Lebens [...] wie

Wachstum und Vergehen" begriffen (vgl. Schirren 1998, S. 236). Im Widerstreit der Kräfte und Elemente stärkt sich durch Lernen der Verstand (vgl. Empedokles, Diels/Kranz B 17).

Bereits der Vorsokratiker Parmenides [um 515/510 – nach 450 v. u. Z.] warnt den Forscher, „das blicklose Auge und das dröhnende Gehör und die Zunge [walten zu lassen], nein mit dem Denken bring zur Entscheidung die streitreiche Prüfung, [...]." (Diels/Kranz, B 7) Damit ist allerdings nicht der Trennung von Denken und Wahrnehmen das Wort geredet, sondern eine strukturierte Erfahrung gemeint, die sich nicht den zufälligen sinnlichen Erlebnissen ausliefert. (vgl. Schirren 1998, S. 207). Es ist jedoch erst Platon, welcher die Differenz zwischen Wahrnehmen und Denken schärft, indem er nur dem Denken den Zutritt in den Raum der Ideen gestattet. Bei ihm hat allein der göttliche Teil der Seele, der *logos*, eine Verbindung zum Unvergänglichen und Unsichtbaren, zur Ideenwelt. Die sinnliche Wahrnehmung gehört einer anderen Ordnung des Kosmos an. Sie bleibt in das Wandelbare verstrickt und deshalb veränderlich wie diese. Was die Wahrnehmung selbst anlangt, so betrachtet Platon sie im Rahmen unterschiedlicher Dialoge in zahlreichen Perspektiven, was in jenen vorherrschenden tradierten Interpretationen oft nicht deutlich wird, die einseitig den platonischen Idealismus betonen.

Insbesondere im Dialog Phaidon, in dem es um die Unsterblichkeit der Seele geht, wird mit den Einschränkungen durch den Leib auch die Problematik der Sinnlichkeit erörtert. Die Seele wird vom Leib „hintergangen" (Phaidon 65b). Sie wird „verwirrt" (66a), weil sie, wenn sie sich des Leibes als Werkzeug bedient, „um etwas zu betrachten, es sei durch das Gesicht oder das Gehör oder irgendeinen anderen Sinn – denn das heißt mittels des Leibes, wenn man mittels eines Sinnes [*aisthesios*] etwas betrachtet – dann von dem Leibe gezogen wird zu dem, was sich niemals auf gleiche Weise verhält, und daß sie dann selbst schwankt und irrt und wie trunken taumelt, weil sie ja eben solches berührt." (Phaidon 79c) Nur im *logos*, im Selbstgespräch der Seele mit sich selbst, „hat sie Ruhe von ihrem Irren und ist auch in Beziehung auf jenes immer sich selbst gleich, weil sie eben solches berührt, und diesen ihren Zustand nennt man eben die Vernünftigkeit [*pathema phronesis kekletai*]." (Phaidon 79d) Platon erinnert hier an den redensartlichen Zusammenhang von „Lernen und Leiden" (vgl. Dörrie 1956, S. 333f.) und hebt wie vor ihm Empedokles die Bedeutung des Lernens hervor. Das eigentliche, ungetrübte Pathos kommt nur der Vernunft zu, nicht der Sinnlichkeit. Die Lernbegierigen [*philomatheis*] erkennen, dass die Seele versucht, sie von ihrer Sinnlichkeit zu erlösen, „indem sie zeigt, daß alle Betrachtung durch die Augen voll Betrug ist, voll Betrug auch die durch die Ohren und die übrigen Sinne, und deshalb sie überredet, sich von diesen zurückzuziehen, und sie ermuntert, sich vielmehr zu versammeln und zusammenzuhalten und nichts anderem zu glauben als wiederum sich selbst, [...]." (Phaidon 83a)

Für Platon ist die Differenz von Denken und Wahrnehmen entscheidend, allerdings ergründet er auch ihr Zusammenspiel im Hinblick auf die denkende Seele. Im Dialog Theaitet begreift Platon die Wahrnehmung selbst als einen wechselseitigen Prozess von Herstellen (*poiein*) und Erleiden (*paschein*), „denn weder ist etwas ein Wirkendes, ehe es mit einem Leidenden zusammentrifft, noch ein Leidendes, ehe mit dem Wirkenden; ja auch, was mit dem einen zusammentreffend ein Wirkendes wird, zeigt sich, wenn es auf ein anderes fällt, als ein Leidendes." (Theaitet 157a) Im Sehen etwa werden die Röte des Gegenstands und die Wahrnehmung zusammen erzeugt, „was beides nicht wäre erzeugt worden, wenn eines von jenen beiden nicht wäre erzeugt worden". (156d) Konkret entstehen ein sehendes Auge und die Farbe, welche vom Gegenstand miterzeugt wird. Noch genauer muss man mit Platon sagen, dass weder eine Wahrnehmung noch eine bestimmte Farbe entstanden ist, sondern ein sehender Jemand und ein gesehener Gegenstand, etwa ein rotes Holz (vgl. 156e). Wahrnehmender und Wahrgenommenes bilden „ein zwittriges Ineinander", ein „Zwischen [*metaxy*] von Tun und Leiden" (Nielsen 2006, S. 182). Das Wahrnehmbare und die Wahrnehmung treten gemeinsam auf wie Zwillinge [*didymoi*] in unendlich vielen Gestalten. Sie sind verwandt. Deshalb sieht man bestimmte Farben, hört wirkliche Töne, riecht mit Wohlgefallen oder Abscheu. Die Behauptung, die dem Sophisten Protagoras [um 485 – um 415 v. u. Z.] zugeschrieben wird, dass der Mensch das Maß aller Dinge sei, trifft in dieser Hinsicht jedenfalls teilweise zu, was den Beitrag des Wahrnehmenden anlangt. Allerdings bleiben für Platon Wahrnehmen und Erkennen (*episteme*) strikt unterschieden (vgl. Theaitet 186e).

Auch Aristoteles beachtet den Unterschied zwischen Sinnlichkeit und Erkenntnis, bewertet ihn allerdings anders als Platon. Bei ihm beginnt das Erkennen mit dem Wahrnehmen. Dieses ist in erster Linie ein Erleiden, ein Bewegtwerden. Dabei sind die Dinge in der Seele gleichsam der Form nach repräsentiert, weil die sinnliche Wahrnehmung selbst nicht im Raum auftritt, sondern nur die Dinge vorkommen.

> „Die Wahrnehmung ist das Aufnahmefähige für die wahrnehmbaren Formen ohne die Materie, wie das Wachs vom Ring das Zeichen (Siegel) aufnimmt ohne das Eisen oder das Gold. Es nimmt das goldene oder eherne Zeichen auf, aber nicht sofern es Gold oder Erz ist." (Über die Seele, II, 424a16ff.)

Aristoteles versucht dieses Rätsel der Wahrnehmung, nämlich die Verbindung zwischen Form und Materie, dem Allgemeinen und dem Besonderen, die Frage also, warum wir gleiches wahrnehmen, obwohl wir nicht in derselben Weise hören, sehen, riechen, schmecken, durch den „*nous pathetikos*" zu lösen. Er meint damit eine leidende Vernunft, die inmitten der wandelbaren Realität ihr Werk verrichtet und dennoch unsterblich ist. Das „Denken wird zwar von den Erkenntnisgegenständen affiziert, erleidet somit etwas, jedoch nicht so, wie ein Wahrnehmungsorgan etwas erleidet, dessen Funktion nämlich außer Kraft gesetzt wird, wenn es von einem übermächtigen Wahrnehmungsgegenstand affiziert wird; zu starkes Licht etwa blendet das Auge. Für das Denken aber gilt: Je erhabener der Denkgegenstand, desto besser wird er vom Denken erkannt." (Mojsisch 2001, S. 137) Lernen beginnt nach Aristoteles mit der sinnlichen Erfahrung, welche durch die Bekanntheit der Dinge für uns charakterisiert ist. Es endet, wie auch Platon meint, in der wissenschaftlichen Erkenntnis, die dem Wesen der Sachen gilt, wie diese folglich an sich sind. Selbst wenn die „Liebe zu den Sinneswahrnehmungen" am Beginn der Metaphysik (980a22) hervorgehoben wird, handelt es sich um eine merkwürdig leidenschaftslose Liebe, die dem Sehen und damit jenem Sinn, welcher der Erkenntnis am nächsten ist, den Vorzug gibt.

Die griechischen Atomisten, deren Einfluss sowohl auf die Stoa als auch auf Epikur deutlich ist, nehmen für das Sehen an, dass die Dinge ihre sehr dünnen äußeren Hüllen, die so genannten *simulacra* und *eidola* aussenden, „die in extrem kurzer Zeit (*simul*: gleichzeitig) in die Augen eindrangen und mit ihrer Form und ihren Farben auf der Netzhaut einen Abdruck hinterlassen." (Authier 1994, S. 448) Sie vertreten eine Theorie der Wahrnehmung, welche eine materielle Wechselwirkung zwischen Gegenstand und sinnlichem Erkennen voraussetzt. Nicht nur für das Sehen, auch für das Hören setzt man eine solche Interdependenz voraus. Lukrez [um 96 – um 53 v. u. Z.], der mit seinen Dichtungen die Lehre Epikurs verbreiten wollte, hält im Anschluss an diese materialistische Naturlehre fest:

> „Erstlich der Schall und jeglicher Ton wird hörbar, sobald er / eindringt bis in das Ohr und körperlich dessen Gefühl weckt. / Denn daß der Ton wie der Schall ein körperlich Wesen hat, darf man / Wohl nicht füglich bestreiten: sie können die Sinne ja reizen. / Scheuert doch öfter die Stimme schon selber den Schlund, und es macht ihn / Heiserer noch, wenn Geschrei durch die Gurgel hinaus in die Luft dringt. / Denn wenn größere Haufen von Stimmelementen auf einmal / Durch die Enge der Kehle hinaus sich zu stürzen beginnen, / Wird durch die Überfülle die Pforte des Mundes gescheuert. / Sonach besteht kein Zweifel, daß körperbegabte Atome / Bilden die Laute und Worte, sonst wäre die Reizung nicht möglich." (Lukrez 1991, S. 203)

Nach dieser Vorstellung werden von unserer Welt kleine Gebilde ausgesandt, die wir empfangen. Während allerdings dem Sehen rasch Hindernisse in den Weg geraten, vermag die Stimme durch die „gewundenen Poren der Gegenstände zu dringen". (Ebd., S. 206) Keine Tür, kein Fenster und keine Wand bieten sicheren Schutz. Stimmen, Geräusche, Schreie, Klänge, Töne, Reden bevölkern die noch so verborgenen Winkel. Materialistische Naturlehren hinterließen auch dort ihre Spuren, wo sie aufgrund der Wertschätzung des göttlichen Logos ansonsten bekämpft wurden, etwa in dem Bild von der Prägung des Wachses durch ein Siegel, um zu veranschaulichen, wie aus Wahrnehmungen Erinnerungen werden (vgl. Theaitet 191c; 194a ff. und Aristoteles, Über die Seele, II, 424a16ff.).

In hellenistischer Zeit (ungefähr Ende 400 bis 30 v. u. Z.) wird vor allem von den Stoikern das affektive, pathische Moment an der sinnlichen Erfahrung verachtet. Glückseligkeit besteht geradezu in der Apathie, in der die Vernunft durch nichts beeinträchtigt wird. Die Stoiker gehen davon aus, dass die Seele bei der Geburt eine *tabula rasa* sei, die im Verlaufe des Lebens beschriftet werde. Sie fassen die Sinneswahrnehmung in materialistischer Tradition als einen über die Sinnesorgane vermittelten Abdruck des Gegenstands in der Seele auf. Dies gelingt, weil der denkende und führende Teil der Seele (*hegemonikon*) den Sinneseindruck in eine Vorstellung (*phantasma*) transformiert und damit auch der Erinnerung zugänglich macht.

Die Überzeugung von der Unverfügbarkeit der äußeren Dinge teilt Epikur mit den Stoikern. Allerdings radikalisiert er deren Position. Die Sinneswahrnehmungen sind im Unterschied zur Vernunft, die spontan ist, nur rezeptiv. Sie müssen das Gegebene so nehmen, wie es ist, und zwar in der gegenwärtigen Gestalt, ohne dass Vorstellungen von ihm hinterlassen werden. Erinnerung ist deshalb aufgrund der mangelnden Spontaneität unmöglich. Daraus folgt die sensualistische Überzeugung, dass die Sinne niemals irren. Erst die Vernunft kann in ihren Deutungen fehlgehen, da sie Urteile fällt.

III. Phänomenologie der Wahrnehmung

Im Zuge der weiteren theologischen und erkenntnistheoretischen Entwicklungen erhärtete sich der Verdacht gegen sinnliche Wahrnehmungen, eine Art Trunkenheit des Leibes zu sein. Im Hinblick auf Sündhaftigkeit des menschlichen Leibes einerseits und in Anbetracht des Strebens nach absolut sicherer Erkenntnis andererseits wurde ein reines Denken in seiner Vorherrschaft bekräftigt. Friedrich Nietzsche [1844-1900] verteidigt dagegen den Leib als eine „grosse Vernunft, eine Vielheit mit Einem Sinne, ein Krieg und ein Frieden, eine Heerde und ein Hirt." (Nietzsche, KSA 4, S. 39) Gerade in ihrer Verachtung zeigen die Verächter des Leibes ihre Achtung vor ihm. „Der schaffende Leib schuf sich den Geist als eine Hand seines Willens." (Ebd., S. 40) In Wahrheit täusche sich der Mensch sein Denken als vornehmste Möglichkeit nur vor, um das Regiment des Leibes zu vergessen. „Warum sieht der Mensch die Dinge nicht?", fragt Nietzsche und antwortet sich selbst: „Er steht sich selber im Wege: Er verdeckt die Dinge." (KSA 3, S. 268) Die einseitige moderne Selbstdeutung des Menschen als Subjekt, das allem Erkennen zugrunde liegt und damit alleinige Quelle allen Sinns sei, hat die sinnliche Wahrnehmung in ihrer Bedeutung für das Erkennen zum Schweigen gebracht. Was vorsokratische Philosophen und Dichter noch bestimmen und besingen konnten, ist uns kaum verständlich, weil wir das Ineinander von Tun und Leiden als dunkle und unbestimmte Erfahrung gering schätzen und somit als unbrauchbar für eine klare und distinkte Erkenntnis erachten. Der Gegensatz vom Vermischten und Reinen hat sich verhärtet. Die Doppeldeutigkeit des Subjekts, das nicht nur Grundlage des Erkennens ist, sondern auch dem Gegebenen unterliegt, ist ins Abseits der Betrachtungen geraten (vgl. Meyer-Drawe 2003).

Auch im Hinblick auf diese Kritik der Subjektivitätsphilosophie, aber insbesondere als Opposition zur „instrumentellen Vernunft" und der „wissenschaftlichen Rationalität" hat sich in den achtziger Jahren des 20. Jahrhunderts eine Diskussion formiert, in welcher das Wort *aisthesis* zur Grundlage einer Kritik an der Moderne genommen wurde (vgl. Ehrenspeck 1996). Das Kunstwort „Aisthesiologie" (Lehre von der Wahrnehmung) fungiert dabei als Programmtitel für eine grundlegende Rehabilitierung der menschlichen Sinnlichkeit. Ein Ziel bestand darin, Kants Engführung und Begrenzung der Ästhetik aufzuheben und etwa im Rückgang auf die aristotelische Sinneslehre zu überwinden (vgl. Welsch 1987). Mitunter wurde die Rückkehr zu dem alten Verständnis von *aisthesis* in ihrer Schwierigkeit unterschätzt. Ein Denken, das nicht von einer subjektiven Stifterfigur ausgeht, muss gegen zahlreiche Gewohnheiten angehen. Daraus ergibt sich die Problematik, dass hier lediglich die Gegenseite zum reinen Denken in Stellung gebracht wird und dabei die Verschlingung von Vernunft und Sinnlichkeit nur von wenigen ausdrücklich thematisiert wird, wie etwa von Jean-François Lyotard [1924-1998], der in Erinnerung ruft:

> „Die Empfänglichkeit (pathos) setzt voraus, daß etwas gegeben ist. Wenn wir empfänglich sind, dann deshalb, weil uns etwas widerfährt, und wenn diese Empfänglichkeit fundamental ist, dann ist das Gegebene seinerseits etwas Fundamentales, Ursprüngliches. Das, was uns widerfährt, ist keineswegs etwas, was wir vorher kontrolliert, programmiert und begrifflich erfasst haben. Oder: Wenn das, wofür wir empfäng-

lich sind, ursprünglich auf Begriffen beruht, wie kann es uns ergreifen?" (Lyotard 1989, S. 193)

Ergriffen zu sein, meint nicht individuelle Betroffenheit, sondern dass etwas am Selbst-, Welt- und Fremdverständnis rüttelt und dass Gewohnheiten des Denkens und Wahrnehmens aus den Fugen geraten. Vorbild der *aisthesis* ist nicht der *Kosmotheoros*, welcher die Welt betrachtet, die ihm lediglich gegenübersteht, sondern der Mensch, welcher seiner Welt ausgesetzt ist als ihr Komplize. Diesem Motiv widmet sich Maurice Merleau-Ponty [1908-1961] in seiner Phänomenologie der Leiblichkeit (vgl. Merleau-Ponty 1966 und 2004³). Der Weg von einer „Phänomenologie der Wahrnehmung" zu einer „Philosophie des Fleisches" gibt reiche Auskunft über die Schwierigkeiten, eine sinnliche Erfahrung zu denken, ohne sie einem konstituierenden Bewusstsein anheim zu geben.

Als Philosophie der Erfahrung (vgl. Waldenfels 2002) bedeutet Phänomenologie in eminenter Weise Hingabe an die Sachen, so wie sie sich unter bestimmten Bedingungen zeigen, d.h. zu Gehör bringen, empfinden lassen, wie sie schmecken und riechen. Eine solche Hingabe ist nicht theoriefrei, wie auch Theorie nicht ohne Hingabe möglich ist. Denn es gibt zwar kein Wahrnehmen ohne Denken, gleichwohl reicht es nicht zu denken, um wahrzunehmen (vgl. Merleau-Ponty 2003, S. 298). Es bedarf einer Welt, welche sich gibt, indem wir uns ihr hingeben. Sehen, Berühren, Riechen, Hören, Tasten, Denken, Handeln, Verhalten, Phantasieren, Vergessen, Erinnern sind unterschiedliche Ordnungen, die auf einen Anspruch der Dinge antworten und die ineinander greifen, ohne dass eine Ordnung je die andere vollständig ersetzen könnte. Wahrnehmungen leihen sich ihren Sinn nicht lediglich vom Denken und Sprechen. Sie verleihen Sinn, der sich gerade dann bemerkbar macht, wenn er am Sprechen scheitert. Es gibt Unsagbares, das gleichwohl nicht unausdrücklich ist. Merleau-Ponty kehrt mit seiner Theorie der gelebten Sprache zurück zur „Prosa der Welt" (1993²), in die poetische Momente gewirkt sind. Vernunft wird nicht gegen Sinnlichkeit ausgespielt, sondern ihr Zusammenspiel gedeutet. Gerade die brüchige Beziehung unserer sinnlichen Erfahrungen zur Sprache kann ein Staunen auslösen, das vielleicht immer noch als Anfang der Philosophie gelten und den unlöslichen Zusammenhang von Sinnlichkeit und Erkennen bezeugen kann (vgl. Meyer-Drawe 1999/2000).

> „[...] – unsre Sinne lernen es spät, und lernen es nie ganz, feine treue vorsichtige Organe der Erkenntnis zu sein. Unserm Auge fällt es bequemer, auf einen gegebenen Anlass hin ein schon öfter erzeugtes Bild wieder zu erzeugen, als das Abweichende und Neue eines Eindrucks bei sich festzuhalten: letzteres braucht mehr Kraft, mehr ‚Moralität'. Etwas Neues hören ist dem Ohre peinlich und schwierig; fremde Musik hören wir schlecht." (Nietzsche, KSA 5, S. 192)

Trotz aller Anerkennung unserer Sinnlichkeit haben Bedenken bezüglich ihrer Grenzen ihre Berechtigung. Unsere Wahrnehmung bewahrt den Hang zur Gewohnheit und die Abneigung gegen Störungen. Sie hat eine Tendenz zur Normalisierung. Aber nur durch sie wissen wir, dass wir in einer Welt existieren, die uns nur dadurch gegeben ist, dass wir in sie eingreifen. „In ihrem Versuch, die existierende Welt auf ein Denken der Welt zu gründen, nährt sich die Reflexion in jedem Augenblick von der vorgängigen Gegenwart der Welt, der sie tributpflichtig ist und aus der sie ihre ganze Energie bezieht." (Merleau-Ponty 2004³, S. 55)

Literatur:

Authier, M. (1994): Die Geschichte der Brechung und Descartes' „vergessene Quellen". In: Serres, M. (Hrsg.): Elemente einer Geschichte der Wissenschaften. Frankfurt am Main, S. 445-486.
Benveniste, E. (1974): Probleme der allgemeinen Sprachwissenschaft. München.
Brunschwig, J./Lloyd, G. unter Mitarbeit v. P. Pellegrin (Hrsg.) (2000): Das Wissen der Griechen. Eine Enzyklopädie. Übersetzt v. V. Breidecker/K. Honsel/H. Jatho/M. von Killisch-Horn/M. Sedlaczek. München.
Dörrie, H. (1956): Leid und Erfahrung. Die Wort- und Sinn-Verbindung παθειν – μαθειν im griechischen Denken. Abhandlungen der Geistes- und Sozialwissenschaftlichen Klasse der Akademie der Wissenschaften und der Literatur Nr. 5. Wiesbaden.
Ehrenspeck, Y. (1996): Aisthesis und Ästhetik. Überlegungen zu einer problematischen Entdifferenzierung. In: K. Mollenhauer/Ch. Wulf (Hrsg.): Aisthesis/Ästhetik. Zwischen Wahrnehmung und Bewusstsein. Weinheim, S. 201-230.
Jonas, H. (1973): Der Adel des Sehens. Eine Untersuchung zur Phänomenlogie der Sinne. In: Ders.: Organismus und Freiheit. Ansätze zu einer philosophischen Biologie. Göttingen, S. 198-225.
Jütte, R. (2000): Geschichte der Sinne. Von der Antike bis zum Cyberspace. München.
Lukrez (1991): Von der Natur. Übers. von H. Diels. Mit einer Einführung und Erläuterungen von E.G. Schmidt. München.
Lyotard, J.-F. (1989): So etwas wie „Kommunikation … ohne Kommunikation". In: Ders.: Das Inhumane. Übers. v. Ch. Pries. Wien, S. 189-206.
Meyer-Drawe, K. (1999/2000): Im Finden erfinden. Randbemerkungen zum Ausdrucksphänomen. In: Dilthey-Jahrbuch für Philosophie und Geschichte der Geisteswissenschaften. Band 12. Göttingen, S. 100-106.
Meyer-Drawe, K. (2003): Zur Doppeldeutigkeit des Subjekts. In: Geyer, P./Schmitz-Emans, M. (Hrsg.): Proteus im Spiegel. Kritische Theorie des Subjekts im 20. Jahrhundert. Würzburg, S. 43-49.
Merleau-Ponty, M. (1966): Phänomenologie der Wahrnehmung. Übersetzt und durch eine Vorrede eingeführt v. R. Boehm. Berlin.
Merleau-Ponty, M. (1993²): Die Prosa der Welt. Hrsg. v. C. Lefort. Übers. v. R. Giuliani. Mit einer Einleitung zur deutschen Ausgabe von B. Waldenfels. München.
Merleau-Ponty, M. (2003): Das Auge und der Geist. Philosophische Essays. Auf der Grundlage der Übersetzungen v. H. W. Arndt/C. Brede-Konersmann/F. Hogemann/A. Knop/A. Métraux/B. Waldenfels. Neu bearbeitet, kommentiert und mit einer Einleitung. Hrsg. v. Ch. Bermes. Hamburg.
Merleau-Ponty, M. (2004³): Das Sichtbare und das Unsichtbare gefolgt von Arbeitsnotizen. Hrsg. und mit einem Vor- und Nachwort versehen v. C. Lefort. Übers. v. R. Giuliani und B. Waldenfels. München.
Mojsisch, B. (2001): Der neue Begriff des Bewußtseins. Aristoteles-Rezeption und Aristoteles-Transformation im 13. Jahrhundert. In: D. Ansorge/D. Geuenich/W. Loth (Hrsg.): Wegmarken europäischer Zivilisation. Göttingen, S. 135-147.
Nielsen, C. (2006): ‚METAXY TI'. Zu Platons Phänomenologie der Wahrnehmung im Theätet. In: Staudigl, M./Trinks, J. (Hrsg.): Ereignis und Affektivität. Zur Phänomenologie sich bildenden Sinnes. Wien, S. 179-197.

Nietzsche, F. (1988): Morgenröthe. In: Kritische Studienausgabe. Bd. 3. Hrsg. v. G. Colli und M. Montinari. München. S. 9-331.
Nietzsche, F. (1988): Also sprach Zarathustra. Kritische Studienausgabe. Bd. 4. Hrsg. v. G. Colli und M. Montinari. München.
Nietzsche, F. (1988): Jenseits von Gut und Böse. Zur Genealogie der Moral. Kritische Studienausgabe. Bd. 5. Hrsg. v. G. Colli und M. Montinari. München.
Schirren, Th. (1998): Aisthesis vor Platon. Eine semantisch-systematische Untersuchung zum Problem der Wahrnehmung. Stuttgart/Leipzig.
Waldenfels, B. (2002): Bruchlinien der Erfahrung. Phänomenologie – Psychoanalyse – Phänomenotechnik. Frankfurt a. M.
Welsch, W. (1987): Aisthesis. Grundzüge und Perspektiven der aristotelischen Sinneslehre. Stuttgart.
Witte, E. (2000): Logik ohne Dornen. Die Rezeption von A.G. Baumgartens Ästhetik im Spannungsfeld von logischem Begriff und ästhetischer Anschauung. Hildesheim/Zürich/New York.

CHRISTOPH WULF

Kapitel 2: Historisch-pädagogische Anthropologie

In den achtziger Jahren des zwanzigsten Jahrhunderts entsteht in Deutschland die Historische Anthropologie. Einmal entwickelt sie sich in der Geschichtswissenschaft, in der nun in stärkerem Maße anthropologische Themen bearbeit werden. Mit dieser Akzentsetzung erfolgt eine Erweiterung des Forschungsspektrums; neue Fragestellungen und Akzentsetzungen geraten in den Blick, die zu einer Ausweitung, Neuakzentuierung und Bereicherung historischer Forschung führen (vgl. Dressel 19965; van Dülmen 2000; Reinhard 2004). Zum anderen entsteht die Historische Anthropologie als eine vielfältige transdisziplinäre Forschung, in der nach dem Ende der Verbindlichkeit normativer Anthropologie weiterhin Phänomene und Strukturen des Menschlichen untersucht werden (vgl. Wulf/Kamper 2002; Wulf 1997, 2004).

Seit dem Beginn der neunziger Jahre des letzten Jahrhunderts sind besonders von dieser zweiten Konzeption der Historischen Anthropologie wichtige Anregungen zu einer Neubestimmung Pädagogischer Anthropologie ausgegangen. Sie führten zur Gründung einer historisch-pädagogischen Anthropologie (vgl. Wulf 1994, 2001; Zirfas 2004). Seit dem Anfang der neunziger Jahre erfolgte ihre Weiterentwicklung in der neu gegründeten Kommission „Pädagogische Anthropologie" in der „Deutschen Gesellschaft für Erziehungswissenschaft" mit zahlreichen Publikationen. In diesen wurde der Zusammenhang zwischen Aisthesis/Ästhetik und Bildung, die Bedeutung des Generationsverhältnisses heute (Liebau/Wulf 1996), die Funktion des Gedächtnisses für Bildung (Dieckmann/Sting/Zirfas 1998), der Einfluss von Bildern auf die Bildung (vgl. Schäfer/Wulf 1999), die Vielfalt der Formen des Religiösen (vgl. Wulf/Macha/Liebau 2004) untersucht. Darüber hinaus wurde für die Entwicklung der historisch-pädagogischen Anthropologie wichtig: die Abgrenzung ihres Ansatzes von den bisherigen Bemühungen um pädagogische Anthropologie (vgl. Wulf/Zirfas 1994) und die Zusammenarbeit mit dem „Interdisziplinären Zentrum für Historische Anthropologie" an der „Freien Universität Berlin" und den dort entwickelten transdisziplinär orientierten kulturwissenschaftlichen Forschungen (vgl. „Paragrana. Internationale Zeitschrift für historische Anthropologie", 1992 ff.; Reihe „Historische Anthropologie" 1988 ff.).

I. Kritik der bisherigen pädagogischen Anthropologie als Ausgangspunkt historisch-pädagogischer Anthropologie

Überblickt man von heute aus die Bemühungen der fünfziger, sechziger und siebziger Jahre, pädagogische Anthropologie als einen eigenen Bereich der Erziehungswissenschaft zu entwickeln, so erscheinen sie als eine Mischung nach wie vor wichtiger Fragestellungen und Erkenntnisse und durch den Gang der gesellschaftlichen und wissenschaftlichen Entwicklung überholter Probleme (vgl. Wulf/Zirfas 1994).

Bei aller Wertschätzung im Allgemeinen, werden im Folgenden einige kritische Einwände gegen diese Bemühungen erhoben, die zur Entwicklung einer historisch reflexiven pädagogischen Anthropologie geführt haben. So reflektierte die pädagogische Anthropologie die historischen und gesellschaftlichen Bedingungen ihrer Konstitution nicht genügend; sie bedachte den Zusammenhang zwischen den von ihr entwickelten Grundbegriffen und den deren Bedeutung bedingenden gesellschaftlichen Entwicklungen nicht ausreichend. Dies gilt beispielsweise für Begriffe wie Offenheit, Bildsamkeit und Bestimmung. Unter dem Einfluss geisteswissenschaftlicher Pädagogik sah man zwar in der pädagogischen Anthropologie die Geschichtlichkeit ihrer Bemühungen, jedoch berücksichtigte man nicht die im Gegenstand und im Forschungssubjekt liegende doppelte Historizität. Zudem wurde unter Geschichte vor allem Geistes- und Ideengeschichte, weniger jedoch Sozial- und Mentalitätsgeschichte verstanden. In der pädagogischen Anthropologie überwog die Vorstellung, man könne das von den Humanwissenschaften erarbeitete anthropologische Wissen in die Erziehungswissenschaft einführen und zu einem für Erziehung und Bildung relevanten Ganzen zusammenfassen. Dabei sollte ein interdisziplinär erzeugtes Wissen entstehen. Weitgehend ungeklärt blieben Fragen, die die Grenzen pädagogischer Anthropologie markierten: Kann man heute überhaupt noch von einer Ganzheit des Menschen bzw. des anthropologischen Wissens ausgehen? Wie kann die Integration disziplinär erarbeiteten Wissens unter pädagogischen Fragestellungen erfolgen? So wurde nicht gesehen, dass der Anspruch, Aussagen über den Menschen bzw. das Kind oder den Erzieher zu machen prinzipiell nicht eingelöst werden kann. Derartige universalistische Ansprüche bedürfen historischer, kultureller und epistemologischer Relativierung; andernfalls erscheinen sie als unzulässige Fiktionen und Phantasmen mit Macht- und Herrschaftsansprüchen. Wegen ihrer Orientierung am ganzen Menschen und den damit verbundenen Kontingenzen und Kontinuitäten wurde lange Zeit die Bedeutung von Differenz, Diskontinuität und Pluralität in der pädagogischen Anthropologie zu gering geschätzt. Man ging davon aus, entweder Aussagen über das Wesen des Menschen machen oder erfahrungswissenschaftliche Erkenntnisse über den Menschen in Erziehungs- oder Bildungssituationen gewinnen zu können. Der konstruktive Charakter der zentralen Vorstellungen und Begriffe wurde wenig reflektiert. Ebenso wenig wurde Anthropologiekritik in die bisherige pädagogische Anthropologie einbezogen. Vielmehr sahen die Vertreter pädagogischer Anthropologie in der Anthropologie einen Referenzrahmen mit quasi universeller Geltung. Dies war umso mehr der Fall, als wissenschaftstheoretische Auseinandersetzungen wie der Positivismus-, Hermeneutik-, Systemtheorie-, Strukturalismus- und Postmoderne-Streit der siebziger, achtziger und frühen neunziger Jahre mit ihren Auswirkungen auf die Relativierung des Wissens noch nicht stattgefunden hatten. So begriffen ihre Vertreter pädagogische Anthropologie häufig als eine positive Anthropologie, die Grundlagen für Erziehung und Bildung schaffen wollte. Die von der Anthropologiekritik herausgearbeitete Einsicht, in die prinzipielle Unmöglichkeit positiver Anthropologie und in die Fruchtbarkeit negativer und dekonstruktiver pädagogischer Anthropologien, entstand erst später (vgl. Sonnemann 1969; Kamper 1973). Bis dahin blieb die pädagogische Anthropologie philosophie- und wissenschaftsorientiert, ohne dabei allerdings ethnologische oder ästhetische Wissensformen einzubeziehen. Trotz der Vielfalt der berücksichtigten Disziplinen, blieben die erarbeiteten Wissensformen relativ homogen. Ihre Homogenität und geringe Heterogenität stand im Zusammenhang mit dem Anspruch, allgemeine Aussagen über den Menschen, das Kind und die Erziehung machen zu können. Der seither in den Humanwissenschaften erfolgte Prozess der Auflösung vermeintlich sicherer Referenzrahmen hatte noch nicht die gegenwärtige Vielfalt von Wissensformen hervorgebracht. Erst allmählich entstand Kritik an den Begriffen und Verfahren anthropologischer Wissensgewinnung. Entschieden verlangt Michael Wimmer daher: „1. Kritik der hermeneutischen Reduktion auf Sinn durch Reduktion des Sinns auf das, was ihn möglich macht, 2. Bruch mit der Ontologie, 3. Kritik der Geschichte als kontinuierliche Fortschritts- und Aneignungsgeschichte der Vernunft, d.h. als das Projekt, die Welt auf den Kopf zu stellen, und 4. Kritik des Subjekts als selbst- und weltkonstituierendes monozentrisch verfasstes Bewusstseinsfeld, als Herr seiner selbst und der Sprache" (Wimmer 1998, S. 95).

Trotz dieser Einwände, kommt der pädagogischen Anthropologie der fünfziger, sechziger und siebziger Jahre der Verdienst zu, den anthropologischen Frage- bzw. Erkenntnishorizont über die Erziehungswissenschaft hinaus geöffnet zu haben. Damit ging sie über das schon bei Hermann Nohl und Wilhelm Flitner (1963) vorhandene Interesse an anthropologischen Fragen hinaus. Außerdem entwickelte sie ein für die Erziehungswissenschaft neues Interesse an naturwissenschaftlich-anthropologischen Kenntnissen, dem für die weitere Entwicklung pädagogischer Anthropologie erhebliche Bedeutung zukommt. Während in den siebziger Jahren die kritische Erziehungswissenschaft die Tendenz hatte, die Grenzen von Erziehung und Bildung zugunsten ihrer Möglichkeiten zu unterschätzen, insistierte die pädagogische Anthropologie schon in dieser Zeit auf der Berücksichtigung der Grenzen von Erziehung und Bildung und geriet so in ein Spannungsverhältnis zum Optimismus und Utopismus dieser Jahre.

II. Historische Anthropologie

Die sich seit den neunziger Jahren des letzten Jahrhunderts entwickelnde und die Diskussion am Anfang des einundzwanzigsten Jahrhunderts bestimmende reflexive historisch-pädagogische Anthropologie entsteht vor allem in Auseinandersetzung mit der Historischen Anthropologie, die selbst keine ausdifferenzierte wissenschaftliche Disziplin ist; sie konstituiert ein über die Fächergrenzen hinaus reichendes Forschungsfeld mit gemeinsamen Zielsetzungen, doch unterschiedlichen Themen und methodischen Zugängen. Da sie prinzipiell nicht auf eine wissenschaftliche Disziplin beschränkt ist, arbeitet sie häufig inter- bzw. transdisziplinär. Dadurch leistet sie auch einen Beitrag zur Entwicklung einer die Disziplingrenzen zwischen den Geistes- und Sozialwissenschaften und den Naturwissenschaften überschreitenden anthropologisch orientierten Kulturwissenschaft (vgl. Brackert/Wefelmeyer 1990; Alexander/Seidmann 1993; Augé 1994; Hartmann/Janich 1996; Konersmann 1996; Böhme/Matussek/Müller 2000). Mit dieser Orientierung der pädagogischen Anthropologie kommt es zu der beschriebenen Kritik der bisherigen Ansätze, zur

Entstehung neuer Fragestellungen und Probleme und zu einer erheblichen Ausweitung der Themen und Forschungsansätzen.

Zwar ist der Dualismus zwischen den Geistes- und Sozialwissenschaften und den Naturwissenschaften kaum bestreitbar, doch wird er immer wieder als unbefriedigend angesehen (vgl. Scheunpflug/Wulf 2006). Dies ist umso mehr der Fall, als die Unterscheidungen zwischen Erklären und Verstehen, zwischen Vergangenheitsorientierung und Zukunftsorientierung unzulänglich sind. Auch die These Odo Marquards, dass die Naturwissenschaften und die Modernisierung der Gesellschaft Herausforderungen darstellen, für deren Kompensation und Verarbeitung es der Geisteswissenschaften bedarf, greift zu kurz (vgl. Marquard 1986). Nach Auffassung vieler Vertreter der Kulturwissenschaften kommt es vielmehr darauf an, Kultur einschließlich der Bereiche Ökonomie, Technik und Naturwissenschaft zu erforschen und zu reflektieren und neue Orientierungen zu erarbeiten. Dabei gilt es, aus den Problemen der „Hochspezialisierung" und „Marktgängigkeit" herauszukommen und neue „Schlüsselqualifikationen" zu entwickeln. Für die Bewältigung dieser Aufgaben ist eine transdisziplinäre, international orientierte Forschung und Lehre erforderlich. Insofern von der Historischen Anthropologie Beiträge zur Orientierung in einer immer unübersichtlicher werdenden Welt erwartet werden, steht sie nach Auffassung der „Denkschrift Geisteswissenschaften" im Zentrum der Kulturwissenschaft und damit auch der pädagogischen Anthropologie (vgl. u.a. Denkschrift Geisteswissenschaft 1991).

Zu den ersten umfangreicheren Untersuchungen Historischer Anthropologie in Deutschland gehören die Studien, die unter dem Titel Logik und Leidenschaft in den achtziger und neunziger Jahren des letzten Jahrhunderts erarbeitet wurden (vgl. Wulf/Kamper 2002). Diese Untersuchungen nahmen ihren Ausgangspunkt bei den nachhaltigen kulturellen Veränderungen der Gegenwart, deren Genese und Bedeutung sie untersuchen und von denen aus sie Perspektiven zur Einschätzung zukünftiger Entwicklungen erarbeiten. Im Unterschied zu den anthropologischen Arbeiten in der Geschichtswissenschaft betonen diese internationalen transdisziplinären Studien zur Historischen Anthropologie die Notwendigkeit einer auf die Gegenwart bezogenen theoretischen und reflexiven Bearbeitung der ausgewählten Themen.

Ausgangspunkt dieser Forschungen ist die Einsicht in das Ende der Verbindlichkeit einer abstrakten anthropologischen Norm und der Wunsch, dennoch Phänomene und Strukturen des Menschlichen zu erforschen. Damit stehen diese Untersuchungen in der Spannung zwischen Geschichte und Humanwissenschaften. Sie erschöpfen sich jedoch weder in Beiträgen zur Geschichte der Anthropologie als Disziplin noch in historischen Beiträgen zur Anthropologie. Sie versuchen vielmehr, die Geschichtlichkeit ihrer Perspektiven und Methoden und die Geschichtlichkeit ihres Gegenstandes aufeinander zu beziehen. Die Untersuchungen enthalten daher Ergebnisse der Humanwissenschaften, sind aber auch von einer geschichtsphilosophisch fundierten Anthropologie-Kritik inspiriert und bieten neuartige, paradigmatische Fragestellungen. Sie verstehen sich nicht als Teil einer systematischen Anthropologie, sondern als Beiträge zu einer Anthropologie der Differenz und Kontingenz. Trotz ihrer Fokussierung auf den europäischen Kulturraum, ist Historische Anthropologie prinzipiell weder auf bestimmte kulturelle Räume noch auf einzelne Epochen beschränkt. Vielmehr liegt in der Reflexion der doppelten Geschichtlichkeit die Möglichkeit, sowohl den Eurozentrismus der Humanwissenschaften als auch das lediglich antiquarische Interesse an Geschichte zu überwinden und offenen Problemen der Gegenwart wie der Zukunft den Vorzug zu geben (vgl. Paragrana 1992 ff.; Reihe Historische Anthropologie 1988 ff.).

In Anerkennung der epistemologischen Leistungen der wissenschaftlichen Disziplinen und der Philosophie zielen diese Untersuchungen häufig auf die Entwicklung transdiziplinärer Fragestellungen, Untersuchungsgegenstände und methodischer Zugänge und damit auf die Überwindung der Disziplingrenzen. An diesen Studien waren Autoren von über dreißig Wissenschaftsdisziplinen und aus fünfzehn Ländern beteiligt, deren Zusammenarbeit auf die Steigerung der Komplexität anthropologischen Wissens zielt. Im Bewusstsein der Eingebundenheit großer Teile dieses Wissens in historisch gewachsene oft nationale Kultur-, Denk- und Wissenschaftstraditionen, ging es um den Versuch, durch kontinuierliche internationale Zusammenarbeit, transnationale Diskurse zu entwickeln, für die nationale Heterogenität und kulturelle Vielfalt konstitutiv sind (vgl. Wulf 2006). Diese Studien haben viele anthropologische Untersuchungen in den Geistes-, Kultur- und Sozialwissenschaften angeregt und nachhaltigen Einfluss auf die pädagogische Anthropologie gewonnen. In ihren Forschungen wurden zahlreiche für Erziehung und Bildung grundlegende Fragen und Themen behandelt und neue Perspektiven auf pädagogische Grundbegriffe, Institutionen und Praxisfelder entwickelt.

II.1. Themen historisch-pädagogischer Anthropologie

Das Spektrum der in den letzten fünfzehn Jahren im Bereich der historisch-pädagogischer Anthropologie erarbeiteten Untersuchungen ist umfangreich. Entsprechend ihren epistemologischen Voraussetzungen lassen sich diese Studien keiner Systematik unterordnen. Vielmehr sind sie durch ihre Pluralität und Historizität gekennzeichnet. In dieser Ausrichtung kommt die Überzeugung zum Ausdruck, dass aus prinzipiellen Gründen Anthropologie keine normative Basis für pädagogisches Handeln liefern kann. Mit dieser Auffassung geht eine Skepsis gegenüber allen „fundamentalistischen" Anthropologien und „Totalisierungen" von Menschenbildern einher. „Indem wir „Pluralität" und „Historizität" aufeinander beziehen, und somit die Diachronie der Historizität in die Synchronie der Pluralität einführen, erzeugen wir bewusst Spannungen zwischen der Geschichte und den Humanwissenschaften. Die nach unserer Auffassung zu neuen komplexen Formen pädagogisch-anthropologischen Wissens führen" (Wulf/Zirfas 1994, S. 27). Zur Verdeutlichung der Zielsetzungen und des Vorgehens einer historisch und kulturwissenschaftlich orientierten pädagogischen Anthropologie, sollen relevante Forschungen aus den folgenden drei Themenkomplexen in exemplarischer Absicht skizziert werden:

- Körper,
- Generation,
- Zeit und Raum.

II.1.a. Körper

Einen wichtigen Bezugspunkt vieler neuerer Studien pädagogischer Anthropologie stellt der Körper dar. Dies war schon in der Philosophischen Anthropologie und in Ansätzen der sich auf sie beziehenden philosophisch orientierten pädagogischen Anthropologie der Fall. In Anlehnung an die biologische Anthropologie ging es damals um die Differenz zwischen dem tierischen und dem menschlichen Körper. Als charakteristisch für den Menschen wurden u.a. angesehen: die Neotonie, das „extrauterine Frühjahr", der Hiatus zwischen Reiz und Reaktion, der aufrechte Gang, die Größe des Gehirns, die Möglichkeiten, Welt anstatt Umwelt zu haben.

Mit der für den Einsatz der Historischen Anthropologie zentralen „Wiederkehr des Körpers" wurde der Körper ebenfalls zu einem zentralen Gegenstand anthropologischer Forschung (vgl. Kamper/Wulf 1982). Nach dem „Tode Gottes" (Nietzsche), nach dem „Tode des Menschen" (Foucault), d.h. des europäischen, männlichen, abstrakten Menschen als Modell des Menschen, also nach dem Ende der in dieser Ausrichtung liegenden normativen Anthropologie, standen im Mittelpunkt nicht mehr der Körper der Gattung Mensch, sondern die historisch und kulturell geformten Körper der Menschen. Zentral war nicht mehr die Suche nach dem menschlichen Körper, sondern die Untersuchung der Vielfalt menschlicher Körper mit ihren in kultureller und historischer Hinsicht unterschiedlichen Darstellungs- und Ausdrucksformen (vgl. Kamper/Wulf 1982, 1984a, 1984b, 1989, 1994). Die Diskussionen der letzten Jahrzehnte oszillieren zwischen Positionen, die auf der Materialität der Körper bestanden, und solchen Positionen, die vor allem infolge der neuen Medien und der Technologien des Lebendigen eher von nachhaltigen Veränderungen dieser Materialität ausgehen.

Unabhängig von der Einschätzung zukünftiger Entwicklungen besteht Übereinstimmung über die zentrale Bedeutung von Körperbildern für die Prozesse kultureller Selbstthematisierung und Selbstauslegung. In historischen Analysen wurde die Entstehung der modernen Körper mit den sie hervorbringenden Prozessen der Distanzierung und Disziplinierung, der Sichtbarmachung des Inneren und der Selbstbeobachtung, des Willens zum Wissen und der Ausbreitung der Macht nachgezeichnet (vgl. Foucault 1976, 1977a, 1977b[2], 1994). Im Mittelpunkt des Interesses stehen gegenwärtig Fragen der Entmaterialisierung, Technologisierung, Fragmentarisierung, Geschlechtlichkeit und Performativität des Körpers.

Nachhaltig wirken die Medien an der Entmaterialisierung körperlicher Wahrnehmungen und Erfahrungen mit. Die Anfänge dieses Prozesses lassen sich bei der Literalisierung der Gesellschaft und seiner Intensivierung bei der Verbreitung der Schrift infolge der Einführung des Buchdrucks sowie bei der Durchsetzung der allgemeinen Schulpflicht nachweisen. Mit der Verbreitung der Bildmedien nehmen Prozesse der Entmaterialisierung insofern zu, als nicht mehr die körperliche Präsenz, sondern die Transformation des Körpers ins Bild ins Zentrum rückt. Diese Verwandlung schreibt sich in eine Entwicklung ein, in der die Welt zum Bild wird und die bereits Heidegger antizipierte, als er schrieb: „Das Weltbild wird nicht von einem vormals mittelalterlichen zu einem neuzeitlichen, sondern dies, dass überhaupt die Welt zum Bild wird, zeichnet das Wesen der Neuzeit aus" (Heidegger 1980[6], S. 88). In den neuen Medien führt diese Transformation ins Bild zur Möglichkeit weltweiter Ubiquität und Simultaneität der menschlichen Körper. Die Bildsucht der Gegenwart und neue Formen der Ideolatrie sind die Folgen dieser Entwicklung (vgl. Belting/Kamper 2000; Belting 2001; Hüppauf/Wulf 2006).

In diesem Prozess der Abstraktion spielt die Technologisierung des Lebens eine wichtige Rolle. Hier sind es vor allem die Prozesse der körperlichen Angleichung an Maschinen, die für die zukünftige Entwicklung bestimmend sind (vgl. Meyer-Drawe 1987², 1990, 1996). Ziel der Technologien des Lebendigen ist eine immer weiter reichende Verlagerung der Schnittstellen zwischen Körper und Maschine ins Körperinnere. In diesem Prozess spielen Prothesen eine wichtige Rolle, mit denen krankheitsbedingte körperliche Unzulänglichkeiten kompensiert werden (Berr 1990). Doch die Entwicklung geht weiter: Langfristig werden die Technologien des Lebens, und hier besonders die Gentechnologien und Reproduktionstechnologien, den menschlichen Körper nachhaltig beeinflussen.

Mit diesen Prozessen geht die Fragmentarisierung der menschlichen Körper einher. Vorangetrieben wird sie in der Werbung und in den neuen Medien. Nicht mehr ganze Körper, sondern Körper in Teilen kommen hier zum Einsatz. Nach Deutung verlangen die Prozesse der Zerteilung: die rituellen Praktiken mit Körperteilen, die gender-spezifische Fetischisierung und die Erotisierung der einzelnen Körperteile. Insgesamt geht es um das Verhältnis von Darstellungsmedium und Körper, von Ausdruck und Inkorporierung (vgl. Benthien/Wulf 2001; Wulf 2005).

Die Differenzierung zwischen „sex" und „gender" und die Problematisierung dieser Unterscheidung in der feministischen Theorie und in der Queer-Theorie zeigen, dass die Ausprägungen der menschlichen Geschlechtlichkeit nicht natürlich sind, sondern dass sie sich wie Sprache und Einbildungskraft in einem historisch-kulturellen Prozess herausbilden. Von Anfang an steht der menschliche Körper in Beziehung zum sexuellen Diskurs, doch wird er nicht durch ihn konstituiert. Er ist keine passive Matrix für kulturelle Prozesse; seine Geschlechtlichkeit entsteht in einem aktiven Prozess, in dessen Verlauf es zur Materialisierung des geschlechtlichen Körpers kommt. Der Körper erscheint als Ergebnis von Ausschlüssen auf der Basis sexueller Differenz und sozialer Regulierungen sowie früher Erfahrungen (vgl. Butler 1997, 1998).

Zentral ist heute die Frage nach der Performativität menschlicher Körper und nach den performativen Dimensionen kultureller Produktion. Dabei werden der performative Charakter der sozialen Praxis und das In-Szene-Setzen sozialer Handlungen untersucht (vgl. Gebauer/Wulf 1992, 1993, 1998; Wulf 2005). Menschen stellen in Szenen und Arrangements körperlich dar, wie sie ihr Verhältnis zur anderen Menschen und zur Welt begreifen und welches implizite Wissen sie dabei leitet. Dem Aufführungs-, Inszenierungs- und ludischen Charakter sozialen Handelns gilt das Interesse. Dabei spielen Kontingenzen und Kontinuitäten eine wichtige Rolle. Welches sind die Grundlagen des Performativen und wie zeigt es sich in Sprache, Macht und Handeln (vgl. Wulf/Göhlich/Zirfas 2001; Wulf/Zirfas 2007)? Zu den wichtigsten Gemeinschaft performativ erzeugenden Formen sozialen Handelns gehören Rituale. Mit Hilfe ethnographischer Methoden lassen sich ihre Konstitution, ihre ästhetische Form und ihre Veränderungen erforschen. Dabei zeigt sich die zentrale Bedeutung ihres performativen Charakters für Erziehung, Bildung und Sozialisation (vgl. Wulf u.a. 2001, 2004, 2007). Der performative Charakter sozialer

Handlungen spielt auch in pädagogischen Organisationen und Institutionen eine wichtige Rolle (vgl. Liebau/Schumacher-Chilla/Wulf 2001).

Entmaterialisierung, Technologisierung, Fragmentarisierung, Geschlechtlichkeit und Performativität sind mit einander verschränkte Prozesse, die für das Verständnis des Körpers in den europäischen Gesellschaften heute zentral sind. In diesem Kontext hat der Körper nicht mehr die normierende Funktion, die er noch am Anfang des Jahrhunderts in der Philosophischen Anthropologie hatte. Mehr denn je ist er zum Problem geworden; einst feste Vorstellungen haben sich verflüssigt. Von welchem Körper ist die Rede, wenn vom Körper gesprochen wird, so lautet die entscheidende Frage. Angesichts seiner Komplexität entzieht sich der menschliche Körper insgesamt immer wieder der Erkenntnis, so dass seine Erforschung zu den nicht zu Ende kommenden Aufgaben pädagogisch-anthropologischer Forschung gehört.

II.1.b. Generation

Das Generationsverhältnis gehört ebenfalls zu den zentralen pädagogisch-anthropologischen Bedingungen von Erziehung und Bildung (vgl. Liebau/Wulf 1996). Jedes individuelle Leben steht zu jeder Zeit und an jedem Ort in familiären historisch und kulturell spezifischen Generationszusammenhängen. Individuelle Entwicklung vollzieht sich im Kontext bestimmter geschichtlicher Zeiten und kultureller Räume und ist wie Generativität eine Grundbedingung menschlicher Existenz. Begrenzte Lebenszeit in fast unbegrenzter Weltzeit, Sterblichkeit in einer das Individuum überdauernden Gesellschaft und Kultur sind nicht hintergehbare Bedingungen von Erziehung und Bildung.

So offensichtlich dieser Sachverhalt ist, so wenig waren die einschneidenden Veränderungen in den Generationsverhältnissen der letzten Jahrzehnte Thema der Erziehungswissenschaft. Erst neuerdings ändert sich diese Situation. Dazu tragen bei die sozialpolitischen Diskussionen über den Generationenvertrag und seine Zukunft, die Erörterungen über die radikalen Veränderungen von Kindheit und Jugend, die Verlängerung der Lebenszeit von immer mehr Menschen, die neuen Familienstrukturen der Drei-, Vier- oder Fünf-Generationen-Familie, die Zunahme der Familien mit einem allein erziehenden Elternteil, die Diskussionen um Pflegeversicherung und Sterbehilfe. Gegenwärtig mischen sich die Generationsverhältnisse neu. So lernt nicht mehr nur die jüngere von der älteren Generation. Im Bereich der Informationstechnologien sind es vor allem Kinder, Jugendliche und junge Erwachsene, die den Umgang mit diesen beherrschen und deren Hilfe die Älteren benötigen, um ihrerseits den Zugang zu den virtuellen Welten zu erlernen. Noch grundsätzlicher verändert die Tatsache, dass Jugendlichkeit zum Ziel des Lebens geworden ist, das Generationsverhältnis und seine Bewertung (vgl. Hoppe/Wulf 1996).

Für Friedrich Schleiermacher und Wilhelm Dilthey und ihre geisteswissenschaftlichen Nachfahren war Pädagogik weitgehend die Wissenschaft vom Generationsverhältnis. Mit der Entdeckung der Notwendigkeit lebenslangen Lernens verlor dieser Generationsdiskurs an Bedeutung. Unter Rückgriff auf Karl Mannheim (Mannheim 1971) wurde die Frage nach dem Generationsverhältnis und seiner anthropologischen Bedeutung wieder aufgegriffen und neu bearbeitet. Angesichts der Komplexität des Themas kam es zu seiner interdisziplinären Bearbeitung, in deren Kontext auch neue Perspektiven zum Kind, zum Vater und zur Mutter entstanden (vgl. Lenzen 1985; Andresen/Baader 1998; Lenzen 1991; Bilstein/Straka/Winzen 2000; Schön 1989; Fronhaus 1994; Bilstein/Trübenbach/Winzen 1999).

II.1.c. Zeit und Raum

Die chronotopologischen Studien zur Rolle der Zeit und des Raums in Erziehung und Bildung sind ein weiteres Beispiel für die Ergiebigkeit anthropologischer Untersuchungen in der Pädagogik. Ausgangspunkt für diese Studien ist die Einsicht in die Zeitlichkeit und Räumlichkeit des menschlichen Körpers und den dadurch bedingten raum-zeitlichen Charakter von Erziehungs-, Bildungs- und Sozialisationsprozessen. Nachhaltige Veränderungen in den Zeit- und Raumerfahrungen machen es heute erforderlich, den zeitlichen und räumlichen Bedingungen von Erziehung stärkere Aufmerksamkeit zuzuwenden. Die Beschleunigung der Warenzirkulation und des Verkehrs sowie der Informations- und Kommunikationsprozesse hat eine Akzeleration der Lebensprozesse bewirkt. Diese führt dazu, dass sich immer mehr Ereignisse in immer kürzeren Zeiträumen vollziehen und sich wechselseitig nivellieren. In den letzten Jahrzehnten hat die Beschleunigung zur Entstehung neuer gesellschaftlicher Zeitordnungen beigetragen, in deren Folge sich auch das Verhältnis der Menschen zum Raum tiefgreifend gewandelt hat. Im Zusammenhang mit dieser Entwicklung gewinnt die disziplinierende und sozialisierende Wirkung der Zeit stark an Bedeutung. Das Entstehen schneller und hoch verdichteter Symbol- und Medienwelten führte zu Beschleunigungs-Phänomenen sowie zu Differenzierungen und Diversifizierungen von Zeit-Konzepten. Gegen die dominierende lineare Zeitordnung und die mit ihr verbundene Chronokratie wird die Vielfalt von Zeiterfahrungen herausgearbeitet. Als Körperzeit ist Zeit mit der leiblichen und seelischen Struktur des Lebens verflochten; als Zeitbewusstsein wird sie in Lebensgeschichten und in den Formen pädagogischen Handelns artikuliert (vgl. Bilstein/Miller-Kipp/ Wulf 1999).

Nachhaltig verändert die Beschleunigung der Zeit das Erleben des Raums. Was früher als ein ausgedehnter Raum erschien, wird in Folge wachsender Geschwindigkeit heute als Raum mit geringer Weite erfahren. Simultaneität und Ubiquität medialer Informationen bedingen sich wechselseitig. In der Vernetzung der Gesellschaften gehen Zeit und Raum neue Verbindungen ein. Gravierende Wandlungen im Raumerleben künftiger Generationen kündigen sich an. Die Übergänge zwischen den Räumen und die Schnittstellen zwischen innen und außen wandeln sich. Manche Räume haben feste Grenzen, andere sind durch Horizonte gekennzeichnet, die sich mit der Einnahme unterschiedlicher Standpunkte verändern. Räume unterscheiden sich in Qualität und Struktur; sie entstehen aus Überlagerungen verschiedener Zeichen- und Bedeutungssysteme; sie werden konstruiert. Räume erzeugen, modifizieren und hierarchisieren Beziehungen. Da Ereignisse und Handlungen in ihrer räumlichen Bedingtheit erinnert werden, sind räumliche Dimensionen für viele Erinnerungen konstitutiv. Mit Hilfe der Sinne und der Bewegungen werden Räume inkorporiert. Sie sind Medium sozialer Beziehungen und individueller Erfahrungen und verbinden den Einzelnen und die Dinge und tragen zur Vergesellschaftung von

Kindern und Jugendlichen bei. Soziale Räume und soziale Prozesse konstituieren sich wechselseitig, real und imaginär. Produktions- und Reproduktionsräume, Erziehungs- und Freizeiträume entstehen und bilden wichtige Formen sozialer Differenzierung (Liebau/Miller-Kipp/Wulf 1999).

Mit ihrer Orientierung an der Historischen Anthropologie steht die pädagogische Anthropologie in konzeptuellem und methodischem Zusammenhang mit den sich ebenfalls seit den neunziger Jahren des letzten Jahrhunderts herausbildenden Kulturwissenschaften. Der in diesen formulierte Anspruch, Wissenschaft und Bildung auf einander zu beziehen und mit einander zu verschränken, entspricht dem Selbstverständnis pädagogischer Anthropologie. Dies ist besonders dann der Fall, wenn Kultur das „Gesamt der Einrichtungen, Handlungen, Prozesse und symbolischen Formen (bezeichnet, Ch. W.), welche mit Hilfe von planmäßigen Techniken die ‚vorfindliche Natur' in einen sozialen Lebensraum transformieren, diesen erhalten und verbessern, die dazu erforderlichen Fertigkeiten (Kulturtechniken, Wissen) pflegen und entwickeln, die leitenden Werte in besonderen Riten befestigen (‚cultus') und insofern soziale Ordnungen und kommunikative Symbolwelten stiften, welche kommunitären Gebilden Dauer verschaffen" (Böhme u.a. 2000, S. 104 f.). So vorläufig diese Definition von Kultur ist, sie macht deutlich, dass sich menschliches Leben unter den Bedingungen von Geschichte und Kultur vollzieht, die auch die Voraussetzungen von Wissenschaft und Bildung darstellen. Das bedeutet, dass „nicht nur sprachliche Texte als symbolische Verarbeitungen von Realität untersucht (werden, Ch. W.), sondern auch die materiellen, medialen und gedachten Ordnungen, an denen sprachliche Texte teilhaben und in die sie eingelassen sind" (Böhme u.a. 2000, S. 106).

II.2. Strukturbedingungen historisch pädagogischer Anthropologie

Für die Weiterentwicklung der historisch-pädagogischen Anthropologie sind u. a. drei Aufgaben- und Forschungsfelder wichtig, die im Weiteren kurz skizziert werden sollen:

- Geschichte und Mentalität;
- Kulturalität und Interkulturalität;
- Interdisziplinarität und Internationalität.

In der wechselseitigen Verschränkung der verschiedenen Bereiche liegt die Möglichkeit, komplexe Forschungen zu konzeptualisieren und durchzuführen.

II.2.a. Geschichte und Mentalität

Was bedeutet die Geschichtlichkeit anthropologischer Phänomene? Je nach dem, ob man sich der Sozialphilosophie, der Evolutionstheorie oder der Geschichtswissenschaft zuwendet, ergeben sich unterschiedliche Antworten. Wegen zahlreicher Berührungspunkte ist auf der Seite historisch-pädagogischer Anthropologie eine Auseinandersetzung mit den anthropologischen Forschungen der Geschichtswissenschaft erforderlich, deren Ergebnisse sich als Ergänzung der Ereignis-, der Struktur- und Gesellschaftsgeschichte verstehen (vgl. Süssmuth 1984; Rüsen 1989; Conrad/Kessel 1994; van Dülmen 2000). Geht es in der Ereignisgeschichte um die Vielfalt und Dynamik historischer Handlungen und historischer Ereignisse, so stehen in der Struktur- bzw. Gesellschaftsgeschichte die ökonomischen, sozialen und politischen Gesellschaftsstrukturen im Mittelpunkt des Interesses. Mit der anthropologischen Wendung in der Geschichtswissenschaft entsteht eine neue Orientierung, in deren Rahmen sowohl die gesellschaftlichen Strukturen sozialer Wirklichkeit als auch die subjektiven Momente im Handeln sozialer Subjekte thematisiert werden (vgl. Burke 1991, 1992; de Certeau 1991; Le Goff 1988). Denn „Geschichte gestaltet sich immer im Wechselspiel von jeweils vorgefundenen strukturellen Gegebenheiten (Lebens-, Produktions- und Herrschaftsverhältnissen usw.) und der jeweils strukturierenden Praxis (Deutungen und Handlungen) der Akteure" (Dressel 19965, S. 163).

Diese Entwicklungen führen zu einer Orientierung der Forschung an Grundsituationen und elementaren Erfahrungen des Menschen, an einem „anthropologisch konstanten Grundbestand" (Peter Dinzelbacher), an „menschlichen Grundphänomenen" (Jochen Martin), an „elementaren menschlichen Verhaltensweisen, Erfahrungen und Grundsituationen" (Hans Medick) und damit zu einer starken Ausweitung der Fragestellungen, Themen und Forschungsverfahren. Im Unterschied zu Anthropologien, die den universellen Charakter menschlicher Grundphänomene betonen, soll in diesem Feld der historisch-kulturelle Charakter der jeweiligen Phänomene erforscht werden. Nicht mehr geht es z. B. um die Erfindung der Kindheit zu Beginn der Neuzeit, sondern um Kindheit an einem bestimmten Ort, zu einer bestimmten historischen Zeit und in einer partikularen Kultur.

II.2.b. Kulturalität und Interkulturalität

Auch die Kulturanthropologie bzw. Ethnologie bietet der pädagogischen Anthropologie wichtige, erst in Ansätzen verarbeitete Anregungen (Schäfer 1999; Renner/Seidenfaden 1997/8). In ihrer Sicht ist es „außerordentlich schwer, zwischen dem Natürlichen, Universellen und Dauerhaften im Menschen und dem Konventionellen, Lokalen und Veränderlichen eine Grenze zu ziehen. Ja mehr noch, es liegt nahe, dass eine solche Grenzziehung die menschlichen Verhältnisse verfälscht oder zumindest fehlinterpretiert" (Geertz 1992, S. 59). Man findet den Menschen nicht „hinter" der Vielfalt seiner historischen und kulturellen Ausprägungen, sondern in ihnen. Deshalb reicht es nicht aus, „Generation", „Familie", „Erziehung " als kulturelle Universalien zu identifizieren; vielmehr bedarf es der Untersuchung solcher Institutionen in verschiedenen Kulturen. Daraus ergibt sich die außerordentliche Vielgestaltigkeit von Kultur. Gerade diese liefert Aufschluss über den Menschen. Allerdings käme es weniger darauf an, „die empirischen Gemeinsamkeiten seines (des Menschen, Ch. W.) von Ort zu Ort und Zeit zu Zeit so unterschiedlichen Verhaltens hervorzuheben, als vielmehr die Mechanismen, mittels derer die ganze Bandbreite und Unbestimmtheit seiner angeborenen Vermögen auf das eng begrenzte und hochspezifische Repertoire seiner tatsächlichen Leistungen reduziert wird. ... Ohne die Orientierung durch Kulturmuster – organisierte Systeme signifikanter Symbole – wäre das Verhalten des Menschen so gut wie unbezähmbar, ein vollkommenes Chaos zielloser Handlungen und eruptierender Gefühle, seine Erfahrung nahezu formlos. Kultur, die akkumulierte Gesamtheit solcher Muster, ist demnach nicht bloß schmückendes Beiwerk, sondern – insofern sie die Grundlage seiner Besonderheit ist – eine notwendige Bedingung menschlichen Daseins" (Geertz 1992, S. 70 f.). Sahlins denkt in die gleiche Richtung, wenn er nach den Mechanismen fragt, mit deren Hilfe kulturelle Schemata entwickelt werden; er betont, dass das kulturelle Schema „durch einen dominanten Bereich der symbolischen Produktion (...) vielfältig gebrochen" wird. In der Folge geht er davon aus, dass es „einen bevorzugten Ort des symbolischen Prozesses" gibt, „von dem ein klassifikatorisches Raster ausgeht, das über die gesamte Kultur gelegt wird". Für die westliche Kultur wird dieses in der „Institutionalisierung des Prozesses in der Güterproduktion" gesehen. Dadurch unterscheidet sie sich von einer „primitiven" Welt, „wo die gesellschaftlichen Beziehungen, besonders die Verwandtschaftsbeziehungen der Ort der symbolischen Unterscheidung bleiben und andere Tätigkeitsbereiche durch die operativen Verwandtschaftsunterscheidungen bestimmt werden" (Sahlins 1985, S. 296).

Als Wissenschaft vom Fremden hat die Kulturanthropologie die Erforschung anderer Kulturen zur Aufgabe. Die dabei gewonnenen Erkenntnisse haben nachhaltige Wirkungen auf das Verständnis des Fremden in der eigenen Kultur und auf den Kulturbegriff. In Folge der neueren epistemologischen Entwicklungen wird in der ethnologischen Forschung von einem differenzierten Kulturbegriff ausgegangen. In dessen Rahmen spielt die Bearbeitung von Differenz eine zentrale Rolle. Angesichts der Globalisierung von Politik, Wirtschaft und Kultur und der Integrationsentwicklungen in der Europäischen Union kommt es zur Überlappung, Durchmischung und kulturellen Assimilation von Globalem, Nationalem, Regionalem und Lokalem (vgl. Appadurai 1996; Beck 1997; Wulf 1995, 1998, 2006; Wulf/Merkel 2002; Wulf/Poulain/Triki 2006). In der Folge werden neue Formen des Umgangs mit dem Fremden, d.h. mit den Angehörigen anderer Kulturen erforderlich. Dabei entsteht die Frage nach dem Verstehen des Nichtverstehens fremder Kulturen. Die Auseinandersetzung mit multikulturellen Lebens- und Erziehungsbedingungen und die Entwicklung einer interkulturellen Kommunikationsfähigkeit tragen dazu bei, die Offenheit kultureller Entwicklungen zu erhalten und Bildung als „Bewahrung des Möglichen" zu begreifen. Denn: „Kultur...ist die Bewahrung des Möglichen. Die Weite ihres Horizonts ist der Lohn der Kontingenz" (Konersmann 1996, S. 354).

II.2.c. Interdisziplinarität und Internationalität

Mit dem in der Pädagogik wachsenden Interesse an anthropologischer Forschung und der damit zusammengehenden Ausweitung und Umstrukturierung von Themen, Methoden und Forschungsansätze ist ein Bemühen um multi-, inter- und transdisziplinäre Forschung verbunden (Wulf 1997). Für viele in der pädagogischen Anthropologie behandelte Themen gibt es keine eindeutige disziplinäre Zuständigkeit. Dies gilt z.B. für Gewalt und ihre zentrale Bedeutung für Erziehung und Sozialisation (vgl. Wimmer/Wulf/Dieckmann 1995; Dieckmann/Wulf/Wimmer 1996). Deshalb sind disziplinäre Grenzüberschreitungen in den Forschungen pädagogischer Anthropologie unerlässlich. Der Versuch, statt der Geschichte die Vielfalt von Geschichten, statt der Kultur die Mannigfaltigkeit von Kulturen, statt der Kindheit viele Kindheiten, statt einer Wissenschaft die Pluralität der Wissenschaften zu betonen, erzeugt eine anthropologische Komplexität, deren Ansprüche die Möglichkeiten disziplinär organisierter Wissenschaften übersteigen. Zwar hat sich die Organisation des Wissens in Fachdisziplinen bewährt, doch bilden sich neue Fragestellungen und Einsichten oft an ihren Rändern beim Übergang zu den Nachbarwissenschaften oder zwischen den Fachwissenschaften heraus (vgl. Dieckmann/Sting/Zirfas 1998; Sting 1998; Zirfas 1999). Erforderlich sind Such- und Forschungsbewegungen, deren inter- bzw. transdisziplinärer Charakter auch die fachwissenschaftliche Forschung zu neuen Fragestellungen, Themen und Methoden anregt (vgl. Wulf/Kamper 2002; Gumbrecht/Pfeiffer 1986, 1988, 1991; Fischer-Lichte/Wulf 2001, 2004).

Pädagogische Anthropologie hat zwar sich aus Erziehung und Bildung ergebende Fragen, Aufgaben und Kategorien, doch hat sie keinen von vornherein eindeutig begrenzten Gegenstandsbereich. In der gegenwärtigen Situation der Wissenschaftsentwicklung ist dies eher ein Vorteil, der dazu beiträgt, neue Fragestellungen und Themen zu entdecken und zu bearbeiten. Aus dieser Situation folgt, dass pädagogische Anthropologie auch über ein vielfältiges Ensemble von Forschungsmethoden und -verfahren verfügt. Je nach Intention und Kontext werden die Gegenstände und Methoden pädagogisch-anthropologischer Forschung konstruiert. In diesen Prozess gehen die Materiallage, ihre Auswahl und Verwendung durch die Forschenden sowie Entscheidungen über Forschungsmethoden und -verfahren ein. Da viele erziehungs- und bildungsrelevante Fragen zum Ausgangspunkt der Forschung werden können, besteht ein breites Spektrum von Themen, Materialien und Methoden. Wenn diese Forschungen den sicheren Kontext disziplinären Wissens mit seinen bewährten inhaltlichen und methodischen Qualitätsmaßstäben verlassen, machen sie sich manchmal leichter angreifbar. Allerdings werden neue Wege des Denkens, Untersuchens und Handelns oft erst gefunden, wenn inhaltlich und methodisch vertrautes Terrain verlassen wird. So fürchtete noch vor einigen Jahren eine Reihe Literatur- und Kunstwissenschaftler die Funktionalisierung von Texten und Bildern und die sich daraus ergebende mangelnde Berücksichtigung ihrer ästhetischen Qualität und wehrte sich gegen Versuche, literarische Texte oder Kunstwerke zur Untersuchung anthropologischer Phänomene heranzuziehen. Desgleichen bezweifelten einige Sozialwissenschaftler den Aussagewert fiktiver literarischer Texte und Bilder in wissenschaftlichen Untersuchungen. Mittlerweile hat sich die Literaturwissenschaft für anthropologische Fragen geöffnet und stellen Sozialwissenschaftler den Wert der Verwendung literarischer und bildlicher Quellen für die Erforschung pädagogisch-anthropologischer Fragen und Phänomene nicht mehr in Frage (vgl. Mollenhauer 1983, 1986; Mollenhauer/Wulf 1996; Schmitt/Link/Tosch 1997; Ehrenspeck 1998; Schäfer/Wulf 1999; Hüppauf/Wulf 2006; Imai/Wulf 2007).

Der konzeptuelle und methodische Austausch zwischen den anthropologisch orientierten Wissenschaften bringt wichtige neue Forschungsansätze hervor. So wurde die Fruchtbarkeit des ethnologischen Blicks, der ethnographischen Feldforschung und des Vergleichs für pädagogische Zusammenhänge entdeckt (vgl. Wulf 2004). Der ethnologische Blick verfremdet Vertrautes, lässt neue Fragen entstehen und macht neue Perspektiven möglich. Die Rezeption ethnologischer Fragestellungen und Forschungsverfahren führt zur Anwendung und zur Weiterentwicklung ethnographischer Methoden (vgl. Denzin/Lincoln 1994; Friebertshäuser/Prengel 1997; Krüger/Marotzki 1999; Flick/Kardorff/Steinke 2000). Schließlich trägt der Vergleich dazu bei, das Spezifische einer Situation bzw. eines Phänomens zu erfassen, seine Eigenart zu begreifen und darzustellen, so dass ihm als methodischem Verfahren zunehmend Bedeutung zukommt (Bohnsack 20035). Im Bereich der pädagogischen Anthropologie kommt es in der „Berliner Ritualstudie" zu einer systematischen Anwendung und Weiterentwicklung ethnographischer und qualitativer Methoden; hier wird im Rahmen des Sonderforschungsbereichs „Kulturen des Performativen" die Bedeutung von Ritualen für Erziehung, Bildung und Lernen in den vier Sozialisationsfeldern „Familie", Schule", „Jugendkultur" und „Medien" erforscht (vgl. Wulf u.a. 2001, 2004, 2007).

Wie die Interdisziplinarität so war die Internationalität von Anfang ein Merkmal historischer Anthropologie. Ziel war nicht nur die Überwindung der Fächergrenzen; genau so wichtig war es, die nationalen Grenzen des humanwissenschaftlichen Wissens zu überschreiten. Deshalb bedurfte es einer die nationalen Grenzen überwindenden Zusammenarbeit. In inhaltlicher und methodischer Hinsicht bilden die philosophische, die historische und die kulturanthropologische bzw. ethnologische Dimension in der historischen Anthropologie dafür wichtige Voraussetzungen. Diese Dimensionen relativierten die Geltungsansprüche eines im nationalen Kontext erzeugten Wissens und öffneten die anthropologische Forschung für den internationalen Gedankenaustausch. Die politischen Entwicklungen in der Europäischen Union machen diese Prozesse unumkehrbar; sie verlangen sogar deren Intensivierung. Entscheidend ist, dass die Vielfalt historisch unterschiedlicher Perspektiven in der internationalen Kooperation zur Entfaltung kommt. Dass dies nicht einfach ist und die Wissenschaftlerinnen und Wissenschaftler in den Kultur- und Sozialwissenschaften vor erhebliche Schwierigkeiten stellt, haben die Erfahrungen internationaler Kooperation im Bildungsbereich wiederholt gezeigt. Mit besonderen Herausforderungen werden Wissenschaftler dann konfrontiert, wenn über den bloßen Gedankenaustausch hinaus in der internationalen Kooperation neue Formen des Wissens erzeugt werden sollen. Dann zeigt es sich, wie tiefgreifend die kulturellen Differenzen zwischen den Ländern Europas sind und wie sehr in der internationalen und interkulturellen Zusammenarbeit eine Herausforderung für die Wissenschaften liegt. Dies gilt besonders für den bislang stark national geprägten Bildungsbereich, in dem Erziehung heute eine interkulturelle Aufgabe ist, für deren Bewältigung die internationale Zusammenarbeit gerade erst begonnen hat (vgl. Wulf 1995, 1998, 2006; Dibie/ Wulf 1999; Hess/Wulf 1999; Wulf/Merkel 2002; Wulf/Poulain/Triki 2006).

III. Ausblick

Historische-pädagogische Anthropologie trägt zur Selbstauslegung der Pädagogik, zur besseren Kenntnis der Voraussetzungen und Bedingungen von Erziehung und Bildung sowie ihrer historischen und kulturellen Bestimmung bei. Sie behandelt implizite Menschenbilder und thematisiert Fragen der Bildsamkeit und der Perfektibilität. Als reflexive pädagogische Anthropologie wendet sie Kritik gegen sich selbst, gegen ihre Ziele, ihre Gegenstandsauswahl und -konstruktion, ihre Methoden und Verfahren, und ist offen für die Dekonstruktion ihrer eigenen Untersuchungen. Ihre Forschungen richten sich auf ein besseres Verständnis von: pädagogischen Institutionen, Natur als Voraussetzung und kultureller Konstruktion, Religion und Erziehung, Spiel, Liebe/Eros, Pädagogische Institutionen, Freundschaft, Sinne, Geburt. Sie führen zu neuen Fragen an den menschlichen Körper, seine genetische und soziale Herstellbarkeit, seine sich angesichts der neuen Medien ändernde Wahrnehmungs- und Erfahrungsfähigkeit sowie seine Spontaneität und Widerstandsfähigkeit. Pädagogische Anthropologie arbeitet an der Entwicklung von Perspektiven für ein besseres Verständnis von Erziehung und Bildung, geschichtlicher Entwicklung und Subjektivität, Perfektibilität und Unverbesserlichkeit, Fremdem und Eigenem, Hermeneutik und Dekonstruktion. Ihre Forschungen begleitet ein Bewusstsein ihres fragmentarischen Charakters und ein Wissen davon, dass sie stets auf einen homo absconditus bezogen sind, dessen Erkenntnis nur in Ausschnitten möglich ist (Wulf 2004).

Literatur:

Alexander, J. C./ Seidmann, S. (Hrsg.) (1993): Culture and Society. New York.
Andresen, S./Baader, M.S. (1998): Wege aus dem Jahrhundert des Kindes: Tradition und Utopie bei Ellen Key. Neuwied.
Appadurai, A. (1996): Modernity at Large. Santa Fe.
Augé, M. (1994): Pour une anthropologie des mondes contemporains. Paris.
Beck, U. (1997): Was ist Globalisierung? Frankfurt/M.
Belting, H. (2001): Bild-Anthropologie. Entwürfe für eine Bildwissenschaft. München.
Belting, H./Kamper, D. (Hrsg.) (2000): Der zweite Blick. Bildgeschichte und Bildreflexion. München.
Benthien, C./ Wulf, Ch. (Hrsg.) (2001): Der Körper in Teilen. Eine kulturelle Anatomie. Reinbek/Berlin.
Berr, M.-A. (1990): Technik und Körper. Berlin.
Bilstein, J./ Trübenbach, U./ Winzen, M. (Hrsg.) (1999): Macht und Fürsorge. Das Bild der Mutter in zeitgenössischer Kunst und Wissenschaft. Köln.
Bilstein, J./Miller-Kipp, G./Wulf, Ch. (Hrsg.) (1999): Transformationen der Zeit. In: Pädagogische Anthropologie. Bd. 9. Weinheim.
Bilstein, J./Straka, B. /Winzen, M. (Hrsg.) (2000): Dein Wille geschehe... Das Bild des Vaters in der zeitgenössischen Kunst. Köln.
Böhme, G. (1985): Anthropologie in pragmatischer Hinsicht. Frankfurt/M.
Böhme, H./ Matussek, P./ Müller L. (2000): Orientierung Kulturwissenschaft. Was sie kann, was sie will. Reinbek.
Bohnsack, R. (2003^5): Rekonstruktive Sozialforschung. Opladen.
Brackert, H./ Wefelmeyer, F. (Hrsg.) (1990): Kultur. Bestimmungen im 20. Jahrhundert. Frankfurt/M.
Burke, P. (1991): Offene Geschichte. Die Schule der Annales. Berlin.
Burke, P. (1992): History & Social Theory. Ithaca.
Butler, J. (1997): Körper von Gewicht. Frankfurt/M.
Butler, J. (1998): Haß spricht. Zur Politik des Performativen. Berlin.
Conrad, Ch. M. (Hrsg.) (1994): Geschichte schreiben in der Postmoderne. Stuttgart.

de Certeau, M. (1991): Das Schreiben der Geschichte. Frankfurt/M.
Denzin, N. K./Lincoln, Y. S. (Hrsg.) (1994): Handbook of Qualitative Research. Thousand Oaks.
Dibie, P./Wulf, Ch. (Hrsg.) (1999): Vom Verstehen des Nichtverstehens. Ethnosoziologie interkultureller Begegnungen. Frankfurt/M.
Dieckmann, B./Sting, S./Zirfas, J. (Hrsg.) (1998): Gedächtnis und Bildung. Weinheim.
Dieckmann, B./Sting, St./Zirfas, J. (Hrsg.) (1998): Gedächtnis und Bildung. Pädagogisch-anthropologische Zusammenhänge. Weinheim.
Dieckmann, B./Wulf, Ch./Wimmer, M. (Hrsg.) (1996): Violence. Nationalism, Racism, Xenophobia. Münster.
Dressel, G. (Hrsg.) (1996^5): Historische Anthropologie. Eine Einführung. Wien/Frankfurt/M.
Ehrenspeck, Y. (1998): Versprechungen des Ästhetischen. Die Entstehung eines modernen Bildungsprojekts. Opladen.
Elias, N. (1992^{17}): Über den Prozeß der Zivilisation. Soziologische und psychogenetische Untersuchungen. 2 Bde. Frankfurt/M.
Fischer-Lichte, E./Wulf, Ch. (Hrsg.) (2001): Theorien des Performativen. In: Paragrana Internationale Zeitschrift für Historische Anthropologie, Bd.10, H. 1. Berlin
Fischer-Lichte, E./Wulf, Ch. (Hrsg.) (2004): Praktiken des Performativen. Paragrana Internationale Zeitschrift für Historische Anthropologie, Bd. 13, H. 1. Berlin.
Flick, U. /v. Kardorff, E./ Steinke, I. (Hrsg.) (2000): Qualitative Forschung. Ein Handbuch. Reinbek.
Flitner, A. (Hrsg.) (1963): Wege zur pädagogischen Anthropologie. Versuch einer Zusammenarbeit der Wissenschaften vom Menschen. Heidelberg.
Foucault, M. (1976): Mikrophysik der Macht. Über Strafjustiz, Psychiatrie und Medizin. Berlin.
Foucault, M. (1977a): Sexualität und Wahrheit. Frankfurt/M.
Foucault, M. ($1977b^2$): Überwachen und Strafen. Die Geburt des Gefängnisses. Frankfurt/M.
Friebertshäuser, B./Prengel, A. (Hrsg.) (1997): Handbuch Qualitative Forschungsmethoden in der Erziehungswissenschaft. München.
Fronhaus, G. (1994): Feminismus und Mutterschaft. München.
Gebauer, G./Wulf, Ch. (1992): Mimesis, Kultur, Kunst, Gesellschaft. Reinbek.
Gebauer, G./Wulf, Ch. (Hrsg.) (1993): Praxis und Ästhetik. Frankfurt/M.
Gebauer, G./Wulf, Ch.: (1998): Spiel, Ritual, Geste. Mimetische Grundlagen sozialen Handelns. Reinbek.
Geertz, C. (1992): Kulturbegriff und Menschenbild. In: R. Habermas/N. Minkmar (Hrsg.): Das Schwein des Häuptlings. Berlin, S. 56-81.
Gumbrecht, H. U./ Pfeiffer, K. L. (Hrsg.) (1986): Stil. Geschichten und Funktionen eines kulturwissenschaftlichen Diskurselements. Frankfurt/M.
Gumbrecht, H. U./ Pfeiffer, K. L. (Hrsg.) (1988): Materialität der Kommunikation. Frankfurt/M.
Gumbrecht, H. U./ Pfeiffer, K. L. (Hrsg.) (1991): Paradoxien, Dissonanzen, Zusammenbrüche. Situationen offener Epistemologie. Frankfurt/M.
Hartmann, D./ Janich, P. (Hrsg.) (1996): Methodischer Kulturalismus. Frankfurt/M.
Heidegger, M. (1980^6): Die Zeit des Weltbildes. In: Ders: Holzwege. Frankfurt/M.
Hess, R./Wulf, Ch. (Hrsg.) (1999): Grenzgänge. Über den Umgang mit dem Eigenen und dem Fremden. Frankfurt/M.
Hoppe, B./Wulf, Ch. (Hrsg.) (1996): Altern braucht Zukunft. Anthropologie, Perspektiven, Orientierung. Hamburg.
Hüppauf, B./Wulf, Ch. (Hrsg.) (2006): Bild und Einbildungskraft. München.
Imai, Y./Wulf, Ch. (Eds.) (2007): Concepts of Aesthetics. Japanese and European Perspectives. Münster.

III. 2. Kap. 2: Historisch-pädagogische Anthropologie 569

Kamper, D. (1973): Geschichte und menschliche Natur. Die Tragweite gegenwärtiger Anthropologiekritik. München.
Kamper, D./Wulf, Ch. (Hrsg.) (1982): Die Wiederkehr des Körpers, Frankfurt/M.
Kamper, D./Wulf, Ch. (Hrsg.) (1984a): Der Andere Körper. Berlin.
Kamper, D./Wulf, Ch. (Hrsg.) (1984b): Das Schwinden der Sinne. Frankfurt/M.
Kamper, D./Wulf, Ch. (Hrsg.) (1989): Transfigurationen des Körpers. Spuren der Gewalt in der Geschichte. Berlin.
Kamper, D./Wulf, Ch. (Hrsg.) (1994): Anthropologie nach dem Tode des Menschen. Vervollkommnung und Unverbesserlichkeit. Frankfurt/M.
Konersmann, H. R. (Hrsg.) (1996): Kulturphilosophie. Leipzig.
Krüger, H.-H./Marotzki, W. (Hrsg.) (1999): Handbuch erziehungswissenschaftliche Biographieforschung. Opladen.
Le Goff, J. (Hrsg.) (1988): Histoire et mémoire. Paris.
Lenzen, D. (1985): Mythologie der Kindheit. Reinbek.
Lenzen, D. (1991): Vaterschaft. Vom Patriarchat zur Alimentation. Reinbek.
Lepenies, W. (1984): Probleme einer Historischen Anthropologie. In: Süssmuth, H. (Hrsg.): Historische Anthropologie. Göttingen, S. 52-72.
Liebau, E./Miller-Kipp, G./Wulf, Ch. (Hrsg.) (1999): Metamorphosen des Raums. In: Pädagogische Anthropologie. Bd 8. Weinheim.
Liebau, E./Schuhmacher-Chilla, D./ Wulf, Ch. (Hrsg.) (2001): Anthropologie pädagogischer Institutionen. Deutscher Studienverlag. Weinheim.
Liebau, E./Wulf, Ch. (Hrsg.) (1996): Generation. Versuche über eine pädagogisch-anthropologische Grundbedingung. München.
Mannheim, K. (1971): Das Problem der Generation. In: L. v. Friedeburg (Hrsg.): Jugend in der modernen Gesellschaft. Köln, S. 23-48.
Marquard, O. (1986): Über die Unvermeidlichkeit der Geisteswissenschaften. In: Ders: Apologie des Zufälligen. Philosophische Studien. Stuttgart, S. 98-116.
Meyer-Drawe, K. (1987[2]): Leiblichkeit und Sozialität. Frankfurt/M.
Meyer-Drawe, K. (1990): Illusion und Autonomie. Diesseits von Ohnmacht und Allmacht des Ich. München.
Meyer-Drawe, K. (1996): Menschen im Spiegel ihrer Maschinen. München.
Mollenhauer, K. (1983): Vergessene Zusammenhänge. München.
Mollenhauer, K. (1986): Umwege. München.
Mollenhauer, K./Wulf, Ch. (Hrsg.) (1996): Aisthesis/Ästhetik. Zwischen Wahrnehmung und Bewusstsein. Weinheim.
Paragrana. Internationale Zeitschrift für historische Anthropologie (1992 ff): Berlin.
Reihe Historische Anthropologie (1988 ff.): 34 Bände, fortlaufend. Berlin.
Reihe Pädagogische Anthropologie (1994 ff.): 15 Bände, fortlaufend. Weinheim.
Reinhard, W. (2004): Lebensformen Europas. Eine historische Kulturanthropologie. München.
Renner, E. / Seidenfaden, F. (Hrsg.) (1997/8): Kindsein in fremden Kulturen. Selbstzeugnisse. Bd. 1: Afrikanische. Asiatische Welt. Weinheim; Bd. 2: Nordamerikanische Welt, Lateinamerikanische Welt, pazifische Welt, Welt europäischer Minderheiten. Weinheim.
Rüsen, J. (1989): Lebendige Geschichte. Grundzüge deiner Historik III. Formen und Funktionen des historischen Wissens. Göttingen.
Sahlins, M. (1985/1992): Inseln der Geschichte. Hamburg
Schäfer, A. (1999): Unsagbare Identität. Berlin.
Schäfer, G./Wulf, Ch. (Hrsg.) (1999): Bild, Bilder, Bildung. In: Pädagogische Anthropologie. Bd. 10. Weinheim.
Scheunpflug, A./Wulf, Ch. (Hrsg.) (2006): Zeitschrift für Erziehungswissenschaft, Beiheft 5: Biowissenschaft und Erziehungswissenschaft. Wiesbaden.

Schmitt, H./Link; J.-W/Tosch, F. (1997): Bilder als Quellen der Erziehungsgeschichte. Bad Heilbrunn.
Schön, B. (Hrsg.) (1989): Emanzipation und Mutterschaft. Weinheim.
Sonnemann, U. (1969): Negative Anthropologie. Hamburg.
Sting, S. (1998): Schrift, Bildung, Selbst. Eine pädagogische Geschichte der Schriftlichkeit. Weinheim.
Süssmuth, H. (Hrsg.) (1984): Historische Anthropologie. Göttingen.
van Dülmen, R. (2000): Historische Anthropologie. Entwicklung, Probleme, Aufgabe. Köln.
Wimmer, M. (1998): Die Kehrseiten des Menschen. Probleme und Fragen der Historischen Anthropologie. In: Marotzki, W./Masschelein, J./Schäfer, A. (Hrsg.): Anthropologische Markierungen. Weinheim, S. 85-112.
Wimmer, M./Wulf, Ch./Dieckmann, B. (Hrsg.) (1995): Das zivilisierte Tier. Zur historischen Anthropologie der Gewalt. Frankfurt/M.
Wulf, Ch. (1998): Education for the 21st Century: Communalities and Diversities. Münster.
Wulf, Ch. (2001): Einführung in die Anthropologie der Erziehung. Weinheim.
Wulf, Ch. (2004): Anthropologie: Geschichte, Kultur. Philosophie. Reinbek.
Wulf, Ch. (2005): Zur Genese des Sozialen. Mimesis, Performativität, Ritual. Bielefeld.
Wulf, Ch. (2006): Anthropologie kultureller Vielfalt. Interkulturelle Bildung in Zeiten der Globalisierung. Bielfeld.
Wulf, Ch. (Hrsg.) (1994): Einführung in die pädagogische Anthropologie. Weinheim.
Wulf, Ch. (Hrsg.) (1995): Education in Europe. An Intercultural Task. Münster.
Wulf, Ch. (Hrsg.) (1996): Anthropologisches Denken in der Pädagogik 1750-1850. Weinheim.
Wulf, Ch. (Hrsg.) (1997): Vom Menschen. Handbuch Historische Anthropologie. Weinheim.
Wulf, Ch./ Althans, B./ Blaschke, G. / Ferrin, N. / Göhlich, M. / Jörissen, B. / Mattig, R. / Nentwig-Gesemann, I. / Schinkel, S. / Tervooren, A. / Wagner-Willi, M. / Zirfas, J. (2007): Lernkulturen im Umbruch. Rituelle Praktiken in Schule, Medien, Familie und Jugend. Wiesbaden.
Wulf, Ch./ Althans, B./Audehm, K./Bausch, C./Jörissen, B./Mattig, R./ Tervooren, A./Wagner-Willi, M./Zirfas, J. (2004): Bildung im Ritual. Schule, Familie, Jugend, Medien. Wiesbaden.
Wulf, Ch./ Zirfas, J. (1994): Pädagogische Anthropologie in Deutschland: Rückblick und Aussicht. In: Dies. (Hrsg.): Theorien und Konzepte der pädagogischen Anthropologie. Donauwörth, S. 7-27.
Wulf, Ch./Althans, B./Audehm, K./Bausch, C./Göhlich, M./Sting, S./Tervooren, A./Wagner-Willi, M./Zirfas, J. (2001): Das Soziale als Ritual. Zur performativen Bildung von Gemeinschaften. Opladen.
Wulf, Ch./Göhlich, M./Zirfas, J. (Hrsg.) (2001): Grundlagen des Performativen. Eine Einführung in die Zusammenhänge von Sprache, Macht und Handeln. Weinheim.
Wulf, Ch./Kamper, D. (Hrsg.) (2002): Logik und Leidenschaft. Erträge Historischer Anthropologie.
Wulf, Ch./Macha, H./Liebau, E. (Hrsg.) (2004): Formen des Religiösen: Pädagogisch-anthropologische Annäherungen. Weinheim.
Wulf, Ch./Merkel, Ch. (Hrsg.) (2002): Globalisierung als Herausforderung der Erziehung. Theorien, Grundlagen, Fallstudien. Münster.
Wulf, Ch./Poulain, J./Triki, F. (Hrsg.) (2006): Europäische und islamisch geprägte Länder im Dialog. Gewalt, Religion und interkulturelle Verständigung. Berlin.
Wulf, Ch./Zirfas, J. (1994): Theorien und Konzepte der pädagogischen Anthropologie. Donauwörth.
Wulf, Ch./Zirfas, J. (Hrsg.) (2007): Pädagogik des Performativen. Weinheim. Zeitschrift für Erziehungswissenschaft (2000) Bd. 3, H. 4. Themenschwerpunkt: Standards qualitativer Forschung, zusammengestellt von H.-H. Krüger u. Ch. Wulf.

Zirfas, J. (1999): Die Lehre der Ethik. Zur moralischen Begründung pädagogischen Denkens und Handelns. Weinheim.
Zirfas, J. (2004): Pädagogik und Anthropologie. Eine Einführung. Stuttgart.

GERHARD MERTENS

Kapitel 3: Humanökologie der Erziehung und Bildung

Es ist anthropologisch unstrittig, dass Menschen immer nur in konkreten Lebenskontexten existieren: eingebunden in eine bestimmte Stunde der Geschichte mit ihrem Stand an Technik und Zivilisation, ihren gesellschaftlichen Strukturen und kulturellen Ausdrucksgestalten im Großen; einbezogen aber auch in bestimmte gesellschaftliche und kulturelle Milieus, einen besonderen Lebensabschnitt usw. im individuellen Nahbereich im Kleinen. Den Menschen an sich, die weltlose Person, gibt es sonach realiter nicht. Vielmehr existieren, aktualisieren und entfalten sich personale Individuen stets in ganz konkreten, sozio-kulturell bestimmten Umwelten.

Von daher steht der Einzelne, kulturanthropologisch betrachtet, stets aufs Neue vor der Beantwortung der Frage, was er denn innerhalb der ihm gegebenen, durchaus begrenzten Möglichkeiten „als frei handelndes Wesen aus sich selber macht oder machen kann und soll"(Kant 2003); oder pädagogisch gewendet, wie er in einer Vielzahl lebensweltlicher Situationen und Bezüge im Laufe des Lebens seine unverwechselbare humane Gestalt, eben Bildung zu erlangen vermag. Gerade auch die Suche des Individuums nach seiner Selbstformung ist lebenskontextuell zutiefst eingebunden. Kulturanthropologie impliziert sonach offenbar eine unverzichtbare ökologische Dimensionierung. Entsprechend mögen zwar allgemein gehaltene Bildungstheorien durchaus hehre prinzipielle Imperative erlassen, aber substanziell gehaltvolle und aussagekräftige Maßgaben über die konkret anstehenden Bildungsprozesse von Kindern, Jugendlichen und Erwachsenen sind nur möglich in angemessener Kenntnis und unter Berücksichtigung der situativen Lebenskontexte der Betroffenen. Pädagogik als praktische Theorie wird sich dem Interesse am Konkreten pädagogischer Handlungsorientierung denn auch nur schwer entziehen können. Die humanökologische Forschungsrichtung innerhalb der Erziehungswissenschaft ist nun der Versuch einer phänomennahen Pädagogik, die Wechselbeziehung Individuum/Umweltkontexte explizit in den Blick zu nehmen.

Im Folgenden sollen (I) ihr Forschungsrahmen vorgestellt, (II) eine pädagogische Ökosystemforschung entlang der Lebensspanne thematisiert und (III) (makrosystemische) Akzentuierungen angesichts einer Moderne im Umbruch erörtert werden.

I. Forschungsrahmen

I.1. Zum Begriff

Die (human)ökologische Ausrichtung in der Erziehungswissenschaft und zuvor bereits in Soziologie und Psychologie markiert wohl kaum schon ein neues Paradigma (im Sinne Th.S. Kuhns), verfügt sie doch nicht über einen eigenen, geschlossenen Theorieentwurf und eine dem zugeordnete bestimmte Methode (vgl. ähnlich auch Schulze 1995). Eher handelt es sich um eine zwar heterogene, aber gleichwohl in sich zusammenhängende Forschungsrichtung. Im Kern besteht sie in einer neuartigen, originären Perspektive der Wirklichkeit. „Ökologisch", dies meint in allgemeinster Bedeutung eine Betrachtungsweise, welche die Wechselbeziehungen zwischen lebenden Organismen und ihrer Umwelt untersucht. Fasst man dementsprechend jedes nur denkbare Wirkungsgefüge von Lebenseinheit(en) und Umwelt als ein ökologisches Ganzes, so ist dies auch auf die verschiedenartigsten Komplexitätsstufen der Mensch-Umwelt-Interaktion anzuwenden (vgl. Odum 1980, Bd. I und II; Schulze 1995).

I.2. Zur wissenschaftsgeschichtlichen Tradition

I.2.a. Erster Strang. Herkunft aus der Biologie – Ausrichtung auf die Natur:

Es waren namhafte Biologen, die seit Beginn der 70er Jahre angesichts der aufkommenden globalen Krisenlage nach einer angewandten ökologischen Forschung riefen (vgl. Odum 1980; Ehrlich/Ehrlich/Holdren 1975). Sie sollte die von Ernst Haeckel 1870 begründete „Ökologie" im Großmaßstab auf den Mensch-Umwelt-Zusammenhang anwenden, also auf den Verbund aus den beiden offenen Systemen des Sozio-Kulturellen (Menschheit) als der dominanten Steuerungsgröße einerseits und der Natur andererseits. Mit dem Ziel einer Aussöhnung von Mensch und Natur sollten drei Themenschwerpunkte gebildet werden:

    (1) die Untersuchung der abschätzbaren Einwirkung menschlichen Handelns auf die biotische und abiotische Natur;

    (2) Analyse und ggf. Korrektur des Verlaufs der modernen Zivilisation, die diese Eingriffe vornimmt;

    (3) Erforschung der Rückwirkungen des zivilisatorischen (technisch-ökonomischen) Naturbezuges auf den Menschen und seine humane Ökologie selbst (vgl. Eulefeld 1981, S. 187-220; Mertens 1995^3, S. 206 ff.; Odum/Reichholf 1999^3; Mertens 2000).

Leitendes Forschungsinteresse war hier also ein humanerer Umgang mit der biotischen und abiotischen Natur. Gleichwohl, so erkannte man zu Recht, ist mit dieser Forschungsorientierung im Schnittpunkt von Mensch und Natur die Reichweite einer rein bio-ökologischen Betrachtungsweise bei weitem überstiegen. Unter Abhebung auf die prinzipielle Differenz zwischen Sozio-Kulturellem und bloß Naturhaftem wurde denn auch von den genannten Biologen die differenzierende Bezeichnung „Humanökologie" eingeführt. Entsprechend wurde von ihr, der angewandten Humanökologie der Zukunft, eine Ausweitung des bio-ökologischen Konzepts auf einschlägige anthropologische, ethische, geisteswissenschaftliche, psychologische, sozio-ökonomische und politologische Befunde hin gefordert (vgl. Odum 1980, Bd. I, XXII, Bd. II, S. 675).

I.2.b. Zweiter Strang. Orientierung an sozio-kulturellen menschlichen Umwelten:

Nicht zuletzt solche Überlegungen dürften mit den Anlass für jene „Ökologische Bewegung" in den 70er Jahren gegeben haben, in deren Gefolge die genuin ökologische Betrachtungsweise: Interaktion Organismus – Umwelt mit einem Mal auf breiter Front auch von den Human- und Sozialwissenschaften aufgegriffen und auf das Wirkungsgefüge Mensch – sozio-kulturelle Umwelten angewandt wurde. Dies gilt für die Etablierung einer eigenen „Ökologischen Psychologie" ebenso wie für die sozialisationstheoretische Forschung, welche die lokale bzw. sozial-klimatische Ungleichheit menschlicher Entwicklungsvoraussetzungen in den Blick nahm (vgl. zum Ganzen Walter 1980). Entsprechend wandte sich auch die Pädagogik in den letzten zweieinhalb Jahrzehnten vermehrt einer ökologischen Untersuchung ihrer klassischen Aktionsfelder in Familie, Schule, Gleichaltrigengruppe und Beruf zu (vgl. Schulze 1995). Darüber hinaus erwies es sich als fruchtbar, den Blick auf die gesamte Lebensspanne auszuweiten und hier die Bedeutung der unterschiedlichen Lebensumwelten für die Bildungsprozesse von Kindern, Jugendlichen und Erwachsenen in Augenschein zu nehmen.

Im Ergebnis etablierten sich dann auch in der Erziehungswissenschaft die beiden genannten Hauptstränge ökologischen Denkens. Zum einen waren dies die unterschiedlichen Konzepte natur-ökologisch orientierter Erziehung und Bildung, und zwar als pädagogische Antwort auf die globale ökologische Krisenlage (vgl. de Haan 1995; Bolscho/Hauenschild 2005; Mertens 1998). Zum anderen wurden in sozial-ökologischer Ausrichtung Konzepte zu „Lernumwelten" entwickelt, ferner zur Sozialisationstheorie wie zur „kompensatorischen Erziehung", und schließlich wurden transaktional-ökologische Konzepte der pädagogischen Förderung, Beratung und Begleitung herausgearbeitet (vgl. den informativen Überblick durch E. Weber 1996, S. 127-179).

I.2.c. Verknüpfung:

Was nun die Verknüpfung dieser beiden Forschungsstränge mit Blick sei es auf die Natur, sei es auf sozio-kulturelle Umwelten betrifft, so ist aus öko-systemischer Sicht festzuhalten:

Zentrales Verbindungsstück zwischen den beiden Richtungen ist die moderne Zivilisation als Forschungsobjekt, sofern sich zivilisatorischer Naturumgang unter den Prämissen der Moderne sowohl bio-ökologisch auf die natürliche Umwelt als auch sozial-ökologisch auf soziale Umwelten des Menschen gleichermaßen nachhaltig auswirkt. Die beiden Forschungsfelder pädagogisch-ökologischen Denkens mit ihrer Akzentuierung sei es des Naturgedankens, sei es der sozio-kulturellen Umweltbezüge, könnten somit füreinander durchlässig werden und sich gegenseitig durchdringen und bereichern. Im Sinne ganzmenschlicher Bildung erscheint es jedenfalls durchaus wünschenswert, dass die agierenden Individuen in ihrem reflektierten Umgang mit natürlicher und sozialer Umwelt diese als zwei interdependente

Dimensionen des einen „oikos" der menschlichen Lebenswelt erfahren und begreifen.

I.3. Merkmale des Zuganges zu menschlichen Ökosystemen

Fragt man nun nach den verbindenden methodischen Merkmalen einer spezifisch ökologischen Perspektive, so lassen sich mit Eckensberger (1979, S. 264ff.) am Beispiel der Entwicklungspsychologie nennen: (1) der Ansatz am „daily life" („Objektorientierung" statt „analytische Orientierung"), (2) die Bevorzugung sog. „naturalistischer Methoden" (Realität statt Labor), (3) die normative Ausrichtung (Einstellung auf Sollwerte) statt Untersuchung „wertneutraler" Funktionszusammenhänge, (4) systemtheoretisch beeinflusster, holistischer statt analytischer Ansatz, (5) die Beachtung von „Nebeneffekten", (6) die Betonung kulturvergleichender Strategien und schließlich (7) die Interdisziplinarität der Forschung. Zur Klarstellung bleibt hier freilich noch zu ergänzen: Anders als in der (soziologischen) Systemtheorie etwa T. Parsons' (1973^3) bzw. N. Luhmanns (2006^{12}) ist der an Vernetzungen und Ganzheiten interessierte ökologische Systembegriff an die bio-ökologische Denktradition angelehnt (vgl. etwa Odum 1980, Bd. I sowie Bateson 2001^8) und thematisiert das Wechselspiel Mensch/Umwelt(en) in offenen Systemen. Gegenstand der Analyse sind denn auch nicht diesseits von Subjekten ablaufende Funktionszusammenhänge, sei es von Handlungen (Parsons), sei es von Kommunikation (Luhmann), sondern vielmehr, ganz nah an den Phänomenen orientiert, die wechselseitige Interaktion von realen Individuen (bzw. Gruppen von Individuen) in ihren jeweiligen natürlichen und sozio-kulturellen Milieus sowie in deren übergreifendem Zusammenhang.

Für die Pädagogik bedeutet dies dann: Es werden reale pädagogische Situationen wie z.B. eine Unterrichtsstunde, eine kleinere Unterrichtseinheit, ein Gruppengespräch etc. analysiert; oder untersucht werden komplexe Bildungsprozesse im Schnittpunkt von individueller und sozio-kultureller Sinnverarbeitung wie z.B. die Neuorientierung von Menschen nach einem kritischen Lebensereignis; oder es werden konkrete, pädagogisch relevante Handlungsfelder unterschiedlicher Größenordnung thematisiert wie z.B. eine Beratungssituation, ein Erwachsenenbildungsprojekt, ein internationaler Jugendaustausch etc. Sie werden untersucht auf ihre Genese, ihren Kontext, ihren Problemgehalt, ihren Aufgabencharakter sowie auf wünschenswertes Verhalten und Handeln hin.

Wo aber der Handlungsbezug konstitutiv ist, geht Forschungsarbeit methodisch nurmehr im Rahmen eines integrativen Denkens vonstatten, das in wechselseitiger Korrektur von sinn- und sachbezogener Lebenswelterfahrung handlungsleitende Perspektiven, Schwerpunkte, Prioritäten herausarbeitet, die der Realität standhalten. Offenkundig sind es vor allem die ganzheitlichen, die anwendungsorientierten Problemstellungen, Konfigurationen von einer gewissen Anschaulichkeit, die den integrativen methodischen Zugang unabdingbar machen.

Vor diesem Hintergrund umfassen menschliche Ökosysteme mithin zunächst die biotischen und abiotischen Gegebenheiten der natürlichen Umwelt als des ursprünglichsten Lebens-, Erfahrungs- und Gestaltungsraumes für menschliches Agieren. Ferner gehören zu ihnen die in einer Kultur erstellten materiellen Gegenstände wie

Häuser, Möbel, Kleidung, Gerätschaften, Werkzeuge etc. als die Artefakte umgearbeiteter Natur. Sodann zählen hierzu die in einer Kultur aufgeteilten Funktionen (Rollen, Aufgaben), die geltenden Regeln des Zusammenlebens (Normen, Vorschriften, Gebote) sowie kulturelle Einrichtungen, die für den gesellschaftlichen Zusammenhalt (Recht, Politik), Erhalt (Wirtschaft, Technik, Medizin) und für die menschliche Entwicklung (Familie, Schule) vorgesehen sind. Schließlich gehören zu menschlichen Ökosystemen soziale Interaktionen von Individuen und Gruppen sowie das gesamte gesellschaftliche System mit seinen Organisationsformen und Strukturen. Diese alle wiederum sind Bestandteile der geistig-sinnhaften Symbolwelt einer Kultur und als solche mit einbezogen in eine räumlich-materielle Umwelt (vgl. zum Ganzen Oerter 2002[5], S. 72-104).

Für die Pädagogik erscheint die Berücksichtigung solch ökologisch-systemischer Zusammenhänge in hohem Maße angeraten. Vollzieht sich doch die Formung des Menschen zur Persönlichkeit, seine Bildung, stets nur in der jeweiligen produktiven Auseinandersetzung mit derartigen Umweltgrößen materieller, gesellschaftlicher und kultureller Art. Eben dieser Bildungsbezug jedoch ist im Folgenden näher aufzuweisen.

I.4. Umweltbezug und Bildung

I.4.a. Zum Bildungsbegriff allgemein:

Die pädagogische Fundamentalkategorie der Bildung stellt zweifellos primär eine Kategorie des Subjekts dar. „Bildung", die selbsttätige Formgebung des Individuums zu seinem personalen Selbstsein, meint jenen lebenslangen Prozess, in dessen Verlauf sich der Mensch zur reifen Persönlichkeit eines innerlich freien, sittlich-kulturellen Wesens von unverwechselbarer Individualität heranbildet und ausformt. Im Resultat ist Bildung dann vernunftgemäße Daseinsform im umfassenden Sinn, nämlich in der geistigen Ganzheit einer Existenzweise, in der theoretisches Erkennen, praktisches Handeln und sinnlich-ästhetisches Urteilen aufeinander verwiesen sind. Bildung zielt sonach auf das reflexive und verantwortete Dasein des Menschen ab.

Aber damit kann man es nicht bewenden lassen. Anderenfalls müsste die Bildungsvorstellung entarten, wo sie nur selbstgenügsam in sich befangen bleibt (vgl. Pleines 2000). Es würde sich nämlich die berechtigte Frage stellen: „reflexiv" – ja, aber in Bezug auf was? „Verantwortlich" – aber gegenüber wem? Zum Sinngehalt von Bildung gehört mithin konstitutiv der Objekt-, der Weltbezug. Insofern weist sie über die engen Schranken des Individuums weit hinaus auf den Umgang des Menschen mit seinesgleichen im interpersonalen Bezug, auf den tätigen Umgang auch mit den Dingen.

Als Kategorie des Subjekts ist der Bildungsbegriff sonach zugleich eine Kategorie des Weltbezuges. Er bezeichnet die Möglichkeit zum Selbstsein der Person, dies jedoch im Daseinsraum einer konkreten Lebenswelt. Von daher lässt sich Bildung als der Prozess bestimmen, durch den der Mensch seine kulturelle, seine geschichtlich-gesellschaftliche Gestalt gewinnt, indem er auf dem Realisationsfeld gesellschaftlicher Praxis in sich ein Denken, Fühlen und Handeln ausbildet, das ihn zur

Wahrnehmung und Bewältigung human-gesellschaftlicher Aufgaben im Rahmen seiner Lebenswelt befähigt.

So betrachtet stellt Bildung dann eine Relationskategorie dar. Sie vermittelt zwischen Subjekt und Welt, weshalb denn auch die überstarke Betonung der Subjektivität des Individuums seitens der neuhumanistisch geprägten Humboldtepoche einer nachträglichen Korrektur im Sinne einer Ausweitung des Bildungsbegriffs bedurfte. Für die personale Existenzweise und ihre selbsttätige, innere Formgebung ist das In-der-Welt-Sein schlechthin grundlegend. Zwar bildet, entfaltet, verwirklicht sich der Mensch in und für sich selbst als Individualität; als ein Selbstsein in Welt aber vermag er dies nur von Welt her und auf Welt hin. „Welt", verstanden als kulturell interpretierter Möglichkeitshorizont, ist dabei nicht bloßes Medium, sondern ihrerseits zutiefst formgebendes Element innerhalb dieses Vorgangs der Selbstbildung. Und nur diese Wechselbeziehung von Subjekt und Lebenswelt vermag jenen dialektischen Prozess in Gang zu setzen, demzufolge der Mensch im bewältigenden und sinnerschließenden Umgang Wirklichkeit sich angleicht, wie ihrerseits die immer differenzierter begriffene Wirklichkeit mit ihrem Eigensein und Eigenanspruch die Verstehens- und Verhaltensmuster des Subjekts erst hervorbringt und tiefgreifend umwandelt.

Bildung als Relationskategorie meint also den fortschreitenden Auf- und Ausbau einer hermeneutischen Entsprechung zwischen Mensch und Welt im Verstehenshorizont von Kultur mit dem Ertrag der inneren Durchformung des Subjekts, kraft derer sich dieses nunmehr in seiner geschichtlich-konkreten Lebenswelt verstehen, zurechtfinden und verhalten lernt. „Erschlossensein einer...Wirklichkeit für einen Menschen" und „Erschlossensein dieses Menschen für diese seine Wirklichkeit" (Klafki 1999, S. 43), Durchgestaltung des Menschen und Formierung seiner Weltbezüge, Personwerdung und Weltorientierung bzw. Weltbewältigung – im Bildungskonzept gelangt dieser Doppelbezug zur Koinzidenz.

I.4.b. Humanökologische Akzentuierung:

In diesen Kontext lässt sich unschwer auch die humanökologische Akzentuierung eintragen. Wie sich nämlich Personsein nur in situativen Umweltkontexten als den Teilen einer individuellen und gesellschaftlich bedingten Lebenswelt realisieren lässt, so kann sich der Einzelne auch nur im lebendigen Austausch mit diesen Lebenskontexten zur selbstständigen, reifen Persönlichkeit heranbilden. Hier hat er es dann mit Umwelten unterschiedlicher Größenordnung zu tun, wo interagierende Individuen sich innerhalb eines überindividuellen Handlungszusammenhanges in stetigem Austausch über Bedeutungs-, Wert- und Sinnmuster befinden, deren Gesamtheit (einschließlich der physisch-materiellen Gegebenheiten) sich zu Alltagswelten verdichtet, die ihrerseits eingelagert sind in übergreifende geschichtliche Zusammenhänge. Als äußere Entwicklungs- und Sozialisationsfaktoren markieren solche Umweltgrößen im Nah- und Fernbereich der Person den Bedingungsrahmen für mögliche Bildungsprozesse.

Konkret gesprochen sind solche Umwelten z.B. die Familie, in der wir aufwachsen; der Stil, in dem unsere Eltern mit uns umgehen; ihre Einflussnahme und Kontakte nach außen; der Platz in der Geschwisterreihe, den wir einnehmen; unsere

Spiel- und Handlungsmöglichkeiten. Später sind es Arten und Klima der Schulen, die wir besuchen; die Kameraden und Freunde, mit denen wir uns umgeben, und die dort gemachten Erfahrungen (vgl. Geulen 1994, S. 101).

Derartige Umweltbezüge sind sonach die realen Bedingungen, an denen sich Bildungsprozesse entzünden können, sofern sie nur über ein hinreichend anregendes Milieu für die sich bildende Person verfügen. – Wie aber kann man sich solche Bildungsprozesse näherhin vorstellen? Wie gehen sie vonstatten?

Offenkundig immer nur im tätigen Umgang mit Personen und Dingen in situativen Umweltkontexten, und d.h. im Horizont sozio-kulturell erschlossener und ausgehandelter Bedeutungszusammenhänge. So begegnet bereits das kleine Kind tagtäglich vielfältigen Objekten mit Anregungscharakter, die es gleichsam auffordern, mit ihnen zu hantieren und sie auszuprobieren – ein Vorgang der Begegnung mit „Welt", der sich tausendfach fortsetzt, ein Leben lang. Bei all dem können Umwelten mit ihrem Informationswert, ihrem Symbolgehalt und ihrer ästhetischen Qualität ein reichhaltiges Anregungspotential bereitstellen. Und der in diesen Umwelten lebende Sozialisand ist dann nicht weiterhin ein primär reaktiv angepasstes, zurecht geschliffenes Teilchen im Funktionsganzen der Gesellschaft. Vielmehr ist er, in gewissen kontextuellen Grenzen, durchaus aktiv mitgestaltender, reflexiv tätiger menschlicher Umweltakteur, insbesondere im Jugend- und Erwachsenenalter. Ganz zu Recht interpretieren denn auch die neueren entwicklungspsychologischen Konzeptionen (vgl. Montada 2002^5) ähnlich wie die neuere Sozialisationsforschung (vgl. Hurrelmann 2001^7) den Mensch-Umwelt-Bezug als ein Verhältnis wechselseitiger Interaktion, demzufolge der Einzelne als „produktiv realitätsverarbeitendes Subjekt" (Hurrelmann 1983, S. 91) in der Auseinandersetzung mit der äußeren Realität seinen jeweiligen Umweltkontexten handelnd und gestaltend gegenübertritt, gegebenenfalls auch kritisch, und eben so seine eigene, innere Gestalt herausbildet. Pädagogische Leitvorstellung ist hierbei eine vielfältig geformte, selbstständig gewordene, eben gebildete Person, die sich angesichts der äußeren Realität ihrer Lebensumwelten wie auch als originärer Interpret ihrer eigenen inneren Realität zurechtzufinden vermag.

Hält man sich hierbei vor Augen, dass in diesem lebenslangen Prozess der Bildung die jeweilige Umweltqualität mit ihrem stimulierenden bzw. blockierenden Potential über die Bildungsspielräume der Person in erheblichem Umfange mitentscheidet, so unterstreicht dies einmal mehr die Notwendigkeit einer humanökologischen Orientierung auch in der Erziehungswissenschaft. Von daher erscheint es denn auch nicht mehr zureichend, vorwiegend isolierte innerpsychische Vorgänge des Individuums zu analysieren oder den pädagogischen Bezug (Erzieher/Zögling) für sich genommen zu thematisieren. Vielmehr sind darüber hinaus und weit mehr, als bislang praktiziert, auch die Umweltkontexte der sich bildenden Individuen zu thematisieren, auf ihre Qualität als Lernumwelten zu erforschen und entsprechend bildungsfördernde Umwelten anzustreben. Letzteres müsste unmittelbar beim Arrangement von pädagogischen Settings, welcher Art auch immer, geschehen; ferner auch bei ggf. erforderlichen kompensatorischen pädagogischen Maßnahmen (vgl. hierzu etwa Weber 1996, S. 137ff.) und schließlich bei jenen eigens durchgeführten Bildungsmaßnahmen, die begleitend und ermutigend darauf hinwirken, dass Individuen ihre Umweltsituationen wenigstens nachträglich und teilweise noch verbessern. Mittelbar müsste die bildungsfördernde Umwelt auch ein Thema von Forschung, Bildungs- und Sozialpolitik sein.

Zwischenfazit: Ein humanökologisch akzentuierter Bildungsansatz hebt sonach auf stimulierende Umwelten ab, die als umfassendes Netzwerk von sozial positiven Kontakten und Spielräumen die sich bildende Person dazu motivieren, ihre Vorstellungen von sich selbst und ihrer Lebenswelt in einer Weise zu erweitern und zu differenzieren, dass sie nun auch selbst gestaltend eingreifen und sich diese Welt zu eigen machen kann.

Das Bemühen um die kritisch-produktive Aneignung situativer Umweltkontexte macht den Bildungsprozess aus, ihr Verstehen und Ausloten verbunden mit Förderungsabsicht ist Sache der Erziehungswissenschaft.

II. Ökosystemforschung entlang der Lebensspanne

II.1. Problemstellung

Die Selbstformung der Person, ihre Bildung zu reflektiertem Welt- und Selbstbezug, ereignet sich mithin jeweils in der kritisch produktiven Aneignung jener wert-, sinn- und sachhaften Umweltkontexte, innerhalb derer das personale Individuum denkend, verstehend, auswählend, verknüpfend und gestaltend tätig ist. Aus den unterschiedlichen Umweltanforderungen jedoch lassen sich konkrete Bildungsaufgaben formulieren, mit deren Bewältigung stets auch Fragen gelingenden oder misslingenden Menschseins auf dem Spiel stehen. Im Aufgreifen dieser humanökologischen Perspektive sieht sich Erziehungswissenschaft dann vor die Aufgabe gestellt, solch situativ-lebenskontextbezogene Bildungsaufgaben von Kindern, Jugendlichen und Erwachsenen auszumachen und zu fragen, was in diesen wechselnden Umwelten jeweils Bildung meint bzw. meinen und erfordern könnte. Auf diese Weise lässt sich jeweils ein Konkretes, ein Partikulares an Bildung formulieren und ggf. durch spezifische Unterstützung pädagogisch fördern und begleiten.

Indessen, so wird man einwenden, muss ein solches Vorhaben angesichts der Vielfalt an Umwelten nicht unweigerlich ins Uferlose führen? Schließlich gibt es nachgerade unendlich vielfältige Arten, Mensch zu sein, als Individuum sich selbst und Welt zu begreifen. Will man hier der individuell und kulturell bedingten Pluralität Herr werden, so gilt es, ökosystemisch zu untersuchen, in welcher Weise heranwachsende und erwachsene Individuen in für sie typischen, vergleichbaren Lebensumwelten agieren; d.h. human-ökologisch ausgerichtete Pädagogik muss menschliche Ökosystemforschung betreiben.

Es ist nun das besondere Verdienst von Urie Bronfenbrenner (1981), in dem bis heute wohl noch umfangreichsten sozialisationstheoretischen Ansatz zur menschlichen Ökologie menschliche Ökosysteme typologisiert und kategorisiert zu haben, sodass es ihm gelang, ein vernetztes Gefüge von Systemzusammenhängen unterschiedlicher Reichweite fassbar zu machen. Von daher können dann die jeweiligen systemischen Hauptbestandteile im Rückgriff auf einschlägige empirische Befunde analysiert, in ihrem Zusammenspiel untersucht, aber auch einem interkulturellen bzw. historischen Vergleich zugänglich gemacht und auf Chancen oder Hindernisse individueller Selbstverwirklichung und Selbstentfaltung hin überprüft werden.

II.2. Bronfenbrenners Aufteilungsversuch

In deutlicher Abgrenzung von einer weitgehend noch umweltgleichgültigen Forschung, insbesondere aber auch von einer Forschung, die sich allenfalls auf einen einzigen, unmittelbaren Lebensbereich von Versuchspersonen konzentriert, formulierte Bronfenbrenner (1981) sein konzeptionelles Anliegen, hinsichtlich der agierenden Individuen die Umweltperspektive beträchtlich zu erweitern. So schreibt er in einem einleitenden Text zu den Defiziten bisheriger sozialpsychologischer Theorien, selbst wenn sie umweltbezogen argumentieren:

„Erstens übersehen sie im allgemeinen die Auswirkungen nichtsozialer Umweltaspekte, zu denen auch die Art der Tätigkeiten gehört, mit denen die Beteiligten befasst sind; zweitens, und das ist gravierender, beschränken sie den Begriff der Umwelt auf einen einzigen, auf den augenblicklichen Lebensbereich um die Versuchsperson, der in diesem Buch als Mikrosystem bezeichnet wird. Nur selten wird das Verhalten der Person in mehreren Lebensbereichen registriert, nur selten wird berücksichtigt, daß und wie die Beziehungen zwischen den Lebensbereichen die Ereignisse in ihnen beeinflussen können. Noch weit seltener ist die Erkenntnis, daß Verhalten und Entwicklung in jedem beliebigen augenblicklichen Lebensbereich um die Person tiefgreifend von Umweltereignissen und Umweltbedingungen außerhalb dieses Lebensbereichs beeinflusst werden können" (vgl. ders.1981, S. 33f.).

Im Bemühen um solche Ausdifferenzierung und Kontexterweiterung führt Bronfenbrenner bekanntlich vier ineinander verschachtelte und wechselseitig wirksame Ökosystemeinheiten von unterschiedlicher Größenordnung ein, die er als Mikro- (Klein-), Meso- (mittleres), Exo- (von außen kommendes) und Makro- (Groß-) System bezeichnet.

Forschungsziel hierbei ist die Analyse zur Optimierung der Entwicklungsbedingungen von Individuen in ihren jeweiligen Umwelten. Hauptkriterien für entwicklungs- bzw. bildungsfördernde Umwelten sind aus seiner Sicht die fünf Größen: naturale und kulturelle Umweltfaktoren, sofern sie das Individuum freigeben; verantwortliche („molare') Tätigkeiten; vielfältige Rollen und zwischenmenschliche Beziehungen (vgl. hierzu auch den informativen Beitrag von Oerter 2002^5, S. 72-104).

II.2.a. Setting und Mikrosystem:

Folgt man Bronfenbrenners Typologisierung im Einzelnen, so stellt sich das Leben als eine Abfolge szenischer Umweltausschnitte („Settings') dar, innerhalb derer der Einzelne als Akteur auf der Bühne des Lebens Tag für Tag auf eine Vielzahl von Interaktionsorten trifft, die höchst unterschiedliche Anforderungen und Bewältigungsformen an ihn richten. Das mag mit dem Frühstückstisch in der Familie beginnen, sich in Schule, Beruf, peer-group oder Freizeitbetätigung fortsetzen und den Tag bei einem abendlichen Geburtstagsfest beenden. Offenkundig verläuft das Leben bereits von Kindern und erst recht von Jugendlichen und Erwachsenen in unseren hochkomplexen Gesellschaften in einem zunehmend raschen Wechsel von solchen Umweltkontexten.

„(Behaviour) Setting" ist hierbei als eine Art ökologischer Grundbaustein, und zwar objektiv betrachtet, ein bestimmter „Ort mit spezifischen physikalischen Eigenschaften, in dem die Teilnehmer in bestimmter Weise in bestimmten Rollen und in bestimmten Zeitabschnitten aktiv sind. Die Faktoren Ort, Zeit, physikalische Eigenschaften, Aktivität, Teilnehmer und Rolle konstituieren die Elemente eines Settings" (Bronfenbrenner 1977, S. 514).

So gehören zu einer Schulklasse etwa, von außen betrachtet, Klassenzimmer, Schüler/innen, Lehrpersonen, Lern- und Übungsprozesse, Leistungsmessungen etc. Ist der Einzelne hierbei jedoch bspw. als Schüler Teil, also Mitakteur im Setting Schulklasse, so erhält dieses Szenario jetzt mit einem Mal eine ganz persönliche Einfärbung. Die Schulklasse wird zum erlebten Setting, d.h. zum Mikrosystem. Welche Rolle der betreffende Schüler hier einnimmt, welche verantwortlichen Tätigkeiten man ihm zutraut und einräumt und welcher Beliebtheit er sich im Klassenverband erfreuen darf, dies alles wird darüber befinden, ob das Mikrosystem Schule für ihn ein persönlich freisetzender oder beengender und blockierender Lebensbereich wird.

„Ein Mikrosystem ist (sonach) ein Muster von Tätigkeiten und Aktivitäten, Rollen und zwischenmenschlichen Beziehungen, die die in Entwicklung begriffene Person in einem gegebenen Lebensbereich („setting") mit den ihm eigentümlichen physischen und materiellen Merkmalen erlebt" (ders. 1981, S. 38).

Erst die Kenntnis der phänomenalen Umwelt eines Menschen, das Wissen um die Bedeutung, die eine Situation für ihn hat, macht sonach sein Verhalten und seine weitere Entwicklung verständlich. Und umgekehrt gilt es von daher empirisch zu ergründen, welche Komponenten in einer Situation am meisten die Aufmerksamkeit auf sich ziehen und somit die Umweltkonstruktion einer Person konstitutiv beeinflussen. Nach Kurt Lewin (1963) sind dies vor allem Aufgaben/Unternehmungen von Menschen und die sich hieraus ergebenden wechselseitigen Verbindungen im Rahmen von Gruppen. Bronfenbrenner fügt dem in seiner Konzeption noch die tragende Bedeutung der Rolle (ein „Satz von Verhaltensweisen und Erwartungen") für die Umweltwahrnehmung hinzu. Entsprechend lautet jetzt seine Zusatzdefinition:

„Tätigkeit (oder Aktivität), Rolle und zwischenmenschliche Beziehung sind die Elemente (oder Bausteine) des Mikrosystems" (ebd., S. 38).

Das leitende Forschungsinteresse hierbei bleibt der übergreifenden Frage verpflichtet, ob und aufgrund wessen die Entfaltung und Bildungsentwicklung von Individuen in den sie bestimmenden Umweltkontexten gefördert oder aber behindert und blockiert werden.

II.2.b. Mesosystem:

Diesem Leitgedanken dient auch Bronfenbrenners entschiedene Erweiterung seiner Umweltkonzeption von nur einem bestimmenden Lebensbereich (Mikrosystem) um die Versuchsperson hin auf die Verbindung mehrerer ihrer Lebensbereiche und die

Beziehung zwischen ihnen. Diese nächstgrößere Systemeinheit bezeichnet Bronfenbrenner als „Mesosystem". In seinen Worten:

Ein Mesosystem „umfasst die Wechselbeziehungen zwischen den Lebensbereichen, an denen die sich entwickelnde Person aktiv beteiligt ist (für ein Kind etwa die Beziehungen zwischen Elternhaus, Schule und Kameradengruppe in der Nachbarschaft; für einen Erwachsenen zwischen Familie, Arbeit und Bekanntenkreis)" (Bronfenbrenner 1981, S. 41).

Man kann also das Mesosystem auch als ein „System von Mikrosystemen" verstehen, gleichsam ein soziales Netzwerk erster Ordnung, das sich unmittelbar um die handelnde Person bildet und erweitert, sooft sie in einen neuen Lebensbereich eintritt. Wenngleich es als ein übergreifendes System unterschiedliche Lebensbereiche überspannt und in sie hineinwirkt, bleibt es dennoch auf einem überschaubaren mittleren Niveau im Nahbereich der Person angesiedelt. Hier bietet es die Chance zum geistig-emotionalen und aktionalen Reifungsprozess in dem Sinne, dass die sich entwickelnde Person jetzt „erweiterte, differenziertere und verlässlichere Vorstellungen" über ihre Lebensumwelten gewinnen kann (vgl. ebd., S. 44; 200). Dies setzt jedoch voraus, dass hinreichende Verknüpfungen zwischen den Lebensbereichen hergestellt werden.

Zur Illustration: Ein aufgeregter Patrick wird am ersten Schultag von seiner Mutter zum Gymnasium begleitet. Die Mutter beruhigt ihn, dass er einen Teil der Lehrer und der schulischen Abläufe ja doch schon aus den Erzählungen von Philipp kenne. Beim Betreten der Aula begegnen sie einem Freund des Vaters aus dem Gesangsverein, der hier Englischlehrer ist und beide herzlich begrüßt. Beim Aufrufen der Namen ist die neue Klassenlehrerin erfreut, in Patrick einen Bruder von Philipp vor sich zu haben. Frau H. kehrt mit dem Gefühl nach Hause zurück, dass ihr kleiner Sohn in der neuen Umgebung gut aufgehoben ist. Und sie fragt sich, ob sie sich diesmal nicht doch die Zeit nehmen und einen Platz im Elternbeirat anstreben soll.

Offensichtlich eine nahezu ideale Verknüpfung zwischen den Lebensbereichen Schule und Elternhaus. Der in der Regel schwierige „ökologische Übergang" ist hier gelungen (unter Begleitung der Mutter). Eltern und Kinder besitzen bereits hinreichende Kenntnisse, was im neuen Umfeld auf sie zukommt. Es gibt mehrere „kontextübergreifende Dyaden" (der Bruder als langjähriger Schüler dieses Gymnasiums; Vater singt mit einem Lehrer im selben Chor; eventuell trifft P. auch noch Schulkameraden aus seiner bisherigen Schule). Überdies bestehen zwischen Elternhaus und Schule vergleichbare Rollenanforderungen, ein ständiger Kommunikationsfluss und die Bereitschaft zum besonderen Engagement. Kommt hierzu noch ein Klima gegenseitigen Vertrauens, der positiven Betätigung und Orientierung, so ist davon auszugehen, dass in diesem (meso)systemischen Kontext das „entwicklungsfördernde Potential" erheblich gesteigert werden kann (vgl. ebd., S. 199-208).

Als repräsentatives Beispiel für eine diesbezügliche Forschungsarbeit sei nur verwiesen auf Kühnel/Matuschek (1995), die in ihrer minutiös durchgeführten Studie zum jugendlichen Ökosystem Berlin-Marzahn die Korrelation von jugendlicher Abhängigkeit (Drogenmissbrauch etc.) und mangelhaft besetzten Ökosystemelementen aufzeigen. Aber auch schon eine weniger exponierte Publikation wie etwa die Arbeit von Ottmar Hanke (1998), die den Zusammenhang von jugendlichem Gewaltverhalten und der spezifischen Umwelt männlicher Jugendlichencliquen untersucht, gelangt zu pädagogisch hochrelevanten Ergebnissen. Geht es doch in einer komplexen Gesellschaft wie der unsrigen zunehmend darum, jenen mittleren Systemtyp der ‚normalen' Alltagswelt insbesondere von Kindern und Jugendlichen in den Blick zu nehmen und pädagogisch so zu arrangieren, dass die sich entwickelnden Personen in einem irgendwie noch vertrauten Netzwerk von Umweltkontexten kreativ mitzuwirken und mitzugestalten vermögen.

II.2.c. Exosystem:

Einen hierzu gleichsam gegenläufigen Systemtyp hat Bronfenbrenner all jenen Einflüssen vorbehalten, die aus der Perspektive des handelnden Individuums von außerhalb seines eigenen Umfeldes kommen und auf die es deshalb überhaupt keinen Einfluss nehmen kann. Seine Definition hierfür lautet:
„Unter Exosystem verstehen wir einen Lebensbereich oder mehrere Lebensbereiche, an denen die sich entwickelnde Person nicht selbst beteiligt ist, in denen aber Ereignisse stattfinden, die beeinflussen, was in ihrem Lebensbereich geschieht, oder die davon beeinflusst werden" (Bronfenbrenner 1981, S. 42).

Es kann die drohende Arbeitslosigkeit des Vaters sein oder die Erkrankung eines Familienmitglieds, die störend in das Mikrosystem Familie hineinwirken. Andere Beispiele für das Exosystem eines Kindes sind etwa die Schule bzw. die Gleichaltrigengruppe des älteren Bruders oder der Bekanntenkreis der Eltern. Derartige Außenweltfaktoren können die Handlungsspielräume im eigenen Lebensbereich in erheblichem Maße beeinflussen (vgl. ebd., S. 224 ff.). Dies gilt bereits für das „von außen" ins Haus kommende Fernsehprogramm, das, als Teil des Exosystems des Kindes, in vielen Fällen mit geballter Macht die Interaktionsstruktur in der Familie verändert. Oder es ist der Einfluss von Lärmbelästigung in der Wohnung, deren Lage, etwa an einer Schnellstraße, in einem bestimmten Stadtteil etc., welche die Entwicklung unter Umständen stark beeinträchtigt. Stets gehört zu diesen Außenweltfaktoren aus der Sicht der Betroffenen etwas Undurchschaubares, Unumstößliches, dem man ausgeliefert ist, das man kaum überblickt, geschweige denn verändern kann.

Allgemein gesprochen sind es also vielfältige gesellschaftliche Institutionen und Rahmenbedingungen lokaler und überregionaler Art, die in ihrer Summe für die in der Familie Heranwachsenden das Exosystem bilden. Es sind dies gleichsam „Lebensbereiche der Macht", in denen formell oder informell Hilfsmittel zugeteilt und gesellschaftlich relevante Entscheidungen getroffen werden. Entsprechend plausibel und für Wissenschaft und Sozialpolitik bedenkenswert lautet denn auch die hieraus gefolgerte Hypothese Bronfenbrenners: „Das entwicklungsfördernde Potential eines Lebensbereichs wird in dem Ausmaß gesteigert, in dem den Beteiligten direkte und indirekte Verbindungen zu Lebensbereichen der Macht offen stehen, die es ihnen erlauben, Unterstützungen und Entscheidungsfindungen den Bedürfnissen der sich entwickelnden Person und den Bestrebungen ihrer Vertreter entsprechend zu beeinflussen" (ebd., S. 240).

II.2.d. Vorgriff auf das ‚Makrosystem' und Zwischenresümee:

Obwohl die übergreifenden Umweltzusammenhänge des ‚Makrosystems' in Teil III noch ausführlich thematisiert werden, ist schon hier auf die Makroebene vorzugreifen, weil sie in alle darunter liegenden Umweltsysteme hineinregiert. Entsprechend geht auch Bronfenbrenner davon aus, dass erst unter dem Einfluss dieses übergreifenden Systems die Umwelten im Nahbereich ihre spezifischen, in sich homogenen Konturen erhalten. Er definiert:

„Der Begriff des Makrosystems bezieht sich auf die grundsätzliche formale und inhaltliche Ähnlichkeit der Systeme niedrigerer Ordnung (Mikro-, Meso- und Exo-), die in der Subkultur oder der ganzen Kultur bestehen könnten, einschließlich der ihnen zugrundeliegenden Weltanschauungen und Ideologien" (Bronfenbrenner 1980, S. 42).

Das Makrosystem als eigene Gesamtkultur erscheint als das Normale, Selbstverständliche, allem und jedem drückt es seinen Stempel auf und verleiht ihm eine bestimmte, vertraute Physiognomie. So ähneln sich in einer gegebenen Kultur Einrichtungen wie etwa ein Cafe, ein Postamt, ein Park etc. in Aussehen und Funktionsweise in verblüffender Weise ebenso wie Bräuche, die Art zu denken, zu fühlen und sich auszudrücken. Es ist, als wäre dies nach je einem „Satz von Konstruktionsmustern" entstanden (vgl. ebd., S. 42).

Das Gleiche gilt, interkulturell gesehen, für die Formverschiedenheit auch auf der Mesosystemebene. Und erst beim Aufeinandertreffen des Andersartigen, sei es auf Reisen, sei es im Rahmen der heutigen multikulturellen Gesellschaft, zeigt sich das kulturell Eigene in seiner relativen Homogenität. Es sind hier jeweils höchst unterschiedliche kulturelle Lebensstile, Denkstile, Ethosformen am Werk, die ihrerseits von eigenen Weltanschauungen und Ideologien getragen sind.

Nach Bronfenbrenners begrifflicher Klassifizierung kann sich das Makrosystem jedoch auch auf die Ebene von Subkulturen beziehen und sich hier in durchgängigen Differenzierungsmustern innerhalb einer Gesellschaft manifestieren. Man denke dabei nur an die divergierenden Umwelten etwa von wohlhabenden oder von armen Bevölkerungsgruppen: „Die Konstruktionsanweisungen der Systeme für sozio-ökonomische, ethnische, religiöse und andere Subkulturgruppen sind verschieden, sind das Ergebnis verschiedener Weltanschauungen und Lebensstile, die ihrerseits wieder dazu beitragen, die für die einzelnen Gruppen typischen Umwelten zu bewahren" (ebd., S. 42). Es handelt sich hierbei vergleichsweise um Umweltgrößen, die gegenwärtig etwa unter dem ‚Milieu' – Begriff (vgl. Vester u.a. 2001; Tippelt 1999) oder auch in Bourdieus Rede (vgl. Bourdieu 2005) vom ‚kulturellen und sozialen Kapital' erfasst und erforscht werden.

Zwischenresümee: Mit seiner Konzeption der Ökologie menschlicher Entwicklung ist es Bronfenbrenner in der Tat gelungen, eine reichhaltige Palette ineinander verschachtelter menschlicher Umwelten von verschiedener Größenordnung herauszuarbeiten, mit denen sich Individuen in je unterschiedlicher Weise und Intensität in ständiger wechselseitiger Interaktion befinden. Gemessen an ökologischen Vorgängermodellen, die meist auf den Mikrobereich beschränkt blieben, bedeutet dies eine unvergleichliche Ausweitung und Differenzierung.

Fragt man hierbei nach der Grundintention seines Eintretens für förderliche Umwelten, so bringt Bronfenbrenner diese in Abwandlung des bekannten Satzes von Freud „Wo Es war, soll Ich werden" auf die Formel: „Wo Exo- war, soll Meso- werden" (Bronfenbrenner 1981, S. 266). Die in Entwicklung begriffene Person, so der Leitgedanke, sollte die Chance erhalten, in einem ebenso vielfältigen wie zwischenmenschlich anregenden Netzwerk von Umwelten sich als Individuum zur reifen Persönlichkeit heranzubilden, sich frei entfalten und handeln zu können.

II.3. Bildungsaufgaben in der Perspektive der Lebensspanne

Menschen entwickeln sich weiter, verändern und bilden sich sonach in der Wechselwirkung mit sich wandelnden Umwelten. Dies äußert sich nicht nur im gleichzeitigen Neben- und Ineinander von verschachtelten Umwelten unterschiedlicher Reichweite. Die Veränderung von Mensch und Umwelt ereignet sich im Leben eines Menschen insbesondere auch in der zeitlichen Abfolge verschiedenartigster Umweltkontexte im Laufe eines Lebens, was selbstverständlich immer auch mit räumlich-materiellen Aspekten zu tun hat (Wohnort, Wohnung, Einrichtung etc.). Hält man sich hierbei an den ökosystemisch vorgezeichneten Werdegang, so trifft es gegenwärtig in der Tat zumindest auf alle höher entwickelten Kulturen zu, dass Kinder und Jugendliche die Phase ihres Aufwachsens im Lebensraum Familie beginnen, um von dort nach einigen Jahren zusätzlich in die neue Umwelt Schule zu gelangen. Fast gleichzeitig damit gewinnt die Umwelt der Gleichaltrigen zunehmend an Bedeutung, und hieran schließt sich, meist noch im Jugendalter, der Eintritt in die Umwelt des Berufslebens unmittelbar an. Dabei endet die persönliche Entwicklung und Bildung nun keineswegs, wie früher häufig unterstellt, mit Abschluss der Schule und dem Eintritt ins Berufsleben, also mit jener Lebensphase, in der Heranwachsende sich zu selbstständigen, eigenverantwortlich handelnden Personen herangebildet haben. Vielmehr erreicht die eigentätige Ausformung des Menschen zur reifen Persönlichkeit, aufs Ganze des Lebens hin betrachtet, doch erst jetzt ihre eigentliche Hochphase. Es tun sich weiterhin neue, bisher noch unbekannte Lebensumwelten auf, die es zu durchmessen und wieder zu verlassen gilt, angefangen von der Gründung einer Familie bzw. einer partnerschaftlichen Lebensgemeinschaft, gegebenenfalls der Geburt und der Erziehung eigener Kinder im frühen Erwachsenenalter über den Ausbau der beruflichen Karriere und des sozialen Netzes im mittleren Erwachsenenalter bis hin zum eher beengten Lebensraum im Alter.

Begreift man nun diesen tiefgreifenden Wandel in der ontogenetischen Entwicklung der Person als einen Wechsel von unterschiedlichsten kulturellen Welten, dann erwachsen dem Einzelnen dort jeweils neue Bildungsaufgaben, die es zu bewältigen, „Daseinsthematiken"(Thomae), die es zu verarbeiten gilt. Jeder Einschnitt, jeder neue Lebenskontext mit seinen neuen Problemen und Veränderungen – denken wir nur etwa an den Wechsel des Kleinkindes von der Familie in die neue Umwelt Schule und in die der Gleichaltrigengruppe, oder auch an den Eintritt ins Berufsleben, die Gründung einer Familie, bis hin zur gänzlich anders gelagerten Situation im höheren Alter –, ist gleichsam eine Attacke auf das gewachsene Welt- und Selbstverständnis des Individuums.

Um sich auf dem neuen, fremden Territorium verstehen, bewegen und damit umgehen zu können, bedarf es also jeweils neuer reflexiver Vollzüge, Konstruktions- und Integrationsleistungen seitens der agierenden Subjekte, insgesamt also je neuer Orientierung. Und dies bleibt auch im Erwachsenenalter ein Leben lang virulent, wenn es darum geht, eine nicht mehr tragfähige Welt für sich umzudefinieren bzw. das bisherige Selbstkonzept gegebenenfalls zu reorganisieren.

Es war R. J. Havighurst (1982), der aus praktisch-pädagogischem Forschungsinteresse erstmals auch Auflistungen von Entwicklungsaufgaben für die verschiedenen Lebensperioden vornahm (vgl. hierzu etwa Oerter 1995³, S. 122f.). Hierbei verstand er unter „Entwicklungsaufgabe" (developmental task) eine „Aufgabe", „die sich in einer bestimmten Lebensperiode des Individuums stellt. Ihre erfolgreiche Bewältigung führt zu Glück und Erfolg, während Versagen das Individuum unglücklich macht, auf Ablehnung durch die Gesellschaft stößt und zu Schwierigkeiten bei der Bewältigung späterer Aufgaben führt" (Havighurst 1982, S. 2).

Der Autor konzeptualisiert damit näherhin drei Komponenten, welche Entwicklungsaufgaben konstituieren, nämlich (1) biologische, innerhalb des Organismus gelegene Veränderungen (physische Reife), (2) sozio-kulturelle Normen (Erwartungen, Rollenzuweisungen in der Gesellschaft) und (3) individuelle Zielsetzungen (Präferenzen, Werte seitens des Individuums). Insofern erhält seine Konzeption durchaus eine humanökologisch akzentuierte Bildungsrelevanz. Individuelle Weiterentwicklung ist nicht mehr nur Resultat organismischer Prozesse, sondern findet in der Dialektik von individuellen Reifeprozessen und sozio-kulturellen Außenweltfaktoren statt, wobei die in ihrer Umwelt agierende Person ihre ganz persönlichen Optionen trifft. Hier sieht sie sich jeweils in einen spezifischen Handlungszusammenhang mit Aufgabencharakter gerückt, der sie zur Auseinandersetzung auffordert und zur situativen Bewältigung drängt. Genau damit aber werden individuelle Eigenaktivität, Lernkapazitäten, Problemlösungsstrategien freigesetzt und d.h. Bildungsprozesse stimuliert.

Gegenüber Havighursts Konzeption wurden in der Folge auch kritische Vorbehalte dahingehend angemeldet, dass

- die Auflistung von Entwicklungsaufgaben dem geschichtlichen Wandel und der gesellschaftlichen Gruppendifferenzierung nicht gerecht werde und dass
- die Kategorie der Entwicklungsaufgabe den Standards empirischer Theorien nicht annähernd Rechnung trage.

Der erste Vorbehalt ist sicherlich zu entkräften. Bereits Havighurst und seine Mitarbeiter hatten lediglich kulturrelative Aufgabenstellungen vor Augen; denn Entwicklungsaufgaben sind für sie nicht anthropologisch universelle, sondern sozio-kulturell normierte Größen, die in der amerikanischen Normalbiographie, dies bedeutet auch in den westlich geprägten Gesellschaften der Gegenwart, als verbreitet oder im statistischen Sinne als ‚normal' gelten (vgl. Montada 2002⁵, S. 41ff.). Als Aufgaben jedoch, die sich nur in einer gegebenen Kultur stellen, sind sie für geschichtlichen Wandel und innergesellschaftliche Gruppendifferenzierung generell offen. Im zweiten Vorbehalt ist in der Tat ein Manko des Begriffs der ‚Entwicklungsaufgabe' angesprochen, nämlich dass es sich hierbei um ein, gemessen an empirischen Theorieansprüchen, „vergleichsweise theoriefernes Konzept" handelt (Pekrun 1994, S. 17).

Doch konnte dem inzwischen bereits teilweise abgeholfen werden (vgl. etwa Oerter 1995³, S. 120ff.).

Unter Anknüpfung an Havighurst kam es in der Folgezeit dann im Hinblick auf Entwicklungsaufgaben zu zahlreichen weiteren Taxonomisierungsversuchen mit zum Teil noch verfeinerten Klassifizierungsrastern. So schlägt z.B. Oerter (1995³) eine Aufteilung hinsichtlich des zeitlichen Umfanges von Entwicklungsaufgaben vor, wonach auch „Meilensteine" im Lebenslauf (wie etwa Erstelternschaft, antizipierter Ruhestand, Erwartung des Todes u.a.) bis hin zu sehr kurzen Zeitabschnitten (Bewältigung von besonderen Ereignissen wie Operation, längere Abwesenheit des Ehepartners, Urlaubsvorbereitung) Berücksichtigung finden.

Will man ferner noch in den Bereich unterhalb derartiger Normierungen vorstossen, wie sie mit der ontogenetischen Entwicklung und den sozio-kulturellen Gegebenheiten nahezu regelhaft („normativ") verbunden sind, so bietet das Konzept der „Kritischen Lebensereignisse" pädagogisch weiterführende Auskünfte an (vgl. Filipp 1995³). Thematisiert werden hier nämlich nicht-normative Einschnitte im Lebenslauf einer Person wie Scheidung, Trennung, schwere Erkrankung, Operation, Tod eines nahestehenden Menschen, Arbeitslosigkeit, ökonomische Verluste etc. Kritische Lebensereignisse markieren sonach tiefgreifende situative Einschnitte im Leben eines Menschen, die sein bisheriges Selbstverständnis und seine Sicht vom Leben entscheidend verändern. Gewöhnlich verlangen sie deshalb auch eine Neuorientierung, die Suche nach neuem Sinn (vgl. Montada 2002⁵, S. 68).

Wie auch immer die weitere Forschung das methodische Instrumentarium im Einzelnen noch verfeinern mag, Aufgabe einer konkret ausgerichteten Pädagogik bleibt es, kulturtypische situative Lebenskontexte gerade auch in der Perspektive der Lebensspanne in ihrem Herausforderungscharakter als Bildungsaufgabe auszumachen und ggf. mit Hilfe von Bildungsmaßnahmen zu begleiten.

Bildung in der Perspektive der Lebensspanne lässt sich dann begreifen als ein mit zunehmenden Kompetenzen sich erweiternder individueller Selbstgestaltungsprozess, innerhalb dessen das Individuum in der Auseinandersetzung mit spezifischen „Daseinsthematiken" und deren Verknüpfung zu einem lebensgeschichtlichen Ganzen sich selbst ein Leben lang in Welt je neu verortet.

II.4. Kritische Würdigung

Nun ist es noch keineswegs gesagt, inwieweit die von Bronfenbrenner selbst erhobenen empirisch-methodologischen Ansprüche einlösbar sein werden (vgl. E. Weber 1996, S. 130). Und erst recht stellt die von ihm vorgenommene Einteilung der verschiedenen Ökosystemgrößen allenfalls ein Grobraster von Umweltklassifikationen dar, das noch der Ausdifferenzierung und Ergänzung bedarf (vgl. Oerter 2002⁵, S. 76). Insbesondere betrifft dies, wie wir im Folgenden noch sehen werden, die Systemebene im Makrobereich. Andererseits aber können gerade diese Offenheit und systemisch-klassifikatorische Unschärfe, positiv betrachtet, in ihrer Vagheit und Vorläufigkeit dazu einladen, Defizite auszugleichen und neue, weiterführende Forschung zu betreiben. So verstanden vermag sein Konzept dann als ein durchaus erfolgversprechender Forschungsrahmen zu fungieren, innerhalb dessen die Erziehungswissenschaft, ähnlich wie auch Entwicklungspsychologie und Sozialisationstheorie, weiter arbeiten kann.

Zentrale Botschaft hierbei ist die kaum zu überschätzende Bedeutung des Faktors Umwelt für die Entwicklung und Bildung des Menschen zur reifen Persönlichkeit. Zollt man dem im Rahmen der Erziehungswissenschaft Beachtung, so gilt es künftig, die vernetzten Umweltbezüge, mit denen es Kinder, Jugendliche und Erwachsene zu tun haben, in all ihren pädagogischen Belangen und Implikationen zu erforschen. Unter dieser Prämisse bedürfen dann jene erziehungswissenschaftlichen Denkmodelle, die in direktem Zugriff auf den „Zögling" gewöhnlich nur die unmittelbare pädagogische Beziehungsstruktur thematisieren, der Revision bzw. einer Ausweitung, welche die Umweltkontexte in Rechnung stellt. So müsste zum einen jedwede geplante und organisierte pädagogische Interaktion selbst auf ihren möglichen situativen Kontext hin befragt werden. Entsprechend bestünde pädagogische Intervention dann vornehmlich darin, optimale Lernumwelten zu arrangieren. Zum anderen dürften die Adressaten von Erziehungs- und Bildungsprozessen nurmehr vor dem Hintergrund ihrer persönlichen Lebensumwelten gesehen und auf deren Bewältigung hin gefördert werden.

Insgesamt müssten dabei, Bronfenbrenner resümierend, folgende Leitgesichtspunkte entwicklungsfördernder Umwelten intendiert werden:

- im Blick auf den *Mikrobereich* ein materieller und sozialer Lebenskontext, der zu fortschreitend komplexeren Tätigkeiten, wechselseitigen Interaktionsmustern und zwischenmenschlichen Beziehungen motiviert;
- im Blick auf die *Mesosystemebene* hinreichend direkte und indirekte Verbindungen zwischen unterschiedlichen Lebensbereichen, denen zufolge ein soziales Netzwerk entsteht, welches gegenseitiges Vertrauen, positive Orientierung und vielseitige Rollenübernahme fördert;
- hinsichtlich des *Exosystems* soziale Netzwerke, welche die unmittelbaren Lebensbereiche der Beteiligten mit Lebensbereichen der Macht verbinden, so dass individuelle Bedürfnisse angemessene Berücksichtigung finden;
- hinsichtlich des *Makrosystems* gesamtkulturelle Konstruktionsanweisungen bzw. subkulturelle Muster, die dem Einzelnen eine zunehmende Einflussnahme auf den entfernteren Teilbereich in seiner Umwelt einräumen.

Was jedoch diese letztgenannte Systemgröße betrifft, so verbleibt sie, wie bereits bemerkt, in Bronfenbrenners Konzept noch weithin im Dunkeln. Damit angesprochen ist das von ihm so benannte „Makrosystem der Gesamtkultur", also unsere westlich-abendländisch geprägte Großgesellschaft der Gegenwart bzw. unsere moderne Zivilisation. Deren Erforschung ist, wie wir eingangs (I,2) feststellten, das Verbindungsstück zwischen natur- und sozialökologischen Konzeptionen und als solches humanökologisch von zentraler Bedeutung. Prägt dieses Makrosystem doch, wie Bronfenbrenner (1981, S. 42f.) selbst es einführt, allem und jedem seinen Stempel auf. Im Folgenden soll deshalb nach den tragenden Strukturen bzw. den Wirkfaktoren dieses Supersystems der modernen Zivilisation gefragt werden, die sich auf alle nur denkbaren Umwelten bis in den Nahbereich von Personen hinein auswirken und deren Bildungsprozesse nachhaltig mitbestimmen.

III. Einwirkungen aus dem ökosystemischen Makrobereich

III.1. Die globale, technisch-ökonomische Zivilisation als neues Phänomen

Die westlich-abendländisch geprägte Großgesellschaft der Gegenwart, die derzeit am meisten bestimmende Größe im humanökologischen Makrobereich, unsere moderne Zivilisation, zeichnet sich vor allem dadurch aus, dass mit ihr erstmals in der Geschichte der Menschheit die Welt als eine globale Einheit zusammenwächst: getragen von weltumspannenden Informations- und Kommunikationssystemen, von Technisierung und Ökonomisierung, von vergleichbaren Gesetzlichkeiten einer arbeitsteiligen Industrie- und Informationsgesellschaft, von rationaler Organisation und der diese Faktoren leitenden wissenschaftlichen Rationalität (vgl. Mertens 1998). Verstärkt wurde dieses Einheitsband seit den 90er Jahren noch durch einen sich entwickelnden globalen Markt mit weltweiten Kapitalströmen und einer tendenziell internationalen Arbeitsteilung, die strikt dem Wettbewerbsprinzip untersteht (vgl. Hübner 1998). Begriffe wie ‚Globalisierung' bzw. ‚Computerzeitalter' fungieren seitdem als Etikettierung dieser sozio-strukturellen und -kulturellen Verhältnisse unserer gegenwärtigen Menschheitsepoche, als Indizien gleichsam für eine neuartige Zivilisations- und Kulturform, die in ihrer gesellschaftsverändernden Macht das Leben eines jeden von uns tiefgreifend erfasst und bestimmt (vgl. Scheunpflug/Hirsch 2000). Vor diesem Hintergrund erweckt es den Anschein, als würde die ganze Durchschlagskraft des Makrosystems der modernen Zivilisation bei den sonst üblichen pädagogischen Untersuchungen der individuellen Nahumwelten eher unterschätzt bis ausgeblendet (vgl. Hornstein 2001). Im Sinne des humanökologischen Grundgedankens eines vernetzten Gefüges von Umwelten unterschiedlicher Reichweite jedoch erscheint es unabdingbar, die Verschränkung der Mikro- und Mesoebene gerade auch mit dieser wohl ausschlaggebenden Größe im Makrobereich der Gesamtkultur in den Blick zu nehmen. Welches sind nun aber die bestimmenden Strukturmerkmale dieser modernen, hoch technisierten Gesellschaft?

III.2. Die gesellschaftlichen Strukturmerkmale dieser Zivilisation als Indizien für eine neuartige, „moderne" Lebensform

Bereits Emile Durkheim, einer der Väter der Soziologie, vermochte den im Vergleich zu traditional-homogenen Gesellschaften wohl auffallendsten und einschneidendsten gesellschaftlichen Strukturunterschied unserer modernen Zivilisation herauszuarbeiten; nämlich den Tatbestand einer im Zuge der Industrialisierung einsetzenden gesellschaftlichen Differenzierung und Spezialisierung, wodurch die moderne Gesellschaft mit einer Vielzahl geleisteter Dienste, Tätigkeiten, Funktionen und Spezialfunktionen einen gänzlich neuen Komplexitätsgrad erreicht. Diese „Arbeitsteilung" (Durkheim 2004, S. 79; 102), d.h. die Teilung der bislang gemeinsamen sozialen Funktionen in komplementäre Funktionen, ist für ihn die Bedingung des intellektuellen und materiellen Fortschritts, die „Quelle" unserer Zivilisation (vgl. ebd., S. 317; 19). „Denn erst dort", so Durkheim, „vermag die Gesellschaft als komplexe Einheit effizient zu agieren, wo infolge sozialer Differenz die gesellschaftlichen Subsysteme relative Autonomie erlangen und zugleich hiermit den Spezialfunktionen zugeordnete Freiräume für die Eigentätigkeit des einzelnen entstehen" (vgl. auch Mertens 1998, S. 142).

Parallel zur funktionalen Differenzierung nahm Durkheim ansatzweise bereits auch ein weiteres Strukturmerkmal der modernen Gesellschaft in den Blick, nämlich das der gesellschaftlichen Individualisierung. Im Gegensatz zum Kollektivtyp der Homogenität stellt für ihn der gesellschaftliche Zusammenhalt, der aus der Arbeitsteilung erwächst, einen Individualtyp dar, der auf Unähnlichkeit, auf Diversifizierung, beruht. Indessen vermochte Durkheim zu Beginn des 20. Jahrhunderts, zumal mit dem Instrumentarium der erst im Entstehen begriffenen Soziologie, das ganze Ausmaß der Differenzierungs- und Individualisierungsphänomene in modernen Gesellschaften noch nicht adäquat abzuschätzen. Mit Systemtheorie, Rollentheorie und insbesondere mit Symbolischem Interaktionismus hat sich der Blick für die funktionale Differenzierung der modernen Gesellschaft inzwischen erheblich verschärft. Erscheint von daher doch die moderne Gesellschaft, weit davon entfernt, ein in sich geschlossenes, festgefügtes Kollektivganzes zu sein, eher als ein weitmaschig integriertes Netz unendlich vieler sozialer Teilstrukturen von tausend einander kreuzenden Gruppen. Hierbei findet sich der Einzelne mit Geburt und sozialem Milieu in Teilausschnitte dieses Netzwerkes eingeflochten vor, um sich von da an aufgrund erworbener sozialer Positionen, wechselnder Bedürfnisse und Interessen in wechselnde Interaktionsfelder und -situationen, Teilstrukturen und Gruppen mal hierhin, mal dorthin eigentätig auf vielfältigste Weise einzuknüpfen. Insofern erlebt er sich auf der gesellschaftlichen Bühne zunächst einmal als ein Einzelakteur, der es mit einem Geflecht zahlloser, miteinander verknüpfter Teilstrukturen zu tun bekommt, mit vielfältigen, untereinander konkurrierenden Normen, Erwartungen und Interpretationen gelebten Menschseins (vgl. Krappmann 2005[10], S. 8ff.).

Was nun den damit angesprochenen Individualisierungsgedanken angeht, so darf er inzwischen zum Gemeingut der modernen Soziologie gerechnet werden, und zwar zu Recht. Denn in der Tat eröffnen sich dem Einzelnen im heutigen hochkomplexen Soziosystem ungeahnt neue, freie Handlungsspielräume, die ein hohes Maß an individueller Gestaltung und Entfaltung ermöglichen. Entsprechend sieht sich der moderne Mensch in seinen persönlichen Belangen weitgehend auf sich selbst zurückverwiesen. Nicht nur, dass der stützende Außenhalt durch Großfamilie, durch dörfliche und ständische Gemeinschaften, durch Korporationen und berufsständische Vereinigungen so gut wie abgebaut ist und dass die gesamtgesellschaftlich verbindlichen Vorgaben an Handlungswissen, an Glauben und sicheren Lebensformen zunehmend erodieren. Vielmehr stellen sich in vielen Bereichen auch gänzlich neue Komplexe der Problemverarbeitung ein; so etwa in Beruf, Freizeit, Geschlechterrolle, Familie, Erziehung. Die moderne Zivilisations- und Kulturform hat in der Tat die Gestalt dieser Welt von Grund auf verändert. Weder Raum noch Zeit unterliegen mehr ihrer gesellschaftlich vordefinierten, geordneten Rhythmik.

All dies richtet ganz neue und erhöhte Anforderungen an den Einzelnen, sein Leben selbst in die Hand zu nehmen – zweifellos eine Chance für die mündige, selbstreflexive Lebensführung, aber auch eine Zumutung und Belastung, die mit persönlicher Gefährdung verbunden ist. Man sollte denn auch davon ausgehen, dass ein derartiger Problemkomplex ohne neue Formen sozialer Einbindung und Gruppenbildung überhaupt nicht mehr zu bewältigen ist (vgl. Beck 2003, S. 250; Schulze 1992[8]).

Nehmen wir hierzu schließlich noch die hochgradige gesellschaftliche Pluralisierung hinzu, die Max Weber (1992[6], S. 328-330) als ein Strukturmerkmal der Moderne herausgearbeitet hat. Der moderne Mensch lebt tagtäglich in wechselnden Umwelten. Er hat es, nebeneinander und gleichzeitig, mit unterschiedlichsten Erwartungs- und Werthorizonten zu tun oder, in der Terminologie der „Postmoderne" gesagt, er lebt in und mit heterogenen Sprachspielen und Rationalitätsformen; er agiert in parzellierten Lebenswelten. Hier steht dann die fundamentale und als solche existentielle Aufgabe an, aus einer Vielzahl von Möglichkeiten gelebten Menschseins die eigene, persönliche Lebensgeschichte erst noch herauszubilden.

In diesem Selbstbildungsprozess beschränken sich die zu treffenden Optionen längst nicht mehr auf die einmalige Auswahl von Rollen. Vielmehr eröffnen sich in der pluralisierten Gesellschaft immer wieder aktuell unvorhergesehene Selektionsmöglichkeiten, kann sich der Einzelne den unterschiedlichsten, jeweils gerade erlebniskonformen Gruppierungen, Szenen, Milieus anschließen und sie, zu gegebener Zeit, auch wieder verlassen. Auf diese Weise ist er in einem lebenslangen Prozess gleichsam mit der biographischen Zusammensetzung des auf seine jeweilige persönliche Entwicklung zugeschnittenen Puzzlespiels beschäftigt, jedenfalls was Menschen, Gruppierungen, Wertsetzungen und Sinnkontexte angeht.

Fazit: Die Sozialstruktur moderner Gesellschaften ist demnach so sehr von funktionaler Differenzierung und, hierzu komplementär, von einer Pluralität an Werten, Normen und Optionsmöglichkeiten bestimmt, dass sie Individuen in neuer, radikaler Weise sich selbst aufgegeben sein lässt. Und diese gesellschaftliche Signatur wirkt in jeden Winkel der Nahumwelten von Personen hinein. Dementsprechend liegt es nahe, im Sinne des von Wilhelm Flitner (1967) verwendeten Wortes „Lebensform", von der Etablierung einer neuartigen, eben „modernen" Lebensform zu sprechen. Mit ihrem radikalisierten Freiheitsethos stellt sie eine ebenso faszinierende wie riskierte, weil außerordentlich offene Lebensform dar, die an ihren Rändern verschwimmt und Konturen erst erhält durch den freien Akteur, der ihr im humanökologischen Kontext Gestalt zu geben vermag.

III.3. Bildungsaufgaben, Bildungsmaßnahmen mit Blick auf die äußeren Umweltbezüge

Die humanökologische Sichtweise zeichnet sonach keineswegs, wie bisweilen unterstellt (vgl. Hornstein 2001), das Bild einer idyllischen Erziehungs- und Bildungslandschaft in Form einer friedlichen Abfolge konzentrisch sich ausweitender Lebenskontexte. Vielmehr werden die unterschiedlichen Systemgrößen als ineinander verschachtelt verstanden. Kinder, Jugendliche und Erwachsene haben es mit ihnen stets gleichzeitig zu tun. Hier kommt dem übergreifenden Makrosystem der globalen Zivilisation und der mit ihr korrelierenden modernen Lebensform riskierter Verantwortungsfreiheit zweifellos die Schlüsselbedeutung zu, sofern von daher die natürlichen und sozialen menschlichen Umwelten ihr geschichtlich unverwechselbares Gepräge erhalten und nachgerade alle Bildungsprozesse und -institutionen in diesem Kontext ihre eigene Signatur gewinnen. Denn die tragenden Faktoren dieser Zivilisation richten allesamt erhöhte Anforderungen an einen jeden, an seine Sachkompetenz ebenso wie an seine Fähigkeit zum wert- und sinnbestimmten Urteilen und Handeln. Und dies wiederum erfordert ein lebenslanges Lernen, es bewirkt die gewaltige Expansion eines alle Lebensbereiche und Lebensalter umschließenden Bildungssystems (vgl. hierzu auch E. Weber 1995[8], S. 95ff.).

Entsprechend wird humanökologisch orientierte Pädagogik in Theorie und Praxis auf positiv stimulierende, bildungsfördernde Umwelten abheben. Sie wird die tragenden Bildungsinstitutionen daraufhin überprüfen, ob in ihnen im Rahmen von Lehr-Lernsituationen nicht nur der unmittelbare pädagogische Bezug, sondern vielmehr auch die Bildungsqualität der jeweils inszenierten Lernumwelten analysiert und in der Praxis optimiert wird. Hauptkriterien für diese Qualität von Bildungsprozessen und -institutionen sind dann, wie wir sahen, durchaus auch empirisch fassbar, die Ermöglichung verantwortlicher Partizipation und Betätigung aller Beteiligten, eine vielseitige Rollenübernahme und reichhaltige wertschätzende Beziehungsstruktur untereinander. Und dies wiederum erfordert ein systemisches Denken, eine intrainstitutionelle Vernetzung sowie eine Verknüpfung der Lernorte mit den sie umgebenden Lebensfeldern; ein (auch sozialpolitisch zu unterstützendes) bildungsförderndes Netz von Umwelten, in denen die Einzelakteure dazu ermutigt werden, im Blick auf unsere komplexe Lebenswelt zunehmend sich selbst in ihrem Wirken gestaltend einzubringen, im Rahmen des Möglichen.

Für das Gelingen der Bildungsprozesse ausschlaggebend sind dann vor allem die bestimmenden Sozialisationsinstanzen, deren Ausgestaltung es in Theorie und Praxis zu bedenken gilt, und zwar im Einzelnen:

(1) Die *Familie* – in welcher Zusammensetzung auch immer –, in der Erwachsene den Kindern, mit denen sie zusammenleben, einen *dauerhaft intimen Lebensbereich der Aufgehobenheit* und des *Angeregtseins* gewährleisten, sofern sie die *kindlichen Bedürfnisse* nach Liebe und Sicherheit (Geborgenheit), nach neuen Erfahrungen (‚geistige Nahrung'), nach Lob und Anerkennung (Selbstvertrauen, positives Selbstbild) sowie nach Eigenverantwortung (persönliche Selbstständigkeit und Kooperationsfähigkeit) dauerhaft absättigen und in der *Präsentation* dessen, was ihnen wichtig ist, das Hineinwachsen in eine humane Lebensform erst ermöglichen (vgl. etwa Schneewind 2005[3] sowie Teilbd. 5 unseres Hdb.).

(2) Die *Schule* als *Lern- und Lebensraum* (vgl. etwa Thurn/Tillmann 2005), innerhalb dessen über vielfältige positive Beziehungsmuster, anregende Rollenübernahme und erfahrungsbildende Betätigungen die Heranwachsenden im vielseitigen Umgang mit *repräsentativen* gesamtkulturellen Wert-, Sinn- und Sachgehalten ihre intellektuellen und kreativ-expressiven Fähigkeiten sowie ihr soziomoralisches Verhalten *herausbilden* können. Dies setzt freilich einen Unterricht voraus, der ebenso bildet wie erzieht (vgl. Rekus 2003),

einen *pragmatisch* angelegten Unterricht, der zur ‚Begegnung' mit den anstehenden Inhalten einlädt, indem er deren *lebenspraktische Bewandtnis* herausstellt; einen Unterricht, der mit unterschiedlichen Lebensweltbezügen vertraut macht, sodass die Lernenden im Durchgang durch die Gegenstände deren Sinn, Bedeutsamkeit und Anspruch an eigenes und gemeinsames Handeln zu erschließen vermögen (vgl. auch Mack/Raab/Rademacker 2003, sowie Hubrig/Herrmann 2005). Kurz, eine Schule als humanökologisch gestalteter Lern- und Lebensraum müsste hinreichend anregende lebenspraktische Weltbezüge bereitstellen, die die Lernenden zunehmend in eine sachkompetente, wert- und sinnbestimmte Mitarbeit an unserer komplexen Zivilisation einführen.

(3) Der selbst gewählte Ort der *peer-group*, an dem in der Phase der Ablösung von der Kindheit und dem Noch-nicht-erwachsen-Sein der verunsicherte Jugendliche auf seinesgleichen trifft, Verständnis und Anerkennung findet und so das infrage gestellte Selbst vervollständigen und eigene Wege aufsuchen kann. Angesichts der besonderen Verletzungsrisiken und Gefährdungen in der Adoleszenz sind gerade in einer hoch pluralisierten Gesellschaft wie der unsrigen erhebliche *jugendpädagogische Maßnahmen* indiziert, die Jugendliche auf ihrem Weg in die Erwachsenenwelt ohne Bevormundung und unaufdringlich begleiten. Eine *sozialökologische Konzeption von Jugendarbeit* (Böhnisch/Münchmeier 1993) vermag hier neue, bildungsfördernde Perspektiven zu eröffnen. Aus jugendpädagogischer Sicht ist es nämlich bereits sehr viel, wenn Erwachsene Jugendlichen in ihren verschiedenartigen Gruppierungen, Szenen, Milieus, aber auch in der Ferne gelegene (z.B. Reisen, Auslandsstudien) ‚Räume' anbieten. Denn diese ermöglichen es ihnen, Erfahrungen zu sammeln, Handlungskompetenzen zu entfalten, ‚Themen' zu reflektieren, Tätigkeiten wahrzunehmen und durch die *‚Aneignung'* nahe vertrauter und fern fremdartiger Räume die Suche nach Selbstfindung voranzubringen. Und wohl nichts ist in der Lernumwelt der Adoleszenz förderlicher für die Minderung von Abhängigkeiten und die Erhöhung von Einfluss auf das eigene Leben, für die Befriedigung (der schöpferischen und reproduktiven Kräfte) der Persönlichkeit, für den Aufbau eines *positiven Selbstwertgefühls* und der persönlichen Identität, als die *sinnvoll erlebte Betätigung unter Gleichgesinnten*. Hierfür sollte die Pädagogik der außerschulischen Jugendarbeit entsprechende Räume arrangieren.

(4) *Beruf und Unternehmen*, die namentlich im Zeichen fortschreitender Globalisierung in Theorie und Praxis als Räume der *Fort- und Weiterbildung* für die dort tätigen (erwachsenen) Mitarbeiter auszugestalten sind – mit dem Ziel einer ‚*Humanisierung der Arbeitswelt*' bzw. der Etablierung einer Unternehmenskultur. Ob hierbei fachbezogene Fort- und Weiterbildung angeboten, Kommunikations-, Moderations- sowie Kreativitätstechniken erlernt, oder Konfliktbewältigung und kooperatives Verhalten etc. eingeübt werden, humanökologische Leitidee ist stets der kompetente und motivierte Mitarbeiter, der durch *Übernahme von Verantwortung*, durch *interessante Tätigkeiten* sowie durch *soziale Anerkennung* und Aufstiegsmöglichkeiten sich selbst verwirklicht sieht. Schwerpunkt hierbei ist die Förderung einer „sozial unter-

stützenden" und „partizipativen" Betriebskultur und Arbeitsgestaltung (vgl. Badura 1997). Gedacht ist dabei an die *innerbetriebliche* Bildung von Teams, Arbeits- und Interessengruppen; an informelle Beziehungsnetze in Form von Selbsthilfegruppen insbesondere auch im Falle dringend erforderlicher sozialer Hilfeleistung und Unterstützung. Nimmt man das gegenwärtig diskutierte Bestreben nach familienfreundlichen Maßnahmen in Betrieben (z.B. Kinderbetreuung, Beratung) noch hinzu, so zielen alle diese Beiträge zur Humanisierung der Arbeitswelt darauf ab, in einer temporeichen, ökonomisierten Leistungsgesellschaft Individuen das Gefühl von Verstandensein, Zugehörigkeit und Außenhalt zu verleihen.

Entsprechend gehört es heute mehr und mehr zur Kultur des Unternehmens, dass Mitarbeiter/innen und Vorgesetzte gemeinsam Probleme des Arbeitsplatzes besprechen und in größere Unternehmenszusammenhänge einordnen lernen. Peter M. Senges (2006[10]) Konzept empfiehlt sogar, dass sich das gesamte Unternehmen als „Lernende Organisation" begreift, sodass der intendierte permanente Lernprozess aller Mitarbeiter auf allen Ebenen der Organisation ein stetiges Austarieren mit den äußeren Umweltbedingungen des Unternehmens gewährleistet (vgl. hierzu auch kritisch Lederer 2005). Aber auch unterhalb so hoher systemischer Lernansprüche nehmen die organisationalen Konzepte mittlerweile zunehmend eine systemische Perspektive ein (vgl. König/Volmer 2000) und werden Mitarbeiter in ihren sozioökologischen Kontexten gesehen (vgl. etwa Kiselbach 2001; vgl. zum Ganzen auch Buchmann/Schmidt-Peters 2000). Die ganzmenschliche Öffnung der beruflichen Lernumwelten sollte sich deshalb auch präventiv bereits am globalisierten Arbeitsmarkt orientieren, dessen fortschreitende Flexibilisierung es erfordert, eigene angemessene Strategien des Umgangs mit Erwerbslosigkeit vorab bereits zu erlernen (vgl. Obermaier 2005).

Gerade dieses letztere Beispiel illustriert, dass das Makrosystem der globalen Zivilisation zunehmend auch Widerfahrnisse, Schicksalsschläge evoziert (mit Bronfenbrenner gesagt ‚Exo-charakter' annimmt), die den Einzelnen in seinen Umweltkontexten zutiefst verunsichern und die ggf. flankierender Lern- und Bildungsangebote für Erwachsene bedürfen. Ein aktualisiertes Konzept der bereits erwähnten ‚kritischen Lebensereignisse' (Filipp 1995[3]) böte hier ein hilfreiches ‚Panorama' für eine sich sozialökologisch verstehende Erwachsenenbildung (vgl. zum Ganzen auch Reck-Hog 1999[2]).

III.4. Bildungsaufgaben mit Blick auf das eigene Selbst

Richteten sich die bisherigen Überlegungen auf Bildungsprozesse, die eine produktive Aneignung der äußeren Umweltkontexte intendierten, so ist hierzu komplementär und nicht minder bedeutsam noch nach Bildungsaufgaben und –maßnahmen zu fragen, die sich auf das eigene Selbst der Person richten. Näherhin ist zu fragen: Was kommt auf Umweltakteure zu, denen es eine moderne Lebenswelt abverlangt, in rascher Folge nacheinander und parallel zueinander wechselnde Umwelten zu betreten und sich selbst als Person darin zu finden? Welche Selektions-, Verknüpfungs- und Integrationsleistungen sind hier zu erbringen, um das eigene Selbst zu verorten und die verinnerlichten Umweltbezüge zu einer Gesamtbiographie auszubalancieren? Ja, ist unter den Prämissen einer fragmentierten Gesellschaft so etwas wie eine eigene authentische Lebensform überhaupt leistbar und was können pädagogisches Handeln und pädagogische Theorie dazu beitragen? Derartige Fragestellungen sind gleichsam die Kehrseite einer die Umweltkontexte von Individuen thematisierenden humanökologischen Erziehungswissenschaft.

Die Identitätsproblematik angesichts der zugeschärften Umweltbedingungen einer im Umbruch befindlichen Moderne lässt sich denn auch nicht einfachhin ausklammern oder verdrängen. Handelt es sich doch bei der Suche nach der Kontinuität des Ich-Selbst in der Zeit, wie Erik H. Erikson, der Inaugurator des Begriffes und des Konzepts der Ich-Identität, zu Recht bemerkt, nicht um „erhabene Ideale", sondern um „psychologische Notwendigkeiten" (ders. 2003[13], S. 112). Anderenfalls, ohne ein ‚Kern-Selbstgefühl', nämlich als ‚mulitphrenes' (in sich gespaltenes) Selbst wäre das Individuum zutiefst krank und ohne eigenes Steuerungszentrum (vgl. Bohleber 1997). Indessen kann der Themenkomplex ‚Identität' und ‚Authentizität' an dieser Stelle lediglich skizzenhaft angedeutet, nicht abgehandelt werden (vgl. die Übersicht bei Mertens 2006, S. 58-91).

Problemaufriss: Erikson (2003[13]) folgend, bedarf der Aufbau von Ich-Identität (1) der sozialen Zugehörigkeit und Anerkennung durch Bezugsgruppen, (2) verbindlicher sinn- und wertstiftender Muster und (3) der Fähigkeit zur inneren (psychischen) Kohärenz. Ist dies aber angesichts der konstatierten gesellschaftlichen Individualisierung (1) und gesellschaftlichen Pluralität bis Heterogenität (2) noch denkbar? Ferner, muss sich die (äußere) gesellschaftliche Fragmentierung nicht nach innen fortsetzen in einer ‚multiplen Persönlichkeit' bzw. einem ‚crazy patchwork' (Keupp 2002[2])?

Lösungsansätze: Zu (1): Das, was in Modernisierungsprozessen an emotionalen, non-intentionalen kollektiven Anteilen von sozialen Beziehungen gewöhnlich zurücktritt, ergänzt „aus der Latenz heraus" die bewusst gewählten, individualisierten Strukturen und gewinnt ggf. noch an Relevanz. Kurz, es kommt zur Reproduktion von Herkunftsbindungen: „auch scheinbar unmoderne Muster sozialer Beziehungen, nämlich unbewusste, gefühlshafte, von vielen geteilte und herkunftsbezogene Bindungen wachsen mit" (Hondrich 1996, S. 36). Die untergründige, unverwüstliche, robuste Sozialnatur des Menschen, sein Streben nach Zugehörigkeit, Aufgehobensein und Anerkennung in Gruppen setzt sich sonach auch in der fragmentierten Gesellschaft durch und gewährleistet eine unverzichtbare Komponente von Identitätsbildung.

Es liegt denn auch auf der Hand, dass die (post-)moderne Gesellschaft ein schier unerschöpfliches Potential an sozialen Bindungen, an Netzwerken der sozialen Zugehörigkeit und Anerkennung bereitstellt, aus denen der Einzelne ein Gefühl der Achtung und des Selbstwertes zu gewinnen vermag. Von daher sollte pädagogische Identitätsarbeit darauf abheben, die soziale Sensibilität und Kompetenz zu stärken und Individuen ungeachtet möglicher narzisstischer Gegenstrebungen dazu zu ermutigen, auch tiefe soziale Bindungen einzugehen und verantwortlich auszugestalten.

Zu (2): Beim Gang durch seine Sozialisation trifft der Einzelne immer schon auf bestimmende Wert- und Sinnmuster, die dann im Laufe der Zeit für das eigene Dasein ggf. auch den Status der Verbindlichkeit erlangen. So wird er in der Gemeinschaft der Familie die tieferen Gefühle der Solidarität und des humanen Miteinanders, Wertvorstellungen und Überzeugungen erfahren und einüben, die dann über signifikante Andere in Freundeskreis und sozialer Umgebung angereichert und entfaltet werden können, während schließlich die Schule diese kindliche Mitgift in umfassendere Sinnkontexte und Ausdrucksgestalten der Gesamtkultur hineinstellt und durchdenkt. In diesem Enkulturationsvorgang tut sich schließlich dem werdenden jungen Menschen und später dem Erwachsenen Schritt für Schritt eine ganze geistig-kulturelle Symbolwelt auf. Hierbei wird er bestimmte Wertvorstellungen ablehnen, andere vermehrt aufsuchen, sich auf anziehende Modelle einlassen und sie mit für ihn wichtigen Menschen und Gruppierungen teilen. Auf diese Weise wird sich allmählich, aber unaufhaltsam während des Jugend- und Erwachsenenalters sein ureigenes, persönliches Wert- und Orientierungssystem herauskristallisieren, das sich schrittweise zu einer persönlichen Lebensform verdichten kann.

Aufs Ganze gesehen sind dann aber auch die gruppenbezogenen Sinn- und Wertmuster einbezogen in das übergreifende gesamtkulturelle abendländische Ethos der Freiheit, der Menschenrechte bzw. der Gerechtigkeit als Fairness (vgl. Rawls 1998 sowie Höffe 2002³). Im Blick auf die verwirrende Pluralität könnte man durchaus von ‚Minima moralia' (Adorno) sprechen; deren tragende Wertbasis aber, die Anerkennung der Freiheit und Würde jedes Menschen als Person, ist doch wohl eher als ein Ethos der ‚Maxima moralia' zu kennzeichnen. Hier ist es pädagogisch in der Tat an der Zeit, der postmodern-fröhlichen Litanei der Destruktion Einhalt zu gebieten und stattdessen eine neue Offenheit für gehaltvolle kulturelle Sinnmuster zu kreieren, die identitätsstiftende Prozesse in Gang setzen, begleiten und fördern.

Zu (3): Das Selbstgefühl/Identitätsgefühl, unmittelbar entstammend aus organismischen Informationen, seelischen Bedürfnissen, Vorstellungen und Wünschen – erfahrbar geworden und entwickelt in biographisch grundlegenden Interaktionserlebnissen mit bedeutsamen Anderen – einbezogen in eine geistig-kulturelle Symbolwelt von Wertvollem, Wünschenswertem und hochmotivierenden Erfahrungen, ist ein unverzichtbares Steuerungszentrum der Person, die in all ihrem Denken und Tun und bei aller Veränderung um Zusammenhalt (Kohärenz) und Beständigkeit (Kontinuität) bemüht ist. In der Regel ist deshalb davon auszugehen, dass auch in der fragmentierten Gesellschaft der Einzelne es schafft, über mannigfache Interpretations-, Gewichtungs- und Selektionsleistungen eine zwar bunte und spannungsreiche, dafür aber authentische Sinnverknüpfung der verinnerlichten (äußeren) Versatzstücke zu einem stimmigen Lebensmuster (pattern) zustande zu bringen. (Der einzelne Akteur auf der Identitätsbühne mag dabei den Eindruck des ständig jonglierenden Artisten, des Schauspielers (Goffman) erwecken. Häufig genug wird er zur balancierenden Persönlichkeit (vgl. Krappmann 2005¹⁰), die sich mit Risiken und Fehlverhalten auseinandersetzt, um dann wieder neue Ansätze zu wagen. Gleichwohl hat er gute Chancen, seinem Dasein eine letztlich doch authentische Gesamtgestalt, eben Ich-Identität, zu verleihen).

Entsprechend sollte das orientierende, sinnerschließende Gespräch im offenen Austausch über Muster gelungenen Menschseins neue Wert- und Sinnhorizonte zu eröffnen suchen. Bildungsziel ist stets die sich auf ihre ureigenen Belange hin ausbalancierende Ich-Identität in Gestalt einer offenen und doch strukturalen Einheit der Vielfalt; kurz, die Integration des Verschiedenartigen zu authentischer Einheit.

Literatur:

Badura, B. (1997): Gesundheitsförderung – Wege aus der Krise. In: Hazard, B. (Hrsg.): Humanökologische Perspektiven in der Gesundheitsförderung. Opladen, S. 89-103.
Bateson, G. (2001[8]): Ökologie des Geistes. Anthropologische, psychologische, biologische und epistemologische Perspektiven. Frankfurt a.M.
Beck, U. (2003): Die Risikogesellschaft: Auf dem Weg in eine andere Moderne. Frankfurt a.M..
Bohleber, W. (1997): Zur Bedeutung der neueren Säuglingsforschung für die psychoanalytische Theorie der Identität. In: Keupp, H./Höfer, R.(Hrsg.): Identitätsarbeit heute. Frankfurt a.M., S. 93-119.
Böhnisch, L./Münchmeier, R. (1993): Pädagogik des Jugendraums. Zur Begründung und Praxis einer sozialräumlichen Jugendpädagogik. Weinheim.
Bolscho, D./Hauenschild, K. (2005): Bildung für nachhaltige Entwicklung in der Schule: ein Studienbuch. Frankfurt a.M..
Bourdieu, P. (2005): Ökonomisches Kapital – Kulturelles Kapital – Soziales Kapital (1992). In: Ders.: Die verborgenen Mechanismen der Macht. Hamburg, S. 49-79.
Bronfenbrenner, U. (1977): Toward an experimental ecology of human development. In: American Psychologist, 32, S. 513-531.
Bronfenbrenner, U. (1981): Die Ökologie der menschlichen Entwicklung. (Original: The Ecology of Human Development, Harvard University Press 1979), Stuttgart.
Buchmann, U./Schmidt-Peters, A. (Hrsg.) (2000): Berufsbildung aus ökologischer Perspektive. Bedingungen personaler Entwicklung in schulischen und beruflichen Kontexten. Festschrift für Adolf Kell. Hamburg.
De Haan, G. (1995): Ökologische Kommunikation. Der Stand der Debatte. In: De Haan, G. (Hrsg.): Umweltbewusstsein und Massenmedien. Perspektiven ökologischer Kommunikation. Berlin, S. 17-36.
Durkheim, E. (2004): Über die Teilung der sozialen Arbeit (1893). Eingel. v. N. Luhmann. Frankfurt a.M..
Eckensberger, L.H. (1979): Die ökologische Perspektive in der Entwicklungspsychologie. In: Walter, H./Oerter, R. (Hrsg.): Ökologie und Entwicklung. Mensch – Umwelt – Modelle in entwicklungspsychologischer Sicht. Donauwörth, S. 264ff.
Ehrlich, A.H./ Ehrlich, P.R./ Holdren, J.P. (1975): Humanökologie. Der Mensch im Zentrum einer neuen Wissenschaft (Original: Human Ecology, San Francisco 1973). Übersetzt und bearbeitet von H. Remmert. Berlin, Heidelberg, New York.
Erikson, E. H. (2003[13]): Identität und Lebenszyklus. Frankfurt a.M.
Eulefeld, G. (1981): Veränderung des Umweltbewußtseins eine Aufgabe der Schule? In: Fietkau, H.J./Kessel, H. (Hrsg.): Umweltlernen. Veränderungsmöglichkeiten des Umweltbewußtseins. Königstein, S. 187-220.
Filipp, S.-H. (Hrsg.) (1995[3]): Kritische Lebensereignisse. München.
Flitner, W. (1967): Die Geschichte der abendländischen Lebensformen. München.
Geulen, D. (1994): Sozialisation. In: Lenzen, D. (Hrsg.): Erziehungswissenschaft. Ein Grundkurs. Reinbek.
Haeckel, E. (1870): Über Entwicklungsgang und Aufgabe der Zoologie. In: Jenaische Z. Med. Naturw. 5, S. 352-370.
Hanke, O. (1998): Gewaltverhalten in der Gleichaltrigengruppe von männlichen Kindern und Jugendlichen. Konzeptioneller Zugang – Pädagogische Folgerungen. Pfaffenweiler.

Havighurst, R. J. (1982): Developmental tasks and education (1948). New York.
Höffe, O. (2002³): Politische Gerechtigkeit. Grundlagen einer kritischen Philosophie von Recht und Staat. Frankfurt a.M..
Hondrich, K.O. (1996): Lassen sich soziale Beziehungen modernisieren? Die Zukunft von Herkunftsbindungen. In: Leviathan (Zeitschr. f. soz. Wiss.), S. 28-44.
Hornstein, W. (2001): Erziehung und Bildung im Zeitalter der Globalisierung. Themen und Fragestellungen erziehungswissenschaftlicher Reflexion. In: ZfPäd., 47. Jg., S. 517-537.
Hubrig, Ch./Herrmann, P. (2005): Lösungen in der Schule. Systemisches Denken in Unterricht, Beratung und Schulentwicklung. Heidelberg.
Hübner, K. (1998): Der Globalisierungskomplex. Grenzenlose Ökonomie – grenzenlose Politik? Berlin.
Hurrelmann, K. (1983): Das Modell des produktiv realitätsverarbeitenden Subjekts in der Sozialisationsforschung. In: Zeitschrift für Sozialisationsforschung u. Erziehungssoziologie, S. 91ff.
Hurrelmann, K. (2001⁷): Einführung in die Sozialisationstheorie. Weinheim.
Kant, E. (2003): Anthropologie in pragmatischer Hinsicht (1798). In: Kants Werke. Akademie-Textausgabe, Bd. VII., Teil 2. Berlin.
Keupp, H. (2002²): Identitäts-Konstruktionen. Das Patchwork der Identitäten in der Spätmoderne. Reinbek b. Hamburg.
Kiselbach, T. (2001): Sozialer Konvoi und nachhaltige Beschäftigungsfähigkeit: Perspektiven eines zukünftigen Umgangs mit beruflichen Transitionen. In: Zempel, J./Bacher, J./Moser, K. (Hrsg.): Erwerbslosigkeit. Ursachen, Auswirkungen und Interventionen. Opladen, S. 381-396.
Klafki, W. (1999²): Studien zur Bildungstheorie und Didaktik. Weinheim.
König, E./Volmer, G. (2000): Systemische Organisationsberatung. Grundlagen und Methoden. Weinheim.
Krappmann, L. (2005¹⁰): Soziologische Dimensionen der Identität. Soziologische Bedingungen für die Teilnahme am Interaktionsprozess. Stuttgart.
Kühnel, W./Matuschek, J. (Hrsg.) (1995): Gruppenprozesse und Devianz. Risiken jugendlicher Lebensbewältigung und großstädtischer Monostrukturen. München.
Lederer, B. (2005): Das Konzept der Lernenden Organisation. Bildungstheoretische Anfragen und Analysen. Hamburg.
Lewin, K. (1963): Feldtheorie in den Sozialwissenschaften. Bern.
Luhmann, N. (2006¹²): Soziale Systeme. Grundriss einer allgemeinen Theorie. Frankfurt a. M..
Mack, W./Raab, E./Rademacker, H. (2003): Schule, Stadtteil, Lebenswelt. Eine empirische Untersuchung. Opladen.
Mertens, G. (1995³): Umwelterziehung. Paderborn, München, Wien, Zürich.
Mertens, G. (1998): Umwelten. Eine humanökologische Pädagogik. Paderborn, München, Wien, Zürich.
Mertens, G. (2000): Konturen einer humanökologisch ausgerichteten Pädagogik. In: Vierteljahresschrift für wissenschaftliche Pädagogik, S. 190-203.
Mertens, G. (2006): Balancen. Pädagogik und das Streben nach Glück. Paderborn.
Montada, L. (2002⁵): Fragen, Konzepte, Perspektiven. In: Oerter, R./Montada, L. (Hrsg.): Entwicklungspsychologie. Ein Lehrbuch. Weinheim, S. 3-53.
Obermaier, M. (2005): Flexible Arbeitswelten. Zur pädagogischen Prävention bei Erwerbslosigkeit. Hamburg.
Odum, E.P. (1980): Grundlagen der Ökologie. Bd.I: Grundlagen, Bd.II: Standorte und Anwendung. Übersetzt und bearbeitet von J. Overbeck (Original: Fundamentals of Ecology, Philadelphia 1971). Stuttgart, New York.
Odum, E.P./Reichholf, J. (1999³): Ökologie: Grundlagen, Standorte, Anwendung. Stuttgart.

Oerter, R. (1995³): Kultur, Ökologie und Entwicklung. In: Oerter, R./Montada, L. (Hrsg.): Entwicklungspsychologie. Ein Lehrbuch. Weinheim, S. 84-127.
Oerter, R. (2002⁵): Kultur, Ökologie und Entwicklung. In: Oerter, R./Montada, L. (Hrsg.): Entwicklungspsychologie. Ein Lehrbuch. Weinheim, S. 72-104.
Parsons, T. (1973³): Beiträge zur soziologischen Theorie. Hrsg. v. D. Rüschenmeyer. Darmstadt.
Pekrun, R. (1994): Schule als Sozialisationsinstanz. In: Enzyklopädie der Psychologie, Serie 1: Pädagogische Psychologie, Bd. 1: Psychologie der Erziehung und Sozialisation. Göttingen.
Pleines, J.-E. (2000): Bildung im Umbruch. Hildesheim, Zürich, New York.
Rawls, J.(2003): Politischer Liberalismus. Übers. von W. Hinsch. Frankfurt a.M..
Reck-Hog, U. (1999²): Der sozialökologische Ansatz in der Erwachsenenbildung. In: Tippelt, R. (Hrsg.): Handbuch Erwachsenenbildung, Weiterbildung. Wiesbaden, S. 145-156.
Rekus, J. (2003): Ganztagsschule in pädagogischer Verantwortung. Münstersche Gespräche Bd. 20. Münster.
Scheunpflug, A./Hirsch, K.(Hrsg.) (2000): Globalisierung als Herausforderung für die Pädagogik. Frankfurt a.M..
Schneewind, K.A. (2005³): Familienpsychologie. Stuttgart.
Schulze, G. (1992⁸): Die Erlebnisgesellschaft. Kultursoziologie der Gegenwart. Stuttgart.
Schulze, Th. (1995): Ökologie. In: Lenzen, D./Mollenhauer, K. (Hrsg.): Enzyklopädie Erziehungswissenschaft. Bd. I: Theorien und Grundbegriffe der Erziehung und Bildung. Stuttgart, S. 262-279.
Senge, P.M. (2006¹⁰): Die fünfte Disziplin: Kunst und Praxis der lernenden Organisation. Stuttgart.
Thurn, S./Tillmann, K.-J. (Hrsg.) (2005): Laborschule – Modell für die Schule der Zukunft. Bad Heilbrunn.
Tippelt, R. (1999): Bildung und soziale Milieus: Ergebnisse differentieller Bildungsforschung. Oldenburg: Bibliotheks- und Informationssystem der Univ.
Vester, M./ Oertzen, P.v./ Geiling, H. (2001): Soziale Milieus im gesellschaftlichen Strukturwandel. Frankfurt a.M..
Walter, H. (1980): Ökologische Ansätze in der Sozialisationsforschung. Eine Problemskizze. In: Hurrelmann, K./Ulich, D. (Hrsg.): Handbuch der Sozialisationsforschung. Weinheim, S. 285-298.
Weber, E. (Hrsg.) (1995⁸): Pädagogik – eine Einführung. Bd. I: Grundfragen und Grundbegriffe. Teil 1: Pädagogische Anthropologie. Donauwörth.
Weber, E. (1996): Pädagogik – eine Einführung. Bd. I: Grundfragen und Grundbegriffe. Teil 2: Ontogenetische Voraussetzungen der Erziehung – Notwendigkeit und Möglichkeit der Erziehung. Donauwörth, S. 127-179.
Weber, M. (1992⁶): Vom inneren Beruf zur Wissenschaft. In: Soziologie – universalgeschichtliche Analysen – Politik. Stuttgart, S. 310-339.

Personenregister

Adorno, Th. W. 261, 313
Ahrbeck, H. 26
Aischylos 374
Albert, H. 30
Alkmaion 249, 545
Alt, R. 26f.
Althusser, L. 95
Amann, A. 434
D'Arcais, P. F. 61, 70
Archer, M. S. 447
Arendt, H. 73, 276, 421, 533, 536
Aristoteles 60f., 132, 134, 216, 235,
    252f., 365, 367f., 399f., 402, 406, 547
Ast, F. 274
Augustinus 60, 235f., 254, 333, 400

Bacon, F. 61, 65, 218f., 240f., 401
Baeumler, A. 22
Ballauf, T. 61, 263, 285
Bandura, A. 354, 392
Baumgarten, A. G. 544
Baur, G. 15
Becher, J. J. 401
Beck, U. 437
Beneke, F. E. 13, 16
Benner, D. 462, 474
Berger, P. L. 444
Berlin, I. 234
Berlinger, R. 72
Bernfeld, S. 22, 194, 209, 449
Bernhardi, A. F. 16
Betz, D. 387f.
Bilden, H. 344
Binet, A. 516
Blake, R. 432
Blanchard, K. H. 432f.
Blankertz, H. 30, 227
Böhme, J. 120f.
Boekaerts, M. 394
Bohm, D. 182f.
Bollnow, O. F. 86, 287, 417
Bondy, C. 19
Bourdieu, P. 49, 195, 336, 359ff.
Bowlby, J. 381
Breuniger, H. 387f.
Brezinka, W. 29ff.
Brocher, T. 433
Bronfenbrenner, U. 580ff., 589

Brumlik, M. 336
Buber, M. 181f., 282, 287ff., 291, 417ff.
Buck, G. 225, 405f.
Burckhardt, J. 234

Caine, G. 501
Caine, R. N. 501
Campe, J. H. 17
Canterbury, A. v. 254
Carus, C. G. 404
Caruso, P. 528
Catalfamo, G. 62
Cicero 216f., 543
Clausen, J. A. 319
Cohen, H. 181, 453
Cohn, J. 19
Cohn, R. 438
Combe, A. 125
Comenius, J. A. 60, 218f., 255, 262, 374,
    401, 540
Cortina, H. 443, 450
Csikszentmihalyi, M. 393
Cube, F. v. 227
Cummings, W. K. 448

Dann, H.-D. 154
Darwin, Ch. 241, 537
Debesse, M. 59, 65
Deiters, H. 26
Deleuze, G. 94
Derrida, J. 94
Descartes, R. 61, 237, 255f., 283, 333,
    401
Deuchler, G. 21ff.
Dewey, J. 41, 45f., 104ff., 211, 240ff.,
    371, 432f., 462, 472f., 475
Diehm, I. 197
Diesterweg, F. A. W. 13, 16, 24, 116
Dilthey, W. 13, 15, 65, 84f., 89, 144, 161,
    224f., 233, 239f., 246, 260, 412ff.,
    462, 560
Dittes, F. 13, 16
Dörpfeld, F. W. 13, 16
Dorst, W. 26
Dreeben, R. 449
Droysen, J. G. 234
Durkheim, E. 40, 194, 204, 350ff., 357,
    590f.

Dursch, G. M. 15

Ebbinghaus, H. 397
Ebner, F. 181
Eckensberger, L. H. 576
Elias, N. 336
Eliot, Ch. W. 469f.
Empedokles 545f.
Epikur 539f., 548
Erasmus von Rotterdam 217, 245
Erdmann, K. D. 394
Erikson, E. H. 335, 379ff., 596
Ettlinger, M. 18

Fahrenbach, H. 486f.
Faulstich-Wieland, H. 196
Faurisson, R. 96
Fechner, G. Th. 404
Fend, H. 349
Feuerbach, L. 181
Fichte, J. G. 14, 205, 220f., 258, 273, 334
Fiedler, F. E. 432
Fink, E. 191, 225f., 526, 529ff., 541
Fischer, A. 19ff., 40, 44
Fischer, W. 474
Fittkau, B. 190
Flitner, W. 21, 23, 27, 66, 88, 224, 240, 555, 592
Foerster, H. v. 429
Foucault, M. 94, 195, 265, 411, 528f.
Francis, D. 435
Freud, S. 95, 352f., 355, 357, 379, 381
Freyer, H. 226
Friedrichs, J. 161
Frischeisen-Köhler, M. 18, 21, 69, 240
Fromm, M. 155
Fürstenau, P. 449

Gadamer, H. G. 225, 372
Garland, J. A. 427, 435
Gehlen, A. 226, 444, 489ff., 496, 498
Gentile, G. 61, 68
Geulen, D. 350, 353, 356f.
Glaser, B. G. 158
Goethe, J. W. v. 273f.
Goffman, E. 336
Gogarten, F. 181
Goldberg, E. 501
Gould, S. J. 516
Graser, J. B. 64, 204

Groeben, N. 154
Grundmann, M. 319f.
Günther, K.-H. 26
Gutmann, A. 474
Guttorm, T. 385

Habermas, J. 105, 262, 335, 359, 420
Hackel, E. 574
Hagemann-White, C. 344
Hamann, J. G. 181
Hanke, O. 583
Havighurst, R. J. 380f., 587f.
Heckhausen, H. 393
Hegel, G. W. F. 14, 61, 71, 221, 258, 260, 271f., 274ff., 283, 334, 373
Hehlmann, W. 24
Heid, H. 193
Heidegger, M. 225, 242, 263, 282, 284ff., 289
Heitger, M. 234
Helmke, A. 120
Helsper, W. 120f., 125
Hentig, H. v. 122, 226, 228
Heraklit 536
Herbart, J. F. 13, 14, 64f., 66ff., 137, 202f., 205f., 245, 334, 403f., 413, 447
Herder, J. G. 220, 534
Herrmann, U. 234
Hersey, P. 432f.
Hesiod 215
Hesse, H. 411
Heydorn, H.-J. 262
Hilker, F. 31
Hobbes, Th. 61, 535
Höffe, O. 133
Hölderlin, F. 272, 274f.
Hönigswald, R. 18
Hofer, M. 154
Hoffmann, E. 19
Hofmann, F. 26
Homer 398
Honigsheim, P. 19
Horkheimer, M. 260f.
Hugo v. St. Viktor 400
Humboldt, W. v. 93f., 181, 221ff., 258, 271ff., 288, 296f., 307ff., 312, 276
Hume, D. 61, 402f.
Hurrelmann, K. 319, 349
Husserl, E. 260, 282ff., 289, 291, 298, 406

Hylla, E. 31

Isokrates 216, 252

Jacobi, J. 181, 382
James, W. 106
Janich, P. 108f.
Jensen, A. 516
Johannsen, H. 25
Jones, H. E. 427, 435
Jung, C. G. 382

Kant, I. 14, 61, 64ff., 109, 204f., 257f., 260, 280f., 283, 305ff., 310, 368f., 374, 403, 413, 544
Kateb, G. 471f.
Kawerau, S. 22
Kelber, M. 427, 430
Kellner, L. 15
Kendall, P. 155
Kerschensteiner, G. 45f.
Kierkegaard, S. 181
Klafki, W. 30, 282
Koch, L. 405f.
König, E. 155
Kohlberg, L. 355, 379
Kohn, M. L. 327
Kolbe, F.-U. 125
Kolodny, R. L. 427, 435
Konopka, G. 429
Koring, B. 88
Krappmann, L. 335
Krieck, E. 22
Kroh, O. 22f.
Krüger, H.-H. 116
Kühnel, W. 583
Küster, C. D. 17
Kuhn, T. S. 61

Lacan, J. 94
Lacroix, J. 70
Langeveld, J. M. 416
Laporta, R. 63
Lay, W. A. 21, 39, 143
Leibniz, G. W. 61
Leitzmann, J. J. 273
Lenzen, D. 32, 78
Leschinsky, A. 450
Lévi-Strauss, C. 94
Lévinas, E. 181, 289ff.

Lewin, K. 427, 429, 431ff., 436, 582
Lichtenstein, E. 416
Liebmann, O. 259
Liedke, M. 511
Liessmann, K. P. 313
Lindner, G. A. 17f.
Lippmann, W. 472
Litt, Th. 18, 19, 23, 25, 27, 240
Lochner, R. 60
Locke, J. 60f., 402f.
Löbner, W. 25
Luchtenberg, P. 19
Luckmann, Th. 444
Lüdtke, H. 161
Lüer, G. 392
Luhmann, N. 42, 86, 120, 194f., 361, 445, 448, 453, 460, 464, 576
Lyotard, J.-F. 94, 95ff., 265, 549

Mager, C. 16
Machiavelli, N. 61
Mannheim, K. 560
Marcel, G. 181
March, J. G. 453
Marquard, O. 486, 556
Marx, K. 61, 241, 260, 271, 334
Masius, H. 13
Masschelein, J. 190, 421
Matuschek, J. 583
Mayring, P. 158
Mead, G. H. 106, 195, 334f., 358ff., 420
Meister Eckhart 216, 275
Mennicke, C. 19
Merleau-Ponty, M. 283, 299f., 550
Mertens, G. 1
Merton, R. K. 155
Messer, A. 19
Meumann, E. 20f., 23, 39, 143
Meyer, J. W. 448, 453
Mialaret, G. 59, 65
Mikat, P. 1
Mill, J. S. 61, 69
Mintzberg, H. 452
Molfese, D. L. 385
Mollenhauer, K. 30, 336, 420f.
Montada, L. 379f.
Montessori, M. 335, 538
Moreno, J. L. 433
Mounier, E. 70f., 73
Mouton, J. 432

Münch, W. 16, 432

Natorp, P. 61, 68, 259f.
Neill, A. S. 427
Neuner, G. 27
Nicolaus von Kues 255, 405
Niemeyer, A. H. 13, 60
Niethammer, F. I. 273f.
Nietzsche, F. 175, 224f., 265, 309ff., 549
Nohl, H. 19, 21, 23, 27, 31, 83, 161, 224, 240, 413ff., 428, 555

Oelkers, J. 62, 64f.
Oerter, R. 380, 588
Oevermann, U. 125, 158ff.
Olsen, J. O. 453

Pallat, L. 23
Palmer, Ch. v. 15
Parmenides 249, 546
Parsons, T. 335, 356f., 448, 576
Pascal, B. 334
Paschen, H. 135
Paulsen, F. 13
Pausanias 545
Pawlow, I. P. 353, 397
Peirce, Ch. S. 106
Pestalozzi, J. H. 297, 301, 374, 412
Petersen, P. 21, 25
Petrarca, F. 217
Petzelt, A. 263, 404ff.
Pfahler, G. 22
Pfister, A. 17
Philolaos 545
Piaget, J. 355f., 358, 379, 386
Pico della Mirandola 217f., 220, 236f.
Platon 60, 215f., 219, 235, 249ff., 280, 304, 333, 368, 398ff., 405, 526, 538ff., 546f.
Plessner, H. 489, 492ff., 498
Popper, K. R. 30
Protagoras 250, 547

Radtke, F.-O. 197
Ramirez, F. O. 448
Rang, A. 474
Ratke, W. 60, 401
Raumer, F. v. 61
Rawls, J. 136, 473f.
Reble, A. 233, 240

Rein, W. 13, 18
Rendtorff, B. 196
Rheinberg, F. 393
Ricoeur, P. 71
Rider, E. A. 380
Riemann, F. 382
Robinsohn, S. B. 227
Rogers, C. 182
Rolfus, H. 17
Rorty, A. O. 60
Rorty, R. 105
Rosenberg, M. B. 183
Rosenzweig, F. 181
Roth, H. 29, 391, 511
Rousseau, J.-J. 60f., 137, 119f., 238f., 253, 256f., 271f., 275, 307, 334, 371, 412, 525f., 530, 535, 539
Rowan, B. 452
Ruge, A. 276
Ruhloff, J. 474

Sahlins, M. 564
Sailer, J. M. 204
Sartre, J. P. 285ff., 289, 291, 524
Saussure, F. d. 94f.
Schaller, K. 262f., 285, 420
Scheele, B. 154
Scheler, M. 489
Schelling, F. W. J. 258
Schelsky, H. 226, 430
Scheunpflug, A. 511
Schiller, F. 258, 271ff., 275f., 538f.
Schleiermacher, F. D. E. 13, 14f., 64f., 66ff., 69, 74, 173ff., 196, 199, 239f., 288, 309, 334, 413, 447, 461, 473, 523, 560
Schmid, K. A. 17
Schmidt, F. J. 18
Schorr, K.-E. 42, 86, 120, 448, 460, 464
Schütz, A. 152f.
Schütze, F. 155
Schulze, Th. 210
Schwarz, F. H. Ch. 13, 60
Schweitzer, F. 336
Seligman, M. 388, 393
Seneca, L. A. 253
Senges, P. M. 595
Seuse, H. 216
Siegmund-Schultze, F. 19
Siemsen, A. 22

Sigelman, C. K. 380
Simons, M. 190
Skinner, B. F. 354
Sokrates 60, 215f., 249f., 398ff.
Spencer, H. 241
Spieler, J. 23
Spiess, K. 392
Spinoza, B. 61
Spranger, E. 18, 23, 25, 27, 69, 240, 462
Stahl, E. 434
Stern, E. 19
Stern, W. 20f., 23
Stöckl, A. 15
Stoy, K. V. 13
Strauss, A. L. 158
Sturzenecker, B. 88

Tang, Y. P. 516
Tauler, J. 216
Tenorth, H.-E. 116, 460
Thaulow, G. F. 13
Theophrast 545
Thomas v. Aquin 399f.
Tippelt, R. 118, 121
Tönnies, F. 194, 473
Tomaschewsky, K. 26
Trapp, E. Ch. 13, 16
Trendelenburg, A. 13
Tuckmann, B. 435

Ulich, R. 19

Vaerting, M. 19
Van der Meer, E. 392

Veith, H. 443
Vico, G. B. 61, 219f., 237f., 334
Vogel, P. 87, 90
Volkelt, H. 22f.
Volmer, G. 155

Wahl, D. 154
Waldenfels, B. 282, 298, 422
Watson, J. B. 397
Weber, M. 44, 445, 451f., 592
Weick, K. E. 455
Weigel, E. 401
Weil, H. 22
Weinert, F. E. 394
Weniger, E. 19
Wenke, H. 77, 79ff., 84f., 88
Willmann, O. 15
Wimmer, M. 555
Wischer, B. 120
Wittgenstein, L. 265
Witzel, A. 155
Wolf, F. A. 13
Wundt, W. 143, 404

Xenóphanes 250

Young, D. 435

Ziehen, F. 18
Ziller, T. 13
Zinnecker, J. 361f.